법원과 검찰의 탄생

문준영 文竣暎 · 부산대학교 법학전문대학원 교수

서울대학교 법학과를 졸업하고 같은 대학원에서 법학 석·박사학위를 받았다. 현재 부산대학교 법학전문대학원에서 부교수로 재직하고 있다. 한국과 서양 법전통의 비교, 그리고 근현대사회에서 사법권력과 법률가집단의 정치적·사회적 역할에 관심을 가지고 있으며, 형사사법제도를 중심으로 한국 근대법의 역사를 연구해왔다. 앞으로는 일상적 분쟁과 범죄를 소재로 근대 한국에서 국가·법·사회의 관계를 해명하는 법사회사 연구를 해보고자 한다.
주요 논문으로는 「한국 검찰제도의 역사적 형성」(2004), 「제국 일본의 식민지형 사법제도의 형성과 확산—대만의 사법제도를 둘러싼 정치·입법과정을 중심으로」(2004), 「미군정기 법원조직법의 입법과정—미국립문서관 법원조직법관계문서철의 소개와 분석」(2005), 「이토 히로부미의 한국 사법정책과 그 귀결」(2007), 「1895년 재판소구성법의 '출현'과 일본의 역할」(2009) 등이 있다.

법원과 검찰의 탄생
사법의 역사로 읽는 대한민국

초판 1쇄 인쇄 2010년 5월 7일
초판 1쇄 발행 2010년 5월 17일

지은이 문준영
펴낸이 김백일
책임편집 정윤경
기획편집 조원식 조수정
마케팅 정순구 황주영

출력 한국커뮤니케이션
용지 한서지업사
인쇄 한영문화사
제본 우진제책사

펴낸곳 (주) 역사비평사
등록 제300-2007-139호(2007. 9. 20)
주소 110-260 서울시 종로구 가회동 175-2
전화 02-741-6123~5
팩스 02-741-6126
홈페이지 www.yukbi.com
전자우편 yukbi@chol.com

ⓒ 문준영, 2010
ISBN 978-89-7696-726-8 93360

이 도서의 국립중앙도서관 출판시도서목록(CIP)은 e-CIP 홈페이지(http://www.nl.go.kr/ecip)에서 이용하실 수 있습니다. (CIP제어번호 : CIP2010001683)

법원과 검찰의 탄생

사법의 역사로 읽는 대한민국

문준영 지음

역사비평사

일러두기

1. 이 책은 필자의 박사학위논문과 학술지에 발표한 글들을 저본으로 수정·보완을 거쳐 집필되었습니다. 그중 근간이 되는 글들 및 이 책의 관련 부분을 밝히면 다음과 같습니다.
   『한국 검찰제도의 역사적 형성』(서울대학교 법학박사학위논문, 2004): 1부 1·3장, 2부 7·8·9장, 3부 10·11·13·14장; 「1895년 재판소구성법의 '출현'과 일본의 역할」(『법사학연구』 39호, 2009): 1부 3장; 「제국일본의 식민지형 사법제도의 형성과 확산 — 대만의 사법제도를 둘러싼 정치·입법과정을 중심으로」(『법사학연구』 제30호, 2004): 2부 5장; 「이토 히로부미의 한국 사법정책과 그 귀결」(『법학연구』 49권 1호, 2008): 2부 6장; 「미군정기 법원조직법의 입법과정 — 미국립문서관 법원조직법관계문서철의 소개와 분석」(『법사학연구』 32호, 2005): 3부 11장.
2. 사료는 원문 인용을 원칙으로 하되, 가독성을 높이기 위해 원문의 한자를 한글로 바꾸고 내용 이해를 위해 필요할 경우에는 한자를 병기했습니다. 띄어쓰기는 이 책의 교정원칙을 따랐습니다.
3. 이해하기 어려운 법조문의 생경한 문투는 원문을 해치지 않는 선에서 현대어로 다듬었습니다.

책머리에

　이 책은 19세기 말부터 20세기 중엽까지 한국 사법제도의 역사를 다루고 있다. 사법제도는 근대적 통치가 표방하는 '법에 의한 통치'의 구체적인 모습이 드러나는 장소이다. 다마스카Mirjan R. Damaška의 표현을 빌리자면, 이 책에서 필자는 한국 근현대사에서 사법과 국가권력이 보여준 얼굴을 묘사해보고자 했다. 이 책에서 중점을 둔 것은 한국의 사법제도를 구성하는 기본적 법제와 관념들의 계보, 특히 법원·검찰에 관한 법제와 실무를 지배하는 의식과 관행이 어디에서 기원해 어떻게 변화되어왔는지 추적하는 것이다. 따라서 사법제도 전반에 대한 친절한 해설이나 흥미로운 인물과 사건들, 또는 근대 이후의 '법과 사회'에 대한 생생한 묘사를 기대하는 독자에게는 조금 실망스러울지도 모른다. 필자 역시 아쉬움을 느끼지만 그에 관한 서술은 후속 작업의 몫으로 남기고, 이 책에서는 법제도사적 분석을 일차적 과제로 삼았다. 그러면서 필자 나름대로는 각 시기의 핵심적 법령의 입법과정과 그것을 둘러싼 정치적 역학관계를 자세히 밝히고 사법제도가 정치제도로서 가지는 의미를 부각시켜보려고 했다.

　이 책의 내용은 법원과 검찰에 대해 근 10년 동안 필자가 써온 글들에 바탕하고 있다. 검찰에 관한 서술은 필자의 박사학위논문인 『한국 검찰제도의 역사적 형성』(2004)을 축약 수정한 것이다. 법원에 관한 것 중 일부는 박사학위 취득 이후 최근까지 발표한 몇 편의 글을 가감한 것이다. 참고문헌에 열거된 필자의 글들을 참고하기 바란다. 그동안 쓴 글을 재조합하고 빠진 부분은 새로 채워넣으면서 나름대로 서술의 일관성과 통일성을 갖추려고 노력했지만, 짧은 지식과 잘못된 견해를 풀어놓은 것은 아닌지 걱정이 앞선다.

그럼에도 불구하고 이 책을 낸 까닭은, 답보상태에 있는 이 분야 연구수준을 타개하고 몇몇 논점에 대해 필자 나름의 새로운 견해를 제시하고 싶어서였다. 무엇보다 사법제도에서 가장 기본적이라고 할 수 있는 법원·검찰법제의 탄생과 변화과정만이라도 소상하게 재구성해봐야겠다는 생각이 들었다. 하지만 그 작업도 만만치는 않았다. 단순히 법령의 연혁을 분석하거나 한국의 시공간에만 시야를 한정시켜서는 한국의 역사적 경험을 충분히 설명할 수 없었기 때문이다. 한국 근대 사법사는 전통적 법문화와 근대 이후의 역사뿐만 아니라 서구의 제도와 사상, 일본의 근대 사법사와 전후 사법개혁의 경험 등이 복합적으로 합류하는 지점이다. 근대적 사법제도 도입 초기는 물론이고 해방 이후의 한국 사법에 가장 큰 영향을 준 것은, 근대 일본의 사법제도 및 그 식민지적 변용태들이었다. 한국 근대법사 연구자에게 한국 법의 식민지적 기원과 해방 이후의 연속과 단절의 문제는 피할 수 없는 주제이다. 일본의 근대법사와 식민지법사에 대한 이해가 전제되지 않고서는 근대 초 한국에서 일본에 의해 진행된 사법제도의 '식민지적 근대화'과정은 물론, 해방 이후 한국에서의 논쟁과 그 법적 배경 역시 세밀하게 파악하기 곤란하다. 이 책에서는 서구 근대적 사법제도가 한국과 일본의 조건에서 어떻게 수용 내지 변용되었는지 비교하고 얽혀 있는 실타래를 풀어가며 한국 사법의 역사적 기초를 확인해보고 싶었다.

그러나 이 책은 한국 사법의 지난날과 그 공과에 대한 균형 잡힌 서술로서는 손색이 많다. 한국 사법의 역사를 바라보는 필자의 시선이 '지금 여기'의 문제들과 끈끈하게 달라붙어 있기 때문이다. 이 책의 바탕이 된 글들, 특히 검찰제도와 해방 후 사법제도의 재편과정에 관한 글들은 1990년 이후의 법원·검찰개혁 논의에 영향을 받고, 또 그것을 염두에 두며 쓴 것들이다. 필자의 문제의식은 우리 사법제도가 안고 있는 문제들이 어디서 기원했는지 추적하는 것이었다. 예컨대 '작은 사법', '관료사법', '검찰사법'적 속성, 시민적 기반의 결여, 권위주의와 엘리트주의, 관료주의와 복종문화, 탈정치성의 가면을 쓴 정치적 편협성, 법조삼륜의 이익동맹구조 등이다. 대부분 식민지적 사법제도에서 그 뿌리를 찾을 수도 있지만, 해방 이후 한국 사법에서 무엇이 어떻게 고착·변용·첨가되었는지 좀 더 정밀하게 볼 필요가 있다. 이 책의 제3부에서 다룬 것, 즉 법원·검찰의 재건과 법률가 충원의 과정, 사법제도 개편을 둘러싼 논쟁과 그 입법적 결과물, 제도운영과 헌정사의 부침에 따라 불거진 문제 등은 오늘날 우리 상황을 검토하는 데도 '현재성'을 지닌다고 생각한다. 그러나 오늘날의 문제에 대해 당시의 관점과 주장을 부활시키는 것이 해답이 될 수는 없다. 오히려 당시 사법개혁론의 한계를 직시할 때 새로운 전망이 가능해질 것이다.

　한국은 '민주화'의 결실과 지난 10년간의 사법개혁 논의를 통해 어디에 내놓아도 부끄럽지 않은 사법제도를 갖추게 되었다. 이제 우리의 과제는 이를 어떻게 운영하고 활용할 것인가이다. 그리고, 지금까지도 그랬지만 앞으로도 우리의 민주주의를 어떻게 가꾸느냐에 따라 사법의 모습과 역할도 달라질 것이다. 어쩌면 우리는 사법부에 대한 근본적 불신과 '강한' 민주주의의 열망을 바탕으로 사법부를 '법을 말하는 입'으로 묶어두려 했던 19세기적 관점을 견지할 수도 있을 것이다. 또 어쩌면 사법부로 하여금 '법률'

이 아닌 시민적 상식과 '법의 정신'을 추구하도록 하며 변화된 사법부와 함께 민주주의와 법의 색채를 바꿔나갈 수도 있을 것이다. 만일 후자의 길을 택한다면, 지난 세기 변함없이 존속되어온 관료적 사법의 틀을 극복하는 것이 사법과 국가권력의 얼굴을 바꾸는 데 관건이 될 것이다. 즉 한국의 법조가 사법관료제의 감옥과 특권구조에 안주하며 사회에 군림하는 법조상에서 탈피하여 시민적 감각과 대표성을 회복하게 하는 것, 사법운영을 지역사회에 더 밀착시키고 분권화시키는 것이다. 물론 이는 결코 단기간에 이룩할 수 있는 일이 아니다. 이는 사법담당자나 법률가집단의 의식과 사법문화의 변화뿐만 아니라, 한국의 정치·사회적 구조의 변화, 지방자치 활성화와 책임 있는 시민의 참여에 바탕을 둔 민주정치로의 질적 변화를 요청한다. 한국사회에 이를 가로막는 요소와 경향이 존재하고 있지만, 결코 불가능한 것은 아니다. 사법개혁을 통해 거둔 몇 가지 성과들이 제 기능을 발휘할 수 있도록 노력하고 법원·검찰의 조직과 운영에 부분적으로 분권적 요소를 도입한다면, 그 효과가 앞으로의 민주정치와 지방자치의 발전수준에 호응하며 장기적인 변화의 추세를 만들어낼 수 있을 것이다.

그동안 한국 근대법사를 공부하고 논문을 쓰면서 많은 분의 가르침과 도움을 받았다. 은사이신 한인섭 교수님을 비롯하여, 대학원 석·박사과정에서 한국 법사와 형사법 공부, 그리고 학위논문 주제에 대해 가르침을 주신 박병호, 최종고, 심희기, 신동운, 정긍식, 조국 교수님들께 이 자리를 빌어 감사의 말씀을 올린다. 또한 이 책의 많은 부분은 필자가 그동안 참여해온 여러 공동연구의 산물이다. 1999년 9월부터 1년간 일본에 체류하면서 교토대학의 미즈노 나오키水野直樹 교수, 그리고 주쿄대학中京大學의 아사노 도요미浅野豊美, 일본국제문화연구센터의 마츠다 도시히코松田利彦 교수가 이끄는 두 개의 연구회에 참여하여 식민지 조선과 대만에 관한 많은 자료를 접할 수 있었다. 2004년 박사학위를 취득하고 서울대 법학연구원의 전임연구원으로서 서울대 정종섭 교수가 이끄는 한국헌정사연구회에 참여하게 되었다. 이때 미군정기 문서들을 접하고 헌정사 연구의 시각과 방법을 배울 수 없었다면 이 책의 제3부는 극히 부실해졌을 것이다. 한동대의 이국운 교수와 중앙대 신우철 교수의 글은 필자에게 자극제와 나침반이었다. 부산대에 부임한 뒤에는 계명대의 이성환 교수와 교토대학의 이토 유키오伊藤之雄 교수가 이끄는 연구회에 참여하여 이토 히로부미라는 인물과 접할 기회를 가졌는데, 그 덕분에 제1부와 제2부를 이루는 한 축이 완성될 수 있었다. 국내외 자료수집과 연구회 활동이 가능했던 것은 한국학술진흥재단의 BK21 사업과 인문사회분야 기초학문지원사업, 부산대의 교내연구비, 일본 학술진흥회 등의 지원 덕분이었다. 아울러 이 책을 마무리하고 출간하는 단계에서 부산대 법학전문대학원의 교수저술출간지원사업의 지원을 받았음을 밝혀둔다.

2007년 말 역사비평사의 조원식 실장으로부터 검찰제도사에 관한 집필 제의를 받은 뒤 이 책을 탈고하기까지 2년이 걸렸다. 처음에는 박사학위논문을 수정하여 책을 내보자고 가볍게 생각했지만, 기왕 책을 쓸 바에는 법원에 관한 서술을 보강하고픈 욕심 때문에 다시 관련자료를 수집·검토하느라 상당한 시일이 걸렸다. 로스쿨 인가신청과 개교를 위한 학내업무에 동원되는 바람에 집필이 늦어져 개인적으로 힘에 부치고 또 역사비평사에 면목이 없었지만, 이 2년간은 사법제도사를 다시 공부하는 계기가 되어 학자로서 너무나 보람있는 시간이었다. 조원식 실장의 격려와 기다림이 없었다면, 아마 이 책의 절반은 세상에 나올 수 없었을 것이다. 편집부의 정윤경 선생은 난삽한 원고를 책답게 만들어주시느라 조언과 수고를 아끼지 않았다. 법학자의 설익은 저술을 출간하도록 승낙해주신 역사비평사 측에 다시 한 번 진심으로 감사말씀을 드리고 싶다. 부디 이 책이 역사학과 법학의 만남을 주선하고 한국 법의 역사에 관심있는 독자와 연구자들에게 좋은 참고서가 되어 그간의 은혜에 보답할 수 있기를 바란다.

끝으로 언제나 나를 성원해주고 살아 있음을 느끼게 해주는 사랑하는 아내 미아, 아들 이안과 딸 가연에게 이 책을 바친다.

2010년 3월
금정산 기슭에서
문준영

법원과 검찰의 탄생

법원과 검찰의 탄생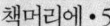
_ 사법의 역사로 읽는 대한민국

제2부 사법의 식민지적 근대, 1905~1945

표 목차

그림 목차

서론

사법개혁의 역사적 의미

1987년의 민주화 이후 한국 사법의 화두는 바로 '개혁'이었다. 사법의 민주화와 국민의 신뢰 회복을 위해 사법제도를 전면 개혁하는 것은 거스를 수 없는 시대적 과제로 인식되었다. 김영삼·김대중 정부 기간 동안 세계화추진위원회(세추위, 1995), 사법개혁추진위원회(사개추, 1999)가 구성되었지만 결실을 맺지 못했다. 공전하던 사법개혁 논의는 노무현 정부 들어 전기를 맞이했다. 대법관 임명파동을 계기로 대법원 산하에 사법개혁위원회(사개위, 2003)가 설치되었고, 사개위의 건의를 바탕으로 사법제도개혁추진위원회(사개추위, 2005)는 법조양성제도개혁, 국민 사법참여, 법원구성의 다양화와 기능강화, 형사사법제도개혁, 군사법제도개혁, 사법투명성 제고, 사법서비스 확충, 법치주의 정착을 위한 사법시스템 확충 등 8대 안건에 대해 구체적인 개선방안과 20여 개의 법률안을 마련했다.[1] 또한 2004년에는 검사의 정

---

001 사개추위의 활동경과 및 개선안에 대해서는 사법제도개혁추진위원회, 『사법제도개혁추진위원회 백서—사법선진화를 위한 개혁』(상·하), 2006. 이번 사법개혁을 상징하는 법률로는, 국민의 형사재판참여에 관한 법률(2007. 6. 1, 법률 제8495호), 형사소송법 일부개정 법률(2007. 6. 1, 법률 제8496호), 법학전문대학 설치·운영에 관한 법률(2007. 7. 27, 법률

치적 중립성과 검사의 직무상 독립성을 제고하는 방향으로 검찰청법이 개
정되었다.[2] 미흡한 점은 있지만, 지난 정부하의 사법개혁은 "기존 사법제도
를 총체적으로 재검토해 민주적이고 선진화된 사법시스템을 구축"[3]한다는
목표를 갖고 추진되어 일정한 결실을 거두었다는 점에서 큰 의미를 지닌다.
특히 국민참여 형사재판제도와 법학전문대학원제도는 장래 법조와 사법의
존재방식, 사법문화에 중대한 변화를 가져올 계기를 내포하고 있다.

지난 100년간 한국 사법제도는 기본적 법제수준에서 두 차례 큰 변화를
겪었다. 첫 번째는 19세기 말 20세기 초 식민화와 동반된 사법제도의 근대
화=서구화였다. 두 번째 변화는 해방 후의 사법제도 재편이다. 그렇다면
지난 사법개혁은 어떠한 역사적 의미를 가지는가?

눈길을 끄는 것은 사법개혁 추진기구들의 역사인식이다. 불발에 그쳤지
만 최초로 종합적 처방을 제시하려 했던 사개추(1999)는 한국 사법의 문제
점을 "사법제도 성립과정의 역사적 특수성에서 오는 기본구조상의 문제점
과 그 운영과정에서 나타난 구체적 현안"으로 진단하고, 개혁과제를 "골

제8544호)을 들 수 있다.

002 2004년 검찰청법 개정(2004. 1. 20, 법률 제7078호)의 골자는 다음과 같다. 첫째, 종래
4단계였던 검사의 직급(검찰총장, 고등검사장, 검사장, 검사)을 검찰총장과 검사로 단순화
시켰다(6조). 둘째, 제7조의 표제를 '검사동일체원칙'에서 '검찰사무에 관한 지휘·감독'으
로 변경하고, "검사는 검찰사무에 관하여 상사의 명령에 복종한다"는 규정을 "검사는 검찰
사무에 관하여 소속 상급자의 지휘·감독에 따른다"로 바꾸고, 그 지휘·감독의 적법성 또는
정당성 여부에 대해 검사에게 이견이 있는 때에는 이의를 제기할 수 있게 했다(7조 ①,
②). 셋째, 검사의 보직에 관해 법무부장관은 검찰총장의 의견을 청취하도록 했다(34조 ①).
넷째, 검찰인사위원회를 자문기구에서 심의기구로 격상시켰다(35조 ①). 다섯째, 검사적격
심사제도를 도입하여 모든 검사(검찰총장 제외)는 임명 후 7년마다 적격심사를 받도록 했
다(39조).

003 사법제도개혁추진위원회, 『사법제도개혁추진위원회 백서—사법선진화를 위한 개혁』(상),
24쪽.

18

깊게 남아 있는 식민지 사법제도의 잔재를 청산하고 해방 이후 도입된 각종 제도를 재평가·재정리함으로써 새로운 시대적 요구에 부응하는 사법제도를 구축하는 것"으로 설정했다.⁴ 이런 인식은 사개위(2003)와 사개추위(2005)에도 계승되었다. 사개추위는 기존 사법제도가 "식민지시대의 제도를 근간으로 한 낡은 시스템, 국민을 철저히 사법작용의 대상으로만 취급하는 권위주의적 체제를 유지"하고 있다면서 "사회민주화에 걸맞게 사법도 민주화되고 국민이 사법작용에 주체적으로 참여하며, 나아가 국제기준에 부합하는 선진화된 사법제도를 구축해야 한다"고 했다.⁵

위와 같이 '식민잔재 청산', '사법에서의 권위주의 청산=사법민주화'는 지난 사법개혁의 역사적 정당성을 규정한 두 개의 슬로건이었다. 이런 점에서 지난 사법개혁은 정부수립 이후 60년 동안, 길게는 20세기 초부터 한 세기 넘게 존재했던 사법의 기본구조를 재편하려는 시도였다고 할 수 있다. 왜 우리는 지난 백 년과 단절하고 새로운 전환을 모색하게 되었는가? 과연 이번 개혁이 거둔 성과는 무엇이며, 그것은 한국사회의 현재와 미래에 어떤 의미를 지니는가? 이 질문을 온전히 감당할 수는 없겠지만, 필자는 이 책에서 지난 한 세기를 지배했던 사법제도의 기본구조가 어떻게 만들어졌으며 그것은 한국 근현대사에서 무엇을 의미했는지 되짚어보려 한다.

이 책은 법원과 검찰을 중심으로 19세기 말부터 20세기 후반까지 한국 사법제도의 역사를 다루고 있다. 이에 관해서는 일일이 거론하기 힘들 정도로 많은 선행연구들이 있다.⁶ 법학계에서는 1970~80년대에 개화기와 일

---

004 사법개혁추진위원회, 『사법개혁 종합보고서』, 1999, 3~5쪽.
005 사법제도개혁추진위원회, 앞의 책, 334쪽.
006 법원과 검찰에 한정해도 실정법 및 법사학분야에서 많은 연구가 이루어졌다. 또한 『한국검 찰사』(대검찰청, 1976), 『한국법관사』(법원행정처, 1981), 『법무부사』(법무부, 1984), 『변호사회사』(대한변호사협회, 1980), 『법원사法院史』(법원행정처, 1995) 같이 기관에서 펴

제시대 근대적 사법제도의 도입 및 변천에 관한 선구적 연구들이 축적되기 시작하여, 1990년대부터는 미군정기와 정부수립 이후 사법제도의 변화에 관한 연구가 본격적으로 개시되었다. 역사학계에서도 근대법과 사법제도에 대한 연구가 꾸준히 이루어졌다. 말할 나위 없이 이 책은 그 선구적 업적들에 큰 빚을 지고 있다. 이 책에서 주의를 기울인 부분은, 개화기와 구한말, 통감부 시기와 식민지시대, 미군정기, 정부수립기 등 각 시기의 법원·검찰에 관한 주요 법령들의 성립과정을 밝히는 것이다. 그러나 이 책이 선구적 업적들을 통해 만들어진 한국 사법의 역사상(像)을 크게 바꾸지는 않을 것이다. 이 책은 선행연구에서 미진한 부분을 조금 더 자세히 다루고, 미시적인 대목에서 약간의 필자 나름의 해석을 전개하려 했을 뿐이다.

한국의 법원과 검찰법제의 변화상

한국 근현대사에서 법원과 검찰은 인권의 보루라기보다는 체제의 일부로서 법에 의한 사회통제기능을 담당하며 국가와 사회를 형성하는 데 중요한 역할을 해왔다.[7] 거기에는 정권 및 정권과 동맹을 맺은 사법관료들이 통제

낸 것도 있다. 자세한 것은 이 책 말미의 참고문헌 목록을 참고하기 바라며, 이 자리에서 값진 선구적 업적들을 모두 거론하지 못하는 것을 양해해주길 바란다.

007 '독립된 사법부'는 권위주의 정권에 양날이 칼이기는 하지만, 적절히 통제할 수 있다면 체제유지와 사회통제에 유용한 수단이 된다. 동유럽과 남미 등의 사례를 비교한 연구에 따르면, 권위주의체제는 다음과 같은 목적을 위해 사법부를 활용한다. 첫째, 사회통제를 확립하고 정치적 반대파를 억압한다. 둘째, 정권의 취약한 법적 정통성(legal legitimacy)에 대한 의구심을 불식시키고 '자의적 통치'가 억제되고 있다는 이미지를 대내외적으로 심는다. 셋째, 관료행정기구를 직접 감시하는 비용이 증가할 경우 행정재판제도를 도입하는 것이 더 효과적이며, 또한 자칫 정권의 위기로 이어질 수 있는 지배엘리트연합 내부의 경쟁과 갈등

력을 관철시킬 수 있는 관료사법의 구조, 형사사법 전반에 대한 검찰의 영향력을 뒷받침하는 법체계가 작용하고 있었다. 이 책은 관료사법체제와 검찰사법체제를 키워드 삼아 그 역사적 전개과정을 살펴보려 한다.

격동의 시대를 지나온 근현대사처럼, 법원·검찰에 관한 법제 역시 정치적 격변기마다 예외 없이 크고 작은 변화를 겪었다. 예를 들어 1948년 헌법 이후 1987년 헌법에 이르는 8차례 개헌에서 법관 임명방법은 〈표 1〉과 같이 빈번하게 개정되었다.

법관 임명방법으로는 일제시대부터 유신헌법체제까지 크게 네 가지 유형이 존재했다. ① 모든 법관을 행정부가 임명하거나(일제시대, 미군정기) 행정부가 사실상 좌우할 수 있는 방법(1972년 헌법), ② 모든 법관의 임용을 사실상 대법원이 좌우할 수 있는 방법(1948년 헌법 및 1949년 9월 법원조직법), ③ 대법원장·대법관은 추천위원회에서 선발하되 기타 법관의 임용은 대법원에 맡기는 방법(1948년 5월 법령 제192호 법원조직법, 1962년 헌법, 1969년 헌법), ④ 대법원장·대법관을 전체 법조인 선거로 뽑고 기타 법관의 임용은 대법원에 맡기는 방법(1947년 10월 법원조직법안, 1960년 헌법, 1961년 4월 대법원장 및 대법관선거법). 극히 단순화시켜 말하자면 ①은 행정부가 선호하는 방법, ②는 대법원이 선호하는 방법, ③은 절충적이고 운영방법에 따라 어느 한쪽이 유리할 수 있는 방법이었고, ④는 재야법조의 감각이 반영된 방법이지만 특수한 사

을 사법 메커니즘을 활용하여 관리함으로써 권력엘리트의 응집력을 유지한다. 넷째, 경제정책에 신뢰성을 주어 통상과 투자를 용이하게 한다. 다섯째, 체제의 이데올로기와 상반될 수 있는 정책들—포퓰리즘적 정책 혹은 사회주의적 정책 등의 축소·철회—을 집행해야 할 경우 의회보다는 사법부의 의사결정에 맡기는 편이 정치적 부담을 덜 수 있다. Moustafa, Tamir/Ginsburg, Tom, "Introduction: The Functions of Courts in Authoritarian Politics", Moustafa, Tamir/Ginsburg, Tom (edit.), *Rule By Law: The Politics of Courts in Authoritarian Regimes*, Cambridge[UK], New York etc.: Cambridge University Press, 2008, pp. 4~10.

〈표 1〉 개헌과 법관임명방법의 변화(1948~1987)

헌법	법관 임명방법
1948·1951·1954년 헌법	· 대법원장: 대통령이 임명하고 국회가 승인. '1949년 법원조직법' · 대법관 임명·대법원장 보직: 법관회의의 제청으로 대통령이 행함. · 판사 임명: 법관회의 결의에 의해 대법원장이 제청하고 대통령이 행함. cf. 법관회의: 대법원장·대법관·고등법원장.
1960년 헌법	· 대법원장·대법관: 법관의 자격이 있는 자로 조직되는 선거인단이 선거하고 대통령이 확인. · 기타 법관: 대법관회의 결의에 따라 대법원장이 임명.
1962·1969년 헌법	· 대법원장: 법관추천회의의 제청에 의해 대통령이 국회의 동의를 얻어 임명. · 대법원판사: 대법원장이 법관추천회의 동의를 얻어 제청하고 대통령이 임명. · 기타 법관: 대법원판사회의 의결을 거쳐 대통령이 임명. cf. 법관추천회의: 법관 4인, 변호사 2인, 대통령이 지명하는 법률학교수 1인, 법무부장관, 검찰총장.
1972년 헌법	· 대법원장: 대통령이 국회의 동의를 얻어 임명. · 대법원장이 아닌 법관: 대법원장의 제청에 의해 대통령이 임명.
1980년 헌법	· 대법원장: 대통령이 국회의 동의를 얻어 임명. · 대법원판사: 대법원의 제청에 의해 대통령이 임명. · 기타 법관: 대법원장이 임명.
1987년 헌법	· 대법원장: 국회의 동의를 얻어 대통령이 임명. · 대법관: 대법원장의 제청으로 국회의 동의를 얻어 대통령이 임명. · 기타 법관: 대법관회의의 동의를 얻어 대법원장이 임명.

정과 결합되어 있었다. 대법원을 구성하는 법관의 명칭은 '대법관'(1946~1961)→'대법원판사'(1962~1984)→'대법관'(1987~　)으로 바뀌었다. 1948년 헌법 이래 법원은 명령·규칙·처분의 위헌·위법 여부에 대한 심판권을 가졌지만, 위헌법률심판권을 행사하는 기관은 '헌법위원회'(1948~1960), '헌법재판소'(1960~1961), '대법원'(1962~1972), '헌법위원회'(1972~1987), 그리고 '헌법재판소'(1987~　)로 변화해왔다. 법원조직법, 검찰청법도 빈번한 개정에서 예외가 아니었다. 만일 법제의 안정성에만 초점을 맞춘다면, 일제시대 35년간이 가장 안정된 시기였다고 할 정도이다.

이렇게 법제의 변화가 잦았던 데는 여러 가지 정치적·경제적 이유가 있다. 동시에 해방 이후 사법제도 개정작업이 비체계적·졸속적으로 마무리된 점도 무시할 수 없다. 현대 한국의 사법은 출발점에서부터 불완전·불안정했고 인적·물적 조건도 미비했다. 따라서 제도시행 직후부터 다양한 문제들이 노정되었다. 게다가 문제들이 그때그때 정치·경제적 상황에 영향을 받으며 임기응변적으로 해결됨으로써 다시 문제가 야기되는 악순환구조를 갖게 되었다. 때문에 "사법제도 전체를 지배하는 통일적인 이념이나 질서가 선명하지 못하고, 다양하고 이질적인 요소들이 혼재"하며 "상호간에 모순을 보이는 경우가 산재"할 수밖에 없었다.[8]

좀 더 시대를 앞당겨 비교법적 시각을 가미하여 법제의 변화상을 바라보자. 보통 한국의 법제도는 이른바 '대륙법계' 유형으로 분류된다.[9] 민법·형법·상법·소송법 등 기본적 법규범이 체계적 법전(Code)의 형태로 존재하며, 대륙법계 국가의 예를 본받아 법원과 검찰도 관료제적으로 조직·운영되고 있다.

해방 전의 식민지적 사법제도에서는 대륙법계 제도에 대한 근접도가 훨씬 높았다. 법원을 비롯한 검찰도 단일한 사법조직법령(한말의 재판소구성법, 일제시대의 조선총독부재판소령)으로 규정되고 있었고, 사법행정기관(한말 법부, 일제시대의 총독부 법무국)이 검찰과 법원에 관한 사법행정사무를 관장했다. 또한 대륙법계 국가에서는 통상적인 민형사사건을 관할하는 사법재판과, 행정처분의 위법성과 부당성을 심사하는 행정재판이 이원적으로 제도화되어 있었는

---

008 사법개혁추진위원회, 앞의 책, 5쪽.

009 이하에서 대륙법적 요소와 영미법적 요소에 대해 언급했지만, 이는 극히 부분적이고 피상적인 모습을 열거한 것에 불과하다. 자세한 것은 존 헨리 메리만 지음, 윤대규 옮김, 『시민법전통』, 경남대출판부, 2004를 참조하라.

데, 과거 일본과 식민지 조선도 마찬가지였다. 다만 식민지 조선에는 아예 행정재판제도 자체가 존재하지 않아서, 명목적으로도 법치국가의 형식적 요소를 갖추지 못했다. 법조는 대륙법계의 통례에 따라 국가사법부분의 관직인 '사법관司法官'으로 통칭되는 판사·검사와, '사법의 보조기관' 취급을 받는 자유업종인 변호사로 분단되어 상호간 장벽이 높았다.

해방 후 미군정기를 거치면서 미국 사법제도의 요소가 도입되었다. 최고 법원의 명칭이 대법원(Supreme Court)이 된 것, 하급법원 '판사'와 구별되는 '대법관(Justice)'이라는 관명이 등장한 것, 재판기관의 이원성이 해소되어 일반법원이 행정소송까지 관할하게 한 것, 소송법, 특히 형사소송법에 영미식 영장주의와 당사자주의(adversarial system)적 요소를 도입한 것, 사법행정사무에서 법원행정사무가 분리되어 법원에 속하게 된 것 등이 그 예이다. 그러나 이는 일본화 혹은 식민지화된 대륙형 사법제도의 틀에 영미법적 제도의 단편적인 요소들이 추가된 데 불과했다. 그럼으로써 법원·검찰제도에는 두 가지 법계에서 기원한 요소들이 공존하게 되었고, 이는 때로 기묘한 모습을 연출하기도 한다.

물론 이 책의 관심은 비교법의 관점에서 한국 법제가 어떤 법계에 속하는지 논의하는 것이 아니다. 또한 인권보장, 법치주의의 견지에서 영미형과 대륙형 사법제도 중 어느 것이 본질적으로 우수하다고 말할 수 없다. 아무튼 한국 근대 사법제도의 역사는 법제도적으로 서구법의 계수와 변용의 과정이었다는 점에서, 각종 제도의 기원과 계보, 한국적 수용과정을 해명하는 것은 이 책의 중요한 과제가 된다. 무엇보다 깊은 흔적을 남긴 근대 일본의 사법제도는 철저한 비교대상이 될 수밖에 없다. 이 비교를 통해 '개화기와 한말의 사법제도, 식민지 시기의 사법제도, 해방 후 재편된 사법제도가 어떤 특징을 가지고 있는지, 왜 하필 그런 모습을 갖게 되었는지'라는 질문에 대한 나름의 답도 제시할 수 있을 것이다.

그러나 법원과 검찰에 대한 연구가 몇 가지 법령의 연혁과 제도운영의 실제를 분석하는 데서 그칠 수는 없다. 왜냐하면, 법원과 검찰에 부여된 지위·역할, 그 조직방식 등은 전체 법체계 및 국가체제와 밀접하게 연결되어 있기 때문이다. 〈표 1〉이 말해주듯이, 해방 이후 우리 헌정사를 돌이켜보면 그 출발점과 전환점마다 어김없이 법원·검찰제도의 변화가 시도되거나 수반되었다. 겉으로 잘 드러나지는 않지만, 사실 그 이면에는 정치권력과 사법, 정치와 법치의 상호관계 및 그 구현방식을 둘러싼 권력게임과 담론투쟁이 존재했다. 따라서 법원·검찰제도사 연구는 국가체제 연구 또는 헌정사(constitutional history) 연구의 의미도 가지고 있다.[10] 그런 점에서 사법제도가 가지는 정치제도로서의 의미를 염두에 두면서 한국의 역사적 경험과 소재에 접근할 필요가 있다.

법원, 검찰, 국가의 모습

이 책은 법원과 검찰의 조직법제, 그리고 두 기관, 특히 검찰과 밀접한 관계를 지닌 형사사법제도에 초점을 맞추어 논의를 전개할 것이다. 법학의 전문용어에 익숙하지 않은 독자의 이해를 돕고 앞으로 논의를 진전시키기 위해 사법제도 내에서 법원·검찰의 위치 및 기능과 관련된 몇 가지 원론적 문제들을 짚고 넘어갈 필요가 있다.

---

010 해방 이후 법원제도에 관한 헌정사적 연구로는 이헌환, 『정치과정에 있어서의 사법권에 관한 연구─한국 헌정사를 중심으로』, 서울대 법학박사학위논문, 1996; 이헌환, 『법과 정치─존재·당위·인간의지의 파노라마』, 박영사, 2007; 이국운, 「해방공간에서의 사법기구의 재편과정에 관한 연구」, 『법과 사회』 29, 2005.

이 책에서 다루는 법원과 검찰제도, 형사소송제도는 모두 서구 근대의 법제도에서 유래한 것이다. 법원과 검찰은 형사절차에서 각각 재판기관과 소추기관으로서 임무를 수행한다. 오늘날의 형사소송제도와는 달리 전근대 국가에 존재했던 규문주의糾問主義적 소송제도(inquisitorial system)하에서는 법원과 검찰이 피고인보다 압도적으로 우월한 지위에 서서 각종 강제적 수단과 때로는 자백을 획득하기 위한 고문을 활용하며 사안을 조사했다. 또한 소추기관과 재판기관의 분립이 명확하지 않아, 법원이 수사자·소추자·재판자의 3역을 동시에 담당하기도 했다. 그러나 근대 자유주의 이념은 규문절차의 구도를 더 이상 용인하지 않는다. 피의자의 인권을 보호하고 절차적 정의를 담보하기 위해서는, 민사소송에서 전형적으로 나타나는 삼각구도 아래서 당사자 간 법적 투쟁(forensic combat)에 의해 소송이 진행되는 방식이 형사소송에도 도입되어야 했다. 그 모델은 영국의 형사소송이었다.

이렇게 해서 대륙국가의 형사소송도 영미와 마찬가지로 탄핵주의彈劾主義(accusatory system)의 구조를 갖추게 되었다. 그러나 대륙의 탄핵주의 형사소송과 영미의 당사자주의 소송구조(adversarial system)에는 중요한 차이가 있다. 대륙의 형사소송을 탄핵주의라고 하는 것은, 검사의 공소제기가 있어야 비로소 법원이 사건에 대한 심판권을 가지는 점(불고불리不告不理의 원칙), 피고인에게 소송주체로서의 지위와 방어권을 보장하는 점, 공소사실에 관한 주장책임과 입증책임을 국가가 부담하는 점(무죄추정의 원칙), 피고인의 소송주체성과 방어권을 인정하는 점 등에서 이전의 규문주의와 근본적 차별성을 갖기 때문이다. 하지만 영미의 당사자주의 소송구조에서 법원이 소극적 심판의 역할에 머무는 것과 달리, 대륙의 형사절차는 실체적 진실 발견을 위해 국가기관(법원, 검찰)의 적극적인 활동을 긍정한다(직권조사주의 내지 직권심리주의). 그런 특징은 검사 또는 예심판사가 주재하는 공판 전前 조사단계에서 더 분명히 드러난다. 이렇게 대륙의 형사절차는 탄핵주의의 형식을 갖추고 있지만 여전히 규문주의의 요소를 간직하고 있다. 때문에 프랑스에서는 규문주의와 탄핵주의를 혼합했다는 의미로 자국의 형사소송을 '혼합형(mixed system)'이라 하고, 독일의 근대 형사소송제도도 그 실질은 "대폭 수정된 규문주의"이지만 전통적 규문주의와의 단절을 부각시키는 의미에서 직권주의職權主義라고 한다.[11]

아무튼 탄핵주의적 형사소송구조 아래서는 일견 법원과 검찰의 자리가 단순명쾌하게 정해지는 듯이 보이지만, 사실은 그렇게 간단하지 않다.

직권주의 형사소송에서 검사는 원고의 지위를 갖지만, 그렇다고 피의자·피의자와 대등한 지위에서 대립하는 순수한 당사자로 관념되기는 어렵다. 검사는 단순히 피해자를 대위하는 자가 아니라 "공익의 대표자"(검찰청법 제4조)이다. 범죄자를 법원에 제소하는 권한은 극히 예외적인 경우를 제외하면 국가가 독점하며, 국가를 대표하는 검사가 공소권을 행한다(국가소추주의, 기소독점주의). 검사는 피고인에게 불리한 증거뿐만 아니라 유리한 증거도 조사해서 공정하게 객관적으로 직무를 수행할 것을 요청받는다(검사의 객관의무). 이런 점들 때문에 검사의 소송법적 지위에 관해서 검사의 비非당사자적 지위를 강조하거나 검사를 사법기관 내지 준準사법기관이라고 하는 것이다. 이런 관점에서는 검사와 법관이 진실 발견과 정의실현이라는 공동목표를 공유하며 서로 협력적 분업관계에 있다고 관념되기 쉽다. 그런 상호관계를 표현하기 위해 종종 검사와 법관을 '형사법 실현의 양 수레바퀴' 또는 '쌍둥이'라고 부르기도 한다.[12]

---

011 신현주, 『형사소송법』(신정2판), 박영사, 2002, 39쪽.

012 Güde, "Die Stellung des Staatsanwalts im heutigen Recht", *Die Justiz*, 1957(심재우, 「검찰권의 독립」, 『대한변호사협회지』 78호, 1982, 12쪽에서 재인용).

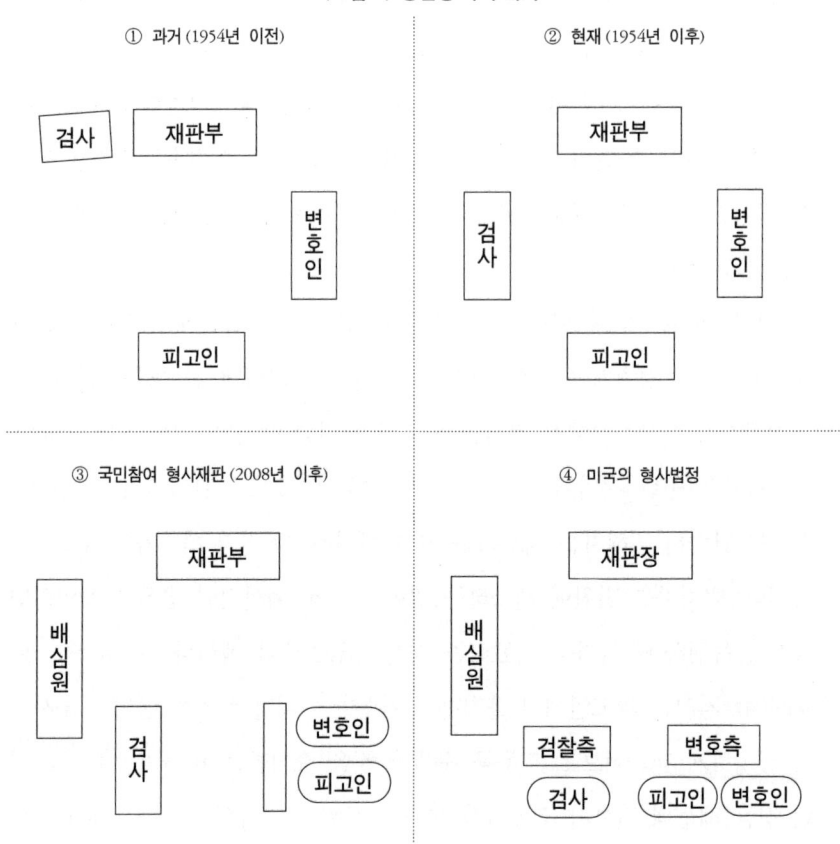

〈그림 1〉 공판정 좌석 배치도

① 과거 (1954년 이전)

검사　재판부

변호인

피고인

② 현재 (1954년 이후)

재판부

검사　변호인

피고인

③ 국민참여 형사재판 (2008년 이후)

재판부

배심원　검사　변호인　피고인

④ 미국의 형사법정

재판장

배심원　검찰측　변호측

검사　피고인　변호인

　당사자로 환원시키기 어려운 검사의 법적 지위, 기소독점주의, 검사가 수사권·상소권을 비롯한 광범위한 권한을 가지는 것, 검사동일체원칙, 검찰의 계급제적 조직과 정부에 대한 예속성(법무부장관의 지휘감독권) 등은 대륙법계 형사사법체계 내에서 검사가 지닌 특수한 지위·역할과 연관되어 있다.[13]

---

013 대륙법계 검찰제도에 관한 훌륭한 저술로는 이완규, 『검찰제도와 검사의 지위』, 성민기업, 2005가 있다.

직권주의와 당사자주의 모델에서 판사, 검사, 피고인의 관계를 상징적으로 보여주는 것이 공판정의 좌석배치이다.

〈그림 1〉에서 ①은 1954년 형사소송법이 시행되기 전까지—즉 일본의 구舊형사소송법(1890년 제정, 1922년 전부개정)을 '의용依用'하던 시기—존재한 공판정 좌석배치도이다. 검사는 법대法臺에 올라 판사 옆에 좌정하고 있다. 이는 일본 특유의 방식이 아니라 대륙의 직권주의 모델에서 유래한 것이다. 그와 대비되는 게 ④ 미국의 형사법정이다. 여기서는 검찰 측과 변호인 측이 재판장을 향해 나란히 앉고 피고인은 변호인 바로 옆에 앉는다. 그림의 ②는 영미의 당사자주의적 요소를 채용하여 1954년에 제정된 형사소송법 하에서 변경된 공판정 좌석배치로서 오늘날까지 이어지고 있다. 검사는 법대에서 내려와 변호인과 마주보고 있지만, 피고인은 여전히 법관을 향해 앉아 있다. 직권주의의 대표적 특징이 공판절차에서 피고인이 심문의 대상이 되는 것인데, ②에서 피고인의 좌석은 그 점을 상징적으로 보여준다. ③은 2008년 국민참여 형사재판제도가 시행된 뒤 일부 법원에서 국민참여재판에 적용하고 있는 공판정 좌석배치이다. ②와 달리 피고인이 변호인 바로 옆에 앉아 검사와 마주보고 있으며, ④로 변화할 계기를 담고 있다. 본론에서는 ①의 구도를 내포한 형사사법제도가 어떤 내용과 특징을 갖고 있었는지, ①에서 ②로의 전환은 어떻게 이루어졌는지 자세히 살펴볼 것이다.

한편, 법원의 소송법상 지위는 검사보다 훨씬 명쾌해 보인다. 법원은 삼각구도 속에서 의심할 여지없이 제3자적 기관으로 존재하는 것처럼 보이기 때문이다. 삼각구도에서 제3자의 정당성은 분쟁해결을 위해 당사자들이 공평한 제3자에게 사건을 회부하는 데 동의했다는 사실에 의존한다. 그런데 이 기본적인 논리는 판사라는 관직, 그리고 현실적으로 당사자 승인과 무관하게 존재하는 법이 당사자의 상호동의를 대체함으로써 위협받는다. 형사재판의 경우, 특히 직권주의구조의 형사소송에서는 더욱 그렇다. 형사재판의 피고인에게 법원은 순수한 제3자가 아니라 검사와 더불어 자신과 대립하는 국가권력의 대리인으로 보일 수 있다. 즉 형사재판에서 법원은 실질적으로 이각구도(국가 대 범죄자)인 것을 삼각구도로 가장하는 장치라고도 할 수 있는 것이다.[14]

근대 사법제도는 실체법, 절차법, 법원조직 측면에서 특별한 대책을 강구해 이 긴장관계를 해소하려 한다. 인권과 시민적 자유를 고려한 법제정, 그런 제정법에 대한 법관의 구속, 탄핵주의 내지 당사자주의 소송구조, 일반인의 재판참여(배심제, 참심제) 등이 실체법적·절차법적 강구라고 할 것이다. 또한 사법부의 독립, 판사의 직무상 독립 등의 장치를 통해 법원이 당사자 및 외부간섭으로부터 독립해 법적 원리에 입각하여 공평무사하게 심판하는 존재임을 사회에 설득하고자 한다.

그러나 사법권 독립은 현실에서 제약을 받는다. 법관 독립을 제약하는 다양한 제도적·정치적·문화적 요소들이 존재하기 때문이다. 그중 가장 많이 거론되는 것이 행정부와 사법부의 관계, 사법부의 내적 조직, 법조의 존재방식이다. 그 점에서 관료제적 사법조직체계를 갖고 있는 대륙법계의 방식은 영미법의 방식에 비해 상대적으로 "판사가 행정관료와 동지적 관계로 동화同化되는 것"과 사법권 독립원칙 사이의 마찰을 야기하기 쉽고,[15] '얇은 개념의 법의 지배'가 나타나는 데 일정한 기여를 한다고 이야기된다.[16]

하지만 국가권력으로서의 사법권력을 어떻게 조직·감시할 것인가의 문제

---

014 Shapiro, *Courts: A Comparative and Political Analysis*, London & Chicago: University of Chicago Press, 1981, pp. 22, 36~37.

015 *Ibid.*, pp. 152~153.

016 Moustafa, Tamir/Ginsburg, Tom, "Introduction: The Functions of Courts in Authori -tarian Politics", *op.cit.*, p. 19.

에 대해 사법권 독립원칙은 결코 명쾌한 답을 주지 않는다. 오히려 어려운 문제를 제기한다. 근대국가에서 사법권 독립은 사법부의 절대적 자율성이나 자치를 의미하지 않는다. 여기서 검사의 법적 성격을 단순히 당사자로 규정하기 어렵게 만드는 것과 동일한 요소를 상기할 필요가 있다. 바로 '주권(sovereignty)'이다. 법적 개념으로서의 주권은 국가의 단일하고 불가분한 최고권력을 의미하며, 모든 통치권의 원천으로 상정된다. 주권에 대한 의존과 복종에는 사법권력도 예외가 아니다. 전근대 신분제국가에서 법조신분과 법원이 누렸던 중간단체적 특권과 자율성은 근대국가에서 용인될 수 없다. 법관은 주권자(군주, 국민, 인민)에 의해 직접, 또는 주권을 위임받은 자에 의해 선임되어야 한다. 법원이 스스로 법을 창조하는 것은 불가능하며, 혹시 법원이 월권하는지, 주권자의 목소리(제정법, 선출된 정부의 정책)를 무시하는지 감시할 필요가 있다. 검사의 주된 역할 중 하나는 '공익의 대표자', 즉 국가의 대표자로서 법원을 감시하는 것이다. 오늘날 민주국가에서도 법관 인사를 포함한 사법부의 완전한 자치는 인정되기 힘들다. 때문에 법관 임명제도가 늘 문제시되지만, 사실 명쾌한 답은 없다. 권력구성에서 관철되어야 할 '민주적 정당성'의 원칙과 사법부의 비정치적·비다수파적 기관으로서의 성격은 어느 한쪽도 버릴 수 없고, 따라서 모순적으로 보이는 요청들을 균형적으로 고려해야 하기 때문이다.[17]

극히 원론적인 수준에서 살펴봤지만, 통치구조와 사법절차 속에서 법원·검찰의 지위와 역할을 정하는 데는 복잡한 문제들이 얽혀 있음을 알 수 있다. 그 구체적인 제도화과정에서 해당 국가의 제반 여건과 상황, 정치·법의 전통이 복합적인 영향을 미치게 된다.

---

017 사법권 독립과 민주적 정당성에 관해서는 임지봉, 『사법적극주의와 사법권 독립』, 철학과 현실사, 2004, 230~241쪽.

법원과 검찰의 조직과 기능, 사법절차의 성격, 법률가집단의 존재방식은 해당 법·정치공동체의 성격과 밀접한 관계가 있음이 여러 연구를 통해 지적되었다.[18] 다마스카의 표현을 빌리면, 우리는 법원과 검찰을 통해 '사법과 국가권력의 얼굴(the Faces of Justice and State Authority)'을 볼 수 있다.[19] 이런 논의들은 법률학적 관점에 매몰되지 않고 국가 및 사회구조와의 상관성을 염두에 두면서 사법제도에 접근하는 시각을 제공한다. 동시에 사법개혁이 왜 '체제개혁'으로서의 의미를 지니는지, 다시 말해 국가의 '얼굴'을 바꾸는 것과 연관되는지—동시에 그것이 얼마나 어려운 과제인지—를 이해할 수 있게 해준다.

서구 근대법과 한국

이 책에서 근대적 사법제도, 법 근대화를 말할 때의 '근대', '근대화'는 '서구화', '서구적 근대(성)', '서구 자본주의사회의 법' 등의 맥락에서 이야기되고 있다. 하지만 '근대', '근대적'이라는 용어가 항상 자유의 확대, 인

---

018 이에 관한 이론적 논의와 분석례로는 이국운, 『정치적 근대화와 법률가집단의 역할—법률가양성제도 개혁논의의 비교분석을 통한 접근』, 서울대 법학박사학위논문, 1998이 있다.

019 다마스카는 어떤 공동체가 국가권력 및 사법의 역할에 대해 가지는 이념형과 그것이 사법기관과 법절차에 제도화되는 방식을 '능동적 국가/위계적 공(公)권위/정책집행형 사법절차 (active state/hierarchical officialdom/the policy–implementing type of proceeding)'와 '수동적 국가/협동적 공권위/분쟁해결형 사법절차(reactive state/cooperative officialdom/the conflict–solving type of proceeding)'로 구분한다. 현실에서 양자가 순수한 형태로 나타나지는 않지만, 영미 사법제도는 대체로 수동국가의 유형에, 대륙의 사법제도는 대체로 능동국가의 유형에 속한다. Damaška, Mirjan R., *The Faces of Justice and State Authority: A Comparative Approach to the Legal Process*, New Haven & London: Yale University Press, 1986.

권보장과 연관되어 이해되어야 할 것은 아니다. 물론 실천적 관점에서 근대법제도와 불가분의 관계에 있는 자유주의적 법치주의의 규범적 지향들—국민주권주의, 입헌주의, 인간의 존엄성, 기본권의 보장, 권력분립, 법의 지배 등—은 폄훼되거나 포기될 수 없다. 또한 이 책에서도 각종 법규범과 제도들을 분석하고 평가하는 규준으로서 자유주의적 법치주의가 제공하는 규범적 기준을 동원하고 있다. 그러나 근대사회에서 사법기구와 사법절차가 정치적·사회적·이데올로기적으로 어떤 역할을 하는지 파악하려면, '통치제도', '통치방법', '통치술' 등의 측면에서 자유주의적 법치주의의 특징을 이해할 필요가 있다.

자유주의적 법치주의란 '좋은 정부'에 대한 근대적 신념체계인 '법치주의'와 '자유주의'가 결합되어 나타나는 정치-법시스템을 널리 일컫는 용어이다.[20] 자유주의와 법치주의는 개념적으로는 구분되지만, 근대의 법·정치담론에서는 논리적으로 서로 긴밀히 결합된다. 자유주의의 관점에서 볼 때, 자유의 확보를 위해서는 자의적 권력행사의 억제와 합법적이고 정당한 통치가 필요하며, 이를 위해 국가의 권력작용 중 법정립작용을 가장 우위에 놓고 통치작용을 법에 구속시킬 필요가 있다. 법치주의 이념은 단순히 법으로 통치한다는 것을 넘어, 자유의 확보를 내용으로 하는 법의 존재, 법에 의한 국가작용의 구속, 그리고 법의 해석이 문제될 때 이를 비非정치적으로—다시 말해 법적으로—해결할 수 있는 포럼과 절차를 요구하게 된다. 양자의 요청이 결합된 자유주의적 법치주의는 '정치의 법적 구조화' 내지 '정치과정의 법과정으로의 대체'를 전제하며, '정치'와 '법'의 관계에서 정치에 대한 '법의 독자성 내지 자율성(autonomy of law)'을 규범적으로 승인한다.[21] 아울러 제도적 수준에서 좁은 의미의 정치과정(법창조과정)과 비정치적

---

020 이하 자유주의적 법치주의시스템의 정치적 의미에 관해서는 이국운, 앞의 글, 18~32쪽.

인 것으로 관념되는 사법과정(법발견과정)을 분리하여 각각의 운영을 의회와 법원에 맡긴다. 요컨대 "자유주의적 법치주의는 '법의 독자성'을 정당화하는 이데올로기를 존립의 전제로 삼고, 지배업무 수행자와 인민대중의 분리 및 법창조와 법발견을 담당하는 법적 대표기구들 사이의 분리(=권력분립)를 제도화한 정치-법시스템"이라 할 수 있다.[22]

그런데 자유주의적 법치주의의 제도적 모습을 지구상의 소수의 국가(이른바 선진국)에서 나타나는 모범적(?) 사례로서만 이해할 것은 아니다. 자유주의적 법치주의의 스펙트럼상에는 영미의 '법의 지배(rule of law)', 대륙의 '법치국가(Rechtsstaat)', '형식적 법치주의'와 '실질적 법치주의' 등으로 불리는 다양한 모습이 존재할 수 있다. 또한 자유주의적 법치주의는 "얼마든지 민주주의에 선행해서, 민주주의와 무관하게 실현될 수 있"고,[23] "독재국가의 억압적인 독재하에서도" 존재할 수 있다.[24]

한편 '법의 독자성'이 함의하듯이, 자유주의적 법치주의에서 전제가 되

---

021 로베르토 웅거(Roberto Unger)에 의하면, 법의 자율성은 실질적·제도적·방법론적·직업적 측면을 가지고 있다. 즉 경제적·정치적 혹은 종교적인 일련의 비법적 신념이나 규범들을 재진술하는 것만으로는 설득력 있게 분석될 수 없는 세속적인 법규범들이 자기완결적 체계를 구성하고 있다(실질적 자율성). 법규범들은 사법적 판단을 주요 업무로 하는 전문화된 기관들에 의해 적용된다(제도적 자율성). 이들 전문화된 기관들이 자신의 행위를 정당화하는 방식은 다른 학문과 관행에서 사용되는 방식과 다르며, 법률가들이 사용하는 법적 추론(legal reasoning)은 과학적 설명이나 도덕적·정치적·경제적 논의로부터 스스로를 구분 짓는 방법과 스타일을 갖고 있다(방법론적 자율성). 마지막으로 독특한 활동, 특권, 훈련에 의해 규정되는 법률직업인이 법규범들을 다루고, 법기관들의 직책을 맡고, 법적 논증에 참여한다(직업적 차원의 자율성). 로베르토 웅거 지음, 김정오 옮김, 『근대사회에서의 법—사회이론의 비판을 위하여』, 삼영사, 1994, 67~68쪽.

022 이국운, 앞의 글, 32쪽.

023 아담 쉐보르스키·호세 마리아 마라빌 외 지음, 안규남·송호창 옮김, 『민주주의와 법의 지배』, 후마니타스, 2008에 실린 최장집 교수 한국어판 서문, 15쪽.

024 위의 책, 제8장 로버트 베로스, 「독재와 법의 지배」, 361쪽.

는 법은 단순한 법규칙의 집합이 아니라 자족적 체계를 갖춘 법으로 상정된다. 즉 정치·도덕규범·종교 등 법외적인 규준과 가치에 의존하지 않고 법규칙의 체계 내에서 법적 원리에 의해 해결할 수 있는 법, 자기준거적으로 작동할 수 있는 체계를 갖춘 법이어야 한다. 즉 막스 베버Max Weber가 말하는 형식적 합리성을 갖춘 법체계이며, 그 전형적 예가 19세기 프랑스, 독일에서 편찬된 근대적 법전이다.[25]

주의할 것은, 근대법이 '자유의 확장'과 '자유의 억압'이라는 야누스적 얼굴을 갖고 있다는 점이다. 이 말은 근대법이 부르주아의 이익에 봉사하는 계급적 성격을 가졌다는 점만을 지적하는 것이 아니다. 막스 베버가 간파했듯이, 이는 '형식적 합리화'를 모토로 진행된 법 근대화가 야기한 역설이었다. 근대법은 형식적 합리화를 통해 정치적 자의와 경제적 압력의 직접적 영향을 차단하고 시민들의 자율적 행위를 가능하게 만드는 예측가능성을 확보함으로써 자유를 가져왔지만, 동시에 법의 관료화·전문화, 전문가(법률가 및 법제관료)의 법지배를 관철시킨다. 그럼으로써 일반인이 법으로부터 소외되는 현상이 심화되고, 형식성과 관료적 그물망 아래서 사람들은 총체적 생활양식과 보편적 가치척도를 상실했으며('의미'의 상실) 생활양식은 표준화·도식화되었다('자유'의 상실).[26]

서구 근대법은 서유럽의 특정 시기에 특수한 조건과 결합해 만들어진 역사적 산물이지만, 이제 그것은 보편적이며 외부가 없는 것처럼 받아들여지고 있다. 서구 근대법의 전파는 멀게는 19세기 이래 진행된 서구 식민지배

---

025 형식적 합리적 법은 법외적 원인이 아닌 법 내부의 일반적 원칙에 의해 판결이 이루어진다는 의미에서 '형식적'이고, 개별적 사례를 초월해 존재하는 일반적 규칙이 사용되고 지성에 의해 통제가능한 논리적인 의미해석규준이 사용되며 고도의 체계성을 가졌다는 점에서 '합리적'인 법을 말한다. 이상돈·홍성수, 『법사회학』, 박영사, 2000, 62쪽.
026 위의 책, 90~95쪽.

의 산물이다. 서구 근대법이 자발적 혹은 타율적으로 계수된 곳에서는 서구의 법 개념이 정치와 사회생활의 규준으로 존재하게 되었고, 계수된 법의 효과적 집행을 위해서라도 통치제도와 사법제도의 서구화가 요구되었다. 서구법을 훈련받은 법률가집단은 정부와 사회의 중요부문에 위치하여 근대법을 작동시켰고, 법과 정치담론을 주도하며 이를 사회에 확산시키는 역할을 맡았다. 이런 과정을 통해 서구적 법 개념과 법제도, 법적 어휘와 논리가 보급되었고, 그 통제력과 문화적·이데올로기적 작용은 사회관계 및 사람들의 삶의 양식을 서구화시키는 데 결정적인 역할을 했다.[27]

한국은 19세기 말 이래 서구법을 받아들이고 그것을 정치·사회·문화적 조건에 맞게 변용시켜왔다. 19세기 말의 국제환경에서는 식민지화의 위기를 돌파하기 위해 법 근대화, 사법 근대화가 좁은 의미의 정치·행정 근대화에 못지않은 중요한 의미를 갖고 있었다. 법과 재판제도 근대화는 '사상'에 그치지 않고 '제도'로서의 근대를 구현하는 데 핵심적인 요소였고, 서구 국가의 관점에서 보는 '문명국'의 주된 판단요소였다. 그러나 이는 말처럼 쉬운 일이 아니었다. 사법제도 '근대화'의 측면에서 보면, 갑오개혁기(1894~1895)와 통감부 시기(1909~1910)에 추진된 제도개편이 가장 두드러지지만, 이 두 차례의 '개혁'은 '외압'에 의해 전통적 권력이 억압되거나 와해되는 정치적 조건 위에서 행해진 것이었다. 이렇게 해서 "불유쾌한 서구법 매개자 일본에 의한 근대화"[28]의 길을 걸었던 한국은, 결국 국민국가가 아닌 '국민' 없는 국가, 자기통치가 부정되는 식민지로 귀결되었다.

서구 근대법의 전파, 그것을 운용하는 법기관 및 전문가집단의 조직이라

---

027 근대법의 식민주의와 이(異)문화지배에 대해서는 和田仁孝 編, 『法社會學』, 京都: 法律文化史, 2006, 247~251쪽.

028 최종고, 『한국의 서양법 수용사』, 박영사, 1982, 31쪽.

는 측면에서, 통감부 시기와 식민지 시기의 사법제도는 대한제국의 그것과 비교할 때 확실히 '근대적'이다. 물론 그 근대성은 껍데기일 뿐이고 사법제도는 식민지배를 위한 도구에 불과했다고 말해버릴 수도 있다. 하지만 억압적 통치와 '식민지적 특수사정'에 의해 규정되었다고는 해도, 이 시기가 근대법과 근대적 통치술이 본격적으로 가동되고 경험되는 공간이었음은 부정할 수 없는 사실이다. 중요한 것은 어떤 규범적 기준에 의해 식민지 사법제도가 근대적이냐 아니냐를 평가하는 것이 아니라, 한국의 역사적 조건하에서 법의 '근대(성)'[29]가 어떤 모습으로 표현되었는지 밝히는 일일 것이다. 이 책은 사법제도의 측면, 특히 법적 구조와 존재형태의 측면에서 이 문제에 접근해보고자 한다.

이 책의 과제 및 구성

이 책에서는 정치·사법제도에서 법원과 검찰이 차지하는 위치, 양자의 기능 및 그 상호관계가 어떻게 성립·전개되었는가 하는 문제를 염두에 두면서, 법원·검찰기구의 조직과 권한, 그들이 주인공으로서 관여하는 형사절차를 살피고, 아울러 제도를 설계·운영하는 과정에 등장한 각종 법이론, 법적·정치적 담론의 배경과 의미, 특정한 제도가 만들어지게 된 정치적·사회적 맥락을 해명할 것이다. 이를 통해 우리는 19세기 말과 20세기 초 식민지화와 동반된 타율적 사법 근대화과정과 함께, 한국 역사상 법원과 검찰

---

029 한국처럼 식민지배를 경험한 지역에서 경험되고 구성된 '근대'를 '식민지적 근대성 (colonial modernity)'이라는 개념으로 포착하려는 시도가 있다. 신기욱·마이클 로빈슨 엮음, 도면회 옮김, 『한국의 식민지근대성』, 삼인, 2006 참고.

이 어떤 길을 걸어왔으며, 한국 사법의 문제적 현상 및 그것을 가능하게 만드는 제도와 의식이 어떻게 형성되었는지 추적할 것이다.

이 책에서는 한국의 근현대 사법제도의 역사를 크게 세 시기로 나누어 서술할 것이다. 제1기는 근대로의 이행기로서, 1894~1895년의 이른바 갑오개혁기를 거쳐 대한제국이 수립되고 1905년 을사보호조약이 체결된 전후 시점까지이다. 제2기는 식민지적 근대의 시기로서, 통감부가 설치된 뒤 사법제도의 '개량'과 사법권 침탈이 개시되어 1910년 병합 이후 완성된 식민지적 사법제도가 존속한 1945년 해방 직전까지이다. 제3기는 탈식민지적 개혁과 사법제도 재편이 이루어진 시기로서, 해방 이후 미군정기를 거쳐 정부가 수립된 뒤 헌법, 법원조직법, 검찰청법, 형사소송법이 제정되는 1950년대 초반까지이다. 아울러 당시의 사법제도 개편결과와 문제의식이 지속적으로 영향을 미친 1950년대와 4·19 이후 성립한 제2공화국기, 그리고 군사정부 수립 이후의 제도변화도 살펴보려 한다.[30]

제1부의 초점은 근대 초 한국에 있던 사법 근대화를 향한 구상과 실천들, 그 현실적 결과물을 어떻게 평가할 것인가이다. 결과물 가운데 중요하게 살펴볼 것은 한국 사법사상 근대화의 서막을 열었던 법이다. 1895년 음력 3월 25일 법률 제1호 '재판소구성법'이, 1899년 5월 30일 법률 제3호 '재판소구성법 개정'이 발포되었다. 전자는 친일 개화파 정권이 주도한 갑오개혁의 산물이고, 후자는 이른바 대한제국 정부가 입법한 것이다. 제1부

---

030 예를 들어 법원·검찰제도의 개편은 1949년 법원조직법, 검찰청법의 제정으로 일단락된다고 할 수도 있다. 하지만 1954년에 제정된 형사소송법은 검찰제도에 관한 후속 개혁의 의미를 지닌다. 1958년 법원조직법 개정과 법관연임법 제정을 둘러싼 논란은 정부수립기 논쟁의 연속선상에서 파악될 필요가 있다. 제2공화국 시기에 추진된 법원·검찰제도개혁 역시 해방공간 내지는 정부수립기의 문제의식에 입각해 사법체제를 재출발시키고자 하는 모습을 보인다.

는 사실상 이 두 법률을 비교하고 두 법률에 내재된 관점·사상을 분석하는 작업이다.

당시 한국인들이 근대의 정치사회적 조건에 대응하여 구상한 국가와 사법제도는 어떤 것이었는가? 결과적으로 '자주적 근대화'가 좌절된 데는 일본의 침략에 의해 기회가 박탈되었다는 외부적 요인이 컸지만, 당시 한국의 조건과 주체적 역량 역시 정면으로 응시해야 할 것이다. 그런 의미에서 대한제국 정부의 사법제도에 관한 입법을 살필 때는, 막연히 '자주성'을 부각시키기보다 과연 그것이 동시대에 어떤 의미를 가졌는지 비판적으로 따져볼 필요가 있다. 개화파나 계몽운동세력의 사법제도에 관한 인식과 개혁구상은 어떠했는가? 국가사상이나 정치사상에 비해 이들 세력의 사법제도구상은 상대적으로 조명 받지 못했다. 개화파 인사들은 어설픈 서양법 지식의 수용자·전달자가 아니라 새로운 국가체제를 수립하려 했던 정치가들이라는 점에서, 그들의 디자인을 면밀하게 따져볼 필요가 있다.

제1부는 이런 문제의식을 가지고 전통과 근대로의 이행을 다룰 것이다. 먼저 조선시대 전통 사법제도의 특징을 개관한 뒤에, 사법제도 근대화의 모델이 된 유럽과 일본 근대 사법제도의 형성과정을 살펴본다(1장). 다음으로 박영효朴泳孝·유길준兪吉濬으로 대표되는 개화파 인사들의 사법제도구상의 특징과 한계를 논의한다(2장). 갑오개혁기의 사법제도에 대해서는 한국 사법제도 근대화의 서막을 열었다는 점에서 누가 어떤 관점으로 1895년의 사법제도를 만들어냈는지 밝히는 데 초점을 둘 것이다(3장). 대한제국기에는 이른바 '구본신참'노선이 1899년 재판소구성법에 어떻게 반영되었는지 살피고, 대한제국기의 국가체제와 사법제도의 성격을 어떻게 이해할 것인지를 논의할 것이다(4장).

제2부는 1905년 을사보호조약 이후 1910년 병합을 거쳐 1945년 해방에

이르는 시기까지 존재했던 식민지적 사법제도를 다룬다. 법원·검찰에 관한 주요 법령으로는 1907년 12월 23일 제정된 법률 제8호 '재판소구성법', 1909년 10월 18일 공포된 일본칙령 제236호 '통감부재판소령', 1912년 3월 18일 제령制令 제4호로 개정된 '조선총독부재판소령', 제령 제11호로 제정된 '조선형사령' 및 그 후속 제령이 있다. 1905년 을사조약 이후 1945년 해방에 이르기까지 사법제도는 엄밀히 말해 '한국'이 아닌 '일본'의 사법제도였다. 그런 의미에서 20세기 전반까지의 한국 근대 사법사는 일제 지배하의 한반도에 존재한 일본 사법제도의 역사이다. 이 책에서는 사법제도의 식민지적 근대가 어떻게 한국사회에 찾아왔고 존재했는지, 그 경험은 해방 이후 사법제도 개편의 방향성과 어떤 관계를 갖는지 해명하려 한다.

지금까지 연구는 이 시기의 사법제도에 관해 일제 식민통치의 수단이라는 틀에서 모든 것을 설명하려는 경향이 있었고, 공간적 시야도 식민지 조선에 한정되어 있었다. 그러나 식민지 조선의 사법제도는 일본의 제국적 사법질서의 한 부분으로서, 제국의 다른 지역 사법제도와 서로 영향을 주고받으며 형성·전개되었다. 말하자면 식민지적 사법제도는 일본적 사법제도의 한 발현형태였다. 또한 식민지 사법제도에는 일본적 사법의 논리와 식민지의 고유한 논리가 합성되어 있다. 그것을 파악할 때 식민지 사법제도의 전체적 구조와 내적인 진화, 그와 관련된 논점과 대안들의 의미를 제대로 파악할 수 있다. 이것은 해방 이후의 상황을 이해하는 데 매우 중요한 의미를 가진다. 왜냐하면 기존의 제도를 옹호 또는 개혁하려는 입장들 모두 해방 이전의 경험에서 습득한 지식과 관점에 입각해 있는 경우가 많기 때문이다.

이처럼 해방 이후까지 규정적 힘을 발휘했던 사법의 식민지적 근대를 설명하기 위해 제2부에서는 대만, 일본, 식민지 조선의 사법제도를 살펴볼 것이다. 먼저 식민지 사법제도의 모델인 대만 사법제도의 형성과정을 분석한 다(5장). 한반도에 존재했던 일본 사법제도로 넘어가면, 통감부 시기 일본에 의해 추진된 사법제도개혁, 1909년 사법권 위탁의 목적과 경위를 자세히 살펴보고, 과연 사법제도개혁이 누구를 위한 것이었는지 해답을 얻고자 한 다(6장). 병합 이후의 식민지 사법제도에 관해서는 식민지 지배체제에서 사 법기구의 위상과 역할, 법원·검찰제도 및 형사사법제도의 특징, 식민지 사 법제도 개선논의, 형사사법제도의 실제 운영상 등을 살펴볼 것이다(7, 9장). 또한 식민지 조선의 상황을 이해하기 위해서는 같은 시기 일본과의 비교가 필요하다. 따라서 같은 시기 일본의 형사사법제도를 살펴볼 것인데, 특히 검찰이 사법운영에서 지배적 지위를 가지는 검찰사법체제의 성립과정, 그 로 인해 촉발된 논쟁들을 검토하게 될 것이다(8장).

제3부는 미군정기와 정부수립 이후 진행된 사법제도 재편과정을 살펴본 다. 이 시기 주된 법령은 1948년 3월 21일 공포된 법령 제176호 '형사소 송법의 개정', 1948년 5월 1일 법령 제192호 '법원조직법', 1948년 8월 2 일 법령 제213호 '검찰청법', 1949년 9월 26일 법률 제21호 '법원조직법', 1949년 12월 20일 법률 제81호 '검찰청법', 1954년 9월 23일 법률 제341 호 '형사소송법' 등이다. 이 시기에는 그동안 유예되었던 입헌민주주의 이 념을 현실에서 어떻게 구현할 것인지, 그에 상응하는 사법제도는 어떻게 만들 것인지를 놓고 뜨거운 토론이 벌어졌다. 해방 이후 한국 사법제도는 자유주의적 법치주의시스템의 요소들을 갖추게 되었지만 그 과정은 순탄하 지 않았다. 식민지 시기의 논리·관행과 새로운 논리가 충돌하고 갈등했으 며, 개별적 쟁점들에 대해 때로는 대립하고 때로는 제휴하며 사법제도의 개편이 추진되었다. 이는 단순히 사법제도를 개혁하는 문제를 넘어, 새로운 헌정체제를 설계하고 실험하는 과정이기도 했다. 전체적으로 보면 1947~

1948년에 제기된 과제들이 미군정기, 정부수립기, 1950년대, 4·19 이후 제2공화국기, 군사정권 등 매시기 달라진 정치적 조건 속에서 반복적으로 제기되었다. 당시의 논점과 구상들을 살펴봄으로써 미군정기와 정부수립기가 한국적 사법개혁담론에서 정초적 성격을 가짐을 확인하게 될 것이다.

먼저 미군정기 법원·검찰의 재건과정과 그 결과를, 새로운 사법진영은 어떻게 구성되었으며 이후 논쟁을 촉발시킨 계기와 선행조치는 무엇이었는가 하는 관점에서 검토할 것이다(10장). 다음으로 식민지 사법제도를 극복하기 위한 사법민주화론, 형사사법개혁론을 다룬다. 그것을 통해 재건된 사법제도의 특징은 무엇이었고, 식민지 사법제도를 극복하려는 개혁구상은 어떤 목표와 내용을 가지고 있었는지 확인한다(11장). 이를 토대로 법원조직법, 검찰청법, 형사소송법 제정과정에서 무엇이 어떻게 해결되었는지 살펴본다. 우선 미군정기의 법원조직법(1948) 입법과정을 따라가면서 사법권력의 조직과 권한을 둘러싸고 군정 당국 및 한국인 법률가집단 내부에 존재했던 입장차를 분석하고 정부수립 이후 법원조직법(1949) 제정의 의미를 음미해보려 한다(12장). 이어서 미군정기의 검찰청법(1948)과 정부수립 이후 검찰청법(1949)의 제정과정을 살펴본다. 특히 검찰중심의 수사체제 수립, 검찰권 '독립', 검찰과 법원의 대등성확보 등 검찰진영이 추구했던 목표가 어떻게 또 얼마나 실현되었는지에 초점을 맞출 것이다(13장). 마지막으로 이전 시기의 입법 및 논의의 여파가 어떤 영향을 미치고 있었는가 하는 점을 중심으로 1950~60년대 사법제도의 변화를 다룬다. 해방 이후 사법민주화론이 1954년 형사소송법, 1950년대 후반 법원조직법 개정논의, 4·19 직후의 법원·검찰개혁론에서 연속되고 있는 모습을 밝히고, 5·16 이후 사법민주화의 계기가 제거된 상태에서 진행된 사법제도 '근대화사업'이 남긴 결과를 살펴볼 것이다(14장).

법원과 검찰의 탄생

| 제1부 |

전통에서 근대로

근대 초 한국에서 사법 근대화의 의미

19세기 후반 한국을 비롯하여 비서구 국가에서 이루어진 사법제도의 근대화=서구화의 계기는 일차적으로 서구적 제도의 도입이 강제되었던 외부적 조건에서 찾아야 할 것이다. 서구열강은 무력과 '만국공법萬國公法'(국제법)을 통해 비서구 국가의 문호를 개방시켰다. '만국공법'의 '만국'은 결코 '모든' 국가를 뜻하지 않았던 것이다. 서구적 관점에서 '문명국의 표준'에 도달하지 못한 국가 또는 사회는 국제법사회에 '주권국가'로 참여할 수 없었다. 불평등조약이 한 기둥인 치외법권治外法權(extraterritoriality), 정확하게는 영사재판권領事裁判權(consular jurisdiction)이 이를 상징하는 것이었다.[1] 그것은 결코 동서양 국가들 사이에 존재하는 법과 습속의 이질성을 호혜적으로 고

---

001 1876년 일본과 체결한 조일수호조규(朝日修好條規) 10관은 일본국 인민이 개항장에서 조선국 인민에 관계되는 죄를 범한 경우 일본 관원이 일본 법률에 따라 심판하고, 조선국 인민의 범죄가 일본국 인민과 관계되는 경우에는 조선 관원이 조선 법률에 따라 심판한다고 규정했다. 마찬가지로 1882년 미국과 체결한 조미수호통상조규(朝美修好通商條規) 제4조도 미국인에 대해 범행한 조선인은 조선 법률에 의거하여 조선 관원이 처벌하고, 조선인의 생명 재산을 손상한 미국인은 미국의 영사 또는 그 권능을 가진 관리가 미국 법률에 의해 처벌한다고 규정했다.

려한 것이 아니었다. 그것은 문명등급론에 입각하여 조선이 문명국 인민을 복종시키기에 적합한 법을 갖추지 못했다는 낙인이었다. 영사재판권은 비서구 국가의 법과 행정을 불구화시키고 서구화를 재촉하는 지렛대로 작용했다. 식민지화의 위기를 타개하고 새로운 세계질서에 적응하기 위해서 비서구 국가들은 서양을 주인, 후견인 또는 교사로 받아들여야 했다.

1876년 개항 이후 조선은 국내외적 위기를 돌파하기 위해 통치제도의 정비가 필요했다. 한국뿐만 아니라 일본, 중국도 동일한 상황에 놓여 있었다. 각국은 나름의 목표를 가지고 법과 재판의 개혁을 추진했다. 시기적으로 본다면, 일본은 1870년대부터 법제도의 서구화를 개시하여 1890년대에는 입헌체제를 정립하고 서구적 법전체제를 갖추어 마침내 불평등조약의 개정에 성공했다. 중국은 1900년대에 헌법과 법전의 편찬에 착수하여 서구법을 대폭 채용한 초안들을 완성했고, 그 성과 중 일부는 신해혁명 이후 중화민국의 법제도로 이어졌다.[2] 한국의 경우 갑오개혁 이후 '재판소裁判所'라는 명칭을 가진 기관이 설치·운영되고 재판과 사법행정에 관한 많은 법령들이 제정됨으로써 사법사상 '근대'로 접어들었다.

이 시기 사법제도를 개혁하는 것은 단순히 재판제도를 서구화시키거나 권력기관을 재편하는 것 이상의 의미를 가지고 있었다. 사법제도는 분쟁과 범죄의 처리를 통해 사회통제에 이바지할 뿐만 아니라, 그 과정에서 새로운 정치와 법의 원리를 확산시키고 사회를 통합하는 기능을 가지고 있다. 구법과 신법이 공존하는 시기에 법적 혼란을 방지하고 법질서의 통합성을 유지하기 위해서는 재판기관의 능력과 역할이 중요했다. 또한 정부가 아무

---

002 청말의 법전편찬에 관해서는 島田正郎, 『淸末における近代的法典の編纂』, 東京: 創文社, 1980; 장진번(張晉藩) 주편, 한기종 외 옮김, 『중국법제사』, 소나무, 2006, 제5편 「근대사회의 법제도」 등 참조.

리 새로운 법을 발포한다 해도 법정에서 그것이 확인·준수되지 않는다면 의미가 없다. 즉 재판제도 정비는, 국민에게 새로운 국가를 직·간접적으로 경험하고 학습할 수 있는 마당을 제공한다는 의미였다.

제1부에서는 갑오개혁기에 사법제도 근대화의 문을 연 뒤 대한제국이 수립되고 일본의 사법권 침탈이 진행되기 직전까지의 사법제도를 살펴볼 것이다. 확실히 이 시기 사법제도에는 전통적 사법제도와 형식적으로 다른 점이 있었다. 하지만 결과적으로 대한제국기 사법제도는 전통제도를 근본적으로 혁신하지도, 만연한 폐해를 제거하지도 못했다. 영사재판권 폐지를 위한 조건도 창출하지 못했다. 이 시기 사법제도의 정비는 내치 및 외치상 중요한 의미를 가졌지만, 대한제국 정부의 시야는 내정에 한정되어 있었고 그나마 익숙한 과거의 제도를 부분적으로 수정하는 데 머물렀다.

만약 갑오개혁 이후 10년간의 사법제도 정비과정을 '서구화=근대화'라는 기준으로 평가하면, 갑오개혁기에 도입된 신식 재판제도가 이후 정착하지 못하고 후퇴했다는 인상을 받게 된다. 하지만 좀 더 깊이 들어가면 사정은 그렇게 단순하지 않다.

예를 들어, 갑오·을미 정권에 몸담은 개화파 인사들이 이전에 사법제도에 대해 말한 것과 갑오개혁기의 신식 사법제도를 비교해보면, 개화파가 서구제도를 모델로 한 국가개조구상을 가졌다는 것만으로 설명할 수 없는 간극이 존재하는 것처럼 보인다. 반면 개화파 인사들이 말한 것과 대한제국기의 사법제도 사이에는 공통적인 것이 많이 보인다. 또한 대한제국기의 제도개정은 어떤 점에서 갑오개혁기 사법제도의 미비점·졸속성을 보완한다는 의미를 가지고 있기도 하다. 이런 점들을 종합하면, 갑오개혁기 제도개혁을 개항 이래의 이른바 '자주적' 개혁구상의 자연스런 발로로 이해하거나, 혹은 대한제국기의 사법제도를 보수반동적 내지 퇴행적인 것으로 일방적으로 단정할 근거는 없어 보인다.

따라서 개화파의 '사상' 속에 있는 사법제도와 갑오개혁기에 이루어진 사법제도개혁의 차이, 그리고 갑오개혁기 법령에 담긴 프로그램과 대한제국기 사법제도의 차이를 인식하고, 그 차이가 나타나게 된 이유는 무엇인지 고찰할 필요가 있다. 이 문제를 해결하기 위해서는 '개항 이후의 자주적인 법 근대화구상→갑오개혁기 개화파세력에 의한 제도개혁→대한제국기 보수정권에 의한 개혁의 후퇴'라는 도식에서 벗어나, 각 시기 제도개정의 주체·관점·내용을 파악하고 그 상호관계를 해명해야 한다. 그럴 때야말로 본격적인 일제의 침탈이 개시되기 전, 사법제도가 전통에서 근대로 이행하는 과정에서 어떤 일이 일어났고 당대인들은 여기에 어떻게 대응했는지 좀 더 풍부하게 이해할 수 있을 것이다.

먼저 1장에서는 개혁대상이 되어버린 조선시대의 사법제도가 어떤 것이었는지, 그리고 이 시기 및 이어지는 시기 동안 지배적 모델이 되었던 근대적 사법제도는 어떻게 형성된 것인지를 확인해둘 것이다.

2장에서는 개화파가 서구 근대법을 어떻게 소화하고 있었는지, 그들은 사법제도에 관해 무엇을 말했고, 그것은 전통적 사법제도와 얼마나 같고 달랐는지, 개화파의 국가 근대화사상 속에서 사법제도개혁은 어떤 위치를 가지고 있었는지 면밀히 살펴볼 것이다.

3장에서는 갑오개혁기의 '재판소구성법'을 비롯한 개혁법령을 분석할 것이다. 갑오개혁기에 도입된 신식 사법제도는 친일 개화파 정권의 수립과 일본의 조선 보호국화정책이라는 특수한 정세의 산물이었다. 따라서 서구적 사법제도가 도입되었다는 의의나 초기단계에서 불가피하게 노정된 한계에만 함몰되지 않고, 개혁의 주체 및 그들이 상정한 개혁프로그램, 그것이 반영된 법령들의 내용과 특징을 구체적으로 파악할 필요가 있다.

제4장에서는 아관파천 이후 성립한 신정부 및 대한제국 수립 이후 사법제도에 관한 입법, 신식 재판제도의 시행 및 제도개정과정에 발생한 중요한 사건과 논쟁 등을 검토할 것이다. 그럼으로써 대한제국의 법제도 및 사법제도의 성격, 사법제도에 대한 인식, 전통적 관념과의 단절과 연속을 파악해보고자 한다.

1장 사법의 전통과 근대

1장에서는 앞으로의 논의를 위한 예비지식을 마련하고자 조선시대의 사법제도, 서구 근대적 사법제도, 메이지 일본의 사법제도를 살펴볼 것이다. 한국의 전통적 사법제도와 서구 근대적 사법제도가 어떤 점에서 서로 닮고 다른지 파악하고, 개항 이후 사법제도와 관계된 법령과 사상들이 전통과 어떻게 단절 혹은 연속되었는지 평가하기 위해서이다.

조선시대와 오늘날의 재판제도는, 통치기구 내에서 재판기관에 할당된 지위와 역할, 법규범과 분쟁해결절차의 성격, 재판 관여기관 및 인원의 전문성 등의 측면에서 확연한 차이가 있다. 예를 들어 조선시대에는 재판과 행정의 분리도, 재판권의 독립도, 인권보호와 재판의 공정성을 세심하게 배려한 절차법도, 전문적인 법률가계층도 존재하지 않았다. 물론 서유럽문명의 특수한 역사적 산물인 서구 근대법을 기준 삼아 조선시대 법을 재단하는 것은 유럽중심주의 내지 오리엔탈리즘의 혐의를 벗어날 수 없다.[3] 사실

---

003 몽테스키외는 『법의 정신』(1748)에서 유럽 제한군주정의 법을 칭찬하고 있지만, 그 과정에서 그는 유럽의 법을 자주 아시아(터키·중국·일본 등)의 법과 비교했다. 그가 말하는 유럽적 자유와 입헌주의는, 유럽의 대립물로 상정된 아시아적 전제주의와의 부단한 대비, 아시아적 전제주의가 야기할 위협의 환기를 통해 의미를 갖고 또 유럽의 독자들을 설득할 수 있었다. 심지어 그는 풍토·습속과 법의 필연적 관계를 논함으로써 두 문명권의 차이가

인류사를 돌아본다면 조선시대에 나타나는 행정과 재판의 일치현상이 오히려 일반적이라 할 것이다. 계몽주의자들이 자유정부의 불가결적 요소로 강조했던 사법권의 독립도, 그 시기에 "영국의 법원이 그렇게 보였다는 우연한 인상에서 비롯된 것"이다.[4] 따라서 전통시대의 법과 재판의 진면목을 파악하려면 근대법의 눈에 비친 모습이 아니라 그 자체의 체계와 내적인 논리를 파악하고, 그것을 다른 문명권의 사례와 비교하면서 그 의미를 음미해야 한다. 하지만 그것은 이 책의 과제를 뛰어넘는다. 그러므로 1장에서는 극히 일부의 논점에 관해 전통시대의 법과 재판을 개관하는 정도로 그칠 수밖에 없다.

한국 전통법과 서구법은 어떤 점에서 비슷하고 또 어떤 점에서는 매우 다르다. 양자의 차이는 당연하게도 양자가 상이한 정치적·사회적·문화적 기반 위에서 각자의 법 전통을 발전시켜왔다는 데서 비롯된다. 서양법과 다른 법 전통은 한국이 서구 근대법을 받아들이는 과정에서 높은 장벽으로 작용했다. 제1부의 내용은 사실상 19세기 말 20세기 초 한국에 전통법이 얼마나 굳건하고 끈끈하게 존재했는지를 설명하는 것이기도 하다.

그러나 이 책에서 자세히 다루지는 않지만 강조하고 싶은 것이 있다. 바로 전근대 한국의 법과 사회는 서구법과 차이도 있었지만 동시에 서구법을 수용하기에 용이한 내적 조건을 갖추고 있었다는 점이다. 예컨대, 중앙집권적 국가체제와 관료제, 보편적 법과 좋은 통치질서에 관한 학문적 사고, 법과 제도에 의한 통치의 추구, 국가법의 관료적 법으로서의 성격, 상품과 화

고정된 것으로 인식되도록 했다. 그런 의미에서 서양의 자유주의적 법담론은 오리엔탈리즘과 더불어 탄생했고 먼 훗날 싹을 틔울 식민주의의 씨앗을 내장하고 있었다고 할 것이다.

004 Shapiro, Martin, *Courts: A Comparative and Political Analysis*, London & Chicago: Univ. of Chicago Press, 1981, pp. 124~125.

폐경제의 발달, 재산권과 거래질서에 나타나는 개인주의적·이기주의적 요소들이 그것이다.

그 위에서 형성된 한국인들의 법과 재판에 대한 태도는 외국인들에게도 깊은 인상을 남겼다. 예를 들어, 미국인 헐버트Homer Bezaleel Hulbert는 한국의 법정이 인민의 친절한 벗이 아닌데도 한국인들은 툭하면 '재판합시다'라고 말한다면서, "왜 한국인들이 공정한 재판을 받으리라는 조그마한 희망도 없는 싸움에서 적은 재산을 놓고 필생의 과업이나 되는 것처럼 그러는지 이해할 수 없다"고 썼다.[5] 통감부 시기의 한 일본인 판사는 "한국인이 대단히 권리사상이 발달해서 아무것이나 즉시 소를 제기한다고 느꼈다."[6] 소송은 단지 상대편을 압박하는 수단으로 활용되는 경우도 있었고, 승소를 위해 뇌물과 협잡이 감행되기도 했다. 일단 소송이 개시되면 당사자들은 자신의 "주장과 항변을 역설하며 입에 거품을 물고 논쟁"했다.[7] 구한말 관습조사에 관여한 일본인 법률가는 "한국인에게 권리가 존재하는가 하고 물으면 거의 없다고 답하는 것이 진상에 부합하겠지만, 권리의 사상思想은 그동안 발전하여 그것이 존재한다고 볼 만한 징조가 있는 것 같다"고 평했다.[8] 만일 전통적 법과 사회에 이런 토대가 없었다면 서구법을 모델로 한 법 근대화가 능동적으로 추구되지 않았을 것이며, 비록 결과적으로 일본을 매개로 했다 해도 서구법이 그렇게 빨리 전면적으로 전파·정착되지도 못했을 것이다. 제1부의 논의는 한국의 전통 법문화에 서구 근대사회의 그

---

005 H. B. 헐버트 지음, 신복룡 역주, 『대한제국멸망사』, 집문당, 1999, 83~84쪽, 93쪽.

006 友邦協會 編, 『韓国における司法制度近代化の足跡—朝鮮司法界の往事を語る座談会記録』, 東京: 友邦協會, 1966, 95쪽; 남기정 옮김, 『일제의 한국 사법부 침략실화』, 육법사, 1978, 150쪽.

007 友邦協會 編, 위의 책, 32쪽; 남기정 옮김, 위의 책, 70쪽.

008 中山成太郎, 『韓國ニ於ケル土地ニ關スル權利一班』, 不動産法調査會, 1907, 2쪽.

것과 일정한 동질성·동등성이 내포되어 있음을 전제하고 있다.

다시 1장의 과제로 돌아와서, 우선 검토할 것은 조선시대의 실정법질서, 특히 대명률大明律로 대표되는 형률적 법질서, 그리고 형률적 법질서 아래의 재판제도이다. 이를 통해 법과 재판에 대한 전통적 관념이 어떠했고, 법과 재판의 근대화과정에서 어떤 문제들이 필연적으로 제기될 수밖에 없었는지 확인해보고자 한다.

1장의 두 번째 목표는 한국 사법제도의 근대화에 지배적 영향을 미친 서구 근대의 사법제도 및 메이지 일본 사법제도의 성립과정을 검토하는 것이다. 일본은 메이지 유신 이후 중앙집권적 국가체제를 확립하고 서구열강과 동등한 문명국이 되기 위해 사법제도 근대화=서구화를 추진했다. 일본이 모델로 삼은 것은 19세기 프랑스와 독일 등 대륙법계 국가에서 성립한 사법제도였다. 제1부에서 다룰 갑오개혁기에 도입된 사법제도, 제2부에서 다룰 일본의 식민지형 사법제도와 일본의 사법제도를 분석하기 위해서는, 그 모델이 된 메이지 일본 사법제도 및 그 원형인 대륙형 사법제도에 대한 이해가 전제되어야 한다.

1. 조선시대의 재판제도

한국과 서양, 법 전통의 차이

일찍이 함병춘咸秉春은 처벌중심의 전통법규범, '실질적 비합리성'의 특징을 가진 정의관正義觀, 정의·진실·심판보다는 평화·조화·조정을 선호하는 것 등의 이유를 들어 한국의 전통사회가 비법적非法的 문화를 갖고 있다고 했다.[9] 이런 견해에 대해서는 많은 비판이 제기되었다. 박병호朴秉豪는 『경국

대전經國大典』(1484), 『속대전續大典』(1746), 『대전통편大典通編』(1785), 『대전
회통大典會通』(1865) 등 법전이 편찬되고 대명률大明律의 포괄적 계수가 이루
어진 것을 강조하며, 조선시대를 "통일법전의 시대"로 명명했다.[10] 통일적
법전과 관료기구에 의한 통치, 법해석과 적용에 나타나는 일정한 관료적
합리성, 국왕이라도 조종성헌祖宗成憲을 존중해야 한다는 이념, 왕권과 신권
사이 혹은 관료기구 내부에 있는 상호견제관계 등을 들어 '유교적 법치주
의'를 논하기도 한다.[11] 또한 "민의 습속이 소송을 좋아하여 중요하거나 그
렇지 않거나 정소한다(民俗好訟, 勿論呈訴之繁不繁)"[12]고 이야기될 만큼 자기 이
익을 위해서는 소송을 회피하지 않는 문화가 존재했다. 그리고 조선 후기
의 소유권법제는 "전근대적 법체계로서는 이기적이라고 할 만큼 철저히 권
리본위로 구성"[13]되어 있다고 평가받는다. 이런 것들을 바탕으로 적어도 조
선 후기의 법에서 "일정한 근대적 요소들"이 발견되고 "일정한 권리의식"
이 성장하고 있었다는 점이 확인되고, 또한 "조선시대의 법문화가 분쟁에
서 법의 동원이 가능할 만큼 충분히 '법적'이었다"고 평가되기도 한다.[14] 앞

---

009 Pyong-choon Hahm, *The Korean Political Tradition and Law: essays in Korean law and le-gal history*, Seoul: Hollym, 1967, pp. 1~45. 함병춘은 1960년대의 법의식조사 결과를 바
탕으로 한국사회는 여전히 전통적인 것과 서구적인 것의 '혼재'상태에 있으며, 서양의 법
체계는 결국 한국인들의 습속을 리모델링하는 데 실패했고, 전통적인 '비법적' 삶의 방식
이 발전과 진보를 저해하고 있다고 했다. 그러나 그가 단순히 법의식·법생활의 서구화를
주장했던 것은 아니었다. 그는 서구와 다르게 발전해온 한국의 법문화를 고려할 때, 쉽게
변하지 않는 하부구조의 성격에 부합하는 처방이 필요하다고 했다. Pyong-choon Hahm,
"Religion and Law in Korea"(1969), in Pyong-choon Hahm, *Korean Jurisprudence, Politics
and Culture*, Seoul: Yonsei University Press, 1986.
010 박병호, 『근세의 법과 법사상』, 진원, 1996, 33쪽.
011 정긍식, 「조선시대의 권력분립과 법치주의─그 시론적 고찰」, 『서울대학교 법학』 42권 4
호, 2001.
012 「要覽」 決訟, 『朝鮮民政資料叢書』, 여강출판사, 1987.
013 박병호, 『한국법제사고』, 법문사, 1974, 222쪽.

에서 말했듯이 이상의 것들은 전통사회가 서구법을 수용하는 데 좋은 토양을 갖고 있었음을 보여준다. 그러나 한국 전통법은 서구사회와 상이한 정치사회적·사상적 기반 위에서 성장했기 때문에, 법과 재판에 대한 사상 및 그 제도적 표현방식에 상당한 차이가 있다.

조선시대의 법이란 기본적으로 국가법이며 관료적 법이다. 그 점에서는 서구 근대법도 기본적으로 같다. 다만 서구 근대법의 경우, 예를 들면 체계적인 사법私法이 존재하고 실정법질서의 근간을 이루고 있는 점, 법이 권리 본위로 구성되어 있는 점, 핵심적인 개인적 자유와 권리들을 기본권으로 보호하고 있는 점 등이 특징적이다. 물론 이런 근대법의 특징이 근대에 비로소 창안된 것은 아니었다. 그 바탕에는 서양의 특수한 법 전통이 자리잡고 있다.[15]

서양에서 통치기구로서의 국가가 성립하고 국가가 관료적 법에 의해 사회를 지배하기 시작한 것은 비교적 후대의 일(대략 16세기부터)이다. 고대와 중세의 정치사상에서 국가는 시민들의 결합인 시민사회(civil society)와 구별되지 않았다. 중세시대에 국가법 생성의 여지가 없지 않았다 해도, 이 시기의 법은 기본적으로 사회를 구성하는 자립적 법주체들(주로 자유민으로서 가장인 자들) 사이에서 자율적으로 형성된 비非국가적 규범을 의미했다. 이 점은 게르만적 법 관념에서 현저하게 나타난다. 법은 태고 이래의 관습, 조상의 법에 뿌리를 두고 있으며, 좋은 법은 오래된 법이고, 오래된 법이 좋은 법이

---

014 양건, 『법사회학』, 나남, 2000, 374쪽; 황승흠, 『분쟁과 질서의 법사회학』, 성신여대출판부, 2005, 341쪽.

015 이하 중세적 법 전통에 관해서는 村上淳一, 『近代法の形成』, 東京: 岩波書店, 1979; フリッツ·ケルン(Fritz Kern) 著, 世良晃志郎 譯, 『中世の法と國制』, 東京, 創文社, 1968; Tamanaha, Brian Z., *On the Rule of Law: History, Politics, Theory*, Cambridge[UK]: Cambridge University Press, 2004, pp. 15~33.

라는 관념이다. 이 '좋고 오래된 법(good old law)'의 관념하에 "국가법은 존재하지 않았다. 객관적 법은 인민들의 모든 주관적 권리들의 총계 내지 집합에 다름 아니었다. 법은 국가보다 앞에 또 국가보다 상위에 있는 것이었다."[16] 법은 인간의 기본적 생존양상인 가족과 사회 속에서 각 법주체가 향유하는 자유들(liberties) 내지 권리들(rights)이 집적된 질서를 의미했고, 따라서 법의 전형적 형상은 사법私法이었다. 이 법=권리들은 '자연법自然法', '신법神法', '관습慣習'의 이름으로 정당화되었고, 군주라도 신민의 사권을 자의적으로 침범할 수 없었다. '법의 지배'는 군주와 신민이 이런 '좋고 오래된 법'의 지배 아래 있다는 것을 뜻했다. 군주는 법에 의해, 법을 위하여 세워지고 존재하며, 국가의 임무는 이 '좋고 오래된 법'의 질서를 보호하고 유지하는 것이었다. 이후 중세적 법 전통은 주권이론의 발전, 절대군주제의 성립, 군주의 명령이자 통치도구로서의 법 개념 등장으로 중대한 도전에 직면했다. 그러나 현실에서 절대군주제의 이론이 전면적으로 관철된 건 아니었다.[17] 근대 입헌주의는 이런 법 전통의 기반 위에서 개인의 신성한 권리―즉 자연권―를 성문법으로 보장하는 한편(인권선언, 성문헌법, 자연법적 법전 편찬 등), 권력을 분할하고 법복 입은 권력을 정치의 중심에 둠으로써 권력을

---

016 フリッツ・ケルン(Fritz Kern) 著, 앞의 책, 81쪽. '좋고 오래된 법' 이론에 관해서는 최종고, 「중세 독일에 있어서 법관념과 법발견―gutes altes Recht이론을 둘러싼 연구성과를 중심으로」, 『서울대 법학』 20권 2호, 1980, 360쪽 이하.

017 절대주의시대에도 국가의 역할은 여전히 한정적이어서 개인에게 사적 자율의 영역이 많이 있었고, 교통상의 장애로 중앙권력이 지방에 완전히 미치지도 못했다. 특히 군주와 신민 사이에는 일련의 '중간단체(corps intermédiaire)', 즉 신분, 동업조합, 자치도시 등이 개입하고 있었다. 이들은 각각 면제권, 특권을 보유하고 군주의 권위에 대한 대항세력으로 존재했다. 절대군주를 "현대의 독재와 비교하면 루이 14세조차 리버럴한 군주"였다. 구체제 프랑스의 국가구조에 관해서는 Maurice Duverger 지음, 문광삼·김수현 옮김, 『프랑스 헌법과 정치사상』, 해성, 2002, 22~60쪽.

중화시키고 정치를 사법화하려고 했다.[18]

반면, 중국과 한국에서는 서양보다 매우 일찍—한국의 경우 4세기부터 7세기 사이에—중앙집권적 국가가 출현하여 관료제와 율령제律令制에 입각한 통치가 도입되었다. 이후 그것이 구현·관철되는 정도의 차이는 있었지만 19세기 말까지 본질적인 변동은 없었다.[19]

유교적 정치사상에서 국가는 가부장적 가족질서의 연장으로 파악된다(군사부일체). 즉 군주는 국가라는 가족의 가장이며 신하와 백성은 군주의 가부장적 통치에 복종하는 존재였다. 동일한 관계가 목민관과 백성 사이에도 적용된다. 서양의 국가=시민사회가 가장들의 수평적 질서라면, 유교국가는 가장들의 수직적 질서로 존재한다. 유교국가는 국가의 가장인 군주가 그의 수족인 관원들의 조력을 받아 예와 덕과 법으로 신민을 다스려 교화시키는 것을 추구한다.

예禮는 가족·사회·국가를 관통하는 보편적인 인륜법칙이자, 그것이 제도화된 실정적 질서를 의미했다. 제도적 질서라는 의미에서 예는 넓은 의미의 법이다. 그러나 좁은 의미의 법法, 율律은 국가가 의식적으로 제정한 법으로서 그 기본적 형상은 행정법과 형법이었다. 또한 '법은 곧 형(法卽刑)'이라 했듯이, 법은 보통 형사적 제재수단을 내포하는 강제규범이었다. 서양의 사법중심 법질서가 권리와 자유를 중심으로 구성된다면, 조선의 형법중심

---

018 특히 몽테스키외 이래 권력분립과 사법에 대한 법사상의 전개에 대해서는 Carrese, Paul O., *The Cloaking of Power: Montesquieu, Blackstone, and the Rise of the Judicial Activism*, Chicago: The University of Chicago Press, 2003.

019 이 말이 정체성(停滯性)을 뜻하는 것으로 오해되지 않기를 바란다. 강조하고 싶은 것은, 한국과 중국이 서양과 다르게—하지만 일정한 공통점도 가지면서—발전해왔다는 것, 집권적 국가와 율령제의 출현에는 비슷한 시기 서양보다 빠른 사회경제적 발전과 문명화가 전제되어 있다는 것, 중국과 한국은 그 위에서 좋은 통치와 좋은 법의 이념을 추구해왔다는 것이다.

법질서는 '죄'를 중심으로 구성된다. 그 죄는 관원으로서, 백성으로서, 가족 구성원으로서 구체화된 인간이 각자의 처지에서 마땅히 준수해야 할 도리를 위반했음을 뜻했다.

유교국가에서 이념적으로 법=형은 예주법종禮主法從, 덕주형보德主刑補라고 하여 예치와 덕치의 보조수단으로 관념되었다. 하지만 현실에서는 법가法家적 의미의 법치가 중심이었다. 법가의 법치란 법술法術, 즉 국가이성에 입각해 합목적적으로 설정된 실정법 및 상벌의 체계를 활용해 사회를 전일적으로 지배하는 것을 의미했다. 조선시대의 법치는 법가적 법치 개념에 유가儒家적 수정이 가해진 법치였다. 다만 유교국가의 법은 예禮를 구체화시킨 것이어야 했고, 구체적 입법과 법집행 국면에서 예치의 관념이 법가적 법치를 제약하고 있었다.

한편 서양법이 국가법과 비非국가법의 상호긴장 속에서 발전했다면, 한국과 중국의 전통국가에서 국가법의 우위는 상대적으로 더 철저하게 관철되었다.[20] 서양에서 관습으로 불리는 생활규범이나 관행이 실정법 바깥에서 형성될 여지가 없지는 않았다. 다만 법의 세계에서 사회의 자율적 법인 관습이 차지하는 위치는 상이했다. 서양 전근대사회의 경우, 관습은 해당 관습을 가진 지역의 특별법으로서 재판에서 우선적으로 적용되어야 할 법원法源(legal sources)이었다. 하지만 조선시대에는 적어도 판관들의 재판을 구속하는 법규범의 차원에서, 서양과 같은 의미의 관습법은 존재하지 않았다.

---

020 예를 들어, 천리(天理)의 관념은 서양 중세의 자연법사상과 상통한다. 또한 조선 전기의 입법에서 서양의 '좋고 오래된 법'과 비슷한 관념, 즉 법은 고법(古法)이고 양법(良法)이어야 하며 백성의 뜻에 부합하고 함부로 개폐해서는 안 된다는 관념을 찾을 수 있다. 박병호, 『근세의 법과 법사상』, 진원, 1996, 401~424쪽. 이 유사성은 전근대사회로서 동서양이 공유하는 것이다. 차이는, 법질서에서 개인을 표상하는 방식, 국가·공동체·개인의 관계, 법과 윤리의 상호관계, 가족·사회에 대한 국가권력의 침투와 관철의 정도 등에서 발생한다.

즉 관례와 관행들은 구체적 분쟁의 해결을 위해 판관이 고려해야 하는 사정과 이치—정情, 리理—를 발견하는 데 참고자료로 존재했지만, 실정법질서를 구성하는 독립적인 법의 범주로 인정받지 못했다. 이런 현상이 나타난 것은 재판의 실질이 서양과 달랐기 때문이기도 하다.

사법기관의 편성과 군주의 사법권

조선시대에 행정과 재판은 조직적·기능적으로 엄격히 분리되지 않았다. 왕은 최고의 재판기관이었고, 중앙과 지방의 기구는 각자의 고유한 기능과 관련하여 일정한 사법기능을 가지고 있었다. 중앙정부 차원에서 사헌부司憲府, 의금부義禁府가 특별사법기관으로 기능했고, 다수의 기관들이 관장사무와 관련하여 일정한 인적 범위에서 사법경찰·처벌·징계권을 가지고 있었다.

인민의 일상적 분쟁과 범죄를 관장하는 일반사법기관에는 형조刑曹, 한성부漢城府, 관찰사觀察使, 각 고을 수령(목사·부사·군수·현감·현령 등)이 있었다. 형조는 법률, 상언詳讞(사형죄인을 자세히 심리하는 것), 사송詞訟(전택과 노비 등에 관한 소송)을 관장하는 중앙기관으로서, 사법행정의 감독기관이자 수령이 관장하는 일반사건의 상소심이었다. 한성부는 한성의 행정기관이었으나 한성부 외의 토지·가옥에 관한 소송에서 전국적 관할권을 가지고 있었다.

지방수령과 관찰사는 관할구역 내 민사·형사사건을 관장했다. 민사사건에 대해서는 수령이 모든 사송을 처결할 수 있었지만, 형사사건의 경우 법정형의 경중에 따라 각 관청이 직단直斷, 즉 권한 내에서 처결할 수 있는 범위가 정해졌다. 수령은 태형笞刑까지, 관찰사는 장형杖刑·도형徒刑·유형流刑에 해당하는 범죄까지 직단할 수 있었고, 사형死刑에 해당하는 사건은 형조로 이송되었다. 수령의 판결에 불복할 경우 관찰사에게 항소할 수 있었는데, 이를 의송議送이라 했다. 의송에 의한 관찰사의 처결에 불복할 경우 형조에 상소할 수 있었고, 수령의 처결이 극히 불공정한 경우에는 풍속의 규찰과 관리의 탄핵을 담당하는 사헌부에서 판결을 내린 수령을 탄핵할 수도 있었다.[21]

이렇게 관청 사이에 관할권 분배가 이루어지고 관청의 상하위계에 따라 심급제도와 유사한 제도가 마련되었지만, 그 본질은 오늘날의 재판상 심급제도와 달랐다. 차등적 직단권 분배의 예에서 보듯이, 각 기관이 담당한 사법기능은 행정기관의 조직원리에 입각해 분배되었다. 하급기관은 마치 오늘날의 위임·전결과 같은 방법으로 배당된 사무를 처리하고, 위로 갈수록 더욱 큰 권한을 가진 상급기관이 등장하는 것이다.

그 정점에 있는 왕은 최상급의 재판권을 가진 기관이었다. 법령에 규정된 것에 한정하더라도 왕이 반드시 관여해야 하는 일은 매우 많았다. 무엇보다 왕은 예치와 덕치의 이념에 입각해 왕법을 세울 뿐만 아니라 왕법의 예외를 만들 수 있었다. 한 경제사학자는 18세기 조선의 도덕경제체제가 비교사적으로 볼 때 매우 높은 수준이었으며, 군주가 모든 인민의 보호자로서 인민 한 사람 한 사람의 상태를 고려해 그들의 삶이 안정되도록 개별 처방을 내릴 수 있는 체계를 지향했다고 말한 바 있다.[22] 이 말은 조선시대 군주와 사법의 관계에도 그대로 적용된다.

법치영역에서 군주에 의한 도덕적 재분배가 현저하게 나타났던 시대는 18세기 영조와 정조의 시대이다. 두 군주는 흠휼欽恤, 즉 죄인을 불쌍히 여기고, 억강부약抑强扶弱, 즉 강자를 누르고 약자를 북돋는다는 이념을 내세워 국가의 형정을 정비했으며 스스로 재판의 모범을 보이고자 했다.[23] 백성

---

021 조선시대 재판제도에 관해서는 박병호, 『한국법제사고』, 252~255쪽 참고.
022 박이택, 「조선 후기의 경제체제—중국·일본과의 비교론적 접근」, 이대근 외, 『새로운 한국경제발전사—조선 후기에서 20세기 고도성장까지』, 나남출판, 2005, 61~62쪽.

을 불쌍히 여기고 억울함이 없게 한다는 이념은 정조대의 상언上言·격쟁擊錚과 같이 군주와 인민의 직접소통으로 구현되었다.[24] 물론 이것이 유교적 군왕의 모범을 보인 것이기는 해도, 중간단계를 생략한 왕의 덕치는 기성 재판제도의 의미를 축소시킨다는 또 다른 문제를 안고 있었다.[25]

왕의 직접소통이 아니라 재판제도 자체의 개선을 추구한다면 무엇이 필요한가? 정약용은 『경세유표經世遺表』(1817)에서 주나라의 관제를 모범 삼아 새로운 추관秋官=형조의 관제를 제시했다. 그 골자는, 중앙의 여러 기관에 산재하는 재판 및 사법경찰기능, 그에 수반되는 재정기능을 형조로 집중하는 것, 그럼으로써 형조 및 형조로 이관된 기구들을 사법기관으로 순화시키는 것, 전국적 차원에서 감독·규제를 행하고 토지·가옥의 증명제도를 정비하고 재판과 탄핵을 담당하는 기관을 설치하는 것, 율학교육을 강화하고 관리의 법률 지식을 중요한 인사평가요소로 고려하는 것이었다.[26] 즉 정약용은 형조에 사법과 경찰기능을 집중시키고, 통일적·전문적인 법집행이 가능하도록 조직과 기능을 재설정하며, 법제 지식을 갖춘 관원을 양성함으로써 당대 사법제도가 안고 있던 문제를 해결하려 한 것이다. 아마도 19세기 조선에서 이것이 실현되었다면 역사는 조금 다르게 전개될 수도

---

023 정조의 사죄(死罪)심리기록을 정리한 『심리록(審理錄)』을 분석한 연구에 따르면, 정조가 심리한 사건 중 실제로 사형이 선고된 것은 불과 3.2%이다. 감형과 석방의 이유를 보면, 의심스러운 사건은 가볍게 처리한다는 '죄의유경(罪疑惟輕)'의 원칙이 관철되고 있었으며, 죄증이 분명한 경우에도 삼강오륜의 유교윤리를 앞세워 관용을 베푼 경우가 많다. "왕법은 때에 따라 조정할 수 있으나 천륜은 영원히 변치 않는다. 왕법은 굽힐 수 있어도 윤리는 허물 수 없"기 때문이다. 심재우, 『『심리록』 연구―정조대 사형범죄 처벌과 사회통제의 변화』, 서울대 박사학위논문, 2005, 202쪽.

024 정조대의 상언과 격쟁에 대해서는 한상권, 『조선 후기 사회와 소원제도―상언·격쟁 연구』, 일조각, 1996 참고.

025 조윤선, 『조선 후기 소송 연구』, 국학자료원, 2002, 302쪽.

026 정약용 지음, 이익성 옮김, 『경세유표 I』, 한길사, 1997, 185~194쪽.

있었을 것이다.

대명률의 세계

조선왕조시대에는 국초부터 명나라의 법전인 대명률大明律이 포괄적으로 계수되어 일반형률로 사용되었다.[27] 대명률은 '당률唐律'을 계승한 법전으로서, 이·호·예·병·형·공의 범주로 분류된 국가의 통치작용 및 유교적 질서의 관점에서 행정기구의 조직과 관원의 사무처리방법, 관원과 인민이 준수할 규칙을 설정하고 그와 관련된 제재규범을 집성한 법전이다. 대명률은 그 자체 가장 기본적·종합적인 법전으로서, 율령제 법령체계에서 가장 상위에 있는 율에 해당한다.

대명률은 태·장·도·유·사의 다섯 가지 형벌에 저촉되는 죄에 해당하는 것들을 망라적으로 집성한 법전이다.[28] 망라적이라 한 것은 단지 규율대상이 넓기 때문만은 아니다. 대명률 명례名例 단죄무정조斷罪無正條에서는 어떤 행위를 처벌하는 율문이 없을 경우 해당 행위유형과 가장 근사한 율문을 끌어와서 벌할 수 있도록 했다. 이를 인율비부引律比附라 한다. 또한 형률 잡범雜犯의 불응위율不應爲律은 명문의 처벌규정 없이도 '사리事理상 당연히 해서는 안 되는 행위를 한 자'는 태 40, 정상이 무거운 자는 태 80에 처한다. 뿐만 아니라 잡범의 위령률違令律은 구체적 행위정형을 제시하고 않고 단지 '금령禁令을 위반한 자'는 태 50에 처한다는 규정을 두고 있다. 위령률은 행

---

027 대명률의 수용과 적용에 관해서는 조지만, 『조선시대의 형사법—대명률과 국전』, 경인문화사, 2007 참조.

028 태·장·도·유·사형에는 각각 다음과 같은 등급이 있다. 태형은 10·20·30·40·50도, 장형은 50·60·70·80·100도, 도형은 장 60 도 1년·장 70 도 1년 반·장 80 도 2년·장 100 도 3년, 유형은 장 100 유 2,000리·장 100 유 2,500리·장 100 유 3,000리, 사형은 교형과 참형 등이다.

정법규를 의미하는 령슈에서 어떤 행위를 명령 또는 금지했으나 그 죄명과 형벌을 명시하지 않은 경우에 대비한 규정이다. 대명률은 인율비부·불응위율·위령률의 3자에 의해 율문에서 미처 규정하지 못한 것들, 당연한 사리에 위배되는 것들, 다른 법령에서 규제하는 것들을 빠짐없이 처벌할 수 있었다.[29]

그렇다고 대명률이 법해석과 양형을 판관의 재량에 맡겨둔 것은 아니었다. 대명률은 범죄행위와 형벌을 가급적 세세하게 규정해둠으로써 관리들이 기계적으로 법을 적용하는 것을 상정했다. 예컨대 재산범죄의 경우 취득한 가액에 따라 형량이 정해져 있었고, 폭행·상해의 경우에도 행위의 양태와 피해 정도에 따라 부과되는 형벌을 세세히 규정했다.[30] 때문에 사전에 율문에 규정하지 못한 사안이 발생했을 때는 가장 가까운 율문을 유추적용함으로써 처벌의 공백을 메울 필요가 있었다. 또한 인율비부가 필요하면 반드시 형조를 거쳐 국왕의 재가를 받아야 했다. 이 밖에도 관원의 자의적 법집행을 막기 위한 규칙들을 포함하고 있었다.[31]

---

029 조선시대 위령률·불응위율·인율비부의 적용사례를 분석한 연구에 따르면, 율령제가 의도한 논리가 반드시 관철된 것은 아니었다. 법조문 본래의 취지와 상관없이 적용되기도 했다. 이는 당해 사안을 법조문에 엄격하게 포섭시키기보다는 범죄자에 대한 적절한 양형이 우선적으로 고려되고 있었음을 보여준다. 김대홍, 「조선시대 대명률 위령조 적용사례 연구」, 『법사학연구』 37호, 2008 참조.

030 대명률 형률 투구(鬪毆)를 예로 들면, 타격의 방법(맨손인가 도구를 썼는가), 피해의 정도 (예컨대 부러진 치아, 손가락, 발가락, 팔다리의 개수, 실명된 눈의 개수 등)를 조합하여 가장 가벼운 태 20부터 가장 무거운 장 100 유 3,000리까지에 해당하는 구성요건을 규정하고 있다.

031 따라서 인율비부의 자의적 적용을 억제하려는 노력에서 죄형법정주의와 비슷한 모습을 발견할 수 없는 것은 아니다. 정긍식, 「대명률의 죄형법정주의원칙」, 『서울대 법학』 49권 1호, 2008 참고.

단옥과 사송, 행정과 일체화된 재판

조선시대에는 형사재판에 상당하는 단옥斷獄—결옥決獄 또는 옥송獄訟—, 민사재판에 상당하는 사송詞訟의 구분이 있었다. 단옥은 형사사법권을 가진 관청이 죄인을 수금하고 규문적糾問的 방법에 의해 사건을 심리·판결하는 절차를 말한다. 사송은 토지·가옥, 노비, 금전채무, 묘지분쟁, 기타 인민 간의 송사訟事에 관해 당사자의 고소에 의해 관청이 판결하는 절차로서, 오늘날의 민사소송과 비슷하게 당사자들의 공격과 방어를 중심으로 소송이 진행되었다. 그러나 사송과 옥송의 준별은 엄격하지 않았고, 사송도 오늘날처럼 순수한 민사재판이었던 것은 아니었다. 법전에 수록된 소수의 민사적 법규들도 형사적 제재를 예정하고 있었고, 민사적 불법도 넓은 의미에서 도리에 반하는 '죄'였다.[32] 또한 사송절차에서도 판관은 원고·피고·증인을 수금하거나 고문을 가할 수도 있었다.[33] 이렇게 모든 재판이 경중의 차는 있으나 형사적 제재를 내포했다는 점에서, "거의 모든 재판은 형사재판이었다."[34]

---

032 예를 들어 대명률 호율(戶律) 전채(錢債) 위금취리(違禁取利)조는 "사채를 부담하고도 약속을 위반하여 반환하지 않은 자는, 채무액이 5관 이상이고 변제기일을 3개월을 넘기면 태 10에 처하고 매 1월에 1등을 가하고, 50관 이상이고 3월이 도과하면 태 20에 처하고 매 1월에 1등을 가하고, 250관으로 3월을 도과했으면 태 30에 처하고 매 1월에 1등을 가한다. 가중하더라도 죄는 장 60에 그치고, 원금과 이자를 채권자에게 지급한다(其負欠私債違約不還者 五貫以上 違三月 笞一十 每一月 加一等 罪止笞四十. 五十貫以上 違三月 笞二十 每一月 加一等 罪止笞五十. 二百五十貫以上 違三月 笞三十 每一月 加一等 罪止杖六十. 並追本利給主)"고 했다.

033 대명률 형률(刑律) 단옥(斷獄) 원고인사필불방회(元告人事畢不放回)에는 사송절차상 원고와 피고의 구금을 전제하고 있다. 즉 "사송이 고소되어 대질하여 사실을 확인하고 피고가 이미 죄를 자복했고 원고에게 대질을 할 사리가 없으면 즉시 석방해야 한다. 만약 까닭 없이 원고를 구류해 3일이 지나도 석방하지 않으면 태 20에 처하고 매 3일에 1등을 가한다. 죄는 태 40에 그친다(凡告詞訟, 對質得實, 被告已招服罪, 元告人別無待對事理, 隨卽放回, 若無故稽留三日不放者, 笞二十, 每三日加一等, 罪止笞四十)."

재판은 인민이 관청에 진정한 사안에 대해 관청이 직권적으로 조사하여 처분을 내리는 행정절차의 일부로 존재했다. 소수의 절차규정들이 있었지만, 제소와 심리기한, 구금·고신拷訊·판결·형집행 등에서 관청이 유의하거나 상급관청의 허가를 받아야 할 사항 등에 관한 것들이었다. 그로 인해 나타나는 재판의 진행방식에 대해 1893년 미국에 유학중이었던 윤치호尹致昊는 다음과 같이 평했다.

> 판사, 변호사, 정리廷吏, 배심원, 모든 법적 메커니즘은 미국 재판제도의 높은 비용을 증명하고 있다. 그러나 양당사자가 자유롭게 발언하고 주의 깊게 증인을 조사하고 배심재판이 보장되는 것은 개인의 권리에 대한 존중을 예증한다. 한국의 법관이라면 모든 사건을 고문과 간략한 심리와 판결에 의해 얼마나 신속하게 처리해버릴 것인가![35]

　　한국과 중국의 전통적 재판의 성격 및 서구적 재판과의 차이에 대해서는 많은 논의가 있지만, 대체로 다음의 인용문과 같이 요약될 수 있다. 인용문에서 '판정형判定型 재판'은 서구 근대적 재판에, '행정형行政型 재판'은 군현제 중국의 재판에 해당한다.

> '판정형 재판'이란, 분쟁해결 시 서로 다투는 주제(분쟁주제)의 주장에 대해 권위 있는 제3자가 사실과 법에 비추어 어느 쪽의 주장에 리理가 있는지 판단하여 리가 있는 쪽에 손을 들어주는 형태의 재판이다. 그 배후에는 분쟁을 사회의 정상적 생리현상으로 간주하는 관념이 존재한다. 이는 일정한 규칙 아래 양당사자

034 박병호, 앞의 책, 251쪽.
035 「윤치호 일기」 1893년 4월 1일자, 국사편찬위원회 편, 『윤치호일기』 3권, 1973, 51쪽.

가 경기하고 심판이 규칙에 근거하여 심판을 보는 (…) 스포츠와 닮았다. (…) 이
에 대해 '행정형 재판'은 국가와 중간단체들을 총괄하는 국가간부가 국가와 단
체 내부에 좋은 질서를 실현하기 위해—즉 정치적, 경제적, 윤리적 기타 적극적
가치로 관념되는 것을 실현하기 위해—행하는 권력적 작용인 '행정'의 일환으로
서 행하는 분쟁해결방식이다. 그 배후에는 분쟁을 사람들의 악한 마음과 행동에
서 발생하는 병리病理로 간주하고, 그것을 제거하는 것을 단체간부의 일로 이해
하는 관념이 존재한다. 군현 중국에서 '행정형 재판'의 내실은 "공적 위신과 공
권력을 배경으로 하면서, 그러나 주로 정리情理에 기초하여 양당사자를 납득시키
는 것에 의해 사안을 일단락 짓는 절차", 사람의 도리와 대국적으로 본 이해利害
를 설득시키는 "설득적·교육적·교훈적" 성질의 "교유적敎諭的 조정調停"이었다.
'판정형 재판'이 스포츠에 비유된다면, '교유적 조정적 행정형 재판'은 가부장에
의한 가정家政, 또는 그에 비유되는 '백성의 부모(질서와 복지를 총괄적으로 보살피는 자)인
제왕이 관료제 기구를 통하여 시행하는 사회관리작용'으로 특징지을 수 있다.[36]

　　물론 '판정형 재판'과 '행정형 재판'은 이념형이자 일반적 경향을 표현한
것이고, 동서양의 재판이 오로지 양자 중의 하나로 구획된다는 것은 아니
다. 서양의 규문주의시대, 계몽군주시대, 전체주의국가의 재판에서도 '행정
형 재판'의 요소를 발견할 수 있다.
　　유교국가의 '행정형 재판'에 대해 좀 더 부연하면 다음과 같다. 유교적
정치가 궁극적으로 지향하는 바는 다툼이 없는 상태—무송無訟, 즉 인륜적
질서에 따라 조화롭게 살아가는 '화和'에 도달하는 것이었다. 재판은 법령

---

036 水林彪,「アジアの傳統的法文化に關する研究の現狀と問題點: 日本の場合」, 水林彪 編,『東
　　アジア法研究の現狀と將來 : 傳統的法文化と近代法の繼受』, 東京: 國際書院, 2009, 131~
　　132쪽.

의 형식적 적용보다는 궁극적으로 보편적 의리義理와 당해 사안의 정리에 부합해야 한다.[37] 판결이 의리와 정리에 부합할 때 혹시라도 있을 당사자의 억울함이 해소되고, 또 잘못을 깨우친 당사자가 판결에 승복하게 되어 분쟁이 궁극적으로 종식되고 인륜적 상태가 회복되기 때문이다. 정약용이 강조하듯이 판관의 임무는 형식적 종국이 아니라 "사건의 근원부터 캐어" 풀뿌리까지 제거함으로써 "그 소송이 다시 제기되지 않도록" 하는 것이었다.[38] 이런 재판에서는 유권적 재정과 조정이 명료하게 구분되지 않으며, "재판은 (…) 유연성 원리를 반영하여 보다 좋은 해결안 혹은 각 방면이 만족할 수 있는 이해관계의 최적의 균형점을 찾아내기 위한 시행착오의 동태를 보여준다."[39] 소송법의 적용 및 소송에 대한 국가정책 측면에서도, 실체적 정의실현의 요구와 절차적 정의실현의 요구를 절충하는, 또는 그 사이를 유동하는 모습을 띠게 된다.[40]

정리에 입각한 훈계적 재판의 모습은 제정법이 미비한 민사재판에서 더욱 뚜렷이 나타난다. 동시에 민사법영역의 제정법이 드문 이유를 설명해주기도 한다. 형률질서에서는 계약위반 기타 민사적 불법도 인간도리를 위반한 '죄'라는 점에서 형사상 죄와 차이가 없다. 다만 국가가 형벌로 제재하기에는 경미한 '죄'이기 때문에, 일부 중요 사항들을 제외하고는 형을 부과하는 법전에 기술하기 적정하지 않다. 이런 사안들은 분쟁이 발생했을 때 세상의 이치에 통달한 교양계급인 판관들이 사리를 판단해 해결하면 되고, 혹시 형으로 징치할 만한 요소가 있으면 형률을 적용해 처벌한다.

이상은 주로 사송, 즉 민사재판과 관련된 것이지만, 단옥, 즉 형사재판에

---

037 김지수, 『전통 중국법의 정신─정리법의 중용조화』, 전남대출판부, 2005, 제4장 참조.
038 정약용 지음, 다산연구회 옮김, 『정선 목민심서』, 창작과비평사, 2005, 254쪽.
039 季衛東, 『中國的裁判の構圖』, 東京: 有斐閣, 2004, 23쪽.
040 심희기, 『한국법제사강의』, 삼영사, 1997, 174쪽.

도 관철되었다. 조선시대의 자백과 고문에 초점을 맞추어 이 문제를 검토해보자.

'자복 없으면 판결 없고 형벌 없다'는 원칙

조선시대의 재판이라고 하면 떠오르는 장면이 있다. 판관이 죄인을 내려다보며 "네 죄를 네가 알렸다. 이실직고할 때까지 쳐라"라고 꾸짖고 고문을 가하는 것이다. 그런데 조선시대에 고문을 가해서라도 받아내고자 했던 자백은, 우리가 흔히 생각하는 자백과는 조금 달랐다. 통감부 시기에 판사로 근무했던 한 일본인은, 자신이 피고인의 자백과 다르게 판결하거나 자백이 없는데도 판결을 내리는 것을 보고 한국인들이 매우 이상하게 생각했기 때문에 그들을 설득하는 데 특별한 노력이 필요했다고 말했다.[41] 다시 말해 한국인들은 판결을 위해 자백이 필요하고 '판결은 자백과 일치해야 한다'고 믿었던 것이다. 이것은 사실 30년 전까지 일본의 재판을 지배했던 원칙이기도 했다.

대명률은 중죄를 범한 피고인이 장물과 죄증이 명백한데도 자복自服하지 않으면 문안을 명백히 작성하고 신장訊杖으로 고신한다고 규정하고 있다.[42] 실제로는 경죄에 해당하는 태형의 죄인에게도 고신이 허용되었다.[43] 그러나

---

041 友邦協會 編, 앞의 책, 68쪽; 남기정 옮김, 앞의 책, 116쪽.

042 大明律 獄具之圖 訊杖: "以荊杖爲之 其犯重罪 臟狀證左明白 不服招承 明立文案 依法拷訊 臀腿分受." 대명률을 비롯한 조선시대 형사절차법규에서는 피고인이 죄상을 시인하는 진술을 하는 것을 '복(服)'이라 하고, 그와 같은 진술을 획득하는 것을 취복(取服), 초복(招服), 초승(招承) 등으로 표현했다. 이하에서는 서양의 confession과 조선의 '복(服)'을 구별하기 위해 confession은 자백(自白)으로 '服'은 자복(自服)으로 표현했다.

043 『경국대전』은 태형에 해당하는 죄는 고문할 때 친 매를 계산해 그만큼 감경한다고(經國大典 刑典 推斷條: "笞罪計拷訊之數準感) 규정했다. 경한 죄에 해당하는 태죄(笞罪)의 경우에도 고문이 가해질 수 있음을 상정했던 것이다.

예외적으로 팔의八議에 해당하는 자,[44] 70세 이상 15세 이하의 자, 폐질에 걸린 자는 고신을 가하기에 부적합하다고 보고, 이 경우에는 중증衆證, 즉 3인 이상의 증언에 의거해 판결을 내린다.[45] 또한 대전회통 형전은 임산부는 형추를 면제하며, 상민과 천민으로서 과거급제한 자가 중죄를 범하면 일단 형추하지 않고 신문하고, 자백하지 않으면 임금에게 품의하여 형추한다고 규정했다.

조선시대의 자복과 고신을 서양의 전근대적 규문절차상의 자백 및 고문과 비교해보자. 서양의 전근대 규문절차는 독특한 증거법을 가지고 있었다. 근대의 재판제도에서는 증거의 증명력을 평가할 때 아무런 제한이나 구속력을 두지 않고 오로지 법관의 자유로운 판단에 맡기며, 이를 자유심증주의自由心證主義(free conviction)라고 한다. 반면 전근대 규문주의 재판을 지배하는 원칙은 법정증거주의法定證據主義(system of legal proof)라고 한다. 즉 증거법상 유죄판결에 필수적인 증거의 종류, 각 증거의 증명력에 관한 규칙을 마련하고 법관을 구속하는 것이다. 서양 규문절차에서 재판상 고문은 법정증거주의와 불가분의 관계에 있었다.[46]

---

044 팔의(八議)란 특별한 예우를 받는 여덟 가지 신분이다. 즉 일정 범위의 왕족인 의친(議親), 왕실의 오랜 친지인 의고(議故), 전쟁에서 큰 공을 세운 의공(議功), 나라의 모범이 되는 현인군자인 의현(議賢), 재능과 학업으로 정사에 공을 세운 의능(議能), 관직을 성실하게 수행하고 공로가 있는 의근(議勤), 품계가 높은 자인 의귀(議貴), 선대의 왕손으로 국가의 빈객 대우를 받는 의빈(議賓)이다.

045 大明律 刑律 老幼不拷訊條: "凡應八議之人 及年七十以上十五以下 若廢疾者 並不合拷訊 皆據衆證定罪."

046 예컨대 중죄의 경우 2인 이상의 증인 또는 피고인의 임의성 있는 자백(voluntary confession)에는 유죄를 입증하기에 완전한 증명력(full proof)이 부여된다. 하지만 1명의 증인, 범행도구, 장물, 정황증거, 기타의 증거는 1/2, 1/4의 증명력이 부여될 뿐이고, 이런 증거들이 아무리 많아도 전체적으로 1/2의 증명력(half proof)을 가지는 데 그친다. 그렇다면 만일 강도현장을 목격한 자가 1명이고 피의자의 집에서 피 묻은 칼과 피해자의 지갑이 발견되

자복이 없으면 유죄판결을 내릴 수 없다는 점에서, 조선시대 형사재판에서의 자복은 전근대 서양의 법정증거주의에 따른 자백과 같은 지위를 가지는 것처럼 보인다. 그러나 조선시대 증거법은 결코 서양의 법정증거주의제도와 같지 않았다. 오히려 피고인의 자복을 포함한 개별 증거들의 증명력에 대한 판단은 판관의 재량에 맡겨져 있었다. 그렇다면 조선시대 형사재판에서 심문관이 피고인에게 이실직고하라며 고신을 가했던 이유는 무엇인가? 대명률 형률 단옥斷獄에 나와 있는 한 규정을 보자.

> 무릇 죄인이 도·유·사죄에 해당하면 피고인과 그의 가속을 불러 그 판결 죄명을
> 설명하여 알려주고 죄인의 복변하는 문서(服辯文狀)를 받아야 한다. 만약 불복하면
> 변명을 청취하고 다시 상세하게 심리한다. 이를 위반한 관리는 도형·유형의 죄
> 인 경우 태 40에 처하고 사죄인 경우 장 60에 처한다.[47]

　이 규정은, 형사판결을 위해서는 최종적으로 피고인의 복변을 기록한 문서, 즉 복변문장服辯文狀을 작성하고 그에 의거해 판결을 내려야 한다는 것이다. 즉 피고인의 자복이 있어야 절차가 종료되고, 게다가 범죄사실과 죄명은 피고인의 자복과 일치해야 한다는 의미이다. 따라서 자복은 단지 범죄사실에 대한 피고인의 진술이 아니라 죄의 승인, 판결에 대한 승복까지

었는데 피의자가 자백하지 않는 경우 어떻게 할 것인가? 이 경우에 1/2의 증명이 있음을 근거로 완전증거인 자백을 획득하기 위해 고문을 가하는 것이다. 서양 중세 로마-교회법 (Roman-Canon law)의 증거법과 고문에 관해서는 Langbein, John H., *Torture and the Law of Proof: Europe and England in the Ancien Régime*, Chicago & London: The Univ. of Chicago Press, 2006, pp. 4~8.

047 大明律 刑律 斷獄 獄囚取服辯: 凡獄囚徒流死罪 各喚囚及其家屬 具告所斷罪名 仍取囚服
辯文狀 若不服者 聽其自理 更爲詳審 違者 徒流罪 笞四十 死罪杖六十.

포함하고 있다.

따라서 자복이 없는 한, 판관의 판단이 자복과 일치되지 않는 한, 재판은 종국에 이르지 못한다. 범죄사실을 가장 잘 알고 있을 피고인이 죄를 인정하고 판결에 승복하는 것만큼 판결의 정확성·종국성과 처벌의 정당성을 담보할 수 있는 장치가 어디 있겠는가? 또한 자복과 판관의 판단이 일치해야한다는 조건은, 판관이 자의적으로 조사범위를 확대하는 것을 억제하는 합리적 기능도 가지고 있었다.

동시에 자복은 형사절차에 내재된 도덕적 사명을 완수하게 해준다. 즉죄를 범한 '어리석은 인민'이 자기 죄를 승인함으로써 도덕적 깨우침의 기초가 마련되는 것이다. 나아가 죄상이 명백한데도 자복하지 않는 자는 자신의 죄를 깨닫지 못하는 무지한 자이거나 죄를 알면서도 감추는 무도한자이기 때문에, 그를 징치하기 위해 매로 다스려야 한다는 논리가 성립한다. 그런 의미에서 고신은 단지 증거를 획득하기 위함이 아니라 죄를 부정하고 뉘우치지 않는 죄인을 징벌한다는 의미도 가지고 있었다.

조선시대의 이상적인 형사재판은, 판관이 경솔하게 고신을 가하지 않고증거와 조리로 세밀하게 따져 들어가 피고인으로 하여금 승복하지 않을 수없게 만드는 것이었다. 그러나 이상과 현실 사이에는 큰 괴리가 있었다. 재판과 고신에 대한 한국인의 관념에 대해 헐버트는 이렇게 말했다.

> 모든 죄인을 다루는 데 우선 매질을 하는 것이 근본적인 절차로 되어 있다. 어떤
> 죄를 저지른 죄인일지라도 거의 죽도록 매를 맞은 후에야 형이 집행된다. 형이
> 집행되기 전에 죄인들은 심한 매를 맞아서 자기가 저지른 모든 죄를 고백하고
> 자기에게 내려진 형벌의 정당성을 인정해야 한다고 한국인들은 믿고 있다.[48]

---

048 H. B. 헐버트 지음, 신복룡 역주, 앞의 책, 91쪽.

지금까지 보았듯이 형사재판에서 자복은 유력한 증거 정도가 아니라 형사절차의 종국을 가능하게 하는 특수한 지위를 가지고 있었다. 따라서 조선의 형사재판은, 말하자면 '자복필수주의', '자복 없으면 판결 없고 형벌 없다'는 원칙에 입각해 있었다고 할 수 있다. 그럴 때, 고신을 폐지하기 위해서는 단순히 고신만 금지하는 것으로는 불충분하며, '자복필수주의' 자체를 부정해야 한다. 형사절차가 자복 없이 종결될 수 있도록 형사재판의 가치체계를 전환시켜야 하는 것이다. 앞에서 본 구한말 일본인 판사의 경험담은 '자복필수주의'의 관념이 그때까지도 변함없이 존재했음을 말해준다.

개항 이후 조선은 전혀 다른 법과 재판의 세계를 만나게 되었다. 서양에서는 재판하는 법이 세밀하게 정비되어 있고, 의심스러워도 피고인에게 형신을 가하지 않으며, 백성(배심원)의 뜻을 물어 판결을 내리고, 만일 법원의 판결이 정당하지 않으면 다시 왕과 대통령에게 호소해 관용을 구한다. 이에 대해 서양의 법이 "하늘의 운행을 본받아 인애仁愛를 다하고 그 공평을 북돋는 것"으로서 중국과 조선의 법보다 훌륭하다고 할 수 있었다. 그러나 다른 한편 서양의 형법이 너무 너그러워서 불량한 무리가 요행히 죄과를 면하여 다시 죄를 저지르게 될 것이라고 우려하는 자도 있었다.[49] 과연 서양의 사법제도는 어떤 것이었을까?

2. 서양에서의 근대적 사법제도의 형성

프랑스 구체제의 재판제도

프랑스의 근대적 사법제도는 혁명 이후 중간법中間法 시기를 거쳐 19세기

---

049 「태서법률(泰西法律)」, 『한성순보』 1883. 12. 29(음 1882. 12. 1).

초 나폴레옹 제정기에 공포된 일련의 법전과 사법조직법률을 통해 완성되었다. 근대적 사법제도에는 전근대의 법 전통이 반영되어 있으면서도, 동시에 전통과 배치되는 것들—중앙집권화, 제정법의 우위, 사법관료제 등—이 내포되어 있었다.

근대적 사법제도는 두 단계의 역사적 전환을 거쳐 형성되었다. 첫째 단계는 앙시앵레짐ancien régime기 국가권력의 성장과 통치능력의 향상에 의해 그전까지 사인, 봉건영주, 교회, 자치도시 및 중간단체에 귀속되어 있던 소추권과 재판권을 국가로 통일시킨 사법제도가 탄생한 것이다. 둘째 단계는 19세기 시민혁명 이후 구체제적 사법제도에 잔존한 봉건적 요소를 제거하고 자유주의적 요소를 대폭 가미하여 사법조직과 재판제도를 재편한 것이다. 이하에서 그 역사적 변화과정을 간략하게 살펴보기로 한다.

첫 번째 단계에서 형사재판에 나타난 가장 큰 변화는, 중세 전기의 탄핵주의적 재판제도가 13세기를 기점으로 규문주의적 재판제도로 전환된 것이다. 중세 전기의 재판제도에서는 사적 분쟁은 물론이고 범죄의 소추도 사인 간의 분쟁이라는 관념에 입각하여 해결했다. 고소권은 피해자와 그 친족에게 귀속되었다(사인소추주의, private prosecution). 소송은 법정 앞에서 양 당사자가 자신의 진실과 명예를 걸고 서로 공박하는 방식으로 진행되었다. 재판장의 역할은 절차의 진행을 주재하는 데 그쳤으며, 당사자와 동등한 신분에 속한 자로 구성된 판결 발견인들(대개 7명)이 당해 사안에 적용될 법규범을 발견하고 판결을 제안했다. 이 판결은 시비를 가리기 위한 입증방법을 포함하고 있었다. 즉 당사자에게 엄격한 선서절차의 이행을 요구하거나—설원선서雪冤宣誓(purgatio)—, 끓는 물에 손을 넣거나 달궈진 철을 붙잡게 하거나 혹은 물에 빠뜨려서 신의 뜻을 확인하거나—신판神判(ordeal)—, 혹은 당사자끼리 무기를 들고 싸워서 승패를 결정하게 했다—결투재판(trial by battle).[50]

그러나 1215년 교황 인노켄티우스 3세 재위기에 소집된 라테라노 공의회(Lateran Council)에서 성직자의 신판관여가 금지됨으로써, 더 이상 교회와 세속법정에서 신판이 불가능해졌다. 신의 계시를 묻는 신판에서는 성직자의 관여와 집전이 필수적이었기 때문이다. 대신 새로운 재판제도, 즉 규문주의·직권주의적 소송절차가 12세기 말과 13세기 초 교회법영역에서 형성되고 신속하게 세속법정으로 확산되었다.[51] 그 배후에는 범죄자 처벌은 사인 간의 사안이 아니라 공적 사안이라는 인식으로 재판에서 비합리적 요소를 추방하고 했던 사상적 전환이 있었다. 새로운 재판제도에 의하면, 피해자의 고소가 없더라도 제3자의 고발을 수리하거나 법원의 직권소추에 의해 범죄자에 대한 소추절차가 개시되었다. 기존의 탄핵형 절차에서는 절차의 진행과 입증이 당사자에게 맡겨졌지만, 이제 법원이 피고인과 증인을 신문하고 증거를 수색하며 그 결과에 근거해 유무죄를 판정하게 되었다. 구두주의·공개주의가 지배하던 재판이, 이제 밀실에서 조사하고 그 결과를 서면(보고서, 조서)으로 작성한 뒤 그 기록에 의거해 판결을 내리는 식으로 바뀌었다(서면주의, 밀행주의).

규문주의제도의 확산에 의해 재판의 성격과 풍경이 일변했다. 중세적 소송절차의 투쟁적 성격을 상징했던 비합리적 결투재판과 신판은 금지되었고, 왕국 내의 정의와 평화를 유지하기 위해 국가사법기구가 전면에 나서게 되었다. 앙시앵레짐은 재판의 중앙집권화와 국가사법기구의 창출을 통

---

050 중세의 신판, 결투재판에 관해서는 山內進, 『決鬪裁判: ヨーロッパ法精神の原風景』, 東京: 講談社, 2002.

051 교회법 영역에서 규문절차의 형성에 관해서는 Esmein, A., trans. by Simpson, John, *A History of Continental Criminal Procedure*, Boston: Little, Brown, and Company, 1913, p. 78 이하; 이완규, 앞의 책, 53~67쪽.

해 미래를 준비했다.

분권적인 봉건적 정치질서를 해체하고 국왕중심의 집권적 국가체제를 구축할 수 있었던 데는 국왕사법(la justice royale)이 기여한 바가 컸다. "모든 정의는 국왕으로부터 나온다(Toute justice émane du Roi)"는 말처럼, 국왕은 프랑스 영토에서 재판권의 원천이자 최고의 재판관이었다. 국왕 사법권은 두 계열의 사법조직을 통해 행사되었다. 하나는 국왕이 사법관들에게 사법권을 위임했다는 의미에서 '위임사법(la justice déléguée)'으로 불린 것으로, 민사·형사에 관한 통상의 법원을 뜻한다. 또 하나는 여전히 주권자인 국왕에게 유보되어 있는 사법권을 뜻하는 '유보사법(la justice retenuée)'이다.

위임사법체계에 속한 국왕법원들은 세 단계 위계를 가졌다. 최하위의 프레보재판소(les tribunaux de prévôtés)는 평민에 대한 1심재판권을 가졌다. 그 위에 있는 바이이재판소(les tribunaux de bailliages)—지역에 따라 세네샬재판소(sénéchaussées)—는 일정 사건의 제1심과 프레보의 재판에 대한 제2심을 담당했다. 정점에는 파를르망(les parlements)이 있었다. 18세기 말까지 파리를 비롯한 13개 도시에 설치된 파를르망들은 각 관할구역 내의 최종심이있으며—따라서 전국적으로 통일적인 최고법원은 존재하지 않았다—, 하급재판소(tribunal)와 구별해 '고등법원(cours souveraines)'으로 불렸다. 고등법원은 재판권 외에 국왕이 발포한 법령을 관할구역 내에 발효시키기 위해 법령을 등록(enregistrement)하는 권한, 법령에 이의가 있을 경우 왕에게 건의(remonstrance)하는 권한, 그리고 관할구역 내에서 행정 및 경찰사항에 대한 규칙제정권을 가지고 있었다.[52]

통상의 사법재판사항을 제외한 사건들, 즉 조세·재정, 군법, 해사사건 등은 왕에게 유보된 재판권의 관할영역에 속했다. 이 경우에도 왕이 직접 처

---

052 Royer, Jean, *Histoire de la Justice* Paris: PUF, 1996, pp. 24~31.

결하는 게 아니라 파리고등법원의 특별재판부, 국왕고문회의(Conseil du roi) 아래의 전문적인 특별재판기구들이 재판권을 행사했다. 위임사법의 영역에서와 달리 유보사법의 영역에서 국왕은 직접 재판에 개입할 수 있었다. 예컨대 왕은 영장을 발해 재판심리 없이 피의자를 구금하거나, 유죄선고를 받은 자에게 은사·감형을 베풀고, 어떤 사건을 처단하기 위해 임시재판소를 개설하거나, 재판심리 중인 사건을 다른 재판기관으로 이송시킬 수 있었다. 또한 고등법원의 판결이 법령에 위반될 경우, 당사자는 국왕자문회의에 판결의 파기를 신청할 수 있었다.[53]

한편 위임사법영역의 통상법원에서 국왕의 사법권은 두 부류의 사법관(magistrat), 즉 판사와 검사에 의해 행사되었다. 판사는 법정에 항상 좌정해 있는 사법관이라는 의미에서 좌정사법관(magistrat du siège ou assis)으로, 검사는 법정에서 기립해 좌정사법관에게 청구하고 의견을 진술한다는 뜻에서 기립사법관(magistrat du debout)으로 불렸다. 법정에서 검사의 자리는 판사가 좌정하는 단 위에 있지 않고 파르케(parqeut)라 불리는 곳에 있었기 때문에 검사를 '파르케의 사법관(magistrat du parqeut)'이라고도 한다.[54] 파르케는 이후 검사의 상설집무소—검사국 또는 검찰청—와 검사의 집합적 명칭이 되었다.

중앙집권화된 사법기관 속에서 군주를 대리하며 구체제 사법제도를 추동한 존재가 바로 검사였다. 검사제도의 뿌리는 13세기 프랑스에서 등장한 국왕대관國王代官(procureur du roi)에 있다고 일컬어진다. 초기 국왕대관들은 국왕의 재정적 이익을 옹호하는 대리인이라는 점에서 봉건세계의 국왕의 경쟁자들, 즉 영주·도시·교회의 소송대리인과 큰 차이가 없었다. 그러나 국

053 *Ibid*, pp. 38~47.
054 *Ibid*, p. 35.

왕대관은 2세기도 지나지 않아 '일반이익과 공공선의 보좌인'이라는 위상을 갖게 된다. 검찰을 총칭하는 프랑스어가 ministère public(공공의 보좌인)인 것, 한국의 검찰청법에서 검사를 '공익의 대표자'라고 하는 것은 여기에 유래한다.[55]

이 국왕대관이 존재함으로써 규문절차는 세속재판소에 안착될 수 있었고, 규문절차를 통해 국왕대관에게 새로운 형사절차상 권한이 부여되었다. 국왕의 사법관들은 한쪽은 정의를 수여하고(판사) 한쪽은 정의를 청구하도록(검사) 임무가 배분되었다. 국왕대관의 주된 역할 가운데 하나는 법복귀족(noblesse de robe)이 장악한 법원을 감시하는 것이었다.[56] 소송절차상 국왕대관의 권한—각종 신청권, 서류검토, 의견진술, 그리고 가장 중요한 상소권 등—은 한편으로 소추와 재판을 분리해 공정한 절차를 담보하고, 다른 한편 법원을 감시·견제하기 위한 것이었다. 국왕대권은 이런 권한을 행사해 봉건법정을 국왕의 재판권에 복종시키고, 프랑스 전역의 재판소에서 국왕의 이익을 대변했다. 판사들이 판사직 매매와 세습을 통해 국왕의 통제로부터 벗어났던 것에 반해, 국왕대관은 끝까지 국왕이 임면권을 가지는 국왕의 대리인으로 남았다. 이 국왕대관을 통해 "국왕은 모든 것을 보고 듣고 어디나 현재했다. (…) 공공질서에 관한 모든 것이 이 관리의 권한에 포함되었다."[57] 요컨대 구체제의 국왕대관은 국가의 통일과 공공질서의 유지라는

---

055 프랑스 검찰제도의 기원에 관해서는 Rassat, Michèle-Laure, *Le Ministère Public entre son passé et son avenir*, Paris: Librairie générale de droit et de jurisprudence, 1967, pp. 16~31; Leyte, Guillaume, "Les origines médiévales du ministère public", Carbasse, Jean-Marie (dir.), *Histoires de Parquet*, Paris: PUF, 2000, pp. 23~54.

056 구체제에서 고등법원이 가진 정치기관적 성격, 군주와 고등법원 사이의 갈등에 대해서는 Foyer, Jean, *op. cit.*, pp. 47~54; Maurice Duverger 지음, 문광삼·김수현 옮김, 앞의 책, 49~52쪽.

057 Rassat, M.-L., *op. cit.*, p. 23.

목표에 일치하도록 사법과 행정을 추동하는 존재, "프랑스의 국가사법을 구축하는 기관차"였다.[58]

이 시대 국가는 명실상부하게 공공질서 유지, 신민의 복지증진, 산업육성의 책임을 지는 존재가 되었다. 국가목적을 실현하기 위한 합목적적 작용을 의미하는 행정 개념이 이 시대에 등장했다. 이를 지칭하는 용어가 폴리스(la police) 또는 폴리차이(Polizei)였다.[59] 행정(폴리스)의 영역은 전통적인 '법의 지배'영역, 사법재판소의 관할에서 벗어나 있었다. 행정사항에 관한 한 국왕은 신민의 동의를 얻을 필요 없이 왕의 명령이라는 형식으로 신민들의 제반 생활영역(독점, 관세, 도량형, 가격규제, 풍속과 도덕, 계약·후견·부동산·상속법 등)에 걸쳐 입법을 하고, 전통적 형사범과 다른 경찰범(훗날의 위경죄, 경범죄, 질서위반죄)영역을 창출했다. 규문주의의 도입으로 형사재판이 민사재판에서 분리되어, 사실상 행정(폴리차이)의 일부가 되었다.[60]

중세 초기의 탄핵주의형 형사재판에서 규문주의형 형사재판으로 이행한 것은, 범죄소추권의 국유화, 형사사법의 행정(폴리스)화, 형사사법 담당자의 관료화·분업화를 뜻했다. 규문형 소송제도가 도입된 뒤 국가기관에 의한

---

058 Krigel, Blandine, "Le parquet dans la construction de l'État", Association d'Études et de Recherchers de l'École Natinoale de la Magistrature (edit), *Le Parquet dans la République: Vers un nouveau Ministrère public?*, Bordeaux: Éditions Bergeret, 1996, p. 24.

059 폴리스, 폴리차이는 그리스어 polis에서 유래한 말이다. 14세기 평화유지를 위한 영주의 권리(자력구제와 사투의 억제)를 뜻하는 폴리스권(ius politia)이라는 개념이 등장했고, 나중에는 '공동체의 질서 있는 상태' 또는 '공동체의 질서 있는 상태를 유지하기 위한 모든 활동'을 의미하게 되었다. 절대국가시대에는 '모든 신민의 공공복리 증진을 위한 권한을 포함해 내무행정의 전영역'이 폴리스 개념으로 포섭되었다. 즉 폴리스는 오늘날의 좁은 의미에서의 경찰이 아니라 국가의 공공행정 전반을 뜻했다. 폴리차이학과 근대 경찰학의 성립과정에 관해서는 서정범·김연태·이기춘, 『경찰학연구』, 세창출판사, 2009, 4~6쪽.

060 村上淳一, 앞의 책, 200쪽; 勝田有恒·森征一·山内進 編著, 『概説西洋法制史』, 京都: ミネルヴァ書房, 2004, 227~230쪽.

범죄수색활동은 널리 사법경찰(judicial police)로 불리게 되었는데, 이 말은 사법영역에서의 폴리스, 즉 국가의 능동적 활동을 징표한다. 이런 관념에 입각해 구체제의 형사절차를 집대성한 것이 1670년 루이 14세의 형사소송에 관한 왕령(L'Ordonnance criminell de 1670)이었다.[61]

구체제의 규문절차는 확실히 형사소추의 효율을 증대시키고 치안을 확보하는 데 기여했다. 그러나 그 대가로 무기의 대등, 구두주의, 공개주의, 소송의 대심對審적 구조(당사자주의, 대심주의, 탄핵주의) 등 사법적 재판이 가진 본연의 모습은 현저하게 퇴색되었다.[62] 형사절차의 중심은 공판이 아니라 국가의 이름으로 검사와 형사판사가 진행하는 규문적·밀행적 예심으로 옮겨졌다. 판사는 제3자 입장에서 당사자의 주장을 듣고 사려있게 판단하여 정

---

061 1670년 왕령에 따르면 형사소추는 고소, 고발, 그리고 예외적인 경우 판사의 직권소추에 의해 개시된다. 국왕대관은 고소·고발을 수리하고, 공공질서에 관계된 중범죄의 경우 사인의 고소 없이도 법원에 고소하여 형사소추를 개시하게 했으며 '공적 당사자(public party)'로서 절차에 관여할 수 있었다. 반면 피해자는 범죄피해에 대한 민사적 배상을 요구하는 사소권(action privée) 행사의 한도 내에서 절차에 관여했다. 또한 재판소가 직권으로 소추를 개시할 수 있는 경우는, 현행범사건이나 국왕대관이 직무를 태만히 하고 있다고 판단될 때로 한정되었다. 그런 의미에서 1670년 왕령은 국왕대관을 '유일한 진정한 제소자'로 만들었다고 할 수 있다. 국왕대관은 형사판사(lieutenant criminel: 미래의 예심판사)가 주재하는 예비적 증거조사와 심리절차(예심절차), 뒤이어 평의부의 평의와 선고에 이르는 전과정에서 피고인·증인 등의 소환·구속·신문, 증거보전, 사안의 평가 등에 대해 서면신청을 하고 의견을 제시할 수 있었다. 예심종결과 관결선고는 필수적으로 국왕대관의 최종의견을 확인하도록 했다. 또 국왕대관은 상소권을 행사하고 형 집행, 구금시설 감시, 판사 등 법원직원 직무감찰, 사법운영 평론 등의 직무를 수행했다. A. Esmein, op. cit., pp. 218~245; Crépin, M. Y., "Le rôle pénal du ministère public", Carbasse, Jean-Marie (dir.), op. cit., pp. 77~103 참조.
062 영국은 신판과 결투재판의 대안으로 배심제도를 도입으로써 중세적 탄핵절차 요소들을 유지할 수 있었다. Langbein, John H., op. cit., p. 73 이하. 영미 배심제도의 역사는 Levy, Leonard W., *The Palladium of Justice: Origins of Trial by Jury*, Chicago: Ivan R. Dee, 1999 참조.

의를 발견하는 자가 아니라, 피고인을 소추, 신문·조사하고 왕의 법을 적용하고 해석하는 자로 변화했다. 이는 전통적인 법치국가(Etat de droit)에서 행정국가(Etat d'administration)로 국가가 변모하는 가운데, 가산제적 사법기구가 군주의 행정·국고기구로 흡수되고 집행권력의 지배권 아래 사법이 놓이게 된 상황을 반영했다.[63]

혁명 후의 프랑스 사법제도

프랑스혁명과 함께 주권은 군주로부터 인민, 즉 사회 전체로 이전되었다. 법률과 일반이익을 수호할 권한은 국민 전체에 귀속되었다. 새로운 헌정원칙에 입각해 사법기관의 조직과 역할이 재설정되었다. 혁명 직후 인민주권의 열정은 판사뿐만 아니라 사회의 공소권을 행사하는 기관까지도 선출직으로 만들었다. 그 정신은 단순명쾌했다. "인민은 그들의 대표자를 통해 스스로 통치하듯이 그들의 대리인을 통해 공소권을 행사"할 수 있어야 했다.[64] 하지만 혁명의 열기가 퇴조한 뒤 법원과 검찰은 관료제적 원리에 의해 재편되었다.

주권은 군주로부터 국민에게 이전되었지만, 주권의 성격과 중앙집권적 국가는 그대로 유지되었다. 자코뱅 정부나 나폴레옹 정부 모두 최고권력자의 의사가 관철될 수 있는 집권적 정부형태를 선호했고, 사법부를 불신했다. 사법부가 법률의 위헌성을 심사하는 것은 의회주권원칙이나 권력분립원칙에 입각해 허용되지 않았다. 사법부가 행정처분의 당부를 심사하는 것역시 권력분립원칙에 어긋나는 것이었다. 구체제기의 국왕고문회의(Conseil

---

063 Salas, Denis, *Du procès pénal*, Paris: PUF, 1992, pp. 71~72.

064 Mari, Éric de, "Le parquet sous la Révolution, 1789~1799", Carbasse, Jean-Marie (dir.), *op. cit.*, p. 224.

du Roi)가 행정사항을 재판했던 것처럼, 행정부에 속한 국참사원國參事院 (Conseil d'État)에 행정재판권이 부여되었다. 법원에 주어진 것은 종래의 사법사항, 즉 민사·형사 등에 관한 통상의 재판권이었다. 이렇게 해서 과거 위임사법과 유보사법으로 분할되었던 이원적 재판계열은 새로운 시대에도 존속되었다. 법무부는 사법부의 인사·예산·기타 사법행정사무를 관장했다. 사법관은 관료제적 서열과 법무부의 감독하에 놓이게 되었다. 그래서 19세기 후반 한 자유주의 정치가는 사법부의 관료제적 편성 때문에 법과 권리가 충실하게 보장되지 않고, 가장 훌륭한 법관이라도 광활한 계급제 속에서 길을 잃고 사악한 사법조직과 더 사악한 사법절차에 의해 마비되어버린다고 비판했다.[65]

혁명 이후 진행된 법전편찬사업은 나폴레옹 황제 재위 시기에 마무리되었다. '민법전'(1804), '민사소송법전'(1806), '상법전'(1807), '치죄법전(Code d'instruction criminelle)'(1808), '형법전'(1810) 등이다. 1810년에는 '법원조직법(Loi sur l'organization de l'ordre judiciaire et l'administration de la justice)'이 제정되어, 정부조직과 법전들이 예정한 사법조직 편성에 부합하도록 법원·검찰조직이 재편되었다.[66]

법원과 검찰조직은 구체제의 요소를 일부 물려받고 새로운 요소를 일부 받아들이며 변경된 것이었다. 하급법원의 종류와 조직은 구체제보다 한결

---

065 Martin, Benjamin F., *Crime and Criminal Justice Under the Third Republic: the Shame of Marianne*, Baton Rouge, Louisiana State University Press, 1990, p. 191.

066 code d'instruction criminelle은 직역하면 범죄심리법전 또는 범죄수사법전으로 지금의 '형사소송법'에 해당한다. '치죄법(治罪法)'은 일본어역인데, 프랑스 법을 본받아 일본에서 치죄법이 제정되었고, 또 그 명칭이 계속 사용되어왔기 때문에, 치죄법이라는 용어를 쓰기로 한다. Loi sur l'organization de l'ordre judiciaire et l'administration de la justice은 직역하면 법원의 조직과 사법행정에 관한 법률이다.

단순해졌다. 구체제에서와 달리 사법재판소인 파기원破棄院(Cour de cassation)이 법률문제에 대한 최고법원으로 창설되었다. 검찰의 경우, 혁명 직후 구체제의 국왕대관을 계승하는 정부위원(commissaire du gouvernment)과 인민이 선출하는 공소관公訴官(accusateur public)이 각자 별개의 기능을 담당했다. 마침내 후자가 폐지됨으로써 검찰기능이 통합되었다. 검찰기능의 분립과 통합과정은 부연할 필요가 있다.

혁명 직후 개혁된 형사절차의 가장 큰 특징은, 영국의 배심제도를 비롯해 탄핵주의, 공중소추주의, 공개주의, 구두주의적 요소를 대폭 채용한 것이었다. 새로운 형사절차에서는 사회를 대표하는 당사자로서 공판단계에서 구두변론을 하고 공소를 유지할 기관이 필요했다. 혁명 직후 입법자들은, 이제 공소권은 국왕이 아닌 전체 인민에게 귀속되었기 때문에 새로운 공소기능을 인민이 선출한 대리인(공소관)이 수행하는 게 마땅하다고 생각했다. 사법조직에 관한 1790년 8월 16~24일 법률(Loi des 16~24 août 1790)과 1790년 9월 16일 법률은 이런 논리에 입각해, 종래 국왕대관이 담당하던 기능, 즉 법원의 정당한 법률적용과 판결집행을 감독하는 기능은 국왕위원(commissaire du roi: 후의 정부위원)에게 맡기고, 공판단계에서 공소를 유지하는 기능은 공소관에게 맡겼다. 또한 기소배심을 설치해 공소제기를 담당하게 했다. 즉 공소제기는 기소배심이, 서면절차상 검찰사무는 국왕위원이, 공판절차상 공소유지는 공소관이 분담하는 체제였다.[67] 1790년 8월 16~24일 법률 제8편 제1조는 "검사는 법원 앞에서 집행권의 대리인(les agents du pouvoir exécutif)"이라 하고, 검찰(ministère public)에 대해 이렇게 정의했다.

---

067 Royer, Jean-Pierre, "Hisotoir du ministère publique, evolutions et ruptures", Association d'Etudes et de Recherchers de l'Ecole Nationale de la Magistrature (edit.), *op. cit.*, pp. 12~14; Mari, Éric de, *op. cit.*, pp. 223~224; Rassat, M.-L., *op. cit.*, p. 32~33.

검찰은 사회를 대표하고 또 사회의 이름으로 판결에서 공공질서에 관한 법률이 선언되는지 감시하며 판결을 집행하기 위한 목적으로 일정한 법원들에 배치된 특별한 사법관이다.[68]

'사법관'과 '집행권의 대리인'이 일견 상충되는 것처럼 들리지만, 그 상충하는 임무를 수행하는 것이야말로 근대 검찰의 특수한 본질이다. 그러나 이 법률에 의해 근대 검찰이 완성된 것은 아니었다. 근대 검찰제도의 핵심적 표지는 위계적으로 조직된 국가기관인 검찰관이 사회의 일반이익을 대표하는 공적 당사자(public party)로서 '공소권'을 실행하는 권한과 책임을 진다는 것이다. 이는 1808년 공포된 치죄법전(이하 치죄법)을 통해 제도적으로 완성되었다.[69]

그 과정에서 먼저 검찰기능의 통합이 일어났다. 즉 1799년 나폴레옹의 집권 이후 헌법을 개정해 공소관이 폐지되고 정부위원이 공소관의 기능을 흡수한 것이다.[70] 이로써 검사는 전부 임명직이 되었다. 그러나 이 시점의 검찰기능은 정부위원의 서면절차상 임무와 공소관의 공판절차상 구두변론 임무를 통합한 것에 그쳤다. 다음 단계로 치죄법이 검사에게 명실상부한 공소제기권을 부여했다. 그럼으로써 집행권에 속한 특별한 사법관으로서 공소권을 실행하는 기관이라는 의미에서 프랑스 근대 검찰이 완성되었다.

---

068 "Le ministère public est une magistrature spéciale auprès de certaines jurisdictions à l'effet de représenter la Société, et, en son nom, de faire observer dans les jugements à rendre les lois qui intéressent l'ordre général et de faire exécuter les jugements rendus." Volff, Jean, *Le ministère public*, Paris: PUF, 1998, p. 20.

069 Rassat, M.-L., *ibid*, p. 34.

070 Mari, Éric de, *op. cit.*, pp. 231~253; 문준영, 「검찰제도의 연혁과 현대적 의미 – 프랑스와 독일에서의 검찰제도와 검찰 개념의 형성을 중심으로」, 한국비교형사법학회, 『비교형사법연구』 8권 1호, 2006, 673~676쪽.

프랑스 법원과 검찰조직

1810년 프랑스 법원조직법의 내용 및 이후 일부 개정사항에 근거해 법원·검찰조직을 설명하면 다음과 같다. 법원의 종류는 파기원破棄院(Cour de cassation), 항소원抗訴院(Cour d'appel), 지방법원(시심법원始審法院, les tribunal de première instance), 치안법원(le tribunal de juge de paix)의 네 가지이다. 파기원은 법률심으로서 상고사건을 관할하고 법령에 위배되는 하급심 판결을 파기하는 권한을 지닌다. 파기원은 최고법원이기는 했지만 항소원 이하 하급법원에 대한 사법행정상의 감독권은 없다. 항소원은 사실심의 최종법원이며 관할구역 내 하급법원의 행정사무를 감독한다. 법무부장관의 사법행정 감독권은 각 항소원장을 통해 전국 법원으로 미치게 된다.

치안법원을 제외한 각 법원에는 검찰청(parquet)이 설치된다.[71] 파기원 검찰청, 항소원 검찰청, 지방법원 검찰청 등 각 검찰청에는 해당 법원에서 검찰(ministère public)을 대표하며 검찰사무에 관한 직권을 행사하는 장이 있다. 파기원 검찰청과 항소원 검찰청의 장을 검사장(procureure général)이라고 하고, 지방법원 검찰청의 장은 공화국검사(procureur de la République: '공화국의 대리인'이라는 뜻)[72]라고 한다. 파기원 검사장(le procureur général près la Cour de cassation), 항소원 검사장(Procureur général près la Cour d'appel), 공화국 검

---

071 치안법원에는 정규의 판사가 배치되지 않고, 지역주민이 선출한 치안판사(jude de paix)가 경미한 민사사건의 화해·조정·중재, 위경죄(contravention: 경범죄)사건의 재판을 담당한다. 치안법원에는 검찰청이 설치되지 않으며, 검사가 아닌 경찰서장이 검찰사무를 행한다. 일본의 재판소구성법도 프랑스의 입법례를 본받아 구재판소(區裁判所)에서는 경찰관이 검찰사무를 행할 수 있게 했다.

072 공화국 검사는 지금의 지방검찰청장에 해당한다. 그 명칭은 제정, 왕정, 공화정의 정체변화에 따라 제국검사(procureur imperial), 국왕검사(procureur du Roi), 공화국검사(procureur de la Républque) 등으로 변화했다. 일본에서는 '검사정(檢事正)'이라 했는데, 식민지 시기까지 검사정이라는 용어가 사용되었다.

사(지방검찰청장에 해당) 밑에는 그를 보좌하여 검찰사무를 집행하는 검사들(avocat, substitut)이 있다. 그러나 우리에게 익숙한 검찰총장 같은 존재는 없다. 파기원 검사장은 법률심인 파기원이 관장하는 상고사건에서 검찰을 대표하는 데 그치고, 검찰사무에 관해 항소원 이하 검찰청을 지휘하지 않는다. 법무부장관으로부터 전국 검찰에 미치는 지휘감독계통은 항소원 이하의 사실심 법원 검찰청에서 존재한다. 즉 법무부장관→각 항소원 검사장→각 공화국 검사가 되는 것이다.

각 검찰청 내부로 눈을 돌려보자. 프랑스 법은 검찰행정사무 및 각급법원에서 검찰을 대표해 검찰사무를 행하는 주체를 보통 검사장과 공화국 검사(지방검찰청장에 해당)로 특정하고 있다.[73] 나머지 검사들은 독자적 직권이 없다. 각 검사들은 그가 속한 검찰청 검사장이나 공화국 검사의 지휘감독하에 명시적·묵시적 위임을 받아 검사장 또는 공화국 검사의 이름으로 검찰사무를 처리한다. 검사장과 공화국 검사는 휘하 검사가 행하는 직무를 자신이 승계해 처리하거나(직무승계권) 다른 검사에게 이전할 수 있다(직무이전권).

이런 내부관계 때문에 검찰청장과 소속검사 사이에는 본인과 대리인의 관계가 성립한다. 대리인의 의사표시의 효과가 본인에게 귀속되는 것처럼, 어떤 검사가 외부에 검찰사무집행에 관한 의사표시를 했다면 그 의사표시는 그가 속한 검사장 또는 공화국 검사가 한 것과 동일시된다. 따라서 법의

---

073 검사장과 검사정이 특정 처분의 고유한 주체라는 것은 곧 이들이 그 처분에 대하여 고유권(pouvoir propre)을 갖고 있다는 논리로 연장된다. 예를 들어 치죄법은 공화국 검사가 중죄와 경죄의 제1심 법원의 관할에 속한 범죄를 수사·소추할 임무를 가진다고 규정하는데, 이에 근거하여 공소제기권을 공화국 검사의 고유한 권한으로 본다. 고유권은 상관에 대한 저항권(le pouvoir de la résistance)을 내포하고 있다. 예를 들어 공소제기권은 공화국 검사의 고유권이므로 법무부장관이나 검사장이 공소제기를 명했다 해도 공화국 검사는 명령을 따르지 않아도 된다. 이 경우 검사장은 공화국 검사의 직무를 다른 검사에게 이전시키거나 자신이 직접 처리할 수도 없다. 고유권에 대해서는 Rassat, M.-L., *op. cit.*, p. 112.

눈에는 어떤 범위의 검사들이 집합적으로 '단일하며 동일한 인격(une seule et même personne)'을 이루는 것으로 보인다. 즉 개별 검사의 개성이 검찰의 특수한 조직방식과 기능 때문에 단일한 인격으로 흡수되는 것이다. 이를 일컬어 '검찰은 단일하고 불가분하다(le ministère public est un et indivisible)'고 한다.[74] 이것이 검사동일체원칙—principe d'indivisibilité du ministère public(프랑스), Grundsatz der Einheitlichkeit der Staatsanwaltschaft(독일)—의 본래의 뜻이다. 주의할 것은, 프랑스 검찰에서 검사의 동일체성은 전국의 모든 검사에 대해서가 아니라 개별 검찰청 단위에서만 성립한다는 점이다. 왜냐하면 검찰에 관한 프랑스 법이 그렇게 해석하게 만들기 때문이다.[75] 나중에 설명하겠지만, 전국의 검사가 동일체라는 것은 독일 법을 본받은 메이지 일본의 검찰제도에서 유래했다.

1808년 프랑스 치죄법의 형사절차

1808년 치죄법은 치안확보를 위해 혁명 초기의 순수한 탄핵주의와 공중

---

074 Goyet, Francisque/Rousselet, Marcel/Patin, Maurice, *Le Ministère Public*, 3ᵉ ed. Paris: Librairie du Recueil Sirey, 1953, p. 7. 엄밀하게 말하면 이는 검찰조직에만 특수하게 존재하는 것은 아니다. 본질적으로 검찰이 행정기관적으로 조직되고 권한이 분배되기 때문에 나타나는 현상이다.

075 검사동일체성의 결과, 검사들은 일일이 위임 또는 대리 여부를 표시하지 않고서도 소속 검찰청을 대표해 행동하고 서로가 서로를 대체할 수 있게 된다. 검찰청장은 개별 검사의 직무를 자신이 승계하는 직무승계권을 통해 해당 검찰청의 동일성을 현실화시킨다. 그런 의미에서 검사동일체원칙의 유일한 합리적 근거는 청장의 직무승계권이라 할 수 있고, 이 직무승계권이 미치는 범위가 일체성의 범위가 된다. 그런데 프랑스 법에서 항소원 검사장과 공화국 검사 사이에는 이런 관계가 존재하지 않는다. 항소원 검사장은 하급검찰청 검사의 직무에 대한 승계권이 없다. 때문에 프랑스에서 검사동일체원칙은 개별 검찰청 단위에서 존재한다고 하는 것이다. Rassat, M.-L., *op. cit.*, pp. 83~84; Volff, Jean, *op. cit.*, pp. 52~53.

소추주의에서 벗어나 점차 검찰권을 강화하고 구체제적 요소를 부활시켜온 흐름을 총괄해 프랑스의 근대적 형사소송법제를 확립했다. 대표적인 구체제적 요소는 예심豫審(instruction)이었다. 예심은 예비심리, 즉 공판절차에 앞서 기소된 범죄가 공판에 회부될 만한 혐의가 있는지 예심판사(juge d'instruction)가 수사하는 절차이다. 혁명 이후 입법을 통해 규문적 예심을 폐지하고 기소배심제도를 도입했지만 결국 기소배심제를 포기하고 밀행적 예심절차를 부활시켰다. 검사에게는 새로이 공소제기권이 부여되었다. 그 결과 검사에게 공소권公訴權(action publique)이, 예심판사에게는 공판 전의 사법적 수사권이, 판결법원에는 재판권이 부여되었다. 이를 프랑스 형사소송법을 지배하는 소추·예심·재판의 분리원칙(le principe de la séparation des fonctions de poursuite, d'instruction et de jugement)이라고 한다.

앞으로의 논의를 위해 치죄법 형사절차의 개요를 파악해둘 필요가 있다. 치죄법은 소추·예심·재판의 분리원칙에 입각해 검사·예심판사·판결법원에 각각의 기능을 배분했다. 예심은 예심판사의 사법적 수사를 말한다. 치죄법은 넓은 의미의 수사활동을 사법경찰이란 개념으로 포괄했다. 즉 사법경찰은 범죄를 수사하고 증거를 수사해 관할법원에 범인을 인도하는 것을 뜻하며, 전원·삼림감시관, 도지사·시장 등 지방자치단체장, 사법경찰관, 검사, 예심판사가 법률 규정에 따라 사법경찰권을 행사한다. 중요한 것은 예심판사를 제외한 기관들의 수사권은 제한적이며, 체포·구속·압수·수색 등 강제수사권이 원칙적으로 예심판사에게 집중되었다는 점이다. 검사와 그 보조자인 사법경찰관리 등은 현행범사건처럼 예외적인 경우에만 강제처분권을 가졌다. 비현행범사건에서 검사는 고소·고발 등을 통해 범죄를 인지했을 경우 예심판사에게 필요한 조치를 취할 것을 청구해야 하며, 고소를 수리했을 때는 고소장에 예심청구서를 첨부하여 예심판사에게 송부해야 한다.

프랑스 형법은 중죄重罪(crime), 경죄輕罪(délit), 위경죄違警罪(contravention)의 3등급으로 범죄를 분류했다. 범죄등급에 따라 검사의 공소제기방법이 달라졌다. 첫째, 중죄에 해당하는 사건 및 사안이 복잡한 경죄사건의 경우 검사는 예심을 청구해야 한다. 둘째, 기타 경죄 또는 위경죄사건에서는 피고인을 관할법원에 직접 소환하는 방법으로 공소제기한다. 예심이 개시되면 예심판사는 소환장·구인장·구류장 등을 발부하고 증인과 피고인을 신문하며 압수·수색·검증·감정 등을 통해 증거를 조사한다. 조사가 끝나면 예심판사는 검사에게 통보해 검사의 의견서를 제출하게 한다. 예심판사는 죄질에 따라 위경죄와 경죄는 위경죄 관할법원(치안법원)이나 경죄 관할법원(지방법원)으로, 중죄는 항소원 검사장에게 이송하는 결정을 내린다. 만약 예심결과 사건이 죄가 되지 않거나 혐의가 없다고 인정될 때는 면소免訴(non-lieu) 결정을 내린다. 사건을 이송받은 검사장은 보고서를 작성해 항소원의 중죄소추부 소집을 청구하고, 중죄소추부는 추가조사를 거친 뒤 사건이 중죄에 해당하면 중죄법원에 사건을 이송하는 결정을 내린다. 이때 검사장은 중죄기소장을 작성하여 사건을 중죄 관할법원(항소원 관할 내에 설치되는 중죄법원)에 계속시킨다.

중죄의 공판절차는 '중죄이송결정서와 중죄기소장 낭독→증인심문, 증거물 제시, 당사자 변론→변론종결→배심원의 평의와 평결→판결선고'의 순서로 진행된다. 위경죄·경죄공판과 달리 중죄공판에서는 서면으로 작성된 조서와 보고서를 공판정에서 낭독할 수 없었고, 증인심문과 구두변론에 의해 공판을 진행했다. 그리고 배심원은 오로지 공판정에 현출된 증거와 당사자 변론에 기해 형성된 심증에 따라 사실인정을 하도록 명시되었다. 이런 점들은 혁명 이후 정립된 중죄공판의 기본구조를 유지하고 있다.

치죄법 시행 이후 형사실무, 판례, 법개정 등을 통해 중요한 변화가 추가

되었다. 첫째, 실무와 판례를 통해 기소편의주의가 확립되었다. 초기에는 치죄법의 취지가 검사에게 소추의무를 부과하는 것(기소법정주의)으로 이해되었지만, 1820년대 들어 법무부장관의 훈령으로 경미범죄에 대한 불기소처분이 장려되고, 이윽고 파기원의 판결에 의해 검사의 소추재량이 정당화되었다. 공익의 대표자인 검사가 범죄피해자의 의사에 구속되지 않고 공익의 견지에서 형사소추의 적절성을 평가할 수 있다는 것이었다.[76]

둘째, 피해자의 사소권私訴權(action privée)과 예심절차가 기소편의주의에 대한 통제장치로 기능하게 되었다. 사소는 범죄피해자가 형사절차 내에서 피해배상을 청구하는 것을 말한다. 통상적인 방법은 검사의 공소제기에 부대하여 법원에 사소를 제기하는 것이었고, 다른 하나는 피해자가 예심판사에게 직접 범죄를 고소하고 '사소원고인이 되는 신청(constitution de partie civile)'을 하는 것이었다. 문제는 검사가 불기소처분을 했으나 피해자가 독립적으로 예심판사에게 사소원고인이 되는 신청을 한 경우, 예심판사가 예심청구가 없는데도 예심을 개시할 수 있는가 하는 것이었다. 이에 대해 사소원고인의 권리행사를 통해 예심을 개시하게 하는 것은 국가권력으로부터 시민의 자유를 보장하는 장치라는 주장이 제기되었고, 긴 논쟁 끝에 파기원의 판결로 확인되었다.[77] 피해자의 사소권 행사를 매개로 한국의 재정신청제도와 유사한 제도가 형성된 것이다.

셋째, 예심절차의 변론주의화이다. 제3공화국 시기 1897년에 치죄법이 개정되어, 예심피고인에게 피의사실을 고지받을 권리, 묵비권, 변호인선임권과 접견교통권, 변호인의 입회하에 신문이나 대질신문을 받을 수 있는

---

076 Rassat, M.-L., *op. cit.,* pp. 229~231.
077 Mathias, Éric, *Les Procureurs du Droit: De l'impartialité du ministère public en France et en Allemagne*, Paris: CNRS Éditions, 1999, pp. 97~98.

권리가 인정되었다. 또한 변호인의 소송서류열람권, 예심판사의 결정을 고지받을 권리를 인정함으로써, 예심피고인의 방어권을 획기적으로 보장했다.

넷째, 이런 변화와 함께 예심판사의 재판관적 역할이 중시되었는데, 대신 검사와 경찰의 수사—이른바 '비공식수사(enquête officieuse)'[78]—가 확대되었다. 치죄법을 제정할 당시 경찰은 그다지 눈에 띄는 조직이 아니었지만, 19세기 후반에는 치안유지의 중추적 기관으로 발전했다. 그 결과 법률상으로는 예심판사와 공화국 검사가 수사를 책임지지만 현실에서는 사법경찰관이 범죄수사의 대부분을 담당하는 새로운 양상이 전개되었다.[79]

독일의 사법 근대화와 검찰제도

프랑스의 제도는 나폴레옹전쟁과 자유주의운동을 타고 독일로 전파되었다. 독일에서 형사사법개혁은 1871년 독일제국 성립 이후 1877년 1월에 독일제국법원조직법(Gerichtsverfassungsgesetz für das Deutsche Reich)이, 2월에 독일제국형사소송법(Strafprozeßordnung für das Deutsche Reich)이 공포됨으로

---

078 비공식수사는 검사가 고소·고발, 기타 접수한 조서에 기하여 결정을 내리기 전에 수사를 진행하는 것을 말한다. 비공식수사는 그 자체로는 합법적이다. 검사는 직접 수사를 하거나 사법경찰관, 치안판사, 헌병사관에게 수사를 명하기도 한다. 비공식수사는 임의수사 형식으로 이루어지기 때문에, 피의자·증인의 진술을 청취해도 선서를 받지 않으며, 참고용으로 진술을 녹취하며, 이해관계자의 동의 없이 가택을 수색할 수도 없다. 프랑스는 비공식수사 관행이 문제시되자 1935년 치죄법을 개정하여 가택수색은 오로지 예심판사에게만 허용되는 예심처분의 일종으로 명시했고, 예심판사의 촉탁이 없으면 사법경찰관이 피의자를 신문할 수 없도록 했다. Goyet, Francisque/Rousselet, Marcel/Patin, Maurice, *Le Ministère Public*, 3e ed., Paris: Librairie du Recueil Sirey, 1953, pp. 340~341.

079 Koering-Joulin, R., "The Preparatory Phase of the Criminal Proceeding: Major Trends in European Jurisprudence", Delmas-Marty, Mireille (edit), *The Criminal Process and Human Rights: Toward a European Consciousness*, Dordrecht & Boston: M. Nijhoff Publishers, 1995, p. 24.

써 일단락되었다. 독일 형사절차도 기본적으로 프랑스 모델에 따라 소추·예심·재판기능을 각각 별개의 기관에 맡겼다. 프랑스 제도와의 차이 중 가장 두드러진 것은 검찰제도였다. 소송절차에 대한 설명은 생략하고, 여기서는 독일형 검찰제도가 어떻게 확립되었는지 살펴보기로 한다.[80]

프랑스와 비교할 때, 독일은 검찰의 객관성·중립성에 특별한 관심을 보였다. 예컨대 프로이센에 최초로 검찰제도를 도입한 1846년의 특별법 제6조는 "검사는 형사절차에서 법규정이 전체적으로 충족되도록 감시할 의무를 진다. 따라서 어떤 범죄자도 형벌을 피하지 못하도록 주의해야 할 뿐만 아니라 누구도 죄 없이 소추되지 않도록 주의해야 한다"고 했다. 이는 통상 검사의 당사자적 지위를 부정하고 '법률의 파수꾼(Wächter der Gesetze)'으로서 검사의 객관적 지위를 규정한 것으로 평가된다. 즉 검사는 편파적 당사자가 아닌 법률을 수호하는 자로서 객관의무를 가진 관청이라는 것이다.[81]

형사절차상 검사의 역할에서는 프랑스와 독일이 크게 다르지 않았다. 검사의 특별한 지위와 기능에도 불구하고 프랑스에서는 검사가 소송절차상 당사자로 관념되었는데, 독일에서는 객관적 관청으로시의 검찰 개념이 시배적이었고 거기에서 독일 검찰제도의 특징들이 만들어졌다.[82] '법률의 파

---

080 독일 검찰제도의 성립과정은 이완규, 앞의 책, 158~172쪽; Wohlers, Wolfgang, *Entstehung und Funktion der Staatsanwalt -schaft*, Berlin: Duncker & Humblot, 1994; Collin, Peter, *"Wächter der Gesetze"* oder *"Organ der Staatsregierung?"*, Frankfurt am Mein: Vittorio Klostermann, 2000; 川崎英明, 『現代檢察官論』, 東京: 日本評論社, 1999 참조.

081 1846년 7월 17일 '베를린 항소법원 및 형사법원에서의 범죄수사절차에 관한 법률' 제6조. 이 법률은 프로이센이 점령한 폴란드 지역에서 발생한 반란사건을 신속하게 처벌하기 위한 임시법으로 제정한 것이다. 공개주의, 구두주의와 검찰제도 도입에 소극적이었던 독일 정부는 이 법률을 시행해보고 치안유지에 새로운 제도가 해롭지 않음을 인식하게 되었다. 이완규, 앞의 책, 163쪽; Collin, *op. cit.*, pp. 88~90, 107.

082 그 배경은 다음과 같이 정리할 수 있다. 첫째, 독일에서 검찰이 규문판사의 기능을 계승했다고 인식되었던 것과 관련이 있다. 독일에서는 전근대 규문절차에서 수사·소추·재판을 한

수꾼' 개념은 일견 피고인의 이익을 보호하는 것 같기도 하지만, 동시에 정부의 이익에도 봉사하는 것이었다. 프로이센 등 독일영방들이 검찰제도를 도입한 배경에는 검사를 매개로 법원과 형사재판을 감시할 수 있다는 판단이 있었다. 과거에는 법원이 직업단체적 자율성을 누리고 있었고, 형사절차는 수사·소추·재판을 모두 규문판사가 관장하고 있어서, 법원과 형사재판에 정부의 통제가 미치지 않았다. 프랑스 검찰에서 본받은 '법률의 파수꾼' 개념은 법질서와 공익옹호를 담당하는 정부의 개입범위를 확장시키고 검사를 통해 사법사무를 통일적으로 규율하는 데 유리했다. 1849년 11월 프로이센은 법무부장관 일반처분을 통해 "검사는 공익을 옹호하기 위한 정부의 기관"이라고 규정했다. 공익이란 곧 국가=정부의 이익을 의미했다. 국가가 당사자가 될 수 없듯이 검사 역시 당사자가 될 수 없다.[83] 이렇게 해서 수미일관한 개념이 완성되었다. "검사는 형사소송에서 피고인에 대립하는 당사자가 아니라 판사의 옆에, 또는 그 위에 있는 국가기관이다."[84]

반면 자유주의 개혁진영은 검사를 다르게 바라보았다. 즉 "검사는 판사

손에 쥐고 있는 규문판사의 기능을 분해해 여러 기관에 분배하는 방식으로 진행되었다. 검사의 소추권이 본래 '사법'에 속한 규문판사에게서 기원했고, 결국 사법 내부의 권력분할 결과 검사제도가 도입되었다고 한다면, 검사도 판사와 마찬가지로 객관적 관청이어야 한다고 보기 쉽다. 둘째, 독일에서 객관의무는 국가소추주의, 기소독점주의와 관련이 있었다. 프랑스에서는 공소권의 귀속주체가 인민 또는 사회 전체이며, 검사는 범죄피해자를 대위하여 공적 당사자로서 공소권을 행사한다는 관념이 강했다. 프랑스에서 피해자의 사소권을 매개로 기소독점주의, 기소편의주의의 견제장치가 고안되었던 것도 그와 관련이 있다. 반면 독일은 철저한 국가소추주의, 기소독점주의에 입각해 검찰제도를 성립시켰다. 그러므로 검사의 기소독점에 대한 의구심을 없애기 위해서라도 객관의무가 강조될 필요가 있었다. Mathias, Éric, "Le ministère public en Allemagne au XIX siècle", Carbasse, J.-M., (dir.), *op. cit.*, pp. 302~303.

083 Collin, *op. cit.*, pp. 109~113.

084 Carsten, Ernst, *Die Geschichte der Staatsanwaltschaft in Deutschland bis zur Gegenwart*, Bleslau: Schletter'sche Buchhandlung, 1932, p. 44.

의 옆에, 또는 판사 위에 서 있는 관리가 아니라, 판사 앞에서 법률 또는 침해받은 시민적 질서를 대표하는 자이다", "프랑스와 같은 검사의 지위는 법원의 독립성과 존엄성을 부인한다. 검사는 정치적 기관이어서는 안 된다. 검사는 오직 공적 소추자이다. 따라서 소송당자사일 뿐 집행권의 대리인이 아니다."[85] 이런 주장에 따르면 검사는 형사소추에 관하여 시민의 대리인으로서 정부로부터 독립해 시민사회의 이익을 자유롭게 판단할 수 있어야 하며, 피고인에 대해 동료 시민을 대표하는 당사자가 되어야 했다.[86] 그러나 이 견해는 독일 내에서 주류가 되지 못했다. 남은 것은 법률의 파수꾼 개념에 입각해 검사의 지위와 권한을 정하되, 정부에 종속된 검사의 기소독점에서 비롯될 위험성을 어떻게 제어할 것인가 하는 문제였다.

1877년 법원조직법과 형사소송법이 공포되어 독일제국의 통일적 형사소송법과 검찰제도가 정립되었다. 형사소송법 초안을 심의하는 과정에서 검사의 소송법상 지위에 관해 중대한 결정이 내려졌다. 그것은 개혁된 형사절차 위에서 법률의 파수꾼 개념, 검사의 비당사자적 지위, 기소법정주의, 기소독점주의가 조화될 수 있는 조합을 찾아내는 과정이었다. 그중 하나는, 기소법정주의 아래서 피해자가 법원에 검사의 불기소처분에 대한 불복을 제기했을 때 법원이 불기소의 당부를 판단해 검사에게 기소를 명령하는 제도였다. 즉 기소강제절차이다. 또한 독일 형사소송법은 검사의 객관의무를 징표하는 규정으로서, 검사는 피의자에게 불리한 증거뿐만 아니라 유리한 증거도 수집해야 한다고 규정했다. 이 규정은 국회심의 중 추가된 것이었는데, 그 경위가 흥미롭다. 원래 국회심의과정에서 피의자의 방어권을 보장

---

085 *Ibid.*, pp. 34~35.
086 川崎英明, 앞의 책은 '검사=시민의 대리인'론을 자유주의적 검찰관론으로 자리매김하고 독일 검찰제도 성립사를 재구성한 저작이다.

하기 위해서는 피의자가 판사에게 예심을 청구하거나 유리한 증거의 보전을 청구할 수 있어야 한다는 안건이 논의되고 있었는데, 이에 대해 검사의 비당사자적 지위를 옹호하는 이들이 검사가 피의자에게 유리한 증거도 수집해야 한다는 규정을 추가하면 충분하다고 주장했다. 논의 끝에 형소법에 두 제안을 모두 담는 방법으로 해결되었다.[87]

아무튼 이 결과는, 검사의 비당사자성과 객관의무를 선언하는 것만으로는 피의자·피고인을 보호하는 데 한계가 있음을 말해준다. 법과 정의에 봉사하는 검사의 임무는 검사 혼자가 아니라 그것을 간접적으로 강제할 다른 장치들이 존재할 때만 현실적 의미를 가진다. 다시 말해 형사절차가 추구하는 객관성·공정성은 전체 과정에서 판사, 검사, 변호인, 피의자·피고인, 피해자 등의 활동이 서로 어우러지면서 구현되는 것이다. 그런 의미에서 프랑스 검사의 당사자성, 독일 검사의 비당사자성은 결코 추상적 개념이나 이론 차원에서만 접근할 문제가 아니다. 문제는 전체 형사절차가 어떻게 구성되는가, 관여자들 사이의 상호관계가 어떻게 설정되느냐 하는 것이다.

한편 역사는 '검사=비당사자'론의 논리필연적 결과는 아니지만, 그것이 남용될 경우 매우 위험한 모습이 나타날 수 있음을 보여주었다. 나치국가의 검찰을 통해서였다. 1930년대 법학자 헨켈Heinrich Henkel은 순수한 의미의 당사자주의는 형사소송에 타당하지 않으며, 검사의 객관적 지위는 당사자 개념과 모순된다고 보았다. 그러면서 강조하기를, 법원과 검찰의 이원적 분립은 자유주의적 권력분립사상에서 비롯된 것으로서 나치적 세계관과 양립할 수 없으며, 법원과 검찰은 서로 긴밀하게 협력하면서 '민족적 법질서'를 실현하는 동일한 지위와 목적을 지닌 기관이어야 한다는 것이었다.[88]

---

087 Wohlers, *op. cit.*, pp. 184~185.

088 Schumacher, Ulrich, *Staatsanwaltschaft und Gericht im Dritten Reich*, Köln: Pahl-

근대국가와 검찰

근대국가는 입헌주의, 권력분립, 법치국가의 원리에 의해 정치에 법적 규칙을 도입하여 정치를 법화法化하는 한편(사법국가), 법체계 및 사법조직의 관료주의적 재편, 사법의 행정화(폴리스화), 사법권으로부터 행정의 해방이라는 구체제국가의 흐름을 계승했다(행정국가). 검찰은 사법영역에서 이런 전체적 기획의 추진체 역할을 했다. 근대 형사사법의 역사는 그 무대의 주인공인 검찰 영향력의 확대과정, 검찰의 성공과정이라 해도 과언이 아니다.

근대적 형사절차는 전근대의 억압적 규문절차를 극복하고 자유와 인권이 보장되는 새로운 형사절차를 도입하기 위한 자유주의운동의 성과이다. 그러나 역사적 관점에서 보면, 대륙형 근대 형사절차는 중세적 투쟁(contest)과 구체제의 규문(quest)의 아말감(amalgam)이었고, 자유주의적 열망과 실제 입법 사이에는 상당한 거리가 있었다.[89] 이 과정에서 탄생한 근대 검찰은 분명히 "혁명의 자식"[90]이다. 하지만 굳이 혈통을 따지자면 혁명의 '친자'라기보다 혁명의 '조카'라고 하는 편이 옳을 것이다.

근대검찰에 대한 고전적 정의에서 보았듯이, 검사는 법원 앞에서 사회=국가를 대표하는 특별한 사법관, 집행권의 대리인이자 '법률의 파수꾼'으로서 전체 사법의 질서정연한 활동을 감독하는 국가기관이다. 형사사법에 미치는 검찰의 영향력은 바로 이런 특수한 지위와 권한, 검사의 관료주의적 조직화와 전문화에 의해 뒷받침된다.

상명하복과 검사동일체원칙에 의해 표현되듯이, 검찰조직은 행정적 원리, 독재원리에 입각해 조직된다. 이는 정부의 법집행임무, 책임정치원리,

Rugenstein, 1985, pp. 61~65.

089 Damaška, *op. cit.* p. 190.

090 Günther, Hans, *Staatsanwaltschaft-Kinder der Revolution*, Frankfurt am/Main, Berlin, Wien: Ullstein, 1973.

형사정책의 통일적·효율적 집행 등의 논리로 정당화된다. 검사는 외부자극
이 없으면 꼼짝할 수 없게 된(이른바 불고불리의 원칙) 재판권을 활성화시키고,
국가의 목소리(법과 정부정책)를 전달하고, 법원이 법을 잘 적용하고 있는지
감시하며, 만일 잘못이 있으면 상소권을 행사하여 시정하게 만든다. 검사가
사법경찰(judicial police)을 지휘감독하는 것은, 검사 스스로 사법경찰기능을
수행하면서 동시에 사회와 법률을 대표하는 검사가 사법경찰기관을 감독할
책임을 가지기 때문이다. 이런 활동을 통해 검사는 경찰과 사법, 행정과 사
법을 중개한다.[91] 따라서 검찰은 "사법권과 입법권과 행정권 사이의 연락기
관(l'agent de liaison)"[92]이라고 한다. 그러나 문제는 현실에서 검사가 "사법
부 속으로 정부가 들여보낸 트로이목마"[93]가 되고, 검사가 형사사법에 대해
지배적 영향력을 행사할 수 있다는 점이다.

근대 검찰제도는 범죄소추권의 국유화기획을 자유주의적 입헌주의의 법
적 틀 속에서 형사사법제도 내에서 실현하는 과정에 탄생했다. 검찰은 사
법 속에서 주권적 국가, 즉 사회의 '평화'와 '안전'이라는 책무를 독점하고
통치권을 행사하는 국가권력을 대표한다. 검사의 방대한 권한과 특수한 지
위가 낳는 문제들은 근대 형사사법제도와 검찰제도의 탄생과정에서 이미
예고되었다 할 것이다.

---

091 1846년 프로이센에 최초로 검찰제도가 도입되었을 때, 법제장관 사비니(Savigny)와 법무장
관 우덴(Uden)은 법률의 파수꾼으로서 검사의 임무는 피고인을 재판에 회부함으로써 시작
되는 것이 아니라, 그것에 선행하여 경찰관청의 작용에서부터 이미 시작되며, 이를 통해
검사는 법원과 경찰 사이에서 중개지대를 만든다고 했다. Schmidt, Eberhard, *Einführung
in die Geschichte der deutschen Strafrechtspflege*, 3 Aufl., Götingen: Vandenhoeck &
Ruprecht, 1983, p. 331.

092 Volff, Jean, *op. cit.*, p. 27.

093 Dalle, Huber/Larvière, Daniel Soulez, *Notre justice: le liver vérité de la justice française*,
Paris: Robert Laffont, 2002, p, 139.

3. 메이지 일본의 사법제도 근대화과정

'사법직무정제'와 사법제도 근대화

일본은 1871년(明治4) 4월 사법성司法省을 설치해 사법권 통일과 서구식 사법기구 도입을 향한 발걸음을 내딛었다. 사법성 설치와 사법제도개혁을 주도한 대표적 인물은 초대 사법경司法卿(후의 사법대신)에 취임한 에토 신페이 江藤新平였다. 에토의 목표는 일본의 대외적 독립과 국가적 통일을 위해 서양의 제도를 본받아 국가기구를 개혁하는 것이었다.[94] 1872년(明治5) 8월 3일 태정관太政官이 공포한 '사법직무정제司法職務定制'를 통해 새로운 사법기관과 재판준칙이 정해졌다. 사법직무정제는 프랑스 제도를 본받은 것이었다. 사법직무정제는 "전국 법권을 관장하며 각 재판소를 통괄"하는 사법성 하에 재판소·검사국檢事局·명법료明法僚를 설치하여 각각 재판사무·검찰사무·법전편찬과 법학교육을 담당하게 했다.

재판소에는 사법성임시재판소, 사법성재판소, 출장재판소, 각 부府·현縣 재판소, 각 구區재판소의 5종류가 있었다. 사법성임시재판수·사법성재판소·출장재판소는 모두 사법성에 직속되어 사법성이나 출장지에 설치되었다. 사법성임시재판소는 국가 대사 관련사건과 재판관의 범죄를 심리하는 임시 재판소였다. 사법성재판소는 사법경이 재판소장이 되어 각 부·현재판소의 재판을 복심하고 칙임관勅任官·주임관奏任官 등 고등관리와 귀족인 화족華族의 범죄를 재판했다. 출장재판소는 사법성재판소와 권한이 동일한 사법성의 출장재판소를 말했다. 부·현재판소는 각 부·현의 민사사건과 유형 이하

---

094 横山晃一朗, 「明治初年における檢察制度の導入過程」, 『刑事裁判の理論』(鴨良弼先生古稀祝賀論集), 東京: 日本評論社, 1979, 130~132쪽; 菊山正明, 『明治国家の形成と司法制度』, 東京: 御茶の水書房, 1993, 92~108쪽.

의 형사사건을 재판했다. 부·현재판소는 형사사건 중 사죄나 의옥疑獄사건,
민사사건 중 중대사건이나 여러 부·현에 관계되어 심리하기 어려운 사건일
경우 반드시 사법성에 질의해 지령을 받아야 했다. 이와 같이 사법직무정
제단계에서는 사법성 자체가 재판기관이자 재판감독기관으로서 전국 사법
권을 통일하는 것을 지향하고 있었다. 따라서 지방행정사무와 재판사무를
분리했다고는 하지만, 엄밀한 의미의 행정과 사법 분리, 또는 사법권 독립
은 이루어지지 않았다.

사법직무정제에서 검사는 "법헌法憲과 인민의 권리를 보호하고, 양良을
부扶하고 악惡을 제除하며, 재판의 당부를 감監하는 직"으로 규정되었다. 검
사에게는 구체적으로 범죄인의 수사·체포를 지휘감독하고 인민의 소장을
검인檢認하며, 재판정에 입회해 재판심리를 감시하고 법령적용을 청구하는
직권이 부여되었다.[95]

에토의 사법성은 한 발 더 나아가 1872년 11월 사법성달 제46호를 통해
행정재판제도를 창설했다. 지방관이 태정관太政官(훗날의 내각에 해당하는 메이지
초기 최고국정기관)의 포고나 각 성省의 포달에 위반하는 규칙을 정하거나 처분
을 할 경우, 또 인민의 이주·왕래를 지방관이 억제하여 권리를 방해할 경우

---

095 흥미로운 것은 '검사'라는 명칭의 유래이다. 프랑스식 사법제도의 도입을 권고한 부스케의
의견서에는 검사를 지칭하는 일본어로 '목대(目代, 모쿠다이)관원'이라는 말이 쓰였다. 목
대는 대리인 또는 대리관을 뜻하는 프랑스어 'procureur'를 직역한 말이다. 목대는 원래 헤
이안·가마쿠라시대 지방관 고쿠슈(國守)의 대리관으로 각 구니(國)에 부임해 사무를 취급
하는 관리의 명칭이었고, 무로마치시대부터는 널리 대리관을 일컫는 말이 되었다. 목대가
국가의 대리인이라는 지위를 잘 전달해주는 용어라면, 검사는 '검(檢)', 즉 살피고 단속하
는 검사의 기능을 드러낸다. 검사나 판사라는 명칭은 모두 율령국가시대 관원의 명칭에서
유래했다. '판사'는 헤이안시대 형부성에서 송사를 관장하던 관원이었고, '검사'는 지방에
서 비위를 감찰하던 안찰사(按察使) 휘하의 관원이었다. 佐佐波與佐次郎, 『日本檢察法論』
上, 東京: 有斐閣, 1941, 14쪽.

재판소에 제소할 수 있도록 한 것이었다. 이를 근거로 1873년 4월 한 상단이 교토부京都府의 전적轉籍불허처분에 불복하여 교토부재판소에 제소한 이른바 '오노구미小野組 전적사건轉籍事件'이 발생했다.[96] 지방관들은 사법경찰권과 재판권을 모두 지방관이 관할해야 한다며 태정관에 건백서를 올리는 등 사법성의 조치에 강력하게 반발했다. 지방관 임면을 통해 지방행정에 관여했던 대장성大藏省도 사법성과 갈등을 빚었다. 재판소 증설에는 막대한 예산이 필요했지만 대장성은 번번이 이를 반대했다. 특히 이 시기 경쟁관계에 있었던 사가佐賀번·사쓰마薩摩번 출신과 조슈長州번 출신이 각각 사법성과 대장성을 장악하고 있었기 때문에, 여기에는 정치적 갈등의 의미도 내포되었다.[97] 두 세력은 정한론征韓論을 놓고 충돌했고, 1873년(明治6) 10월 정한파였던 에토가 실각했다. 내치우선파가 실권을 장악해 1874년 1월 내무성內務省을 창설했고, 내무성 주도 아래 경찰제도와 지방제도 정비가 추진되었다.[98]

에토의 급진적 개혁과 사법성의 독주는 여러 비판을 낳았다. 수구적 관점의 비판도 없지 않았지만, 사법직무정제의 문제점이 인식되고 그 인식에 기초해 새로운 개혁도 진행되었다. 그 가운데 세 가지를 살펴보겠다.

---

096 당시 오노구미는 도쿄의 미츠이구미(三井組)와 어깨를 견주던 거상이었다. 오노구미는 사업의 편의를 위해 교토에서 도쿄로 본점을 옮기려 했지만, 교토부는 재정적 손실을 우려해 전적을 허가하지 않았다. 이에 오노구미가 사법성과 상담하여 교토부재판소에 소송을 제기했다. 교토부 관리들이 재판소의 출두명령을 거부하자 재판소가 관리들을 구류했는데, 구금된 교토부 관리의 배경에는 사법성의 에토와 대립하던 죠슈번의 실력자들이 있었다. 사건은 관청 간, 번세력 간 다툼으로 비화되었다. 小泉輝三郎, 『明治黎明期の犯罪と刑罰』, 東京: 批評社, 2000, 22~25쪽.

097 横山晃一朗, 앞의 글, 141~143쪽.

098 大日方純夫, 「日本近代警察の確立過程とその思想」, 由井正臣·大日方純夫 編, 『官僚制 警察』, 東京: 岩波書店, 1990, 478~479쪽.

첫째, 고문폐지와 자유심증주의의 채용이다. 흥미로운 것은 그 가운데 배심제 도입이 검토되었다는 것이다.[99] 1873년 12월 사법성은 태정관 정원正院에 송부한 질의서를 통해 사법성재판소에서 시범적으로 배심제를 채용하는 입법을 검토해줄 것을 요청했다. 사법성은 "죄를 판단함에는 구공결안口供結案에 의한다"는 율이 있기 때문에 사법성이 고문을 금지하는 포달을 내려도 아직 고문이 사라지지 않고 있다면서, 고신을 폐지하려면 '구공결안'을 폐지해야 하고 구공결안을 폐지하려면 그 대안으로 배심제를 채용해야 한다고 했다.[100] 구공결안이란 자백조서를 말하며, 대명률상의 '복변문장'에 해당한다. 구공결안의 폐지는 유죄판결을 위해 필수적으로 자백을 요구하는 제도를 폐지하고 자유심증주의를 채택한다는 뜻이었다. 하지만 자유심증주의가 판사의 독단과 자의와 결합되면 더욱 위험해진다. 때문에 시민혁명 이후 유럽 국가들은 자유심증주의를 채택하면서 배심제(또는 참심제)가 자유심증주의의 안전장치로 기능할 것을 기대했다. 일본의 사법성도 같은 취지의 주장을 한 것이다. 하지만 태정관의 소극적인 태도 때문에 사법성의 건의는 받아들여지지 않았다. 이후 일본은 1876년(明治9) 6월 '개정율례改定律例'[101]를 개정하여 구공결안에 관한 법문을 삭제하고 단죄는 일체 증거에

---

099 비록 실제로 시행되지는 않았지만 1873년 10월 '참좌규칙(參座規則)'이 제정되어 일반인 중에 선출된 자가 재판에 참좌하는 제도가 고안된 적이 있다. 사법성임시재판소에서 오노 구미사건을 심리하려 하자, 교토부 지방관들이 사법성이 지배하는 재판에 응할 수 없다고 하며 참좌제도를 요구했기 때문이었다.

100 菊山正明, 앞의 책, 218~219쪽.

101 개정율례(改定律例)는 1873년에 제정된 형법이다. 그에 앞서 메이지 정부는 일본의 구율령과 청국의 형률 등을 참조해 1870년 신율강령(新律綱領)을 제정한 바 있었다. 그러나 신율강령에는 시대에 맞지 않는 규정이 있었기 때문에 서양 형법의 요소를 채용하여 만든 것이 개정율례였는데, 개정율례는 신율강령을 대체하는 형법이 아니라 신율강령을 개정·보완하는 형법이었다. 1880년 형법이 공포될 때까지 신율강령과 개정율례가 일본의 일반형법전으로 사용되었다.

의하도록 했다. 이로써 일본에서 자유심증주의가 채용되고 고문이 불법영역에 들어가게 되었다.

둘째, 사법직무정제단계에서 분리되지 못했던 수사·소추·재판기능을 분리하는 방향으로 형사절차가 개정되었다. 1874년(明治7) 1월 '검사직제장정사법경찰규칙檢事職制章程司法警察規則'을 통해 검사의 사법경찰권 행사방법, 공소관으로서의 지위, 그리고 수사와 재판에서 판사와 검사 직권의 경계가 구체적으로 규정되었다. 1876년 4월 '규문판사직무가규칙糾問判事職務假規則'과 '사법경찰가규칙司法警察假規則'을 통해 규문판사에 의한 '하조下調(시타시라베)', 즉 일종의 예심제도가 도입되었다. 중죄 및 범정이 복잡할 경우 검사는 규문판사에게 '하조'를 청구하고, '하조'가 종료된 뒤 검사가 증빙문서를 받아 재판소에 소를 제기하도록 한 것이다.

셋째, 대심원大審院이 설치되고 행정과 재판의 완전한 분리가 추진되었다. 사법성재판소는 칙주임관의 범죄사건도 관할했는데, 사법성은 사건의 처리를 둘러싸고 다른 중앙관청 내지 번벌세력과 충돌했다. 사법성과 대립하던 세력들은 사법성의 독주를 막기 위해 재판권을 분리시켜야 한다고 인식하게 되었다. 결정적 계기는 1875년(明治8) 2월에 열린 오사카회의大阪會議였다. 참가자는 메이지 정부의 요인이었던 기도 다카요시木戸孝允, 오쿠보 도시미치大久保利通, 이타가키 다이스케板垣退助, 이토 히로부미伊藤博文까지 네 명이었다. 이 회의에서 원로원元老院과 대심원의 설치, 지방관회의 재개 등 정치개혁안이 합의되었다. 원로원은 입법기관으로, 지방관회의는 일종의 하원으로 상정되었다. 그 합의안이 정부 내에서 준비 중인 개혁안과 합류하여, 1875년 5월 '대심원·제재판소직제장정大審院諸裁判所職制章程'과 '사법성·검사직제장정司法省檢事職制章程'이 제정되었다. 그에 따라 대심원 이하의 재판소가 재판사무에 관해 사법성으로부터 독립해 권한을 행사할 수 있게

됨으로써 사법권 독립의 기틀이 마련되었다.[102]

조약개정 교섭과 국내법 정비

메이지 정부의 사법제도 근대화작업은 조약개정과 밀접한 관계가 있었다. 사법제도 근대화는 불평등조약의 기둥 중 하나인 영사재판권을 폐지하고 법권을 회복하기 위한 필수적 조건이었기 때문이다.[103] 영사재판권은 열강들이 일본의 재판과 행정에 간섭하는 통로가 되었다. 즉 일본인이 피고 (인)인 사건에 대해 일본이 재판관할권을 행사할 때도 외국 관원과 교섭하거나 외교적 문제를 고려해야 했다. 상공업제도, 행정·조세제도를 정비하기 위한 법제를 입법할 때도 해당 법령이 외국인과 관련되는 한 일일이 외국 공사와 협의를 거쳐야 했고 쉽게 찬성을 얻지 못했다. 외국인 특권을 인정하는 법을 제정하면 이번에는 일본사회 내부의 비판에 직면해야 했다.[104]

일본은 1878년(明治11)부터 조약개정 교섭을 개시했다. 관세자주권 회복을 목표로 했던 최초의 교섭시도가 실패한 뒤, 이노우에 가오루井上馨 외무경外務卿은 치외법권의 회복, 즉 영사재판권의 철폐에 중점을 두고 교섭을 준비했다.[105] 1882년(明治15), 일본 정부와 조약국 대표로 구성된 조약개정 회의가 조직되었다. 주안점은 외국인에게 일본 내지를 개방하되 일본의 재판권에 복종하는 조건으로 '태서법률주의(principle of Western law)'에 기초해 법률을 제정하고 외국인 판사를 임용하는 등 사법제도를 개정한다는 것이었다. 하지만 이노우에의 노선은 국내의 강경한 반대에 부딪쳤다. 1888

---

102 山中永之佑 編, 『新·日本近代法論』, 京都: 法律文化社, 2002, 182~183쪽.
103 일본의 조약개정과정에 대해서는 小山博也, 「條約改正」, 鵜飼信成 外 編, 『講座 日本近代法發達史 2』, 東京: 勁草書房, 1958, 179~231쪽.
104 위의 글, 183~184쪽.
105 위의 글, 194~195쪽.

년(明治21) 11월부터는 오쿠마 시게노부大隈重信 외무대신 주도로 교섭이 진행되었지만, 역시 외국인 판사임용에 대한 국내의 반발과 내각 총사직으로 무산되었다. 이후 헌법시행과 입헌정체 확립, 재판소구성법을 비롯한 민형사법전 공포 등이 진행되었다. 이런 성과를 기초로 1892년(明治25) 8월 제2차 이토 히로부미 내각의 외상으로 취임한 무츠 무네미츠陸奥宗光는 전면적 대등조약체제를 목표로 교섭에 착수하여 마침내 1894년(明治27) 7월 영국과의 타결을 비롯해 열강과의 조약개정에 성공했다.

일본은 1870년대 말부터 열강과의 조약개정을 염두에 두고 서둘러 법전 편찬을 진행했다. 1880년(明治13) 7월 공포된 형법(태정관포고 제36호) 과 치죄법治罪法(태정관포고 제37호)이 그 첫 번째 성과였다. 둘 다 프랑스인 법률가 보아소나드Gustave Emile Boissonade de Fontarabie가 기초한 것으로, 프랑스 법의 영향을 받았다. 1890년(明治23) 독일 법의 영향을 받은 형사소송법(1890. 10. 7, 법률 제96호)이 제정되어 치죄법은 폐지되었다. 1907년(明治40)에는 새로운 형법(1907. 4. 24, 법률 제45호)이 제정되어 1880년 형법이 구형법으로 남게 되었다. 민법전 편찬과정에서 서구법을 어디까지 받아들여야 하는가에 관해 논란이 많았다. 에토 사법경 시대부터 프랑스 민법 번역의 방식으로 민법이 기초되었고, 1878년 사법성 민법과가 초안을 완성했다. 이 초안은 외국법을 번역해 인민에게 시행할 수는 없다는 반대론에 부딪쳐 폐안되었다. 1880년부터 재산법 편은 보아소나드가, 신분법 편은 일본인이 기초하는 방식으로 민법 기초가 진행되었다. 보아소나드가 기초한 재산법분야의 초안들—재산 편, 재산취득 편(제1부), 채권담보 편, 증거 편—은 1888년 12월 내각에 제출되어 원로원과 추밀원의 심의를 거쳐 1890년 4월에 공포되었다. 신분법과 관계된 인사 편, 재판취득 편(제2부)의 초안은 1890년 10월에 공포되었다. 1890년에는 독일 법을 모델로 삼은 상법전이 공포되었다. 그러나 민상법전이 공포되자 곧 '법전논쟁'이 벌어지고 두 법전의 시행이 연기되었다. 1893년 민법과 상법을 수정하기 위해 법전조사회가 설치되었고, 그 결과 민법 중 재산법 부분은 1896년, 친족상속법은 1898년에 공포되어 같은 해 시행되었다. 상법은 1899년에 공포·시행되었다.[106]

1890년 재판소구성법과 법원·검찰의 조직

1890년(明治23) 2월 10일 법률 제6호로 재판소구성법裁判所構成法이 공포되었다. 재판소구성법은 1889년(明治22) 2월 11일 공포된 '대일본제국헌법 大日本帝國憲法'(1890. 11. 29 시행)과 열강과의 조약개정을 염두에 두고 제정되었다. 사법직무정제와 치죄법 등이 프랑스법의 영향을 받았다면, 재판소구성법은 독일 법의 영향을 받았다.[107]

메이지헌법은 "사법권은 천황의 이름으로 법률에 의하여 재판소가 이를 행한다"(제57조 ①), "재판관은 형법의 선고 또는 징계의 처분에 의하는 외에 면직당하지 않는다"(제58조 ②)고 하여, 사법권 독립 및 재판관의 신분보장을 규정했다. 재판소구성법은 헌법의 신분보장을 구체화시켜 판사를 종신관으로 하고(제67조), 형법의 선고 또는 징계처분에 의하지 않으면 의사에 반해 전관轉官·전소轉所·정직停職·면직免職·감봉減俸을 당하지 않도록 했으며 (제73조), 신체·정신의 쇠약 시 공소원 또는 대심원총회의 결의에 의해 사법

---

106 山中永之佑 編, 앞의 책, 47~52쪽.
107 재판소구성법 초안은 당시 사법성 법률고문이던 독일인 오토 루도르프(Otto Rudorff)가 기초했다. 루도르프의 초안에 프랑스인 보아소나드, 영국인 커쿠드(W. M. Kirkwood) 등이 각각 프랑스법, 영미법의 입장에서 수정을 가하는 식으로 '제국사법재판소구성법 초안'이 완성되었는데, 이 초안이 법률취조위원회, 내각, 원로원, 추밀원 등의 심의를 거치는 과정에서 독일 법에 따르는 식으로 재수정되었고, 결국 최종적으로 성립한 법률안은 실질적으로 루도르프 원안과 거의 동일한 내용이 되었다. 染野義信, 「司法制度」, 鵜飼信成 外 編, 앞의 책, 153~159쪽.

대신이 퇴직을 명할 수 있도록 하고(제74조), 재판소조직이 변경·폐지될 때는 새로운 보직을 맡을 때까지 봉급의 반액을 지급하도록 했다(제75조). 아울러 재판소구성법은 검사의 신분보장에 관한 규정을 두었다. 검사는 형법의 선고 또는 징계처분에 의하지 않으면 그 의사에 반해 면직되지 않도록 하고(제80조), 같은 법 시행법에서 판사퇴직규정과 재판소의 폐지·변경 시 보직·급여 관련규정을 검사에게도 준용하게 했다. 검사 신분보장은 헌법규정에 근거한 것이 아니라 법률상 판사와 동일한 자격을 가지는 사법관인 검사를 우대한 조치였다.

재판소는 구區재판소, 지방재판소, 공소원控訴院, 대심원大審院의 네 종류였다. 구재판소는 경미한 민형사사건의 제1심을 관할하고, 지방재판소는 구재판소 및 대심원의 권한에 속하지 않는 형사사건을 제1심으로서 관할하며, 또 구재판소 판결에 대한 항소를 관할했다. 공소원은 지방재판소의 제1심 판결에 대한 항소 및 지방재판소의 제2심 판결에 대한 상고를 관할했다. 대심원은 공소원의 제2심 판결에 대한 상고를 관할하는 한편 황실에 관한 죄, 내란죄, 외환죄 및 금고 이상의 형에 처할 황족의 죄에 대해 제1심이자 최終심으로서 관할권을 가졌다.

한편 헌법이 사법권 독립을 선언하기는 했지만 대륙법계 국가와 마찬가지로 일본에서도 재판소와 관련된 인사·예산 기타 사법행정사무를 사법성이 관장하고 있었다. 재판소구성법의 사법행정 감독체계도 대륙법계 국가의 예와 같았다. 재판소구성법 제135조 1항에서 "사법대신은 각 재판소 및 각 검사국을 감독한다"고 했듯이, 사법대신은 사법행정에 관한 한 최고감독기관이었다. 대심원장은 대심원을, 공소원장은 공소원 및 관내 하급재판소를, 지방재판소장은 그 재판소 및 관내의 구재판소를 감독한다. 대심원장의 감독권은 대심원에만 미친다는 점이 오늘날 일본의 최고재판소장이나 한국의 대법원장과 달랐다.

사법행정상 지휘감독계통은 하급기관의 사무취급에 대한 상급기관의 시정권으로도 표현된다. 재판소구성법은 "사법사무취급의 방법에 대한 항고抗告, 특히 어떤 사무의 취급방법 또는 취급의 연체나 거절에 대한 항고는 (…) 사법행정의 직무 및 감독권에 의해 처리한다"(제140조)고 했다. 이 항고는 사법행정상의 사무취급에 한한 것이며, 예를 들어 재판소의 판결은 여기서 말하는 항고의 대상이 아니다. 특기할 점은, 이 규정이 나중에 검사의 불기소처분에 대한 구제수단으로 활용되었다는 점이다. 즉 피해자가 고소한 사건을 검사가 불기소처분한 경우 불기소처분이 '사무취급의 거절'에 해당한다고 보아, 고소인이 처분검사의 상관에게 항고하여 최종적으로 사법대신에까지 항고할 수 있었다. 식민지 조선에서도 일본과 마찬가지로 상관의 사법행정감독권에 근거하여 검찰항고제도가 시행되었다.

재판소구성법은 대륙법계 법제를 본받아 검사의 직권 및 그 조직에 관한 규정들도 두었다. 제6조 1항은 다음과 같이 검사의 직권을 규정했다.

각 재판소에 검사국檢事局을 부치附置한다. 검사는 형사에 관하여 공소를 제기하고 그 취급상 필요한 수속을 하고, 법률의 정당한 적용을 청구하며, 또한 판결이 적당하게 집행되는지 감시한다. 민사에서도 필요하다고 인정할 때는 통지를 구해 그 의견을 진술할 수 있다. 또한 재판소에 속하거나 재판소에 관한 사법司法 및 행정사건에 관해 공익의 대표자로서 법률상 그 직권에 속하는 감독사무를 행한다.

검사는 그 직위에 따라 검사총장檢事總長, 검사장檢事長, 검사정檢事正,[108] 검

---

108 검사정이라는 말은 '주된 검사'라는 의미를 갖고 있다. 당시 일본 군대에서는 오늘날 대좌

사檢事의 직명을 가진다. 검사총장·검사장·검사정은 각각 대심원 검사국·공소원 검사국·지방재판소 검사국의 장이다. 프랑스 제도와의 차이점은 검사총장이 전국 검사국을 지휘감독한다는 것이다. 검찰사무에 관한 지휘감독권과 관련해 사법대신은 각 검사국을, 검사총장은 대심원 검사국 및 하급 검사국을, 검사장은 공소원 검사국 및 관할구역 내 검사국을, 검사정은 지방재판소 검사국 및 관할구역 내 검사국을 감독한다고 규정되었다. "검사는 그 상관의 명령에 복종해야" 하며(제82조), 검사총장·검사장·검사정은 "그 관할구역 내 재판소 검사의 직무범위에 있는 사무를 스스로 취급하는 권"(직무승계권)과 "어떤 검사가 취급해야 할 사무를 다른 검사에게 이전하는 권"(직무이전권)을 가진다(제83조). 치죄법에서는 직무승계·이전권이 공소재판소 검사장(공소원 검사장에 해당)에게만 인정되었는데, 재판소구성법에서는 이를 검사총장과 검사정에게까지 인정했다. 결국 재판소구성법에 따르면, 검사총장은 전국 모든 검사의 직무에 대해, 검사장과 검사정은 각각 자기 관할구역 내 모든 검사의 직무에 대해 직무승계·이전권을 행사할 수 있다. 이 규정들은 명백히 검사동일체원칙을 표현하고 있다. 다만 일본의 검사동일체원칙 이해방식에는 프랑스·독일과는 조금 다른 점이 있다.

재판소구성법과 '검사동일체원칙'

앞에서 언급했듯이, 검사동일체원칙은 단순히 상명하복관계와 동일시할 수 없는 개념으로 그 핵심은 일정한 범위의 검사들이 법의 눈에 단일하고 불가분하게 취급된다는 것이다.[109] 주의할 것은, 검사동일체원칙이 검사들

(大佐, 대령)에 상당하는 장교를 '정(正)'이라 칭했는데, 이에 상당하는 검사의 관리를 검사정이라고 했다. 最高檢察廳中央廣報部, 「新檢察制度十年の回顧 (三)」, 『法曹時報』 10卷 3號, 1958, 88쪽.

109 1910년대 형소법 문헌 중 板倉松太郎, 『刑事訴訟法玄義』(第3版), 東京: 巖松堂書店, 1915,

의 일사불란한 행동통일을 의미하는 것이 아니라는 점이다. 검사 개개인이 완전한 자율성을 가지고 있든, 혹은 철저하게 상관의 지시에 구속되든, 검사의 동일체성은 여전히 존재할 수 있고 나름의 존재이유를 가지고 있다.

그런데 일본과 한국에서 검사동일체원칙의 의미는, 검사는 단독관청이며 그것은 검사의 준사법관적 지위에 부합하는 것이라고 이해되곤 한다. 검사가 단독관청이라는 것은 재판소구성법의 해석에서 비롯된 이해인데, 재판소구성법 및 형사소송법에서 특정한 직명의 검사가 아니라 검찰사무를 담당하는 국가기관을 총칭하는 관명인 '검사'를 검찰사무의 주체로 규정하고 있다는 점, 프랑스·독일 법처럼 하급검사를 상관의 대리인으로 규정하고 있지 않다는 점 등에 근거한다. 이런 법문에 근거해 개개 검사는 그 직명(검사총장, 검사장, 검사정, 검사)에 차이가 있을 뿐 법률상으로는 독립적 검찰사무의 주체라고 보는 것이다.

개개 검사가 단독관청이라는 의미는, 검사가 상사의 지시·결재를 받지 않고도, 또는 지시내용에 반해서 결정이나 처분을 할 수 있으며(이는 검찰조직 내부관계에서만 문제될 뿐이다), 그런 의사표시나 처분이 법적 효력에서 어떤 하자도 없다는 것이다. 하지만 소속 검찰청장의 대리인으로서 행동하는 프랑스나 독일 검사의 경우도 결과는 마찬가지이다. 검찰청 내부관계에서 검사장 등의 위임이 있었는지 여부를 외부에 표시할 필요도 없으며, 동일한 검찰청(parquet, Staatsanwaltschaft)에 속한 검사들은 일체불가분한 존재로서 항상 단독으로 또는 집합적으로 검찰의 의사를 대표할 수 있기 때문이다. 문제는 단독관청성에도 불구하고 검사들을 동일체로 볼 수 있게 하는 법적

1054쪽은 "검사동일체란 동일한 장관의 감독구역 내에서 부하 검사가 행하는 사무는 법률상 그 장관이 스스로 행하는 것과 동일한 것으로 간주하는 것을 말한다"고 하여 검사동일체의 본뜻을 정확히 설명하고 있다.

근거는 무엇인가 하는 점이다. 부하 검사들이 검찰청의 장의 대리인으로서 활동한다고 보는 프랑스와 독일 법제에는 검사의 동일체성을 인정할 명백한 법적 근거가 존재한다. 하지만 단독관청성을 긍정한다면 검사동일체원칙을 설명하는 데 어려움이 따른다.

이 문제와 관련해, 재판소구성법 초안자인 오토 루도르프Otto Rudorff는 재판소구성법 제6조의 '검사'의 의미에 대해 다음과 같이 설명하고 있다.

'검사는 일체(Le ministère public est uni)'이며, 통일적인 일체로서의 검사가 있을 뿐이다. 따라서 서로 다른 재판소에는 단지 검사국이 있을 뿐이며, 이 검사국이 통일적 관청으로서 권리의무를 집행하는 것이다. 이 일체로서의 검사라는 것에 대한 프랑스 류의 시각은 의심의 여지없이 정당하지만, 본조(재판소구성법 제6조―인용자)의 자구에는 특별히 표명되지 않았다. 그것은 이 법률의 초안을 영어로 써야 했는데, 영국에는 일체로서의 검사라는 제도가 전혀 존재하지 않기 때문에 그에 상당하는 단어가 없고, 개개 관리로서의 검사로 이 제도를 표명할 뿐이어서, 급한 대로 그냥 두지 않으면 안 되었기 때문이다. 그러나 검사일체檢事―體의 이념이 재판소구성법의 기조가 되고 있음은 물론이며, 특히 제82조(검사의 상명하복의무―인용자) 및 제83조(상관의 직무이전·승계권―인용자) 중에 개개 검사는 상관에 대한 엄격한 종속관계에 놓이고, 한 사람의 최고상관인 검사총장이 전국 검사의 모든 사무를 처리할 수 있는 권한을 가지며, 검사총장 예하의 검사는 그만큼에 있어서는 단지 검사총장의 대리관이며 보조관이라는 것은 규정을 보면 확실히 알 수 있다. 이에 따라 검사일체의 원칙은 극히 명확하게 표명되는 셈이며, 이런 현상은 오로지 이 원칙에 의해서만 설명된다.[110]

---

110 Rudorff, Otto, "Commentar zum Gerichtsverfassungsgesetze für Japan"(1890), 篠塚春世 譯, 『ルドルフ裁判所構成法註釋』(司法資料 259號), 東京: 司法省調査課, 1939, 28~29쪽.

요컨대, 독일 법률가 루도르프는 검찰사무의 주체를 표현하는 용어로 본래는 '통일적 일체로서의 검사'를 뜻하는 용어, 즉 프랑스의 ministère public, 독일의 staatsanwaltschaft에 상응하는 용어를 쓰고 싶었지만, 초안을 영어로 작성하는 과정에서 부득이하게 단지 개개 관리를 칭하는 영어단어, 즉 prosecutor를 쓸 수밖에 없었다는 것이다. 그렇지만 루도르프는 위인용문의 말미에서 상명하복관계와 검사총장이 전국의 검사들에 대해 가지는 직무이전·승계권에 관한 규정은 검사일체의 이념을 표방하고 있으며, 따라서 "검사총장 예하의 검사는 (…) 검사총장의 대리관이며 보조관"이라고 강조하고 있다. 이 점에서 루도르프는 비록 법문상 용어는 달라도 독일법의 관념에 충실한 발언을 하고 있다.

흥미롭게도, 초안에 해당하는 '제국사법재판소구성법 초안'(1887)은 훨씬 독일적이었다. 이 초안 제11조(재판소구성법 제6조에 상응)는 "각 재판소에 검사국을 부附한다. 검사국은 형사사건에 관하여 공소를 제기하고"라 하여, 검찰사무의 주체를 '검사'가 아닌 '검사국'으로 명시했다.[111] 이는 독일 법에서 각급법원에 설치되는 staatsanwaltschaft를 검찰사무의 주체로 표현하고 있는 것과 상통한다.

한편 각 검사국의 장에 대해 소속 검사가 대리인의 관계에 있다는 점은 재판소구성법에도 표현되고 있다. 재판소구성법 제33조는 각 지방재판소 검사국에 두는 "검사정은 검사국의 사무취급을 분배·지휘 및 감독한다. 다만 검사국의 기타 검사는 사무취급에 관하여 어떤 사건에도 상관없이 특별한 허가를 받지 않고 검사정을 대리하는 권을 가진다"고 했다. 이 규정은 공소원 검사국·대심원 검사국에도 준용된다. 그러면 '기타 검사'가 특별한

---

111 「法律取調委員會 帝國司法裁判所構成法草案議事筆記」(1887), 法務大臣官房司法制度調查部 監修, 『日本近代立法資料叢書 25』, 東京: 商事法務硏究會, 1986, 10쪽.

허가 없이 대리할 수 있는 직무의 범위는 어디까지인가? 이에 대해 일본의 학자들은 '검찰사무' 외에 검사정이 취급하는 검찰'행정'사무 내지는 사법 '행정'사무의 일부분을 부하 검사가 취급할 수 있다는 취지로 해석했다.[112] 공소권행사 등 검찰사무에 관한 한 기타 검사도 단독관청이라고 보면, 기타 검사가 검사정의 사무취급을 대리한다는 것은 곧 통상의 검찰사무를 제외한 부분, 즉 검사정만이 가지고 기타 검사들이 갖지 않은 것, 다시 말해 검사정이 검사국의 장으로서 가지는 행정적 권한을 대리하여 행사한다고 해석할 수밖에 없기 때문이다.[113]

그러나 '제국사법재판소구성법 초안' 제40조[114]및 이를 심의한 법률취조 위원회 회의록(1877. 11. 16)을 보면, 이 규정의 취지는 프랑스와 독일 법과 다를 게 없었다. 즉 검사국 소속 검사들은 어떤 사건에 대해서든 검사정의 특별한 허가 없이 검사정을 대리할 수 있다는 취지였다. 위원회들의 발언에 따르면, 이 규정은 "검사는 판사와 달리 대리법代理法을 두지 않고 누구라도 특별한 위임이 없이 한다는" 것, "본래 검사국의 모든 사무를 분배하여 보통 사무를 감독하지만 검사는 허가를 받지 않고 모든 국무局務를 집행할 수 있다는 의미", 부하 검사는 "자신이 분배받은 사건에 관해서는 물론

---

112 安平政吉, 『檢察廳法槪論』, 東京: 國立書院, 1948, 52쪽.

113 예컨대 長島毅, 「裁判所構成法」, 末弘嚴太郞 編, 『現代法學全集 第24卷』, 東京: 日本評論社, 1928, 129쪽을 보면, 본조의 취지를 검사는 검찰사무에 관해 단독관청이기 때문에 검사정을 대리하여 사무를 처리하도록 할 필요가 거의 없으나, 다만 검찰사무의 촉탁, 구재판소 검사국의 직무취급 등에 관해 부하 검사가 검사정을 대리하는 경우를 상정한 것이라 해석하고 있다.

114 제국사법재판소구성법초안 제40조 "각 지방재판소의 검사국에 검사정을 둔다. 검사정은 검사국의 모든 사무취급을 지휘·분배 및 감독한다. 다만 검사국의 기타 검사는 어떠한 사건에 관해서도 특별한 허가를 받지 않고 검사정을 대신해 사무를 취급하는 권한을 가진다." 「法律取調委員會 帝國司法裁判所構成法草案議事筆記」, 法務大臣官房司法制度調査部 監修, 앞의 책, 49쪽.

이고 분배받지 않은 사건에 관해서도 일일이 허가를 거치지 않고 검사정 명의로 행하면 된다는 정신"을 담고 있었다. 위원들 사이에서 이 규정이 검사정의 지휘감독권과 충돌하는 것인지, 검찰사무취급상 혼잡을 초래하는 것은 아닌지 다소 논란이 있었지만, 이 규정의 취지를 훗날의 해석론처럼 단지 행정사무를 대리한다는 것으로 이해하고 있지는 않았다.[115]

일본과 한국의 검사동일체원칙에 관한 이론은 일단 검사가 단독관청 내지 독임제 관청임을 전제하고 있다. 지금까지 본 것에서 알 수 있듯이, 개개 검사를 단독관청으로 이해하는 근거가 된 재판소구성법 제6조의 '검사'라는 용어는 실은 언어상의 제약에서 비롯된 것이었다. 루도르프가 부득이하게 개개 관리로서의 검사로 표현한 것에 근거하여, 이후 일본에서는 검사가 각자 독자적인 직권을 가진 검찰사무의 주체라는 해석이 일반화된 것이다. 물론 재판소구성법에 직접적으로 검사가 통일적 일체임을 표명하는 문언은 없다고 해도, 상명하복 및 상관의 직무이전·승계권 등에 관한 규정을 통해 검사동일체원칙의 취지는 재판소구성법에도 관철되고 있다고 할 것이다. 아무튼 일본에서는 재판소구성법상 검사총장이 전국 검사에 대한 명령권과 함께 전국 모든 검사의 사무에 대해 직무이전·승계권을 갖기 때문에, 검사총장을 정점으로 '전국 검사가 동일체'라는 해석이 성립했다. 그러나 단독관청성을 인정하는 한 검사동일체원칙에 관한 명확한 법적 근거가 부족하다는 것도 사실이다. 8장에서 훗날 일본의 검찰이론가들은 어떤 태도를 취하게 되는지, 그것이 검사동일체원칙에 관한 이해에 어떤 변화를

---

115 위의 책, 50쪽. 루도르프 역시 제33조에 관해 부하 검사가 허가 없이 대리할 수 있는 직무의 범위는 "검사정만이 담임하는 사법행정상의 사무, 즉 검사정으로부터 분리할 수 없고 단지 명시적인 위임이 있는 경우에 한하며, 다른 검사가 검사정의 대리로서 처리할 수 있는 사무에 관한 것은 아니"라고 하고 있다. Rudorff, 앞의 책, 124쪽.

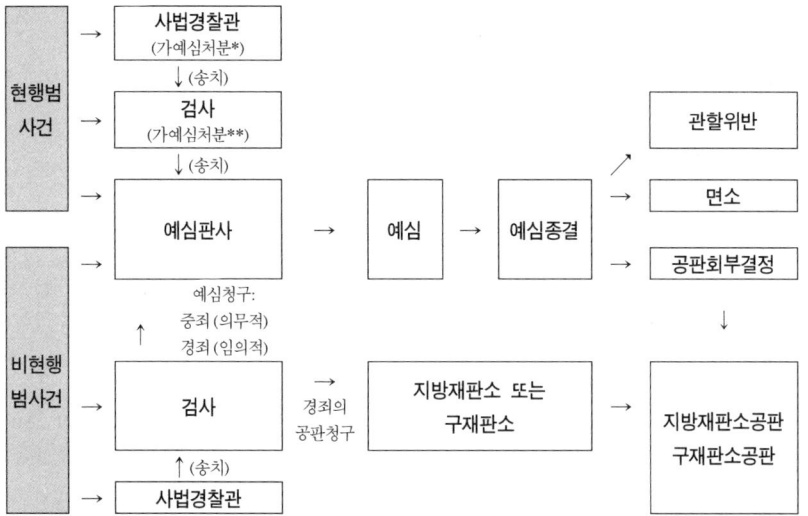

〈그림 2〉 메이지형소법의 형사절차

사법경찰관
(가예심처분*)
↓ (송치)

현행범
사건 → 검사
(가예심처분**)
↓ (송치)

예심판사 → 예심 → 예심종결 → 관할위반

↗ 면소

→ 공판회부결정
↓

예심청구:
중죄(의무적)
경죄(임의적)

비현행
범사건 → 검사
경죄의
공판청구 → 지방재판소 또는
구재판소 → 지방재판소공판
구재판소공판

↑ (송치)

→ 사법경찰관

* 사법경찰관 현행범 가예심처분: 임검, 피의자·증인의 신문, 압수·수색·검증.
** 검사 현행범 가예심처분: 임검, 피고인소환·구인, 피고인·증인의 신문, 압수·수색, 감정.

가져왔는지를 살펴볼 것이다.

1890년 형사소송법의 형사절차

1890년 10월 법률 제96호로 공포된 형사소송법(이하 메이지형소법)은 재판
소구성법의 심급구조에 맞추어 형사절차를 재편했다. 예를 들어 치죄법에
서는 위경죄공판, 경죄공판, 중죄공판으로 3분했지만, 재판소구성법에서는
지방재판소공판(중죄와 일부 경죄)과 구재판소공판(위경죄와 일부 경죄)으로 2분했
다. 기타 피고인의 이익을 위한 검사의 상소권처럼 독일 법의 영향을 받은
규정도 있지만, 메이지형소법은 대체로 치죄법의 체계를 유지했다.

메이지형소법 제1심의 형사절차를 도표로 나타내면 〈그림 2〉와 같다.
메이지형소법은 독일 형사소송법의 영향을 많이 받았지만, 1880년 공포된

치죄법과 마찬가지로 프랑스 치죄법의 형사소송 모델에 입각하고 있었다. 프랑스 치죄법은 '소추·예심·재판의 기능적 분리원칙'에 입각해 소추, 즉 공소권의 실행은 검사가, 예심은 예심판사가, 재판은 판결법원이 각각 담당했다. 치죄법과 마찬가지로 메이지형소법은 '소추, 예심, 재판'의 분리원칙에 따라 형사절차를 구성했다. 검사는 원고관으로서 공소를 담당하고, 강제수사를 동반한 증거조사, 즉 사법적 수사는 예심판사가 행한다. 검사와 사법경찰관은 현행범사건에서 예외적으로 예심판사에 속한 처분을 부분적으로 행할 수 있을 뿐이다. 물론 검사와 사법경찰관은 강제수사가 아닌 방식으로 범죄를 수사할 수 있다. 이른바 '임의수사'라는 것으로, 프랑스의 '비공식적 수사'와 같은 것이다.

사법직무정제에서 확인했듯이 일본에서는 검사가 처음부터 수사권을 가진 소추기관으로 출발했다. 그리고 수사실무는 막강한 조직과 물리력을 지닌 경찰이 담당했다. 제도정비에 의해 강제수사권이 검사와 사법경찰로부터 떨어져 나와 규문판사를 거쳐 예심판사로 집중되었다. 하지만 예심을 원칙적인 수사절차로 상정한 법제도와, 종전의 과도기적 제도 및 관헌국가적 치안유지체제에서 파생된 수사실무 사이에는 큰 간극이 있었다. 그 사이에서 검찰과 검찰의 편법적 수사, 임의수사를 가장한 강제적 수사가 나타났고, 마침내 형사사법운영의 주인공이 예심판사에서 검사로 바뀌게 되어 이른바 '검찰사법'이라 불리는 형사사법의 모습이 나타났다.

검찰사법을 뒷받침하는 법제도와 실무는 형사사법의 입구부터 출구까지 검찰이 압도적인 영향력을 행사할 수 있게 만들고, 법원 앞에서 당사자(피고인 대 검사)가 대립하는 삼각구도를 국가기관(법원과 검찰)과 피고인이 대립하는 이자대립구도로 만든다. 이 구도의 전제는 검찰이 좁은 의미의 원고관(당사자)의 지위와 역할에서 벗어나는 것이다. 즉 검찰이 적극적으로 수사기관이 되는 것, 수사·재판에서 피의자·피고인보다 우월한 지위를 확보하는 것, 재판결과에 검사의 의향을 관철시키고 법원에 대한 통제력을 확보하는 것 등이다. 8장에서는 검찰사법의 법적 구조가 어떻게 형성되었는지 자세히 다룰 것이다.

2장 개화파의 '사상' 속의 법과 재판

    1876년 조선은 일본과의 조약을 필두로 서구열강과 조약을 체결해 새로운 국제질서에 참가하게 되었다. 조선은 중국과 일본에서 전해진 서적과 정보를 통해 서양의 법과 재판에 대한 지식을 쌓아갔다. 이 장에서는 김옥균金玉均, 박영효, 유길준 등 개화파를 중심으로 사법제도 개혁구상의 내용과 특징을 검토할 것이다.

    2장의 목표는 두 가지이다. 첫째는, 다음 장에서 논의할 갑오개혁기의 사법제도개혁과 관련해, 과연 조선 내부에 서구적 사법제도에 관한 지식이 어느 정도 축적되어 있었고 어떤 내용의 개혁구상이 존재하고 있었는지 확인하는 것이다. 둘째는, 과연 개화파가 구상한 국가제도 내에서 사법제도는 어떤 위치를 가지고 있었는지 확인하는 것이다.

    개화파 인사들이 초보적이나마 서양 입헌정체와 사법제도에 대한 지식을 가지고 있었음은 분명하다. 그렇다면 개화파는 사법제도에 대해 무엇을 얼마나 구체적으로 말했을까? 안타깝지만, 개화파의 발언에서 메이지 일본의 지도자들이 보여준 것 같은 정체개혁과 연동된 구체적 사법제도 개혁구상을 찾기는 힘들다. 김옥균·박영효·유길준 등이 남긴 문헌에는 사법제도에 관한 단편적인 언급만 발견된다. 하지만 이를 단지 그들의 지식의 한계로

탓할 일은 아니다. 오히려 그들이 추구한 국가 속에서 사법제도는 분명한 논리적 위치를 가지고 있는 것처럼 보이기 때문이다.

따라서 이 장에서는 그들이 사법제도에 관해 무엇을 말했는지 확인하는 데 그치지 않고, 과연 그들의 국가개조구상에서 사법제도개혁은 어떤 의미를 가지고 있었는지, 그들은 어떤 형상의 국가를 구상하고 있었으며 그것이 사법제도개혁론과 어떤 관계를 갖고 있었는지 분석해보고자 한다. 물론 개화파들은 서구적 맥락의 사법권 독립, 행정기관과 분리된 재판기관 설치, 법전편찬, 소송제도개혁을 적극적으로 주장하지 않았다. 사실 사법제도에 관한 그들의 발언은 전통시대의 눈으로 봐도 그리 새로울 게 없었다. 그런 점에서 그들의 말을 다만 서구법제도의 미숙한 수용수준을 보여주는 사례 정도로 평가하고 넘어갈 수도 있다. 하지만 그들은 전통국가와는 다른 국가를 추구했고, 그러면서 인민의 권리, 재판의 공정, 법률의 개혁을 언급했다. 과연 이것들이 어떤 맥락에서 논의되고 서로 관계를 맺었는지 이해하는 것은, 이 시기 국가 및 법 근대화사상의 특징과 한계를 인식하는 데 중요한 의미를 가진다.

이런 이야기를 하는 이유는, 법과 재판의 근대화는 단지 재판을 공정하게 한다거나 서구의 재판제도를 형식적으로 채용하는 데 그치지 않고 정치적 근대화(입헌국가화)를 위해 필수불가결하기 때문이다. 또한 이 시기 사법제도개혁은 내정개혁뿐만 아니라 국가의 대외적 독립과 연결되어 있었다. 즉 불평등조약체제에서 벗어나기 위해서는 사법제도의 개혁이 전제되고 있었다. 그러나 치외법권 폐지는 주관적 희망만으로는 도달되지 않으며, 또한 이를 위해서는 일본의 사례가 보여주듯이 반주권국이냐 독립국이냐, 보호냐 개방이냐, 전통이냐 서구화냐라는 양자선택 위에서 위태로운 줄타기를 해야 한다. 일본의 근대화는 불평등조약체계에 내재된 식민지화의 위기를 돌파하는 과정이었다 해도 과언이 아니다. 이런 경험을 바탕으로 일본이 갑오개혁기와 통감부 시기에 내정개혁의 핵심으로 들고 나온 것도 사법제도개혁이었다. 그렇다면 개화파는 사법제도개혁에 어떤 의미를 부여하고 무엇을 말했을까? 이 문제와 관련해, 이 장에서는 특히 유길준의 『서유견문西遊見聞』(1895)을 분석함으로써 개화파가 서구 입헌정체와 사법제도에 관한 지식을 어떻게 소화했는지 검증해보려 한다.

1. 개항과 서양법 지식의 수용

개항과 서구법 지식과의 접촉

1881년 초 조선 정부는 조사시찰단朝士視察團(이른바 신사유람단)을 일본에 파견해 4개월간 일본의 제도를 시찰하게 했다. 당시 일본은 입헌정체 수립과 열강과의 조약개정을 위해 제도정비에 박차를 가하고 있는 중이었다. 각 분야의 시찰결과를 담은 총 80여 책의 보고서는 정치·사법·경제·군사·교육·산업·문화 등에 대한 방대한 정보를 담고 있었다.[116]

사법성 및 사법제도 시찰을 담당했던 엄세영嚴世永은 「일본문견사건초日本聞見事件草」와 「일본사법성시찰기日本司法省視察記」 등 보고서를 작성했다.[117] 「사법성시찰기」는 일본의 사법성관제 및 대심원 이하 각 재판소관제, 사법경찰과 감옥에 관한 법령, 신율강령과 개정율례, 1882년 시행 예정인 형법과 치죄법, 소답문례 및 권해규칙 등의 민사관계법령, 기타 재판절차 및 법

---

116 조사시찰단의 활동에 대해서는 허동현, 『일본이 진실로 강하더냐』, 당대, 1999 참조.
117 「일본사법성시찰기」와 「일본문견사건초」는 허동현, 『조사시찰단관계자료집』 3·4·12권, 국학자료원, 2000.

학교육에 관한 제반 법령을 수록하고 있다.

요약보고서에 해당하는 「문견사건초」에서 엄세영은 일본의 제도경장의 대강령이 '폐고신廢拷訊, 행징역行懲役, 동등권同等權'에 있다고 했다. 즉 고문을 폐지하고 징역제도를 시행하고 귀족과 사족에 대한 재판과 형벌상의 특권을 폐지해 일반인과 동등하게 한 것이다.[118] 하지만 엄세영은 고법의 정신에 비추어볼 때 일본의 고문폐지와 징역제도는 지나치게 편벽되다고 했다. 옛 법의 정신은 너그러움과 형벌의 위엄을 병행하며, 형벌제도는 시대의 추세에 따라 변통함으로써 백성의 교화에 이바지하는 것이다. 그런데도 "경중대소를 구별하지 않고 모두 징역을 실시하는 것은, 옛 법에서 통치를 시작했을 때는 가벼운 형벌을 쓰고, 안정된 때는 중간 형벌을 쓰고, 어지러운 때는 무거운 형벌을 쓰는 것(治用輕, 平用中, 亂用重)과 다르다."[119] 이런 관점에서 보면, 고문폐지와 징역제도 실시는 자연과 인간사회의 이치에 대한 성찰 위에서 만들어진 옛 법에 부합하지 않는다. 엄세영의 보고서는 전반적으로 무미건조하게 일본의 사법제도를 소개하고 있지만, 이 대목에서는 부정적인 자세를 내비쳤다.

서구의 정치·사법제도에 대한 지식이 대중을 상대로 본격적으로 소개되기 시작한 것은 1883년부터 박문국博文局에서 발행한 『한성순보漢城旬報』와 『한성주보漢城週報』를 통해서였다. 서양의 정체를 다루는 기사들은 서양의 입헌정체에는 '군민동치君民同治'와 '합중공화合衆共和' 두 가지가 있으며, 입헌정체에는 입법권·행정권·사법권의 구별이 있고 서로 간섭하지 않는다고

---

118 日本聞見事件草, 허동현 편, 『조사시찰단관계자료집』 12권, 419~420쪽.
119 위의 책, 420쪽. 참고로 엄세영이 말하는 옛 법은 주례(周禮)의 "새롭게 건국한 나라를 다스릴 때는 가벼운 법을, 안정된 나라를 다스릴 때는 평상의 법을, 어지러운 나라를 다스릴 때는 무거운 법을 쓴다(一曰, 刑新國, 用輕典, 二曰, 刑平國, 用中典, 三曰, 刑亂國, 用重典)"는 구절이다(『周禮』 秋官司寇).

했다.[120] 서양의 재판제도에 관해서는, 함부로 형을 시행하지 않고 죄인을 정중히 다루며 인민의 뜻을 물어보고 재판을 하거나(배심제도) 판결에 불복하면 상급기관이나 대통령 혹은 왕에게 호소해 바로잡을 길이 있다는 등의 내용이 기술되고 있다.[121] 개중에는 다음과 같이 비교적 자세하게 재판절차를 소개한 것도 있었다.

법관에는 네 종류가 있는데, 첫째 판사, 둘째 검사, 셋째 서기, 넷째 검찰관이다. (…) 만일 범죄를 해서 곧바로 경관에게 발각되면 곧바로 법정으로 인치하고, 혹 범죄를 하고도 이미 시일이 지났으면 곧바로 체포하지 못하며 반드시 먼저 영장을 보내 관명을 단단히 깨닫게 한 다음에 법정에 인치하여 우선 소범이 어느 죄과에 해당되는가를 조사한 뒤에 주무의 법정에서 심판한다. 그러나 죄과가 아직 정해지지 않으면 무죄인과 같이 보아, 감히 고문하여 가혹한 문책을 할 수 없고, 무죄자가 잠시 구류를 당하면 의식거처를 관에서 풍족히 보급한다. 그 심안審案에 이르러서는 반드시 변호인이 있어 백방으로 변론하고 죄과가 중하지 않도록 힘써 꾀한다. 대개 변호인이란 일찍 법률에 통달하여 업으로 삼고 있는 자이니, 태서에서 말하는 율사律師가 이것이다. 혹은 관에서 임명하고 혹은 피죄인被罪人이 촉탁한다. 또한 검찰관이 있는데 매번 율례를 설명하고 이법理法을 논구하여 피죄자의 핑계 대는 말이 이치에 맞지 않도록 만들고 만다. 그 후에 판사관判事官이 있어 죄과를 심정審定한다. 서기관은 법정의 결안結案을 모두 기록하여 후일의 참고에 제공한다. 검사관檢事官은 판사와 함께 죄인의 사정과 적용될 법을 살펴 밝힌다. 따라서 만일 판사의 판결이 부당하면 피죄자는 반드시 대심원에 상소하

---

120 「구미 입헌정체(歐美立憲政體)」, 『한성순보』 1884. 1. 20(음 1. 3); 「민주주의와 각국의 장정 및 공의당에 대한 역해(譯民主與各國章程及公議堂解)」, 『한성순보』 1884. 2. 7(음 1. 11).
121 「중서법제이동설(中西法制異同說)」, 『한성순보』 1884. 1. 20(음 1. 3).

고, 대심원에서도 부당한 판결을 내리면 재심청구도 불가능하지 않다. 만일 피율인被律人이 비록 판사의 정당치 못한 판결을 알지 못해도 혹 검사가 발견하면 검사가 상급법원에 상소함으로써 반드시 공평지당함을 구하고야 만다. 무릇 죄인을 심판할 때는 누구를 막론하고 모두 방청을 허락하고, 명죄命罪에 미쳐서는 판사와 검사 등이 모두 배석한 가운데 극히 공명정대함을 요한다.[122]

위 내용은 사실 일본 치죄법상의 예심과 공판, 상소, 비상상고의 절차 및 변호사제도를 소개한 것이다. 내용을 부정확하게 이해한 부분이 없지 않지만, 서구식 형사재판절차에 대해 이만큼 자세히 소개한 기사는 없다. 한 가지 덧붙이자면, 이 기사를 비롯한 재판제도에 관한 기사들은 형사재판에 관한 것이었다. 이는 '재판＝형사재판'이라는 관념으로 서구식 재판제도를 바라보았음을 드러낸다.

2. 개화파의 국가구상 속 사법제도

새로운 국가상 속의 경찰과 사법

이상에서 본 것은 서구법 소개 차원에서 이야기된 것이다. 따라서 현실적인 제도개혁론과는 차원을 달리한다. 그러면 개화파 인사들은 어떤 국가와 사법제도를 구상하고 있었는지 살펴보자. 먼저 갑신정변을 이끌었던 김옥균의 『치도약론治道略論』(1882. 12)에 주목해보자.[123] 김옥균은, 서양 각국

---

122 「태서법률(泰西法律)」, 『한성순보』 1883. 12. 29(음 12. 1).
123 『치도약론』은 박영효가 이끄는 수신사修信使가 일본에 파견되었을 때 수신사 일행과 협의하여 조선에서 시급히 시행해야 할 개혁안을 기초해 귀국하는 박영효를 통해 고종에게 올린 상소문이다. 「治道略論」, 한국학문헌연구소 엮음, 『김옥균전집』, 아세아문화사, 1979,

이 중요하게 여기는 정책은 위생衛生, 농상農商, 도로道路 세 가지이며 일본이 경장에 성공한 이유 중에서도 치도의 공적이 크다고 말한다. 김옥균은 도로개량을 통행과 물자유통, 위생, 농상공업을 발전시키기 위한 필수조건으로 인식하고 「치도약칙治道略則」에서 그 구체적인 방책을 제시했다. 즉 치도국治道局을 교통요지에 설치하여 도로개량과 위생(분뇨처리와 재활용 등) 등의 사무를 담당하게 하고, 순검巡檢을 설치해 도로·위생조례의 준수 여부를 시찰하고 위반자를 징벌하는 것이다. 특히 그는 징역제 실시에 관해 다음과 같이 말했다.

무릇 죄인이 붉은 옷을 입고 징역하는 법은 고전에 실려 있고 오늘날 해외의 나라들이 모두 이를 행하며 일본도 근래 이를 행하고 있으나 오직 조선만이 옛 성인의 정치를 회복하지 못하고 있으니, 그 흠결된 것은 치도治道와 순검과 징역이다. 이 세 가지는 마치 솥의 세 다리와 같아 하나만 없어도 안 된다. 이로써 현행 형정刑政을 논한다면, 법이 오래되고 문란하여 생명과 재산을 겁탈하고 그 해악이 전국에 미치는데도 느긋하여 허물로 여기지 않는다. 송곳 하나를 훔치거나 호강한 사람을 모욕하기만 해도 사형하는 것을 가벼이 여겨 인명이 초개와 같아 화기를 손상함이 극에 달했다. 어진 이와 군자의 마음이 어찌 통한하고 슬프지 않겠는가. 당우지세唐虞之世에 어떤 백성이 교화敎化가 통하지 않아 법관이 있으며 또 속금이 있었겠는가. 이것이 징역법의 유래이다. 마땅히 법률을 새로 정하여 무릇 경죄를 범한 자는 모두 몰아다가 일을 시켜 스스로 속죄케 해야 한다. 그러나 이는 반드시 국왕의 결재가 내려야 실효를 기대할 수 있으며, 법률학이 흥한 후에 모든 일이 실마리를 잡을 수 있다.[124]

4~7쪽.

124 「治道略則」, 위의 책, 14~15쪽.

김옥균은 치도와 순검과 징역이 솥의 세 다리 같은 관계에 있다고 했다. 치도는 국가의 공공사업과 행정, 순검은 경찰행정, 징역은 새로운 형벌체계를 뜻한다. 조선 정부에 이 세 가지가 빠져 있다고 했지만, 이 세 가지는 근대적 행정의 핵심이다. 치도의 방책을 통해 김옥균이 말하고자 한 것은, 국리민복을 위해 국가행정의 초점과 공권력의 행사방식을 재편해야 한다는 것이었다.

근대국가의 행정과 비교할 때 왕조시대 행정은 상대적으로 소극적이라 할 수 있다. 예를 들어, 지방수령의 임무는 관내의 백성과 재산을 잘 관리하고 조세를 잘 거두며 도적을 잡고 분쟁을 처결하는 것이다. 군수의 사무 중 8할이 송사를 처리하는 일이라고 했듯이, 국법을 집행하고 인민의 소원과 다툼을 판정하는 게 지방관의 사무의 대부분이었다. 여기에 "풍속을 바르게 하고 강기를 진작하고 백성들이 염치와 도리를 알게 만드는" 사대부의 책무를 덧붙여 이른바 '수령칠사首領七事', 즉 수령이 해야 할 일곱 가지 일이 구비된다. 수령의 사무란, 거의 변동이 없는 형률과 국법과 윤리규범에 입각해 권선징악을 하는 것, 관내의 인민과 재산을 잘 보살피고 세금과 공납을 잘 거두는 것, 이를 위해 아랫사람들을 잘 부리는 것이었다.

상대적으로 근대국가는 적극적으로 공공사업을 조성하고 공공질서 유지를 위한 예방과 규제행정을 펼친다. 이를 총괄하는 개념이 앞에서 본 행정=폴리스(police)였다. 개화파의 국리민복책에는 공권력 행사의 초점을 소극적인 처벌과 금지에서 적극적인 조성과 경제로 전환시킨다는 의미가 담겨 있었다. 유길준 역시 『서유견문』에서 "한 나라의 개화와 미개의 구별은 정부가 공본公本된 사업을 시행하는가 아닌가에 달려 있다"고 하면서 군대·도로·학교를 대표적인 공공사업으로 제시했다.[125]

---

125 兪吉濬, 『西遊見聞』, 東京: 交詢社, 1895, 兪吉濬全書編纂委員會 編, 『兪吉濬全書 I <西

그런데 김옥균은 서양의 순검과 징역제도에 대해 말하면서 왜 재판제도에 대해서는 말하지 않았을까? 이는 유길준도 마찬가지다. "국민들의 복지와 평안에 관계있는 일들"에 모두 관여하는 경찰제도에 특별한 관심을 가졌던 유길준은, 『서유견문』 '순사巡使의 규칙'에서 서구식 경찰제도를 소개하고 사법경찰기능과 행정경찰기능이 어떻게 다른지 친절하게 설명하기도 했다.[126] 그런데 『서유견문』에는 서구의 재판제도에 대한 독립적인 항목이 없다. 물론 '순사의 규칙' 바로 앞에 있는 '법률의 공도公道'에서 재판과 형사법 개정에 대해 말하고는 있지만,[127] 서구식 재판제도를 정면으로 소개하지는 않는다. 단지 서술상의 편의 때문에 생략한 것일까?

필자는 이것이 개화파가 서구의 사법제도보다 경찰제도에 관심이 많았고, 경찰을 그들의 국가구상을 실현하는 핵심기관으로 인식했기 때문이라고 생각한다. 경찰제도에 대한 관심은 갑오개혁기 군국기무처軍國機務處에서 먼저 경찰제도에 관해 입법했다는 것, 경찰이 행정경찰·사법경찰뿐만 아니라 재판과 행형까지 담당하게 한 데서도 나타난다. 여기서 부분적으로 전통적 관념과 통하는 사고방식을 발견할 수 있다. 개화파의 관점에서도 법률과 재판은 곧 형사법과 형사재판이고, 재판은 응당 법집행 책임을 맡은 관리가 담당하면 된다. 이런 관점에서는 사법경찰기능과 재판기능이 엄밀하게 구분되지 않는다. 포도청이 도적을 잡는 기관일진대 포도청이 도적을 처단하는 것도 마땅하다는 생각처럼 말이다. 개화파가 상상한 국가의 모습은 경찰중심 시정이 이루어지는 국가, 경찰국가라고 할 수 있다. 다만 여기서 경찰국가란 감시와 처벌뿐만 아니라 "국민들의 복지와 평안에 관계있는

遊見聞>(全)』, 일조각, 1971, 214쪽(이하 인용 쪽수는 『유길준전서』에 따른다).
126 위의 책, 292~297쪽.
127 위의 책, 282~292쪽.

일들"을 위해 국가의 후견적 간섭과 통제가 넓게 인정되는 국가를 뜻한다.

박영효의 사법제도론 속의 전통의 변용

1888년 일본에 망명 중이던 박영효는 고종에게 상소문을 올려 당면한 시무의 과제를 논했다.[128] 그는 개혁강령 가운데 첫 번째로 "법기강을 일으켜 민국을 편안히 할 일"을 논했다. 그는 공자의 말을 인용하며 "법률의 본뜻은 규례를 정하여 인심을 규제하고 도리로 향하게 이끌어 백성을 교화하고 풍속을 세워 범죄가 없게 하는 것"이라 하고, 문명국의 개명한 정치는 "인仁으로써 형을 행하고 의義로써 벌을 행하며 신信으로써 법을 행하여 인민의 마음이 굳건해지고 평화롭고 믿음이 생겨 안온하게 만드는 것"이라고 했다.[129]

그렇다면 어떻게 재판을 개혁할 것인가? 박영효는 13가지를 제시했다.[130]

① 소송과 대소경중의 죄를 처결하는 것은 오로지 판관을 임명하여 재판하게 하고 주권主權으로 함부로 재판擅裁하지 않는다. 사람은 희로애락과 두려움과 걱정으로 항상심을 잃는다. 그러므로 형벌과 죄를 재판하는 것은 타인에게 맡겨 처단하게 하지 않으면 안 된다.

② 혹형은 폐지해 생명을 보존한다. 법이 가혹해 국가의 주권을 외국에 빼앗겼다.

③ 연좌법을 없애 원범原犯만을 다스리고 부모·형제·처자식에게 미치지 않게 한다.

---

128 박영효의 상소문은 전봉덕이 교열한 것을 따랐다. 전봉덕, 「박영효와 그의 상소사상」, 『한국근대법사상사』, 박영사, 1981, 148~187쪽.
129 위의 책, 157~158쪽.
130 위의 책, 159~160쪽.

④ 죄인을 신문하되 남형하여 거짓으로 자백하지 않게 해야 한다. 비록 그 죄를 자복하게 하고 진술서를 받는 법이 있지만 혹형이 많기 때문에 거짓자백을 한다.[131]

⑤ 모든 대소경중의 죄를 반드시 죄상과 증거를 밝혀 자복한 연후에 옥에 가두고 처형해야 한다. 야만미개의 국가는 인민이 옥에 갇히고 형벌을 받더라도 자기 죄를 이해하지 못하는 자가 많다.

⑥ 포도청에서 형살을 은닉하는 것을 폐지한다. 형살을 당하는 자의 부모·형제·처자식일지라도 옥에 갇혀 사형당하는 것을 모르면 어찌 무법하고 잔인한 정치라 하지 않으리오.

⑦ 청송과 단옥은 비밀리에 행하면 안 된다. 공중이 입장하여 방청하게 허용하면 판관이 혹형을 쓰고 사사로움을 용납하려 해도 저절로 없어진다.

⑧ 징역법을 정하고 징역장을 설치하여 가장 중대한 죄가 아니면 죽이지 말고 징역에 복무하게 해야 한다.

---

131 상소문 중 이 구절은 가장 해석이 문제되는 부분이다. 이 항목의 상소문의 원문은 일본외교문서본에 의하면, "考問罪人, 不可濫刑, 誣服其罪事. 誰有捧遲晚自服其罪之法, 然多因酷刑誣服也"이다. 문제되는 것은 "考問罪人, 不可濫刑"이다. 다른 사료에는 "考問"이 "拷問"으로 표기되어 있기도 하다. 만일 考問을 拷問의 오기로 보거나 拷와 拷가 서로 통하는 글자라고 보면, 이 구절은 '拷問罪人, 不可濫刑, 誣服其罪事', 즉 '죄인을 고문하되 남형하여 거짓 자백하지 않게 해야 한다'로 해석할 수 있다. 이에 대해 전봉덕은 일본외교문서본에 따라 "考問"으로 교감했다. 그리고 "考問"은 용례상 고신을 뜻하지 않으며 죄인을 잘 조사하는 것, 신문·심리로 해석하는 것이 옳다고 했다. 따라서 전봉덕은 이 구절을 "죄인을 자상하게 문초하되 남형 즉 고문해서는 안 된다"고 해석했다(전봉덕, 위의 책, 160쪽). 필자도 전봉덕의 교감에 따라 "考問罪人"을 "죄인을 신문하되"로 해석했다. 그러나 이 구절의 취지를 재판상 고문제도 자체를 폐지하자는 주장으로 이해하는 것에 대해서는 의문을 갖고 있다. "不可濫刑"은 남형을 해서는 안 된다는 뜻이지 고신 자체를 금지하자는 뜻으로 읽기 어렵다. 남형은 말 그대로 형의 남용, 즉 법규를 위반한 고문으로 해석하는 것이 타당하다. 필자는 박영효는 어디까지나 남형과 혹형의 금지를 주장했지, 재판상 고문의 전면적 폐지를 주장한 것은 아니라고 본다.

⑨ 포도청을 폐지하고 그 규례를 개정하여 순청巡廳에 순경 2만 명을 두면 비로소 민심을 인도하고 민정을 시찰하고 강폭한 자를 제압하고 궁박하여 급한 자를 구제할 수 있다.

⑩ 재상과 사대부가 서민을 사가에서 용형하는 것을 엄금하고, 비록 자기 자제와 노비라도 반드시 공적 재판을 받게 한다.

⑪ 재상과 사대부가 하류민에게 강폭을 행하는 것을 엄금한다.

⑫ 인민이 대차와 매매를 할 때는 모두 약관과 증서로 상세히 밝히고 기명날인하게 하여 훗날의 소송에 편리하게 하고 증서가 모호한 자는 소송을 수리하지 않는다.

⑬ 귀천에 따라 인민의 묘지를 각 곳에 정하고 다른 곳에 매장하는 것을 금지하여 산송의 번잡함을 없애고 훗날의 광업에 사용한다.

이상의 것 중 일부는 현행 법제하에서 가능하거나 조선 후기 이래 형정 정비의 방향과 일치하는 것이었고, 일부는 새로운 것이었다. 새로운 것으로는 ① 소송과 형벌을 판관에 맡기고 군주는 간섭하지 않는 것, ③ 연쇄제 폐지, ⑦ 재판의 공개, ⑧ 감옥제도 신설, ⑨ 경찰제도의 실시 등을 들 수 있다. 또 혹형을 주권의 상실, 즉 치외법권과 연결시킨 것은 이 시기에 획득한 새로운 관점이었다. 이상에서 박영효가 제시한 과제들은 대부분 갑오 개혁기 군국기무처의 의안으로 구체화되었다. 그런 점에서 박영효의 상소문은 조선의 국정國情을 고려해 개화파가 구상한 시무책을 집약한 것이라고 할 수 있다.

박영효의 개혁안에서 두 가지를 확인하고 넘어가자. 먼저 박영효는 김옥균과 마찬가지로 경찰제도나 감옥제도의 도입을 논하면서도 행정과 분리된 전문적 재판기구의 설치에 대해서는 논하지 않았다. 물론 ①에서 군주의 사적인 감정이나 자의가 재판에 개재될 수 있기 때문에 군주는 직접 재판하지 말고 판관에게 일임하라고 한 것은 그 자체로 획기적인 발상이다. 하지만 이것이 사법권의 독립, 즉 행정으로부터 사법의 분리독립을 뜻하지는 않았다. 박영효는 다른 곳에서 임금이 "모든 것을 친재하지 말고 각각을 관리에게 위임할 것(不可親裁萬機, 而各任之其官事)", "사송詞訟을 담당하는 관리는 인망에 따라 등용할 것"을 건의했다.[132] 즉 재판사무를 누가 담당할 것인가 하는 문제에 대해 임금의 재판 불관여, 능력과 자질을 갖춘 판관의 등용을 제안하는 데 그쳤다.

④와 ⑤에서 혹형과 남형의 금지, 신중한 심리를 강조했다 해도 이는 어디까지나 전통적 형사절차의 규범적 지향을 재확인한 것이었다. 특히 "자복한 연후에" 형을 집행해야 한다거나 "야만미개의 국가는 인민이 옥에 갇히고 형벌을 받더라도 자기 죄를 이해하지 못하는 자가 많다"고 한 데서 알 수 있듯이, 박영효는 전통적 형사재판의 이상과 자복필수주의 관념을 견지하고 있었다. 이후로도 자복필수주의 관념은 강고하게 남았다. 1898년(광무2) 10월 29일 개최된 관민공동회에서 만들어진 '헌의6조獻議六條'의 네 번째 조목은 "향후 모든 중범죄는 특별히 공개재판公判을 시행하되 피고인이 남김없이 설명하고 마침내 자백한 후에 시행한다(自今爲始ㅎ야 凡于重罪犯을 另行公判ㅎ되 被告가 到底說明ㅎ야 究竟自服後施行事)"는 것이었다.

한편, 박영효는 상소문에서 법률·경제·국방·보건·교육·정치의 시무책을 제시한 뒤에 마지막으로 "인민이 마땅한 몫의 자유를 얻게 하여 원기를 기르게 하는 것"에 대해 논한다. 그는 천하의 인민은 빼앗길 수 없는 통의通義, 즉 스스로 생명을 보존하고 자유와 행복을 희구하는 통의를 가지고 있으며, 인간이 정부를 세운 본래의 뜻도 통의를 굳건히 하려는 것이었다고

---

132 위의 책, 182쪽.

말한다. 통의는 이 시기 서양어 right=권리의 번역어로 쓰이던 말이다. 이 어서 박영효는 정부가 그 뜻에 어긋나게 "인민이 좋아하는 것을 싫어하고 인민이 싫어하는 것을 좋아하면, 인민이 반드시 정부를 변혁하여 새로운 정부를 수립함으로써 큰 뜻을 수호하니, 이는 인민의 공의公義이자 직분職 分"이라고 했다.[133] 그는 "하늘이 백성을 낳으니 억조가 모두 동일하고 움직 일 수 없는 통의를 부여받았다"고 한 뒤, 인민이 폭정을 타도하고 "자유의 나라自由之邦"를 세워 "문명적 자유文明之自由"를 확보한다고 했다. 이 대목은 후쿠자와 유키치福澤諭吉가 『서양사정西洋事情』 초편 권 2(1870)에서 번역한 미국독립선언서(1776)를 옮긴 것이다.[134]

물론 박영효가 추구한 정체는 인민의 정부가 아니라 군민공치君民共治였 다. 군민공치는 유식계층에게 제한적 국정참여를 인정하는 것, 군주통치권 의 일부(행정권과 재판권)를 관료기구에 위임하는 것으로 구현된다.[135] 미국독립 선언서의 구절을 인용하며 박영효가 말하려 한 것은 '혁명'이 아니라 "정 부를 위해 도모하는 자는 부득이 인민으로 하여금 당연한 몫의 자유를 얻 게 함으로써 호연지기를 기르게 한다"는 것이었다.[136] 그는 법적 평등과 자 유가 보장되는 '문명적 자유'와 노비제, 남녀차별, 적서차별, 신분차별 아래 존재하는 조선의 '야만적 자유蠻野之自由'을 대비시키고, 조선이 '문명적 자 유'로 들어가기 위해 축첩금지, 과부개가 허용, 신분제 타파, 능력위주 인재 등용이 필요하다고 했다.[137] 이것이 말하자면 인민의 '호연지기' 또는 '원

---

133 위의 책, 183쪽.
134 福澤諭吉, 『西洋事情』 初編 券之二(1870), 『福澤諭吉著作集 1』, 東京: 慶應義塾大學出版 會, 2002, 68~72쪽.
135 전봉덕, 앞의 책, 180~182쪽.
136 위의 책, 184쪽.
137 위의 책, 186쪽.

기'를 기르기 위한 방안이다.

그런데 독립선언서와 같은 혁명적 사상이 담긴 문서를 인용하면서도 무언가 본래의 문맥과 동떨어진 주장이 되어버리는 이유는 무엇일까? 유교 교양을 갖춘 독자들을 의식한 탓도 있겠지만, 박영효나 유길준의 논의에는 서양 입헌정치의 알맹이가 빠진 듯하다. 이 문제는 개화파의 국가사상 해명은 물론 사법제도구상을 이해하는 것과도 관련이 있다. 근대적 사법제도로의 이행은 단지 재판을 잘하기 위한 방법이 아니라, 재판목적과 재판권력의 구성방식에 대한 인식의 전환을 필요로 하며, 그것은 '인민의 통의'를 어떻게 이해하느냐의 문제와 연결되어 있었기 때문이다. 이제 이 문제를 유길준을 통해 풀어보려 한다.

3. 유길준의 '인민의 권리'론

유길준, 후쿠자와 유키치, 윌리엄 블랙스톤

유길준의 『서유견문』은 서양문명에 관한 당대 최고의 입문서이자 그의 국가개조구상을 집약한 것이다. 유길준의 노선은 현실조건을 감안한 점진적 개량주의로 평가된다. 『서유견문』에서 유길준은 분명히 태서주의 혹은 서양화를 목표로 삼지는 않았다. 어쩌면 유길준은 "동·서양 어느 쪽을 양자택일하지 않고 양측의 장점을 상호보완 또는 복합화하여 좀 더 나은 새로운 문명을 꿈꾸"었을 수 있다.[138] 그런데 유길준이 그린 국가는 어떤 모습이었을까? 그는 그 국가의 법과 재판에 관해 무엇을 이야기했을까? 여기서는 『서유견문』에 나타난 권리, 법, 재판에 대한 유길준의 논의를 분석함으

---

138 정용화, 『문명의 정치사상—유길준과 근대 한국』, 문학과지성사, 2004, 356쪽.

로써 유길준의 '사상' 속에 있는 국가와 사법제도를 파악해보고자 한다.

그 방법으로, 필자는 『서유견문』의 텍스트뿐만 아니라 유길준의 저술과 겹쳐 있는 다른 텍스트들을 함께 읽어보고자 한다. 유길준의 『서유견문』 제4편 '인민의 권리'의 일부는 후쿠자와의 『서양사정』 2편 권 1(1870)의 '인간의 통의'를 옮긴 것이다.[139] 그리고 후쿠자와의 '인간의 통의'는 윌리엄 블랙스톤William Blackstone의 『영국법주해(Commentaries on the Laws of England)』(전4권, 1765~1769) 제1권 사람의 권리, 제1장 개인의 절대적 권리에 관한 부분을 번역한 것이었다.[140] 또한 『서유견문』 제5·6·10편에서 정부의 시초와 종류, 정부의 직분, 법률의 공도를 논한 부분에는 후쿠자와의 『서양사정』 외편外篇을 참고한 것도 있다. 해당 부분은 버튼John Hill Burton의 교양서 『정치경제학』(1852)을 번역한 것이었다.[141] 블랙스톤과 버튼의 책은 영국 헌정주의에 대한 영국적 사고를 고스란히 담고 있다. 그것을 후쿠자와를 통해 간접적으로 읽으며, 유길준이 무엇을 취사선택했는지를 살펴볼 것이다. 이하에서 유길준의 「서유견문」(『유길준전서 I』), 후쿠자와의 「서양사정」 2편(『福澤諭吉全集 1』), 블랙스톤의 『영국법주해』 1권을 인용할 경우, 본문 중에 '유: ○쪽', '후: ○쪽', '블: ○쪽'으로 표기한다.

통의, 자유, 인민의 권리

『서유견문』 제4편 '인민의 권리'는 한국의 근대법·정치사상에서 획기적

---

139 福澤諭吉, 『西洋事情』 二編 券之一(1870), 『福澤諭吉全集 1』, 東京: 慶應義塾大學出版會, 2002, 238쪽 이하.

140 Blackstone, William, *Commentaries on the Laws of England, Volume 1, Of the Rights of Persons(1765)*, Chicago: The University of Chicago Press, 1979, pp. 117~ 141.

141 원제는 *Political Economy, for use in schools, and private instruction*(1852). 『福澤諭吉全集』 1권, 351쪽.

인 의미를 갖고 있다. 하지만 권리와 자유에 대한 유길준의 이야기는 어딘가 명료하지 못하고, 용어사용도 혼란스러우며, 때로 예의염치와 인륜을 말해 독자를 당혹스럽게 만든다. 그에 따라 유길준의 법사상에 대한 평가도 다양하다. 예컨대 '권리'[142]라는 용어를 이미 알고 있었던 유길준이 굳이 '권리'와 '통의'를 무원칙적으로 혼용하고 있어서 권리 개념이 명석하지 못하며, 유길준이 실은 법률유보하의 인권, 실정법적 자유를 논한다는 점에서 법부인권론자法賦人權論者, 국법만능주의자라고 보기도 한다.[143] 반면 법과 권리의 상호조화와 병존을 통한 근대적 법치주의를 추구했다는 평가도 있다.[144] 또한 자유와 통의라는 말로 권리 개념의 두 측면을, 권리에서의 '권權'은 '통의'로, '리利'는 '자유'로 나타내려 했다는 분석도 있다.[145] 통의 개념과 결합되어 있는 유교적 패러다임이 주목이 되기도 한다. 예를 들어, 유길준은 통의를 권리(right)의 번역어로서만이 아니라 "보편적 이치"나 "당연한 정리正理" 등의 의미로 사용하고 있으며, 여기에는 천부인권도 인륜에 맞게 조종되어야 한다는 독자적인 의미가 함축되어 있다고 한다.[146] 반면

---

142 서양 법률용어인 right는 번역하기가 힘든 용어 중 하나였다. 휘튼(H. Wheaton)의 저서 『만국공법(萬國公法)』을 청나라에 번역 소개한 선교사 마틴(W. A. Martin)은 right를 최초로 권(權), 권리(權利)로 번역한 것으로 알려져 있다. 그 영향을 받으면서 일본에서는 법률문헌에 일찍부터 권, 권리라는 용어가 도입되었다. 이에 대해 후쿠자와 유키치가 속해 있던 메이로쿠샤(明六社) 같은 지식인집단이 통의, 권리(權理), 권리통의(權理通義), 권의(權義) 등의 번역어를 만들었지만 1880년대 들어 '권리(權利)'라는 용어가 확립되었다. 만국공법 번역에 관해서는 張嘉寧, 「『萬國公法』成立事情と飜譯問題──その中國語譯と和譯をめぐって」, 加藤周一・丸山眞男 編・校注, 『日本近代思想大系 15 飜譯の思想』, 東京: 岩波書店, 1991, 381~400쪽. '권리'의 번역과정에 관해서는 야나부 아키라(柳父章) 지음, 서혜영 옮김, 『번역어 성립사정』, 일빛, 2003, 148~166쪽 참조.
143 전봉덕, 「「서유견문」과 유길준의 법사상」, 전봉덕, 앞의 책, 215, 220쪽.
144 김봉렬, 『유길준 개화사상의 연구』, 경남대출판부, 1998, 76쪽.
145 이영록, 「실천적 역사주의자의 천부인권설 수용──『서유견문』에 나타난 유길준 법사상의 종합적 이해를 위하여」, 『법철학연구』 4권 2호, 2002, 83쪽 주 4.

유교적 패러다임에서 인식된 '통의' 때문에 천부의 '권리' 개념에 대한 논리전개가 불철저해졌다고 보기도 한다.[147] 모두 일리 있는 지적이다.

이에 대해서는 다른 기회에 자세히 검토하기로 하고, 일단은 후쿠자와와 블랙스톤을 함께 읽으면서 유길준이 통의, 자유, 인민의 권리에 대해 무엇을 말했는지 확인하기로 하자.

"통의는 당연한 정리正理"라는 말이나, 통의보다는 법률을 중시하는 것처럼 보이는 문구들은, 단지 유교적 패러다임 때문이 아니라 블랙스톤 및 후쿠자와의 서술에서 상당한 영향을 받았다고 할 수 있다. 서양어 right에는 올바름(正, 正義), 객관적인 법法, 주관적인 권리權利(힘)과 같은 복합적 의미가 있다. 즉 'right=권리'의 프레임으로만 유길준의 '통의'론에 접근해서는 안 된다. 먼저 '통의는 정리'라는 말이 어디에서 유래했는지 살펴보자.

국법은 국민 행위의 규칙으로서 정正을 명하고 부정不正을 금지한다. (…) 따라서 법의 일차적이고 주된 대상은 정과 부정이다(as municipal law is a rule of civil conduct, commanding what is right, and prohibiting what is wrong, (…) it follows, that the primary and principal objects of the law are RIGHTS, and WRONGS). (블: 118쪽)

국률國律은 인민이 처신하고 교제하는 규칙으로서 정리正理를 권하고 사악을 금하는 것이므로, 국가의 법률을 논하는 대강령은 우선 리理와 비非를 가리는 데 있다. 이 정리란 무엇인가? 인간의 통의이다.[148] (후: 238쪽)

---

146 예를 들어 정용화, 앞의 책, 335~336쪽; 조홍찬, 「유길준의 실용주의적 정치사상―『서유견문』을 중심으로」, 『동양정치사상』 3권 2호, 2004, 174~175쪽.
147 예를 들어 왕현종, 『한국 근대국가의 형성과 갑오개혁』, 역사비평사, 2003, 105~106쪽.
148 이 구절은 박영효 상소문에도 그대로 인용되었다. "法律者, 人民處身結交之規矩, 而勸正理, 禁邪惡." 전봉덕, 앞의 책, 157쪽.

블랙스톤의 문장을 읽으면 후쿠자와가 왜 '정리'라는 용어를 택했는지 이해할 수 있다. 이는 right의 일차적 의미, 즉 올바름(正)을 표현한 것이다. 후쿠자와는 '정(rights)'과 '부정(wrongs)'을 동양인에게 익숙한 '리'와 '비'로 번역했다. 블랙스톤은 이어지는 문장에서 법의 대상인 '정'과 '부정'에 어떤 것이 있는지 설명한 뒤, 『영국법주해』 제1권의 주제인 '사람의 right'를 본격적으로 설명하기 시작한다.

> 국법에 의해 준수될 것이 명해지는 사람의 right에는 두 종류가 있다. 첫째는 마
> 땅히 할 것으로 모든 이에게 요구되는 것으로서, 보통 시민의 의무(civil duties)라
> 한다. 그리고 둘째는 어떤 이에게 귀속하는 것이다. 이것이 권리(rights or jura)에
> 대한 더 대중적인 인식이다. 양자는 실은 모두 후자에 속할 수 있다. 왜냐하면
> 한 사람 또는 일단의 사람들이 마땅히 해야 할 것으로 요구되는 것은 동시에 다
> 른 이에게 마땅히 돌아가야 할 것이기 때문이다. 그러나 나는 그것들 중 많은
> 것을 누군가에서 속하는 권리보다는 누군가에게 요구되는 의무로 간주하는 것이
> 훨씬 간명하고 또 쉽다고 생각한다. 그러므로 예를 들어, 충성(allegiance)은 흔히
> 또 따라서 가장 쉽게 인민의 의무로 간주되며, 보호(protection)는 관직자의 의무
> 로 간주된다. 하지만 양자는 상호간에 각자의 의무임과 동시에 권리이다. 충성
> 은 관직자의 권리이고 보호는 인민의 권리이다. (불: 119쪽)

> 일신一身의 통의는 천하의 중인衆人이 각자 모두 달성해야 할 리理이다. 대체로 이
> 를 인간 당무當務의 직분職分이라 칭한다. (후: 239쪽)

블랙스톤은 사람의 right에는 '시민의 의무(civil duties)'로 불리는 것과 통상 권리로 이해되는 것이 있다고 했다. 의무와 권리는 상대적 관계에 있다.

즉 정, 마땅한 것을 가운데 두고 의무자와 권리자가 마주보고 있는 관계이다. 따라서 누군가에게 의무인 것은 누군가에게는 권리가 된다.

아무튼 후쿠자와는 블랙스톤의 서술 중 많은 부분을 생략하고, 게다가 '권리'로서의 right에 대해서는 언급하지 않고, 'civil duties'로서의 right에 대해서만 말했다. 즉 통의는 "인간 당무의 직분", 즉 당연히 해야 할 의무이다. 이 자체는 블랙스톤의 서술에서 영향을 받은 것이기도 하다. 블랙스톤은 권리로 이해되는 것 중 많은 것은 실은 의무로 이해하는 편이 간명하다고 말하기 때문이다.

물론 후쿠자와가 right를 의무로서만 이해한 것은 아니다. 그는 『서양사정』 2편의 예언例言에서 서양어 liberty와 right의 의미를 세분해 설명했는데, 이것을 보면 후쿠자와가 right의 다양한 의미를 잘 파악하고 있음을 알 수 있다.[149] 또한 통의를 '당무의 직분'이라 했지만, 통의의 권리성이 부정된 것도 아니었다. 인간의 통의를 설명하는 가운데 권리로서의 의미가 드러나기 때문이다.

유길준은 후쿠자와의 서술을 따라 통의는 곧 당연한 정리라고 했다. 그러면서 통의의 예로서, 관직에 있는 자가 그 책임을 행하기에 상당한 "직권職權을 보유"하는 것, 가택의 소유자가 주인의 명실을 구비해 "자기의 물건이라 칭"하는 것, 금전을 타인에게 빌려준 자가 "약속한 이자를 토구討求"

---

[149] 후쿠자와는 right는 원래 정직(正直)을 뜻하고, 이 경우 '정리(正理)에 따라 인간의 직분을 근(勤)하고 사곡(邪曲)이 없음'을 뜻한다고 설명한 뒤, 그것이 전의되어 달의(達意), 통의로 번역되었다고 했다. 또 다른 뜻으로 '무엇을 할 권'(예를 들어 죄인을 체포할 순경의 권), '당연히 소지하는 바의 것'(예를 들어 소유의 통의)이 있다고 했다(후: 230~232쪽). 하지만 '통의'라는 말은 아무래도 직분에 기울어지기 때문에 권리를 표현하기에 만족스럽지 않았던지, 『학문에의 권유』에서는 right를 '권리통의(權理通義 또는 權利通義)'라는 말로 표현했다. 福澤諭吉, 『学問のすすめ』(1880), 『福澤諭吉著作集 3』, 東京: 慶應義塾大學出版會, 2002.

하는 것, 전토를 타인에게 임대한 자가 "수확의 분여를 요문要門하는 것"을 들었다(유: 129쪽). 이것들은 권한, 청구권을 뜻하는 것으로, 권리가 가진 권(권능, 권한)의 측면을 표현한다.

물론 유길준은 '권'의 측면 외에도 '당연한 정리', '당무의 직분'의 측면을 강조하는데, 이는 '통의'로서 표현된 right의 '정＝법＝권리'라는 복합적 의미와도 관련되어 있다. 통의는 한편으로 타인의 방해를 배제하고 자유를 보전할 수 있게 하면서, 다른 한편 자유가 한계를 넘지 않게 만드는 정직한 도리이다.

통의의 구체적 내용과 한계는 어떻게 정해지는가? "통의는 사물의 정황에 따라 각인各人의 분한分限이 자재自在한 것"이다(유: 133~134쪽). 즉 사물의 정황에 따라 각자의 몫이 저절로 정해진 것이 통의라고 했다. 이 말은 전통적 정리情理의 관념에도 합치하지만, 그 자체는 서양적 생각, 즉 정의는 사물의 본성(nature)에 의해 각자에게 주어진 몫이라는 생각과도 일치한다. 중요한 것은, 유길준이 통의를 신분적 혹은 고정적 사회질서가 아닌 자유의 관점에서 말하고 있다는 점이다.

또 하나 간과해서는 안 될 것은, 그가 통의의 일반적인 개념이 아니라 바로 '인민의 권리'에 대해 논하고 있다는 점이다. 만일 이를 이야기하지 않고 통의 개념에 대한 설명에 그쳤다면, 전통적 도리담론의 수정판을 내놓은 것에 불과했을 것이다. 이 권리들 위에서 자유, 통의가 구체적인 의미를 갖게 되기 때문이다.

인민의 권리는 "신명身命의 자유와 통의", "재산의 자유와 통의", "영업의 자유와 통의", "집회의 자유와 통의", "종교의 자유와 통의", "언사言辭의 자유", "명예의 통의"이다(유: 136~147쪽). 이 인민의 권리들은 오늘날의 관점에서 보면 국민의 기본권이다. 특히 '자유권'적 기본권이라고 불리는 것들이다. 이들 핵심적인 자유권들은 자유 자체가 권리의 목적이 되고, 또 침해를 배제하는 수단들인 파생적 권리들로 구체화된다.

각각의 인민의 권리에 대해 유길준은 '신명의 자유'란 이것이고 '신명의 통의'란 저것이다 하는 식으로 설명한다(유: 136~138쪽). 자유는 그 대상을 금지·방해받지 않고 자주적으로 향유한다는 내용을 가진다. 통의는 대상을 정직한 방법으로 잘 간수·유지하고 남의 침범을 받지 않고 보전하는 것을 뜻한다. 여기서 통의는 자유의 보전수단으로서 '권權'이자 자유의 한계를 설정하는 '정리'라는 두 가지 의미를 가진다.

위 7가지 권리는 오늘날의 관점에서 '…의 자유', 또는 '…의 권리'로 바꿔 불러도 크게 무리가 없다. 다만 다른 권리들은 하나같이 '…의 자유 및 통의'로 구성되는데 '언사의 자유'와 '명예의 통의'는 예외이다. '언론의 자유'를 '언론의 권리(=통의)'로, '명예의 권리'를 '명예의 자유'로 바꿔 부르면 뜻이 통하지 않는 건 아니지만 뭔가 어색하다. '명예의 통의'에 대한 설명에서는 명예를 지키기 위한 권리로서의 성격이 보다 명백히 드러난다. 그런데 '언사의 자유'와 '명예의 통의'를 함께 읽어보면 알겠지만, 양지는 서로 밀접하게 관련되어 있다. 즉 양자를 합치면, 언론의 자유가 있지만 타인의 명예를 침해해서는 안 된다는 뜻이 된다. 따라서 '언사의 자유'와 '명예의 통의'는 실은 하나의 '자유와 통의'로 합칠 수도 있다.

이상에서 보았듯이, 유길준은 자유와 권리의 개념과 국민의 자유권의 목록을 이해하고 자기 나름의 체계에 따라 설명했다. 하지만 문제는 자유·권리·통의 같은 용어의 사전적 의미를 잘 이해했느냐가 아닐 것이다. 보다 중요한 것은, 유길준의 인민의 권리가 가지고 있는 정치적 의미이다. 이제부터 블랙스톤·후쿠자와·유길준의 서술을 대조하면서 유길준이 서양의 자유주의적 법치주의에 관한 교과서적 저술을 어떻게 소화했는지 보고자 한다.

자연권과 정치적 자유의 소화방식

『영국법주해』 제1권에서 사람의 권리에 대해 본격적으로 설명하고 있는 부분을 요약하면 대체로 아래와 같다.

사람은 자연인 그리고 인위적 인(artificial person)으로 구분된다.[150]

자연인인 사람의 권리는 절대적(absolute), 상대적(relative) 권리로 구분된다. 절대적 권리는 개인 또는 특정인에게 귀속되며, 상대적 권리는 사회의 구성원으로서 다양한 상호관계를 맺고 있는 사람에게 부수한다. 절대적 권리가 본장의 주제이다.

절대적 권리는 가장 엄밀한 의미에서 자연상태(a state of nature)에 있는 사람들에게 속하며 또 사회 밖이든 안이든 모든 사람이 향유하도록 부여받은 권리이다. 법은 타인과 관계를 맺는 사람이나 그렇지 않은 개인에게 속하는 권리를 정의하고 집행한다. 반면 한 개인으로서 이행할 의무가 있는 절대적 의무는 국법으로 강제할 수 없다. 법은 내면의 절대적 의무가 아니라 행위를 통해 밖으로 공개되는 사회적 또는 상대적 의무에 대해서만 관여한다.

사회의 주된 목표는 자연법(the law of nature)이 부여한 절대적 권리를 향유하도록 개인들을 보호하는 것이다. 그러나 상호원조와 교섭이 없으면 평화적으로 권리를 유지할 수 없으며, 동료애가 깃든 사회공동체의 제도에 의하여 권리를 획득한다. 따라서 법의 기본목적은 일차적으로 국가와 사회를 구성하는 것이고, 다음으로 국가와 사회를 유지하고 규율하는 것이다. 인간법의 주된 관점은 절대적 권리와 상대적 권리를 설명·보호·집행하는 것이다.

사람의 절대적 권리를 보통 자연적 자유(natural liberty)라고 한다. 자연적 자유는

---

150 유길준은 이 부분을 통의에는 천연과 인위의 통의 두 가지가 있다고 잘못 이해했다. 유: 130쪽.

자연법을 제외하고는 어떤 제약과 통제를 받지 않고 그가 적절하다고 생각하는 대로 행동할 권능 속에 존재한다. 자연적 자유는 날 때부터 우리에게 내재한 권리이며, 신이 인간에게 자유의지의 능력을 부여하여 선물한 것이다. 그러나 모든 이들이 사회 속으로 들어갈 때는 자연적 자유의 일부를 포기하고 호혜적 거래의 이익을 얻고자 공동체가 제정한 법을 준수할 의무를 자신에게 부과한다. 법에 대한 복종과 준수는 그것을 얻기 위해 희생하는 야생의 자유(wild and savage liberty)보다 무한히 큰 가치가 있다. 사회구성원의 자유인 정치적, 곧 시민적 자유(political or civil liberty)는 공익을 위해 필요·적절한 한도에서 법으로 제한한—결코 그 이상이 아닌—자연적 자유이다.

정당한 이유 없이 신민의 의사를 제약하는 것은 군주나 귀족 또는 인민의 총회가 그렇게 했더라도 폭정이다. 설사 법률이라도 우리의 동의 여부를 불문하고 사소한 것에 관해 아무 좋은 목적도 없이 우리의 행동을 규제·제한한다면 자유를 파괴하는 법이다. 반면 사려 깊게 설정된 법은 자유를 파괴하지 않고 오히려 자유를 도입한다. 정부의 구성과 법제도는 오로지 시민적 자유를 유지하도록 고안된다. 그것은 공동선에 따라 일정한 방향이나 제한이 요구되는 부분을 제외하고는 신민을 자신의 행동에 대한 완전한 주인으로 남게 만든다. (불: 119~123쪽)

근대 자연권이론과 사회계약설을 알고 있는 독자라면 블랙스톤의 논지를 쉽게 이해할 것이다. 자연권을 더 잘 보호받기 위해 자연상태의 자유를 버리고 국가로 결합해 '정치적, 즉 시민적 자유(political or civil liberty)'를 획득한다는 것이다. 후쿠자와는 이 논지를 제대로 이해하기 힘들었고, 낯선 개념과 씨름해야 했다. absolute right＝무계無係의 통의, relative right＝유계有係의 통의, society＝세속 또는 세간, the law of nature＝천지의 정리定理, natural liberty＝천부의 자유, political or civil liberty＝처세의 자유, wild and savage liberty=야만인민의 자유 등. 유길준도 후쿠자와의 서술에 의존하고 있는데, 몇 군데서 오류도 범했다.[151]

'정치적, 즉 시민적 자유'란 '국가=정치사회=시민사회'의 구성원으로서 가지는 자유를 뜻한다. 블랙스톤이 정치사회와 시민사회를 구분하지 않은 것은 서양의 전통적 시민사회론에 입각한 것이었다. '정치적=시민적 자유'는 국가를 설립하고 공통의 법의 지배를 받는 국민(citizen)의 지위에서 가지는 자유, 즉 국법상의 자유를 의미한다. 그리고 이 자유는 국법상태에서도 여전히 보존되는 인간(human)의 자연적 자유, 국법으로 제한을 가했지만 국법으로 보호받는 자연적 자유를 말한다.[152]

하지만 후쿠자와와 유길준의 '처세하는 자유'(유: 112쪽)에서는 본래의 취지가 희미해진다. 낯선 개념과 이론을 받아들이면서 나타나는 어쩔 수 없는 한계이다. 사실 '처세하는 자유'라는 표현은 '세속에 거하며' 가지는 권리인 '유계有係의 통의(=relative right, 상대적 권리)'와 혼동되기 쉽다. '유계의 통의'의 상대어인 '무계無係의 통의(=absolute right, 절대적 권리)'는 '세속 밖에 있든 세속 안에 있든', 다시 말해 자연상태에 있든 사회상태에 있든 개

---

151 유길준은 "무계한 통의"는 한 개인의 천부에 속하는 통의라고 설명한 뒤 "유계의 통의는 그 뜻이 약간 다르다. 인위적인 법률로 박책(迫責)하여 사람으로 하여금 반드시 지키게 함을 불가하되, 다만 법률의 본지는 사람의 행동거지를 규정(糾正)하는 것인즉 비록 각인의 일신의 직분에는 관계가 없어도 세속 교제의 직분은 간섭함이 가하다"라고 한다(유: 130쪽). 유길준의 말은 전혀 뜻이 통하지 않는다. 블랙스톤과 후쿠자와의 취지는, 상대적 의무에는 법이 관여할 수 있지만, 사람이 한 인간으로서 가지는 도덕적 의무(내면적 도덕)인 절대적 의무에는 법이 관여할 수 없다는 것이었다.

152 블랙스톤이 정치적·시민적 자유의 대가로 포기한다고 한 '야만인민의 자유'는 사실 '자연상태의 자유'를 비유적으로 표현한 것이다. 하지만 후쿠자와는 이를 '야만인민의 자유'로 옮기고, 역주를 붙여 "야만인민의 자유란 거처가 없고 자고 먹는 게 일정하지 않고 무지·무학에 스스로 만족하여 세간의 풍속이 어떤 것인지 모르고 벌레처럼 생애를 보내는 것을 말하며, 생각건대 문화가 융성한 세계에서는 허용되지 않는 자유"라 했다(후: 242쪽).

인이 가지는 절대적 권리를 말한다. 반면 '유계의 통의'는 오직 세속 안에서 "세인과 교섭하여 호상관계"(유: 111쪽)하며 획득하는 상대적 권리(relative right)이다. 예를 들어 사적 계약 같은 법률행위로 취득하는 권리, 자연권이 아니라 국법에 의해 비로소 창설된 권리 같은 것들이다. 블랙스톤은 절대적 권리와 상대적 권리를 준별하고 이 대목의 초점은 절대적 권리에 관한 것이라 했다. 정치적·시민적 자유는 국법의 보호를 받는 절대적 자유이다.

'정치적·시민적 자유'와 '처세하는 자유' 사이에는 번역으로 뛰어넘을 수 없는 간격이 있었다. 후쿠자와에게 의존할 수밖에 없었던 유길준도 어쩔 수 없었다. 유길준은 후쿠자와의 서술을 따라 "정부에서 법을 제정하는 큰 뜻은 인민들로 하여금 각자 일신을 스스로 유지하고 그로 인해 처세하는 자유를 합성함으로 천하의 보동普同한 큰 이익을 도모하는 데 있다"는 말로 마무리한다(유: 133쪽).

이어서 유길준은 법과 통의의 관계에 대해 길게 부연한다. "법률은 장수이고 통의는 병졸"이라는 말과 같이 법률의 제어적 기능, 권리에 대한 법률의 우월직 지위를 강조했다. 유길준이 이렇게 법률을 강조한 이유는 무엇일까? 서양식 권리와 자유 개념의 정수를 잘 이해하지 못한 탓일까? 그가 법부인권론자 혹은 국법만능주의자여서 그랬을까? 유길준, 후쿠자와, 블랙스톤을 대조하며 읽다 보면 또 다른 점을 발견하게 된다.

4. 자유의 보장장치 없는 '인민의 권리'

블랙스톤의 이어지는 논의 : 절대적 권리를 보장하는 기본법

앞에서 본 블랙스톤의 설명은 사실 독창적인 것은 아니었다. 보수적 왕당파나 구교도 신학자, 혹은 공리주의자를 제외하면, 웬만한 정치이론가나 법률가들이 서술할 수 있는 내용이었다. 영국의 자유헌정과 법의 지배이론에 블랙스톤이 기여한 부분을 꼽으라면, 그 다음 이어지는 부분이다. 여기서 블랙스톤은 개인의 절대적 권리가 무엇이며, 그 권리를 보장하기 위한 장치는 무엇인지 본격적으로 설명한다. 후쿠자와는 이 부분도 소개했다.

블랙스톤은 어떤 국가가 자유를 얼마나 보장하는가는 바로 국법이 절대적 권리를 어떻게 설명·보호·집행하는가에 달려 있다고 한다. 그리고 다른 유럽 국가와 비교할 때 영국이 자유로운 왕국인 것은, 절대적 권리의 목록과 이를 보장하는 '기본법(fundamental law)'이 잘 갖춰져 있기 때문이라고 한다. 그는 마그나카르타(Magna Carta, 1215), 권리청원(the petition of rights, 1628), 인신보호법(the habeas corpus act),[153] 권리장전(the bill of rights, 1689), 왕위계승법(the act of settlement, 1701) 등 영국 기본법의 형성과정을 설명했다(블: 123~124쪽). 그는 영국 자유헌정의 활력이 폭정으로부터 국민의 자유와 권리를 지켜왔다고 하며, 최종적으로 왕위계승법이 영국 보통법(common law)상의 오래된 법리에 의거해 영국인의 종교, 법, 자유가 "영국 인민이 날 때부터 가지는 권리(the birthright of the people of England)"라고 선언했음을 강조했다(블: 124쪽).

그 후 블랙스톤은 '이성과 자연적 자유'에 의해 부여되는 개인의 절대적 권리들에 대해 설명한다. 그것은 세 가지 권리로 환원된다. 안전권(the right

---

153 habeas corpus(하베아스 코르푸스)는 "너는 그의 인신을 …하라(you shall have the body)"라는 뜻의 라틴어로, 수사와 재판을 위해 혐의자의 신병을 체포하여 법정에 인치할 것을 명하는 영장의 문투에서 비롯되었다. 인신보호영장(writ of habeas corpus)은 신체제출을 명하는 명령, 즉 구금자에게 피구금자의 신체를 법원에 제출할 것을 명하는 영장을 말한다. 법원은 인신보호영장을 발해 구금 당국에게 체포·구속된 자를 법원에 즉시 인치하여 체포·구속사유를 소명하게 하고, 만일 불법한 체포·구속으로 판명될 경우 피고인을 석방한다.

of personal security), 자유권(the right of personal liberty), 사유재산(the right of private property)이다(블: 125쪽). 즉 생명·신체의 안전, 신체의 자유, 재산권으로서 프랑스 인권선언에서 저항권과 함께 소멸되지 않은 자연권으로 선언한 것들이다.

후쿠자와는 이 세 권리들을 '일신안온의 통의'(일신을 안온하게 보호하는 통의), '일신자유의 통의'(일신을 자유로이 하는 통의), '사유私有의 통의'(사유를 지키는 통의)로 번역했다(후: 245쪽 이하).

『서유견문』에는 이상의 서술이 빠져 있다. 하지만 유길준이 이 부분을 보지 않았거나 아예 빼버린 것은 아니었다. 유길준은 '인민의 권리'와 '법률의 공도' 두 곳에서 자신의 논지에 맞게 후쿠자와의 번역을 가공하고 재배치했다.

'신명의 권리'와 '안전권'

블랙스톤에 따르면, 안전권은 개인이 생명(life), 사지(limb), 몸(body), 건강(health), 명예(reputation)를 합법적으로, 그리고 방해받지 않고 누리는 것이다(블: 125쪽). 즉 생명·신체·인격의 완전성을 침해받지 않을 권리를 말한다. 이는 유길준이 '신명의 자유와 통의', '명예의 통의'에서 설명하는 것들이다.

먼저 생명·사지·신체·건강의 안온함에 관한 후쿠자와의 서술을 살펴보자. 생명을 유지하는 것은 "천연의 통의", 즉 자연권이다. "사람의 사지四肢는 외환을 막아 일신을 지켜 천연의 형체를 유지"하여 수족을 자유롭게 쓰는 권리이다(후: 246쪽). 그러므로 "사람이 인간처세의 자유를 깨뜨리지 않으면 결코 그 사람의 수족을 해쳐선 안 되며", "영국 법은 생명과 수족을 중히 여김이 심해서 자기 생명과 수족을 방어하기 위해 상대방을 죽여도 무방하다"(후: 246쪽). 사지를 제외한 모든 "신체발부는 천연의 이理로서 이를 보호하는 통의"가 있다(후: 248쪽). 사람의 신체는 함부로 위협해서도, 아프게 해서도, 때려서도, 상처를 내서도 안 된다. 위험에 처해지지 않고 건강을 지키는 것도 일신을 안온하게 하는 통의이다(후: 248쪽).

처세의 자유를 깨뜨리지 않는 한 수족을 침해하면 안 된다는 말은, 원래 "법적 자유의 명백한 위반(a manifest breach of civil liberty)"이 없는 한 신체를 침해당하지 않을 권리가 있다는 말이다(블: 126쪽). 즉 명백한 범법행위가 없으면 신체형을 당하지 않는다는 뜻이다. 후쿠자와가 자기방어를 위해 상대방을 죽여도 무방하다고 한 것은 정당방위권을 말한다(블: 126쪽). 또한 사람의 신체를 함부로 위협하거나 때리면 안 된다는 것은 신체에 대한 불법한 위협·폭행·상해를 말한다. 이 모두는 국가 기타 공권력, 타인에 의한 부당한 침해에 대항하는 개인의 권리를 표현한다.

유길준은 신명의 권리를 "천수정리天授正理", 즉 하늘이 준 정리(=통의)라고 하고 "생명과 지체를 보호해 안녕·건강한 복을 누리는 것은 인간의 쾌락"이며, "불법한 조치로 사람의 머리카락 한 올, 손가락 하나도 상해해선 안 되고 타인에게 이 일을 받아서도 안 된다"고 했다(유: 139쪽). 그 용어와 표현을 보면 유길준이 후쿠자와를 참조했음을 알 수 있다. 그런데 후쿠자와의 서술에서는 그것을 담보하는 구체적인 권리들이 어느 정도 드러나지만, 유길준은 자기와 타인의 생명·신체를 중히 여겨야 한다는 내용 정도로만 서술하고 있다. 뒤에서도 이런 모습이 자주 발견된다. 예컨대, 다음의 블랙스톤, 후쿠자와, 유길준의 서술을 비교해보자.

이러한 자연적 생명은 앞에서 말한 대로 위대한 창조주가 직접 주신 것이며, 그 자신이나 타인에 의해서든 단순히 그의 권한에 의해서든 합법적으로 처분되거나 파괴될 수 없다. 그럼에도 불구하고 사형을 부과하는 사회의 법률을 위반함으로써 종종 생명이 몰수되며, 이는 신이 허용한 바이다. 그 본질, 요건, 수단, 합법성에 관해서는 이 주해의 마지막 권에서 본격적으로 고찰할 것이다. 여기에서는 하나만 말할 것이다. 일국의 헌법이 어떤 개인 또는 집단에게 법률의 지령이 없이 자의적으로 그 신민의 생명을 박탈할 권한을 주었다면, 그러한 헌법은 가장 폭정적인 헌법이다. 또한 극히 사소한 사유로 생명박탈을 명하는 법률들이 있다면, 그러한 법률들 역시 폭정적이다. 다만 폭정의 정도가 낮은데, 왜냐하면 이 경우 신민은 그들이 처한 위험을 알고 주의를 기울여 그에 반대되는 법을 규정할 수도 있기 때문이다. 따라서 <u>영국의 제정법은 매우 드물게, 보통법</u>(common law)<u>은 결코, 최고도의 필요성에 근거하지 않는 한 생명과 사지에 미치는 어떠한 형벌도 부과하지 않는다. 그리고 영국의 헌법은 명백한 법의 명령 없이 신민을 죽이거나 불구로 만드는 자의적 권력과는 매우 낯설다.</u> 대헌장이 말하는 바, "어떤 자유인도 그의 동료에 의한 합법적 재판 또는 영국의 법에 의하지 않으면 생명을 박탈당하지 않는다. (볼: 129~130쪽, 밑줄—인용자)

이 천연의 생은 타인의 힘으로 감히 해할 수 없고, 자기 의사로 자유롭게 해할 수도 없다. 다만 극악대죄를 범해 인간세속의 법률을 깨뜨린 자가 있으면 법으로 그 사람의 생명을 박탈할 뿐이다. 무릇 근세 영국에서는 사실상 부득이한 것을 제외하고는 사형에 처하지 않고 관전을 베푸는 것이 상규이다. (후: 247~248쪽)

천연생은 타인의 힘으로 해함도 불가하고 자기 손으로 해함도 역시 불가하여 다만 극악대죄로 인세人世의 법률을 훼손한 자는 법으로 그 사람의 생명을 박탈할 따름이로되, 무릇 사람이 사람을 죽임은 부득이한 일로 불인不忍한 정政을 행함이라. (유: 140쪽)

후쿠자와는 블랙스톤의 원문 중 밑줄 친 부분만 옮겼다. 총론에 해당하는 이 부분에서 블랙스톤이 강조했던 것은 자의적 권력으로부터 생명·신체를 침해당하지 않을 권리였다. 즉 대헌장의 원칙과 이를 구체화한 입법들이다. 후쿠자와와 유길준은 '부득이한' 경우 사형에 처한다고 했다. 블랙스톤이 말하려고 하는 것은 단지 관용을 베풀라는 게 아니라, 법률로 생명을 박탈하려고 할 때 갖추어야 할 요건이다. 즉 사형을 입법하려면 '최고도의 필요성(the highest necessity)'이 있어야 하며, 범죄자를 처형하려면 적법절차에 따른 재판이 있어야 한다는 것이다.

'일신의 안온'에 관한 통의 중 마지막 것은 '명예의 통의'이다. 블랙스톤은 민사상 불법행위에서 명예에 관해 자세히 논하겠다고 하면서 짤막하게 언급했다. 후쿠자와도 블랙스톤의 말을 옮겨 다음과 같이 서술한다.

> 비방과 중상행위로부터 명성(reputation or good name)을 보전하는 것은 이성과 자연적 정의에 의해(by reason and natural justice) 모든 이에게 부여된 권리이다. 그것이 없이는 이익이나 권리를 완전히 향수할 수 없기 때문이다. (블: 130쪽)

> 타인의 무례와 비훼誹毁를 막아 면목을 지키고 명성을 유지하는 것은 천연의 정리이다. 그러므로 이 정리를 주장해도 의에 방해되는 것이 없다. 사람이 일신의 면목을 잃고 명성이 추락할 때는 결코 다른 통의를 신장할 수 없기 때문이다.
> (후: 248쪽)

앞에서 언급했듯이 유길준은 7가지 인민의 자유와 통의 중 명예의 통의를 독립적인 한 항목으로 설정하고 비교적 길게 논했다.

명예의 통의를 풀이하건대 인생의 일대 권리라. 기실은 신명의 권리에 귀속하는 자이니, 무릇 명예는 사람의 등품等品을 따라 그 재예才藝 및 성질의 실상을 단정하는 성가聲價인 즉, 세간에서 필요한 것을 구하고 행하는 방도가 이에 의하여 세워진다. 이 통의가 타인으로부터 손상을 한번 당하면 일신의 면목을 상실해 제반 권리가 억제되는 것이 신명의 부자유와 같기 때문에 타인의 명예를 손상함이 그 지체肢體를 훼손하는 것과 다르지 않다. (유: 146쪽)

여기서도 후쿠자와의 흔적을 느낄 수 있다. 유길준은 명예의 상실은 신명의 부자유과 같아서 타인의 명예를 손상하는 것은 그 지체를 훼손하는 것과 같다고 말한 뒤, 허위사실로 비방하거나 소문으로 배척하거나 증오심으로 죄를 얽거나 편파적으로 헐뜯는 따위의 일로 남의 명성을 더럽히는 것은 국법이 허락하지 않는다고 했다(유: 146쪽).

왜 유길준은 일부러 명예의 통의를 신명의 권리와 독립적으로 논했을까? 그가 참고했을 다른 문헌에도 명예의 권리를 독립된 기본적 권리로 서술하는 예는 없었을 것이다. 아마 유길준은 정파 간의 비방과 탄핵이 극심한 상황, 자신을 비롯해 개화파 인사들의 처했던 상황을 염두에 두고 명예의 권리를 특별히 강조할 필요를 느끼지 않았을까? 특히 유길준이 '명예의 통의'를 '언사의 자유' 바로 뒤에 배치한 것이 눈길을 끈다. 두 권리를 합쳐 읽으면, 언사의 자유(표현·언론·출판의 자유)는 보장되지만 타인의 명예를 훼손해서는 안 된다는 말이 된다. 마치 언사의 자유에도 절도가 있어야 함을 설명하고 싶은 듯 언사의 자유와 명예의 통의를 서로 붙여놓은 것처럼 보인다.

'신명의 권리'와 '신체의 자유'의 보장장치

사람의 절대적 권리 중 두 번째는 신체의 자유이다. 블랙스톤은 "신체의 자유는 거소를 정하고 변경하거나 그의 신체를 자신의 선호에 따라 아무 장소로 옮길 수 있는 권능이며, 적법절차(due process)에 의해서가 아니면 구금 또는 제한을 당하지 않는다"고 했다(블: 130쪽). 마그나카르타에 의하면, "어떤 자유인이든지 국법 또는 동료에 의한 합법적 재판에 의하지 않으면 체포, 구금을 (…) 당하지 않는다." 이 적법절차를 구체화한 것이 권리청원과 인신보호법(the habeas corpus act)이다(블: 131쪽).

일신자유의 통의를 설명하면서 후쿠자와는 영국에서는 관부에서도 법이 허용하지 않으면 임의로 사람을 강제할 수 없다고 하고는 다음과 같이 말한다.

> 일신의 자유를 보호하는 것은 국가를 위하여 일대 긴요한 일이 되었다. 예를 들어 임의로 사람을 구금(囚)할 권한을 한두 명의 관리에 부여하거나 군주로 하여금 이 권한을 쥐게 한다면, 제반의 통의가 일시에 폐절될 것이다. 어떤 방법이든지 사람을 강제로 속박하는 것은 이를 구금이라고 해야 한다. 그러므로 사람의 의사에 반하여 그를 사가에 가두거나 도로에서 붙잡아 이동을 막는 것은 곧 그 사람을 구금하는 것에 다름 아니다. (후: 248~249쪽)

원문을 매우 축약한 것인데, 전반부에 블랙스톤이 말하려는 핵심이 담겨 있다. 블랙스톤은 이렇게 말했다.

> 신체의 자유는 공중(the public)에게 매우 중요하다. 왜냐하면 신체의 자유가 군주 또는 집행관에 의해 그 또는 그의 부하가 적절하다고 판단한 자를 자의적으로

구금할 수 있는 권한에 일단 맡겨지면, (프랑스에서 매일같이 왕에 의해 실행되듯이) 다른 모든 권리와 면제권들은 금방 사라져버릴 것이다. 어떤 이들은 집행관의 자의에 의한 생명 또는 재산에 대한 부당한 공격이 신민의 신체적 자유에 대한 침해보다는 국가에 대해 덜 위험하다고까지 생각한다. 소추와 재판 없이 사람의 생명을 빼앗고 폭력으로 재산을 징발하는 것은 너무 현저하고 악명 높은 전제(despotism)이기 때문에, 즉각 방방곡곡에 폭군의 등장을 경고하는 목소리가 울려퍼질 것이다. 그러나 비밀리에 그를 감옥에 가둠으로써 사람을 구금하는 것은 덜 공개적이며 덜 놀랍다. 따라서 이는 자의적 정부의 더 위험한 엔진이다. (블: 131쪽)

이는 집행권력이 시민을 투옥할 권리를 가진다면 자유는 없다는 몽테스키외의 유명한 말을 반복한 것이다.[154] 곧이어 블랙스톤은 자유의 보장장치로서 인신보호영장에 대해 자세히 설명했는데, 후쿠자와는 이 부분을 건너뛰었다. 그리고는 앞의 인용문 후단에서 구금의 개념에 대한 설명으로 넘어간다. 이 부분은 원래 블랙스톤이 자의적 구금(imprisonment)의 범주에는 공권력에 의한 것뿐만 아니라 사인에 의한 구금도 포함된다는 것을 설명하기 위해 예시한 것이다(블: 132쪽) 우리 형법의 체포감금죄가 처벌하는 행위이다.

홍미롭게도 유길준은 '신명의 권리' 끝부분에서 사인에 의한 구금의 설명을 활용하여 다음과 같이 서술한다.

무릇 사람의 신체는 정직으로 자중하고 공평으로 자관(自寬)함이 가한 것이다. 그러므로 사람의 의사를 억압하여 넓은 집에 두고 좋은 음식을 먹이고 비단 옷을

---

154 몽테스키외 지음, 하재홍 옮김, 『법의 정신』, 동서문화사, 2007, 181쪽.

입혀도 이는 수구(囚拘)와 다를 바 없다. 길에서 사람이 가는 길을 강제로 막는 것도 또한 수구와 다를 바 없으니, 신명의 권리는 국법을 범하지 않는 때에 그 자유로이 있음을 임의로 가둠과 외래하는 상해를 방비함에 있을 따름이라. (유: 140쪽).

후쿠자와가 거론한 사적 구금과 일시적 체포의 사례를 활용했음을 알 수 있다. 그런데 유길준은 후쿠자와의 서술 중 중요한 부분을 빠뜨렸다. 관리나 군주가 구금권한을 가지면 제반 통의가 일시에 폐절된다는 부분이다. 그럼으로써 유길준의 서술에는 그저 신체의 자유를 함부로 침해해서는 안 된다는 의미만 남는다.

이어서 후쿠자와는 영장(warrant)에 관해 서술한다. "법에 따라 사람을 체포하려는 자는 반드시 재판국의 명을 받들어 또는 타인을 체포할 권한이 있는 관리의 보증(warrant—인용자)을 얻어야 한다"는 것이다(후: 249쪽). 유길준은 이 부분도 건너뛰었다. 이외에도 거주이전의 자유와 관련되는 것으로서, 죄를 범하지 않는 한 강제로 국외(局外)로 축출되지 않으며(유배형), 국왕이라도 신하에게 강제로 국외에 나가 일할 것을 명할 수 없다는 서술도 건너뛰었다.

물론 『서유견문』에는 신체의 자유를 보장하는 중요한 수단에 대한 설명이 들어있다. 유길준은 제10편 '법률의 공도'에서 소개한 "곡수 씨(谷壽氏)의 법"이 그것이다(유: 289~290쪽). 이 부분도 실은 『서양사정』 외편 권 2 '국법과 풍속'에 있는 것이다. 다음이 후쿠자와의 설명인데, '하뷰스 코르푸스의 법'은 인신보호법(habeas corpus act)을 발음대로 쓴 것이다. 유길준은 이를 인명으로 착각하고 '곡수 씨의 법'이라 했다.[155]

---

155 전봉덕은 '곡수씨'가 영국 법률가 쿠크(Sir Edward Coke, 1552~1634)를 발음대로 표기한

프랑스 (…) 다년 영국에서 시행되는 하뷰스 코르푸스ハビュス·コルプス의 법을 채용할 수 없었다. 이 법의 취지는 죄인을 체포하거나 감옥에 가뒀을 때 본인 또는 타인이 죄의 사유가 불공평하다고 생각하면 공개적인 재판을 받고자 함을 관에 호소하여 그 죄인에 관계된 관리 및 소송의 상대방을 호출하여 곧바로 죄의 시비곡직을 판단하고 억울한 죄면 그를 풀어주고 만약 죄가 있으면 벌을 받게 된다. 나라에 이 법이 있어서 함부로 사람을 체포하여 옥에 가두는 폐해가 적다.

(후쿠자와 유키치, 『서양사정』 외편 1, 145쪽)

'재산의 권리'의 보장장치

세 번째 절대적 권리는 재산권이다. 소유물을 자유롭게 사용·수익·처분할 권리를 말한다.

유길준은 국법이 인민의 사유재산에 "방해를 가하지 않는 것에 그치지 않고 극진히 보호하여 추호도 침범함이 있어서는 안 된다"고 했다. 따라서 전국 인민에게 공통하는 대이익을 일으키는 사건이 있더라도 사유재산을 침해할 수 없다. 그 예로, 사유지에 도로를 낼 때 소유자가 허락하지 않는 한 사유지를 침범할 수 없고 결국 국법으로 지당한 가격에 방매하는 것을 명하는 방법밖에 없다는 것이었다(유: 141쪽). 여기까지는 후쿠자와의 서술을 그대로 옮기고 있다. 이어서 후쿠자와는 블랙스톤(블: 135쪽)을 따라 이렇게 서술한다.

천하의 중서衆庶의 공리公利를 도모해도 그 때문에 한 사람의 사유를 강탈할 수 없는 예는 바로 앞의 사례만 있지 않다. 영국 법에는 그 예가 극히 많다. 예를

것이라 보았다(전봉덕, 앞의 책, 237쪽). '곡수'와 'Coke'가 발음이 비슷하고, 쿠크가 권리 청원과 인신보호법에 관여한 것은 맞지만, 유길준이 그 사실을 알고 썼다고 볼 수는 없다.

들어 영국의 인민은 설령 본국을 방위하고 정부를 유지하기 위한다 하더라도 국

민 자신이 승낙한 바가 아니면 전혀 국민을 재촉하여 조세를 거둘 수 없다. 즉

국민 자신이 승낙한다는 것은 의사원(議事院)에 출석하는 국민의 대표자(名代人)가

이를 허락하는 것을 말한다. (후: 251쪽)

유길준은 재산수용의 사례를 든 뒤 "이 비유는 그 일례를 든 것이다"라

고 문장을 마쳤는데(유: 141쪽), 이는 유길준이 위 인용문 첫 문장의 표현을

의식했기 때문이다. 그러면서 유길준은, 위 인용문에 나오는 재산권에서 유

래한 '대표 없이 과세 없다'는 원칙에 관한 설명을 통째로 건너뛰었다.

참고로 유길준은 납세를 설명하면서 오직 인민의 납세의무만 거론했다.

"백성은 정부가 잘 쓰기만 바라고 납세하는 일에는 원망하거나 불평하지

않는 것이 당연한 도리이다"(유: 217쪽). 대의제 도입이 목표가 아니었던 그

로서는 과세에 대한 인민의 동의권을 언급할 필요가 없었다.[156]

재판을 받을 권리와 '법의 지배'

블랙스톤은 절대적 권리들을 설명한 뒤에 "헌법이 그 권리들을 현실적으

로 향유할 수 있도록 보장하는 별도의 방법을 제공하지 않는다면, 법의 죽

은 문자로 아무리 권리들을 선언하고 확인하고 보호해도 헛된 일"이라고

하면서, 기본권의 요새가 되는 "부수적인 신민의 권리들"에 대해 논한다(블:

136쪽). 후쿠자와도 그것들이 없으면 "법률도 한 장의 종이쪼가리가 되어

정의의 명목만 있고 그 실은 무익한 것"이 되고 만다고 했다(후: 252쪽).

블랙스톤이 말하는 신민의 부수적 권리는 ① 의회의 구성·권력·특권, ②

---

156 물론 납세에 대한 유길준의 논의에는, 공·사의 구별이 없고 문란한 조세행정, 면세의 특권
을 누리는 권력층에 대한 비판이 담겨 있다고 할 것이다.

국왕의 대권 제약, ③ 모든 잉글랜드인의 재판을 받을 권리, ④ 법이 적절히 구제해주지 못한 고충을 구제받기 위해 모든 개인이 가지는 국왕 또는 의회에 대한 청원권, ⑤ 폭정에 대항해 신민의 권리를 방어하기 위한 무장권이다(블: 136~139쪽). 후쿠자와는 다른 것은 다 소개했지만 인민의 무장권만은 옮기지 않았다. 재판청구권에 대한 블랙스톤과 후쿠자와의 서술을 비교하여 읽어보자.

모든 영국인이 가지는 세 번째 부수적 권리는 침해를 구제받기 위해 법원(courts of justice)에 재판을 청구할 수 있는 권리이다. 영국에서 법률은 모든 사람의 생명, 자유, 재산에 대한 최고의 재단자(the supreme arbiter)이기 때문에, 법원은 항상 국민들에게 열려 있어야 하며 그 속에서 법이 적정하게 집행된다. 마그나카르타는 힘주어 말한다. 이는 (에드워크 쿠크 경이 말한 바) 법의 심판 시에 모든 왕의 법정에 늘 현존하며 이를 반복해서 말하는 왕을 대표하여 말해진 것이다. 즉 "누구에 대해서도 우리는 권리 또는 정의(justice)를 팔지도 않을 것이고 거부하지도 않을 것이고 지연하지도 않을 것이다." 계속해서 같은 학자는 말한다. 그러므로 모든 국민은 "성직자에 의해서인지 세속인에 의해서인지를 불문하고 타인에 의해 자신의 재산, 토지, 혹은 신체를 침해당한 경우 법원에서 구제받을 수 있으며, 대가없이 무료로, 어떤 거부 없이 완전하게, 지연 없이 신속하게, 그가 입은 손해에 대한 권리와 정의를 가진다." 왕국의 법에 따라 재판할 것을 명하는 의회의 법률은 셀 수 없이 많다. 그런 법이 무엇인지는 모든 신민이 이미 알고 있거나 원한다면 알 수 있다. 왜냐하면 그 법은 재판관의 자의에 달려 있는 것이 아니라 의회의 권한에 의해 폐지되지 않는 한 영구적이며 고정적인 법으로 존재하기 때문이다. (블: 137쪽)

원통한 일을 당하고 피해를 입은 자는 곧바로 재판국裁判局에 가서 호소한다. 이는 영국 인민이 가지는 세 번째 통의이다. 영국에서 사람의 생살을 전단하고 사람의 자유를 제한하고 그 소유를 여탈하는 권한은 다만 법률에 있을 뿐이다. 그러므로 재판의 관국官局은 평상시 개정하여 국인의 송사를 청취하고 법률에 따라 그 곡직을 판단하여 '마그나카르타'의 대법을 지켜야 한다. 생각건대 이 대법의 주의는 사람을 범하고 사람을 해하는 자가 있으면 그 죄인이 성직자이든 세속인이든 구별을 불문하고 반드시 죄를 규문해 뇌물을 금하고 언로를 열고 시일을 끌지 않고 공명정대한 재판을 행해야 한다는 것이다. (후: 252~253쪽)

뉘앙스가 조금 다르지만, 후쿠자와는 재판을 받을 권리의 요체를 전달하고 있다. 후쿠자와는 생략했지만, 블랙스톤은 이어서 "대권에 의한 재판의 남용·오용·지연을 금지"하는 법률들에 대해 설명했는데(블: 138쪽), 여기에 재판권의 독립에 관한 직접적인 설명이 있었다. 블랙스톤의 논의를 종합하면, 재판청구권, 재판권의 독립, 적법절차가 일체를 이루어 자유의 보루가 되는 것이다.

유길준은 후쿠자와가 소개한 신민의 권리들을 전혀 언급하지 않았다. 하지만 이 부분을 참고한 것으로 보이는 대목이 있다. 유길준은 '신명의 권리'에 관한 부분에서 다음과 같이 말한다.

사람이 사람을 형살하는 권한이 없고 법만이 그런 권한을 가지는 즉 형을 가하든지 죽이든지 모두 법이라. 이런 까닭에 사람이 죄를 범해 그 법을 받음이 가한 연후에 집법하는 자가 법의 지휘를 청종聽從하여 시행할 따름이다. 다만 법관의 사사로운 뜻으로 사람을 억제하고자 하더라도 국률이 불허하는 바는 자행할 수 없으며, 설사 할 수 있었더라도 이는 사람의 힘으로 사람의 권리를 방해함이다.

법률의 공도를 무너뜨려 인세의 커다란 폐를 일으킴이니 누가 가하다 말하리오.

(유: 140쪽)

오직 법만이 사람을 형살하는 권한이 있다는 말은 후쿠자와의 서술에서 따온 것이라고 할 수 있다. 법관이 오직 법의 지휘에 따라야 한다는 것도 후쿠자와의 서술에 내포된 것이다. 유길준은 '재판국'에 대해서는 말하지 않았지만, 법률이 최고의 존재이며 사람의 힘으로 법률의 공도를 무너뜨려서는 안 된다고 한 점에서 블랙스톤·후쿠자와와 같은 취지였다.

이 대목을 비롯해 유길준은 여러 곳에서 법을 강조한다. "사람의 권리는 법률이 내려준 것", "법률은 장수이고 권리는 졸병이다"(유: 139쪽) 등과 같은 말 때문에 법부인권론자, 법률만능주의자라는 평가를 받기도 하지만, 유길준이 그처럼 법을 강조했던 데는 후쿠자와를 통해 읽은 블랙스톤의 간접적 영향도 있었다고 할 수 있다. "법은 (…) 최고의 재단자"라고 했듯이 블랙스톤은 곳곳에서 법의 지배, 법의 최고성을 나타내는 표현을 썼다. 그 울림은 후쿠자와의 서술을 통해 유길준에게도 전달되었다고 할 것이다.

어떤 점에서 유길준의 "법의 지휘", "법률은 장수"라는 표현은 '법의 지배'를 적절하게 표현한 것이기도 하다. 법을 바라보는 관점에서 그는 과거와 같은 예주법종의 관념에 얽매이지 않았다. 만승의 천자라도 법을 범할 수 없고, 집법하는 관리와 권세가들의 사사로운 권력행사는 법률의 공도를 무너뜨린다고 말했을 때, 그는 권세와 자의의 지배, 인치주의를 강력히 비판하고 있다. 범죄를 사인이 고발하는 것과 법관이 처벌하는 것은 모두 법을 행함이지 자기의 뜻을 나타내는 것이 아니며, 법관과 인민이 모두 엄정한 법집행과 법준수의 의무를 지고 있음을 강조했다(유: 285~286쪽). 법률은 다름 아닌 천하의 '공도公道'이기 때문이다. 이 "법률의 공도는 인민의 권리를 병한屛翰하여 부도父道하고 불공不公한 침벌을 방어하는 것"이다(유: 292쪽). 즉 법률은 권리에 대한 부정의한 침벌을 방비해주는 군병이다.

법이 최고의 재단자라는 생각 자체는 유길준·후쿠자와·블랙스톤에게 공통된 것이다. 유길준은 후쿠자와를 읽으며 이 핵심적 메시지를 이해했을 것이다. 하지만 유길준과 그가 읽은 이들 사이에는 법이 보호대상으로 삼는 권리가 지닌 국법질서상의 의미가 현저히 달랐다.

5. 유길준의 국가에서 인민의 권리와 재판

사사화된 인민의 권리

유길준은 후쿠자와를 통해 자유주의적 법치주의를 설파하는 핵심적 저작을 접했다. 개인의 절대적 권리에 관한 서술에서 블랙스톤이 누누이 강조했던 것은 자의적 통치로부터 자유를 보존할 수 있게 만드는 것들이었다. 후쿠자와의 번역에는 그 정수가 어느 정도 간직되어 있었다. 유길준은 그 부분을 보았지만 건너뛰거나 맥락을 변질시켜 서술했다.[157]

---

157 제10편 '법률의 공도'에서도 비슷한 모습을 발견할 수 있다. 유길준은 서양법의 역사를 개관하며 법은 고풍구례(古風舊例)에서 연원하며, 법률은 그 나라의 풍속과 제도에 적합해야 한다고 했다(유: 286~290쪽). 이 부분은 후쿠자와가 버튼의 『정치경제학』를 번역한 『서양사정』 외편 '국법과 풍속'(후: 140~154쪽)을 참고한 것이다. 그 요지는 영국은 "태고의 구례로부터 유래한" 좋은 법에 기초하여 폭정에 항거하며 영국인의 자유의 특전을 형성해 왔다는 것이다(후: 154쪽). 반대로 폭정의 풍속이 있는 프랑스에서는 좋은 법을 도입해도 국민습속에 적합하지 않아 법이 쉽게 깨진다고 지적했다(후: 144쪽). 유길준은 이런 맥락을 무시한 채 법은 고풍구례에 부합해야 한다는 일반론을 전개했다. 또한 영국의 좋은 법과 제도로 열거된 인신보호법, 검시관제도, 배심재판, 신분·직업집단의 특권, 지방자치, 의회제도 중에서 유길준은 인신보호법(곡수씨의 법), 의회제도 중 극히 일부만 소개했다.

분명 유길준이 주장한 인민의 자유와 권리, 법의 지배는 당시 조선사회에서 획기적인 의미를 가졌다. 그는 권리 개념을 잘못 이해하지 않았다. 정확히 말하면, 권리와 자유의 사전적 의미는 왜곡되지 않았다. 중요한 것은, 유길준이 인민의 권리와 자유에 대해 말하면서도 국가권력으로부터 자유와 권리를 수호하는 장치들을 제거해버렸다는 점이다. 이 점에서 유길준의 권리론은 서양의 권리론과 본질적으로 차이가 있다. 그는 인간이 천부적인 자유와 통의를 가졌다고 했지만, 그가 말하는 자유와 통의는 정치사회의 법질서를 구축하는 적극적인 역할을 하지 못한다.[158]

블랙스톤이 말하는 개인의 절대적 권리는 국가에 대한 권리이기도 하다. 말하자면 이는 사권이자 공권인 것이다. 유길준의 권리론에는 그런 색채가 나타나지 않는다. 블랙스톤이 개인의 존엄성에 출발하여 국가로 나아간다면, 유길준은 국가의 우월성에서 출발해 인민의 권리를 논하며 그것도 인민의 상호관계에 한해 논의하고 있다.

그럼으로써 인민의 자유와 권리 속에 본래 담겨야 했을 '권력 대 자유', '국가 대 개인'이라는 대립구도는 희미해져버렸다. 유길준의 인민의 권리는 국가에 대한 공권公權의 성격을 상실하고 순수한 사권처럼 존재한다. 즉 인민의 자유와 통의가 인민 상호간에 마땅한 정리와 실정법적 경계를 지키며 누려야 할 '인민 사이의 일' 같은 의미로 축소된 것이다.

사사화私事化된 백성의 권리들 위에 정부는 안전하게 존립한다. 정부는 법률을 통해 인민이 서로 도리를 지키며 권리를 보존하며 살 수 있게 하고 공공사업을 통해 '혜택'을 주는 존재이다. 정부는 인민에 대해 권리(방국의

---

158 그가 서양 근대사회의 핵심원리인 개인의 주체성을 진지하게 바라보지 않았으며, 서양이 부강한 이유가 인민의 권리를 보장한 데 있다는 피상적 관찰에 그쳤다는 지적은 타당하다. 이영록, 앞의 글, 103~104쪽.

권리)와 의무(정부의 직분)를 가지고 있다. 그러나 정부의 의무에 대해 인민은 권리를 갖고 있지 않다. 인민은 어디까지나 정부의 혜택에 감사하며 납세의 의무를 져야 한다.

반면 후쿠자와는 정부와 인민의 관계를 철저한 평등관계로 본다.[159] 그는 인간세계에서 가장 중요한 것이 "상호관계(reciprocity) 또는 평등(equality)"이라고 했다."[160] 정부는 국민의 대리인이며, 국민은 정부와 약속해 통치권을 정부에게 위임했을 뿐이다.[161] 후쿠자와의 유학, 관존민비, 정부의 관료독재에 대한 비판은 이런 권리의 평등, 정부와 인민의 평등 위에 있었다.

물론 유길준이 천부의 권리 개념을 통해 권리의 평등성, 정당한 이익의 주장과 경쟁을 긍정적으로 인식한 점에서는 인간관계를 차등질서로 바라보는 유교 전통 관념과 차이가 있었다. 하지만 그가 유교적 인간관을 완전히 탈각한 건 아니었다. 그는 사람을 효제충신의 원리가 관철되는 인륜적 질서의 각 국면에서 가족구성원, 직업인, 신민으로 존재하는 '구체적' 인간으로 바라본다. 유길준이 말하는 권리는 사람이 사람노릇을 하기 위해 각자의 위치에서 지켜야 할 도리와 분한의 관념과 연결되어 있다.[162] 때문에 유

---

159 福澤諭吉, 『学問のすすめ』, 『福澤諭吉著作集 3』, 20~21쪽.
160 위의 책, 22쪽.
161 위의 책, 60~61쪽.
162 유길준은 『노동야학독본(勞動夜學讀本)』(1908)에서 "사람의 사람 노릇하는 큰 근본"으로서 사람 되는 도리, 권리, 의무, 자격, 직업, 복록(福祿)에 대해 논했다. 그의 요지는, 사람 노릇을 하려면 가족의 일원으로서 인애·효도·화목·우애하고, 사회의 일원으로서 직업을 가지고 각자의 권리를 존중하고 상하귀천의 구별을 알며, 국가의 일원으로서 납세와 군역의 의무를 지고 임금과 국가에 충성해야 한다는 것이다. "사람의 자격"은 "남에게 뒤지지 않는 지식으로 집에는 집을 창성하게 하는 일이고, 나라에는 나라를 평안케 하는 일이고, 사회에는 사회를 이롭게 하는 일"이다. "사람의 권리"는 "사람의 세력"을 뜻하는데, 이는 "나(我)의 하는 일은 남의 방해함을 받지 아니하고 나의 가진 물건은 남의 침범함을 허하지 아니 하"는 것이라고 했다. 유길준, 『勞動夜學讀本 第一』, 京城日報社, 1908(隆熙2),

길준이 "나의 권리는 한 걸음이라도 남에게 사양하지 말고 남의 권리를 터럭 끝도 침노하지 말지니, 대체로 한 사람의 권리를 능히 지켜야 한 나라의 권리를 지킨다"라고 강조하기는 했지만,[163] 그의 '사람의 권리'는 국가에 앞서 또 국가에 대해 존재하는 인권(human rights)으로서의 성격이 희박하다. 그러나 우리는 여기서 유길준의 한계를 논하기에 앞서 서양 권리사상의 특수함을 지적해야 할 것이다. 서양의 근대적 권리 관념은 개별 인격체의 차원에서는 숭고한 윤리적 의미를 갖고 있지만, 동시에 사회와 국가를 탈윤리적 존재—경제질서와 이익조정장치—로 만드는 계기를 내포하고 있다. 유길준이 이해하는 국가는 그런 존재가 될 수 없었다.

정부의 시초와 군주의 주권

유길준은 『서유견문』 제5편 '정부의 시초'에서 정부 탄생을 점진적 역사 과정으로 설명한다(유: 155~162쪽). 그는 후쿠자와의 『서양사정』 외편 권 1에서 '정부의 본本'을 논하는 대목을 참고했다(후: 125~130쪽). 이 부분도 버튼의 책을 번역한 것이었다. 후쿠자와(와 버튼)는 철저하게 '인위성과 편의'에 입각해 정부의 시초와 역할을 설명했다. 그에 비해 유길준은 주저하는 모습을 보인다. 이는 군주도 인민의 편의에 따라 인위적으로 설치된 것에 불과한가 하는 문제와 연결되어 있기 때문이었다.

군주와 통치에 관한 유길준의 생각은 '법률의 공도'에서 드러난다. 그는 경쟁을 조정하고 습속을 견제하며 서로 침범할 수 없는 경계를 정하고 서로 빼앗을 수 없는 조목을 설정하고 윤리와 기강을 바르게 하고 풍속을 바로잡는 것을 "필부의 사적인 힘으로 해서는 안 되며, 반드시 여러 사람이

『유길준전서 II』, 267~273쪽.

163 위의 책, 270쪽.

함께 우러르는(同尊) 자가 해야 한다"고 말한다(유: 283쪽). 또 법은 곧 천하의 법이지 한 사람의 법이 아니며, 각자 저마다 집행하려면 어지러운 폐단이 생기므로 임금이 천하의 대위大位에 앉아 천하의 대권을 잡고 한 나라를 주재한다고 한다(유: 284~285쪽). 그러므로 군주가 존재하는 것은 당연하다. 하지만 이 말은 군주주권의 정당화 근거를 제시한 것은 아니다.

군주주권의 근거는 유길준의 미완성 저작인 『정치학』에서 찾을 수 있다.[164] 유길준의 『정치학』은 독일인 라트겐Karl Rathgen이 동경대학에서 강의한 국법학 강의록 중 제1권을 번역한 것이다.[165] 사실 국법학의 진수를 학문적으로 공부하고 싶었다면, 라트겐이 추종했던 독일 국법학의 대가이자 일본 국법학 형성에 지대한 영향을 준 블룬츨리Johann Kaspar Bluntschli의 『국법범론國法汎論』을 봐야 했을 것이다.[166] 유길준은 라트겐의 평이한 서술, 짧은 분량으로 많은 주제를 다룬 점, 국가의 발생과 서양 정체의 '역사'에 대한 요약적 서술에 더 흥미를 가졌던 것 같다. 또한 거의 전문번역을 한 것에서 미루어보면, 유길준이 라트겐의 생각에 상당한 친근감을 가졌던 것 같다. 흥미로운 점은, 국가론에 관해 『서유견문』에서 모호하게 처리된 것들이 『정치학』에서 분명한 논리와 내용을 가지고 나타나며, 그것이

---

164 『유길준전집 4』, 397쪽 이하. 이를 현대어로 옮긴 것은 유길준 지음, 한석태 역주, 『정치학』, 경남대출판부, 1998. 이하 『정치학』을 인용할 때는 한석태 역주본을 기준으로 '정치학: ○쪽'으로 표시한다.

165 ラードゲン 述, 山崎哲蔵·李家隆介 譯, 『政治學』 上卷, 東京: 明法堂, 1891. 라트겐에 관한 소개와 유길준의 『정치학』과의 비교는 고쿠분 노리코(國分典子), 「한국에서의 서양법사상 수용과 유길준」, 『한일관계사연구』 13집, 한일관계사학회, 2002 참조.

166 明治文化研究會 編, 『明治文化全集 補卷 (二) 國法範論』, 東京: 日本評論社, 1971. 『국법범론』은 블룬츨리의 '일반국법학(Allgemeines Staatsrecht)'을 번역한 것이다. 한석태는 유길준의 『정치학』이 『국법범론』을 번역한 것이라고 했지만(한석태 역주, 앞의 책, 5쪽) 사실과 다르다.

『서유견문』의 서술과 상당한 논리적 일관성을 가지고 있다는 점이다.

라트겐은 국가의 기원을 설명하는 여러 학설을 소개하고 논평했다. 국가신조설國家神造說, 국가필요설, 국가실력설, 국가계약설, 국가인성설國家人性說 등 가운데 라트겐은 국가인성설을 지지했다. 국가인성설은 국가는 인류 고유의 성질 가운데서 발견된다는 설이다(정치학: 147~150쪽). 이는 멀게는 플라톤, 아리스토텔레스의 주장까지 거슬러 올라갈 수 있고, 근대의 국가유기체설과 통하는 학설이다.

라트겐의 설명에 따르면 "국가의 성질은 인성 가운데 가장 고상"한 것이지만, 국가 관념이 나타나려면 시간이 걸린다. 초기에 국가가 없다가 "적당한 때가 되면 지력과 용력이 뛰어난 자가 출현해 주치자主治者라고 자칭"하고 모든 이가 그를 공동의 군주로 추대하게 되고, 그 후 경험이 축적되고 사회가 진보함에 따라 "내부에 잠복되어 있던 성질이 점차 외부로 발로"하게 되어 "수장되는 자가 가장 먼저 국가 관념을 자각해 국가의 의지를 구성하고 나아가 신민 전체에 이를 보급하게 된"다는 것이 그의 설명이다(정치학: 149~150쪽).

여기서 유길준은 국가와 군주주권의 필연성, 정당성, 우월성을 뒷받침하는 논거를 발견할 수 있었을 것이다. 일견 성인聖人에 의해 예악형정이 바로잡히고 국가문물이 창설되었다는 유학적 논리와 비슷해 보인다. 하지만 군주의 신성성―군주는 하늘을 대신하는 자―이 제거된 점, 그리고 국가의 탄생과 군주주권의 확립을 역사적 과정으로 설명하는 점, 국가를 군주의 인격과 분리시키는 점에서 근본적 차이가 있다. 또한 라트겐은 인민의 효용에 입각해 정부의 시초를 설명하는 버튼 또는 후쿠자와에게서는 들을 수 없는 말을 한다. 라트겐이 말하는 국가는 인류본성의 실현이자 "도덕적 성질"을 가지는 인류적 제도이다(정치학: 141~142쪽). 국가는 국가실력설이 말

하는 물리적 힘(윤리에 반대되는 것)에서도, 국가계약설이 말하는 사인의 자유
계약(필부의 사적 힘에 불과한 것)에서도 나올 수 없다.

유길준의 국가 속의 사법

『서유견문』이 제시하는 국가의 모습은 이렇게 정리할 수 있을 것 같다.
인민 간의 사적 권리로 축소된 인민의 자유와 권리, 이를 누리면서 원기를
회복하고 국법과 예의염치를 지키며 살아가는 인민, 그 위에 국가의 대권
을 일신에 집중한 군주,[167] 군주의 대권을 일부 위임받아 엄격한 직권의 경
계 내에서 조직된 법집행기관, 신분귀족이 아닌 능력귀족의 제한적 국정참
여. 이런 군주국가를 유럽 군주제와 비교하면 역사상 어느 위치에 있을까?
『정치학』에 그 실마리가 있다.

『정치학』에서 유길준은 라트겐의 서술에 따라 고대국가에서 근대국가로
의 역사적 발전과정을 설명했다. 그중 근세유럽의 '천제擅制군주제'에 대한
설명에 주목할 필요가 있다. 근세 천제군주제는 전제군주제이지만 고대의
전제군주제와 달리 "군주가 최고의 정권을 장악해 명예, 법률, 정의의 원천
이 되기는 하나, 이미 정해진 헌장을 준수하며 위반하지 않는 의무를 가지
는 것"이 특징이다(정치학: 74쪽). 이는 서양의 절대군주제(absolute monarchy),
특히 프러시아와 오스트리아의 계몽절대군주제를 말한다.

라트겐이 말하는 근세 천제군주제의 뚜렷한 특질은 "간섭, 보호의 정신"
이다. 즉 군주는 신민을 부모가 자신의 자녀를 보듯 하며, 상·공·농업 및
기타 모든 사업에 간섭하고 장려·보호함을 의무로 삼고, 한편 격려하고 한

---

167 전봉덕은 일본 헌법론의 영향을 받아 군주주권사상을 가졌다고 했다(전봉덕, 앞의 책, 226
쪽). 그러나 오히려 유길준 자신이 군주주권론자였고 자신의 국가론에 부합하는 이론을 선
택적으로 받아들였다고 보아야 할 것이다.

편 매질해 융성과 번성을 도모한다(정치학: 74~77쪽). 근세 천제군주제의 역
사적 의의는 다음과 같다.

첫째, 고대의 무한천제로부터 유한천제로 전이되었다는 점, 둘째, 정권의 통일을
꾀하여 주권을 국가에 귀속시키는 중간단계를 만들었다는 점, 셋째, 법률상 봉
건계급의 특권을 폐지하고 사민평등의 기초를 정한 점, 넷째, 재정을 정리하여
국가생활의 방법을 확립한 점, 다섯째, 농·상·공예를 보호하며 평민의 자질과 능
력을 증진시켜 정치에 참여할 수 있는 원동력을 양성함으로써 입헌대의제로 옮
겨가는 기초를 세운 점 등이다.
이로써 군주천제는 그 발자취를 남기며 사라지고 뒤를 입헌군주제가 잇게 되었
으니, 군의通일의 시대는 가고 법률통일의 시대가 오게 되었다. (정치학: 78쪽)

이상의 내용은 박영효·유길준 등 개화파가 당면목표로 설정한 것들과 일
치한다. 근세 천제군주국가는 입헌국가로의 발전을 위한 발판이다.[168] 『서
유견문』의 논의를 보면, 이런 군주국을 운영하는 데 저해가 될 만한 것들,
인민이 받아들일 준비가 되지 않았다고 여겨지는 것들이 제거되어 있다.
그 결과가 『서유견문』의 '인민의 권리'와 '법률의 공도'에서 전개된 권리
론, 법론에 관한 논의이다. 그런 의미에서 유길준은 서양 사정을 친절하게
알려주는 전달자가 아니라 알아야 할 것만 알리고 필요 없는 것은 알리지
않는 '편집자'였다고 할 수 있다. 이 부분에서 미숙한 서양법 지식을 가진
이미지와 상반되는 유길준의 모습이 드러난다. 당대 조선에서 가장 해박한

---

168 입헌국가는 '법률이 최고의 권력을 가지고 신민의 권력은 법률상 동등하다'는 대원칙을 구
현하는 진정한 근대국가이다. 무엇보다 입헌군주제의 특질은 국민의 대표자로 대의기관을
구성해 군주권력을 제한하는 데 있다. 정치학: 78, 110쪽.

서양 국법학 지식을 갖춘 자로서, 앞으로 건설할 국가의 모습에 대해 수미 일관된 대답을 내놓기 위해 진력하는 모습이다.

유길준의 국가 속에서 사법권은 어떻게 존재하고 있는지 확인해보자. '법률의 공도'에서 유길준은 국권이 군주에게서 나오고 군주에게 집중된다는 취지로 말한다. 하지만 주권자인 군주가 홀로 만기를 통람할 수 없기 때문에 법을 제정하고 관리에게 그 집행을 위임한다고 한다. 즉 군주가 "정부에 명하여 법률을 정하고 관리에 명하여 법률을 관장하게 하니 이를 사법관이라고 한다. 사법관은 왕의 명령을 받들며 정부의 법률을 지켜서 천하의 공도를 보존하는 것을 직분으로 삼는다"(유: 283~284쪽). 따라서 사법관이 이런 주의를 모르고 권위를 망령되게 행사하면 나라의 기강이 무너지고 나라에 화와 난을 부르게 되므로, 군주는 반드시 사법관을 신중히 선발해야 한다(유: 285쪽). 유길준의 말은 박영효가 개화상소문에서 말한 것과 같았다(유: 182쪽). 이 대목은 『서유견문』에서 사법관의 임무를 직접적으로 언급한 유일한 부분이다.

물론 유길준의 사법관은 다른 관리들에 비해 훨씬 중요한 임무를 가지고 있다. 천하의 법을 귀천·강약·빈부의 차별 없이 오로지 법의 명령을 따라 집행하는 관리이다. 즉 국법과 정의의 일차적 수호자인 것이다. 그런 의미에서 유길준의 법치론과 법관론에는 논리적 일관성이 있다. 그리고 그 자체는 사법의 엄정성과 공평성을 확보하기 위한 실천적 방안이었다. 하지만 개화파 텍스트 속 사법은 유길준이 '법률의 공도'에서 말했던 것 이상의 의미를 갖지 못했다.

개화파가 서양의 법과 재판을 바라보는 시야는 주로 형법과 규문적 형사절차에 한정되어 있었다. 그들의 '사상' 속에 있던 사법제도는 절대주의시대 행정(폴리스)화된 형사사법과 큰 차이가 없었다. 그들이 생각하는 재판은 행정과 일치된 '행정형 재판'의 실질을 유지하고 있었다. 그들의 권리론과 국가론은 자유의 보장장치로서 서양의 재판제도가 가지는 정치적 의미, 세부적인 형식과 내용, 통치구조상의 위치를 이해하는 데 한계가 있었다. 물론 서구사상을 수용하기 시작한 단계의 그들에게 너무 많은 요구를 하는 것은 무리일 것이다. 다음 장에서는 그들이 '현실'에서 국가개혁을 추진하게 되었을 때, 그들의 '사상' 속의 사법제도가 어떻게 표출되었는지를 살펴보기로 한다.

3장 갑오개혁과 재판소구성법의 '출현'

1895년(開國 504) 3월 25일(양 4. 19)[169] 법률 제1호로 공포된 '재판소구성법'은 한국 근대법의 역사에서 매우 중요한 의미를 지닌다. '재판소구성법'은 '법률'이라는 명칭으로 발포된 최초의 법령이며, 바로 이 법에 의해 '재판소'라는 명칭의 재판기관이 설치되어 본격적인 재판제도의 근대화=서구화의 문이 열렸기 때문이다. 이런 역사적 의의를 감안하여 우리나라는 2003년부터 '재판소구성법'의 시행일인 4월 25일(음 4. 1)을 '법의 날'로 기념하고 있다. '재판소구성법'은 이른바 '갑오개혁'이 낳은 사법 근대화를 향한 제일보이다. 이 장에서는 갑오개혁기의 사법제도개혁의 과정과 결과, 그 주도세력, 또 그것의 함의 등을 논의할 것이다.

갑오개혁과 관련해서는 개혁의 주체성과 주도세력을 둘러싼 논란이 많다. 갑오개혁이 보여주는 자율성과 타율성의 이중주 때문일 것이다.[170] 류영

---

169 우리나라는 음력 1895년 11월 17일을 1896년 1월 1일로 삼아 양력을 채용했다. 따라서 그 이전의 날짜는 공식적인 음력으로 표기하는 것이 마땅하지만, 이하에서는 편의상 양력으로 날짜를 표기하고 필요한 경우 음력을 병기했다. 이 장에서 인용하는 자료들에는 음력과 양력 날짜가 섞여 있어서 어느 하나를 택해 시간적 선후관계를 분명히 할 필요가 있고, 또 독자들이 양력에 익숙하다는 점을 고려했기 때문이다.
170 갑오개혁의 성격논쟁에 관해서는 왕현종, 앞의 책, 26~29쪽.

익은 "갑오 개화파 관료의 개혁추진 방략은 현대 한국의 대외의존형 근대화운동의 원형"이라 평가하고 그들을 "애국적 부역자"로 칭했다.[171] '애국과 부역'이라는 형용모순적 표현만큼 갑오개혁의 이중성을 잘 전달해주는 말도 없다. 갑오개혁에 대한 많은 연구도 갑오개혁의 이중성을 드러내고 있다. 그렇다면 이때의 사법제도개혁에 대해서는 어떤 평가가 가능할까? 지금까지의 연구에서는 이중성의 측면보다는 개혁의 근대성과 과도기적 한계들이 주로 지적되어왔다.[172] 하지만 그것만으로 파악할 수 없는 문제들이 여전히 있다고 생각한다.

여기서는 1894년 7월부터 1896년 2월 아관파천 직전까지 추진된 개혁을 편의상 통틀어 갑오개혁이라 했다. 물론 시기별로 일본의 개입방식, 정권 주도세력, 개혁방법과 초점이 조금씩 다르다. 시기구분도 논자에 따라 여러 가지로 나뉜다. 정권을 구성한 개혁추진 주체에 따라 구분하면 제1차 개혁기(군국기무처, 1894. 7~12), 제2차 개혁기(김홍집·박영효 연립내각기, 1894. 12~1895. 7), 제3차 개혁기(김홍집 내각기, 1895. 8~1896. 1)로 나뉜다. 그중에서 사법개혁과 관련해 의미있는 시기는 1차 개혁기와 2차 개혁기이다. 1차 개혁기에는 군국기무처 의안을 통해 다수의 개혁법령이 쏟아졌다. 2차 개혁기에는 1895년 4월과 6월 사이 재판소구성법을 비롯한 재판제도 개혁법령들이 공포되었다. 행정과 사법의 분리, 재판소 설치라는 점에서 2차 개혁의 의미는 매우 크다. 문제는 사법제도에 관한 1차 개혁과 2차 개혁의 결과를 어떻게 연관시켜 파악할 것인가 하는 점이다. 지금까지는 개항 이후 사법 근대화라는 내재적 맥락을 중시해 1차·2차 개혁을 하나의 연속된 과

---

171 류영익, 『갑오경장연구』, 일조각, 1994, 222쪽.
172 갑오개혁기 및 대한제국기 사법제도개혁에 관해 상세한 것은 도면회, 『1894~1905년간 형사재판제도 연구』, 서울대 박사학위논문, 1998.

정으로 파악하려는 경향이 지배적이었다. 이 장에선 그런 경향에 대해 의문을 제기할 것이다.

결론부터 말하면, '재판소구성법' 제정을 비롯한 1895년 사법개혁 전반에는 일본이 깊이 관여했으며, 거기에는 단순히 조선의 사법 근대화를 돕는다는 차원을 넘어서는 어떤 목적이 들어 있었던 것으로 보이고, 그런 의미에서 '재판소구성법'은 조선통치에 관한 일본의 관점과 이해관계가 반영된 일본의 작품이라는 성격도 가지고 있다. 따라서 당시의 사법개혁을 개화파 관료들이 지녔던 개혁사상의 자연스런 발로로만 볼 수 없는 점이 있다는 것이다.

이상과 같은 점들을 논증하기 위해 3장에서는 다음의 순서로 논의를 전개한다. 먼저 '재판소구성법' 공포 이전 사법제도개혁의 내용을 살펴본다. 그 뒤 1895년 4월과 6월 사이에 공포된 '재판소구성법' 및 사법제도 관련 법령을 분석해 '재판소구성법'이 예정한 재판제도는 과연 어떤 것이었고 어떤 특징이 있었는지, 일본의 입법례와 비교할 때 어떤 차이가 있었는지 살펴볼 것이다. 다음으로 입수가능한 사료를 활용해 법제정과 시행 초기에 일본인이 어떤 역할을 했는지 밝힐 것이다.[173] 마지막으로 법원조직 설계에 반영된 것으로 보이는 메이지 일본의 지식과 경험들을 언급하겠다.[174]

---

173 재판소구성법을 일본의 입법례와 상세하게 비교분석한 것으로서 신우철, 『비교헌법사—대한민국 입헌주의의 연원』, 법문사, 2008, 238~283쪽.

174 이하에서 소개·분석하는 법령의 텍스트는 주로 송병기 외 2인 엮음, 『한말근대법령자료집 I』, 대한민국국회도서관, 1970을 참조했다. 일본 법령은 司法省 編, 長尾景弼 訂, 『現行類聚法規』(全7冊), 東京: 博文社, 1882~1883; 『法令全書』(慶應 3年 10月~明治 45年 7月), 東京: 內閣官報局, 1887~1912를 참고했다. 같은 법령집들은 일본 국회도서관 홈페이지 근대디지털라이브러리(http://kindai.ndl.go.jp/)에서 원문을 제공하고 있다.

1. 재판소구성법 공포 전의 사법제도개혁

군국기무처의 사법제도개혁 의안들

1894년 7월 23일(음 6. 21) 개화파세력은 일본군의 힘을 빌어 정권을 장악하고 신정부를 수립했다. 신정권은 군국기무처軍國機務處를 설치하고 정치개혁, 사회개혁을 위한 법령을 공포했다. 군국기무처 의안議案으로 발해진 사법개혁조치들은 다음과 같다. 7월 30일(음 6. 28) 연좌율緣坐律을 폐지하고, 8월 2일(음 7. 2) 각부·각아문·각군문이 함부로 체포·시형施刑하는 것을 금지시켰다. 8월 8일(음 7. 8) 모든 죄인에게 사법관司法官의 재판에 의하지 않고는 형벌을 과할 수 없게 하고, 8월 9일(음 7. 9) 신식 법률을 반포하기에 앞서 법관이 죄인을 신문할 때는 대전회통 형전에 의하고 함부로 고신하지 못하게 했다. 8월 12일(음 7. 12) 의금부를 의금사義禁司로 개칭해 법무아문法務衙門에 소속시키고 관원의 직무상 범죄만 처리하도록 했다.

군국기무처는 7월 30일(음 6. 28) '의정부관제議政府官制'와 '각아문관제各衙門官制'를 공포하여 중앙정부 관제를 개정했다. 이로써 종전의 6조체제가 폐지되고, 정부는 의정부와 내무·외무·탁지度支·법무·학무·공무工務·군무·농상의 8개 아문으로 재편되었다.

법무아문은 사법행정, 경찰, 사유赦宥(사면에 해당)를 관리하며 고등법원高等法院 이하 각 지방재판을 감독한다. 법무아문에는 총무국·민사국·형사국·회계국이 설치되며, 그중 민사국은 '인민의 사송·재판, 법관의 고시考試와 율사(律師: 변호사) 등에 관한 사무'를, 형사국은 '치죄·형살·심언審讞의 복사復査, 보석·징역·감형·복권 등의 사무'를 담당한다.

법무아문관제의 '고등법원'이 최고법원을 의미하는지, 아니면 일본 치죄법상의 고등법원, 즉 황족과 칙임관의 범죄를 심판하는 단심제 법원을 의미하는지는 분명치 않다. 법무아문관제가 일본 사법성관제(1886)의 "사법성은 (…) 대심원 이하 제재판소를 감독한다"는 문장을 참조했다고 보면, 고등법원은 대심원에 상응하는 최고법원을 뜻한다고 할 것이다. 그러나 1895년 재판소구성법이 시행될 때까지 고등법원 이하 재판소는 설치되지 않았다.

법무아문관제에 따르면 법무아문이 경찰도 관장한다. 이는 메이지 초기 일본의 에토 사법경이 전국 경찰권을 사법성으로 집중시키려 했던 구상과 비슷해 보이지만 실은 그렇지 않다. 이 역시 일본의 사법성관제에서 사법성이 '사법경찰'을 관장한다는 문언을 참고한 것이었으며, 실제로 경찰기구는 물론 감옥까지 내무아문 소속으로 만들어졌다.

8월 14일(음 7. 14) 공포된 '경무청관제직장警務廳官制職掌'은 기존의 좌·우포도청을 합쳐 경무청을 신설해 내무아문에 소속시키고, 한성부 내의 일체의 경찰사무를 관장케 했다. 이는 일본에서 내무성 휘하 경시청警視廳이 동경부 내의 경찰사무를 관장하고, 지방경찰은 각 부현에 속하게 한 제도를 본받은 것이다. 조선의 '경무청관제'도 역시 일본의 '경시청관제'(1886)를 참고한 것이었다. 경무청이 관장하는 경찰사무에는 행정경찰사무 외에 사법경찰사무 및 감옥사무도 포함되었다. 경무청의 경무사警務使는 한성부 내의 경찰과 감금사무를 총할하며 죄범을 수색·체포해 경중을 구별하여 법사法司로 이송하거나 청판聽判하는 임무를 가졌다. 즉 경무사에게 행정경찰권, 사법경찰권 외에 재판권까지 부여한 것이다.

'경무청관제직장'과 같은 날 '행정경찰장정'도 공포되었다. 행정경찰장정은 일본의 '행정경찰규칙'(1875. 3, 태정관포달 제29호)을 모방하여 경찰의 임무와 조직을 규정했다. 행정경찰장정은 행정경찰의 임무를 규정하면서, 제4조에서 "행정경무行政警務가 미치지 못한 바가 있어 사찰해 만약 법률에 위배되는 자가 있으면 이를 수색·체포하는 것은 사법경찰의 직무"라 하여 사법경찰과의 경계를 설정했다. 그리고 사법경찰직무를 행할 때는 마땅히 "검사장정 및 사법경무규칙檢事章程及司法警務規則을 따라야 한다"고 했다. 하지만 검사와 사법경찰에 관한 규칙은 제정된 적이 없다. 또 같은 장정 제4절 '위경죄즉결장정違警罪卽決章程'은 경무지서 관할구역 내에서 서장 혹은 그 서리가 위경죄를 범한 자를 즉결할 수 있으며, 즉결에 불복한 피고인은 위경죄재판소에 정식재판을 청구할 수 있다고 했다. 물론 이 제도 역시 실제로 시행되지는 않았다.

이상과 같이 1894년 7월과 8월의 법무아문관제, 경무청관제, 행정경찰장정은 재판소와 검사제도의 도입을 예정하고 있었지만, 재판소와 검사제도에 관해서는 어떤 후속 조치도 없었다. 따라서 종이 위의 프로그램에 불과했고 그 내용도 충분히 다듬어지지 않은 상태였다. 물론 분명히 새로워진 것도 있었다. 중앙정부 내에서는 재판기능이 법무아문으로 집중되었고 한성부에 경무청이 설치되었다. 또한 인민의 범죄에 관해서는 법무아문이 중죄 이상의 범죄를, 경무청은 경죄 이하 범죄를 처결한다는 기준이 마련되었다. 10월 9일(음 9. 11) 의안은 이 점을 재확인하고, 경무청에 체포된 자들 가운데 법사法司의 재판을 거치지 않고 처단되는 이가 있는데 금후 중죄사건은 반드시 법사의 공판公判을 거치도록 했다.

2개월 동안의 과도기적 개혁조치들만 가지고 완결적 평가를 내리기는 힘들지만, 그 내용을 보면 앞 장에서 보았던 개화파의 구상이 신속하게 실천으로 옮겨졌음을 알 수 있다. 그러나 군국기무처가 주도한 초기 개혁은 사법제도에 관한 마스터플랜 없이 우왕좌왕하는 모습을 보인다. 재판·법원·사법관·검사·중죄·경죄·위경죄·행정경찰·사법경찰 등 새로운 용어를 친절하게 설명해주지도 않는다. 초기 2개월간 제시된 프로그램은 후속 조치로 뒷받침되지 않았다. 그들은 무엇이 필요한지 알고 있었지만, 구체적 내용과 이행계획에 대한 충분한 지식은 없었던 것이다. 결국 중앙정부의 조직·기능을 재편한 것을 제외한다면 개혁은 이렇다 할 진전 없이 표류했다.

이노우에 공사의 부임

1894년 10월 26일(음 9. 28) 이노우에 가오루가 새로 주조선 일본공사로 부임했다. 이노우에 공사의 부임은 동학농민봉기, 조선 정부 내의 권력투쟁, 오토리 게이스케大鳥圭介 공사의 우유부단으로 위기에 처한 조선 보호국화정책을 구하기 위해서였다. 이노우에는 제1차 이토 히로부미 내각(1885~1888)의 외무경으로서 조약개정 교섭을 추진한 바 있었고, 1892년 8월 성립한 제2차 이토 내각의 내무대신을 지냈다. 그가 목표로 삼았던 것은, 일본의 통제하에 효과적으로 조선 내정개혁과 보호국화정책을 추진하는 것이었다. 이노우에의 내정개혁 구상을 '법전경략法典經略'이라고 부르기도 한다. 즉 궁중의 내정간섭을 차단하고 친일 개화파가 장악한 내각과 각부 아래 국가 정무를 통일시킨 통치체제를 창출하며 사법제도와 법령제도를 정비해 근대적 법치국의 형태를 갖게 하는 것이었다. 법전경략은 조선의 독립을 보호하고 조선을 문명국으로 인도한다는 명분을 내세워 조선통치에 대한 서구열강의 의심을 불식시키는 효과도 가지고 있었다.[175]

이노우에는 1894년 11월 20일(음 10. 23) 고종 및 대신들을 접견한 자리에서 20개조의 개혁안을 진정했다.[176] 이노우에는 사법제도와 관련해 구율

---

175 모리야마 시게노리(森山茂德) 지음, 김세민 옮김, 『근대한일관계사연구—조선식민지화와 국제관계』, 현음사, 1994, 69~70쪽.

176 정권의 원류를 하나로 통일할 것, 대군주의 법령준수의무, 왕실과 국정사무의 분리, 왕실조직의 제정, 의정부와 각 아문의 직무권한규정, 탁지아문으로의 조세통일과 잡세 폐지, 정부 세출입 등 제정·정비, 군제의 제정, 제반 허식의 제거, 형률의 제정, 경찰권의 통일, 관리복무규율의 제정, 지방관의 권력제한과 중앙정부로의 수렴, 관리임면규칙의 정비, 세력투쟁

을 개정하고 타국의 형률을 참작하여 국정에 적합하도록 형률을 제정하는
것, 외국의 법률을 참작하여 형법·민법·상법 등 법전을 점진적으로 제정하
는 것, 재판의 공평을 위하여 행정관으로 분리된 재판을 담당하는 공서公署
를 설치하는 것을 제시했다. 아울러 법전편찬은 장래 치외법권 철거와 국
체보전의 기초가 되기 때문에 소홀히 해서는 안 된다고 강조했다.[177]

12월 17일(음 11. 21) 외국에 망명 중이었던 박영효·서광범徐光範 등이 참
여한 정권이 출범했다. 고종은 1895년 1월 7일(음 1894. 12. 12) 종묘에서
독립서고문(홍범14조)을 통해 국정개혁의 강령을 천명했다.

신정부 출범과 함께 칙령 제1호로 공문식公文式이 공포되었다. 이로써 법
령은 법률과 칙령, 그 범위에서 총리대신 및 각 대신이 발하는 의정부령과
각 아문령, 경무사와 지방관이 발하는 경무령과 지방령, 대신의 훈령과 각
관청의 서무세칙 등으로 상하관계를 이루고, 각 법령의 제정·공포절차가
확립되었다.

법무대신 서광범의 주도 아래 사법제도의 정비도 다시 추진되었다. 1895
년 1월 적도賊盜·투구鬪毆·간범干犯·사위詐僞[178] 등에 대한 종래의 대·장·도·
유형을 징역으로 대치하는 건, 의금사를 법무아문권설재판소權設裁判所로 개
칭하고 법무아문은 재판과 용형에 관여하지 않는 건, 고등죄는 대신과 협
판協辦(차관에 해당)이 주관하고 경죄는 참의參議가 청리하는 건, 사채私債에 관

과 정치보복 금지, 공무아문의 타 아문으로의 흡수, 군국기무처의 조직권한 개정, 일본인
고문관 빙용, 유학생 일본파견, 독립과 내정개량에 관한 사항을 종묘에 서고하고 신민에
선포하는 것 등이다. 1894. 11. 24, 井上 공사→陸奧 외상, 기밀 217호, 「朝鮮國內政改革
事項(朝鮮國內政改革ニ關シ報告ノ件 附屬書)」, 金正明 編, 『日本外交資料集成 4』, 東京:
嚴南堂書店, 1967, 241~247쪽.
177 국사편찬위원회 엮음, 『고종시대사 3』, 1969, 고종 31년(1894년) 10월 23일조.
178 강도·절도, 폭행·상해, 강간·간음, 위조·사칭 등의 범죄를 말한다.

한 사건에서 증서가 없으면 수리하지 않는 건, 법률학교를 설치하는 건, 혹 형의 도구를 없애고 형구를 제한하는 건 등(이상 주본)이 윤허를 받았다. 또한 칙령 제30호로 참형과 능지형을 폐지하고 사형은 오로지 교수형과 총살형에 의하게 했다. 하지만 이상의 조치들은 장래의 개혁방향을 제시한 것에 불과했다.

내각관제와 재판소구성법의 공포

1895년 4월 19일(음 3. 25) 일대 제도개정이 이루어졌다. 칙령 제28호 내각관제를 비롯해 각부관제를 정하는 칙령들이 공포되었다. 이 관제도 1886년 일본의 내각 및 각성관제를 참조한 것이었는데, 종전의 각아문관제에 비해 내용적으로도 일본의 관제에 가까웠다.

중앙정부는 외부·내부·탁지부·군부·법부·학부·농상공부의 7부로 편제되었다. 7부 대신들이 국무대신이 되고 내각총리대신이 각 대신의 수반이 되어 내각을 구성한다. 내각회의는 법률·칙령제정, 예결산, 내외의 국채, 외국과의 조약, 칙임·주임관의 임명과 진퇴, 각부 간 권한쟁의, 구법규와 관청의 정리·개혁, 조세와 국유재산 관리 등의 사항을 심의하며, 국왕은 내각회의에 친히 임석하지 않고 내각회의를 거쳐 상주된 안건을 재가하는 지위에 머물렀다. 이처럼 새로운 관제는 입헌군주국의 예에 따라 군주의 직접적 정무참여를 억제하고 내각이 국정을 운영하는 시스템을 도입했다. 또한 칙령 제40호 '중추원관제 및 사무장정'에 의해 중추원의 조직과 기능이 개정되었다. 내각으로부터의 독립성이 취약해졌지만 중추원은 법률·칙령안 기타 내각이 자순하는 사항을 심사·의정하는 일종의 입법협찬기구로 상정되었다.

같은 날 법률 제1호로 공포된 '재판소구성법'은 한국의 근대 사법사상 획기적 의미를 갖는다. 행정사무로부터 재판사무를 분리하고 재판권을 재판소로 통일시키는 계기가 되었다는 점에서, 일본의 '사법직무정제'(1872)와 같은 의미를 가진다. 그러나 당시 예정된 것들 가운데 시행되지 않은 것들도 있었고 그 결과 개혁의 의미가 퇴색되어버렸기 때문에, 개혁 자체의 한계나 불철저성이 지적되기도 한다. 예컨대 재판소가 설치되었지만 사법권의 독립이 불철저하고 법부로의 권력집중이 나타났으며, 재판소 구성이나 소송제도 면에도 미흡한 점이 많았다는 것이다. 그러나 '행정기관으로의 권력집중'과 '제도축약' 현상은 "법제 근대화 초기의 혼란을 사법제도, 특히 통일적 재판조직 정비를 통해 극복"하려는 것으로서, 사법 근대화 초기에 일본과 조선에서 공통으로 나타나는 특징이었다.[179] 이 점을 전제하고 '재판소구성법'의 한계를 논하기에 앞서 '재판소구성법' 및 그 부속법령들이 상정한 재판제도를 이해할 필요가 있다. 즉 '재판소구성법'의 입법자가 상정했을 조직·운영의 메커니즘과 효과를 분석해야 한다는 것이다. 그럼으로써 사법 근대화 초기에 일본과 조선에 공통적으로 나타났던 것과는 다른 '재판소구성법'의 고유성을 해명할 수 있을 것이다. 그럴 때 1895년 사법개혁이 앞과 뒤의 시기에 대해 가지는 의미를 새롭게 이해할 수 있을 것이다.

2. 재판소구성법이 예정한 재판제도

재판소의 종류, 관할권, 심급, 직원

'재판소구성법'은 재판소의 종류를 지방재판소地方裁判所, 한성 및 인천 기

179 신우철, 앞의 책, 258~259쪽.

타 개항장재판소開港場裁判所, 순회재판소巡廻裁判所, 고등재판소高等裁判所, 특별법원特別法院의 5종으로 구분했다(제1조). '재판소구성법'은 일반사건에 관해서는 2심제를 취하면서 하급심 재판소와 상급심 재판소를 모두 이원적으로 구성했다.

판사와 검사의 자격에 관해서는, 판사와 검사는 별정한 규칙에 의해 시험에 급제해야 하지만, 본법 중에 별도의 규정이 있는 자는 그렇지 않다고 하면서(제33조), 재판소 종류별로 판사·검사의 자격과 임명·보직의 방법을 별도로 규정했다. 하지만 부칙 제56조는 지방재판소 직원은 당분간 지방관을 겸임할 수 있으며, 한성재판소, 인천 기타 개항장재판소, 순회재판소의 판사·검사도 시험규정에 의하지 않고 당분간 판사·검사를 임명할 수 있다고 했다. 부칙 제60조는 본법에 규정하는 재판소의 판사는 점차 전임법관으로 교체할 것이라고 했다.

이제 재판소 종류별로 관할권, 심리방법, 판사·검사의 임명방법에 관해 구체적으로 살펴보자.

각 지역에서 제1심 재판권을 가진 하급심재판소는 지방재판소, 한성재판소 및 인천재판소 기타 개항장재판소(이하 한성·개항장재판소)의 2종이 있었다.

지방재판소는 각 지방 행정구역단위로 설치되는 재판소이다. 법 공포 이후 지방제도는 종래의 8도제에서 23부府제로 재편되었다.[180] 지방재판소는 23부 중 한성·개항장재판소가 설치되는 곳 외의 각부 부청소재지에 설치되는 재판소였다. 지방재판소 외에도 법부대신은 지방의 정상에 따라 지방재판소지청을 설치할 수 있었다. 지방재판소지청은 지방재판소와 동등한 재판소이다(제5조~제8조).

지방재판소는 관할구역 내 일체의 민사·형사사건을 재판한다. 지방재판

---

180 1895. 6. 18(음 5. 26) 공포, 칙령 제98호 '지방제도 개정에 관한 건'.

소의 재판권은 단석판사單席判事가 행하며, 2인 이상의 판사가 있을 경우 판사는 단석 혹은 합석合席으로 재판사건을 심리한다. 2인 이상의 판사가 동석하는 경우 수반판사首班判事가 재판을 선고하며, 판사 사이에 이견이 있을 때는 수반판사의 의견에 따라 판결한다(제6조, 제12조, 제17조). 이러한 합석 내지 동석재판은 엄밀한 의미에서 합의재판은 아니다. 어디까지나 당해 재판소의 판사 수와 사건의 난이도·중요도를 고려하여 단석 또는 합석으로 '심리'할 수 있다는 것이며, 게다가 수반판사의 의견이 우월하다. 완전한 합의재판은 고등재판소와 특별법원에만 적용되었다.

'재판소구성법'은 군수郡守의 재판권에 대해 아무런 언급도 하지 않았다. 아마 각 부청소재지 및 주요 도시에 지방재판소와 지방재판소지청을 설치하면 군수의 재판권은 당연히 폐지되는 것으로 예정했던 것 같다.

한성·개항장재판소는 한성과 각 개항장(인천·부산·원산)에 설치되는 재판소이다. 이들 재판소는 관할구역 내 일체의 민형사사건 및 외국인의 본국인(조선인)에 대한 민형사사건을 재판한다(제10조, 제11조). 한성은 개항장은 아니었지만 외교공관과 외국인 거류지가 설치된 지역으로서 외국인의 조선인에 대한 소송사건을 심리하기 때문에, 한성재판소와 개항장재판소를 동종의 재판소로 묶은 것이라 할 수 있다. 한성·개항장재판소는 원칙적으로 단독재판을 하며, 판사·검사·서기·정리로 구성되는 점에서 지방재판소와 같다. 그러나 한성·개항장재판소의 "판사 및 검사는 별정한 사법관시험규칙에 의하여 시험을 거친 자 중에서 내각총리대신을 거쳐 법부대신이 주천하여 대군주가 임명하는 자"(제14조)라는 점에서 지방관이 판사 등을 겸임하는 지방재판소와 크게 다르다. 당분간은 시험규정에 의하지 않고 판검사를 임명한다고 했지만(부칙 제56조), 한성·개항장재판소의 판검사에 관한 한 가장 먼저 전원을 정규 사법관으로 충원할 것을 예정하고 있었다.

지방재판소와 한성·개항장재판소의 판결에 대한 상소上訴는 고등재판소와 순회재판소가 심리한다. 고등재판소는 법부에 '임시개정'하는 재판소로서, 한성재판소 및 인천재판소 판결에 불복하는 상소를 '합의재판合議裁判'한다(제22조, 제23조). 고등재판소의 직원은 재판장 1인, 판사 2인, 검사 2인, 서기 3인, 정리로 구성된다. 이때 고등재판소재판장은 법부대신 또는 법부협판이 담당하며, 판사 2인은 법부의 칙·주임관 및 한성재판소 판사 중에서 군주가 임명한다. 다만 재판장 또는 판사로 임명될 법부협판 이하의 자는 내각총리대신을 거쳐 법부대신이 대군주에게 주천한다. 고등재판소의 검사 2인은 법부 검사국장檢事局長 및 검사국 소속검사 중에서 법부대신이 임명했다(제24조).

순회재판소는 부산재판소, 원산재판소, 각 지방재판소의 판결에 불복하는 일체의 민사·형사사건의 상소를 재판한다. 순회재판소는 상설 재판기관이 아니라 매년 3월부터 9월까지 기간에 개정했으며, 개정장소는 법부대신이 정한다(제15조, 제16조). 순회재판소의 재판권은 지방재판소, 한성·개항장재판소와 마찬가지로 단석판사에게 있고, 2인 이상의 판사를 두는 경우 단석 또는 합석으로 심리한다(제17조). 순회재판소 직원은 판사, 검사, 서기, 정리로 구성된다. 순회재판소 판사는 법부대신의 주천에 의해 "고등재판소 판사, 한성재판소 판사, 법부 칙주임관 및 별정한 사법관시험규칙에 의해 판사에 임한 자 중에서 대군주가 임시로 명한다." 검사는 "한성재판소검사, 법부칙주임관 및 별정한 사법관시험규칙에 의해 검사에 임한 자 중에서 법부대신이 임시로 명한다"(제21조).

특별법원은 왕족의 범죄에 관한 형사사건을 재판하는 제1심이자 최종심 재판소이며, 왕족뿐만 아니라 정범과 종범은 신분을 막론하고 모두 특별법원에서 재판한다(제25조, 제31조). 특별법원은 법무대신이 주청하여 대군주의

재가를 받아 임시 개정하는 재판소이다(제26조). 특별법원은 재판장 1인과 판사 4인이 합의재판을 한다. 재판장은 법부대신이 겸하며, 4인의 판사 중 1인은 중추원의관中樞院議官 중에서, 나머지 3인은 고등재판소 판사, 한성재판소 판사, 법부의 칙·주임관 중에서 법부대신의 주천에 의하여 대군주가 임시로 임명한다. 특별법원 검사의 직무는 고등재판소 검사 또는 법부대신이 지명하는 검사가 행한다(제27조, 제28조).

앞으로의 논의를 위해 몇 가지 특징을 정리해보자. 첫째, 지방관이 재판 사무를 겸무하는 지방재판소를 제외하고 나머지 재판소는 모두 전무專務의 재판소이다. 둘째, 한성·개항장재판소 및 지방재판소는 '상설재판소'이고, 고등재판소 및 특별법원은 '임시 개정'하는 재판소이며, 순회재판소는 일정한 기간에 순회 개정하는 재판소이다. 셋째, 고등재판소는 한성·인천재판소에 대한 상소재판소이고, 부산·원산 개항장재판소 및 각 지방재판소에 대해서는 순회재판소가 상소재판소가 된다. 넷째, 한성·개항장재판소의 경우 정규 사법관자격을 갖춘 자 가운데 전임 판검사가 임명되지만, 나머지 재판소의 경우에는 지방관, 법부 칙주임관, 사법관, 중추원의관 등이 상시 또는 일시로 당해 재판소의 판검사 직무를 행하는 자로 임명된다. 또 고등재판소, 순회재판소, 특별법원 판검사의 일부는 한성재판소 판검사 중에서 선발된다.

한편 '재판소구성법'상의 인천 기타 개항장재판소, 지방재판소, 순회재판소에 관한 규정은 법 시행일(1895. 4. 25)부터 시행되는 것이 아니라 추후 칙령으로 시행 시기를 정하게 했다(부칙 제57조). 1895년 7월 2일(음 윤5. 10) 칙령 제114호를 공포해 개항장재판소(3개소), 지방재판소(19개소)를 같은 달 7일부터 점차 개설한다고 했지만, 실제로는 1896년 1월 20일 법부고시 제20호에 의해 비로소 개항장재판소(3개소), 지방재판소(20개소)가 개설되기 시작했다. 한편 1895년 5월 23일(음 4. 29) 법률 제7호로써 감영, 유수영 기타 지방재판소의 재판에 대한 상소를 모두 고등재판소에서 수리·심판하게 했다. 이는 순회재판을 개시할 때까지의 임시조치였다.

재판사무와 사법행정에 대한 감독체계

'재판소구성법'과 같은 날 공포된 칙령 제45호 '법부관제法部官制'(1895. 4. 19)는 사법행정기관인 법부의 조직과 기능을 규정했다. 법부대신은 사법 행정·은사·복권에 관한 사무를 관리하고 검찰사무를 지휘하며 특별법원·고 등재판소 이하 각 지방재판소를 감독한다(제1조). 법부대신은 '각부관제통칙 各部官制通則'(같은 날 공포, 칙령 제41호)에 규정된 각부대신이 가지는 일반적 권 한과 함께 법부와 재판소의 사법행정에 관한 지휘감독권을 가진다.[181] 법부 에는 대신관방大臣官房과 함께 민사국民事局·형사국刑事局·검사국檢事局·회계국 會計局의 4개국, 법관양성소法官養成所가 설치되었으며, 법부협판(1인, 칙임), 국 장(칙임 또는 주임), 참서관參書官(주임), 비서관(참서관 중 1인), 주사主事(판임), 고원 雇員을 두었다.

'재판소구성법'은 사법행정사무의 지휘감독계통에 관한 일반적 규정을 두지 않았다. 대신 같은 날 공포된 칙령 제50호 '재판소처무규정통칙裁判所 處務規定通則'(이하 '통칙')이 재판소 내부의 사법행정사무 처리방법을 규정하고 있었다. '통칙'의 내용은 일본의 '재판소처무규정'(1886. 7, 사법성령 병 제8호) 과 대체로 유사했다. '통칙'에 따르면, 재판소에 1인의 판사를 두는 경우에

---

181 '재판소구성법'에 명시된 사법행정상 법부대신의 권한은 다음과 같다. ① 각 재판소의 위 치·관할구역의 지정, ② 각 재판소 직원의 정원 지정(법에 명시된 경우는 제외), ③ 재판소 관할권의 재정, ④ 지방재판소지청 설치, ⑤ 지방재판소 판사의 직무수행 곤란 시(질병 기 타 특별사정) 사무대리방법 지시, ⑥ 특별법원의 임시개정 주청, ⑦ 재판소 직원에 대한 인사권이다.

는 그 판사가, 2인 이상의 판사를 두는 경우에는 수반판사가 당해 재판소의 사법행정을 책임지는 관리가 되어 재판소 내의 재판사무 분배, 회계사무 감독, 직원의 인사고과 등을 담당한다. 따라서 2인 이상의 판사가 있는 재판소에서 수반판사는 합의재판의 재판장일 뿐만 아니라 재판소의 감독관이 되는 것이었다. 다만 고등재판소와 특별법원에서는 법부대신 또는 법부협판이 겸무하는 '재판장'이 감독관이 되었다. 한편 재판소에 2인 이상의 검사가 있을 경우에는 수반검사가 검찰사무를 분배했다(이상 '통칙' 제3조, 제8조, 제10조, 제17조 등). '통칙'은 법부대신과 관계되는 몇 가지 사항도 규정했다. 예를 들어 판사·검사에 결원이 생기면 그 사유를 법부대신에게 통보할 것, 각 재판소에서 작성된 각종 표表를 수반판사가 법부대신에게 개진改進할 것, 검사가 검찰사무에 관해 수시로 법부대신에게 보고할 것 등이었다(제9조, 제12조, 제22조). 또한 재판소 직원의 사무장리에 대해 항고抗告가 제기되면 그 감독상관이 재정하고 최종 항고는 법부대신이 판정하며(제16조), 수반검사는 매년 6월과 12월에 재판소의 사건처리성적과 폐해가 있을 경우 그 시정방법을 갖추어 법부대신에게 보고하도록 했다(제23조).

앞서 보았듯이 '재판소구성법'의 심급제도는 '한성·인천재판소→고등재판소', '부산·원산재판소 및 지방재판소→순회재판소'로 구성되어 있었다. 당시 일본 및 훗날의 입법례를 보면 각 재판소 감독관이 당해 재판소 및 하급재판소의 사법행정사무를 감독하는 것이 통례이다. 하지만 '재판소구성법'과 '통칙'은 그런 규정을 두지 않았다. 물론 이것이 상급재판소의 하급재판소에 대한 감독권 자체를 부정하는 취지는 아니라 할 것이다. 재판소가 2심급제로 단순하게 구성된 점, 상급재판소인 고등재판소와 순회재판소가 상설재판소가 아니었다는 점, 법부대신이 고등재판소의 재판장으로서가 아니라 법부대신으로서 전체 사법행정사무를 감독했다는 점, 또한 후술하듯이 순회재판소의 판검사에게는 특별한 권한이 부여되어 있었다는 점 등을 고려하면, 굳이 사법행정의 지휘감독계통에 관한 일반규정을 둘 필요가 없었다 할 것이다.

그런데 '재판소구성법'은 유달리 순회재판소의 판검사에게 특별한 권한을 부여하고 있었다. 첫째, 순회재판소의 판검사는 부산·원산재판소 및 지방재판소의 재판 및 검찰사무를 감독하며, 그 재판 및 검찰사무에 관해 법률의 오해와 적용의 착오가 있음을 발견하면 언제라도 개정改正하고, 또 판사·검사, 기타 관리의 직무상 부당한 행실이 있음을 발견했을 때는 그 실상을 조사하여 법부대신에게 보고한다(제18조). 둘째, 순회재판소 판사는 필요하다고 인정될 때는 부산·원산재판소 또는 지방재판소에 임하여 그 재판소 판사의 직무를 행할 수 있으며, 이러한 순회재판소 판사의 판결에 불복하는 상소는 다른 순회재판소 판사가 수리한다(재판소구성법 제19조). 즉 순회재판소의 판검사에게 하급재판소의 재판사무 감독권, 법해석·적용에 대한 시정권, 부당행실 조사권, 하급심판사의 직무승계권 등을 부여했던 것이다. 순회재판소는 단순한 상소심 관할권뿐만 아니라, 언제든지 하급심을 대체할 수 있는 강력한 권한을 가지고 있었다. 이는 고등재판소가 단순히 한성·인천재판소에 대한 상급심에 그쳤던 것과 매우 달랐다.

일본의 입법례와의 차이점

1895년 '재판소구성법'은 일본의 '사법직무정제'와 비슷한 역사적 의의를 가지고 있으며 일견 조직구성도 서로 닮아 보인다. 즉 법부≒사법성, 고등재판소≒사법성재판소, 순회재판소≒출장재판소, 한성·개항장재판소 및 지방재판소≒부·현재판소, 특별법원≒사법성임시재판소이다. 하지만 좀 더 세밀하게 살펴보면 비슷한 가운데 중요한 차이점들을 발견할 수 있다.

'재판소구성법'과 '법부관제' 등의 규정을 보면, '사법직무정제' 이후 발포된 일본 법령들을 참조했음을 알 수 있다. 조선의 내각관제와 각부관제는 1886년의 일본 관제를 많이 참고한 것이었다. 조선의 '법부관제'는 검사국과 법률기초위원회에 관한 규정을 제외하면 대체로 일본의 관제와 비슷했다.

그러나 '재판소구성법'의 경우, 딱히 특정한 일본 입법례를 직접적으로 참조했다고 말하기 힘들다. 일본의 법원조직법제는 사법직무정제 이후 '대심원·제재판소직제장정'(1875, 이하 '제재판소직제'), '치죄법'(1880), '재판소관제'(1886)를 거쳐 '재판소구성법'(1890)에 이르러 최종적으로 확립되었다. '사법직무정제'단계에서는 사법성이 전국의 재판사무를 통할했지만, 1875년 5월 대심원 창설 이후 민형사재판권과 법해석권은 대심원 이하의 재판소들이 전담하게 되었다. 1875년의 '제재판소직제'에서 재판소는 대심원과 함께 상등上等재판소, 부·현재판소(1876년 '지방재판소'로 명칭변경), 구재판소로 구성되었다. '치죄법'에서는 새로운 형사절차에 따라 형사재판소가 고등법원, 대심원, 중죄재판소, 공소재판소, 경죄재판소, 위경죄재판소로 재편되었다. 1885년의 '재판소관제'는 전국의 재판소를 고등법원, 대심원, 공소원, 중죄재판소, 시심재판소, 치안재판소의 6종으로 재편했다. 최종적으로 1890년 '재판소구성법'을 통해 재판소는 대심원, 공소원, 지방재판소, 구재판소의 4종으로 확정되었다.

조선의 '재판소구성법'의 용어와 편별은 대체로 최신 입법례인 일본 '재판소구성법'을 참고하고 있지만, 1886년의 '재판소관제'와 '재판소처무통칙'을 본받은 것도 있었다. 그러나 조직의 실질로 들어가면 딱히 어떤 것을 참조했다고 할 수 없다.

앞에서 보았듯이 조선의 '재판소구성법'은 상급심을 이원적으로 조직했기 때문에, 일본의 사법성재판소나 그 후의 대심원 같이 전국적 관할권을 가지는 상급법원이 없었다. 순회재판소의 경우 '사법직무정제'단계의 출장재판소와 비슷해 보이지만, 출장재판소는 수개의 현 단위로 고정된 지역에 설치된다(실제로 설치되지는 않았음). 조선의 순회재판소는 고정된 재판소가 아니었다. 일본의 '제재판소직제'의 순회재판과도 달랐다. 일본의 순회재판은 형사사건에 한해 부·현재판소의 직권이 미치지 않는 사죄死罪사건을 재판하기 위해 부·현재판소에 상등재판소의 판사를 파견하여 순회재판을 하는 것이었다.[182] 반면 조선의 순회재판소는 명실상부하게 일체의 민형사사건의 상소를 재판했다.

고등재판소와 특별법원의 합의재판형식은 완전히 다수결에 의한다는 점에서 '치죄법'과 '재판소관제' 이후 일본의 법제와 같았다. 한성·개항장재판소, 지방재판소에서 원칙적으로 '단석'재판을 하는 것은 '제재판소직제' 단계의 부·현재판소 이하의 재판, '재판소관제'의 치안재판소·시심재판소의 재판과 비슷했다. 그러나 조선의 경우 사정에 따라 '합석'재판을 할 수 있으며, 순회재판소도 단석 또는 합석으로 재판할 수 있었다. 다만 합석재판을 하는 경우 수반판사가 결정권을 가지는 것은 '제재판소직제'의 합의재판 방식과 비슷했다.[183]

---

182 일본에는 1880년 형법(일본 구형법)과 치죄법이 제정되기 전까지 형사상 상소제도가 존재하지 않았다. '제재판소직제'에 따르면, 부·현재판소는 징역 이하 사건은 전결하되 종신징역사건은 의율안을 갖추어 상등재판소의 심사·허가(審批)를 받아 결행하고, 사죄(死罪)사건은 순회판사를 기다려야 한다.
183 '제재판소직제'의 '판사직제통칙'에 따르면, 대심원과 상등재판소에는 수개의 과(課)가 있고 각 과는 대심원은 5인 이상, 상등재판소는 3인 이상의 판사로 구성된다. 각 과의 재결은 다수에 의하지만, 의견이 양립해 다수가 없는 경우(예를 들어 3인이 3설이거나 5인 중 4명의 설이 양분되는 경우) 과장이 결정한다. 순회재판의 경우 상등재판소에서 파견된 판사 2인과 부현재판소 판사 1인이 합의재판을 한다.

또 한 가지 우리가 주목해야 할 중대한 차이가 있다. 바로 한성과 개항장에 지방재판소와 별종의 재판소가 설치된 것이다. 일본에도 개항장이 있었지만, 개항장에 설치된 재판소도 부·현재판소(나중의 지방재판소)의 하나였을 뿐이다. 물론 일본에서도 내외국인 교섭사건을 특별히 배려하기는 했다. 예를 들어 '제재판소직제'에 따르면, 부·현재판소는 내외에 교섭하는 민형사사건 중 가벼운 것은 즉시 재결하되 무거운 것은 사법경에게 보고해야 했고, 대심원의 특별재판권 중에는 내외 교섭하는 중대한 민형사사건도 포함되어 있었다.

한성·개항장재판소의 특별한 임무

한성·개항장재판소가 특별한 이유는 이들 재판소가 조선인의 통상적 민형사사건 외에 '외국인의 조선인에 대한 소송사건'을 관할한다는 데 있었다. 이들 재판소는 영사재판권을 가지는 외국인과 조선인 사이에 발생한 민형사사건 중 조선 정부가 관할권을 가진 사건(피고 또는 피고인이 조선인인 사건)을 관할했다.

'재판소구성법' 제52조 제1항은 재판용어는 조선어를 쓰고 소송관계인이 조선어에 통하지 못하면 통변通辯을 쓸 수 있다고 했지만, 제2항에서 외국인이 소송관계인이 될 때는 판사가 그 외국어에 통하면 그 외국어로 구두심신口頭審訊할 수 있고, 다만 소송기록은 조선어로 작성한다고 했다. 이규정은 일본의 '재판소구성법' 제118조를 참고한 것인데, 일본에서도 '재판소구성법'단계에 비로소 신설된 규정이었다. 그것은 일본 당국이 조약개정 교섭과정에서 "제외국의 질시심을 유화하는 방법을 발견"하고 "일본재판소를 외국인에게 가까운 것으로 만들기 위해 용어상의 곤란을 제거하고자 노력한" 결과의 산물이었다.[184] 과연 외국어의 재판용어 채용이 얼마나

실효성이 있었을지는 의문이지만, 어쨌든 한성·개항장재판소에서 처리하게
될 외국인과의 교섭사건에 관한 한 나름의 의미가 있었을 것이다.

　개항장재판소 설치와 외국어의 재판용어 채용은 일차적으로 외국인 중
다수를 차지하는 일본인에게 크게 편리한 제도였다. 한성·개항장재판소에
배치될 사법관은 법관양성소를 졸업한 자가 될 것이었고, 당시 법관양성소
에서는 일본인 교관이 법학통론·민법·형법·소송법·소송연습을 교수했다.[185]
만일 일본어에 통하는 판사가 일본인 소송관계인을 일본어로 구두심문하게
된다면, 이는 해당 소송관계인뿐만 아니라 청심권聽審權을 가지고 법정에 입
회하게 될 일본인 관원에게도 매우 편리한 일이었다.[186] 그런 점에서 모리
야마 시게노리森山茂德가 새로운 재판제도의 주요 목적 중 하나가 개항장재
판소를 설치하는 것이었다고 한 말은 근거가 있었다.[187]

　한성·개항장재판소가 취급하게 될 외국인과의 교섭사건은 그 수가 적어
도 외교상 중요한 의미를 가졌다. 개항 이래 각국과의 통상조약은 일반적
으로 피고주의被告主義의 원칙에 입각해 피고의 국적국가가 관할권을 가지

---

184 Rudolf, 司法省調査部 譯, 앞의 책, 219쪽. 하지만 이 규정은 전혀 실용되지 않았다. 長島
　　毅, 앞의 글, 182쪽.
185 이 시기 법관양성소의 교과목, 교관에 대해서는 서울대 법과대학동창회 엮음, 『서울법대
　　100년사』, 2004, 72~74쪽 참조.
186 청심(聽審) 또는 회심(會審)이란, 원고 소속 국가의 관원이 피고 소속 국가의 관리가 행하
　　는 재판에 회심관(또는 청심관)으로서 참관하고, 증인소환, 심문 등을 하는 것을 말한다. 청
　　심권은 조약 당사자국에 의해 모두 인정되었지만, 법 지식과 국력이 약한 국가에 불리한
　　제도로 기능했다. 예를 들어 개항 이후 일본인과 조선인 사이의 소송에서 일본은 청심제도
　　를 효과적으로 활용하여 조선의 재판에 개입했으나, 조선 정부 측은 미온적이거나 끌려 다
　　니는 모습을 보였다. 청국에 대해서도 마찬가지였다. 정구선, 「개항 후(1876~1894) 일본
　　의 치외법권 행사와 한국의 대응」, 『한국근현대사연구』 39집, 2006년 겨울호, 37~76쪽;
　　정태섭·한성민, 「개항 후(1876~1894) 청국의 치외법권 행사와 조선의 대응」, 『한국근현
　　대사연구』 43집, 2007년 겨울호, 7~34쪽.
187 모리야마 시게노리, 앞의 책, 70쪽.

며, 재판법규에 관해서도 원칙적으로 피고의 국적국가의 법령이 적용된다고 하고 있었다. 따라서 조선인이 피고(또는 피고인)가 되는 사건에서는 조선의 재판소가 조선의 법규를 적용하게 될 것이었다. 하지만 실제로는 그렇게 단순하지 않았다. 먼저 조선인이 피고인인 형사사건의 경우 대명률, 대전회통 등 법전이 존재했기 때문에 재판법규를 찾는 것이 비교적 쉬웠다. 그러나 민사법규에 관해서는 사정이 달랐다. 제정법의 형태로 존재하는 민사법규는 수도 적고 단편적이었고, 나머지는 관습 혹은 정리情理에 맡겨져 있었다. 그나마 외국인과의 거래에서 빚어질 수 있는 여러 분쟁들에 대처하기에는 불충분했다. 만일 재판의 준거로 삼아야 할 민사법규가 흠결되거나 불비하다면, 판사는 원고·피고의 의사와 이익을 고려하면서 일반적인 가치규범이나 정의 원리, 말하자면 '조리條理'에 따라 재판을 해야 한다. 전통적인 '정리'가 '조리'와 같은 성격을 가진다 해도, 외국인과의 민사분쟁에 적용될 '조리'는 서양식 민사법에서 통용되는 제도와 법리일 가능성이 높았다. 그리고 이런 방식은 법전완비 전까지 지속될 수밖에 없었다.

아마도 서구적 법학교육을 받은 사법관들이라면 이런 요구에 내저할 수 있었을 것이다. 어쩌면 '재판소구성법'이 한성·개항장재판소에 먼저 전임 사법관을 배치하도록 한 것도 이런 점을 고려한 것이었다고 볼 수도 있을 것이다. 게다가 이들 재판소의 운영실적은 곧바로 외국인의 조선재판소에 대한 평가와 직결될 것이었다.

이상과 같은 외국인과의 교섭사건의 중요성을 감안하면, 한성과 개항장이 특별한 취급을 받게 되는 이유, 즉 지방재판소와는 '별종'의 재판소를 설치하고 초기부터 정규사법관을 배치하려 했던 이유가 드러난다고 생각한다. 조선 인민의 이익이라는 관점에서 보자면, 사실 개항장보다는 관찰사와 군수 등 지방관의 재판을 개선하는 것이 더 중요하고 시급했다고 할 것이다. 하지만 '재판소구성법'은 지방재판소의 경우 판검사자격을 아예 명시하지도 않고, 부칙에서 점차 정규사법관으로 교체될 것이라고만 했다. 그런 점에서 '재판소구성법'은 한성·개항장재판소에 비해 지방재판소를 확실히 덜 배려하고 있었다.

모범재판소이자 사법제도개혁의 기관차

한성·개항장재판소는 새로운 사법제도를 운영하는 데 있어서 일종의 모범재판소였다. 이렇게 특별한 배려를 받았던 한성·개항장재판소 중에서도 한성재판소는 더 특별한 지위를 가진다. 한성재판소 판사들 가운데 고등재판소와 순회재판소의 판사가 일부 임명되며, 순회재판소 판사가 나머지 지역의 재판사무를 감독했기 때문이다. 이런 점에서 '재판소구성법'은 한성·개항장재판소 및 순회재판소에게 지방 차원의 재판제도운영에서 중추적 역할을 기대하고 있었다고 말할 수 있다.

지금까지의 연구는, 법부대신과 법부의 막강한 감독권, 법부대신·협판 기타 칙주임관 등의 판검사 겸무 등에 주목하면서, 행정기관인 법부의 재판 개입범위가 넓고 행정과 재판의 분리가 미흡하다는 점을 문제점으로 지적해왔다. 요컨대 법부로 사법권력을 집중·통일시키는 경향이 강하다는 것이었다. 그런 점을 부정할 수는 없겠지만, 앞서 본 한성·개항장재판소와 순회재판소의 조직방식과 기능에 다시 주목해보자.

1895년 4월 19일에 공포된 법령들에 입각해서 말한다면, 법부대신이 사법행정상의 감독권을 행사하고 고등재판소의 재판장을 겸무할 수는 있었지만 한성·개항장재판소, 순회재판소, 지방재판소의 재판사무에 법부가 직접 개입할 수단이 있었던 것은 아니었다.

물론 1895년 7월 20일(음 윤5. 28) 법부령法部令 제6호는 한성·개항장·지방재판소에서 취급하는 형사사건 중 종신형 이상에 해당하거나 정상참작해서 작량감경할 만하다고 사료되는 사건, 민형사를 불문하고 법적용상 의문이 있는 것은 모두 법부에 지령을 청하여 결행해야 한다고 규정했다. 이 제도 자체는 분명히 사법행정기관인 법부가 구체적인 사건에 개입하고 그것을 통해 전국의 재판사무를 통합할 수 있게 만드는 기제였다. 주의할 것은, 법부령 제6호가 '재판소구성법' 시행 후 3개월이 지난 시점에야 발포되었다는 점이다. 반면 일본에서는 이미 '사법직무정제'에 비슷한 제도가 규정되어 있었다. 물론 그렇다고 해서 처음부터 법부령 제6호 같은 제도를 배제하려 했다고는 생각할 수 없다. 이 제도 자체는 상고심 창설 및 재판법규 정비를 통해 법령해석과 양형문제가 재판절차 내부에서 처리될 수 있기 전까지 어느 정도 불가피한 것이었다. 따라서 법부령 제6호는 법 시행 이후 인식된 실무적 필요성을 감안해 추가된 것이라 할 것이다. 예를 들어, 법부령 제6호에 앞서 7월 12일(음 윤5. 20) 법률 제11호를 통해 고등재판소 이하 재판소에서 형벌을 작량감경할 수 있게 한 점을 주목할 필요가 있다. 이는 종래 허용되지 않던 것을 새로 허용한 것이다. 이런 조치를 모든 재판소에 확장할 경우 일정한 통제가 필요했다.

그런데 앞서 보았듯이 순회재판소는 하급재판소에 대해 훨씬 직접적이며 강력한 권한을 행사할 수 있다. 지방관이 판사를 겸임하는 지방재판사무는 '당분간' 순회재판소에 의해 직접적으로 통제되고 있는 것이다. 순회재판소가 제대로 가동된다면, 법부령 제6호에서 예정된 것들은 현장에서 해결될 수 있다. 하지만 고등재판소와 법부는 한성재판소에 대해 순회재판소와 같은 권한을 갖지 않았다.

요컨대 한성·개항장재판소, 순회재판소의 특별한 조직방식과 기능은, 법부가 아닌 모범재판소에 배치된 정규 사법관들이 새로운 재판제도의 중추가 될 수 있게 만들고 있었다. 그런 의미에서 한성·개항장재판소는 행정과 재판의 분리, 재판의 전문화를 구동시키는 엔진이었다고 할 수 있다.

바로 이 지점에서 '재판소구성법'이 일본의 초기 입법례와 비슷한 것 같으면서도 다른 점이 드러난다. 일본의 사법직무정제는 사법성으로 권력을 집중시킴으로써 전국 재판권을 통일하는 것이 일차적 목표였다. 하지만 조선의 경우 단지 법부로 권력을 집중·통일시켰다고 말해버리면 곤란하다. 전체 재판기구 중 한성·개항장재판소에 특별한 지위와 기능을 부여함으로써 외국인 관계사건을 특별히 배려하는 한편, 지방의 재판사무를 감독하고 전체적으로 행정과 사법의 분리를 촉진시키려는 또 다른 의도가 나타나고 있기 때문이다.

소송제도와 행형제도개혁

'재판소구성법'과 더불어 새로운 재판제도를 뒷받침하는 제도들이 잇달아 도입되었다.

앞에서 군국기무처 의안에서 검찰제도의 도입을 예정했지만 실체가 없었다고 지적한 바 있다. 재판소구성법에 의해 검찰제도는 실체를 가지게 되었다. 재판소구성법은 검사의 직권을 영장발송·증거수집·재판집행 기타 검찰사무를 행하는 것, 감옥에 임검하여 무고하게 체포·구류된 자가 있는지 주의하고 구류된 자의 심리를 속행하도록 독려하는 것, 직무상 사법경찰관에게 명령하는 것으로 규정했다.

5월 9일(음 4. 15)에는 법부령 제2호 '검사직제檢事職制'를 통해 검사의 직권을 상세히 규정했다. 민사상 직권으로 미성년·부녀의 사건, 실종 및 상속인 없는 유산, 증서위조 등에 관한 소송에 입회하는 것, 형사상 직권으로 고소·고발수리, 범죄의 수색·소추, 증거수집과 증인신문, 현장임검, 압수·수색·감정처분, 피고인의 인치·구류, 판사에 대한 피고사건의 선사先査청구, 공소제기, 법률의 정당한 적용 여부 감시, 형집행청구와 감시 등, 관원의 범죄·비위사실에 대한 수사와 징계 또는 공소제기 등이 규정되었다.

여기에서 '선사'란 예심절차처럼 판사가 공판에 앞서 사안을 조사하는 절차를 말한다. 일본에서 1880년 치죄법으로 예심제도가 도입되기 전에 시행되었던 규문판사에 의한 하조下調(시타시라베)와 비슷한 제도이다. 재판소구성법 제37조는, 판사는 범죄죄질에 의해 초사初査가 필요하다고 판단될 경우 직접 초사를 행하거나 검사 또는 경찰관으로 하여금 초사를 행하게 할수 있다고 했다. 이와 같이 '초사'와 '선사'는 예심과 비슷한 공판 전 조사절차로 상정되고 있지만, 절차의 성격이나 주재자는 모호하게 표현되었다. 이후의 훈령은 공소제기 전에 행하는 검사의 수사를 '시심始審' 또는 '초심初審'으로 표현했다. 갑오개혁기의 입법에서 나타나는 검사의 모습은 '소추권을 가진 예심판사'이다. 일본의 1874년 '검사직제장정·사법경찰규칙' 이전의 검사라고 할 것이다. 검사의 직권에 관한 이런 규정들은 1907년 12월 신新재판소구성법이 제정될 때까지 변하지 않았다.

5월 23일(음 4. 29) 법부령 제3호 '민형소송규정民刑訴訟規定'은 과도기적이지만 최초의 근대적 절차법이었다고 할 수 있다. 민형소송규정은 민사에서의 소장·답서·판결서·집행명령서, 형사에서의 공소장·고소장·고발장·사소장·판결선고서·상소서 등의 서식례, 그리고 소송절차를 간략하게 규정했다. 서식례를 법문에 열거하고 있는 것은 메이지 초기의 '소답문례訴答文例' (1873. 4)와 비슷했지만 서식의 종류가 훨씬 간단했다.

이를 통해 전통적인 사송과 옥송의 구분이 폐기되고, 민사소송절차와 형사소송절차가 도입되었다. 예를 들어, 종전의 채송소지債訟所志는 금전채무의 이행과 형사제재의 청구를 동시에 담고 있었는데, 새로운 민사의 소장은 오로지 채무이행과 소송비용 배상청구의 내용만 기재했다. 형사소송은 검사의 공소제기에 의해 개시됨을 명시하고, 일본의 예를 따라 범죄의 피해자가 검사의 공소에 부대하여 범죄로 인한 피해의 배상을 구하는 사소私訴를 허용했다. 소송절차의 경우, 민사소송은 시심재판소始審裁判所절차와 상소재판소上訴裁判所절차로, 형사소송은 초고재판소初告裁判所절차와 상소재판소上訴裁判所절차로 구분했다. 이는 '재판소구성법'의 2심급제와 일치하도록 소송절차를 규정한 것이다. 같은 해 7월 17일 법부령 제8호 집행처분규칙執行處分規則을 제정하여, 민사판결은 재판소의 집행명령에 의하여 정리가 집행하도록 했다.

4월 19일(음 3. 25) 칙령 제49호 '법관양성소규정法官養成所規定'을 통해서는 법률교육기관인 법관양성소의 입학·교육과정·졸업 등이 규정되었다. 그에 따르면, 작문·역사·지리 등의 입학시험에 합격한 생도는 3개월간 법학통론·민법·형법·민사소송법·형사소송법·현행법률 등의 과목을 이수한 뒤 졸업시험을 거쳐 사법관으로 임용된다. 8월 5일(음 6. 15)에는 법부관제에서 예정한 법령의 제정·개정 및 형법제정사무를 담당하는 '법률기초위원회'가 설치되었다.

5월 23일(음 4. 29) 법률 제6호 '징역처단례懲役處斷例'를 통해 일반범죄자에 대한 유형과 도형이 폐지되고 징역형이 도입되었다. 5월10일(음 4. 16)에는 법률 제5호 '특별법원에서 형벌을 작감酌減하는 건'이 공포되었다. 대명률에서 부인되었던 재판기관의 작량감경을 인정한 것이다. 이 조치는 7월 12일(음 윤5. 20) 법률 제11호를 통해 고등재판소 이하 다른 재판소로 확장되었다.

이런 일련의 조치들을 통해 대명률체제는 서서히 해체되었다. 4월 23일 (음 3. 29) 새로운 제도시행에 앞서 정부는 '각대신규약조건各大臣規約條件'을

정하여 징계령에 의한 관리의 징계와 법률에 의한 처벌을 구분할 것(각대신
규약조건 제42), 재판소에서 민사와 형사를 구분하여 혼동하지 말 것(제43), 대
명률에서 형사·민사·군율·행정·조세 기타 위경죄에 속하는 것 등을 분류
구분하여 축조·심의할 것(제52) 등을 합의했다. 즉 모든 것이 한데 뭉쳐 있
었던 대명률로부터 징계·형벌, 민사·형사를 준별하고, 민사·형사·군법·행
정·조세에 관한 것을 분리 입법하며, 도형과 유형을 근대적 징역형으로 통
합하고, 재판관에게 작량감경의 권한을 부여한 것이다.

3. 재판소구성법의 제정과 일본의 역할

누가 재판소구성법을 기초했는가?

앞에서 확인한 특징들을 감안하면 '재판소구성법'이 결코 일본의 특정
시기 법령을 단순히 모방한 것이라고 할 수 없다. '재판소구성법'상의 재판
제도는 매우 특이하며, 어떻게 보면 복잡하기까지 하다. 그렇디먼 이렇게
독특한 제도는 누구에 의해 입안된 것일까? 일본인 고문의 협조를 받았을
것이라는 점에 대해서는 대체로 견해가 일치한다. 하지만 구체적으로 누가
입안에 관여했는가, 조선 정부의 주도성은 얼마나 발휘되었는가 하는 점에
관해서는, 직접적인 사료가 없기 때문에 논란이 있어왔다. 어쨌든 일본인과
조선인 중 어느 한쪽이 전적으로 혹은 단독으로 입안했다고 말하긴 어려울
것이다. 당시의 정치구조를 감안하면 어느 시점에선가 양자가 서로 협의하
여 입법방침이나 최종안을 결정했다고 보아야 한다. 이 문제는 결국 양자
가운데 누가 '주도적'으로 제도를 설계하고 법령을 기초했는가 하는 관점
에서 접근해야 할 것이다.

이에 대해 일본인에 무게를 두고, 당시 법부 고문으로 활동했던 호시 도오루星亨가 기초했을 것이라는 설, 일본 외무성이 기초했을 것이라는 견해가 있다.[188] 그러나 호시 도오루 기초설의 경우, 호시가 법 공포일 직전인 1895년 4월 15일(음 3. 21)에 법무아문고문으로 임용되었다는 점이 취약점으로 지적된다. 최근 신우철은 호시 도오루 또는 일본 외무성이 법제정을 전적으로 주도했을 것이라는 견해는 사료적 근거가 박약하다고 지적하고, 조선인 관리가 입안에 관여했을 가능성을 완전히 배제할 수 없다고 했다. 또한 '재판소구성법'의 조문과 메이지 일본의 입법례를 면밀히 비교분석한 결과, '재판소구성법'은 어느 하나의 법을 토대로 한 것이 아니라 일본의 역대 법원조직 법제를 다양하게 참조하되 조선의 특수사정을 감안하고 부분적으로는 영국의 법원조직 법제까지 수용하여 만들어진 복합적 성격의 법전이라고 했다.[189]

하지만 여러 정황과 자료에 입각할 때, 일본인들이 새 재판제도의 설계와 입안을 주도했다고 말하지 않을 수 없다. 잠시 후에 이야기하겠지만, 호시 도오루는 고문용빙계약 체결일보다 한 달 전에 서울에 와 있었기 때문에 법제정에 참여할 시간이 충분했다. 또한 개항장재판소의 설치를 비롯해 법 내용을 봐도 '재판소구성법'은 그저 조선을 위해 낙후된 사법제도를 개정한다는 목적만을 가지고 있는 것 같지는 않다. 또한 '재판소구성법'이 제정된 시기는 광의의 갑오개혁기(1894. 7~1896. 2. 아관파천) 속에서도 이른바 제2차 갑오개혁 또는 을미개혁으로 불리는 시기이다. 이 시기는 이노우에

---

188 호시 도오루 또는 일본인 고문이 입안한 것으로 보는 견해는 김병화, 『한국근대재판사 (중세편)』, 일조각, 1974, 27쪽; 전봉덕, 「근대사법제도사 (2)」, 『대한변호사협회보』 제3호, 1972, 60쪽 등. 일본 외무성으로 추측하는 견해는 김상수, 「조선고등법원과 현대 한국법—조선고등법원의 생성을 중심으로」, 『법과 사회』 23호, 법과사회이론학회, 2002, 94쪽.
189 신우철, 앞의 책, 238~283쪽.

가오루 일본공사와 일본인 고문들의 내정간섭이 강화되던 시기였다.

이 시기에 일본인 고문들이 어느 정도로 당시의 입법과 정책결정에 관여했는지 구체적으로 알려진 바는 없다. 일본인 고문의 역할은 미미했다고 보는 견해도 있다.[190] 1895년 초에는 내정간섭이 강했지만, 삼국간섭(1895. 4), 김홍집金弘集·박영효 연립내각의 동요와 붕괴(1895. 7), 민비 시해사건 (1895. 10) 등 내외정세의 급변에 영향을 받아 1895년 하반기부터는 일본세력이 퇴조했다. 따라서 이 시기의 정책입안과 시행은 "거의 전적으로 조선인 개혁관료들에게 맡겨져" 있었다고 볼 수 있다는 것이다.[191] 하지만 1895년 4월의 관제개혁을 전후한 시기에는 일본인 고문들이 상당한 영향력을 발휘하고 있었던 것으로 보인다. 당시 내각고문관內閣顧問官 이시즈카 에이조石塚英藏는[192] "대체로 고문관이 사실상 그 부部에서 주동자임과 동시에 감독관 같은 양상이어서 대신 이하의 관리들 모두가 고문에게 찬성 여부를 물어보는 실황이었다"고 회고하고 있다.[193]

이하에서는 '재판소구성법' 제정과 초기 시행에 일본인들이 깊이 관여했음을 보여주는 자료와 정황들을 소개할 것이다. 그것들 자체는 일본인들이 '전적으로' 법제정을 주도했다거나 조선인 관리는 완전히 배제되었다고 말

---

190 대표적으로 왕현종, 앞의 책, 192쪽.

191 위의 책, 194쪽.

192 이시즈카는 동경제대 법학부를 졸업하고 1892년부터 1894년까지 법제국 참사관과 서기관, 포획심판소 평정관으로 근무했다. 조선 정부의 요청으로 1894년 12월 14일 조선에 부임하여 1895년 7월 9일에 귀국했다. 이후 대만총독부 참사관(1898), 관동도독부 민정장관 (1906)을 거쳐 1907년 통감부 참여관으로 다시 한국에 부임했고, 조선총독부 조사국장관 (1910)과 농상공부장관(1912)을 거쳐 1918년 동양척식회사 총재가 되었다. 1928년부터 3년간 대만총독이 되었다. 이시즈카의 이력은 「樞密院文書·高等官轉免履歴書 三」(1936~1947), 樞密院會議文書(国立公文書館アジア歴史資料センター, http://www.jacar.go.jp).

193 石塚英藏, 「回顧錄 (三)」, 『朝鮮公論』, 1913년 8월호, 34쪽.

해주지 않는다. 그러나 일본인이 단순한 조언자 역할에 그치지 않고 지도·
감독자의 지위에서 법제정을 주도했음을 강하게 시사하고 있다. 이하에서
소개하는 자료에 근거한다면, '재판소구성법'은 1895년 1월부터 3월 사이
에 일본공사관 직원들에 의해 어느 정도 초안이 완성되었고, 1895년 3월
16일 이미 서울에 도착한 호시 도오루가 다른 일본인 고문관 및 법무아문
의 조선인 관리들과 상의하여 최종적으로 마무리했을 것으로 추측된다.

법부 고문 호시 도오루의 부임

'재판소구성법' 제정과 관련하여 호시 도오루는 어떤 역할을 했을까? 호
시의 재임기간은 공식적으로 법무아문고문관 용빙계약이 체결된 1895년 4
월 15일(음 3. 21)부터 법부 고문에서 해임된 12월 30일(음 11. 15)까지이다.
지금까지 연구에서는 호시가 신병을 이유로 고문직을 사임했다는 것, 1896
년 6월 완성된 '형법 초안'의 기초에 관여했다는 것 정도만 거론되었다. 하
지만 그에 관한 전기물,[194] 그의 추천으로 후임 법부 고문으로 활동했던 노
자와 게이치野澤鷄一가 정리·편집한 「호시 도오루 전기고본星亨傳記稿本」을 보
면, 호시가 짧은 기간이지만 여러 가지 일을 했음이 확인된다.[195] 호시의 수

---

194 1945년 이전에 간행된 메이지시대의 인물을 다룬 책에 호시는 거의 빠짐없이 등장한다.
호시의 일대기를 다룬 것으로 伊藤仁太郎, 『巨人星亨』, 東京: 平凡社, 1929가 있지만, 법
부 고문 시절을 다루진 않았다. 焉用氏 編, 『今世人物評傳 第2編』, 東京: 澤口郁藏, 1898,
123~128쪽에 조선에서의 행적이 적혀 있지만, 정치적 활동에 관한 것이다. 근래의 것들
가운데 中村菊男, 『星亨』, 東京: 吉川弘文館, 1963, 140쪽에는 법부 고문 시절의 행적이
기술되어 있다. 이 전기는 아래의 노자와 게이치(野澤鷄一) 자료에 근거하고 있으며 신뢰
할 만하다.
195 「星亨傳記稿本」, 星亨關係文書 書類의部 76, 日本 國會圖書館 憲政資料實. 이 자료는 전
기편찬을 위한 기초자료이며, 호시에 관계된 각종 기록과 회고담이 망라되어 있다. 그중
법부 고문 시절 행적이 담겨 있는 것은 「星亨傳記稿本 第十三回 失意時代」(1924)이다(이
하『전기고본 13회』라 지칭). 1892년까지(호시의 나이 42세까지)의 자료는 책자로 출간되

행원으로서 법부 고원으로 활동했던 야마자키 린타로山崎林太郞는 '재판소구
성법' 시행 전후 호시의 활동에 관해 비교적 소상하게 증언하고 있다.[196]

먼저 호시 도오루가 어떤 사람이었는지를 확인해둘 필요가 있다. 본국
정부에서 젊은 관리로 활동하다가 건너온 다른 고문관들에 비해, 그는 특
별한 경력과 지위를 가지고 있었다. 호시는 영어와 양학洋學의 교사로 활동
하다가 공직에 임명되어 1874년 요코하마橫濱 세관장, 이듬해에는 대장성
조약개정이사관 등에 임명되었다. 이즈음 호시는 블랙스톤의『영국법주해』
를 완역하여『영국법률전서』(전6책, 1873~1878)를 발간하기도 했다. 1874
년 말 정부의 명을 받아 영국으로 건너가 법률학을 수학하고 변호사자격을
취득했다. 1877년 귀국하여 변호사에 해당하는 사법성 대언인代言人이 되었
다.[197] 그는 일본 최초의 명예훼손 민사소송을 제기한 자로 유명하다. 한 사
설이 대언인이 무지한 양민을 교사하여 불필요한 소송을 부추기고 사리를
탐한다고 비난하자 소송을 제기했던 것이다. 호시는 자유민권운동에 적극
가담하고 1880년에는 이타가키 다이스케板垣退助가 이끄는 자유당에 입당했
는데, 1888년 정부정책을 비판한 이른바 '3대 건백서建白書사건'에 연루되
어 투옥되기도 했다. 이 사건은 정부의 지주중심 지세정책, 억압적 치안정

었다. 野澤鷄一 編著, 川崎勝·廣瀨順皓 校註,『星亨とその時代』(전 2권), 東京: 平凡社,
1984. 또한 이 자료를 활용한 국내연구로는 윤소영, 「갑오개혁기 일본인 고문관의 활동─
星亨을 중심으로」, 한국민족운동사학회 엮음,『안중근과 한인 민족운동』, 국학자료원,
2002.

196「山崎林太郞記述 星亨先生在韓時代ノ話」(1914. 7. 5),『전기고본 13회』(이하「星亨在韓
時代」이라 지칭). 야마자키는 법률가도 아니었고 약관 24~25세의 젊은이였다. 그는 1891
년 노자와 게이치 법률사무소의 서생으로 있었는데, 노자와와 호시의 사무소가 같은 곳에
있었다고 한다. 1893년 학교(최종학교는 미상)를 졸업하고 군마현 지역신문 기자가 되었
고, 중국으로 건너가려는 마음을 품고 있다가 호시가 조선에 간다는 소식을 듣고 호시에게
간청하여 호시를 수행하게 되었다. 야마자키는 민비 시해사건 전에 일본으로 귀국했다.

197 위의 책, 46~47쪽.

책, 제1차 이토 내각의 조약개정방침(외국인 판사와 혼합재판소 조직안)을 비판하며 '지조경감, 외교책 만회, 언론·집회·출판의 자유'를 요구하는 내용을 담은 책자를 비밀리에 인쇄·배포한 사건이다. 호시는 보안조례 위반으로 투옥되었다가 헌법 공포 특사로 풀려났다. 이후 호시는 1892년 자유당소속으로 중의원의원에 당선되고 중의원의장으로 선출되었다. 하지만 호시가 이토 내각(제2차 이토 히로부미 내각)에 대해 온건한 태도를 보이는 것에 대해 불만을 품은 강경파 야당 의원들의 책동으로 의장직에서 물러났고, 1893년 12월에는 의원직 제명까지 당했다. 이듬해 호시는 다시 총선거에서 당선되었고 청일전쟁이 발발하자 전시의 거국일치를 주장하여 자유당 당론을 주전론으로 바꾸는 데도 기여했다. 하지만 전시 정국에서 점차 정치적 발언력이 약해짐에 따라 호시는 정치활동에 흥미를 잃고 있었다.[198]

이와 같이 호시는 자유민권운동가 출신의 야당 지도자이자 이토 내각의 인사들과도 가까운 정계의 거물이었고, 법률 지식 외에도 법전조사회 위원으로서의 입법경험, 국제정치감각을 두루 갖춘 인물이었다. 복잡한 국제정치가 작용하고 있었던 조선에서 법부 고문직을 수행하기에는 더할 나위 없는 인물이었던 것이다.

1895년 1월 4일 이노우에 공사는 일본 정부에 법무아문고문의 추천을 의뢰했다. 이노우에는 법무아문이 설치되었으나 재판소가 설립되지 않아 여전히 구제가 시행되며 형사법은 형벌이 난잡하고 법규정이 사문화되었고 치죄법도 없는 상황임을 지적하고, 임시로 구법전을 참작하여 일본의 신율

---

198 법부 고문을 사임하고 일본으로 귀국한 뒤 호시는 이토 내각과 자유당의 제휴에 적극적으로 관여하는 한편 1896년 4월부터 2년간 주미공사를 역임하고, 1900년에는 제3차 이토 내각의 체신대신이 되었다. 그러나 그해 12월 발생한 동경시의회 오직사건 의혹으로 실각했고, 1901년 6월 21일 암살당했다.

강령新律綱領과 같은 형률을 제정하는 일과 신형법과 치죄법의 제정, 재판소 설립, 사법사무 처리방법의 교수 등을 위해 고문관 초빙이 시급하며, 가급적 일본 근세법과 한문, 서양법에 모두 밝은 자이면 좋겠다고 했다.[199] 이노우에는 곧 적임자를 만날 수 있었다.

호시는 1894년 12월 개인자격으로 조선으로 건너가 1895년 1월 5일 서울에 도착하여 열흘간 조선을 시찰했다. 그때 호시는 이노우에 공사에게—곧 더 재미없다는 것을 깨닫게 되었지만—일본에 있어도 재미가 없기 때문에 조선에 와서 일해보고 싶다고 말했다고 한다. 호시는 귀국 직후인 1월 25일 자유당 본부에서 조선시찰 결과를 보고하는 강연을 했다. 호시는 궁중과 정부의 구별, 조세개혁, 재판제도개혁, 군대정비 등의 개혁이 필요하다고 했다. 이 개혁은 "타동적으로 일어난 개혁이기 때문에 방임해두면 개혁은 불가능하다, 하지만 관리들과 달리 일반인민은 충분한 가능성이 있다"고 평하며, 조선개혁에 필요한 차관제공에 자유당도 적극협력할 것을 주문했다. 이때 호시는 조선의 상황에 대해 이렇게 말했다.

> 일본에서 온 고문관들은 여러 가지 일을 생각하고는 있지만 사정을 몰라서 손을 대지 못하고 있는데, 조선인에게 들어봐도 알지 못하고 대신이나 협판에게 들어봐도 조금도 모르기 때문에, 고문관은 거의 망연하여 바라보고 있을 뿐이다. 지방의 일은 어찌해도 방법이 없어서 지방의 사람을 불러 그 모양을 조사하고 있는데, 금일의 모습을 보면 마치 재판소에서처럼 관계자를 불러 조사하며 하나의 안을 세운다는 방침만으로 진행하고 있을 뿐이다. 그렇기 때문에 개혁한다고 하

---

199 『駐韓日本公使館記錄 7』, 國史編纂委員會, 1992, 1쪽, 井上 공사→芳川 사법대신, 기밀 제2호 「朝鮮政府 法務衙門의 顧問官으로 充當할 人物選擇 의뢰 건(1895. 1. 4)」(이하에서 『駐韓日本公使館記錄』은 『공사관기록』으로 약칭하고 권수를 밝힌다).

지만 개혁의 성과가 아직 하나도 없다.[200]

이후 고문직을 정식으로 수락한 호시는 1895년 3월 7일 수행원들을 대동하고 일본 고베神戸를 출발, 3월 16일 서울에 도착했다.[201] 호시는 한 달 뒤인 4월 15일 법무아문대신 서광범과 고문용빙약정을 체결했다.

재판소구성법의 입안과정

호시가 '재판소구성법'을 기초했음을 보여주는 직접적인 자료는 발견되지 않는다. 호시를 수행한 야마자키는 "조선 정부 제기관의 조직 등"이 "선생이 고문관이 되기 전에 우리 공사관원 등의 손으로 완성"되어 있었으며, 그것들이 이미 정해져 있던 것인지 호시가 입안에 관여한 것인지는 확실히 기억이 나지 않는다고 했다. 내각고문관 이시즈카는 호시가 매우 열심히 "형률 및 재판소구성법 등의 조사입안에 종사하고 누차 안을 가지고 나의 집무실에서 협의하러 왔다"고 말한다.[202] 이시즈카의 말을 전적으로 신뢰하지 못한다 해도, 이미 한 달 전에 도착한 호시가 법무아문고문으로서 어떤 방식으로든 입안에 관여했을 가능성은 매우 높다.

그러나 호시가 입안에 관여했다 해도, 이미 있는 초안을 바탕으로 작업했을 것이다. 그 근거는 일본공사관에서 1894년 12월 말~1895년 1월 사이에 작성한 것으로 보이는 「조성정부세계朝鮮政府歲計」라는 문서이다.[203] 이

---

200 「朝鮮の実況」, 『自由黨報』 제77호, 1895. 1. 25, 『전기고본 13회』. 강연 내용의 일부는 中村菊男, 앞의 책, 142~143쪽에 소개되어 있다.

201 「星亨在韓時代」, 『전기고본 13회』.

202 石塚英藏, 앞의 글, 35쪽.

203 『공사관기록 5』, 1990, 126쪽, 「朝鮮政府歲計」. 이 문서에는 작성일자가 표시되지 않았지만, 단서는 있다. 서두에서 500만 원의 공채모집을 예정하고 있는 점, 세말 미지급 봉급

문서는 이노우에 공사가 일본 정부에 차관제공을 요청하는 과정에서 작성된 것이다. 이 문서에는 총 500만 원으로 예상되는 경비 중 가장 절약하여 353만 원⑪으로 추산된 1895년도 조선 정부 예산액이 기재되어 있다. 그에 따르면, 법무아문의 소관경비는 15만 원이고, 법무아문의 경비 외에 "경성에 설립할 고등재판소 경비 및 순회재판소 비용에 충당할 예정"이었다. 여기서 말하는 고등재판소, 순회재판소가 나중의 것과 동일한 것인지는 단정하기 어렵지만, 1895년 1월경에는 새로운 법원조직의 기본골격이 어느 정도 확립되어 있었다고 보아야 할 것이다.

3월 14일 이노우에가 본국 내각에 발송한 문서를 보면, 차관제공에 대한 일본 정부의 결단을 촉구하면서 조선 정부에 "관제官制 초안을 아직 교부하지 않았다"고 하는 대목이 나온다.[204] 이 역시 공사관 직원이나 고문들이 새로운 관제를 입안하고 있었음을 말해준다. 정부예산이 확정되어야 관제

과 경상·전라 기근구조비를 책정하고 있는 점, 말미에 있는 "이것은 전에 예정한 第一銀行(日本第一國立銀行 仁川支店을 말함—인용자)으로부터의 차입금 협의가 이루어지지 않을 때"라는 구절이다. 이노우에는 1894년 12월 4일자 공문에서 기근구제를 위한 30만 원 대부건과 성무세입에 충당한 500만 원 대부 건에 대해 상신했다. 이후 이노우에는 12월 14일자 공문에서 제일은행과 교섭할 계획임을 외무성에 통보했고, 그 후 제일은행과 교섭이 개시되어 1895년 1월 23일(음 1894. 12. 28) 13만 원의 차입계약이 체결되었다. 이상은 『공사관기록 5』, 160쪽, 井上馨 공사→陸奧宗光 외무대신, 「內政改革에 關한 貸付金에 對한 上申」(1894. 12. 4); 『공사관기록 3』, 井上馨 공사→陸奧宗光 외무대신, 「朝鮮政府에 30萬圓 貸付하는 件」(1894. 12. 14), 국사편찬위원회 한국사DB 검색; 『공사관기록 6』, 1991, 251쪽, 井上馨 공사→陸奧宗光 외무대신, 기밀 제9호(1895. 2. 6) 참조. 아울러 신정부수립(1894. 12. 17), 고종의 독립서고문 반포(1895. 1. 7, 음 1894. 12. 12) 등 일정을 고려하면, 위 '朝鮮政府歲計'는 12월 말과 1월 중순 사이에 작성된 것으로 볼 수 있다.
204 『공사관기록 5』, 180쪽, 井上馨 공사→伊藤博文 총리, 陸奧宗光 외무대신, 기밀 제 20호, 「朝鮮公債의 件」(1895. 3. 14). 한편 『공사관기록 7』, 123쪽, 井上馨 공사→伊藤博文 총리, 電文(1895. 2. 13)은 가장 시급한 경찰제와 병제는 그 방안을 세워놓았지만 정부요원에게 건네주지 못하고 공채 건이 확립되기를 기다리고 있다고 적고 있다.

내용도 확정될 것인데, 차관도입 협상타결이 늦어져 자신들이 입안한 관제안을 조선 정부 측에 전달하지 못했다는 말이다. 일본과 조선 정부 사이에 300만 원의 차관제공약정이 체결된 건 1895년 3월 30일(음 3. 5)이었다. 아마 이 시점을 전후해 일본 측은 준비해둔 관제 초안들을 조선 측에 제시하고 최종적으로 관제를 확정한 뒤 4월 19일(음 3. 25) 새로운 관제들을 공포하게 됐을 것이다.

그렇다면 1895년 1월과 3월 사이에 '재판소구성법' 초안의 작성에 관여한 자는 구체적으로 누구일까? 능력이나 지위로 미루어볼 때 내각고문 이시즈카 에이조가 떠오르지만, 이시즈카 본인은 사법제도에 관한 일을 모두 호시의 것으로 돌리고 있었기 때문에 '재판소구성법' 제정에 적극적으로 관여하지 않았던 것으로 추측된다. 그렇다면 1895년 1월부터 3월 사이에는, 야마자키가 증언한 대로 일본공사관 직원들이 일정한 안을 작성했다고 볼 수 있다.

이상의 내용을 종합하면, '재판소구성법'은 1895년 1~3월 사이에 일본 공사관 직원들에 의해 어느 정도 초안이 완성되었고, 3월 16일 서울에 도착한 호시를 포함하여 다른 고문들, 조선인 관리 등이 협의해 최종적으로 마무리했다고 보는 것이 타당하다.

참고로 1895년 4월에 이노우에가 본국 외무성에 보낸 문서에는 감액된 정부예산액이 적혀 있다. 1895년 정부총예산액(극히 절약된 예산액)은 329만 원이고 그중 법무아문경비는 8만 원이다. 차관액이 500만 원에서 300만 원으로 줄면서 당초 15만 원이던 법무아문경비도 크게 준 것이다.[205] 1895년 음력 6월 이후 법부소관 예산은 〈표 2〉와 같다.[206]

---

205 『공사관기록 5』, 180쪽, 井上馨 공사→陸奥宗光 외무대신, 기밀 제3호 「朝鮮公債의 件」
(1895. 4. 4).

〈표 2〉 1895년 음력 6월 이후 법부소관 소요액

(단위 : 元)

	총예산	음6월 이후 소요액
법부본청	41,806,000	30,324,200
봉급	19,153,000	13,407,100
잡급	1,353,000	945,700
청비	2,876,000	2,013,200
청사수리비	1,000,000	700,000
여비	1,936,000	1,355,200
고문관 이하 봉급	7,000,000	4,900,000
고(顧)외국인 급료	5,538,000	4,938,000
한성재판소 청비	307,000	214,900
순회재판 여비	2,643,000	1,850,100
계	41,806,000	30,324,200

이준용사건과 특별법원제도의 입법

특별법원은 왕족의 범죄에 관한 형사사건을 재판하는 임시법원이다. 특별법원에 관한 규정의 성립경위를 보면, 재판소구성법 공포 전후의 상황을 짐작할 수 있다.

특별법원에 관한 규정은 원래 초안에 없었으나 마지막에 급히 추가되었다. 그 직접적인 계기는 1895년 4~5월의 이준용李埈鎔사건이었다. 이는 대원군의 손자이자 고종의 조카인 이준용이 청국 군대를 끌어들이고 동학당을 선동해 정부전복을 음모했다는 혐의로 체포·처벌된 사건이다. 1894년 10월 31일(음 10. 3) 발생한 법무협판 김학우金鶴羽 암살사건을 취조하다가 이준용이 배후라는 혐의가 발견되었고, 정부전복 음모사건으로 확대되었다. 이준용은 1895년 4월 18일(음 3. 24), 법 공포일 하루 전에 체포되었다.

이노우에가 일본 정부에 보고한 문서를 통해 이 사건의 재판경위를 살펴

---

206 위의 책, 144쪽, 「開國 504年 陰曆 6月 以後 所要 各廳 經費額表」.

보자. 이노우에에 따르면, 이런 종류의 사안은 종래 의금부에서 심문했는데 의금부가 폐지되었기 때문에 법무아문에서 심리해야 했지만 재판소구성법이 반포되기 전이라서 왕족의 범죄를 처단할 길이 없어서 법무아문에서 재판소구성법안에 특별법원을 두어 이로 하여금 전적으로 왕족과 관련된 범죄를 재판하는 법을 만들어 그 시행일(1895. 4. 25, 음 4. 1)을 기다리고 있었다. 그런데 이준용이 외국행을 꾀하고 있음이 당국에 알려지자 서광범은 시일을 늦출 수 없다고 인정하고, 재판소구성법 반포 전에라도 사건을 처리하기 위해 고종의 재가를 얻어 이준용을 체포했다는 것이다.[207] 이렇게 해서 법 공포일 하루 전인 1895년 4월 18일(음 3. 24) 법무아문권설재판소가 설치되었다. '재판소'란 명칭으로 설치된 최초의 재판소였다.[208]

이준용사건은 왕족이 연루된 정부전복 음모사건이었기 때문에 민심에 미치는 영향이 컸고, 외교가에서도 사건의 진상과 처리를 주목하고 있었다. 그 때문에 정식재판의 형식을 갖추기 위해 법무아문에서 '재판소구성법'에 특별법원에 관한 규정을 만들고, 사정이 급박하게 돌아가자 우선 권설, 즉 임시재판소를 설치하고 이준용 등을 구속한 것이다. 이미 서울에 와 있던 호시는 법무아문고문이자 이 사건 재판고문으로서 사건처리에 관여했다.[209] 야마자키에 의하면, 호시는 이노우에와 밀의를 한 것 같고 이준용의 구속을 주장했다고 한다. 또한 이준용이 구속된 뒤에는 야마자키에게 공소장

---

207 『공사관기록 8』, 1993, 170쪽, 井上 공사→陸奥 외무대신, 기밀 제48호「大院君과 李埈鎔의 陰謀에 關한 件」(1895. 5. 9). 같은 내용은 井上 공사→陸奥 외무대신,「大院君李埈鎔陰謀暴露權設裁判所開廷顚末」(1895. 5. 10) 및「前件落着」(1895. 5. 23), 伊藤博文公編,『秘書類纂 22 朝鮮交涉資料』(下), 原本 1936, 復刻, 東京: 原書房, 1970, 633~647쪽.
208 1895년 1월 21일(음 1894. 12. 26)에 서광범 법부대신이 의금사의 명칭을 법무아문권설재판소로 바꾼다는 주본을 올려 재가를 받았으나 실제로 설치되지는 않았다.
209 杉村濬,「在韓苦心錄 後篇」(1904), 外務省記錄·對韓政策關係雜纂(日本国立公文書館アジア歴史資料センター, http://www.jacar.go.jp).

작성을 명하고 이를 신문에 게재하여 민심과 외교가의 의혹을 불식하려 했으며, 법부의 관원 중 강골이자 일본인의 신임을 받았던 법부 형사국장 장박張博을 주임검사로 임명하게 했다고 한다.[210]

'재판소구성법' 시행 이후 5월 8일(음 4. 14) 특별법원이 재판을 개정하여 같은 달 13일 판결이 선고되었다. 문제는 이준용에 대한 형량이었다. 이노우에는 민심과 외국인이 주목하고 있는 것을 고려하여 극형을 피하고 형을 감경하는 방향으로 가자고 정부대신들을 설득했다. 그런데 대명률에 따르면 이준용의 모반대역죄는 극형에 해당하는 것으로서 감경할 길이 없었다. 이 문제를 해결하기 위해 5월 10일(음 4. 16) 법률 제4호 '유형분등流刑分等과 가감례加減例에 관한 건', 법률 제5호 '특별법원에서 형벌을 작량감경하는 건'을 급히 공포하고, 이준용에게는 사형에서 1등을 감한 유종신流終身을 선고하고 나머지 피고인들도 감형했다. 이 과정에서 이노우에는 고종에게 특별법원에서 1등을 감하고 나중에 특지로 2등을 감할 것을 권했다. 이준용은 선고 다음 달 2등이 감형되어 10년 유형에 처해졌다.[211] 특별법원의 작량감경권은 대명률의 양형체계로부터의 이탈을 의미한다. 그런데 그 도입목적은 순수하게 법적인 것이 아니라 이준용사건의 정치적 처리에 있었다. 이처럼 정치적 목적에서 도입된 작량감경제도가 나중에 모든 재판소로 확장된 것이다.

법 시행 이후 호시 도오루의 활동

지금까지 본 것으로 재판소구성법의 입안과 시행에 일본인들이 매우 깊

---

210 「星亨在韓時代」, 『전기고본 13회』.

211 『공사관기록 8』, 174쪽, 井上 공사→陸奧 외무대신, 기밀 제55호 「李埈鎔 處分 件」 (1895. 5. 20).

이 관여하고 있었다는 것을 충분히 짐작할 수 있다. 법 시행 이후 호시의 활동을 통해 그 점을 다시 확인해보자.[212]

법무아문고문 용빙약정서에 따르면, 호시의 임무는 법부 및 재판소의 수석고문관으로서 대신과 협판의 지휘에 따라 제반 사무의 고문에 응하고 국장 이하 제관료를 지휘하며 법부 및 재판소에 관계되는 재판사무를 지휘하는 것이었다. 호시 밑에는 법부, 고등재판소, 한성재판소, 법관양성소 등에서 근무하는 보좌원補佐員과 고원雇員들이 있었다.

야마자키를 비롯한 호시의 보좌원들은 고등재판소와 한성재판소에서 재판사무를 지도하고 사실상 재판심리에 관여하기도 했다. 법 시행 이후 호시는 고등재판소, 한성재판소, 법관양성소의 개설을 지휘했다. 야마자키는 법관양성소의 지원자를 모집할 때 호시와 함께 시험답안을 심사하기도 했다고 말한다. 호시는 특히 한성재판소에 미국식 법정을 설치하기 위해 직접 설계를 지도하고 공사를 진행시켰다. 외국인사건도 취급하는 한성재판소를 모범재판소로 만들려 했던 의도가 드러나는 대목이다.

야마자키는 당시 법부관계의 법령들을 호시의 명을 받아 대개 자신이 입안했다고 했다. 그가 언급한 것들은 다음과 같다.

첫째, "형법 초안 총칙편"의 일부이다. 호시는 부임 직후 형법편제의 임무를 야마자키에게 맡겼다. 호시는 일본 형법에 근거하되 조선 실정에 부합해야 한다는 뜻을 야마자키에게 주지시켰으며, 야마자키는 조선 실정을 견문하여 형법을 기초하고 매일 호시와 대면하며 논의했다고 한다. 조선 실정을 고려한 것 중 대표적인 것이 경죄에 대한 태형제도를 유지한 것이다. 정부재정과 인민생활이 궁핍한 조선에서는 구금형이나 벌금은 비용만 많이 들고 효과를 거두기 어렵다고 판단했기 때문이었다.[213]

---

212 이하 호시의 활동은 「星亨在韓時代」, 『전기고본 13회』에 의함.

둘째는 "소송법", 즉 5월 23일의 '민형소송규정'이다. 야마자키는 사법제도 창설기에 적합한 간단한 소송절차법을 성안하고 곧바로 번역시켜 공포·시행했다고 했다.

셋째는 "조선의 법전인 대전회통의 형벌을 개정하는 법률"이었다. 이것이 무엇인지는 분명하지 않지만, 5월 23일에 공포된 '징역처단례'일 확률이 높다. 아니면 완성하지 못한 다른 법령을 말하는 것일 수도 있다. 예컨대 '신율강령' 같은 법령이다. 어쨌든 야마자키는 이 법안을 만들 당시에 호시와 이시즈카의 의견이 맞지 않아 자신이 중간에서 곤란을 겪었다고 말한다.

야마자키의 말을 통해 짧은 기간에 형법, 소송법, 형벌개정에 관한 법령안이 작성되었음을 알 수 있다. 이와 관련하여 한 가지 주목할 것은 '민형소송규정'상의 형사상소제도이다. 전통 형사절차에는 엄밀한 의미의 상소제도가 존재하지 않았다. 직단권의 분배에 따라 사물관할이 정해지고 상급기관이 하급기관의 처결을 감독하는 방식은 있었지만, 이는 재판상의 심급제도 및 상소제도와 원리적으로 다르다. 일본에서도 신율·강령·개정율례가 시행될 때는 형사상소제도가 없었다. 전통 형률을 대체하는 새로운 형법과 소송법이 제정될 때까지 기다려야 했던 것이다. 하지만 '재판소구성법'과 '민형소송규정'은 처음부터 형사상의 상소제도를 도입했다. 그것이 가능했던 이유는 이 시기에 형법전 기초작업을 병행하고 있었던 데서 찾을 수 있다. 이는 메이지 초기 일본의 상황과 비교하더라도 매우 빠른 속도로 구법을 대체할 신법이 준비되고 있었음을 말해준다. 조만간 설치될 법률기초위원회에서 본격적인 법전기초작업이 이루어질 것이었다.

다시 본론으로 돌아와 재판사무와 관련된 일본인들의 활동을 보자. 당시

---

213 「野澤雞一手記 我觀記 九」, 『전기고본 13회』.

일본인 보좌원들은 고등재판소, 한성재판소에 출근하며 직접 사건을 심리했다. 야마자키는 "한성재판소에 가서 판사와 검사를 지휘하여 심문·재판의 방법부터 내용까지 가르치고 매 사건을 거의 내가 직접 재판했다고 할 만한 실상"이었고, "조선인들이 도로변에서 나의 통행을 맞이하고 빈번히 머리를 조아리고 소송의 승리를 청하는 골계도 있었다"고 적고 있다.

이 때문에 고문관의 지위를 둘러싼 갈등도 있었다. 6월 16일(음 5. 24) 법부대신 서광범은 법부 고문의 관여를 법률자문에 한정하며 보좌원과 고원은 재판사무에 간섭하지 못한다는 내용의 훈령을 한성·고등재판소에 발했다. 이유는 일본인 보좌원과 고원들이 분한에 어긋나게 재판에 간섭하고 소송안건을 일일이 검토하는 탓에 재판이 지연된다는 것이었다. 호시는 즉각적으로 반발했다. 그는 서광범의 훈시가 용빙계약에서 자신에게 법부 및 제재판소 제반 사무의 교시·지휘를 촉탁한 것과, 서광범 스스로 재판사무 개시에 즈음하여 "재판소 관원이 법률과 법리를 알지 못하고 사법사무에 통하지 않으니 하나하나 지교훈도指敎訓導해줄 것을 청한 것에 반하여, 고문관 및 그의 대파원代派員인 보좌원들의 권한을 자의적으로 제한하는 것이라고 했다. 또한 고문관과 보좌원들의 지도 없이 조선인 판검사들에게 재판을 맡겨두면 결국 재판이 공평을 잃게 되어 사법제도 제정의 취지를 잃고 구태로 돌아갈 것이라고 하면서, 오히려 일체의 사건에 관해 고문관과 그 대리인인 보좌원들의 지휘교시를 받아야 한다는 훈령을 내리리라고 요구했다. 6월 25일 서광범과 호시가 만나 담판을 한 끝에 결국 호시의 뜻이 관철되었다.

한편 호시에게는 법부의 일 외에 중요한 직무가 있었다. 이노우에 공사를 도와 조선통치와 관련된 정무적 사안을 처리하는 것이었다. 호시는 서울 도착 이후 차관협상에도 관여했고, 6월과 7월 중에는 박영효의 민비 축출기도를 배후에서 공작했으며, 그 일이 실패하자 박영효의 일본망명을 도왔다.[214] 그러나 일본의 영향력이 쇠퇴함에 따라 그의 의견이 제대로 시행되지 않고 배척받는 분위기가 강해졌으며 신임 일본공사 미우라 고로三浦梧樓와도 뜻이 맞지 않자, 호시는 고문직에 흥미를 잃어버렸다고 한다. 일본으로 돌아갈 기회를 찾고 있던 호시는 10월 8일(음 8. 20) 을미사변乙未事變이 발생하자 다른 고문들과 협의한 뒤 사태수습책을 마련할 목적으로 귀국했다.[215] 이렇게 호시의 6개월간의 한국생활은 끝났다. 그로부터 두 달 뒤인 12월 30일, 지병인 심장병을 이유로 호시의 용빙계약은 정식으로 해지되었다.[216]

이상과 같이 1985년 4월과 6월 사이에 만들어진 한국사상 최초의 근대적 재판제도, 최초의 근대적 법학교육기관, 최초의 근대적 형법초안에는 모두 호시 및 그의 보좌원들이 깊이 관여하고 있었다.

---

214 위 사료. 한편 靑柳南冥, 『朝鮮史話と史蹟』, 京城: 朝鮮硏究會, 1928, 780~823쪽에서 '法部顧問星亨'이라는 제목으로 5회에 걸쳐 서술되었다. 당시의 정계동향을 상세히 서술하면서 인물들의 대화까지 적어놓았는데, 전거를 제시하지 않아 전적으로 신뢰하기는 어렵다. 어쨌든 이에 따르면 이노우에는 개혁에 소극적이었고 박영효는 적극적이었으며 호시는 박영효의 적극론을 지지했다. 호시는 1895년 5월 조선을 방문한 일본 국회의원들에게 이노우에 공사가 "각 부의 고문관에게 개혁의 정도를 지시하지 않음으로써, 조사하는 사항이 혹은 신율강령시대를 본받고자 하고, 혹은 신사법제도를 지방에 실시하기 시작하면서 개항장재판소를 점차 각 항과 부에 개설하는 것에 노력·고심하면서도 성공을 거두지 못하는 것은 실로 이노우에 공사의 소극책 때문"이라고 했다. 같은 책, 791쪽.

215 「齋藤修一郞君談話」, 『전기고본 13회』.

216 1896년 2월 호시의 권유를 받아 노자와가 법부 고문으로 부임했지만, 노자와로서는 "어떤 일도 할 수 없는 시대"였다. 이미 완성된 형법총칙편 절반을 기초로 4개월간 작업하여 형법 초안을 마무리한 것이 전부였다. 「野澤雞一手記」, 『전기고본 13회』. 형법 초안에 대해서는 정긍식, 『한국근대법사고』, 박영사, 2002, 148~159쪽.

4. 1895년 사법개혁의 자율성과 타율성

사법개혁을 위한 '내재적 조건'

앞에서 우리는 새로운 재판제도의 입안과 시행에 일본인이 관여했음을 분명히 보여주는 흔적을 살펴보았다. 물론 호시를 비롯한 일본인들이 모든 것을 '전적으로' 결정했다고 말할 수는 없을 것이다. 그렇다면 조선인 관리들은 어느 정도로 관여했을까? 아마도 이 문제를 규명하는 것은 1895년 사법제도개혁을 위한 '내재적 조건', 개혁에 반영된 '자주성'의 의미를 밝히는 일이 될 것이다.

이 시기 서구적 재판제도 도입을 위한 일정한 '내재적 조건'이 마련되어 있었음은 분명하다. 서구적 재판제도에 관한 지식은 개항 이래 꾸준히 축적되고 있었다. 1894년 군국기무처가 작성한 법무아문관제도 고등법원 이하 각 지방재판소 설치를 예정하고 있었다. 박영효·유길준·서광범을 비롯한 개화파 인사들이 정부에 참여하고 있었다. '재판소구성법'이 제정된 것은 개항 이후의 재판제도개혁론과 관련이 있고, 개혁파 정치세력에 의해 지지를 받았던 것이 틀림없다. 다만 그런 내재적 조건이 구체적 제도설계에 어느 정도 역할을 했을지는 조심스럽게 따져볼 필요가 있다.

박영효와 유길준을 보자. 박영효와 유길준은 각각 개화상소문과 『서유견문』을 통해 재판개혁의 방향을 제시한 바 있었다. 그것만 가지고 단정할 수는 없지만, 일단 그들이 말한 것에 한정해서 본다면 그들은 부분적으로 전통적 관점을 견지하고 있었고 특히 서구식 '재판소' 설치 자체를 직접 거론한 바가 없다. 단지 공정한 인물을 법관으로 임명해 재판을 맡기고 군주라도 임의로 죄인을 처단해서는 안 된다고 말하는 정도였다. 김옥균·박영효·유길준 등에게는 재판=형사재판이라는 관념이 여전히 남아 있었고, 사법제도개혁의 중점은 행정과 분리된 재판소 설치가 아니라 경찰제도·감옥 제도 도입에 있었다. 1894년 7월 갑오정권 수립 이후 재판제도에 관해 논의된 것으로는, 중앙정부 내에서 재판기능을 법무아문으로 집중시키는 것, 법무아문 및 경무청의 재판 관련 직권을 조정한 것이 전부였다. 요컨대 개화파 인사의 발언이나 군국기무처에서 취해진 조치들은 '재판은 법사法司에 맡겨야 한다'는 원칙, 인명을 소중히 다루어야 한다는 원칙을 실천하는 범위를 벗어나지 않았다.

법무아문과 법부 관계자 중에서 일본에 협조적이면서 개혁에 적극적인 인물로는 김학우와 장박이 있었다. 김학우는 일본에 의해 '개화파'로 분류된 인물로 법무아문 창설 이후 협판에 임명되었지만 1894년 10월 31일 대원군파가 보낸 자객에 의해 암살되었다.[217] 장박은 김학우의 뒤를 이어 법무아문 내에서 실권을 장악한 인물이다. 이노우에는 장박이 "강직하고 다소 사리에 통하며 특히 명률에 밝아 재판관으로서는 얻기 어려운 인물"이라고 했다.[218] 장박은 1895년 5월 이후 법부 형사국장, 법부협판, 법부대신을 차례로 역임했고, 아관파천 이후 일본으로 망명했다. 또 갑신정변의 주역으로 미국에 망명했다가 귀국한 서광범을 주목할 필요가 있다.[219] 1894년

---

217 『공사관기록 5』, 64쪽, 井上 공사→陸奥 외무대신, 기밀 제207호「法務協辦 金鶴羽 暗殺에 關한 報告」(1894, 일자미상). 김학우는 함경도 출신으로 일본에서 소학교를 졸업하고 통신기술과 법률학도 배웠다고 하며, 청국과 블라디보스토크에 체류한 경험도 있어 일본어, 중국어, 영어, 러시아어에 능통했다고 한다. 일본당, 개화당의 인물로 분류되고, 잠시 외부주사(外部主事), 연무공원(鍊武公園, 사관학교에 해당) 교수로 재직했으며, 갑오개혁 직전에는 민간에서 활동했다. 留春亭主人 編, 『現今淸韓人傑傳』, 東京: 杉山書店, 1894, 31~33쪽.

218 『공사관기록 7』, 10쪽, 井上 공사→陸奥 외무대신, 기밀 제45호「朝鮮內閣의 分裂 및 總辭職 同議 件」(1895. 5. 1).

219 서광범에 관해서는 김영모,「서광범 연구」,『동양학』 15집, 단국대학교 동양학연구소, 1985, 254~279쪽.

12월 법부대신에 임명된 서광범은 이듬해 1월 사법제도 정비에 관한 주본을 여러 차례 올렸다. 그 배경에는 일본의 내정개혁 요구, 신내각의 출범, 고종이 천명한 국정개혁강령(홍범14조)이 있었지만, 서광범의 주본은 재판과 형벌제도의 개혁, 법학교육 실시라는 분명한 목표를 제시하고 있었다. 또한 1895년의 재판제도개혁은 흔히 서광범의 업적으로 평가되기도 한다.[220]

현존하는 사료를 통해서는 서광범·장박 등이 신법령 입안에 어느 정도 관여했는지 알 수 없다. 그러나 이들은 새로운 재판법제가 제정될 것임을 잘 알고 있었을 터이고, 그 제도의 윤곽과 소요경비 등에 관해 일본인들과 협의했을 것이다. 또한 이준용사건 당시 특별법원에 관한 규정을 신설하고 권설재판소를 설치한 경위를 볼 때, 서광범·장박 등의 법무아문 관계자들이 그 일에 관여했을 것은 분명하다. 다만 그들이 새로운 재판제도를 주도적으로 설계했다고 볼 수 있을지는 의문이다. 특히 '재판소구성법'의 특징적인 제도들의 경우, 조선인 관리가 고안했다고 보기는 힘들다.

"법제도의 수입은 상응한 '최소한'의 법 지식 확산을 전제조건으로 요구한다."[221] 이 시기에 그 최소한의 것이 있었음은 충분히 확인할 수 있다. 그런데 일국의 사법제도를 설계하고 운영하기 위해서는, '최소한'의 또는 '일반적' 지식수준을 넘어서는 '전문적 지식과 경험'이 뒷받침되어야 할 것이다. 메이지 일본 역시 법원조직법제와 법전을 입법하는 과정에서 많은 외국인 법률가들에게 의지할 수밖에 없었다. 갑오개혁기의 조선도 마찬가지였다. 다만 조선의 사법개혁의 경우, 단지 도움을 받는 데 그치지 않았다는 것이 문제이다. '재판소구성법'에는 일본이 조선의 사법 근대화를 돕는다는

---

220 예를 들어 김원모, 앞의 글, 21쪽에 소개된 Tolman Smith, "The Mission of Poem K. Suh", *Independent* Vol. XLIX, No. 2550(Oct 14, 1897);『독립신문』1897. 9. 7 논설 등.
221 신우철, 앞의 책, 267쪽.

차원을 넘어서는 어떤 목적이 들어 있는 것으로 보이고, 일본의 특수한 경험과 지식이 반영된 흔적이 있다. 그렇게 판단할 수 있는 정황들을 아래에서 살펴보겠다.

일본의 조약개정 경험

이노우에 가오루 일본공사는 제1차 이토 히로부미 내각(1885~1888)의 외무대신으로서 조약개정 교섭을 주도했고, 1892년 8월 성립한 제2차 이토 내각의 내무대신을 지냈다. 그가 1894년 10월 조선에 부임한 것은 위기에 처한 조선 보호국화정책을 구원하기 위해서였다. 이노우에가 추진한 정책의 내용 자체는 이전에 일본 정부가 조선 정부에 수차례 요구한 것과 크게 다르지 않았다. 1894년 7월 일본 측의 내정개혁 요구안에도 신법제정과 재판제도 개정이 들어 있었다. 하지만 이는 학교설치, 신식군대 창설, 조세개정, 유학생 파견 등의 항목과 함께 2년 내에 결행할 항목으로 지정되어 있어서, 다분히 형식적이었다. 이노우에 공사는 군사적·경제적 실익을 확보하면서 정치·행정제도의 개혁도 병행하는 정책을 펴고, 그것을 뒷받침하기 위해 일본인 고문의 빙용, 대규모 차관확보를 추진했다.

이노우에는 1894년 11월의 20개조의 개혁안에서 법전편찬과 재판제도 개혁에 관해 말하며, 이는 장래의 치외법권 폐지와 국체보전의 기초가 된다고 했다. 이 말에는 일본의 경험이 고스란히 담겨 있었다. 이노우에 본인이 외무대신으로서 법전편찬, 재판제도개혁을 통한 치외법권 철폐를 적극적으로 추진한 적이 있었다. 특히 '재판소구성법'의 개항장재판소 설치나 외국어의 재판용어 채용 같은 요소들은 이노우에의 조약개정 협상경험과 결코 무관해보이지 않는다.

1882년 이노우에는 일본의 외무대신으로서 조약개정준비회의의 외국 정부 대표자들에게 재판권개혁의 기본구상을 제시한 바 있다. 태서주의泰西主義(principles of Western law)에 따라 일본 법률을 제정하고 그 번역문을 반포하며, 외국인에게 일본 법률을 적용하기 위해 외국인 재판관을 임용하여 외국인 판사와 일본인 판사로 구성되는 혼합재판소混合裁判所(mixed court)를 설치한다는 내용이 거기에 들어 있었다. 혼합재판소의 취지는 일본재판소가 외국인사건까지 취급하는 대신 종래 영사재판의 특권을 누려왔던 외국인에 대한 보장책으로서 외국인과 일본인 재판관으로 구성되는 재판소를 설치한다는 것이었다. 즉 열강의 영사재판권을 점진적으로 폐지한다는 구상에 입각하여, 혼합재판소에서 일본의 법권 아래서 외국인사건을 재판하고, 그 신뢰도와 성적의 향상에 따라 외국인 판사의 수를 감축해나가다가 궁극적으로 일본의 법권을 완전히 회복한다는 것이었다.

이노우에가 제시한 혼합재판소의 구성방법은 다음과 같다. 외국인이 많은 요코하마·고베의 치안재판소·시심재판소에 외국인 판사를 한 명씩 두고 일본인 판사와 '동석同席'하게 한다. 도쿄東京·오사카大阪·나가사키長崎·하코다테函館의 공소재판소控訴裁判所에는 외국인판사를 두 명(도쿄는 3명)씩 배치한다. 외국인의 중죄사건에 대해서는 공소재판소의 외국인 2인과 일본인 판사 1인으로 중죄재판소를 구성한다. 대심원에는 외국인 판사 3인과 판사보 1인, 검사장보 1인을 배치한다. 제1심을 관할하는 치안재판소 및 시심재판소에서는 원래 단독판사가 재판을 하는데, 외국인 판사가 일본인 판사와 동석하는 경우 양국 재판관의 의견이 서로 다르면 피고인 국적의 재판관이 결정하게 했다. 3명의 판사가 합의재판하는 공소재판소와 중죄재판소에서는 피고(또는 피고인)의 국적에 따라 외국인 판사 대 일본인 판사의 구성비율을 달리한다. 예를 들어 피고가 외국인인 경우 외국인 판사 2명, 일본인 판사 1명이 합의재판한다.[222]

이노우에는 이런 구상에 기초해 1886년 5월 일본과 각국 대표로 구성된 조약개정회의에 일본의 조약개정안을 제출했고, 1887년 4월에는 재판관할 조약안裁判管轄條約案이 성립했다. 그러나 조약개정노선을 둘러싼 국내정세의 악화로 말미암아 일본 정부는 조약개정 교섭을 무기한 연기했고, 이노우에 도 외무대신에서 물러났다.[223]

혼합재판소에는 전례가 있었다. 이집트와 서구열강 14개국의 협정에 기 해 1876년 2월에 개설된 이집트 혼합재판소가 그것이다. 일본 정부는 일찍 부터 이집트 혼합재판소에 관심을 가지고 혼합재판소제도를 조사한 바 있 었다.[224] 하지만 이노우에의 조약개정 교섭이 좌절된 데서 볼 수 있듯이, 독 립국을 지향하는 국가가 외국인 판사 임용을 받아들이기란 쉽지 않다. 혼 합재판소는 서구열강의 특권적 지위, 비서구 국가에 대한 차별적 인식을 전제하고 있었다. 이집트의 예에서 볼 수 있듯이, 서구인이 다수를 점한 혼 합재판소는 이집트의 주권을 제약하는 요소로 작용했다. 혼합재판소는 영 사재판제도의 폐해를 시정하는 효과가 있었지만, 자칫 일종의 변형된 영사 재판제도에 불과할 수도 있었다.

어쨌든 이노우에는 물론이고 일본인 고문들도 혼합재판소에 대해서 너무 나 잘 알고 있었다. 호시 도오루는 그 조약개정안에 반대하다가 투옥된 경

---

222 이상 이노우에 조약개정안과 혼합재판소 설치계획에 관해서는 藤原明久,『日本條約改正史 の研究—井上·大隈改正交涉と歐米列强』, 東京: 雄松堂出版, 2004, 83~90쪽 참조.

223 위의 책, 제1부 참조.

224 이집트 혼합재판소는 알렉산드리아에 항소법원을, 카이로·알렉산드리아·자가지그에 시심 재판소를 두었다. 혼합재판소는 일차적으로 외국인과 이집트인 사이, 또는 국적을 달리하 는 외국인 사이에서 발생한 민사·상사사건을 관할했다. 형사사건에 관해서는 외국인의 이 집트인에 대한 위경죄(違警罪), 혼합재판소의 판사·직원이 피고인 또는 피해자인 경죄와 중죄를 관할했다. 적용법률은 이집트 정부가 프랑스 법전을 참고하여 제정한 민법·상법·해 상법·민사소송법·형법·형사소송법이었다. 위의 책, 34~35쪽.

험도 있었다. 한성·개항장재판소의 직접적인 모델이 혼합재판소라고 할 수는 없겠지만, 둘 사이에는 발상이 통하고 있다. 내외인 교섭사건의 국내적·외교적 중요성을 고려하여 그런 사건을 잘 관리하기 위해, 또 장래의 치외법권 폐지를 대비하는 점진적인 방안으로서, 외국인이 많은 지역에 외국인의 편리와 신뢰를 도모할 수 있는 특별한 재판소를 설치한다는 것이었다.

후발제국주의국가인 일본으로서는 조선문제에 대한 열강의 간섭가능성에 늘 민감할 수밖에 없었다. 일본의 정책이 조선의 독립적 지위와 열강의 이해관계를 해치지 않고 조선을 '문명국'으로 인도할 것임을 대외적으로 보여주기 위해서 재판제도개혁은 중요한 의미를 가지고 있었다. 한성·개항장재판소를 '별종'의 재판소로 설치하는 것은 그 효과를 극대화시키고, 일본 거류민의 이익을 신장시키는 효과를 가지고 있었다. 그렇다면 한성·개항장재판소의 조직과 기능은 일본인이 주도적으로 설계한 것이거나, 적어도 일본인의 아이디어가 적극적으로 반영된 것이었다고 볼 수 있다.

'재판소구성법'의 재판기관 명칭과 심급구조에서도 일본의 경험과 지식이 드러난다. '재판소구성법'에서 재판기관을 지칭하는 명칭은 '법원'(특별법원)과 '재판소'(고등, 순회, 한성 및 개항장, 지방) 두 가지였다.

일본은 사법재판소(court of law)의 통칭을 '재판소'로 하면서도 대심원과 공소원에는 '원院'을 붙였다. '재판소관제'단계까지 프랑스 법제의 영향을 많이 받고 있었기 때문이다. 프랑스에서는 하급재판기관에는 'tribunal'이라는 명칭을, 상급재판기관에는 'cour'라는 명칭(파기원=cour de cassation, 항소원=cour d'appel)을 쓰고 있었다. 또 특별재판기관에도 'cour'라는 명칭을 붙였는데, 고위공직자의 직무상 범죄를 재판하는 '고등법원(Haute Cour de Justice)'이 대표적이다. 이를 본받아 일본에서도 황족범죄 및 칙임관의 범죄에 관한 특별단심제법원의 명칭을 '고등법원'이라 했다. 한편 일본의 1890

년 재판소구성법이 참고한 독일 법제에서는 재판기관의 명칭이 'gericht'로 통일되어 있었는데, 일본은 기존의 대심원과 공소원이라는 명칭을 유지했다. 제도창설기인 조선에서는 일본의 전례와 같이 '원'과 '재판소'를 엄밀히 구별할 필요도 없었고, 왕족의 범죄사건을 심리하는 '특별법원'을 제외하면 '원(cour)'으로 부르기에 합당한 재판기관도 없었다.[225] 오히려 '재판소'들과 특별법'원'이 구별된 것은 프랑스의 영향을 받은 일본의 명칭사용법이 조선에 적용된 것으로 볼 수 있다.

고등재판소의 경우, '원'급의 재판소도 아니고 파기재판소도 아니었기 때문에 가장 적절한 명칭은 '고등재판소'였다고 할 것이다. 이는 '제재판소직제'에서 대심원 밑에 있던 '상등재판소'에 상응하는 재판소이다. 또한 '고등'은 '상등'이라는 표현을 대체하는 용어로 이미 쓰이고 있었다. 예를 들어 치죄법상의 '고등'법원, 육군치죄법 등의 '고등'군법회의가 있다. 조선의 '법무아문관제'도 '고등'법원의 설치를 예정하고 있었다. 참고로 1895년 5월 일본이 대만을 영유한 뒤 군정을 실시하면서 설치한 최고법원의 명칭도 '고등'법원이었다.

'재판소구성법', '법부관제', 기타 법령들이 일본의 선례를 참작한 것임은 확실하다. 다만 한 가지, 상급재판소를 고등재판소와 순회재판소로 병치하고 있는 것은 영국의 법원조직과 외견적으로 유사한 점이 있었다. 특히

225 일본은 식민지 재판기관에 대해서 '법원'이라는 명칭을 썼다. 대만, 관동주, 남양군도, 그리고 만주국에서 모두 '법원'이라는 명칭의 재판기관이 설치되었다. 식민지 조선에서는 법원조직법제의 명칭을 '조선총독부재판소령(朝鮮總督府裁判所令)'이라고 하면서도, 재판기관의 명칭은 고등'법원', 복심'법원', 지방'법원'이었다. 이는 식민지 법원이 메이지헌법상 사법권을 행사하며 사법권의 독립이 인정되는 통상의 '재판소'와 구별되는 기관임을 암시한다. 일본의 식민지 사법제도 성립과정에 관해서는 문준영, 「식민지제국 일본의 식민지 형사법제도의 형성과 확산—대만의 사법제도를 둘러싼 정치·입법과정을 중심으로」, 『법사학연구』 30호, 2004.

당시 일본에서는 '고등재판소', '순회재판소'가 영국 법원조직의 번역어로 쓰이고 있었다.[226] 이런 점 외에도 굳이 비교하자면, '재판소구성법'에는 외관상 영국 법제와 흡사한 점이 있다. 예를 들어, 지방재판소 판사에 대해 영국의 치안판사治安判事(Justice of the peace)와 마찬가지로 법조자격을 명시하지 않은 것, 순회재판소가 제2심 외에 제1심도 할 수 있는 것, 하급재판소 및 순회재판소 재판은 기본적으로 단독제이지만 합의제인 경우도 있는 것 등이다.[227] 물론 이것들은 영국 법제의 영향이 아니라 일본의 선례를 참

---

226 신우철, 앞의 책, 252쪽 주 158 및 258쪽.

227 영국의 법원조직법(The Supreme Court of Justice Act, 1873)에 의한 법원조직을 살펴보자. 영국의 법원조직은 크게 하급법원(inferior court)과 상급법원(superior court)으로 나뉜다. 하급법원에는 다시 치안판사(治安判事, Justice of the Peace)로 조직되는 치안법원, 그에 갈음하는 법원, 군법원(郡法院, County Court)이 있다. 치안법원은 다시 간이법원(簡易法院, Petty Session)과 사계법원(四季法院, Quater Session)으로 나뉘어 재판을 담당한다. 치안판사가 되기 위해서는 법조자격이 필요 없다. 간이법원은 경범죄 및 일부 경미한 민사사건을 담당하며, 치안판사 1인이 단독으로 배심원 없이 재판한다. 사계법원은 여러 간이법원의 관할구역을 합쳐서 정기적으로(3개월마다) 개정하는 법원으로서, 치안판사들로 구성된다. 사계법원은 경죄와 일정한 중죄사건, 행정사건에 관해 1심과 2심(치안판사의 단독재판에 대한 상소심)을 담당하며, 2인 이상의 판사가 열석하면 개정할 수 있다. 한편 런던 등 주요 도시에는 치안법원과 관할권이 비슷하면서도 법조자격이 있는 전임 관리로 구성되는 법원이 있었다. 경찰법원(警察法院, court of police), 시읍법원(市邑法院, court of recorder) 등이다. 군법원은 치안법원의 관할권보다 넓은 범위에서 민사·행정사건의 제1심을 담당한다. 여러 군법원의 관할구역을 합쳐서 순회구(Circuit)를 조직하고 1인 또는 2인의 판사가 순회구 내 군법원의 판사가 된다. 군법원의 판사는 7년 이상의 법조자격자 중에서 임명된다.

상급법원에는 고등법원(High Court of Justice), 항소법원(Court of Appeal), 귀족원(House of Lords) 등이 있다. 고등법원은 런던에 설치되지만, 지방을 순회하면서 고등법원 재판을 개정하는 경우도 있다. 중앙심(中央審)인 런던의 고등법원에는 여러 개의 부가 조직되어 있다. 형평법부(衡平法部, Chancery Division)는 후견·신탁·파산·청산사건의 제1심을, 왕좌부(王座部, King's Bench Division)는 민사·형사·행정사건의 제1심과 제2심을, 유언·이혼·해사부(遺言·離婚·海事部, Probate Divorce and Admiralty Division)는 관련사건의 제1심과 제2심을 담당한다. 왕좌부 및 유언·이혼·해사부에서는 사건에 따라 단독재판 또는 2인

조해 '축약된' 법원조직을 설계하는 과정에서 결과적으로 일치하게 된 것으로 볼 수 있다. 다만 영국 법제에 대한 지식이 있다면 비슷한 발상을 하기가 쉽고 더러는 안심이 되었을 것이다. 1895년 1월에 이미 '순회재판소' 설치안이 있었던 것으로 보아 '순회재판소'를 영국 법전문가 호시가 고안한 것으로 볼 수는 없지만, 일본인 공사관 직원들과 고문들이 나름대로 영국 법 지식을 갖추고 있었던 것은 분명하다.

특히 일본의 조선통치의 모델이 되었던 이집트는 영국화된 제도를 가지고 있었다. 일본의 이집트에 대한 관심은 매우 높아서, 일찍이 하라 다카시 原敬—그는 훗날 내무대신과 총리대신으로서 일본 식민지정책의 향방에 중요한 영향을 미쳤다—가 "근년 외교를 담론하면서 걸핏하면 이집트를 예로 들고 이집트의 사적事蹟을 기록하는 자"들의 심각한 오류를 바로잡기 위해 이집트 혼합재판소의 유래와 조직에 관한 책을 썼을 정도였다.[228] 물론

이상의 합의재판을 하는 경우가 있다. 2인의 판사가 의견이 일치하지 않으면 관례적으로 신참판사가 고참판사에게 양보한다. 고등법원 지방심에는 파산법원(Court of Bankruptcy), 순회법원(Court of Assize)이 있다. 두 법원의 판사는 주로 고등법원 왕좌부 판사 중에 임명된다. 판사 1명이 새판을 주재하며 주로 형사사건(민사사건도 가능)을 재판하는 순회법원에서는 배심재판이 이루어진다. 고등법원의 순회법원은 1년에 4회 개정하며, 하계와 동계 개정이 일반적이다. 형사에 관해서는 특별순회법정으로 중앙형사법원(Central Criminal Court)이 있고, 판사 2인이 합의재판한다. 항소법원은 하급법원의 민사·행정재판에 대한 상소사건 중 고등법원의 관할에 속하지 않는 사건, 고등법원의 민사·행정재판에 대한 상소사건을 관할한다. 다만 형사재판에 대한 상소사건은 고등법원 왕좌부 내 형사항소재판부가 관할한다. 귀족원은 상고심이고, 예외적으로 특별한 사건에 관해 1심으로서 재판한다. 이상 영국의 법원조직에 관해서는 長島毅, 앞의 글, 194~220쪽을 참고했다. 다만 법원의 명칭은 필자가 임의로 바꾸었다.

228 原敬, 『埃及混合裁判』, 東京: 金港堂, 1889, 서문. 저자인 하라 다카시는 1890년에 외무성 통상장관, 1895년에 외무차관이 되었고, 1896년에는 잠시 주조선 일본공사로 부임했다. 1900년에는 이토 히로부미가 창설한 정당 입헌정우회(立憲政友會)에 가담하고 1901년에는 체신대신(호시의 후임)에, 1905년에는 내무대신에 취임했으며, 1918년에는 총리대신이 되었다. 하라 다카시의 식민지경영론에 관해서는 春山明哲, 「近代日本の植民地統治と

이 시기 일본이 조선통치를 위해 이집트 재판제도까지 연구했음을 보여주는 직접적인 흔적을 찾기는 힘들다. 신중하게 평가한다면, 영국식 제도와의 외견적 유사성은 영국식 제도를 직접 참고한 결과라기보다는, 그와 같은 제도를 구상하게 만들었던 인적·물적 조건들에 기인한 것으로 볼 수 있다. 어쨌든 거기엔 '제도적 축약'이 불가피했던 조선의 사정을 포함해 법제정에 관여한 일본인의 개인적 지식과 경험, 메이지 일본의 국가적 경험, 식민제국으로 도약하는 시점에 참고할 모델들이 복합적으로 작용했을 것이다.

자율적 개혁의 한계와 과제

갑오개혁은 개화파의 개혁구상과 일본의 정책이 합류하여 전통 권력을 억제한 상태에서 단시일 내에 추진된 개혁이었다. 재판제도, 형벌제도, 법관 양성제도는 사법 근대화의 문을 연 역사적 사건이었다. 당시의 개혁은 초보적이고 과도기적인 수준에 머물렀지만, 이후 사법개혁의 방향을 지시하는 지침과 같은 위상을 가졌다. 개혁파 정권이 붕괴한 뒤에도 형식상으로는 갑오개혁이 창출한 틀 내에서 사법이 운영되었다는 것은, 당시 개혁이 한국사회의 조건에 부합하는 제도였음을 간접적으로 말해준다. 하지만 갑오개혁을 전체적으로 "자율과 타율의 이중주"[229]로 파악하더라도, 1895년 개혁의 주체와 목표에 대해서는 새로운 이야기가 가능하다.

군국기무처의 일련의 의안과 1895년 봄의 재판소구성법을 비롯한 개혁법령 사이에는 큰 격차가 있었다. 군국기무처 의안들은 일본의 간섭을 거의 받지 않고 조선인 관리들이 독자적으로 입안한 것들이었다. 비록 안정

原敬」, 春山明哲·若林正丈 編, 『日本植民地主義の政治的展開 1895~1934』, 東京: アジア政經學會, 1980.

229 왕현종, 앞의 책, 26쪽.

적으로 개혁을 추진할 만한 여건이 마련되지 않은 상황에서 단시일 내에 입안되었기 때문에 한계가 있는 것은 사실이다. 그러나 의안들이 개혁파 정권 수립 직후 쏟아져 나왔다는 사실 자체가 어쩌면 이것이 개화파 관료들이 구상하고 있던 것, 혹은 그들에게 친숙한 개혁안이었음을 간접적으로 말해준다. 법무아문관제, 경무청관제, 행정경찰장정에 담겨 있는 구상이란 어떤 것인가? 법무아문이 설치됨으로써 조선시대 이래 중앙의 각 기관에 흩어져 있던 사법기능이 법무아문을 통해 통일적으로 규율된다. 재판소의 설치를 예정하고 있었지만 우리가 생각하는 근대적 재판소와는 달랐고, 구체적인 실천방안도 제시되지 않았다. 반대로 경무청의 관장사항에는 보안·위생·보건 등 행정경찰과 사법경찰의 기능뿐만 아니라 경죄 이하의 사건에 대한 재판권과 감옥사무까지 포함되었다. 요컨대 전통적 사법기능을 전제하고 법무아문으로 사법사무를 일원화하는 것, 경찰기관에 사법경찰기능과 함께 범죄의 선별기능(중죄, 경죄, 위경죄)과 인민의 일상적 범죄에 관한 재판권을 부여하는 것을 생각했던 것이다. 이것은 김옥균이 『치도약론』에서 말했던 것을 제도적으로 표현한 것이었다. 개화파의 국가구상에 일관되게 담겨 있던 '경찰중심 시정론'이 반영된 결과라고 할 수 있다. 이와 같이 군국기무처의 개혁안이 개화파의 국가구상과 밀접하게 연결되어 있었다고 한다면, 이를 단순한 임기응변적 조치로 평가하기는 곤란하다. 따라서 군국기무처 의안들은 개화파 관료에 의한 자율적 개혁의 성격과 향방을 판단하는 데 중요한 의미를 가진다. 그것은 박영효의 개화상소문, 유길준의 『서유견문』에서 제시된 수준을 넘어서지 않는다.

개화파 지식인들은 재판제도의 중요성을 인식했지만, 실제 재판제도를 설계하고 운영하기 위해서는 그 이상의 전문적 지식과 이해가 필요했다. 군국기무처의 개혁안과 재판소구성법 사이에 존재하는 격차는 그와 같은 사실을 설명해준다. 물론 그 격차는 시간과 경험으로 좁힐 수 있는 성질의 것이었다. 그 격차를 줄이는 것이 남겨진 과제였다. 하지만 이후로도 내내 그 격차는 마치 극복할 수 없는 숙명처럼 좁혀지지 않았다.

재판소구성법의 '출현'과 일본의 역할

지금까지 우리는 '재판소구성법' 제정과 초기시행에 일본인들이 깊이 관여했음을 보여주는 자료와 정황들을 확인했다. 그것들은 일본인들이 단순한 조언자의 역할에 그치지 않고 지도·감독자의 지위에서 법제정을 주도했음을 강하게 시사하고 있다.

'재판소구성법'의 특징들은 한정된 자원을 효과적으로 분배하기 위한 궁리의 산물이라 할 것이다. 전국의 재판을 통할하는 상급법원이나 지역거점 단위의 상설 상급법원을 설치하려면 인적·물적, 특히 재정적 뒷받침이 있어야 하지만 당시 사정은 그렇지 못했다. 조선에 상고심을 둘 필요가 없으므로 2심제로 충분한데, 그렇다고 단 하나의 상급 중앙심만 설치하기에는 조선이 넓었다. 타협지점은 고등재판소와 순회재판소가 지역을 나누어 상급심으로 기능하게 하는 방법이었다. 여기서 고려해야 할 중요한 요소가 일본인 기타 외국인의 사건도 취급하는 한성·개항장재판소의 중요성이었다. 지방재판은 당분간 지방관에게 맡기고 그것을 효과적으로 감시·통제할 수 있으면 충분했다.

이렇게 만들어진 '재판소구성법'은 전국 사법권의 통일·집중이라는 목표와 함께, 내외국인 간의 사건을 잘 관리하면서 사법의 전문화, 행정과 사법의 분리라는 목표에 도달하기 위한 프로그램을 내장하게 되었다. 한성·개항장재판소는 자원의 집중지이자 개혁의 효과를 파급시키는 장소였다. 법관양성소를 졸업한 사법관들은 이들 재판소에 배치되며, 이들 중 일부로 고등재판소·순회재판소 같은 상급재판소가 구성된다. 이런 식으로 일부 법원에 배치된 사법관들이 재판제도의 전체적 변화를 도모하는 혈류로 기능한다. 다만 한 가지 조건이 붙어야 할 것이다. 호시와 그의 수행원들이 행동으로 보여주었듯이, 새로운 재판제도는 일본인의 지도·감독 아래 있어야 한다는 것이다. 사법관들은 일본인 고문의 지도·감독을 받는다는 전제 아래 법부대신 기타 행정권력으로부터 상대적으로 자유로울 수 있었다. 아마도 '재판소구성법'을 입안했을 때는 일본세력이 그렇게 빨리 퇴조하리라고는 생각하지 못했을 것이다.

이런 점들에 주목한다면, '재판소구성법'의 제정이라는 사건을 단지 앞을 이어받아 뒤로 넘어가는 연속적 과정의 한 지점으로만 이해할 수는 없을 것이다. 즉 1895년의 사법개혁은 개항 이후 사법 근대화를 향한 조선사회 내부의 개혁노선을 실현한 것이기도 했지만, 동시에 일본인들이 그들의 관점과 이해관계를 반영시켜 연출한 것이라는 의미도 가지고 있다는 것이다. 그 과정에서 '재판소구성법'이 '출현'[230]했다. 이후 상황은 그 잔영이 유지되거나 지워지는 과정이었다.

이렇게 해서 "불유쾌한 서구법 매개자 일본"[231]에 의해 서구적 재판제도가 도입되었다. 물론 그 재판제도 자체는 초보적 수준을 벗어나지 못했다. 그것을 덮고 있는 용어와 제도의 일부는 1880년대 또는 동시대 일본의 법제에서 왔지만, 그 실질은 1870년대 일본의 사법제도와 비슷했다. 그러나

---

230 이 표현은 김창록, 『일본에서의 서양 헌법사상의 수용에 관한 연구—'대일본제국헌법'의 제정에서 '일본국헌법'의 '출현'까지』, 서울대 박사학위논문, 1994의 표현을 빌린 것이다. '출현'이라는 표현은 일본국헌법이 일본 내부의 내재적 진화의 결과가 아니라 외압에 의한 사상적 전환을 통해 새롭게 만들어지고 탄생했다는 뉘앙스를 갖고 있다. 같은 글, 185~186쪽.

231 최종고, 『한국의 서양법 수용사』, 박영사, 1982, 31쪽.

일본인들은 메이지 일본이 경험한 것보다 더 빠른 개혁의 시간표를 상정하고 있었다. 반면 그것을 향해 차근차근 밟아나가야 할 이행조치들에 대해서는 그다지 세심하게 배려하지 않은 것 같다. 우리가 본론에서 살펴본 것들은 실제로 작동한 제도가 아니라 입법자가 기대하고 있던 제도 혹은 프로그램이었다. 현실에서는 서울이라는 국한된 지역에서 일시적으로 제도가 기능했을 뿐이다. 게다가 이 완결되지 않고 졸속적 성격마저 띠고 있던 제도의 본격적으로 시행되기도 전에 정치적 격변이 일어났고, 마침내 친일 개혁정권이 붕괴했다.

그러므로 1895년 제도개혁의 '의도'가 아닌 '실제'를 공정하게 평가하려면, 다음과 같은 윤치호의 말을 귀담아 들어야 할 것이다.

> 조선은 이제 사실상 무법無法(lawless) 국가이다. 자신의 고충을 구제받을 길이 전혀 없다. (자기 딴에는 자신이 매우 현명하다고 생각하는) 훌륭한 양반 서광범은, 공동체의 생명과 재산을 보호하기 위한 새로운 법을 시행하지도 않고 도적과 불량배에 대해 간이재판이 가능했던 구법을 폐지해버렸다. 정당한 사유가 있어도 누구도 법정에 가려 하지 않는다. 이유는 단순하다. 달팽이처럼 굼뜬 관원들로 하여금 허울 뿐인 법을 집행하게 하려고 시간과 돈과 인내심을 낭비할 수는 없기 때문이다. 동시에 이 느림보들은 누군가의 주머니에서 돈을 쥐어짜낼 수 있을 때면 뱀처럼 움직인다. 아무도 타인에게 돈을 빌려주거나 타인과 계약하려고 하지 않는다. 이유는 단순하다. 상대방이 약속을 지키지 못하는 경우에도 약속을 이행하게 만들 수단이 없기 때문이다.[232]

---

232 『윤치호일기』 4권, 국사편찬위원회, 1973, 51~52쪽, 1895. 8. 5(음 6. 15).

1985년 사법개혁의 복선 : '보호' 아래의 문명화

1895년의 사법개혁은 일본의 조선 보호국화정책에 의해 조성된 정치적 환경 안에서 추진되었다. 갑오개혁기의 일본은 한편으로 독립을 보호한다고 하면서도 조선을 보호국과 같이 취급할 수 있는 정책을 모색했고, 그 모델은 영국의 이집트 지배정책이었다.[233] 당시의 국제정세의 의해 일본은 보호국화정책을 포기할 수밖에 없었다. 그러나 그것과는 별도로 이노우에의 '법전경략'노선은 일본이 통감부 시기 한국에서 취하게 될 제도개혁의 원형이라는 의미를 가지고 있었다.

이 시기 조선의 상황 자체는 여러모로 이집트와 닮은 점이 있었다. 이집트가 열강의 간섭에 의해 터키제국의 종주권에서 벗어나 반독립국이 된 것, 서구를 모델로 국정개혁을 하려는 엘리트층이 존재했던 것, 강대국들(특히 영국과 프랑스)이 경쟁을 하다가 1882년 영국이 이집트의 반란을 진압한 뒤 '평화유지자'의 명목으로 사실상 보호정치를 행하고 있었던 것 등이다.

통감부 시기에 보다 분명하게 드러나겠지만, 사법개혁과 관련해 이집트 모델은 열강이 보호국에서 취한 점진적 개량정책의 대표적 사례였다. 이집트 모델은 토인재판소를 개량하여 열강의 영사재판권을 철폐하는 방안으로 이해되었다. 영사재판권의 폐지는 주권의 대외적 독립을 징표한다. 그러나 조선은 어디까지나 일본의 보호와 통제하에 있어야 했다. 이집트 모델은 명목상 '독립'을 보호하면서 '보호권' 아래 두는 이중성을 가지고 있는 정책이었다. 물론 갑오개혁기에 호시 도오루 등이 영국의 이집트 사법개혁 사례를 연구했다는 직접적 증거는 없다. 하지만 영국의 식민지 통치방식은 청일전쟁의 전리품인 대만을 경영하는 데 적지 않은 영감을 제공했다. 대만의 관습조사는 영국에서 수학한 법률가들의 주도로 이루어졌다. 이들이

---

233 왕현종, 앞의 책, 182쪽.

지향한 영국주의적 통치의 핵심은, 문명국의 제도를 섣불리 식민지에 이식해서는 안 되며 식민지의 특수한 사정과 문화에 부합하는 제도를 마련하고 그 자연적 힘에 의해 점진적으로 개선해 나간다는 것이었다. 법부 고문 호시 도오루는 영국에서 유학한 영국통으로서 영국주의에 담긴 점진주의, 현실주의적 사고방식에 익숙했다. 그는 짧은 기간 조선에 체류하며 소수 인원의 보좌를 받아 법제개량을 지휘했으며, 그 모습은 영국주의적 결과와 흡사했다. 2심제 재판제도, 단독제의 1심재판, 순회재판제도, 사법관자격의 규정과 법률학교 설립, 외국인 고문에 의한 재판지도와 감독체계 등이 대표적이다. 또한 형법 초안에서 조선의 실정을 고려한 것이나 태형제도를 남겨둔 것도 영국주의식 사고방식이다. 일본이 식민지에서 시행한 태형제도도 이집트의 사례를 본받은 것이었다. 물론 1895년 사법개혁은 이집트 모델을 직접 본받은 것이 아니라 그와 같은 정책을 펼 수밖에 없는 조선의 상황에서 기인한 것이라 할 것이다.

갑오개혁기의 이노우에-호시의 쌍은 통감부 시기의 이토 히로부미-우메겐지로梅謙次郎 쌍과 닮았다. 1895년 사법개혁에서 10년 뒤의 사건을 예고하는 복선을 발견한다면 너무 지나친 것일까? 1895년 사법개혁은 한국 근대 사법제도사의 논쟁적인 쟁점, 즉 자율인가 타율인가, 자주인가 식민화인가 하는 논점을 처음부터 분명하게 내포하고 있었다. 물론 그 출발이 어떻든 이후 새로운 제도를 정착시키고 문제점을 교정할 수 있으면 충분했다. '재판소구성법'은 막을 열었을 뿐이다.

4장 대한제국기의 사법제도

─ 전통의 근대적 변용과 그 한계

'대한국국제大韓國國制'(1899)가 정확하게 정의했듯이 대한제국의 정체政體는 전제군주국이었다. 대한제국기 황제중심 권력구조의 성립은 대내적으로 민권운동세력을 제압한 결과면서 동시에 대외적 위기의식의 산물이었다.[234] 재판제도는 정체의 성격이 분명하게 표현되는 장소이다. 4장에서는 아관파천 이후 수립된 신정부와 대한제국 수립 이후 사법제도의 변화 및 그 성격에 대해 논의할 것이다.

본론에 앞서 대한제국의 국가질서 및 그 속에서 사법제도가 가지는 의미를 짚고 넘어가자. 대한제국의 기본적 법질서는 '대한국국제'(1899), 명률을 포함한 형률 및 그것을 계승한 『형법대전刑法大全』(1905)으로 구성된다고 할수 있다. '재판소구성법'은 '대한국국제'와 형률적 질서 아래 발생하는 범죄와 분쟁을 처리하는 재판기관의 조직과 기능을 정한 법이다.

'대한국국제'는 대한제국에서 군주가 주권자이며 군주의 독재가 주권의 행사방법임을 명확히 표현했다. 이는 왕조시대의 『경국대전』 이래의 법전

---

234 서영희, 『대한제국정치사연구』, 서울대출판부, 2003, 390쪽.

들이 정면에서 적극적으로 서술하지 못했던 군주의 군권을 근대 공법학의 용어를 빌어 서술한 것이었다. 대한제국은 군주가 곧 국가인 국체이며, 군주가 무한하고 절대적인 군권을 자유롭게 행사함으로써 국가를 다스린다. 만약 군주가 누리는 '군권'을 신민이 침손侵損하는 행위가 있으면 "그 행위의 사전과 사후를 막론하고 신민의 도리를 잃어버린 자로 인정"한다(대한국국제 제4조).

'대한국국제'가 공법의 관점에서 표상한 국가질서를 전제하면서 관리와 인민이 지켜야 할 도리와 규칙들을 망라한 법전이, 명률과 그것을 계승한 『형법대전』이었다. 갑오개혁기에 징역형을 도입한 것을 빼면 명률과 대전회통상의 형률은 그대로 효력을 유지했고, 『형법대전』은 전통적 형률의 실체를 그대로 보존하고 있었다. 앞에서 지적했듯이 명률은 단순한 형법이 아닌 기본적 법전이었으며, 관원과 신민의 도리를 위반하는 일체의 행위는 모두 '죄'(형벌이 가해지는 행위)라는 정신에 입각해 있었다. 민사사건도 기본적으로 '죄'이지만 '형'의 영역까지 들어오지 않는 '죄', 형률에 올리기는 번거로운 인민 상호간의 사사롭고 사소한 일이었다.

'대한국국제'와 『형법대전』은 근대적 외피를 쓰고 부분적으로 새로운 내용을 담고 있기는 했지만, 왕조시대 군주정체의 국제 및 법질서와 본질적으로 차이가 없었다. 오히려 왕조정치에 안정성과 정당성을 제공해주던 요소들이 급격히 붕괴함으로써, 군주의 전단과 관료제의 타락이 가속화될 가능성이 커졌다. 사법제도도 그 영향을 받지 않을 수 없었다.

한편 대한제국의 정체와 법질서는 유길준이 『서유견문』과 『정치학』에서 그린 모습과 상당한 친화성을 가진다. 유길준이 설명하는 주권과 정부의 기원, 그 정당화방식, 그리고 '근세천제군주제近世擅制君主制', 즉 절대군주국가의 국제는 '대한국국제'에 내포된 것들과 잘 들어맞았다. 그런 점에서 대한제국의 국제와 법질서 자체는 군주정체를 유지하면서 국가개혁을 시도하려 했던 개화파 인사들의 생각과도 어쩌면 크게 다르지 않을 수 있다. 물론 구체적인 정치적 의사결정과정, 정책내용, 개혁의 목표에 대해서는 대한제국 관리들과 다른 점이 있을 것이며, 독립협회와 정부의 충돌이 그 점을 웅변해준다. 그러나 표면적 충돌의 이면에 있는 법과 재판에 대한 근본적 관념 혹은 사상思想을 문제 삼는다면 이야기가 달라진다.

아관파천 이후 친일 개화파 정권이 붕괴하고 정권담당자가 교체되었으나 개화파적 사상 자체가 사라지지는 않았다. 적어도 정권이 급격히 보수화되는 1899년 이전에는 개화파적 '사상'을 가진 인물들이 활동할 여지가 있었다. 그렇다면, 이 장에서 다루는 대한제국의 사법제도가 대한제국의 정권담당자들이 만든 것이기는 해도 그 속에 개화파의 '사상'에 담겨 있던 사법제도의 모습도 들어 있다고 할 수 있지 않을까? 어쨌든 대한제국기의 사법제도는 적어도 외세의 영향을 받지 않고 만들어진 것이었으므로, 사법제도라는 창을 통해 이 시기 법과 재판에 대한 관념을 살펴볼 수 있을 것이다.

이 장에서는 아관파천 이후의 사법제도 변화과정을, 1895년 재판소구성법체제가 예정한 코스에서 벗어나 당시 한국인들에게 익숙한 관념에 따라 사법제도가 재편되고 마침내 1899년의 재판소구성법 개정으로 종결되는 과정으로 묘사할 것이다.

1. 대한제국의 수립과 사법개혁의 동요

'구본신참'

1896년(건양 원년) 2월 11일 고종이 러시아공사관으로 이어함(아관파천)으로써 친일 개화파 정권이 붕괴했다. 고종은 권력의 중심으로 복귀했다. 새로 탄생된 정부에는 보수파, 친러파, 친미파, 친일파, 고종측근세력 등 제세력이 공존했다. 1896년 9월 24일 칙령 제1호로 '의정부관제議政府官制'가 공포되어 의정부가 복설되었다. 의정부관제는 기존 '내각관제'에서 뺄 것은 빼고 더할 것은 더해 군주친재를 강화했다 의정부는 의정, 참정, 각부대신 7인, 찬정 5인, 참찬 1인으로 구성되며, 의정부회의에는 국왕이 친림하거나 왕태자가 대림待臨했다. 군주의 관리임면권과 국정조정권이 강화되고, 부의된 안건에 대해서는 의정부회의의 표결과 상관없이 군주의 의사가 관철될 수 있었다. 1897년(건양 2) 2월 고종은 경운궁으로 돌아왔다. 8월 15일 연호가 '건양建陽'에서 '광무光武'로 바뀌고, 10월 12일 고종이 대한제국 황제에 즉위했다.

혼히 대한제국 정부는 '구본신참舊本新參' 내지 '참작절충參酌折衷'의 정신에 입각해 각종 제도정비를 추진했다고 일컬어진다. 혹은 갑오개혁의 성과가 전면부정되고 구제도로 복귀하지는 않았다는 점을 들어 '신본구참新本舊參'의 성격을 가지고 있었다는 견해도 있다.[235] 무엇이 '본'이었든 '참작절충'한다는 노선은 신구를 조화시켜 점진적으로 국가제도를 정비한다는 정신을 담고 있었다. 그러나 절충노선이 유학의 중용정신에 잘 부합된다고는 해도, 이 시대의 '신'과 '구'는 서로 원리적으로 조화되기 어렵다는 데 문제가 있었다.

1897년(건양 2) 3월 "신구 전식典式을 절충하여 제반 법규를 일통으로 휘성"하는 기관으로 법규교전소法規敎典所가 설치되었으나, 신구파의 갈등으로 난항을 겪다가 결국 보수파의 보이콧에 의해 개점휴업상태에 빠졌다.[236] 신

---

235 위의 책, 110쪽.
236 전봉덕, 앞의 책, 101~102쪽.

구의 절충은 말처럼 쉽지 않았다. 그 가운데 고종과 측근세력이 주도하여 나름의 사회·경제적 개혁정책, 이른바 '광무개혁'을 추진했다. 대한제국이라는 국가와 광무개혁의 실체 및 성격에 관해서는 논란이 많지만, 적어도 고종은 "자신의 주권유지를 제외한 모든 부문에서 옛것을 버리고 새것을 채용하는 데 열심이었다"는 평가도 있다.[237]

문제는 재판제도가 고종이 지키려 했던 '주권'과 직결된다는 것이었다. 사법권 독립을 내포하고 있는 신식 재판제도는 군주로부터 주권의 일부를 찬탈하는 폭거와 같은 것이었다. 그것은 하늘을 대신해 백성의 아버지로서 '봄의 어짊과 가을의 위엄'으로 백성을 양육하고 상벌하는 신성한 권위를 군주로부터 빼앗아버린다. 마찬가지로 관리들이 지닌 전통적 관념에도 가장 배치되는 제도였다. 백성의 소小부모로서 백성의 고정을 듣고 권선징악을 해야 할 목민관에게서 무려 8할의 사무를 빼앗는다. 도대체 목민관이 형구를 놓아버리면 이제 무엇을 어떻게 하라는 말인가? 게다가 재판소 사법관들은 법 나부랭이를 내세워 상하위계도 무시하고 독단적으로 사안을 처결한다. 덧붙여 사송과 옥송을 통해 거둘 수 있었던 많은 뇌물과 수수료料가 사라진다. 아관파천 이후 군주의 귀환과 구舊권력의 부활에 재판제도도 민감하게 반응하기 시작했다.

건양 연간의 재판제도 시행과 보완

1896년 2월 초 친일파 정권의 붕괴가 곧바로 개혁의 부정 또는 후속 작업의 전면중단을 뜻하지는 않았다. 1896년 1월부터 재판소구성법에 예정되었던 개항장·지방재판소의 개설을 비롯해 갑오개혁의 기조를 이어받은 후속 개혁이 이어졌다.

---

237 서영희, 앞의 책, 11쪽.

사실 갑오개혁기에 도입된 재판제도의 상당부분은 종이 바깥으로 나가지 못하고 있었다. 새로운 제도의 운영을 뒷받침할 제반 법령·기구·인원이 충분히 정비되지 않았고, 구래의 관행과 의식은 강력하게 존재하고 있었다. 1895년 개혁이 예정했던 사법관련기구 중에서는 법부, 고등재판소, 한성재판소, 법관양성소 정도가 설치되었을 뿐이었다. 법관양성소는 1895년 12월 제1회 졸업생 47명을 배출했다. 갓 임관한 사법관들은 재판소나 정부 내에서 아직은 취약한 지위에 있었다. 새로운 재판제도가 성적을 거두기 위해서는 당국자의 지식과 의지, 그리고 시간, 돈, 사람이 필요했다.

1895년 재판소구성법은 지방재판소의 경우 당분간 지방관이 판검사를 겸임하게 했다. 그와 관련된 임시적 조치로서 1896년 1월 11일 칙령 제5호로 당분간 각 군수가 관내 소송을 청리하고 불복하는 자는 개항장·지방재판소에 상소하며, 개항장·지방재판소의 판결에 불복하는 자는 순회재판소 개설 전에는 고등재판소에 상소하도록 했다. 1896년 1월 20일 법부는 3곳의 개항장재판소와 20곳의 지방재판소의 개설을 고시했다. 23부체제로 개편된 지방제도에 따라 23곳에 개항장·지방재판소를 설치할 계획이었다. 하지만 개화파 정권 붕괴 이후 지방제도가 13도체제(1896. 8. 4)로 변경됨에 따라 개항장재판소는 총 5곳(한성·인천·부산·원산·경흥), 지방재판소는 총 13곳(충청남·북, 전라남·북, 경상남·북, 평안남·북, 함경남·북, 황해, 강원, 제주목)에 개설되었다 (1896. 8. 27).

1896년 6월 25일 칙령 제29호에서는 당분간 군수의 재판사무를 인정한 종전의 조치를 보완하여 민형사상 관할 지방재판소에 질의할 사항, 판결에 대한 상소의 방법과 기간 등을 규정했다. 순회재판소는 계속 설치되지 않았기 때문에 8월 18일 법률 제8호로 개항장·지방재판소의 판결에 대한 상소는 고등재판소에서 수리하도록 했다. 법부는 신식제도 도입 이후에도 사라지지 않은 옛 관행을 억제하기 위해 훈령을 통해 민사와 형사의 분리, 판사·검사·경찰직무의 경계를 혼동하지 말 것, 판결한 안건을 다시 수리하거나 고등재판소가 판결한 안건을 하급재판소에서 수리하지 말 것 등을 지령했다.[238]

1896년 12월에는 고등재판소와 한성재판소에 대해 훈령으로 '재판소세칙裁判所細則'을 정해, 신속하고 공정한 사건처리를 위해 재판소와 법부의 관리가 유의해야 할 사항을 시달했다. 예를 들어, 소송의 심리는 반드시 접수번호에 따라 시행하여 선후를 혼동하지 말 것, 민형사소송은 접수일로부터 30일 이내에 판결할 것(원거리의 증인을 소환하여 심문할 경우 왕복일자를 제함), 민사 심리 시 원·피고에게 비리건송이나 무고 등의 정상이 있어 형사에 관계되는 것은 즉시 형사재판으로 이송하여 처벌할 것, 민형사재판에서 담당관리가 암암리에 당사자를 비호하여 잘못된 재판에 이를 때는 서기가 기록을 멈추고 변론할 것, 민형사상 원·피고가 재판관리에게 촉탁한 형적이 나타나면 형사사건으로 이송하여 엄히 징벌할 것, 법부의 관원이라도 집무시간 내에는 다른 관청의 집무소에 왕복하지 말 것, 재판정에는 법부 관원이라도 직무가 아니라면 방참할 수 없고 사건의 가부를 논하지 말 것 등이다.

이상과 같이 이 시기에는 1895년 재판소구성법 자체를 변경하지 않고 재판소의 개설과 운영을 위한 임시적 조치들, 사건처리를 위한 세칙과 지침들을 마련해가고 있었다. 그러나 그 가운데 1895년 재판소구성법의 취지와 배치되는 모습도 나타났다. 즉 전문적 재판소의 개설과 사법관양성이

---

238 '檢事職權', 張燾, 『新舊刑事法規大全 卷下』, 1907, 221쪽; 1896. 2. 4. 법부훈령 '경무관의 검사직무대행을 금지하는 건'; 1896. 8. 27. 법부지령 '죄수의 신문·피고의 나장은 순검이, 참증인의 초인은 정리가 시행하는 건'; 1896. 10. 13. 법부훈령 '한성·13도·4항·제주도재판소건'.

늦어지면서, 지방관의 판검사겸임제가 정규제도가 되고 고등재판소가 전국 적 관할을 가지는 중앙심으로 변해가고 있었던 것이다. 또 하나는 다음에 설명하는 바와 같이 군주와 법부가 재판에 간섭하는 공식적 장치가 마련되 었다는 것이었다.

대명률체제의 완고함

1896년(건양 원년) 4월 1일 공포된 법률 제2호 '적도처단례賊盜處斷例', 4일 공포된 법률 제3호 '형률명례刑律名例'는 형률의 일부와 형벌제도를 정비한 법이다. 두 법률은 공포시점이나 내용에 비추어볼 때 아관파천을 전후하여 법부 관리가 입안한 것으로 보인다. 그런 의미에서 외국인의 지도를 받지 않은 자주적 입법이 어떤 모습일지 예상하게 해주는 예이기도 했다.

'적도처단례'는 이름 그대로 도적을 처벌하기 위한 특별형법이었다. '적 도처단례'는 적도의 중류를 강도, 절도, 와주窩主(대체로 장물죄에 상응함), 준절 도准竊盜의 네 가지로 구분하고, 다시 세부적 구성요건과 형벌, 기수와 미수, 공범에 관한 사항 등을 규정했다.[239] 강도, 절도, 와주가 전통 형법상의 범 주에 따라 구성된다면, 준절도는 사기적 수단에 의한 재물취득을 비롯해

---

239 '강도'는 존엄한 곳에서 절도하거나 강폭한 행위로 약탈하는 것을 말하며, 대명률 절도편 에서 국가 제사용품, 임금의 물건, 제서·부험, 관공서의 인신, 성문의 자물쇠를 절도하거나 호송 중인 죄수나 전량을 약탈하거나 백주에 재물을 창탈하거나 분묘·신위의 훼손 등의 방 법으로 재물을 토색하는 행위를 합친 것이다. '절도'는 타인의 재물을 사적으로 절취하는 행위이며, 대명률 형률 절도편에서 관공서 창고물품의 횡령·절도, 타인의 재산 절도, 야간 주거침입, 사람을 약취 유인하여 매매하거나 처첩자손으로 삼는 행위를 처벌한다. '와주'도 대명률의 절도와주에서 유래한 개념으로, 강도와 절도를 교사·방조·은닉하거나 장물을 취 득하는 행위를 처벌한다. 준절도에는 전야의 곡식이나 감시자가 없는 물건을 절취, 사기 또는 공갈적 수단으로 재물을 취득, 타인의 물건을 자기 것으로 오인, 싸움 또는 죄인체포 중에 재물을 절취, 도박으로 재물을 취득, 기타 강탈·절취·편취행위 중에서 명문의 처벌규 정이 없는 것 등이 포함된다.

강도·절도·와주의 범주에 포함되지 않는 여러 재산범죄들을 합친 것이었다. 이 밖에도 화폐위조, 물품의 위·변조, 물품의 품질부실도 처벌되었다. 또한 처벌규정이 없는 행위라도 인율비부引律比附, 즉 가까운 율문을 유추적용하여 처벌할 수 있었다.

'적도처단례'는 오늘날의 용어로 말하면 강도, 절도, 사기, 공갈, 횡령, 장물, 인질강도, 유괴, 인신매매, 이상의 범죄들과 관련된 사망과 상해, 도박, 통화위조, 물품의 위변조, 기타 일체의 불법적인 재물취득행위를 처벌하는 형법이다. 노비제 폐지의 결과를 담아 양천의 신분구별을 전제한 규정이 사라졌다고는 하지만,[240] 명률의 용어, 범죄 관념, 존비질서, 처벌체계를 거의 그대로 유지하고 있는 점에서 결코 근대지향적 형법은 아니었다.

'형률명례'는 갑오개혁기 이래 도입된 형벌제도를 정리한 '형벌총칙'에 해당한다. 1896년 6월 17일 일부 개정된 결과를 기준으로 삼으면, 형벌을 사형, 10등급의 유형, 19등급의 역형, 10등급의 태형으로 4분하고 형구의 종류, 형집행절차 등을 규정했다.

'형률명례'는 1895년 사법개혁의 방향과는 부합하지 않는 몇 가지 규성을 가지고 있었다. 정확하게 말하면 그것들은 갑오개혁기에 제거되지 않았기 때문에 현행법의 일부를 이루고 있던 것들이다. '형률명례'는 그것들을 재확인하고 보완했다.

첫째, 재판과 형집행상 군주의 권한이 명문화되었다. 사형의 선고, 국사범에 대한 역형의 선고, 특별법원에서의 역형 이상의 선고에는 군주의 재가가 필요했다. 칙주임관을 체포하는 경우 칙임관은 체포 전에 주임관은 체포 후에 군주에게 주문했다.

둘째, 칙주임관의 범죄와 국사범사건은 지방에서의 극히 경미한 사안을

---

240 왕현종, 앞의 책, 297~299쪽.

제외하고는 모두 고등재판소에서 관할하도록 했다. 칙주임관 범죄와 국사범은 1895년 6월 법률 8호에서 '당분간' 고등재판소에서 수리·심리한다고 했는데, '형률명례'에서는 '당분간'이라는 문구를 없앴다. 고등재판소가 이 사건을 관할한다는 것은 과거 '의금부'의 관할사건이 온전히 고등재판소 관할이 되었음을 의미했다. 이로써 고등재판소는 일종의 행정재판소, 탄핵재판소, 정치범재판소로서의 성격을 구비하게 되었다.

셋째, "신문하는 장場에서 잘못을 인정하지 않고 남에게 미루며(抵賴推諉) 사실대로 실토하지 않는(呑吐不實) 자"를 재판장의 허가를 받아 고신할 수 있다고 하여 고신을 명문화했다. 1894년 8월 군국기무처 의안에서는 '신식법률을 반포하기에 앞서' 대전회통에 의해 고신을 허용한다고 했다. '형률명례'는 경죄는 10대, 중죄는 20대까지, 1일 1회, 1인 3회까지 편수鞭箠로 가격하는 것을 허용했으며 노약자와 부녀에게는 고신을 가할 수 없게 했다.

이런 것들은 일단 현행 법제를 보완하여 형사재판을 실시하기 위한 조치였다고 할 수 있다. 하지만 '당분간'이라는 문구가 법령에서 삭제된 것이 보여주듯이, 갑오개혁기 입법에서 임시적이었던 것이 '형률명례'단계에서는 항구적 격식으로 자리잡았다는 점에 주목해야 한다. 물론 이는 결코 미래지향적 조치는 아니었고, 이후 사법제도개혁에 긍정적인 영향을 미치지 못했다.

'적도처단례'와 '형률명례'는 1905년 『형법대전』이 제정될 때까지 대명률과 함께 가장 중요한 형사법으로 존재했다. 그 가운데 구식 형사법과 어울리지 않는 신식 형사법이 기묘하게 공존하는 광경이 연출된다. 1896년 8월과 9월 제정된 '전보사항범죄인처단례電報事項犯罪人處斷例'와 '우체사항범죄인처단례郵遞事項犯罪人處斷例'를 보자. 전보·우편사무 자체가 완전히 새로운 것인 만큼 형벌규정도 새로울 수밖에 없었다. 두 처단례는 일본 기타 외국의 입법례를 참고한 것으로 보인다. 두 처단례는 예컨대 어떤 범죄구성요건에 대해 "역형 1개월 이상 1년 이하 또는 벌금 60량 이상 200량 이하에 처한다"라는 식으로 법정형에 형벌의 상하한을 제시하고 벌금형까지 인정했다. 대명률의 형벌체계에서는 각 범죄구성요건마다 형벌과 형량이 고정되어 있었고, 체형에 갈음하여 속금을 징수하기는 했지만 독립적인 벌금형제도는 없었다. 즉 두 처단례의 형벌체계는 대명률의 형벌체계 및 그에 입각해 형벌총칙을 정한 '형률명례'와 조화되지 않는다. 법령 간의 체계적 연관을 중시하는 오늘날의 법률가들은 이상하게 느낄 수 있다. 그러나 서로 다른 두 형벌체계는 특별한 문제없이 공존했다. '형률명례'를 계획한 이들의 관점에서 보면 '형률명례'는 '형률'적 형벌법에 관한 총칙이었다. 전보사항범죄처단례 등은 엄밀하게 말하면 '형률'이 아니었다. 두 처단례가 규율하는 영역은 나중에 『형법대전』에도 실리지 않았다.

이런 신구의 어색한 공존을 해소할 방법이 있었다. 새로운 형법을 제정하는 것이다. 호시 도오루에 이어 1896년 2월에 법부 고문으로 용빙된 노자와 게이치는 그해 6월 일본어로 된 초안을 완성했고, 번역과 수정을 거쳐 1897년 1월 '형법 초안刑法艸案'이 탄생했다. 노자와는 일본의 형법(1880)과 형법개정 논의를 참고하여 형법을 기초하면서 태형을 존속시키고 가족의 복수를 위해 저지른 행위를 감경하는 등 조선 실정을 고려한 규정을 두었다. 노자와는 초안에 붙인 서문에서 300개조에 불과한 형법 초안이 대명률보다 우수한 이유를 설명했다. 대명률의 예식, 관리의 직무, 조세, 혼인·장례, 군율에 관한 규정 및 신분차별적 규정은 오늘날의 시세에 맞지 않거나 다른 법령에 속해야 할 것들이 많아 "서민 일반에 대해 가히 예행例行하기" 어렵기 때문에 형법에서는 삭제했고, 천태만상인 범죄를 일일이 다 규율하다가는 법규정이 번잡해지고 입법자의 능력을 벗어나기 때문에 관엄을

중용할 수 있도록 사법관의 재량을 인정해야 한다는 것이었다.[241]

우리가 가지고 있는 모범적인 형법의 이미지에 비추어보면 노자와의 '형법 초안'도 불충분하고 한계가 있는 것처럼 보인다. 그러나 잊지 말아야 할 것은, '형법 초안'은 일반서민에게 적용하는 형법, 즉 '시민법'으로서의 형법이라는 서양적 관념에 입각하여 마련된 한국 최초의 형법안이라는 점이다. 그것은 단지 명률을 대신하는 형법이 아니라 형률적 법질서를 해체하고 완전히 새롭게 구성되는 법질서를 예정하고 있었다. 하지만 노자와는 결국 헛수고한 것이 되고 말았다. 형법 초안은 아무런 진지한 논의도 없이 폐기되었다. 근본적으로 '형법 초안' 같은 법은 국법질서와 재판제도의 근본적 전환이 추구되지 않는 한 결코 실정법 질서 안으로 수용될 수도 없고 설사 시행되었다 해도 안착될 수 없는 법이었다.

1897년 '한성재판소관제규정'과 신구절충의 한 양상

광무연간(1897. 8~)에 들어서면서 재판제도에 의미심장한 변화가 나타나기 시작했다. 그 변화는 종국에는 1899년 재판소구성법의 개정으로 수렴되는데, 그 과정에서 주목할 법령은 한성재판소와 경기재판소의 관제이다. 두 재판소의 관제는 1897년 9월과 1898년 2월 두 차례에 걸쳐 엄청난 변화를 겪었다. 두 차례의 변화는 한편으로 1895년 재판소구성법이 예정했던 재판제도로부터의 일탈을 의미한다는 점에서는 동일했지만, 다른 한편 당시의 절충적 노선 가운데 이를테면 '신본구참'과 '구본신참'이 각기 상정하는 재판제도를 표현했다는 점에서 대조적이다. 우리는 그것을 통해 당시의 재판제도에 대한 관념을 이해하고, 신식과 구식의 조화가 실제로 어떻게 재판제도에 구현되었는지 확인할 수 있다.

---

241 「자료 형법초안」, 『법사학연구』 16호, 1995, 10~12쪽.

1897년(광무 원년) 9월 12일 법률 제2호 '한성재판소관제규정漢城裁判所官制 規定'(이하 '한성재판소관제')이, 9월 12일에는 칙령 제37호 '경기재판소 설치에 관한 건'이 공포되었다. 종전에는 한성재판소가 경기도까지 관할하게 되어 있었지만, 이제 한성재판소의 관할구역을 한성 5서嶼 내로 한정하고 경기재 판소를 설치한 것이다. '한성재판소관제'는 단지 한성재판소의 조직과 권한 을 정하는 데 그치지 않고 1895년 '재판소구성법'의 일부를 개정한 법률이 었다. 그리고 한성재판소는 유일하게 행정기관과 분리되어 설치된 재판소 라는 점에서, 그 관제를 변경하는 것은 사실상 현재 작동 중인 재판소의 관 제를 변경한 것이나 마찬가지였다. '한성재판소관제'에서 '재판소구성법'을 변경한 부분을 중심으로 그 내용을 살펴보자.

첫째, 형사관할사건이다. 한성재판소는 한성 내 형사사건 중 고등재판소 가 관할하는 사건을 제외한 형사사건을 심판했다. 고등재판소 관할사건은 ① 모역과 국사범, ② 주임관 이상 관원의 범죄, ③ 판임관 이하 관원이라 도 '봉지奉旨하여 특심特審하는 안건'이다. ①과 ②는 '형률명례'에서 이미 인정된 바였다. 여기에 ③을 덧붙여 황제의 특지가 있으면 판임관 이하 관 원의 범죄사건도 고등재판소에서 특별히 심리하게 한 것이다.

둘째, 한성재판소 판사의 임명절차이다. '한성재판소관제'에 의하면, 재 판소 직원은 수반판사(1인), 판사(민사·형사 각 1인), 부副판사(1인), 서기(8인), 정 리(8인)이다. 수반판사는 칙임 또는 주임관이고 판사·부판사는 주임관이며, 모두 법부대신이 주천하여 임명한다. 1895년 재판소구성법에서는 내각총 리대신을 거쳐 법부대신이 판사를 임명하게 했는데, 이제는 단지 법부대신 의 주천과 황제의 재가로 임명되도록 했다.

셋째, 수반판사의 권한이다. 1895년 '재판소처무규정통칙'에서는 수반판 사의 직무가 사건을 배당하거나 행정사무를 감독하는 데 그쳤다. 그런데

'한성재판소관제'는 수반판사의 재판관여권을 명문으로 규정했다. 즉 민사판사는 단독으로 판결을 내릴 권한이 없고 수반판사와 상의한 뒤에 판결해야 하며, 민사판결서와 형사선고문에는 수반판사의 인장이 있어야 했다. 또한 수반판사는 민형사재판에 임의로 동심同審할 수 있게 했다.

넷째, 법부대신의 시찰과 감독권한이다. 1895년 '재판소구성법', '법부관제', '재판소처무규정통칙'에 의하면, 법부에 설치된 고등재판소, 특별재판소의 사무에 관한 것은 예외로 하고, 법부대신이 한성재판소 기타 재판소의 재판사무와 행정사무를 직접적으로 지휘·감독할 수 없었다. 그런데 '한성재판소관제'에 의하면, 법부대신은 한성재판소로부터 고등재판소에 상소할 안건이 있건 없건 한성재판소의 사무와 안건을 수시로 감시하고 임의로 법부직원을 파견해 순시하게 할 수 있었다. 또한 한성재판소의 사무가 번잡할 때는 법부직원이 숙련된 이를 임시로 파견하여 한성재판소의 판사·부판사·서기 등의 직무를 대리하게 했으며, 이 경우 당해 직원의 직권은 한성재판소의 직원과 동일했다.

이상과 같은 '한성재판소관제'의 사무감독체계는 대체로 경기재판소에도 적용되었다. 경기재판소의 직원은 수반판사·판사·서기로 구성되며, 수반판사는 경기도 내의 상소사건을 자신이 심사하거나 임의로 다른 판사와 합석하여 심사할 수도 있었다. 경기재판소는 경기도관찰사가 아니라 법부대신의 감독을 받았다.

이상의 것들은 무엇을 말하는가? 거칠게 말하면, 황제와 법부의 재판간섭 강화, 한성재판소의 법부직할기관화, 재판소의 행정기관화, 재판사무의 행정사무화이다. 1895년 재판소구성법에 상정된 한성재판소의 지위, 재판소 독립의 프로그램과 비교해보면 거의 180도로 바뀌었다고 할 수 있다.

물론 한성재판소의 재판사무 감독체계는 관리들의 권한남용, 자의적 처결을 억제해야 한다는 현실적 요청에 부응하고 있었다. 또한 전무의 재판소에 한성재판소 외에 경기재판소를 추가한 것도 일정한 진전이라고 할 수 있다. 그런데 전무의 재판소를 어떻게 조직하고 그 직무를 지휘감독할 것인가 하는 문제에 대해 법부 관리들은 그들이 익숙한 관념, 재판사무를 행정사무의 일부로 인식하는 관념에 의거해 대처했다. 그래서 법부대신이 재판소의 직무를, 수반판사가 판사들의 직무를 언제든지 효과적으로 감독할 수 있는 체계가 필요했던 것이다. 진정한 의미의 재판사무, 재판소의 조직 원리에 부합하지는 않지만, 어쨌든 새로운 관제는 당대인의 의식과 주어진 조건에 입각하여 문제를 해결하려 했고, 때문에 더 효과적일 수도 있었다는 점에서 나름대로 합리적이었다. 그런 의미에서 새로운 '한성재판소관제'는 재판소의 존재 자체를 부정하지 않고 종래의 익숙한 관념—행정형 재판의 관념—에 입각할 때 재판소가 어떻게 구성되는지 보여주는 사례라 할 것이다.

같은 맥락에서 '한성재판소관제'는 나름의 재판절차 개선의지를 보여준다. 예를 들어, 민사판사가 피고와 증인을 고신하거나 5일 이상 구류할 때는 수반판사의 허가를 받도록 했다. 민사상 고신과 구류 자체를 부인하지는 않되, 수반판사의 개입을 통해 민사상 고신과 구류를 통제하려는 취지였다. 형사재판의 경우 부판사와 형사판사가 업무를 분담하여 처리했다. 즉 부판사는 접수된 형사사건을 먼저 심리하고 그중 경미한 사건(벌금 5원 이하, 태 20도 이하, 감금 30일 이하)은 직접 판결한다. 중한 사건은 부판사가 형사판사에게 넘기면, 형사판사는 수반판사와 상의한 뒤 판결을 내린다. 또한 매주 토요일에 일주일 동안 판결한 사건과 미결한 사건을 구별하여 그 개요를 정리해 법부대신에게 제출하여 검토하게 하고 관보에 기재하도록 했다.

'한성재판소관제' 중 가장 획기적인 것은 체포절차를 개정하고 공개재판의 원칙을 천명한 것이다. 즉 한성관내에서 형사안건에 대하여 범인을 나획拿獲, 즉 체포하는 경우 어떤 범죄 안건이건 또한 누구의 명령을 받들어 하는 것인지 불문하고 체포 후 24시간 내에 한성재판소로 압교하여 부판사가 그 소범과 안건을 소상히 기록하고 당해 범인을 관할재판소로 이송하여 심리하게 했다. 또한 범인이 한성재판소로 압송된 경우 재판소에서는 밤을 넘겨 구금할 수 없고 매일 심리를 종결한 뒤에 구금할 범인이 있으면 모두 감옥서에 압송했다가 당해 안건을 다시 심리할 때 한성재판소로 인치하여 계속 심사한다. 그리고 특별히 명을 받들어 심리하는 사건 외에 소송사건은 공중에게 공개하여 자유로운 방청을 허락했다. 한성재판소의 체포·구속절차와 공개재판은 독립협회가 이미 주장하고 있던 것이다. 특히 범인을 체포한 경우 24시간 내에 피체포자를 재판소로 인치하여 판사의 심사를 받게 한 것은 서양식 인신보호절차와 유사한 제도를 도입한 것인데, 『독립신문』에도 소개된 바가 있었다.[242]

이와 같이 '한성재판소관제'는 행정적 감독체계와 절차법을 보완함으로써 인신구속의 남용과 자의적 처결을 억제하고 공정한 법집행을 담보하려는 목표를 가지고 있었다. 민사와 형사의 분리, 판사들 사이의 직권배분, 민사상 고문 및 구금의 억제, 형사상 체포·구속제도 개선, 공개재판 같은 것은 갑오개혁기의 개혁노선을 계승하여 재판제도를 정비하려는 의지를 잘 보여준다.

그러나 앞에서 지적했듯이 '한성재판소관제'의 사무감독체계에 반영된 관념은 '사법권의 독립, 재판관의 직무상 독립'이라는 서구적 관념과 상이한 것이었다. 즉 행정기관적 원리에 입각하여 재판사무를 처리하는 기관을

---

242 전봉덕, 앞의 책, 296~297쪽; 이원택, 「개화기 근대법에 대한 인식과 근대적 사법체제의 형성」, 『동양정치사상사』 6권 2호, 2007, 238쪽.

구성한 것이었다. 그리고 이 점은 이 법을 입안했을 관리에 한정되지 않는다.『독립신문』은 새로운 관제가 근년의 법률 중 인민에게 가장 유익한 법률이며 공평하기 이를 데 없다고 논평했다. 그 이유로 새로운 인신구속절차와 공개재판 외에 다음과 같은 점을 들었다.

> 또 한 가지는 민사판사는 누구든지 형벌하는 권리가 없고 닷새를 감옥서에 가두어 둘 수가 없을 터이며, 무론無論 무슨 일이고 재판한 후 선고서는 수반판사의 인가가 없으면 선고치 못하며, 누구든지 송사한 후에 재판관이 미흡히 일을 한 것 같으면 다시 고등재판소에 정呈하는 권리가 있으며 한성재판소 안에서라도 판사 중에 누가 재판을 미흡히 한 것 같으면 수반판사에게 다시 정하여 일을 고쳐 변백케 하는 도리가 있는지라. 이처럼 백성을 생각하여 아무쪼록 법관이 협잡 못하도록 만들었으니 어찌 원통한 송사를 감히 하려고 할 인민도 없을 터이요, 흐리게 사정私情으로 재판할 법관도 없을지라.[243]

법관의 협잡을 막기 위해서는 늘 상급자에게 개입과 시정의 길을 열어두어야 한다는 것이다. 물론 이런 생각은 당시의 관념에 비추어보면 극히 당연한 것이었고, 겨우 재판소만 설치했다고 곧바로 서양식 제도가 시행되는 것도 아니었다. 하지만 사실 이런 관념이야말로 1895년 재판소구성법의 의도와 정반대되는 것이었다. 한성재판소는 개항장재판소와 더불어 행정과 재판의 분리라는 신식 재판제도의 기본원칙이 잘 반영된 재판소였고, 재판제도개혁의 효과를 전체 재판소로 확산시키기 위한 진지였다. 이제 '한성재판소관제'에 의해 한성재판소는 법부 예하의 행정기관이 되어버린 것이다. 새로 설치된 경기재판소도 마찬가지였다. 하지만 1895년의 체계는 한국적

---

[243] 『독립신문』 1897. 11. 6.

제도와 관념과도 잘 맞지 않았다. 그런 점에서 '한성재판소관제'는 당시의 관념과 현실에 충실한 한국적 개혁의 실례라고도 할 수 있다. 문제는 이것이 후속 개혁으로 나아가는 하나의 징검다리로 설정되었는가, 아니면 그것으로 전부였는가 하는 점일 것이다.

1898년 한성재판소의 폐지와 과거로의 회귀

나름대로 '신본구참'적인 의미를 담고 있었던 한성재판소관제는 석 달도 못 되어 폐기되었다. 1898년(광무 2) 1월 27일 고종은 법부대신 이유인李裕仁의 상소를 받아들여 한성재판소와 경기재판소를 폐지하고 재판사무를 한성부와 경기관찰부로 이관시킨다는 조칙을 내렸다. 이유인은 점술가 노릇을 하며 왕실과 인연을 맺고 고종에 절대적으로 충성하여 일국의 법부대신까지 벼락출세한 인물이었다.[244] 법부대신으로 임명된 지 닷새 뒤 이유인은 다음과 같은 상소문을 올렸다.

대저 법관이 맡은 바는 민사·형사뿐인데 밖으로는 13부 관찰사가 있고 안으로는 한성판윤이 있습니다. 옛날 방백이 맡은 바는 오직 이 두 가지 일뿐으로 이를 버리면 일이 없는 것입니다. (…) 관찰사와 판윤이 맡은 일이 무엇입니까? 민사이건 형사이건 하나도 묻지 못하고 백치·귀머거리 같이 헛되이 월봉만 받고 있으니 장차 이들을 어디에 쓰겠습니까? 관찰사·판윤은 민형사 임무를 감당하지 못하고 오직 소위 수반판사만이 그 직을 감당할 수 있다고 하겠습니까? (…) 두 재

---

244 이유인의 관원 이력에 대해서는 서영희, 앞의 책, 88쪽. 한편 이유인의 한성재판소·경기재판소 폐지상소의 배경에는 개인적 피해감정이 있었을 것이라는 추측도 있다. 이유인은 1896년 11월 친동생의 집이 빚으로 넘어가게 생기자 직접 동생의 대언인으로 한성재판소에 민사소송을 제기했으며, 재판의 형세가 불리해지자 법부대신으로 취임한 뒤 다시 타인을 내세워 고등재판소에 소장을 제출했다고 한다. 도면회, 앞의 글, 129쪽.

판소에 관원 둔 것이 번다하고 허비가 많습니다. (…) 국가재정이 고갈했으니 쓸모없는 관리와 비용은 마땅히 도태하고 줄이고 없애야 합니다. 하물며 벼슬 밖에 벼슬을 더 두고 경비 위에 경비를 더하고도 오히려 소매를 걷어붙이고 스스로 자기 식견과 시무를 자랑하면서 천하의 중요한 임무를 맡았다고 하는 자를 신은 통절하게 생각합니다.[245]

1898년 2월 9일 칙령 제4호에 의해 두 재판소는 폐지되었고 칙령 제5호로 새로운 '한성부재판소관제규정'이 제정되었다. 직원은 수반판사(1인), 판사(2인), 검사(1인), 주사(6인), 정리(8인)가 되었다. 수반판사는 한성부 판윤(判尹)이 겸임하고, 판사 2인 중 1인은 한성부 소윤(小尹)이 겸했다. 형사의 초심을 담당하던 부판사가 없어진 대신 검사가 새로 추가되었다. 검사는 한성부재판소에 접수한 형사사건을 먼저 심리한 뒤 문안을 갖추어 형사판사에게 공소하며, 수반판사의 인준을 얻어 피고인과 증인을 고문하고 구금할 수 있었다. 그러나 새로운 관제상 검사는 실질적인 공소관이 아니라 판윤과 소윤의 재판사무를 조력하는 관리에 불과했다.

구(舊) '한성재판소관제'에서 인정한 수반판사의 판결서 인증권, 합동심리권, 법부대신의 감독권은 그대로 유지되었다. 그러나 체포구속절차는 개악되었다. 구(舊)관제는 한성관내에서 체포된 일체의 범인은 24시간 내에 재판소로 인치하고 반드시 부판사를 경유하여 관할재판소로 이송하게 했다. 신(新)관제는 경무청에서 체포한 범인을 24시간 내에 한성부재판소로 압송한 뒤 다시 감옥서에 가두는 형식적 절차가 되고 말았다. 비공개재판이 허용되는 경우도 '특별히 명을 받들어 심리하는 안건'에서 '특별한 이유로 비밀

245 1897. 1. 21. 주본 제13호, 『奏議』(규17703) 제12책(도면회, 앞의 글, 127~128쪽에서 재인용).

심리하는 안건'으로 변경했다.

이런 변화의 배경에는 여러 가지 사정이 있었겠지만, 궁극적으로 이유인의 상소문에서 드러나듯이 집권세력의 신식 재판제도에 대한 몰이해와 반감을 빼고는 달리 설명할 길이 없다. 이유인이나 전통적 지방관의 관점에서 볼 때 재판소란 그들의 일을 빼앗고 국가 재정을 좀먹는 '용관冗官', 즉 쓸데없는 관직에 불과했다.

1897년 10월 대한제국이 공식적으로 수립된 이후의 제도개정은 더욱 과거지향적으로 흘렀다. 그 안에서 법부가 구태의연한 모습을 보이는 예하의 재판소와 지방관들을 다그친들 효과가 있을 리 없었다. 동일한 사건에 대한 비일비재한 판결번복, 권세와 협잡이 통하는 자의적 법집행, 수수료와 뇌물수입으로 재판이 사금고화되는 것은 구래의 고식적인 재판제도와 불가분하게 결합되어 있었기 때문이다. 이로써 개명한 나라에 있다는 재판소라는 명칭의 관서가 있다는 사실을 제외하고는, 구래의 법제와 관행을 감싸고 있는 재판소라는 껍데기만 남게 되었다. 같은 해 3월 4일 법부는 전국에 고시하여 "사람들이 개화의 뜻을 잘못 알고 기강을 문란케 하고 풍속을 폐케 하므로 이제부터는 아랫사람이 윗사람을, 천한 사람이 귀한 사람을, 젊은이가 어른을 범하고 방해하고 능멸하는 것을 엄벌로 다스리겠다"고 선포했다.[246]

그렇다면 이 시대는 마냥 퇴행하기만 했는가? 이 질문에 답하기 위해서는 새로운 제도가 당시 사회에 어떤 의미 있는 효과를 가져왔는지, 당대인들은 새로운 제도를 어떻게 활용했는지 먼저 살펴봐야 할 것이다.

---

246 『고종시대사 4』, 512쪽. 광무 2년 3월 4일.

2. 법정, 새로운 공론공간

1896년 7월의 정성우 상소사건

1896년 2월 아관파천 이후 혼미한 정국이 이어지는 가운데, 새롭게 조직된 정부에는 온건개화성향을 가진 인물들도 중용되어 새로 기용된 보수파 인사들과 어느 정도 균형을 이루고 있었다. 친미적 또는 친일적 성향의 개명관료들이 주축이 되어 1896년 7월 독립협회가 창설되었고, 귀국한 서재필徐載弼이 여기에 가담했다.

정성우 상소사건은 1896년 7월 9일 진사 정성우鄭惺愚라는 유생이 고종에게 올린 상소문이 발단이 되었다. 정성우는 상소문에서 개화당 인사들을 처벌하고 구제를 복구할 것을 주장했다. 그는 살아남은 갑오을미의 역당들을 엄히 처벌하지 않으면 또 다시 변란이 일어날 것이라 하고, 미국 시민권자로 귀국한 "흉도 서재필"을 지목하여 "외신外臣이라 자칭하고 국사에 관여하는 것은 무슨 일이며 또한 독립신문이라는 것은 전부 비방이요 전혀 의리를 저버린 것으로서 이것은 다만 선왕의 법제를 고치고 본국을 진복게 하려는 것이니 이와 같은 흉역과 같은 하늘에 살 수 없다"고 비난했다. 게다가 내부대신 박정양朴定陽, 농상공부대신 조병직趙秉稷, 군부대신 이윤용李允用, 중추원 일등의원 안경수安駉壽, 중추원 일등의관 김가진金嘉鎭 등 대관들의 사적·공적인 처사를 거론하며 탄핵했다.[247] 상소문에 거론된 사람들 중 서재필·박정양·이윤용·안경수·김가진 등은 독립협회 임원이었다.

고종은 정성우의 상소를 불가하다며 물리쳤다. 박정양·조병직·이윤용·안경수·김가진은 정성우를 상대로 명예훼손을 이유로 한 민사소송을 고등재판소에 제기했다. 사건을 담당한 고등재판소 재판부는 재판장 한규설韓圭卨

---

247 위의 책, 163쪽. 건양 원년 7월 9일.

(법부대신), 판사 권재형權在衡(법부협판) 외 판사 1인, 예비판사 2인으로 구성되었다. 고등재판소는 7월 10일 재판을 개정하고 원고와 피고를 대질하여 심리했다. 7월 11일 서재필은 미국공사와 외무대신 이완용李完用에 대한 조회를 거쳐 고등재판소에 별도의 민사소송을 제기했다.[248] 7월 18일 고등재판소는 박정양 이하 고관들과 서재필의 고소에 대해 각각 판결을 선고했다. 고등재판소는 정성우가 허위사실로 원고의 명예를 훼손했다고 정성우에게 금전적 배상을 명했다. 7월 24일 고등재판소는 민사소송과 별개로 정성우에 대한 형사판결을 선고했다. 고등재판소는 정성우를 대명률 형률의 임금에 올리는 상서에 허위사실을 기재한 자를 처벌하는 규정(對制及奏事上書詐不以實者律)에 의거하여 태 100 징역 3년에 처하는 판결을 선고하여 이를 고종에게 상주했다. 고종은 특지로 본형을 변경시켜 유 3년에 처하게 했고, 정성우는 전라남도 고군도로 유배되었다.[249]

이 사건은 보수파의 공격과 개화파 인사들의 반격이라는 정치적 의미를 가지고 있다. 그런데 사건의 해결과정을 보면 두 가지 흥미로운 점이 있다. 첫째, 상소에서 지목된 대관들이 정치적 투쟁에서 법과 재판을 동원했다는 점이다. 정성우는 상소라는 전통적인 정치적 의사표현 방법으로 이들을 공격했다. 예전 같다면 정성우를 반박하는 상소나 사직을 청하는 상소를 올리고 고종이 개입하여 정치적으로 해결하게 되었을 것이다. 그런데 대관들은 민사소송이라는 법적 수단으로 대응했다. 둘째, 이 사건은 명예훼손에 관한 최초의 민사소송이자 손해배상책임을 인정한 사례이다. 당시 법제에는 명예훼손에 대해 민사책임을 인정하는 제도도 법리도 존재하지 않았다. 과연 어떤 논리로 민사책임을 인정했고 그것이 의미하는 바는 무엇일까?

---

248 위의 책, 165쪽. 광무 원년 7월 11일.
249 위의 책, 176쪽. 건양 원년 7월 24일.

법과 재판을 동원한 정치와 계몽

먼저 첫 번째 문제부터 살펴보자. 이 사건은 이른바 '정치과정의 법적 담론화'라는 근대적 정치현상의 표출로 이해할 만한 요소를 가지고 있다. 근대사회는 정치공동체 구성원의 법적·정치적 평등과 '법을 통한 지배'를 정치사회를 구성하고 운영하는 근본원리로 상정함으로써 정치과정과 법과정이 밀접하게 연계되는 모습을 나타낸다. 그 한 단면은 "정치적 분쟁의 해결에 법을 동원하여 권력과 권위를 획득"하려는 모습으로 표출된다.[250]

과연 정성우사건에서 그 일각을 읽을 수 있을까? 만일 이 사건의 결말이 고관을 험담하여 체모를 손상시킨 죄로 일개 유생을 처벌하는 데 그쳤다면 이런 말을 할 필요가 없다. 사실 재판은 정성우에게 처음부터 불리한 것이었다. 그가 탄핵한 인물들은 현직 대신, 중추원 일등의관, 미국 시민권을 가진 정부 고문(서재필)이었다. 고등재판소의 판사들도 이들과 친분이 있는 자들이었다. 서재필이 사장이었던 『독립신문』은 정성우의 전과와 과거행적을 거론하며 협잡꾼으로 지탄했다.[251] 따라서 겉보기에는 일개 유생을 상대로 고관대작들이 소송이라는 방법으로 보복한 것처럼 보이기도 한다. 하지만 정성우의 상소 자체가 개인적인 행동이 아니라 개화파 인사들을 견제하려는 보수파나 정부 인사들과 연결되어 있다는 의혹이 있었다.[252] 또한 정

---

250 근대사회에서 정치과정과 법과정의 연계와 그 의미에 대해서는 이국운, 『정치적 근대화와 법률가집단의 역할』, 28~30쪽 참조.

251 『독립신문』 1896. 7. 16.

252 일본공사관도 이 사건을 예의주시했다. 하라 다카시 공사는 한규설(韓圭卨)·심상훈(沈相薰)·이종건(李鍾健) 일파가 사주해 상소했다는 풍설이 있는데, 그것이 사실이라면 내각에 일대 파란이 일 것이라고 보고했다. 『국역 주한일본공사관기록』 10권, 1896. 7. 12. 原公使→西園寺 외상. 정성우의 상소는 전 승지 이최영(李最榮)이 정서했고, 이최영은 이듬해 4월에 동지를 모아 칭제건원을 청하는 상소운동을 벌였다. 이 상소운동의 배후인물로 엄상궁·이재순·김홍륙·조병식 등이 거론되었다. 『국역 주한일본공사관기록』 12권, 1897.

성우의 상소는 정부 내의 개화파 인사들에 대한 인신공격과 함께 개화의 취지를 뿌리부터 부정하는 내용을 담고 있었다. 그런 사안에서 정치적 방법이 아닌 재판이라는 법적 수단을 활용한 것, 게다가 다름 아닌 민사소송이 제기되었고 '명예훼손'이 거론되었다는 것은 특별한 의미가 있다.

이 사건은 당시 지식인층에게 어떻게 받아들여지고 있었을까? 『매천야록梅泉野錄』의 기사는 유교 지식인들이 이 사건을 한 강직한 유생이 실정을 논하다가 화를 입은 사건으로 인식했음을 보여준다.

> 유생 정성우를 고군산도로 유배 보냈다. 그는 항의상소를 올려 당시 정사의 과
> 실을 논했는데, 그 말이 매우 강경하고 신랄하여 소장을 본 사람들은 혀를 내둘
> 렀다. 그때 마침 이건창李建昌이 고군산도에 귀양 가 있다가 사면을 받고 미처 떠
> 나지 못한 상태에서 정성우가 이르는 것을 보고 탄식하기를, "정성우를 보니 사
> 람으로 하여금 부끄러워 죽게 하는구나"라고 했다.[253]

반면 『독립신문』은 이 사건에 색다른 의미를 부여했다. 『독립신문』은 오로지 공평의 정신에 입각하여 시비를 판단하는 법률의 중요성을 강조하고, 예전 같으면 사직 상소를 한다든지 상소한 자를 재판 없이 정배를 보내거나 죽인다든지 할 터인데 이번에는 이 일로 공정한 재판을 한다고 하면서 이렇게 말한다.

> 우리 생각에는 이번 재판하는 것을 보니 대조선 오백년 사기史記에 제일가는 경
> 사라. 시원임時元任 국무대신들이 일개 평민의 말을 어렵게 여겨 재판소에 와 재

---

5. 18. 加藤 공사→大隈 외상, 探聞報告 第26號.
253 황현 지음, 임형택 외 옮김, 『역주 매천야록 상』 2권, 문학과지성사, 2005, 505쪽.

판하기를 청하고 그 평민이나 시원임 대신이나 일체로 법관 앞에 앉아 이치와 도리와 경계와 법률을 가지고 옳고 그른 것을 대질하여 공평되게 분석하려고 하니, 이것을 보게 되면 조선도 차차 법률이 중하고 두렵고 공변되고 명백히 시비곡직을 사실하여 죄 있으면 누구든지 벌을 입을 양으로 비준하고 죄 없으면 누구든지 벌 입을 묘리가 없는 줄을 깨달은 것이라. 이번 이 재판에 원고 피고의 공초供招를 세상 사람들이 다 알 터이거니와 조금치라도 편벽된 것은 없을 터이니 이것을 생각하면 어찌 조선 인민의 경사가 아니리요. 이것을 생각하면 공초와 재판하던 문서를 끝난 뒤에 출판하려니와 그 전이라도 누구든지 재판하는 것을 보려면 재판소에 와서 방청인으로 듣고 공평한지 아니한지 세계 사람이 다 알 터이다.[254]

서재필이『독립신문』사장이자 주필이었다는 사실은 일단 접어두자. 논설이 강조하는 것은, 법률보다 권세가 앞서고 있는 조선에서 이제 정부대신과 평민이 소송당사자가 되어 법률에 따라 공정하고 공개적인 심리가 이루어짐으로써 바야흐로 법치의 희망을 가질 수 있다는 것이었다. 신문기사에 의하면 이 재판에 대한 세간의 관심이 컸던지 방청객이 4~5백 명에 이르렀다고 한다. 아마도 방청객들에게 이 사건의 재판정은 개화의 텍스트가 현실로 나타나는 장소였을 것이다. 정부고관이 일개 평민과 대등한 당사자로 법정에 서서 대질하는 것은 법적 평등의 현실적 모습이자, 권세가 아닌 법과 재판에 의해 사안을 해결하는 모습을 보여주었을 것이다. 더구나 이 사건에서는 유길준이 인민의 자유·통의의 하나로 거론했던 '명예의 통의'가 문제되었다. 즉 개인의 자유권 중 하나인 '명예의 권리'가 텍스트에서 걸어 나와 자신이 권리이며 법적 보호대상임을 보여준 것이다. 그래서『독

---

254 『독립신문』 1896. 7. 24.

립신문』은 이 사건을 조선 오백년 역사에서 제일가는 "인민의 경사"로 자리매김했다.『독립신문』은 재판의 진행상황을 기사로 전하여 문명적 법치와 재판이 조선에도 시작되었음을 널리 알리는 소재로 활용했다.

이 사건의 배경이나 당사자들의 행태에 대해서는 여러 가지 정치적 해석이 가능할 것이다. 하지만 아관파천 이후 혼미한 정국에서, 또 재판제도도 막 걸음마를 시작한 시점에서, 직접적 정치적 해결수단이 아닌 법과 재판을 동원했다는 것, 정치적 공격에 대해 '명예'라는 개인적 권리의 보호라는 쟁점을 제기했다는 것, 공평·공정·공개성이라는 사법적 담론을 끌어들여 정당성의 근거를 마련하고 이를 설득과 계몽의 수단으로 활용했다는 것, 또한 그것은 공평·공정·공개성의 요소를 내장한 재판제도가 존재했기 때문에 가능했다는 것을 감안할 때, 이 사건이 한국의 정치적 근대화과정에서 가지는 의미는 특기할 만하다. 즉 이 사건은 '예치'에서 '법치'로의 전환, 유교적 '공감의 정치'에서 근대의 '권리의 정치'로의 전환가능성을 보여주는 한 사례인 것이다.[255]

재판을 통한 법발전의 가능성

이 사건의 민사판결은 법의 근대화라는 측면에서 특별한 의미를 가진다.

먼저 이 사건처럼 명예의 회복을 구하는 민사소송 자체가 전통적 재판의 범주에 들어 있지 않았다. 전통적 사송詞訟에서 다루어진 것들은 전답과 가옥, 금전채무와 관계된 소유권 확인, 채무이행, 손해금 배상이었다. 그런데 이 사건에서 고등재판소는 '명예'라는 인격적 법익에 대한 침해를 인정하고 금전배상을 명했다. 고등재판소는 어떻게 법리를 구성했고, 그것이 가지는 의미는 무엇인가?

---

255 이 표현은 원래 이원택, 앞의 글, 249~250쪽의 것이다.

전통 법제에는 명예훼손의 민사책임을 인정하는 법리가 존재하지 않았다고 할 수 있다. 물론 서양적 의미와 다를지언정, 조선시대에 명예관념 자체가 없었다는 말은 아니다. 특히 체모, 체면을 중시하는 관념에서 명예감정과 비슷한 것을 찾을 수도 있을 것이다. 대명률은 '매리駡詈', 즉 타인에게 욕설하는 행위를 처벌하는데, 형법상 명예훼손죄, 모욕죄와 비슷한 것 같기도 하다. 하지만 매리죄의 중점은 상하 신분관계에 있는 자들 사이에 낮은 이가 높은 이를 능멸하는 행위의 불손함을 징치하는 데 있었다. 게다가 매리의 전형적인 형상은 상대방의 면전에서 욕설을 하는 언동이다.[256] 따라서 이 사건처럼 상소문이 발단이 된 사건에는 적용될 수 없다. 실제로 이 사건에서 민사소송과 별개로 검사의 공소에 의해 진행된 형사소송에서 정성우에게 적용된 법조는 허위의 상소를 임금에게 올리는 것을 처벌하는 대명률의 규정이었다. 이 규정이 상정한 피해자는 임금이지, 상소문에서 역도로 지목된 자들이 아니다.

또한 설사 피해자들이 정성우를 형사고소한다 해도 전통적 형률체계에서는 개인 간에 일어난 범죄가 곧 민사상 불법행위책임을 구성하지 않는다. 대명률에도 더러 범죄 피해자에 대한 금전배상이나 원상회복을 규정한 경우가 있었다. 예컨대, 중상해 피해자에 대한 치료비 지급, 무고당한 피해자가 입은 손해의 회복 같은 것이다. 하지만 이들 조항도 어디까지나 신체와 재산에 입힌 '물리적' 손해를 회복하는 것이 중심이었다. 명예 기타 인격적 가치에 대한 '정신적' 피해가 독립적으로 피해회복의 대상이 되었다고는

---

256 명률에 의하면, 예컨대 타인을 매리하면 태 10, 관원이 왕명을 받들고 출사한 다른 관원을 매리하거나 인민이 고을의 수령을 매리하거나 병졸이 장교를 매리하거나 이졸(吏卒)이 소속장관을 매리하면 장 100, 하급관원이 상급관원을 매리하면 장 80, 노비가 가장을 매리하면 사형, 비속이 존속을 매리하면 태 50, 자손이 부모·조부모를 매리하거나 처첩이 남편의 부모·조부모를 매리하면 사형, 처첩이 남편을 매리하면 장 80에 처한다.

할 수 없다. 게다가 명률은 죄를 범한 가해자와 피해자가 사사로이 화해(私和)하는 것도 금지하고 있었다. 법령과 도리에 저촉하는 행위는 곧 '죄'이며, '죄'란 유교적 사회질서와 통치질서에 따라 권원과 인민에게 배분된 분수와 도리를 저버리는 행위이다. 따라서 어떤 행위가 '죄'인 이상 국가처벌권력에 의해 확인·징치되어야 하지, 당사자가 사사로이 처분할 수 없었다.

그런데 이 사건에서는 형사책임과 무관하게 명예훼손에 대한 민사상 배상책임이 인정되었다. 유길준이 『서유견문』에서 설명했듯이, 명예의 권리는 신명(身命)의 권리에 속하며, 이 권리가 한번 손상되면 일신의 면목을 한꺼번에 잃어버려 다른 권리까지도 끊어진다. 고등재판소는 다음과 같은 논리로 명예훼손의 민사책임을 인정했다.

> 피고가 확실치 못한 일로 원고들을 무소로 얽어 그 명예를 손해케 함이라. 현행 법률 중에 사람을 독한 병이 들게 한 자는 범죄한 사람의 재산을 상함을 입어 독한 병이 든 사람에게 붙여 넉넉히 치료하라 한 바 사람의 명예를 손해하고 체모를 더럽게 함이 남의 독한 병을 들게 함과 다름이 없은 즉 원고들의 명예손해한 일로 피고에게 배상케 함이 옳다 한 고로 피고들에게 금 오천 원을 드리라 하여 원고 박정양 조병직 이윤용 안경수 김가진 오인(五人)에게 각기 일천 원을 명예회복금으로 보내게 하노라(밑줄—인용자).[257]

여기서 현행법률이란 대명률 형률 투구(鬪毆)조 중에서 타인에게 중상해를 입히거나 위독한 병에 걸리게 한 자는 처벌하고 범인의 재산 절반을 피해자에게 지급한다는 규정을 가리킨다.[258] 흥미롭게도 명예훼손은 사람의 신

---

257 『독립신문』 1896. 7. 23.
258 "瞎人兩目 折人兩肢 損人二事二上及 因舊患令至篤疾 若斷人舌 及 毀敗人陰陽者 竝杖一

체를 상해한 것과 다름없다는 말은 유길준의 『서유견문』에도 나온다. 더구나 유길준이 명예훼손의 예로 들었던 것이 이 사건과 같은 정치적 모략과 험담이다. 마치 유길준의 서술이 이 사건의 판결에 원용되고 있는 듯하다.

오늘날 법률가의 눈으로 보면 법리적으로 정성우를 변론할 수 있는 부분도 없지 않지만, 어쨌든 이 사건에서 명예훼손을 문제 삼은 것은 반대파를 공격하는 정치적 언술도 개인의 인격권을 침해하지 않는 한도 내에서 허용된다는 새로운 규범을 환기시켰다. 유길준에 따르면, 명예훼손에 관한 법률을 마련하여 명예를 보호해주면 대중이 서로 교제하는 방법이 유지되고, 망령된 논의가 행해지지 않으며, 남을 속이고 거짓을 행하는 더러운 습관이 저절로 사라져서, 절도 있고 예의 있는 품행으로 마음을 가다듬고 서로 공경하여 만사에 성실하게 된다. 정성우사건의 원고들은 명예의 통의를 원용해 전통적인 정치적 언술에 대해 인격의 상호존중이라는 권리담론에 입각한 규제원리를 제시한 것이다.

다음으로 고등재판소가 대명률의 규정을 원용한 것은 어떤 의미를 가지는지 검토하자. 겉보기에는 대명률 규정을 이 사안에 '인율비부'한 것처럼 보인다. 엄밀히 말하면 형률의 '율문'을 민사재판에 끌어다 쓴 게 아니라, 형률 중 중상해 피해자에 대한 치료비 제공을 명하는 규정의 '정신'으로부터 이 사건의 손해배상책임을 인정하는 법적 근거를 도출한 것이다. 형률에서 인율비부가 인정되었기 때문에 이런 일이 쉽게 이루어질 수도 있었겠지만, 본래 전통적 민사재판에서는 주어진 법규칙을 적용하는 것이 아니라

百流三千里 仍將犯人財産一半 斷付被傷篤疾之人養膽(타인의 두 눈을 실명하게 하거나 팔다리 두 개를 꺾어 놓거나 신체 두 군데 이상을 상해한 자, 본래 질병이 있는 자를 가해하여 독질에 걸리게 한 자, 남의 혀를 끊은 자 및 남의 생식기를 훼손한 자는 모두 장 100, 유 3천 리의 형에 처하고, 범인의 재산 절반을 가져다가 상해를 입고 질병에 걸린 자에게 지급하여 치료하게 한다)."

당해 사안에서의 '리理'를 발견하는 방식으로 판단이 이루어졌다는 점을 잊지 말아야 한다. 오늘날의 민법에서도 조리條理는 보충적 법원法源으로 인정되고 유추해석이 허용된다. 오늘날의 관점에서 보자면, 이 사건은 법령에 의거한 것이 아니라 '조리'에 따라 판결한 것이라고 해야 할 것이다. 즉 대명률의 규정은 타인의 명예를 훼손한 자는 배상을 해야 한다는 민사상의 조리를 발견하는 데 참고할 만한 근거가 된 것이다.

비슷한 양상을 민법전 시행 전의 일본에서도 발견할 수 있다. 일본에서는 형법(1880)의 명예훼손죄가 과도기적으로 명예훼손에 관련된 불법행위책임 법리를 형성하는 근거가 되었으며, 점차 형법과 독립된 불법행위책임 법리가 발전했다.[259] 중요한 것은 일본의 경우 민사와 형사의 분리, 전문적 재판소 설치, 행정으로부터의 재판소 독립, 근대적 법학의 형성과 법률가양성, 법전편찬작업 등이 함께 진행되고 있었다는 것이다. 특히 민사재판과 형사재판의 분리가 일찍 정착되었다는 점에 주목할 필요가 있다.

개항 이래 한국인들이 주목한 서양법 지식은 공법학이었다. 형률과 옥송의 관점에서 서양의 법과 재판을 인식하는 태도는 좀처럼 사라지지 않았다. 반면 일본과 서양법의 접촉은 에도막부시대 말기 프랑스 민법전, 즉 '사법私法의 발견'과 더불어 시작되었다. 메이지 정부가 수립된 직후부터 프랑스 민법전을 번역하는 등 민법전 편찬작업이 개시되었다.[260] 1872년 '사법직무정제'는 민사원고에게 태장을 가하는 것을 금지했고, 1876년에는 민사구류도 금지했다. 재판소에는 사송과詞訟科와 단옥과斷獄科를 설치하여 민형사를 혼동하지 않게 하고 절차를 구분했다.[261] 민법과 민사소송법이 시행되기 전,

259 瀬川信久, 「明治前期の名誉回復訴訟—不法行為法規範の分化·形成の一過程」, 林屋礼二 外 編, 『明治前期の法と裁判』, 東京: 信山社, 2003, 156~194쪽.

260 위의 책, 334쪽.

즉 1890년대 초반까지 민사사건은 대부분 '권해勸解'라는 제도로 처리되었다. 권해는 당사자의 신청에 의해 판사가 당사자의 화해를 시도하는 제도이다. 이는 절차적 기능에 그치지 않고, 민사실체법이 완비되지 않은 상황에서 당해 사건의 법적 분석과 해결을 위해 참고할 만한 법규, 관습, 조리를 유연하게 발견하는 데 기여했다. 권해제도는 메이지 유신 이후 각종 분쟁형식으로 분출되는 인민의 에너지를 제도 내에서 해결하면서, 다른 한편으로 전통적 분쟁처리방식과 달리 분쟁 중에서 재판소가 처리할 법적 분쟁을 취사선택하고 그에 관한 판결이 내려지면서 서구형 재판제도를 도입하는 가교역할을 했다고 평가받는다.[262]

정성우사건과 일본의 경험이 말해주는 것은 무엇인가? 설사 법전과 재판제도가 완비되지 않은 상황이더라도 적절하게 조직된 재판제도가 안정적으로 운영된다면 사회의 갈등과 분쟁을 법정으로 끌어들여 적절히 조절하고 새로운 법규범을 확산시킬 수 있다는 점이다. 갑오개혁은 사회개혁을 통해 구체제적 질서에 눌려 있던 인민의 에너지를 해방시키는 계기가 되었다. 개화파 국가구상의 한 축은 인민에게 자유와 권리를 부여하여 인민이 발산하는 에너지—원기, 호연지기—에 의해 국가에 활력을 불어넣는다는 것이었다. 그로부터 촉발되는 갈등과 분쟁은 더 이상 과거의 방식으로 해결할 수 없다. 여기서 재판제도는 갈등과 분쟁을 법체계 내부로 흡수하고 새로운 법질서를 확인·형성해나감으로써 역동적인 사회통합의 기능을 한다. 정

---

261 山中永之佑 編, 앞의 책, 199쪽.

262 위의 책, 208~209쪽. 또한 매우 흥미롭게도 민사 제1심 신수사건의 통계를 보면 1875년의 민사소송 신수사건의 수는 323,588건에 달하며, 그 후 계속 감소했음을 알 수 있다. 1875년의 신수사건 수는 1895년의 신수사건 수에 필적할 정도이다. 메이지 초기의 인구가 현재의 1/3 정도임을 감안하면 실로 엄청난 규모이다. 林屋礼二, 「明治初年の民事訴訟 新受件数の考察」, 林屋礼二 外 編, 앞의 책, 93쪽.

성우사건은 개화법령과 개화 텍스트 속에 문자화되어 있던 사민평등, 자유
와 권리, 법치주의를 현실의 재판정으로 끌어냈고, 새로운 재판제도가 어떤
것인지 생생히 체험하게 했다. 이 사건의 재판정은 더할 나위 없는 국민의
정치교육장이었다.

이상과 같이 근대적 재판제도가 출범한 시점에서 발생한 정성우 상소사
건은 새로운 권리담론과 접속하면서 정치적·법적 근대화에 긍정적인 효과
를 야기할 수 있는 새로운 재판제도의 잠재력을 보여주었다.

독립협회의 법률투쟁과 재판투쟁

갑오개혁기에 많은 개혁적 법령과 새로운 사법제도가 도입되었지만, 그
의미와 가치가 대중적으로 계몽된 것은 독립협회의 활동과 『독립신문』을
통해서였다. 『독립신문』은 "조선에 제일 급한 일은 재판소들을 규칙이 있
게 만드는 것"[263]이라 강조하고, 인권존중, 무죄추정, 혹형과 연좌제의 폐지,
고문 폐지, 인신보호제도의 도입, 재판의 공개, 증거재판주의 등에 관한 논
설을 지속적으로 게재했다.[264]

독립협회는 언론활동에 그치지 않고 직접 행동에 나섰다. 1898년부터 독
립협회는 위법·부당한 처신을 하는 대신과 관리들을 직접 재판소에 고발하
고, 독립협회 회원이 피검된 사건에서는 변론활동과 집회를 결합시켜 재판
투쟁을 벌여나갔다. 독립신문의 법률논설들도 바로 이 시기에 집중되어 있
다.[265] 그해 독립협회의 활동은 대중과 결합하여 마침내 정부와 인민의 정
치적 계약을 창출했고, 만민공동회라는 광장의 정치에 이은 유혈진압으로

---

263 『독립신문』 1897. 6. 15.
264 전봉덕, 앞의 책, 287~301쪽; 신용하, 『독립협회 연구―독립신문·독립협회·만민공동회의
   사상과 운동』, 일조각, 1996, 176~183쪽.
265 독립협회의 법률·사법관계 논설에 대한 분석은 이원택, 앞의 글, 223쪽 이하.

끝을 맺었다.

1898년 3월 15일, 이원철·여규형·지석영·안기중 등 독립협회 회원들이 경무청에 의해 체포되었다. 독립협회는 곧 경무청에 총대위원總代委員을 파견해, 경무청의 영장 없는 체포와 24시간 이내 피체포인을 재판소로 인치하도록 한 '한성재판소관제' 규정위반을 지적하고 항의했다. 3월 20일 체포된 회원들이 고종의 명에 의해 유언비어를 전파하여 인심을 선동했다는 죄목으로 유 10년형에 처해지자, 독립협회는 다시 총대위원을 선출하고 법부대신 이유인에게 강경한 항의공한을 보냈다. 모든 범죄는 법관의 재판이 없으면 처벌하지 않는다는 조규가 있음에도 이 사건이 범죄사실도 적용법규도 모호한 채 구습대로 처리되었다는 것이었다. 이와 함께 협회는 "민국을 안보하려면 한번 정한 법을 긴급히 준행하여야 한다"는 주제로 토론회를 개최하고 법부와 황제의 횡포를 규탄했다.[266] 5월 31일 고등재판소에서 이유인(법부대신 겸 고등재판소장)이 자신의 이익과 관계된 민사소송을 부당하게 처리하자, 협회는 집회를 열고 총대위원을 파견하여 고등재판소와 이유인을 규탄하는 한편, 담당판사를 직접 고등재판소에 형사고발했고, 마침내 이유인과 담당판사를 면직시키는 데 성공했다.[267]

독립협회는 1898년(광무 2) 9월 11일 발생한 '김홍륙金鴻陸 독차사건'을 계기로 강력한 법률투쟁과 재판투쟁을 펼친다. 김홍륙은 황제의 총애를 입어 러시아어 통역관에서 한성판윤까지 초고속으로 승진한 자였는데, 독립협회 등의 탄핵을 받아 유배된 뒤 황제에게 반감을 품고 황실요리사 공홍식孔洪植을 교사하여 고종과 황태자가 마시는 차에 다량의 아편을 섞어 독살하고자 했다. 곧 관련자들이 체포되었고 신문이 진행되는 도중 고등재판

266 신용하, 앞의 책, 311~313쪽.
267 위의 책, 313~315쪽.

소에 수감된 피고인 공홍식이 의문의 자상을 입고 죽은 채 발견되었다.[268] 모종의 정치적 흑막이 있을 것으로 추측되고 있지만, 어쨌든 이 사건은 황제의 독살을 기도했다는 엄청난 사안이었다.[269]

사건 직후 역괴 김홍륙은 군중 앞에서 효수하여 몸뚱이를 잘라 팔도에 보내고 연좌율을 적용하여 악역종은 멸족케 해야 한다는 상소들이 빗발쳤다. 법부대신을 겸임하게 된 중추원의장 신기선은 중추원의관들을 이끌고 노륙법拏戮法과 연좌율을 부활시킬 것을 거듭 소청했다. 10월 1일 보수파의 구법 부활기도에 맞서 독립협회는 총대위원을 파견하여 신기선과 중추원에 강력한 항의를 전달하고, 고문을 폐지할 것과 김홍륙을 공명한 재판에 의해 처벌할 것을 요구했다. 하지만 신기선이 구법 부활의 입장을 거둬들이지 않자, 10월 6일 협회는 공홍식이 옥사한 경위를 추궁해 죄수를 고문하여 사망케 한 죄를 물어 신기선을 고등재판소에 고발했다. 고등재판소는 칙임관인 신기선의 체포를 위해서는 고종의 재가가 필요하다며 고발장 접수를 기피했다. 같은 날 독립협회 및 황국협회 회원과 인민 만여 명이 인화문 앞에 나아가 신기선 및 중신들의 죄상을 밝히고 처벌을 요구하는 연명상소를 올렸다. 10월 8일 고종은 신기선에게 감봉처분을 내렸고, 법률제정은 조정이 알아서 할 것이니 인민들이 함부로 의론하지 말라는 비답을 내렸다.[270]

그러나 독립협회 회원들은 10월 11일 인화문 앞에서 신기선을 포함한 7명의 대신을 탄핵하고 새로운 내각구성을 요구하는 상소를 올렸다. 고종이

---

268 『고종시대사 4』, 656·657·667쪽. 광무 2년 9월 11일, 12일, 10월 3일.
269 김홍륙사건을 둘러싼 정치적 의혹에 관해서는 서영희, 앞의 책, 93쪽. 독립협회의 대응에 관해서는 이원택, 앞의 글, 240~242쪽.
270 『고종시대사 4』, 667~675쪽, 광무 2년 10월 3~8일; 신용하, 앞의 책, 341~344쪽.

물러날 것을 거듭 명했으나 상소와 집회는 계속되었다. 집회가 계속되자 고종은 7대신들을 모두 해임하고 박정양·민영환 등을 임명하는 개각을 단행했다.[271] 10월 29일 새로운 내각의 인사들이 참여한 가운데 관민공동회官民共同會가 개최되어 '헌의6조'가 채택되었다.[272] 그 결과 11월 2일에는 '중추원관제'가 개정되어 중추원 의관의 반수를 인민협회에서 선출하는 길이 열렸다. 하지만 보수파의 책동으로 고종은 곧바로 독립협회 간부의 구속과 협회해산을 명했다. 정부의 무력진압 위협에도 만민공동회는 연일 풍찬노숙하며 물러나지 않았다. 고등재판소 앞에서 개최된 만민공동회는 공개재판과 회원들의 석방을 요구했다. 11월 10일 만민공동회의 압력에 굴하여 고종은 보수파 대신들을 해임하고 고등재판소장 한규설을 불러 체포된 협회원들을 적절히 처분할 것을 지시했다. 고등재판소는 이상재 등 17명에게 대명률의 불응위율不應爲律을 적용하여 태 40에 처한다 하고 피고인들을 면속·방면했다. 만민공동회의 승리가 다가온 듯했다.[273] 그러나 이후 만민공동회가 헌의6조의 실시와 내정개혁을 요구하는 운동을 지속했지만, 결국 황국협회와 경찰에 의해 유혈진압 당했다. 고종은 12월 12일 일체의 협회를 폐지하는 조칙을 내린다.

---

271 『고종시대사 4』, 678~681쪽, 광무 2년 10월 11~22일; 위의 책, 347~352쪽.

272 헌의6조는 ① 외국인에 의지하거나 가까이 하지 않고 관민이 합력해서 전제황권을 공고히 할 것, ② 광산·철도·석탄·삼림 및 차관·용병 기타 모든 정부와 외국인과 조약하는 일은 각부 대신과 중추원 의장이 합동으로 서명날인하지 않으면 이를 시행하지 못하게 할 것, ③ 전국 재정은 어떤 세를 막론하고 탁지부에서 관리하고 다른 부서 및 사적 회사는 간섭할 수 없으며, 예산 결산을 인민에게 공포할 것, ④ 이제부터 모든 중대한 범죄는 별도로 공개재판(公判)을 시행하되 피고인이 남김없이 설명하고 마침내 자백한 뒤에 시행할 것. ⑤ 칙임관은 황제가 정부에 자문하여 그 과반수에 따라 임명할 것, ⑥ 장정(章程)을 실천할 것 등이다. 『고종시대사 4』, 692~693쪽. 광무 2년 10월 30일.

273 신용하, 앞의 책, 424쪽.

1898년 1년간 독립협회가 펼친 활동은 대중적 정치운동과 법률·재판투쟁이 결합된 사례라는 점에서 우리나라 근대정치사상 선구적인 의미를 가진다. 새로운 법제가 위기에 처한 시점에서 독립협회는 대중적인 법률·재판투쟁을 벌여 새로운 제도를 수호하고 그 가치를 공유시키며 수구적인 흐름에 대항했다. 그럼으로써 이 시기 법정은 하나의 정치적 공론장이자 정치교육공간이 되었다. 집회에서 선출된 대표들은 고발장을 쓰고 재판을 감시하며 변론을 하고 이를 보고했다. 재판소 앞에 모인 인민들은 직접 재판을 방청하고 법과 재판에 관해 토론하고 집단적 의사를 표시했다. 의회가 개설되지 않은 상황에서 공개법정은 아마도 인민의 대표들이 직접 정부의 관리들을 소환하여 논쟁하고 책임을 추궁할 수 있는 유일한 공간이었을 것이다.

독립협회는 결국 해산되었지만 그 뒤를 이은 계몽단체들은 독립협회의 선례를 잊지 않았다. 대표적으로 공진회共進會가 대신들을 재판소에 고발한 사건을 들 수 있다. 1904년 12월 24일 공진회원들은 내정개혁운동의 일환으로 궁중 숙정을 주장하면서 집회를 열고 가장 악질로 지목된 궁내부 특진관 이유인(전 법부대신), 내부참서관 구본순其本淳을 집회로 불러냈다. 회원들은 이유인과 구본순이 무당과 복점, 부정한 일을 하며 임금을 속이고 아래를 미혹하게 하여 일세의 이목을 어지럽히고 있다고 성토하고, 이유인을 평리원(고등재판소의 후신)에 고발했다. 그러자 조정은 긴급회의를 열어 공진회에 대한 조처방법을 결정하고, 다음 날인 12월 25일 경무청이 공진회 간부 이준李儁, 나유석羅裕錫, 윤효정尹孝定을 체포했다.[274] 12월 30일 평리원은 피고인들에 대해 대전회통 형전 추단조의 난언亂言으로 왕정을 해친 죄와 대

---

274 『사법품보』(을), 1904. 12. 24. 閔丙漢 평리원재판장→金嘉鎭 법부대신, 보고서 제122호 (국편 한국사DB, 각사등록 근대편, 이하 같음).

신을 모욕한 죄를 적용하여 태 100 징역 10년을 선고했다.[275] 피고인들은 판결에 불복했고 공진회는 총대위원을 보내 법부대신 권중현權重顯을 면담하여 항의하는 한편, 고의로 사람의 죄를 보탠 죄로 재판장을 처벌할 것을 청원했다.[276] 1905년 1월 나유석·이준·윤효정은 고종의 특지로 유형 3년으로 감형되어 유배되었고, 공진회는 해산되었다.

3. 대한제국기의 사법제도의 보수적 개정

'대한국국제'와 보수적 입법

만민공동회를 유혈진압한 뒤 대한제국은 황제의 전제적 권한을 강화하는 국제의 제정에 나섰다. 그 결과가 1899년(광무 3) 8월 17일 공포된 '대한국국제'이다. "대한제국의 정치는 앞으로는 오백 년간 전래하시고 뒤로는 항만세恒萬歲 불변하오실 전제정치"(대한국국제 제2조)이다. '대한국국제'는 구미 공법학 문헌의 내용에서 오로지 군주의 대권에 관한 사항만 따와서 대한제국의 정체를 전제군주국으로 선언했다.

당시로서는 황제중심의 근대국가 수립노선이 현실적 선택지였다는 평가가 없지 않지만, 대한제국의 각종 입법과 정책은 근대적 '국민'국가 수립을 향한 근대화기획과는 거리가 멀었다. 황제권의 안위를 최고의 가치로 둔 황제의 직접통치가 대한제국 정치현실이었다.

보수파와 측근이 장악한 내각은 보수적 색채의 법령을 제정했다. 거기에는 지난 1년간 그들을 괴롭혔던 독립협회의 활동에 대한 좋지 않은 기억이

---

275 『사법품보』 (하), 1904. 12. 30. 민병한 평리원재판장→김가진 법부대신, 질품서 제21호.
276 『황성신문』 1905. 1. 12.

담겨 있었다.

1898년(광무 2) 11월 22일 법률 제2호 '의뢰외국치손국체자처단례依賴外國致損國體者處斷例'가 공포되었다. 관인과 평민을 물론하고 외국인에게 의뢰하는 자, 외국에 의뢰하여 국체를 손상하고 국권을 잃게 만든 자 등은 기수·미수를 불문하고 대명률의 모반죄로 다스린다는 것이었다. 1899년 1월 4일 정사에 의견을 내거나 관원을 탄핵하는 상소의 격식을 새로 정한 주본 '진소제도陳疏制度'가 채택되었다. 이에 따르면 현직 주임관·판임관은 직속 대신에게 청하여 진소해야 했다. 전직 주임관·판임관과 사서인士庶人은 언사言事에 관한 것을 중추원에 헌의해야 한다. 만일 칙임 이하 관리 또는 사서인이 관리를 탄핵하고자 하면 반드시 증거를 갖추어 고등재판소에 제출해야 한다. 즉 각부 대신에게는 예하 관원의 상소를 사전에 검토할 수 있게 하고, 전직 관원이나 일반인들은 헌의할 게 있으면 중추원에 진소하고, 탄핵할 게 있으면 고등재판소에 진소하게 한 것이다. 따라서 독립협회의 상소운동처럼 황제에게 직접 헌의하고 관리를 탄핵하는 일은 더 이상 허용되지 않았다. 어쨌든 진소제도 자체는 언로를 정돈한 것이었고, 중추원과 고등재판소가 제 역할을 다할 수 있다면 순기능이 발휘될 수도 있었겠지만, 현실은 그렇지 않았다.

1899년(광무 3) 2월 23일 학부대신 신기선이 신구를 참작하여 전장과 법률을 일체 교정할 것을 청의했다. 신기선은 옛 규범에 비추어 법전을 6전으로 나누고 각부가 하나씩 맡아 편찬하자고 했다. 5월 6일 고종은 이를 재가했다.[277] 6월 23일 고종은 조칙을 내려 전장법규의 일대 경장을 위해 교정소를 설치할 것을 명했다. 그에 따라 7월 2일 제반 법제의 통일적 정비를 담당할 기관으로 법규교정소法規校正所가 설치되고, 한국인 고관들을

---

277 주본 41책, 주본 제78호(1899. 5. 6), 『주본』 3권, 233~234쪽.

비롯하여 르젠드르W. LeGendre, 브라운M. Brown, 그레이트하우스Greathouse 등의 외국인들이 의정관으로 임명되었다.[278]

『독립신문』은 고명한 관민과 외국인 신사로 구성된 법규교정소에서 전국 법률을 일신하고 교정해줄 것을 기대했다. 아직도 "개화세계에 통상하는 나라의 법률이 아니요 문을 닫고 혼자 살아가는 집안 식구에게 쓰던 옛법"인 대명률을 쓰고 있는데, "각국 백성들이 생업을 경영하며 서로 교통하여 사는 곳에 쓰이는 법률"인 민법이 형법보다 더 중요하고 민생에 유익하다고 하며 서양 민법전의 편제와 대강까지 소개했다.[279] 그때 법규교정소가 준비하고 있던 것은 '대한국국제'였다. 또한 법률개정의 중점은 형률에서 구법의 요소를 부활시키는 것이었다.

1899년(광무 3) 5월 22일에는 '형률명례'가 개정되었다. '형률명례'에 의하면 칙임관은 먼저 황제에게 주문한 뒤 체포하고, 주임관은 체포한 뒤 황제에게 주문하여 재가를 얻어야 하는데, 개정법은 황제의 재가를 요하는 신분자로서 전직 관원들을 추가했다. 즉 전직 종2품 이상이었던 자는 칙임대우로, 정3품 및 당하수령이었던 자는 주임대우로 한다는 것이다. 이렇게 해서 칙·주임관의 등급에 해당하는 전현직 관리들은 모두 황제의 재가가 있어야 체포할 수 있게 되었다. 이들의 범죄는 황제의 특지에 의해 고등재판소로 하부되고 황제의 뜻에 따라 처리되었다.

6월에는 노륙법과 연좌법의 부활이 시도되었는데, 각국 공사들이 반대의견을 통고하여 성공하지는 못했다.[280] 1900년(광무 4) 6월 다시 국사범 처벌 안건이 법규교정소에서 논의되었다. 궁내부 고문관 샌즈William F. Sands는

---

278 전봉덕, 앞의 책, 102~104쪽.
279 『독립신문』 1899. 8. 12; 8. 14.
280 『고종시대사 4』, 광무 3년 6월 13일.

반역죄인은 교수에 처한 뒤 가산을 국고로 몰수하고 자식은 관리에 등용하지 못하게 하자는 의견을 내놓았다.[281] 9월 14일 법부 고문 크레마지Laurand Crémazy는 법기강을 바로 잡기 위해 국사범에 대한 참형을 복설하고 가산을 몰수하자는 등의 의견서를 제출했다.[282] 정부는 이런 건의를 받아들여 1900년 9월 29일 '형률명례'와 '의뢰외국치손국체자처단례'를 개정하여 황실범과 국사범은 참형에 처하고 가산을 몰수하는 규정을 신설했다.

고등재판소에서 평리원으로

1899년(광무 3) 5월 30일 법률 제3호 '재판소구성법 개정'이 공포되었다. 개정법은 겉으로 보기엔 1895년 법을 일부 개정한 것에 불과한 것 같지만, 실은 그동안 단행법에 의해 진행된 재판제도의 보수적 재편의 흐름을 총정리한 것이었다. 개정된 법에서 크게 달라진 것은 고등재판소 대신 '평리원平理院'이라는 이름의 법원이 창설되었다는 것이다. 사실 이 법개정의 주안점은 고등재판소의 조직과 관할, 고등재판소와 법부의 관계였다.

개정법의 내용을 살펴보기에 앞서 개정경위를 짚고 넘어가자. 재판소구성법의 개정은 1898년 8월에 제기된 고등재판소 관제개정 논의의 귀결이었다.[283] 1898년 8월 13일 의정부참정 이호준李鎬俊은 아래와 같은 내용의 청의서를 제출했다.

경장 이래 법률이 미정未定하고 법관이 수도 없이 교체되어 전일 법관이 기결한 안건을 금일 법관이 매번 안건을 뒤집는 일이 많은데, 이는 일국의 사법의 법이

---

281 『황성신문』 1900. 6. 12.
282 주본 46책, 「法律師獻議于法部大臣書」(1900. 9. 14), 『주본』 4권, 551쪽.
283 간략한 개정 경과는 도면회, 앞의 글, 229~230쪽.

아니라 법관 한 사람만의 법이다. 무릇 고등재판소에서 판결한 것은 철석과 같은 안을 편성하여 영구히 변경하지 않고, 만약 법관이 오결한 것이 있으면 당연히 그 죄를 법관에게 물어야 할 것이지 그 성안을 바꿀 수 없다. 그러한 후에 인민이 비로소 법을 신뢰하고 법이 가히 시행된다. 이제 법률기초위원을 별정하여 각 군주국의 현행 법률을 번역하고 정장情章을 참작하여 불역不易의 법전을 만들고, 고등재판장은 특설의 관직으로 한다. 법무대신으로써 (고등재판장을) 겸임하게 한 것은 (법제정) 당시의 구차함에서 비롯된 것이다. 이 직을 위해서는 마땅히 정직하고 명망 있는 사람을 선발해야 한다. 의정부회의로 하여금 몇 사람을 추천하여 상주하게 하고 그중에서 임금이 적임자를 선택하여 그로 하여금 전임의 책무를 다하게 하고, 70세가 되기 전에는 교체하지 않는다. 다만 법률장정에 위배하여 범죄에 크게 관련된 자는 그러하지 않다. 또한 법률이 난숙하기 전에는 마땅히 외국에서 율학이 고명한 선비를 초빙하여 고문관으로 쓰고 법령집행이 한 규식을 영구히 준행하게 하는 것이 가하기로 회의에 제출한다.[284]

1898년 8월은 전임 법무대신 이유인이 독립협회의 탄핵을 받아 물러나고 신기선이 법부대신으로 있던 때였다. 이유인 같은 무자격자가 법부대신과 고등재판소 재판장을 겸임할 때 어떤 일이 벌어지는지 경험한 직후였다. 청의문에서 이호준은 군주국의 법제를 참고한 법전의 편찬, 고등재판소장 직의 특설과 신분보장, 외국인 법률고문의 초빙을 건의했다. 법부대신의 고등재판소장 겸임제 폐지는 법부로부터 고등재판소의 독립을 의미했다. 하지만 이호준이 실질적인 사법권 독립을 의식하고 있었는지는 의문이다. 여

---

284 의정부참정 이호준, 「법률을 참작 개정ᄒ며 재판장을 특설ᄒ며 외국률사ᄅᆞᆯ 빙용에 관ᄒᆫ 별청의서」(1898. 8. 13); 「각부청의서존안(各部請議書存案)」, 국편 한국사DB, 각사등록근대편.

기서 문제되고 있는 것은 어디까지나 법부대신의 겸임제이고, 재판소 일반의 독립은 언급되지 않았다. 나중의 결과를 보면, 청의서의 경장안이 실현된 것은 맞다. 『육군법률』(1900)과 『형법대전』(1905)이 편찬되었고, 고등재판소는 법부에서 분리되었으며(1899), 법률고문으로 크레마지가 초빙되었다 (1900). 문제는 그 내용이다.

같은 날 의정부회의는 8대 1로 청의안건을 가결했고 고종은 다수의 뜻에 따라 시행하라고 재가했다. 8월 31일 법부대신 신기성은 장차 고등재판소 경장청의서를 제출할 것이라고 보고했다.[285] 『독립신문』에 따르면, 고등재판소의 이름을 대리원大理院으로 고치고 독립 아문으로 만드는 일이 법부에서 논의되고 있고 일간 상주될 예정이었다.[286] 그러나 후속 작업은 이루어지지 않았다. 1898년 9월부터 12월까지는 김홍륙사건으로 시작하여 독립협회 해산으로 이어졌던 파란의 정국이었다.

1899년 5월 13일, 이윽고 법부는 고등재판소관제 경장에 관한 칙령안을 제출했다.[287] 당시 의정부와 법부 사이의 왕복문서를 보면, 고등재판소관제 경장건 외에 법부관제 개정건, 형률명례 중 칙주임관의 체포절차 개정건, 개항장 및 지방재판소에서의 사무서리暑理에 관한 건 등이 함께 논의되고 있었다.

---

285 조복(照覆) 제74호, 법부대신 신기선→의정부참정 윤용선, 1898. 8. 31, 각부청의서존안, 국편 한국사DB, 각사등록근대편.
286 『독립신문』 1898. 8. 7.
287 「법부관제 개정건과 재판소구성법 개정안과 평리원급 각재판소 직원봉급령 개정 청의서」 (의정부찬정법부대신 유기환→의정부참정 신기선, 1899. 5. 13, 「법부래문(法部來文)」, 국편 한국사DB, 각사등록근대편)에 의하면, 5월 13일 법부가 법부관제 개정안과 재판소구성법 개정안을 제출한 것처럼 보인다. 하지만 이는 나중에 고친 것이다. 법부는 본래 대리원 특설안, 대심원관제안 등의 칙령안을 제출했으나 이를 거두어들이고 5월 29일 재판소구성법 개정안을 내놓았다. 그 과정에서 최초의 청의서를 고친 것이다.

그 과정에서 법부는 고등재판소의 명칭 및 관제안을 여러 차례 고쳤다. 법부는 당초 고등재판소 명칭을 대리원으로 바꾼 관제안을 의정부에 제출했다가, 5월 15일 대심원大審院으로 변경해줄 것을 요청했다. 5월 16일 의정부는 대리원 특설안을 포함한 의안 6건을 중추원에 자순했고, 중추원은 5월 19일 원안을 통과시켰다. 그런데 5월 21일 법부는 일부 첨가할 것이 있다고 하면서 관제안 등을 회수했고, 5월 23일 다시 의정부에 법부 및 대심원관제 개정청의서를 제출했으나, 다음 날 또 교정할 게 있다고 하면서 법령안을 거두어들였다. 최종적으로 5월 29일 법부대신이 법부관제 및 재판소구성법 개정안을 청의했고, 두 안건은 같은 날 각의를 통과하여 다음 날 황제의 재가를 받고 5월 30일 공포되었다.[288]

고등재판소의 새로운 명칭은 대리원(1898. 9), 대심원(1899. 5. 15)에서 최종적으로 평리원(1899. 5. 29)으로 낙착되었다. 대심원이라는 명칭이 일본의 것임은 금방 알 수 있다. 대리원이란 명칭은 중국의 관서명인 '대리시大理寺'를 염두에 둔 것 같다.[289] 평리원은 공평하게 심리하는 곳을 뜻한다. 의식적으로 일본과 중국의 것을 피하고 한국의 독자적인 명칭을 정하고자 한 것이라 할 수 있다.

고등재판소관제 경장안에서 재판소구성법 개정으로 방향이 바뀐 까닭은, 고등재판소관제 개정뿐만 아니라 재판소구성법에 고등재판소관제와 연관

---

288 조회 제143호, 1899. 5. 15, 법부대신 유기환→의정부참정 신기선; 조회 제94호, 1899. 5. 15, 의정부참서관 조병규→중추원참서관 김사묵; 조회 제155호, 1899. 5. 21, 법부주사 김낙헌→의정부주사 이도상; 통첩 제161호, 1899. 5. 24, 법부주사 김낙헌→의정부주사 윤형구, 이상 「법부래문」, 국편 한국사DB, 각사등록근대편.

289 명·청시대에 대리시는 재심을 관장하는 중앙사법기관이었다. 대리시는 형부(刑部), 도찰원(都察院)과 함께 삼법사(三法司)라는 연합심판조직을 구성했고, 모든 중요안건은 삼법사의 회심(會審)을 거쳐야 했다. 1906년 관제개혁에 의해 대리시는 대리원(大理院)으로 개칭되어 최고법원이 되었다. 장진번 주편, 한기종 외 옮김, 앞의 책, 722~723쪽.

된 규정들, 단행 입법에 의한 그동안의 변화, 새롭게 필요하게 된 것 등을 반영할 필요가 있었기 때문이다. 예컨대 1895년 법의 판검사 임명절차에서 내각총리대신에 관한 부분은 무용해졌고, 1898년 '한성재판소관제'는 '서기'를 '주사'로 개칭했고, 고등재판소의 분리에 따라 특별법원의 구성방법도 바꿀 필요가 있었다. 어쨌든 재판소구성법 개정에 의해 평리원은 법부와 별개의 기관이 되었다. 문제는 그것이 지극히 형식적이었다는 것이다.

구본신참적 재판제도의 완성, 1899년 재판소구성법

1899년 '재판소구성법 개정'(이하 개정법)의 내용을 살펴보자.

재판소의 종류는 지방재판소, 한성부 및 각 개항시장開港市場재판소, 순회재판소, 평리원, 특별법원 5종류이다. 평리원을 제외한 재판소들의 관할사건, 판검사의 직권은 종전과 달라진 게 없었다. 종전의 고등재판소는 상설재판소가 아니었고 판검사도 법부 관리, 한성재판소 판사 등이 임시로 겸임했다. 평리원은 독자적인 직원을 가지고 법부와 분리되었다. 특별법원의 재판장도 평리원장이 겸임하게 되었다.

평리원은 "지방재판소 및 개항시장재판소를 총할하여 각 재판소 판결에 불복한 상소를 수리하고 특지로 하부한 죄를 심판"한다(법 제12조). 1895년 법의 이원적 심급체계(한성→고등재판소, 각 개항장·지방→순회재판소)와 달리, 개정법은 평리원을 전국 재판소의 판결에 대한 상소심으로 만들었다. 그동안 고등재판소의 관할에 추가된 것들을 법인한 것에 불과했으나, 이로써 평리원은 전국적 관할권을 가지는 상급재판소가 되었다. 그러나 한성부, 10개 개항시·장, 13개 도, 제주목, 총 25개 지역에 설치된 재판소에 대해 상급재판소가 단 1개라는 것은 정상적이지 않다. 물론 순회재판제도가 가동되면 문제가 해결될 것이었다. 하지만 순회재판소는 설치되지 않았다.

근본적으로 평리원은 진정한 의미의 최고재판소가 아니었다. 평리원 재판장은 "특지로 하부한 죄인심판건, 칙주임관의 구나拘拿(체포구속) 및 심판건, 국사범 심판건"은 법부대신에게 보고하여 지령을 기다려 처판해야 한다(법 제25조). 또한 후술하는 법부대신의 특별권한을 통해 평리원의 판결은 법부의 재심사대상이 되었다.

재판의 공개에 관한 규정도 개정되었다. 1895년 법 제46조는 "민사 및 형사의 송정訟廷은 일체 공개하여 방청을 허함"이라고 하여, 문언상으로는 재판을 의무적으로 공개하도록 하고 있었다. 개정법 제50조는 "민사 및 형사의 소송은 일체 공개하여 방청을 허함을 득함이라"고 하여, 방청허용 여부를 판사의 재량에 맡겼다.

한성재판소와 개항시장재판소의 판검사 임명방법도 변경되었다. 즉 두 재판소의 판검사 중 칙임관은 법부대신이 칙명을 받아서, 주임관은 법부대신이 주천하여 임명하게 했다. 하지만 평리원의 재판장, 판검사의 임명방법에 관한 규정은 없다. 판검사는 시험에 급제한 자를 임명한다는 규정은 유지되었으나 부칙을 통해 '현금가은' 지방재판소는 각 관찰부에 권설하여 관찰사가 판사를 겸임하고, '현금간은' 개항시장재판소는 각 개항시서에 겸설하여 감리가 판사를 겸임하고, '현금간'은 순회재판소를 설치하지 않고, '현금간'은 시험규정에 의하지 않고 지방과 개항시장의 판검사를 임명한다고 했다.

같은 날 칙령 제27호로 '법부관제'도 개정되었다. 종전의 민사국, 형사국, 검사국을 폐지하고 사리국司理局, 법무국法務局, 회계국을 설치했다. 사리국은 재판소 설립, 관할구역 및 민사재판 집행의 감독, 형사재판, 은사·특사·복권 및 가출옥에 관한 사무를 관장했다. 법무국은 조사와 법률제정에 관한 사무를 관장했다.

개정 '법부관제'에서 가장 눈에 띄는 것은 법부대신의 권한이다. '법부관제' 제10조에 의하면 ① "법부대신은 특별법원 및 평리원에서 모반대역의 범인을 사핵査覈한 안건을 질보質報한 때에 의현疑眩이 유有한 경우에는 궁행躬行 심판審辦하고", ② "평리원 및 각 재판소의 민형사소송에 호원呼冤이 생生한 시는 법부 칙주임관을 파견 심사하거나 해該 일체 서류를 법부에 이상移上하여 사열귀정査閱歸正"할 수 있었다.

①은 특별법원과 평리원이 조사한 모반죄사건에 관해 질의·보고했을 때 의문스러운 점이나 불분명한 점이 있으면 법부대신이 직접 심판할 수 있다는 것이다. 이는 법부대신에게 국사범에 대한 판결에 관해 지령을 내리는 평리원의 권한에 덧붙여, 국사범에 대한 심판권을 부여한 것이다. ②는 평리원 이하 각 재판소의 민형사소송에 대해 인민이 억울함을 호소하면 법부가 관리를 파견해 심사하거나 아예 법부가 서류를 직접 검토하고 시정한다는 것이다. 만일 '호원'의 대상이 사법행정사무에 한정된다면—예를 들어 일본의 재판소구성법상의 사법행정상 처분에 대한 항고 같은 것이라면—, 다소 지나치기는 하지만 법부대신의 행정적 감독권에 의거한 시정조치의 하나라고 할 수 있을 것이다. 하지만 종래의 관념에 입각하면 '호원'의 대상은 광범위했다. 따라서 재판진행 중 사법관의 처사는 물론이고, 설사 판결이 내려졌더라도 억울하면 법부에 호소하는 것이 가능했다.

결국 '법부관제' 제10조는 법부대신과 법부를 실질적인 최고 재판기관으로 만들어버렸다. 평리원은 개정법에 의해 법부에서 독립한 아문이 되었지만, 독립은 형식에 불과하고 법부에 예속된 것이나 마찬가지였기 때문에 과거의 고등재판소와 다를 바가 없었다.

1899년 개정법 시행 후 평리원은 유일하게 겸임이 아닌 전임의 재판장과 판검사가 임명되는 기관이 되었다. 하지만 법부대신의 특별권한, 호원제도가 존재하는 탓에 평리원은 법부의 부속기관이라는 위상을 벗어날 수 없었다. 인민들은 평리원이 판결을 내려도 법부로 상소했고, 상소에 대한 규칙도 마련되지 않아 동일사건에 대해 반복적으로 상소하는 경우도 있었다. 상소를 접수한 법부는 사건처리에 관해 지령하고 사건을 평리원으로 돌려보내서 평리원을 당황스럽게 했다. 평리원의 판결은 아무것도 아니게 된 것이다. 이런 문제를 지적하며 1908년 1월 평리원은 직권을 회복시켜줄 것을 법부에 요구했지만 받아들여지지 않았다.[290]

재판소구성법과 법부관제 개정을 어떻게 평가할 것인가? 재판소 독립의 취지를 모르고 황제와 법부대신의 권력만 강화한 '반동적' 입법이라 할 것인가? 1895년체제와 비교하면 확실히 반동적이다. 그러나 아관파천 이후 일련의 제도개정 흐름에서 본다면, 반동적이라기보다는 그동안의 제도변화 추세와 당대인들의 통념을 반영한 것일 뿐이다.

원래 이 '호원'제도는 법부의 관제개정안 원안에는 없다가 나중에 편입된 것이었다.[291] 법개정 당시 의정부찬정으로 있던 권재형權在衡이 건의하여 편입되었다. 권재형은 1896년 7월 독립협회 창설에 참여했고, 정성우사건 당시 법부협판 겸 고등재판소 판사였으며, 헌의6조를 채택한 관민공동회의 정부 측 대표의 한 사람이었고, '대한국국제'를 작성한 법규교정소의 위원이었다. 권재형은 1899년 10월 법부대신에 취임하여 이듬해 9월까지 재임했다. 당시 법부관제 제10조의 '호원呼冤'제도와 관련하여 평리원과 법부가 갈등을 빚었는데, 1900년 8월 31일 권재형은 자신이 무능하여 대신직에서 물러나겠다고 사직상소를 올리고 아래와 같이 제도의 취지를 설명했다.

---

290 도면회, 앞의 글, 239~241쪽.
291 위 1899.5. 13일자 법부의 청의서에 있는 법부관제 개정안에는 본문 중 ①의 것만 있고 ②의 것은 없다.

평리원관제를 새로 반포한 후부터 규칙과 법도가 다시 변하여 민인이 법부에 호소하는 경우가 심히 많은데, 법부가 평리원에 신칙하면 평리원은 관제를 끌어나가 그에 항거한다. 이는 일찍이 생각지도 못한 사체事體의 괴손이며, 이 때문에 원통함이 있는 자가 리理를 펴지 못하여 필경 그 원망이 법부로 돌아올 것이다. 생각건대 우리 왕조의 구제도를 들어 말하면, 무릇 사송에 관계된 것은 형부에서 청리·판결하지 않는 것이 없기 때문이다. 만약 외국의 근례를 들어 말하면, 법관이 모두 법률에 숙련되고 그 명성과 실적이 현저하더라도 또한 그 판결에 혹시 불공정함이 있을까 우려하여, 변호대언辯護代言의 직임을 설립하여 그로 하여금 송민을 돕도록 한다. 지금 평리원의 신제도는 아국의 구제도도 아니고 외국의 신례도 아니다. 평생 법률을 알지 못한 자라도 일단 평리원에 들어간 후에 법률을 말할 수 있고, 그 배움이 부족한 자라도 그러하며, 또한 청사에 올라 재판을 하더라도 단지 법관과 원피고가 상대할 뿐이며 타인이 방청하는 것도 없다. 여기에 사방에서 청탁을 하고 편들고 누르기를 공공연히 하고 질타하는 동안에 시비가 전도되고 압제 아래 곡직이 변환한다. 만약 금일의 폐정을 논한다면 이러한 부당함이 둘째가 될 것이다. 그런 까닭에, 신은 일찍이 상소를 올려 의정부에 청의하여 관제 중에서 54자를 첨입하게 되었다.

요컨대 재판의 공정을 위해 법부관제 제10조의 호원제도를 만들었다는 것이다. 권재형은 그런데도 평리원이 그 취지를 모르고 법부에서 시정을 요구하면 오히려 법부가 직접 처결하라는 식으로 보이콧을 하고 있다고 비판했다. 권재형은 평리원이 모든 폐해가 관제 제10조에 있는 것처럼 호도하며 법부대신을 법률무식자로 만들어버리고 있다고 질타하고, 법률의 연혁이 위와 같은 즉, 법부대신이 그 권한을 행사하면 하료下僚는 준행하면 될 뿐이라고 했다.

하급기관의 잘못을 상급기관이 개입하여 바로잡는 것은 당시 관원들의 관념에 비추어보면 너무나 당연한 것이었다. 오히려 인민이 억울함을 호소했는데도 법부대신이 아무 조치를 취하지 않는 것이야말로 비난받아 마땅한 일이었다. 『독립신문』도 1898년 '한성재판소관제'에 대해, 이제 판사가 잘못한 일이 있으면 언제든지 수반판사에 고하고 법부에 상소하여 바로잡을 수 있게 되었다면서 칭찬하지 않았는가. 같은 시각에서 보면, 모든 재판소의 소송에 관해 인민이 법부에 직접 '호원'할 수 있도록 한 것은 개악이 아닌 개선이라 할 것이다. '인치人治'를 근본으로 삼는 '법치' 관념, 변통적 법치의 관념이 강건하게 존속하고 있음을 보여주는 한 사례였다.

재판제도개혁 실패의 결과

개정 재판소구성법이 구래의 관념과 친숙하다 해도, 사람을 잘 선발하고 제대로 시행해나간다면 분명히 긍정적인 효과를 거둘 수 있었을 것이다. 그러나 실제로는 평리원이 설치된 것 말고 과거와 달라진 게 없었다.

재판소구성법은 하급재판소에도 점차 전임판사를 임명하겠다고 예징했지만, 이 계획은 우여곡절 끝에 한성재판소에서만 실현되었다. 한성부재판소 판사는 1898년 2월 이래 한성판윤이 겸임하고 있었다. 그러나 재판사무 때문에 거꾸로 한성부의 행정업무가 적체되자, 1900년 11월 3일 칙령 제48호로 '한성재판소관제'를 개정하여 수반판사와 판사를 전임으로 바꾸었다. 하지만 1901년 7월 24일 효과가 없다고 하여 다시 한성부로 합설했다. 1904년 4월 2일에는 다시 관제를 개정하여 수반판사와 판사를 전임으로 복귀시켰다.[292]

사법관양성을 맡을 법관양성소도 오락가락하고 있었다. 법관양성소는

---

292 도면회, 앞의 글, 244~255쪽.

1896년 4월 제2회 졸업생 39명을 배출한 뒤 기능이 정지되었다. 1903년 1월 법관양성소규정을 개정하여 교관을 증원하고 수업연한도 3개년으로 늘려 학생을 다시 모집했다. 법관양성소의 위상과 조직, 수업연한은 이후 몇 차례 개정을 겪는다. 이 시기의 법관양성소 교육에서는 대명률 같은 구법이 중심이 되었다. 졸업생도 1904년 7월에 25명, 1906년 1월에 20명을 배출한 것에 불과했다.

순회재판소제도도 시행되지 않았다. 1900년 12월에 '순회재판소세칙'이 제정되고, 1901년 1월 순회재판소 판사 8인이 차정되었다. 하지만 임명된 이들은 자격도 능력도 없는 자들이었고, 순회재판보다는 암행어사 같은 임무가 부여되었다. 심지어 정부예산이 없어서 재판경비는 각 군에서 임시지출하라고 할 정도였다. 이윽고 3월 말 함경남도 순회판사 이동식이 원산에 도착하여 사무를 개시한다고 보고했는데, 무슨 이유인지 법부는 이 판사를 체포 수금했고, 4월 1일에는 법부대신 조병식이 순회재판소를 실시하지 말라고 주청하여 결국 흐지부지되고 말았다.[293] 아마도 고종의 명을 받아 순회재판 실시를 준비했던 법부대신 임시서리 김영준金永準의 실각과 관련이 있는 듯하다. 김영준은 고종의 측근이자 일본파에 속한 자로서, 부패하고 정치적 책략에 능한 자였다. 1901년 3월 김영준은 정부 내에서 미국파를 축출하려고 음모를 꾸미다가 발각되어 처형되었다.[294]

형식적으로 '재판소'라 할 만한 것은 평리원밖에 없었다. 한성의 평리원과 법부로 전국에서 각종 사건이 몰려들었다. 단순한 사적 분쟁뿐만 아니라 지방관의 비리와 탐학을 바로잡아줄 것을 요구하는 사건도 많았다. 관찰사(칙임관)와 군수(주임고문)의 범죄사건은 평리원에서 관할하기 때문이다.

---

293 위의 글, 242~243쪽.
294 서영희, 앞의 책, 88쪽, 93~96쪽.

한 연구에 따르면, 1899년부터 1905년까지 신문기사로 실린 것만 집계해도 거의 한 달에 한번 꼴로 지방인민들이 지방관의 탐학·불법수탈·불공정한 재판을 법부와 평리원에 고소한 것으로 나타난다. 지방인민은 수개월간 서울에 머물며 평리원, 법부, 기타 각부에 호소하고 소송을 해야 했다. 하지만 아무리 고소·고발하고 호소해도 지방관들이 처벌되는 일은 드물었다. 권세가 출신의 수령은 무혐의로 처리되거나 고소한 인민이 무고죄로 처벌받았고, 고소당한 지방관이 고소인의 친족을 잡아들여 악형을 가하거나 고소인을 맞고소하는 예도 많았다.[295]

이런 고질적인 문제를 어떻게 해결할 것인가? 갑오개혁기에 한 일본인 관리는 조선의 행정제도개혁을 위해서는 두 가지가 필요하다고 했다. 하나는 행정재판제도이다. 즉 행정제도 개량의 제일착으로서 관리의 사곡私曲에 인민이 굴종하지 않게 하기 위해 행정재판소와 유사한 것을 설치해야 한다는 것이었다. 다른 하나는 관리의 직무를 감찰하는 제도이다. 즉 메이지 초기 일본 정부에 설치되었던 탄정대彈正臺와 유사한 기관을 설치하여 행정관의 행위를 감사하고 관기를 유지해야 한다는 것이었다.[296]

고등재판소 내지 평리원은 칙주임관의 범죄를 관할하기 때문에 운영 여하에 따라 행정재판재판제도와 공직자 탄핵재판제도와 비슷한 효과를 거둘 수 있다. 지방관들을 고소한 인민들의 바람도 그런 것이었다. 하지만 대한제국 재판제도는 이에 제대로 호응해주지 못했다. 평리원과 법부는 스스로 원성의 대상이 되었다.

---

295 위의 글, 206~265쪽.

296 「對韓政略一班」(1894. 9), 原敬文書研究会 編, 『原敬關係文書 7』, 東京: 日本放送出版協会, 1987, 107쪽. 탄정대는 형부성과 별도로 관원을 감찰하고 탄핵하기 위해 설치된 기구였다. 사법성 설치 후 사법성으로 흡수되었다가 사법직무정제가 실시되면서 폐지되었다.

한국 관원들이 문제를 해결해주지 못한다고 판단한 인민들은 다른 수단을 찾았다. 권리를 구제받기 위한 것이든 혹은 사리를 탐할 목적이었든, 인민들은 한국 관원보다 더 강한 권세, 즉 영사재판권을 가진 외국인과 외국 관헌의 힘을 빌리려고 했다. 천주교회와 일본영사관이 대표적이었다. 특히 일본은 지방인민의 호소를 한국에 내정간섭을 하고 아울러 한국민의 호의를 얻을 수 있는 기회로 삼았다. 일본은 한일의정서(1904. 2. 23), 고문용빙에 관한 협정서(1904. 8. 22), 그리고 한국 시정개선이라는 명목을 내세워, 한국민이 한국 정부의 학대와 토색을 받아 억울함을 호소하면 영사관을 경유해 공사에게 고소할 수 있게 하고, 공사는 한국 정부에 조회하여 시정을 요구했다.[297]

돈과 권세가 법을 대신하고 재판소는 법률상의 어려움을 당한 백성들을 구제해주지 못하는 현실에 대해 헐버트는 이렇게 말했다.

물론 대개의 경우, 아마도 대다수의 경우에 있어서 자그마한 정의마저도 실현되지 않는다면, 이는 경솔한 대답이 될지도 모른다. 약간의 정의마저도 실현되지 않는다면 사회란 통일을 유지할 수 없지만 한국에서 정의가 실현되고 있는 정도는 국가의 조직을 분열로부터 방지하는 데에 절대적으로 필요한 수준에까지 이르지 못하고 있다고 말하는 것이 옳을 것이다.[298]

---

297 도면회, 앞의 글, 293~295쪽.
298 헐버트, 앞의 책, 93쪽.

4. 『형법대전』, 구본신참노선의 결산표

홍범14조로부터 10년 후

대한제국은 1905년(광무 9) 4월 29일 법률 제2호 형법, 즉 『형법대전』을 공포했다. 『형법대전』은 총 5편, 16장, 158절, 본칙 678개조, 부칙 2개조로 구성되어 있다. 제1편 법례法例·제2편 죄례罪例·제3편 형례刑例는 지금의 형법총칙에, 제4편 율례律例 상·제5편 율례 하는 형법각칙에 해당한다. 『형법대전』은 범례凡例에서 밝혔듯이 "대전회통과 대명률과 신반율新頒律을 참호參互하여 집성"한 법이었다. 1895년 1월 고종이 홍범14조에서 형률의 편찬방침을 밝힌 지 10년 만에 '형법'이라는 명칭의 법전이 편찬된 것이다. 대한제국은 1899년 5월 법률기초위원회를 설치해 형법의 기초를 개시하고 1900년 12월 초안을 완성했다. 이후 형법교정관이 임명되어 초안을 심의했다. 그리하여 1899년 5월 형법전 기초에 착수한 지 5년 남짓 흐른 1905년 4월 『형법대전』이 공포되었다.[299]

『형법대전』은 대한제국 정부가 전통 형률과 신식법령을 참작해 집대성한 자주적 입법의 대표적 성과로 불린다. 하지만 『형법대전』이 종래의 형률로부터 얼마나 벗어나고 있는지 묻는 것은 어리석은 일처럼 보인다. 『형법대전』은 나름대로 서구식 형법의 체계를 참고하기는 했지만, 본질적으로 서구적 형법의 외피를 쓴 대명률이었다.

확실히 과거의 형률보다 체계적 구성면에서 서구식 형법에 근접했지만, 본체는 대명률은 해체하여 다른 방식으로 재구성한 것에 지나지 않았다. 대명률의 인율비부, 불응위율도 그대로 남았고, 개개 행위유형에 형벌이 일

---

[299] 『형법대전』의 제정과정은 문준영, 「대한제국기 형법대전의 제정과 개정」, 『법사학연구』 20호, 1999.

대일 대응하는 방식도 그대로 채용되었다. 근대적 형법의 개인주의적·자유주의적 요소는 받아들이지 않았고, 단지 종래의 형률에서 빠진 부분을 보완하는 한에서 서구 형법의 내용을 받아들였을 뿐이다. 총 680개조의 방대한 형법전이지만, 순수한 형사실체법으로서 의미를 지닌 규정은 절반 정도였다. 서구 형법을 본받아 총칙과 각칙을 구분했다고 하지만 총칙과 각칙의 관계는 유기적이지 않고 서로 충돌했다. 새로운 시류에 따라 국한문 혼용을 택한 것은 진보성을 보여주지만, 법문만 읽고서는 정확한 뜻을 알기 힘들어 원전인 대명률을 찾아봐야 할 규정이 많다. 또한 원래 이·호·예·병·형·공율의 내적인 문맥 속에서 나름대로 정확한 해석이 가능했던 것들이, 여기저기 잘려서 재배치되고 때로 문장이 축약되면서 오히려 뜻이 모호해지기도 했다. 심지어 요술을 부려 사람을 살해한 자를 처벌하는 규정과 같이 새로운 시대에 어울리지 않는 규정들도 남아 있었다.

요컨대 대명률과 서구적 형법은 각각 고유한 체계적 완결성을 가지고 있었으나, 양자를 참작 절충했다는 『형법대전』에서는 내적 체계성이 흐트러졌다. 그만큼 『형법대전』은 입법기술적으로도 상당한 결함이 있었다.

체계성만 문제가 아니었다. 『형법대전』에서 모반·대역·내란·외환죄 같은 범죄는 거의 전부가 교형이며 일부는 종신유형이었다. 이들 범죄 중 새롭게 추가된 것들은 1897년의 형법 초안을 참고한 것이었는데, 형법 초안에서는 금고형에 불과하던 행위가 『형법대전』에서는 극형에 처해지는 경우가 많았다. 천민신분을 차별하던 규정은 사라졌지만 관원 간, 관원과 인민 간, 친족 간의 차등과 존비의 질서는 하나도 바뀌지 않았다. 여기에 격쟁 금지, 외람된 상언 금지, 비리호송 금지, 관에 고변한 범죄의 사화 금지, 인민과 부하의 수령 및 상관에 대한 고소 금지, 집단적 소송 금지 등 조선시대부터 있던 소송억압책, 인민억압책도 『형법대전』에서 재확인되었다.

『형법대전』의 형벌은 사형·유형·역형·금옥형·태형 5종이었고, 태형은 역형이나 금옥형에 부가될 수도 있었다. 대명률에서 사형이면 『형법대전』에서도 사형이고, 장 100이면 태 100인 식으로, 전통 형률상의 형벌은 거의 기계적으로 5가지 형벌 중 하나로 전환되었다. 때문에 법정형이 전반적으로 가벼워지는 일은 일어나지 않았다. 『형법대전』 중 교형에 해당하는 죄목은 약 100개, 징역 10년 이상 종신형은 약 40개, 징역 1년부터 10년까지는 80개, 태형이 약 200개이다. 그리고 불법적인 재산적 이익의 취득을 수반하는 약 40여 개의 죄목에서 장물액수를 계산하여 태형부터 징역 종신까지 부과되었다. 형벌체계가 매우 번잡하여 정확하게 계산하기는 힘들지만, 태형이 법정형으로 인정된 죄목이 전체의 반 이상을 차지했다.

갑오개혁 이후 10년, 형법 초안 작성 이후 5년이라는 시일이 걸려 형법전이 탄생했지만, 어떤 새로운 변화를 가져오지 못했다. 달라진 점은, 예전 같았으면 대명률, 대전회통, 신식법령의 여기저기에 형벌규정이 흩어져 있었는데 이제 하나로 집성되었다는 것이었다. 또 한 가지, 1900년 5월 24일 '육군법률'이 제정되었기 때문에 군율은 빠졌다는 것 정두였다.

결국 신구를 참작하여 집성한다는 편찬방침의 의미는, 옛것을 본으로 삼고 옛것에서 모자란 부분이 있을 때 새것을 참조한다는 것이었다. 『형법대전』은 구본신참노선의 결정판이었다. 군인을 제외한 관리와 일반인의 모든 범죄가―종래 형률에서 포괄했던 일체의 행위들이―『형법대전』 아래 헤쳐모였다. 『형법대전』은 시민의 형법이 아니라 군인을 제외한 모든 직업과 계층의 범죄처벌을 위한 종합적 목록이었다. '대전大全'이라는 이름을 붙인 이유가 거기에 있었다.

『형법대전』의 범죄관

『형법대전』의 신구절충이 어떤 모습인지 보여주는 예를 하나 보자. 『형법대전』의 입법자는 범죄를 어떻게 이해하고 있었을까?

전통 형률은 범죄의 실질적 개념을 적극적으로 제시한 적이 없었다. 그런데 매우 놀랍게도 『형법대전』 제66조는 "범죄라 함은 국가의 상전常典이나 인민의 통의通義를 위배하여 공익 사익이나 공권 사권을 침해나 괴란壞亂케 함이라"고 규정한다. 특히 범죄의 개념정의에 사용된 인민의 통의, 공익·사익, 공권·사권 등의 용어는, 19세기 독일 형법학의 권리침해설, 법익침해설을 떠올리게 한다. 범죄의 실질적 정의에 관해서는 학설이 많아서, 실제 형법전이 범죄를 정의하는 경우는 없다.

『형법대전』 제66조는 원래 육군법률 제74조에 있던 것이었다. 육군법률은 군형법에 해당하는 특별형법이지만, 『형법대전』 제정사 측면에서 보면 보통형법 기초의 예행연습이라는 의미를 가지고 있다. 육군형법 제1편 법례, 제2편 죄례, 제3편 형례의 202개 조문 중 대다수가 『형법대전』에 의해 계승되었다.

육군법률은 범죄의 정의뿐만 아니라 민사와 형사의 구별기준도 제시하고 있었다. 그 원문은 아래와 같다.

육군법률 제2편 죄례罪例 제1장 범죄원유犯罪原由
第七十四條 國家의 常典이나 人民의 通義를 違背ᄒ야 公益私益이나 公權私權을 侵害나 壞亂케 ᄒ야 犯罪흔 者와 其他民事에 犯흔 者니 其區別이 左開와 如흠이라.
一 民事
二 刑事

第七十五條 民事刑事의 區別은 左開와 如홈이라.

一 民事는 其行爲가 國家의 常典이나 人民의 通義를 幾分間違背홈이 有ᄒ야 犯罪의 區域에는 入ᄒ얏시되 刑에는 抵치 아니훌 者를 謂홈이라.

二 刑事는 犯罪의 行爲가 有ᄒ야 直히 刑에 抵훌 만흔 者눌 謂홈이라.

보다시피 육군법률 입법자의 관점에서 보면, 범죄에는 민사와 형사가 있으며, 민사는 '범죄의 구역에는 들어갔으나 형에 저촉하지 않는다'는 점에서 형사와 구별될 뿐이었다. 물론 민사상의 불법이 권리침해의 성격을 가지는 것이라는 점에서 육군법률 입법자의 인식이 전혀 엉뚱한 것은 아니다. 하지만 '범죄=민사범죄+형사범죄'라는 인식은 결코 근대적 범죄 개념에 부합하지 않는다. 또 이런 범죄 정의가 『형법대전』에서 특정행위를 범죄로부터 입법적으로 배제하는 기능을 하는 것도 아니다. 앞에서 보았듯이 『형법대전』의 범죄관이나 유추해석과 백지형법을 허용하는 태도 자체가 근대적 형법의 원칙과는 전혀 상반된 것이다. 역설적으로 이런 범죄 정의를 통해 『형법대전』에 들어 있는 전통적 범죄관이 정당화되는 것처럼 보인다. 민사사건이든 형사사건이든, 징계처분 정도에 해당할 관원의 행위이든, 부모에 대한 불효든, 기존에 형률로 처벌받았던 모든 것들이 국가의 상전과 인민의 통의의 위배, 공익 사익 또는 공권 사권의 침해라는 성질을 가지고 있기 때문이다. 또 여기서 '인민의 통의'는 '권리(right)'보다는 '의무(duty)' 또는 도리에 가까운 뜻으로 이해하는 것이 자연스럽게 느껴진다.

도대체 이런 범죄의 정의는 어디에서 유래한 것일까? 아마도 노자와 게이치가 기초한 「형법 초안」(1897)의 해설을 참고한 것 같다. 노자와는 「형법 초안」 제1장 범죄에 붙인 해설에서, 범죄의 정의에 대해서는 학설이 분분하지만 다음의 학설이 가장 타당하다고 했다.

犯罪라 ㅎ는 거슨 社會一般의 意에 反ㅎ며 公權이나 私權을 侵害ㅎ며 又 國家를 維持ㅎ는 바의 國儀道德을 壞亂케 ㅎ는 非理흔 行爲가 卽 是 l라.[300]

이 글에는 '공권, 사권, 괴란' 등의 용어가 사용되고 있으며, "사회일반의 의에 반하며", "국의·도덕을 괴란케 하는" 등의 표현은 "국가의 상전과 인민의 통의를 위배하여"라는 문구와 비슷한 뉘앙스를 가진다.

흥미롭게도 법부 고문 크레마지는 위 『형법대전』 제66조에 상응하는 초안 제65조를 다음과 같이 프랑스어로 번역했다.

Art. 65. L'action punissable est toute infraction commise dans le but, soit de bouleverser les lois fondamentales de l'Etat et les institutions politiques de l'Empire, soit de compromettre le bon ordre et la paix publique, soit de nuire à l'honneur et à la réputation des personnes, soit de troubler leur sécurité, soit de porter atteinte aux biens des particuliers(범죄란 국가의 기본법과 제국의 정치제도를 전복하거나, 공공의 질서와 안녕을 문란케 하거나, 사람의 명예와 평판을 해하거나, 사람의 안전을 방해하거나, 개인의 재산을 침해하려는 목적으로 범해진 일체의 범법행위를 말한다).[301]

---

300 「형법 초안」, 『법사학연구』 16호, 1995, 부록 14쪽.

301 Laurant Crémazy, Le Code Pénal de la Corée(大韓刑法), 1904, 『법사학연구』 제2호, 1975, 898쪽. 1900년 5월 29일부터 1904년 5월 28일까지 4년간 법률고문으로 재임한 크레마지는, 1837년 프랑스 식민지 마다가스카르 출생으로 파리대학 법학부를 졸업했다. 파리대학 법학부에서는 나중에 일본 민형법의 기초를 세운 보와소나드가 교편을 잡고 있었다. 대학 졸업 후 크레마지는 판사로 임용되었고, 프랑스령 인도차이나 사이공 항소법원장을 역임했다. 크레마지의 경력과 법률고문 취임과정에 대해서는 최종고, 『한국의 서양법 수용사』, 163~165쪽; 홍순호, 「대한제국 법률고문 L. Crémazy의 임명과정분석」, 『한국문화연구원논총』 36, 1980 참조.

크레마지의 번역문은 원문의 순서나 표현과 동떨어져 있다. 다른 규정의 번역문은 이 정도로 원문과 차이가 나지 않았다. 크레마지의 번역문에는 원문의 "공익, 사익"에 해당하는 번역어도 없고, "통의", "공권", "사권" 등에서 '권리'를 뜻하게 될 드로와droit라는 번역어도 없다. 크레마지의 번역문이 범죄의 본질을 이론적으로 설명한 것은 아니지만, 그 내용은 훨씬 근대형법의 범죄관과 부합한다. 아마도 크레마지는 원문을 읽고 한국인 관리들의 설명도 들은 뒤에 자신이 익숙한 관념에 따라 원문에 구애받지 않고 번역문을 작성한 것 같다.

『형법대전』 제66조와 크레마지 번역문 제65조 사이의 간격은, 『형법대전』 입법자가 '형법 초안' 같은 입법례를 참고하고 새로운 용어를 사용하여 범죄의 정의를 시도했지만 결코 성공적이지 않았고 큰 의미도 없었다는 것을 말해준다. 크레마지의 번역문에 들어 있는 개인의 명예, 안전, 재산— 인권선언에서 자연권으로 선언된 자유, 재산, 안전을 연상시키는 용어들— 에 대한 근본적인 재인식 없이 새로운 용어를 쓴다고 무엇이 달라지겠는가. '인민의 통의'라는 표현은 『형법대전』의 체계 내에서는 '백성의 직분과 도리' 이상의 의미를 갖지 못했다. '공권'은 '인민의 공권'이 아니라 '공권력', 정부와 관원이 가지는 백성에 대한 권리 이상이 아니었다. 새로운 용어들은 겉치레에 불과했다.

한편 크레마지는 형법안을 번역하는 일을 하면서 정부에서 심의되고 있는 형법안에 대해 8가지 개정의견을 밝힌 바 있었다. 관원의 직무상 과실에 대해서는 형벌이 아니라 징계처분에 의할 것, 민사 원고·피고·증인 및 형사의 원고·증인을 구류하는 것을 폐지할 것, 형사 피고인이 체포되지 않았거나 도주했을 때 재판소의 출두명령을 게시하고 2개월간 출두하지 않으면 결석재판을 할 수 있는 규정을 둘 것, 범죄피해자가 피해배상을 구하는 사소권 및 사소절차를 인정할 것, 신체형 대신 속금을 받는 수속처분을 판사가 재량으로 불허할 수 있게 할 것, 유죄선고 시 판사가 직접 적용법조를 '낭독'하게 하고 그 후에야 형을 집행할 수 있게 할 것, 국사범의 전재산을 몰수하는 적산籍産제도를 폐지할 것, 불응위율을 폐지할 것 등이다.[302] 그중에서 『형법대전』에 반영된 것은 적산 폐지뿐이었다.

『형법대전』의 비교법적 위치

『형법대전』이 서 있는 지점은 어디인가? 『형법대전』을 동시대 일본과 중국에서 전통적 형률체제가 근대적 형사법을 접촉하며 나타난 과도기적 형사법들과 비교해보자.

일본은 1867년 가형률仮刑律을 작성하고, 곧 통일적 형률로서 1870년에 신율강령을, 1873년에는 신율강령을 보충하는 개정율례를 제정했다. 청국은 1905년부터 형률개정에 착수하여 1910년 대청현행형률大淸現行刑律을 반포했다.[303] 신율강령·개정율례와 대청현행형률은 전체적 체계 및 조문의 규정방식이 간결하며, 태형이나 장형과 같은 신체형을 폐지하고 민사법 규정과 같은 것들은 삭제했다. 그에 비해 『형법대전』은 훨씬 수구적이었다. 일본은 1874년부터 다시 형법전 보완작업에 착수하여 1876년부터 서구식 형법전 편찬방침에 따라 보아소나드에게 형법 기초를 맡겼다. 청국은 대청현행형률을 기초하는 과정에서 1906년 일본인 법학자를 초빙하여 서구식 법전의 기초작업을 개시했고, 그 결과 1908년에는 총칙 17장, 각칙 36장 총 387개조의 수정형률초안修正刑律草案이 완성되어 1910년부터 헌정편사관憲政

---

302 Crémazy, "Réformes Pénales proposées au Grand Conseil Coréen", 1904, 『법사학연구』 제2호, 1981, 132~134쪽.
303 청말의 근대법전 편찬과정에 대해서는 島田正郎, 앞의 책 참조.

編査館의 심의에 회부되었다.[304] 국가마다 맥락과 조건이 다르지만, 일본과 청국 모두 신율강령·개정률례, 대청현행형률을 어디까지나 과도적인 형법으로 인식하고 있었다.

청국에서는 대한제국보다 늦게 형법전 기초를 시작했지만, 그 과정에서 '법치파'와 '예치파'로 나뉘어 전통 형률과 근대적 형법이 충돌할 수 있는 거의 모든 주제에 대해 논쟁했다.[305] 법치파의 대표자 수정법률대신修訂法律大臣 심가본沈家本은 형률개정과 형법기초뿐만 아니라 당시의 법률개정작업 전반을 이끌었다. 심가본은 중국 전통 형법에 관한 최고의 두뇌였고, 서양 법에 대해 해박한 지식을 갖고 있었다. 그는 1907년 상주한 형률 초안의 각 조문마다 '연혁'과 '이유'를 붙이고 중국의 역대형법과 서구 형법을 비교·검토하면서 조문의 취지를 밝혔다. 그곳은 중국의 전통법 지식과 서구 법 지식이 만나고 대화하는 장이었다.[306] 1906년의 '형사민사소송법'(안)은 서양법을 참고해 민사소송과 형사소송을 구별하고 소송절차를 정한 것이다. 심가본은 상주문에서 각국의 통례 중 중국이 마땅히 취해야 할 것으로 배심원陪審員과 율사律師(변호사)를 들었고, 또한 각성에 법률학당을 설립해 공정한 율사와 숙련된 승심관承審官(판사)을 양성해야 장래 치외법권의 회수를 준비할 수 있다고 했다. 소송법안에는 민형사 배심재판의 시범실시를 위한 규정들이 들어 있었다. 심가본은 고대 주나라의 삼자지법三刺之法(군신群臣, 군리群吏, 만민萬民에게 세 번 물어 형을 정하는 것)과 맹자의 국인살지國人殺之(나라사람이 죽임이 가하다고 한 연후에 죄인을 죽인다)의 취지가 서양의 배심제도와 같다고 하

---

304 위의 책, 174쪽 이하 참조.
305 예법논쟁에 관해서는 松田惠三子, 「淸末禮法論爭小考」 (1)·(2), 『法學論集』, 京都大法學會, 137卷 2·5號, 1995.
306 「法典草案 二 刑律」. 商務印書館編譯所 編, 『大淸光緖新法令』 第19·20冊, 上海: 商務印書館, 1909.

4장 대한제국기의 사법제도 - 전통의 근대적 변용과 그 한계 287

고, 사법관 한 사람으로는 지식이 유한해서 두루 알지 못하거나 혹은 뇌물이나 사적 감정에 이끌려 재판이 왜곡될 수 있는데, 중인衆人에 의뢰하면 이 같은 폐단이 없어질 것이라고 했다.[307] 이런 지성에 의해 뒷받침되었기 때문에, 청 말의 법전편찬작업은 비록 미완에 그쳤음에도 그 성과가 부정되지 않고 이후 중화민국법전으로 계승될 수 있었다.

이에 반해 『형법대전』은 치밀한 법리논쟁도, 치열한 신구논쟁도 없이 정부 관리들에 의해 조용히 비밀리에 만들어진 법이었다. 『형법대전』은 새로운 법질서도, 불평등조약의 개정도 가져오지 못했다. 대신 황제의 신성불가침, 관존민비와 종법적 가족질서, 인민에 대한 억압과 위하, 관리에 대한 경고를 통해 현존 법질서를 유지하고자 했다. 심하게 말하면 『형법대전』은 갑오개혁기의 출발점에서 한걸음도 나가지 못했다. 만일 『형법대전』이 대한제국 최대의 자주적 입법사업이라 한다면, 그렇기 때문에 『형법대전』에서 대한제국의 성격과 한계가 고스란히 드러난다고 해야 할 것이다. 훗날 계몽잡지에 실린 한 논설은 『형법대전』을 이렇게 평가했다.

> 우리나라의 연혁과 현금의 상황을 보면 그 형법에 있어서는 수백 년 동안 대명률과 대전회통을 적용하다가 근년에 이르러 삼가 『형법대전』을 반포했으나 그 편찬의 체제와 법리가 완비치 못함으로 현금 신진新進한 법리에 부적함을 면치 못하며, 형사소송법에 이르러서는 근거할 성문법도 없고 다만 시의를 따라 몇 개조의 단행례가 있으나 그 실행을 보기 어려울 뿐 아니라 재판절차는 재판관의 의향에 방임되었던 까닭에 왕왕 권리의 침탈은 받아도 감히 대항치 못하고 원한만 품고 있으니 국민이 어찌 이러한 법률 아래에서 하루인들 안전하게 생활할

---

307 「法典草案―訴訟法」, 「修訂法律大臣沈家本等奏進呈訴訟法擬請先行試辦摺」, 『大淸光緒新法令』 第19冊.

수 있겠는가.[308]

『형법대전』 반포조칙은 의례적일지언정 『형법대전』이 영구한 법전이라고 선언했다. 그러나 시대의 조류 앞에 『형법대전』의 영구성은 곧 부정되었다.

1905년 11월 을사조약 체결 이후 일제에 의한 한국 시정개선이 진행되기 시작했다. 1906년 2월 2일 법률 제1호로 『형법대전』이 부분적으로 개정되었다. 새로운 정부기구와 관직의 명칭도 생겼고, 약간의 미비점을 보완할 필요가 있었기 때문이다. 종국에 『형법대전』은 1908년 8월 일본인 법률가들의 손에 의해 난도질을 당했다.

그에 앞서 한국 정부에서 신식 법률학을 습득한 사람들—대표적으로 장도張燾—이 참여하여 형법개정작업을 시도한 적이 있었다. 1906년 11월의 '형법대전 개정초안'과 '형법시행법안'이 그것이다.[309]

'형법대전 개정초안'은 근대적 형법, 특히 일본의 입법례를 대폭 수용하여 만든 전면개정안이었다. 이율비부와 불응위율은 사라졌고, 범죄구성요건과 형벌체계도 혁신하여 근대적 형법의 체모를 갖추고 있었다. '형법시행법안'은 형법시행을 위한 잠정적인 형사소송법안이었다. '형법시행법안'은 『형법대전』의 구식 형사절차를 폐기하고, 수사에서 공소제기, 형집행에 이르는 전과정을 새로 구성했다. 증거재판주의와 자유심증주의를 명문으로 인정하여 전통적인 자복필수주의에서 벗어났다. 그러나 상당한 결함도 있었다. 공소제기 전의 형사절차는 전적으로 검사에 의해 주도되었다. 검사는 필요한 모든 수사권(피고인 체포, 압수수색, 임검, 증인·감정인·참고인의 신문권 등)을 가

---

308 「刑法과 刑事訴訟法의 關係如何」, 『西北』 16호, 1908, 29쪽.
309 張燾, 『新舊刑事法規大全 下』, 1907.

지고 자유롭게 수사할 수 있다. 그런 점에서 갑오개혁기에 설정된 '검사=초심관+공소권'의 틀이 유지되고, 절차 전체의 규문적 성격은 여전했다. 게다가 검사는 자백하지 않는 피고인을 태 또는 혁편革鞭으로 고신할 수 있다고 규정하여 고문을 용인했다.

『형법대전』을 제정했을 때와는 달리, 이번에는 법부가 위 두 법안을 공표하고 법관양성소 학도, 대한자강회, 일진회 등 각계의 의견을 물었다. 여러 의견이 있었지만, 그중 고신제도에 대한 반응을 살펴보자. 일진회는 고신의 도구는 혁편 하나면 된다는 의견을 냈다. 법관양성소의 토론에서는 형벌 중에 태형을 폐지하자는 의견이 있었지만 고신제도는 반대하지 않았다. 대한자강회는 범죄자에게는 자백의무가 없으며 고문이 허위자백을 유도하고 무고한 양민을 핍박할 우려가 있다고 하여 고신의 폐지를 주장했다.[310] 법관양성소의 태형폐지론과 대한자강회의 고문폐지론은 받아들여지지 않았다. 그 결과가 위에서 본 '형법대전 개정초안'과 '형법시행법안'이었다.

비록 보호조약 이후의 일이지만 위 사례를 통해 서구 법학을 습득한 엘리트, 자강운동단체에 의한 근대적 법개혁의 가능성을 확인할 수 있다. 그러나 그 가능성도 일본의 주권침탈에 의해 막혀버렸다. 『형법대전』이 지키려 했던 구체제적 요소들은 일본에게 한국 시정개선의 빌미를 주었고, 인민들이 구관에 익숙하다는 이유로 식민지적 형사법으로 활용되었다.

---

310 「한국일진회일지」 1906. 11. 11일자, 韓國史料硏究所 編, 『韓國統治史料 4』, 東京: 韓國史料硏究所, 1970, 617쪽; 『황성신문』 1906. 12. 10, 『大韓自强會月報』 제8호, 1907, 50쪽.

법원과 검찰의 탄생

| 제2부 |

사법의 식민지적 근대, 1905~1945

일본의 제국적 법질서와 식민지 사법

1909년 7월 한국의 사법권이 일본으로 넘어간 뒤 해방 전까지의 사법제도는 한반도에 존재한 '일본'의 사법제도였다. 이 시기의 사법제도는 법제도와 그 담당자의 측면에서 전과는 확연히 달랐다. 행정과 재판의 분리, 사법기관의 설치, 실체법과 절차법의 정비, 판사·검사·변호사 기타 법률직종의 존재와 활동 등, 법제도와 인적·물적 조건의 면에서 근대적 사법제도가 비로소 본격적으로 작동하기 시작했다. 물론 그것은 식민지의 정치적·사회적 조건에 적응된 내용과 형식의 사법제도였다.

만약 이 시기 사법제도를 근대법의 핵심적 가치들, 예컨대 인권, 입헌주의, 민주주의, 자유주의, 법의 지배 등을 기준으로 평가한다면, 식민지적 사법제도는 분명히 일탈적 또는 비非 내지 반反근대적인 것처럼 보인다. 하지만 그런 모습만 강조하고 넘어가버리면, 이 시기 사법제도에서 나타난 중요한 변화를 놓치고 식민지적 사법제도의 구조나 거기에서 파생된 문제와 현상들을 제대로 이해할 수 없게 된다. 식민지 시기의 사법제도 자체를 이해하기 위해서뿐만 아니라, 해방 후의 사법제도의 성립에 심대한 영향을 미친 지식과 경험들이 어디에 뿌리를 두고 있는지 이해하기 위해서라도,

식민지 사법제도의 다양한 측면을 들여다봐야 한다.

제2부의 목표는 식민지 사법제도가 구체적으로 어떤 형식과 내용을 가졌는지, 그것은 어디에서 기원했고 어떻게 작동하고 있었는지 해명하는 것이다. 따라서 식민지 사법제도의 성격 내지 본질을 어떤 일반적 개념으로 규정하는 데는 이르지 못할 것이다. 다만 '근대성의 한 양상으로서의 식민지적 근대성(colonial modernity)'이 사법제도의 측면, 특히 그 법적 구조와 존재형태의 측면에서 어떻게 나타났는지를 분석하는 작업이 될 것이다.[1]

제2부에서는 이 시기의 사법제도를 무엇인가 결여된 모습으로 묘사하는 데 그치지 않고, 왜 하필 이러저러한 모습을 갖게 되었는지 밝히는 데 중점을 둘 것이다. 무엇보다 식민지 사법제도의 법적 구조가 어떻게 형성되고 전개되었는지, 사법제도의 설계와 운영에 관련하여 어떤 법적·정치적 담론이 펼쳐지고 있었는지를 조금은 세밀하게 분석할 것이다. 그 과정에서 접하게 될 정치적·법적 논쟁의 주체들은 불가피하게 한국인이 아닌 일본인이 될 수밖에 없다. 또한 사법제도와 관련된 법제도, 이론과 실천들의 의미를 파악하기 위해서는 식민지 조선이라는 지역적 경계 바깥에서 그 발원지와 격전지를 찾아야 한다.

제2부에서는 식민지 대만과 일본 본국의 사법제도, 통감부와 총독부하의 사법제도를 다룰 것이다. 말하자면 제2부는 식민지제국 일본의 중심부와 주변부의 사법제도에 관한 것이다. 일본과 식민지 대만의 사법제도를 보려는 이유는, 그것들이 구한국과 조선의 식민지적 사법제도의 모델이자 원천이고, 끊임없는 참조대상이었기 때문이다. 또한 제3부에서 다룰 해방 이후

---

001 식민지 근대성에 관해서는 신기욱·마이클 로빈슨 엮음, 도면회 옮김, 『한국의 식민지 근대성』, 삼인, 2006, 65쪽 이하 참조. 식민지의 법치에 관해서는 특히 이철우, 「일제하 한국의 근대성, 법치, 권력」, 같은 책, 65쪽 이하를 참조하라.

사법제도 재편과정의 쟁점과 논쟁들을 이해하기 위해서는 1945년 이전의 일본의 사법제도 및 그와 관련된 이론들을 먼저 이해해둘 필요가 있다.

5장에서 다루는 대만의 사법제도는 제국 일본의 식민지적 사법제도의 원형이자 모델이다. 통감부 시기와 일제시대 초기에 미리 정해진 듯이 착착 사법제도가 정비될 수 있었던 것은, 식민지에서 통용될 수 있는 모델인 대만형 사법제도가 이미 존재했기 때문이기도 했다. 대만형 제도는 1895년 대만 영유 이후 1905년까지 10년에 걸친 모색과 진화의 산물이었다. 청일전쟁 이후 일본은 대만을 새로운 영토로 획득하고 한국을 자국의 영향력 아래 두었다. 일본은 한국에서 손을 뗄 수밖에 없었다. 하지만 대만에서는 수년간의 시행착오를 통해 식민지에 적합한 사법제도를 창출하는 데 성공했다. 그 과정은 결코 순탄하지 않았다. 그 속에서 훗날 한국 통치에서 마주하게 될 문제들을 발견하게 된 것이다.

8장에서는 주로 형사사법제도를 중심으로 1900년대 이후 일본적 사법이 어떻게 전개되었는지 살펴볼 것이다. 초점이 되는 것은 이른바 검찰사법체제의 형성과정이다. 검찰사법체제는 검찰이 전체 형사사법 운영에서 지배적 위상과 역할을 가지는 사법체제이다. 그것은 정부와 사법부 내에서 검찰관료의 권력, 형사절차상 검찰의 지배적 위치를 확보하는 법체계로 구성된다. 검찰사법체제의 형성과정을 통해 일본적 상황에서 형성된 독특한 검찰제도론뿐만 아니라 검찰사법을 억제하기 위한 다양한 궁구 속에서 전후를 예고하는 아이디어들의 탄생 또한 목격하게 될 것이다.

6장에서는 보호국기 일본에 의한 사법제도의 개편과 그 결과를 살펴본다. 이 시기는 갑오개혁기의 첫 번째 파고에 이어 두 번째 전환기를 이룬다. 이 시기에 비로소 근대적 사법제도의 틀이 갖추어졌다고 할 수 있다. 물론 그것은 식민지화로 종결된 타율적 근대화였고, 일본에 의한 한국 사법권 '침탈'의 과정이었다. 그동안 법사학계의 연구에서는 사법권 '침탈', 한일합병의 '결과'를 강조하며 이 시기 제도변화를 극히 단선적으로 묘사하는 데 그쳤다. 그러나 여기에서는 이토 히로부미 통감 아래 진행된 사법 '개량'의 과정을 의사결정과 정책의 전환에 영향을 미친 요소들, 주요 법령들의 입법과정을 중심으로 살펴볼 것이다.

7장과 9장에서는 병합 이후 식민지사법제도를 다룬다. 7장에서는 먼저 식민지 사법체제의 전체적인 구조를 파악한다는 취지에서 재판·검찰기관의 조직, 통치기구 내에서 사법권의 위상, 식민지 사법제도의 문제점에 대한 논쟁들을 살펴볼 것이다. 9장에서는 조선형사령을 중심으로 식민지 형사절차와 검찰사법의 특징을 살펴볼 것이다. 그 안에서 갑오개혁 이래의 규문적 형사절차가 보존되고 사법제도가 식민지 통치의 도구로 활용되는 모습을 뚜렷이 보게 될 것이다. 또한 해방 이후의 사법개혁이 식민지 사법제도 중 무엇을 목표로 삼았는지 드러나게 될 것이다.

5장 식민지형 사법제도의 형성과 확산

　제1차 세계대전 직후 제국 일본의 판도는 헌법 공포 당시의 일본 영토(혼슈, 시코쿠, 규슈, 홋카이도, 오키나와, 오가사와라), 청일전쟁 이후 청국으로부터 할양받은 대만, 러일전쟁 이후 러시아로부터 할양받은 화태樺太(북위 50도 이남의 사할린 남부)와 청국에 대한 러시아의 조차권을 인계한 관동주關東州 조차지(요동반도 서남단 및 남만주철도부속지), 한일합방으로 획득한 조선, 제1차 세계대전 이후 국제연맹에 의해 통치를 위임받은 남양군도南洋群島 위임통치지(서태평양 미크로네시아의 일부)로 구성되었다.

　일본의 공식적·비공식 식민지였던 조선, 대만, 관동주, 남양군도의 사법제도를 비교해보면 어떤 공통된 특징을 발견할 수 있다. 우선 서구 식민지에서 뚜렷하게 나타나는 인종적 구별(백인사법/토인사법)이 희박하다. 법령과 재판제도는 기본적으로 국적·민족·인종 등에 의해 이원적으로 조직되어 있지 않았다. 몇 가지 예외―예를 들어 형사상의 태형제도, 민사상의 관습법 등―를 제외하고, 일본인―이른바 내지인內地人―과 피지배민족 사이에 차이를 두지 않았다. 물론 그 이면에는 일본인들의 식민지 내 사법권력 독점, 실질적으로 차별적인 법령과 법집행체계가 존재했다. 한편 사법기관의 규모는 본국의 그것보다 절반 정도의 비율로 축소되어 있었다. 대신 지방행정기관이나 경찰기관이 민형사사건에 관여하는 폭이 매우 넓었다. 행정권으로부터 독립된 재판기관이 없는 건 아니었지만 사법권 독립의 수준은 본국과 비교하면 현저히 취약했다. 재판법규는 일본 법을 모범으로 삼되 식민지적 특례를 인정했으며 그 내용은 대체로 동일했다. 일본제국 전체로 눈을 돌리면, 제국에 속한 각 지역마다 독자적인 법적 근거에 의해 설립된 사법기관이 존재했고 다른 지역의 사법기관과는 서로 연결되어 있지 않았다. 식민지 사법기관은 제국 중심부의 대심원과 사법성에 종적으로 연결되지 않고 지역 간 횡적 연결에 의해 제국 전체의 사법네트워크가 짜여졌다.

5장의 목표는 이러한 일본의 식민지 사법제도 및 제국적 네트워크가 어떻게 형성되었는지 살펴보는 것이다. 구체적으로는 대만형 사법제도의 형성과정, 러일전쟁 이후 대만형 사법제도의 확산, 각 지역 간 법령 및 사법제도 연결망의 형성과정을 살펴볼 것이다.

그에 앞서 일본제국 전체의 법체계가 어떻게 지역적으로 구성되는지 정리하고 넘어갈 필요가 있다. 간단히 말하면 제국 일본의 법체계는 본토, 식민지, 조차지, 위임통치지 기타 특수한 지역들의 법체계들로 구성되었다. 본토의 경우 헌법이 상정한 입헌제도에 근거해 입법·사법·행정작용이 이루어졌다. 나머지 지역은 본국 정부의 통치권에 종속되어 있지만, 특수한 사정에 의해 입헌적 통치원리의 적용에서 배제되었다. 때문에 일본 본토를 포함한 각 지역들은 제국의 영토이기는 하지만 형식적으로 독자적 법체계를 가지고 있기 때문에 서로 '이법역異法域'으로 존재했다. 제국의 법질서는 제국 중심부 및 중심부의 통치권에 종속하는 지역들의 부분적 법체계, 각 법체계의 상호연결망에 의해 구성되었다.

흔히 일본의 본토와 그렇지 않은 지역을 구분하는 용어로 '내지內地', '외지外地'라는 말이 사용되었다. 외지의 법적 지위, 성질에 대해서는 여러 가

지 논의가 있지만,[2] 경성제대 공법교수였던 기요미야 시로淸宮四良는 다음과
같이 외지의 의의를 설명했다.

일국의 영토(순영토 및 준영토를 포함) 내의 부분영토에 관해, 영토로서의 소질·기능에
있어서 아직 통일적인 영토로 편입될 수 없는 사정이 존재함으로써 거기에는 전
국에 걸치는 통일적 통치의 제외례制外例가 인정되고, 해당 부분영토에 통용되는
통치행위의 정립방식이 헌법에 보통 정해진 것과 원리를 달리하고, 또한 당해
부분영토에 통용되는 법이 하나의 부분법체계를 형성한다고 보는 경우에 이러한
부분영토를 외지라 한다. 이에 대하여 보통의 방법에 있어서 통치행위가 정립되
는 영토를 내지 또는 본토로 부를 수 있다. (⋯) 우리나라의 현행 외지제도에서의
특수성으로서는, 입헌주의적 통치원리에 근거한 법률의 통용의 유무 및 통용의
방식이 실제상 가장 중요한 표지가 되고 있다. (⋯) 외지는 내지에 미편입된 이법
영역異法領域으로서 거기에 특수한 법이 행해지는 지역이다.[3]

외지, 즉 공식·비공식 식민지가 해당 지역 내에 통용되는 독자적 법체계
를 가지고 본토 및 다른 지역에 대해 이법역으로 존재할 수 있게 만드는
법적 근거가 식민지 위임입법제도이다. 본국의 행정부와 식민지 총독은 법
률의 위임을 받아 법률의 효력을 가지는 법령을 발할 수 있다. '대만에 시
행할 법령에 관한 건'(1896년 법률 제63호), '조선에 시행할 법령에 관한
건'(1911년 법률 제30호)에 따르면 총독은 법률의 효력을 가지는 명령─조선
은 제령制令, 대만은 율령律令─을 발할 수 있고, 법률의 전부 또는 일부를
시행해야 하는 것은 칙령으로 정한다. 관동주와 남양군도는 완전히 헌법시

002　外務省條約局 編,『外地法制誌 1』, 東京: 文生書院, 1990, 67~68쪽.
003　淸宮四郎,「外地の法的槪念」,『法學』(東北帝大) 12卷7號, 1933, 21~22쪽.

행구역 바깥에 있었기 때문에 칙령에 의해 자유롭게 법률사항을 제정할 수 있었다. 화태樺太(남사할린)의 경우 내지에 속했지만 칙령에 의해 법률을 시행하고 또 일정한 특례를 정할 수 있게 했다(화태에 시행할 법령에 관한 법률, 1907년 법률 제25호). 식민지 위임입법제도에 의거하여 조선과 대만의 총독, 관동주와 남양군도를 관할하는 중앙정부는 식민지 특수사정을 감안한 법령을 제정하고 식민지 사법기관을 조직했다. 이런 체제는 행정부와 식민지 총독부가 제국의회, 사법성, 대심원 등의 통제를 받지 않고 식민지를 통치하는 것을 가능하게 했다.

물론 식민지 사법제도의 설립근거가 식민지 위임입법제도에 있다 하더라도, 식민지 위임입법제도가 식민지 사법제도의 구체적인 내용과 형식까지 결정하지는 않는다. 또한 식민지 사법제도가 왜 하필 서두에서 말한 것 같은 모습을 가지게 되었는가 하는 질문에 대해 단순히 '식민지 통치의 편의를 위해서'라고 답하는 것으로는 충분하지 않다.

대만에서의 사법제도 정립과정을 살펴보면, 식민지형 사법제도의 특징들이 사전에 예정되었던 것도 단기간 내에 형성·정착된 것도 아니었음을 알 수 있다. 일본은 1895년 대만을 영유한 이후 우여곡절을 거쳐 대만형 통치제도를 확립했고, 대만형 통치제도는 1905년 이후에는 다른 일본 지배하의 지역에 이식·응용되었다. 사법제도도 예외가 아니었다. 이 장에서는 대만 사법제도 형성과정에서 대두된 법적·정치적 쟁점들, 그 쟁점들의 입법적·정치적 해소과정을 검토해나갈 것이다.

대만형 제도의 창출과정에서 주목해야 할 것은, 대만통치방법을 둘러싼 정치적 대립구도가 존재했으며 그것이 법제와 정책상 논쟁과 개별적인 문제해결에 영향을 주고 있었다는 것이다.

일본은 식민지제국으로 확장되면서 이질적인 문화와 풍속을 가진 지역들

위에 어떻게 제국의 통합성을 확보할 것인가 하는 문제와 필연적으로 대면하게 되었다. 이 문제에 대해 일본은 일찍부터 천황제 국가질서로의 통합=동화同化라는 관점에서 접근했고, 천황제 국가를 뒷받침하는 메이지헌법이 정통성의 근거가 될 수밖에 없었다. 정통성을 가진 본국의 제도에 대해 식민지 제도는 늘 변칙적·이질적인 것으로 인식되었고, 변칙성과 이질성의 해소가 식민정책의 성공 여부에 대한 규범적 평가의 바로미터가 되게 만들었다. 식민지 위임입법제도는 메이지헌법에 근거한 정치적 질서에 이역적인 공간을 초래했다. 이 이역성의 유지와 해소를 둘러싸고 식민지와 제국 중심부의 정치세력들 사이에 복잡한 이해관계가 형성되었다. 정당세력은 식민지를 지배하는 군벌과 중앙정부의 관료집단과 대치하며 헌법의 정통성을 무기삼아 비판하거나 거래했다. 중앙정부의 관료집단은 의회개입을 배척하려 하면서도 식민지통치의 주도권을 두고 식민지통치 관료들과 충돌했다. 식민지통치 관료들은 중앙정치와 절연된 식민지의 이역성을 유지하려 노력했다. 이런 역학관계는 식민지 통치과정을 설정하기 위한 정치과정에서 의제를 만들고 논쟁하고 선택하는 데 영향을 주었다.[4]

이런 관점으로, 아래에서는 대만통치를 둘러싼 정치과정의 일부로서 대만형 사법제도의 정립과정을 살펴볼 것이다. 특히 1897년부터 1899년 사이 대두한 쟁점들 – 대만의 헌법상 지위, 개정조약의 실시, 대만에서의 사법권 독립 등 – 과 그 해결방식이 식민지 법령제도와 사법제도에 어떤 영향을 주었는지에 초점을 맞출 것이다. 그리고 그 결과를 바탕으로 대만형 사

---

004 메이지헌법체제하의 일본 식민지주의의 전개에 관해서는 春山明哲,「近代日本の植民地統治と原敬」, 春山明哲·若林正丈 編,『日本植民地主義の政治的展開 1895~1934』, 東京: アジア政經學會, 1980; 春山明哲,「明治憲法體制と臺灣統治」, 大江志乃夫 外 編,『近代日本と植民地 4 統合と支配の論理』, 東京: 岩波書店, 1993 참조.

법제도가 확립되고 다른 식민지로 확산되는 경위를 설명할 것이다.

1. 대만영유 초기의 통치구상들

대만 사법제도에 관한 구상들

1895년 5월 시모노세키下關조약에 의해 대만을 영유한 직후, 일본 정부 내에서는 대만통치제도의 근본방침을 확립하기 위한 논의가 시작되었다. 당시 논의는 법리론과 정책론 양쪽에 걸쳐 진행되었다. 법리론 차원에서 가장 중요한 문제는 대만의 국법상 지위였다. 그럴 때, 헌법에 준비된 정치 제도들이 신영토의 통치에 대해 어떤 의미를 갖는지 짚고 넘어가야 했다. 과연 대만을 위한 입법은 헌법의 조규에 따라야 하는가, 그러지 않아도 되는가?[5] 정책론 차원에서는, 서구 제국의 아시아·아프리카 '식민지'처럼 대만을 '식민지'로서 본국과 별개의 제도에 의해 통치해야 하는가, 아니면 독일의 알사스·로렌 지방이나 프랑스의 알제리처럼 대만을 '속령지屬領地'로서 본국 정부의 관할하에 두고 본국 제도와 유사한 제도를 시행해야 하는가가 논의되었다.[6]

사법제도 역시 같은 맥락에서 논의되었다. 일본인의 의견 중에는, 문화가 낮고 풍속·습관이 일본과 현저히 다른 대만에 대해서는 청국의 구율舊律을 참고하여 대만신율臺灣新律을 제정하고, 재판조직도 지방에서는 경찰관을 심

---

005 헌법학자들의 메이지헌법과 식민지 관계에 관한 논의는 김창록, 『일본에서의 서양 헌법사 상의 수용에 관한 연구―'대일본제국헌법'의 제정에서 '일본국헌법'의 '출현'까지』, 서울 대 박사학위논문, 1994, 132~152쪽.
006 대만영유 직후 일본 정부 내의 논의는 伊藤博文 編, 『秘書類纂 一八 臺灣資料』, 東京: 原書房, 1965(이하 『대만자료』)에 수록된 각종 의견서류를 통해 확인할 수 있다.

판관으로 삼고 중앙에 대만 총독이 청장이 되는 고등심판소高等審判所를 설치하자는 것도 있었다.[7] 즉 과거의 중국식 사법제도의 틀을 그대로 유지하고, 서구적 법령과 재판제도는 도입하지 않는다는 것이었다.

반면 외국인 고문들은 자기 조국의 식민지제도를 참고하면서 정책을 제안했다. 예컨대 프랑스인 고문 르봉Michel Le Bon은 1895년 4월 사법대신에게 제출한 의견서에서, 대만은 프랑스의 알제리와 마찬가지로 "본국에 완전히 근사"시켜 "장래에는 제국의 진정한 한 현縣으로 삼아야 한다"고 했다. 또한 사법제도에 관해 형사법은 가급적 일본의 법전을 시행할 것, 재판소는 "일본의 재판소구성법을 본떠 조직하고 동경의 대심원 및 사법성에 직속하는 하급재판소와 한 개의 공소원控訴院을 건설"할 것을 건의했다.[8] 즉 르봉은 프랑스의 동화주의정책을 참조하여 본국 사법기관에 종적으로 연결되며 본국의 사법제도가 연장된 형태의 재판조직을 대만에 둘 것을 건의했다.

반대로 영국인 고문 커쿠드William Montague Hammett Kirkwood는 영국식 자치식민지제도와 원주민의 문화 정두에 적합한 제도를 도입해야 한다고 했다. 커쿠드의 경우 대만 제도형성에 직간접적으로 영향을 미친 바가 크기 때문에 조금 더 자세히 살펴볼 필요가 있다.

커쿠드는 1895년 8월 내각에 제출한 대만통치제도에 관한 칙령 초안을 통해 대만 제도의 골자를 제시했는데, 사법제도에 관해 다음과 같은 네 가지 사항을 언급했다.[9]

---

007 楢原陳政,「臺灣ノ法律敎育ニ關スル調書」, 위의 책, 51쪽.

008 「遼東及臺灣統治ニ關スル答議」(1895. 4. 22), 위의 책, 407~408쪽.

009 「司法大臣閣下ニ上ル大日本植民地制度組織方案並ニ之ニ效果ヲ與フ可キ各法令及ヒ各規則ノ草案」(1895. 8. 6), 日本國會書館憲政資料室, 『後藤新平關係文書』7-34 중, 「植民官廳官及ヒ植民會議組織ニ關スル勅令草案」(이하「식민관청·회의칙령초안」) 및 「臺灣及

① 대만 재판소의 조직 및 관할의 범위는 식민지법률 또는 칙령으로 정한다.

② 재판관은 천황이 서임하는 자, 총독이 자기 책임으로 서임하는 자, 그리고 총독이 식민장관의 인가를 받아 서임하는 자 등 세 가지 방법으로 임용한다.

③ 재판관은 그 신분보장에서 다른 행정관과 구별하지 않는다.

④ 대만 공소원控訴院의 재판에 대한 상고는 동경에 설치하는 특별재판소에 제기한다.[10]

위 ①에서 '식민지법률'이란 대만 총독이 대만 입법원立法院의 협찬을 거쳐 제정하는 대만의 독자적인 법률이다. 칙령은 천황의 칙령을 말한다. 이 칙령의 성격은, 법률로 정해야 할 사항에 관해 어떤 법률의 위임을 받아 법률시행에 관한 세부사항을 정할 때 발해지는 칙령과는 다르다. 대만이 헌법시행구역이 아니라면, 헌법에 규정된 의회의 협찬은 불필요하며 천황의 대권大權에 근거해 칙령으로 자유롭게 법률사항을 정할 수 있다. 커쿠드가 말하는 칙령은 헌법의 제약을 받지 않고 천황 대권에서 직접적으로 유래하는 칙령을 말하는 것이다. 식민지법률이든 칙령이든, 제국의회의 협찬을 거친 본국 법률을 대만에 직접 시행하는 것이 아니라 대만통치를 위한 별도의 법령이라는 점에서 동일하다. 대만의 재판소는 식민지를 위한 법령에 근거하여 설립되는 것이다. 재판관 임명방법도 본국과 다르며, 재판관의 신분보장도 없다. 커쿠드는 초기에는 재판관 중 부적임자가 적지 않게 생기기 때문에 그럴 경우 쉽게 해임·파면할 수 있는 방도가 필요하다고 했다. ④의 경우도 대만 재판소는 본국 재판소와 별개의 계통의 재판기관으로 설

ヒ膨湖島ヲ以テ一個ノ植民地ヲ創設シ總督, 行政會議及ヒ立法院ヲ設置シ其他同植民地ノ一般制度ニ付テ規定スル勅令草案」(이하「대만식민지제도칙령초안」).

010 「대만식민지제도칙령초안」.

립되어야 한다는 것을 뜻한다. 르봉이 대만 재판소는 본국 대심원과 사법성에 직속한다고 했던 것과는 현격한 차이가 있다. 커쿠드는 대만과 본국의 법령제도는 서로 다르며, 본국 대심원은 식민지의 법률문제를 다루기에 적합하지 않다고 설명한다.

커쿠드가 헌법시행 여부에 대해 부정적이었다 해도, 그것이 대만을 무단적으로 통치하거나 대만통치를 총독에게 완전히 일임했음을 뜻하지는 않는다. 그는 정부에 내각으로부터 독립한 식민관청과 식민장관을 설치할 것, 식민정책에 관한 천황 자문기관으로 '식민회의植民會議'를 구성할 것, 대만총독부에는 총독 고문기관인 행정회의 및 총독의 입법에 협찬하는 입법원을 설치할 것을 제안했다. 대만에서의 법률사항은 총독이 입법원의 협찬을 거쳐 식민지법률로 제정하지만, 본국 정부가 칙령을 입법하는 것도 가능했다. 칙령과 식민지법률이 저촉하는 경우 칙령이 우월하며, 칙령으로 식민지법률의 시행을 금지할 수도 있었다. 본국 식민회의에는 사법대신이 반드시참여해야 했는데, 이유는 "사직司直의 총원칙은 될수록 통일을 요하여 본국과 식민지에 따라 달리해서는 안"되기 때문이었다. 또한 식민지의 현행법·관습·관례는 폐지·개정되지 않는 한 유효하지만 "일본 법리法理의 총원칙總原則"에 반하는 것은 무효라 했다.[11] 요컨대, 커쿠드는 대만통치를 위해 헌법에 예정된 제도(내각, 대심원, 제국의회)와는 별개의 통치기관과 입법제도를 정립해야 한다는 것은 인정했지만, 어디까지나 본국의 통치권과 법질서의 우월성과 통제력이 유지되는 한에서 대만통치에 자율성을 부여했다.

일본 정부는 위 의견들 중 특정한 하나를 택해 제도를 입안하지는 않았다. 그러나 이들 의견에는 이후 대만 사법제도 성립과정에서 대두될 쟁점들이 대부분 포함되어 있다. 대만에 특별한 제도를 시행할 것인가, 아니면

011 커쿠드, 「식민관청·회의칙령초안」 및 「대만식민지제도칙령초안」.

본국과 흡사한 제도를 시행할 것인가, 행정관에게도 사법권을 줄 것인가, 사법권 독립과 재판관 신분보장을 어떻게 할 것인가, 본국과 대만의 사법기관을 연결시킬 것인가 등의 질문에 대해 각자의 논거와 해답이 제시되었다. 1897~1899년 사이에 이런 문제들이 한꺼번에 대두하게 된다.

천황제 헌법과 식민지

이 장의 서두에서, 일본이 식민지제국으로 확장되는 과정에서 일본은 일찍부터 천황제 국가구조로의 동화를 통해 제국의 통합성을 유지하려 했고, 메이지헌법이 식민통치의 참조기준으로 존재했다고 말했다. 나중에 보게 되겠지만, 사법제도와 관련해서는 대만 법원의 헌법상 지위가 늘 논란이 되었다. 이 문제는 대만에서의 재판소 독립 문제뿐만 아니라 대만 법원의 구성방법, 사법관의 신분, 대만 법원 판결의 제국 내 효력 등 여러 논점과 결부되어 있었다. 대만 법원의 헌법상 지위문제는 대만 자체의 헌법상 지위 문제와 결합되었다. 앞으로 보게 될 논의를 이해하기 위해서는, 식민지와 헌법의 관계에 대한 논의가 어떤 내용과 성격을 가지고 있는지 확인해 둘 필요가 있다.

먼저 대만 영유 직후 대만의 국법상 지위에 관한 논란을 보자. 대만은 헌법시행구역 밖에 있는가, 아니면 안에 있는가? 만일 메이지헌법이 영토조항 또는 신영토의 지위, 기타 헌법의 장소적·인적 효력범위에 관한 명시적인 규정을 갖고 있었다면 문제는 쉽게 풀린다. 하지만 메이지헌법은 그렇지 않았다. 헌법적 권위를 가지는 문서들을 해석해도 뚜렷한 답이 나오지 않았다. 예를 들어 이토 히로부미의 『제국헌법의해』에 "현재의 강토는 (…) 대팔도大八道 (…) 및 각 도島, 그리고 홋카이도北海道, 오키나와제도沖縄諸島 및 오가사와라제도小笠原諸島"[12]라고 되어 있는 것은, 일견 열거된 지역에만 헌법이 시행된다는 뜻으로 해석할 수도 있다. 그러나 천황의 '헌법발포칙어 憲法發布勅語'의 "짐은 (…) 현재 및 장래의 신민에 대하여 불마不磨의 대전을 선포한다"는 구절에 나온 "장래의 신민"은 현영토의 신민의 자손뿐만 아니라 장래 영토로 새로 편입될 지역의 신민을 포함한다고 해석할 수도 있다.

영국인 고문 커쿠드도 이 점을 인정하면서 헌법의 성질론에 입각한 논거를 검토했다.[13] 만일 헌법이 "치자의 권력과 피치자의 권리가 서로 알력하지 않고 평형을 유지하도록 하는 원칙을 편찬한 것"이고 "다른 법률과 마찬가지로 헌법 역시 시행해야 할 명확한 토지를 가지며 그 토지의 구역과 성질에 적응하고 또한 그 토지에 주거하는 인민의 관습과 상황에 배우配偶해야 한다"고 본다면, 습속과 사정이 다른 대만에 자동적으로 헌법이 시행된다고 할 수는 없다.[14] 하지만 '헌법발포칙어'에서와 같이 헌법의 목적이 "신민의 강복康福을 중시하고 그 의덕양능懿德良能을 발달시켜 신민의 익찬翼贊에 의해 신민과 더불어 국가의 진운을 부지扶持시키려는" 데 있고, 그 목적을 위해 헌법을 통해 "국가기관을 운용하는 것을 규정한 것"이라고 한다면, "천황의 대권시행에 관한 개별 조규는 단지 헌법발포 당시 일본제국을 조직하는 토지와 인민에 대하여 적용될 뿐만 아니라, 장래 어느 때라도 일본에 속하는 영토에 대하여 적용해야 하는 것"이라고 할 수 있다.[15]

여기서 주목해야 하는 것은, '강토'나 '장래의 신민'에 대한 해석이 아니라 헌법의 성질에 대한 이해이다. 부정설은 헌법이 치자와 피치자 사이의 정치적 계약이며 일정한 문명수준을 전제한다고 본다. 긍정설은 천황이 신

---

012 伊藤博文, 『帝國憲法義解』, 東京: 國家學會, 1889, 3쪽.
013 「カークード氏 台湾制度, 天皇の大権, 及帝国議会に関する意見書」, 『대만자료』, 78~101쪽.
014 위의 글, 80쪽.
015 위의 글, 101~123쪽.

민의 덕과 재능을 길러 신민의 보좌를 받아 국가의 진운을 북돋기 위해 천황 대권의 행사방법을 신민에게 선포한 것임을 강조한다. 부정설에서는 입헌정치의 헌장이라는 점이, 긍정설에서는 천황이 내린 신성한 조규라는 점이 메이지헌법의 정수로 파악되고 있는 것이다. 이렇게 신영토에 관한 헌법해석론에서 메이지헌법이 지닌 두 가지 측면이 고스란히 드러난다. 즉 하나는 일본 국가 입헌정체의 헌장, 다른 하나는 만세일계의 천황이 일시동인一視同仁하여 다스리는 천황제국가이다.

부정설을 지지한 영국인 커쿠드에게 헌법의 핵심은 입헌정치제도였다. 그리고 헌법을 시행한다는 것의 규범적 의미는 헌법 전부를 시행한다는 것이었다. 그런데 헌법이 예정한 입헌제도는 아무 곳에나 시행되는 것이 아니라 입헌제가 시행될 만한 문명수준을 가진 지역을 전제한다. 대만의 문명수준은 입헌제도를 실시하기에 부적합했으며, 대만에 적합한 제도를 정립하는 데 입헌제도는 불필요한 제약이 될 뿐이었다. 커쿠드는 이런 해석론과 정책론에 입각해 '대만에서는 헌법이 시행되지 않고 또 시행해서도 안 된다'고 말했다. 대신 앞에서 보았듯이 그는 대만통치제도에 입헌제적 요소를 가미했다. 대만의 기본제도를 정하는 칙령(사실상 대만의 헌법)을 통해 대만의 입법·행정·사법에 관한 원칙들을 구체적으로 정립하고, 내용적으로도 대만 총독의 통치가 대만 내부의 견제(행정회의, 입법원), 본국의 입법·사법·행정권의 일정한 통제(식민회의, 식민장관, 특별상고재판소, 칙령 및 '일본 법리 총원칙'의 우월성 등) 아래 있게 했다.

반대로 긍정설, 즉 헌법시행설에 따르면 대만에 대한 통치작용은 항상 헌법의 조규에 따라야 한다. 따라서 예컨대 대만에서의 법률사항은 제국의회의 협찬을 거쳐야 하고, 대만총독부 민정국에 사법권을 부여하려면 이를 허용하는 법률을 발포해야 한다. 그렇지 않으면 위헌이다.[16] 일견 긍정설은 입헌주의원칙을 철저하게 고수하는 것처럼 보인다. 그러나 그 정신과 논리를 잘 이해할 필요가 있다.

천황제 헌법의 효과와 '신민자연의 상태'

대만에 괴물이 있다. 법률도 아니고 명령도 아니다. 율령이라 자칭하여 백주에 공공연히 돌아다닌다. 메이지의 밝은 시대(昭代)에 한 명의 겐삼미(源三位) 없는가! 오호라 겐삼미 없는가![17]

1905년 헌법학자 호즈미 야쓰카(穗積八束)는 대만의 율령을 괴물이라고 칭하며, 이 시대에 이 괴물을 처단할 용맹한 장수는 없냐고 절규했다. 호즈미에 의하면 "헌법을 국가최고의 의지"로 삼는 일본의 "정체"에서 "입법권의 소재와 행사는 법률이 아닌 헌법이 정하며 헌법의 위임에 의하지 않으면 헌법상 입법기관 이외의 자에게 입법권을 행사시킬 수 없"다. 법률에 의해 율령권을 부여한 것은 하나의 단행법률로 "정체를 근본부터 전복하는 것"과 같다. 대만에 특수한 법령이 필요하다면, 헌법상의 긴급칙령, 계엄령, 기타 전시·사변시의 비상대권발동에 의해 해결하면 된다.[18] 호즈미의 근거는 단호하고 명쾌했다. "헌법상 그 시행지를 한정한다는 명언이 없"기 때문이

---

016 山田三朗, 「新領土に關する法律關係を論ず」, 『國家學會雜誌』 102號, 1895, 661~662 쪽.

017 穗積八束, 「臺灣總督の命令權に付きて」, 『法學協會雜誌』 23卷 2號, 1905, 192쪽. 겐삼미(源三位)란 헤이안시대의 무장 미나모토노 요리마사(源賴政)의 별칭이다. 겐삼미는 무용이 뛰어나 전설상의 괴물인 누에(ぬえ)를 퇴치했다고 전해진다. 김창록, 앞의 글, 135쪽, 주 86.

018 穗積八束, 위의 글, 190~192쪽.

다.[19] 호즈미에게 메이지헌법은 만세일계萬世一系의 천황이 하사하신 것이고, '천황이 곧 국가'라는 일본의 국체를 표현하고 있다. 즉 메이지헌법은 바로 신성한 천황의 주권자임과 천황의 대권행사방법을 규정한 국가의 대전이다. 거기에서 천황이 그렇게 통치하겠다고 하셨으면 그렇게 통치하시는 것이다. 따라서 법률로 식민지 총독에게 입법권을 위임하는 것은 헌법으로 표현된 국가최고의사를 신민이 함부로 변경하는 불경한 일인 것이다.[20] 대만 영유 직후 공법학자 야마다 사부로山田三朗도 다음과 같이 말했다.

대일본제국헌법은 대일본제국에 시행된다는 것은 당초 논할 필요도 없다. 헌법 제1조에서 말하기를 대일본제국은 만세일계의 천황이 통치한다고 했다. 대일본제국이란 『헌법의해』에서 말하듯 오기팔도五畿八道 및 그 부속도서를 지리적으로 지정한 명칭이 아니라, 우리 통치권에 속하는 지구地球의 일정 부분을 말하는 것이기 때문에, 아시아를 병합해도 대일본제국이고 오대주를 통일해도 역시 대일본제국이다. (⋯) 외국 헌법의 법리로 우리 헌법의 법리를 다툴 수 없다. 요컨대 우리의 신영지인 대만이 국제법상 우리나라의 판도에 귀속한 순간부터 대일본제국의 일부분을 이루고, 만세일계萬世一系의 천황께서 이 헌법의 조규에 의해 이를 통치하신다는 것을 알아야 한다.[21]

야마다가 말하듯, 헌법의 핵심은 '만세일계의 천황이 헌법의 조규에 의해 통치한다'는 것이다. 대만이 천황이 통치하는 영토로 편입된 이상 당연

---

019 穗積八束, 『憲法提要』, 東京: 有斐閣, 1935, 330쪽.
020 호즈미의 헌법사상에 관해서는 김창록, 앞의 글, 33쪽 이하.
021 山田三朗, 「新領地臣民の地位 (2)」, 『國家學會雜誌』 10卷 113號, 1896, 778~779쪽. 야마다는 후에 데라우치(寺內) 한국통감의 자문에 응하여 병합 후 한국의 국적문제에 대해 의견을 제시한 바 있고, 공통법(共通法) 제정에도 관여했다.

히 헌법이 시행된다고 한다면, 대만 주민은 어떤 법적 지위에 있는가? 헌법이 시행되므로 대만 주민은 영토편입과 함께 자동적으로 일본 신민과 같은 권리·의무를 가지는가? 야마다는 이렇게 대답한다.

> 우리는 구미인歐米人이 다른 인종의 신민은 항상 신민이지 인민이 될 수 없다고 하는 것과 같은 부당한 견해로 우리 신영지 신민을 대우하기를 바라지 않을 뿐만 아니라, 구미의 같은 인종 사이의 영지할양과 마찬가지로 속히 우리나라의 문물로써 새로운 신민을 동화하고 영구히 우리의 동포로서 동등한 권리특권을 향유시키며 동등한 의무책임을 부담시키기에 이르기를 희망한다고 해도, 이는 단지 장래의 정치론에 지나지 않는다. 법리상에 있어서 신영지의 신민은 신민자연臣民自然의 상태에 있으며 통치권의 작용에 의해 점차 진보될 것이라고 말할 수 있을 따름이다(밑줄—인용자).[22]

야마다의 언급은 일본 식민통치에서 나타나는 동화와 차별의 구조가 천황제 헌법하의 공법학이론에 의해 어떻게 정당화되는지 잘 보여준다. 일본 식민지통치의 사명은 인종적·민족적 구별 없이 천황의 일시동인 아래 하나로 동화시키는 것이다. 하지만 신영지의 주민은 아직 '신민자연의 상태', 즉 신민자격을 취득했지만 아직 공권이 부여되지 않은 상태에 있을 수밖에 없다는 것이다. '신민자연의 상태'라는 말처럼 식민지 주민의 지위를 절묘하게 묘사해주는 표현이 또 있을까. 창씨개명, 징병제, 소득세, 참정권 등은 신민자연의 상태에서 벗어나 진정한 일본국 신민으로 만들어주는 공권과 의무를 허가하는 조치였다.

물론 이 자체는 피정복지 신민의 법적 지위와 그들에 대한 군주의 대권

---

022 위의 글, 783~784쪽.

행사방법에 관한 하나의 전형적인 해석이다. 또한 그것은 서양 근대법담론에 의해 식민주의가 정당화되는 방식을 보여주는 예이기도 하다. 흥미로운 점은, 여기서 천황제 헌법하 일본 신민의 자격에 관한 특수한 이해방식이 매우 잘 작동하고 있다는 것이다. 야마다는 서구 국가, 특히 '공화국'에서처럼 정치적 권리를 가진 '시민(citizen)' 또는 '인민(citizen or people)'과 그렇지 않은 '신민(subject)'을 구별하는 논리는, 일본 신민에게 적용될 수 없다고 했다. 공화국 헌법과 차이가 있는 일본 헌법에 입각하면 "일본 신민이란 우리 주권에 대하여 절대적 복종자라는 자격"에 있으며 헌법 제2장의 "신민의 권리·의무는 일본 신민으로서의 자격요소가 아니며 이미 일본 신민의 자격을 구비한 자가 통상 향유하는 이익 또는 통상 부담할 의무를 규정한 것"일 뿐이다. "정권政權", 즉 참정권 등의 정치적 권리 또는 공권의 향유를 일본 신민의 특질로 삼고 이를 향유하지 않으면 일본 국법상의 신민의 자격이 없다고 말하는 것은 잘못인 것이다.[23] 이런 논리에 의해 신영지의 신민은 천황의 주권에 절대 복종해야 할 자로서의 신민자격을 취득했으나, 공권의 부여는 후속적인 통치권의 발동을 기다려야 한다는 해석이 성립된다.

영국의 식민지배의 역사에서도 똑같은 모습을 발견할 수 있지만,[24] 헌법 시행의 규범적 의미를 어떻게 이해할 것인가 하는 문제에 관한 한 영국인 커쿠드는 야마다의 주장이나 훗날의 헌법 일부시행론에 동의하기 힘들었다. 커쿠드의 관점에서 헌법이 시행된다는 것은 곧 헌법조규 전체가 적용된다는 것이고, 헌법이 일부 시행된다는 주장은 헌법시행을 부정하는 주장

---

023 위의 글, 779~780쪽.
024 인도통치에 관련된 영국 법담론의 역사적 전개는 Hussain, Nasser, *The Jurisprudence of Emergency: Colonialism and the Rule of Law*, the University of Michigan Press, 2003.

과 다를 게 없었다. 물론 커쿠드의 헌법시행 부정론의 결론과, 야마다의 헌법시행을 전제로 한 신민자연상태론의 결론은 본질적으로 다르지 않다.

사실 커쿠드는 헌법 해석론의 관점보다는, 무엇이 타당한 식민정책인가 하는 관점에 입각해서 접근하고 있다. 그가 보기에는 식민지의 특수사정에 적합한 고유한 제도의 발전을 도모하는 것이 더 중요했기 때문에, 헌법으로부터 식민지를 단절시킬 필요가 있었다. 대만통치를 위해서는 통치의 효율성을 보장하는 권력의 집중이 필요하며, 따라서 대만을 장기간 지배했던 중국의 통치제도는 여전히 유효한 통치의 모델이었다. 다만 대만인을 문명화하기 위해서는 종전의 야만적 전제주의가 아닌 '문명화된 전제주의'가 필요했다. 커쿠드는 이런 관점에서 대만통치제도 전체를 입헌제도의 외곽에 놓되 '일본 법리의 총원칙'과 본국 정부의 통제력이 부정되지 않는 한도에서, 대만 통치기관에 상당한 자율성을 부여하고 그 권력작용을 규율하는 규칙을 설정했다.[25]

커쿠드가 제시한 대만제도는 대만을 본국정치와 절연시키고 자치적 식민지로 만드는 계기를 담고 있었다. 하지만 식민통치에 대한 일본적 사명감, 일시동인과 동화주의정신의 관점에서는 이를 용인하기 쉽지 않았다. 훗날 대만의 고유한 법령과 자치의회설치운동에 제국의회가 가장 강력하게 반발

---

025 커쿠드는 영국의 식민통치 모델을 참고했다. 역설적이지만 영국의 식민통치방식은 영국의 '의회주권'과 '법의 지배'가 유럽 다른 국가에 비해 더 현실적이고 강력한 헌정의 요체라는 점과 관련이 있을 것이다. 그것은 식민통치제도에 대한 양가적 모습으로 나타난다. 식민통치를 위해서는 전제정의 원리에 입각할 필요가 있지만, 영국의 자유헌정 이념에 충실한 통치제도는 그런 통치에 적합하지 않다(따라서 대권의 자유로운 행사가 보장되어야 한다). 그러나 영국 관헌이 전제주의에 익숙해지는 것은 영국의 자유헌정정신에 잠재적인 위협이 된다(따라서 대권 행사에 일정한 제약이 가해져야 한다). 때문에 식민지에 관한 특수입법과 총독부에게 주어진 광범위한 재량이 영국 입헌주의와 보통법정신에 부합하는지 늘 논쟁거리가 되고, 법원의 판단대상이 되었다.

했을 때도, 헌법의 정통성을 동원한 동화주의논리가 작동했다.

헌법시행 여부에 관해서는 공법학계 내부에서도 학설이 분분했다. 헌법시행 부정설이 삼권분립, 자유권 보장, 국민참정의 실질이 갖추어지지 않았으므로 헌법시행을 부정한 반면, 시행설은 제국헌법이 삼권분립 등 "근대국가의 헌법의 중심"을 담고 있지만, 헌법의 조장에는 천황 및 국가조직의 체계에 관한 근본규정이 포함되어 있으며, 이 근본규정은 통치권이 미치는 전역에서 그 시행을 요구한다고 했다. 이 견해에 따르면, 참정권 등의 규정도 명백히 대만에 시행되지만 그 적용방법이 설정되지 않았기 때문에 구체적으로 행사할 수 없는 것에 불과하다고 했다.[26] 물론 이 시행설의 논리는 '근대국가의 헌법의 중심'이 실시되고 있지 않은 현실을 법리적으로 정당화하는 데 불과했다.

일본 내부의 헌법시행 여부에 관한 논의에는 천황제 헌법의 논리구조와 동화주의적 파토스가 결합되어 있었다. 그 내부에 신민자연상태와 그렇지 않은 신민상태의 구별이 이미 내재되어 있었다. 헌법시행이 곧 식민지 내부에서의 입헌적 제도의 시행을 의미하지도 않았다. 헌법이 완전히 시행된다는 것은 특수지역의 지위에서 벗어나 내지로 편입된 한 지방이 된다는 것을 의미했다. 식민지 헌법시행론은 제국 중심부의 구심력을 끊임없이 강화하고 식민지의 자치(나아가 식민지 내부의 입헌제도화)를 가로막는 담론장치 역할을 했다. 그런 의미에서 헌법시행론은 결코 식민지 주민을 위한 것이 아니라 제국중심의 정치권력의 관점에서 운위되는 패권적 담론의 성격을 가지고 있음에 주의해야 한다.

이와 같은 헌법시행론에 대해, 천황도 헌법 아래의 한 국가기관에 불과

---

026 外務省條約局 編, 『外地法制誌 5 日本統治下50年の臺灣』, 東京: 文生書院, 1990, 33~40쪽.

하다고 보았던 헌법학자 미노베 다츠키치美濃部達吉가 다음과 같이 비판한 것은 당연했다.

실제로는 조금도 헌법에 의거하는 바가 없으면서 헌법을 시행하고 있다고 공언하는 것은 그 자가당착도 여간 심하지 않은데, (…) 정부가 형식적 법률론에 잘못 빠져 식민지에는 장래 본국에 동화하여 헌법을 시행할 수 있는 정도에 이르기까지는 헌법을 시행하지 않는다고 명언할 만한 용기가 없는 것은 유감이다.[27]

어쨌든 헌법시행론은 식민지 법원의 헌법상 지위와 사법권 독립, 본국과 식민지의 사법권 통일문제를 정치적·법적 담론의 대상으로 만들었다. 또한 논리필연적이라고까지는 할 수 없지만, 헌법시행론은 식민지 사법기구 내에서 사법관직에 대한 높은 진입장벽과 민족적 차별을 정당화하고 일본인 사법관의 지배적이고 독점적인 지위를 뒷받침하는 기능도 했다. 이제 이상의 논의를 염두에 두고, 대만형 통치제도, 대만형 사법제도가 어떤 정치과정을 밟아 정립되었는지 살펴보기로 하자.

2. '63법'의 제정과 대만총독부법원의 설치

식민지 위임입법제도의 창출

영유 직후의 논의를 거쳐 실제로 일본 정부가 대만통치의 기본제도를 입안하는 과정에서는 어떤 사항이 고려되었는가? 정부 내에서 심의되었던 법

---

027 美濃部達吉, 「帝國憲法は新領土に行はるるや否や」, 『國家學會雜誌』 25卷 7號, 1911, 1054쪽.

률안을 통해 살펴보자. 여기에는 앞서 언급한 커쿠드의 칙령 초안 외에 대만 사무국, 대만총독부 등에서 기초한 것으로 보이는 '대만조례안臺灣條例案',[28] 대만통치법안臺灣統治法案,[29] 그리고 대만사무국원 하라 다카시의 의견서 '대만문제 2안'[30]에 제시된 법률안 등이 있다. 그중 식민지 입법과 사법에 관련된 사항을 정리하면 〈표 3〉과 같다.

커쿠드는 대권에 근거한 칙령으로 입법, 행정, 사법, 재정 등 식민지제도 전반을 담으려 했다. 반면 하라 다카시의 법률안은 대만에 본국과 동일한 제도를 연장시행한다는 것, 즉 내지법률연장주의에 충실한 내용을 담았다. 본국 법률은 칙령에 의해 대만에 시행하고, 대만에 필요한 특례는 법률의 효력을 갖는 특례칙령으로 규정한다는 것이다. 대만조례안과 대만통치법안은 주로 대만 총독의 입법권, 대만 재정의 독립 등을 규정했다. 두 법안은 커쿠드의 구상에 근접한 것이라 할 수 있지만, 헌법과 대만의 관계에 관한 문제를 명확히 해결하지 않고 있다. 두 법안은 대만의 기본통치제도는 의회의 협찬을 거친 법률에 의해 정하는 한편, 내각이 총독부를 정치적·행정적으로 감독하고 총독에게 대만의 입법·사법·행정의 전권을 부여하도록 했다. 즉 헌법시행 여부에 관한 논의는 일단 유보하고 필요한 대만통치제도를 정립하는 선에서 타협했던 것이다. 이 두 법이 모체가 되어 대만의 위임입법제도가 탄생했다.

1896년(明治 29) 3월 31일 공포된 법률 제63호 '대만에 시행할 법령에 관한 법률臺灣に施行すべき法令に關する法律'(이하 63법)의 골자는 다음과 같다. 첫째, 대만 총독은 관할구역 내에서 법률의 효력을 가지는 명령(律令)을 발할 수

---

028 原敬文書研究會 編, 『原敬關係文書 6』, 東京: 日本放送出版協会, 1986, 223~225쪽.

029 『대만자료』, 151~153쪽.

030 위의 책, 34쪽.

〈표 3〉 대만통치법령안들의 개요

	커쿠드 칙령 초안	대만조례안	하라 다카시안	대만통치법안
법령형식	칙령	법률	법률	법률
주요사항	입법·행정·사법·재정 전64개조	입법·행정·사법·재정 전21개조	입법 2개조	입법·행정·사법·재정 전18개조
대만에서의 법률사항	· 칙령 · 식민지법률	법률의 효력을 갖는 총독부령	· 칙령에 의한 (본국) 법률의 시행 · 법률의 효력을 갖는 특례칙령	· 법률의 효력을 갖는 총독부령 · 칙령에 의한 법률의 시행
총독의 입법권 행사방법	· 입법원의 협찬 · 칙재(勅裁)	· 입법회의의 의정 (議定) · 칙재		· 총독부평의회의 평결 · 칙재
법원의 구성	법률 또는 칙령에 의함	칙령에 의함		총독부령에 의함

있다(제1조). 율령은 총독부 평의회評議會의 의결을 취하고 척식무대신拓殖務大
臣을 거쳐 칙재를 청한다(제2조). 임시긴급을 요할 경우 총독은 제2조의 절차
를 거치지 않고 곧바로 율령을 발할 수 있으며, 발포 직후 칙재를 청하고
총독부 평의회에 보고한다. 칙재를 얻지 못하면 곧바로 당해 율령이 장래
를 향해 효력이 없음을 공포한다(제3조, 제4조). 현행법률 또는 장래 발포할
법률 중 그 전부 또는 일부를 대만에 시행할 필요가 있는 것은 칙령으로
정한다(제5조).

1896년 3월 의회에서 63법안을 심의하면서 격론이 오갔다. 대만에서의
법률사항을 총독과 행정부가 단독으로 입법할 수 있다는 게 가장 큰 문제
였다. 곧 대만에서의 헌법시행 여부에 대한 의원들의 질문이 쏟아졌다. 이
에 정부위원 미즈노 준水野遵 대만총독부 민정국장民政局長은 이렇게 말했다.

이에 대해서 정부는 가타부타 어떤 것도 말하지 않았습니다. 그러나 정부가 보

는 바로서는 시행해야 할 것은 물론 시행한다, 예를 들어 천황의 대권과 같은 것은 주권의 이동과 함께 즉시 대만에 시행되지만, 기타 헌법 2장 이하의 신민의 권리, 징병의 의무, 조세의 의무와 같은 것은 시행되지 않는다는 것입니다. 그러한 까닭에 이 명령으로 하는 것에 법률의 위임을 받는다는 방침입니다.[31]

헌법시행에 관한 정부의 입장은 굳이 말하자면 대만에 헌법이 일부 시행된다고 본다는 것이었다. 그것은 63법, 즉 식민지 위임입법제도의 존재와 모순되지 않는다. 왜냐하면 제국의회의 협찬권에 관한 헌법규정은 대만에 시행된다 하겠지만, 신민의 권리의무에 관한 규정은 시행되지 않기 때문이다. 따라서 헌법의 조규에 따라 제국의회의 협찬을 받아 법률을 제정하지만, 다른 한편 총독에게 입법권을 위임하는 법률을 제정해도 위헌은 아니라고 보았다. 의원들 역시 대만 원주민들에게 신민의 권리의무에 대한 규정이 적용된다고 보지는 않았다. 당시 위헌논쟁의 핵심은 헌법이 전부 또는 일부가 시행되는가가 아니라, 대만에 대한 입법권을 행정부가 단독으로 행사할 것이냐 제국의회의 협찬권을 인정할 것이냐 하는 점이었다.

그렇다면 왜 63법이 필요했는가. 미즈노는 63법의 취지는 법률 중 시행 가능한 것은 가급적 시행해 '내지동양內地同樣', 즉 내지와 동일하게 하는 것이고, 그렇지 않은 것은 우선 총독의 율령으로 정할 것이라고 한 뒤 칙령에 의한 내지법률연장이 보통이고 총독의 율령발포는 예외라 했다.[32] 내지법률 연장주의를 내세워 위임입법제도를 변호한 것이다. 이는 의회를 설득하기엔 좋은 방법이었지만, 이렇게 변호할수록 오히려 위임입법제도의 임시변통적 성격이 더 부각될 수밖에 없었다. 의회가 63법에 3년이라는 유효기간

---

031 外務省條約局 編, 『外地法制誌 6』, 東京: 文生書院, 1990, 11쪽.
032 위의 책, 6쪽.

을 붙여 통과시킨 것도 그 때문이었다. 어쨌든 일본 정부와 총독부는 헌법과 대만, 헌법과 63법의 관계에 대한 직접적 입장표명을 하지 않고 위임입법제도를 창설하는 데 성공했다. 그러나 63법에 내장된 문제는 이후 대만 통치를 둘러싼 정치역학 속에서 더욱 구체적인 모습을 띠고 대두하게 된다.

'대만총독부법원조례'의 제정

63법 공포 이후 대만총독부는 1896년 5월 1일 율령 제1호 '대만총독부법원조례臺灣總督府法院條例'(이하 법원조례)를 공포했다. 대만총독부법원은 대만총독의 "관리管理"에 속하며, 지방법원·복심법원·고등법원으로 구성되는 3심급제 재판기구였다. 본국 재판소구성법상의 재판소, 판사, 검사라는 명칭과 달리, 대만의 경우 법원, 판관判官, 검찰관이라는 명칭을 썼다.[33] 판관은 칙임 또는 주임으로 하고 대만 총독이 이를 보직한다. 판관은 재판소구성법에서 판사의 자격을 가지는 자여야 했지만, 당분간 지방법원판관은 행정관이 겸임할 수 있었다. 같은 해 7월 11일 율령 제2호로 '대만총독부임시법원조례'가 공포되었다. 임시법원은 무력항쟁을 벌이던 이른바 토비土匪를 토벌하는 군사작전을 펼치면서 나포한 토비들을 처벌하기 위해 설치하는 임시군사법정이었다.

같은 해 8월 14일 율령 제4호 '대만에서의 범죄인 처단의 건臺灣に於ける犯罪人處斷の件'이 공포되었다. 대만에서의 범죄는 제국형법에 의해 처단하되, 대만 주민에게 적용하기 어려운 것은 별도로 정하는 바에 의한다는 것이었다. 이 율령은 긴급율령으로 공포되었다. 대만총독부는 7월 15일부터 법원

---

033 이것은 단순한 명칭의 차이에 그치지 않고, 일본 본국의 사법재판소로부터 대만의 법원을 구별하는, 말하자면 식민지 사법기관의 표지와 같은 것이다. 1880년 치죄법의 고등법원에서 '법원'이라는 명칭이 사용된 것은 앞에서 본 바와 같다. 대만에서는 점령 직후 군정기에 '대만총독부법원'이라는 명칭을 쓰고 있었다.

사무를 개시한다는 방침을 정했지만, 군정기에 발포된 '대만주민형벌령臺灣
住民刑罰令'(1895. 11. 7)을 제외하면 형사실체법이 없었고, 총독부 내부에서
도 법적용에 관해 견해가 갈리고 있었다. 이 율령 공포 전에 개최된 법원회
의에서 내지인(일본인)과 대만인을 불문하고 구관풍속에 의해 처단한다고 결
의되었지만, 결의를 따르지 않겠다며 반발하는 판관들도 나왔다. 결국 총독
부가 재판이 통일되지 않을 것을 우려하여 긴급율령 형식으로 제정했다.
그러나 이 율령에 대해서도 일부 판관들은 '율령으로' 제국형법 전부를 대
만에 시행하는 것은 63법에 위배되므로 율령은 무효라고 비판했다.[34] 63법
의 취지상 제국형법의 시행은 칙령으로 정할 것이지 대만 총독의 율령으로
정할 것이 아니라는 주장이었다. 이렇게 대만통치 초기에는 총독부 내부에
도 대만에서의 입법에 관한 확고한 방침이 없었다는 것을 알 수 있다.

3. 대만 사법권 독립과 개정조약 실시문제

1897년 다카노 대만고등법원장 파면의 파문

1897년(明治 30) 10월, 마츠카타 마사요시松方正義 내각은 대만의 법무부
장 겸 대만고등법원장이었던 다카노 다케노리高野孟矩를 직위해제하는 처분
을 내렸다. 민정개시 이후 행정관리들이 각종 비행과 횡포를 저지르자 다
카노가 이끄는 사법부에서 행정관리들을 조사하게 되었고, 그 과정에서 행
정관과 사법관 사이의 알력이 발생했다. 당초 노기 마레스케乃木希典 대만
총독이 관기를 숙정할 목적으로 다카노를 지원하며 부패척결에 나섰다. 그

---

034 臺灣總督府警務局 編, 『臺灣總督府警察沿革誌 (四)』, 臺北: 臺灣總督府警務局, 1942(東
京: 綠蔭書房 復刻, 1986), 66쪽.

러나 사정의 바람이 대만총독부를 넘어 본국 척식무성의 고위관료에게까지 불어닥치자, 다카노를 자리에서 끌어내려 사태를 수습하려 했던 것이다.[35] 그러나 다카노는 대만에 헌법이 시행되며 대만의 판관도 헌법상의 재판관이므로 내각의 비직非織처분은 재판관의 지위를 보장하는 헌법에 반한다고 항의하며 처분에 복종하지 않았고, 다카노를 지지하는 판관들은 사직서를 제출했다. 내각은 다시 다카노를 파면하는 처분을 내렸다. 이 일이 본국에 알려지자 법조계와 야당은 내각과 총독부를 비난하고 나섰다. 헌법옹호운동과 사법권옹호운동이 전개되었고 내각탄핵론까지 제기되었다. 잔혹한 유혈진압과 총독부의 부패상이 알려지면서 일본의 식민통치자격에 대한 회의론, 대만포기론까지 나왔다. 정국에 파란을 야기한 다카노사건은 대만 판관의 지위문제를 통해 대만의 헌법상 지위라는 미해결의 문제를 공론화시켰다. 이 사건을 계기로 제국의회에는 차제에 정부의 입장을 명확히 밝히라는 질의가 계속 제기되었다.[36]

다카노사건은 또 다른 중요한 문제와 연결되었다. 일본은 이즈음 구미열강과 조약개정에 성공하고 개정조약의 실시를 준비하고 있었다. 개정조약을 대만에 시행할 것인지, 또는 대만에는 종전의 불평등조약을 유지할 것인지를 정부와 총독부 내에서 논의 중이었다. 개정조약을 대만에 시행한다

---

035 상세한 것은 楠精一郎, 『明治立憲制と司法官』, 東京: 慶応通信, 1989, 115쪽 이하.

036 예를 들어 1897년 12월(제2차 마츠카타 내각)의 제11의회 귀족원에서의 「대만총독부법원 판관의 비직·면관에 관한 질문」(『帝國議會貴族院議事速記錄 13』, 1980, 5쪽), 1898년 5월(제3차 이토 내각)의 제12의회 귀족원에서의 「대만총독부법원 판관의 비직면관에 관한 질문」(같은 책, 190쪽)과 중의원에서의 「헌법 제58조 제1항의 건」(『帝國議會衆議院議事速記錄 13』, 32쪽), 1898년 12월(제2차 야마가타 내각)의 제12의회 중의원에서의 「헌법 제58조 제2항의 건」(『帝國議會衆議院議事速記錄 14』, 28쪽), 그리고 1900년 2월(제2차 야마가타 내각)의 제14의회 중의원에서의 「헌법상의 보장에 관한 건의안」(『帝國議會衆議院議事速記錄 16』, 454쪽).

면, 대만 내 서구 조약국이 치외법권을 철거하는 조건으로 일본의 법전과 재판제도에 필적하는 제도를 시행해야 한다. 그런데 다카노사건과 같이 판관이 행정처분에 의해 면관된다면 판관은 결국 행정관과 다를 바 없게 된다. 총독부의 재판도 결국 행정관에 의한 재판에 불과하게 된다. 이렇게 되면 개정조약의 취지에 반하게 되어 외교적 문제가 불거질 우려가 있었다.[37] 노기 총독은 1897년 9월의 의견서에서, 대만에 개정조약을 실시하지 않고 아예 헌법을 개정하여 대만을 헌법 바깥에 둘 것을 내각에 건의했다.[38] 그러나 마츠카타 내각이 1897년 12월 붕괴하여, 새로 성립한 제2차 이토 히로부미 내각이 문제해결의 과제를 떠안게 되었다.

헌법문제와 개정조약 실시문제의 해결

이토 내각은 대만통치제도 전반을 재검토했다. 대만의 헌법상 위치를 비롯해 개정조약 실시와 법전시행, 그에 따른 대만 법령과 사법제도 재편방법에 관한 다양한 논의가 전개되었다.[39] 1898년 6월 이토 내각은 "헌법은 대만에 시행된 것으로 한다. 개정조약은 대만에 시행하는 것으로 한다"는 내용의 훈령을 대만 총독에게 하달했다. 흥미로운 것은, 헌법이 시행된다가 아니라 '이미' 시행되었다는 입장이다.

헌법은 신영토에 시행하는 특별한 국가행위를 기다려 시행되는 것이지 당연히 시행되지 않는다. 대만 영유 당시에는 그 영역에 대해 제국헌법이 시행되지 않았다. 그러나 이후 입법사무에서 또는 예산회계사무에서 이미 제국의회의 협찬

---

037 「臺灣司法權問題」, 後藤新平文書 7-69-10, 日本 國會圖書館 憲政資料室.
038 「臺灣島ニ新條約實施ニ關スル意見書」 및 「憲法行否ニ關スル總督意見」, 後藤新平文書 7-5.
039 淺野豊美, 「近代日本植民地台湾における條約改正——居留地と法典導入」, 『台湾史研究』 14 號, 1997, 61쪽 이하 참조.

권을 인정하게 됨으로써 곧 제국헌법에 의거하는 국가행위를 발표한 것에 다름 없다. 따라서 금일에 있어서는 헌법은 이미 대만에 시행된 것으로 한다.[40]

헌법이 이미 시행되었다는 판단의 논거는, 의회의 협찬을 거쳐 63법이 제정되고 총독부 예산이 승인되는 등, 그동안 헌법규정에 따라 대만통치를 운영해왔다는 것이었다. 이런 논법은, 정부에 대한 비난을 피해가면서 헌법 시행이 규범적으로 무엇을 의미하는가 하는 문제는 건드리지 않은 채 헌법 시행문제를 어디까지나 정부재량 아래 두고자 하는 정치적 고려를 담고 있었다. 문제는 이런 입장에 상응하는 후속 조치이다.

우선 개정조약 실시에 대비하기 위한 법전의 실시문제를 보자. 대만총독부는 1898년 7월 16일 율령 제8호 '민사·상사 및 형사에 관한 율령民事商事及刑事に關する律令'을 공포했다. 대만에서의 민사, 상사 및 형사에 관한 사항은 제국의 민법·상법·형법·민사소송법·형사소송법에 의하며, 다만 대만인 및 청국인만의 사건에 대해서는 현행의 예에 의한다는 것이었다. 이로써 본국 법률을 대만에 '의용依用'하는 형식의 입법이 정립되었다.

여기에는 약간의 우여곡절이 있었다. 본래 이토 내각은 법률안을 제국의회에 제출하려고 준비하고 있었다. 법률안의 취지는, 대만에 민법, 형법, 상법, 소송법 등 법전을 '시행'하되 율령에 의해 대만인과 청국인만의 사건에 대해서는 특례를 둘 수 있다는 것이었다. 그러나 같은 해 6월 말 이토 내각이 의회해산과 내각총사퇴를 단행하여, 최초의 정당내각인 오쿠마 시게노부 내각이 성립하는 정변이 발생했다. 이토 내각이 준비한 법률안은 의회에 제출되지 못했다. 개정조약 실시를 제외국에 통고할 기한이 임박하자 오쿠마 내각은 율령을 통해 이 문제를 해결하기로 했다. 총독부가 급하게

---

040 「臺灣と憲法との關係に關する意見」, 後藤新平文書 7-5.

상신한 율령안이 7월 7일 각의를 통과하여 율령 제8호가 제정되었다.[41]

이토 내각이 준비한 법률안과 율령 제8호는 모두 법전을 대만에 실시한다는 내용이었다. 하지만 그 법적인 의미는 상당히 달랐다. 이토 내각의 법률안은 법률로써 법전을 대만에 직접 '시행'한다는 취지였다. 총독의 율령권은 대만인과 청국인의 사건에 한정되었다. 따라서 적어도 법전이 시행되는 영역에서는 일본과 대만의 이법역성은 존재하지 않게 된다. 반면 율령 제8호는 율령의 형식으로 법전을 '의용'하는 방식을 취했다. 따라서 대만에 의용된 본국의 법률은 오로지 대만에서만 효력을 가지는 법령이 되었다. 예를 들어 율령으로 본국의 민법을 의용하는 경우, 내용은 일본 민법과 같지만 형식은 '율령화된 민법'이 성립하는 것과 같다. 또한 율령으로 의용된 법은 결국 율령이기 때문에 율령으로 개폐할 수 있다. 이처럼 이토 내각의 법률안과 율령 제8호 사이에는 향후 대만의 입법·사법제도 전개방향에 큰 영향을 미치게 될 요소가 포함되어 있었다. 율령 제8호가 존재했기 때문에 대만총독부는 대만의 이법역성을 유지하면서 각종 율령을 제정하고 대만에 균일하게 시행되는 특례를 설정해나갈 수 있었던 것이다.

대만 사법제도 쇄신책들

한편 다카노사건이 제기한 또 하나의 문제, 즉 대만에서의 사법권 독립 문제는 어떻게 해결되었는가? 이는 1898년 대만법원조례의 개정에 의해 일단락되는데, 그전에 일본 정부 내에서 어떤 논의가 있었는지 살펴보고 넘어가자. 이토 내각은 대만통치를 쇄신하기 위해 고다마 겐타로兒玉源太郎

---

041 「秘甲 第八一號 臺灣總督府宛內務次官鈴木克美申進」(1898. 7. 12), 後藤新平文書 7-5. 그 경위에 관해서는 淺野豊美, 「日本帝國の統治原理「內地延長主義」と帝國法制の構造的展開」, 『中京大學社會科學硏究』 21卷 1·2號, 2001, 267쪽.

를 신임 총독에, 고토 신페이後藤新平를 민정국장에 임명했다. 고토 신페이는 1898년 1월 민정국장으로 내정된 뒤 내각에 대만통치에 관한 의견서를 제출했다. 그는 대만에서는 넓은 의미의 경찰을 중심으로 시정을 해야 한다고 전제하고 다음과 같은 사법제도 개편구상을 밝혔다.

재판사무와 같은 것도 제1심은 경찰서에 이를 실행시키고, 복심覆審을 요하는 것은 타이페이에 복심관아를 설치하고 전도 각지에 기간을 정하여 판관을 파견하여 순회복심재판의 조직으로 만든다면, 경비를 요하는 것도 적고 그 목적을 달성할 수 있다. 그 최종의 심리는 이를 지금과 같이 고등법원에 그치게 하기보다는 오히려 영국 식민지가 최종심리를 본국 추밀원에서 하는 예를 따라 이를 내지의 대심원으로 옮김이 가하다.[42]

경찰중심의 시정방침을 관철하고 사법경비를 절감하기 위해 제1심은 경찰서, 제2심은 상설 복심법원과 순회재판에서 하되, 최종 상고심은 대만이 아닌 본국 대심원에서 한다는 것이다. 이 구상은 다소 수정되기는 하지만 실제로 대만 법원제도의 개편에 반영되었다.

커쿠드는 영국 식민지와 대만을 시찰하고 귀국한 뒤 1898년 3월 고토 민정국장과의 교감이 있었던 것으로 생각되는 개혁안을 내각에 제출했다. 커쿠드는 우선 헌법 및 개정조약을 대만에 시행하는 데 반대했다. 사법제도에 관해서는 제1심은 지방청장이 행하고 복심은 타이페이臺北에 설치되는 복심법원에서 취급하되, 상고심은 동경 또는 타이페이에 설치되는 고등법원이 담당하며, 복심법원과 고등법원의 재판관은 독립한 종신관으로 하자는 의견을 제시했다. 그는 대만 같은 곳에서는 지방관이 사법권을 가져

042 鶴見祐輔, 『後藤新平 一卷』, 東京: 勁草書房, 1965, 915~916쪽.

야 관리의 위신이 높아지고, 인민과 일상적으로 교섭하는 지방관이 공평한
재판을 할 경우 재판에 대한 인민의 신뢰가 독립 재판관의 재판에 대한 것
보다 커지며, 대만의 경비를 크게 절감할 수 있다고 했다.[43] 복심법원과 고
등법원의 판관을 종신관으로 한 이유는 밝히지 않았는데, 영국 식민지 사
례를 참고해 대만 사법권 독립문제의 타결책을 제시하고자 한 것으로 추측
된다.[44]

당시 내각 법제국장法制局長 우메 겐지로(후의 한국법률고문)는 헌법과 개정조
약을 대만에 실시하는 데 찬성하면서 사법제도에 관한 의견을 밝혔다. 상
고심과 항소심 법원의 법관은 재판의 공평을 기하기 위해 종신관으로 해야
하지만, 하급심의 법관은 영사재판, 오가사와라제도와 이즈제도의 도리島吏
에 의한 재판의 예를 따라 행정관이 재판관을 겸임할 수 있다고 했다. 우메
는 헌법시행론에 가담했기 때문에 대만 법원의 헌법상 지위를 밝힐 필요가
있었다. 우메는 대만 법원은 헌법 제58조의 통상재판소가 아닌 헌법 제60
조의 특별재판소로 보아야 한다고 했다.[45] 우메 겐지로는 나중에 통감부 시
기 한국 법률고문으로 취임하여 재판제도개혁을 담당하게 된다.

개정조약 실시론자였던 외무성고문 데니슨Henry Willard Denison(미국인)은

---

043 「憲法上臺灣ノ位置ニ關シテ內閣總理伊藤侯爵閣下ニ奉呈スル意見書」, 「臺灣ニ關スル覺
書」, 「カークード氏臺灣ニ關スル覺書說明筆記」, 後藤新平文書 7-33-2.
044 영국 각 식민지 사법기구에 관해서는 泉哲, 『植民地統治論』, 東京: 有斐閣, 1921, 262쪽
이하.
045 우메는 대만에 헌법이 시행됨을 확인하면서 63법의 합헌성을 주장한다. 헌법상 법률로써
정할 사항을 모두 명령에 위임하면 위헌이지만, 그중 대만에 관한 사항만 명령에 위임하는
것은 굳이 위헌이라 할 수 없다는 것이었다. 「臺灣ニ關スル鄙見」, 後藤新平文書 7-5. 이
런 의미의 합헌론이 관철되기 위해서는, 대만의 율령입법은 어디까지나 내지 법률을 모범
으로 삼고 부득이하게 대만의 고유사정을 고려할 수밖에 없는 부분만 특례로 인정하는 모
양이 되어야 할 것이었다.

국적·인종별로 구분되는 재판제도를 제안했다. 구미인과 일본인에게는 일본의 법전 및 일본과 동일한 재판제도를 적용하고, 대만인과 청국인에게는 행정관이 재판권을 갖는 이원적 제도였다.[46] 법령과 재판을 이원적으로 구성하는 것은 헌법과 개정조약 실시에 관련된 법적 문제들을 간편하게 해결해주는 장점이 있었다. 하지만 인종적 차별을 공인하고 비용이 많이 든다는 문제가 있었다. 때문에 커쿠드는 이런 제도는 식민지 원주민의 통치에 득이 될 게 없다고 비판했다.

대만총독부 내부에서는 대만의 사법관청을 본국 사법성 직할로 옮기자는 주장이 제기되기도 했다. 즉 사법관청과 직원은 사법성 직할에 속하게 하고 총독에게는 감독권만 부여함으로써 대만 사법관청과 사법관의 지위를 공고히 한다는 것이었다. 아울러 대만인에게는 제국법전을 시행하지 않고, 말단 지방행정관인 변무서장辨務署長에게 권해권勸解權, 즉 판결에 준하는 효력을 갖는 조정권한을 부여하자고 했다.[47]

이상과 같이 당시 제기된 의견들을 볼 때, 헌법문제, 개정조약 실시문제에서는 견해를 달리하는 부분도 있었지만 판관의 신분보장과 행정관의 재판사무 관여에 대해서는 어느 정도 의견이 일치하고 있었다. 이는 앞으로의 전개방향을 예고해주는 것이기도 했다. 대만에 부임한 고다마 총독과 고토 민정국장은 곧 대만통치 쇄신에 착수했다. 대만 사법제도의 쇄신은 먼저 법원조례를 개정하는 일부터 시작되었다.

046 淺野豊美, 앞의 글, 70쪽.
047 「司法問題ニ關スル本會ノ決議ト希望」, 後藤新平文書 7-78.

4. 대만 법원제도의 개편과 대만형 사법제도의 정립

1898년 대만총독부법원조례의 개정

1898년(明治 31) 5월 대만총독부는 '대만총독부조례개정율령안', '대만총독부판관징계령율령안'을 이토 내각에 제출했다. 주된 내용은 ① 대만 법원은 대만 총독에 '직속'한다고 명시하고, ② 종래의 고등법원-복심법원-지방법원의 3심제를 복심법원-지방법원의 2심제로 축소하고, 지방법원 재판의 합의제를 폐지하는 등의 방법으로 법원조직을 감축하며, ③ 판관의 신분보장, 퇴직·휴직 등에 관한 규정을 신설하여 판관의 신분보장에 관한 요구를 일부 수용하고, ④ 행정관이 지방법원판관을 겸임하는 제도를 당분간 유지한다는 것이었다. ①은 대만법원은 총독의 '관리'에 속한다는 규정에서 '관리'라는 용어의 취지가 모호하다는 점을 인식했기 때문이었다. 해석에 따라 대만 법원은 본래 본국 사법성에 소속하지만 총독에게 감독권만 부여했다는 주장도 가능하다. 사법성 직할론은 이 점을 명확히 하기 위한 것이었다. 따라서 새로운 법원조례에서 대만 법원은 총독에 직속한다고 못을 박아 이론의 여지를 없앤 것이다. ②는 고토 신페이가 종전에 주장했던 것을 실천에 옮긴 것이다. 대만에서는 고등법원이 폐지되지만 대신 상고심을 대심원에서 관할하는 별도의 법률안이 준비되고 있었다.

정부와의 협상은 난항을 겪었다. 이토 수상과 사법대신이 잠깐 사법성 직할론을 제기하기도 했지만, 그 외에도 총독부로서는 받아들이기 힘든 요구에 부딪쳤다.[48] 내무성의 경우 데니슨의 의견과 비슷한 국적·인종에 따른

---

048 법원조례 개정율령안의 협상과정에 대해서는 檜山幸夫, 「解說 臺灣總督府の刷新と統治政策の轉換—明治三一年の臺灣統治」, 中京大學社會科學硏究所 臺灣總督府文書目錄編纂委員會 編, 『臺灣總督府文書目錄 第3卷』, 東京 : ゆまに書房, 1996, 423～442쪽.

이원적 구성을 담은 수정안을 제시했다. 내지인과 외국인에 대해서는 본국의 재판제도와 거의 동일한 수준의 재판절차를 보장하고 대심원에 대한 상고를 허용하며, 청국인과 대만인의 사건에 관해서는 별도 절차에 따라 처리하되 대만 법원 내에 3심제를 둔다는 내용이었다.[49] 그러나 내무성의 수정안은 법제국으로부터 비판을 받게 되었고, 결국 총독부의 율령안을 토대로 심의가 진행되었다. 율령안의 ③과 ④의 내용이 문제가 되었다. 총독부 측은 ④의 행정관 판관겸임제를 삭제하는 등 양보했지만, 판관의 신분보장 수준을 놓고 난항이 거듭되었다. 교섭이 진행되는 가운데 이토 내각이 사퇴하고 1898년 7월 오쿠마 내각이 성립했다. 총독부는 최초의 정당내각에 강경하게 대립하다가는 자칫 모든 게 물거품이 될 수 있다고 판단하여, 내각의 요구에 응해 판관의 신분보장제와 징계절차를 보완하는 방향으로 수정했다.

1898년 7월 12일 오쿠마 내각은 2심제의 폐해를 시정하기 위해 대심원과 총독부 복심법원을 연락시키는 내용의 단행법률을 제13의회에 제출한다는 것을 조건으로 율령안을 통과시켰다.[50] 그 결과 7월 19일 율령 제16호 '대만총독부법원조례개정', 7월 20일 율령 제18호 '대만총독부법원판관

---

049 내무성 수정안은 다음과 같은 내용을 담고 있었다. ① 지방법원 아래 구법원을 설치할 것, ② 지방법원의 합의제를 유지할 것, ③ 판관 정원을 지방법원은 3명, 복심법원은 5명으로 할 것(총독부안은 지방법원 1명, 복심법원 3명), ④ 각 법원에 甲, 乙의 2부를 두어 갑부는 내지인과 청국인을 제외한 외국인의 사건을 맡고, 을부는 청국인과 토인(대만인)의 사건을 담당하도록 할 것, ⑤ 구법원 아래 다시 출장소를 두고 그 직원은 행정관이 맡고 재판은 토인과 청국인에게만 행할 것, ⑥ 복심법원 위에 고등법원을 두어 3심제로 하고, 토인과 청국인의 상고심만 고등법원에서 담당할 것, ⑦ 총독부안과 같이 내지인과 외국인의 복심법원의 판결에 대한 상고사건은 대심원에서 심리할 것. 위의 글, 436쪽.
050 「臺灣總督府法院條例を改正す」, 『公文類聚』第22編・明治 31年・第28券・司法, 日本國立公文書館, 마이크로필름번호: 2A-11-類831.

징계령臺灣總督府法院判官懲戒令'이 공포된다. 대만 법원조직을 감축한 것 외에 식민지 법원의 판사에게 신분보장의 특권을 인정했다는 점에서 특기할 만한 조치였다. 물론 본국에서보다는 취약했다. 본국의 판사는 재판소구성법에 의해 면관·전관·전소·정직·면직·감봉에 관해 지위보장을 받지만, 대만의 판관은 오로지 헌법에 규정된 만큼, 즉 면관·전관에 관해서만 보장받았다. 또한 총독은 필요하다고 인정될 경우 판관에게 휴직을 명할 수 있었고, 판관징계위원회의 위원을 총독이 임명하는 등 휴직과 징계에서 총독의 의사가 반영되기 쉬웠다. 한편 개정 전의 법원조례는 각 법원에 검사를 둔다고만 했는데, 개정 법원조례는 각 법원에 부치하는 '검찰국'에 관한 규정을 신설해 검찰기관을 정비했다. 판관과 달리 검찰관의 자격과 신분보장에 관한 규정은 두지 않았고, 지방법원 검찰관의 직무를 경찰관이 대리하는 제도도 유지되었다.

본국과 비교하여 그 보장정도는 낮았지만, 판관의 신분보장조치로 사법권 독립문제가 일단 해결되었다. 이 결과에 근거하여 1899년(明治 32) 3월 야마가타 아리토모山縣有朋 내각은 제국의회에 "대만에 헌법은 시행되었으며 대만총독부 판관은 헌법 제58조 제2항의 보장을 받는다"는 공식의견을 표명했다.[51]

대심원의 특별재판권에 관한 입법의 실패

총독부는 정부와 약속한 대로 1898년 9월 대만 법원과 대심원과의 연락에 관한 법률안을 내무대신에게 품신했다. 1899년 1월 '대심원특별재판권에 관한 법률안'이 완성되었는데, 대심원이 대만 복심법원 판결에 대한 상고 및 재심에 관해 재판권을 갖는다는 내용이었다. 그러자 사법성 측은, 대

---

051 臺灣總督府警務局 編, 앞의 책, 14쪽.

심원이 모든 사건에 관한 최종심리권을 갖는다면 오히려 대만에 재판소구성법을 시행하고 사법대신이 대만 법원을 감독해 대만과 내지의 사법권을 통일하는 것이 합당하다는 의견을 제시했다. 사법권통일론과 사법성직할론을 전면적으로 제기한 것이다. 그러자 고토 민정국장은 사법성안대로 되면 대만에 특수한 법원제도를 두려는 근본방침이 무너진다고 판단하고 법안의 수정을 시도했다. 대심원이 심판하는 상고사건의 범위를 대만 복심법원이 민사소송법 또는 형사소송법에 의해 내린 제2심 종국판결로 한정하자는 것이었다.[52] 이렇게 되면 1898년 율령 제8호에 의해 민소법과 형소법의 적용을 받지 않는 대만인과 청국인의 사건은 대만 복심법원단계에서 종결된다.

　정부는 수정된 법안 '대만총독부 판결에 대한 대심원의 재판권에 관한 법률안'을 1899년 2월 제13의회 중의원에 제출했다. 정부는 법안제출 이유에서, 대만 법원의 경비절감을 위해 고등법원을 폐지하는 대신 대심원에서 상고심을 행하여 3심제를 유지하고 아울러 제국 내 법률해석의 통일을 도모한다고 했다.[53] 중의원은 법안제출을 환영하는 분위기였다. 한 발 더 나아가 중의원 특별위원회는 정부의 반대에도 불구하고 대심원이 파기한 판결을 대만 복심법원뿐만 아니라 내지의 공소원에도 환송할 수 있도록 법안을 수정했고,[54] 이 수정안은 본회의에서 가결되었다. 63법을 열렬히 비판했던 하나이 다쿠조花井卓藏 의원은, 위임입법제도가 있지만 재판제도에 관해서만은 위임의 범위 내에서 시행할 힘이 없음을 총독부 스스로 표방한 것이라면서 법안에 찬성하는 취지의 발언을 했다.[55] 63법에 의해 부여된 막강한 총독의 통치권한 중 재판권에 관해서는 총독부 스스로 그 한계를 인정

---

052 위의 책, 19쪽.
053 『帝國議會衆議院議事速記錄 14』, 東京大學出版會, 1980, 226~227쪽.
054 『帝國議會衆議院委員會議錄 明治編 12』, 東京大學出版會, 1986, 303~309쪽.
055 위의 책, 308쪽.

했다는 식으로 이해했던 것이다. 공은 귀족원으로 넘어갔다. 정부는 귀족원 심의에서 정부 원안을 채택해줄 것을 희망했다. 그러나 귀족원은 정부 원 안과 중의원 수정안 모두 부결시켰다. 귀족원특별위원회의 법안에 대한 반대의견은 다음과 같았다.

> 대만은 인정풍속이 다르고 또한 점유 이래 아직 내지와 같은 취급을 하기가 어렵기 때문에 입법권이 대만 총독에게 위임된 바도 있으며 (…) 실제에 있어 내지의 대심원에 결합시킬 필요 없이 대만에서 상고의 길을 열어야 한다. 정부위원의 설과 같이 대심원에 결합시킨다면, 멀리 해로로 떨어져 있는 동경까지 오는 인민의 불편불행은 얼마나 큰가. (…) 만약 삼심제가 필요하다면, 대만의 복심법원 중 하나에 상고심을 맡기고 판관을 증원하여 활용할 수 있다.
>
> 이 법안을 제출한 단 하나의 이유는 법률해석의 통일에 있는 것 같다. 그렇지만 대만에는 특별한 법률이 있기 때문에 반드시 통일을 위해 내지의 대심원까지 갖고 올 필요가 없다.
>
> (법률해석의) 통일이란 것은 내지에서도 실행되고 있지 않으며, 또한 대심원에서도 국을 달리하면 해석이 다른 경우도 있다. 단지 통일 운운하지만 이유가 없다.[56]

애초 식민지 위임입법제도를 만든 이유가 대만의 특수사정을 고려한 것인데, 왜 그 취지를 스스로 부인하는 제도를 만들려 하는가라는 지적이다. 대만의 특수사정에 근거해 재판제도를 개혁하려 했던 고토 신페이의 구상이, 대만의 특수사정을 인정하는 63법의 논리에 발목이 잡히고 만 것이다. 결국 귀족원의 반대로 법률안이 성립하지 못함으로써, 대만총독부법원은 상고심 없는 지방법원 – 복심법원의 2심제구조를 가지게 되었다.

---

056 『第十三會帝國議會貴族院委員會會議錄』, 貴族院事務局, 1899, 1272~1279쪽.

대만 법원제도 개편의 결산표

법원조례의 개정과 법률안의 좌절을 어떻게 평가할 것인가. 대만총독부 또는 고토 신페이가 당초 목표한 것과 비교할 때, 대만 법원의 총독직속을 명확히 하고 법원의 조직과 인원을 감축한 것은 성과였다. 그러나 행정관의 판관겸임제가 폐지되고 당초 계획보다 판관의 신분보장 정도가 높아진 것, 대심원의 특별재판권에 관한 법률안이 부결된 것은 분명한 실패였다. 한편으로 헌법이 대만에 시행되고 있다는 논리에 의해, 다른 한편 대만은 율령제도에 의해 본국 제도와 단절된 특수영역이라는 논리에 의해 심각한 타격을 입은 것이라고 할 수 있다.

그러나 역설적이지만 법률안 부결은 총독부가 미처 감지하지 못했을 수 있는 중요한 의미를 가지고 있었다. 법률안은 대심원 관할사건을 민소법과 형소법에 의해 재판하는 내지인과 외국인의 사건으로 했는데, 그 결과 적어도 일본인과 외국인에게 적용되는 민소법과 형소법을 율령으로 직접 변경하기 어려워진다. 나아가 그로 인해 국적·인종에 따라 이원적으로 구성되는 재판제도가 정립될 가능성도 있었다. 또한 대만 법원의 재판이 대심원의 심사를 받게 되는 이상, 상고사건을 통해 대심원이 대만 법령에 대한 최종적인 해석권한을 가지게 된다. 그렇게 되면 대만의 법령을 독자적으로 해석·운용하기가 어려워진다. 요컨대 특별법안은 총독부의 경비절감 면에서 성과를 거둔다 해도, 대만 법령과 재판이 항상 제국중심의 통제에 노출되는 결과를 야기할 수 있는 것이다.

이와 같이 이 법률안은 사법제도의 일각을 본국 대심원에 연결시킴으로써 율령제도의 근간을 흔들 수 있는 잠재력을 가지고 있었다. 중의원에서 법안을 환영한 것도 아마 이런 점을 인식했기 때문일 것이다. 또한 커쿠드가 대심원과 별개의 특별상고재판소를 상정한 것도 대심원이 식민지의 특수한 법령해석에 개입할 경우 식민지 법령의 입법과 운용에 지장을 준다고 판단했기 때문이었다. 뜻밖에 법률안이 부결되었다면 다른 기회에 법률안을 제출하는 것이 자연스러운 일이었을 텐데, 이후 총독부와 일본 정부는 단 한 번도 유사한 법률안을 제출한 적이 없다. 오히려 의원들이 제출한 비슷한 법안을 강력하게 반대한 것은, 바로 이 점을 자각하게 되었기 때문이라고 할 것이다. 그런 의미에서 법안의 부결에 의해 귀족원이 총독통치를 위협할 수 있는 요소를 미연에 제거해주었다고도 할 수 있다.

대만총독부는 법안 부결 이후 당장 삼심제를 부활시키지 않았다. 1899년 8월 형사사건에 한해 재심청구 및 비상상고를 허용하는 조치를 취했지만, 이는 2심제도 자체를 시정하기 위한 것이 아니라 1898년 11월 긴급율령으로 공포한 '비도형벌령匪徒刑罰令'과 '임시법원조례개정'에 대한 정부의 사후 승인을 얻기 위한 것이었다.[57] 대만 내부에서도 3심제 부활론이 제기되었지만 대만총독부는 재정사정을 내세워 3심제 부활에 나서지 않았다. 나중에는 2심제도가 식민지 사법제도의 근본원칙이라고 주장했다. 참고로 대만에서 다시 상고심이 부활한 것은 1921년 8월 대만총독부법원조례의 개정에 의해서였다.

---

057 대만총독부는 비도, 즉 무장저항세력을 토벌하는 대규모 군사작전을 펼치면서 비도형벌령과 임시법원조례 개정을 통해 비도를 단심제로 처단하려 했다. 하지만 비난여론이 비등하고 정부도 좀처럼 긴급율령을 사후승인하지 않았다. 이에 총독부는 단심제를 보완하는 차원에서 1899년 8월 30일 공포된 '형사사건의 재심의 소 및 비상상고에 관한 율령'(율령 제26호)과 '대만총독부임시법원의 판결에 대한 재심의 소 및 비상상고에 관한 율령'(율령 제27호)을 제정하여 형사사건에 대해 비상상고와 재심의 구제수단을 두는 조치를 취했다. 檜山幸夫, 「解說 總督の律令制定權と外地統治論─「匪徒刑罰令」の制定と「臨時法院條例改正」を例として」, 『台湾總督府文書目錄 第四卷』, 1996, 543쪽.

대만형 사법제도 요소들의 형성

법원조례 개정 이후 총독부는 곧 인원감축에 나서, 판관 정원은 55명에서 32명으로, 검찰관은 29명에서 14명으로 대폭 축소되었다.[58] 이것은 목적한 경비절감 효과를 거두었다. 항일세력을 토벌하여 대만 치안이 확보되고 대만 시정이 안정되기 시작하자, 대만의 사법제도는 또 다른 문제에 직면하게 된다. 개정된 법원조례에 따르면 지방법원 단위까지 모두 신분보장을 받는 판관이 배치되어야 했다. 하지만 소송은 증가하고 있는데 사법관을 증원할 재정적 여유가 없었다. 경찰서장이 범죄를 즉결하는 제도를 두고 있었지만, 이때까지는 본국의 위경죄즉결례와 같이 구류와 과료의 형에 해당하는 경미범죄에 한정적으로 시행되었다.[59] 이제 관건은 1898년 법원조례의 틀 속에서 증가하는 분쟁과 사건을 보다 효과적으로 처리할 수 있도록 법령과 재판제도를 정비하는 것이었다.

1900년 들어 대만총독부는 구관舊慣조사사업, 호구조사사업 등을 추진하는 등 대만의 독자적 제도를 모색하기 시작한다. 사법제도도 마찬가지였다.[60] 총독부가 택한 것은 현행 재판조직을 그대로 두면서 행정관이 사법에 관여하는 영역을 넓히고 여러 법령을 제정해 경비가 덜 드는 제도를 만드는 것이었다. 그 결과 1903년(明治 36) 7월 대만인과 청국인에 대한 새로운 벌금·태형제도와 민사구류제도의 도입, 경찰관의 범죄즉결사건 확대, 지방청장이 민사쟁송을 조정하는 제도 등을 담은 율령안들이 완성되었다.[61]

---

058 臺灣總督府官房文書課 編, 『臺灣統治綜覽』, 1908, 488쪽.
059 1896년 10월 1일 공포된 율령 제7호 '拘留 또는 科料의 刑에 해당하는 犯罪卽決例'.
060 대만에서의 구관조사사업에 관해서는 鈴木一朗, 「後藤新平と岡松參太郎による旧慣調査 (1) 台湾の場合」, 『東北學員大學法學政治學硏究所紀要』 8卷, 2002, 41~70쪽.
061 벌금 및 태형처분제도, 범죄즉결제도, 민사구류제도를 도입하는 율령안의 내용은 「律令案 罰金及笞刑處分例」, 後藤新平文書 7-69-10; 「民事拘留笞刑復興及ヒ犯罪ノ卽決裁判權

벌금·태형제도는 단기자유형의 폐단을 시정할 필요가 있고 배금사상이 강하고 신체형에 민감한 중국인종의 기질에 적합하다는 이유로, 자유형을 벌금형 또는 태형으로, 벌금형을 태형으로 환형 처벌할 수 있게 한 새로운 형벌제도였다. 태형제도는 고토 민정국장의 명을 받아 복심법원장 스즈키 무네노부鈴木宗信가 이집트 등 영국 식민지를 시찰한 뒤 입안한 것이었다.[62] 범죄즉결제도는 절도·도박·폭행·상해·아편령 위반 등의 범죄 중 중금고 3 월 또는 벌금 1백 원 이하에 해당하는 것에 대해 경부와 헌병에게 즉결재 판권을 부여한 것이었다. 민사구류제도는 채권자의 신청에 의해 채무를 변 제하지 않은 채무자를 구류하는 제도였다. 청장의 민사쟁송조정이 단순한 조정에 그치지 않도록 판결에 준하는 효력을 부여하는 것이 목표였다.

이런 율령안에 대해 총독부 내부에서도 비판이 제기되었다. 복심법원 검 찰관장 오다찌尾立는 판관의 지위가 강고해지고 재판·감옥제도도 정비되어 바야흐로 대만인들이 일본의 시정에 열복하기 시작한 이때, 태형이나 민사 구류 같은 구시대의 유물로 통치하려는 것은 문명적 제도와 일시동인의 대 의에 어긋난다고 했다. 경미범죄는 미죄처분微罪處分(경미사건에 대한 훈계방면·불 기소처분)으로 충분히 대응할 수 있다고 하면서, 감옥경비의 절약을 명분으로 내건 새로운 제도의 도입을 비판했다. 특히 범죄즉결제도에 관해 "사법권 의 기초를 박약하게 만들어 범죄의 4분의 3은 판관을 떠나 경찰관의 손에 넘겨 법원은 빈 그릇만 지키게 만들"고 "소액의 경비를 절감하기 위해 사 법제도를 근저부터 변경하여 문명에서 야만으로 전환시키는 것"이라고 했 다.[63] 오다찌는 대안으로 법원조례 개정안을 제안했다. 검찰관의 신분보장

ヲ警察官ニ附與セントスル律令案ニ對スル意見書」(1903. 7. 31), 後藤新平文書 7-81.
062 鶴見祐輔, 『後藤新平 二卷』, 東京: 勁草書房, 1965, 160쪽; 平野義太郎, 「笞刑について」, 『法律時報』 12卷 11號, 1940, 1171쪽.

장치를 마련하고, 각 법원장도 감독사무뿐만 아니라 재판사무를 취급하게 하며, 경미사건에 대한 복심과 형사예심을 폐지하고, 법원의 기구와 인원을 다시 감축하자는 것이었다.[64]

총독부는 율령안 가운데 민사구류제를 제외한 나머지를 1904년(明治 37) 1월 12일 율령 제1호 '벌금 및 태형처분례罰金及笞刑處分例', 2월25일 율령 제3호 '청장으로 하여금 민사쟁송조정 등을 취급케 하는 건廳長ヲシテ民事爭訟調停等ヲ取扱ハシムル件', 3월12일 율령 제4호 '범죄즉결례犯罪卽決例'로 공포한다. 이것이 어떤 효과를 낳았는지는 시행 반년간의 실적을 조사한 총독부 자료를 보면 알 수 있다. 민사쟁송조정제도 실시 이후 민사 1심사건은 약 15% 감소했고, 범죄즉결례 실시 이후 형사 1심사건은 약 47% 감소했으며, 태형제도 실시 이후 1일 재감인원은 약 11% 감소했다. 또 재정적 효과로서 1개월 평균 107,888원의 수입이 증가했다.[65]

민형사절차도 새롭게 개정되기 시작했다. 본래 1898년 율령 제8호는 대만인과 청국인에게는 종래의 예에 의하도록 했지만, 일본인 사법관들이 일본 소송법에 익숙했기 때문에 자연스럽게 일본의 소송법을 따르는 경향이 나타났다. 다만 일본 소송법을 그대로 적용할 수 없었기 때문에 대만인·청국인사건에 관해서는 일본 민소법·형소법을 의용하되 형사예심을 폐지하는 등의 조치가 취해졌다.

하지만 대만 법원의 구조, 인적·물적 조건을 감안한다면, 모든 사건에 일

---

063 覆審法院檢察官長 尾立維孝, 「民事拘留笞刑復興及輕罪ノ卽決裁判權ヲ警察官ニ附與セントスル律令案ニ對スル意見書」(1903. 7. 31).

064 鈴木宗信, 「覆審法院檢察官長ノ法院條例改正案ニ對スル意見書」(1903. 9), 後藤新平文書 7-69-9.

065 臺灣總督府官房文書課 編, 앞의 책, 388쪽; 「民事爭訟調停, 犯罪卽決例, 罰金笞刑處分例 實施統計表」, 後藤新平文書 7-69-4.

본 형소법과 민소법을 적용하는 것은 무리였다. 대만의 실정에 부합하면서 일반적으로 적용되는 절차법규를 고안할 필요가 있었다. 그에 따라 1901년부터 인종·국적의 구별을 두지 않는 민형사절차상 특례들이 설정되기 시작한다. 예를 들어 1901년(明治 34) 5월의 '형사소송수속에 관한 율령刑事訴訟手續ニ關スル律令'(율령 제4호)은 요급사건要急事件에서 검찰관의 독자적 강제처분권을 인정했다. 이는 현행범사건을 제외하고 수사상 강제처분권을 예심판사에게 귀일시킨 메이지형소법체계로부터의 중대한 일탈을 의미했다. 1905년(明治 38) 7월 29일 '민사소송특별수속民事訴訟特別手續'(율령 제9호)과 '형사소송특별수속刑事訴訟特別手續'(율령 제10호)이 공포되어 민형사절차법규의 정비가 거의 마무리되었다. 모두 절차의 간이화, 극단적 소송경제, 국가기관의 편의를 도모하고 있었다. '형사소송특별수속'의 경우, 형사예심을 임의적 절차로 만들고 피고인의 변론권과 권리구제를 보장하는 조치들에 예외를 설정하며 수사·검찰기관의 권한을 대폭 강화함으로써 식민지 형사절차의 모델을 창출했다. 1908년 8월 28일 공포된 '대만민사령臺灣民事令'(율령 제11호)과 '대만형사령臺灣刑事令'(율령 제9호)에서 그동안의 민사·상사·형사에 관한 입법조치들이 다시 법적으로 정리된다. 이렇게 해서 대만형 사법제도로 부를 수 있는 제도가 완성되었다.

대만형 사법제도와 식민주의

대만의 특수한 사법제도는 여러 가지 논리에 의해 정당화되었다. 겉으로는 대만인의 민도와 구습을 고려해 구제도를 복구한 것 같지만, 그 이면에는 새로운 형태의 정당화담론과 실천이 존재하고 있었다. 대만의 특수제도 중에서 '벌금 및 태형처분례'를 사례로 그 점을 살펴보자.

'벌금 및 태형처분례'에 의하면, 본도인 및 청국인의 범죄에 한하여 ①

3월 이하의 중금고의 형에 처할 만한 범죄는 벌금 또는 태형으로, ② 벌금 100원 이하의 형에 처할 만한 범죄로서 피고인이 대만 내에 일정한 거주가 없거나 무자산자일 때는 태형으로, ③ 구류 또는 과료의 형에 처할 만한 범죄는 태형으로, ④ 100원 이하의 벌금 또는 과료에 처해진 자가 그 벌금과 과료를 완납하지 않았을 때는 미납분에 대해서 태형으로 각각 형종을 바꾸어 처벌할 수 있다. 이때 1일을 1원으로, 1일 또는 1원을 태 1로 환산하여 벌금 또는 태형에 처할 수 있다. 태형은 만 16세 이상 60세 이하의 남자에 한해 부과하는 둔부를 가격하는 형으로, 1일 1회에 25대까지 집행한다.

총독부는 단기자유형은 효과가 없다는 행형가의 통설적 견해, 본도인 및 청국인의 특성, 감옥비 절감의 필요성, 서구 제국 식민지의 성적 등을 근거로 제도도입의 취지를 설명했다. 태형제도는 대만 내부 논쟁에 그치지 않고 본국에서도 논란거리가 되었다.

태형제도 실시 이후 일본의 저명한 감옥학자 오가와 시게지로小河滋次郎는 태형이 반문명적이며 장래의 형벌제도 통일에 거스르는 제도라고 비판했다. 태형찬성론의 논지는, 자유의 박탈보다 채찌의 고통과 벌금을 더 두려워하는 중국인의 기질에 태형이 부합한다는 것이었다. 이에 대해 오가와는 태형의 고통은 반나절의 노역을 참는 고통보다 열등하며 "교육과 염치가 없는 그들 야만족의 신체"가 일시적인 고통을 견뎌낸다면 이후 그들을 두렵게 만들 수 있는 것이 사라지게 되어, 오히려 형벌이 기대하는 위하와 징계의 목적도 달성할 수 없다고 반박했다.[66] 요컨대 태형은 야만족을 교화하는 데 효과가 없다는 취지였다. 이런 비판에 대해 태형제도를 설계한 스즈키 무네노부는 문명적 제도와 조화될 수 있을 정도로 태형을 집행한다면

---

066 小河滋次郎, 「臺灣笞刑例ニ就テ」, 『法學協會雜誌』 22卷 4號, 1904, 515쪽; 「臺灣笞刑例ニ就テ(承前)」, 『法學協會雜誌』 22卷 5號, 1904, 709쪽.

태형은 단기자유형을 대체할 수 있는 "문명적이고 최고로 양호한 관대한 형벌"이며, "한층 위대한 자유재량의 권능을 재판관에게 부여"하는 "금세의 진보한 법률사항"의 발로라고 맞받아쳤다.[67] 이런 가운데 저명한 법학자 호즈미 노부시게穗積陳重는 태형이 상습범과 소년범죄에 효과가 좋기 때문에 일본에 도입하는 것을 고려할 필요가 있다고까지 했다.[68] 대만의 태형제도에 대해 일본의 일급 학자들까지 나서서 논전을 벌였던 것이다.

논자들은 모두 당대를 풍미한 신파新派 형벌이론에 기대 논리를 펼쳤다. 신파이론이란 주관주의 형법이론, 교육형주의, 형벌개별화사상, 사회방위론, 실증주의 범죄학 등의 사조를 총칭하는 것으로서, 범죄현상과 범죄자의 특성에 관한 사회학적·인류학적·생물학적 지식을 매개로 형성된 범죄와 형벌이론이다. 신파이론에 따르면, 태형은 인종과 범죄자의 특질을 고려하여 형벌의 위하적·교육적 목적을 달성할 수 있는 진보적 형벌제도로 평가될 여지가 있다. 이에 대해 오가와는 '야만족의 신체'에 태형이 듣지 않는 경우 어떻게 할 것인지 반문하고 있는 것이다.

찬반이 엇갈리는 가운데, 그들에게는 공통점이 있었다. 타자화된 대만인의 신체, 신체에 대한 규율권력의 시선이다. 대만인·중국인은 별종의 인간들, '야만족의 신체'를 가진 인간들이었다. 야마다 사부로의 '신민자연상태'라는 표현은, 그 법적 의미를 떠나 논쟁에서 표상된 대만인의 지위, 대만이라는 공간의 성격을 적절히 표현해준다. 식민지 신민은 자연상태의 신체, 즉 '길들여지지 않고 규율화되지 않은 신체'였다. 그들에 대해서 "처벌은 '견딜 수 없는 감각적 고통을 주는 기술'로부터 '모든 권리행사를 정지시키

---

067 鈴木宗信, 「小河氏ノ笞刑論ヲ讀ム(承前)」, 『法學協會雜誌』 22卷 7號, 1904, 941, 955쪽.
068 「法理演習記事(特に臺灣の笞刑に關する穗積陳重博士の意見)」, 『法學協會雜誌』 22卷 3號, 1904, 453~454쪽.

는 경제'로 전환될 수 없다." 다시 말해 이 '야만적 신체'에는 자본주의사회의 대표적 형벌인 감금형이 효과를 거두기 위해 전제되는 것, 즉 자유박탈에 대한 감각, 자유박탈로 상실되는 시간의 경제적 가치에 대한 감각이 없다. 그러므로 "그들은 자연의 한 부분으로 직접적인 작용이 가해져야"한다는 것이다.[69]

총독부는 태형제도 시행 직후 수형자의 사후경과 및 감상을 조사하기까지 했다.[70] 그중 몇 개를 보자.

· 22세, 태 30도: 귀가 후 국부에 변색이 일어나고 고통을 느낌. 보행 부자유까지 이르지는 않았지만 휴업 3일, 식욕이 증진되지 않음. 5일 뒤 점차 쾌유 시작하여 태형 이후 30일에는 흔적을 알 수 없음. 당시 본인의 담화에 '근래 태형은 매우 고통을 느낀다고 했지만, 자기가 실제 이를 받아 처음으로 알았습니다. 첫 번째 태를 맞기 전까지의 생각과 맞은 후는 전혀 꿈과 같아서, 태를 맞고 나서 처음으로 그 고통을 느꼈습니다'라고 함.

· 39세, 태 25도: 귀가 당초는 그다지 고통을 느끼지 않았으나, 다음 날이 되자 국부가 흑색, 종기가 생김과 동시에 고통을 느껴 휴업 1일, 식욕에 이상 없었지만 6일을 경과하여 쾌유됨. 그렇지만 본인은 크게 이를 치욕으로 여겨 타인에게 비밀로 하고 태형이 어떤 것인지도 말하지 않음.

· 32세, 태 60도: 귀택 후 전혀 몸이 부자유. 일하기 불가능. 집행 중은 물론 귀택 후의 고통이 말할 수 없다, 도저히 입옥 복역(본인은 기왕 2회 금고의 형으로 복역)에 비할 바 아니며, 금후 다시 수형하는 일이 있으면 견뎌내기 힘들 것이라고 말함.

---

069 이철우, 앞의 글, 81쪽.
070 「笞刑を受けたる者の結果に關する調査」, 後藤新平文書 7-69-4.

· 38세, 태 50도: 신체에 직접 타격을 주어 그 고통 심하여도, 수형 이후 수일
을 경과하여 즉시 직업에 종사할 수 있어 가계에 미치는 고통이 적고, 저 철
창 아래서 장기간 엄격한 규율하에 복역하는 고통에 비하면 오히려 태형의
경미함을 느낀다고 말함.

푸코Michel Foucault의 표현을 빌린다면, 대만은 감시와 규율, 생명권력
(bio-power), 통치성(governmentality)으로 표현되는 근대적 권력기술이 실험
되는 공간이었다. 일본 최초의 인구센서스(1896년의 대만주민호적조사, 1905년의
제1차 임시호구조사), 일본 최초의 전과자 지문指紋정보 축적(1902), 구관 및 중
국 법제에 대한 방대하고 체계적인 조사(1900~1909), 제외국의 식민지법제
에 대한 종합조사(1909년의 임시대만구관조사회가 발간한『식민지조직법대전植民地組織法
大全』)가 바로 대만에서 이루어졌다. 1906년(明治 39)에는 '대만부랑자취체규
칙臺灣浮浪者取締規則'을 제정하여 잠재적 범죄자들인 부랑자들에게 정주와 취
업을 강제알선하거나 혹은 집단구금하여 강제노역으로 훈육하는 제도도 도
입되었다. 이는 일본에서 최초로 도입된 보안처분제도이다. 이것들은 식민
주의담론에 의해 타자화된 신체와 공간에 정체성을 부여하고 그에 부합하
는 법과 권력의 기술을 찾기 위한 노력의 산물이었다.

이를 주도한 이가 대만 민정국장 고토 신페이였다. 그는 군의관과 내무
성 위생국장의 경험을 식민지정책 수립에 반영했다. 그는 의사처럼 식민지
주민과 풍토를 진단하고 처방을 내려야 한다고 보았다. 고토에 의하면 "식
민정책은 바이올로지(생물학)이다." "정치의 대상은 관념이 아니라 사회에
있다. (…) 아무리 정치精緻한 정치이론과 법률제도를 고안해도 그것을 적용
할 시대와 사회에 적합하지 않을 경우에는 세 푼의 가치도 없을 뿐만 아니
라, 정치하면 정치할수록 그만큼 유해하다. 즉 모든 식민정책은 그 식민지

의 민도, 풍속, 습관에 따르지 않으면 안 된다. (⋯) 정치의 기초는 항상 대상이 되는 사회의 철저한 연구와 정확한 인식 위에 있어야 한다. (⋯) 이것은 모두 정치에 공통된 원칙이지만, 특히 식민지처럼 모든 점에서 모국과 객관적 정세를 달리하는 토지에 관해서는 한순간도 잊어서는 안 되는 철칙"인 것이다.[71]

식민지 사법과 일본적 사법의 공명

1896년의 63법은 대만에서의 입법권과 사법권을 제국 중심부의 입헌정치체제로부터 단절시켜 이법역을 구축했다. 그 단절성과 이법역성은 이 시점에 굳건히 확립되어 있지는 못했지만, 63법 시행 초기에 잠복하고 있던 문제가 제기되고 해결됨으로써 정착되었다. 1898년 이후 더욱 자각적으로 식민지사법의 모델을 모색했던 대만 통치 당국은, 주어진 법적·정치적 조건에 때로는 적응하고 때로는 그것을 우회하면서 대만형 사법제도를 정립해나갔다. 이 과정은 동시에 제국일본의 식민지형 사법제도와 제국적 사법질서를 정렬해나가는 과정이기도 했다.

1904~1905년에 발포된 일련의 율령은 1898년 정립된 법령제도와 법원제도 위에서 탄생한 것이다. 대만총독부는 대만에 헌법이 시행된다는 원칙(建前) 위에 성립한 법원조례상 제약을 우회하면서 대만형 사법제도를 정비해나갔다. 그것은 오다찌 검찰관장이 지적한 대로, 사법제도를 근저부터 형해화시키는 의미를 가지고 있었다. 율령에 의한 법전의 의용, 대심원과 대만 법원의 절연상태는 법령과 사법의 통일이라는 제국 중심부의 구심력으로부터 대만의 입법·사법의 이역성을 유지하는 방벽을 구축해주었다. 이 방벽 안에서 대만의 특수사정을 내세워 새로운 제도를 정당화시켰다. 뒤쳐

071 鶴見祐輔, 『後藤新平 二卷』, 28쪽.

진 문명수준, 대만인과 청국인의 특유한 기질, 전통적 통치방법, 불안정한 치안상태 등을 근거로 대만에는 특별한 취급이 필요하다는 것이었다.

그러나 대만형 제도에 대만총독부의 의도가 일방적으로 관철되었다고 간단히 말해버려서는 안 된다. 이들 제도를 도입하기 위해서는 총독부 내부의 의견조율은 물론이고 본국 정부의 승인을 얻어야 했다. 범죄즉결제도나 민형사절차의 특례는 인종구분 없는 통일적 시행을 표방하고 있었기 때문에 단순히 중국인의 풍속과 기질에 부합한다는 논리만으로는 정당화되기 어려웠다. 여기서 주목할 것은 본국에서도 비슷한 흐름이 나타나고 있었고 그 가운데 대만의 특수제도가 이론적으로 또 실무적으로 정당화될 수 있는 근거가 마련되었다는 점이다.

태형제도에 관한 논쟁양상도 그 점을 보여준다. 또한 대만의 특수제도들이 마련될 즈음 일본에서는 형법개정작업이 진행 중이었다. 그 결과 1907년(明治 40)에 공포된 형법은 1880년 형법에 비해 범죄구성요건이 훨씬 추상화·간략화되고 법정형의 상하한도 넓어졌다. 형법 개정논의를 주도했던 주관주의 또는 신파 형법이론가들은, 1880년 형법이 객관주의 내지 구파舊派 형법이론에 얽매여 지나치게 구성요건을 세분화하고 법정형의 범위를 좁게 만들어 범죄에 유연하고 탄력적으로 대응하지 못하게 만들었다고 비판했다. 신형법은 결과적으로 어떤 행위를 범죄로 포섭하고 처벌하는 데서 국가처벌권력의 재량을 확대했다. 이런 움직임은 형사소추에서 경찰과 검찰의 재량을 확대하는 모습으로 나타났다. 감옥경비 절감을 위해 경찰과 검찰의 훈계방면과 불기소처분이 장려되었고, 수사기관 권한을 강화하고 예심을 축소하는 방향으로 형소법 개정작업이 진행되었다. 1905년에는 재판소구성법을 개정하여 구재판소의 관할사건을 확대하여 더 많은 사건을 간소한 절차로 처리할 수 있게 했고, 이후에도 재판소의 수와 사법관 정원을 감축하기 위한 조치들이 취해졌다. 1920년대에 들어서면 재판과 형벌의 형식성을 탈피하자며 민사상 조정·화해제도를 확대하고 보안처분제도를 도입하자는 논의가 진행되었다. 대만과 정도의 차이는 있었지만 1890년에 짜여진 틀로부터 벗어나려는 움직임이 본국에서도 뚜렷하게 나타나고 있었다는 것이다.

이처럼 대만과 일본 관료들은 국가 권한과 재량을 확대하는 방식으로 당면문제에 대처하려 했다는 점에서 시각과 접근방법이 크게 다를 바 없었다. 그런 의미에서 대만의 특수제도는 식민지로 규정된 지역에서 메이지 일본의 국가우위적·관헌중심적 사법의 속성이 발현된 결과였다고 할 수 있다.

또한 그것은 일본 신민 자체의 취약한 지위, 식민지지배의 독특한 정조와 맞물려 또 하나의 특징을 만들어내고 있었다. 일본의 식민지사법제도는 서양의 그것과 달리 형식상 국적·민족·인종의 구별을 인정하지 않았다. 차별적 법령이 없지는 않았지만, 전체적으로는 식민지 내부에 하나의 재판조직과 통일적 법령이 존재했다. 대만형 제도 형성과정에서 몇 차례 일본인·서구인과 대만인·청국인을 구별하여 재판제도를 구성하자는 논의가 있었지만 결코 큰 힘을 갖지 못했다.

대만형 제도는 중국 인종에 대한 억압적·차별적 지배의 성격을 가지고 있지만, 그 제도는 대만이라는 지역 전체에 적용된다. 범죄즉결제도와 행정관청의 민사쟁송조정, 특례적 민형사소송절차, 억압적 치안법령은 대만인·청국인은 물론 대만에 거주하는 일본인에게도 적용되었다. 이렇게 대만에 통일적으로 적용되는 특례 아래 놓이게 되면서, 대만거주 일본인도 본국에 있을 때보다 권리보호 면에서 훨씬 취약한 위치에 놓이게 되었다. 명분은 대만의 특수사정, 일시동인의 통치, 일본인으로부터 대만인을 보호할 필요성, 치안유지 등이었다. 총독부는 사법제도에서 인종적 구획을 하면 대만인에게 좋지 않은 인상을 주고, 대만에 건너온 일본인들 가운데 무뢰배와 협잡꾼이 많아 특별한 단속이 필요하다고 했다.

시민적 권리와 자유가 중시되는 국가라면, 그 국민이 국가 바깥으로 나가더라도 원칙적으로 본국에 있을 때와 동일한 보호를 받아야 한다고 보게 될 것이다. 그 논리를 연장하면, 식민지 제도는 식민지 원주민과 본국인을 구별하는 이원적 제도의 모습을 띠기 쉽다. 하지만 일본은 그런 방법을 선택하지 않았다. 이른바 '내지인 차별대우문제'가 대두되지 않았던 것은 아니지만, 국익을 앞세우는 논리에 의해 제압당했다. 일본 신민은 내지에 있을 때나 대만에 있을 때나 통치의 객체로 인식되는 것은 마찬가지였다. 때문에 내지인이라 해도 식민지로 건너가면 식민지의 전체적 차별구조 아래에서 외지인으로 취급되는 모습이 나타난다. 일본국 신민이었던 자가 식민지에 가면 '준(準)신민자연상태'로 복귀하는 것이다. 식민지의 헌법적 지위에 대해 한마디씩 했던 공법학자들도 정작 외지의 일본 신민의 권리보호문제는 특별히 거론하지 않았다.

물론 그렇다고 식민지 내부에서 내지인들이 실제로 현지인과 똑같은 취급을 받았던 것은 아니다. 억압을 다시 현지 원주민에게 전가하는 체계가 마련되어 있었기 때문이다. 덧붙여 식민지 법령에도 보이지 않는 차별구조가 내포되어 있었다. 식민지 법령은 본국 법령에 특례를 덧붙여 구성되었다. 따라서 식민지 법령에는 특례로 표현된 특별법과 특례에 의해 가려진 일반법이 공존하고 있었다. 이런 체계는 통치 당국에게 선택재량을 부여했다. 상황에 따라 편의적으로 골라잡을 수 있었던 것이다. 그에 따라 내지인도 일반법의 적용을 받는 경우와 그렇지 않은 경우로 나뉘었다.

이상에서 설명한 것처럼, 대만형 사법제도는 단순히 식민지통치 당국의 작품에 그치지 않고 메이지 일본의 국가권력과 사법제도의 속성이 식민지에서 발현된 것이라는 의미를 가지고 있었다. 대만형 사법제도가 대만의 특수한 제도에 머물지 않고 제국의 다른 식민지에 도입·응용되었던 것, 나아가 본국 사법제도의 변화를 선취하는 듯 보이는 것은, 이런 대만형 제도의 성질과 깊은 관련이 있다고 하겠다.

5. 식민지 법령제도와 사법제도의 전개

식민지 법령제도 내부의 긴장

대만형 제도는 대만총독부가 대만의 고유한 제도를 자각적으로 모색하는 과정에서 탄생했다. 그것은 식민지 위임입법제도를 활용해 만들어진 것이었다. 하지만 63법 같은 식민지 위임입법제도는 중앙정부와 제국의회의 압력과 견제를 피하기에 충분할 만큼 견고한 구조를 갖고 있지 못했다. 63법 입법 당시 미즈노 민정국장이 내세운 명분이 유지되는 한, 율령으로 설립된 제도들은 대만의 특수사정을 고려한 변칙적·임시적 제도라는 위상을 벗어나지 못했다. 다행히 63법은 1899년, 1902년 2차에 걸쳐 효력이 연장되었다. 하지만 그때마다 중앙의 정치세력은 대만총독부의 율령들, 예를 들어 '비도형벌령', '벌금 및 태형처분례' 같은 특별형사법규들을 내지와 같은 제도를 실시하겠다던 당초의 약속을 위반하는 것으로 비판했다. 대만의 법령을 어떤 형식으로 어떤 절차에 의해 입법할 것인가, 대만의 고유한 제도를 추구할 것인가, 아니면 될수록 본국(내지)과 같은 제도를 채용해야 하는가는 여전히 논란 중이었다. 1900년대 중반 대만총독부와 중심부의 정당정치세력은 각자의 관점에서 식민지 위임입법제도를 개정하려고 시도했다. 양자를 대표하는 사람은 대만 민정국장 고토 신페이, 본국 내무대신 하라 다카시였다.

고토 신페이는 1898년 민정국장으로 부임한 뒤 내지의 제도와 구별되는 고유한 대만 제도의 실현을 추구했다. 그는 대만의 고유한 제도를 정립하기 위해서는 식민지가 중앙정치의 통제에서 벗어나 자율성을 가져야 하며, 궁극적으로 헌법으로부터 자유로워야 한다고 보았다.[72]

하라 다카시는 제국헌법의 정통성을 번벌세력이 장악하고 있는 식민지까지 확대하고자 했던 정당 및 정부 내 관료세력의 대표자였다. 그는 이미 대만 사무국원 시절부터 지리적 근접성, 교통·통신의 용이함, 서구 제국의 이민족통치와 다른 정황 등을 강조하면서, 독일의 알자스·로렌, 프랑스의 알제리와 같이 대만을 통치할 것을 주장하고 그 법제적 형식으로 내지법률연장주의를 제시한 바 있었다.[73] 그는 헌법의 규범, 법률제도는 일본 영토 내에서 동일하게 시행되어야 하며, 이를 통해 궁극적으로 제국의 문명적 통합에 도달할 수 있다고 생각했다.

하라 다카시와 고토 신페이 양자의 입장을 각각 내지법률연장주의와 식민지특별주의라고 할 수 있다. 하라의 내지법률연장주의와 고토의 식민지특별주의는 다시 각자의 목적을 실현하기 위해 칙령주의, 율령주의라는 입법방법을 취하게 된다. 전자는 칙령으로 내지 법률을 연장시행하는 방법을, 후자는 율령으로 대만 독자의 입법을 하는 방법이다. 1904~1905년 고토는 대만통치를 위한 기본법을 기초하는 데 진력했고,[74] 하라는 1905년 내무대신에 취임하여 대만사무에 관한 주무대신이 되었다. 그럼으로써 양자

---

072 하라 다카시와 고토 신페이의 사상대립에 관해서는 春山明哲,「明治憲法體制と臺灣統治」, 31~49쪽.

073「臺灣問題二案」, 앞의 책, 32쪽.

074 상세한 것은 春山明哲,「臺灣舊慣調査と立法構想—岡木參太郎による調査と立案を中心に」,『臺灣近現代史硏究』, 東京: 綠蔭書房, 1983, 81~103쪽 참조.

가 정면으로 충돌하게 되었다.

고토는 위임입법제도를 재확립하고 대만의 독립채산제를 실현하여 대만 총독부의 자율성을 강화시키기 위한 '대만통치법안'을 준비했다.[75] 이 법안은 법률 및 칙령의 율령에 대한 우월성을 명시하고 칙령에 의한 법률의 부분적 수정을 인정하여, 칙령으로써 내지의 법률에 특례를 설정해 대만에 연장·시행할 수 있는 가능성을 확대시켰다. 그러면서 율령으로 제정할 사항을 ① 공공의 안녕질서 또는 공중위생 유지, ② 법원구성 및 판관·검찰관의 신분, ③ 대만의 구관과 민정民情에 따른 형사·민사·상사에 관한 특수규정, ④ 지방제도·지방경제 및 진휼·구제, ⑤ 토지제도, ⑥ 산업보호·장려, ⑦ 대만인 및 청국인에게만 관한 사항, ⑧ 번인蕃人·번지蕃地에 관한 사항 등으로 구체적으로 열거했다. 지금까지 만들어왔고, 또 앞으로 설정할 대만의 특수제도들을 확고하게 율령권의 범위 내에 두려 한 것이다. 이렇게 '대만통치법안'은 내지법률연장주의=칙령주의와 식민지특별주의=율령주의 사이의 경계를 보다 명확히 설정하고 율령입법의 범위와 내용에 관한 논란을 종식시키려 했다.

대만총독부의 시도는 정부 내의 반대에 부딪쳐 좌절되고 말았다. 오히려 내무대신 하라는 아예 대만에서의 법률사항을 전부 칙령으로 규정할 수 있는 입법을 시도했다. 1906년 제22의회 귀족원에 제출한 법률안 '메이지 29년 법률 제63호를 대체할 법률안'이었다. 대만에서 법률을 요하는 사항은 칙령으로 규정할 수 있고, 법률의 전부 또는 일부 중 대만에 시행할 필요가 있는 것은 칙령으로 정한다는 단순한 내용이었다. 그러나 헌법의 눈으로 보자면, 칙령주의도 율령주의와 마찬가지로 의회의 협찬권을 제한하는 위임입법제도였다. 귀족원 특별위원회가 바로 이 점을 공격했다. 내각의 칙령

---

075 「臺灣統治法案」, 後藤新平文書 7-77.

으로 가능하다면 의회가 못할 것도 없고, 차라리 위임입법제도 자체를 폐지하자, 아니면 이왕 대만을 식민지로 통치하는 이상 중앙정부가 개입하지 않는 편이 낫다 등의 반대에 부딪히게 되었다.[76] 결국 하라의 전면적 칙령주의를 내세운 입법시도도 무산되었다. 대신 63법을 일부 수정해 1906년 (明治 39) 4월 11일 법률 제31호 '대만에 시행할 법령에 관한 법률'이 성립했다. 법률 제31호에서는 유명무실한 총독부평의회제도가 폐지되고, 율령이 대만에 시행된 법률 및 특별히 대만에 시행할 목적으로 제정된 법률·칙령에 위배할 수 없다는 내용이 추가되었다.

하라의 전면적 칙령주의는 지나치게 과격했다. '대만통치법안'은 비록 실현되지는 못했지만 법률 제31호를 비롯해 이후의 식민지 위임입법제도를 정비하는 데 중요한 아이디어를 제공했다. 법률 제31호에서 율령이 대만시행의 법률·칙령을 위반할 수 없다고 한 것은 '대만통치법안'에서 비롯된 것이었다. 또 내지 법률을 연장·시행할 때 기술적 사항에 그치더라도 칙령으로 일정한 예외규정을 만들 수 있게 해, 칙령에 의한 내지 법률의 연장·시행에 탄력성을 부여해주었다.[77] 이는 1907년(明治 40) 법률 제25호 '화태에 시행할 법령에 관한 건樺太ニ施行スヘキ法令ニ關スル件'을 입안할 때 참고가 되었다.

---

076 『外地法制誌 6』, 222~234쪽.
077 대만통치법안 제2조는 법률상 규정된 주무대신, 행정기관, 행정구역, 공공단체에 관한 사항 중 대만의 사정에 의해 대만총독, 대만 행정기관, 행정구역, 공동단체 등으로 변경할 필요가 있는 것은 칙령으로 규정할 수 있게 했다. 종전에는 칙령으로 오로지 법률의 전부나 일부를 시행하는 것만 할 수 있었기 때문에, 법률을 연장·시행하고 싶어도 위와 같은 사소한 사항을 바꿀 수 없어서 시행할 수 없는 경우가 있었다.

내지법률연장주의와 식민지특별주의의 상호수렴

대만의 위임입법제도는 1921년 획기적으로 재편된다. 법률 제31호를 폐지하고 1921년(大正 10) 3월 15일 공포된 법률 제3호 '대만에 시행할 법령에 관한 법률'은 대만 총독의 율령제정권한을 대폭 축소시키고 칙령주의를 도입했다. 이 법률은 내각총리대신에 취임한 하라 다카시의 식민지 통치체제개혁의 결과였다. 이로써 대만에 관한 한 내지법률연장주의가 칙령주의의 형식으로 구현되었다. 하지만 법률 제3호는 전면적 칙령주의를 취하지 않았고, 대만에 입법이 필요하지만 연장·시행할 법률이 없는 경우에는 율령의 제정을 허용했다.[78]

왜 전면적 칙령주의를 취하지 않았는가? 대만에 시행할 법률이 없다고 이를 칙령으로 입법하는 것은 내지 제도의 정통성에 의존하고 있는 내지법률연장주의라 할지라도 감히 할 수 없는 것이다. 전면적 칙령주의는 전면적 율령주의와 마찬가지로 위헌시비를 벗어날 수 없다. 총독의 율령권이 불필요하다면 내각의 칙령에 의한 입법도 불필요하다는 의회의 공격을 받게 되는 것이다. 칙령주의적 내지법률연장주의가 실현되기 위해서는 역설적으로 율령주의의 요소가 존속되어야 한다. 다시 말해 의회의 전면적 개입을 막고 식민지 입법권을 행정부가 장악하기 위해서라도, 식민지 특수사정이 존재하기 때문에 총독의 율령과 내각의 칙령에 입법권을 위임해야 한다는 것을 증명할 필요가 있었다. 예컨대 1921년 법률 제3호의 법률안을

---

078 제1조 ① 법률의 전부 또는 일부를 대만에 시행함을 요하는 것은 칙령으로써 이를 정한다.
　　② 전항의 경우 관청 또는 공서의 직권, 법률의 기간 기타의 사항에 관하여 대만 특수의 사정으로 인해 특례를 설정할 필요가 있는 것에 관해서는 칙령으로써 별단의 규정을 할 수 있다.
제2조 대만에 있어서 법률을 요하는 사항으로 시행할 법률이 없는 것 또는 전조의 규정에 의하기 어려운 것에 관해서는 대만총독의 명령으로써 이를 규정할 수 있다.

제국의회가 심의했을 때, 하라 총리대신은 정부의 근본방침이 내지연장주의로 변경되었으나 대만의 문화 기타 사정상 점진적으로 접근할 필요가 있다고 하면서 위임입법제도를 유지해야 한다고 의원들을 설득했다. 그는 동화주의와 약간 거리를 두면서 내지연장주의를 제도적으로 내지와 동양同樣의 제도를 시행하는 것으로 규정했다.[79]

이와 같이 내지법률연장주의와 식민지특별주의는 서로 완전히 배척하는 관계가 아니라, 의존하면서도 대립하는 일종의 적대적 공생관계에 있었다.

그렇지만 율령주의, 즉 총독의 입법권을 지지하는 위임입법제도는 점차 헌법의 정통성과 동화주의의 분위기에 포위될 수밖에 없었다. 특히 모범이 되는 내지의 제도와 다른 고유한 제도를 만들고자 하는 시도는 식민지와 본국의 차이를 항구화시킬 우려가 있다는 점에서 본국 정부와 의회에 의해 제지당했다. 결국 식민지 위임입법제도는 이질적 식민지를 내지 제도에 접근시키기 위한 임시방법이 필요하다는 데서 자신의 존재이유를 찾아야 했다. 식민지 시정이 성공해 점차 내지와 같은 제도가 시행되고 있다는 식으로 율령제도의 가치를 증명해야 했다. 그러나 그럴수록 자신의 존재근거가 취약해지는 모순이 발생했다. 예를 들어, 1900년 제15제국의회에서 대만총독부는 63법의 효력을 연장해줄 것을 요청하면서, 63법이 있지만 제국법률의 위신을 손상시키지 않고 될수록 제국의 법률을 그대로 시행하고 있다는 것을 위임입법제도의 성적으로 자랑했다. 그러자 하나이 다쿠조 같은 의원은, 그렇다면 굳이 변칙적 입법을 지속할 필요가 없으므로 "헌법상의 변칙으로 부여한 권능을 돌려받아야 할 기회"가 왔다고 공격했다.[80]

실제로 식민지 대만과 조선에서 율령과 제령에 의해 수많은 법령이 입법

---

079 『外地法制誌 6』, 456쪽.
080 『帝國衆議院議事速記錄 23』, 428쪽.

되었지만, 대개는 내지 법률을 '의용'하는 것이었다. 식민지 위임입법제도의 자기모순적 운영상에 대해 경성제국대학에서 공법학을 담당한 기요미야 시로는 다음과 같이 지적했다.

> 의용은 외지입법의 내지입법에 대한 형식적 특수성을 유지하면서도 실질적 공통성을 실현하는 것이기 때문에, 이것이 극단적으로 많이 행해질 때는 실질적으로 보아서 외지입법의 특수성을 전면적으로 상실하게 되고 외지특수입법제도의 근거가 의심받게 된다. 입법자가 경솔하게 이 방법을 채용할 때는 외지입법의 독립성을 몰각하고 헛되이 내지추수內地追隨에 빠져 오히려 외지통치를 그르치게 될 우려가 있다.[81]

대만형 제도의 확산과 이법역성의 문제

대만 영유 이후 근 10여 년간 모색을 거쳐 확립된 대만형 사법제도는 러일전쟁 이후 일본의 세력권에 편입된 다른 지역으로 확산되기 시작했다.

관동주 조차지에는 1906년부터 대만형 사법제도가 도입되었으며, 1908년(明治 41) 9월 '관동주재판령關東州裁判令'(칙령 제212호), '관동주재판사무취급령關東州裁判事務取扱令'(칙령 제213호), '관동주벌금급태형처분령關東州罰金及笞刑處分令'(칙령 제236호) 등에 의해 사법제도 정비가 일단락되었다. 관동주 법원은 대만총독부법원과 마찬가지로 지방법원, 고등법원의 2심제법원으로 조직되었으며, 지방행정관인 민정서장民政署長은 일정한 사건에 대해 민형사 제1심재판권을 행사했다. 관동주재판사무취급령에는 대만의 민형사절차상 특례를 보완한 민형사절차규정이 들어 있다. 청국인에 대한 벌금·태형제도는 이미 군정 시기부터 실시되었는데, 다시 칙령으로 정식화한 것이다.

---

081 淸宮四良, 「外地における法律の依用」, 『外地法序說』, 東京: 有斐閣, 1944, 116쪽.

1908년 9월 추밀원회의에서 벌금·태형제도가 외교적 문제를 야기할 우려
는 없는지 검토되긴 했지만, 서구 식민지―영국의 이집트, 홍콩, 싱가포르,
독일의 중국 내 조차지 등―에도 같은 제도가 있으므로 문제가 없고, 이
제도가 중국인종에게 적합한 형벌제도임이 재확인되었다.[82]

　1908년 관동주 재판제도의 정비와 함께, 만주 일대의 영사재판제도에도
중대한 변경이 가해졌다. 1899년 제정된 법률 제70호 '영사관 직무에 관한
법률領事官ノ職務ニ關スル法律'에 의해 종래의 영사재판제도에서는 제1심재판은
영사가 행하지만 영사의 판결에 불복할 경우 나가사키의 지방재판소와 공
소원에 상소할 수 있고, 종국적으로 대심원의 판단을 받을 수 있었다. 그런
데 1908년 4월 법률 제52호로 '만주에서의 영사재판에 관한 법률滿洲ニ於ケ
ル領事裁判ニ關スル法律'을 제정하여 관동도독부법원을 영사재판의 상급심으로
설정하고, 형사사건 중 외교상 필요한 경우 외무대신이 명령하여 관동도독
부 지방법원이 제1심재판을 할 수 있도록 했다.

　한국에 대만형 제도가 어떻게 이식·응용되었는가 하는 문제는 다른 곳에
서 설명하기로 하고, 여기서는 재한 일본인에게 어떤 법적 조치가 취해졌
는지에 대해서만 간단히 언급하겠다. 일본 정부는 통감부 설치 이후 1906
년 6월 26일 법률 제56호 '한국에서의 재판사무에 관한 법률韓國ニ於ケル裁判
事務ニ關スル法律', 칙령 제164호 '통감부법무원관제統監府法務院官制'를 공포하
여 종래의 영사재판제도를 폐지하고 새로운 거류민재판제도를 만들었다.
그 결과 재한 일본인에 대한 재판사무는 '이사청理事廳―통감부법무원'의 2
심급제 재판조직이 담당하게 되었다. '한국에서의 재판사무에 관한 법률'
제10조는 한국에서의 재판사무규칙에 관한 입법을 칙령에 위임했다. 이 위
임에 근거해 같은 날 공포된 칙령 제166호 '한국에서의 재판사무취급규칙

---

082 『樞密院記事筆記』 및 『樞密院決議』, 日本國立公文書館.

韓國二於ケル裁判事務取扱規則'이 통감부·이사청의 재판에 적용되는 소송절차를 규정했다. 일본인에 대해 적용되는 일본 법규였지만, 부분적으로 대만의 민형사절차와 유사한 특례가 설정되었다.

이법역의 장벽을 넘기 위하여

식민지 위임입법제도로 말미암아 본국과 식민지는 같은 제국의 영역 내에 있으면서도 서로 외국과 같은 이법역상태로 절연된다. 가령 대만에서 범죄를 행하고 처벌받은 자가 본토로 건너가 범죄를 저질렀을 때 그를 재범으로 처벌할 수 있는가? 이 문제와 관련해서, 총독부와 본국 정부 사법성은 재범으로 처벌할 수 없다고 했다. 대만의 율령은 본국에서 법률로서 효력이 없고 대만총독부법원은 헌법상 사법재판소가 아니기 때문에 대만에서 대만법원이 대만 법령을 적용하여 한 재판의 효력을 본국에서 인정할 수 있다는 이유였다.[83] 대만과 본국의 상호 이법역성 때문에, 범죄자 처벌은 물론 민사계약과 상거래에도 장벽이 존재했다. 대만 법원과 본국 재판소는 사법공조司法共助, 즉 실무상 상호협조를 통해서만 연결되었다. 대만통치 초기에는 별문제가 없었지만, 식민지경영의 발전과 내외지 간 교섭사건의 증가에 따라 이런 상태를 타개할 필요가 생겼다.

이 문제를 해결하고자 대만복심법원장을 역임한 스즈키 무네노부가 다시 나섰다. 그는 고토 대만 민정국장의 노선을 충실히 따르면서 태형제도와 범죄즉결제도를 도입하는 데 기여한 인물이었다. 그는 대만에 헌법이 시행된다는 것을 근거로 다음과 같이 주장했다.

---

083 山中成太郞, 「臺灣二於テ犯罪ヲ行ヒ處刑セラレタル者內地二來リテ犯罪ヲ行ヒタルトキ之ヲ再犯二問フコトヲ得ヘキヤ」, 『法學志林』 26號, 1901, 12쪽, 18~25쪽.

율령은 헌법상 통치권에서 배태되어 제국의회의 협찬을 거친 법률과 동일한 효력을 갖는 명령이다. 설사 그 집행이 대만 내부에 한정된다 하더라도 제국의 전 영토 내 어느 지역에서도 주권자의 명령으로서 효력이 인정되며, (…) 이는 내지 법률의 대만에서의 효과에 관해서도 적용된다. (…) 또한 대만총독부법원과 내지 재판소의 관계 및 그 효력에 관해서도 같은 이유로 모두 똑같이 헌법상 사법권을 행하는 재판소로서 서로 재판의 효력을 인정해야 하며, (…) 제국 영토 내에서의 재판집행을 위해 설치된 기관은 그것이 대만 또는 내지 어디에서 선고한 판결일지라도 당연히 그 집행의 임무를 담당해야 한다.[84]

스즈키의 이런 논법은 이후 대만과 본국의 법령제도 및 사법제도 통일을 향한 입법을 추진했던 세력에 의해서도 반복되었다. 즉 대만은 이미 헌법이 시행되고 있는 제국의 영토이기 때문에 법령과 판결 효력의 공통을 인정하고, 나아가 사법제도를 통일하는 데 어떤 헌법상 장애도 없으며, 대만에 대해서는 헌법의 범위 바깥에 있는 다른 식민지와 다른 방침을 취해야 한다는 것이었다.

여기에는 대만 법원의 일부 판관과 대만변호사회가 개입하고 있었다. 이들은 대만 내에 3심제를 부활시키거나, 대심원에 상고할 수 있게 허용하거나, 아예 재판소구성법을 대만에 시행함으로써 대만 법원과 본국 재판소를 연결 혹은 통일시키는 방법을 모색했다. 또한 그들의 직업적 이해관계와 관련하여 대만의 판관·검찰관·변호사에게 내지의 판사·검사·변호사자격을 부여하고 경력을 상호인정해줄 것을 요구했다. 대만 내부의 이런 움직임에 대해 본국의 재야법조 및 정당이 호응하여 1908년부터 일련의 입법운동이

---

084 鈴木宗信, 「內地及臺灣間に於ける法律律令の効力に就て(承前)」, 『法學協會雜誌』 23卷 4 號, 1905, 533~534쪽.

펼쳐졌다. 제국사법의 통일을 위한 시도라고 부를 수 있을 것이다.

제국사법 통일운동과 제국사법의 네트워크 창출

그 최초의 시도가 1908년 3월 제24의회 중의원에 제출된 '제국 영토 내의 재판 효력에 관한 법률안'이다. 제국 영토 내 각 재판소의 재판은 제국 영토 전부에 걸쳐 그 효력을 갖는다는 극히 단순한 내용의 법안이었다. 법안심의 결과 본국 재판소와 대만 법원에서 내린 민사판결은 민소법상 외국 재판소 판결의 강제집행에 관한 규정에 준하여 대만과 내지에서 집행한다는 내용의 수정법률안이 중의원을 통과했다. 그러나 제국의회 폐회로 법률안이 성립되지 못했다.[85]

1909년 2월 제25의회 중의원에는 '내지 및 대만 사법 공통에 관한 법률안'이 제출되었다. 그 내용은 ① 대만복심법원 판결에 대해 대심원에 상고를 허용할 것, ② 본국 재판소 및 대만 법원이 내린 판결에 효력의 공통을 인정할 것, ③ 내지 및 대만 변호사직무와 자격을 상호인정할 것, ④ 사법관의 재직연한을 산정할 때 대만의 판관·검찰관·변호사의 재직연한 역시 공통으로 인정할 것 등 4가지였다. 대만총독부는 ①에 대하여 "속지주의를 취하고 있는 현금 사법제도의 일각을 파괴하여 대심원에 상고의 길을 열려고 한다면 대만통치의 근본정책에 위반"한다며 반대했다. 그에 따라 ①을 제외한 나머지를 중심으로 한국에 관한 사항까지 포함하여 법률안이 수정되었다. 중의원은 '재판소·대만총독부법원·통감부법무원 및 이사청 판결의 집행에 관한 법률안', '변호사의 직무 및 판관·평정관·검찰관 및 변호사의 재직연한에 관한 법률안'을 통과시켜 귀족원에 송부했다. 그중 뒤의 것은

---

085 『帝國議會衆議院議事速記錄 22』, 295·397쪽; 『帝國議會衆議院委員會議錄 明治編 47』, 305~308쪽; 『帝國議會貴族院議事速記錄 24』, 360쪽.

귀족원에서 다시 수정되었고, 중의원에서 귀족원의 수정안에 반대해 결국 법률로 성립하지 못했다. 그 결과 앞의 법안만 통과되어 1909년 4월 법률 제36호 '재판소·대만총독부법원·통감부법무원 및 이사청 판결의 집행에 관한 법률'이 제정되었다.[86] 그 내용은 외국 법원이 내린 판결에 준해 제국 각 지역에서 다른 지역 법원의 판결을 집행한다는 것이었다.

1914년(大正 3) 3월 대만변호사회와 일본변호사회가 연계하여 '내지·조선·대만의 사법기관 및 민사형사의 법규통일법률안'을 중의원에 제출하려 준비했다. 사법성은 그 움직임을 감지하고, 만약 이 법안이 제국의회에 제출된다면 정부가 이에 동의한다는 방침을 미리 각의로 결정하자고 요청했다. 사법성은 이 법안을 매개로 제국 사법운영 전반을 총괄할 수 있게 되기 때문에 법안에 찬성하겠다고 했다. 그러나 각의는 이 법안이 식민지통치체제에 미칠 위험성을 고려해 사법성의 건의를 받아들이지 않았다.[87] 이후로도 제국사법 통일문제에 관한 한 사법성은 다른 성에 비해 적극적이었다.

1914년 12월 제31의회 중의원에 3개의 법안이 제출되었다. '메이지 39년 법률 제31호 중 개정법률안', '재판소구성법 및 변호사법을 대만에 시행하는 법률안', '행정재판법 및 소원에 관한 법률을 대만에 시행하는 법률안'이었다. 법률 제31호 개정법률안은 1906년 63법을 일부 개정한 법률 제31호를 다시 개정하여 총독의 율령권을 대폭 축소한다는 내용이었다. 즉 총독은 법률사항 가운데 대만에 특별한 것만 율령으로 입법할 수 있을 뿐이며, 사법재판·민사·형사·감옥에 관한 사항은 율령이 아닌 칙령에 의해 내

---

086 『帝國議會衆議院議事速記錄 23』, 130쪽, 426~430쪽, 609~610쪽; 『帝國議會衆議院委員會議錄 明治編 52』, 347~373쪽; 『帝國議會貴族院議事速記錄 25』, 210쪽, 348~351쪽; 『第二十五回帝國議會貴族院委員會議錄』, 1909, 861~873쪽.

087 「內地朝鮮臺灣ノ司法機關及民事刑事ノ法規統一法律案ニ關スル件」, 『公文雜纂』(大政 三年, 司法省·文部省 第十五), 일본국립공문서관.

지 법률을 시행하되 약간의 특별규정을 둘 수 있도록 했다. 나머지 법률안은 통상재판과 행정재판에 관한 내지의 법률을 그대로 대만에 시행하라는 내용이었다. 내지연장주의에 입각한 완전한 사법통일을 내건 것이다.

중의원 특별위원회에 정부위원으로 참석한 사법대신은 제국사법의 통일이라는 취지에는 찬성하지만 법규의 통일을 위해 보다 충분한 조사가 필요하다는 유보적 입장을 취했다.[88] 당시 일본 정부는 식민지와 내지 간 공통법규에 관한 기초위원을 구성해 공통법共通法의 기초작업을 진행하고 있었다. 일단 그 결과를 기다려보자는 입장이 우세하여, 법안심의는 중지되었다. 1916년 제37의회에도 재판소구성법, 변호사법, 행정재판법, 소원법 등을 대만에 시행하는 법률안들이 제출되었지만 역시 심의미료로 폐안되고 말았다.

내외지를 법적으로 연결할 필요성이 제기된 시점에서 전개된 제국사법 통일운동에 대하여, 대만총독부와 일본 정부는 일부 주장을 수용하면서도 식민지와 본국의 사법기관을 직접 연결시키거나 법령과 사법기관을 통일하는 것에 대해서는 일관되게 반대했다. 그 이유는 말할 나위 없이 총독정치의 근간에 관련된 문제이기 때문이었다. 대신 이법역성의 존재 자체에는 영향을 주지 않는 선에서 지역 간 연결망을 형성하고자 했다. 즉 대만과 본국의 법조계와 정치인들로부터 오는 제국사법 통일의 압력을 지역들의 횡적 연결, 제국사법의 내적 '연쇄'의 방향으로 틀어나갔다.[89]

---

088 『第三十五回帝國議會衆議院記事摘要』, 1904, 445~447쪽; 『帝國議會 衆議院議事速記錄 29』, 585~587쪽; 『帝國議會 衆議院委員會議錄 5』, 449~452쪽.

089 제국사법의 연쇄적 형성에 관해서는 田中隆一, 「帝國日本の司法連鎖」, 『朝鮮史研究會論文集』 38號, 2000, 68~69쪽 참조.

공통법과 형사사법의 그물망

제국사법 네트워크를 조직하려는 시도는 1911년 입안에 착수해 1918년 (大正 7) 제정된 법률 제39호 '공통법'으로 결말지어졌다. 공통법은 제국 내 각 지역(내지, 조선, 대만, 관동주, 남양군도)의 법률행위, 법적 처분과 판결 효력의 연락규칙을 체계화하고, 지역 간 교섭사건에 관해 적용되는 섭외사법의 규칙들을 마련한 것이었다.

형사법을 예로 들면 이렇다. A지역에서 범죄를 저지른 갑甲이 B지역에서 검거되었다. 공통법에 의하면 B지역에서 갑을 처단할 수 있다. 이 경우 갑에 대해 A지역(범죄지)의 법으로 처단할지, B지역(처단지)의 법으로 처단할지가 문제된다. 공통법은 원칙적으로 처단지에서는 범죄지의 법으로 처단하되, 범죄지와 처단지의 법이 공통되는 경우(형법과 의용형법 등)에는 범죄지가 아닌 처단지의 법으로 처단한다는 규칙을 정했다. 예를 들어, 만일 갑이 조선형사령에 의해 '의용'된 형법을 범하고 내지로 도주했다가 체포되어 내지에서 재판을 받을 경우, 내지 법원은 내지 형법을 적용하여 처단한다. 만일 갑이 조선에만 있는 형사법(예를 들어 1919년 '정치에 관한 범죄처벌의 건')을 위반했다면, 내지 법원은 그 조선만의 형사법을 적용하여 처단한다.

공통법은 준거법 외에 지역 사이의 수사·재판·형집행 효력 등에 관한 규칙을 두었다. 예를 들어, 위 사례에서 내지 검사가 갑을 수사하던 중 조선의 법원에서 사건을 심리하는 것이 적당하다고 인정할 때는 갑을 조선의 검사에게 송치할 수 있다. 내지 법원(예심판사, 제1심법원)에서 갑의 사건을 심리하는 과정에서도 적당하다고 인정되면 조선의 법원으로 사건을 이송할 수 있다. 또한 공통법에 의하면 A지역의 재판, 처분, 기타 소송상 행위는 B지역에서 법령의 적용에 관해 B지역 법으로 판결한 것과 동일한 효력을 가진다. 따라서 위 경우 갑이 내지에서 유죄판결을 받고 형기를 마친 뒤 관동주로 갔다가 관동주에서 다시 죄를 범한 경우, 관동주법원은 갑이 관동주에서 범죄를 2회 저지른 경우와 마찬가지로 갑을 누범으로 가중처벌할 수 있다. 아울러 공통법은 A지역에서 내린 집행유예선고나 가출옥에 관해 B지역에서 그 지역의 법령에 의해 취소할 수 있다고 했다. 따라서 갑이 내지에서 집행유예를 선고받고 조선으로 돌아온 경우, 조선의 법원이 당해 집행유예를 취소하고 벌금을 추징하거나 감옥으로 보낼 수 있다.

이상의 설명으로 알 수 있듯이, 공통법은 제국 어느 지역에서 누군가 어떤 처벌법규를 위반했다면, 제국의 어디에서나 범죄지의 법에 의해서든 처단지의 법에 의해서든 빠짐없이 처단할 수 있는 그물망을 만들어놓았던 것이다.

공통법이 제국 내부의 네트워크를 뒷받침하는 법률이라고 한다면, 영사재판과 외지 사법기관을 연결시키는 법률들은 제국과 제국 외부를 연결시키는 법률이었다.

1908년 '만주에서의 영사관재판에 관한 법률'은 만주에서 일본영사가 관할하는 사건은 필요한 경우 관동도독부법원으로 이송하여 심리할 수 있게 하고, 영사의 제1심재판에 대한 상소는 관동도독부법원에서 관할하도록 했다. 안중근 의사는 이 법률에 의해 관동도독부법원에서 재판을 받았다. 같은 방식으로 1910년(明治 43) 4월 제정된 법률 제40호 '간도에서의 영사관의 재판에 관한 법률間島ニ於ケル領事官ノ裁判ニ關スル法律'은 간도의 영사재판을 통감부재판소(나중의 조선총독부재판소)에 연결시켰다. 이 법을 근거로 1927년 간도공산당사건, 1932년 5·30폭동사건 등이 조선에서 재판을 받았다. 1921년(大正 10)의 법률 제25호 '남부 지나支那에서의 영사관의 재판에 관한 법률'은 복건·광동·운남 등지의 영사재판을 대만총독부법원에 연결시켰다. 1920년대에는 북경과 천진 등을 거점으로 한 조선인의 독립운동을 효과적

으로 탄압하기 위해 북부 중국에서의 영사재판을 관동도독부법원에 연결시키는 방안이 검토되었다.[90]

---

090 위의 글, 70쪽 이하.

6장 일제의 한국 사법권 침탈과

사법제도 '개량'

1918년 5월 18일 서울 조선호텔에서 조선총독부와 사법부司法部, 재야법조인사와 은행, 회사대표 등 내외빈 360여 명이 참석한 성대한 기념회가 열렸다. 이날의 행사는 '조선 사법기관 창설 10년 기념회', 1907년 7월 정미조약 1년 후 1908년에 새로운 재판소가 개청한 지 10년이 된 것을 기념하는 자리였다. 『경성일보』는 사흘 동안 사법제도의 연혁을 소개하고 창설 당시를 회고하는 기사를 실었다.[91] 법조계 인사들이 으뜸 공로자로 꼽은 자는 전 한국통감 이토 히로부미였다. 특히 1908년 6월 13일 한국통감 이토 히로부미의 연설은 신천지에 일본인 사법관들의 정당성과 사명감을 깨우쳐주는 교시와도 같았다. 이 연설에서 이토는 제정帝政 러시아의 에카테리나 황제의 국가개혁에서 깊은 인상을 받았다고 하면서 다음과 같이 말했다.

어떤 나라를 막론하고 전제專制에서 법치로 이행하는 때 (…) 반드시 개혁의 첫 번째로 사법의 독립에서 시작한다. (…) 사법권의 독립은 나의 눈에서 모든 개량

---

091 『京城日報』 1918. 5. 18일자, 5. 19일자.

가운데 가장 중요한 것이며, 이것이 없으면 백 가지 개량도 효과가 없다고 믿는다. 교육·식산 등의 개량·진보가 본래 중대하지 않은 것은 아니지만, 한국 정치의 고유한 추태를 바꾸기를 바란다면, 사법권의 독립을 확보하는 것을 급무로 삼지 않으면 안 된다. 한국의 실정을 돌아보건대 한국인은 일반적으로 재판의 중대함을 모르며, 그것이 정치와 어떤 관계에 있는지 깨닫지 못하고 있다. 극언한다면 그들은 거의 재판에 관한 정당한 관념을 갖고 있지 않다고 할 만하다. 그렇지만 나는 그들의 관념여하를 불문하고, 그들이 그것을 좋아하든 그렇지 않든 상관하지 않고 사법권의 독립을 실행하려 한다. (…) 한국인이 신정新政에 열복하느냐 하는 것은 사법권의 운영여하에 달려 있다.[92]

통감부 시기 한국 사법제도의 '개량改良'[93]은 어떤 면에서는 이토가 있었기 때문에 추진되었다 해도 과언이 아니다. 그는 자신의 지식과 체험을 통해 근대국가의 통치제도 중 사법제도의 중요성을 누구보다 잘 알고 있었다. 그는 메이지 입헌제를 설계하고 발육시켰으며, 일본 사법제도가 시험대에 올랐던 국내적·국제적 정치현장에서 중요한 역할을 했다. 이미 앞에서 보았듯이, 이토는 입헌정치로의 이행과 대심원 창설의 계기가 된 1875년 '오사카회의'의 멤버였다. 그는 헌법기초에 관여하고, 최초의 수상에 오른 뒤 이노우에 가오루와 손잡고 조약개정을 추진했다. 1892년 오쓰大津를 방문 중이던 러시아 황태자가 한 경관의 습격을 당하여 그 재판결과가 국내외적

---

092 한국 사법개선에 대한 이토 통감과 초빙법관 일동의 담화요지(1908. 6. 13, 경성 통감관저), 友邦協會 編, 「韓国における司法制度近代化の足跡─朝鮮司法界の往事を語る座談会記録」, 47~48쪽(이하 「좌담회기록」).
093 '개량'이라는 용어를 쓴 것은, 그 성격을 '침탈' 혹은 긍정적 의미의 '개혁' 중 하나로 판정하는 문제와 거리를 두고 논의를 진행하기 위해서이다. 당시 이토를 비롯한 일본인 법률가들은 '개량'이나 '개선' 같은 용어를 썼다.

관심사가 되었을 때(오쓰사건), 이토는 추밀원장으로서 사태수습에 관여했다. 정부의 외압을 물리친 대심원의 판결은 일본 사법권 독립의 역사상 가장 중요한 사건으로 기억되고 있다. 이토가 두 번째 수상에 있었을 때는 이노우에 가오루 공사가 '법전경략'노선에 입각하여 조선 정부의 관제 및 재판제도개혁을 추진했다. 세 번째 수상에 오른 1898년에는 대만에서의 사법권 독립 문제를 해결해야 했다. 한국 사법제도 개량에는 이와 같은 이토 자신의 지식과 헌정체험, 그리고 한국통치구상이 반영되어 있었다. 말하자면 통감부 시기 사법제도는 이토 히로부미의 작품이었다. 물론 "한국인의 관념여하와 호불호에 상관없이 밀어붙였던" 사법제도 개량은 한국 사법권을 침탈하고 한국을 식민화하려는 기획이었다는 본질을 벗어날 수 없다. 하지만 그것은 한국정치의 약한 고리를 치고 들어가 결과적으로 일본의 한국통치를 정당화시키는 데 기여했다.

이토의 한국통치구상은 이른바 '자치육성정책'을 통해 보호국[94] 한국의 정치·경제·재정·교육·위생 등 제반 제도를 개선하고 법전과 사법제도를 정비하여 한국을 문명적 법치국의 수준으로 인도한다는 것이었다.[95] 그러나 "시정개선과 세력확장은 그 명의는 다르지만 사실은 하나"[96]라는 이토의 말과 같이, 일본의 독점적 지배력을 확보하고 강화한다는 근본적 목적에 부합하는 한에서 그러했다. 이토의 한국 사법제도 '개량'에는 여러 가지 의

---

094 당시에는 두 국가 사이에 보호관계가 설정된 경우 보호권을 행사하는 국가를 능보호국(能保護國), 보호를 받는 국가를 피보호국(被保護國)이라 불렀다. 보호국 통치의 법적 구조에 관해서는 有賀長雄, 『保護国論』, 東京: 早稻田大学出版部, 1906 참조. 이하에서는 편의상 피보호국의 의미로 보호국이라는 용어를 쓴다.
095 대표적으로 모리야마 시게노리 지음, 김세민 옮김, 『근대한일관계사연구』, 225쪽.
096 한국 고빙법관의 부임에 즈음한 이토 통감의 훈시(1907. 1. 5, 동경 관저), 「좌담회기록」, 12쪽.

미가 담겨 있었다. 제국주의적 언술에 자주 등장하듯이, 문명적 재판을 행함으로써 보호정치의 정당성을 대내외적으로 알린다는 것, 일본이 장악한 사법기관을 통해 한국민의 저항을 진압하고 통감부의 시정을 효과적으로 관철한다는 것, 그리고 한국통치에 저해요소가 되는 서구열강의 치외법권(영사재판권)을 폐지하기 위한 수단이라는 것 등이다.

6장에서는 통감부 시기에 진행된 사법제도 개량과 사법권 침탈의 이중적 과정을 살펴본다. 특히 일본에서의 최근 영구를 염두에 두면서,[97] 이토 히로부미의 한국통치구상이 어떻게 사법제도에 반영되었는지, 어떤 정책적 목표와 환경에 영향을 받으며 사법제도의 재편이 추진되었는지 검토할 것이다.[98]

이 시기는 다시 크게 셋으로 구분할 수 있다. ① 법무보좌관法務輔佐官 시기(1907. 1~1907. 12). 근본적 개혁은 유보하고 당분간 기존 제도의 틀 내에서 일본인 법무참여관, 법무보좌관을 배치하여 재판사무를 개량하고자 한 시기이다. ② 한국재판소 시기(1908. 1~1908. 7). 1907년(광무 11) 7월 24일

---

097 일본에서의 최근 연구를 소개하면, 淺野豊美, 「保護下韓國の條約改正と帝國法制」, 酒井哲哉 編, 『帝國日本の學知 第一卷 帝國編成の系譜』, 東京: 岩波書店, 2006; 淺野豊美, 「帝國と地域主義の分水嶺―保護國韓國の治外法權廢止と在韓日本人課稅問題」, 日露戰爭硏究會 編, 『日露戰爭硏究の新視點』, 東京: 成文社, 2005; 森山茂德, 「保護政治下韓國における司法制度改革の理念と現實」, 淺野豊美·松田利彦 編, 『植民地帝國日本の法的構造』, 東京: 信山社, 2004; 李英美, 『韓國司法制度と梅謙次郎』, 東京: 法政大學出版局, 2005; 小川原宏宰, 「日本の韓國司法權侵奪過程―'韓國の司法及監獄事務を日本政府に委託の件に關する覺書'をめぐって」, 『文學硏究論集』 11號, 1999; 小川原宏宰, 「統監伊藤博文の韓國法治國家構想の破綻―『韓國ニ於ケル發明意匠商標及著作權保護ニ間スル日米條約』施行に伴う韓國國民への日本法適用問題をめぐって」, 『姜德先生古稀退職記念 日朝關係史論集』, 東京: 新幹社, 2003 등이 있다.

098 이 장의 내용 중 정미조약 이후의 상황에 대해 더 상세한 것은 문준영, 「이토 히로부미의 한국 사법정책과 그 귀결」, 부산대학교 법학연구소, 『법학연구』 49권 1호, 2008을 참고하기 바란다.

정미조약에 따라 1907년 12월 23일 법률 제8호 재판소구성법을 제정하고 일본인 사법관을 한국재판소의 판검사로 임용해 사법제도를 재편했다. ③ 통감부재판소 시기(1908. 7~1908. 8). 1909년(융희 3) 7월 12일 '한국 사법 및 감옥사무 위탁에 관한 각서韓國司法及監獄事務委託ニ關スル覺書'가 체결된 뒤 10월 18일 일본칙령 제236호 '통감부재판소령統監府裁判所令'이 공포되어 11월 1일부터 시행되었다.

1907년 1월 법무보좌관 배치부터 1909년 7월의 사법권 위탁각서 조인까지의 과정은 매우 숨 가쁘게 진행되었다. 법무보좌관제도가 실제로 시행된 기간은 1907년 1월부터 그해 가을까지였다. 이후 1908년 8월까지는 재판소 개청준비에 매달렸다. 새로운 한국재판소(이하 신재판소)가 1908년 8월 1일 사무를 개시했지만, 1년도 못되어 사법권 위탁이라는 최종처치가 단행되었다. 법무보좌관제도와 신재판소는 이렇다 할 성적을 거둘 여유도 없이 폐기되었던 것이다. 그 이유는 이토의 정책이 단지 한국 사법을 개량하기 위한 것이 아니라 일본세력 확장수단의 일환으로 구상되었기 때문이었다. 이 시기의 사법정책은 열강의 치외법권 철거문제를 빼놓고서는 도지히 이해할 수 없다.

물론 치외법권 철거는 결코 한국의 주권회복을 위한 것이 아니었다. 일본 정부는 이미 1905년 4월 8일 보호권확립에 관하여 각의결정하면서 "치외법권에 관해서는 제국은 응당 어느 시기에 적당한 사법제도를 한국에 실시함으로써 외국인에 대한 법권을 장악한다"는 방침을 세웠다.[99] 이토의 사법정책은 이 "적당한 사법제도"를 찾아내는 것이었다. 이토는 1907년 1월 5일 법무보좌관으로 부임할 일본인 법관들을 관저로 초청하여 연설했다.

---

099 「韓國保護權確立ノ件」(1905. 4. 8), 外務省 編, 『日本外交年表竝主要文書 上』, 東京: 原書房, 1965, 233쪽.

한국 내의 제반 시정은 "치외법권의 철거에 장애가 되지 않도록 주의하여 실행할 필요가 있"고, 한국과 제외국 간의 "조약을 문자 그대로 여행勵行하면 가장 손해를 입는 것은 일본인"이므로 속히 철거를 강구해야 하며, 그렇기 때문에 "재판 개량은 급무 중의 급무"라고 했다. 그리고 장래 한국 내의 사법을 일본의 보호 아래 한국의 재판권으로 귀일시킬지, 혹은 일본 재판권 아래 통일할지 의문 중이라고 했다.[100] 이토는 첫 번째 것을 시험해보고 1년 뒤 바로 두 번째 수단을 취한 것이다. 그의 치외법권 철거에 대한 관심과 열의는 "그것을 이루기 전에는 통감의 인끈을 풀지 않겠다고 말할 정도로 가장 심혈을 기울이고 있다"고 알려질 정도였다.[101] 요컨대 한국지배라는 고등정책 아래 치외법권 철거방안이 자리했고, 치외법권 철거방안이 사법제도의 내용과 형식에 직접적인 영향을 미치고 있었다.

1. 잠정적 제도개정과 법무보좌관제도의 시행

통감부법무원 설치에 담긴 포부

1905년(광무 9) 11월 17일 을사조약 체결 이후 일본은 기존의 주한일본공사관 및 영사관을 폐지하고 통감부와 이사청을 설치하여 한국 내 통치기구를 개편했다. 12월 21일 칙령 제267조 '통감부 및 이사청관제統監府及理事廳官制'를 공포하고, 1906년(광무 10) 2월 1일 서울에 통감부를, 서울·부산·인천·진남포·목포·마산·군산·평양·성진·원산 등 각지에 이사청을 설치했다. 이토 히로부미는 1906년 3월 한국에 부임했다.

---

100 「좌담회기록」, 14~15쪽.
101 「治外法權問題」, 『朝鮮』 1909년 6월호, 4쪽.

이토 히로부미가 처음부터 보호권 설정의 목적을 달성하는 데 '적당한 사법제도'에 대한 구체적인 구상을 가지고 있었다고는 볼 수 없다. 복안이 없지는 않았겠지만 우선 한국 상황을 살필 필요가 있었다. 한국에 대한 사법정책이 어떻게 흘러갔는지는 조금 있다 보기로 하고, 일본 정부에 의해 변경된 재한 일본인에 관한 재판제도를 살펴보기로 하자. 한국 사법제도의 개량문제와 전혀 별개인 것처럼 보이지만, 실은 한국통치에 관한 정책적 고려 위에서 재한 일본인에 관한 재판제도도 설계되고 있었다.

일본 정부는 1906년 6월 26일 법률 제56호 '한국에서의 재판사무에 관한 법률韓國ニ於ケル裁判事務ニ關スル法律'(이하 재판사무법률), 칙령 제164호 '통감부법무원관제統監府法務院官制'를 공포했다. 통감부법무원은 '통감의 관리에 속하여 한국에서의 사법사무를 관장'하도록 했다. 법무원에는 법무장관·평정관評定官·검찰관·서기를 두고, 5년 이상의 판사, 검사, 제국대학 법과대학 교수, 이사관 또는 부副이사관, 변호사 중에서 평정관과 검찰관을 임명했다. '재판사무법률'에 따르면, 제1심사건은 이사청의 이사관 또는 부이사관이 단독으로 재판하고, 이사청의 재판에 대한 상소는 통감부법무원에서 3인의 평정관으로 조직된 재판부가 종심으로 관할하게 했다. 또한 제10조에서 "본법에 규정이 있는 것 외에 재판사무에 관하여 한국에서 적용하는 법률에 관하여는 칙령으로써 별단의 규정을 둘 수 있다"고 했는데, 같은 날 공포된 칙령 제166호 '한국에서의 재판사무취급규칙韓国ニ於ケル裁判事務取扱規則'이 그 위임을 받아 칙령으로 정한 재판사무에 관한 규칙이다.

잠깐 정부 내의 입법경위를 보면, 외무성 초안에 대해 사법성안이 수정안으로 만들어졌고, 사법성안을 대폭 반영한 최종안이 채택되었음을 알 수 있다.[102] 외무성안은, 통감부에 사직원司直院을 설치하고 사직관司直官을 배치

---

102 「韓國ニ於ケル裁判事務ニ關スル法律制定ノ件(明治三十九年)」 (1) 法律案(外務省案), (2)

하여, 사직원의 제1부와 제2부가 각각 종래 영사재판제도상의 나가사키 지방재판소와 공소원에 속한 사건을 심판하고 사직원 제2부의 재판을 종심으로 하도록 했다. 외무성안에서 주목되는 것은, 한일 양국민에 관계된 사건에 관해서는 통감이 정한 명령의 규정에 따라 한국 관헌이 사직원과 이사청 재판에 배석할 수 있게 한 것이다. 기존의 통상조규에서 한일 양국의 관헌이 상대방 관헌의 재판에 입회할 수 있게 했던 것을, 변경된 제도 역시 인정한 것이라 할 수 있다. 외무성안은 또한 사직원 구성 및 재판절차, 한국에 시행할 법률의 특례 및 본법 시행에 관한 규정을 통감의 명령에 의하여 제정할 수 있게 했다. 이와 같이 외무성안은 기존 영사재판제도의 틀을 염두에 두면서 통감에게 재판기관조직 및 재판법규에 관해 폭넓은 입법권을 부여했다. 반면 사법성의 '한국에서의 사법사무에 관한 법률안'은 통감부에 법무청法務廳과 평정관을 두도록 하고 통감의 명령으로 입법할 수 있는 사항도 '사법사무에 관하여 필요한 규정'으로 한정했다. 법률안과 별도로 작성한 법무청관제안도 나중의 법무원관제와 거의 같았다. 최종적으로 각의에 제출된 안은 사법성안을 수정한 것이었는데, 특히 '사법사무에 관한 필요한 규정'은 통감의 명령이 아닌 칙령으로 정하게 했다.

이상의 경과에서 알 수 있듯이, 재한 일본인에 관한 재판기관을 조직하면서도 식민지재판기관을 조직할 때와 동일한 논점이 반복되었다. 즉 외지통치기관의 자율성과 중앙정부의 통제력 중 어디에 중점을 둘 것인가 하는 문제였다. 외무성안의 경우 사직원의 구성도 통감의 입법에 맡겼고, 재판법규도 통감이 입법할 수 있는 법적 틀을 담고 있다. 즉 외무성안은 사법기관조직 및 사법제도운영에 관해 통감에게 매우 넓은 자율성을 부여했다. 그

韓國ニ於ケル司法事項ニ關スル法律案(閣議ニ提出シタル案), 한국근대사료집성 9 국권회복, 국편, 한국사DB.

런 의미에서 외무성안의 법적 틀은 대만형 식민지사법제도의 법적 틀과 같다고 할 수 있다. 이에 대해 최종안은 법무청을 통감의 '관리'(직속이 아님)에 속하게 하고, 평정관의 자격을 법정하고, 재판사무에 관한 통감의 입법권도 없앴다. 이는 이 법률이 일본 신민에게 적용된다는 점을 감안하여, 가급적 일본 국내법의 틀을 크게 벗어나지 않는 한도에서 입법하려 했기 때문일 것이다. 물론 통감부법무원과 거류민재판제도가 본국 사법제도와 단절된다는 점은 변함이 없었다.

1906년 2월 정부는 제22회 제국의회에 법안을 제출했다. 정부위원들은 통감부관제의 취지가 "백반의 사무를 통감의 손으로 총리"하게 하는 것임과 마찬가지로, 사법사무 또한 "조선에서 통감하에 이를 통일하는 것이 일한협약과 (통감부)관제의 정신에 부합하며, 아울러 조선에 모범적인 재판소를 설치함으로써 우리 재판사무의 신용을 조선에서 넓히는 데도 가장 적당하다"고 했다.[103] 그런데 국회의 법안심사과정에서 위헌성 시비가 일었다. 대만의 '63문제'에 비하면 격론이 오가지는 않았지만, 축소된 '63문제'가 제기된 것이다. 법안에 반대하는 의원들이 문제 삼은 것은, 이사관과 평정관 등이 재판을 하는 것은 헌법상 재판관의 재판을 받을 권리를 침해한다는 점, 재판사무에 관한 특례의 입법을 칙령에 위임한 것은 헌법상 위임명령의 법리를 위반한다는 점, 3심제를 2심제로 변경하고 일본 내지 재판소에 상소할 기회를 박탈함으로써 재한 일본인을 차별대우한다는 점 등이었다. 결국 법안의 불가피성, 국익 등을 내세운 찬성론의 지지를 받으며 법안은 통과되었다.[104] 그 과정에서 나온 흥미로운 발언 몇 가지를 소개한다.

---

103 앞의 韓國ニ於ケル裁判事務ニ關スル法律制定ノ件 (4) 韓國ニ於ケル裁判事務ニ關スル法律案特別委員會議事速記錄 第一號(1906. 3. 1), 第二十二回 帝國議員 貴族院.

104 『帝國議會衆議院議事速記錄 21』, 255쪽, 271쪽 이하; 『帝國議會衆議院委員會議錄 37』,

가장 문제가 된 것은 재한 일본인에 대한 차별대우문제였다. 기존의 영사재판도 압제적이었고, 영사의 말을 듣지 않으면 한국에서 퇴거시키는 등의 문제가 많았다. 중의원 특별위원회에서 한 위원은 외국에 있는 자국민의 인권을 보호하지 않는 작태를 지적하면서 다음과 같이 말했다.

> 내 친구 중 대만에서 재판관을 하고 있는 자가 있는데, (…) 너는 왜 그런 난폭한
> 재판을 하는가 하고 물었더니 그가 말하기를 '재판이라는 것은 인간에 대한 것
> 이다, 대만인을 인간이라 생각하고 재판이 가능한가'라고 했습니다. 이는 내 친
> 구의 이야기입니다만, 겨우 대만에 가서조차 재판관의 마음은 그렇게 되는 것이
> 므로 조선에 가서도 역시 그럴 것이다, 하며 눈물을 흘리지 않으면 안 되는데도,
> 일본의 정치란 것은 밖에 나간 자를 차갑게 대합니다. (…) 일본의 주권 하에 있
> 는 자는 설령 외국에 가서 살고 있더라도 재판에 대하여 상고를 할 수 있다는
> 것은 원칙입니다. 그런데도 천황의 주재 아래 있는 상고의 권리를 빼앗은 것은
> 어떤 이유입니까. 이는 나쁜 근성입니다.[105]

이 말은 식민지가 어떤 곳인지, 식민지에 가면 권력이 어떻게 변하는지 똑똑히 보여준다. 이런 비판에 대해 정부위원들은 상고기회의 박탈이 이치상 문제가 없지는 않지만, 법안에 담긴 정책적 취지를 고려해달라며 다음과 같이 의미심장한 말을 했다.

> 특별한 재판소를 한국에 설치하는 것은 우리 대한정책對韓政策의 일단一端으로서 생

1988, 143쪽 이하.

105 앞의 韓國ニ於ケル裁判事務ニ關スル法律制定ノ件 (7) 韓國ニ於ケル裁判事務ニ關スル法
律案委員會會議錄 (速記) 第三回 會議(1906. 3. 15), 第二十二回 帝國議員 衆議院.

각하시기를 부탁드립니다. 조선에서 우리 재판소의 위신을 중하게 하고, 그럼으로써 장래 우리 재판소의 움직임을 자유롭게 하는 길을 열고 싶기 때문에, 조선에서의 재판은 모두 조선에서 시말始末을 한다는 주의主義를 세워놓는 편이 실로 편리하며, 우리 정책을 실행하는 데도 극히 적절하다고 생각합니다(밑줄—인용자).[106]

즉 통감부법무원제도는 단순한 재판제도가 아니라 '대한정책의 일부'로 이해되어야 한다는 것, 본국의 재판기관과 단절시킨 것은 여러 가능성을 대비해 한국 내 일본재판소의 운신의 폭을 넓혀놓아야 한다는 뜻이다. 이것이 법률의 이면에 담긴 커다란 '포부'였다. 중의원 특별위원회의 속기록을 보면, 회의 도중 속기를 중지하고 마츠다 마사히사松田正久 사법대신이 위원들과 밀담을 나눈 뒤 위원회의 분위기가 바뀌었다.

그 직후 하나이 다쿠조 위원은 "본안은 법률적 대한정책의 하나"라고 하며, 정부 당국은 포부를 입 밖에 누설하지 않고 있지만 "본안이 비상한 작용을 하여 외교 이상, 군사 이상으로 (…) 실로 큰 성적을 제국의 대한정책에 표현하게 될 것"이라고 했다.[107] 하나이는 대만의 '63법'에 대해 가장 강경한 비판자였지만, 이즈음에는 정부정책을 옹호하는 쪽으로 돌아서 있었다. 하나이는 다음과 같은 가정적 상황을 들며 법안의 통과를 주장했다.

(한국인이) 시험삼아 한국 내지의 (일본) 재판소로 가보니 깜짝 놀랄 재판을 하고, 일본의 이사청에 가서 재판을 방청해보니 실로 경복할 만한 재판을 하고 있으므로 이 재판소를 경배하지 않을 수 없게 되어 재판의 신용에 기쁨과 갈망의 눈물을 흘린다. 이에 한국인은 어떻게 하면 한국의 법률관계를 떠나서 일본의 법률관계

---

106 위 자료.
107 위 자료.

에 지배받을 수 있을까 하는 것을 머리에 그리고, 그러면 통감부는 훌륭한 방책을 제공할 수 있게 된다. (…) 어떻게 하면 지금 말한 목적을 달성할 수 있을 것인가 하면, 네가 지배를 받는다고 생각했다면 일본인이 되면 된다, 어떻게 하면 일본인이 될 것인가, 그것은 귀화하는 것이다. 그렇게 해서 한국 인민이 모두 귀화한다. (…) 산천초목은 국가가 아니다. 인류가 있어야 비로소 국가가 된다고 한다면, 저 주권자는 다만 산천초목의 주권자인 것에 그치고, 사실은 우리에게 흡수될 수 있다. 그러므로 그 재판의 고마움은 마츠다 군(사법대신—인용자)의 감독 아래 저 한국인에게 보여주는 것 외에 다른 길이 없다. (…) 본안을 모두 통과시켜, 대신 및 오카노岡野 법제국장관이 밀회하여 우리에게 언명한 것이 결실을 맺도록 노력할 것을 바란다.[108]

이제 한국 내 일본재판소의 운신의 폭을 넓힌다는 것이 무슨 의미인지 알게 될 것이다. 예를 들어, 한국인이 일본의 모범적 재판에 감복하여 일본재판소의 재판을 받으려 할 경우, 어쩌면 치외법권 철폐를 위한 '적당한 사법제도'로서 일본의 재판권을 확장시키거나 한국병합을 단행하는 경우까지 가정하여, 일본 정부가 자유롭게 대처할 수 있도록 대심원과 단절된 특별한 재판제도를 마련한다는 것이다. 즉 새로운 거류민재판제도는 단지 재한 일본인을 위한 것이 아니라 일본의 한국통치를 염두에 둔 포석이라는 것이었다.

의회에서 법안이 심사되고 있을 즈음, 이토 히로부미는 제1회 한국 시정 개선施政改善에 관한 협의회(이하 시정협의회)에서 한국 대신들에게 이렇게 말했다.

---

108 위 자료.

귀국의 재판제도는 개량할 필요가 가장 절실하다. 나는 한국에서의 우리 영사재판제도를 개정할 필요를 인정하고 동경출발에 앞서 그에 관한 법률안을 의회에 제출했다. 동안同案은 머지않아 양원을 통과하여 실시될 것이다. 이에 의하면 이 사청 판결에 대한 항소는 종래와 같이 나가사키공소원에 제출할 필요 없이 새로 경성에 설치하는 통감부법무원에 호소하게 하는 조직이다. 이 신제도는 귀국인에게도 크게 편리할 것이다. 왜냐하면 종래 한인이 원고이고 일인이 피고인 경우 한인이 영사재판소에서 패소해도 다액의 소송비를 요하기 때문에 나가사키에 항소할 수 없었지만, 금후는 항소할 수 있기 때문이다. 불일 법무원이 설치되는 때에 이를 모범으로 귀국의 재판제도를 개선할 것이다.[109]

우메 겐지로의 법률고문 부임

이제 이토 히로부미가 부임한 뒤 한국 사법제도에 대해 어떤 방침이 취해졌는지 살펴보기로 하자. 이토 통감과 한국 정부대신들의 시정협의회 회의록을 보면, 초기에는 한국 정부대신들 쪽에서 재판과 감옥제도 개량에 관한 의제를 제기했음을 알 수 있다. 1906년 4월 6일 제3회 시정협의회에서 이하영李夏榮 법부대신은 지방관의 재판에 신용이 없어 일진회원과 기독교도들이 복종하지 않고, 각지의 일본 경찰관이 관찰사의 재판에 간섭하여 불법한 판결을 내리게 하는 일 등 때문에 거의 국법이 없는 상태라고 하면서, 이를 타개하기 위해 사법과 행정을 구별해야 하지만 한국 법관에게 신용이 없으므로 일본에서 법무보조관法務補助官을 초빙하자고 했다. 이에 대해 이토는 "재판에 일본인을 관여하게 해도 가하고 혹은 일본인의 관여 없이 행하는 방법도 없지 않다"고 하면서, 사법전반의 개선에 관해 나름의 고

---

109 金正明 編, 『日韓外交資料集成 6 (上)』, 東京: 巖南堂書店, 1985(이하 『일한외교자료집성 6 (상)』), 141쪽.

안이 없지 않지만 재정사정과 아울러 궁리해야 하기에 이 문제는 다른 날로 미루자고 했다.[110] 제5회 시정협의회(1906. 4. 19)에서는 이하영 법부대신이 한국 법전을 완비하기 위해 법률가를 초빙하고 싶다고 제의했고, 이토도 임시법전조사회 같은 것을 설치해 일본인 전문가에게 촉탁한다면 1~2년 사이에 완성할 수 있을 것이라고 대답했다.[111]

만주문제의 해결을 위해 일본에 다녀온 이토는 제6회 시정협의회(1906. 6. 25)에서 한국 대신들에게 동경대학 교수인 우메 겐지로의 부임을 알렸다.[112] 한국에 도착한 우메 겐지로가 처음으로 담당한 일은 부동산증명제도의 입안이었다. 그 결과가 1906년 10월 26일 칙령 제65호로 제정된 '토지가옥증명규칙土地家屋證明規則'(1906. 12. 1. 시행)이다.[113] 이 규칙은 미래의 등기제도로 이어질 과도기적 증명제도로 고안된 것이었다. 본래 법부가 대한자강회의 청원을 받아들여 입안한 법률안은 외국인의 토지소유를 금지하는 기존의 법제를 전제로 부동산증명제도를 마련하고자 했는데, 입안과정에서 외국인 토지를 합법화하는 것으로 귀결되었다.[114] 명분은 사실상 내지가 외

---

110 위의 책, 182쪽. 당시 일진회는 재판의 잘못을 들어 판검사 퇴진운동이나 재판거부운동을 펴고 있었다. 「韓國一進會日誌」, 1906. 6. 12자 일지, 韓國史料硏究所 編, 『朝鮮統治史料 4』, 607쪽.

111 『일한외교자료집성 6 (상)』, 216~217쪽.

112 위의 책, 220쪽.

113 토지가옥증명규칙의 제정 경위에 관해서는 정연태, 「대한제국 후기 부동산등기제도의 근대화를 둘러싼 갈등과 그 귀결」, 한국법사학회 엮음, 『법사학연구』 제16호, 1995, 59~115쪽; 李英美, 『韓國司法制度と梅謙次郎』, 76~82쪽.

114 이는 1904년 5월 일본 각의에서 결정한 「대한시설강령」 중 일본인의 한국 이주와 척식을 장려하기 위한 방침을 실행에 옮긴 것이었다. 「対韓施設綱領決定の件」, 『日本外交年表竝主要文書』 上, 227~228쪽. 우메 역시 본래 내지 개방과 외국인에 대한 사권 부여에 긍정적인 생각을 가지고 있었고, 한국에 오기 직전 일본인의 한국 토지 구매와 농업경영을 장려하기 위한 조사를 한 바도 있었다. 大河純夫, 「外国人の私権と梅謙次郎」 (1)·(2), 『立命館法学』 253, 255號, 1997; 内藤正中, 「韓国における梅謙次郎の立法事業」, 『島大法学』

국인에게 개방된 상황을 되돌릴 수 없으므로 외국인의 토지소유를 공인하고, 대신 부동산법에 관해서는 치외법권을 철회하여 외국인이라도 한국의 국법하에 소유하게 해야 한다는 것이었다.[115]

'토지가옥증명규칙'의 제정과 함께 '재판소구성법 개정'(1906. 10. 26, 법률 제7호), '한성부재판소관제 개정'(같은 날, 칙령 제64호), '각개항시재판소·각 지방재판소 위치·관할구역 개정'(1906. 10. 27, 법부령 제3호) 등을 통해 재판소의 인원·명칭·관할구역 및 법관자격이 부분적으로 개정되었다. 평리원과 한성재판소의 판사·검사·주사를 증원하고, 13개 지방재판소과 11개 각개항시재판소에서는 관찰사·부윤이 판사를 겸임하되 검사직을 따로 두게 했다. 10월 26일 칙령 제63호로 '법관전고규정法官銓考規程'을 개정하여 전임의 판검사와 주사의 자격과 선발절차를 정비했다.[116] 요컨대 종전에 명목상이나마 전임 사법관이 배치되었던 평리원과 한성재판소는 사법관 임명절차를 보강하여 조직을 강화하는 한편, 지방재판소·개항시재판소에는 지방관의 판사겸임제를 유지하되 전임의 검사 내지 주사를 배치하여 지방재판을 개선하고자 한 것이다.

이런 체제 아래서 재판사무를 지도·감독하기 위해 일본인 사법관의 초빙이 필요했다. 말하자면 "우선 현재의 제도에서 할 수 있는 한 재판사무를 쇄신하기 위해 주로 일본인의 참여에 의하여 서서히 그 성과를 거두는 방

35卷 3號, 島根大学法学部, 1991, 10쪽.

115 제10회 시정협의회(1906. 8. 15), 『일한외교자료집성 6권 (상)』, 326~327쪽.

116 각 재판소의 전임판사·검사는 ① 법관양성소의 만 2개년 이상 과정과 내외국 법률학교의 만 3개년 이상 과정을 졸업한 자, ② 각 재판소 전임판사나 검사로 만 1개년 반 이상 계속 근무한 자, ③ 법부 민사국·형사국의 국장·과장으로 만 2개년 이상 계속 근무한 자, 법관 양성소의 교관으로 만 1개년 반 이상 계속 교수한 자, ④ 법부 민사국·형사국 주사나 평리원·한성재판소 주사로 만 4개년 이상 계속 근무한 자 중에서 법관전고위원의 전고를 거쳐 임용한다(법관전고규정 제1조).

침"을 선택한 것이었다.[117]

우메 겐지로는 이즈음 재판소 개량의 방향을 다음과 같이 생각하고 있었다. ① 평리원에 수명, 각 관찰부에 1명의 일본인을 빙용하고 민형사재판에 관여시킬 것, ② 군수의 체포·감금의 직권을 없앨 것, ③ 민사재판에서 당사자를 체포·감금할 수 없게 할 것, ④ 형사재판에서 체포·감금권은 평리원, 관찰부재판소 또는 경찰관에 속하게 할 것 등이다.[118] ①은 후술하는 법무보좌관제도로 실현되었다. 나머지는 다른 방식을 통해 실현되었다.

법무보좌관제도의 시행

1906년 11월 16일 제12회 협의회에서 이토는 행정과 사법을 구별하는 단서를 열고 일본인이 사법부 내에 들어가 사무의 민활과 재판의 공평을 도모하기 위해 초빙할 법무보좌관을 인선 중이라고 밝혔다.[119] 일본으로 돌아간 이토는 1907년 1월 5일 한국에 부임할 법관들을 관저로 불러 그들의 사명을 환기시켰다. 자신의 목적은 점차 법제를 개선해서 공정한 수단에 의해 한국의 법권에 간여하는 것이고, 치외법권 철폐의 시급한 필요성을 감안할 때 보좌관들의 임무가 막중하다고 강조했다. 이와 함께 치외법권 철거 시 한국 내의 사법을 일·한 양쪽 중 어디로 통일할 것인지, 한국 법전의 편찬방법과 일·한인 공통으로 재판관을 임용하는 것은 어떻게 할 것인지 등의 문제와 같은 근본적 사항을 연구 중에 있다고 했다.[120]

---

117 朝鮮總督府 編, 『朝鮮の保護及倂合』(韓國史料硏究所, 『朝鮮統治史料 3』)(이하 『보호급병합』), 171쪽.
118 「梅謙次郎文書」 第3部門 韓國立法事業擔任當時二於ケル起案書類 16, 裁判所改良意見要旨, 일본 法政大學圖書館 소장(이하에서 우메 겐지로의 문서를 인용할 때는 梅文書 3부문 제16번 「裁判所改良意見要旨」와 같이 밝힌다).
119 『일한외교자료집성 6 (상)』, 393쪽.

1907년 1월 말 각급 재판소에 법무보좌관 15명, 법무보좌관보 11명이 배치되었다. 그들의 활동을 통해 문제점이 구체적으로 파악되었다. 1907년 6월 14일 이토와 보좌관의 회동에서는 재판법규의 불비, 군수재판과 평리원의 실태, 고문과 민사구류의 문제점, 한국 관원들의 비협조적 태도 등이 거론되었다.[121] 회의결과는 입법조치로 반영되었다. 6월 27일 법률 제1호 '민사형사의 소송에 관한 건'을 제정하여 군수재판권의 한계를 정했고, 민사구류를 금지했으며, 상소절차를 개정했다. 같은 날 법률 제2호 '신문형訊問刑에 관한 건'을 통해 민형사상 일체의 고문이 금지되었다. 아울러 보좌관의 지도·감독권을 강화하고자 일체의 사건을 보좌관에게 자문하도록 법부대신으로 하여금 지방관에게 훈령하도록 했다.

그러나 이 시기 이미 일본인들은 보좌관제도라는 임시적 조치로는 소기의 성과를 거둘 수 없다고 생각하고 있었다. 그들은 한국인에게 환영도 받지 못하고 인정과 말이 통하지도 않는 데다, 사술이 행해지는 가운데 "구두 위로 발등을 긁는 격"인 제도를 가지고는 손을 쓸 수가 없다고 보았다.[122] 정미조약에 의해 근본적인 처방이 내려지면서 보좌관제도는 폐지되었다.

사실 이토는 정미조약과 같은 근본적인 내정개혁구상을 이전부터 가지고 있었다. 1907년 초 일본에 체재하는 동안 사위에게 전달한 메모에 따르면, 이토는 ① 보통행정권으로부터 사법권의 분리·독립, ② 행정기관의 직권과 책임의 명확화, ③ 행정·입법에서 각의의 비중 강화와 통감의 감독권 확립,

---

120 이 연설에서 이토는 미국과 일본 사이에 한국에서의 공업소유권과 지적재산권의 상호보호를 위한 협의가 진행 중이며 조약이 체결될 경우 관련 사항에 관해서는 일본의 법권이 명실상부하게 한국인에게 미치게 될 것이라고 했다. 「좌담회기록」, 15쪽.
121 「좌담회기록」, 16~26쪽.
122 梅謙次郎, 「伊藤公と立法事業」, 『國家協會雜誌』 24卷 7號, 1910, 793쪽; 「좌담회기록」 36쪽.

④ 내각에 의한 황제보필의 제도화를 구상하고 있었다.[123] 연초에 이토가 보좌관들에게 훈시했을 때, 그는 ①과 같은 처방을 염두에 두고 있었던 것이다. 그런 의미에서 보좌관제도의 실패가 직접 정미조약상의 새로운 재판제도를 초래했다고는 할 수 없겠지만, 보좌관제도의 실험을 통해 일본이 재판권을 완전히 장악하고 사법제도를 근본적으로 개조할 필요성을 현실적으로 인식하게 만들었다고 할 수 있을 것이다. 그 대표적인 사례를 하나 짚고 정미조약 이후의 사법제도로 넘어가자.

평리원 검사 이준 재판사건 : 한국적 열정과의 충돌

1907년 6월 27일 제정된 '민사형사의 소송에 관한 건'에는 중요한 규정이 또 하나 있었다. 칙주임관의 범죄에 대한 제1심재판권을 한성재판소 및 지방재판소로 이전시킨 것이다. 칙주임관의 범죄사건은 1895년 개혁 이래 고등재판소와 그 후신인 평리원이 관할해왔다. 얼핏 칙주임관의 특권을 폐지한 것처럼 보이는데, 여기에는 중요한 정치적 의미가 포함되어 있었다.

보좌관들이 보기에 평리원은 보과관의 직무수행에 난관을 야기하는 요소들이 압축적으로 존재하는 복마전 같았다. 평리원 보좌관 나카무라 다케조中村武藏는, 평리원장은 궁정의 신임이 두터운 자만이 임용되어 법부대신의 말도 여간해서는 듣지 않고, 판검사는 전적으로 원장의 의사에 의해 임면되고 있으며, 궁정이 내밀히 재판에 간섭하는 일이 극심한 등, 평리원이 궁중의 간섭, 대관과의 관계, 배일사상 등 중요한 원인이 되어 보좌관의 의사가 관철되기 힘들었다고 말했다.[124]

---

123 小川原宏幸, 「伊藤博文の韓国併合構想と第三次日韓協約体制の形成」, 『靑丘學術論集』 25集, 2005, 68쪽.
124 「좌담회기록」 7쪽, 20~21쪽.

궁중의 간섭과 평리원의 행태에 대해 이토와 보좌관들은 수차례 불만을 표했다. 1906년 6월의 유배죄인 이세직李世稙의 도주사건,[125] 황해도 황주 의병장에 대한 재판, 12월의 홍주 의병장 민종식閔宗植에 대한 재판, 1907년 2월 평리원 검사 이준李儁(헤이그 밀사)의 법부대신 고소사건 등이 대표적 사례였다. 이토는 이세직사건을 거론하면서, 위로부터 돌연 특사가 내려지는 일이 드물지 않다는 것은 실로 통탄할 일이며 도무지 이해할 수 없는 일이라고 했다.[126] 나카무라 보좌관은 평리원이 궁중과 관계있는 의병장들에 대한 재판을 계속 미루거나 자신이 강경하게 사형판결을 요구하여 마지못해 관철되더라도 며칠 뒤 특지로 감형되는 일이 많았다고 불만을 표했다.[127] 이런 사건 가운데 이준의 법부대신 고소사건은 특기할 만하다. 이준은 독립협회 이래 여러 계몽·정치단체에서 활약했던 당시 애국계몽운동의 지도자격 인물이었다. 그는 적십자회활동과 공진회활동으로 두 차례 평리원에서 재판을 받은 일이 있었다.[128] 1906년 5월 평리원 검사로 임용된 이

---

125 이세직은 1905년 3월 발각된 이른바 일한동지조합(日韓同志調合)사건으로 1905년 11월 평리원의 재판을 받아 종신유배에 처해졌다. 이 사건에 관해서는 서영희, 『대한제국정치사연구』, 290~300쪽. 1906년 6월 이세직은 예정된 유배지인 제주도로 가지 않고 도주하여 은신한 뒤 고종의 특사조칙을 받아내려다가 8월 23일 다시 체포되었다. 평리원의 판결문에 의하면 이세직은 호송하는 순검들과 더불어 이유인과 일진회장 송병준의 집에 은신하고, 윤갑병을 교사해 특사를 바라는 상주를 하게 한 것으로 나와 있다. 송병준은 이세직을 은닉한 죄로 불응위율에 의해 태 80에 처해졌다. 1906. 10. 25, 평리원재판장 이윤용→법부대신 이하영, 보고서 제148호, 사법품보(을) 51, 각사등록 근대편, 국편 한국사DB.

126 제11회 시정개선협의회(1906. 9. 1), 『일한외교자료집성 6 (상)』, 362쪽.

127 「좌담회기록」 8쪽, 20~21쪽.

128 공진회 회원들의 간신배 탄핵운동으로 이준이 재판을 받은 일은 앞에서 소개했다. 여기서는 적십자회활동만 간략히 소개한다. 러일전쟁이 터지자 이준은 1904년 4월 적십자회를 조직하고 외국의 모범을 본받아 러일전쟁에 참전한 일본군 부상병을 구호하자는 운동을 펼쳤다. 정부는 적십자회활동이 국외중립정책에 위반된다는 이유로 이준을 체포했다. 평리원은 이준에게 불응위율을 적용하여 태 80을 선고했다. 이준은 이에 불복하여 평리원 검사

준은 공정한 처결과 인품으로 널리 신망을 받고 있었다. 그런 그가 법부 및 평리원과 정면충돌한 것이다.

1907년 2월 이준은 자신이 '검사의 직권'[129]에 의거하여 작성한 황태자 혼인기념 은사안을 법부 관리들이 임의로 변경한 것은 위법하다고 하면서, 법부대신 이하영과 법부형사국장 김낙헌金洛憲을 평리원에 고소했다.[130] 이준의 은사안에는 원래 제2차 일한협약(을사조약)에 항의하여 정부대신의 암살을 모의하거나 민요에 가담했던 자들이 포함되어 있었다. 이준의 고소가 있자 법부는 통첩을 내려 평리원 검사로 하여금 하관이 상관을 고소한 죄로 이준을 체포·기소하도록 했다. 이준은 통첩을 보낸 법부 문서과장 및 자신을 기소한 평리원 검사를 고소함으로써 맞섰다. 1907년 3월 2일 평리원은 이준에게 태 100을 선고했다. 『형법대전』 제107조에 따라 당연 면관에 해당하는 형벌이었다. 당시 외부에 알려지지는 않았지만, 이는 평리원 보좌관이던 나카무라가 주저하던 이윤용李允用 평리원장에게 강경하게 요구한 결과였다.

이준의 피소사실이 알려지자 예전의 독립협회와 같은 대중운동과 결합된 재판투쟁이 전개되었다. 대한자강회·서북학회·국민교육회·일진회 등이 연

가 법을 왜곡해 무죄자를 처벌했으니 왕법(枉法)의 책임을 묻고 공개재판을 해야 한다고 요구하며 법부대신에게 청원했다. 이준은 을사조약이 체결된 뒤 한북흥학회, 서북흥학회, 법안연구회를 조직하고, 1906년 초 헌정연구회를 결성하여 회장으로 취임했으며, 대한자강회 회원으로 활동하다가 1906년 6월 18일 평리원 검사로 임명되었다. 문준영, 「한말의 1세대 법률가 이준, 지사적 삶과 검사로서의 활동」, 『검찰』 117호, 대검찰청, 2006 참조.

129 아마 이준은 '지방재판소처무세칙'(1907년 법부령 제1호) 제11조의 "사전(赦典)을 봉승(奉承)하여 방면 혹 감등을 수보(修報)하는 시는 기결·미결을 물론하고 검사가 전행(專行)"한다는 규정을 근거로 은사안의 작성은 검사의 직권이라고 주장한 것 같다.

130 이준 재판사건에 대해서는 문준영, 위의 글; 김효전, 「이준의 학력과 재판」, 『시민과 변호사』 2000년 3월호; 김효전, 「이준과 헌정연구회」 (1)~(3), 『인권과 정의』, 2003년 1~3월호 참조.

합연설회를 개최하여 법부를 성토했고, 독립관에서 열린 연설회에는 1만여 명의 군중이 집결했다. 이준은 평리원 재판정을 연설장으로 활용했다. 수천명의 청중들이 이준의 석방을 요구하자, 위세에 눌린 평리원이 이준을 임시 보방하기까지 했다. 사태전개에 긴장한 법부는 법정질서 유지를 위해 일본군의 배치를 요청했으며, 통감부 역시 폭동을 우려하여 선고공판 당일 법정에 경찰과 헌병을 배치해 삼엄한 경계를 펼쳤다. 신문은 연일 재판정의 공박을 게재했다. 논설을 통해 "부패한 사법은 문명화의 구적仇敵"이라 지목하고, 사법관리가 국법을 남용하여 국가가 국위·국광을 잃고 인민의 노예가 되어 열등국 인종을 면할 수 없어 장래 인종절멸의 화기가 올 것이 명약관화하다고 비판했다.[131] 이준에게 형이 선고된 3월 2일은, 한국 법관들이 일본군의 위력까지 구걸하면서 황상의 은택을 막고 인민의 공의를 위압하여 법률을 박멸한 날이라고 규정되었다.[132]

재판 직후 이준은 고종의 특지에 의해 태 70으로 감형되고, 속금을 지불하고 석방되었다. 이준을 면관시키려던 계획이 물거품이 된 것이었다. 이준은 더 나아가 법부대신을 비롯한 법부와 평리원 직원들을 처벌할 것을 청의했다. 이하영 법부대신은 통감부 측과 사태를 숙의했고, 결국 법관의 체모를 손상했다는 이유로 이준을 면관시키는 데 성공했다. 당시 신문은 면관의 재가를 청할 때 황태자가 반대했다는 설, 이하영의 측근인 고관이 고종에게 두려움을 불러일으켜 결국 재가되었다는 설, 재가하기 전에 이미 주본이 반포되어 고종이 진노했다는 설 등을 전했다.[133] 이하영은 이미 토

---

131 『만세보』 1907. 2. 26, 3. 10.

132 『대한매일신보』 1907. 3. 5.

133 『대한매일신보』 1907. 3. 17. 김효전, 「이준과 헌정연구회 (3)」, 『인권과 정의』 2003년 3월호, 130~131쪽.

지가옥증명규칙 건으로 토지를 팔아넘긴 역적이라는 비판을 받고 있었는데, 이 사건 때문에 사퇴여론이 더욱 비등해졌다.

이준사건을 일본의 시각에서 평가해보자. 법부와 평리원에 대한 계몽단체들의 비판은 일본에 의한 사법 개량을 정당화해주는 측면이 있었다. 그러나 이 사건처럼 대중적 에너지가 결집되거나 민족주의와 결합하는 것은 일본 입장에서 결코 바람직하지 않았을 것이다. 특히 이 사건을 바라보는 한국인들의 시각은 매우 위험했다. 한국인들이 파악하는 구도에서는 을사조약을 부인하는 이준의 특사안을 일본에 아부하는 불충한 간신들이 억누르자 고종이 나서서 은택을 베풀었다는 식이 되기 때문이었다. 다른 한편 겉으로는 한국 관리들의 행태가 문제되었지만, 안으로 들어가면 보좌관제도에 내재된 문제점이 부각되는 상황이었다. 재판에 관한 보좌관의 직무한계는 명백하지 않았고, 그 때문에 갈등이 빚어지고 있었다. 비슷한 사건에 대해 한국인 관원이 보좌관에게 재판권이 없다고 하자 나카무라 보좌관은 "보좌관의 재판사무에 관한 권한은 무한하다"고 하며 자기 의사를 관철시키려 했다.[134] 이토는 보좌관들에게 독선과 권력남용으로 한국인들과 알력을 빚지 말라고 당부했지만, 재판간섭을 목적으로 삼은 이 제도 자체가 그런 요소를 담고 있었다.

이와 같이 일본 측의 관점에서 보면 이 사건은 궁중의 재판개입, 한국 정부의 무능과 난맥상, 반일사상을 가진 한국인 법관의 존재, 보좌관제도의 불안정성을 여실히 보여준 사건이었다. 때문에 근본적 개혁 이전에 법부와 평리원을 개선할 필요가 있었다. 1907년 6월 이완용 내각의 법부대신으로 취임한 조중응趙重應이 직무사찰을 위해 평리원과 한성재판소를 시찰한 일이 있었다. 종전의 관념에서 볼 때 이는 문제될 바 아니었다. 하지만 이토

---

134 「좌담회기록」, 8쪽.

는 제동을 걸었다. 전 법부대신의 일을 상기시키며 "사법장관이면 제반 법무를 감독하여 하료를 신칙하며 공평하게 집무하게 하면 되고" "대신의 자격으로 관하관청에 궁행 조사하는 것은 타당하지 못하다"고 한 것이다.[135] 또한 일체의 사건은 보좌관을 거쳐 결정하라는 법부대신의 훈령을 발하게 한 것은, 보좌관의 직무한계에 관한 논란을 종식시키기 위해서였다. '민사·형사소송에 관한 건'에서 칙주임관의 형사사건을 지방재판소에서 관할하도록 한 이유도 드러난다. 평리원이 가지고 있었던 탄핵법원, 국사범 특별법원의 색채를 탈각시킨다는 것, 그것을 통해 평리원의 재판에 궁중과 대신들이 간섭할 여지를 없앤다는 것, 그리고 보좌관과 고문경찰관이 통제가 용이한 지방재판소에서 칙주임관의 범죄를 처리한다는 것이었다.

2. 정미조약과 한국재판소의 재조직

내정개량과 치외법권 철폐의 열망

이토는 1907년 7월 24일 정미조약('제3차 일한협약')을 통해 한국을 반^{半}식민지로서 통치하는 체제를 확립했다. 정미조약에서는 시정개선에 대한 통감의 지도권을 명문으로 규정하면서(제1조), 법령의 제정 및 중요한 행정상 처분에 대한 사전승인권(제2조), 사법사무와 보통행정사무의 구별(제3조), 고등관 임명에 대한 통감의 동의권(제4조), 통감이 추천하는 일본인의 한국 관리 임명(제5조) 등을 명시했다. 그리고 부속각서에서 한일 양국인으로 구성되는 대심원大審院, 공소원控訴院, 지방재판소, 구재판소의 설치지역과 수, 판사·검사 및 서기 등으로 채용될 일본인의 수를 구체적으로 규정했다.[136]

---

135 『대한매일신보』 1907. 6. 8; 『황성신문』 1907. 6. 8.

조약이 예정한 재판제도는 한국의 실정에 비추어보면 실로 획기적인 것이었다. 일본과 비교하여 말하자면, 1872년 사법직무정제司法職務定制단계에서 적어도 외양상으로는 1880년대 이후 제도와 비슷한 단계로 도약한 것이었다. 이토는 여기에 "내정의 개량"과 "치외법권 철거의 열망"이 담겨 있다고 말했다.[137]

행정과 사법의 분리를 명문으로 규정한 조약 제3조에는 이토의 의중이 짙게 배어 있었다. 보호정치를 행하는 이상 현재의 재판과 같은 가장 심한 폐해는 하루라도 빨리 바꾸어야 하며, 이를 위해서는 반드시 사법권의 독립을 서둘러 행해야 하는데 역시 "협약 중에 특별히 명시해두는 편이 타당하다"고 판단한 것이다.[138]

치외법권의 열망은 한국 정부에 송부되지 않은 정미조약 각서의 부속이유서에서 표현되었다. 법률과 재판이 정비되지 않은 한국에서는, 외국인이 관계된 민사상의 구구한 대차貸借도 외교문제가 되어 행정관리가 관여해 처리해야 하고, 외국인은 영사재판제도의 특전을 방패삼아 권리를 누리면서도 의무를 부담하지 않는 상황이 지속될 것이므로, 하루라도 "빨리 법률의 제정, 재판의 개량을 꾀하여 최종의 목적인 치외법권 철거의 방법을 강구하지 않으면 안 된다." 하지만 법률제정과 법관양성은 하루아침에 할 수 없기 때문에 "응급수단으로서" 한국인의 신체·재산을 보호하고 한국인이 재판사무를 실무연습하게 할 "일한 양국인으로 조직하는 재판소"를 신설한다는 것이었다.[139] 이와 같이 새로운 재판제도는 치외법권 철폐를 도모하기

136 부속각서 중 재판소와 감옥에 관한 부분은 우메 겐지로가 기초한 것으로 보인다. 梅文書 3부문 기안서류 17번 「裁判所の構成」은 부속각서와 동일한 내용을 담고 있다.

137 제43회 시정협의회(1906. 6. 24), 『일한외교자료집성 6 (하)』, 947~948쪽.

138 梅謙次郎, 「伊藤公と立法事業」, 972쪽.

139 「日韓協約規定實行ニ関スル覺書附屬理由書案ノ件」(1907. 7. 24), 『일한외교자료집성 6

위한 응급수단으로 자리매김되었다. 영사재판권의 특권 때문에 불거지는 문제는 1907년 1월 통감부에서 발간한 영문 홍보책자, 이토의 치적을 널리 해외에 알리는 데 기여한 미국인 교수 라드George Trumbull Ladd의 서책, 그리고 시정개선협의회에서의 이토의 발언 등을 통해 반복적으로 지적되었다.[140]

이 문제는 한국 법제를 어떻게 정비할 것인가 하는 문제에도 직접적인 영향을 미쳤다. 1908년 8월 재판소 개청에 즈음하여 우메 겐지로는 다음과 같이 말했다.

과연 한인만의 입장에서 생각하면 법삼장法三章적인 것으로도 가하지 않겠는가, 그렇게 해도 당분간 달리 방도가 없겠지만, 가까운 장래에 조선의 법률로 우리 일본인은 물론이고 저 외국인도 지배하도록 해야 합니다. 즉 소위 치외법권을 철거하여 한국에서의 법률 통일을 도모하지 않으면 도저히 한국의 치안은 완전히 보지保持할 수 없습니다. 그러므로 단순히 한인만을 향한 법률을 제정한다는 것은 도저히 불가능합니다. 문명의 정도가 다르고 또 풍속인정이 다른 각국인을 동일 법률 아래 두는 것은 매우 곤란하다고 생각하지만, 반드시 불가능한 것은 아닙니다. 특히 한인은 몽매해도 시비선악의 관념 같은 것은 꽤 발달해서, 대체로 일본의 법률을 약간 간이하게 하고 어떤 부분에는 한국 류의 관습법 따위를 참작한다면 가하다는 방침입니다.[141]

(중)』, 630쪽.

140 H.I.J.M's Residency General, *Administrative Reforms in Korea*, Seoul: H.I.J.M's Residency General, 1907, p. 10(후술하는 일본외무성기록 「韓国ニ於ケル列国人ノ内地居住並不動産所有者ニ対スル課税及取締ニ関シ条約国ト協定ノ件」 수록자료); Ladd, George T., *In Korea with Marquis ito*, New York: C. Scribner's sons, 1908, p. 348; 李英美, 앞의 책, 128~133쪽.

141 「梅博士を訪ふ」, 『朝鮮』 1908년 8월호, 66~67쪽.

요컨대 한국인을 위해서는 굳이 복잡한 법이 필요 없지만 치외법권을 철거하기 위해서는 각국인에게 통일적으로 적용될 수 있는 한국 법이 필요하다는 것이었다. 구체적인 형식은 한국 법이지만, 내용은 일본 법을 주로 참고하고 한국의 관습을 약간 가미한 것이 우메가 구상하는 한국 법전이었다. 그 구상이 직접적으로 반영된 부분이 부동산법제였다. 부동산법분야에 관한 한 치외법권 철폐를 시야에 두고 외국인의 부동산 소유를 공인하고 한국 관습을 일부 가미한 한국 부동산법으로 통일적으로 규율한다는 것이었다.[142] 부동산관습조사도 그런 관점에 입각해 진행되었다. 관습조사의 초점이 관습 자체의 '발견과 해석'이 아니라, 일본 민법의 편제에 따라 구성된 질문지를 통해 소유권 개념이 있는지 기타 물권 및 채권에는 어떤 것이 있는지 '확인'하는 데 맞추어진 것도 그 때문이었다.[143]

1908년 7월 한국 법전의 편찬을 위해 법전조사국法典調査局이 설치되었다. 민상법은 우메 겐지로가, 형사법은 법부차관 구라토미 유자부로倉富勇三郞가 담당하도록 예정되었다. 예정된 한국 법전 중 그나마 초안이 완성된 것은 민사소송법이었다. 우메는 일본의 법은 지나치게 형식적이어서 비문명국인 한국에는 부적합하므로 공평한 재판을 위해 절차를 간단히 했고, 재판관의 다수가 일본 법에 익숙하고 또한 "일본과 한국은 될수록 한 나라와 같이" 해야 한다는 생각에서 일본 법과 유사하게 만들었다고 했다.[144] 우메의 초안은 1908년 6월에 법전조사국위원회를 통과했지만 실제로 공포되지는 않았다.

---

142 1910년 9월 동경경제학회에서 행한 연설에서 우메는 부동산법이 한국인의 권익뿐만 아니라 치외법권 철거를 위한 것임을 명백히 밝혔다. 梅謙次郞, 「韓国の法律制度に就て (上)」, 『東京経済雑誌』 1512號, 1910, 702쪽.
143 中山成太郞, 『韓国ニ於ケル土地ニ関スル権利一班』, 不動産法調査會, 1907 참조.
144 梅謙次郞, 「韓國の法律制度に就て (下)」, 『東京經濟雜誌』 1514號, 1910, 795~796쪽.

한편 신재판소의 개청에 대비하여 실무가들 중심으로 별도의 간략한 소송법이 준비되고 있었다. 이렇게 해서 공포된 1908년(융희 2) 7월 13일 법률 제13호 '민형소송규칙民刑訴訟規則'은 말하자면 한국인만을 위한 '법삼장적'인 소송법이었다.

새로운 한국재판소의 설치

정미조약 제3조와 각서가 예정한 것은 1907년(융희 1) 12월 23일 제정된 법률 제8호 '재판소구성법'(1908. 1. 1 시행)을 통해 구체화되었다. 조약체결 당시 우메 겐지로가 이토의 명을 받아 협약에 맞추어 실로 눈 깜짝할 사이에 만든 법을 다소 수정하여 '재판소구성법'으로 공포한 것이었다.[145] 재판소의 종류와 명칭은 일본의 예에 따라 대심원·공소원·지방재판소·구재판소 4종으로 했고, 3심제를 채택했다.

구재판소는 법정의 형사·민사소송의 제1심재판과 등기 기타 비송사건을 관장하며 단독판사가 재판했다. 구재판소의 설치구역은 113개소가 예정되었는데, 1908년 8월에는 총 14개소, 10월에는 총 38개소, 1909년 7월에 총 54개소가 있었다. 구재판소가 설치되지 않은 지역에서는 당분간 군수가 재판을 했다.

지방재판소는 구재판소와 공소원의 관할에 속하지 않는 제1심 소송사건, 구재판소의 제1심판결·결정 등에 대한 항소 및 항고사건을 관할한다. 경성지방재판소는 특히 황족에 대한 민사소송의 제1심을 관할한다. 지방재판소 관할사건은 판사 3인으로 구성된 부에서 합의재판한다. 지방재판소는 경성·공주·함흥·평양·해주·대구·진주·광주 등 8곳에 설치되었다.

공소원은 지방재판소의 제1심판결·결정 등에 대한 항소 및 항고사건을

---

145 梅謙次郎, 「伊藤公と立法事業」, 973쪽.

관할하며, 경성공소원은 황족에 대한 민사소송 제2심을 담당한다. 공소원 관할사건은 판사 3인으로 구성된 부에서 합의재판한다. 공소원은 경성·대구·평양 3곳에 설치되었다.

대심원은 제3심으로서 공소원의 판결·결정 등에 대한 상고 및 항고사건을 관할하며, 제1심이자 종심으로 황족의 범죄사건을 관할한다. 대심원의 재판은 판사 5인으로 구성된 부에서 했으며, 판례변경의 필요가 있으면 연합부에서 판결한다.

대체로 일본의 재판소구성법을 모방·축약했으나 한국의 상황을 고려한 것도 있었다. 예를 들어, 일본에서는 공소원이 구재판소가 제1심재판을 한 사건의 상고심을 관할했는데, 한국에서는 상고심을 대심원으로 일원화했다. 우메 겐지로는 법률해석의 통일을 위해 상고심을 하나 두는 것이 타당하며, 특히 성문법이 정비되지 않은 한국 상황에서는 더욱 그렇다고 말했다.[146] 같은 시기 일본의 대심원장, 검사총장은 칙임관 또는 친임대우의 칙임관이 었는데, 한국에서는 대심원장과 대심원 검사총장을 오로지 친임관親任官으로 했다. 즉 한국에서는 대심원장과 검사총장이 각부 대신과 동등한 반열에 서는 것이었다. 이토가 특별히 결단한 이 조치에 대해 한국에 온 일본인 사법관들은 감격했다.[147]

1908년 1월경 대심원장과 검사총장이 내정되고 이후 감독관 및 판검사들의 선발에 들어가 3월과 5월 사이에 인선이 대체로 마무리되었다. 청사설립과 개축, 인원 충원, 시급한 민형사법규 정비가 완료되자 8월 1일 제1

---

146 梅謙次郎, 「韓國の法律制度に就て (下)」, 793쪽.
147 国分三亥, 「伊藤統監の炯眼」, 『京城日報』 1935. 7. 31. 친임관도 황제가 임명하는 칙임관(勅任官)의 일종이지만, 친임관은 임명장에 황제가 친서(親署)하고 내각총리대신이 부서하는 방식으로 임명되는 관리로서, 총리대신 이하 국무대신급이 친임관에 해당한다. 반면 칙임관은 차관이나 국장급에 해당한다.

〈표 4〉 통감부재판소 직원수

	1909			1910		
	일본인	한국인	계	일본인	한국인	계
판사	192	87	279	183	71	254
검사	57	7	64	54	6	60
서기	194	110	304	212	76	288
통역	52	105	157	50	99	149
계	495	309	804	499	252	751

* 출처: 『統監府時代の財政』, 134~136쪽.

차 개청이 이루어졌다.[148] 이때 일본인은 대심원장 및 대심원 검사총장 이
하 감독관 34명, 판사 74명, 검사 32명이 임명되었다. 반면 한국인은 판사
36인, 검사 9인에 불과했다. 명목은 한국재판소였지만 실은 일본인이 재판
소를 완전히 장악하고 있었다. 〈표 4〉는 1909년 이후에도 상황은 마찬가
지였음을 말해준다.

〈표 5〉는 사법제도 개량에 얼마나 많은 재정이 투여되었는지 보여준다.
법무보좌관제도가 시행된 1907년의 법부예산은 전년 대비 434% 증가했
다. 1908년 새로운 재판소의 설치 이후 경비지출은 더욱 늘어났다. 재판소
인건비와 운영비가 증가된 예산 중 상당부분을 차지했다. 1909년에 이르면
1906년보다 법부지출 예산이 무려 16배 증가했다. 법부예산이 정부 전체
예산 중 차지하는 비율도 1906년 2%에서 1909년 8%로 증가했다. 이 증
가액은 대부분 일본 정부로부터의 차입금으로 충당되었다. 1909년 7월 사
법·감옥사무위탁 이후에는 일본 정부가 직접 경비를 지출하게 되었다.

---

148 「좌담회기록」, 41~46쪽.

<표 5> 통감부 시기 법부소관 세출

(단위 : 천원)

		1906	1907	1908	1909	1910
정부 전체예산 세출총계(a)		7,967	17,376	23,353	29,227	23,765
법부소관 예산	세출*(b)	143	763	1,369	2,308	132
	전년대비 증가율	–	434%	79%	69%	–
	정부세출 중 비중(b/a)	2%	4%	6%	8%	1%
법부소관 예산 내 주요세출	법부본청	19	28	118	120	–
	재판소	21	25	815	1,357	–
	재판소확장 및 감옥***	–	130	213	359	–
	법전조사국	101**	572	224	432	132

* 세출액은 경상부와 임시부 세출액을 합계한 것임.
** 1906년도 법전조사국 세출액은 '부동산법조사회' 경비임.
***1906년까지 감옥비는 법부가 아닌 내부 소관이었음.
출처: 『統監府時代の財政』, 213~291쪽의 통계를 재정리한 것임.

신재판소의 민사분쟁 처리의 양상

〈표 6〉은 신재판소 개청 이후 재판소 직원 수와 접수사건 수를 정리한 것이다. 판검사 수에서 일본인이 압도적으로 많고, 통감부재판소가 설치된 1910년 이후에는 서기·통역을 포함해 일본인이 한국인의 거의 두 배이다.

〈표 6〉의 사건수를 보면 재판소 개청 이후 민사사건이 급증하고 있음을 알 수 있다. 산술적으로 계산하면, 1908년 8~12월 사이에는 월평균 285건이, 1909년 1~10월에는 월평균 1,045건이 수리되었다. 통감부재판소가 설치된 1909년 11월부터 1910년 12월 사이에는 일본인사건까지 포함해 월평균 2,497건의 민사소송이 접수되었다.

한국인 민사분쟁의 대다수는 금전대차, 토지분쟁, 가옥분쟁, 분묘쟁송 등 4종이었다. 대개 단순한 사건이었고 친족관계사건을 제외하면 일본 민법에 의거해 처리되었다.[149] 그 점은 당시 경성공소원京城控訴院 민사부 판결문에

〈표 6〉 통감부 시기 재판소가 접수한 사건수

	1908년 8~12월*	1909년		1910년
		1~10월	11~12월**	
민사	1,425	10,452	7,738	27,225
형사	4,336	5,802	1,350	8,124
예심	-	-	52	
검사	-	99,084	2,595	14,687***

* 평리원 기타 재판소로부터 인계한 사건 포함.
** 통감부법무원·이사청 인계사건 포함(1909. 11. 1. 현재, 민사 395, 형사 57, 예심 27, 검사 30건,
총 509건).
*** '수사사건 수'임.
출처: 『統監府時代の財政』, 135~136쪽.

서도 확인된다.[150] 직원의 절대다수가 일본인이었던 데다 법학을 배운 변호
인들이 송무에 관여하게 되면서 소송실무는 급속히 일본화되었다. 실정법
규 및 당사자 간 법률관계의 해석에 근대법의 도그마틱이 동원된 것은 긴
말이 필요 없다. 제정법이 흠결된 경우 간혹 관습의 존부를 확인하거나 '조
리'에 의해 재판을 했는데, 이때 조리는 대개 일본민법 혹은 민사소송법상
의 규정이나 법리, 또는 그것을 응용한 것이었다.[151]

눈여겨볼 것은 정부와 관리의 부정처사에 대한 고소사건들이다. 경성공

---

149 「좌담회기록」, 65쪽.
150 『京城控訴院 民事判決原本』(1908. 8~1910. 8), 국가기록원 소장, 문서번호 77-1600, 77
-1604~6, 77-1611, 77-1614~6. 위 원본철에 수록된 재판서는 총 537건이다. 537건
중 512건이 판결, 13건이 결정, 12건은 화해조서이다. 판결문 중 70% 이상이 일본어로
작성되었고, 국문 토시를 달아놓았다. 한국인 간의 소송(443건) 중 부동산관계사건(토지,
건물, 묘지, 산림 등)이 172건, 채무관계사건(금전대차, 어음, 기타 채무불이행 및 불법행위
등)이 250건, 친족·상속관계사건이 7건, 소송절차 및 집행관계사건이 11건이다.
151 예컨대 불법원인급여, 소유와 점유의 구별, 선의·무과실로 동산을 취득한 양수인 보호, 강
박에 의한 의사표시, 대리권 일탈, 동리(洞里)의 권리능력 등에 관해 설명할 때 '조리'를
들고 있다. 또한 소송당사자가 관습·관례를 원용한 경우, 설혹 당해 관습 등이 있다 해도
'공공질서'에 반하는 것은 인정할 수 없다고 한 때도 있다. 상세한 것은 다른 기회에 설명
한다.

소원이 취급한 한국인 당사자 간 사건 중 13%에 해당하는 약 60건이 관리
와 세력가(정부고관, 관찰사, 군수, 경무사, 궁정관계인물, 토호 등)에게 재산을 늑탈·사
취당했다는 사건들이었다. 피해를 주장하는 이들은 농민, 재산가, 서리, 징
세청부업자 등으로 다양했다. 한 일본인 판사는 당시를 회고하며 인민이
지방관을 고소한 사건에서 경성공소원이 법률관계를 밝혀 인민에게 승소판
결을 내리자 일반민중이 대환영한 적이 있다고 했다.[152] 대개의 사건은 순
수 민사적 사건들이었지만, 일부 사건에서는 관청이 내린 처분의 법적 성
격이나 처분 자체의 적법성이 문제되었고, 사실상 행정재판이라고 할 판결
도 내려지고 있었다.[153] 의미심장하게도, 『조선고등법원판결록』에 첫 번째
로 등재된 대심원 민사판결은 행정처분에 관한 사법司法재판소의 권한에 관
한 것이었다.[154]

---

152 「좌담회기록」, 72쪽. 이토 히로부미도 한국재판소에 임용된 일본인 사법관들에 대해, 한국
에 행정재판제도가 없지만 지방관에 대한 인민의 고소사건은 특히 주의해서 처리할 것을
당부한 바 있었다. 같은 책, 52쪽.

153 다음 사건은 특기할 만하다. 이 사건은 1903년과 1906년 두 차례 군부가 칙재를 얻어 연
병장 확대를 위해 민유지를 수용했으나 나중에 토지소유자들이 토지소유권 확인을 청구한
사건이었다. 경성공소원은 "만약 주권자가 일정한 토지의 징수를 허가하여 군부대신이 징
수할 지역에 표목을 설치하는 것만으로 징수의 효력이 발생한다고 하면, 토지소유자는 부
지불식간에 그 권리를 상실하는 결과를 초래한다. 설사 당시에도 토지소유자에 대해 징수
를 통지하고 또 상당한 보상을 급여하지 않으면 징수의 효력이 없다고 함이 상당하다"고
판시했다. 경성공소원 민사부, 1910년 1월 22일 선고, 1910년 민공 제33호 토지소유권확
인청구 공소(控訴)사건.

154 대심원 민사부, 1909년 1월 21일 선고, 1908년 민상 제5호 판결, 『朝鮮高等法院民事·刑
事判決錄 第1卷』, 1쪽 이하. 원심인 경성공소원은 농상공부로부터 국유지 개간허가를 받
아 강변 이생지(泥生地: 강변에 토사가 퇴적되어 새로 형성된 토지)를 개간하려는 자를 상
대로 이생지 원소유자가 제기한 민사소송에서 농상공부의 국유지 개간허가처분이 부당하
다고 설시하고 원소유자의 손을 들어주었다. 이에 대해 개간자의 변호인(일본인)은 행정재
판제도가 없는 한 재판소가 행정처분을 취소·변경할 수 없다고 하며 상고했다. 대심원은
농상공부의 개간허가는 행정처분이지만 그 처분에 근거해서 한 개간공사는 사법(私法)상의

3. 치외법권 폐지를 위한 '적당한 사법제도' 찾기

보호국에 대한 사법정책의 모델 : 영국주의 대 프랑스주의

앞에서 보았듯이 신재판제도의 시행과 한국 법전 편찬은 치외법권 폐지
와 불가분한 관계에 있었다. 당시에는 보호국에서 치외법권을 폐지하는 방
법으로 두 가지가 거론되고 있었다. 하나는 한국의 사법제도를 정비해 제
외국의 치외법권을 폐지하는 방법이었고, 다른 하나는 한국에 일본 정부의
재판소를 설치하여 제외국의 치외법권을 폐지하고 일본의 재판권에 복종시
키는 방법이었다. 일본은 열강이 취한 전례를 참고하여 전자는 영국주의,
후자는 프랑스주의라고 불렀다. 영국주의란 영국이 이집트에서, 프랑스주
의란 프랑스가 튀니지에서 취한 정책을 말한다.[155] 일견 두 주의는 선명히
대비되는 것 같지만, 실제 내용을 들여다보면 공통점도 있었다.

1881년 튀니지에 보호권을 설정한 프랑스는 1883년 튀니지에 프랑스
재판소인 제1심재판소를 설치하고 인접한 알제리 항소법원의 관할에 부속
시켰다. 동시에 프랑스는 자국 치외법권을 소멸시키고 제외국과 교섭을 개
시하여 1884년 11월 제외국의 치외법권을 철거하는 데 성공했다.[156] 하지
만 튀니지인만의 민사·형사사건은 토인재판소(native court)가 관할하여, 튀
니지의 재판권과 프랑스의 재판권이 병존했다.[157] 요컨대 튀니지의 선례란,

행위이므로 그 행위가 타인의 권리를 침해할 때는 침해행위의 금지를 사법재판소가 명할
수 있다고 했다.
155　小川原宏幸,「日本の韓国司法権侵奪過程―「韓国の司法及監獄事務を日本政府に委託の
件に関する覚書」をめぐって」,『文学研究論集』(明治大學), 11號, 1999, 96쪽.
156　有賀長雄, 앞의 책, 275~280쪽; 江木翼,「突尼斯に於ける領事裁判権撤去と韓国におけ
る同問題」(1908. 6),『殖民論策』, 東京: 聚精堂, 1910, 80~83쪽.
157　ルイ・ロラン(Louis Rolland), ピエール・ランピュエ(Pierre Lampué) 共著, 東亞經濟調查局
譯,『佛蘭西植民地法提要』, 東京: 東亞經濟調查局, 1937, 468~473쪽.

주로 제외국인 간의 교섭사건에 초점을 맞추어 프랑스 법률과 프랑스 재판권을 튀니지로 확장해 제외국의 치외법권을 폐지한 것이다.

그렇다면 영국은 이집트에서 어떤 사법정책을 펼쳤는지 살펴보자. 영국이 이집트를 통치할 당시 이집트 내의 재판권은 종교재판소(이슬람재판소), 개량된 토인재판소(new native court), 서구열강의 영사재판, 그리고 혼합재판소(mixed court)의 네 갈래로 나뉘어 있었다. 영사재판을 제외하면 모두 이집트의 사법권에 속했으며, 영국의 이집트지배 이전부터 존재했다.[158] 영국이 직접 통제할 수 있는 것은 개량된 토인재판소뿐이었다. 혼합재판소는 연합조약에 의해 구성되었기 때문에 조약국 전부의 동의가 필요했던 것이다. 한편 혼합재판소나 토인재판소는 프랑스의 영향을 받아 나폴레옹법전과 소송법, 또는 그것을 일부 수정한 제도를 채용하고 있었다. 토인재판소의 경우 판사의 1/4 정도는 프랑스에서 정규 법학교육을 받은 자였다. 하지만 그나마도 명목에 불과해, 대다수가 경력이 일천했다. 영국인 사법고문들이 보기에 이집트는 프랑스식 제도를 채용하여 법과 제도를 잘 정비한 상태였지만, 그것을 집행하기에는 토인재판소의 구성과 역량이 취약했다. 또한 토인재판소가 취급하는 사건들이 대부분 단순하고 경미한 사건들이었기 때문에 무엇보다 "저렴하고 신속한 소송"이 요구되었지만, 프랑스식 제도가 방해가 되는 것으로 여겨졌다.[159]

---

158 Milner, Alfred, *England in Egypt, 7th edition*, 1899, Gorgias Press, 2002, pp. 264~265. 혼합재판소는 이집트에 영사재판권을 가진 국가의 국민들 사이, 또 그 국민들과 이집트인 사이의 민사소송을 취급하기 위해 서양 14개국이 연합조약에 의해 조직한 2심제의 재판기구이다. 혼합재판소는 명목상 이집트의 사법권에 속해 이집트인이 명예재판소장이 되고 판사의 일부는 이집트인도 임명되었지만 사실상 외국재판소와 다름이 없었다. 有賀長雄, 앞의 책, 320~325쪽. 조선총독부도 이집트 제도를 조사했다. 安住時太郞, 『歐米司法事務視察復命書』, 朝鮮總督府, 1913, 78~81쪽.
159 Milner, *op. cit.*, pp. 265~266.

1890년 인도 봄베이 고등법원 판사였던 스코트(Scott)가 이집트의 법률고문으로 부임하면서, 이집트 토인재판소의 개량을 위한 본격적인 작업이 개시되었다. 재판사무 개선을 위해 영국인을 비롯한 서양인 법률가를 토인재판소 판사로 임용했고, 1심법원과 항소법원의 합의부 인원을 5명에서 3명으로 축소했으며, 대신 간이재판소(summary court)를 강화했다. 단독사건의 범위를 확장하고 1심법원의 단독판사가 지역을 순회하며 간략한 절차에 의해 저렴하고 신속하게 재판하도록 한 것이다. 판사자격을 엄격히 해서 기존 판사를 해임하고 유럽의 법과대학 졸업자 또는 신설된 카이로의 법학교를 졸업한 자를 판사로 임용했다. 전보다 중요해진 단독판사의 재판사무를 감독하기 위해 인도의 예를 참고해 사법감독위원회(Commission of Judicial control)를 설치했다. 위원회는 항소법원의 기능을 침범하지 않는 범위에서 간이재판소와 1심재판소 단독판사의 사건기록을 검토하고, 지령을 통해 법해석과 실무상 오류를 시정하는 역할을 했다.[160] 요컨대, 단독재판과 간이절차의 확대, 엄격한 자격기준에 의한 사법관 충원, 적절한 재판사무 감독체계의 확립, 외국인 법률가의 임용 등이 요체였다. 일본의 식민지경영에 크게 참고가 되었던 알프레드 밀너Alfred Milner는 바야흐로 이집트 내의 재판권을 토인재판소로 통일하는 이상적인 방법이 현실화되고 있다면서 이집트 재판소 내 외국인 판사의 의미를 다음과 같이 강조했다.

왜냐하면 그런 담보가 없으면 열강들은 현재 자국인이 자국인 판사의 재판을 받음으로써 누리는 특권을 결코 포기하지 않을 것이다. 따라서 토인재판소에 유럽인들을 임명하는 것은 결코 임시편의의 조치가 아니라 재판권의 통일이라는 커다란 목표를 향한 첫걸음이다. 토인재판소의 미래는 그 구성 면에서 현재의 혼

---

160 *ibid.*, pp. 282~283.

합재판소에 근접하게 될 것이다. 하지만 차이가 있다. 마치 혼합재판소와 같이 보잘 것 없는 존재인 소수 이집트인을 포함한 외국재판소가 되는 대신에, 대다수가 이집트인으로 구성되지만 소수인 선발된 유럽인들이 존재함으로써 권한이 강화된, 순수한 이집트재판소가 될 것이다.[161]

영국의 정책은 토인재판소의 개량을 시도했다는 점에서 프랑스주의와 차이가 있다. 그러나 영국주의에는 프랑스식 정책을 취할 수 없는 이집트만의 특수한 사정이 반영되어 있음을 놓치지 말아야 한다. 주목할 것은 밀너가 강조한 이집트 재판소 내의 '유럽적 부분'의 중요성이다. 영국의 정책역시 서양인이 지도하고 관여하는 혼합재판소적 조직과 운영을 전제했다는 점에서 프랑스주의적 해법과 본질적인 차이가 없었다. 결국은 유럽적 법제, 재판제도, 법률가가 필수적인 것이다. 하지만 보호권 설정 이후 3년 만에 치외법권 철거에 성공한 프랑스의 선례와 비교할 때, 영국주의는 아직까지 실현되지 못한 희망에 불과했다.[162]

한국에서의 프랑스주의와 영국주의

일본인들에게 1908년 한국의 신재판제도는 영국주의를 취한 것으로 이

---

161 *ibid.*, pp. 284~285.

162 이상에서 본 이집트 사법개혁은 결코 서구열강에 의해 일방적으로 추진된 것은 아니었다. 1870년대 후반부터 이집트 정부는 혼합재판소와 이집트재판소 설치, 프랑스 법 계수, 외국인 법률가 고용 등을 통해 사법개혁을 추진하고 법권을 회복하고자 했다. 이집트 점령 이후 영국이 한 것은 이집트 사법제도를 '인도화' 내지 '영국화'시킨 것이었다. 1922년 이집트는 독립했지만 혼합재판소와 영사재판제도는 존속되었다. 이집트는 1937년 각국과의 협약을 통해 비로소 법권회복의 길을 열고, 12년 뒤인 1949년에 이집트 재판권의 통일을 보게 되었다. Brown, Nathan J., *The Rule of Law in the Arab World: Courts in Egypt and the Gulf*, Cambridge; New York: Cambridge University Press, 2006, pp. 23~44.

해되었다. 한국재판소도 이집트 재판소처럼 혼성적으로 구성되었다. 일본인 법관은 단순히 한국인을 지도하는 것을 넘어, 밀너의 말을 빌리자면 '장래 치외법권의 철거를 위한 필수불가결한 요소'였던 것이다. 일본인 법관은 단순한 구성부분이 아니라 사실상 전체였다. 명목은 한국재판소였지만 실질은 일본이 장악하고 있었다. 그런 의미에서 엄밀한 의미의 영국주의는 아니었다.

신재판소에 대해서는 일본인의 관점에서 여러 가지 비판이 있었다. 근본적 대한정책 차원의 비판은 접어두고, 사법제도에 관해서는 일본 법을 그대로 도입하자든가, 재한 일본인에게도 2심제를 시행하고 있으니 한국재판소도 2심제로 충분하다는 식의 비판이 제기되었다.[163] 재한 일본인사회는 이토의 정책이 한국본위주의에 흘러 일본인을 홀대하고 있다며 비판했다. 재한 일본인의 여론을 대표했던 잡지 『조선』은 1908년 7월호 논설을 통해, 기왕 일본인 법관이 임용된 만큼 이사청과 법무원의 재판을 폐지하고 일본의 치외법권을 철거한 뒤 일본인의 재판은 일본의 법률에 의해 일본인인 한국의 재판관에게 일임할 것을 주장했다.[164] 나중에 공식하되는 일본제판소 설치론이 이 시점에서 거론되고 있었던 것이다.

치외법권의 신속한 철거에 초점을 맞추는 한 프랑스주의가 유력한 대안이었다. 일본 정부 법제국 참사관 에기 다스쿠江木翼도 프랑스주의를 주장했다. 그는 튀니지의 선례를 참고해 한국에서 취할 수 있는 선택지를 분류하고 당부를 논했다. ① 한국 법과 한국 재판권에 의한 완전한 통일, ② 한국 재판권을 인정하면서 일본 법을 적용해 일본인·서구인의 치외법권을 폐지하는 방안, ③ 일본재판소와 일본 법에 의하여 일본인·서구인의 치외법권

---

163 梅謙次郎,「韓國の法律制度に就て (下)」, 1910, 703쪽.
164 「韓国に於ける日本の治外法権を撤去すべし」, 『朝鮮』 1908년 7월호, 30~31쪽.

을 폐지하는 방안, ④ 일본재판소 아래 한국 법률을 적용하여 일본인·서구
인의 치외법권을 폐지하는 방안이었다. ①은 한국 법권으로의 완전한 통일
을 상정하지만 나머지는 그렇지 않다. 에기는 ①과 같은 방안에 대해 근본
적인 물음을 제기했다. 오로지 영사재판제도 철거를 기도하여 "한국 입국
의 영구한 기초가 될 법전을 단기간에 제정하고 관습도 무시하여 쓸데없이
서구의 제도를 참작하는 것은 본말을 전도한 것"일 뿐만 아니라, 아무리 제
도를 완비한다고 해도 타국의 보호를 받는 나라의 법권을 서구 제국이 승
인할 리 없다는 것이었다. 따라서 치외법권 폐지를 위한 현실적 방안은 ③
이 될 수밖에 없다고 했다.[165]

그렇다면 영국주의식 해법은 헛된 이상에 불과한 것인가? 한 문서를 통
해 1907년 10월 시점의 이토의 생각을 가늠해보자. 그에 따르면, 한국은
그 규모와 지위 면에서 튀니지와 비교할 수 없으며, 일본의 보호권설정에
대해 열강은 여전한 의구심을 품고 있고, 또 쉽게 기득권을 포기할 리도 없
다. 따라서,

> 한국의 현행조약을 개정하여 열국에 양여한 치외법권을 회수하기 위해서는 한국
> 의 사법제도가 개선된 후에 제국이 대외관계의 순서에 따라 서서히 조약개정의
> 담판을 개시하는 수밖에 없다. 당해 담판의 개시에 이르기까지는 적어도 5년의
> 세월을 요할 것이다. 하지만 한국의 법제 특히 사법제도가 충분히 개선되고 그
> 실행 또한 흠잡을 데 없게 되었는데도 제외국이 제국의 청구에 응하지 않을 경
> 우, 제국은 외교상의 형세여하에 따라서는 일부 국제법학자의 이론을 방패 삼아
> 한국에서의 치외법권 철폐의 취지를 제외국에 통고할 수도 있다고 관측한다.[166]

---

165 江木翼, 앞의 책, 91~96쪽.
166 이 문서에는 작성자 표기 없이 '메이지 41년(1907) 10월 16일 기초'라고 되어 있다. 이

튀니지와 사정이 다른 한국에 튀니지의 선례를 적용하는 것은 잘못된 생각이며, 현실적인 방법은 한국의 사법제도를 개량하면서 때를 기다리는 수밖에 없다는 것이다. 이토의 점진적 노선은 단순한 이상론이 아니었고, 한국의 통치조건에 대한 나름의 정무적 판단에 기초하고 있었다. 그러나 이토 식의 해법은 다른 각도에서 문제가 있었다. 일진회 고문이었던 우치다 료헤이內田良平는 한국 법을 통한 치외법권 철거는 오히려 외국에게 간접적으로 한국의 독립을 확인시키고 오히려 간섭의 실마리를 줄 수 있기 때문에, 일본이 한국의 사법권을 장악하기 전에는 치외법권 철거를 시도해서는 안 된다고 했다.[167] 병합론자의 말이지만 우치다의 말에는 한국의 '독립보증'을 구실로 삼은 일본의 보호정치에 내재된 모순이 드러나 있다. 결국 한국에서의 치외법권 철거방법은 한국을 어떻게 통치할 것이냐 하는 근본적인 문제에 종속되어 있었던 것이다. 그렇다면 이토의 노선은 치외법권 철거가 현실적 문제로 대두했을 때 어떤 모습을 취하게 되는지 이하에서 살펴보자.

외국인에 대한 행정·과세권 확보문제

열강의 치외법권은 한국의 치안확보와 관련해서 우선적으로 문제되었지만, 치안문제 외에 통감부의 제반 시책이 효과적으로 집행될 수 있는가 하

문서는 후술하는 지적재산권 보호에 관한 일미조약의 건에 관해 1907년 7월 10일 이토 통감이 본국의 하야시 다다스(林董) 외무대신에게 발송한 암호전신 바로 뒤에 붙어 있으며, 작성자는 이토로 추정된다. 『淸韓兩國に於ける發明意匠商標登錄及著作權相互保護に關する日米條約締結一件』 第3卷, 外務省記錄 2門·6類·1項(일본 공문서관 아시아역사자료센터http://www.jacar.go.jp, 이하 이 문서철을 인용할 때는 『일미조약 일건 3』이라 한다).

167 浅野豊美,「保護下韓国の条約改正と帝国法制」, 酒井哲哉 編, 『「帝国」日本の学知 第1卷 帝国編成の系譜』, 東京: 岩波書店, 2006, 110쪽에서 재인용.

는 문제와도 연관되었다. 예를 들어 세금 기타 공과금의 부과, 제한행정적 규제의 시행 등과 같은 문제였다. 1907년 4월 제14회 시정개선협의회 석상에서 한국 대신들은 부동산권리를 인정하는 등 외국인의 편리를 도모하여 내지 거주 외국인이 증가하는 것이 오히려 치외법권 철거에 장애가 될 수 있다고 우려하면서, 만일 외국인들이 현행조약을 방패삼아 지방세 납부를 거부하거나 행정적 규율을 준수하지 않을 경우 한국 인민의 납세거부와 같은 저항이 일어날 수 있다고 했다.[168]

이토는 한국 대신들의 우려를 물리쳤지만, 과연 이대로 한국 내지를 개방해버리는 것이 타당한지는 문제였다. 이미 한국 내지에 진출한 일본인들이 수단과 방법을 가리지 않고 농지와 가옥을 취득하고 이용하면서 한국 인민과 마찰을 빚고 있었다. 1906년 5월 대한자강회가 부동산법 제정을 청원했던 것처럼, 1907년 5월 7일 자강회 회원이었던 심의성沈宜性의 발의로 중추원에서 단행민법안의 제정을 촉구하는 결의가 이루어졌다.[169] 이 역시 적정한 거래질서를 확립하기 위해 시급한 규정을 입법하고 세력가나 일본인이 부당하게 이익을 획득하는 것을 방지하기 위함이었다. 재한 일본인들에게는 통감부의 통제력이 미칠 수 있다 해도, 일본인에 비하면 소수였지만 열강과 청나라의 국민은 다른 문제였다.

마침 1907년 5월 프랑스영사가 토지가옥증명규칙에서 외국인 부동산소유가 합법화된 것에 관심을 표하며 정확한 내용의 조회를 요청했다. 통감

---

168 『일한외교자료집성 6 (상)』, 441쪽 이하.
169 1907. 5. 7, 제31호 조회, 中樞院來文 제9책, 서울대학교 규장각소장, 규17788. 이 문서에는 ① 국적법의 제정과 아울러, 민법총칙편의 ② 미성년자의 능력(22세), ③ 금치산자 및 준금치산자, 물권편의 ④ 공유지 균향권(均享權), ⑤ 선취특권, 채권편의 ⑥ 손해배상, ⑦ 채무보증인, 친족편의 ⑧ 중혼금지, ⑨ 친권자 및 후견인, 상속편의 ⑩ 상속재산취득에 관한 규정 등의 간략한 입법방향과 이유가 기재되어 있다.

부는 입법경위와 취지를 설명하는 회신을 보냈다. 1907년 7월 1일 통감부는 한국 내지에 거주하거나 부동산을 소유하는 외국인으로 하여금 한국인과 마찬가지로 부동산에 대한 과세 기타 공과는 물론이고 농상공업에 관한 과세 및 단속규정을 준수하게 하기 위해 조약국과 의정서 등을 체결해둘 필요가 있다고 판단하고, 외무성에 조약체결국과의 교섭을 의뢰했다. 요컨대 한국 내지를 외국인에게 개방하는 것과 외국인이 관련 한국 법규와 행정에 복종하는 것을 맞바꾸자는 것이었다.[170] 같은 해 12월의 회답에서 외무성은 의정서 체결은 필요 없다고 했다. 한국 내지개방과 부동산권리 부여는 한국이 자주권을 발동해 외국인에게 특권을 부여하는 것이기 때문에, 단지 한국주재 각국 영사단에 통지하는 것으로 족하다고 했다.[171] 외무성과 교섭한 통감부 실무자들 역시 외무성 의견을 따라도 지장이 없다고 판단했다.[172] 소네 아라스케(曾禰荒助) 부통감도 외무성의 의견을 수긍했다. 다만 민

---

170 1907. 7. 1. 機密統發 제73호, 伊藤 통감→林 외무대신, 「韓国ニ於ケル列国人ノ內地居住並不動産所有者ニ対スル課税及取締ニ関シ条約国ト協定ノ件」, 外務省記錄 2門·6類·2項 (일본 공문서관 아시아역사자료센터, 이하 『외국인부동산과세 협정건』이라 한다). 「韓國居住諸外國人不動産所有權其他」, 『統監府文書 3』, 국사편찬위원회, 1998, 442~453쪽. 한국과 제외국의 현행조약은 외국인이 한국의 행정규칙 및 과세처분에 복종하는 조건으로 지정된 거류지 외 10리 내에서 토지·가옥을 임차·매입할 수 있다고 규정했다. 통감부는 이 규정의 적용범위를 한국 내지로 확장하고 그 시행조건에 관해 외국 정부와 의정서 등을 체결하는 방식으로 문제를 해결하고자 했던 것이다.

171 『통감부문서』 3, 442~443쪽, 1907. 12. 20, 기밀통발 제74호, 林薰 외무대신→曾禰 부통감.

172 위 문서에는 고마츠(小松) 통감부 주임이 기초한 각국 영사관에 보낼 '통고안'이 수록되어 있다. 1907년 7월 1일자 통감부 공문에는 외교고문 스티븐스가 기초한 제외국과의 약정서가 첨부되어 있었다(실제 문서에는 누락되어 있음). 진다(珍田) 통감부 외부차관은 통감의 명에 의해 스티븐스의 의견도 청취한 결과 외무성의 의견대로 해도 지장이 없다고 판단하고 통고안을 작성했다고 설명했다. 『외국인 부동산과세 협정건』 및 『통감부문서』 3, 452쪽, 1908. 1. 20. 제7호, 珍田 외부차관→曾禰 부통감.

심이 불안한 상황에서 공개적으로 각국 영사에 통지하고 외국인과의 부동산거래를 금지한 형법규정을 폐지 또는 집행정지하는 포고를 발하면 민심이 악화될 수 있기 때문에, 적절한 시기가 올 때까지 통지와 포고를 미루겠다고 회답했다.[173] 소네는 같은 내용을 1908년 3월 4일 이토에게 상신했다.[174]

그러나 이토는 소네의 상신안을 보류시키고 다시 외무성에 조회할 것을 지시했다. 이토는 "현행조약이 존속하는 한 한국 정부는 외국인을 한국 법권하에 둘 수 없"고, "본건은 실질에 있어 현행조약의 변경에 다름 아니다"라는 입장을 재확인했다.[175] 1908년 5월 6일자 회신에서 외무성은 내지 부동산에 대한 한국 법제의 정비방향에 관한 통감부의 계획을 확인하고 싶다는 뜻과 함께 향후 교섭방법에 관해 언급했다. 따라서 "한국의 법제를 완전히 개량"해나갈 것과 함께, 진행 중인 일본과 미국과의 교섭추이를 보면서 먼저 미국부터 일본의 법권에 복종하게 하는 방법을 제안했다.[176]

이상에서 살펴보았듯이 이 사안 자체는 치외법권을 철거하는 것과는 직접적인 관계가 없었다. 그런데 외무성과의 실무협의 결과 통감부 내부의 입장이 '통고'방안으로 수렴된 시점에서, 이토가 사실상의 조약개정이라는 의미를 부여하며 제동을 걸었던 것이다.[177] 한국의 현행조약 아래에서는 통

---

173 『통감부문서』 3, 443~444쪽, 1908. 2. 13, 기밀통발 제205호, 曾禰 부통감→林 외무대신.

174 『통감부문서』 3, 450~451쪽, 1908. 3. 4. 기밀통발 제296호, 曾禰 부통감→伊藤 통감.

175 『외국인 부동산과세 협정건』 및 『통감부문서』 3, 452~453쪽, 1907. 3. 15, 기밀통발 외호, 伊藤 통감→林 외무대신.

176 『외국인 부동산과세 협정건』, 1908. 5. 6. 기밀송 제20호, 林 외무대신→伊藤 통감.

177 浅野豊美, 「帝国と地域主義の分水嶺―保護国韓国の治外法権廃止と在韓日本人課税問題」, 日露戰爭硏究會 編, 『日露戰爭硏究の新視点』, 東京: 成文社, 2005, 346~347쪽에서는 애초 통감부가 '각국 영사에 대한 통고'로 족하다는 입장이었다가 나중에 '각국 정부와의

고 정도로는 부족하다고 판단했을 수도 있고, 차제에 조약개정을 위한 발판을 마련해보겠다고 생각했을 수도 있다. 문제는 이토의 희망이 당장 실현되기 어렵다는 데 있었다.

앞서 본 1908년 5월 6일자의 조회에서 외무성은 터키의 선례를 언급했다. 이는 1867년 터키 정부가 외국인의 부동산소유와 내지 거주를 허용하고 개별교섭을 통해 관련된 터키의 국내법과 재판권에 복종하는 것에 동의한다는 내용의 의정서를 체결한 것을 말했다. 그러나 의정서에 의해 경찰권을 발동하거나 재판을 한다 해도, 많은 경우 영사의 협조·관여가 필수적으로 규정되는 등 상당한 제약이 따랐다. 터키의 선례를 검토한 일본 외무성고문 데니슨은, 터키의 선례를 변용해 한국에 적용할 수도 있겠지만 조약국들이 터키에서보다 더 높은 수준의 보장을 요구할 것으로 예상했다.[178] 그래서 외무성은 터키 방식으로는 외국 관헌의 내정개입범위가 오히려 넓어지므로 한국에 바로 적용할 수 없다고 지적했다. 결국 현재의 한국 법령과 행정수준으로는 이토의 희망이 당장 실현되기 어렵다는 것이 판명된 것이었다. 1908년 5월의 외무성 회답 이후 더 이상 논의는 진행되지 않았다. 해결책을 줄 수도 있는 일미 간의 교섭상황을 지켜보기로 한 것이다.

일미조약으로 넘어가기 전에, 이 문제가 나중에 어떻게 해결되었는지 살펴보겠다. 원래 외무성과 통감부는 이 건을 해결하기 위해 외국인의 토지소유를 금지하는 한국 형법규정을 삭제할 필요가 있다고 보았다. 그것은 조약에서 허가한 지역 외에서 관유·사유의 전토·삼림·천택·가옥을 외국인

외교협상론'으로 변경된 것처럼 서술하고 있다. 외무성기록에만 의존하면 그런 해석도 가능하다. 그러나 통감부 측 문서를 함께 읽으면, 통감부의 최초 입장은 '외교협상론'이었으나 외무성과 실무교섭을 하는 과정에서 '통고론'으로 수렴되었고, 통감의 최종승인만 남겨둔 상태에서 이토가 나서서 최초의 입장을 재확인했다고 해석할 수 있다.

178 『외국인 부동산과세 협정건』, 1908. 5. 6. 기밀송 제20호 별지 デニソン氏意見書.

에게 몰래 매도하거나 명의를 빌려주는 행위를 처벌하는『형법대전』제
200조 5호를 말했다. 그런데 이 규정은 1908년 7월 대폭 개정된『형법대
전』에 그대로 남았다. 그렇다고 효력을 가진 것은 아니었다. 재판소 개청에
즈음하여 열린 재판소장회의에서 "이 조항을 폐지하면 한인의 토지매매를
장려하는 결과를 낳지 않을까 우려하여" 조항은 그대로 두되 집행을 장려
하지 않기로 결의했다.[179]

내지 거주 외국인에 대한 과세문제는 추후 '통고'와 같은 방식으로 해결
되었다. 통감부는 1909년 2월 가옥세家屋稅, 주세酒稅, 연초세煙草稅에 관한
법령을 공포했다. 외국인에게 적용할 경우 조약해석에 관한 분쟁의 소지를
없애고 외국인을 원만히 세법에 복종시킨다는 목적으로, 통감부는 외무성
과 협의한 뒤 1909년 6월 제외국영사에게 자국민에게 통고하고 주의를 기
울여줄 것을 요청했다.[180]

한국 내 지적재산권 상호보호에 관해 일미조약이 부과한 선택

앞서 본 잡지『조선』의 논설, 에기의 주장, 외국인 부동산에 대한 행정
권 및 과세 등에 관한 교섭과정의 논의는 모두 당시 일미조약을 염두에 두
고 이루어지고 있었다. 1908년 5월 19일 체결된 '한국에서의 발명·의장·상
표 및 저작권 상호보호에 관한 일미조약'에 의하면, 일본은 한국에 일본 국
내법과 동일한 법령을 제정하고 일본재판소가 당해사건을 관할하며 미국은
지적재산권분야에 한해 자국의 치외법권을 포기한다고 되어 있다. 조약은
1908년 8월 6일 비준되어 8월 16일부터 시행되었다.

179「韓國併合二関スル各種ノ意見」十二. 外国人ノ土地所有権,『韓国併合二関スル書類』第
　　一巻(일본 공문서관 아시아역사자료센터).
180『統監府時代の財政』, 96쪽.

1906년 5월 주일미국대사는 일본 정부에 양국에서의 지적재산권 상호보호를 위해 양자조약을 체결하자는 의향을 제시했다. 일본 정부와 통감부는 이 조약이 지적재산권에 한정되지만 미국 치외법권을 부분적으로 철거하는 효과가 있으므로, 이를 선례로 제외국으로 확대할 수 있는 기회라 판단하고 협상에 임했다.[181]

교섭과 조약시행을 준비하면서 세 가지 쟁점이 논란되었다. 첫째, 일미 간 조약을 체결하고 시행하기 위해 한국 정부의 동의가 필요한가? 둘째, 일본이 한국에서 제정·시행해야 할 법령은 어떤 형식으로 제정할 것인가? 한국 법령으로 제정할 것인가, 일본 법령으로 제정할 것인가? 셋째, 일본 법령의 형식으로 제정할 경우 그 구체적인 방법은 무엇인가? 첫 번째 문제는 1906년 10월에서 1907년 7월 사이, 둘째와 셋째 문제는 1908년 6월과 7월 사이에 주로 논의되었다. 이 세 가지 쟁점을 중심으로 상황의 전개를 살펴보자.

1906년 8월 외무성이 당초 준비한 협상안은, 미국인 또는 일본인의 사건, 미·일·한 삼국인의 교섭사건에 관해서는 일본 법령을 제정하고 일본 재판권을 인정하되, 한국인 간의 사건에 관해서는 한국 정부가 일본 법과 같은 내용의 한국 법을 발포하고 한국의 재판관할에 속하게 한다는 것이었다. 한국 법과 한국 재판권을 인정한 것은, 한국 정부로 하여금 허명虛名에 만족하게 하여 본건의 수행에 지장이 없도록 하기 위한 것이었다. 그런데 이토 통감은 한국인에게 일본의 법권이 미치는 것에 관해 한국 정부의 동의

---

181 일미협약의 배경 및 교섭경과에 관해서는 小川原宏幸, 「統監伊藤博文の韓国法治国家構想の破綻─「韓国に於ケル発明意匠商標及著作権保護二間スル日米条約」施行に伴う韓国国民への日本法適用問題をめぐって」, 162~187쪽; 浅野豊美, 「保護下韓国の条約改正と帝国法制」, 84~122쪽.

가 필요하다고 했다.[182] 조약이 포함하게 될 사항들이 적어도 보호조약의 범위를 벗어난 한국 내정에 관한 사항이라고 판단했기 때문일 것이다.

이토의 의견이 반영되어 전체적인 협상순서가 정해졌다. 먼저 일미 간 교섭을 진행하고, 조약문의 완성이 확실해진 시점에서 통감이 한국 정부에 대해 "급속하게 일한조약을 체결하는 절차"를 취하고, 일한조약 체결 이후 즉시 미국과 조약을 체결하는 방식이었다. 미국과 교섭이 진행되고, 1907년 3월에는 일한협약안이 일본 각의에 제출되었다.[183] 외무성은 통감의 조치를 기다렸다. 그러나 1907년 6월 5일자 전문에서 이토는, 조약이 미국 상원을 통과하지 못할 수 있다는 예상이 있고 "목하 한국의 정황을 감안하면 일한교섭은 그 시기를 얻을 수 없으니" 협상을 연기하는 게 좋겠다고 했다. 하야시 다다스林董 외무대신은, 미국이 독촉하고 있으며 한국과의 협의가 늦어지면 자칫 청국에 관해서만 조약을 체결해야 할 수도 있다며 통감의 입장정리를 재촉했다.[184]

이 시기 이토는 중요한 결단을 내린다. 이토는 한국 정부의 외교고문 스티븐스Durham White Stevens와도 상담한 결과 "장래 제국 정부가 한국에 관계있는 국제조약을 타결할 필요가 있을 때마다 미리 한국 정부의 동의를 구하는 선례가 되어 한국에서 제국 정부의 대외정책상 큰 장애물을 만들"고, "일한 간에 협약 같은 것을 체결하는 것은 한국 정부로 하여금 한국이 지금도 국제조약을 체결할 권리가 있는 것 같은 감상을 품게 할 우려"가 있으므로, "제국 정부가 한국의 이익으로 인정한 협약은 먼저 그 절차를 마

---

182 『일미조약 일건 3』, 1906. 8. 16, 林 외무대신→伊藤 통감; 1906. 8. 31, 기밀통발 제23호 伊藤 통감→林 외무대신.
183 『일미조약 일건 3』, 1907. 3. 12, 樞密送 제22호, 농상공무대신, 외무대신→총리대신.
184 『일미조약 일건 3』, 1907. 6. 23, 林 외무대신→伊藤 통감; 1907. 6. 21. 전송 제1665호, 林 외무대신→伊藤 통감.

치고 이후 한국 정부에 통고하는 방법이 편의"하다고 했다. 또 "한국의 사법사무의 현하 상황에서는 법률을 제정해도 그 실행이 불가능하므로 미국 정부 최초의 제안대로 우선 일본 법률하에 일본의 재판권에 복종하는 조건으로 미국 정부와 상의를 진행하라"고 지시했다.[185]

이토에 의해 당초의 일한협약 방침이 폐기된 것이다. 당시는 헤이그 밀사사건으로 이완용 내각이 들어서고, 정미조약이 준비되고 있던 때였다. 연초부터 국채보상운동이 전개되는 등 한국인들의 반발이 거세지고 있었다. 재판사무에는 일본인 법무보좌관들이 관여하고 있었지만 특별한 실적을 올리지 못하고 있었다. 특히 지적재산권의 경우 통상의 민형사사건과 달리 다국민 사이에 통일적 규율이 더욱 필요하다. 아마 이토는 내정이 불안하고 한국의 재판을 신뢰하기 어려운 상황에서 기존 입장을 고수하다가 일을 그르칠 수 있다고 판단했을 것이다. 이후 정미조약이 성립되면서 일한협상의 필요성도 사라지게 되었다.

해를 넘겨 1908년 5월 19일 일미조약이 체결되었다. 이제 일본 정부가 '일본에서 시행되는 것과 같은 법령'을 조약실시와 동시에 한국에 시행하면, 미국인은 본건에 관해 한국 내 일본재판소의 재판관할에 전속하게 된다. 재한 일본인에 관한 사건을 관할하는 이사청과 통감부법무원이 조약상의 일본재판소가 될 것이었다. 한국에 시행할 법령이 어느 나라 법령이어야 하는지 조약에서 특정하지는 않았지만, 가장 자연스러운 것은 일본 국내법을 한국에 시행하는 방법, 즉 '일본법주의'였다. 미국의 의사도 그렇게 이해되었고, 1907년 7월 6일자 전문에서 이토 역시 동의한 바 있었다. 그러나 장래 한국 내의 치외법권 철거를 위한 정책과 정합성을 고려한다면

---

185 1907. 6. 22. 電 제53호, 伊藤 통감→林 외무대신; 1907. 7. 10. 電 제59호, 伊藤 통감→林 외무대신; 1907. 7. 6. 電 제56호, 伊藤 통감→林 외무대신, 『일미조약 일건 3』.

약간의 문제가 있었다.

1908년 6월 9일 하야시 외무대신은 외무성 고문 데니슨의 의견을 소개하며 통감의 의견을 구했다. 데니슨의 의견은 "일·한·미 3국인을 일률적으로 일본 법에 복종시키는 것은 한국 정부의 체면상 바람직하지 않고", "머지않아 제외국 정부와 교섭을 개시할 한국 내지 부동산문제에 관하여 외국인도 모두 한국 법에 복종시킨다는 협정방침과 완전히 배치"되기 때문에, 한국 법의 형식으로 제정하자는 것이었다. 하야시는 이것이 종전의 통감 의견과 일치하지 않고 또 내각과 추밀원의 동의를 얻기 어렵겠지만, 통감의 의견여하에 따라서는 "차제에 종래의 주의를 일변하여 한국법주의를 채용하는 것이 시의적절하다고도 판단"된다고 했다. 일본에 체류 중이던 소네 부통감도, 어느 법률로 해도 지장이 없다면 "정략상 한국 법률로써 특허국 기타 기관을 한국 정부에 설치하는 것이 편의"하며 "일본재판소에서 한국 법률을 집행하는 것에 관해서는 '한국에서의 재판사무에 관한 법률'(1906년 법률 제56호—인용자)을 수정하면 된다"는 의견을 전했다.[186] 이에 이토는 다소 소극적인 자세를 취하며, 일반적 법리와 달리 정략상 일본재판소에 한국 법을 적용하려면 일본의 국내법적 조치가 필요한데 과연 가능할지 물었다. 그러나 6월 15일 하야시는 내각과 추밀원의 의향을 타진한 결과 한국법주의는 도저히 불가능하다고 판명되었다고 전했다.[187]

그렇다면 한국에 시행할 일본 법령은 어떻게 입법할 것인가? 그에 관한 논의는 일본의 국내법체제와 정합성을 따져가면서 진행되었다. 조약시행을

---

186 『일미조약 일건 3』, 1908. 6. 9, 전 제93호, 林 외무대신→伊藤 통감; 『통감부문서』 5, 387쪽, 1908. 6. 9, 來電 제277호, 曾禰 부통감→石塚 참여관.

187 『일미조약 일건 3』, 1908. 6. 10, 전 제66호, 伊藤 통감→林 외무대신; 1908. 6. 15. 전 제97호, 林 외무대신→伊藤 통감.

위해서는 일본 국내법인 저작권법, 상표법, 특허법, 의장법 등과 동일한 법규를 한국에 제정해야 한다. 한국은 일본의 영토가 아니므로 일본의 법률이 자동적으로 시행되지 않는다. 한때 내무성에서 재한 일본인에게 일본 국내법의 효력이 미친다는 해석론을 거론한 적이 있었지만, 일본 대심원이 소극설을 취하고 있었고 일·한·미 3국인에게 공통된 법령이 필요했기 때문에 별도의 입법조치가 있어야 했다. 미국인은 일본 법령을 따르기로 했으므로 문제가 없고, 한국인에 관해서는 한국 정부가 '고시'하는 조치로 충분하다고 보았다. 관련법령이 성질상 제국의회의 협찬을 거친 법률로 입법할 '법률사항'인 것은 분명했다.

당시 제국의회는 휴회 중이었고, 통상회기는 12월에야 개시될 것이었다. 하지만 이미 일본 정부는 이 사안에 관해서 법률이 아닌 칙령으로 입법한다는 방침을 세워놓고 있었다. 6월 16일 이토는 "칙령으로 정한다는 것은 제국에서 법률 또는 칙령으로 이미 공포된 것을 다시 칙령으로 개작(燒き直す)한다는 뜻인지, 혹은 하나의 간단한 칙령을 공포해 위의 법률규정을 한국에 시행하는 것인지" 문의했다.[188] 전자, 즉 칙령으로 개작한다는 것은 예컨대 일본의 특허법과 동일한, 또는 그것을 일부 수정한 내용을 담은 '한국특허령' 같은 한국용 칙령을 일본 정부가 만든다는 의미이다. 반면 후자는 일본 특허법을 한국에 시행한다는 내용의 일본 칙령을 공포하는 것이었다. 당시 통감부와 일본 정부의 관계자들은 전자와 같은 방식의 칙령을 '통상칙령', 후자를 '시행칙령'이라고 불렀다.

양자가 각각 어떤 결과를 낳는지 살펴보자. 시행칙령을 취한다면, 예컨대 일본 특허법이 한국에서 그대로 시행되기 때문에 한일 양국에 동일한 일본 특허법이 시행되는 결과를 낳는다. 그에 따라 법역法域의 구별 없이 특허법

---

188 『일미조약 일건 3』, 1908. 6. 16, 비 제 71호, 伊藤 통감→林 외무대신.

에 기한 제반 행위와 처분도 공통의 효력을 가진다. 반면 통상칙령을 취할 경우 한국특허령과 일본의 특허법은 내용만 같을 뿐 법역을 달리하는 별개의 법령으로 각각 존재하게 된다.

주의할 것은 시행칙령과 통상칙령 모두 제국헌법 제9조의 '집행명령' 범주에 들어가지는 않는다는 것이다.[189] 집행명령은 '헌법시행구역 내'에서 "법률을 집행하기 위해" 발하는 'ㅇㅇ법시행령'처럼 특정법률에 부속된 명령을 말한다.[190] 그러나 이 사안은 법률집행에 관한 세부사항이나 법률의 위임을 받은 사항을 정하는 것이 아니라, '헌법적용구역 바깥'인 한국에서 시행할 법률사항을 입법하는 것이었다. 이런 칙령의 법적 근거는 제국헌법 제9조가 아니라 천황의 대권에서 직접 도출된다. 예를 들어 관동주 조차지에서 법률의 위임 없이도 "천황대권의 자유로운 발동에 의해" 법률사항을 규정한 칙령을 정할 수 있는 것과 같은 이치였다.[191] 외무성도 한국에서 법률사항을 칙령으로 정해도 위헌이 아니며, 이는 관동주의 사례에 의해 의문의 여지가 없다고 보았다. 다만 일본 국내법을 그대로 한국에 시행하는 것은 무리라고 보고, 칙령에서 한국 내의 관련사항은 일본 법률을 '의용依用'하게 하고 한국의 사정을 반영해 일부 규정을 개정하는 방안, 즉 '통상칙령'을 택했다.[192]

---

189 제국헌법 제9조 천황은 법률을 집행하기 위해 또는 공공의 안녕을 유지하고 신민의 행복을 증진하기 위해 필요한 명령을 발하거나 또는 발하게 한다. 다만 명령으로 법률을 변경할 수 없다.

190 美濃部達吉, 『憲法撮要』, 534~535쪽.

191 外務省條約局 編, 『外地法制誌 12 關東洲租借地と南滿洲鐵道附屬地 前編』, 東京: 文生書院, 1966, 150~151쪽 참조.

192 예를 들어 본국 정부에 속한 특허국이 아니라 통감부 특허국을 설치하여 특허등록사무를 행할 필요가 있고, 특허법은 대심원에 상소하는 것을 허용하지만 조약은 '한국 내의 일본 재판소의 전속관할'을 명시했고 또 한국에서는 통감부법무원이 최종심이기 때문에 특허법

반면 이토의 당초 입장은 '시행칙령'이었다. 이토는 이 사안이 법률사항
이라고 전제하고 외무성처럼 '통상칙령'으로 법률사항을 정하면 "칙령으로
법률을 변경할 수 없는 원칙에 비추어 타당하지 않다"고 했다. 따라서 당분
간은 '시행칙령'으로 일본 법을 그대로 한국에 시행하고, 추후 의회에서 법
률을 개정하면 된다고 했다.[193] 소네 부통감도 조약상 한국과 일본에 동일
한 법률이 시행되어야 하기 때문에 '시행칙령'이 타당하며, 굳이 한국 사정
을 고려해 수정이 필요하다면 일단 긴급칙령으로 발포하고 사후에 의회의
승인을 얻자고 했다.[194] 두 사람의 입장은, 한국이 헌법시행구역은 아니지만
가급적 헌법에 부합하게 조치하자는 것이었다. 하지만 두 사람 모두 이를
본질적인 문제로 생각하거나 정부의 입장에 강력하게 반발한 것은 아니었
다. 결국 외무성의 '통상칙령'방침에 따라 입법이 이루어졌다.

일본 정부는 1908년 8월 13일 한국특허령(칙령 제96호), 한국의장령(칙령 제
197호), 한국상표령(칙령 제198호), 한국상호령(칙령 제199호), 한국저작권령(칙령
제200호), 통감부특허국관제(칙령 제202호) 등을 공포했다. 한국 정부는 8월
15일 내각고시를 발해 일미조약, 위 일본칙령 및 관련 시행세칙 등을 공포
했다.

일본법주의의 현실화와 이토의 선택

일미조약은 비록 지적재산권분야에 한정되지만 종전의 한국법주의＝영
국주의노선과 충돌하는 요소를 선택하고 강화했다는 점에서 중요한 의미를

의 관련규정을 수정할 필요가 있다고 보았다. 『일미조약 일건 3』, 일자미상(1908. 5 하
순?), 林 외무대신→西園寺 총리대신; 1908. 7. 2. 전 제113호, 林 외무대신→伊藤 통감.
193 『일미조약 일건 3』, 1908. 6. 29, 전 제91호, 伊藤 통감→林 외무대신; 1908. 7. 3, 전
제101호, 伊藤 통감→林 외무대신.
194 『일미조약 일건 3』, 1908. 6. 27, 曾禰副統監意見.

가진다. 더구나 한국법주의노선에 근거해 설치된 한국재판소와 법전조사국이 막 사무를 개시했을 때였다. 또한 일미조약의 결과는 외국인의 내지 거주 및 부동산소유에 관하여 이토가 취한 입장과도 모순되는 것처럼 보인다. 그런 의미에서 이 사안은 "이토의 한국법치국가구상은 치외법권 철폐가 현실성이 없는 단계에서만 성립할 수 있었다는 기만성을 잘 보여준다"고 하겠다.[195]

그러나 이 사안을 계기로 당초의 한국법주의적 구상 자체가 좌절 내지 포기되었다고 확대해석할 필요는 없다. 일미조약에서는 기본적으로 협상의 목적 달성을 위해 필요한 국제법적·국내법적 조치를 어떻게 구성할 것인가 하는 문제가 초점이었고, 따라서 조약실시를 위한 입법조치를 찾아가는 기술적 성격의 쟁점을 중심으로 논의가 전개되었다. 일미조약 자체가 한국통치에 관한 근본문제를 포함하고 있지는 않았다. 일미조약의 체계에서 한국법주의는 여건이 허락한다면 '정략상' 고려해볼 만한 수준 정도의 위상밖에 없었다.

앞에서 보았듯이 이토는 처음부터 한국에서의 치외법권 철거경로를 상당히 신중하게 생각하고 있었다. 한국 법제와 사법의 수준, 일미조약의 특성, 일본 내각과 추밀원의 태도 등을 고려할 때, 현실적으로 한국법주의를 고수하기가 곤란했다. 그런 의미에서 이토의 선택을 사법정책 전환으로 평가하기보다는, 현실적 조건과 법적 문제를 고려한 가운데 취해진 현실적 선택으로 이해하는 것이 타당하다고 생각된다. 오히려 이 사례는 한국 정부에게 사법제도 개량을 촉구하는 수단으로 활용될 수도 있었다.[196]

---

195 小川原宏幸, 「統監伊藤博文の韓国法治国家構想の破綻」, 176쪽, 181~182쪽.
196 1908년 6월 22일 한국 정부에 보낸 공문에서 다음과 같이 말하며 일본 법과 일본 재판관 할권을 인정할 수밖에 없는 이유를 설명했다. "이는 현재의 한국재판소에서는 유감스럽게

그러나 한국재판소가 사무를 개시하고 한국법전 편찬사업이 추진될 시점에 일미조약의 체제가 이질적인 요소를 부각시킨 것은 사실이었다. 프랑스주의의 현실성을 더욱 두드러지게 만든 것이다. 몇 개월 지나지 않아 새로운 각도에서 프랑스주의적 노선이 대두했다.

구라토미 법부차관의 일본재판소 설치론

법부차관 구라토미는 1908년 말부터 1909년 초 사이에 이토 통감에게 일본재판소를 설치하자는 의견서를 상신했다. 이사청, 통감부법무원이 관할하는 현재의 거류민재판제도를 폐지하고 "재한 일본인에 관한 소송은 한국에 빙용된 일본 법관으로 하여금 일본재판소를 구성하게 하여 일본의 법률에 따라 심판하도록 하자"는 것이었다. 또 그 경우 일미조약의 전례를 확장하여 외국인의 소송 일체를 일본재판소의 재판권에 복종시키는 것도 어렵지 않으며, 그렇게 되면 직접 치외법권을 철거하지 않지만 사실상 철거한 것과 같은 효과를 거둘 수 있다고 했다. 아울러 필요한 입법조치로서 종래 거류민재판제도를 정한 1906년 법률 제56호를 대체하는 새로운 법률안 및 칙령안들을 첨부했다.[197]

이사청과 통감부법무원의 재판이 종래의 영사재판제도를 변형한 것이었다면, 구라토미의 통감부재판소는 그것을 다시 변형한 것이었다. 구라토미

도 문명국 인민을 재판하기 충분하지 않다고 인정한 결과이며 귀 정부에서 재판소 신설, 법률 제정에 급급한 까닭도 또한 이에 다름 아니다. 그렇지만 그 성적을 가지고 문명국 정부로 하여금 그 신민의 생명재산을 모두 한국 법권에 복종시키는 것은 전도가 또한 멀다." 1908. 6. 30. 제92호, 伊藤 통감→林 외무대신, 『일미조약 일건 3』.
197 「韓國ニ於ケル裁判事務ニ關スル件」, 倉富勇三郎關係文書 30–19, 일본 국회도서관 헌정자료실 소장. 이 문서에 대한 해설은 문준영, 「통감부재판소 설치에 관한 자료—倉富勇三郎와 梅謙次郎의 의견서」, 『법사학연구』 36호, 2007 참조.

가 말하는 통감부재판소는 한국재판소 내의 일본인 부분으로 구성되는 일본재판소였다. 한국 쪽에서 보면 한국재판소이고, 일본 쪽에서 보면 일본재판소가 되는, 즉 하나의 재판기구 안에 두 국가의 재판기구가 공존하는 체제였다.

구라토미는 주로 거류민재판제도를 개선할 필요성을 강조했지만, 이것은 한국법주의 내지 영국주의적 노선을 포기하고 일본 재판권의 확장과 치외법권의 사실상 철거를 도모한다는 새로운 접근방법을 담고 있었다. 튀니지의 선례처럼 한국재판소와 일본재판소를 별도로 조직·운영할 필요가 없어서 비용문제가 발생하지 않고, 조직이 조금 복잡할 뿐 거류민재판제도의 개선과 치외법권의 철거라는 목적을 달성하는 데 극히 양호한 방법으로 평가되었다.[198] 우메 겐지로는 경비부담문제, 소송절차법의 정비, 직원임용방법에 관해 약간의 이견을 표했지만, 이 방안이 실현된다면 "가장 사의事宜에 적합하다"고 했다.[199]

구라토미의 건의 자체는 나중에 취해질 사법권 위탁과는 거리가 있다. 하지만 구라토미가 건의한 제도에서 우메가 지적한 문제점들을 전향적으로 해결하려면, 예를 들어 일본인사건의 유입으로 인한 경비증가분은 일본 정부가 부담해야 한다고 할 때 아예 일본 정부가 전체 사법경비를 부담한다는 것으로 확대하면, 사법권 위탁으로 연결된다. 구라토미는 일본의 국내법적 조치로 충분하다고 보았지만 과연 그런지, 또 생각처럼 쉬울지는 의문이었다. 구라토미의 제안과 사법권 위탁 사이에는 분명한 질적 차이가 있었지만, 구라토미의 제안에는 근본적인 조치의 필요성을 상기시키는 요소들이 들어 있었다.

---

198 国分三亥, 「司法權委任に就て」, 『朝鮮』 1909년 9월호, 10~11쪽.

199 梅文書 3부문 기안서류 제19번 「韓國ニ於ケル裁判制度改正ニ關スル卑見」.

물론 이토 스스로가 일본이 한국 재판권을 완전히 장악하는 방안을 예전부터 고려하고 있었지만, 이 시점에서 사법권 위탁을 결심했다고 할 수는 없다. 그러나 1909년 들어 이토는 자신의 정책에 대한 내외의 비판과 녹록치 않은 현실 앞에서 한국통치구상을 새롭게 가다듬고 있었다.

4. 사법권 위탁과 통감부재판소의 설치

사법권 위탁각서의 조인

1909년 6월 14일 이토는 통감직을 물러나 추밀원장으로 취임했다. 그로부터 한 달도 지나지 않아 이토는 7월 3일 한국으로 건너가는 도중 시모노세키에서 사법·감옥사무를 일본 정부에 위탁하는 협약안을 일본 내각에 송부했다.

> 한국보호정책을 관철하여 그 효력을 보급하려면 도저히 치외법권을 철거하지 않으면 안 된다. 그렇다면 금일의 급무는 한국의 사법사무를 개량하여 먼저 한국 신민 및 재한 외국인의 생명재산의 보호를 확실히 하는 방법을 강구함으로써 조약개정을 준비해야만 한다. 그렇지만 한국에 적년 정치문란의 주된 원인인 법치의 결점을 보완하기 위해서는 일면 법관을 양성하고 일면 국민의 법치적 습관을 길들여야 하지만, 이는 일조일석에 가능하지 않고, 적어도 한 세기[200]의 세월을 기다려야 한다. 하지만 한국통치상 일대 장애인 치외법권 철거를 수십 년간 천연하여 이를 등한히 한다면, 혹 형세의 변이에 의하여 마침내 그 목적을 달성할

---

200 아래 주에서 소개한 문서의 원문에는 "一生期"로 표기되어 있으나 『보호급병합』 353쪽에 있는 "一世紀"라는 표기에 따랐다.

수 없게 될지도 모른다. 그러므로 오히려 금일 사법에 관한 사무를 모두 한국 정부로부터 제국 정부로 위탁시키고 순연한 제국 정부의 책무로서 착착 그 개선을 도모하고 하루라도 빨리 조약개정의 준비를 완성해야 한다.[201]

이와 같이 이토는 더 이상 한국의 법치수준이 완전해지기를 기다리지 않고 치외법권 폐지를 위한 준비를 신속히 진행하겠다는 의지를 표했다. 같은 날 이토는 가쓰라 다로桂太郎 총리대신에게 서한을 보내, 숙고의 결과 본건을 결정했으며 한국 정부도 용이하게 허락할 것으로 생각하나 만일 받아들이지 않으면 선언적으로 사법권 위탁을 말해놓고 일본 정부가 한국 정부의 허락 여부를 불문하고 실행해야 할 수도 있다고 했다.[202] 일본 정부는 7월 6일 각의를 열어 사법·감옥사무의 위탁안과 군부폐지안을 승인하고, 같은 날 한국병합 실행에 관한 건을 '공식' 결정했다. 7월 10일 서울에 도착한 이토는 소네 통감과 함께 한국 대신들에게, 현행조약 개정이 시급한 과제이나 현재의 한국 재판으로는 도저히 현행조약을 개정할 수 없다고 하며 사법사무 위탁의 취지를 설명했다. 일미조약의 예를 들어 외국 정부도 일본의 재판권이 아니면 복종하지 않을 것이며 재한 일본인도 한국인과 동일한 재판에 복종시켜야 할 필요가 있다고 하면서 사법감옥사무의 위탁은 도저히 움직일 수 없는 확정안이라고 못 박았다. 그리고 이것은 "기실 다수의 일본인을 판관으로 삼아 시행되고 있는 한국 재판을 명실상부하게 일본에 위임하는 것에 불과하다"고 했다.[203] 7월 12일 한국의 사법 및 감옥사무를

---

201 「司法及監獄事務費ノ負担ニ付公爵伊藤博文具状ノ件」, 『韓国併合ニ関スル書類』 제1권. 같은 문서는 『보호급병합』, 353쪽.
202 1909. 7. 3. 伊藤 통감→桂, 桂太郎文書, 일본 국회도서관 헌정자료실 소장.
203 『보호급병합』, 357쪽.

일본 정부에 위탁하는 각서가 조인되었다. 이로써 치외법권 철거를 위한 최상최량의 방법이자 영국주의나 프랑스주의 이외에 새로운 기준을 제시한 사법권 위탁이 이루어졌다.[204]

사법권 위탁과 이토의 병합구상

왜 이 시점에서 이토는 사법권 위탁을 단행했을까? 두 가지 설명방법이 있다. 하나는 이미 일본 내각이 병합 실행을 예정하고 있었고 1909년 4월 이토 본인도 병합방침에 동의했다는 것을 감안하면, 사법권 위탁은 크게 보아 병합방침의 실행수순 위에서 이해할 수 있다는 것이다. 사법권 위탁이 병합과 논리적 필연성을 가지지는 않지만, 사법권 위탁이 병합의 진로를 순탄하게 만들어주는 것은 분명했다. 이토 본인은 사법권 위탁과 병합의 관계에 대해 직접 언급한 적이 없다. 반면 병합단행론의 입장에 서 있던 가쓰라 총리대신도 사법권 위탁 소식을 원로 야마가타 아리토모에게 전하며, "우리나라 천 년의 계획을 위해 참으로 경축할 일"이며 이후 이런 상태로 "착착 진행하면 도달점에 달할 것"이라고 했다.[205]

한편 다른 견해는 병합방침과 일정한 거리를 두며 국제정세를 우려한 이토의 정치적 판단에 의해 사법권 위탁이 단행되었다고 본다. 간도문제를 통해 한국문제와 만주문제가 연결되면 자칫 중국을 비롯한 열강이 한국문제에 개입할 우려가 있으므로 치외법권 철폐가 긴급한 문제가 되었고, 따라서 일종의 편법이자 묘안으로서 사법권 위탁이 단행되었다는 것이다.[206]

---

204 国分三亥, 「司法権委任に就て」, 10~11쪽.

205 尚友倶樂部 山縣有朋関係文書 編纂委員會 編, 『山縣有朋関係文書 1』, 東京: 出川出版社, 2005, 357쪽.

206 森山茂德, 「保護政治下韓国における司法制度改革の理念と現実」, 浅野豊美·松田利彦 編, 앞의 책, 303~308쪽. 모리야마는 병합도 간도문제, 만주문제라는 국제정세의 각도에서 접

앞에서 본 이토의 각의요청문에서도 국제정세에 대한 우려를 읽을 수 있다. 국제정세와 치외법권 철거문제 사이에 의미 있는 상관관계가 있는 것은 분명하다. 하지만 과연 당시의 국제정세, 특히 간도문제가 사법권 위탁 같은 방법을 택하게 할 만큼 치외법권 폐지의 시급성을 독립적인 문제로 대두시켰다고 할 수 있을지는 좀 더 설명이 필요하다고 생각한다.

사법권 위탁을 치외법권 철폐문제에만 관련시키고 병합구상과 동떨어진 것으로 이해하기는 어렵다고 생각한다.[207] 적어도 이 시기 이토는 병합론 자체에 반대했던 것이 아니라 병합 시기와 실행방법에 대해 이견을 가지고 있었다고 평가되고 있다. 이토의 병합구상은 야마가타계 군벌세력의 병합 단행론과는 달리, 약 7~8년간 형세를 본 뒤 병합을 실행하고 그 형태도 괴뢰정부에 불과하지만 일정한 자치권을 주는 '자치식민지'였다고 일컬어진다.[208]

한편 당시 일본의 정치세력이 병합시기와 방법을 저울질할 때 중요하게 고려하고 있었던 요소 중에는 1911년에 예정된 조약개정이 있었다. 1899년부터 실시된 일본의 개정조약은 조약만기일인 1911년 7월 16일 일단 종료하게 되었고, 일본 정부는 만기일 1년 전, 즉 1910년 7월까지 각국에 조약의 폐기·수정 여부를 통고해야 했다.[209] 병합단행파는 조약개정 전에 병

근한다. 이에 관해서는 모리야마 시게노리, 앞의 책, 241쪽 이하.

207 고쿠부 산가이(國分三亥) 등 좌담회에 모인 일본인 사법관들은 병합이 이토의 본래 뜻은 아니었고, 사법권 위탁도 처음부터 예상했던 것은 아니라고 생각한다고 말했다. 「좌담회기록」, 82쪽.

208 海野福寿, 『伊藤博文と韓国統治』, 東京: 青林書店, 2004, 171~177쪽; 小川原宏幸, 「伊藤博文の韓国併合構想と第三次日韓協約体制の形成」, 83쪽 이하.

209 일본 정부는 1908년 10월 9일 조약개정준비위원회를 설치하여 조약개정에 대비하고 있었다. 현행조약 중 불리한 사항을 개정한다는 목적으로 협정세율, 연해무역 허여, 영대차지권 확인, 최혜국조규, 수입세 등에 관한 조항을 중심으로 교섭이 진행되었다. 『岩波講座 日本

합을 실행한다는 입장이었고, 점진적 병합파는 먼저 조약개정에 성공한 뒤 병합을 실행한다는 입장이었다.[210] 후자의 견해를 담고 있는 한 자료에 따르면, "일한병합을 민활하고 또 원활하게 실행하기 위해 조약개정 후 될수록 빨리 합병의 명분을 주창하고" 메이지천황 즉위 50주년(1917)까지 병합을 실행한다는 것이었다.[211]

공교롭게도 사법권 위탁은 일본 정부가 제외국에 조약개정 여부를 통고해야 할 기한에 1년 앞서 단행되었다. 이토가 사법권 위탁안에서 말한 조약개정이란 한국과 제외국의 조약개정을 가리킨다. 그런데 이토가 하루라도 빨리 조약개정을 준비해야 한다고 말한 점에 주목하면서 사법권 위탁 이후 치외법권 철거교섭의 양상을 상상해보면, 사법권 위탁이 조약개정 통고기한보다 1년 앞서 실행된 것을 단순한 우연의 일치로 보아 넘기기 힘든 점이 있다. 왜냐하면 사법권 위탁으로 인해 일미조약의 예가 보여주듯이 한국 정부를 배제하고 일본과 열강이 교섭하여 일본의 법률과 재판권을 적용하는 조건으로 치외법권 폐지에 합의할 수 있는 가능성이 생겼기 때문이다. 그렇다면 1911년 일본과 열강 사이에 마련된 테이블은 이 문제를 의제로 제기하는 데 좋은 장소였다고 볼 수 있지 않을까?

적어도 1911년 개정조약은 치외법권 폐지를 위한 교섭개시 시점을 정하는 데 상당한 의미가 있었다. 앞에서 본 1907년 10월 시점의 문서에서는 한국 법제를 개량한 뒤 "제국이 대외관계의 순서에 따라" 조약개정의 담판을 개시한다고 하고 개시 시점을 빠르면 5년 뒤로 잡고 있었다. 5년 뒤라

歷史 条約改正』, 東京: 岩波書店, 1934, 56~59쪽.

210 海野福寿, 앞의 책, 186~187쪽.

211 「韓國合併策(未定稿)」, 海野福寿 編, 『外交史料 韓國併合 (下)』, 東京: 不二出版, 2003, 659쪽. 운노는 이 문서를 이토 밑에서 통감부 총무부장을 지낸 이토의 측근이 작성한 것으로 추정하고 있다. 海野福寿, 앞의 책, 174~175쪽.

면 1912년이고, 1911년의 조약개정이 마무리되는 시점이다. 이런 점에서 1909년 7월의 사법권 위탁과 일본 정부의 조약개정 일정 사이에는 어느 정도 상관관계가 있지 않았을까 추측된다. 1911년의 조약개정 일정을 의식했든 혹은 그 뒤의 일정을 의식했든, 사법권 위탁은 당초 계획했던 치외법권 폐지교섭 일정을 실행하는 데 여러모로 유용한 조건을 마련해줄 것이 분명했다.[212]

한편 이토의 후계자인 소네 통감은 지방행정권 위임을 추진하려고 했다. 즉 관찰부와 이사청을 합병하여 지방행정을 통일하고, 한국에 빙용된 일본 관리에게 일본 임용령을 적용하여 한국과 일본 내 일본인 관리를 통일한다는 것이었다.[213] 사법·감옥사무의 위탁, 지방행정사무의 통일 등은 기존 통치체제와는 질적으로 다른 체제를 만들어낸다. 그래서 이 시점에서 이토는 당분간 보호국의 틀을 유지하면서 정무 위탁을 통해 이원적 통치구조에서 비롯되는 문제들을 해소하고 한국의 주권을 '허유권虛有權'화시켜 사실상의 식민지로 통치하다가 때가 무르익으면 병합을 실행하려 했다는 해석이 가능해지는 것이다. 이는 당시 헌정본당 같은 야당이 제기했던 '위임통치 모

---

212 위의 「韓國合倂策(未定稿)」에는 "치외법권의 철거는 메이지 50년(1917년—인용자)까지 시기를 보아 결행한다"고 되어 있다. 기타 정책들에도 "1917년까지"라는 말이 붙어 있는 것으로 보아 실행 시기를 구체적으로 정한 것이 아니라 '1917년에 실행될 병합 이전에'라는 정도의 의미를 담고 있다. 어쨌든 이 문서의 작성자는 1911년 조약 개정을 치외법권 철거와 연결시키지는 않고 있다. 다른 곳에 "고등법원을 대심원에 합병한다"는 내용이 있는 것으로 보아, 이 문서는 1910년에 작성된 것으로 보인다. 1917년은 그리 멀지 않은 시기이다.

213 郁邦, 「曾禰統監と行政改革案」, 『朝鮮』 1910년 2월호, 3쪽. 이것도 간접적으로 치외법권의 철거를 용이하게 만들어준다. 왜냐하면 치외법권의 철거를 위해서는 사법제도뿐만 아니라 행정제도의 정비도 필요하기 때문이다. 그럴 때 통상의 민형사사건에 관한 재판권뿐만 아니라 각종 행정·경찰법규, 조세법규 등을 통일적으로 적용하고 관련된 사건에 대한 재판관할권을 확보하게 된다.

델'과 유사한 것으로, 한국에 두 개의 권력이 존재하는 "통치의 근본을 해결하여 정무기관의 전부를 모두 일본에 위탁하는 것"이었다.[214] 에기 다스쿠도 사법·감옥사무의 위탁이 서구 제국의 위임통치와 본질이 같다고 보았다.[215]

사법권 위탁은 치외법권 폐지 준비를 비롯해 치안유지, 법령 및 제반 제도 정비를 위해서도 훨씬 안정적이고 효율적인 체제를 마련해준다. 보호국 체제를 유지하든지 장래의 병합을 준비하든지, 사법권 위탁은 그 자체만으로도 많은 편의를 가져다준다. 이제 사법권 위탁이 어떻게 구체적인 제도로 구현되었는지 살펴보기로 하자.

사법권 위탁의 실행을 위한 통감부의 협의

현존하는 통감부문서철에는 1909년 8월 말까지 통감부 내에서 실행방법에 관해 협의한 내용을 담은 문서들이 남아 있다. 8월 2일자 협의결과 통감부재판소 사무개시일을 1910년 1월 1일로 잡았지만, 같은 달 5일 협의에서는 1909년 12월 이전에 개시하는 것도 고려할 수 있다고 했다. 실제로는 1909년 11월 1일 통감부재판소가 개청했다.

당시 협의사항 중에는 통감부재판소의 헌법적 지위 및 설치근거에 대한 논의도 포함되었다. 7월 17일 협의에서 통감부재판소의 헌법적 지위와 관

---

214 海野福寿, 앞의 책, 184쪽.

215 위임통치란 조약 또는 협약상 '점령관리(to occupy and administer)'라는 말을 번역한 용어이다. 이는 오스트리아-헝가리제국이 오스만제국 지배하의 보스니아·헤르체코비나 지역을 30년간 관리하고 1908년에 병합한 사례, 영국이 터키 영토였던 사이프러스를 조약에 의거해 통치한 사례를 참고한 것이다. 이들 지역 통치의 위임과 한국의 사법감옥사무 위탁 같은 정무의 일부 위탁은 그 본질이 같은 것으로 인식되었다. 江木翼,「委任統治と政務の一部の委託」, 앞의 책, 120~143쪽.

련하여 "(통감부재판소의) 재판관은 내지 재판관과 그 계통을 달리하고, 한국의 특별재판소 재판관이기 때문에 헌법상의 보장을 부여할 수 없다. 따라서 그 명칭도 판관·검찰관으로 하든지 또는 통감부판사·통감부검사로 한다"고 결정했다.[216] '특별재판소'란 사법권 독립이 보장되는 통상재판소가 아니라 행정재판소·영사재판 등과 같은 종류의 특별한 재판소라는 의미이다.

법령안의 입안방법에 관해서는 8월 2일의 협의에서 "법률을 요하는 사항은 재판소에 관한 관제인 한 법률 속에 대강을 정하고 다른 것은 될수록 칙령 기타에 위임"하기로 했다.[217] 그리고 8월 12일 회의에서는 통감부재판법, 통감부판검사임용령, 사법경찰관관제 등이 통과되었다.[218] '우메 겐지로 문서'에는 이 시기 심의했을 통감부재판법안統監府裁判法案(이하 재판법안)을 비롯한 관련 칙령안들이 수록되어 있다. 재판법안은 본칙 45개조로 구성되었는데, 그중 몇 가지 규정을 보자. 꺾쇠 부분은 괄호안과 같이 수정·삭제된 곳이다.[219]

제1조 한국에서의 소송사건 및 비송사건에 관한 사무는 통감부재판소가 이를
      행한다.
제2조 통감부재판소는 통감의 「관리」(→감독)에 속한다.
제3조 통감부재판소는 좌의 4종으로 한다.
「고등법원」(→대심원), 공소원, 지방재판소, 구재판소.
제6조 ① 통감부재판소에 「통감부재판소」(삭제) 검사국을 병치한다.

---

216 『통감부문서』 9, 445~446쪽.
217 『통감부문서』 9, 446쪽.
218 『통감부문서』 9, 447쪽.
219 梅文書 3부분 기안서류 제28-1번 이하.

② 「통감부재판소」(삭제) 검사국은 한국에서 검찰사무를 행한다.

제15조 「본법에 규정 있는 것 외에,」(삭제) 사법사무에 관하여 한국에서 적용하는 법률에 관해서는 칙령으로써 별단의 규정을 둘 수 있다.

아마도 우메의 초안을 토대로 통감부 관리들이 완성한 재판법안에 대해 위와 같이 우메가 수정의견을 표시했을 것이다. 원안의 고등법원, 통감부재판소 검사국 같은 명칭은 일본의 것과 혼동되지 않도록 고안된 것이다. 이에 비해 우메는 한국재판소의 명칭을 그대로 유지하려 했다. 재판법안 외에 또 하나의 법률안이 있었다.[220] "한국에서의 사법사무 및 감옥사무의 취급에 관하여 필요한 사항은 칙령으로써 이를 정할 수 있다"는 1개조만 있는 '한국에서의 사법사무 및 감옥사무취급에 관한 건'(이하 한국사법사무건)이라는 법률안이다. 사법·감옥사무에 관하여 필요한 입법사항은 포괄적으로 칙령에 위임한다는 취지였다.

이와 같이 1909년 8월 중순 시점에는 법률형식으로 통감부재판소 및 입법사항 위임의 근거를 마련하고 있었다. 그 이유는 두 가지로 볼 수 있다. 하나는 한국이 헌법시행구역이 아님은 분명하지만 칙령으로 입법하는 경우 혹시 정부방침에 대한 의회의 의심을 사지 않을까 우려했기 때문이다.[221] 다른 하나는, 이 문제는 재한 일본인에 대한 재판과 관련되기 때문에, 통감부법무원과 이사청의 재판권을 규정한 1906년 법률 제56호가 존재하는 이상 통감부재판소도 이를 대체하는 법률로 설치되어야 한다고 보았기 때문이다. 앞에서 본 구라토미 의견서의 법률안이나 재판법안 모두 부칙에서 "메이지 39년 법률 제56호는 이를 폐지한다"고 명시했다. 그러나 실제로

---

220 문준영, 「統監府裁判所 設置에 관한 資料」 참조.

221 梅文書 제3부분 기안서류 제18번 「司法權委任協約に實施に関する卑見」.

공포된 것은 칙령 통감부재판소령(이하 재판소령)이다. 또 법률이 아닌 긴급칙령(메이지 39년 법률 제56호 폐지의 건)으로 법률 제56호가 폐지되었다.

칙령을 통한 입법과 통감부재판소의 출범

통감부재판소를 설치하는 법령으로서 칙령을 선택한 이유는 무엇일까? 먼저 통감부재판소의 개청일정을 고려할 수 있다. 앞서 보았듯이 당초 개청일은 1910년 1월 1일로 잡혀 있었다. 12월에 개회하는 통상의회에 법안을 제출하려 했기 때문이다. 하지만 이후 무슨 이유에서인지 개청일정을 앞당기게 되었다. 또 하나 생각할 점은, 법률안을 의회에 제출하는 것은 상당한 정치적 부담을 감수해야 하는 일이라는 점이다. 1906년 법률 제56호에 대해서도 의회에서 위헌논란이 제기된 적이 있었다. 법률 제56호에 비하면 재판법안과 '한국사법사무건'은 더 큰 논란을 불러올 수 있었다. 특히 '한국사법사무건'은 사법·감옥사무에 관한 입법권을 칙령에 전부 위임하기 때문에, 위헌논란을 야기할 것이 분명했다. 게다가 1908년부터 제국의회에서는 본국, 대만, 한국 등의 사법기관을 통일하라는 건의와 입법운동이 벌어지고 있었다. 통감부가 준비한 법률안을 의회가 심의하는 과정에서 재한일본인에 대한 차별대우문제, 사법권 독립(특히 통감부판사의 신분보장), 내외지 사법권 통일문제는 물론 근본적인 대한정책에 대한 논란이 야기될 우려가 있었다. 그렇다면 차라리 의회를 경유하지 않고 한국은 헌법시행구역이 아님을 근거로 천황대권에 근거하여 칙령으로 입법하는 것이 간단하다. 관동주의 사례, 일미조약의 사례가 그러했다. 법률 제56호는 긴급칙령으로 폐지해버리면 되는 것이다.

재판법안이 재판소령으로 바뀌면서 체계와 내용도 일부 달라졌다. 본래 재판법안은 총칙을 두고 각 재판소별로 장을 나누고 있었지만, 재판소령은 장의 구별 없이 본칙 27개, 부칙 3개로만 구성되었다.

　가장 눈에 띄는 것은 통감과 재판소의 관계에 관한 규정들이다. 재판법안에서는 재판소가 통감의 '관리'에 속한다고 했으나 재판소령은 통감에게 '직속'한다고 했다. 이것은 중요한 의미가 있다. 통감의 '관리'에 속한다고 할 경우 재판소가 통감의 행정감독을 받는다는 것은 분명하지만, 해석에 따라서는 재판소는 본국 정부에 속하되 감독권만 통감에 위임한 것이라고 볼 수도 있다. 우메 겐지로는 아예 재판소법안의 '관리'를 '감독'으로 고치려 했다. 이는 우메가 재판소는 통감이 '감독'할 뿐 통감에 속하지 않는다는 점을 더 명확히 표현하려고 했음을 보여준다. 앞장에서 보았듯이, 1896년 제정된 대만총독부법원조례가 대만법원은 총독의 '관리'에 속한다고 규정했다가 나중에 대만 사법권 독립문제가 발생했을 때 문제된 적이 있었다. 그래서 1898년 개정된 대만총독부법원조례는 '직속'이라는 용어로 바꾸어 논란의 여지를 없애버렸다. 관동도독부법원도 마찬가지였다. 이런 선례를 따라 통감부재판소는 통감에게 '직속'한다고 명백히 규정한 것이다. 요컨대 법률안에서 칙령으로 넘어오면서, 통감부재판소가 대만과 관동주처럼 외지 통치기관에 직속하는 외지의 재판기관으로 분명하게 자리매김된 것이다.

　이 전환의 의미는 재판소의 관할사건으로 한국 황족 및 한국인의 일정한 범죄를 명문으로 규정한 데서도 드러난다. 본래 이 사항들은 한국인에 관한 사항을 정한 칙령안 '한국인에 대한 사법사무취급규칙'에 들어 있었다. 재판법안은 어디까지나 일본인사건을 염두에 둔 일본재판소의 권한과 조직을 정하는 법이라는 인식이 깔려 있었기 때문에, 재판법안에 한국인 사건에 관한 언급이 없었던 것이다. 하지만 천황의 대권적 칙령에 의해, 그리고 외지인 한국에서 통일적으로 사법권을 행사하는 사법기관으로 규정되면서, 한국인과 일본인사건을 따로 규정하는 어색한 방법을 택할 필요가 없어졌다. 이와 같이 재판법안에서 재판소령으로의 변화에는 일본의 식민지 재판 기관의 전례에 따라 통감부재판소의 위상과 성격을 명료하게 하려는 의도 가 반영되어 있었다.

한편, 재판소령 제25조는 한국인 판검사는 민사에서 원고와 피고가 한국 인인 경우, 형사에서 피고인이 한국인 경우에 한해 직무를 수행한다고 규 정했다. 이 규정에 대해서 흔히 '민족차별적'이라는 비판이 있다. 물론 판 검사의 직권에 민족적 차별을 둔 것은 분명하다. 그러나 이를 오직 민족차 별이라는 목표를 갖고 만든 것으로 이해해서는 곤란하다. 판검사 직권의 차별은 두 가지 문제와 관련되어 있었다. 첫째, 일본인의 입장에서 보면 일 본 신민은 일본재판소에서 일본 법상의 자격을 가진 재판관에 의한 재판을 받을 권리가 있다. 일본에서는 통감부재판소에 한국인 판사를 임용하는 것 자체에 대해서도 위헌론이 제기되고 있었다.[222] 둘째, 향후 치외법권 폐지를 위해서는 외국인에게 일본인과 동등한 대우를 보장해주어야 한다. 때문에 한국인 사법관의 직권을 한국인의 사건에만 한정함으로써, 위헌시비와 국 제정치적 문제를 피해야 했다. 이런 담보가 없었다면 통감부재판소의 설치 도, 치외법권 철폐도 결코 성공하지 못했을 것이다. 이렇게 판검사 직권의 차별은 민족차별인 것은 분명했지만 그 배경에는 그런 차별을 강제하는 일 본의 헌법과 제국주의적 국제관계가 작동하고 있었다는 것을 놓치지 말아 야 한다. 즉 그것은 제국주의적 질서에서 유래한 한국 문명 자체, 국가와 법제도 자체에 대한 차별이었다.

이상과 같은 과정을 밟아 마련된 칙령안들은 1909년 10월 7일 일본 추 밀원의 자순에 회부되었다. 1909년 10월 12일 천황이 임석한 가운데 추밀 원 의장 이토가 주재한 추밀원회의가 열렸다. 추밀원은 사법권 실시협약은

---

222 梅謙次郎, 「韓國の法律制度に就て (下)」, 795쪽.

"장기간 그 실시를 늦추면 피아 정부의 안전을 유지할 수 없다"는 이유를 들어 일사천리로 칙령안들을 통과시켰다.[223] 1909년 10월 18일 제반 칙령과 통감부재판령이 공포되었다. 사법권 위탁의 실행을 위한 마지막 일을 매듭짓고 만주행에 나선 이토는 10월 26일 하얼빈에서 생을 마감했다.

사법 개량과 사법권 침탈이 남긴 것

1890년의 신재판제도는 종전의 제도와 비교하면 분명 개혁적 의미를 가지고 있었다. 그러나 사법제도 '개량'의 동기와 목적은 결코 한국인만의 이익을 위한 것은 아니었다. 우메가 말했듯이, 한국인만을 위해서라면 구법舊法과 구관舊慣을 참고하여 '법삼장적'인 간략한 법을 만드는 것으로 충분했지만, 일본의 한국지배 목적을 달성하기 위해 사법제도상 대한정책의 일환으로 사법제도 개량을 단행했던 것이다. 이토는 한국인들에게 내정을 개량하고 서구열강으로부터 독립하기 위해 사법제도 개량이 필요하다고 말했지만, 실은 한국의 구권력(황제, 정부, 지방관)으로부터, 그리고 서구열강으로부터 일본의 통치권이 독립함을 의미했다. 이렇게 일차적으로 일본의 정치적 이익을 중시하고 있었기 때문에 사법정책도 잇달아 변하게 되었고, 한국 인민은 그로부터 파생하는 이익을 얻었을 뿐이었다. 결국 사법권 위탁을 통해 명목상 '한국'의 사법제도도 없어지고, 제국 사법질서로 편입된 식민지적 사법제도가 탄생했다.

당초 이토가 프랑스주의라는 간명한 방식이 아닌 영국주의와 같이 한국의 법과 재판을 개량해 치외법권을 철거한다는 노선을 취한 것은 결코 현실을 가볍게 보는 이상주의적 관점의 결과는 아니었다. 하지만 이토의 노

---

223 「明治三九年法律第五六號廢止ノ件」(1909. 10. 12), 樞密院會議文書 D(會議筆記, 明治), 樞密院會議文書(일본 공문서관 아시아역사자료센터).

선은 내적 모순을 안고 있었고, 일본의 궁극적 이익 앞에서 취약한 기만적인 성격을 가질 수밖에 없었다. 한국법주의노선에 따라 사태가 순조롭게 진행되어 치외법권이 폐지되었다면, 그때 한국 사법은 어떤 모습이었을까? 일한 양국인으로 구성된 재판소와 일본 법을 대폭 채용한 한국 법제가 존재했을 것이다. 이런 사법제도를 가진 국가는 독립적 주권을 가진 국민국가는 아닐 것이다. 결국 제국 일본의 보호와 통제 아래 일한 양국인이 공동경영하는 지역적 자치단위—아니면 훗날의 만주국 같은 모습?—였을 것이다.[224]

영국주의적 노선은 일미조약이 내포한 치외법권 철폐라는 현실적 과제 앞에서 관철될 수 없었다. 최종적으로 선택한 사법권 위탁의 구체적 목적에 관해서는 여전히 연구가 필요하겠지만, 중요한 것은 그 결과 설치된 통감부재판소가 단순히 일본재판소에 불과한 것이 아니라 법적인 구성 면에서 대만과 관동주의 식민지 재판기관의 요소를 내장한 재판소로 자리매김되었다는 점이다. 따라서 통감부재판소와 병합 이후 총독부재판소는 단절보다는 연속의 측면이 강조될 필요가 있다. 예를 들어 병합 이후 사법제도를 가리켜 "재판소는 독립을 잃고 총독부에 종속하고 사법제도는 전통 법제가 근대적 양상하에서 부활"한 것이라고 말하는 것은 타당한가?[225] 분명히 총독부의 통치는 훨씬 무단적이고 군사적이었다. 또 병합 이후 사법기구와 인원이 축소되고 경찰사법이 확대되는 등 사법제도에 대한 배려가 취약했다. 그러나 통감부재판소체제에 이미 식민지적 사법제도의 기본적 골

---

224 그런 의미에서 이른바 자치육성정책을 통해 이토가 육성하려 한 한국의 자치는 "일한 양국민으로 구성되는 양 민족 협동의 자치"라는 주장은 일리가 있다. 浅野豊美, 「保護下韓国の条約改正と帝国法制」, 89쪽 참조.
225 森山茂徳, 앞의 글, 309쪽.

격이 고스란히 담겨 있었다. 그것을 가능하게 만든 사법권 위탁을 단행한 장본인이 이토였다. 이토가 열어놓은 공간에서 일본의 식민지경영을 통해 축적된 선례들이 원용되며 통감부재판소체제가 성립했다. 결과론적이지만, 사법권 위탁이 있었기에 병합 이후 치외법권 철거교섭이 추가비용을 들이지 않고 순탄하게 진행될 수 있었다. 고쿠부 산가이國分三亥(한국검사총장, 총독부사법부장 역임)는 훗날 병합 당시 의외로 평온했던 것이나 치외법권 폐지교섭이 무사히 종결된 데는 사법 개량의 양호한 성적이 적잖은 도움이 되었다고 회고했다.[226] 개인적 감상에 치우친 말이기는 해도 전혀 근거 없는 소리로 치부하기는 어려울 것 같다. 이토의 또 하나 성공은 여기 있는지도 모른다. 그런 의미에서 사법권 위탁은 한국병합을 앞둔 일본에게 이토가 선사한 근사한 선물이었다고 할 것이다.

신재판소 창설에 즈음하여 이토는 한국정치의 고유한 추태를 개선하고 일본의 시정에 대한 한국인의 열복을 이끌어내는 것은 사법권의 운영에 달려 있다고 말했다. 어쩌면 그는 핵심을 포착했다고 할 수 있다.

기존 사법제도에 대한 불만은 계몽엘리트와 인민 사이에 널리 퍼져 있었다. 정치의 난맥상과 국권손상의 원인이 법의 불비와 관리의 부패 때문이라는 인식이 보편적이었다. "수백 년 악정부"하에 법이 있었지만 사실상 "무법률無法律"상태라는 말처럼, 구제도에 대한 부정적 인식은 어떤 면에서는 일본인들보다 더 강렬했다.[227] "세력대전勢力大全, 뇌도대전賂賭大全, 촉탁대전囑託大全"이 법전을 대신해왔다고 하면서, 1906년 10월 재판사무의 부분적 개선도 "법무행정의 대진보"로 평가되었다.[228] 그런 의미에서 이토가

---

226 國分三亥, 「伊藤統監の炯眼」.
227 『대한매일신보』 1909. 3. 21.
228 『만세보』 1906. 10. 18.

재판 개량을 제반 시정과제 중 가장 중요한 과제로 삼았던 것은 핵심을 포착한 것이었다.

하지만 문명화와 독립보장을 명분으로 했던 시정개선정책에 대한 기대는 곧 무너졌다. 미국에서 발행된 『공립신보公立新報』는 1908년 신新한국재판소의 개청에 즈음하여, 일본이 한국 사법권을 장악하는 것은 한국인의 생사를 통제하는 간교한 수단이라고 비판했다.[229] 『대한매일신보』는 한국인이 극히 소수만 임용되고 그나마 통역에 불과해 재판소는 외교관청처럼 되어버렸으며, 사법기관이 설치되었지만 종전의 인권유린은 개선되지 않았다고 비판했다.[230] 어떤 이는 그 심정을 「부상만리扶桑萬里」라는 가사歌詞형식의 시사평론으로 표현했다. "큰 바람 불어온다. 대심원 공소원에서 한국 검사 감임減任하고 일본 관리 임용하니, 인심물정 어찌 알며 어음語音이 불통할 제 막막한 상대밖에, 법관들이 흔들린다."[231]

그러나 비판적 엘리트층에서 일반인민으로 눈을 돌리면 사정이 달라진다. 『공립신보』는 신재판제도에 대해 "지금까지 법률이 불명하여 제반 악정을 괴롭게 알던 인민은 대단히 만족"해 한다고 전했다.[232] 우메 겐지로는 일본인이 극히 공명정대한 재판을 하기 때문에 재판사건이 격증하여 한국인들이 소송사건이 아닌 것까지 재판소에 가지고 오는 실정이라면서, 사법기관에 관해서는 비교적 비난이 적다고 했다.[233] 이토는 "제도는 가장 새로운 것임에도 불구하고 성적은 가장 양호"하다며 만족을 표했다.[234] 일본인

---

229 『공립신보』 1908. 7. 14.
230 『대한매일신보』 1909. 2. 24. 사설.
231 『대한매일신보』 1908. 4. 9.
232 『공립신보』 1908. 6. 17.
233 梅謙次郎, 「韓國の法律制度に就て (下)」, 794쪽.
234 사법성사법관회동원을 초대한 만찬회에서 이토 통감의 연설요령(1909. 4. 11, 동경 관저),

432 제2부 사법의 식민지적 근대, 1905~1945

사법관들이 공정함을 지키려 노력하여 인민들이 의심과 두려움에서 벗어나 점차 신뢰하게 되었다고 회고했다. 일본인 사법관의 회고담에는 아전인수 격의 해석이 없지 않겠지만, 새로운 사법제도가 종전 한국 관원의 시정과 일본의 시정을 대비시키는 데 가장 유용한 장치였음은 분명하다. 특히 사법권 독립과 재판권 장악의 효과로 인해, 일본인 법관은 부패한 한국 관원 및 권세가와 그에 항의하는 인민 사이에서 마치 중립적 판정자 같은 지위에 설 수 있었다. 이 점을 잘 보여주는 사례가 지방관의 불법에 대한 인민의 고소를 처리하는 방식이다. 그것은 일본 사법관에 의한 것이기는 했지만 행정과 분리된 재판소 설치가 가져온 하나의 효과로서, 한국 인민에게 보여준 신新시정의 상징과 같은 것이었다. 이를 통해 열복까지는 아니더라도 일정한 신뢰를 얻고 현실을 수긍하게 만들었던 것이다.

사법권 위탁 직후 지방 민심의 동향을 조사한 지방헌병대들의 보고를 보자. 보고서들은 한결같이 지방 민심이 대체로 숙정하고 일부 유식층이 자신의 장래를 걱정하기는 하지만 일반인민들은 대체로 감상이 없는 듯하다고 했다. 지방에 따라서는 "오히려 공명한 재판을 갈망하는 현상황에서 적당한 조치로 생각하는 자가 많고" "일반의 감정이 선량하고 사법권 위임을 매우 환영하는 상태"라고도 했다.[235] 근거 없는 보고는 아니었던 것 같다. 미주에서 발행된 『신한민보』는 일본이 한국 사법권을 장악한 뒤 "악한 관리의 탁란濁亂하던 폐단이 없어지고 재판을 공평히 하는 고로, 지방 인민들은 도리어 다행으로 알고 일본에 복종하는 마음이 점점 생긴다고 하니 적은 이익을 달게 하고 큰 의리를 모르는 저 노예를 다 어찌 할꼬"라며 탄식했다.[236]

「좌담회기록」, 56쪽.

235 明治四十二年七月中管內情況 一般ノ狀態, 『統監府文書 6』, 285~290쪽.

한편 사법권 위탁 이후 법학교 학도들이 직업적 장래를 비관하며 자퇴하는 사태가 벌어졌다. 그러자 『대한매일신보』는 논설을 통해 "법학을 연구하는 것이 법부를 폐지하기 전보다 더욱 깊이 할지어늘 오히려 퇴거하고자 함이 무슨 잘못된 생각인가", "지금 자퇴하는 것은 사법권을 영구히 상실하는 것"이라며 자중을 호소했다. 그리고 '무법률상태' 때문에 나라가 이렇게 되었으니 이제 인민이 모두 자기 권리를 힘써 알고 지키라고 당부했다.[237] 암담한 현실 앞에서 법학을 배운다는 것은 과연 어떤 의미였을까. 최석하崔錫夏 같은 인물은 이렇게 답한다.

> 금일 한국 법률은 순전한 주권자의 명령도 아니요 타력타동他力他動으로 제정한 것이니 이렇게 외부적 관계로 발생한 법률을 어찌 법률이라 칭할 수 있겠는가? (…) 한국 법률가의 책임은 현실적 국가와 현실적 법률을 해석함에 있는 것이 아니라 이상적 국가와 이상적 법률을 건설함에 있다.[238]

이상적 국가와 이상적 법률, 그것은 새로운 비판의 준거와 전망을 만들었다. 병합 이후 식민지 사법제도에 대한 비판기준이 곧 이상적 국가와 법률이었다. 한국 독립운동의 역사를 통해 그것은 민주공화국과 진정한 법치주의로 귀결되었고, 임시정부의 헌법 이념이 되었다. "있는 국가"에 대한 열복이 아니라 열패감으로부터 길어올린 "있어야 할 국가"를 향한 치열한 모색 속에서, 미래에 탄생할 사법의 뿌리가 형성되었던 것이다.

---

236 『신한민보』 1910. 2. 9.
237 『대한매일신보』 1909. 3. 17; 3. 21.
238 崔錫夏, 「韓國法律觀 4」, 『大韓學會會報』 4호, 1908, 50~52쪽.

7장 식민지통치체제하의 사법구조

　6장에서 우리는 사법권 위탁과 통감부재판소체제 성립에 이르는 과정을 통해 어떻게 일본 식민지경영의 선례에 부합하는 조직과 법적 틀이 만들어졌는지 살펴보았다. 7장에서는 6장의 논의를 이어, 병합 이후 사법제도가 어떻게 재조정되었고 그 결과는 어떠했는지, 식민지통치체제 아래서 사법조직은 어떤 구조와 위치를 가지고 있었는지 검토할 것이다. 그에 접근하기 위해서는 먼저 식민지지배체제, 총독정치체제를 법적 측면에서 파악해 둘 필요가 있다.

　식민통치를 뒷받침한 법체계의 특징을 묘사할 때는 프랭켈Ernst Fraenkel의 이중국가(dual state) 개념이 유용하다.[239] 이중국가란 프랭켈이 나치독일의 국가구조와 법체계의 분석 틀로 제시한 것으로서, '대권국가大權國家'와 '규범국가規範國家'가 동시에 공존하는 국가를 말한다. 여기서 "대권국가란 어떠한 법적 보장에 의해서도 견제되지 않는 무제한의 전제와 폭력을 행사하는 통치시스템이며, 규범국가란 제정법과 재판소의 판결과 행정기관의

---

[239] E·フレンケル 著, 中道寿一 譯, 『二重国家』, 京都: ミネルヴァ書房, 1994. 에른스트 프랭켈(Ernst Fraenkel)은 독일의 노동법학자로, 나치시대 미국으로 망명하여 군사점령의 법적 측면을 연구했으며 1946년부터 미군정 법률고문으로 근무했다.

활동에서 보이는 바와 같은 법질서를 수호하기 위한 권한이 부여된 행정체이다."[240] 전체주의 나치국가의 현실은 정치영역에서는 법률도 규칙도 존재하지 않는 자의적 조치에 의해 지배되는 대권국가적 측면을 가지지만, 경제영역에서는 자본주의질서와 그 메커니즘을 유지하기 위해 법적 틀이 가동되는 합리적인 '규범국가'의 측면을 가지고 있다는 것이다. 그러나 여기서 말하는 규범국가는 "'법의 지배'가 행해지고 있는 국가, 즉 자유주의시대의 법치국가와 동일하지 않다. 규범국가는 대권국가에 필요한 보완물이다." 즉 이중국가론의 취지는, 대권국가와 규범국가가 상호의존관계에 있다는 것, 양자의 공존은 자의성을 높임으로써 국가권력의 효율성을 촉진하는 국민사회주의정책을 여실히 보여준다는 것이다.[241]

이중국가의 내적 체계에는 차이가 있겠지만, 식민지 법체계에서도 이중국가의 모습을 볼 수 있다. 독일 제3제국헌법이 계엄령(1933. 2. '민족 및 국가의 보호를 위한 라이히 대통령령')이었다면,[242] 조선의 '헌법'은 제국헌법의 천황대권에 관한 규정과 1911년(明治 44) 3월 25일 제정된 법률 제31호 '조선에 시행할 법령에 관한 건朝鮮ニ施行スヘキ法令スル件'이었다. 이 두 법이 합체된 식민지 '헌법'의 법적 본질은 계엄령이다.

조선은 천황이 통치하는 제국의 일부이며, 조선총독은 천황대권을 위임받아 입법·사법·행정 삼권을 통할하며, 법률로써 정할 사항이 있으면 법률 31호에 의거해 제령으로 법률사항을 정할 수 있었다. 이것은 식민지 신민의 '신민자연상태'의 지위를 재확인하고 식민지의 특수사정을 고려하여 통치목표를 달성하기 위한 법률과 조치가 누구에 의해 발포되는가를 밝혔을

---

240 위의 책, 「序論」, 9쪽.
241 위의 책, 88쪽.
242 위의 책, 3쪽.

뿐이고, 나머지는 대권국가의 자의와 재량에 맡겨졌다. 다시 말해서 식민지 대권국가의 활동을 규제할 '법'이란 없었다. 그 권위에 근거하여 식민지의 치안·경제·사회에 관한 법령들이 포고되고, 행정기관과 재판기관이 조직되었다. 대권국가의 정치와 행정은 재판소의 관할범위에서 배제된다. 재판소는 판결로써 대권국가의 자의와 재량을 법인法認하고 식민지 법체계의 유지에 기여한다. 식민지 규범국가의 형상은 나치독일에서와 마찬가지로 "재판소가 사적 자본주의의 기능에 필요한 법제도를 잘 유지시키고 있다는 것", 즉 "기업활동의 자유, 계약의 신성성, 사유재산, 노동을 통제하는 기업가의 권리(경영권), 불공평한 경쟁의 규칙, 특허와 상표권 등의 규칙, 이자협정과 양도담보의 법적 보호 등 사적 자본주의에 불가결한 법제도"[243]가 유지되었다는 것으로 나타난다.

7장에서는 그와 같은 역할을 한 재판소와 검찰의 조직과 규모, 공식 사법부문에서 배제되어 경찰에게 넘겨진 사법부문의 형상, 그리고 총독정치 체제 아래서 재판소와 검찰의 지위에 관한 몇 가지 문제를 살펴볼 것이다. 그중 하나는 총독과 재판소의 관계, 식민지에서의 사법권 독립문제에 관한 것이다. 이에 대해서는 식민지 통치구조상 근대적 권력기관의 구성원칙인 사법권의 독립을 논한다는 것이 무의미하지 않느냐는 의문이 들 수도 있다. 그러나 사법권 독립문제는 그 원칙에 근거하여 조직된 재판기관을 모델로 삼고 있는 총독부재판소를 조직·운영함에 있어 필연적으로 부딪칠 수밖에 없는 문제였다. 그 문제가 식민지 조선에서 어떻게 논의되었고, 또한 그것이 특정한 쟁점의 형성과 입법에 어떤 영향을 주었는지 파악할 필요가 있다. 또한 이 문제는 단지 식민지 내부문제에 한정되지 않고, 제국 전체의 사법제도 통일문제와 연결되어 있었다. 5장의 대만형 사법제도를 살펴보면

---

243 위의 책, 90쪽.

서 문제의 발단이 어디에 있었는지 설명했는데, 이 장에서는 조선 내부의 사정과 어떻게 얽히고 있었는지를 살펴볼 것이다.

1. 병합과 식민지 사법제도의 재편

병합 이후의 재판제도 개정문제

보호국 시기에 개편된 사법제도는 병합 이후 식민지라는 위상에 걸맞게 재편되었다. 병합 이후 달성한 치외법권 폐지의 조건을 깨뜨리지 않는 한도에서[244] 식민지통치의 효율성을 높이기 위해 인원과 기구를 정리하고 법령을 재정비할 필요가 있었다. 그 결과가 1912년 3월 18일 공포된 제령 제4호 '조선총독부재판소령중개정朝鮮總督府裁判所令中改正', 제령 제7호 '조선민사령朝鮮民事令', 제령 제11호 '조선형사령朝鮮刑事令', 제령 제13호 '조선태형령朝鮮笞刑令' 등이다.

초대 조선총독 데라우치 마사타케寺內正毅는 선임자인 이토 히로부미나 소네 아라스케와는 관점을 달리했다. 군벌세력의 대표주자였던 그는 만주 진출을 위한 거점에 불과한 식민지 조선에는 그 정도 위상에 합당한 제도를 시행하는 것으로 족하다고 보았다. 식민지통치를 군벌의 장악하에 두기 위해서는 재정적 독립이 필요했고, 따라서 병합 직후부터 경비절약을 위한

---

244 일본 정부는 한국병합 통고와 함께 한국과 제외국 사이의 조약은 병합으로 자연 소멸되며, 일본과 제외국의 현행조약이 조선에 효력을 미치게 되어 조선 내의 치외법권은 자연히 폐지된다는 입장을 전달하고 서양인에게 공정한 재판과 관대한 대우를 약속했다. 병합 이후 치외법권, 거류지제도, 관세율 등 제반 사항에 관한 각국의 태도에 대해서는 『보호 급 병합』, 344~357쪽. 거류지제도에 관해서는 특히 小川原宏幸, 「朝鮮における各国居留地撤廃交渉と条約関係」, 『文学研究論集』(明治大学大学院文学研究科) 14號, 2001, 149쪽 이하 참조.

기구와 제도정리작업이 진행되었다.[245] 재판소도 기구정리의 압력에서 벗어
날 수 없었다. 병합 시점부터 구區재판소의 추가설치를 미루고 103개의 구
재판소를 69개로 통폐합하고 직원을 일부 정리했다. 그나마 구라토미 사법
부장관(전 한국법부차관, 통감부사법청장관)이 최소화했기 때문에 그 정도에 그쳤
다.[246] 더 나아가 아예 총독부재판소를 대만이나 관동주에서와 마찬가지로
2심급제로 변경하는 문제가 제기되고 있었다. 병합 직후인 1910년 9월 고
등법원 검사장 고쿠부 산가이는 다음과 같이 말했다.

> 세상에서는 걸핏하면 조선의 재판이 그 민도에 비하여 지나치게 완전하다고 생
> 각하거나 2심제도를 주장하기도 하지만, 상술한 바와 같이 조선의 재판제도가
> 일본 내지, 구주 제국과 동등한 것이 금일 한국의 병합을 용이하게 하고 치외법
> 권의 철거에 이의를 야기하지 않은 원인이라고 한다면, 병합을 마친 금일 이를
> 변경하는 것과 같은 일은 실로 너무나 자의적인 행태이고 또한 구주 제국에 대
> 해서 심히 바람직스럽지 않다고 말하지 않을 수 없다. 어쨌든 이토 공이 일찍이
> 조선의 사법제도에 무게를 두었던 일은 병합을 해결한 금일에 와서 돌이켜보면
> 그 착안점이 높음에 경복하지 않을 수 없다.[247]

이런 희망에도 불구하고 데라우치 총독 시절 사법부에는 거센 바람이 몰
아쳤다. 1911년 총독부 내에서 공소원 폐지방침이 거론되자 구라토미 사법
부장이 직을 걸고 맞선 일도 있었다.[248] 1911년 11월 초 와타나베 노부渡邊

---

245 森山茂德, 「日本の朝鮮統治政策(一九一〇～一九四五年)の政治史的研究」, 『法政理論』,
　　　23卷 3·4號, 1991, 66쪽 이하 참조.

246 「韓国ニ於ケル司法及監獄ノ制度」, 倉富勇三郎文書 30-17, 「裁判所職員定員意見書案」,
　　　같은 문서 30-14.

247 國分三亥, 「併合と司法制度との關係」, 『朝鮮』 1910년 9월호, 53쪽.

暢 고등법원장, 고쿠부 검사장이 대만으로 출장하자 출장의 목적이 재판소를 이심제로 변경하기 위한 조사 때문 아니냐는 의혹이 일었다. 총독부는 의혹의 진화에 나섰다. 조선이 대만과 사정이 다르고, 삼심제로 인해 열국이 치외법권을 철거했으니 삼심제는 그대로 유지한다고 했다.[249] 삼심제는 이렇게 유지되었지만, 기구과 인원의 축소는 불가피했다.

1912년 제도개정을 보기 전에, 1910년 11월과 1911년 5월의 조선총독부재판소령(이하 총독부재판소령) 개정을 짚고 넘어가자. 두 차례 개정은 직간접적으로 치외법권 철폐문제와 연관되어 있었다.

1910년 11월 28일 제령 제9호로 개정된 총독부재판소령에는, 특별한 필요가 있다고 인정할 경우 조선총독은 구재판소 또는 지방재판소에 속하는 형사소송사건을 동등한 다른 재판소로 이송하여 취급하게 할 수 있다는 규정이 추가되었다. 제반 설비가 갖추어지지 않아서 외국인 관계사건이나 다중폭동사건은 법정의 관할재판소에서 취급하기 곤란하다는 이유였다.[250] 이는 미국 정부의 요구를 고려한 조치처럼 보인다. 병합 이후 일본이 치외법권 철거방침을 제외국 정부에 통고하자, 미국 정부는 자국민의 안전과 권리를 보장한다는 명분으로 형사재판은 경성에서 재판할 것을 치외법권 철거의 조건으로 내걸었기 때문이다.[251] 치외법권 철거에 수반된 외국인 대우 문제는 다른 곳에도 영향을 미쳤다. 외국인사건의 수사는 고등법원 검사장의 지휘를 받아야 한다는 통첩이 내려지고, 1911년 3월 사법관회동에서도

---

248 「좌담회기록」, 100~102쪽, 150~153쪽.
249 『조선신문』 1911. 11. 26; 12. 5.
250 1910. 10. 12, 「朝鮮總督府裁判所令中ヲ改正ス」, 『公文類聚』(三十四編·明治四十三年·第二十一卷·司法門).
251 안종철, 「'한국병합' 전후 미일 간 미국의 한반도 치외법권 폐지교섭과 타결」, 『법사학연구』 36호, 2007, 56~57쪽.

정무총감이 서양인사건은 정치적·외교적 문제를 고려하여 보다 신중하게 처리하라고 훈시했다.[252] 1913년 12월에는 총독부 내훈을 통해 중국인을 제외한 외국인의 범죄사건을 기소하거나 즉결처분할 경우 총독의 사전승인을 얻도록 했다.[253]

1911년 5월 9일, 재판소령 개정(제령 제4호)과 '조선총독부판사징계령'(제령 제5호) 제정을 통해 총독부 판사의 신분보장 및 징계절차가 규정되었다. 대만의 선례를 따라, 총독부 판사는 금고 이상의 형선고 또는 징계처분에 의하지 않으면 그 의사에 반해 면관되지 않는다고 했다. 제국헌법 제58조 2항이 규정하는 수준으로 총독부 판사의 지위를 보장해준 것이다. 그러나 일본의 판사는 면관뿐 아니라 전관·전소·정직·면직·감봉에 관해서도 보장이 있다는 점, 판사징계위원회의 구성방식에서 위원장인 고등법원장을 제외하고는 위원과 예비위원을 조선총독이 매년 임명한다는 점 등에서, 판사의 신분보장 정도는 일본에 비해 매우 낮았다. 특히 조선총독은 필요하다고 인정할 때 판사에게 휴직을 명할 수 있다는 독소조항을 두고 있었다. 어쨌든 일정한 신분보장은 헌법상의 사법권 독립이 조선에도 적용된다는 다테마에(建前)를 뒷받침했고, 조선의 재판소는 헌법상의 재판소라는 주장의

---

252 山縣政務總監演述筆記(1911. 3), 朝鮮總督府法務局 編, 『自明治四十一年至昭和十三年 裁判所及檢事局監督官會議 總督訓示及法務局長注意事項集』(이하『총독·법무국장 훈시집』), 9쪽. 미국인과의 마찰사례는 「좌담회기록」 94~95쪽, 112~113쪽.

253 1913. 12. 15, 內訓 제19호. "칙임관, 유작자(有爵者), 종4위(從四位), 훈3등(勳3等), 공3급 (功3級) 이상의 자, 현직에 있는 주임관, 제국의회 의원, 또는 외국인(중국인 제외)이 금고 이상의 형에 해당하는 죄를 범하여 기소 또는 즉결처분을 해야 한다고 사료한 때는, 그 범정(犯情)을 조선총독에게 구신하여, 지령을 기다려 처분하는 것으로 함." 1920년에는 내훈을 수정하여, 외국인 범죄에 관해서는 정치에 관한 죄를 범한 경우에 한해 총독에게 청훈하도록 했다. 「外國人ノ犯罪處分二關スル件」(1920. 4, 法秘 第558號, 地方法院檢事長, 道知事宛 政務統監通牒), 朝鮮總督府法務局 編, 『朝鮮司法例規』, 京城: 大成印刷社, 1922, 153쪽.

근거가 되었다.[254]

1912년의 제도개정과 식민지적 사법제도의 완성

1912년(明治 45) 3월 18일 총독부는 제령 제4호로 조선총독부재판소령을 개정해 종래의 '고등법원, 공소원, 지방재판소, 구재판소'의 4급 3심제도의 재판제도를 '고등법원, 복심법원覆審法院, 지방법원'의 3급 3심제도로 변경했다. 지방법원의 경우 단독사건의 범위를 확대하는 한편,[255] 지방법원사무 일부를 취급하기 위해 지방법원지청을 두는 형식으로 법원조직의 정리를 단행했다. 그와 함께 기존의 지청 중 8개소, 재판소지부 12개소가 폐지되었다. 각 재판소 검사국의 명칭도 고등법원 검사국, 복심법원 검사국, 지방법원 검사국, 지방법원지청 검사분국檢事分局으로 변경되었다. 아울러 '조선민사령'(제령 제7호), '조선형사령'(제령 제11호), '조선태형령'(제령 제13호) 등 제령이 공포되었다. 여기에 1910년 12월 공포된 '범죄즉결례'(제령 제10호), '민사쟁송조정에 관한 건民事爭訟調停ニ關スル件'(제령 제11호)을 덧붙인다면, 대만에서 확립된 식민지형 사법제도의 골격을 완전히 갖추게 된다.

1912년 사법제도 개편의 목적은 사법기구 축소, 절차 간소화, 통일적 법규정비에 있었다. 1913년 사법관감독관회동 석상에서 데라우치 총독의 훈시는 그 점을 잘 보여준다.

---

254 총독부는 개정이유서에서 "재판관의 신분보장에 관해서는 제국헌법 제58조의 명문이 있기 때문에 조선총독부 판사에 대해 일반문관의 분한령(分限令)을 적용할 수 없다"라고 했다. 「朝鮮総督府裁判所令中ヲ改正ス」, 1911. 5. 2, 『공문류취』 35편·1911년·23권.

255 조선총독부재판소령 제4조 지방법원은 판사단독으로 재판을 한다. 다만 다음에 열거한 사건에 관해서는 3인의 판사로 조직한 부에서 합의해 재판한다. 1. 소송물의 가액 1천 원을 초과하는 민사사건, 2. 인사소송사건, 3. 파산사건, 4. 형법 제74조 및 제76조의 범죄사건, 5. 사형, 무기 또는 단기 1년 이상의 징역이나 금고에 해당하는 범죄사건, 6. 전 2호의 공범사건. 다만 전 2호의 사건과 동시에 심판하는 경우에 한한다.

종래의 사법제도는 재판소의 종류 및 권한 등 범衈을 내지의 제도에서 취하여 최고재판소 아래 3종의 재판소를 두고 1심, 2심의 재판 모두 2종의 재판소에 분속하여 재판소의 종류가 과다하고 그 권한 역시 서로 착종했다. 뿐만 아니라 단독판사의 재판권은 구재판소의 권한에 속하는 경이輕易사건에 한정되고 기타 사건은 모두 합의재판의 수속을 사용하지 않을 수 없었다. 또한 민사 형사에 관한 법규에 있어서도 실체법 및 수속법 모두 각별의 법규를 두고 당사자가 내지인인지 조선인인지를 구별하여 이를 적용하지 않으면 안 되었다. 이와 같은 제도는 오로지 백반의 사무 민첩을 필요로 하는 조선의 현상황에 적응하지 않을 뿐만 아니라, 공평을 유일한 목적으로 삼는 사법처분의 성질에서 이를 볼 때도 타당하다고 말할 수 없다. 그런 까닭에 금반의 개정에서 재판소의 종류를 줄이고 그 권한을 명확히 하고 단독판사로 하여금 다수사건의 1심재판을 하도록 하고, 민사 형사의 법규에 관하여는 소송수속을 간편하게 하고 실제의 필요에 의해 실체 법령 중 조선인에 대한 약간의 예외규정을 둔 것 외에는 내외인을 불문하고 모두 동일의 법규를 적용하도록 했다.[256]

축소된 조직과 인원을 가지고 사건을 효율적으로 처리하기 위해서, 형사령과 민사령은 각종 민형사소송상의 특례를 통해 소송절차를 간편히 하거나 수사검찰기관의 권한을 강화했다. 나아가 총독과 사법부장관司法部長官의 훈시를 통해 민사소송에서는 '화해'를, 형사소송에서는 '기소유예'를 강조한 것도 정규 재판절차로 사건들이 유입되는 것을 통제하기 위함이었다.[257] 이와 맞물려 경찰의 사법관여는 필수적이었다. 경찰서장에 의한 범죄즉결

256 寺內總督訓示, 1912. 5, 『총독·법무국장 훈시집』, 11~13쪽.
257 예를 들어 寺內 總督 訓示(1912. 5), 『총독·법무국장 훈시집』, 13쪽; 寺內 總督 訓示 (1914. 5), 같은 책, 91쪽.

과 민사쟁송조정제도가 그것이었다.

보호국 시기 법제정비의 목표가 내외국인의 구분 없는 일원적 법제도를 수립하는 것이었다고 한다면, 1912년의 제도개정을 통해 그 목표는 달성되었다. 조선형사령의 경우, 조선의 특수사정을 고려해 여러 가지 특례를 두고 있다. 하지만 명맥을 유지한『형법대전』의 일부 규정[258]과 조선태형령을 제외하면, 나머지는 조선인들뿐만 아니라 일본인과 외국인에게도 적용되는 것이었다. 구한국기에 법전조사국에서 '한국 법전'을 편찬한다는 계획을 세웠지만, 이는 병합 직후 폐기되었다. 이 점 때문에 이토의 '보호정치'와 데라우치의 '무단통치'를 대비시키기도 하는데, 꼭 그렇게 볼 것은 아니다. 우메 겐지로가 구상한 '한국 법'이란 기본적으로 내외인에게 공통으로 적용하는 부분과 한국인에게만 적용하는 부분 두 가지로 구성되어 있었다. 공통부분은 일본 법을 다소 간략하게 취하되 부동산법제만은 한국의 관습을 참작하여 한국 법의 형식으로 통일법을 만든다는 것이었다. 반면 한국인에게만 적용될 분야는 주로 친족상속법분야였다. 이런 구상은 병합 이후에도 변화되지 않았다. 사법권 위탁은 일본인에게는 일본 법을, 한국인에게는 한국 법을 적용하는 틀을 만들어냈기 때문에, 우메는 한국인만을 위한 민법을 기초하는 것으로 방향을 바꾸었다. 한국인만을 규율하는 민법이란 결국 재산법의 일부와 가족법이 중심이 되지 않을 수 없었다.[259]

---

258 조선형사령은 일본 형법을 의용하고 한국인에게 적용되던『형법대전』을 폐지했는데, 부칙 제41조에서『형법대전』의 모살죄, 고살죄, 친속존장살해죄, 강도·절도상해죄, 강·절도 강간죄의 기수범과 미수범에 관한 처벌규정(법정형은 모두 사형이다)은 당분간 조선형사령의 시행 전과 동일한 효력을 갖되 일본 형법 제87조(법률상 감경)의 예에 의한다고 하여 감경할 수 있도록 했다.『형법대전』의 일부 조항의 효력을 존속시키고 있었던 조선형사령 부칙 규정은 1917년 12월 제령 제3호로 폐지되었다.

259 梅謙次郎,「韓國の法律制度に就て (下)」;「韓國の合邦論と立法事業」,『國際法雜誌』8卷 9號, 1910, 739~741쪽.

우메가 한국 관습조사 결과를 바탕으로 한국 민법을 제정하려고 한 것은 사실이지만,[260] 그가 구상한 한국 법제의 구조는 민사령과 형사령 제정으로 달성된 법제개편 결과와 크게 다르지 않았다. 조선민사령은 조선에서의 민사에 관한 사항은 일본의 민사법에 의하되, 부분적으로 조선의 관습을 법원法源으로 인정했다.[261] 즉 조선민사령에 의하면, 조선에서의 민사법은 조선에 '의용'된 일본의 민사법(일본 법을 따르는 조선·일본 공통의 법), 조선인 상호의 법률행위, 민법 중 능력, 친족 및 상속에 관한 조선의 관습(조선의 관습에 의한, 조선인만을 위한 법), 부동산에 관한 물권의 종류·효력에 관해서는 '일본민법에 정해진 물권을 제외한' 조선의 관습(조선의 관습을 고려한 조선 공통의 부동산법), 물권의 득실 및 변경에 관한 '조선부동산등기령'(조선의 실정을 고려한 조선의 부동산등기법) 등으로 구성된다. 이렇게 볼 때, 조선민사령에 나타난 조선에서의 민사법의 구성요소는 우메가 구상한 '한국 법'의 구성요소와 큰 차이가 없다. 다만 우메의 한국 법은 '관습법의 성문화'를 전제하고 있으나, 조선민사령의 경우 관습법을 사법적 판단을 통해 확인·적용해야 할 불문법不文法영역에 남겨두었다는 차이가 있을 뿐이다. 1912년 시점에서 조선인을 위한 법은 관습법의 영역에 남겨둘 수밖에 없었지만, 총독부는 이후 본국정부의 '법제 일원화' 즉 내지연장주의노선에도 불구하고 친족·상속분야에서 조선 관습의 성문화를 시도하기도 했다.[262]

---

260 주한 미국총영사는 우메 겐지로가 1910년 중반쯤 민법을 완성할 것이라고 미 국무부에 보고했다(안종철, 앞의 글, 51쪽). 그러나 당시 우메의 발언이나 사료를 종합해볼 때, 병합 시점에 한국 민법안이 완성단계에 있었다고 볼 근거는 없다.
261 조선민사령 제10조 조선인 상호 간의 법률행위에 대해서는 법령 중 공(公)의 질서(秩序)에 관계되지 않는 규정과 다른 관습이 있는 경우 그 관습에 의한다.
  제11조 제1조의 법률 중 능력, 친족·상속에 관한 규정은 조선인에게 적용하지 않는다. 조선인과 관계되는 전항의 사항에 대해서는 관습에 의한다.
262 이승일, 『조선총독부 법제정책—일제의 식민통치와 조선민사령』, 역사비평사, 2008 참조.

이상과 같이 1912년의 법제개정으로 통감부 시기의 국적구별에 의한 이원적 법제도가 형식적으로는 해소되었으나, 실질적으로는 '일반법'으로서 의용된 일본 법이 존재하면서 '특별법'으로서 조선 지역의 '고유법'(구관 및 조선 지역 특유의 법)이 공존하는 이중적 법제도의 구조가 여전히 존속했다. 식민지 법체계가 구조적으로 이중적 법제도를 취했던 이유는, 본국법의 획일적 시행이 야기할 혼란과 조선인의 저항을 회피하고 식민지배의 안정화를 꾀하기 위해 일정 수준에서 고유법의 존속을 인정하는 전략을 택했기 때문이다. 다만 여기서 말하는 고유법 또는 관습법은 결코 식민지화 이전의 '순수'한 것이 아니다. 그것은 서구적 법 개념이라는 필터를 통해 재구성되고 식민지 당국의 통제 아래서 새롭게 만들어진 관습법이었다.[263]

1912년에 정립된 총독부재판소체제는 1944년 2월 15일 제령 제2호 '조선총독부재판소령전시특례'에 의해 항소심 없는 2심제가 시행될 때까지 큰 변화 없이 유지되었다. 대만이나 관동주에서 3심제 실시를 위해 몇 차례 법원조직이 변화된 것과는 대조적이다. 총독부법원은 1895년 이래의 대만 통치 경험, 1905년 이래의 한국 통치 경험이 종합된 일본 식민지 재판제도의 결정판이었다. 조선의 제도는 오히려 다른 식민지에서 참고할 만한 제도가 된 것이다.

---

263 그러나 창조된 관습법을 단순하게 '관습법의 왜곡' 혹은 완전히 새로운 관습으로 볼 수는 없다. 그것은 "조선사회의 관습과 전혀 동떨어진 관습이 아니라는 점에서 조선인의 '관습·관습법'의 성격을 지니고 있지만 궁극적으로는 식민지 권력이 유도하는 방향으로 조절·통제되고 있었다는 측면"을 가지고 있는, "인큐베이터 안에 놓인 영아(조선인의 관습)가 보모(식민지 권력기구)의 양육정책에 의해 교묘하게 통제된 '신관습·신관습법'이다." 심희기, 「일제강점 초기 '식민지 관습법'의 형성」, 『법사학연구』 28호, 2003, 28쪽.

식민지 검찰조직의 특징

총독부재판소의 검사국은 그 명칭을 제외하고는 통감부재판소령체제를 그대로 이어받았다. 검사국은 "총독의 관리에 속하고 조선에서의 검찰사무를 관장한다"(제9조 2항)에서 '관리'라는 용어는, 총독에 '직속'하는 총독부재판소에서 검사국은 총독의 검찰사무에 관한 지휘감독을 받음을 표현하기 위한 것이었다.

각 재판소에 병치된 고등법원 검사국, 복심법원 검사국, 지방법원 검사국에는 각각 고등법원 검사장, 복심법원 검사장, 지방법원 검사정檢事正을 두었다. 검찰사무 지휘계통은 조선총독을 정점으로 고등법원 검사장, 복심법원 검사장, 지방법원 검사정이 해당 검사국 및 관하 하급검사국을 지휘감독하도록 했다.

총독 및 고등법원 검사장을 정점으로 하는 상명하복의 피라미드체계가 정립된 것이지만, 검사동일체원칙의 법적 표현방식에서 보면 다소 특이한 점이 있다. 앞에서도 지적했듯이 검사동일체원칙의 핵심은 단순한 상명하복관계가 아니라 개개 검사의 직무를 전체 검찰 또는 일정한 검사국의 직무로 취급한다는 데 있었다. 이를 위해서는 개개 검사의 직무를 일체로 파악할 수 있는 법적 근거가 있어야 하는데, 바로 일본의 재판소구성법처럼 상급검사국의 장이 하급검사국 검사의 직무를 이전하거나 승계하는 권한이 그것이었다. 그런데 총독부재판소령은 일본의 예와 달리 고등법원 검사장, 복심법원 검사장, 지방법원 검사정에게 하급검사국 소속검사의 직무를 다른 검사에게 이전하거나 직접 그 직무를 승계하여 취급하는 권한을 명시하지 않았다.[264] 반면 대만이나 관동주의 경우 1919년 이후 고등법원 검찰관

---

264 이런 예에 비추어볼 때, 조선총독부 검사국의 경우 검사국의 장의 직무이전·승계권이 부인되었다고 볼 여지가 있다. 1912년 3월 총독부령 제28호 '조선총독부재판소급검사국사무장

장의 하급검사의 직무에 관한 직무이전·승계권을 명문으로 규정했다.[265]

총독부재판소령 제9조 1항은 "재판소에 검사국을 병치並置한다"고 했다. 이 규정은 '통감부재판소령'에도 존재했다.[266] 일본 재판소구성법은 '부치' 라는 표현을 썼다. 8장에서 자세히 보겠지만, '부치'라는 용어는 검사들을 불편하게 만들었다. 마치 검사국이 재판소의 부속기관 같은 느낌을 주었기 때문이다. '병치'는 '부치'라는 표현이 주는 위화감을 없앨 수 있었다. 관동 주법원의 경우 1923년 5월 '관동주재판소령'을 개정하여 각 재판소에 검사 국을 '병치'한다는 표현을 썼다. 본국 검찰이 바라던 것이 식민지에서 먼저 실현되었던 것이다.

1912년의 총독부재판소령에서 '병치'는 그저 이름에 불과했지만 나중에 실질을 확보하게 된다. 1937년(昭和 12) 8월 16일 제령 제15호로 재판소령 을 개정하여 재판소와 검사국에 각각 별개의 서기과를 설치하고, 고등법원

정' 제8조에서 검사국의 장은 "그 국의 검사 및 그 관내의 하급검사국의 검사로 하여금 상호 그 직무를 대리하게 할 수 있다"고 하여, 상호 직무대리에 관한 규정을 두고 있다. 그러나 각급법원장 역시 동일한 권한을 가지고 있었다. 따라서 이 규정은 검사동일체원칙 을 표현하기 위한 게 아니라, 단지 사무편의를 위해 관하 검사들 사이에 직무대리를 할 수 있게 한 것에 불과하다. 왜냐하면 이와 같은 직무대리는 법원에서도 허용되기 때문이다.

265 대만의 경우, 1919년 8월 8일 대만총독부법원조례를 개정하여(율령 제4호) 고등법원 검찰 관장은 지방법원 검찰관의 직무 범위 내에 있는 사무를 자신이 취급하거나 지방법원의 어 떤 검찰관이 취급할 사무를 다른 검찰관에게 이전할 수 있다는 규정을 둔다(동 율령 제11 조의 2). 대만총독부법원은 1919년 법원조례의 개정을 통해 종래의 복심법원-지방법원 2 심급 법원체제에서 고등법원-지방법원의 체제로 변경되었다. 또한 고등법원에 상고부를 두어 상고사건을 관할하게 함으로써 1898년 폐지되었던 상고심을 부활시켰다. 마찬가지로 관동주에서도 1923년 5월 23일 '관동주재판령(關東州裁判令)'을 개정하여(칙령 제263호) 고등법원 검찰관장이 지방법원검찰관의 직무에 관해 직무이전·승계권을 행사할 수 있도록 했다(동 칙령 제11조의 3).

266 참고로 1907년 12월 재판소구성법은 "재판소에 대하여 검사국을 설치한다"고 규정했다. 훗날의 만주국 법원조직법과 같은 '대치(對置)'라는 표현이 쓰인 것이다.

검사국과 복심법원 검사국에 서기장을 배치하여 재판소 서기과와 검사국 서기과를 분리한 것이다. 1935년 일본에서도 사법사무 쇄신과 검찰기능 강화를 위해 재판소구성법을 개정하여 재판소와 검사국의 서기과를 분리하고 대심원·공소원의 검사국 서기과에 서기장을 두게 했다. 즉 검사국의 사무조직이 독립되고 그 위상도 재판소 서기과와 같아진 것이다.

1937년 총독부재판소령 개정은 일본의 동향에 발맞춘 것이었다. 미야모토 하지메宮本元 법무국장은 "재판소와 검사국은 전연 독립된 별개의 관청임에도 불구하고 종래 이들 양관청을 통해 일개의 서기과를 부속시키고 그 각 감독관 공동의 감독하에 두어온 결과, 자칫 검사국은 재판소에 예속된 것과 같은 잘못된 인식을 가진 자가 있어 심히 유감"이었는데, 검사국 서기과를 분리하여 검사국 감독관의 감독하에 둠으로써 잘못된 인식을 완화하는 데 기여할 것이라고 말했다.[267]

2. 사법조직의 규모와 경찰의 사법권

법조의 인구구성

1912년 사법제도 개편의 목적 중 하나는 사법기구 축소와 인원정리를 통한 경비절감효과였다. 1912년 제도개정으로 고등법원 1개, 복심법원 3개, 지방법원 9개, 지청 60개가 되었다. 1914년에는 5개 지청이 폐지되었고, 이후 몇 차례 지방법원과 지청의 승격·격하·폐지가 있었다. 최종적으로 고등법원 1개, 복심법원 3개, 지방법원 11개, 지청 48개로 조정되었다.

---

267 「裁判所及檢事局監督官會議宮本法務局長注意事項」(1937. 11), 『총독·법무국장 훈시집』, 240쪽.

〈표 7〉 일제하 지방법원과 지청 설치현황

복심법원	지방법원	지방법원지청
경성	경성	개성, 여주, 수원, 인천, 춘천, 철원, 원주
	공주→대전(1939)	대전→공주(1939 격하), 강경, 홍성, 서산, 청주, 충주 (1924 폐:천안)
	함흥	북청, 혜산(1938), 원산, 강릉 (1924 폐: 영흥, 울진)
	청진(1923 승격)	성진, 회령, 웅기
평양	평양	안주, 덕천, 진남포
	신의주(1922 승격)	정주, 영변, 강계, 초산
	해주	서흥, 사리원, 송화
대구	대구	김천, 상주, 안동, 의성, 경주, 영덕 (1924 폐: 울산)
	부산	마산, 밀양, 통영, 진부, 거창
	광주	순천, 목포, 장흥, 제주
	전주(1922 승격)	남원, 정읍, 군산 (1924 폐: 금산)

〈표 7〉은 1912~1945년 사이 지방법원 및 지청의 변동현황이다.

사법경비 절감이라는 목표는 식민지 사법을 운영하는 인원의 인적 규모와 구성을 결정하는 데도 큰 영향을 미쳤다. 〈표 8〉은 1910년부터 1945년까지 판사·검사·사법시보·변호사의 인원을 나타낸 것이다.

1910년 254명이던 판사는 1913년 190명 수준으로 감소했다. 1910년 71명에 달하던 조선인 판사는 절반 이하로 줄어들었다. 1920년대에 판사의 수는 더 줄었다. 1919년 8월 제3대 총독 사이토 마코토齋藤實가 부임한 뒤 사법의 인적 쇄신과 경비절감을 위해 일본 본국의 동향에 발맞춰 조선에서도 판사정년제를 실시하는 등 인원과 기구를 정리했기 때문이었다.[268]

---

[268] 1921. 8. 15, 제령 제11호 조선총독부재판소령중개정. 제26조의 6 고등법원장은 연령 63세, 기타의 판사의 직에 있는 자는 연령 60세에 달한 때는 퇴직한다. 다만 조선총독은 고등법원 총회의 결의에 의해 5년 이내의 기간을 정하고 그대로 재직하게 할 수 있다.

〈표 8〉 판사·검사·사법관시보·변호사의 인원(1910~1940)

(기준 : 현재원, 단위 : 명)

연도	판사				검사				사법관시보			변호사		
	칙임	주임 일인	주임 조선인	계	칙임	주임 일인	주임 조선인	계	일인	조선인	계	일인	조선인	계
1910	8	175	71	254	6	48	6	60				30	51	81
1911	9	178	62	249	7	49	4	60				37	59	96
1912	7	154	38	199	6	48	3	57				50	73	123
1913	8	157	25	190	5	48	5	58				60	91	151
1914	6	153	32	191	5	48	5	58	10		10	71	97	168
1915	6	156	32	194	5	49	7	61	11		11	68	94	162
1916	7	153	33	193	5	48	9	62	8		8	72	94	166
1917	7	153	34	194	6	47	9	62	13		13	74	94	168
1918	7	153	35	195	8	51	10	69	15		15	74	95	169
1919	9	143	34	186	8	52	10	70	13		13	90	97	187
1920	7	144	40	191	5	55	11	71	7		7	97	105	202
1921	10	146	37	193	7	59	10	76	8	1	9	101	102	203
1922	10	143	38	191	7	62	10	79	13		13	110	120	230
1923	10	156	37	203	7	66	10	83	9	1	10	121	149	270
1924	6	144	33	183	7	59	9	75	3	1	4	135	154	289
1925	6	144	33	183	7	59	9	75	4	1	5	143	166	309
1926	7	143	33	183	7	61	9	77	11	2	13	150	175	325
1927	8	145	33	186	7	66	9	82	11	4	15	153	187	340
1928	8	145	33	186	7	71	9	87	21	5	26	151	189	340
1929	8	149	33	190	7	71	9	87	23	1	24	154	196	350
1930	8	150	38	196	7	72	7	86	18	1	19	154	209	363
1931	8	151	39	198	7	73	7	87	22	2	24	156	210	366
1932	8	144	40	192	/	71	7	85	19	3	22	163	208	371
1933	7	143	40	190	7	70	7	84	28	5	33	165	207	372
1934	8	144	41	193	6	73	7	86	20	5	25	169	209	378
1935	8	146	38	192	7	74	7	88	14	4	18	172	217	389
1936	8	157	39	204	7	79	7	93	23	6	29	145	206	351
1937	10	169	45	224	9	87	11	107	30	3	33	145	200	345
1938	10	215		225	9	100		109	32	12	44	147	196	343
1939	11	217		228	8	103		111	26	11	37	147	205	352
1940	10	222		232	9	118		127	37	25	62	153	201	354
1941				242				130			57			
1942				246				135			89			
1943				268				145			57			
1944				254				139			29			

1940년까지: 조선총독통계연보.
1941~1944년의 판사·검사·사법관시보: 법원행정처 엮음, 『법원사』, 1995, 91쪽에 의함.

1930년대 후반부터 판사 증원이 시작되어 1940년대 들어서야 병합 당시 수준을 거우 회복했다. 검사의 경우 병합 이후 소폭 감소하긴 했지만 전체적으로 꾸준히 증가하여 1944년에는 병합 당시 인원의 두 배를 넘었다. 판사, 검사 중에서 조선인이 차지하는 비율은 미미했다. 조선인은 대개 재판소 서기 특별전형에 합격하여 사법관시보를 거쳐 판검사로 임용되었는데, 1930년대 후반부터는 조선인 고등문관 사법과 합격자 수가 늘면서 재판소 서기 특별전형제도가 폐지되었다. 1940년 시점에서 조선인 법조인의 수는 판사·검사·사법관시보·변호사를 합쳐서 300명이 채 되지 않았다.

과연 이 정도 인적 규모로 얼마나 많은 사건을 처리했을까. 일제통치 35년간 인구는 1910년 12,313,017명에서 1942년 26,361,401명으로 2배 증가했다. 경찰집계상 범죄발생건수는 1912년 43,297건(37,609명)에서 1940년 181,195건(154,141명)으로 약 4배 증가했고, 지방법원의 형사사건 접수 건수는 1910년 6,839건에서 1940년 44,271건으로 약 6.5배 증가했다. 반면 사법관 인원은 사법관시보까지 합쳐도 1910년 314명에서 1940년 421명으로 1.3배 증가한 데 그친다.

변호사를 포함한 법조 전체가 어느 정도의 규모였는지 일본과 비교해 가늠해보자. 〈표 9〉는 일본과 조선의 법조인 수와 인구 백만 명당 판사·검사·변호사 인원을 정리한 것이다. 인구대비 판검사 인원 수는 일본의 절반에 못 미쳤다.[269] 변호사 수는 1910년에 비하면 4배 가까이 증가했지만, 인구대비 변호사 비율의 차이는 매우 현격하여, 조선은 일본의 1/5 수준이었다. 조선 내부의 변호사 배출경로는 극히 제약되어 있었다. 재판소 서기로 근무하면서 판사특별임용시험에 합격해 판사로 근무하다가 변호사 개업을

---

269 식민지 대만의 경우도 인구대비 판사비율이 일본의 절반수준이었다. 王泰升, 『臺灣日治時期的法律改革』, 臺北: 聯經, 1999, 166쪽.

<표 9> 일본과 조선의 법조인 수와 인구 백만 명당 인원수(1910~1942)

(단위 : 명)

연도	일본			조선		
	판사	검사	변호사	판사	검사	변호사
1910	1,125 (22.9)	390 (7.9)	2,008 (40.8)	254 (19.1)	60 (4.5)	80 (6.1)
1912	1,129 (22.3)	390 (7.7)	2,036 (40.3)	199 (13.4)	57 (3.8)	123 (8.3)
1914	898 (17.3)	386 (7.4)	2,256 (43.4)	191 (12.0)	58 (3.6)	168 (10.5)
1916	903 (16.9)	389 (7.3)	2,665 (49.8)	193 (11.6)	62 (3.7)	166 (10.0)
1918	1,004 (18.3)	478 (8.7)	2,947 (53.8)	195 (11.4)	69 (4.0)	169 (9.9)
1920	1,134 (20.5)	570 (10.3)	3,082 (55.6)	191 (11.0)	71 (4.1)	202 (11.7)
1922	1,150 (20.2)	578 (10.2)	3,914 (68.9)	191 (10.8)	79 (4.5)	230 (13.0)
1924	1,155 (19.8)	574 (9.8)	5,485 (94.0)	183 (10.1)	75 (4.2)	289 (16.0)
1926	1,121 (18.6)	564 (9.4)	5,936 (98.6)	183 (9.6)	77 (4.0)	325 (17.0)
1928	1,245 (20.1)	656 (10.6)	6,304 (101.6)	186 (9.7)	87 (4.5)	340 (17.7)
1930	1,249 (19.6)	657 (10.3)	6,599 (103.5)	196 (9.7)	86 (4.2)	363 (17.9)
1932	1,345 (20.4)	628 (9.5)	7,055 (107.1)	192 (9.3)	85 (4.1)	371 (18.0)
1934	1,370 (20.2)	648 (9.6)	7,082 (104.6)	193 (9.1)	86 (4.1)	378 (17.9)
1936	1,391 (20.0)	648 (9.8)	5,976 (85.9)	204 (9.3)	93 (4.2)	351 (15.9)
1938	1,470 (20.8)	686 (9.7)	4,866 (69.0)	225 (9.9)	109 (4.8)	343 (15.2)
1940	1,541 (21.6)	734 (10.3)	5,498 (77.0)	232 (9.8)	127 (5.4)	354 (14.9)
1942	1,581 (21.9)	625 (8.6)	5,231 (72.4)	246 (9.3)	135 (5.1)	361 (13.7)

출처: 일본의 법조인은 「日本における法曹人口及び總人口の推移」,『ジュリスト』, 1208號 附錄 司法制度改革審議委員會全記錄(CD-ROM), 2001; 조선의 법조인은『朝鮮總督府統計年報』참조.
괄호안의 숫자는 인구 백만 명당 인원수를 나타냄.

하는 경우와 조선변호사시험에 합격하는 경우의 두 가지였다. 조선변호사

시험은 1922년에 시행되어 첫해에 합격자 6명(일본인 3인, 조선인 3인)을 배출

했다. 1942년까지의 통계를 보면, 매년 수험자는 최저 123명(1922), 최고

656명(1940)이었고, 합격자는 최저 3명(1922), 최고 18명(1940)이었다.

1922~1942년까지 21년간 합격자는 181명이었다.[270]

---

270 서울지방변호사회,『서울지방변호사회 100년사』, 서울지방변호사회, 2008, 114쪽.

물론 인구대비 판검사 비율을 단순비교하는 것만으로는 조금 미흡하다. 조선에서는 범죄즉결제도를 통해 상당량의 형사사건이 판검사의 손을 거치지 않고 처리되고 있었다. 지방법원지청이 소재하지 않은 곳에서는 경찰서장의 민사쟁송조정을 통해 경미한 민사사건이 흡수되었다. 민사령과 형사령은 '사무의 간첩簡捷'이란 명목으로 간략하고 편의적인 소송절차를 규정하고 있었다. 판검사가 상대해야 할 변호사 수도 일본보다 훨씬 적었다. 더구나 변호사의 활동력으로 보자면, 대구복심법원장이 "조선에서의 재야법조는 내지의 재야법조인사의 활동상태와 비교하여 극히 평온하고, 직언하면 활동이 부족하다"고 하면서 "조선 사법의 발전을 위해 더욱 활동해주면 좋겠다"고 말했을 정도이다.[271] 이런 요소들은 조선 판검사들의 사건처리 부담을 완화해주었다.

하지만 인원이 불충분한 것은 사실이었다. 때문에 당국자는 일찍부터 이 점을 인식하고 재판소와 검사국의 감독관도 행정감독사무에만 치중하지 말고 직접 사건을 처리할 것을 누누이 강조했다.[272] 사무간소화를 위한 여러 조치를 시행했지만, 결국 인원부족으로 인한 부담과중과 사건의 적체는 내내 문제가 되었다. 이는 1920년대 후반에 들어서면서 뚜렷해졌다. 1910년과 1925년 판검사 1인당 담당사건수를 비교하면 검사는 185건에서 1,249건으로, 판사는 219건에서 872건으로 비약적으로 증가했고,[273] 일본과 조선의 판사·검사·서기의 1년간 담당건수를 비교하면 조선이 일본의 2배 내지 3배에 달했다.[274] 이런 상황에서 판검사의 부족은 사법행정의 최대 결함으

---

271 『法政新聞』 1938. 4. 20.
272 「裁判所及檢事局會議二於ケル監督官寺內總督訓示」(1914. 5), 『총독·법무국장 훈시집』.
273 「社說 司法行政の缺陷」, 중외일보, 『朝鮮思想通信』 30집 794호, 1928. 10. 29.
274 1929년 1년 동안 판사·검사·서기각 1인당 담당한 사건수를 계산하면, 일본은 판사 1인당 309건, 검사 1인당 680건, 서기 1인당 1,480건, 조선은 판사 1인당 530건, 검사 1인당

로 지적되었다. 그것이 예심과 공판의 지연, 장기미결구금, 오판 등 인권문제의 일차적 원인으로 인식되었기 때문이다. 때문에 1928년 개최된 전조선변호사대회에서는 인권유린문제를 해결하는 방안으로 "조선 각지의 재판소에 직원을 증원할 것"을 요구했다.[275]

1920년대 이후 예산상의 문제로 제약은 받았지만 조금씩 증원이 이루어졌다. 한편으로 사무부담 경감, 대우향상을 위해 증원이 불가피했지만, 다른 한편 치안유지법과 전시통제경제체제를 운영하기 위해 법원·검찰기구를 강화할 필요도 있었다. 특히 사상검찰과 경제검찰 측면의 강화가 눈에 띈다. 일본의 경우 치안유지법 시행 이후 1928년 7월 전담의 사상검사를 배치하면서 사상검사가 정식으로 탄생했다.[276] 조선에서는 그보다 1년 앞선 1927년 6월부터 경성지방검사국 내에 사상계를 설치하여 사상검찰기구를 운영하기 시작했고, 1928년에는 지방법원 검사국에 사상사건을 전담하는 검사와 서기 각 5명을 증원·배치했다.[277] 내선일체가 강조되고 전시통제체제가 본격화된 30년대 후반부터 판검사의 증원이 많았다. 1938년 11월 26일 지방법원 이상의 각급 검사국에 경제계 검사를 둠으로써 경제검찰이 정식 발족했다.[278] 1940년과 1941년 2년간 판사 30명, 검사 32명이 증원되었

1,274건, 서기 1인당 3,158건이었다. 「負担加重の朝鮮司法官」, 『朝鮮通信』 49집 1261호, 1930. 5. 29.

275 『동아일보』 1928. 10. 1; 1929. 2. 14.
276 荻野富士夫, 『思想檢事』, 東京: 岩波書店, 2000, 35쪽.
277 사상계 검사의 담당사건 및 사무처리요령에 관해서는 「地方法院思想事件檢察事務章程ノ件」(1931. 2. 1, 高檢 第243號), 齋藤榮治 編, 『高等法院檢事長訓示通牒類纂』(1942), 신주백 엮음, 『일제하지배정책자료』 8·9권, 고려서원, 1993, 476쪽(이하 『고등법원 검사장 훈시집』). 이 자료는 신주백 엮음, 『일제하지배정책자료』 8·9권, 고려서원, 1993에 수록되어 있다.
278 「經濟係判檢事ノ指定ニ關スル件」(1938. 11. 29, 法務局長通牒), 「時局關係經濟事犯ニ關スル事務處理要領」(1938. 11. 29, 法務局長 通牒), 위의 책, 510~511쪽.

다. 그중 사무경감을 위한 증원분은 판사 17명, 검사 6명이었다. 반면 경제범죄 처리를 위해 증원된 판사는 6명, 검사는 28명이었고, 개정치안유지법 집행을 위해 판사는 1명, 검사는 4명이 증원되었다.[279]

경찰사법체계 : 경찰서장의 범죄즉결과 민사쟁송조정

식민지 사법체제의 특징 중 하나는, 바로 경찰이 민형사사건에 관여하는 범위가 넓었다는 점이다. 식민지 경찰은 범죄즉결제도와 민사쟁송조정제도를 통해 경미한 분쟁과 범죄, 행정법규위반을 규율했다. 이 두 제도는 군수재판의 변용이라고 할 만하다. 이 두 제도의 운영은 총독부 당국이 누누이 강조했던 '사법과 행정의 협화協和'의 실제 모습을 잘 보여준다.

1909년 10월 제정된 '한국에서의 범죄즉결령'에 이어, 총독부는 1910년 12월 제령 제10호 '범죄즉결례'를 통해 범죄즉결사건을 행정법규 위반사항까지 확대했다. 1912년 3월 18일 제령 제11호로 개정된 '범죄즉결례'에 의해 확정된 즉결사건은 ① 구류 또는 과료의 형에 해당하는 죄, ② 3월 이하의 징역 또는 1백 원 이하의 벌금이나 과료의 형에 처할 도박죄 및 구류 또는 과료의 형에 처할 형법 제208조(단순폭행)의 죄, ③ 3월 이하의 징역, 금고나 구류 또는 1백 원 이하의 벌금이나 과료의 형에 처할 행정법규 위반의 죄이다. 즉결사건은 정식재판을 하지 않고 즉결관청이 피고인의 진술을 듣고 증빙을 조사해 곧바로 형을 선고하며, 피고인이 불복할 경우 관할 지방법원에 정식재판을 청구할 수 있다.

〈그림 3〉은 범죄즉결처분이 전체 형사사건에서 얼마나 큰 비중을 가졌는지 잘 보여준다. 1912년 범죄즉결례 개정 이후 즉결인원이 급증하고 있

---

279 「宮本法務局長 注意事項」(1941. 6, 裁判所及檢事局監督官會議), 高等法院檢事局 編, 『昭和十六年度版 朝鮮刑事政策資料』, 7쪽.

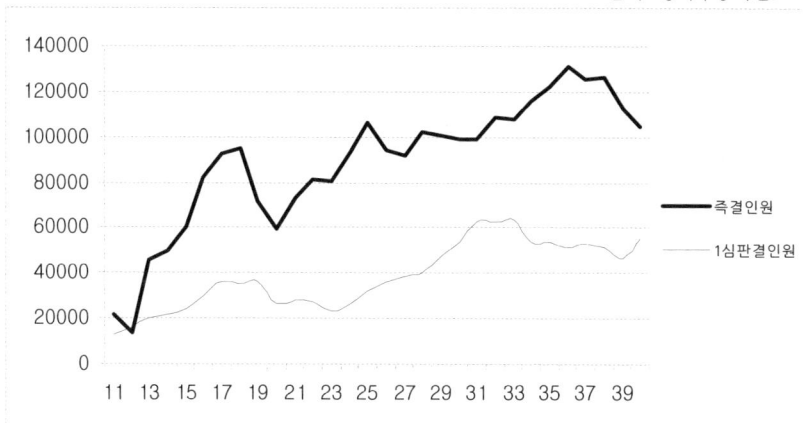

〈그림 3〉 범죄즉결과 제1심 형사판결 인원(1911~1940)

출처: 총독부통계연보

다. 이는 감옥경비 절감, 형사사건의 적체해소를 위해 즉결제도의 활용이 장려되었기 때문이다. 검사가 수리한 사건이라 해도 간이한 사건은 될수록 즉결에 회부하라고 했을 정도였다.[280] 범죄즉결로 처단된 인원과 제1심에서 판결을 받은 인원을 비교해보면, 범죄즉결로 처단된 인원이 월등히 많다. 전체 범법자의 2/3 가량이 범죄즉결제도로 처리되었다. 이처럼 많은 수의 인원이 정식재판 없이 범죄즉결처분에 의해 전과자가 되고, 그에 따라 추후 다시 범죄를 저지르는 경우 재범이나 누범이 되어 더욱 가중한 처벌을 받게 되는 상황은 늘 문제가 되었다.

경찰서장에 의한 민사쟁송조정은 1910년 10월 '범죄즉결례'와 함께 제정된 제령 제11호 '민사쟁송조정에 관한 건'을 통해 도입되었다. 구재판소가 설치되지 않은 지역의 경찰서장이 당사자의 신청에 의해 구재판소 관할

---

280 「裁判所及検事局監督官会議国分司法部長官注意事項」(1915. 6), 『총독·법무국장 훈시집』, 96쪽.

에 속하는 민사사건의 쟁송을 조정할 수 있게 했다. 1912년 3월 제령 제10호로 민사쟁송조정에 관한 건을 개정하여, 지방법원 및 그 지청소재지를 제외한 지역에서 경찰서장이 조정가능한 사건의 종류를 명시했다. 대체로 기존 구재판소의 관할사건에 해당하는 사건들이었는데, 2백 원 이하의 소액사건, 가액을 불문한 주택임대차, 부동산의 경계, 점유, 1년 이하의 고용계약에 관한 분쟁과 여객의 여점旅店·음식점·운송인 사이의 분쟁이다.

인민의 일상생활과 접촉하는 경찰이 경미한 분쟁이나 가정 내 분쟁에 개입하는 경우가 없지 않았지만,[281] 이처럼 경찰기관에 의한 민사분쟁해결을 제도화한 것은 행정과 사법의 분리는 물론 경찰행정법상의 "인민의 사생활에 대한 불관여", "민사관계에 대한 경찰의 불관여원칙"에 위배되는 것이었다.[282] 총독부는 조선의 특수사정을 고려하여 도입된 부득이한 특례라고 정당화했다. 즉 "조선에서는 인민의 법률사상이 아직 유치하여" 재판할 거리가 되지 않는 "무익한 분쟁"이 많고, 그중에는 "판사의 말 한마디로 화해로 종결되는 사건이 적지 않고, 구재판소의 수가 크게 감소되었으니 해당 민사사건은 "경찰관헌으로 하여금 쟁송의 조정을 하게 하는 것이 가장 시의적절"하다는 것이었다.[283]

이 제도는 대만에서 유래한 것이었지만, 대만과 조선의 제도에는 중요한 차이가 있었다. 대만에서는 경찰서장이 아닌 지방청장이 민사쟁송조정을 취급하며 지방법원 소재지 여부를 불문했다.[284] 통치 당국자도 이 제도를

---

281 인민의 일상생활과 접촉하는 경찰이 이른바 '사사(私事)'의 상담소나 분쟁처리자로 등장하는 사례는 메이지 시기 일본 경찰에서도 찾을 수 있다. 大日方純夫, 『近代日本の警察と地域社會』, 東京: 筑摩書房, 2000, 100~101쪽 참조.
282 武井秀吉, 『朝鮮警察法研究 總則編』, 京城: 大阪屋號書店, 1925, 13쪽.
283 「犯罪即決例, 民事爭訟調停ニ關スル件, 辯護士規則」, 『公文類聚』.
284 1904년 '청장으로 하여금 민사쟁송을 조정하게 하는 건'에서는 지방법원이 소재하지 않은

정착·발전시키는 데 관심을 기울였다. 각 지방청에는 조정과를 설치하고 이사관급의 민사조정주임을 배치했으며, 주임들의 정기회의도 소집했다. 대만 통치 당국은 대만의 민사조정제도가 벌금 및 태형처분례, 범죄즉결례와 함께 대만의 민도에 적응된 대만 "삼대법전三大法典"의 하나이며, 본국에서 논의되고 있는 조정제도의 선구자적 의의를 가지고 있다고 평가했다.[285] 대만의 민사조정제도는 임시적 제도가 아니라 지방통치상 중요한 의미를 가지는 행정기관 주도형 분쟁처리제도로 정착했던 것이다. 이런 상황이었기에 대만 당국자들은 일본 본국에서 각종 조정제도가 도입되어도 대만에 굳이 새로운 조정제도를 의용하거나 도입할 필요성을 크게 느끼지 못했다.

반면 조선의 경우, 경찰서장이 민사쟁송을 조정하는 제도는 어디까지나 지방법원지청이 소재하지 않은 지역에 한정되었다. 지청의 증가, 제도의 한계, 민도의 향상 등 이유가 맞물려 〈표 10〉과 같이 경찰서장의 민사쟁송 조정 건수는 점차 줄어들었다.

경찰 당국과 사법 당국이 이 제도의 운영과 발전에 적극적인 관심을 가지고 있었다고 볼 수 있는 흔적은 발견되지 않는다.[286] 오히려 1935년 6월 개최된 경찰부장회의는, 이제 전라남도와 경상남도에서 이 제도를 이용하

지역에 한했으나, 1912년 율령을 개정하여 모든 지역으로 확대했다.

285 이것은 『조선사법협회잡지』에 상당하는 『대법월보(臺法月報)』에 게재된 조정제도 관련기사들의 제목을 보아도 알 수 있다. 中柴為次郎, 「모국의 스승이라고 할 민사조정(母国の先師たるべき民事調停)」(15권 1호, 1921), 「시세에 순응한 민사조정(時勢に順応せる民事調停)」(15권 4호, 1921), 小西泰策, 「자치제도와 민사조정(自治制度と民事調停)」(15권 1호, 1921), 下村宏, 「대만통치의 근본으로부터 본 조정제도(台湾統治の根本から観たる調停制度)」(15권 4호, 1921) 등.

286 『사법협회잡지』, 『경무휘보』, 총독부 기관지인 『조선』과 『조선휘보』 등의 기관지에서 민사쟁송조정제도를 논하는 논설이나 기사는 찾을 수 없다. 한편 1929년 10월 개최된 제3회 전조선변호사대회에서, 경성변호사회는 경찰서장이 처리하는 민사쟁송조정을 폐지할 것을 의안으로 제출한 바 있다. 『동아일보』 1929. 10. 6; 10. 7.

〈표 10〉 경찰의 민사쟁송사건 처리(1927~1936)

	접수건수			처리건수			
	전년	본년	계	성립	불성립	취하 및 기타	계
1927	29	2,488	2,517	1,021	792	688	2,501
1928	16	2,031	2,047	830	664	488	1,982
1929	65	2,032	2,097	864	667	536	2,067
1930	30	1,574	1,604	664	594	327	1,585
1931	19	1,682	1,701	659	566	458	1,683
1932	18	1,531	1,549	669	505	364	1,538
1933	11	1,045	1,056	465	353	235	1,053
1934	3	656	659	265	228	160	653
1935	6	509	515	233	152	117	502
1936	13	444	457	218	107	132	453

* 출처: 朝鮮總督府 警務局,「昭和12年 第73回 帝國議會說明資料」, 『朝鮮總督府帝國議會說明
資料 第1卷』, 東京: 不二出版, 1994, 170쪽.

는 예가 거의 없고 유명무실해졌기 때문에, 제도를 개정하여 강제력을 부
여하지 않을 바에는 아예 폐지할 것을 건의했다.[287]

1910년대 총독이나 사법부장의 훈시에는 조정이나 화해를 장려하는 내
용이 자주 등장한다. 권리사상이 발달하지 않은 조선인의 사건에서 남송의
폐를 억제하고 사무의 신속을 기하기 위해서였다. 그러나 이런 관점이 경
찰의 민사쟁송조정을 장려하는 것으로 이어지지는 않았다. 1930년대 들어
새로운 각도에서 조정제도에 대한 관심이 높아졌다. 일본에서 미풍양속, 도
의심 앙양 등을 내걸고 각종 조정제도가 도입된 것과 발맞춰, 조선에서도
일본 내의 입법동향에 맞추어 '조선소작조정령朝鮮小作調停令'(1932. 12. 10, 제
령5호), '조선인사조정령朝鮮人事調停令'(1939. 7. 8, 제령 8호), '조선차지차가조
정령朝鮮借地借家調停令'(1940. 12. 23, 제령 46호)이 제정되었다. 새로운 조정제

---

287 『昭和十一年六月 道警察部長會議 意見希望事項』, 1936, 91~92쪽.

도들에 관한 논의에서 종래의 경찰서장의 민사조정에 관한 특별한 관심이나 언급이 발견되지는 않는다. 이렇게 대만의 예와 차이가 생긴 이유는 무엇일까? 아마도 조선의 경우 대만보다는 법원조직이 상대적으로 잘 갖추어졌다는 것, 경찰서장이 처리하는 조정사건의 범위가 대만에 비해 매우 한정적이어서 사회변화에 따라 탄력적으로 발전할 수 있는 여지가 적었다는 것, 그렇다고 경찰서장의 조정권한을 확대하는 것은 사법기관·지방행정기관·경찰기관의 역학관계상 쉽지도 않을뿐더러 대민통치상 유리하지 않다는 정책적 판단, 1930년대 이후 강화되는 '내선일체'노선의 영향 등이 종합적으로 작용했을 것이다. 어쨌든 대만의 예와는 차이가 있다 할지라도, 식민지 조선의 민사쟁송조정제도는 일상적 분쟁에 경찰이 개입하거나 경찰을 동원하여 분쟁을 해결하려 했던 관행과 의식을 형성하고 지속시키는 작용을 했다고 할 것이다.

3. 총독과 총독부재판소

총독과 법무국장의 위상

흔히 조선총독은 입법·사법·행정권을 장악하고 있었기 때문에 전제군주처럼 묘사되곤 한다. 조선총독부재판소는 조선총독이 발하는 제령에 의해 설립되고 총독에 '직속'하기 때문에, 사법권 독립도 없었고 재판소는 행정기관의 일부에 불과했다고도 한다. 권력분립도 없고 사법권 독립도 제도적으로 취약했지만, 그렇다고 총독부재판소가 단순한 행정기관의 일부는 아니었다. 어쨌든 이 문제는 총독부재판소의 제국헌법상 지위, 조선에서의 사법권 독립을 둘러싸고 논쟁을 유발했다. 그에 관한 논쟁은 뒤에 보기로 하고, 과연 총독과 총독부재판소의 관계는 어떠했는지 살펴보자.

재판소와 검사국의 사무에 대해 총독이 가지고 있는 감독권한은 일본의 사법대신과 같았다. 즉 총독은 재판소의 사법행정사무 및 검찰사무를 지휘 감독하는 최고책임자였다. 재판사무에 관해 총독이 직접 관여하지는 않았다고 해도, 검찰사무에 관한 한 총독의 지위는 최고지휘감독자였다. 이는 1913년 내훈 제19호가 칙주임관, 유작자, 국회의원, 외국인 등을 기소하는 경우 총독의 지령을 받게 한 것에서도 확인할 수 있다. 1943년에도 "혹시라도 조선통치에 영향을 주는 중대사범 또는 중요인물을 검거하려고 할 때는 내훈 제19호의 정신에 따라 미리 총독의 요해를 얻음이 지당하며 그 수사 및 재판의 진전상황에 관해 지체 없이 보고해야 할 것 역시 당연하다"고 강조되었다.[288]

총독부 법무국은 총독을 보좌하여 조선의 사법행정을 총괄하고 주요 사법정책을 입안하는 기구였다. 법무국에는 사법사무 취급상 접한 정보 중에서 시정에 참고할 만한 정보,[289] 검찰사무에 관한 정보가 집결되었으며, 사법행정과 검찰사무에 관한 지침과 주의사항을 통첩형식으로 하달했다. 법무국장이 법원과 검찰보다 우위에 있었던 것처럼 보이지만, 꼭 그렇지는 않다. 조선총독, 법무국장, 고등법원 검사장, 고등법원장 역임자의 재임기간을 정리한 〈표 11〉을 보자.

---

288 「早田法務局長注意事項」(1943. 4. 裁判所及検事局監督官会議), 『昭和十八年度版 朝鮮刑事政策資料』, 8쪽.

289 「司法政務ノ報告ニ關スル件」(1921. 1), 『총독·법무국장 훈시집』, 147쪽에 의하면 다음과 같이 사법정무의 참고가 될 사항은 그 의견과 함께 정황을 수시로 보고하도록 했다. ① 법령의 제정개폐에 관한 사항, ② 사회의 이목을 끄는 사건, 기타 중요한 사건의 발생·경과 및 처분에 대한 민중의 감상, ③ 법정 내외에서 드러난 소송관계인의 언동·동작으로 특히 주의를 요하는 사항, ④ 중요한 섭외사항, ⑤ 천재 또는 사변이 사법사무에 미친 영향, ⑥ 기타 정치상·사회상 또는 경제상 특히 주의를 요한 사항.

〈표 11〉 총독부 법무국장, 고등법원 검사장, 고등법원장 역임자

	총독	법무국장*	고등법원 검사장	고등법원장
1910	寺内正毅 (1910. 10~1916. 10)	倉富勇三郎 (1910. 10~1913. 9)	國分三亥 (1910. 9~1920. 9)	渡邊暢 (1910. 9~1923. 4)
	長谷川好道 (1916. 10~1919. 8)	國分三亥 (1913. 10~1919. 12)		
1920	斎藤実** (1919. 8~1927. 12)	横田五郎 (1919. 12~1923. 4)	中村竹藏 (1920. 9~1929. 10)	横田五郎 (1923. 4~1932. 1)
	山梨半造 (1927. 12~1929. 8)	松寺竹雄 (1923. 4~1929. 10)		
1930	斎藤実 (1929. 8~1931. 6)	深澤新一郎 (1929. 10~1932. 1)	松寺竹雄 (1929. 1~1932. 1)	
	宇垣一成 (1931. 6~1936. 8)	笠井健太郎 (1932. 1~1934. 10)	境長三朗 (1932. 1~1934. 10)	深澤新一郎 (1932. 1~1934. 9)
	南次郎 (1936. 8~1942. 5)	増永正一 (1934. 10~1937. 11)	笠井健太郎 (1934. 10~1937. 11)	小川悌 (1934. 9~1939. 4)
1940	小磯国昭 (1942. 5~1944. 7)	宮本元 (1937. 11~1943. 1)	増永正一 (1937. 11~1943. 1)	原正鼎 (1939. 4~1943. 1)
	阿部信行 (1944. 7~1945. 8)	早田福藏 (1943. 1~1945. 8)	水野重功 (1943. 1~1945. 8)	喜頭兵一 (1943. 1~1945. 8)

출처: 戰前期官僚制度硏究会編, 『戰前期日本官僚制の制度·組織·人事』, 東京大學出版會, 1981, 392~395쪽 참조.
* 1910. 8~1917. 8: 사법부장관
** 1927. 4~1927. 10: 宇垣一成가 총독임시대리를 함.

통감부 시기의 여파가 남아 있던 시절 구라토미와 고쿠부 사법부장관은 적어도 고등법원 검사장을 능가하는 지위에 있었다고 할 것이다. 그러나 이후 임명된 법무국장들은 임기를 마친 뒤 대개 고등법원장이나 고등법원 검사장으로 자리를 옮기는 사례가 많고, 그 반대의 경우는 하나도 없었다. 물론 그 이유는 사법부장관보다 법무부장의 관등이 상대적으로 격하되어, 법무국장에는 고등법원장·고등법원 검사장보다 연령과 관등이 낮은 이가 선발되었기 때문이기도 했다. 고등법원장, 총독부 각국장(법무국장 포함), 고등법원 검사장의 관등은 모두 칙임1등관이지만, 연봉은 '고등법원장>법무국장=고등검사장'의 순이었다.[290] 법무국장은 사법관 내부서열상 고등법원장 아래 있었던 것이다. 그러나 법무국은 사법행정을 감독하고 특히 사법관의 인사를 주관했기 때문에 실질적으로 상당한 영향력을 가졌다.

주요 법무국장의 경력을 살펴보자. 1919년 12월에 부임한 요코타 고로橫田五郎는 본래 요코하마지방재판소장으로 있다가 총독부 법무국장으로 전임한 자로, 1923년에 조선고등법원장에 취임했다. 그의 형 요코타 구니오미橫田國臣는 1906년부터 1921년까지 대심원장을 역임했다. 형제가 각각 일본과 조선에서 최고법원장의 지위에 올랐던 것이다. 요코타 법무국장은 사이토 마코토 총독의 부임과 함께 조선 사법쇄신의 임무를 띠고 발탁되었다. 요코타가 추진한 사법수뇌부 물갈이인사를 통해, 정년에 달한 와타나베 고등법원장과 고쿠부 고등법원 검사장 등 구한국 시기 한국에 부임했던 노령의 사법관들을 비롯하여 총 40여 명의 법원장급, 부장급 인사들이 퇴임했다.[291] 후대의 법무국장인 후카자와深沢, 마스나가增永, 미야모토宮本는 복심법원장직을 거쳐, 마츠테라松寺, 가사이笠井, 하야타早田는 검사장 또는 검사정직을 거쳐 법무국장에 임명되었다. 특히 미야모토 국장은 법무국장에 고령자가 임명되던 관행을 깨고 비상시국에 대처하기 위해 사법부 인사와 사법행정쇄신을 단행한다는 차원에서 발탁된 40대의 법무국장이었다.[292] 미야모토 법무국장 시절에 창씨개명이 단행되었다. 법무국장을 거치지 않은 고등법원장과 고등법원 검사장은 경성복심법원장 또는 경성복심법원 검사장

---

290 1910년 칙령 제134호 고등관관등봉급령. 한편 조선에서 근무하는 고등관에게는 많게는 본봉의 1/2에 해당하는 가봉이 주어졌다. 1910년 칙령 제37호 조선·대만·만주·호태 및 남양군도재근문관가봉령.

291 宮崎翠郎(필명: 翠郎生), 「朝鮮司法制度の沿革」, 『朝鮮公論』 1923년 1월호, 73쪽; 「司法界人事変遷概観」, 『朝鮮公論』 1924년 10월호, 56~57쪽; 「側面から観た司法大官礼讚(一)」, 『朝鮮公論』 1924년 11월호, 61쪽; 「完全に新閣を形成した司法官大異動評」, 『朝鮮公論』 1925년 1월호, 95~96쪽.

292 『法政新聞』 1938. 6. 5.

을 역임한 이들이었다.

재판사무에 대한 총독의 권한은 사법대신과 마찬가지로 사법행정상의 감독권에 한정되었다. 일본인 사법관들은 이토 히로부미 통감 이래 조선총독이 재판과 검찰사무에 간섭하거나 영향력을 미치는 일이 없었다는 점을 들어 조선에서의 사법권 독립이 양호하다는 평가를 내렸다.[293] 조병옥趙炳玉은 1937년 수양동우회修養同友會사건으로 체포·기소되었다가 고등법원의 "최종 판결에서 무죄언도를 받고 비록 식민지정책을 수행하기 위한 식민지의 재판소일망정 일본의 사법권 독립이 확보되어 있다는 것을 처음으로 감득하게 되었다"라고 소회를 피력했다.[294] 물론 조선의 경우 총독이 간섭할 만한 성격의 사건이 발생하는 일이 드물었고, 식민지통치의 대의 앞에서 사법관들이 총독 또는 행정관료와 정치적으로 갈등할 일이 거의 없었다는 사정도 고려해야 할 것이다.

식민지의 사법관들

그러면 사법기관 내부로 들어가서, 사법관들은 어떤 이들이었고 어떤 분위기에서 어떤 의식을 가지고 직무를 했는지 살펴보자. 잡지『조선공론朝鮮公論』에는 사법관의 인사동향과 주요 인물에 관한 기사들이 실려 있다. 기사를 쓴 미야자키宮崎軍郎에 따르면 구한국 시기 이래 사법관 내부의 주도권

---

293 예를 들어 1918년 조선 사법기관 창설 10주년을 맞아 와타나베 조선고등법원장은 이토 통감 이래 데라우치 총독까지 "사법권의 행사에 대해 아직 어떤 사소한 압력도 가해진 것이 없"으며, 재판과 관련하여 민간으로부터의 압박이나 박해도 없었다고 하면서, 사법권의 독립이 매우 양호하다고 말했다.『京城日報』1918. 5. 18. 1940년의 좌담회에 참석한 이들 역시 재판사무는 물론 검찰사무에 관해서도 총독이나 법무국장의 간섭이 없었다고 말했다.「좌담회기록」, 144~146쪽.

294 조병옥,『나의 회고록』, 민교사, 1959, 126쪽.

은 지방계 시대, 사학私學 전성시대, 관학官學중심시대로 변화되었다고 한다. 구한국기에는 인력을 충원하는 것이 급했고, 법원과 검사국 감독관이 될 자를 선발하면 대개 그 휘하에 있던 판검사도 함께 한국에 부임했기 때문에, 학벌보다는 지역—도쿄계, 오사카계 등—을 중심으로 인적 관계가 형성되었다. 하지만 고쿠부 사법부장관 시절에는 특정 사학 출신들이 파벌—메이지대明治大 학벌, 쥬오대中央大 학벌—을 형성하고 요로를 차지하여 인사를 좌우했기 때문에 파벌대립이 심해졌다. 그러다 요코타 법무국장 시절에 '재래종在來種', 즉 구한국기 부임한 노령층 인사들이 철저히 도태되고 관학 출신(제국대학 출신)과 '신래종新來種'이 중용되어 점차 관학벌의 힘이 커지는 경향이 나타났다. 미야자키는 그 긍정적 결과로, 재래종과 신래종의 갈등이 많았던 행정관청에 비해 사법관 내에서는 학벌 기타 당파에 따른 종속관계나 세력다툼이 사라졌다고 했다.[295]

요코타는 재래종을 도태시키면서 동시에 부내의 안정과 분위기 쇄신을 위해 판검사정년제를 도입하고 신분보장을 철저히 하는 보완책을 마련했다. 즉 정년에 달할 때까지 판사는 법령에 의해 철저하게, 검사는 관례적으로 일정한 신분보장을 받게 한 것이다. 그 결과 검사는 상사의 감독을 받기는 하지만 내부적으로 거의 독립에 가까운 권한을 가지게 되었으며, 판사는 행정사항을 제외한 재판사무에 관한 한 절대적으로 독립하며 누구의 간섭도 허용하지 않는 분위기가 만들어졌다고 한다. 그래서 재판소와 검사국에는 다른 행정관청처럼 상관에게 아부·영합하여 일신의 영달과 안전을 도모하는 풍조는 조금도 없었다고 말한다.[296]

---

295 宮崎翠郎, 「續全鮮司法學閥觀 (總論)」, 『朝鮮公論』 1923년 3월호, 18~20쪽.

296 위의 글, 20~21쪽. 고등법원 이하 각 법원 및 검사국의 학벌 분포에 대해서는 宮崎翠郎, 「續全鮮司法學閥觀」, 『朝鮮公論』 1923년 4월호, 85~90쪽. 한편 해방 이후 대검찰청이

인적 쇄신은 3·1운동 이후 사이토 총독하 시정쇄신책의 일환으로 추진되었는데, 여기에는 일종의 책임추궁 성격도 있었다. 대표적인 예로 손병희 등 3·1운동 지도자들에 대한 재판사건이 있다. 3·1운동이 내란죄에 해당하는지 고등법원 특별형사부가 장기간 예심을 하고 사건을 경성지방법원으로 송치했으나 1920년 7월 경성지법의 재판부가 예심결정서의 하자를 들어 공소불수리公訴不受理 결정을 해버린 것이 문제가 되었다.[297] 이 일은 재판소와 검찰의 대립은 물론 사법관 내에서도 상당한 물의를 야기했고, 바깥에서는 사법부 내의 불통일과 다년간 누적된 폐단이 불거진 것으로 인식되었다.[298] 미야자키는 이 사건을 예로 들고, 안 그래도 고등법원이 최고법원의 위상에 걸맞지 않게 "법기술자가 부府가 되어 옥석이 섞인 빈약한 조직"이 되어버렸는데, 이 사건으로 스스로 권위를 실추시켰다고 평했다.[299]

조선고등법원이 이와 같은 혹평을 받은 데는 나름대로 사정이 있었다. 초기에는 본국 대심원판사만큼의 자질과 능력을 가진 자를 고등법원 판사로 선발할 수 없었기 때문이다. 재판소구성법상 대심원판사가 되기 위해서는 저어도 지방재판소 판사 7년, 공소원판사 5년을 거쳐야 한다. 하지만 원활한 인력 충원을 위해서는 이런 엄격한 규정을 조선에 적용할 수 없었다.

편찬한 검찰예규자료 역시 식민지 시기에도 검사의 신분보장에 대한 명문규정이 없어도 유죄판결·징계에 의하지 않고 그 의사에 반하여 면직·전관됨이 없다는 것은 불문법이었다고 적고 있다. 대검찰청, 『검찰제요』, 105쪽.

297 본래 이 사건은 보안법·출판법 위반으로 경성지법에 기소되었는데, 예심판사가 이 사건은 내란죄에 해당한다며 관할위반을 선고해서 사건이 내란죄의 전속관할인 고등법원으로 이송되었다. 고등법원 특별형사부는 예심 끝에 이 사건은 내란죄를 구성하지 않는다고 하고 다시 경성지방법원을 관할재판소로 지정해 사건을 송치시켰다. 이에 변호사들이 고등법원의 결정주문에 사건송치의 결정이 없음을 들어 이 사건은 적법하게 경성지법에 계속되지 않는다고 하고 공소불수리를 신청한 것이다. 「좌담회기록」, 118쪽.

298 『동아일보』 1920. 7. 29.

299 宮崎翠郎, 「高等法院の解剖」, 『朝鮮公論』 1922년 7월호, 44~45쪽.

초기에 임명된 사법관은 대개 본국에 있을 때보다 높은 보직으로 임명되었다. 때문에 개중에는 본국의 대심원 판사에 비해 경력이 짧은 자도 고등법원 판사가 될 수 있었다. 구한국기에는 1930년대의 만주이민과 비슷하게 '신천지 한국에서 일해보자'는 분위기도 있었던 탓으로 인력 충원이 그럭저럭 이루어졌다. 하지만 식민지는 결코 사법관의 개인적 영달을 위해서 좋은 장소가 아니었다. 한번 나오면 본국으로 돌아가기 힘들었기 때문이다.

게다가 조선고등법원은 매우 왜소했다. 본국 대심원에는 보통 50명, 많을 때는 80명의 판사가 각부에 배속되어 집무했지만, 조선고등법원에는 겨우 5명 정도의 판사가 있었다. 이 숫자로 일체의 상고사건을 취급하는 와중에 판결문이 부실해지는 것은 피할 수 없는 일이었다.

사법 당국은 늘 사법관 대우향상과 원활한 인력 충원에 고심해야 했다. 가장 큰 문제는 정규의 사법관자격을 갖춘 자 중에서 하급법원의 재판사무를 담당할 신진인력을 좀처럼 구하기 힘들다는 것이었다. 그래서 1920년 7월 제령 제11호 '조선총독부 판사 특별임용에 관한 건朝鮮總督府判事ノ特別任用二關スル件'이 제정되어 재판소 서기를 시험을 통해 판사로 특별임용하는 제도가 시행되었다. 서기의 사기를 진작하고, 인력난을 겪고 있던 말단 지방법원과 지청판사를 충원하기 위한 방법이었다. 특별임용된 판사들은 지청의 단독판사로 시작하여 합의부의 배석판사, 성공하면 지법의 단독판사 등을 거친 뒤 퇴관하는 경우가 많았다. 이렇게 특임판사들은 말단에 위치했고 승진에도 한계가 있었다. 고시에 합격한 일본인 엘리트 사법관들이 바로 진정한 사법관이었다.

사법관의 독립성이 존중되는 분위기가 있었다 해도, 그들은 기본적으로 식민지지배기구의 일원이었다. 조선총독들은 항상 사법관들이 총독부의 통치방침을 깊이 인식해서 사법과 행정이 협화協和하여 통치방침의 실현에 협력해줄 것을 강조하기를 잊지 않았다. 사법감독관들도 사법관이 "반도통치의 주익主翼"이라는 의식을 가져야 한다고 늘 강조했다.[300] 사법관들이 말하는 사법권의 독립이란 사법관 스스로 반도통치의 중대사명을 가진 기관이라는 인식을 지닌 상태에서 총독 또는 행정관청의 직접적인 간섭을 받지 않는다는 것 정도를 의미했다. 식민지 사법관들의 이해관계에 가장 잘 부합된 사법권 독립의 최대강령은, 나중에 보듯이 총독부재판소를 본국 사법성 관할로 옮기는 것이었다. 하지만 이 문제에 관해서도 사법관들이 모두 일치된 견해를 갖지는 않았다. "반도통치의 주익"이라는 의식이 강한 고위 간부일수록 부정적이거나 신중한 모습을 보였다.

그러나 이런 이야기는 비교적 평온한 시국의 상황이었고, 전시체제에 돌입한 뒤로는 분위기가 달라졌다. 1943년 4월 재판소·검사국 감독관회의 석상에서 미즈노水野重功 고등법원 검사장은 총력전체제하 사법의 사명에 대해 다음과 같이 훈시했다.

가령 사법의 독립이라고 통칭되고 있지만 모두 국가가 있고나서의 재판이고 검찰이다. 따라서 국가의 존립확보를 위하여 수행되는 각종의 시책을 도외시한다면 검찰 및 재판은 하등 존재가치가 없다고 할 만하다. 저 삼권분립이란 자유주의적 외래사상이 왕성한 시대에 교육을 받은 우리들은 자칫하면 이 취지를 잊어버리고 방자한 폐에 빠지기 쉽다. 그러므로 만일 사법권의 독립이나 검찰권의 자영自營이라는 문구에 현혹되어 사법독선주의에 따라 국가시정의 근본방침—조선에 있어서는 조선통리의 근본방침이라고 할 것이다—및 그 실천방책에 대해

---

300 예를 들어 「寺內總督訓示」(1912. 5), 『총독·법무국장 훈시집』, 14쪽; 「裁判所及檢事局監督官會議ニ於ケル總督訓示」(1939. 10. 19), 朝鮮總督府官房文書課 編, 『諭告·訓示·演述總攬』, 1941, 15·429쪽.

하등 고려함이 없이 쓸데없이 그 아성牙城에 농성하며 법령 문구의 말단에 구애되어 그 함축된 정신을 파악하지 못하거나 국가목적에 도움이 되지 않거나 오히려 그에 배반하여 해석운영을 하게 되어서는 전혀 사법의 사명을 모독하는 것이라고 하지 않을 수 없다.[301]

조선인 판검사들

그렇다면 조선인들은 어떤 경로로 사법관이 되었을까? 구한국기 판검사로 있던 자들은 일단 총독부판검사로 유임되었지만 다수가 1910년대 인원정리과정에서 탈락했다. 조선인을 위한 별도의 특별임용제도로는 1910년 10월 제령 제7호 '조선인의 조선총독부 판사 및 검사의 임용에 관한 건'이 있었다. 일본 제국대학이나 관립전문학교 또는 조선총독이 지정하는 학교에서 3학년 이상의 법률학교를 졸업한 조선인은 문관고등시험위원의 전형만으로 특별히 조선총독부 판사 또는 검사에 임용될 수 있었다. 지정된 법률학교들은 대부분 일본의 사립대학이었고, 조선에는 경성전수학교京城專修學校가 유일했다. 때문에 조선인 서기 중에는 판검사자격을 취득하고자 서기직을 사임하고 경성전수학교나 내지의 법률학교에 입학하려는 자들도 있었다. 그러나 조선인 판검사의 정원은 극히 적었고 결원도 없었기 때문에 이 제도로 임용되는 경우는 거의 없었다.[302] 1920년에 조선총독부 판사 특별임용제도가 실시된 뒤, 조선인 재판소 서기 가운데 판사로 특별임용되는 경우가 있었다. 해방 이후 활약한 법률가 중에서 이 시기 경성전수학교를

---

301 『昭和十八年度版 朝鮮刑事政策資料』, 23~24쪽.
302 1917년 사법감독관회의에서 고쿠부 사법부장관은, 조선인 판검사의 정원은 소수이고 결원이 발생하는 일이 극히 드물기 때문에 퇴관하려는 자를 억지로 막을 필요는 없지만, 현재의 사정과 장래의 이해를 잘 고려하게 하여 일시의 발분으로 뛰쳐나가 일신의 방향을 그르치지 않도록 잘 지도하라고 훈시했다. 『총독·법무국장 훈시집』, 104쪽.

졸업하고 재판소 서기가 되었다가 판사로 특별임용된 자가 많다. 그러다 1930년대가 되면 특별임용제도는 거의 활용되지 않았고, 고등고시 사법과 출신의 조선인들이 정규 사법관시보를 거쳐 판검사로 임용되는 사례가 늘어났다.

조선인 판검사는 수적으로도 미미했지만 직무상에도 한계가 있었다. 통감부재판소령 이래 재판소령 제25조가 조선인 판검사는 한국인사건에 한하여 직무를 수행한다고 규정했기 때문이다. 이 규정은 사법권 위탁 당시 메이지헌법과의 정합성, 치외법권 철폐조건 등을 고려하여 입안된 것이었는데, 조선인 판검사의 직권을 차별하고 있었다. 1920년 3월 24일 제령 제3호로 재판소령을 개정하며 이 규정을 삭제했지만, 실무상 조선인 판검사는 주로 조선인사건을 담당하는 관행은 계속되었다. 조선인 판사도 합의부원이 되고 능력도 인정받으면서 점차 그 경계가 흐려지기는 했지만, 조선인 판사가 합의부장 혹은 주요 치안사건을 취급하는 예심판사가 되는 일은 없었다. 1938년 이상기李相基(해방 후 대법관)가 조선인 최초로 경성지방법원 합의부장이 되었고, 김준평金準枰, 조진만趙鎭滿 등도 합의부장이 되는 영광(?)을 누렸다. 그 시점이 말해주듯이, 이것은 전시동원체제하 조선인 우대책의 일환이었다.[303] 하지만 그 이상의 감독관직은 꿈도 꾸지 못했다.

4. 총독정치와 재판소독립론

총독정치의 정당화가 불러온 문제

1910년대 조선과 대만은 육군이 주축이 된 군벌세력의 수중에 있었다.

---

303 『동아일보』 1938. 4. 2; 김갑수, 『법창30년』, 법정출판사, 1970, 53쪽.

이들은 제국의 중앙정치로부터 식민지를 절연시키는 것을 정치적 목표로 삼고 있었다. 식민지 언론계에서도 조선은 일본의 대륙경영전략상 매우 중요한 식민지라는 점을 강조하며 중앙정치의 영향을 차단하기 위해 "조선통치는 정당정치의 권외圈外에 두어야 한다"는 주장이 심심치 않게 등장했다.[304] 1920년대 이른바 문화통치 시기에 들어서면서 상황이 조금 변화되었다.[305]

식민지를 장악한 군벌세력과 대립하면서 식민지통치를 일본 정부의 내각과 정당정치의 통제하에 두려 했던 대표적 인물이 하라 다카시였다. 그는 1918년 수상에 취임한 뒤 식민지총독의 문민화, 내지연장주의에 기초한 문화통치를 내걸고 식민지통치의 쇄신에 나섰다.[306] 제3대 조선총독으로 부임한 해군제독 출신 사이토 마코토는, 문관 출신 총독 임명에 실패하자 대안으로 임명된 자였다. 다이쇼大正 데모크라시 시기 총독정치에 대한 정당내각의 영향력이 커지고 총독부의 요직에 비번벌계열 혹은 정당 배경을 가진

---

304 「社論 朝鮮經營と中央政治」, 『朝鮮公論』 1913년 6월호, 3쪽; 牧山耕藏, 「殖民地統治を党争圈外に置く可し」, 『朝鮮公論』 1914년 2월호, 2~3쪽.

305 식민지 통치와 일본 정당정치의 역학관계에 관해서는 春山明哲, 「近代日本の植民地統治と原敬」, 『日本植民地主義の政治的展開 一八九五~一九三四年』, 1~75쪽 참조. 조선에 관해서는 森山茂德, 「日本の朝鮮統治政策(一九一〇~一九四五年)の政治史的研究」, 66쪽 이하; 岡本眞希子, 「總督政治と政黨政治—二大政堂期の總督人事と總督府官制·豫算」, 『朝鮮史研究會論文集』(朝鮮史研究會) 38號, 2000, 31쪽 이하.

306 대만의 경우 1919년 10월에 귀족원의원 출신의 덴 겐지로(田健治郎)가 총독으로 임명되었다. 또한 1921년에는 '대만에 시행할 법령에 관한 법률'을 개정하여(법률 제3호) 내지연장주의 방침을 취했음은 5장에서 본 바와 같다. 그 결과 대만의 민형사법령은 본국의 법률을 율령에서 '의용'하던 체제에서 본국의 법률이 칙령에 의해 직접 대만에 시행되는 체제로 이행했다. 1923년 12월 27일 일본 정부는 칙령 제526호로 형사소송법(다이쇼형소법을 말함)을 1924년 1월 1일부터 대만에 시행하도록 하고, 같은 달 26일 공포된 칙령 제514호 '대만에 시행하는 법률의 특례에 관한 건'(1922. 9. 16 제정, 칙령 제107호)을 개정하여 형사소송에 관한 특례조항을 삽입했다.

인사들이 진출하기 시작했다. 특히 다나카 기이치田中義一 내각기에 총독정치의 '정당화政黨化'현상이 두드러졌다.[307] 중앙정계와 식민지 일본인사회에서는 우려와 비판의 목소리가 컸다. 본국에서는 정책경쟁이 이루어지는 정당정치가 당연하지만, "메이지 천황의 병합조칙에 의해 일정 부동"한 정치방침이 세워진 조선에서는 정당정치에 초연한 통치가 이루어져야 한다는 것이 일반적인 사고방식이었다. 따라서 정당내각이 총독의 자리를 좌우하려고 기도하는 것은 천황의 대권을 멸시한다는 비난을 면할 수 없었다. 1927년 12월 제4대 총독으로 부임한 야마나시 한조山梨半造(예비역 육군대장)는 금권정치와 결탁하여 총독의 위신을 실추시킨 대표적인 인물로 꼽혔다.[308]

야마나시는 다나카 수상과 절친한 인물로 '배금장군拜金將軍'이라는 오명을 갖고 있던 인물이었다. 이렇게 부패한 정당계 인물을 총독에 취임시키는 것은 조선통치의 근본원칙을 훼손한다는 취지로 일각에서 부임반대운동이 벌어지기도 했다. 결국 1928~29년 사이 일련의 증수뢰사건—이른바 조선총독부 의옥사건疑獄事件—이 적발되어 야마나시의 측근들이 기소되는 일이 발생했다.[309] 야마나시 자신도 부산의 미곡거래소 설립허가와 관련하

---

307 「田中首相の脱線ぶり, 朝鮮と満州の政党化」, 『朝鮮及滿洲』 33卷 242號, 11~12쪽.

308 岡本眞希子, 『植民地官僚の政治史: 朝鮮·臺灣總督府と帝國日本』, 東京: 三元社, 2008, 512~513쪽. 총독부 관료의 정경유착이 이 시기에 비로소 나타난 것은 결코 아니다. 테라우치, 사이토 총독 시기에도 크고 작은 오직사건들이 발생했다.

309 야마나시 총독의 촉탁이었던 오마(尾間立顯)가 1928년 충청남도 도청 이전문제에 관한 사취사건으로 기소되어 1930년 12월 경성복심법원에서 징역 2년 6월형에 처해졌고, 언론인 출신으로 야마나시의 최측근이자 사설비서였던 히다(肥田理吉) 역시 인사 및 각종 이권을 둘러싸고 금품을 받은 사건들이 드러나 1928년 경성지방법원에 기소되었다가 예심 진행 중에 갑자기 석방되었다. 히다는 1929년 7월 부산미곡거래소 설립인가를 둘러싼 수뢰사건으로 야마나시와 함께 동경지방재판소 검사국에 의해 체포·기소되어 유죄판결(징역 8개월)을 받았다. 宮田節子 監修, 「未公開資料 朝鮮總督府關係者 錄音記錄 (3) 朝鮮總督府·組

여 정치헌금 명목으로 거액의 뇌물을 받은 사실이 드러나 1927년 8월 총독직을 사임했고, 나중에 무죄판결을 받기는 했지만 동경지방재판소 검사국에 의해 기소되었다.[310] 정당내각기의 금권정치를 계기로 일본 내부에 정당정치에 대한 혐오가 확산된 것과 비슷하게, 조선통치도 정당정치로부터 단절시켜야 한다는 주장이 다시 일어났다.[311]

정당내각과 총독정치의 관계가 긴밀해지면서, 총독정치와 사법의 관계에 대해 새로운 문제가 대두했다. 추밀원장 구라토미 유자부로(초대 사법부장)는 야마나시 총독사건과 관련하여 정당색깔을 띤 조선총독이 검찰권을 장악하면 사법사무에 대한 신용이 엷어지고, "내각의 경질에 따라 총독도 경질되는 식이 되어 조선에서의 사법의 독립 역시 세인의 의심을 받게 된다"고 우려했다.[312] 이런 인식은 정당정치화된 총독에게 사법기관을 예속시키는 현재의 체제를 개선해야 한다는 생각으로 이어졌다. 그런 맥락에서 내지연장주의적 통치노선과 맞물려 일본의 제도를 조선에 연장하는 방식으로 사법제도의 개선을 요구하는 목소리가 커졌다. 바로 내외지 사법통일운동이었다.

조선 사법권 독립론과 내외지 사법통일운동

'조선에 사법권의 독립이 존재하는가'라는 문제는 식민지 사법관료들을

織と人」,『東洋文化硏究』 4호, 2002, 300쪽의 주 9, 307~308쪽의 주 34.

310 사건개요에 대해서는 宮田節子 監修, 위의 글, 298~299쪽, 주 4; 임종국,『밤의 일제침략사』, 한빛문화사, 1984, 248~251쪽. 한편 사이토 총독 재임기에도 1925년 부평수리조합 부정공사사건, 기타 의옥사건에서 검사의 사건처리가 문제되면서 조선 내부에서 문화정치기 법치주의의 타락이라는 비판이 제기되었다. 靑柳綱太郎,『總督政治史論 後編』, 京城: 京城新聞社, 1928, 222~238쪽.

311 土師盛貞,「政党政治と朝鮮問題」,『朝鮮統治問題論文集 第一集』, 1929, 143쪽 이하.

312 岡本眞希子, 앞의 글, 38쪽에서 재인용.

괴롭히는 문제 중 하나였다. 이 문제는 총독통치를 옹호해야 할 필요성과 사법기관의 위상확보라는 모순되는 요청 사이에서 갈등하게 만들었다.

먼저 실제 문제 이전에 총독부재판소의 헌법상 지위와 관련된 논의를 잠깐 확인해두자. 적어도 일본 정부의 공식입장은 조선에도 대만과 마찬가지로 헌법이 시행된다는 것이었다. 총독부재판소의 헌법적 지위에 관해서는 두 가지 입장으로 나뉘었다. 즉 총독부재판소는 통상재판소인가 또는 특별재판소인가? 공법학자들은 총독부재판소는 법률이 아닌 제령에 의해 설치되었고 판사의 신분보장도 미흡하며 입법·행정·사법의 분립도 없기 때문에 특별재판소에 해당한다고 보는 경향이 있었다. 이에 대해 통상재판소라는 견해는, 제령은 법률과 같고 총독부 판사도 일정한 신분보장을 받는다는 것을 논거로 들었다.[313] 총독부 사법관들이 주로 이런 주장을 했는데, 통상재판소라고 주장한다 해서 실제로 본국 재판소와 동격일 수는 없었다. 신분보장 측면에서 본국 판사와 차이가 있는 것은 사실이었다. 특히 검사의 경우 법령상 명시된 규정이 없었기 때문에 사법관시보 중 검사지망자가 적다는 말도 나왔다.[314]

사법관들의 희망은 본국과의 차이가 없어지는 것이었다. 그 방안으로 거론된 것이 "조선의 사법부도 육해군과 동일한 원칙을 취하여 내지 사법성으로 이관하는 것",[315] 그리고 한 발 더 나아가 재판소구성법을 조선에 시행하자는 것이었다. 구라토미는 초대 사법부장 시절부터 상당히 적극적이었고, 사이토 총독 재임기에는 재판소 감독관들이 재판소구성법을 조선에

---

313 외지 사법기구의 헌법상 위치에 관한 당시의 논의는 山崎丹照, 『外地統治機構の研究』, 東京: 高山書院, 1943, 369~370쪽.

314 『法政新聞』 1937. 9. 20.

315 전 평양지방법원 검사장 津久井利行, 「朝鮮司法部の監督権を移管せよ」, 『朝鮮新聞』 1936. 11. 26.

시행하자는 취지의 의견서를 제출하기도 했다.[316] 이 문제는 사법권 독립수준을 향상시키고 재판제도를 개선한다는 의미 외에, 사법관의 직업적 이해관계와도 결부되어 있었다. 즉 신분보장, 대우향상, 차별철폐, 본국으로 전임할 수 있는 기회를 의미했다.

1940년 사법계를 회고하는 좌담회 참석자들 역시 대체로 찬성하는 분위기였다. 조선총독의 반발, 비용문제, 재판소구성법 시행 시 조선과 일본의 법령과 환경차이로 인해 발생할 문제들을 거론하는 회의적인 견해도 있었다. 한 참석자는 검찰사무에 대한 지휘감독권이 폐지되는 점이 총독의 관점에서 볼 때 가장 유력한 반대이유라고 했다.[317] 1940년 구라토미는 조선에 재판소구성법을 실시하라는 의견서를 냈다. 그는 "검찰사무의 지휘감독은 당연히 검사총장, 사법대신에 귀속해야 할 것으로서 조선총독의 월권은 이것과 병립해서 행사할 수가 없다"고 말하기까지 했다.[318]

조선의 재야법조계는 사법권 독립과 일본과의 통일문제를 줄기차게 주장했다. 사법권의 독립이 취약하여 인권유린과 총독정치의 전제권력 남용을 견제하지 못한다고 보았기 때문이다. 예를 들어, 와타나베 고등법원장은 데라우치 총독 암살미수사건(이른바 105인사건)에서 총독의 재판간섭이 없었다고 말했지만, 철저한 언론통제, 비공개로 진행된 예심, 피고인에 대한 고문, 피고인에 유리한 증인소환 거부 등을 근거로 "조선에서의 사법권은 전혀 그 독립을 잃고 전정專政인 통치자의 감정에 좌우된다"는 비판이 있었던 것도 사실이다.[319] 1927년에는 조선공산당사건 공판에서 방청금지에도 불구

---

316 「좌담회기록」, 142쪽 이하.
317 「좌담회기록」, 142~147쪽.
318 倉富勇三郞, 「朝鮮ノ司法制度ニ關スル私見」, 國立國會圖書館 憲政資料室, 倉富勇三郞文書 三〇-22; 남기정 옮김, 『일제의 한국 사법부 침략실화』, 215~219쪽.
319 浮田和民, 「陰謀事件の裁判」, 『朝鮮公論』 1913년 7월호, 53쪽.

하고 사복형사가 법정에 잠입해 재판장석 뒤에서 공판내용을 필기한 사실
이 드러나 논란이 되기도 했다. 변호사회는 사법권침해탄핵연설회를 개최
하려 했지만 경찰에 의해 금지되었다. 사건담당 재판장은 변호인 측이 제
기하는 사법권 침해문제는 "당연 이상의 당연한 일이라고 생각하지만, 장
소가 조선이기 때문에 모든 일을 묵인하기를 바란다"고 했다. 이 일로 조선
은 경찰정치하에서 억압받고 있으며, 과연 사법권과 행정권의 분립이 명백
하게 이루어지고 있는가 하는 비판이 제기되었다.[320] 야마나시 총독의 독직
사건도, 독립한 사법기관과 언론기관이 행정권을 감시하고 견제하는 체제
가 없기 때문에 생긴 권력남용의 전형적 사례로 평가되었다.[321]

근본적인 해결방법은, '조선의 특수사정'을 이유로 만들어진 특례와 변
칙들을 제거하고 모범이 되는 본국의 제도를 조선에 시행하는 것이었다.[322]
1900~1910년대 대만을 중심으로 사법권 통일운동이 일어났던 것처럼, 조
선의 재야법조는 1920년대부터 일본의 변호사계 및 정치인사와 제휴하여
재판소구성법, 변호사법, 행정재판법, 배심법 기타 사법관련 법제도를 조선
에 시행하도록 청원하는 운동을 벌였다.[323] 1921년 5월 전조선변호사회는

---

320 『조선일보』 1927. 9. 31일자 사설; 『동아일보』 1927. 10. 1일자 사설.
321 『동아일보』 1929. 12. 30일자 사설.
322 牧山耕藏, 「母国及植民地間に於ける共通法の制定と其効果」, 『朝鮮公論』 1918년 5월호,
1쪽; 宮崎翠郎, 「行政整理に当り朝鮮司法権を独立せしめよ」, 『朝鮮公論』 1924년 10월
호, 37쪽; 宮崎翠郎, 「司法革新の曙光」, 『朝鮮公論』 1925년 3월호, 43~46쪽.
323 1930년 4월 제4회 전조선변호사대회 결의사항에는 다음과 같은 사항들이 포함되었다. 재
판소구성법·소원법·배심법의 조선 시행, 언론집회 자유의 제한 완화, 기강문란의 엄중한
단속, 수형자의 대우 개선, 면수(免囚)보호제도(갱생보호제도를 말함) 개선, 미결구류기간
갱신의 억제, 이식제한령상의 이율저하, 조선민사령과 조선형사령의 독소조항 폐지, 조선
인의 친족상속에 관한 성문법 제정, 합유에 관한 등기제도, 민사단독사건 판결서에 이유를
붙일 것, 재판소 및 검사국 감독관회의에 변호사회장 참가 등. 『朝鮮通信』 48集 1236號,
1930. 4. 30.

재판소구성법 및 변호사법 시행을 결의하고 이를 총리와 사법대신에게 진정했다.[324] 1927년 7월에는 동경에서 개최된 전국사법관회의에서 조선인 변호사회 대표(이승우)가 다시 이 문제를 제의했고, 일본의 변호사회들도 그에 동조하여 내각에 진정서를 제출했다.[325] 1933년, 1934년 조선과 일본의 변호사 대표들이 조선 사법권 독립건의의 청원을 제국의회 중의원에 제출했고, 중의원은 청원안건으로 채택했다.[326] 1935, 1936, 1940년에는 일본의 제2당인 입헌민정당立憲民政黨, 제국변호사회 등이 내외지 사법권 통일의 법제를 확립할 것을 정부에 건의했다.[327] 1941년에도 조선인 변호사 대표들이 제국의회에 청원했다.[328]

내외지 사법통일론에 대한 중앙정부와 총독부의 입장

제국의 중앙정치권에서 보면, 이 문제는 식민지 내 사법권 독립뿐만 아니라 제국 전체 사법제도의 통일문제와 연관되어 있었다. 이는 본국의 정통성 있는 제도하에 본국과 식민지가 통합된다는 것을 의미했다. 또한 내외지 사법통일은 곧 내외지 정무통일, 즉 식민지통치기능을 중앙정부로 이관하고 통합한다는 취지였기 때문에 본국 중앙정부와 어느 정도 일치된 이해관계를 지니고 있었다. 1930년 3월 마쓰다 겐지松田源治 척무대신拓務大臣은 사법통일을 위해 조선에 재판소구성법을 시행할 의향을 밝히고 조사회를 설치했다.[329] 조선총독부가 이를 반대하자 척무성도 소극적이 되었지만,

---

324 『동아일보』 1921. 5. 11.
324 『동아일보』 1921. 5. 11.
325 『동아일보』 1928. 8. 10.
326 『조선중앙일보』 1933. 3. 17; 『동아일보』 1934. 3. 10; 『동아일보』 1934. 3. 14.
327 『동아일보』 1936. 8. 11; 「좌담회기록」, 138쪽.
328 쇼와 19년 제79회 제국의회 설명자료(법무, 학무), 민족문제연구소 엮음, 『일제하 전시체제기 정책사료총서 13』, 한국학술정보, 2000, 39쪽.
329 『동아일보』 1930. 10. 16.

사법성의 경우 기회가 있으면 조선과 대만의 사법기관을 사법성 소관으로 이관시켜 사법권의 독립과 통일을 기해야 한다는 입장을 표했다.[330]

물론 조선총독은 일관되게 반대하는 입장을 취했다. 이 문제는 단지 사법권 독립을 보장하는 문제가 아니라, 총독중심의 일원적 통치체제의 붕괴를 의미하기 때문이었다. 사이토 총독 재임기에 작성된 한 문서를 보면, 이 문제에 대한 총독부의 반대논리가 잘 나타나 있다.[331] 찬성론의 논거는, 사법권 독립에 관한 의혹을 일소하여 사법에 대한 신뢰를 높인다, 차별대우를 의식하는 조선인에게 호감을 준다, 사법법규의 제정 및 법령해석을 통일한다, 내지 및 타지역 간의 교섭사건을 원활히 처리한다, 사법부 직원의 대우·지위향상, 소질개선에 용이하다, 지방법원에서 2심사건을 취급하여 일반민중의 편익이 크다는 것 등이다. 반대론의 논거들로는, 사법성에 사법행정감독권을 이관하면 사무집행이 불편하다, 특별임용된 조선인 직원의 취급이 불편하며 신분변동을 초래해 통치상 영향이 크다, 대심원에 상고를 제기해야 하므로 일반민중이 불편하다, 사법경비가 팽창한다는 것 등이 거론되었다. 아마도 다음과 같은 점이 핵심적인 반대이유였을 것이다.

1. 조선총독은 사법·입법·행정의 3권을 통할하여 비로소 통치의 원만을 기해야
   할 것임에도, 그 직할로부터 사법기관을 분리하면 통치의 통제를 불구로 만들
   우려가 있을 뿐만 아니라, 종래 조선총독의 지공지평한 정치의 일단은 엄정·
   충당한 사법의 운영에 달려 있는 바가 많은데, 이 사법기관을 잃으면 조선총
   독정치의 신용을 가볍게 만들게 될 우려가 없지 않다.

---

330 『동아일보』 1922. 9. 12; 1939. 3. 24.

331 「裁判所構成法ヲ朝鮮ニ施行スルノ可否」, 齋藤實文書 書類の部 71-22, 日本 國會圖書館 憲政資料室.

2. 본래 사법권은 입법 및 행정에 대한 독자의 입장에서 이를 운영해야 함은 당
연하지만, 그 운영기준은 항상 통치의 근본에 입각시켜야 한다. 만약 조선에
서 사법의 운영이 통치의 근본정신과 동떨어지게 되면, 총독정치의 유종의
미를 거두기 어렵게 될 것이다. 조선에서는 총독의 관하에서 조선의 통치에
이해있는 사법기관을 독립시켜 사법운영을 담당시킬 필요가 있기 때문이다.
3. 조선총독은 검사에 대한 감독권을 상실하고 또 검사는 총독부 관하의 경찰관
에 대하여 사법경찰관으로 지휘하는 데 지장이 없을 수 없다. 그 결과 검찰사
무 집행의 원활을 기하기 어렵다.

요컨대 재판소구성법의 시행은 총독이 삼권을 통할하는 일원적 통치체제
를 깨뜨린다는 것이다. 덧붙여 사이토 총독은 공산주의자들의 준동이 있는
한 사법권 이관은 불가능하다고 못 박기도 했다.[332] 경찰권, 검찰권, 사법권
이 총독에게 직속되어 있지 않다면 식민지 치안유지가 위태로워질 수 있다
는 말이었다. 하지만 언제까지나 반대입장을 관철시킬 수는 없었을 것이다.
1930년대 후반 내선일체론이 강조되고 제국의 식민통치를 일원화하려는
움직임이 강해졌다. 전시체제로 조선인을 동원하려는 의도를 가지고 징병
제와 소득세법이 실시되었고, 종전 직전에는 식민지 주민의 처우개선과 차
별해소의 일환으로 참정권을 부여하는 조치가 단행되었다. 이는 멀지 않은
장래에 사법제도의 통일이 이루어질 것임을 시사했다.

1922년의 재판소령 개정과 고등법원장의 권한강화
재판소구성법 시행을 통한 사법권 독립·통일론은 총독의 지배권에 균열
을 낼 수 있기 때문에 결코 이루어질 수 없었다. 하지만 비록 다른 목적에

---

332 『中外日報』 1930. 8. 4.

서 비롯된 것이라 할지라도, 이 시기에 일어난 작지만 의미심장한 변화에 주목해야 한다. 바로 1922년 재판소령을 개정하여(1922. 12. 7, 제령 제12호) 고등법원장에게 하급재판소의 행정사무를 지휘감독하는 권한을 부여한 것이다. 종래 고등법원장은 일본 대심원장과 마찬가지로 원내 행정사무만 지휘감독할 수 있었을 뿐이고, 복심법원장이 총독의 지휘감독을 받아 복심법원 및 하급법원의 행정사무를 감독했다.[333] 그런데 이제는 고등법원장이 총독의 지휘감독을 받아 조선 내의 사법행정사무를 통할하는 지위에 서게 된 것이었다.

재판소령을 개정한 이유는, 법무국과 복심법원장의 사법행정사무 감독의 부담을 경감하고 법원행정사무를 효율적으로 감독한다는 것이었다. 하지만 상고심인 고등법원장에게 전국 재판소에 대한 감독권을 부여하는 조치였던 탓에, 총독부는 본국 정부가 품을지 모를 의구심을 해소할 필요가 있었던 것 같다. 왜냐하면 본국에서도 사법권 독립을 확실히 하기 위해 재판소에 대한 행정감독권을 대심원장에게 이전하라는 요구가 있었으며, 이는 사법성 축소론이나 폐지론으로 연결되는 문제였기 때문이다.

개정제령안의 통과를 위해 총독부는 이례적으로 장문의 개정이유서를 첨부했다. 조선고등법원장의 지위는 일본 대심원장과 큰 차이가 있어서, 고등법원장에게 행정감독권을 부여해도 권력남용의 폐해나 법무국의 폐지 내지 총독의 권한축소 같은 일은 일어나지 않으므로 "고등정책적 문제"에 해당하지 않고, "내지에서의 사법성의 축소 또는 폐지와 같은 대문제가 아니다"

---

[333] 반면 조선을 제외한 대만·관동주·남양군도의 고등법원장들은 하급재판소에 대한 감독권을 가지고 있었다. 물론 이들 지역의 고등법원은 조선의 고등법원과 같은 순수한 상고심 관할 법원이 아니었다. 이들 지역의 법원은 지방법원-고등법원의 2단계 구조를 택하고 있었으며, 대만의 경우 고등법원 내에 상고부를 설치하여(1919년부터) 3심제를 채용했지만 관동주와 남양군도에는 상고심이 존재하지 않았다.

라고 강조했다. 그러면서 다음과 같이 덧붙였다.

6. 내지內地에서는 재판소제도 창설 후 이미 다년을 경과하여 사법권의 독립도
완전히 확보되어 세간에 의심을 품는 자 없지만, 조선에서는 판사의 전소轉所
등에 관하여 보장이 없어 자칫하면 세인으로 하여금 사법의 독립에 관하여
의심을 품게 만들 여지가 있으므로, 기회가 있을 때마다 그 지위와 권한의 향
상을 꾀하여 선인鮮人은 물론 내지인으로 하여금 사법을 신뢰하게 하는 것은
조선통치의 긴요사항이라고 할 것이다. 이제 고등법원장으로 하여금 하급재
판소의 행정감독을 하게 함으로써 사법의 위신을 내외에 보이고 선인으로 하
여금 재판을 신뢰하게 만드는 데 일조하게 된다면, 가장 사의事宜에 적합한 것
이라 할 것이다.

7. 각 식민지, 즉 대만, 관동주 및 남양에서 고등법원장은 모두 하급재판소의 행
정감독권을 가짐에도 불구하고 오직 조선의 고등법원장은 이 권한을 가지지
않는 것은 식민지 제도상 통일을 결여한 것이어서, 조선고등법원장에게 위
권한을 부여하는 것은 (…) 식민지에서의 재판제도 중 중요사항을 통일하려는
것이다.[334]

기실 사법행정감독업무를 재조정하여 고등법원장에게 행정감독권을 부
여한 것에 불과했지만, 이를 사법의 위신을 높이고 식민지 사법제도를 통
일한다는 말로 포장했던 것이다. 하지만 이 변화는 해방 이후 사법제도 재
편과 관련시켜보면 중요한 의미를 가진다. 당시의 주요 쟁점 중 하나가 사
법권 독립을 완전히 하기 위해 대법원장에게 법원행정에 대한 감독권을 부

---

[334] 「朝鮮總督府裁判所令改正制令案」(1922. 11. 23), 『公文類聚』(日本 國立公文書館, 청구
기호: 2A-11-類).

여하자는 것이었다. 같은 논의가 전후 일본에서도 부각되었다. 결국 한국의 대법원장과 일본의 최고재판소장은 그런 권한을 획득하는 데 성공했다. 차이가 있다면 패전 이전 일본에서는 단지 개혁구상으로만 존재했던 것이 한국에서는 이미 식민지 시기에 부분적으로 실현되고 있었다는 점이다.

식민지와 식민지적 사법

총독부는 내외지 사법통일에 반대하면서, 총독의 공평한 정치의 일단은 엄정한 사법운영에 달려 있는데 "사법기관을 잃으면 조선총독정치의 신용을 가볍게 만들게 될 우려"가 있다고 했다. 뒤집어 말하면, 사법기관이 있기에 그나마 새로운 시정의 명분이 서고 있다는 뜻일 것이다. 따라서 총독이 그것을 잃는다면 총독부는 온전한 정부가 아닌 단지 행정기관에 불과하게 됨을, 그것도 경찰국가적 외피만 남게 됨을 의미했다. 조선인들에게 사법부문은 식민지통치기구 중에서 혐오감이 덜하고 불만이 적었던 부분이었을지도 모른다.[335] 적어도 과거의 '세력대전, 뇌물대전, 촉탁대전'이 사라지고 법에 의한 재판이 시행된 것만으로도 일반인민들은 격세지감을 느꼈을 것이다. 해방 이후의 회고에도 때때로 사법부문을 평가하는 발언이 나오는 것 역시 그런 이유에서일 것이다. 하지만 식민지 사법제도에는 사법다움을 잃게 만드는 요소들이 많았다.

식민지 사법체제는 근대일본의 사법체제가 식민지통치의 목표와 조건에 맞추어 변형된 것이었다. 일본은 메이지시대에 동시대 유럽대륙의 법제를

---

335 1920년 조선청년독립단사건으로 체포되어 1919년 제령 제7호(정치에 관한 범죄 처벌의 건) 위반으로 처벌받은 이달(李達)은, 그 상고이유서에서 일본이 조선합병 이후 오랫동안 거의 무사하게 통치할 수 있었던 것은 행정을 잘해서가 아니라 재판소가 비교적 공평했기 때문이라고 했다. 조선고등법원 다이쇼 9년 형상(刑上) 제130호 1920년 12월 16일 판결, 『조선고등법원판결록 형사편』 제7권.

모델 삼아 사법의 기본구조를 만들었다. 그러나 강력한 행정부의 존재, 사법성司法省에 의한 사법운영의 통제, 치안유지와 사회통제에 정향된 법제의 성격, 권리중심의 서구적 법문화와는 다른 일본적 법문화 등이 결합되면서 관료사법적인 색채가 훨씬 강해졌다. 그만큼 사법은 사회적 기반이 취약했고 왜소한 용량을 가지고 있었다. 법조는 엘리트 국가관료로서의 판·검사와 '사법의 보조자'로서의 변호사 사이에서 이원적으로 분단되어 있었다. 이런 구조 위에서 검찰이 사법운영에 지배적인 영향력을 발휘하면서, '검찰사법'의 모습이 나타났다.

식민지 사법에서 상황은 더 악화되었다. 조선통치를 장악한 일본의 군벌 세력에게 조선은 만주로의 세력확장을 위한 군사적 효용 이상의 의미를 지니지 못했다. 병합 이후 조선에 대한 군사주의적 지배가 강화된 것과 맞물려, 식민지 사법제도 역시 재편되었다. 통치경비의 절감을 위해 사법기구의 조직과 인원이 대폭 축소되었다. 공식 사법기구의 규모가 축소된 반면, 경찰·행정기관의 사법적 분쟁에 대한 개입범위는 확장되었다. 사건의 신속한 처리라는 명목하에 권리와 인권의 보장, 사법절차의 공정성과 신중성에 대한 고려는 뒤로 물러나고, 소송경제와 국가편의를 전면에 내세운 특례적 재판절차가 확립되었다. 조선형사령의 형사절차는 경찰과 검찰에게 폭넓은 강제처분권을 부여함으로써 강제처분중심의 수사실무와 고문, 그리고 수사기관의 신문조서가 재판을 지배하는 '조서재판'식 재판실무를 뿌리내리게 했다. 사법권 독립이 없었던 것이 아니지만, 그 정치적 의미를 실제 정치·법과정에 적극적으로 구현하는 것은 허용되지 않았다.

식민지의 정치적 조건에서 신민이 법주체로 인식되고 법과정에 관여하는 일은 상정될 수 없었다. 식민지 법제에서 표상된 인간은 수동적인 지배의 객체, '충량한 황국신민'이었다. 실제로 사법에 대한 총독의 발언은 때로는 전통적인 유교적 예교담론의 외관을 쓰고 있었다. 대표적으로 제1대 총독 데라우치는 1915년 사법감독관 회의석상에서 "근시 사회풍조가 경박부화, 사치방일"에 흐르고 있다면서 "항산恒産있고 항신恒信있는 충량한 신민"을 강조하고, 민형사재판이 "풍교風敎"에 미칠 영향을 고려하여 "민풍民風"의 숙청에 이바지할 각오를 다져야 한다고 훈시했다.[336] 식민지 사법관료들은 소송증가현상을 시정개선의 효과, 인민의 권리의식 발전, 내선일체화의 징조로 평가하면서도, 결코 긍정적으로만 보지는 않았다. 건송의 폐해를 우려하여 당사자를 훈계하고 화해를 강조했던 것도 그 일환이었다. 1920년대 후반 민사사건이 급증하자 신경질적인 반응을 보이기까지 했다. 도의심의 퇴폐, 법령의 악용, 재계의 불황, 실업자 증가 및 그에 수반하는 생활의 압박, 근대사상의 영향, 기타 환경의 영향 등 중첩된 원인이 있고 또 어느 정도는 부득이하지만, 지금과 같은 현상은 "완전히 병적"이라고 했다.[337] 대한제국의 법관들이 인민의 다정한 벗이 아니었던 것처럼, 식민지 사법관들도 인민들에게 친절하지 않았다.

식민지 사법체제의 문제점은 법조집단의 내부구조에서도 드러난다. 식민지 법조사회는 내적으로 심각하게 분단되어 있었고 상호견제와 균형이 결여되어 있었다. 법조집단의 생산과 배치 자체가 차등적 구조를 가지고 있었다. 진정한 사법관은 고등문관시험 사법과에 합격한 일본인들이었다. 특임제도를 통해 서기에서 판검사로 등극한 자들은 이 진정한 사법관들 밑에서 하위의 사법사무를 담당했다. 재조와 재야 사이의 현격한 격차와 민족적 차별구조로 인해, 식민지 법조에는 결코 전문가집단의 일체성이 존재하지 않았다. 사법관료, 특히 검찰관료가 전체 법조사회에서 지배적이고 감독

---

336 『총독·법무국장 훈시집』, 31쪽.
337 松寺竹雄, 「年々殖える朝鮮人の犯罪」, 『朝鮮及滿洲』 1929년 1월호, 31쪽.

적인 위치를 차지하고 있는 상태에서, 변호사계는 사실상 견제세력으로서 의미가 없었다. 뿐만 아니라 법학 연구와 교육에서도 사법관료에 대한 심각한 종속성이 드러났다. 식민지 법제의 해석은 완전히 사법관료들이 장악하고 있었으며, 대학에서의 법학교육은 조선사회를 위한 비판적 법담론의 생산에 기여하는 바가 거의 없었다. 식민지 내부에서 그나마 수준 있는 법학 지식이 유통되는 통로로는 재조 실무가들이 주축이 된『사법협회잡지』, 경성제국대학 법문학부 회보가 유일했다. 한편 1934년 일본 사법성이 추진한 사법제도개선에 대하여 경성제국대학 법문학부는 일본의 다른 어떤 법학부보다도 적극적으로 찬성했다. 즉 예심의 기소 전 절차화, 청취서에 대한 증거능력 부여, 사법경찰의 전국적 통일, 간이절차 설치, 위경죄즉결례에 의한 즉결처분 및 약식명령에 대한 항소금지, 대표변호사, 변호인 수의 제한 등 거의 모든 점에 대해 찬성이었다. 이것들은 모두 규문주의적 검찰사법을 강화하는 장치들이었다.[338]

사법운영과 치안에 미칠 영향 등을 구실로 변호사의 인원과 활동은 언제나 식민지 통치 당국의 통제하에 있었다. 특히 1차적 감독기관으로서 지방법원 검사정(오늘날 지방검찰청장에 해당)은 변호사의 개업, 변호사회 개설, 변호사와 변호사회의 일상적 활동과 변호사징계에까지 개입할 수 있었다. 1933년 일본에서 변호사 및 변호사회의 지위향상, 변호사 자치의 확대 등을 내걸고 변호사법을 개정하자, 1936년 조선에서도 이를 따라 '변호사규칙'을 폐지하고 '조선변호사령'(1936. 4. 17, 제령 제4호)을 제정했다. 하지만 상황은 거의 변화하지 않았다. 조선인 법률가들이 일본인 법률가와 대등한 자리에 설 수 있는 곳이 변호사계였지만, 변호사가 되기에는 교육여건이나 자격취득기회에서 상당한 제약이 따랐다.

---

338 小田中聰樹,『刑事訴訟法の史的構造』, 東京: 有斐閣, 1986, 60쪽.

일본의 변호사계는 정당정치세력과 연계하여 번벌세력·사법관료와 대립하며 이른바 '재판의 민중화'라 불렸던 배심제도의 도입을 비롯해 법률가들의 보편적 관심과 직업적 이익을 정치과정에 반영할 수 있었다. 그러나 식민지 변호사계에 그런 정치적 기회는 주어지지 않았다. 소수의 조선인 변호사들이 변론투쟁, 법계몽 및 정치활동을 전개했지만,[339] 식민지의 재야법조는 활발한 재야성을 보여주지 못했다. 식민통치 당국은 변호사 유사업무의 엄격한 단속을 통해 변호사의 '업계'이익을 보호해주면서, 대신 그들을 반관半官적 지위로 얽매어두고 통제하려 했다. 이런 상황에서 식민지의 대다수 법률가들은 위로부터 행사되는 권력의 통로에 기생하는 법기술자의 역할을 넘어설 수 없었다.[340]

이와 같이 식민지 사법은 모든 부분에서 식민지 통치권력에 포획되어 있었다. '법에 의한 통치(rule by law)'는 존재했지만, 건전한 의미의 법치주의를 위한 토대들이 결여된 왜곡된 구조를 가지고 있었다. 8장에서 살펴보겠지만, 일본의 검찰관료는 사법과 정치의 접점에 있었던 일련의 사건들을 통하여 정부에 대한 일정한 독립성을 획득하고 정치적 영향력을 키워나갔다. 같은 시기 식민지 조선에서는 근본적으로 일본과 유사한 상황이 연출될 수 있는 조건이 되지 않았다. 일부이기는 하지만 식민지 사법관들이 총독의 사법사무감독권에 문제를 제기하고, 그 해결책을 본국인 일본과 조선의 사법제도와 사법감독체제 통일을 통해 찾으려 했다.

그러나 식민지지배에 위협요소가 되는 사안에서, 식민지 사법제도는 지

---

339 변호사의 독립운동, 항일변론활동 사례는 서울지방변호사회, 앞의 책, 147~200쪽.

340 식민지 조선인 법률가들의 정치적 기회구조와 경험, 그것의 해방 후 사법개혁구상과의 관계에 대해서는 이국운, 「해방공간에서의 사법기구의 재편과정에 관한 연구」, 『법과 사회』 29호, 2005, 140~145쪽을 참조할 것.

배의 안정과 효율을 확보하기 위해 억압과 통제의 기능을 유감없이 발휘했다. 식민지 검찰은 바로 이런 식민지 사법을 지휘하고 주도했던 존재였다. 9장에서 총독부 검사의 막강한 권한의 근거가 되었던 조선형사령체제와 그것이 파생시킨 수사와 재판의 실무에 관해 살펴볼 것이다. 그 전에 일본의 형사사법체제가 어떻게 검찰사법으로 변질되어갔고, 그것은 어떤 문제를 낳았는지 살펴보기로 하자.

8장 일본의 '검찰사법'적 사법제도의 전개

5장부터 7장까지 대만, 구한국, 식민지 조선의 사법제도를 살펴보고, 이를 통해 일본 본국과 대비되는 식민지적 특징을 확인했다. 그러나 일본 본국과 식민지 제도의 차이는 어디까지나 상대적이었다. 1920년대까지 본국과 식민지의 사법제도는 상당한 질적 차이가 있었다. 그것은 일본의 대외적 팽창과 국제적 지위상승, 식민지 확보와 산업발전을 통한 경제적 성장, '다이쇼 데모크라시'시대의 도래와 같은 조건에 힘입은 것이었다. 1925년에는 배심제도까지 도입되었다. 그러나 1930~40년대에 일본 사법제도가 반동화의 길을 걸으면서 식민지 사법제도의 모습과 훨씬 가까워졌다. 전시체제하의 치안유지와 사회방위를 위해, 국민의 도의심 앙양을 위해, 또는 형식에 치우친 자유주의적 사법을 극복하자는 논리로 각종 제도개선론, 혁신론이 대두했다. 그중 입법화에 성공한 대표적 사례가 1941년 개정된 치안유지법이다. 개정 치안유지법은 처벌되는 단체와 결사의 범위를 대폭 확장했을 뿐만 아니라, 조선총독부 검사도 갖지 못했던 권한을 형사절차상 특례를 통해 사상검사에게 부여했다. '이민족'과 '비非국민'을 취급하는 데서 일본의 사법제도는 내외지를 가릴 것 없이 본질적으로 같은 처방을 내놓았다. 그런 의미에서 식민지 사법제도는 단지 식민지 지역의 사법제도가 아니라 식민지에 발현된 일본적 사법제도라는 속성을 가지고 있었다.

1900년대 이래 일본 사법제도의 변화를 주도한 세력은 사법성과 검사국에 포진한 검찰관료들이었다. 일본 검찰은 초기에는 재판소와 경찰보다 상대적으로 미약한 위치에 있었지만, 이윽고 형사사법의 주인공으로 자리잡기 시작했다. 마침내는 규문적 검찰사법으로 부를 수 있는 형사사법체계가 수립되었다.

1890년의 재판소구성법과 형사소송법(메이지형소법)에서 출발한 일본의 형사사법제도는 1900년대를 전후하여 초기 설정을 벗어나기 시작했다. 메이지형소법은 밀행적이고 규문적인 예심절차가 전체 형사절차를 지배한다는 의미에서 '예심판사중심의 규문적 형사절차'였다고 할 수 있다. 하지만 점차 검찰의 위상과 역할이 강화되는 모습이 나타났고, 수사가 검찰사무의 중추로 자리잡게 되었다. 이것은 두 방면으로 진행되었다. 하나는 검사의 수사주재자로서의 지위와 사법경찰관에 대한 수사지휘감독권을 실질화시켜나가는 과정이었다. 다른 하나는 프랑스 형사절차상의 '소추와 예심' 분리원칙에 입각해 구성된 메이지형소법상의 검사와 예심판사 사이의 경계를 허물고 검사가 공판 전 절차의 지배자로 확립되어나가는 과정이었다. 1922년에 개정된 형사소송법(이하 다이쇼형소법)은 부분적으로 '검찰사법'의 승리를 나타내는 표지들을 가지고 있었다. 다이쇼형소법에 대한 지식은 조선형사령은 물론 해방 이후 형사실무와 형소법 개정문제를 이해하는 데 필수적이다. 한국의 1954년 형사소송법은 다이쇼형소법의 틀에 해방 이후의 형사사법개혁론의 성과를 담은 것이었다.

검찰권의 성장은 형사사법의 영역에 그치지 않았다. 검찰은 사법관료 내에서도 우월적 지위에 서게 되고, 내각의 운명을 좌우할 정도로 강성해졌다. 이런 과정은 일본의 관료적 사법, 치안유지중심적 사법의 자연스런 귀결이었다고 할 수 있다. 주목할 것은, 검찰관료들이 현상에 만족하지 않고 적극적으로 검찰의 희망을 실현할 수 있는 대안을 찾았다는 점이다. 검찰은 때로는 영국 법에서, 때로는 독일 법에서 검찰권 강화의 계기를 발견하고 입법에 반영시키려 했다. 나중에는 나치독일의 이론과 공명하며 전체주의적 사법제도론을 적극적으로 전개한다. 일본의 검찰관료가 추구하는 바는 사실 식민지 형사사법제도에서의 검찰의 권한과 비슷했다. 실제로 그 꿈은 사상사법과 전시사법을 통해 부분적으로 실현되었다. 흥미로운 것은, 검찰관료의 이론적 모색 속에서 당대뿐만 아니라 후대에까지 강고하게 살아남게 될 독특한 검찰제도론이 형성되었다는 점이다. 그것을 파악할 때 해방 이후 한국 검찰이 추구했던 바를 제대로 이해할 수 있게 된다.

검찰권력 성장의 파장은 형사사법제도의 변화에 그치지 않았다. 그것은 검찰과 정부의 관계, 검찰과 재판소의 관계를 현실적인 문제로 대두시켰다. 이 문제에 대한 반응은 다양했다. 그중 정당세력, 재판소, 재야법조계의 반응을 주목할 필요가 있다. 검찰사법체제, 검찰권력의 강대화에 대응하는 과정에서 배심제도, 기소편의주의의 통제장치, 재판소와 검사국 관제분리, 재판소 사법행정권의 독립 같은 논의가 출발했기 때문이다. 그 안에서 일본적 사법의 또 다른 모습과 함께 전후 일본과 해방 이후 한국에서의 논의의 원형을 찾을 수 있다.

1. 메이지형소법체제로부터의 이탈

수사기관의 임의수사와 청취서의 규율문제

일본의 치죄법과 메이지형소법은 프랑스 형소법의 기본원칙, 즉 '예심,

소추, 재판의 분리원칙'에 입각하여 형사절차를 구성했다. 여기서 기대되는 검사의 역할은 직접 사건을 세밀하게 수사하는 것이 아니라, 접수한 고소장·고발장 또는 경찰수사에 기초하여 사건을 예심판사 또는 판결법원으로 보내고 공소를 제기·유지하는 것이었다. 치죄법 시행기와 메이지형소법 시행 초기 검사의 역할은 경찰과 예심판사를 중계하는 데 머물렀다. "당시에는 검사가 직접 수사하는 것이 오히려 이례적이어서, 검사정이 범죄발생의 보고를 받으면 즉시 예심판사에게 출장 임검을 청구하거나 예심판사와 사법경찰관이 검사를 통하지 않고 범죄수사를 하는 등 검사가 범죄수사의 권외에 두어졌으며", 검사는 단지 예심청구서에 서명하고 예심종결 시 의견을 붙이거나 공판에 입회하여 변론하는 것을 공소유지의 유일한 방법으로 삼았다.[341]

검사가 수사의 주인공이라는 생각은 훗날의 이야기이다. 정부 내에서도 내무성의 위상이 사법성을 앞지르고 있었다. 형소법은 검사의 사법경찰관리에 대한 지휘권을 명문으로 규정했고, 재판소구성법 제84조 2항은 사법경찰직무를 행할 자는 사법성·검사국과 내무성·지방장관이 협의하여 정한다고 했다. 하지만 현실에서는 내무성과 지방장관이 검찰에 협조하지 않아서 거의 사문화되었다.[342]

이런 상황에서 검찰은 서서히 실력을 키우면서 수사권과 수사지휘권을 실제로 행사하기 위해 노력했다. 1890년 재판소구성법은 검사에게 힘이 되었다. 검사의 신분보장에 관한 규정을 통해 검사의 사기가 진작되고, 검사 역시 재판관에 준하는 사법관이라는 인식이 강화되었기 때문이다. 이를 계기로 "종래와 같이 검사는 경찰관의 취조를 그대로 받아들이는 것으로는

---

341 光行次郎, 「檢察權運用の推移」, 『法曹會雜誌』 17卷 11號, 1939, 77쪽.
342 小山松吉, 「裁判所構成法施行後の事蹟を顧みて」, 『法曹會雜誌』 17卷 11號, 1939, 68쪽.

만족할 수 없다는 느낌을 가지게 되어, 어떻게 해서든 수사는 검사가 중심이므로 검사 스스로 피고인이나 증인을 조사하는 것을 철저히 하지 않으면 안 된다는 기분이 점점 강해지고 점차 그런 방향으로 나가게 되었다."[343]

검사가 수사에 적극적이 되면서, 예를 들어 비현행범사건은 수사 없이 일단 예심청구를 하던 관행에서 벗어나 검사가 직접 피의자와 증인을 취조하고 예심을 경유하지 않고 직접 공판을 청구하는 경향이 나타나기 시작했다.[344] 비현행범사건의 수사는 법률상 강제처분이 허용되지 않았기 때문에 형식상 피의자·증인의 동의나 승낙이 있어야 했다. 치죄법 시행 시기부터 이른바 '승낙동행,' '승낙유치,' '임의출두' 등 '임의수사처분'의 형태로 피의자와 증인 등을 조사하고 그 '신문조서訊問調書' 등을 증거자료로 제출하는 수사관행이 형성되었다.[345]

검찰과 경찰의 임의수사는 메이지형소법이 상정한 사법적 수사(예심)의 범주를 벗어난 수사, 프랑스 법에서 말하는 비공식적 수사(enguête offrcieuse)였다. 임의수사의 명목으로 생산한 조서를 법률상 증거능력이 인정되는 신문조서로 인정할 경우, 조서생산을 동반하는 수사기능을 예심판사로 일원화시킨 메이지형소법의 체계가 무너진다. 때문에 대심원은 비현행범사건에서 수사기관이 작성한 조서는 증거로서 효력이 없다는 판결을 내려 검경의 수사관행에 제동을 걸었다. 대표적인 것이 1892년 7월 12일의 '사법관 농화사건弄花事件'에 대한 대심원 징계재판소의 판결이었다. 이 사건은 대심원 판사들이 근무시간 중 대기실에서 '농화', 즉 화투와 비슷한 노름을 했다가

---

343 日本法理研究会 編, 『明治初期の裁判を語る』, 東京: 日本法理研究会, 1942, 57쪽.

344 위의 책, 57~60쪽.

345 임의수사의 관행과 이론적 논의에 대해서는 出射義夫, 『檢察制度の研究』, 司法研究報告書26輯4, 東京: 司法省調査部, 1939, 143~159쪽.

도박죄 혐의로 징계재판에 회부된 사건이었다. 검찰이 제출한 증거는 검사의 촉탁을 받아 경시청 순사본부에서 피의자들의 진술을 녹취하여 작성한 피의자신문조서였다. 대심원징계재판소는 이 조서는 "법률에 의하지 않은 신문에서 성립한 무효의 것"이므로 증거능력이 없다고 하고 전원 무죄판결을 내렸다.[346] 피고인의 신문과 조서작성은 판사의 직권이고, 수사기관은 현행범사건과 같은 예외적 상황에서 법률이 정한 신문을 할 수 있을 뿐이라는 것이었다.

원래 '조서'는 전근대 규문주의적 형사절차의 서면절차와 더불어 탄생한 것이었다. 중세의 탄핵주의적 재판절차에서는 구두주의가 관철되어 조서작성 같은 서면절차가 필요하지 않았다. 사인소추제도를 대체하여 공적 소추제도가 도입되면서, 수사판사가 비공개리에 피고인·증인을 신문하고 그 진행상황과 신문내용을 기록하여 이를 근거로 검사가 의견을 제시해 다음 절차로 이행하고, 판결법원은 조서에 기재된 것에 의거하여 유무죄를 판단하게 되었다. '조서'의 프랑스어인 '프로세스 베르발procés-verbal'은 직역하면 '언어절차'이다. 즉 문답으로 이루어진 절차를 기록한 것이라는 뜻이다.

서면절차에서 '조서'는 그 자체가 범인을 신문하고 범증을 확인하는 소송절차의 일부이자 그 절차를 기록한 서면이며, 다음 절차를 진행하기 위한 판단, 평의단계의 유무죄 판단의 자료로 활용된다. 하지만 비공개적 신문절차에는 언제나 허위와 자의가 끼어들 우려가 있다. 때문에 신문의 권한을 일정한 자에게만 허용하고, 신문의 절차·조서·기재방법 등에 관해 엄격한 규칙을 둔다. 신문조서는 '문답형식'을 취하고, 신문하는 관리나 본인이 아닌 입회한 서기가 작성하게 하며, 신문 종료 이후 피신문자에게 신문조서를 낭독해주고 틀림없는지 확인하게 하는 등 규제가 많은 것은, 이를

---

346 我妻榮 編, 『日本政治裁判史錄 (明治·後)』, 東京: 第一法規出版, 1969, 176~194쪽.

통해 신문조서의 진정성을 확보함과 동시에 사후에 조서에 기하여 신문절차의 형식적 적법성 및 유무죄를 판단하는 자료로 활용하기 위해서이다.

같은 취지에서 치죄법과 메이지형소법도 피고인·증인 등의 신문과 신문조서작성을 원칙적으로 판사의 직권으로 인정했던 것이다. 이에 반해 검찰과 경찰은 현행범사건 등에서 형소법이 명문으로 피고인·증인의 '신문'을 허용하는 경우 신문조서를 작성할 수 있었다. 그런데 수사기관이 임의수사를 한 뒤에 '신문조서'형식의 서면을 증거로 제출하자, 대심원은 이런 경우 수사기관이 '신문조서'라는 명칭의 진술녹취서면을 작성할 수 없음을 명백히 선언했다. '사법관 농화사건' 이후에도 대심원은 비현행범사건에서 검사와 사법경찰관이 명칭여하를 불문하고 피의자를 신문하고 신문조서를 작성할 권한이 없다는 판결을 내렸다.[347]

하지만 이런 장벽을 우회하는 방법이 고안되었다. 종전과 같이 임의수사의 형식으로 피의자·증인 등을 취조하되 그 진술내용을 '문답'형식이 아니라 '서사敍事'형식에 의해 마치 진술서처럼 진술내용을 기재하고, 서면의 명칭도 '신문조서'가 아닌 '청취서聽取書'로 바꾸었다.

그렇다면 신문조서에서 청취서로 탈바꿈한 진술녹취서의 증거능력을 인정할 것인가? 이 점에 대해서 메이지형소법은 명확한 규정을 가지고 있지 않았다. 메이지형소법은 공판에서 증거조사의 대상이 되는 서면에 대해 "필요한 조서 기타 증빙서류는 서기로 하여금 낭독하게 한다"(제219조 2항)

---

347 비현행범사건에서 중죄사건을 송치 받은 검사는 형소법에 따라 예심을 청구하거나 즉시 기소해야 하며 "피고인을 신문하여 조서를 작성하는 것은 오직 판사의 직권에 속하고 범죄수사의 목적에서 비롯되었다고 해도 검사가 이를 행할 수 없다"(1883년 4월 10일 대심원 판결). "사법경찰관은 현행범에 관해서만 피고인 및 관계인을 신문하여 조서를 작성할 직권이 있을 뿐, 비현행범의 경우에는 명칭 여하를 불문하고 조서를 작성할 권한이 없다"(1883년 4월 17일 판결). 出射義夫, 앞의 책, 143쪽 주 5.

라는 규정만을 두어, 결국 어떤 서면이 증거방법이 될 수 없는지에 관해 침묵했다. 대심원은 메이지형소법 제90조의 "제반의 증빙은 판사의 판단에 맡긴다"는 규정에 근거하여, 어떤 재료를 판단자료로 삼을 것인가는 오로지 판사에 맡겨져 있다는 태도를 취했다. 그리하여 각종 예심조서 및 검경이 합법적으로 작성한 조서는 물론, 청취서의 증거능력도 인정되었다.[348] 이에 대해 법조계 일각에서는, 새로운 관행인 청취서가 명칭은 달라도 사실상 신문조서와 다를 게 없기 때문에, 청취서 작성을 용인하는 것은 검경에게 인권유린의 기회를 주는 것이라면서 청취서 작성금지와 증거사용 금지를 요구했다. 이것이 1890년대 형사소송법 개정을 둘러싼 주요 논쟁 중 하나였던 '청취서문제'이다.[349]

기소편의주의와 정밀수사 관행

1장에서, 프랑스 치죄법은 본래 기소법정주의를 의도했지만 곧 경미한 사건의 불필요한 기소를 억제하기 위해 기소편의주의가 공인되었음을 보았다. 일본에서도 똑같은 일이 벌어졌다. 검사의 기소처분에 대해 규정한 메이지형소법 제62조는 문언해석상 검사에게 의무적 소추를 요구하는 것으로 해석되었다.[350] 하지만 실무상 '미죄불검거微罪不檢擧' 처분, 즉 경미한 범

---

348 신동운, 「일제하의 예심제도에 관하여」, 『서울대 법학』 27권 1호, 1986, 156~161쪽.
349 청취서문제에 관해서는 小田中聰樹, 『刑事訴訟法の歷史的分析』, 東京: 日本評論社, 1976, 141~145쪽.
350 메이지형소법 제62조 지방재판소검사가 범죄의 수사를 종료했을 때는 다음의 수속을 해야 한다.
   제1 중죄로 사료한 사건에 관해서는 예심판사에게 예심을 청구해야 한다.
   제2 경죄로 사료한 사건에 관해서는 그 경중난이에 따라 예심을 청구하거나 곧바로 그 재판소에 기소해야 한다.
   제3 구재판소의 관할에 속하는 죄로 사료한 사건에 관해서는 증거서류에 의견서를 첨부해

죄자를 훈계방면하거나 불기소처분하는 관행이 존재했다. 1885년 6월 사법대신은 훈시에서 "다액의 양민의 혈세를 악한 흉도를 위해 소비하는 것은 전국 제반의 사업을 일으키는 데 기여하는 바가 없"다고 하여, 경미한 범죄자는 사법경찰관이 검사에게 송치하기 전에 또는 검사가 기소하기 전에 방면하는 미죄불검거의 방침을 천명했다.[351] 이후 미죄처분은 형사정책상 적극적 의미를 획득했고, 잇따른 사법성의 훈령과 통첩을 통해 기소편의주의의 관행이 확대되고 정착되었다.

학계의 통설은, 입법론과 정책적 필요는 인정하지만 적어도 메이지형소법의 해석상 미죄처분은 허용되지 않는다는 것이었다. 이에 대해 사법성은, 일본은 외국의 입법례와 같이 검사의 불기소처분을 제재하는 규정을 두고 있지 않아 검사의 편의적인 불기소처분을 방임하고 있으며, 공익의 대표자인 검사가 공익상 유익하다고 판단할 만한 정당한 이유가 있으면 미죄의 불기소처분은 아무런 문제도 없다고 했다.[352]

기소편의주의는 검사에게 보다 세밀한 수사를 요구했다. 죄가 있어도 불기소처분할 만한 정상이 있는지 확인해야 했기 때문이다. 형법 개정작업이 진행되면서 1905년에는 집행유예제도가 도입되었는데, 이 역시 집행유예가 예상될 경우 검사가 미리 범죄의 정상까지 조사해둘 필요가 있었기 때문에 경찰로부터 사건을 송치받은 검사가 피의자·증인을 재신문하는 등 사건을 면밀히 재조사하는 수사실무를 정착시키는 데 기여했다. 이와 같이

서 구재판소검사에게 송치해야 한다.
351 岡本吾市,『起訴猶予處分, 留保處分, 刑の執行猶予の敎育學的考察』(司法硏究報告書19輯 12), 司法省調査課, 1943, 8쪽. 기소편의주의 관행의 형성에 관해 상세한 내용은 三井誠, 「檢察官の起訴猶豫裁量 (1) その歷史的および實證的硏究」,『法學協會雜誌』87卷 9·10號, 1970, 6~44쪽 참조.
352 岡本吾市, 앞의 책, 9~10쪽.

검사가 기소 전에 면밀한 조사를 통해 사건을 걸러내게 됨에 따라, 예심청구 건수와 예심종결 시 무혐의 등을 이유로 면소되는 건수도 종전보다 줄어들었다. 메이지형소법 시행 초기인 1890년대 전체 예심사건 중 면소 비율(예심면소율)은 40% 내외였는데, 1901년에는 30% 이하, 1906년에는 20% 이하, 1911년에는 10% 이하로 예심면소율이 떨어졌다.[353] 1907년에 이르면 기소유예라는 용어가 정착되었다. 1910년대에는 기소유예자에 대한 시찰제도가 도입되고, 경찰의 미죄처분에 대해서는 그 한계와 검사의 통제를 설정했으며, 기소유예처분이 허용되는 범죄도 중한 범죄로 확장되었다.[354]

검찰수사의 적극화, 정밀수사화, 기소편의주의 관행은 달라진 검찰의 위상과 역할을 징표했다. 하지만 그것을 법적으로 뒷받침하고 보완장치를 마련하기 위해서는 예심판사중심으로 짜인 메이지형소법체제에 변경이 필요했다. 1901년부터 수사·검찰기관의 권한을 강화할 목적으로 형소법 개정작업이 추진되었다. 핵심은 비현행범사건에서 수사·검찰기관의 강제처분권을 확대하고, 기소편의주의의 법적 근거를 마련하며, 예심절차의 위상을 축소하는 것이었다.[355]

1916년 형소법 개정안 : 검찰사법의 법적 틀의 모색

검찰이 형사사법운영에서 주도적 지위를 확보함에 따라, 메이지형소법체제로부터 이탈을 추구하거나 현실적 변화를 정당화하기 위한 이론적 논의들이 시작되었다. 그중 검찰수사와 기소실무를 형소법 개정에 반영시키기 위해 검찰이 전개했던 논리와 그 결과를 먼저 보기로 한다.

---

353 出射義夫, 앞의 책, 137~140쪽.
354 岡本吾市, 앞의 책, 14~27쪽.
355 1900년대 형사소송법 개정안 관련 논의에 관해서는 小田中聰樹, 『刑事訴訟法の歷史的分析』, 199쪽 이하 참조.

메이지형소법을 설계한 자의 관점에서 보면, 새로운 수사·기소실무는 본말이 전도된 것이었다. 물론 그 자체는 사태의 자연스러운 진행결과였다고도 볼 수 있다. 1808년 프랑스 치죄법 제정시점에서는 사인의 고소·고발을 경찰과 검사가 예심판사에게 중계해주면 소수의 예심판사가 수사하여 공판에 회부하는 것으로도 충분히 범죄소추와 처벌이 가능하다고 보고 있었다. 하지만 19세기의 경제사회적 변화는 치죄법이 예상한 범위를 훨씬 뛰어넘었다. 급증하는 치안수요에 대처하기 위해 경찰조직이 확대·강화되었고, 경찰이—명칭은 '비공식수사'였지만—대부분의 범죄를 1차적으로 수사하는 모습이 나타났다. 검사 역시 원고관의 역할에 그치지 않고 범죄를 선별하기 위해 사안의 숙성도와 소추의 적절성을 조사·판단할 필요가 있었다. 아울러 예심절차에서 피고인의 방어권을 강화하는 한편, 피해자의 사소권 행사에 의해 예심판사가 검사의 소추재량을 통제하는 장치를 입법화시켰다. 이로써 예심이 탄핵주의적 재판절차와 유사한 형태를 갖게 되고, 예심판사에게 수사·기소에 대한 사법적 통제기능이 추가되었다. 이와 같이 프랑스에서는 19세기 말이 되면 1808년 치죄법의 엄격한 '소추-수사(예심)-재판' 분리원칙이 예정한 것과 상당히 다른 모습이 연출되었다. 영미법의 관점이라면, 수사관이기도 재판관이기도 한 예심판사의 이중적 기능을 어느 한쪽으로 순화시켜 변화를 꾀해야 한다는 지적이 나왔을 것이다.[356] 하지만 그

---

356 영미법의 관점에서 보면 수사관도 재판관도 아닌 예심판사의 어정쩡한 지위가 문제시될 것이다. 영국에서도 치안판사가 예심판사 같이 공판 전에 예비심리(preliminary hearing)를 주재한다. 하지만 영국의 치안판사는 중립적 재판관으로서 영장을 발부하고 체포·구속의 적부와 혐의유무를 판단하는 데 그치며, 예심판사 같이 본격적 수사를 하지 않고 조서와 같은 서면도 생산하지 않는다. 영미법에서 치안판사는 수사에 대한 사법적 통제자로서 기소 전 절차에 개입하기 때문에, 프랑스의 예심판사 같은 이중적 지위의 충돌이 나타나지 않는다.

것은 프랑스적 관념과 맞지 않았고, 치죄법의 기본적 골격은 그대로 유지되었다.

검경의 수사·기소실무의 변화 자체는 프랑스와 일본이 다르지 않다. 다른 점이 있다면, 일본에서는 예심을 검사의 공소권보다 격하시키려는 경향이 나타났다는 것이다. 쉽게 말해, 예심의 기능을 수사기능으로 한정하고 예심수사를 공소제기의 전단계로 이동시키는 것이다. 그것이 어느 정도 완성된 형태로 발현된 것이 1916년(다이쇼 5년) 형사소송법 개정안이다.

형소법 개정안의 골자는 ① 현행범사건 외에도 급속을 요하는 사건(이른바 '요급사건')이라는 개념을 설정하여 검사에게 일정한 강제처분권을 허용하는 것, ② 기소편의주의를 명문화시키고 중죄의 예심을 임의적 절차로 만드는 것, ③ 예심판사가 예심을 종료한 경우 서류와 증거물을 검사에게 송부하여 검사가 공소제기 여부를 결정하는 것이다. 즉 검사가 예심 전단계의 독자적 강제처분권, 예심청구단계의 선택재량권, 예심종결단계의 기소 여부 판단권을 가짐으로써 공판 전단계를 지배하게 된다. 예심종결 이후 예심결과를 토대로 '검사'가 기소 여부를 판단한다는 점에서 '기소전예심주의起訴前豫審主義'라고 했다.

형소법 개정안의 입안을 주도했던 히라누마 기이치로平沼騏一郎 검사총장은, 기소전예심주의가 타당한 이유를 이렇게 설명했다. 첫째, 예심판사가 공판회부 여부를 결정하면 예심판사가 공소기관이 되어 "공소를 검사의 전권專權에 속하게 한 주의"(기소독점주의)에 저촉되며, 예심판사가 기소 여부에 관여해 엄정한 재판관의 지위를 상실함으로써 소송재료 수집의 공평을 유지하려는 예심제도의 취지를 몰각하게 된다. 둘째, "공소에 관한 임의주의任意主義"(기소편의주의)를 명문으로 규정하는 이상 공익상 기소가 상당한지 판단해야 하기 때문에 기소 여부의 판단은 오로지 검사가 주관해야 한다. 셋째, 예심판사가 기소 여부를 판단하는 경우 예심판사가 그 사건의 종국에 대한 책임을 느끼고 종국적 판단을 내리기 위한 증거수집을 하게 되는데, 그러면 준비절차라는 예심의 성질을 벗어나 사건의 조사가 예심에 집중되어 "공판은 일 형식에 그치는 결과를 낳게 된다."[357]

사실 히라누마는 예심판사의 이중적 지위에 내포된 문제점을 정확히 지적했다고 할 수 있다. 그것이 가능했던 이유는, 히라누마가 영국의 형사절차에 관심이 많았기 때문일 것이다. 히라누마는 영국의 사법제도를 시찰한 뒤 영국식 직접주의, 당사자주의를 일본에 수용하기 위해서는 비밀주의·규문주의·서면주의와 일체를 이루는 예심제도를 폐지하고 공판준비절차를 도입해야 한다고 주장했다. 이 주장 자체는 타당성을 갖는다. 문제는 예심폐지의 대안으로서 예심판사의 권한을 검사에게 이전시킴으로써 검사의 강제수사권한과 기소권한을 확대해야 한다고 한 것이다.[358] 이것은 영국식 관념을 오용·왜곡한 것이라고 할 수 있다. 이와 똑같은 생각을 1930년대 사법제도 개정론, 그리고 1945년 이후 한국과 일본의 입법론에서 발견하게 될 것이다.

히라누마의 '기소전예심주의'는 예심폐지와 검찰권 강화라는 두 개의 축으로 형사법을 개정한다는 구상을 반영한 것이었다. 히라누마의 접근방법은 예심이라는 사법적 수사와 검사의 수사를 동질화시키고 이를 검사의 공소권보다 하위에 위치시키는 것이었다. 그는 검사의 수사와 예심판사의 수사는 '형식'이 다르지만 그 목적은 모두 "판결재판소에 과형권科刑權의 확정을 청구해야 할지 결정하기 위해 소송재료를 수집하는 것"이므로 실질적으로 동일하다고 했다.[359] 그리고 예심판사가 취조를 종료한 뒤 공판회부를

---

357 平沼騏一郎, 『刑事訴訟法改正案要旨』, 東京: 日英堂, 1917, 163~165쪽.
358 小田中聰樹, 『刑事訴訟法の歷史的分析』, 265~266쪽.

선고하는 예심종결처분과 검사가 최종적으로 공소제기 여부를 판단하는 것
도 결국 "과형권 확정을 청구해야 할지 결정"하는 판단이라는 점에서 같다
고 했다. 그렇기 때문에 예심판사가 공판회부, 즉 기소를 결정하는 것은 기
소독점주의에 반한다고 말했던 것이다. 따라서 예심은 검사가 독점해야 할
공소제기 전단계의 절차로 설정해야 한다는 논리가 이어진다. 예심은 검사
가 공소제기 여부를 판단할 때 재료로 삼을 증거수집절차라는 것이다.

결국 '기소전예심주의'는 실질적으로 예심에 대한 공소권의 우위, 예심
판사에 대한 검사의 우위를 담고 있다.[360] 이 논리를 연장하면 기소 준비단
계의 예심은 어디까지나 수사절차이므로, 수사절차로서 밀행적·규문적 성
격을 유지해야 한다는 논리로 이어진다. 또한 예심과 검찰수사가 똑같은
수사라는 논리는, 검사에게도 일정한 독자적 강제처분권이 허용되어야 한
다는 논리를 정당화시킨다. 다만 수사의 공평을 위해 판사가 담당하는 예

---

359 平沼騏一郎, 앞의 책, 149쪽.

360 당시 일본에는 프랑스 예심제도를 이해하는 방식에서 기소 전 예심주의를 예심의 본질에
부합하는 것으로 받아들이는 분위기가 있었다. 예컨대 하야시 라이자부로(林賴三郎)는, 메
이지형소법의 예심은 프랑스 치죄법이 예심을 '공소 후 재판수속'으로 설정한 것을 본받은
것이지만, 프랑스에서는 중죄의 경우 '공소원 중죄취조국(重罪取調局, Chambre de l'accu-
sation)'에서 공판회부 여부를 결정하고 경죄의 경우 예심판사가 직접 공판회부를 결행한다
해도 프랑스의 "예심판사는 사법경찰관의 하나이며 공소원 검사장의 감독을 받기 때문에"
"그 실질은 검사의 보조기관으로서 공소제기 여부를 결정하는 것"이라고 했다(林賴三郎,
『刑事訴訟法論』(第九版), 東京: 巖松堂書店, 1921, 499쪽). 요컨대 프랑스의 예심이 형식
은 기소 후 예심이지만 실질은 검사의 보조기관으로서 공판회부의 당부를 결정한다는 것
이다. 그러나 프랑스에서 예심판사를 사법경찰에 포함시킨 것은 범죄수색기능이 곧 사법경
찰기능이기 때문이지, 예심판사가 사법경찰관처럼 검사의 보조기관이기 때문은 아니다.
'공소원 중죄취조국', 즉 중죄소추부에 관해서는 프랑스 헌법의 배심제 규정 때문에 형식
상 기소배심 같은 합의제기관을 설정할 필요가 있었다는 점을 고려해야 한다. 게다가 중죄
소추부는 상급법원에 위치한 합의제기관이었기 때문에 예심처분에 대한 항고 및 중죄예심
결과를 심사하는 데 오히려 합리적인 제도이다. 이런 맥락을 무시하고 예심판사가 검사의
보조기관인 것처럼 말하는 것은 프랑스의 사정을 곡해한 것이다.

심절차를 유지시켜야 함을 전제하고, 검사의 강제수사권은 예외적으로 인정하되 지금보다는 확대시켜야 할 것이다. 그 예외가 요급사건에서 검사의 강제수사권이다. 이와 같이 기소전예심주의는 요급사건에서 검사의 수사권을 확대하고, 필요하다면 예심판사를 활용해 증거를 수집하고 그 결과를 근거로 기소 여부를 판단할 수 있게 만든다. 그 결과 예심판사는 검사의 보조자 같은 역할에 머물게 되고, 검사가 실질적인 공판 전 절차의 주재자로서 확립된다.

1916년 형소법 개정안은 입법에 이르지 못했다. 하지만 검사수사와 예심판사의 수사가 동일화되고 양자의 경계선이 희미해졌다는 것, 이를 통하여 예심을 검사의 수사에 종속시키고 종국에는 예심폐지론까지 나아가는 이론적 기초가 마련되었다는 점에서 중요한 의미가 있었다.

2. 다이쇼 형사소송법과 검찰사법체제

1922년 다이쇼 형사소송법의 특징

1900년대부터 진행된 형소법 개정작업은 수차례 난항을 거듭하다 마침내 1922년(大正 11) 5월 5일 법률 제75호로 새로운 형사소송법(이하 '다이쇼형소법')이 제정되어 1924년(大正 13) 1월 1일부터 시행되었다. 다이쇼형소법은 그동안 검찰이 추구해왔던 수사·검찰기관의 강제처분권 확대, 기소편의주의 명문화, 예심의 기능축소 등을 실현하는 한편, 예심의 규문적 성격을 완화하고 취약한 피고인의 지위를 강화하자는 개혁요구를 반영했다. 다이쇼형소법에서 메이지형소법과 크게 달라진 점은 다음과 같다.

첫째, 급속처분急速處分과 재판상 수사처분裁判上搜査處分을 도입하여 수사상 검사의 권한과 편의를 도모했다. 다이쇼형소법은 검사가 요급사건, 즉 현행범·준현행범사건 외에도 급속을 요할 때는 피의자를 구인·구류하고 피의자·증인을 신문하며 압수·수색·검증 등의 처분을 할 수 있으며 이를 다른 검사 또는 사법경찰관에게 촉탁·명령할 수 있도록 했다(제123조, 제170조, 제180조, 제214조 등).[361] 이를 이른바 '급속처분'이라고 한다. 또한 검사는 수사상 필요한 경우 공소제기 전이라도 예심판사 또는 구재판소 판사에게 압수·수색·검증, 피의자 구류, 피의자·증인의 신문·감정 등의 처분을 청구할 수 있게 했다(제255조). 이를 '재판상 수사처분'이라고 한다. 급속처분을 통해 현행범사건 외에도 검사의 강제처분범위를 확대하고, 재판상 수사처분을 통해 수사상 필요하다면 언제라도 예심판사 등에게 청구하여 필요한 강제처분을 할 수 있게 한 것이다. 이 두 가지는 독일 형소법에서 지연의 위험이 있을 때 수사기관이 임시로 체포·압수·수색처분을 하거나 구재판소 판사에게 피의자신문을 청구할 수 있게 한 것과 유사하다. 그러나 요급사건 및 급속처분의 범위가 넓다는 점, 피의자 신병이 검사의 수중에 놓이는 점, 특히 급속처분으로 허용되는 검사·사법경찰관의 피의자·증인 신문결과 작성된 신문조서가 공판에서 곧바로 증거로 사용될 수 있다는 점에서 독일법과 현격한 차이가 있었다.

둘째, 기소편의주의를 명문으로 규정했다. 검사는 "범인의 성격, 연령, 환경 및 범죄의 정상과 범죄 후 정황으로 인해 소추가 필요하지 않을 때는 공소를 제기하지 않을 수 있다"(제275조). 기소편의주의 명문화로, 중죄사건

---

361 다이쇼형소법 제123조는 요급사건의 범주를 ① 피의자가 정해진 주거를 갖지 않은 때, ② 현행범인이 그 장소에 있지 않은 때, ③ 현행범의 취조로 인해 그 사건의 공범을 발견한 때, ④ 기결의 수인(囚人) 또는 본법에 의해 구금된 자가 도망했을 때, ⑤ 사체의 검증으로 인해 범인을 발견한 때, ⑥ 피의자가 상습으로 강도 또는 절도의 죄를 범한 것이었을 때로 규정하고 있다.

이라도 더 이상 검사의 예심청구가 필수적이지 않게 되었다. 오히려 검사는 선택적으로 예심절차를 활용할 수 있게 되었다. 또 검사는 예심종결결정 또는 제1심판결 선고 전에 언제든 공소를 취소할 수 있게 되었다(제272조). 공소취소권은 기소편의주의의 당연한 귀결이란 논리로 인정되었다.[362]

셋째, 피고인의 방어권과 변호권을 신장시키고 예심절차에 변론주의적 요소를 도입했다. 피고인이 공소제기 이후 언제든 변호인을 선임할 수 있도록 하여 예심단계부터 변호인의 조력을 받을 수 있게 했고(제39조), 신문 시 피고 사실 고지, 피고인에게 이익이 되는 사실을 진술할 기회를 부여하는 등(제134조, 제135조) 신문 시 피고인 보호를 위한 규정을 신설했다. 또 변호인은 예심판사의 허가를 받아 서류와 증거물을 열람할 수 있도록 했으며(제303조), 추후 공판정에서 신문하기 곤란하다고 판단되는 증인신문에는 검사와 변호인의 입회권을 인정하고(제302조 1항), 검사·피고인·변호인은 예심 중 언제라도 필요한 처분을 예심판사에게 청구할 수 있게 했다(제303조 1항). 그러나 피고인 신문 시 변호인 입회가 허용되지 않았고, 검사와 달리 변호인은 오직 판사의 허가가 있어야 서류·증거물을 열람할 수 있게 하여 검사와 차별한 점에서 한계가 있었다. 예심의 변론주의화를 통해 피고인의 권익이 보호받게 되었지만, 더불어 검사의 관여권은 그보다 확대·강화되었다.

---

362 참고로 기소편의주의를 인정하는 프랑스에서는 다음과 같은 논리로 공소취소제도를 부정한다. "공소권은 오로지 사회에만 속한다. 사회만이 공소권을 행사하거나 포기할 권리를 갖는다. 현실에서 사회는 공소권을 자격있는 대리인, 즉 검사라는 사법관에게 행사시킨다. 공소권의 귀속주체인 사회는 공소를 가능하게 했던 행위를 사면함으로써, 또는 사회적 혼란이 시간의 효과에 의해 소멸되었다고 판단함으로써 공소권행사를 포기할 수 있다. 그러나 단지 공소권을 실행하는 임무를 갖는 데 불과한 검사는 공소권을 포기할 권한도, 특히 타협할 권한도 절대 갖지 못한다. 일단 검사가 공소를 제기하면 공소는 의무적으로 재판되어야 한다." Stefani, Gaston/Lavasseur, Georges/ Bouloc, Bernard, *Procédure Pénal*, 16ᵉ édition, Paris: Dalloz, 1996, p. 103.

그래서 예심의 변론주의화는 실제로 검사의 관여권을 강화하는 데 기여했다고 평가되기도 한다.[363]

넷째, 예심의 공판 전 조사절차로서의 성격을 명확히 하는 규정들이 추가되었다. "예심은 피고사건을 공판에 회부할 것인지 아닌지를 결정하는 데 필요한 사항을 취조하는 것을 목적으로 한다"(제295조)고 하여 예심의 취조범위를 명시했다. 당연한 내용이지만 예심의 조사가 공판에서 다루어야 할 종국적 결정에 관한 조사까지 미쳐서는 안 된다고 명시한 것이다. 아울러 검사의 청구 없이는 예심처분을 할 수 없도록 했다. 예를 들어 현행범사건에서 예심판사가 직권으로 예심처분을 하거나 공판 중에도 재판소가 직권으로 사건을 예심판사에게 송치할 수 있었던 규정을 삭제했다. 이는 독일 형소법의 영향을 받은 것인데, 이른바 불고불리不告不理원칙을 엄격히 관철시켜 예심판사의 능동성을 제약하기 위한 것이었다.

다섯째, 공판절차와 서면의 증거능력에 관한 규정을 보완했다. 공판준비절차를 대폭 보완하여 공판기일 전에 피고인·증인신문, 압수·수색·검증 등의 증거조사를 통해 공판기일의 심리를 준비할 수 있게 했다. 종전에는 재판장, 배석판사, 검찰관만이 피고인을 신문할 수 있었는데, 이제 변호인도 재판장의 허가를 얻어 피고인을 신문할 수 있게 했다. 직접주의를 강화한다는 취지에서 지방재판소공판에서는 피고인·증인의 진술을 녹취한 서류는 '법령에 의하여 작성된 조서'가 아닌 한, 진술자의 사망·질병 기타 사유로 진술자를 신문할 수 없거나 소송관계인이 이의가 없을 때만 증거로 사용할 수 있도록 했다(제343조). 그 결과 적어도 지방재판소공판에서는 '법령에 의하여 작성된 조서'가 아닌 수사기관의 청취서는 원칙적으로 증거로 사용할 수 없게 되었다.

---

363 신동운, 앞의 글, 161쪽.

다이쇼형소법과 검찰사법체제

다이쇼형소법은 피의자·피고인의 권익보호, 변론주의적 요소 도입, 공판절차 정비와 청취서의 증거능력 제한 등을 통해 메이지형소법의 규문적 색채를 옅게 했다. 때문에 조선 변호사 허헌許憲은 다이쇼형소법이 "인권옹호의 근본정신을 관철하여 종래의 인권유린 악폐를 제거하려 했다"고 평가하고, 다이쇼형소법을 조선에 시행하게 된 것은 "조선 법계의 개선"이라 말했을 정도였다.[364]

따라서 다이쇼형소법이 수사·검찰기관의 권한을 일방적으로 강화했다고 할 수는 없다. 다이쇼형소법이 검찰사법체제를 뒷받침하는 데 기여했다고 말하는 것은 다음과 같은 이유에서이다. 메이지형소법에서는 예심판사와 재판소의 직권행사가 중시되었다. 즉 판사중심의 직권주의적 형사소송법이다. 반면 다이쇼형소법에서는 변론주의적 요소의 도입을 통해 당사자의 소송관여도를 강화시켰다. 하지만 다이쇼형소법의 변론주의적 요소는 결코 당사자의 대등을 의미하지는 않았다. 때문에 피의자·피고인에 대한 검사의 우월한 지위는 변함이 없었고, 변론주의적 요소가 원고관인 검사의 적극적인 활동을 용인하게 되는 결과를 낳았다. 다이쇼형소법은 직권주의적 구조가 유지되는 가운데 검사에게 편리한 변론주의적 요소가 추가된 모습이었다. 1916년 형소법 개정안에 반영된 히라누마의 구상도 그런 것이었다. 이러한 구조적 문제 때문에 다이쇼형소법은 종래의 인권유린상황을 근본적으로 개선하지 못하고, 오히려 인권유린을 유발하는 실무환경을 고착시키게 된다.

경찰은 이전부터 행정검속권과 위경죄 즉결권을 범죄수사에 악용하고 있

---

364 허헌, 「개정된 형사소송법과 형사령에 대하야」, 『동아일보』 1924. 1. 2; 심지연, 『허헌 연구』, 역사비평사, 1994, 245, 249쪽.

었다. 경찰은 이 권한을 활용해 수사대상자의 꼬투리를 잡아 일단 구류한 뒤 본체를 수사하고, 시간이 모자라면 풀어주었다가 다시 다른 꼬투리로 잡아들여 수사하곤 했다. 임의수사 명목으로 사실상의 강제수사가 벌어지는 관행도 여전했다. 급속처분은 그중 일부를 합법화시켜준 것이었다. 다이쇼형소법은 수사상 인권유린을 억제하기에 충분한 장치를 갖지 못했다. 그 점은 다이쇼형소법에 이르는 과정에서 야당의원들이 의회에 제출한 법안을 보면 알 수 있다.

1914년에 의회에 제출된 '범죄수사에 관한 법률안'은 검경이 피의자 또는 관계인을 취조할 때 변호사가 필수적으로 입회하고 수사상 작성한 문서의 증거능력을 배제한다는 규정과 함께, 수사관헌이 이 법률을 위반하거나 수사기관의 위증·무고·독직에 대한 고소·고발이 있는 경우 지방재판소에서 기소 여부를 결정하게 했다. 1919년에 의회에 제출된 '인권보호에 관한 법률안'은 직권남용범죄를 검사가 불기소처분할 경우 재판소에 항고할 수 있도록 했다. 1921년 중의원이 형소법 개정안을 심의할 때는, 개정안이 기소편의주의를 명문으로 인정한 것에 대해 고소·고발사건에서 검사가 불기소처분했을 때는 고소인과 고발인이 검사소속의 재판소에 항고抗告하여 그 처분의 변경을 구할 수 있다는 수정안이 제출되기도 했다.[365] 이런 법안들은 수사기관의 인권유린과 직권남용이 심각하게 인식되고 있었다는 것, 기소편의주의가 인권유린과 직권남용을 처벌하는 데 장벽이 되고 있었다는 것을 잘 말해준다. 특히 기소편의주의를 통제하기 위한 장치로서 재판소에 항고하는 제도가 거론되고 있었는데, 이는 독일의 기소강제절차를 모방한 것이었다. 이 시기에 전후 일본의 준기소절차準起訴節次, 우리나라의 재정신

---

[365] 小田中聰樹, 「準起訴手続とドイツ起訴強制手続の立法過程について」, 『法律時報』 45卷 9號, 1968, 42쪽.

청裁定申請 같은 제도가 본격적으로 논의되고 있었던 것이다.

다이쇼형소법은 1916년 개정안과 같은 과감한 기소전예심주의를 채용하지는 않았다. 하지만 급속처분과 재판상 수사처분을 통해 검사의 수사상 권한과 편의를 대폭 확대함으로써, 사실상 검사가 공판 전 절차를 주재하는 지위에 설 수 있도록 만들었다. 예심이 임의절차화되고 예심에 대한 관여권이 확대됨으로써, 검사는 예심을 마치 미진한 수사를 보완하기 위해 예심판사를 부려 수사하는 절차처럼 활용할 수 있게 되었다. 이런 요소들로 말미암아 다이쇼형소법은 예심판사가 검사에 종속되는 경향을 더욱 강화시켰다.

이는 피의자·피고인에게 극히 불리한 상황을 야기했다. 메이지형소법에서는 더 심했지만, 다이쇼형소법에서도 피의자·피고인은 수사와 예심절차에서 자신을 방어할 효과적인 수단을 갖지 못했다. 변호인의 조력은 둘째로 치더라도, 검경의 수사단계에서 자기에게 유리한 증거를 수집할 수 있는 수단이 없었다. 예를 들어 다이쇼형소법의 재판상 수사처분은 독일 형소법을 참고한 것이었지만, 독일 법에서 인정된 피의자의 증거보전신청권에는 눈을 돌리지 않았다.[366] 재판상 수사처분은 오직 검사의 필요에 의해 재판소가 피의자를 신문해주는 제도가 되어버린 것이다. 남은 것은 예심판사가 중립적이고 객관적으로 사안을 조사해주기를 기대하는 것뿐이었다. 또 그렇기 때문에 원래 메이지형소법(또는 프랑스와 독일 법)에서 중죄사건의 경

---

[366] 독일 형소법 제164조는 구재판소 판사가 피의자를 신문할 때 피의자가 면책증거 조사를 신청할 경우 구재판소 판사는 그 증거조사가 중요하다고 인정하거나 증거가 멸실될 우려가 있거나 피의자 석방의 근거가 될 수 있을 때는 증거조사를 해야 한다고 규정했다. 피의자단계에서 자기에게 유리한 증거를 보전할 수 있는 권리가 부여된 것이다. 또한 제176조는 원칙적으로 예심을 하지 않는 구재판소 관할사건에서도 피의자가 자기변호를 준비하기 위해 예심을 청구하면 예심을 하도록 했다.

우 반드시 예심을 청구하여 중립적인 판사가 수사하도록 한 것이다. 하지만 현실은 그렇지 않았다.

실무관행상 예심판사는 해당 재판소 검사정의 동의를 얻어 임명되었고, 예심판사와 검사 사이에는 긴장관계보다는 서로 동료와 같은 인식이 있었다. 자연스럽게 예심판사가 검사국의 의향에 따라 사안을 처리하거나 서로 협조하는 경향이 나타났다. 피고인이 예심정에서 범행을 부인하면 검사가 따로 피고인을 몇 번이고 취조하여 예심판사 면전에서 자백하게 만들고, 예심판사 역시 검사의 예심청구서나 청취서의 내용을 피고인에게 확인하는 수준에서 예심취조를 진행하곤 했다. 그래서 한 판사는 "예심판사는 검사의 서기"라는 자조 섞인 평가를 내렸다. 또 1916년 형소법 개정안에 대해서 한 지방재판소장은 "예심판사가 실제로 거의 검사의 수족처럼 되고 있는 경향이 있는데도 이 개정안처럼 예심판사의 직권을 축소하고 단지 검사의 보조자로 만들어버린다면 이와 같은 경향을 더욱 조장"할 것이라고 비판했다.[367]

다이쇼형소법과 실무경향이 맞물리면서, 예심은 검사의 수사를 확인하거나 검사의 수사를 보조하는 위치로 전락했다. 예심은 피고인을 장기간 구류하여 수사할 수 있는 합법적 장치에 불과했다. 다이쇼형소법은 미결구류를 제한한다면서 제1회의 미결구류기간을 최장 2개월로 한정했지만, 필요하다면 결정으로 2개월씩 계속 갱신할 수 있었기 때문에(제113조) 장기미결구금의 해결에 도움이 되지 않았다. 보석제도가 있었지만 예심판사는 보석 결정을 위해 검사의 의견을 청취해야 했고, 예심판사가 검사의 의향에 따라 사안을 처리하는 경향이 늘 문제되었다. 그 결과 예심은 장기미결구금과 인권유린을 유발하는 부정적 기능을 더욱 노정하게 되었다.

---

367 家永三朗, 『司法權獨立の歷史的考察』, 東京: 日本評論社, 1962, 28쪽.

이와 같이 다이쇼형소법은 검찰과 경찰의 위법·탈법적 수사관행을 합법화시켜주고, 검사가 예심판사를 수족처럼 부릴 수 있는 체제를 마련해주었다. 때문에 다이쇼형소법의 제정으로 '규문주의적 검찰관사법'이 확립되었다고 말하는 것이다.[368]

다이쇼형소법은 검찰이 형사사법운영에서 지배적인 지위를 차지하게 된 상황을 뚜렷이 반영했다. 그런 검찰의 지위는 범죄수사와 소추의 장에만 한정되지 않았다. 이미 검찰은 권력집단으로 성장해 있었다. 일본의 정치체제와 사법체제 속에서 검찰의 위상은 어떻게 변화되었으며, 그것이 검찰의 안과 밖에서 어떤 논쟁을 촉발시켰는지 살펴보기로 하자.

3. 검찰의 정치적 대두와 그 파장

검찰의 성장과 '검벌'

검찰이 정치권력과 맞서는 장은 대개 금권정치, 정경유착으로 빚어지는 권력형 비리사건이다. 일본에서도 검찰이 이런 사건들을 주도적으로 파헤치면서 그 존재감을 인식시키고 정치적으로 부상하게 되었다. 하지만 처음부터 그랬던 것은 아니었다. 1900년대까지만 해도 검찰은 내각을 장악한 번벌세력이나 정치세력과의 대결에서 밀리고 있었다. 1900년 동경시의회 의원들이 이권청탁 목적의 막대한 금액의 뇌물을 받은 것이 밝혀져, 검경이 수사에 나섰다(동경시의회 오직사건). 그런데 검찰이 막후의 현직대신을 기소하려 하자 사법대신이 지휘권을 발동하여 불기소처분이 내려졌다.[369] 1905

---

368 小田中聰樹,「刑事裁判制度の改革」, 東京大學社會科學硏究所 編, 『戰後改革 4 司法改革』, 東京: 東京大學出版會, 1975, 179쪽.

년 9월에는 러·일강화조약이 굴욕적이라며 정부를 성토하는 국민대회가 개최되어 방화·폭동으로 발전했다(히비야소타사건比谷燒打事件). 검찰은 흉도취중죄 兇徒聚衆罪(소요죄에 상당하는 죄)를 적용하여 주최자와 가담자를 기소했지만, 당원들이 사건에 연루되었던 여당 입헌정우회立憲政友會가 검찰을 비난하고 나섰고, 내각은 검찰의 항소를 포기시켰다.[370] 이때까지 검찰은 내각의 통제하에 있었던 것이다.

1910년대 들어 검찰은 내각의 운명을 좌우할 정도로 영향력을 갖게 되었다. 대표적인 사건을 몇 개 들어본다. 1909년 대일본제당주식회사(약칭 닛토日糖)가 사업부진 타개를 위해 세제 개정과 관영화를 꾀하여 의원들에게 뇌물을 제공했음이 적발되었다(닛토사건). 검찰은 검사총장, 사법성 민형국장, 동경지방재판소 검사정으로 수사지휘부를 구성하고 수사에 착수하여, 의원과 닛토의 중역을 체포하고 선거자금까지 수사를 확대했다. 당시 사법성 민형국장 히라누마 기이치로는 검찰의 독자적 수사를 위해 직접 수사자금을 확보하고 민완검사들로 수사진을 구성하는 등 새로운 시도를 했다. 이 사건은 검찰 성장에 획기적 계기가 되었다고 평가된다.[371] 1914년에는 해군의 군비확충과정에서 군수품 조달을 담당하던 장교들이 독일 시멘스사와

---

369 동경시의회는 여당인 입헌정우회의 실력자 호시 도오루(1895년 한국 법부 고문 역임)파가 장악하고 있었다. 번벌세력·반정당세력·야당이 부정부패의 수괴로 이토 히로부미 내각의 체신대신 호시를 지목·공격했다. 이 사건으로 호시는 체신대신에서 물러났고, 얼마 지나지 않아 암살당했다. 我妻榮 編, 앞의 책, 234쪽 이하.

370 검찰은 주최자와 폭동가담자들을 형법상 흉도취중죄로 기소했으나, 제1심에서 전원 무죄 판결을 받았다. 수사를 지휘했던 동경공소원 검사장 구라토미 유자부로가 즉각 항소한다는 방침을 밝히자 여당이 구라토미를 비난하고 나섰고, 정우회세력이 주축이 된 사이온지(西園寺) 내각에서 항소를 포기시켰다. 이후 구라토미는 1907년 9월 한국 법부차관으로 전보되었다. 위의 책, 379쪽 이하.

371 위의 책, 486쪽 이하.

일본 미츠이물산에서 뇌물을 받은 것을 검찰이 적발·수사했다(시멘스사건). 이 사건으로 야마모토 곤베山本權兵衛가 이끄는 내각이 붕괴했다.[372] 1915년에는 검찰의 수사로 야마모토 내각의 뒤를 이은 제2차 오쿠마大隈重信 내각의 내무대신 오우라 가네타케大浦兼武의 선거간섭, 의원매수, 독직혐의를 적발하여 파란을 일으켰다(오우라사건). 사법대신이 오우라에 대한 불기소처분을 지시하자, 검찰은 오우라의 공직사퇴와 징계은퇴를 요구했다. 그 결과 오우라는 내무대신 사임과 일체의 공직사퇴를 선언하고 검찰은 기소유예처분을 내렸다.[373]

닛토사건을 시발점으로 검찰은 수뇌부의 지휘 아래 독자적인 수사진을 구성하고 사건의 정치적 해결을 위해 기소유예처분을 활용하는 등 전례 없는 모습을 보였다. 그 전까지 검찰에서는 각 공소원 검사장이 일선검찰을 지휘했고, 검사총장은 상징적인 감독기관에 불과했다. 이제는 검사총장이 전면에 나서서 검찰조직의 명실상부한 수장이 되었다. 특히 히라누마 같은 인물은 그동안 번벌, 정당정치세력, 내무성에 위축되었던 검찰수사를 사법성과 검찰의 위상을 상승시키는 계기로 활용했다.

오우라사건 당시 제1야당 입헌정우회의 총재였던 하라 다카시는 정치적으로 대두한 검찰과 번벌세력이 결탁하는 것을 우려했다. 그는 1918년 수상에 취임한 뒤 의도적으로 히라누마 검사총장과 스즈키 기사부로鈴木喜三郎 (당시 사법차관) 같은 검찰관료를 정당정치세력 내부로 포섭하려 했다. 1921년 하라의 지원을 받은 히라누마는 대심원장에, 스즈키는 검사총장에 취임했

---

372 我妻榮 編, 『日本政治裁判史錄(大正)』, 東京: 第一法規出版, 1969, 52쪽 이하.

373 이 사건 이전에도 의원매수, 선거간섭 등 공직자의 범죄가 많았지만, 검찰이 기소한 적도 공직자가 공직사퇴나 징계처분을 받은 적도 없었다. 검찰이 징계은퇴를 기소유예처분의 조건으로 내걸었다는 것 자체가 검찰의 위상이 상승했음을 말해준다. 위의 책, 106쪽 이하.

다. 1921년에는 재판소구성법을 개정하여 종래 '친임관 또는 칙임관'이었던 검사총장을 오로지 '친임관'으로 하여 대심원장과 동격으로 만들었다. 검찰우대조치였다. 하라 내각 이후 검찰이 정치권력과 미묘하게 결탁함으로써, 이른바 '히라누마-스즈키 라인'의 검찰인맥이 사법성과 검찰을 장악하고 정계에서 영향력을 획득하게 된다. 이렇게 특정한 검찰인맥으로 형성된 권력집단을 '검벌檢閥'이라 부르기도 했다.[374]

이상과 같이 검찰은 다이쇼 데모크라시가 영위되던 정당내각기에 정당정치와 유착된 금권정치의 그늘을 파고들어 정치적으로 성장했다. 정당내각기는 동시에 내각과 검찰의 관계라는 새로운 문제를 대두시켰다. 정당정치인이 총리와 사법대신에 취임하게 되자 검찰관료들은 검찰권을 포함하는 확대된 사법권 독립 개념을 내세우며 '검찰권 독립'을 주장했다. 사법권 독립 개념은 정당정치세력이 검찰권행사에 간섭하는 것을 배제한다는 소극적·방어적 의미를 넘어 적극적·공세적 의미를 갖고 있었다. 그 현실적 기능은 검찰외부세력이 검찰과 사법성의 인사·행정, 공소권행사 등에 간섭할 수 없음을 정당화하는 것이었다. 그런 의미에서 검찰의 독립으로 확장된 사법권 독립론은 군부가 내세운 '통수권統帥權 독립'과 유사한 정치적 이데올로기의 성격을 갖고 있었다.[375] 정당내각이 군의 통수권에 관여할 수 없듯이, 검찰권에 간섭하지 말라는 취지였다. 검찰 독립론을 통해 검찰관료들

---

374 검찰관료의 정치적 대두에 관해서는 三谷太一郞, 『政治制度としての陪審制—近代日本の司法權と政治』, 東京: 東京大學出版會, 2001, 71~73쪽; 伊藤孝夫, 『大正デモクラシー期の法と社會』, 京都: 京都大學出版部, 2000, 35쪽 이하. 히라누마는 이후 대심원장, 사법대신, 추밀원장을 거쳐 1939년 총리대신에 올랐고, 스즈키는 사법대신과 내무대신을 거쳐 정우회 총재에 취임했다. 히라누마는 고쿠혼샤(國本社) 같은 극우단체를 조직하기도 했던 극우적 인물로, 전후 극동군사재판소에 1급 전범으로 기소되어 종신형을 선고받았다. 小林俊三, 『私の會った明治の名法曹物語』, 東京: 日本評論社, 1973, 345~369쪽.

375 三谷太一郞, 앞의 책, 73~74쪽.

은 결코 무색무취한 사법의 영역으로 들어가지 않았다. 사법성과 검찰에 포진한 '검벌'은 관료벌, 군벌, 정당세력과 나란히 제4의 정치세력이 되었다.

검찰비판과 견제의 시도

앞에서 본 사건들에서 나타난 정·재계인사들에 대한 검찰의 고압적 수사, 사건의 정치적 해결방식은 여러 모로 논란을 불러일으켰다. 특히 오우라사건에 대해서는 죄상이 드러난 오우라를 기소유예한 것이 합법적인가 하는 논란뿐만 아니라, 기소유예처분의 배후에 사법대신의 불기소 지시가 있었다는 의혹이 불거져 검찰에 대한 정치적 간섭을 비판하는 목소리가 터져나왔다. 학계와 재야법조에서는 검사의 상명하복관계를 폐지하고 개개 검사에게 독립된 지위를 부여하자, 사법대신의 검찰사무 지휘감독권을 폐지하자는 등의 주장이 제기된다.[376] 이런 주장은 검찰관료의 이해관계와 부분적으로 부합하는 점이 있었고, 나중에는 검사=사법관론과 같은 이론적 논의로 확대된다.

한편 인권유린문제에 관해서 경찰에 비해 상대적으로 비난을 덜 받아왔던 검찰도 비판의 초점이 되었다. 그 결과 앞서 보았듯이 1914년부터 수사기관의 직권남용범죄와 검사의 소추재량을 견제하기 위한 법안들이 수차례 의회에 제출되었다. 기소편의주의가 형사정책적 목적으로 경미범죄를 처리하는 것을 넘어 검찰권의 정치적 행사의 기초가 되고 있다고 판단되었기 때문이다. 이와 같은 논란을 계기로 기소독점주의·기소편의주의의 견제장치에 대한 논의가 형사소송법학과 검찰제도론에서 빠뜨릴 수 없는 테마가

---

376 富田山壽, 「學徒ノ見タル司法權獨立問題」, 『京都法學會雜誌』 10卷 11號, 1915, 1쪽 이하; 三井誠, 「大浦事件の投げかけた波紋」, 『神戸法學雜誌』 20卷 3·4號, 1971, 429쪽 이하.

되었다.

현행법상 불기소처분을 시정할 방법은 재판소구성법 제140조에 근거하여 고소인이 검사의 상사에게 항고하는 것(지금의 '검찰항고'와 같은 제도)이 유일했다.[377] 소추재량을 통제하는 방법으로 피해자소추제도, 재판소에 대한 항고, 부분적 기소법정주의, 기소배심제, 기소참심제 등이 거론되고 있었다.[378] 현직 검사였던 히라이 히코사부로平井彦三郎는, 절대적 편의주의는 피해자 보호에 충분하지 못하고 배심제를 도입해 재판에 민의를 반영하고 있는 시대적 추세에도 맞지 않는다면서, 부분적으로 피해자 또는 제3자가 직접 소추하는 사인소추제도를 도입하거나 기소 여부를 결정할 때 주임검사와 일정수의 국민이 참여하는 '검민檢民 합동의 참심제'를 도입할 것을 제안했다. 다만 히라이의 주장은 '공소권행사는 사법사무'이므로 사법행정상 감독권에 근거한 검찰항고는 법적 근거가 없고, 사법대신의 지휘감독권도 폐지되어야 한다는 관점을 전제하고 있었다.[379]

검찰이 권력기관화되어 검찰관료가 사법성을 장악함으로써, 새로운 문제가 제기되었다. 사법부 내에서 검사가 판사보다 우위에 서는 이른바 '검존판비檢尊判卑'현상이었다. 헌법상 사법권의 독립이 규정되어 있지만 재판의

---

377 재판소구성법 제140조는 "사법사무 취급의 방법에 대한 항고, 특히 어떤 사무의 취급방법 또는 취급지연이나 거절에 대한 항고는 본편에 규정한 사법행정의 직무 및 감독권에 의해 이를 처리한다"고 규정했다. 이를 근거로 재판소와 검사국의 사무취급에 대해 이의가 있을 경우 상급기관에 항고할 수 있고, 항고는 최종적으로 사법대신에 이르게 된다. 검사가 고소사건을 불기소처분하는 것은 '사무취급의 거절'에 해당하기 때문에 '고소인'은 처분검사의 상관에게 항고할 수 있고, 검사총장을 거쳐 사법대신에게까지 항고할 수 있다고 해석되었다. 板倉松太郎, 『刑事訴訟法』(第三版), 東京: 巖松堂書店, 1915, 1308쪽.
378 岡本吾市, 앞의 책, 43쪽에서는 ① 기소편의주의를 소년피고사건에 한정하는 방안, ② 기소편의주의를 취해도 선거법 위반사건, 기타 정치적 특질이 있는 사건에는 기소법정주의를 취하거나, 이들 사건에도 편의주의를 취한다면 기소배심을 설치하는 방안 등이 거론되었다.
379 平井彦三郎, 『檢察制度論 上卷』, 東京: 廣文社, 1930, 244~248쪽.

독립을 보장하는 데 그쳤고, 재판소의 인사 및 행정에 관한 사항은 사법성이 소관했다. 사법행정감독권을 행사하는 사법성을 검찰관료가 장악하고 형사실무에서도 검찰의 영향력이 강해지자, 이를 시정하기 위한 제도적 방안이 모색되었다. 1927년 3월 성립한 다나카 기이치 내각에서 최초로 변호사 출신으로 사법대신에 취임했던 하라 요시미치原嘉道는 검사국을 재판소에서 분리시키는 법안을 준비했다. 법안의 내용은 나중에 살펴보기로 하자. 하라 사법대신은 뒤에 다음과 같이 발언한 적이 있는데, 그의 발언에서 검사국 분리에 대한 재야 출신 사법대신의 관점을 읽을 수 있다.

> 내가 현행 사법제도에 가장 불만을 느끼고 있는 것은 검사국을 재판소에 부치하여 검찰권의 국법상 지위를 어두컴컴하게 하고 있는 점이다. 우리 국민은 현행 사법제도상 검사국은 재판소에 부치되어 양자가 모두 사법성 소관 관서로서 사법대신의 감독에 속하기 때문에, 검찰권을 사법권과 오해하는 바가 심히 많다. 그 때문에 세간에서는 왕왕 사법대신 이하 상관의 명령에 의하여 행동하는 검사의 행위도 사법권의 독립 범위에 속하는 행동인 것처럼 오해하기 때문에 사법권의 독립을 위구하여 사회적 문제가 되는 경우가 적지 않다.[380]

재판소에 검사국을 부치하는 제도가 검찰권을 사법권으로 오해하게 만들고, 그것이 전체적인 사법권 독립에 대한 우려를 불러일으키고 있다고 했다. 따라서 재판소에서 검사국을 분리시켜 별개의 관제와 조직을 갖게 만들어야 한다는 것이었다.

지금까지 본 것처럼 다이쇼 데모크라시 시기의 정당정치는 금권정치의 암울한 모습을 보여주었지만, 사법의 이름으로 저질러지는 인권유린과 강

---

380 原嘉道, 「現行司法制度に對する改正の希望」, 『法曹界雜誌』 17卷 11號, 1939, 33~34쪽.

대화된 검찰권을 통제할 장치에 대한 토론을 촉발시켰다. 그 가운데 20세기적—어떤 것은 오늘날 우리에게까지 이어지는—쟁점들이 분명한 형태를 갖추고 등장했다. 이 시기의 문제의식은 일본의 사법제도에 어울릴 것 같지 않은 예외적 존재를 창출하기도 했다. 바로 배심제도이다.

배심제의 정치적 배경과 천황제헌법의 논리

일본에서는 1923년(大正12) 4월 18일 법률 제50호 배심법陪審法이 제정되어 1928년 10월부터 1943년 4월까지 15년간 배심제가 시행되었다. 이 배심제는 "배심법이라고 부르기보다는 뭔가 다른 이름으로 부르는 편이 적당한 배심법"이라는 말처럼 문제가 많았다.[381] 대상사건의 범위가 극히 좁고, 유무죄를 평결하는 것도 아니며, 평결에 구속력이 없는 등, 일본의 배심제는 여러 약점을 지니고 있었다.[382] 그럼에도 불구하고 "기만적이기는 하지만 사법기관 민주화의 단서를 열었다"[383]는 평가가 가능할 것이다. 일본의 배심제는 어떤 배경에서 성립했을까?

---

381 木下半治, 『陪審法批判』, 東京: 上野書店, 1928, 49쪽.

382 대상사건이 법정형으로 사형 또는 무기자유형을 포함하는 범죄(법정배심사건), 장기 3년 이상의 자유형에 해당하는 사건 중 피고인이 청구한 사건(청구배심사건)으로 한정되고, 황실에 대한 범죄, 내란·외환에 관한 죄, 국교에 관한 죄, 소요죄, 치안유지법 위반, 군기보호법 및 각종 군형법의 죄, 공직선거 관계법령 위반의 죄 등은 배심재판에서 제외되었다. 배심원의 역할은 범죄사실에 관해 재판장이 제시한 각각의 '문의'에 대해 '사실유무'를 평의하고 그 결과를 재판장에게 '답신'하는 데 그쳤다. 평결은 12명의 만장일치가 아니라 과반수로 결정되었다. 배심원의 답신은 구속력이 없기 때문에, 재판장은 배심의 답신이 부당하다고 판단할 때는 몇 번이고 새로운 배심을 구성하여 사건을 다시 심리하게 할 수도 있었다. 또한 배심원은 2년 이상 계속 동일한 시·정·촌에 거주하고 3엔 이상의 직접세를 납부했고 글을 읽고 쓸 줄 아는 30세 이상의 남자만 가능했다. 이는 보통선거권자보다도 엄격한 자격조건이었다.

383 木下半治, 앞의 책, 68쪽.

일본에서 배심제 도입논의는 메이지 초기까지 거슬러 올라간다. 1874년 사법성에서 배심제 채용을 거론한 바 있었고, 1877년 후쿠자와 유키치는 세이난전쟁西南戰爭(사이고 다카모리西鄉隆盛를 옹립하고 거병한 반란) 가담자의 공정한 재판을 위해 배심재판을 할 것을 정부에 건의하기도 했다. 1878년 보아소나드는 일본 치죄법 초안을 기초하며 불평등조약 개정의 필수조건으로 중죄사건에 대한 배심제를 포함시켰지만, 민도에 부합하지 않고 전제국가에 배심을 둘 때는 오히려 정부압제의 현실을 인식시키고 정부에 대한 국민의 저항을 불러일으킨다는 주장에 밀려 채용되지 않았다. 1880년대 자유민권운동파의 헌법안에도 배심제가 들어 있는 경우가 많았고, 헌법 기초의 책임을 맡았던 이토 히로부미도 일본이 법치국가의 실체를 갖추기 위해서는 지방자치제, 법전과 함께 배심제가 필요하다고 보았을 정도였다. 하지만 배심제는 당장 우선시되어야 할 국가의 독립과 통일을 저해할 우려가 있었기 때문에 결국 헌법에 들어올 수 없었다.[384]

1910년대에 재야법조계와 의회를 중심으로 배심제 도입논의가 재점화되었다. 배심제는 경찰과 사법기관의 인권침해에 대항하는 수단이고, 입법(=의회)과 행정(=지방자치)에 이어 마지막 남은 사법에 대한 '인민참가'로서 인식되었다. 이런 분위기를 바탕으로 1918년 수상에 취임한 하라 다카시原敬는 취임 직후부터 정치적 생명을 걸고 배심제 입법을 추진했다.[385]

하라가 배심제 입법에 적극적이었던 것은, 사법권 독립·검찰 독립이라는 이데올로기를 방패삼아 강대화·정치화된 검찰을 정치적 위협으로 인식하게 되었기 때문이었다. 하라는 정치적 수완을 발휘해 히라누마 라인의 검찰관료의 입지를 강화시켜주고, 이들의 협조를 통해 배심제 입법을 시도했다.

---

384 三谷太一郎, 앞의 책, 77~117쪽.
385 위의 책, 129~139쪽.

이런 배경이 있었기 때문에, 일본에서 다이쇼배심제는 사법제도의 측면보다는 하나의 정치제도로서 고안되고 실현되었다고 평가된다. 강대화·정치화된 검찰관료가 주도하는 사법체제를, 정당정치세력의 이니셔티브에 의해 정당정치체제에 결부시키는 "제도적 유대紐帶"로서 의도되었다는 것이다.[386] 검찰과 사법성의 실력자 히라누마도 배심제 도입으로 검찰이 손해볼 것은 없다고 생각했다. 1916년 형소법 개정안에 관한 설명에서 언급했듯이, 히라누마는 영국식 제도의 도입이 검찰권을 강화하는 데 도움이 된다고 판단하고 있었다. 같은 맥락에서 배심제 도입도 장래 예심제를 폐지하고 검찰이 수사권을 독점할 수 있는 계기가 될 수 있다고 본 것이었다.[387]

배심제는 관료사법에 반대되는 인민사법(popular justice)의 상징과도 같다. 그런데 천황제 국가체제의 본질이 달라지지 않은 상황에서 어떻게 배심제가 도입될 수 있었을까?

배심제 도입의 사상적 배경을 찾는다면, 다이쇼 데모크라시의 민본주의 사상을 빼놓을 수 없을 것이다. 우리에게도 잘 알려진 후세 다쓰지布施辰治 변호사의 배심제 도입론은 인민사법으로서의 배심제의 본질에 육박했다. 그는 '오판'은 재판관의 비상식과 관료사상의 산물이며 현재의 사법제도 자체에 기인한다면서, "그 개선의 방법은 말할 필요 없이 민본주의의 정치 조직에서 유래하는 배심제도의 실시"여야 하며, 일반인민을 대표하는 배심원의 힘으로 일반인민의 상식에 부합하는 재판을 함으로써 "일반인민의 사회생활의 안녕과 행복이 조성되고 거기에서 재판의 진정한 사회적 사명이 완수된다"고 했다.[388]

---

386 위의 책, 7쪽.
387 위의 책, 79~88쪽, 144쪽.
388 布施辰治, 『司法機關改善論』, 東京: 布施辰治法律事務所, 1917, 262~263쪽.

그러나 후세와 같은 주장만 있었다면 결코 배심제 입법이 성공할 수 없었을 것이다. 유명한 변호인이자 국회의원이었던 에기 마코토江木衷의 주장에 주목할 필요가 있다. 그는 1910년 대역사건大逆事件[389] 변론을 맡으면서 검찰과 재판소에 의해 인권이 유린되는 것을 목격했다. 에기는, 일본의 재판제도가 "일체만사가 유사有司의 자유심중에 의해 결정"되고 피고인은 하등 권리로서 주장할 수단이 없는 "무책임 독단제도"인데, 만일 이 상태로 놔두면 재판에 대한 인민의 불신이 천황의 책임문제를 야기할 것이기 때문에, 천황을 불가침의 입장에 놓기 위해서는 오히려 배심제도를 설치해 국민을 재판에 참가시켜 국민에게 책임을 분담시키지 않으면 안 된다고 주장했다.[390]

에기의 주장에는 사회주의·무정부주의사상과 무산자운동의 확대, 그것을 탄압하면서 야기되는 인권침해와 재판의 신뢰상실이 기성질서 전반에 대한 불만으로 확산될 수 있다는 위기의식이 내포되어 있다. 배심법 시행에 즈음한 하라 요시미치 사법대신의 담화에서도 그 점을 다시 한 번 확인할 수 있다.

다수 국민 가운데는 관리인 경찰관과 검사가 취급한 사건을 다시 관리인 재판관
이 판단하기 때문에 사법권은 독립하더라도 절대공평을 바라기는 불가능하다고
생각하는 자가 있어 종래 재판제도에 불만을 느끼는 자가 있는 것은 면하기 어

---

389 대역사건이란 고토쿠 슈스이(幸德秋水) 등 26명의 사회주의자와 무정부주의자가 천황 암살을 계획했다는 이유로 검거되어 대심원 특별재판소의 공판을 거쳐 24명이 사형을 선고받고 12명이 처형된 사건이다. 재판은 검찰 고위관료와 대심원의 협력하에 유례없이 신속하게 진행되었고, 한 명의 증인도 허용하지 않은 채 순전히 예심조서에 근거해 심리가 이루어졌다. 我妻榮 編, 『日本政治裁判史錄 明治·後』, 544~558쪽.

390 三谷太一郎, 앞의 책, 126쪽; 利谷信義, 「司法に對する國民の參加—戰前の法律家と陪審法」, 潮見俊隆 編, 『岩波講座 現代法 6 現代の法律家』, 東京: 岩波書店, 1966, 373쪽.

럽다. 그리고 국민이 재판제도에 불만이 있다는 것은 현재의 법률생활에 불만이 있는 것이고 이는 국민의 치안에 매우 악영향을 미치게 되므로 국민으로 하여금 진실로 법률생활에 만족하게 하려면 재판제도에 대한 신뢰감을 더욱 깊게 만들지 않으면 안 된다. 따라서 국민들이 재판소를 어디까지나 인권옹호의 기관, 정의발양의 기관이라고 믿게 하려면, 어떻게 해서든지 종래의 관리에게만 의하는 재판제도에 변경을 가해 죄의 유무는 자신의 동배·동료인 인민에 의하여 결정된다고 국민들을 안심시킬 필요가 있다. 이것이 곧 우리나라에 배심법을 두게 된 근본 취지이다(밑줄―인용자).[391]

배심법 입안에 관여했던 형소법학자 도요시마 나오미치豊島直通도, 이 제도는 결코 데모크라시정신으로부터 성립한 것이 아니고 "천황의 이름으로 행하는 사법권을 국민이 옹호하는 정신"으로부터 태어났다고 했다.[392]

천황통치를 완전하게 만든다는 논리구조 아래서 배심제가 도입되었으나, 또한 그 때문에 배심제가 완전히 개화하는 것은 처음부터 불가능했다. 배심제는 천황이 내린 신성한 헌법조규의 테스트를 통과해야 했다. 제24조의 "일본 신민은 법률에서 정한 재판관의 재판을 받을 권리를 박탈당하지 않는다", 제57조 1항의 "사법권은 천황의 이름으로 법률에 의해 재판소에서 이를 행한다", 그리고 제58조의 "재판관은 법률에서 정한 자격을 구비한 자로 임명하며 신분보장을 받는다"는 규정들이 그것이었다.

천황제헌법에서 제57조는 독특한 의미를 지녔다. 본래 사법권은 천황대권에 속하지만, '천황의 위임을 받은 자'가 천황의 이름으로 천황의 대권을 행사하는 것이다. 그렇다면 사법권을 행하는 자는 반드시 '천황이 임명에

---

391 司法大臣 原嘉道, 「陪審法の實施に臨んで」, 『京城日報』 1928. 10. 3.

392 豊島直通, 「陪審法施行後一年を迎えて」(1929)(三谷太一郎, 앞의 책, 250쪽에서 재인용).

관여하는 관리'여야 하지 않을까? 따라서 일반인 중에서 선임된 배심원이 사법권에 관여하는 것 자체가 헌법에 반하는 것은 아닐까? 이 의문은 배심원의 사실인정은 재판인가 아닌가, 배심원은 사법권을 행하는 자인가 아닌가 하는 당시의 논점과 관련되었고, 헌법을 유연하게 해석하더라도 배심원에게 유무죄 평결을 맡기기 어렵게 만들었다. 또한 배심원 평결의 구속력을 인정하는 것은 제57조의 사법권 독립원칙, 재판관의 직무상 독립을 침해하는 것으로 여겨졌다. 천황의 대권을 행사하는 재판관은 법규가 정하는 바 외에 다른 권력(배심원을 포함)에 복종해서는 안 되기 때문이다.[393] 위헌시비를 비켜가기 위해 배심 답신의 구속력이 부정되고, 재판장의 배심갱신권이 인정되었다.[394]

이와 같이 다이쇼 데모크라시 시기 천황제 입헌정체는 배심제 성립에 두 가지 방향에서 영향을 미치고 있었다. 한편으로 천황제의 신성함과 완전함을 옹호한다는 취지에서 배심제의 도입을 용인하면서, 다른 한편 배심제의 만개를 제약했던 것이다. 이 모습에는 같은 시기 보통선거법과 치안유지법을 동시에 만들어낸 정당과 관료세력의 이중성이 고스란히 반영되어 있다. 그래서 당시 한 사회주의자는 배심제 도입의 정치적 의미를 첨예화되는 계급대립에 불안을 느낀 부르주아계급이 사법권 독립을 슬로건 삼아 사법을 피지배계급으로부터 독립시켜 신성한 자리에 두고 '재판의 혁명, 사법의 민중화'라는 미사여구로 재판제도의 계급적 성격을 은폐하려 한 것이라고 규정하기도 했다.[395]

마지막으로 배심제와 식민지의 관계를 언급하고 넘어가자. 1919년 11월

---

393 美濃部達吉, 『憲法撮要』(改訂 第5版), 東京: 有斐閣, 1932, 556~557쪽.
394 中原精一, 『陪審制復活の條件』, 東京: 現代人文社, 2000, 38~41쪽.
395 木下半治, 앞의 책, 12~23쪽, 71쪽 이하.

임시법제위원회에서 대심원장 요코다 구니오미橫田國臣가 펼친 배심제 도입 반대론에는 다음과 같은 궁색한 논리도 포함되어 있었다. 즉 만약 배심제도를 채용한다면 조선과 대만에도 시행하지 않으면 안 되는데, 또 다시 3·1운동 같은 소요사건이 벌어진다면 과연 시행할 수 있는가 하는 것이었다.[396] 물론 식민지에 배심제는 실시되지 않았다. 1928년 배심법 시행에 즈음해 개최된 전조선변호사대회에는 조선에도 배심법을 실시한다는 안건이 제출되었지만, 즉시시행론과 시기상조론이 대립하여 의견일치는 보지 못했다.[397] 1929년 10월 개최된 변호사대회에서는 "배심법을 조선에 시행하느냐 하는 가부에 대하여 관민합동의 조사회를 설치하도록 건의할 것"을 결의한 바 있었다.[398] 총독부는 당연히 이를 받아들이지 않았지만, 당시의 논의는 해방 이후 배심제 논의의 씨앗이 되었다고 할 것이다.

4. 전체주의체제하 사법제도론

검찰파쇼화와 사상검찰

1931년 군부가 만주사변을 일으켜 앞으로 다가올 새로운 시기를 예고하자, 검찰 당국은 1934년 테이진사건(帝人事件)으로 화답했다.[399] 정·관·재계

---

396 三谷太一郎, 앞의 책, 152쪽.
397 『京城日報』 1928. 10. 9. 일본인이 전개한 반대론 중에는 조선인의 민도가 낮고, 조선인 과 일본인의 격차가 심하여 배심재판이 힘들다는 것도 있었다. 鷹松龍種, 「朝鮮に陪審制度を実施するの可否に就て」, 『朝鮮及満州』 1929년 2월호, 25쪽.
398 서울지방변호사회 엮음, 『서울지방변호사회80년사』, 서울지방변호사회, 1989, 547쪽.
399 1934년 반마치카이(番町會)라는 재계인사모임이 대만은행 소유의 제국인견회사(帝國人絹會社) 주식을 양수하는 과정에서 대장성을 비롯한 정관계에 로비를 펼쳤다는 의혹을 근거로 검찰 당국이 대장성의 고위관료, 정치인, 재계인사 등을 배임·뇌물수수 등의 혐의로 기

를 뒤흔든 이 사건을 계기로 전 조선총독 사이토 마코토가 이끌던 내각이 붕괴하고, '기강의 숙정'을 내건 오카다 게이스케岡田啓介 내각이 들어섰다. 그러나 검찰의 무리한 수사는 고문과 강압수사의 폭로와 피고인 전원무죄 판결로 확인되었다. 검찰수사의 배후에는 추밀원 부의장 히라누마 기이치로가 있었다고 알려졌다. 이 사건은 '2류 관료'로 취급받아온 사법성의 반反대장성 분위기와 온건파 사이토 내각에 만족할 수 없었던 극우파가 연계된 사법성·검찰의 기획작품이라는 의심을 받았다. '검찰파쇼, 사법파쇼'라는 비난이 터져 나왔다. 귀족원 의원이었던 헌법학자 미노베 다츠키치美農部達吉는 검찰의 인권유린과 권력남용을 강하게 비판하며 의회 안팎에서 이 문제를 공론화하는 데 앞장섰다. 1935년 미노베는 천황기관설天皇機關說사건에 의해 귀족원직에서 물러났고, 그의 저서는 금서목록에 올랐다. 천황은 입헌제도하의 국가기관이라는 미노베의 학설은 천황에 대한 불경이고 일본의 국체國體에 부합하지 않는다는 것이 그 이유였다.[400]

1935년의 천황기관설사건은 메이지시대 이래 일본의 입헌제도에 대한 정통적 이해방식마저 국체명징國體明徵을 내건 신체제 아래서는 위험·과격 사상에 불과하다는 것을 보여준 상징적인 사건이다. 국체명징의 바람은 헌법학뿐만 아니라 형법학에도 불어 닥쳤다. 1933년 적색교수로 몰려 강단에서 추방당한 교토대 형법교수 다키가와 유키토키瀧川幸辰사건이 그것이다.[401]

소한 사건이다. 검찰은 예심에서의 자백조서를 증거로 제출했는데, 피고인들은 모두 강압에 의한 자백이었다면서 무죄를 주장했고, 1935년 전원 무죄판결을 받았다. 安藤良雄 外編, 有澤廣已 監修, 『昭和經濟史』, 東京: 日本經濟新聞社, 1976, 107쪽.

400 위의 책, 107쪽; 馱場裕司, 「帝人事件から天皇機關說事件へ」, 『政治經濟史學』 389號, 1999, 2쪽 이하.

401 1933년 한 국회의원의 지적을 계기로 문부성은 다키가와의 저술과 심지어 강의 내용까지 조사한 뒤 다키가와를 적색교수로 단정했다. 교토대 법학부장이자 동료 형법학자가 다키가와의 학설은 원래 객관주의 형법론이고 최근 다소 유물론적 견해를 가미한 정도로는 문제

히라누마의 검찰인맥은 정우회 내각과 기묘한 공생관계를 유지하며 알맹이가 빠진 배심법 입법에 조력하기도 했지만, 다른 한편 치안유지법(1925. 4. 22, 법률 제46호)의 입법을 주도함으로써 사상사법思想司法의 공간을 창출해 냈다.[402] 1928년 검찰은 공산당 관련자의 대대적 검거에 나섰다(3·15사건). 그 전까지 공산당의 실체를 정확히 몰랐던 검찰은, 공산당을 국체변혁 목적의 비밀결사로 확고히 인식하게 되었다. 정부는 1928년 치안유지법을 개정하여 목적수행죄를 도입해 처벌범위를 확장하고, 배심법을 개정하여 치안유지법 위반사건을 배심대상범죄에서 제외했다. 검찰은 사상범죄를 연구·조사하고 치안유지법의 해석과 운용을 전담할 기구를 확충했다. 이로써 사상검찰기구가 정식으로 탄생하게 되었다.[403]

1930년대의 사상검찰기구는 사상범죄의 '수사-예심-공판-행형-보호관찰' 전과정에 주도권을 행사하기 시작했다. 전향정책이 도입되었고 사상범에 대한 새로운 유형의 불기소처분인 '유보처분留保處分제도'가 고안되었다. 한국 국가보안법 공소보류제도의 기원인 유보처분제도는 전향정책과 기소유예제도가 만난 것이었다. 전향한 자에 대해 기소를 보류한 뒤 6개월, 길

가 되지 않는다고 했지만, 문부성 측은 "객관주의 자체가 문제다"라고 했다. 정당방위의 적법성은 공격자의 지위와 신분에 의해 좌우되지 않으며, 공격자가 천황이라도 결론은 같다고 한 것은 천황에 대한 불경이라고 했다. 문부성은 교토대에 다키가와를 사직시킬 것을 요구했고, 내무성은 다키가와의 저서 『형법독본(刑法讀本)』과 『형법강의』를 발매금지처분했다. 교토대 법학부 교수와 학생들은 문부성의 처사에 강하게 반발했다. 1933년 5월 내각회의는 다키가와에게 휴직을 명했다. 伊藤孝夫, 『瀧川幸辰—汝の道を步め』, 京都: ミネルヴァ書房, 2003, 129쪽 이하.

402 치안유지법체제의 성립·강화과정에서 검찰관료들의 주도적 역할에 대해서는 리차드 H. 미첼 지음, 김윤식 옮김, 『일제의 사상통제—사상전향과 그 법체계』, 일지사, 1982; 荻野富士夫, 『思想檢事』, 東京: 岩波書店, 2000 참조.

403 일본공산당 및 관련자에 대한 대탄압사건으로 검거자가 1,600명, 기소자가 488명에 이르렀다. 3·15사건 이후 사상검찰체제 확립과정에 대해서는 荻野富士夫, 앞의 책, 31쪽 이하.

게는 1년간의 시찰기간이 무사히 지나가면 기소유예처분한 것과 동일한 효과를 낳는 제도이다.[404]

사상사법의 발전과정은 곧 검찰권의 강화과정이었다. 사상사법 실무가회동에서 검찰실무가들은 검사국에 전속하는 사법경찰관의 설치, 검사국이 주도하는 사상계 경찰관(특고경찰, 사상헌병)에 대한 지도교양체제 확립, 사상계 예심판사와 재판소 사상부. 설치, 사상범수사를 위한 검사의 무제한적 구인·구류권 허용, 사상사건에서 예심과 재판의 통일과 간소화, 청취서의 증거능력 인정 등을 요구했다.[405] 사법성 또한 필요성을 인정하여 치안유지법의 개정에 나섰다. 정부는 치안유지법사건에 관한 형사절차상 특례, 보호관찰, 예방구금이 포함된 개정 법률안을 1934년과 1935년 의회에 제출했다. 하지만 이때는 예방구금제도와 형사절차의 특례가 문제되어 법안이 통과되지 못했다. 테이진사건 이후 강해진 검찰비판 분위기가 작용하고 있었다.[406] 치안유지법의 전면개정이 실패하자 방향을 돌려 1936년 사상범보호관찰법思想犯保護觀察法이 제정되었다. 기소유예·집행유예를 받았거나 실형복역을 하고 출옥한 사상범 중 재범의 우려가 있는 자를 보호관찰하는 제도였다.

1936년 7월에는 사법대신훈령으로 '사법경찰관훈련규정'이 제정되었다. 여기에는 사상사법 실무가회동에서 논의되었던 사법경찰사무 개선책이 반영되었다. 검사국 주도로 경찰서의 사법주임·특고주임회의 및 경찰관실무수습회를 개최하고, 사법경찰교양교재를 편찬·배부하며, 검사가 경찰서를

---

404 岡木吾市, 앞의 책, 68~69쪽.
405 荻野富士夫, 「解說 治安維持法成立·改正史」, 荻野富士夫 編, 『治安維持法關係資料集 四』, 東京: 新日本出版社, 1996, 605쪽, 622쪽.
406 위의 글, 631~635쪽.

순회출장한다는 내용을 담고 있었다.[407] 검사국 직속의 사법경찰기구 설치까지는 아니더라도, 사법경찰에 대한 검사국의 지휘감독체제를 다지는 계기가 되었다. 사상검찰체제의 완성에 이어 1939년 12월 말에는 전시통제경제체제를 뒷받침하기 위해 경제검찰기구가 창설되었다.[408]

1941년에는 국방보안법國防保安法(1941. 3. 7, 법률 제49호), 치안유지법 개정법률(1941. 3. 10, 법률 제54호)이 공포되었다. 국방보안법 위반, 치안유지법 위반사건에 관한 한 검사에게 강제수사권이 집중되었다. 개정 치안유지법은 검사 또는 검사의 명을 받은 사법경찰관에게 피의자를 소환하고, 소환에 응하지 않으면 구인하고, 구류사유가 있으면 경찰서·헌병대의 유치장에 2개월간 구류하고, 필요하면 1개월씩 구류를 갱신하고, 피의자·증인을 신문하고, 압수·수색·검증하며, 감정·통역·번역을 시키는 것을 모두 허용했다. 피고인은 사법대신이 지정한 변호인 가운데 2명까지만 선임할 수 있으며, 심지어 제1심판결에 대해서는 항소할 수도 없었다. 또 예방구금제도가 신설되어 재범의 우려가 있는 석방예정자, 이미 석방되었거나 보호관찰 중에 있는 자 가운데 재범의 우려가 있는 자는 검사의 청구로 2년간, 필요하다면 갱신하여 예방구금소에 구금할 수 있었다. 개정 치안유지법은 본문과 부칙에서 식민지 조선에서의 적용에 대비한 규정도 두었다.

1930년대 이후의 사법제도 개선·혁신론

만주사변과 중일전쟁을 벌이며 일본은 신체제와 고도국방체제高度國防體制를 내걸고 전체주의국가로 변질되었다. 국체를 유지하는 것은 더 이상 사상사법만 담당할 임무가 아니었다. 검찰관료들은 정부 내에서 '언터처블'한

---

407 小田中聰樹, 『刑事訴訟法の史的構造』, 56쪽.
408 荻野富士夫, 『思想檢事』, 129쪽.

지위를 확보하고, 천황제 국체의 옹호, 사상정화, 사회의 도의질서화를 향한 전선으로 나아갔다. 1937년부터 사법성이 중심이 되어 "존엄한 국체관념을 선명하고" "국헌을 중히 하며 국법에 따르는 정신을 강화함으로써 국가질서의 도의적 법률적 안정강화를 도모"하기 위한 준법정신 함양운동을 전개했다.[409] 사법관도 이런 사명에 부응하기 위해 형식적이고 고식적인 사고를 버리고 재판소에서 나와 "가두로 진출"하라고 장려되었다.[410] 검찰은 사상사법에서의 주도권을 형사사법 전체에서의 주도권으로 확장시키고자 했다. 그와 더불어 검찰 내부에서는 그동안 "사생아 취급을 받던 검찰제도"에 관한 과감한 이론들이 전개되었다.[411] 이 변화의 도정에 1930~40년대 사법제도개선작업과 사법혁신론이 전개되었다.[412]

1934년 사법제도조사회의 설치에 이어, 1937년에는 사상검사 출신 시오노 스에히코鹽野季彦[413] 사법대신의 주도 아래 사법혁신에 관한 제반 사항을 취급하기 위해 사법제도조사위원회가 설치되었다. 사무부담 해소를 위해 사법을 합리화해야 한다는 논리 아래, 민사·형사사법제도 전반에 이르는 자문사항이 정해졌다. 검찰은 예심제도 개선, 수사기관의 강제처분권 확대,

---

409 鹽野季彦,「遵法精神の涵養」,『法曹會雜誌』 15卷 10號, 1937, 2쪽.
410 原嘉道,「臨幸十周年記念日に遵法敎育の普及を提議する」,『法曹會雜誌』 15卷 10號, 1937, 60쪽.
411 出射義夫, 앞의 책, 1쪽.
412 1930년대 이후 사법혁신론의 전개와 전시형사법으로의 이행에 관해서는 小田中聰樹,『刑事訴訟法の史的構造』 참조.
413 시오노 스에히코는 1932년부터 1937년까지 햐야시(林) 내각, 제1차 곤에이(近衞) 내각, 히라누마(平沼) 내각의 사법대신을 역임했다. 시오노는 대표적인 사상검사의 한 사람으로 사법성 내에서 시오노벌(鹽野閥)이라는 사상검사 인맥을 형성하고, 히라누마계열의 인맥, 군부 등과 연대하여 국가주의체제 심화에 기여했다. 시오노 사법대신 아래서 사상범보호관찰법, 치안유지법 제2차 개정이 이루어졌고, 그의 지원하에 극우적 법학연구단체인 일본법리연구회(日本法理硏究會)가 조직되었다. 전후에 공직에서 추방되었다.

사법경찰기구와 행정경찰기구의 분리, 청취서에 대한 증거능력 부여, 검사 보제도의 설치 등을 추진했다.[414] 법조계 논쟁의 초점은 수사기관의 강제처분권 확대와 예심제도 존폐 여부로 모아졌다.

수사기관의 강제수사권을 확대해야 할 근거는, 수사법제와 수사현실이 괴리하여 작금의 인권유린이 빚어지고 있다는 것이었다. 즉 수사현실에 맞추어 법제를 바꾸라는 말이었다.[415] 검찰은 인권유린이 사법경찰의 자질과 제도적 결함에서 기인하는 것으로 전가했다. 경찰수사에 대한 검사의 감독이 실질적으로 행사되기 위해 사법경찰관의 인사·상벌에 검찰이 관여해야 하고, 사법경찰기구를 행정경찰로부터 분리시켜 검사국에 직속시키거나 검사국에 전속된 사법경찰관을 배치할 것을 주장했다.[416] 검사의 사무부담을 경감시키고 사법경찰관에게 검사보로 승격하는 길을 열어준다는 취지에서, 검사보제도를 도입하자는 의견이 제시되었다. 경찰 내부의 사법경찰 기피 풍조를 없애고 사법경찰관으로 하여금 사법경찰사무를 깊이 이해하고 더욱 노력하게 하여 "사법경찰관과 검사의 절대불가분적 관계"를 믿게 하고 이로써 "사법경찰관에 대한 실질적인 수사지휘권을 확립"한다는 취지였다.[417]

이와 같이 당시 형사사법제도 개선론은 검찰이 설정한 구도 속에서 진행되었다. 제기된 것들이 이 시기에 모두 실현되지는 않았지만, 그 속에는 전후 한국과 일본의 사법제도 진로를 예고하는 논쟁들이 내포되어 있었다.

---

414 司法制度改善ニ關スル諸問題並ニ其具体的方策提案方ノ件(1934. 10. 11), 刑事訴訟法制定過程硏究會, 「刑事訴訟法の制定過程 (1)」, 『法學協會雜誌』 91卷 7號, 1975, 88~89쪽.

415 高橋一郎, 『我國に於ける司法警察機構改革に關する硏究』(司法硏究報告書26輯7), 司法省調査部, 1939, 34쪽; 小野清一郎, 「不當拘禁の問題」, 『法律時報』 2卷 11號, 1930, 4쪽.

416 高橋一郎, 앞의 책, 130쪽 이하; 平井彦三郎, 앞의 책, 221쪽 이하.

417 津秋午郎, 『檢事補制度論』(司法硏究報告書32輯2), 司法省調査部, 1942, 125쪽.

그중 가장 중요한 예심제도 존폐논쟁을 짚고 넘어가기로 하자.

자유주의 옹호와 극복 사이의 예심제 존폐론

예심제도 존폐논쟁의 배경에는, 인권유린과 미결구금의 장기화라는 문제와 함께, 검사의 보조기관이 되어버린 예심이 공판의 위상과 직접주의를 형해화시키는 현실에 대한 인식이 있었다. 예심제도의 향방에 대해 각자가 취하고 있는 관점에 따라 여러 가지 주장이 나왔다. 대체로 예심제도는 더이상 쓸모가 없다거나, 혹은 이러지도 저러지도 못하는 애물단지 취급을 당했다. 논쟁의 주된 구도는 예심폐지론 대 예심개선론이었다.

예심폐지론은 예심제도가 "검사와 예심판사 양자에게 수사를 배분함으로써 검사의 행동을 제한하고 불철저하게 만들며, 예심판사는 실제로는 검사의 위임을 받은 수사기관인데도 소추기관이 갖지 않는 강대한 강제권을 행사하고 공판정에서 거의 확고한 증명력을 가진 조서를 작성한다"는 점에서 오히려 피고인에게 불이익한 제도라고 강조했다.[418] 예심폐지의 대안으로 오노 세이치로小野淸一郞 같은 학자는, 검경에 강제처분권을 부여하고 청취서에 증거능력을 인정하되, 보완장치로서 강제처분에 대한 피고인의 이의신청권, 피의자의 변호인 선임권, 증인신문 시 피고인·변호인의 입회권을 도입하자고 했다.[419] 하지만 이런 것으로 충분한 보완장치가 될 수 있는지 의문이었다. 변호사단체들의 최종적인 의견은, 예심을 존속시키되 예심판

---

418 三輪壽壯,「現行豫審制度と人權問題」,『法律時報』7卷 4號, 1935, 24쪽.

419 小野淸一郎,「予審制度の根本的改革について」,『法學協會雜誌』53卷 4號, 1935, 21~22쪽. 비슷한 주장이 학계와 재야법조계 일각에서도 제기되었다.「司法制度改善に關する回答」(東京帝大法學部, 1934. 12),「予審手續廢止要綱」(日本弁護士協會司法制度改善第二部會決議, 1940. 12. 29), 刑事訴訟法制定過程研究會,「刑事訴訟法の制定過程 (1)」, 88~89쪽.

사의 독립성을 강화하는 한편 검사와 피고인의 지위를 대등하게 하여 예심
절차를 더욱 탄핵주의화하는 방향으로 개선하자는 것이었다.[420]

논쟁의 진영을 나누어보면, 한편으로 국가권력을 제한하려는 자유주의적
입장에서 예심폐지론과 예심개선론이 제기되고 있다면, 다른 한편 자유주
의의 극복이라는 차원에서 이 문제에 접근하는 이들이 있었다. 후자의 관
점은 오노 세이치로가 대표했다. 그가 입법에 관여했던 만주국 형사소송법
(1937. 3. 8, 만주국칙령 제23호)은 "종래의 자유주의적 당사자대등의 사조를 배
척하고 전체주의적 입장에서 형사절차에 참가하는 각 기관의 기능을 인식
하고 그에 상당하는 권한을 부여하는 동시에 그 협조에 의해 진실의 발견
을 가능케 하고 이로써 피고인에게 실체적 정의를 부여한다"는 관념을 선
명하게 내걸고, 예심을 폐지하고 수사의 전권을 검사에게 넘겨야 한다고
주장했다.[421] 반면 자유주의적 관점에서 접근하는 경우 예심폐지 이후 수사
의 전권을 검사에게 일임하면 "인권보호를 위한 노력이 오히려 그 목적에
반하는 결과를 야기"한다는 딜레마에 빠지게 된다.[422] 이런 난점 때문에 변
호사단체의 의견과 같은 예심개선론이 현실적 방안으로 제시되었다.

재판소 독립을 위한 관제분리론

재판소와 검사국을 분리하려는 입법은 앞에서 보았듯이 1928년 다나카
내각의 사법대신 하라 요시미치에 의해 최초로 시도되었다. 검존판비현상
을 시정하고 사법권 독립에 대한 국민들의 의심을 불식시키기 위해서였다.
당시 사법성은 재판소구성법 개정안과 검찰청법안을 준비했다. 재판소구성

---

420 三輪壽壯, 앞의 글, 25쪽.
421 小野淸一郎, 「滿州國の刑事訴訟法について」, 『法學協會雜誌』 56卷 3號, 1938, 359쪽.
422 瀧川幸辰, 「人権と予審制度」, 『法政新聞』 1938. 6. 5.

법 중 검사와 검사국에 관한 부분을 떼서 새로운 규정을 추가해 검찰청법안을 작성한 것이었다. 검찰청법안은, 사법대신은 공소의 실행에 관하여 검사를 지휘하는 경우 원칙적으로 "검사총장을 경유하여" 지휘하며, 만일 긴급한 필요가 있어서 다른 검사를 직접 지휘할 경우 지휘사실을 검사총장에게 통고한다고 했다. 이것은 검사총장을 경유하는 사법대신의 지휘권 발동 방식을 최초로 규정한 입법례라는 의미가 있다. 검사총장 경유제에는 달라진 검사총장의 위상이 반영되어 있다. 하지만 추밀원의 심의과정에서 기왕에 검사국의 관제를 분리할 경우 행정관청인 검찰조직을 법률로 규정하는 것은 천황의 관제대권官制大權을 침해한다는 문제가 지적되어 법안은 철회되고 말았다. 헌법상 재판소를 제외하고 행정기관의 관제는 천황의 칙령으로 정하게 되어 있었기 때문이다.

1928년 법안은 엄밀하게는 사법권의 독립 자체보다는 사법권 독립에 대한 의심을 해소하자는 차원에서 제기된 것이었다. 하지만 1930년대 사법제도개선 논의과정에서 재야법조계는 재판소 독립을 강화하는 방편으로 재판소·검사국 관제분리론을 분명하게 제기하기 시작했다.

1933년 11월 제국변호사회는 사법제도개선에 관한 의견에서 ① 대심원장을 천황에 '직예直隷'하게 해 재판사무 및 재판소 인사를 총괄 관할하도록 하고, ② 재판소와 검사국을 분설해 재판의 존엄을 유지하고 공정을 기하며, ③ 사법대신은 검찰사무에 관여하지 못하게 하여 검찰사무의 엄정공평을 기할 것을 제안했다. 1934년에는 동경변호사회가 의견서를 제출하여 "차제에 특히 정치기관과 분리하여 사법성을 폐지하고 정당정파가 사법권에 관여할 기회를 절연시키고" 사법성의 사무를 대심원장과 검사총장에게 분속시키자는 주장을 펼쳤다. 또한 재판소 내부에서도 대심원장을 천황에게 직예시키고 재판소와 검사국을 분리해 재판소를 사법성의 감독 외에 두게 하고 대심원장에게 인사·회계를 비롯한 사법행정상 감독권을 부여하자는 주장이 제기되었다.[423] 사법성 감독권으로부터 재판소를 완전히 독립시키자는 주장에 이어 사법성을 폐지하자는 주장까지 나온 것이다. 문제는 재판소에 대한 사법행정감독권을 어떻게 할 것인가였는데, 대심원장에게 감독권을 주는 방식으로 논의가 전개되었다. 현행법상 대심원장은 대심원만을 감독할 뿐이었다.

1940년 일본변호사협회와 동경변호사회 공동의견서에서, 재판소에 검사국을 부치하는 제도가 인권유린의 원인으로 지목되었다. "예심의 제일 폐해는 검사가 일체一體의 힘을 이용하여 예심판사를 철주掣肘(간섭하고 억압함)하는 데 있으므로 이를 교정하고자 한다면 검사국을 재판소로부터 분리하는 외에 방도가 없다"고 했다.[424] 검사가 동일체의 힘을 행사하여 예심판사를 옭아매서 예심의 폐해가 발생하고 있다는 것이었다.

1938년과 1940년에는 변호사 출신 의원들 주도로 재판소구성법 개정법률안과 검찰청법안이 의회에 제출되었다. 검찰청법안에는 사법대신의 검찰사무에 대한 지휘감독권이 명시되었다. 이는 '검사=행정관'이라는 국법상 지위에 대한 인식, 즉 검찰권은 사법권의 행사가 아니라 어디까지나 사법권의 발동을 촉구하는 것이며, 검찰권은 "당연히 국무대신의 보필의 책임에 근거하여 이를 발동시켜야 한다"는 인식에 입각한 것이었다.[425] 검찰권 행사에 관해 사법대신이 천황에게 정치적 책임을 지기 때문에 검찰사무를 지휘감독할 수 있어야 한다는 말이다. 그런 의미에서 이는 내각으로부터

423 家永三朗, 앞의 책, 81~82쪽.

424 刑事訴訟法制定過程硏究會, 「刑事訴訟法の制定過程 (1)」, 97쪽.

425 그 경과에 대해서는 佐佐波與佐次郎, 앞의 책, 78~81쪽; 小田中聰樹, 『刑事訴訟法の史的構造』, 126~127쪽.

검찰이 독립해야 한다는 주장과는 정면으로 배치되는 것이었다. 그 의미는 검찰 독립이 아니라 재판소 독립과 형사절차 개정이 문제해결을 위한 올바른 길이라는 것이었다.

'검사국=광의의 재판소론'에 입각한 논리

재판소·검사국 분리론에 검찰은 어떠한 태도를 취하고 있었는가. 우선 검사국 분리는, 검사국이 재판소에 '부치'한다는 표현으로 말미암아 검사국이 재판소의 부속기관인 것처럼 오해되는 것을 막고 검찰기구의 강화를 도모할 수 있다는 점에서 검찰도 바라는 바였다. 검사국 분리를 통해 검사국은 재판소와 독립된 관청임을 분명히 하고 독립적 청사·인원·예산을 확보할 수 있을 것이었다.[426] 문제는 재판소 독립의 관점에서 제기되는 재판권=사법권, 검찰권=행정권이라는 논리, 행정관인 검사 때문에 재판소의 독립을 침해할 우려가 있다는 논리였다. 검사는 통상 판사와 함께 사법관으로 지칭되었지만, 엄격한 의미의 사법권 독립은 어디까지나 재판소에 해당하고, 상명하복관계에 있는 검사가 행정관이라는 점은 부정할 수 없었다. 1828년 검찰청법안에 대해 추밀원이 위헌문제를 제기한 것은, 검찰은 행정기관이므로 칙령으로 관제를 정해야 한다고 보았기 때문이다.

하지만 사법권 독립을 방패삼아 내각의 간섭을 배제하고 검찰의 자율성을 확보하고자 하는 관점에서는 이런 논리를 그대로 받아들일 수 없었다. 때문에 검사가 사법권 독립을 향유하는 사법관임을 이론적으로 정당화하는 논의가 전개되었다.

먼저 사법대신은 검사의 상관이 아니며 검찰사무를 지휘할 권한이 없다는 주장이 제기되었다. 근거는 검사의 공소권이 '광의의 재판'이라는 것,

---

426 平井彦三郎, 앞의 책, 232쪽.

즉 검사의 직무는 사법권 발동의 주축(특히 공소권)이며 검사는 재판소와 함께 집합체(공소기관과 재판기관)를 이루어 사법권을 행사하기 때문에 검사는 판사와 마찬가지로 사법기관이라는 것이었다. 따라서 행정기관의 장이자 내각의 일원인 사법대신을 공소권의 행사를 전달하는 국가최고기관으로 용인하는 것은 제도상 견지에서 전혀 불가능하며, 재판소구성법상 검사동일체 원칙을 규정하고 있는 제83조(검사총장·검사장·검사정의 직무이전·승계권)에서 사법대신을 열거하고 있지 않으므로 사법대신은 명백히 검사의 상관이 아니라고 했다.[427] 요컨대 검찰사무는 실질적으로 사법사무이며 검사는 판사와 같은 사법관이므로, 사법권 독립은 검찰의 독립을 포함한다는 것이었다.

그러나 검사를 사법관이라고 하면서도 검찰 내부의 상명하복관계에 대한 비판적 검토는 없었다. 오히려 검사동일체원칙이야말로 검찰의 내외를 가르는 경계로 부각되었다. 상명하복관계는 "검사라는 관직을 가진 자 사이에만 한정되어야" 하며, "여기에 사법대신과 총리대신처럼 다른 연고관계의 계통을 들여오는 것은 무리"라고 했다.[428] 이것은 검사동일체원칙 개념의 완벽한 남용이다.

검사국=광의의 재판소론, 검사=사법관론은 검사국과 재판소가 완전히 동등한 기관이며 동등해야 한다는 논리를 내포했다. 따라서 검찰의 관점에서는, 검사국을 분리한다고 해도 판사를 검사보다 우위에 두는 것은 받아들일 수 없었다. 또한 사법대신의 지휘권을 인정한 채, 즉 검찰권의 독립 없이 검사국을 분리하자는 주장이야말로 "가장 슬퍼해야 할 폭론暴論"이었다.[429] 검찰권은 사법권에 속한다는 이론은 1928년 검찰청법안에 대해 추밀

---

427 皆川治光, 「司法權の獨立性確保に關する裁判所構成法上の用意 (2)」, 『法曹會雜誌』 6卷
　　 1號, 1928, 29~41쪽; 平井彦三郎, 앞의 책, 17~20쪽.
428 皆川治光, 위의 글, 39쪽.

원이 거론한 위헌론을 반박할 수 있는 논리를 제공했다. 헌법은 사법권을 행사하는 재판소의 조직은 법률로 정한다고 규정했다. 검찰도 광의의 재판소이므로 헌법의 정신이 적용되어야 한다. 따라서 검찰조직과 검찰권의 행사, 그 지휘감독에 관한 사항은 반드시 법률로 정해야 한다. 오히려 칙령인 사법성관제에서 검찰사무에 대한 사법대신의 지휘권을 정하는 것이야말로 위헌적이라고 했다.[430]

그러나 천황 관제대권론의 장벽은 그리 쉽게 넘어갈 수 없었다. 광의의 재판소론은 하나의 유력한 이론 내지 해석론일 뿐이다. 오히려 재판소구성법 속에 있을 때 검사의 사법관적 성격과 신분보장 유지에 유리한 점이 있었다. 1940년 3월 의회에 검찰청법안을 제출했을 때, 정부는 재판소와 검사국의 관제를 분리하면 검사에 관한 것은 행정관의 조직권한이 되어 칙령에 의해 정하게 되는데 검사의 직무는 일반행정관과 달라 그 지위의 안전을 보장해야 한다면서 법안에 동의하기 어렵다는 입장을 취했다.[431]

따라서 당장 검사국관제를 분리하기보다는 재판소구성법의 명칭 자체를 바꾸거나 검사국의 재판소 '부치'를 '병치附置'로 개정하는 것이 하나의 방법으로 거론되었다.[432] '병치'는 1909년 통감부재판소령에서 사용된 용어였다. 또 하나 유력한 모델이 있었다. 만주국 법원조직법이 취한 대치對置주의였다.

1940년 대심원 검사국 검사 사자나미 요사지로佐佐波與佐次郎의 말은 이 시점에 이르러 검찰 독립이 더 이상 당위적 주장에 그치지 않고 현실이 되었음을 보여준다.

---

429 平井彦三郎, 앞의 책, 231~233쪽.
430 위의 책, 210쪽.
431 佐佐波與佐次郎, 앞의 책, 80쪽.
432 佐佐波與佐次郎,「檢察廳の獨立」,『法律時報』10卷 8號, 1939, 33~34쪽.

검사일체를 본질로 삼는 검찰기관이 직무상 재판소에 대하여 독립할 뿐만 아니라, 입법부·행정청에 대해서도 역시 독립하지 않으면 안 되며, 실제로 독립의 지위에 서 있다. 즉 입법부·행정청의 간섭을 받지 않는다는 의미의 판사독립이라면, 검사 역시 독립이라고 할 수 있으며, 소위 사법권 독립은 오로지 판사뿐만 아니라 검사의 독립 역시 의미하게 된다.[433]

검사동일체가 본질인 검찰이 입법부·행정부로부터 독립한다는 것은, 결국 검찰이 어떤 외부 통제도 받지 않는 제4의 권력이 된다는 말이다. 1940년대 들어 전체주의적 논리는 더욱 확장되고 있었다. 사자나미는 '광의의 사법권' 개념을 통해 재판권과 검찰권 사이의 경계를 무너뜨렸다. 판사와 검사는 모두 천황의 이름으로 천황의 사법권을 익찬하는 천황의 관리로서 자리매김되었다. 나아가 일본의 전통정신과 맞지 않는 서구식 개인주의·자유주의적 사상을 완전히 일소하고 장래의 재판소는 광의의 사법권 개념에 부합하도록 공판부·검찰부·변론부로 구성되는 "진정한 의미의 법조일원화"가 실현된 국가사법기관으로서의 재판소로 거듭나야 한다고 주장되었다.[434] 이것은 사법기관을 '법의 기관'이 아닌 '황국사상, 고도국방국가원리, 일본적 도의'를 실현하는 기관으로 만들어버리는 논리였다.

전체주의 사법논리의 한 도달점 : 만주국의 사법제도

만주국은 일본인 법률가의 힘을 빌려 '법원조직법法院組織法'(1936. 1. 4, 만주국칙령 제1호)을 공포했다. 이듬해인 1937년 1월 4일에는 형법(칙령 제1호), 3월 8일에는 형사소송법(동칙령 제23호)을 비롯한 기본법전들이 잇달아 공포되

---

433 佐佐波與佐次郎, 「司法權獨立論 (1)」, 『法曹會雜誌』 18卷 2號, 1940, 7쪽.
434 위의 글, 13쪽.

었다. 법원조직법은 일본 재판소구성법을 모법으로 삼으면서, 재판소와 검사국의 명칭을 법원과 검찰청으로 변경했다. 법원은 구區법원-지방법원-고등법원-최고법원 4종류였으며 각 '법원에 대하여' 구區검찰청, 지방검찰청, 고등검찰청, 최고검찰청을 두었다. 각급법원에 대해 각각 동급의 검찰청을 설치하는 대치주의對置主義를 택한 이유는 다음과 같았다.

(부치주의를 취하면) 검사국은 재판소의 그늘에 매몰되어 독립기관의 성격이 엷어지고 검사의 심리에 미묘한 영향을 주어 재판소에 대하여 일종의 스트레스가 생기는 원인도 될 수 있다. 그래서 만주국에서는 대치주의, 즉 각급법원에 대하여 각각 동급의 검찰청을 설치하는 것으로 하고, 검찰청은 법원과는 별개독립의 기관임을 명시했다.[435]

"검찰청은 정사偵査(수사) 및 공소실행, 형사재판의 집행지휘, 그리고 다른 법령에서 정하는 사항을 관장한다"(동법 제2조)라고 하여 검찰권의 주체를 검찰청으로 하고, 검찰청의 권한은 검찰청에 두는 검찰관이 행하도彔 했다. 각급검찰청의 감독권자로서 구검찰청을 제외한 검찰청에 청장을 두고 청장을 보좌하는 차장을 두었다. 또한 제45조에서 "최고검찰청, 고등검찰청 및 지방검찰청은 각 그 직접 하급검찰청이 한 불기소처분에 대한 항소사건을 관할한다"고 하여, 검찰항고제도를 명문으로 규정했다.

한편 만주국 법원조직법 제9조 ①은 검사는 그 직무집행에 관해 상관의 명을 받는다고 하고, 같은 조 ②는 사법대신은 검찰사무의 집행에 대해 검찰관을 지휘할 수 있다고 규정했다. 일견 당연해 보이는 규정이지만, 검찰권 독립을 주장하는 검찰이론가들에게 이 규정은 특별한 의미를 갖고 있었

---

435 前田茂, 『滿洲国司法建設回想記』, 東京: 日本教育研究センター, 1985, 53쪽.

다. 즉 이는 "사법대신은 사법부司法部 행정관의 수뇌이지 검찰관의 수뇌가 아니다"라는 취지를 담고 있었다는 것이다. 왜냐하면 사법대신이 검사의 상관이라면 ①항에 의해 당연히 지휘권을 가질 것인데, 그렇지 않기 때문에 특별히 ②항을 둔 것이라고 해석할 수 있기 때문이다. 이외에도 만주국의 중요 범죄의 청훈과 보고에 관한 규정을 해석하면, 사법대신은 검찰권행사의 최고감독권을 갖지 않고 단지 최고검찰청장이 특수한 사건의 수사착수·기소·불기소 등에 대해 청의한 경우 협의를 하는 데 그친다고 보았다. 따라서 일본의 검사들이 보기에 만주국의 검찰권은 사법권의 일부이며 만주국 검찰사무의 최고지휘자는 실질적으로 최고검찰청이므로, "만주국의 검찰청의 독립은 명확"했다.[436] 요컨대 만주국 검찰은 일본 검찰이 추구해온 검찰권 독립, 검찰과 법원의 대등성 확보를 구현한 것으로 인식되었을 것이다. 그뿐만이 아니었다.

오노 세이치로가 기초한 만주국 형사소송법은 만주국의 실정을 고려하면서 "형사사법에 관한 새로운 관념에 입각하여" 설계되었다.[437] 만주국 형소법은 예심을 폐지한 대신 검찰청과 사법경찰관의 수사권을 확대·강화했다. 검찰청은 피의자를 소환·구인·구류할 수 있고, 공소제기 전에 압수·수색·검증·증인신문·감정명령 기타 증거조사를 할 수 있었다. 사법경찰관은 피의자를 구인·구류할 수는 없지만 대신 피의자 소환권과 20일간의 유치권을 가졌다. 피의자는 예심판사 대신 검찰관에게 필요한 처분을 청구할 수 있을 뿐이었고, 변호인 선임은 공소제기 후에야 가능했다. 무엇보다 피의자·피고인은 "신문에 대하여 이유 없이 진술을 거부하거나 허위진술을 할 수 없"었다. 피고인만이 상소했을 때 상소심은 피고인에게 불이익하게 원심판

---

436 佐佐波與佐次郎, 앞의 책, 74~77쪽.
437 小野清一郎, 「滿州國の刑事訴訟法について」, 356쪽.

결을 변경할 수 없다는 불이익변경 금지원칙도 채용되지 않았다.

만주국 검찰제도와 형사절차는 1930년대 이래 사법제도개선론·혁신론에서 검찰이 추구하던 것을 그대로 담고 있었다. 검찰의 수사상 직권은 1934년과 1935년 치안유지법 개정안, 1941년 개정 치안유지법과 닮아 있었다. 더러는 식민지 조선의 검사도 갖지 못했던 것이었다.

특히 피고인에게 진실을 말할 의무를 부과한 것은 새로운 단체주의團體主義 내지는 전체주의 형사법이론의 결정체였다. 단체주의 형사법이론은 개인을 초월하여 단체적 일체성을 가지는 국가의 이념을 형사법에 반영해야 한다고 주장했다. 거기에는 19세기 독일의 국법실증주의, 라드부르흐Gustav Radbruch의 '문화국가'사상, 이탈리아 파시즘, 독일 나치즘의 국가사상과 형사법이론이 혼용되어 있었다. 새로운 단체주의에 의하면 "형법의 지도원칙은 '형법에서의 전반적 국가사회 이념'에 의한 19세기 이래의 '개인주의 형법의 수정'이라는 한 점에 존재했다."[438] 따라서,

형사소송에서는 전체 국가사법의 견지에서 당사자주의라는 것은 금후 일정한 한도로 제약되지 않으면 안 된다. 거기에서 어느 한도의 이른바 신 규문주의新糾問主義가 자연스럽게 대두하게 될 것이며, 그것을 시인하게 될 것이다.[439]

당사자주의 제한, 새로운 규문주의의 대두를 인정하는 전체주의 형소법이론 속에서, 형사소송은 진실을 밝혀 죄를 처벌해야 할 국가기관(판사와 검사)과 피고인의 관계로 재구성된다. 여기서 국가 대 피고인의 대립구도는 희박해진다. 왜냐하면 그런 대립구도는 자유주의·개인주의적 관념의 잔재

---

438 平安政吉, 『団体主義の刑法理論』, 東京: 巖松堂書店, 1935, 169쪽.
439 위의 책, 166쪽.

이기 때문이다. 오히려,

형사소송 앞에서는 누구도 진실주의真實主義에 의하지 않으면 안 된다. 이것은 피
의자, 피고인에게도 마찬가지다. 사실을 묵비하고 허위의 사실을 고백하는 것으
로 그들은 일시 이익을 얻겠지만, 결국 그들을 위한 게 되지 않는다. 예를 들어
의사에게 진찰을 청한 자가 있고, 의사는 기왕증을 물어보았다고 하자. 환자가
20년 전의 ××병을 고백하면 의사도 그것을 현재의 증상과 대비하여 정당한 진
단을 내리고 치료를 시행했겠지만, 환자가 그것을 고백함으로써 받는 불명예 또
는 기타의 불이익을 생각하여 고백하지 않았다고 하자. 그리고 그 때문에 오진
을 한 경우를 상상하면 쉽게 알 수 있다.[440]

오늘날 여러 가지 의미에서 형사소송상, 범인의 전인격을 철저하게 아는 것이
절대적으로 요청된다. 이를 위해 금후의 형사소송은 종래의 개인주의적, 투쟁적
정신을 지양하고 '형사정책적 치료(Kriminalpolitische Therapie)'를 펴는 전제기초가
될 소위 '범인의 사회적 징후(Zoziale Prognose)'를 인식할 수 있는 근원을 넓고, 깊
고 또 용이하게 하지 않으면 안 된다. 이런 견지에서 라드부르흐의 용어에서의
'신규문적 분자(Neo-imquisitorisches Element)'가 다시 필요하게 될 것이고 (…)[441]

'투쟁의 장'이 아닌 '치료의 장', '법정'이 아닌 '병원', 이것이 전체주의
형사법이론이 그리는 형사재판의 이미지였다. 범죄인의 치료를 위해서는
전문가들이 서로 협조해야 한다. 따라서 형사소송의 구도는 병든 피고인을
앞에 놓고 재판소·검찰·변호인이 협력하여 치료하는 구도로 바뀌게 되는

---

440 위의 책, 376~377쪽. 417쪽.
441 위의 책, 417쪽.

것이다. 이때 재판의 역할은 단지 법규범만 유지하는 것으로 충족되지 않는다. 재판은 "행위에 대한 사회적 정사正邪"와 "행위에 대한 도덕적 가치 판단"을 해야 한다. 그리고 일정한 한도에서 "재판관의 정치政治"가 필요하다. 다시 말해 재판관의 양형범위를 널리 인정함으로써 "구체적 사건에 대한 재판관의 정치적 활약"을 기대해야 한다.[442]

치료의 궁극적 목적은 형사재판을 통해 '황국신민으로서의 도의'를 회복하고 앙양하는 데 있었다. 이 신성한 직무를 완수하기 위해 변호인은 자신의 "공적 지위를 자각하여 적극적으로 형사사법에서의 정의실현에 협력해야" 하며, 이를 위해서는 종래의 사선변호인 방식이 아니라 "공설公設변호인 또는 변호국辯護局" 같은 제도를 설치하는 것이 이상적이다.[443] 이 공설변호인은 피고인의 인권보호를 위한 진정한 의미의 공적 변호사제도(public defender)가 아니다. 변호사를 전체주의 국가 이념의 구현에 복무하는 국가 사법기관의 일부로 만드는 것이었다.

서양법리를 극복한 일본적 법리를 추구하면서 고유법의 재발견, 전통법 정신과의 융화가 각광을 받았다. 심지어 "기계적 형식주의에 빠진" 죄형법 정주의가 아닌 진정한 죄형법정주의를 실현하기 위해 전통법의 '인율비부引律比附', 즉 유추해석과 '불응위율不應爲律', 즉 백지형법을 부활시켜야 한다는 주장까지 등장했다.[444]

이렇게 '일본 법리주의日本法理主義'가 자유주의와 형식주의 극복, '근대의 초극'을 통해 도달한 지점, 그 현란한 과학적 담론, 사회방위, 국가 이념,

---

442 위의 책, 157쪽.

443 日本法理研究會 編, 『日本刑事手續要綱』, 東京: 日本法理研究會, 1943, 33~34쪽.

444 畠山成坤, 「日本刑事法の大原則」, 日本法理研究會 編, 『刑事法民事法の大原則』, 東京: 日本法理研究會, 1941, 48~49쪽.

도의회복의 깃발 아래, 다름 아닌 전통 형률에서의 자복필수주의와 윤리형법이 되살아나고 있었다.

만주국 형소법에 발현된 전체주의 사법의 지도원칙은, 비록 신시대의 것으로 치장되었지만 자유주의 형사법 이전 상태로의 회귀, 말하자면 일본이 19세기 후반 추구했던 문명국의 표준에도 못 미치는 것이었다. 1937년 11월 일본은 만주국에서 일본의 치외법권을 철거했다. 치외법권은 과거 문명국이 비문명국의 법권을 배제하기 위한 것이었다. 일본이 만주국에서 치외법권을 스스로 폐지한 것은, '민족협화民族協和'와 만주국이 독립국가임을 만방에 선전하고 일본이 장악하고 있는 만주국 법과 사법제도를 통해 만주를 일원적으로 통치하기 위해서였다.[445]

일본 사법제도의 '전후戰後'와 식민지

전체주의적 사법으로 치달아갔던 근대일본 사법제도의 역사는 일본에 특유한 것이라기보다는 근대적 형사사법제도 자체가 만들어낸 하나의 변주라고 보는 것이 옳을 듯하다. 더 정확하게는 인권헌장, 입헌주의, 법의 지배의 차꼬에서 해방된 권력을 솔직히 표현한 것이라 할 것이다.

1장에서 설명했듯이, 서양의 역사에서 민사소송과 분리된 형사소송제도는 '사회의 자율적 질서로서의 법'의 영역에서 자연스럽게 형성된 것이 아니라, 16세기 이후 군주권의 성장과 함께 발전한 국가의 통치기술, 즉 공공질서유지를 위한 행정을 의미하는 '폴리차이'의 영역에서 탄생했다. 규문주의적 형사소송제도는 형사법과 경찰법의 영역에서 국가가 우월적 지위에서

---

445 만주국 치외법권 철폐경위에 관해서는 田浦雅德, 「国満洲國における治外法權撤廢問題」, 浅野豊美·松田利彦 編, 『植民地帝国日本の法的展開』, 東京: 信山社, 2004, 213쪽 이하 참조.

사회를 통치객체로 만들고 관료제적 사법기구에 의해 범죄를 행정적으로 처리하는 절차였다. 시민혁명으로 창출된 새로운 국제國制하에 민주주의와 자유주의적 요소—이것은 부분적으로 전통적 권리·법 관념과 재판 관념의 회복이었다—가 대폭 가미되었지만, 절대국가시대에 발전한 관료제 사법의 틀은 변화되지 않았다. 최초의 근대적 형사소송법이라고 불리는 프랑스 치죄법(1808) 자체가 규문주의와 탄핵주의를 혼합한 제도였다. 전체주의적 사법제도는 19세기 사법제도를 감싸고 있는 자유주의적 외피가 제거됨으로써 '폴리차이'로서의 형사사법의 본모습을 드러낸 것이었다. 그리고 이런 변화는 전체주의국가에서 갑자기 만들어진 것이 아니라 19세기 후반 이후의 사회적·사상적 변화, 형사법이론의 변화와 더불어 서서히 진행되고 있었다. 이런 상황에서 '사법부에 보낸 정부의 트로이 목마'인 검찰의 기능이 확대되고 검찰권이 강화되는 것은 필연적이었다.

일본의 검찰관료들은 일본적 형사사법의 길을 앞에서 끌고 나갔다. 검찰관료들은 그들의 활동을 옥죄고 있는 메이지형소법의 틀을 깨기 위해 형소법 개정작업을 주도했다. 다이쇼형소법에 담긴 외면적인 당사자주의적 요소들은 실제로는 검찰의 주도권을 강화해주는 장치였다. 검찰관료의 검찰 독립론에는 검찰권에 대한 정당세력의 간섭을 배제하고 검찰을 재판소와 동렬의 위치에 놓고자 한 검찰관료의 의지가 반영되어 있었다. 그것을 이론적으로 뒷받침하기 위해 광의의 사법권 독립론, 광의의 사법관론 등의 논리가 개발되었다. 하지만 거기에는 검찰 내부의 강한 복종문화, 검찰 자신의 인권유린적 행태와 정치권력화에 대한 자기반성이 담겨 있지 않았다. 오히려 검찰 독립론 및 검사총장제도와 결합한 검사동일체원칙은 검사총장을 정점으로 하는 검찰의 집단적 일체성을 확인하고 검찰의 안과 밖을 가르는 조직이데올로기로 변질되었다.

검찰의 행태를 비판하고 검찰권의 강대화를 견제하려는 시도들도 있었지만 그 어느 것도 결실을 거두지 못했다. 전후 일본의 형사사법개혁이 규문주의적 검찰사법체제와 검찰파쇼라는 말로 징표되는 검찰의 정치권력화를 떠받치고 있던 제도를 극복하는 데서 출발했던 것은 필연적이었다. 하지만 개혁을 위한 대안들 또한 1910년대 이후의 논란에서 탄생했다는 점을 잊어서는 안 될 것이다.

예심제도는 반反자유주의적·전체주의적 사법혁신론에서도, 자유주의적인 관점에서 예심폐지 또는 개선을 추구하는 관점에서도, 쓸모없는 애물단지가 되어버렸다. 이런 논의지형이 이미 마련되어 있었기 때문에, 전후 일본은 인권옹호를 내걸고 곧바로 예심제도를 폐지하는 쪽으로 가닥을 잡아 형소법 개정에 나섰다. 검찰은 예심폐지를 통해 강제수사권을 확보할 것을 기대했다. 그러나 총사령부(GHQ) 측이 이른바 맥아더 헌법 초안(또는 GHQ 초안)에서의 영장발부권자인 '사법관헌司法官憲'에 검사가 포함되지 않는다는 유권해석을 내림으로써 새로운 국면이 전개되었다. 흥미로운 점은, 총사령부 측은 영미의 치안판사의 예비심문제도를 염두에 두고 일본 측에 예심제도의 존치를 권유했다는 것이다. 이것이야말로 예심제도의 영미식 해결방식이었다.[446] 그러나 예심제도의 폐해에 여전히 강한 인상을 받고 있었던 일본인 입법자들은 총사령부의 권고를 받아들이지 않았다. 형소법 입법에도 관여했던 저명한 학자 단토 시게미츠團藤重光는, 나중에 영미의 예비심문제도가 인권보호에 큰 역할을 하고 있다면서 예비심문제도를 도입하지 못한 것에 애석함을 표하기도 했다.[447]

---

446 1946년 3월경 민정부 법률반 소속 마니스칼코 대위가 제시한 형소법에 대한 수정의견, 刑事訴訟法制定過程硏究會,「刑事訴訟法の制定過程 (6)」,『法學協會雜誌』92卷 5號, 1975, 119~121쪽.

재판소·검사국관제 분리논쟁은 재판소구성법체제로부터의 이탈이 1910
년대부터 사법권 독립론과 검찰 독립론의 두 측면에서 준비되고 있었음을
보여준다. 이 역시 전후의 사법권 독립론, 재판소법과 검찰청법의 분리입법
으로 이어졌다. 사법성은 재판소와 분리된 검찰청 설치를 종전 직후부터
준비했다.[448] 이미 분리 자체는 논쟁거리가 아니었다. 1945년 12월 사법제
도개정심의회에서 검사국의 분리 자체는 '사회의 오해를 푼다'는 차원의
형식상의 문제로 치부되어 별다른 논쟁 없이 채택되었다.[449] 다만 정당내각
의 각료가 검찰사무에 관여하는 것은 적당하지 않다는 취지에서, 사법대신
의 지휘감독권이 주로 문제되었다. 그에 따라 1928년 검찰청법안의 검찰총
장경유제가 적당한 모델로 채택되었으며,[450] 이후 법안기초과정에서 법무대
신이 구체적 사건에 관해서는 검찰총장만을 지휘하는 것으로 변경되어,
1947년의 새로운 검찰청법(1947. 4. 16 제정, 법률 제61호)이 공포되었다.

그렇다면 이런 일본적 사법의 진화는 식민지와 해방 이후 한국에 어떤
의미를 가지는가. 검찰사법체계를 뒷받침하는 법적 장치들은 대만과 조선
에서는 일찌감치 마련되어 있었다. 식민지의 특수사정은 본국의 법에 담겨
있는 최소한의 인권보호장치들도 거리낌 없이 제거할 수 있게 해주었다.

---

447 團藤重光,「刑事裁判と人権」,『公法研究』25號, 1973, 102~103쪽.

448 最高檢察廳中央廣報部,「新檢察制度十年の回顧 (一)」,『法曹時報』10卷 1號, 1958, 38
~39쪽.

449 위의 글, 45~46쪽.

450 사법성은 1928년 법안을 참고해 1946년 1월 검찰청법 요강안을 작성했다. 1946년 8월
제6회 사법제도심의회 제1소위원회는 사법성 형사국의 시안을 검토한 뒤, 사법대신은 검사
국에 대해 검찰사무에 관한 지휘감독권을 갖는 것으로 하되 긴급한 필요가 있을 경우 외에
일반검사에 대한 지휘감독권은 검사총장을 경유하여 행하는 것으로 개정했다. 刑事訴訟法
制定過程研究会,「刑事訴訟法の制定過程 (10)」,『法學協會雜誌』92卷 11號, 1975, 73쪽
이하;「刑事訴訟法の制定過程 (11)」,『法學協會雜誌』92卷 12號, 1975, 103~112쪽.

다만 식민지 검찰관료들은 본국 검찰관료와 같은 정치적 자율성을 누릴 수 없었다는 점에서 차이가 있었다. 주목할 것은, 식민지 사법관료는 물론 재야법조계도 일본 내지의 동향을 주시하고 필요한 것을 취사선택했다는 점이다. 식민지 사법관료들은 본국의 추세에 앞서가며, 혹은 그에 보조를 맞추며 제도를 보완하고 권력을 확보하고자 했다. 재야법조계는 본국의 것을 모범으로 삼아 식민지법제와 현실을 비판했고, 때로는 본국 재야법조와 연계하여 의회에 청원해 총독부를 압박했다. 이런 식으로 식민지 사법관료와 법조인들은 일본적 사법의 현재와 미래를 공유했다. 그리고 그것이 해방 이후 한국 사법개혁론의 출발지점이 되었던 것이다.

9장 조선형사령과 식민지 형사사법

조선총독부는 1910~1912년까지 일련의 제령을 통해 대만에서 발원한 식민지형 사법제도를 이식·응용하여 사법제도를 정비했다. 식민지 형사사법제도를 일본의 제도와 비교해볼 때 세 가지 특징이 두드러진다. 첫째, 형사절차는 식민지적 특례에 의해 수사·검찰기관의 권력, 국가의 편의와 소송경제를 극단적으로 추구했다(1912년 조선형사령). 둘째, 경미한 형사범죄, 행정법규위반에 대한 즉결제도로 인해 형사사법 피라미드의 밑바탕에 광범위한 경찰사법체계가 존재했다(1910년 범죄즉결례). 셋째, 근대적 형벌담론 위에서 정당화된 이민족에 대한 특종의 형벌체계가 존재했다(1912년 조선태형령).

이 모든 것은 대만형 제도에서 유래했고, 병합 이전의 제도에 동일한 제도들이 내포되어 있었다. 위 세 가지 중에서 태형제도만은 1920년에 폐지되었다. 태형제도는 언뜻 '전근대적' 형벌을 온존시킨 것처럼 보이지만, 대만과 일본에서의 논쟁에서 확인했듯이, 근대적 형벌담론—이른바 신파의 주관주의 형벌이론, 형벌개별화사상, 특별예방주의처럼 범죄 및 범죄자의 특성에 관한 사회과학적·생물학적 지식을 매개로 형성된 이론과 실천—에 의해 정당화되었다는 점을 잊지 말아야 할 것이다.

식민지 시기 형사사법의 억압성과 이를 뒷받침하고 있던 형사법규의 특징들은 무엇이며, 식민지 사법의 부정적 체험은 해방 이후 어떤 과제를 제기하게 만들었고, 또한 어떤 문제점을 남겨두었는가? 이에 관해서는 이미 여러 연구가 이루어졌지만, 여기서는 기존연구를 보완하면서 다음 세 가지를 중심으로 논의를 전개할 것이다.

첫째, 통감부 시기부터 1912년까지 조선형사령체제의 형성과정이다. 조선형사령의 뿌리는 이미 통감부 시기의 형사법제에 있었다. 한국 법과 일본 법이 이원적으로 구성된 형사법에는 대만이나 관동주에서 성립한 특례들과 함께 조선형사령에 담기게 될 고유한 요소들이 존재했다. 이것이 각각의 법령에 어떻게 반영되어 있었으며, 어떻게 1912년 조선형사령으로 통일되었는지 살펴본다.

둘째, 조선형사령체제의 전개와 조선형사령체제하의 형사사법실무이다. 1912년 조선형사령은 검사와 사법경찰관이 예심판사에 준하는 수사상 강제처분권을 행사하고, 이들 수사·검찰기관이 형사절차를 지배하는 체제를 정립시켰다. 이런 조선형사령체제가 일본 형사소송법의 입법동향과 비교할 때 어떤 의미를 가지는지, 그리고 조선형사령체제가 배태한 형사사법실무의 특징은 무엇인지 여러 자료를 통해 분석해볼 것이다.

셋째, 조선형사령체제를 운영하는 두 주체인 검찰과 경찰의 관계이다. 조선형사령체제는 일본 검찰사법체제의 법제보다도 검사에게 막강한 권한을 부여했다. 그런 점에서 식민지 형사사법제도의 '검찰사법'적 성격은 훨씬 노골적으로 드러난다. 그러나 식민지의 상황은 검찰뿐만 아니라 경찰에게도 검사에 버금가는 권한을 부여했다. 이런 상황 속에서 식민지 검찰이 어떤 식으로 수사의 주체로서 위상을 확보하고 검사중심의 수사체계를 만들어가려고 노력했는지 볼 것이다. 이는 해방 이후 수사법제, 검찰제도에 관한 논의를 이해하기 위한 예비적 지식을 제공할 것이다.

1. 조선형사령체제의 성립과정

한국인을 위한 약법삼장, '민형소송규칙'

통감부 시기에는 한국 법과 일본 법 두 계통의 형사법령이 공존하고 있었다. 한국인에게 적용되는 한국 형사법규로는 갑오개혁기의 법령이 그대로 시행되다가, 1907년 6월 '민사형사의 소송에 관한 건'과 '신문형訊問刑에 관한 건'의 제정을 통해 일부 변경되었다. '민사형사의 소송에 관한 건'은 1895년의 '민형소송규정'의 재판절차를 완전히 대체하지 않고 어디까지나 군수의 재판권과 심급제도에 변경을 가한 것에 불과했다. 그러다 1907년 12월 '재판소구성법'에 의해 설치된 신재판소의 사무개시에 맞춰 1908년 7월 13일 '민형소송규칙'이 제정되고, 같은 달 23일 『형법대전』이 대폭 개정되어 8월 1일부터 시행되었다.

'민형소송규칙' 제정과 『형법대전』 개정이 어떤 방식으로 진행되었는지 고쿠부 산가이(당시 한국검사총장)의 회고를 들어보자.

형법은 하루도 없어서는 안 되는 것입니다. 『형법대전』이라는 명률을 그대로 모방한 것이 있었으나 물론 그대로 시행이 안 되었는데, 신규로 형법을 제정하려다가는 (재판소) 개청開廳까지 완성하지 못할 것이기 때문에 주로 시행이 지극히 곤란한 조항을 삭제하고 남은 조항도 그대로 행하기 어려운 점을 약간 수정하여 일시 사용하자는 방침을 결정해서 오카모토岡本 서기관을 주임으로 기초하게 하여 완성된 것입니다. (…) 그리고 또 민사법규 쪽은 조리 및 관습에 기초하여 재판할 수 있으므로 이는 잠시 그대로 두기로 했으나, 민형사소송에 관한 규정은 하루도 없어서는 안 되므로 우선 급한 것을 면하기 위해서 대단히 조잡한 것을 만들었습니다. 나카무라中村竹藏, 마츠테라松寺竹雄, 아즈미安住時太郎 세 명이 기초위원으로서 만든 조항은 177항에 불과하여 얼마나 간명한 것이었는지 짐작할 수 있을 것입니다. 민형소송규칙을 제정하는 데 있어 생각나는 것은, 일본의 민소나 형소를 적용하는 데 익숙해온 사람은 그 규정이 너무나 허술함에 불안을 느껴 저런 경우는 어떻게 하고 이런 경우는 어떻게 하나, 저것도 이것도 규정할 필요가 있는 것이 아닌가 하는 설도 나왔습니다. 이때 아마도 나카무라 군이었다고 생각됩니다만, "그런 것은 배짱으로 하는 거야"라고 했습니다. 모두 "그렇다, 그렇다"라고 찬성하고 이후 무엇인가 곤란한 설이 나오면 "배짱, 배짱"이라고 하면서 해치웠던 것도 추억의 하나입니다.[451]

고쿠부의 말대로 그 시점에서 체제를 갖춘 법규제정을 기대하기는 무리였다. 급한 대로 뼈대만 갖춘 법령을 만들고 나머지는 일본인 사법관이 적절하게 운영하면 된다는 생각이었다. 이렇게 "배짱"으로 밀어붙여 완성된 '민형소송규칙'은 통칙 62개조, 민사소송수속 79개조, 형사소송수속 39개조로 구성된 극히 간략한 소송절차법이었다.

하지만 이에 의해 갑오개혁기의 '민형소송규정'을 비롯한 기존 소송법규를 전부 폐지하고 완전히 새로운 소송법규가 정립된 것도 아니었다. '민형소송규칙'의 부칙은 종전의 법령 중 본법의 규정에 저촉하거나 중복된 것만 폐지된다고 했다(부칙 제176조). '민형소송규칙'의 대다수 규정은 재판소, 검사, 경찰관리, 집행관리의 권한, 소송 및 집행을 위한 기술적 사항(서면작성·제출·송달방법, 각종 기간과 기한)에 관한 것이었다. 반면 소송당사자, 피의자·피고인의 절차상 권리에 대한 배려는 찾아볼 수 없었다. 대신 소송의 신속한 진행에 중점을 두어 민사의 원·피고, 형사의 피고인이 재판기일에 출석하지 않으면 곧바로 결석재판을 할 수 있고, 결석재판에 대한 이의제기—

---

451 「좌담회기록」, 45~46쪽.

'고장故障'—기간은 민사는 판결송달일로부터 14일, 형사는 판결이 있음을 안 날로부터 5일에 불과했다. 상소기간은 판결선고일로부터 민사는 1개월, 형사는 5일이었다.

재판소구성법은 대심원을 '상고'심으로 설정했는데, '민형소송규칙'에 따르면 상고는 오로지 법령위반을 이유로 할 때만 허용되고 민사사건에서 상고로 얻을 이익이 30원 미만이거나 형사사건에서 구류·태형 또는 20원 이하의 벌금을 선고한 판결에 대해서는 상고할 수 없었다. 상고심은 구두변론 없이 서류에만 기초해 재판할 수 있으며, 형사상고심의 경우 피고를 직접 심문하지 않고 변호인 변론만 청취할 뿐이었다. 반대로 검사의 상고권과 의견진술권은 완전히 보장되었다.

제2장 민사소송수속에 열거된 79개조 중 재판절차에 관한 것은 27개조이며, 나머지 52개조는 채무의 강제집행에 관한 것들이었다. 특기할 만한 것은, 민사소송 진행 중에 재판소는 언제라도 화해를 권유할 수 있도록 한 것, 강제집행수단으로 재판소의 명에 의해 채무자를 구류할 수 있도록 한 것이다. 대다수 한국인의 민사분쟁이 화해로 종결되는 경우가 많았고, 재판소 입장에서도 민사법규가 불비한 상황에서 화해는 효과적인 분쟁해결수단이었다. 민사상 채무자 구류제도는 『형법대전』에서도 인정된 것이었다. 원래 법무보좌관들의 회동에서 민사구류제도를 폐지하기로 결정한 적이 있었지만, 아직 민사집행기관이 없는 데다 민사구류가 다년간의 관례였기 때문에 일본인 사법관이 적절히 운영한다면 잠시 존치하는 편이 낫다는 다수의 견에 따라 입안되었다.[452]

제3장 형사소송수속에서는 과거에 없던 재판소의 관할, 공소시효, 사법경찰 등에 관한 규정이 추가되었다. 경시警視와 경부警部가 사법경찰관, 순

---

452 「좌담회기록」, 46쪽.

사巡査는 사법경찰리가 되어, 사법경찰사무에 관해 검사의 명령에 복종해야 함이 명시되었다.

공판 전 절차에는 예심절차 없이 오로지 검사와 사법경찰관의 수사만 존재했다. 특히 제153조에서 검사와 사법경찰관은 "수사에 당하여는 피의자의 신문, 체포, 나인拿引, 구류, 증인신문, 나인, 감정, 검정檢定, 가택수색 및 물건압수"를 행할 수 있고, 다만 사법경찰관은 검사의 허가가 없으면 10일 이상 피고를 구류하지 못한다고 했다. 검사와 사법경찰관에게 무제한적으로 강제수사권을 부여한 것이다. 경찰의 경우 검사의 허가 없이 10일 동안 피고를 구류할 수 없다는 제한만 있을 뿐이고, 검사에 의한 피고인 구류기간, 구류기간의 연장방법, 구류에서 공소제기까지의 기간제한 등에 관해서는 명문의 규정이 없었다.

과거 법령과 비교할 때 이 규정이 가지는 중요한 의미는, 사법경찰관에게 독자적인 강제처분권을 허용했다는 점이었다. 검사의 수사권 측면에서 보면, 갑오개혁기 이래의 형사소송법령도 검사에게 무제한적 강제수사권을 부여했다는 점에서 '민형소송규칙'과 차이가 없었다. 하지만 기존 법령에는 사법경찰관의 강제수사권한에 관한 명시적 규정이 없었다. 적어도 법령의 명시적 규정에 의하면, 사법경찰관의 직무는 현행범사건이나 검사가 영장을 발부하여 명령한 경우에 범인 등을 체포하고 재판소로 송치하는 것으로 이해되었다. 피고인·증인을 신문하고 증거를 수집하는 권한은 '초심'이라는 명칭하에 검사에게 부여되어 있었다. 또한 1907년 한국 정부가 독자적으로 입안한 '형법시행법안'에서도 현행범에 한해서만 경찰관이 '나인장拿引狀', 즉 체포영장 없이 피의자를 체포할 수 있었다. 반면 '민형소송규칙'은 한국 법령에 의하면 검사에게만 속해왔던 강제수사권한을 사법경찰관에게도 대폭 부여했던 것이다.

'민형소송규칙'상 수사법제는 일본인이 장악한 재판소와 경찰을 감안하여 만든 것이었다. 경찰에게 광대한 강제처분권을 부여한 것은 전부터 한국인 군수의 재판을 개선하는 방안으로서 거론되어온 것이었다. 이토 히로부미 통감은 1907년 6월 제18회 시정개선협의회에서 관찰사와 군수의 수사권을 박탈하고 일본인 경찰관이 검사직무를 집행하는 방침을 제시한 바 있었다. 이토는 같은 달 법무보좌관과의 회동에서 관찰사와 군수재판의 폐해를 근절하기 위해 경찰에게 수사를 일임하는 방안을 승인했다. 정미조약 체결 이후인 1907년 11월 기존의 고문顧問경찰제도를 폐지하고 통감부 이사청 소속 일본인 경찰관을 한국 경찰에 배속시켰다. 다시 말해 일본인 경찰관이 한국 경찰관으로 정식임용된 것이었다. 이 시기 경찰은 다른 지방행정기관이나 사법기관에 비해 인원과 조직 면에서 가장 완비되어 있는 조직이었다. 반대로 검사의 수는 지방재판소 단위당 겨우 2~3명이었다. 그에 따라 '민형소송규칙'은 일본인 경시·경부로 하여금 사실상 검사의 권한을 행사하며 범죄를 진압할 수 있게 한 것이었다. 민사절차에서도 재판소 서기와 집달리가 부족했기 때문에, 경찰관이 서류송달, 강제집행 등의 사무도 취급하게 하는 변통책이 도입되었다.

'민형소송규칙'은 사법권 위탁 이후에도 한국인에게 적용되는 한국 법규로 존속되었다. 사법권 위탁각서 자체가 한국 법과 일본 법의 이원적 계통을 전제하고 있었다. 1909년 10월 18일 공포된 '한국인에 관계하는 사법에 관한 건韓國人ニ係ル司法ニ關スル件'(일본칙령 제238호)은 이 점을 확인해, 법령에 특별한 규정이 있는 경우를 제외하고는 한국인에게 한국 법규를 적용한다고 했다. 그러나 한 가지 중요한 변화가 있었다. 재판집행을 제외하고는 한국인과 비한국인 사이의 민사사건에 대해서 일본 법규를 적용한다고 한 것이다. 한국인과 일본인 사이의 민사소송에 관한 한 일본 법규로 통일한

것이었다. 수사와 재판실무상 한국 법과 일본 법의 경계를 넘나들 수 있는 여지는 있었지만, 1912년 '조선민사령'과 '조선형사령'이 공포될 때까지 '민형소송규칙'은 그 효력을 유지했다.

일본 법 속의 식민지적 특례들

통감부 시기 이원적 법제의 한 면을 이루고 있던 일본 법령은 어떤 형사절차를 가지고 있었는가. 6장에서 보았듯이, 통감부재판소가 설치되기 전에는 1906년 6월에 제정된 법률 제56호 '한국에서의 재판사무에 관한 법률'(이하 재판사무법률), 칙령 제164호 '통감부법무원관제', 칙령 제166호 '한국에서의 재판사무취급규칙'(이하 재판사무규칙)이 한국에 거주하는 일본인에게 적용되었다.

'재판사무법률'에 따르면 제1심은 이사청이, 제2심이자 종심은 통감부법무원이 관할했다. '재판사무규칙'은 이사청과 통감부법무원의 재판에 적용되는 소송절차규정이었다. 이는 일본이 한국에 대해 가지고 있는 치외법권에 근거하여, 일본인 사이의 민형사사건, 일본인이 피고가 되는 한국인과 일본인 사이의 사건에 적용되는 일본 법규였다. '재판사무규칙'에는 기존의 영사재판제도상 인정되었던 특례 외에도 대만과 관동주의 형사절차법에서 나타나는 특례가 포함되었다. 대표적으로 "검사는 급속한 처분을 요한다고 사료될 때 공소제기 전에 한하여 검증, 수색, 물건차압, 피고인·증인의 신문, 감정의 명령 등 예심판사에 속한 처분을 할 수 있다. 다만 구류장은 발할 수 없다"고 한 것이다. 이른바 요급사건에서 검사에게 구류를 제외한 강제처분권을 대폭 부여한 것이었다. 이에 덧붙여 '재판사무규칙'은 공판개정 전의 증인·감정인 호출에 관한 규정, 법원의 명령에 의한 사법경찰관의 증거조사, 수명·수탁판사의 독자적 예심처분권한, 중죄사건에 대한 관선변호제의 제한(무기형과 사형에만 적용), 피고인 자백에 따른 다른 증빙취조의 생략 등과 같은 특례를 설정했다.

'재판사무규칙'상의 특례들은 1909년 10월 18일에 공포된 일본칙령 제236호 '통감부재판소사법사무취급령統監府裁判所司法事務取扱令'(이하 사법사무취급령)에도 그대로 유지되었다. '사법사무취급령'은 34개조의 간략한 법령이다. 통감부재판소가 취급하는 사법사무에 관해서는 "통상 재판소에서의 예", 즉 일본 소송법의 예에 따르되 통감부재판소에 적용될 특례를 설정한 법령이었다. '사법사무취급령'은 기본적으로 일본인의 소송사건에 적용되는 일본 법령으로서 '재판사무규칙'상의 특례에 새로운 특례들이 추가되었다. 추가된 것은 대부분 대만 '민사소송특별수속'과 '형사소송특별수속'(1905), '관동주재판사무취급령'(1908)에 있는 것들이었다.

새로운 특례들 중에는 변호권·상소권을 심각하게 제한하는 것들도 있었다. 예를 들어 민사소송에서 당사자가 변호인을 선임한 경우에도 재판소의 허가가 있어야 소송대리인으로 삼을 수 있었다. 형사소송에서 공판개정을 위해 피고인에게 반드시 변호인이 선임되어야 하는 사건(필요적 변호사건)이 사형 또는 무기의 징역·금고사건으로 제한되었다. 재판소의 판결에 대해 변호인은 독립적으로 상소를 할 수 없었다. 제1심의 소송절차가 법령을 위반하여 항소한 경우에는 소송절차상의 법령위반이 판결에 영향을 미치지 않으면 항소가 기각되었다. 또한 항소·상고·항고의 권리자, 결석재판에 대한 고장신청권자는 각각의 기간 내에 권리를 포기할 수 있다고 했는데, 이는 반강제적으로 권리포기의사를 밝히게 한 뒤 나중에 포기의사를 번복할 수 없게 하여 사실상 상소와 이의제기의 권리를 억압했다.

같은 날 일본칙령 제240호로 공포된 '한국에서의 범죄즉결령韓国に於ける犯罪即決令'은 대만과 관동주 등의 범죄즉결제도를 본받은 것이었다. 대만에서

는 지방청장에게 즉결권을 인정하지만, 한국의 경우 통감부 경시 또는 통감부 경부로서 한국의 경찰서장, 분서장의 직무를 갖는 자, 즉 오로지 경찰관이 즉결권을 가졌다. 즉결사건의 범위는 구류 또는 과료의 형에 해당하는 죄, 한국 법규에 의해 태형, 구류 또는 30원 이하 벌금의 형에 처할 죄였다. 구류·과료에 해당하는 죄로는 1908년 10월 1일 통감부령 제44호로 공포된 '경찰범처벌령警察犯處罰令' 위반범죄가 대표적이었고, 일본인과 한국인의 구별이 없었다. 반면 한국인에게만 적용되는 부분, 즉 '한국 법규에 의하여 태형, 구류 또는 30원 이하 벌금에 처할 죄'에 대한 즉결은, 법정형이 아닌 처단형을 기준으로 삼았다. 『형법대전』의 경우 태형을 부과하지 않은 범죄가 오히려 소수였다는 점을 생각하면, 결국 한국인 범죄의 대다수를 경찰관서에서 즉결처분할 수 있게 한 것이었다.

병합 이후 조선형사령의 제정

1912년 3월 조선형사령·조선민사령 제정의 목적 중 하나는 구한국기의 이원적 법제를 해소하는 것이었다. 하지만 조선총독부가 처음부터 그런 방향을 상정하고 있지는 않았다. 병합 직후 총독부는 사법제도에 관한 법령들을 정비할 목적으로 여러 제령制令안들을 입안해 본국 정부와 교섭했다. 1910년 12월에 공포된 '범죄즉결례', '민사쟁송조정에 관한 건', '변호사규칙' 등이 그 결과물이었다.

원래 총독부는 이들 제령안과 함께 아래와 같은 제령안들도 제출했지만 나중에 폐기했다.[453]

---

453 일본국립공문서관 소장의 『공문류취』에 수록된 「犯罪卽決例民事爭訟調停に關する件及辯護士規則を定む」(『公文類聚』第34編·明治43·第21卷·司法門, 1-2A-011, 類1108)라는 문서에는, '범죄즉결례', '민사쟁송조정에 관한 건', '변호사규칙'에 관한 문서와 함께, 「폐안 통감부재판소사법사무취급령중개정 건 외 2건」(廢案 統監府裁判所司法事務取扱令中改

통감부재판소사법사무취급령 중 개정의 건.

통감부재판소사법사무취급령 중 다음과 같이 개정함.

'통감'을 '조선총독'으로, '한국'을 '조선'으로 고침.

제1조 조선총독부재판소에서의 사법사무의 취급에 관하여는 민사소송법 및 형
    사소송법, 그리고 그 부속법률에 의함. 부속법률은 조선총독이 이를 지정
    함.

조선민사령

제1조 민사에 관한 사항은 민법, 상법 및 그 부속법률에 의함. 부속법률은 조선
    총독이 이를 지정함.

제2조 부동산에 관한 권리에 관하여는 민법 제2편의 규정에 의하지 않고 종래
    의 예에 의함.

제3조 조선인 간의 민사에 관하여는 제1조의 규정에도 불구하고 종래의 예에
    의함.

조선형사령

제1조 형사에 관한 사항은 형법 및 형법시행법에 의함.

제2조 조선인의 형사에 관하여는 전조의 규정에도 불구하고 종래의 예에 의함.

지극히 간략한 규정이지만 '재판사무취급령'에서 '통상의 예'에 따른다
고 모호하게 밝힌 것에 대해 일본의 법률을 '의용'한다고 명확히 밝히고 조

正の件外二件」이라는 문서가 실려 있다. 이 문서는 '메이지 43년 9월'로 표기된 각의결정
문안, 천황의 재가를 얻었음을 조선총독에게 통지하는 지령문안, 그리고 본문에 소개한 각
제령안 및 그 이유서를 포함하고 있다.

선인에 대한 예외규정을 두었다. 나중에 제정된 민사령과 형사령은 절차법을 포함하지만 위 제령안들은 실체법에 관한 사항만을 규정했다. 즉 일본의 민법, 형법 등을 의용하되 부동산 권리, 조선인 간의 민사, 조선인의 형사에 관한 것은 '종래의 예'에 의한다는 것이다. 위 제령안들이 도중에 폐안된 이유를 알려주는 자료는 없다. 병합 직후 총독부의 행정정리작업의 결과, 재판소조직 변경도 피할 수 없고 조선에서의 민형사 실체법 및 절차법 정비방침도 세워지지 않은 시점에서 위 제령안들 같은 임기응변적 조치를 취하기보다는 당분간 현행제도를 유지하며 좀 더 항구적인 제도를 모색하는 편이 낫다고 판단했을 것으로 추측된다.

1911년 10월 초의『조선신문』기사에 따르면, 총독부 사법부에서 기초한 민사령과 형사령의 초안이 본국 내각의 법제국 심의에 회부되어 11월 초에 발포를 앞두고 있었다. 초안의 내용이 소개되어 있지는 않지만, 형사령의 경우『형법대전』을 참작·개선하고, 민사령의 경우 일본 민법을 기초로 하면서 조선의 구관을 참작한 내용이 실려 있다고 했다.[454] 신빙성이 떨어지지만 기사의 내용대로라면, 민사령과 형사령 초안은 실체법에 관한 상당수 규정을 담고 있었던 것 같다. 만일 그랬다면 병합 전에 법전조사국에서 기초한 민법안과 형법안의 일부가 참고되었을 가능성도 있다. 하지만 설사 조선인에게만 적용된다 해도 조선의 독자적 실체법을 상당수 포함한 민형사령안을 준비했을 가능성은 거의 없다고 여겨진다. 대만의 경험, 총독부 내의 준비상태, 식민지 법제정책에 대한 본국 정부의 내지연장주의적 태도를 고려할 때 총독부가 그런 제령안을 준비했을 가능성도 낮고, 설사 그러한 제령안이 제출되었더라도 정부승인을 받을 가능성은 더욱 낮았으며, 또한 그러한 제령안이 작성되었다는 흔적도 발견되지 않는다. 아마도

---

454 「朝鮮の民刑事令」,『朝鮮新聞』1911. 10. 5.

1911년 10월의 초안들은 훗날의 민형사령과 대체로 비슷한 내용이었으나 일부 조항에 대해 관계 당국 사이에 의견일치가 되지 않아 통과가 미루어지고 있었던 것이라고 판단된다.

1912년 3월 14일자 『조선신문』에는 당시 내각 법제국이 심의하고 있던 형사령안 전문이 게재되어 있다. 그 내용은 3월 18일 공포된 형사령과 거의 일치하지만, 검경의 강제수사권에 관해서는 큰 차이가 있다. '사법사무취급령', 형사령안, 형사령의 관련규정을 비교해보자.

통감부재판소사법사무취급령(1909. 10. 16, 칙령 제237호)

제25조 ① 검사는 급속한 처분을 요한다고 사료하는 때는 공소제기 전에 한하여 검증, 수색, 물건차압을 행하거나 피고인·증인을 신문하거나, 감정을 명하는 등 예심판사에 속한 처분을 할 수 있다. 다만 구류장을 발하고 벌금, 과료 및 비용배상의 선고를 행하거나 선서를 하게 하지는 못한다.
② 검사는 사법경찰관으로써 전항의 처분을 행하게 할 수 있다.

소선형사령안(『조선신문』 1912. 3. 14 게재)

제13조 ① 검사는 수사를 함에 있어서 급속의 처분을 요하는 것으로 사료될 때는 공소제기 전에 한하여 검증, 수색, 물건차압 및 피고인·증인의 신문 기타 예심판사에 속하는 처분을 할 수 있다. 다만 벌금, 과료 또는 비용배상의 언도를 하거나 선서를 시킬 수는 없다. ② 검사는 필요한 경우에 사법경찰관으로 하여금 검증, 수색, 물건차압 또는 증인신문을 시키거나 감정을 명하게 할 수 있다. 이 경우에는 전조 단서의 규정을 준용한다.

제14조 검사가 피고인을 구류한 경우 20일 내에 기소의 수속을 하지 않은 때는 이를 석방해야 한다.

조선형사령(1912. 3. 18, 제령 제11호)

제12조 ① 검사는 현행범이 아닌 사건이라 하더라도 수사의 결과 급속한 처분
을 요한다고 사료하는 때는 공소제기 전에 한하여 영장을 발하여 검증,
수색, 물건차압을 하거나, 피고인·증인을 신문하거나 또는 감정을 명할
수 있다. 다만 벌금, 과료 또는 비용배상의 언도를 하거나 선서를 시킬
수는 없다. ② 전항의 규정에 의하여 검사에게 허용한 직무는 사법경찰
관도 역시 임시로 이를 할 수 있다. 다만 구류장을 발할 수는 없다.

제13조 ① 사법경찰관이 전조 제2항의 규정에 의하여 피고인을 신문한 뒤 금고
이상의 형에 해당한다고 사료하는 때는 14일을 초과하지 않은 기간에
유치留置할 수 있다.

제15조 검사가 피고인을 구류한 경우 20일 이내에 기소의 수속을 하지 않은 때
는 이를 석방해야 한다.

'사법사무취급령'은 요급사건의 경우 검사에게 예심판사의 처분을 허용
하되 구류장 발부권은 인정하지 않았다. 반면 형사령안과 형사령은 검사에
게 20일 이내의 피고인 구류를 허용했다. 형사령안과 형사령의 가장 중요
한 차이점은 두 가지이다.

하나는 사법경찰관의 급속처분권이다. '사법사무취급령'의 취지와 마찬
가지로 형사령안에서도 요급사건에서의 급속처분권은 검사의 권한이며, 사
법경찰관은 검사가 필요하다고 판단할 때 명령한 처분을 수행할 따름이다.
그러나 형사령에서는 사법경찰관이 임시적이라 해도 구류장 발부를 제외한
처분을 '할 수 있다.' 다른 하나는, 형사령에 의해 사법경찰관에게 허용된
14일 이내의 피고인 유치권이다. 이는 '사법사무취급령'과 형사령안에는
전혀 없던 내용이다. 이 두 가지는 대만과 관동주 법령에도 전례가 없는 것

이었다.

즉 조선형사령은 사법경찰관에게 '독자적인' 급속처분권한을 부여하고 실질적으로 구류와 동일한 유치권까지 부여했다. 이것은 한국인에게만 적용되었던 '민형소송규칙'의 태도를 계승한 것이었으며, 이 부분이야말로 조선형사령의 가장 독창적인 발명품이었다.[455] 그리고 그 부분이 『조선신문』에 게재된 형사령안에 없었다는 사실은, 총독부 내의 사법관과 경찰 사이에, 또는 본국 정부와 총독부 사이에 경찰의 강제수사권한에 관한 논란이 있었을 것임을 간접적으로 시사한다. 어쨌든 그 결과 이 시기 헌병경찰중심의 치안유지체제가 가동되는 데 매우 편리한 법적 틀이 만들어졌다는 것은 틀림없다. 총독부는 다음과 같이 형사령 제정의 이유를 밝혔다.

목하 조선의 형사에 관한 법규는 내지인 또는 외국인에 대한 것과 조선인에 대한 것 이종이 있다. 내지인 또는 외국인에 대한 실체법은 주로 형법에 의하고 수속법은 형사소송법에 약간의 예외규정을 둔 것 외에는 모두 내지의 재판소에서의 예에 의하게 한 통감부재판소사법사무취급령에 의한다. 또한 조선인에 대한 실체법은 주로 구한국정부시대에 제정한 『형법대전』에 의하고 수속법은 민형소송규칙에 의하는 것으로 되어 있다. 그렇지만 조선병합 후 금일에 있어서

---

455 메이지형소법에는 '유치(留置)'에 관한 엄밀한 규정이 없었다. 다만 경찰이 현행범을 체포하거나 구인장을 집행했을 때 관할재판소에 피고인을 송치하기 전까지 경찰서 유치장에 임시로 가두어두는 것을 '유치'로 불렀다. 다이쇼형소법은 '유치'를 사법경찰관의 현행범 절차의 하나로 인정했다. 즉 다이쇼형소법 제127조는 사법경찰관이 현행범을 체포하거나 구인장이 집행된 피의자를 수취할 때는 즉시 신문한 뒤 유치의 필요가 있다고 사료되면 늦어도 48시간 내에 서류 및 증거물과 함께 이를 지방재판소 또는 구재판소 검사에게 송치하는 절차를 밟아야 한다고 했다. 유치는 신체를 구금하는 처분이라는 점에서 구류와 같지만, '임시로' 경찰서 유치장에 가두는 조치라는 점에서 재판소 또는 검사가 법정요건에 해당하는 피고인에 대해 '구류장'을 발하여 피고인을 구금하는 절차인 구류와 구별되었다.

형벌법규에 이종의 계통을 존치하는 것은 부조리·불공평한 결과를 낳음을 면치 못한다. 따라서 조선총독부재판소령의 개정을 계기로 형사법규를 통일 정리하여 내외인 및 조선인의 구별 없는 공통의 실체법 및 절차법을 규정한 바, 대체로 내지의 형벌법규에 의하고 예외로서 현재 조선에서 행해지고 있는 형사소송수속 에 관한 특별규정을 습용하는 것으로 했다.[456]

형사령에는 대만에서 유래한 규정들, '민형소송규칙'과 '사법사무취급령' 에서 유래한 규정들이 혼합되어 있었다. 형사령의 발명품은 다른 식민지에 게 새로운 모델을 제시해주었다. 1919년 대만과 1923년 관동주는 형사령 의 선례를 따라 사법경찰관에게 독자적 강제처분권을 부여했다.[457]

2. 조선형사령체제의 특징

검사와 경찰의 자유로운 수사

형사령의 수사법제는 수사·검찰기관에 거의 완전한 자유를 부여한 것이 나 마찬가지였다. 그중 형사령 제12조와 제13조는 근대적 형사소송법의 일 반적 원칙을 배제하는 대표적인 독소조항이었다. 1912년 조선형사령의 강 제처분권한의 구조는 일본에서 1922년 5월 제정된 다이쇼형소법(1924. 1. 1 시행)의 시행에 발맞추어 개정된 조선형사령(1922. 12. 17 개정, 제령 제14호,

---

456 「朝鮮刑事令ヲ定ム」, 『公文類聚』 第38編·明治45年大正元年·第16卷·司法·刑事(1-2A-011, 類1150).
457 1919년 대만에서도 형사소송 특별수속을 개정하여(1919. 12. 29 개정, 율령 제11호) 검찰 관에게 허용한 처분을 사법경찰관도 임시로 할 수 있게 하고(제1조 3항), 사법경찰관에게 7일간의 피고인유치권을 부여했다(제1조의 2).

1924. 1. 1 시행, 총독부령 제95호)에서도 지속되었다.

개정형사령 중 검찰과 경찰의 강제처분에 관한 규정은 다음과 같다.

제12조 ① 검사는 형사소송법에 규정한 경우 외에 사건이 금고 이상의 형에 해당하고 급속의 처분을 요한다고 사료하는 때는 공소제기 전에 한하여 압수, 수색, 검증 및 피의자의 구인, 피의자 또는 증인의 신문, 감정, 통역 또는 번역의 처분을 할 수 있다. ② 전항의 규정에 의하여 검사에게 허용한 처분은 사법경찰관이 이를 행할 수 있다. ③ (생략).

제13조 ① 사법경찰관은 전조 제2항의 규정에 의하여 피의자를 신문한 뒤 형사소송법 제87조 제1항 각호에 규정한 사유가 있다고 사료하는 때는 10일을 초과하지 않는 기간에 피의자를 유치할 수 있다.[458] ② 사법경찰관은 전항의 유치기간 내에 서류 및 증거물과 함께 피의자를 관할재판소 검사 또는 그에 상당하는 관서에 송치하는 수속을 해야 한다. ③ 전2항의 규정은 사법경찰관이 형사소송법 제127조의 규정에 의하여 피의자를 신문하여 금고 이상의 형에 해당한다고 사료하는 경우에 이를 준용한다.[459]

제15조 ① 검사는 제12조의 규정에 의하여 피의자를 신문한 뒤 형사소송법 제90조 제1항에 규정한 원유原由가 있다고 사료하는 때는 피의자를 구류할

---

458 다이쇼형소법 제87조 ① 다음의 경우에는 즉시 피고인을 구인할 수 있다.
  1. 피고인이 정해진 주거가 없을 때.
  2. 피고인이 증거를 인멸할 우려가 있을 때.
  3. 피고인이 도망했을 때 또는 도망할 우려가 있을 때.
459 다이쇼형소법 제127조 사법경찰관이 현행범을 체포하거나 수취(受取)하거나 또는 구인장이 집행된 피의자를 수취하는 때는 즉시 신문하고, 유치의 필요가 없다고 사료하는 때는 곧바로 석방해야 한다. 유치의 필요가 있다고 사료하는 때는 늦어도 48시간 내에 서류 및 증거물과 함께 피의자를 지방재판소 또는 구재판소의 검사 또는 상당관서에 송치하는 수속을 해야 한다.

수 있다. 이 경우에는 형사소송법 제91조 및 제131조의 규정을 준용한다.[460] ② 검사가 전항의 규정에 의하여 피의자를 구류한 경우에 10일 내에 공소를 제기하지 않을 때는 구류를 취소해야 한다. ③ 검사가 피의자를 구류할 때는 다시 형사소송법 제255조의 규정에 의하여 구류를 청구할 수 없다.

일단 다이쇼형소법에 따라 공소제기 전에는 피고인 대신 피의자라는 용어가 쓰이게 된 것을 지적해두고, 개정 전후에 크게 달라진 점을 꼽는다면 공소제기 전 피의자 구속기간이다. 즉 개정 전에는 경찰은 14일간, 검사는 20일간 유치 또는 구류할 수 있었지만, 개정 이후에는 각각 10일 이내로 단축되었다. 개정 조선형사령상 형사절차의 흐름은 〈그림 4〉와 같다. 다이쇼형소법도 같다. 이하에서 일본의 다이쇼형소법과 비교하며 위 규정들의 의미를 확인해보자.

9장에서 살펴본 바와 같이, 다이쇼형소법의 수사절차는 메이지형소법과 두 가지 점에서 달랐다. 하나는 현행범사건보다 약간 넓은 범위에서 요급사건이라는 범주를 만들어 검사에게 이른바 급속처분, 즉 피의자 구인, 압수·수색·검증, 피의자·증인신문 등의 처분을 할 수 있게 했다. 다른 하나는 이른바 '재판상 수사처분'이라고 하여, 굳이 공소를 제기해 예심절차를 가동시킬 필요 없이 검사가 수사상 필요한 강제처분을 예심판사 또는 구재판소 판사에게 청구할 수 있도록 했다. 따라서 검사는 현행범사건과 요급사건에서 직접 현행범처분과 급속처분을 할 수 있고, 나머지 사안에서는 재

---

460 다이쇼형소법 제90조 ① 제87조의 규정에 의해 피고인을 구인할 수 있는 사유가 있을 때는 구류할 수 있다.
제91조(구류의 방식) 피고인의 구류는 구류장을 발하여 이를 행한다.

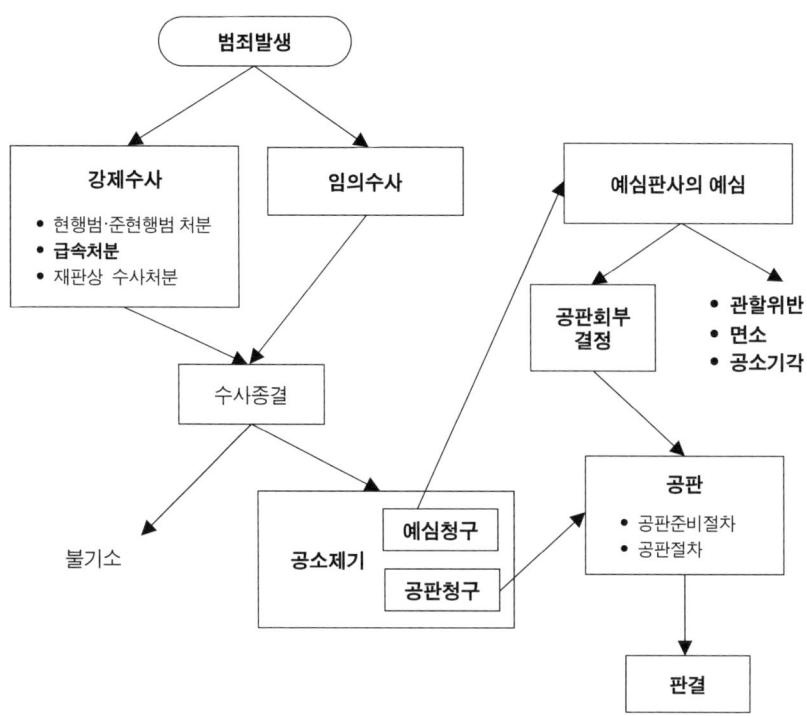

〈그림 4〉 다이쇼형소법과 조선형사령의 형사절차

판소에 필요한 처분을 하도록 청구하고 그 결과를 획득할 수 있게 되었다.

물론 조선형사령은 일찍부터 광범위한 급속처분권을 허용하고 있었다. 과연 급속한 처분을 요하는 때란 언제인가? 조선고등법원의 일관된 입장은, 요급성 여부는 전적으로 검사와 경찰의 판단에 달려 있다는 것이었다. 즉 "급속의 처분을 필요로 하는지 여부는 모두 당해관의 판단에 맡겨져 있으므로, 그 판단상 급속의 처분을 필요로 하여 그 처분한 때는 당해 처분이 효력이 있"고, 또 "급속의 처분을 필요로 했음을 조서에 기재해야 할 필요도 없다."[461]

다이쇼형소법이 새롭게 도입한 재판상 수사처분은 조선형사령과 어떻게 결합되는가? 기본적으로 검사는 형사령의 급속처분을 자유롭게 활용할 수 있기 때문에, 재판상 수사처분을 청구할 필요성이 크지 않았다. 다만 재판상 수사처분을 활용할 필요가 있는 경우, 형사령의 급속처분과 조화를 위해 몇 가지 실무상 주의가 필요했다. 개정형사령 시행에 관한 법무국장의 통첩은 두 가지 점에 주의할 것을 당부했다.[462] 첫째, 중국인을 제외한 외국인 또는 상당한 지위를 갖는 자를 수사하는 경우 강제처분은 될수록 형소법 제255조의 재판상 수사처분에 의해 하라는 것이었다. 즉 서양인과 사회적 지위가 높은 자는 다이쇼 형소법에 따라 수사하라는 취지였다. 둘째, 형사령 제12조의 급속처분을 한 경우 가급적 재판상 수사처분을 청구하지 말고, 반대로 재판상 수사처분을 한 경우 될 수 있으면 형사령 제12조의 급속처분을 하지 말라고 했다. 불필요한 절차의 중복을 피하라는 것이었다.

강제수사를 원칙으로 만드는 형사령의 구조

서면의 증거능력에 관하여 다이쇼형소법 제343조는 피의자·피고인과 증인의 진술을 녹취한 서류는 '법령에 의하여 작성된 조서'가 아닌 한 일정한 요건 아래서만 증거로 사용할 수 있도록 했다. 그 결과 수사기관의 임의처분 명목으로 작성한 청취서는 원칙적으로 지방재판소 공판에서 증거로 사용할 수 없었다. 물론 형사령 아래서 이러한 제약은 의미가 없다. 형사령 제12조가 허용한 급속처분인 '신문권'을 활용하여 검사와 경찰이 피의자와 증인을 신문해 '신문조서'를 작성할 수 있고, 이 신문조서는 '법령에 의하

---

461 朝鮮高等法院 判決, 明治 44年 刑上 第109號 明治 44年(1911) 9月 16日 判決, 『朝鮮高等法院刑事判決錄』 1권, 177쪽.
462 「改正刑事令實施ニ伴フ協議事項」(1923. 12. 19), 『고등법원 검사장 훈시집』, 316쪽.

여 작성된 신문조서'로서 당연히 증거능력을 가지고 있었다. 하지만 수사기관이 임의처분을 하여 청취서를 작성한 경우 다이쇼형소법에 의해 증거능력이 제한될 우려가 있었다. 때문에 개정 형사령을 실시하면서 법무국장 통첩을 통해 지방법원 합의부의 관할에 속하는 사건의 경우 형사령 제12조의 급속처분에 의해 증거를 수집하라고 했다.[463] 이들 사건은—불경죄, 사형·무기 또는 단기 1년 이상의 징역·금고에 해당하는 사건 등—다이쇼형소법상 지방재판소 공판에 해당하여 청취서에 당연히 증거능력이 부여되지 않기 때문에, 처음부터 급속처분을 활용해 신문조서를 확보하라는 것이었다. 요컨대 굳이 사안의 성질이 강제수사를 할 만한 사안이 아니더라도, 증거확보를 위해 강제수사를 하라고 했다.

한편 명문에 없는 급속처분도 생겼다. 조선형사령 제12조는 수사기관이 요급사건 시 피의자 구인, 피의자 및 증인신문을 할 수 있다고 규정하고 있다. 그런데 수사기관이 피의자와 증인을 '소환召喚'하거나 증인을 '구인'하는 것도 허용되는가가 문제였다.

여기서 '소환'이란 단순히 출석을 요구하는 것, 즉 임의수사상 출두요구와는 나른 것이다. 다이쇼형소법상 '소환'은 피소환자에게 출석의무를 발생시키는 처분으로서, 원칙적으로 판사가 소환장을 발부함으로써 행한다. 소환에 불응하는 자에게는 비용의 배상을 과할 수 있고, 2회 소환에 불응하면 구인장을 발부하여 불응자를 강제로 구인할 수도 있었다.

조선형사령 제12조에는 '소환'에 대한 명문의 규정이 없지만, 해석상 수사기관이 피의자를 소환할 수 있다고 했다. 근거는, 형사령 제12조에서 피의자 구인을 허용하고 있는데, 피의자신문의 전제가 되는 한 구인보다 약한 강제처분인 소환은 당연히 인정된다는 것이었다.[464] 따라서 조선의 수사

---

463 「改正刑事令實施二伴フ協議事項」(1923. 12. 19), 위의 책, 315쪽.

기관은 요급사건의 범위에 있다고 판단하면 굳이 '임의출두'의 형식을 빌릴 필요 없이 곧바로 피의자를 '소환'하면 되었다. 게다가 1939년 차석검사·상석검사회의에서는 형사령 제12조에 의하여 증인을 구인할 수 있다고 결의했다.[465] 증인의 구인이 허용된 이상 증인의 소환도 당연히 허용되었다. 이렇게 해서 조선형사령체제하에서는 '소환'이 수사기관의 일반적 호출방식으로 정착되었다.

이와 같이 형사령은 법제상으로도 그랬지만 실무에 있어서도 강제수사가 원칙이 되는 상황을 만들어냈다. 일본의 수사기관처럼 실질은 강제수사이면서 이를 호도하고 있던 임의처분의 형식을 굳이 빌릴 필요도 없었다. 강제수사의 초점은 자백획득에 맞추어졌다. "자백을 떠나서 수사 없고, 강요에 의하지 않은 자백은 예외"인 것이 조선의 현상이었다."[466]

박은식朴殷植은 다음과 같이 무단통치기 형사절차의 실상을 생생히 말해 주고 있다.

경찰이 보아 죄를 범했다고 인정되는 자는 사법司法에 의하지 않고 직접 체포했으며, 그자뿐만 아니라 그의 친척, 친구까지 관련시켜 사실의 유무와 경중을 불문하고 신문에 앞서 악형惡刑을 가했다. 그리하여 인사불성이 되게 하여 여러 날을 감금한 뒤에 비로소 신문하기 시작하는데, 또한 악형을 가하여 자백을 강요하여 아무런 증거도 없이 자백만으로 죄를 성립시킨다. (…) 증거를 수사함에 있어서도 모두 강제처분을 했다. 증인, 감정인 또한 강박과 고문으로 그 범죄사실을 위증하게 한다. 물론 압수와 수색은 소유자의 승낙이나 입회를 필요로 하지

---

464 藤川雅敏, 『犯罪搜査と書類作成の研究』, 京城: 日韓書房, 1934, 45~46쪽.

465 「次席檢事及上席檢事會議協議決定事項ニ関スル件」(1939. 11. 20), 『고등법원 검사장 훈시집』, 336쪽.

466 「帝人公判を見る (東京より)」, 『法政新聞』 1937. 7. 5.

않으며, 비록 그 물품이 범죄사실과 전혀 관계가 없는 것이라도 압수한다. 형사 피고인의 경우에는 20종 이상의 형구로 혹독하게 고문을 실시하여 거짓자백을 시키고 범죄사건을 위조했으며 절대로 그 원통함을 밝히지 못하도록 했다.[467]

식민지 처벌권력의 업무처리규준

조선형사령은 다이쇼형소법이 인권보호, 피고인의 지위강화 등을 위해 도입한 제도들을 배척했다. 예를 들어 다이쇼형소법은 미결구금기간에 약간 제한을 가해 2개월마다 구류를 갱신하도록 했으나, 형사령은 이를 3개월로 늘렸다. 다이쇼형소법은 이른바 변론주의를 강화한다는 취지로 공판정에서 검사와 변호인은 재판장의 허가를 받아 피고인·증인·감정인 등을 직접 신문할 수 있도록 했다. 하지만 형사령은 통역의 불편을 구실로 메이지형소법과 마찬가지로 검사와 변호인이 직접 신문하는 것이 아니라 재판장에게 신문을 청구하게 했다. 1912년 형사령이 필요적 변호사건을 사형 또는 무기징역·금고에 해당하는 사건으로 한정한 것도 그대로 유지되었다. 다이쇼형소법에 의하면, 단기 1년 이상의 징역·금고에 해당하는 사건두 변호인이 선임되어야 공판을 열 수 있었다.

조선형사령체제 아래서 예심은 검찰 및 사법경찰관의 수사의 연장, 예심기간 중의 무제한적 미결구금을 활용하기 위한 절차로서의 의미를 가질 수밖에 없었다.[468] 공판절차는 사법경찰관과 검사의 수사결과, 그리고 그 연장인 예심판사의 예심결과에 근거하여 서면심리를 위주로 하는 '조서재판'이 될 수밖에 없었다. 일본의 다이쇼형소법이 이미 비슷한 성격을 내장하고

---

467 박은식 지음, 이현배·김정기 옮김, 『韓國獨立運動之血史 (I)』(1920), 일우문고, 1973, 91쪽.

468 신동운, 「일제하의 예심제도에 관하여」, 『서울대학교 법학』 27권 1호, 1986, 162쪽.

있었지만, 형사령체제의 규문주의적 성격, 검찰사법적 성격, 조서재판적 성격과 비할 바가 아니었다.

이런 점 때문에, 검찰파쇼라는 비난을 불러일으켰지만 공판을 통해 피고인 전원이 무죄가 된 테이진사건帝人事件을 방청한 조선인 변호사 강병순姜柄順의 소감은 특별하지 않을 수 없었다.

> 이 공판심리는 당사자대등주의가 가장 완전하게 발휘된 것이다. 노련달식老鍊達識한 변호인이 기소사실의 불비를 지적하고, 수속상의 하자를 들어 재판장의 관용 아래 검사에게 쏘아진 비난의 화살은 동경검사국의 정예가 나서 석명과 추완追完을 하지 않을 수 없게 만들었으며, 완전히 공격과 방어의 지위가 전도된 것과 같다. 이렇게 하여 이 3자(법원, 검찰, 변호사를 말함—인용자)가 정립鼎立하여 서로 견제하고, 또 서로 제휴하여 형사사법의 사명을 완수하고 재판의 오류를 막을 수 있는 것이다. 이를 보더라도, 변호인의 변론을 번거롭고 자질구레한 것으로 여기는 재판관, 검사독선주의에 도취하여 변호인을 깔보고 흘겨보는 검사, 하등 경청할 가치 없는 변론으로 어물어물 얼버무리는 변호인을 다분히 포함하고 있는 조선의 사법기관이 그 예각銳角을 바로잡고 그 조잡을 도야陶冶하여 보다 긴밀하고 합리적으로 운영되는 일은 언제가 될 것인가.[469]

조선형사령체제는 수사검찰기관이 전체 형사절차를 지배하는 체제였다. 근대적 형사소송법의 이념과 원칙들이 무시된 형사령은 진정한 의미에서 형사소송법이라고 말하기 힘든 법, 오로지 식민지 형벌권의 실현을 위한 "기술적 업무처리기준"에 불과했다.[470] 해방 이후 형사사법제도의 개혁이

---

469 「帝人公判を見る(東京より)」, 『法政新聞』 1937. 7. 5.
470 신동운, 「일제하의 형사절차에 관한 연구」, 박병호교수환갑기념논총발간위원회 엮음, 『한

조선형사령체제의 총체적 극복에 맞추어진 것은 필연적이었다. 하지만 36년 동안 형사사법제도와 실무가의 의식에 끈적끈적하게 달라붙어 있던 형사령의 흔적은 쉽게 제거되지 않았다. 이에 관해서는 해방 후의 형사절차 개혁 논의와 형사소송법 제정과정에서 설명할 것이다. 이하에서는 형사령 체제하에서 범죄의 수사, 기소, 예심, 재판을 따라가면서 식민지 형사사법의 실재를 살펴보기로 한다.

3. 식민지 형사사법의 운영상

경찰단계의 사건처리

경찰 단계에서 범죄사건이 종국적으로 어떻게 처리되고 있었는지 살펴보자. 〈표 12〉는 경찰이 입건한 사건 중 수사를 마치고 검사에 송치하거나, 훈계방면하거나, 즉결처분한 사건의 수 및 각 처분의 비율을 정리한 것이다. 이를 보면 전체 처리 건수 중 절반이 검사에게 송치되며, 40% 정도는 범죄즉결처분으로 저리되고 있다. 1924년을 기점으로 경찰의 훈계방면 건수가 크게 증가했음을 알 수 있다. 검사의 기소유예와 마찬가지로 경찰의 훈계방면은 이른바 '미죄처분'의 일종이다. 1924년 5월 검사국 감독관회의에서 사법경찰관의 훈계방면을 장려하도록 일선 검사국에 감독·지도하라고 촉구한 바 있다.[471] 그 결과가 고스란히 훈계방면의 증가로 반영되었다.

국법사학논총 (II)』, 박영사, 1991, 127쪽.

471 「檢事局監督官二對スル中村高等法院檢事長訓示」(1914. 5), 『고등법원 검사장 훈시집』, 20~23쪽.

〈표 12〉 경찰의 사건처리 : 검사송치, 범죄즉결, 훈계방면(1922~1936)

(단위 : 건)

연도	처리인원	검사송치		범죄즉결		훈계방면	
		명	비율(%)	명	비율(%)	명	비율(%)
1922	171,325	89,426	52.2	77,499	45.2	2,161	1.3
1923	184,569	98,448	53.3	76,946	41.7	5,403	2.9
1924	207,737	103,173	49.7	88,573	42.6	11,189	5.4
1925	228,922	113,521	49.6	96,135	42.0	14,801	6.5
1926	228,336	114,191	50.0	89,027	39.0	20,207	8.8
1927	243,932	125,806	51.6	86,958	35.6	25,773	10.6
1928	266,569	132,014	49.5	98,062	36.8	30,445	11.4
1929	272,552	140,838	51.7	97,630	35.8	27,618	10.1
1930	283,402	148,418	52.4	98,062	34.6	30,818	10.9
1931	285,964	149,366	52.2	97,623	34.1	33,252	11.6
1932	303,266	152,042	50.1	105,376	34.7	37,529	12.4
1933	290,421	138,464	47.7	105,530	36.3	38,060	13.1
1934	308,112	134,606	43.7	115,487	37.5	50,324	16.3
1935	317,797	138,836	43.7	120,785	38.0	49,440	15.6
1936	312,777	133,704	42.7	128,770	41.2	44,301	14.2

출처: 朝鮮總督府統計年報.

사법적 통제를 벗어난 범죄즉결제도

검찰송치와 훈계방면이 경찰이 사법경찰의 지위에서 행하는 조치라면, 범죄즉결은 경찰서장이 즉결관청의 지위에서 행하는 조치이다. 범죄즉결제도와 실무는 늘 사법과 행정의 경계에 있었기 때문에 운영과정에서 여러 가지 법적 문제가 제기되었다. 본국에서 운영되는 위경죄즉결례가 기준이 될 수 있었지만, 조선의 범죄즉결례는 즉결권한이 매우 광범위한 반면 규정이 극히 간략하여 많은 쟁점이 제기되었다. 범죄즉결처분의 법적 성질은 형식상 행정처분이면서도 실질적으로 사법재판이라는 이중적 성격을 가진다고 이해되었다.[472] 범죄즉결절차에서 경찰서장과 그 부하 경찰 역시 즉결관청과 그 보조자이면서 동시에 사법경찰관리로서 직무를 수행하는 것으로 이해되었다. 이런 이중성 때문에 형법총칙과 형사소송법의 규정을 준용할 수 있는가 하는 일반적 문제를 비롯하여,[473] 여러 가지 특수한 문제들이 제기되었다.

두 가지 문제를 예로 들어보자. 범죄즉결절차에서 즉결관청이 체포, 구인, 신문, 압수, 수색, 검증 등의 강제처분을 할 수 있는가? 즉결례 제2조의 "피고인의 진술을 청취하고 증빙을 취조하여"라는 부분이 신문 기타 강제처분권을 허용한 것인가? 이견이 없었던 것은 아니지만 즉결절차에서 강제처분은 허용되지 않는다는 쪽으로 결론이 났다. 즉 임의의 호출·진술청취·감정·영치, 승낙동행·유치·수색 등의 임의처분만 허용된다는 것이다.[474] 다만 사건이 사법경찰관의 손에 있고 아직 즉결관청에 이송되지 않은 경우에는, 사법경찰관에게 허용된 강제처분을 할 수 있었다.[475]

다음으로 범죄즉결례가 허용한 벌금·구류·과료 등의 처분 외에 즉결관서가 무죄나 면소의 선고, 훈계방면 같은 처분을 할 수 있는가? 1912년 2월 검사국 감독관회의는 명문규정상 즉결관서는 유죄의 처분만 할 수 있으므로 즉결관서는 무죄·면소의 처분을 할 수 없다고 결의했다. 이에 따르면 유죄처분을 내리지 않는 경우 즉결관서는 사건을 검찰에 송치해야 한다. 그

---

472 平山利治, 『朝鮮犯罪即決綱要』, 京城: 巖松堂書店, 1920, 1~2쪽; 野村薰, 『朝鮮犯罪即決の理論と実際』, 京城: 岡谷商店印刷部, 1927, 7쪽.

473 조선의 경우 형사소송법 규정이 준용된다고 보았다(1906. 8. 7. 保收 제4975호 보안과장 통첩). 그러나 이 규정들은 사건의 수리, 기간계산, 서류작성, 형집행 등에 관한 것들이다. 형사소송법의 직접심리주의, 구두변론주의, 공개주의 같은 것은 당연히 범죄즉결에는 적용되지 않는다. 한편 일본에서는 형사소송법이 위경죄즉결례에 적용 또는 준용되지 않는다고 했다(1914년 수(水) 제2355호 대심원판결). 平山利治, 위의 책, 20쪽.

474 위의 책, 86쪽.

475 野村薰, 앞의 책, 39쪽.

러나 경무총감부는 범죄즉결권을 부여한 이상 무죄, 면소, 훈계방면 등의 처분도 할 수 있다는 취지의 통첩을 일선 경찰관서에 하달했다.[476] 이렇게 검찰과 경찰의 해석이 엇갈리는 가운데, 1916년 6월 고등법원 검사장은 일선 검사국의 질의에 대해 다음과 같이 회신했다.

본 문제는 (…) 종래 누차 경무총감부에 대하여 교섭을 시도했지만 결국 의견일치를 보지 못하고 그대로 있다. 금일 가까운 장래에 해결을 기대하기 어려울 뿐만 아니라, 즉결처분에 대해서는 검사는 법규상 하등 감독권을 가지지 않는다. 양자 그 직무의 영역을 달리함으로써 즉결관서에서 검사의 견해에 반하여 처치한 때도 검사의 훈시와 저촉하는 우려가 없다고 사료한다.[477]

이 회신은 범죄즉결제도가 법원과 검찰의 통제권을 벗어나 있음을 보여주고 있다. 이렇게 논란이 거듭된 끝에, 1923년 11월 경무국장 통첩에 의하여 경찰서장이 범죄즉결처분을 통해 무죄, 면소, 훈계방면 등의 처분을 내릴 수 없도록 했다.[478] 물론 경찰서장은 사법경찰관의 지위로 돌아와 훈계방면을 할 수 있었다. 이 경무국장의 통첩이 있기 전인 1910년대의 범죄즉결제도는 실질적으로 경찰서장에 의한 재판처럼 운영되었다.

경찰은 즉결관청과 사법경찰관리의 지위를 오가면서 편의적으로 권한을 행사하고 있었다. 범죄즉결례 제3조는 피고인에게 즉결처분에 대하여 정식재판을 청구할 권리를 부여했다. 정식재판을 청구하면 즉결선고는 당연히

---

476 平山利治, 앞의 책, 90쪽, 138~139쪽.
477 『朝鮮司法例規』, 429~430쪽.
478 「卽決官署ノ無罪免訴及訓戒放免ニ關スル件」(1923. 11. 28), 『고등법원 검사장 훈시집』, 406쪽.

효력을 상실한다. 이렇게 되면 정식재판 청구기간 동안 즉결선고가 확정되지 않는 문제가 있었다.[479] 때문에 피고인이 정식재판 청구권을 포기할 수 있음을 전제로, 실무상 즉결선고와 동시에 청구권 포기의 유무를 피고인에게 신문하여 강제적으로 청구권을 포기시키는 즉시 형을 집행하는 관행이 형성되었다.[480] 피고인이 권리를 포기할 수 있는가 하는 논란에 대해 1936년 조선고등법원은 "정식재판의 청구권은 유효하게 포기할 수 없다"는 판결을 통해 쐐기를 박았다.[481] 이런 예는 무죄·면소 등의 처분을 금지한 것과 함께 즉결제도에 대한 사법적 통제력이 점차 강화되고 있었음을 보여준다.

〈그림 5〉는 범죄즉결처단 인원의 과형유형별 비율의 추이를 나타낸 것이다. 1920년 4월 조선태형령이 폐지되기 전까지 태형이 전체적으로 가장 높은 비율을 차지했다. 1912년 『형법대전』을 폐지하고 조선형사령과 조선태형령을 제정하면서 일시 태형이 줄어들었지만, 이미 1913년부터 태형은 가장 많이 활용되는 형벌수단이었다.[482] 1920년 조선태형령 폐지 이후에는 구류형을 선고하는 비율이 태형폐지 전보다 3배정도 늘었지만, 종전에 태

---

479 정식재판 청구기간은 피고인이 출석한 경우 즉결선고일로부터 3일, 결석한 경우 선고서등본을 받은 날로부터 5일이었다.

480 野村薰, 앞의 책, 85쪽, 100쪽.

481 조고판 1936. 6. 7. 판결, 『조선고등법원판결록』 21권, 584쪽, 朝鮮司法協會 編, 『朝鮮高等法院判決要旨類集』, 朝鮮司法協會, 1943, 584쪽.

482 범죄즉결제도의 운영과 관련하여 1911. 4. 10일자 경무국보안과장통첩은 "될수록 금형(金刑)을 과하되 조선인에게는 정황에 의해 태형을 과하며, 구금을 요하는 체형(體刑), 즉 자유형은 유치를 위해 쓸데없이 비용을 요하므로 이를 피"하라고 지시하고 있다. 平山利治, 『朝鮮犯罪卽決綱要』, 京城: 巖松堂書店, 1920, 145쪽. 태형의 장려는 비단 범죄즉결제도에만 한정되지 않았다. 1916년 5월 재판소·검사국 감독관회의에서 고쿠부 사법부장은 초범자에게만 태형을 부과하는 실태를 지적하면서, 이미 1~2회 태형을 받은 자에게도 정상에 따라 태형을 부과할 수 있음을 환기시켰다. 1917년 10월의 재판소·검사국 감독관회의에서도 단기 자유형에 해당하는 자에 대해서는 될수록 태형을 과하는 종래의 방침을 철저히 이행할 것을 강조하고 있다. 『총독·법무국장 훈시집』, 43쪽, 102쪽.

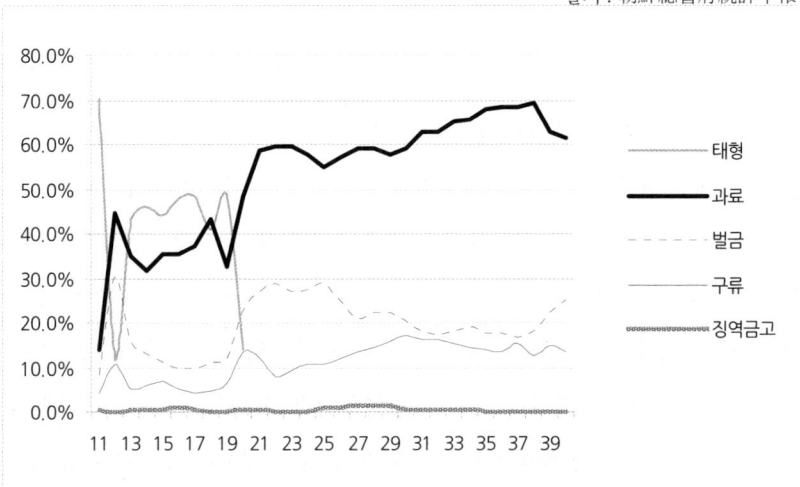

〈그림 5〉 범죄즉결처분의 과형유형별 비율(1911~1940)

출처 : 朝鮮總督府統計年報

- 태형
- 과료
- 벌금
- 구류
- 징역금고

형이 차지하고 있던 비중의 대부분은 과료로 흡수되었다. 1930년대 이후 각종 통제법규가 시행됨에 따라 과료의 비율은 더욱 증가했다.

검사의 사건접수와 기소·불기소

〈그림 6〉은 1911년부터 1942년까지 검사수리사건 중 검사국이 직접 수리한 사건과 사법경찰관 및 사법경찰직무를 수행하는 자로부터 송치 받은 사건(이하 사경송치사건)을 정리한 것이다. 검사가 수리한 사건 수는 1930년대 초를 정점으로 상승과 하강을 그리고 있다. 사경송치사건과 검사직수사건의 추이도 마찬가지다. 검사직수사건의 비율을 보면, 1910년대에는 10% 내외였지만 1920년대 들어 증가하기 시작해 1931년~1933년에 30%를 웃돌고 있다. 1920년대부터 강조되었던 검사 수사의 적극화노선이 반영되어 있다 할 것이다. 전체 검사수리사건 중 직수사건의 비율은 오늘날에 비해

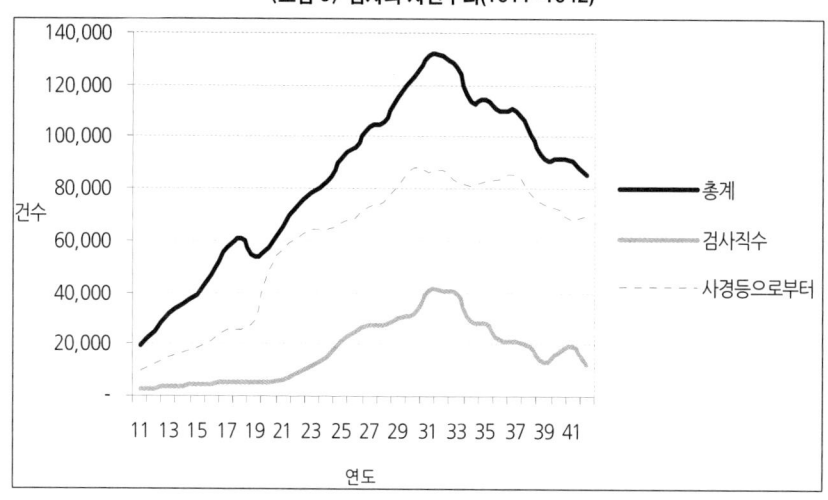

〈그림 6〉 검사의 사건수리(1911~1942)

높은 편이다. 하지만 범죄즉결을 통해 검사에게 송치될 대다수 사건이 경찰단계에서 처리되었다는 점을 잊어서는 안 된다.

그러면 당시 검사의 사건부담은 어땠을까? 〈표 13〉은 검사수리사건을 당시 검사 인원수로 나누어 검사의 1인당 1일 사건부담을 나타낸 것이다. 감독관에 해당하는 칙임관을 제외하고 주임관 검사인원을 기준으로 사건부담을 계산했다. 1911년에는 하루 1건 정도였지만 가장 많은 1930년에는 하루 4.3건을 처리했다. 이는 오늘날과 비교해도 그리 낮은 수치가 아니다.

그렇다면 검사국이 직수한 사건의 유형은 어떤가. 통계상 1911~1929년까지의 상황을 확인할 수 있다. 그에 따르면 1910년대 검사직수사건 중 많게는 90% 이상이 고소사건이다. 고소사건은 1911년 1,995건에서 1924년 5,761건까지 완만히 증가했다가 이후 다시 완만히 감소했다. 반면 고발사건은 1920년대 들어 급격히 증가했다. 고발사건에는 사인의 고발뿐만 아니라 국가기관에 의한 고발까지 포함된다. 1920년대 고발사건의 증가는 각종

<표 13> 검사가 수리한 사건수와 사건부담(1911~1940)

연도	검사수리사건			검사인원			1인당 사건부담	
	총수(a)	검사직수	사경으로 부터	칙임	주임(b)	계	연간(c) (a/b)	1일 (c/365)
1911	19,121	2,376	9,695	7	53	60	361	1.0
1915	38,856	4,260	18,138	5	56	61	694	1.9
1920	57,268	5,643	48,844	5	66	71	868	2.4
1925	91,222	20,713	67,126	7	68	75	1,342	3.7
1930	123,092	31,290	87,756	7	79	86	1,558	4.3
1935	114,211	27,963	82,336	7	81	88	1,410	3.8
1940	91,552	16,447	71,904	9	118	127	776	2.1

조세범을 비롯한 행정범의 증가를 반영한다고 할 것이다.

검사는 사건 수사를 종결하면 기소 또는 불기소 여부를 결정한다. 1921년 12월 6일자 고등법원 검사장의 통첩은 범죄수사와 기소에서 검사가 주의할 점을 다음과 같이 규정했다.[483]

1. 중대한 형사사건에 관해서는 사정이 허락하는 한 발생과 동시에 검사가 직접 수사해야 한다.

2. 사회의 이목을 끄는 사건 기타 중대한 사건이 발생했을 때는 사건수리 전이라도 소할 검사가 감독관에게 보고해야 한다.

3. 사형의 구형이 예상되는 사건은 예심을 청구해야 한다.

4. 예심경유사건에 관하여 예심종결 전 검사가 붙이는 의견서는 간단한 기술로 족하다.

5. 범정이 경미한 것은 물론 범정이 경미하지 않다 하더라도 피고인의 신상의

---

483 「檢察事務取扱ニ關スル件」(1921. 12. 6, 고검 제7265호), 『고등법원 검사장 훈시집』, 311~314쪽.

사정을 참작하고 또한 사회에 미칠 영향여하를 고려하여 처벌의 실익이 없다고 인정하는 것은 기소유예처분을 한다.

6. 증거인멸 또는 도주의 우려 없는 사건에 관해서는 피고인의 신병을 구속하지 않아야 한다.

7. 선택형이 있는 사건으로 자유형에 처할 필요 없는 것으로 인정한 경우 역시 전항과 같다.

8. 피고를 구류했을 때는 그 처분을 속히 해야 한다.

9. 중대한 사건을 제외하고 기소중지처분을 한 피고에 대해서는 특히 계속수사의 필요 없는 것은 수사지휘를 하지 않는다.

10. (생략)

11. 누범자라 해도 법익침해의 경중대소를 작감(酌減)하여 반드시 전발(前發)의 형보다 중하게 처벌할 필요 없고 정상에 의하여 기소유예처분을 해도 가하다.

12. 피고인의 소재불명의 사건이라 해도 결국 불기소할 것으로 예상되는 것은 중지처분을 하지 않고 불기소처분을 해야 한다.

13. 피고인의 신상에 관한 각반의 상황은 검사가 피고를 신문하여 그 조서 중에 명확히 해야 한다. (이하 생략)

중대범죄에 대한 검사의 직접수사원칙을 비롯해 기소유예처분의 확대, 피고인 신상에 관한 세밀한 조사 등은, 1920년대 들어 검찰 당국이 보다 적극적이고 면밀한 관심을 가지고 범죄의 수사와 소추에 임하게 되었음을 알려준다.

경찰의 훈계방면은 물론이고 검사의 기소유예처분도 이미 구한국 시기에 시행되었다. 특히 1909년에는 체포 또는 자수한 '폭도' 중 기소유예처분을 받은 자의 경우 곧바로 석방하지 않고, 범죄를 예방하기 위해 생업을 부여하고 징계의 효과를 거둔다는 구실로 도로와 항만정비 등의 강제노역을 부과하기도 했다.[484] 비슷한 예로, 대만에서 일본의 통치에 저항하는 '비도匪徒'를 진압한 뒤 '부랑자취체규칙'(1906)을 만들어 잠재적 범죄자라는 이유로 부랑자에게 강제노역을 부과하는 제도를 도입한 바 있다.

1910년대 조선의 사법 당국은 경비절감을 이유로 기소유예처분을 장려했다. 일본보다 감옥설비가 부족한 상황을 고려할 때 경미한 사건에 대해 한층 관대한 처리가 요망된다는 것이었다.[485] 그러나 방면자의 범죄를 예방한다는 목적으로 1917년 1월 '기소유예 및 기소중지사건에 관한 취급규정'이 제정되어, 기소유예자와 기소중지자에 대한 시찰제도가 도입되었다. 하지만 전체적으로 본다면, 1910년대에는 경미범죄에 관하여 기소유예처분보다는 범죄즉결제도와 태형제도가 선호·장려되었다.

정확한 시기는 알 수 없지만, 검사의 불기소처분에 대한 항고제도, 이른바 검찰항고는 일찍부터 실시되고 있었다.[486] 총독부재판소령에는 일본의 재판소구성법 제140조 같은 검찰항고의 직접적 근거가 되는 규정이 없었다. 하지만 1923년 12월 조선사법협의회에서 고소인의 항고권이 명문에 없지만 "불기소처분에 불복할 경우에는 그 감독관청에 대하여 이유를 신출申出하고 사법행정감독권의 발동을 촉구하는 것을 방해하지 않는다"고 협의 결정함으로써 더 이상 문제되지 않았다.[487]

〈그림 7〉을 보면, 1910년대부터 절반 이상의 사건이 불기소처분으로 종결되었음을 알 수 있다. 1920년대 들어 공판청구의 비율이 급격히 떨어진다. 대신 다이쇼형소법의 약식명령절차를 활용하여 전체적인 기소율이

---

484 韓國統監府 監査部 編, 『隆熙3年 警察事務槪要』, 1909, 21~22쪽.
485 「倉富司法部長官演述筆記」(1911. 3), 『총독·법무국장 훈시집』, 86쪽.
486 예를 들어 「不起訴處分ニ對スル抗告ニ關スル件」(1915. 7), 『朝鮮司法提要』, 130쪽.
487 「不起訴處分ニ對スル抗告權利者の件」(1923. 12), 『朝鮮司法提要』, 135쪽.

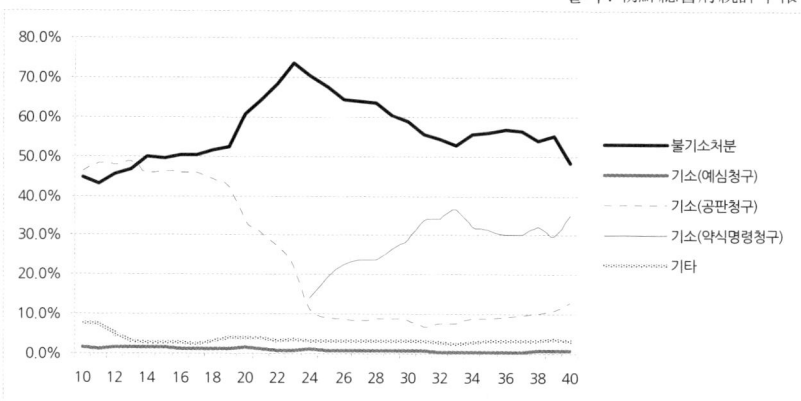

〈그림 7〉 검사의 사건종결처리(1910~1940)

출처 : 朝鮮總督府統計年報

- ━━ 불기소처분
- ━━ 기소(예심청구)
- ----- 기소(공판청구)
- ━━ 기소(약식명령청구)
- ∿∿∿∿ 기타

회복되고 있다. 검사의 예심청구비율은 전기간에 걸쳐 전체 기소건수 중에서 3%정도, 전체 종결처분 중에서는 1% 정도에 그쳤다. 검찰 당국의 원칙적인 방침은, 예심청구는 극히 중한 범죄에 한하며, 그것도 증거의 추가수집이 필요한 사건에 한정한다는 것이었다. 때문에 "사형의 구형이 예상되는 사건이라도 현행범으로 피의자의 행위임에 의심의 여지없는 때, 그리고 예심을 청구하기 어려운 특수한 사정이 있는 때"는 예심을 청구하지 않도록 했다.[488] 살인죄 같은 사건을 제외하면 예심청구사건 가운데는 치안유지법 위반사건이 많았으며 동시에 당국의 주의대상이 되었다. 예컨대 1929년 10월 검사국 감독관회의에서는 불경사건의 기소 및 기소유예에 관해서는 고등법원 검사장의 지시를 받아 처리하도록 결의했다.[489]

1920년대 초반 들어 불기소처분비율이 증가한 것은, 3·1운동 직후의 유

---

488 「檢察事務取扱ニ關スル件」(1923. 12. 6), 『고등법원 검사장 훈시집』, 317쪽.
489 「檢事局監督官ニ對スル齋藤高等法院檢事希望事項」(1941. 5. 7), 『고등법원 검사장 훈시집』, 299쪽.

화정책, 이른바 문화통치기 총독부 측의 달라진 방침을 반영하는 것처럼 보인다. 1921년 5월 검사국 감독관회의석상에서 나카무라 다케오中村竹雄 고등법원 검사장은 조선의 정세와 검사의 형사사건처리가 사회에 미치는 영향을 고려하여 종전의 고식적인 사건처리를 탈피해 사건의 성질에 따라 기소와 기소유예를 탄력적으로 운영하고 기소유예처분을 확대할 것을 지시 했다.[490] 그러나 1920년대 후반부터 사상범죄, 노동·소작쟁의, 사회운동에 대한 대대적 탄압이 개시되었고, 1930년대 후반 전시체제로 돌입하면서는 후방치안과 전시통제체제를 뒷받침하기 위해 형사정책이 보다 경화硬化되 는 모습을 보인다.[491]

〈표 14〉는 각 불기소처분 유형별로 처분인원을 확인할 수 있는 1915~ 1929년의 통계자료를 정리한 것이다. 1920년대에는 기소유예처분의 확대 를 독려했지만 전체 불기소처분 가운데 기소유예비율은 큰 변화가 없었다. 40% 정도가 무혐의로 인한 불기소처분이었다. 조선총독부통계연보상 검사 의 종결처리건수 중 기소건수와 함께 각 불기소처분의 유형별 건수가 기재 되는 것은 1924년부터 1929년 사이의 기간인데, 이 기간 동안 전체 종결 처리건수에서 기소유예처분이 차지하는 비율은 최고 30%, 최저 25%였으 며, 불기소처분건수 중 기소유예가 차지하는 비율은 최고 47%에서 최저 42%였다.

조선에서 기소유예처분의 활용폭은 일본과 비교할 때 상대적으로 좁았 다. 물론 일본과 조선의 검사가 처리하는 사건의 유형과 성질, 형사사법의

---

490 「檢事局監督官ニ對スル中村高等法院檢事長訓示」(1921. 5. 9), 『고등법원 검사장 훈시집』, 1~9쪽.

491 이 점은 1936년 이후 고등법원 검사장의 훈시들에서 잘 나타난다. 『고등법원 검사장 훈시 집』, 64쪽 이하.

연도	죄가 안 됨	공소권 없음	무혐의	기소유예	기소중지
1915	2.2%	5.1%	41.3%	14.1%	14.1%
1916	1.7%	5.3%	41.3%	16.8%	16.8%
1917	1.8%	5.2%	41.0%	20.5%	20.5%
1918	1.6%	4.2%	40.4%	20.8%	20.8%
1919	1.6%	3.6%	41.6%	22.3%	22.3%
1920	1.4%	4.2%	42.8%	20.5%	20.5%
1921	1.2%	4.6%	39.7%	18.3%	18.3%
1922	1.2%	5.6%	36.7%	17.0%	17.0%
1923	1.0%	5.1%	36.3%	16.5%	16.5%
1924	0.9%	4.8%	35.3%	17.0%	17.0%
1925	0.8%	3.6%	36.4%	16.8%	16.8%
1926	0.6%	3.4%	38.4%	15.5%	15.5%
1927	0.5%	3.5%	38.5%	15.6%	15.6%
1928	0.5%	3.2%	39.0%	15.1%	15.1%
1929	0.5%	3.6%	38.5%	15.7%	15.7%

출처: 朝鮮總督府統計年報
비율=(처분별 인원/전체불기소처분인원)×100(%)

구조, 환경이 서로 달랐고, 특히 조선의 경우 경미범죄의 대부분이 범죄즉결례에 의하여 처리되고 있었음을 감안해야 할 것이다.

그러나 불기소처분의 증가가 검찰의 소추정책이 관대해졌다는 의미로 받아들여지지는 않았다. 오히려 비판의 표적이 되었다. 검거된 인원의 반수가 경찰에서 석방되고, 송치된 인원의 반수 이상이 불기소되고, 그중에서도 약식명령사건을 제외하면 실제로 예심이나 공판에 회부되는 인원은 검거된 총인원의 10~20%에 불과했다. 이런 현상은 경찰과 검찰이 "비과학적 검거"를 하고 있으며, "7인의 유죄자를 검거하기 위해 100인을 검거하는 무능과 가혹"을 범하고 있음을 증명하는 것이었다.[492] 불기소사건 중 40% 내외가 무혐의였음을 볼 때, 이런 비판이 실제로 어느 정도 근거가 있었다고 할 것이다.

예심의 식민지적 운영과 공판의 형식성

예심절차는 공판에 앞서 사건이 공판에 회부할 만큼 충분한 혐의가 있는
지 예심판사가 조사하는 절차이다. 그러나 예심이 자칫 유무죄를 결정하는
재판이 되어버릴 우려가 있었다. 때문에 다이쇼형소법 제295조는 예심의
취조범위를 공판회부 여부를 결정하기에 필요한 범위로 한정하는 규정을
신설했다.[493] 그런데 1922년 12월 다이쇼형소법의 시행에 대비해 개최된
재판소·검사국 감독관회의는 "예심은 사건공판에 회부할 것인가 아닌가를
결정함으로 족하지만, 조선의 실정에 비추어 종래와 같이 죄의 유무를 결
정하기에 필요한 증거를 수집함이 상당하다"고 협의결정했다.[494] 공판에서
유무죄를 판단하기 위해 조사·심리해야 할 사항들까지 가급적 예심에서 조
사한다는 것이었다. "조선의 실정"은 무엇을 의미했을까? 예심절차의 비밀
성과 규문적 성격을 활용하여 유죄의 증거를 수집할 필요성도 있었겠지만,
검사의 인원부족도 한 몫 했던 것 같다. 검사의 사건부담 때문에 예심을 청
구하고 예심에서 유죄의 증거를 수집한다는 것이다.[495] 여기서도 예심의 식

---

492 『동아일보』 1929. 12. 6.

493 다이쇼형소법 제295조 ① 예심은 피고사건을 공판에 회부할 것인지 아닌지 결정하기 위해
필요한 사항을 취조하는 것을 그 목적으로 한다. ② 예심판사는 공판에서 취조하기 어렵다
고 사료되는 사항에 관하여 역시 취조해야 한다.

메이지형소법에 예심의 취조범위에 관한 명시적 규정은 없었지만, 이론적으로는 다이쇼형
소법 제295조와 동일하게 파악되고 있었다. 예를 들어 清水孝藏, 『刑事訴訟法論綱』, 東
京: 三書樓, 1910, 360~361쪽.

494 「改正刑事令實施ニ伴フ協議事項」(1923. 12. 19), 『고등법원 검사장 훈시집』, 315쪽.

495 1928년 10월 제2회 전조선변호사회의 의안으로 경성조선인변호사회가 제출한 의안에는
검사국의 인원증원이 포함되어 있다. 그 이유는 다음과 같다. "조선 각지 검사국에서는 검
사의 손으로 직접 수사해 즉시 공판에 회부할 만한 형사사건도 직원 부족으로 사건분담이

민지적 운영의 한 단면이 드러나고 있다. 이렇게 예심의 조사범위가 넓어지는 만큼, 공판은 형식적으로 운영될 수밖에 없었다.

"조선의 실정"은 이른바 예심을 변론주의화하기 위한 다이쇼형소법의 조치들을 무력화시켰다. 다이쇼형소법이 갱신회수에 제한은 없었지만 미결구금기간을 최장 2개월로 한 것과 달리, 형사령 제16조는 3개월로 했다. 또 재판소·검사국 감독관회의의 협의결정을 통해 예심의 비밀유지를 위해 변호인의 서류 및 증거열람·등사권을 극도로 제한했다. 그에 따르면 조선의 변호인은 자신이 직접 입회한 예심처분을 제외하고는 서류와 증거물을 열람·등사할 기회를 봉쇄당했다.[496]

일본과 조선을 막론하고 예심절차에서의 장기간의 미결구금은 악명 높았다. 개정형사령이 실시된 이후 상황은 호전되기는커녕 더욱 악화되었다. 1925년을 기점으로 3월 이내의 구류기간이 50% 이하로 떨어졌고, 1930년

과다하여 할 수 없이 예심에 부치거나 경찰서에 사건수사를 의뢰하는 사실이 많은 고로, 피고인은 그만치 시일의 지연과 수사 불확실의 손해를 보게 되었으며, 또는 각 지방법원도 역시 직원부족으로 사건분담이 과대한 고로 그 결과 심판관견이 소루(疏漏)하여 오판의 폐가 불무(不無)하다." 『동아일보』 1928. 10. 1.

496 위 「改正刑事令實施二伴フ協議事項」 제3항.
   3. 예심의 비밀보지에 관해 상당한 경계를 가하여 특히 다음의 점에 주의할 것.
   가. 변호인의 서류 및 증거물의 열람등사에 관해서는 그 취체를 엄중히 할 것.
   나. 예심에 있어서는 변호사가 아닌 변호인은 될수록 이를 허용하지 말 것.
   다. 형사소송법 제44조 제2항의 경우 변호인 본인에 한해 열람등사를 시키고 사무원에게 이를 허용하지 말 것.
   라. 예심에서는 형사소송법 제44조 제3항의 등사는 될수록 허용하지 말 것.
   마. 형사소송법 제303조 제3항의 경우 역시 전항에 준하여 취급할 것.
   참고로, 형사소송법 제44조 2항은 예심에서 변호인이 예심처분에 관한 서류·증거물을 열람·등사할 수 있음을, 동조 제3항은 변호인이 재판장 또는 예심판사의 허가를 얻어 증거물을 등사할 수 있음을, 그리고 제303조 3항은 변호인이 예심판사의 허가를 얻어 서류 및 증거물을 열람할 수 있음을 규정하고 있다.

대부터는 피고인 10명 중 5명 이상이 4개월 이상, 3~4명이 6개월 이상, 1명 이상이 1년 이상 예심 중 구류상태에 있었다. 사법 당국은 모두 예심 구류의 장기화를 경계했지만, 미결구금의 극단적 장기화는 전혀 개선되지 않았던 것이다.[497] 이렇게 예심 중의 미결구금이 장기화된 이유 중 하나는 예심 전담판사의 인원수 부족이었다. 지방법원에는 예심만 전담하는 판사 가 배치되었지만, 각 지청단위에서는 일반민형사사건을 담당하는 판사가 예심판사를 겸임함으로써 다른 사건을 처리하는 가운데 예심사건을 조사했 기 때문에 예심의 진행이 비능률적이었다.[498] 특히 예심에 회부되는 사건은 사회적 이목이 집중되는 중범죄나 사상사건들이었기 때문에, 예심기간의 장기미결구금은 당시 경찰의 고문과 함께 인권유린의 대표적인 사례로 각 인되었다.

예심종결처분 중 공판에 회부하지 않고 면소한 건수의 비율은 1915년부 터 1916년까지는 20%대, 1930년대부턴 10%대였다. 일본의 경우 1910년 대 예심면소율이 10%였다가 꾸준히 감소하여 1936년에는 1%까지 떨어졌 다.[499] 일본과 비교하자면 조선의 예심면소율이 상당히 높았다고 할 수 있 다. 면소사유에 관한 자료가 없기 때문에 단정할 수는 없지만, 검사의 예심 청구가 처음부터 부실했거나 예심의 증거수집이 효과적이지 않았음을 보여 준다고 할 것이다.[500]

---

497 예심뿐만 아니라 공판심리의 장기화도 문제시되었다. 예를 들어 1936년 10월의 재판소·검 사국 감독관회의에서는, 공판에서 사건을 수리한 뒤 6개월 이상 경과하여 최초로 개정하거 나, 검증·증인신문 등 증거조사결정 이후 5개월이 경과해도 이를 시행하지 않은 사례들이 지적되고 있다. 「增永法務局長 注意事項」(1936. 10), 『총독·법무국장 훈시집』, 236쪽.

498 『法政新聞』 1938. 1. 5.

499 出射義夫, 앞의 책, 137~138쪽.

500 1933년 검사국 감독관회의에서는 한 순사살해사건이 예심청구 이후 5개월이 지난 뒤에야 예심에 착수하여, 수사와 증명이 곤란해져 결국 무죄석방된 사례가 지적되었다. 「玉名高等

〈표 15〉 형사 제1심판결 유무죄선고(1912~1940)

(단위 : 건, %)

연도	전체	유죄	무죄	유죄율	무죄율
1912	12,128	11,748	275	96.9%	1.8%
1914	16,327	15,954	279	97.7%	1.7%
1916	21,994	21,478	396	97.7%	1.8%
1918	27,504	26,852	486	97.6%	1.8%
1920	19,590	18,984	445	96.9%	2.3%
1922	20,564	20,030	397	97.4%	1.9%
1924	21,587	21,162	244	98.0%	1.1%
1926	31,399	30,934	226	98.5%	0.7%
1928	35,309	34,813	206	98.6%	0.6%
1930	47,349	46,771	229	98.8%	0.5%
1932	56,547	56,053	168	99.1%	0.3%
1934	47,836	47,348	102	99.0%	0.2%
1936	44,277	43,819	126	99.0%	0.3%
1938	43,532	43,108	93	99.0%	0.2%
1940	43,291	42,896	74	99.1%	0.2%

출처: 朝鮮總督府統計年報
1924년 이후의 유죄판결건수에는 약식명령도 포함되었음.

다음으로 판결법원의 사건처리에 관하여 간략히 살펴본다. 〈표 15〉는 제1심 형사판결의 전체건수와 그중 유죄, 무죄를 선고한 건수의 비율을 나타낸 것이다. 유죄율이 점차 늘어나 1932년부터 99%대에 진입했다. 일본과 비교할 때 추이는 비슷하지만, 무죄율이 약간 높았다. 비슷한 시기 일본에서 제1심 종국재판에서 무죄판결을 받은 인원의 비율은 1926년 0.52%, 1931년 0.33%, 1935년 0.28%, 1941년 0.41%였다.[501]

〈그림 8〉은 1940년까지 제1심 형사재판 유죄판결에서의 형선고 유형별 인원을 나타낸 것이다. 경찰의 즉결처분에서도 확인했듯이, 1920년 태

法院檢事希望事項」(1933. 10), 『고등법원 검사장 훈시집』, 246쪽.

501 法務總合研究所 編, 『昭和の刑事政策』, 東京: 法務總合研究所, 1989, 402쪽.

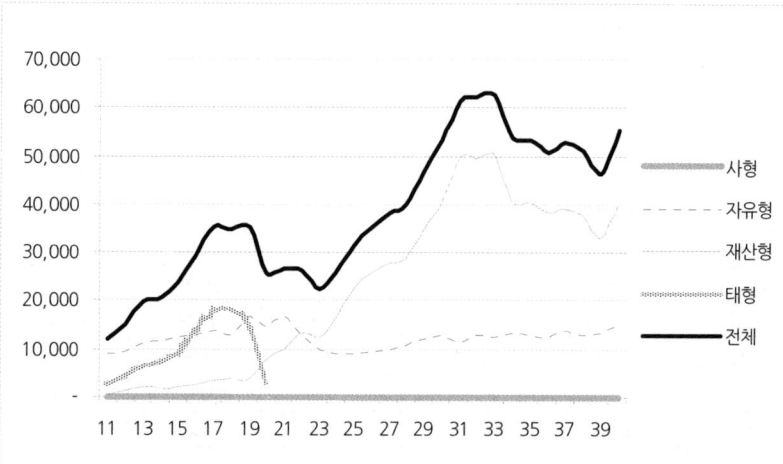

〈그림 8〉 제1심 형선고인원(1911~1940)

출처: 朝鮮總督府統計年報

형제도가 폐지된 직후 자유형 선고가 잠시 늘어났지만, 곧 재산형이 태형 폐지로 인한 공백을 채우며 압도적으로 가장 많은 형벌이 되었다. 1920년 대 이후 재산형이 급격한 증가세를 보이고 있는 것과 달리, 자유형은 전기 간에 걸쳐 큰 변화가 없다. 범죄의 증가에도 불구하고 수용능력에 한계가 있었기 때문이었다. 이는 경비절감과 국고수익 관점에서 전체 형벌정책이 운영되고 있는 모습을 보여준다.[502]

〈그림 8〉은 형법범과 특별법범을 모두 합친 것이다. 특별법범에는 치안 유지법, 도범방지법, 폭력행위등처벌법 등 형법범의 가중처벌 유형뿐만 아 니라 각종 행정법규, 경제법령, 조세법령도 포함되었다. 형법범에 한정하여 조선과 일본을 비교하면 식민지 형사정책의 실상이 좀 더 분명히 드러난다. 형법범 제1심 유죄선고 인원의 과형비율을 보면, 조선의 경우 자유형(징역·

---

502 식민지 시기 행형정책의 운영에 관해서는 이종민, 『식민지하 근대감옥을 통한 통제메커니 즘 연구―일본의 형사처벌체계와의 비교』, 연세대 박사학위논문, 1998 참조.

금고)의 비중이 태형폐지 직후인 1921년에 70%로 상승했고, 1940년대에 이르기까지 약 60%를 유지했다. 재산형(벌금·과료)은 1921년에 29%부터 시작하여 30% 후반까지 상승했고 1936년의 41%가 최고점이었다. 사형선고 인원은 1912년에는 0.3%였으나 그 후 0.1~0.2%의 범위 안에서 유지되었다. 일본의 경우 징역형은 1910년대에는 60~70%에 달했으나 1922년 이후 30%대를 유지했고, 반대로 벌금형은 약 60%로 그 비중이 증가했다. 사형의 비중은 0.06%를 넘지 않았다. 1920년대부터 비교하면, 일본과 조선은 자유형과 징역형의 비중이 정반대이고, 사형선고비율도 조선이 높았다. 적어도 양적으로는, 조선의 경우 징역을 중심으로 한 엄벌구조가 확고하게 자리잡고 있었던 것이다.[503]

부족한 형무소시설 때문에 수형자 처우는 열악했다. 조선총독부는 재정의 한계 때문에 1925년에는 형무소 1개소(영등포), 형무지소 2개소(강릉, 제주도)를 폐지해야 했을 정도였다. 1927년 현재 형무소 1평당 평균수용인원은 2.9명이었는데, 같은 시점 일본의 1평당 수용인원은 0.4명, 대만은 0.5명이었다. 전쟁과 경제불황으로 범죄가 증가하고 전시체제로의 재편이 이루어지고 있었던 1935년의 1평당 평균수용인원은 조선 3.1명, 일본 1.1명, 대만 1.3명이었다. 면수보호免囚保護, 즉 출옥자의 갱생보호사업 단체 수는 조선 26개, 일본 823개, 대만 60개, 갱생보호단체 1개당 석방자는 조선 1,028명, 일본과 대만은 122명이었다. 즉 조선의 감옥은 일본이나 대만에 비해 3배 정도 과밀했고, 조선의 석방자는 출소 이후 거의 방치상태에 놓여 있었다.[504]

---

503 위의 글, 110~112쪽.
504 위의 글, 113쪽.

4. 검찰권 우위 확보를 위한 노력

검찰수사의 적극화노선과 현실적 한계

조선형사령 제5조는 일본 법제와 마찬가지로 사법경찰관(경찰부장, 경시, 경부, 경부보, 헌병장교, 준사관, 하사 등)이 검사의 보좌로서 검사의 지휘를 받아 범죄를 수사하고 검사의 직무상 명령에 복종해야 한다고 규정했다. 검사의 수사지휘권이 법령에 의해 부정된 것은 아니었지만, 그렇다고 검찰이 경찰에 대한 확고한 통제력을 가지고 있지 않았다. 오히려 경찰이 상당 정도로 독립적인 수사를 할 수 있는 장치가 마련되어 있었다.

예를 들어, 형사령은 사법경찰이 검사에게 허용된 급속처분을 임시로 할 수 있다고 했다. 사법경찰관집무규정(1912. 4, 총독부훈령 제46호)에 의하면, 사법경찰관은 현행범·준현행범사건 및 급속처분을 요한다고 인정되는 사건에서는 그 취지를 검사에게 '통지'하고 가예심처분 또는 급속처분을 행한다. 일일이 검사에게 신청하여 허가를 받거나 검사의 지휘를 받지 않고서도 독립적으로 강제수사를 행할 수 있었던 것이다. 게다가 경찰은 행정경찰로서 범죄즉결제도와 행정검속제도를 범죄수사에 활용할 수 있었다. 행정집행령行政執行令(1914년 제령 제23호)은 주취자, 풍전자瘋癲者(미친 사람), 자살기도자 기타 구호를 필요로 하는 자에 대한 '보호검속' 외에도 폭행, 투쟁, 기타 공안을 해할 우려가 있는 자에 대한 '예방검속'을 인정했다. 범죄즉결과 행정검속은 행정경찰의 영역에 속하여 검사의 통제력이 미치지 않았다.

검사의 부족도 문제였다. 1910년대에는 총 60여 명의 검사가 있었는데, 그중 고등법원과 복심법원 소속검사, 기타 감독관 지위에 있는 검사를 빼고 나면 실제 일선에서 수사와 송무를 담당할 인력은 절반수준으로 떨어진다. 검사인원의 부족 때문에, 초기에는 지방법원 지청 검사의 직무도 대부분 경부·경시에게 대리시키고 있었다. 이런 상황에서 검사가 적극적으로 수사권과 수사지휘권을 발휘하기에는 어려움이 따를 수밖에 없었다. 사법경찰관이 수리한 사건이야 그렇다 치더라도, 검사가 직접 고소·고발을 수리하고 경찰관에게 수사지휘를 해도 수사복명이 지연되는 사례가 너무 많다고 지적되고 있었다.[505]

하지만 총독부 검사들은 이런 체제에 만족할 수 없었다. 본국에서와 마찬가지로 조선에서도 1920년대에 들어서면서 검사의 적극적인 수사가 장려되기 시작했다. 1921년 12월 6일 검찰사무취급에 관한 고등법원 검사국 통첩을 통해, 중대한 사건에 대해서도 일반보통의 사건과 마찬가지로 주된 수사를 사법경찰관에게 일임하고 검사는 겨우 보충수사를 하는 데 그쳤던 관행을 지양하고, 중대한 형사사건에 관해서는 사정이 허락하는 한 그 발생과 동시에 검사 스스로 수사를 해야 한다고 강조했다.[506] 검사국이 수리한 사건의 수사를 보조하기 위해 1923년에는 지방법원 검사국과 지청 검사분국의 서기와 고원雇員이 사법경찰관리의 직무를 행할 수 있도록 했다.[507] 또한 1926년에는, 검사가 직수한 사건은 '특히 직접 수사할 필요가 있다고 사료되지 않는 한 사법경찰관으로 하여금 수사하게 한다'는 방침 (1924년 고등법원 검사국 통첩)[508]이 있지만, 그 취지를 오해하여 검사가 대소경

---

505 「警察部長ニ對スル中村高等法院檢事希望事項」(1921. 5. 11), 『고등법원 검사장 훈시집』, 120쪽.

506 「檢察事務取扱ニ關スル件」(1921. 12. 6, 고검 제7265호), 『고등법원 검사장 훈시집』, 311쪽.

507 「司法警察官吏ノ職務ヲ行フヘキ者及其ノ職務ノ範圍」(1923. 5, 총독부훈령 제33호) 제1조. 일본에서도 1912년 12월 28일 칙령 제528호로 검사국서기가 검사국이 수리한 사건에서 사법경찰관의 직무를 수행할 수 있게 했다.

508 「檢察事務取扱ニ關スル件」(1924. 10. 13, 고검 제3917호), 『고등법원 검사장 훈시집』, 317쪽.

중을 불문하고 사법경찰관에게 일임하는 경향이 있는데, 이는 "검사가 수
사의 수뇌"라는 정신을 몰각한 것으로서, 영향이 중대하거나 뚜렷하게 사
회의 이목을 끄는 사건은 반드시 검사 스스로 수사할 것을 강조했다.[509]

1930년대 들어서도 중대사건과 검사직수사건에서 검사의 직접수사는 계
속 강조되었다.[510] 특히 1935년 4월 검사국 감독관에 대한 훈시에서 가사이
笠井 고등법원 검사장은 1924년 고등법원 검사국 통첩은 수사의 본지에 반
하는 것이므로 모든 직수사건을 가급적 검사 스스로 수사할 것을 촉구했
다.[511] 이런 움직임과 더불어, 검찰과 경찰의 긴밀한 의사연락과 검사의 수
사지휘가 한층 강조되었다.[512]

이렇게 꾸준히 검찰수사의 적극화노선을 표방했음에도, 일정한 한계는
있었다. 다음은 1938년 3월 가평경찰서에서 행한 경성검사국 검사의 사법
사무 순회교양 내용이다.[513]

검찰사무는 국가기관인 검사가 주체가 되어 사법경찰관이 이를 보조하는 것이

---

509 「檢事局監督官ニ對スル河村高等法院檢事希望事項」(1926. 7), 『고등법원 검사장 훈시집』,
223쪽.

510 「次席檢事及上席檢事會議協議決定事項ニ関スル件」(1931. 5. 6, 고검비 제415호), 『고등
법원 검사장 훈시집』, 329쪽; 「檢事局監督官協議事項ニ於ケル注意及協議事項」(1932. 1.
31, 고검비 제1206호), 『고등법원 검사장 훈시집』, 322쪽.

511 「檢事局監督官ニ対スル笠井高等法院檢事長訓示」(1935. 4), 『고등법원 검사장 훈시집』,
62쪽.

512 「警察部長ニ対スル笠井高等法院檢事長訓示」(1935. 4), 『고등법원 검사장 훈시집』, 163
쪽; 「警察部長ニ対スル笠井高等法院檢事長訓示」(1936. 6), 『고등법원 검사장 훈시집』,
168쪽; 「檢事局監督官ニ対スル山澤高等法院檢事希望事項」(1936. 10), 『고등법원 검사장
훈시집』, 254쪽; 「警察部長ニ対スル笠井高等法院檢事長訓示」(1937. 5), 『고등법원 검사
장 훈시집』, 172쪽 등.

513 『自啓』 제193집 124호, 조선경찰협회경기도지부, 1938. 4, 30쪽.

법상의 원칙입니다만, 법률에 정해져 있는 것처럼 실제로는 행해지고 있지 않습니다. 조선은 특수한 사정이 있어서, 소수의 검사를 수사의 주체로 삼는 것은 사정이 허락하지 않습니다. 따라서 특히 어떤 종류의 중요한 범죄에 관해서만 검사가 출장하여 수사방침을 세우고 그 후의 수사는 일체 사법경찰관에 의하여 행해지기 때문에, 조선의 사법경찰관집무규정에는 사법경찰관의 집무권한을 매우 광범위하게 규정하고 있는 것입니다.

조선형사령체제는 검사에게 막강한 권한을 부여했지만 검사를 명실상부한 수사의 주체로 만들어주지는 않았던 것이다. 물론 검사가 '수사의 수뇌'로서 직접 수사의 전면에 나서야 한다는 관념은 일본의 것이었다. 총독부 검사는 본국의 흐름과 발맞춰 검사국 서기에 대한 수사권 부여, 검사국 서기과의 분리 같은 조치들을 실현해나갔다. 여기에 부분적이나마 검사가 명실상부한 수사의 수뇌가 될 수 있는 결정적 계기가 본국으로부터 주어졌다.

사상사법체제와 검사중심의 수사일원화

수사주재자로서 검사의 위상을 강화하려는 흐름은 일본과 조선에서 동시에 나타났으며, 그 이면에는 사상검찰·사상사법의 강화와 심화가 자리했다. 일본에서는 1936년 7월 사법대신 훈령으로 검사국 주최의 사법주임·특고주임회의 소집, 검사국 주최의 실무수습회 개최, 교재편찬·배부, 검사의 경찰서순회출장 등을 담은 '사법경찰관훈련규정'이 제정되었다. 이는 1930년대 전반 수차례 개최된 사상 실무가회동에서 협의된 사법경찰사무 개선책의 하나였다. 조선에서도 1935년 12월 고등법원 검사장 통첩에 의해 1936년부터 검사국 주도의 사법경찰관 교양훈련제도가 실시되었다.[514] 사법경찰

---

514 1935년 12월 24일 고등법원 검사장은 사법경찰관의 교양훈련에 관한 통첩을 검사정에게

관의 자질향상과 전문화를 내건 제도의 시행결과에 검찰 당국은 흡족해했다. 1939년 10월 야마자와 고등법원 검사는 이 제도의 실시결과를 다음과 같이 평가했다.

근시 검사와 사법경찰기관의 관계가 매우 융화하여, 그 연락협조가 잘 유지되고, 동심일체가 되어 직무를 수행하며, 각 경찰서의 사법주임의 전서轉敍, 전면轉免에 관하여도 경찰 당국은 검찰 당국과 협조한 뒤에 이를 결정하는 것도 다수 있다고 듣고 있습니다. 실로 흔쾌함을 참을 수 없는 바입니다. 이는 모두 각위의 부하훈독지도가 그 타당함을 얻은 것과 함께 경찰 당국 수뇌부의 이해있는 조치로 인하여 가능하게 된 것이며, 조선에 있어서는 획기적인 사상事象입니다.[515]

이는 전시체제하에서 그 어느 때보다 절실해진 '총후銃後치안확립'이라는 목표를 검찰과 경찰이 공유하고 있었기 때문에 가능하기도 했겠지만, 분명 이전과는 달라진 검찰 당국의 위상을 반영한 것이었다. 1941년 6월 최초로 고등법원장이 헌병대장회의에 참석하게 된 것도 의미심장한 예이다.[516]

수사주재자로서의 검사의 위상에 획기적인 변화를 가져온 것은, 1941년 3월 공포된 '국방보안법'과 '치안유지법' 제3차 개정법률이었다. 국방보안법과 개정 치안유지법은 그 위반사건의 수사에 관해 검사에게 피고인의 소

발하고, 1936년부터 이 제도를 실시했다. 「警察部長ニ対スル笠井高等法院検事長訓示」 (1936. 6), 『고등법원 검사장 훈시집』, 168쪽; 「裁判所及検事局監督官會議增永法務局長 注意事項」(1936. 10), 『총독·법무국장 훈시집』, 235쪽.

515「検事局監督官ニ対スル山澤高等法院検事希望事項」(1939. 10), 『고등법원 검사장 훈시집』, 276~277쪽.

516「增永高等法院長挨拶―昭和十六年六月憲兵隊長会議」, 『朝鮮刑事政策資料』(1941년도판), 46쪽.

환, 구인·구류, 피고인 및 증인신문, 압수, 수색, 검증, 감정, 통역 및 번역 등의 강제처분권을 부여하고, 사법경찰관은 검사의 명령에 의해서만 이들 처분을 할 수 있도록 하여, 모든 강제수사권을 검사에게 집중시켰다. 여타의 강제처분권한들은 조선의 검사가 이미 확보하고 있었던 것이지만, 구류권만은 조선형사령의 그것을 능가했다. 즉 국방보안법과 개정 치안유지법에 의하면 검사는 2개월간 피의자를 구류할 수 있으며, 필요한 경우 1년을 초과하지 않는 범위에서 매 1개월마다 공소원 검사장의 허가를 받아 구류기간을 갱신할 수 있었다.

1941년 5월 마스나가增永正一 고등법원장은 이 두 법률의 시행에 즈음해 다음과 같이 훈시했다.

(국방보안법, 개정 치안유지법의 형사수속은) 모두 검사에 대하여 광범하고 강력한 수사권을 부여하여, 명실 공히 검사를 중심으로 하는 일원적 수사체제의 수립을 강조하고 있다. 종래에도 수사에 관하여 검사중심주의를 취해야 할 것은 논할 여지도 없으나, 검사의 인원이 적은 시대에는 부득이 이런 주의를 관철할 수 없었던 관계도 있었나. 그러나 축년 검사의 증원이 착착 이루어지고 인원의 정비를 보고 있기 때문에, 검사중심주의원칙을 집행하기 위해 노력해야 한다. 더욱이 위에서 말한 법률은 명백히 사법경찰관은 검사의 명령이 있지 않으면 강제수사권을 행사할 수 없도록 규정하고 있다. 따라서 그 운용을 그르치는 경우 비난은 오로지 검사에게 집중하게 되어 검찰의 위신이 실추된다. 사법경찰관에게 평소 입법취지를 철저히 주지시키고, 내사단계부터 검사의 명령에 의해 상호간 긴밀한 연락을 유지하고 혼연일체가 되어 활동하도록 지도독려해줄 것을 희망하는 바이다.[517]

---

517 「昭和十六年五月次席檢事並上席檢事會同增永高等法院檢事長訓示」,『조선형사정책자료』

국방보안법과 개정 치안유지법은 어떤 수정도 없이 그대로 조선에 적용되었다. 검찰 당국은 두 법률 위반사건의 수사에 관한 한 조선형사령의 규정이 배제되어 사법경찰관은 검사의 명령이 없으면 피의자의 신병구속을 비롯한 일체의 강제처분권을 행사할 수 없다는 방침을 취했다.[518] 조선형사령이라는 예외에 다시 예외가 설정됨으로써, 적어도 두 법률의 적용범위에서는 검사중심의 일원적 수사체제가 정립되었다. 검사에게 장기 1년간 구류권을 부여한 조치의 귀결이라고 할 수 있겠지만, 두 법률의 위반사건에 관해서는 되도록 예심을 청구하지 않고 곧바로 공판을 청구하도록 했다.[519]

여기에는 그동안 이루어진 검찰의 위상강화와 검사의 대폭적인 증원을 기반으로, 이제 검찰이 중심이 되어 전시사법체제를 유지하고 운영한다는 자신감 또는 "결전적 사명의식"이 반영되어 있다고 할 것이다.

1943년 4월 재판소·검사국 감독관 회의석상에서 미즈노水野重功 고등법원 검사장은 "국가총력전의 일환"으로 검찰이 지고 있는 극히 중요한 임무를 상기시키면서, 범죄발생 시 "검사의 수사권을 충분히 활용·발동할 수 있도록 조직적 계획을 수립하고 또 수사에 관한 검사중심주의를 특히 강화·철저시켜서 강력하고 과감한 수사의 실행을 기"할 것을 촉구했다.[520] 1944년 3월 보통형사검찰, 사상검찰, 경제검찰 실무를 위한 정기간행물인『조선검찰제요朝鮮檢察提要』가 간행된 것은 의미심장하다.

(1941년도판), 40쪽.

518「警察部長ニ対スル増永高等法院檢事長訓示」(1941. 5. 5),『고등법원 검사장 훈시집』, 204~205쪽.

519「檢事局監督官ニ對スル齋藤高等法院檢事希望事項」(1941. 5. 7),『고등법원 검사장 훈시집』, 306쪽.

520『조선형사정책자료』(1938년도판), 27쪽.

식민지 형사사법제도의 유산

식민지 형사사법제도의 특수성은 말할 나위 없이 식민지 사법관료들이 인식했던 식민지 조선의 특수성에 근거한 것이었다. 『조선사법협회잡지』에 형사정책에 관해 많은 기고를 한 이토 겐로伊藤憲郎 검사는 "조선의 형사정책은 실로 조선의 지리적 특수성에 기초하고 있다"고 했다. 조선의 지리적 특수성은 바로 조선통치의 목적이 "동양평화", 즉 일본 안보와 직결된다는 것, "조선의 치안여하는 일본 내지, 만주, 연해주에 곧바로 영향을 미친다"는 것을 뜻한다. 이 대전제 아래서 종족적 문제, 국제관계적 문제가 조선형사정책의 특수한 과제를 제기하고 있었다.[521] 식민지 형사사법제도는 이런 식민지의 특수조건에 적응해 식민지로 연장된 일본의 형사사법제도였다.

형사절차상 조선의 검사가 누리는 권한은 같은 시기 일본 검사가 가지지 못한 것이었으며, 일본에서는 장기간 우여곡절을 거쳐 전시체제에 들어서서야 비로소 가능하게 된 것이었다. 그러나 이는 형사사법제도를 둘러싼 이론과 의식의 전환에 의해 뒷받침된 것이 아니었고, 식민지의 특수상황에 근거하고 있었을 뿐이다. 즉 그것은 식민지 형사절차에서 일방적으로 강화·팽창된 국가권력의 일부를 표현한다. 식민지 검찰이 처음부터 다른 부문, 특히 경찰을 압도하는 위상을 가지고 있었기 때문에 그렇게 된 것도 아니었다. 오히려 조선의 식민지형 사법제도는 경찰에게 검사에 버금가는 강제수사권과 더불어 범죄즉결권과 민사쟁송조정권을 부여하여, 민사·형사사법에서 경찰의 권력과 관여영역을 극단적으로 확장시켰다. 범죄수사에서 총독부 검사가 자신에게 부여된 권한을 능동적·적극적으로 활용하기에는 인력과 자원에 한계가 있었다. 결국 일제시대 초기 검사는 경찰의 수사결과

---

521 伊藤憲郎, 「朝鮮に於ける刑事政策の輪郭」, 『朝鮮司法協會雜誌』 11卷 8號, 1932, 2~4 쪽.

에 전적으로 의존해 사건을 법원에 넘겨주는 역할에 그칠 수밖에 없었다. 총독부의 검찰관료들은 이런 역할에 만족하지 않았다. 그들은 수사주재자로서 보다 능동적·적극적인 지위를 갖고자 했고, 식민지 시기 후기에 이르면 분명 초기와 달라진 위상을 갖게 되었다.

식민지 시기의 변화과정은 전체적으로 일본에서의 흐름이나 결과와 비슷하다. 당연하게도 식민지에서는 일본에서처럼 복잡다단한 논쟁을 거칠 필요가 없었다. 식민지 조선의 검찰은 일본 내부의 흐름과 연동하면서 일본에서의 논의성과들을 취사선택하여 받아들일 수 있는 위치에 있었다. 또한 제국의 최전선이고 제국 중심부의 입헌정치와 절연되어 있는 식민지 조선에서는 검찰권 강화를 둘러싼 첨예한 법적·정치적 논쟁이 벌어질 수도 없었다.

식민지 사법체제에 대한 비판의 초점은 본국과 비교되는 변칙성에 맞추어질 수밖에 없었다. 검찰제도를 비롯한 사법제도 자체의 개혁문제와 관련하여, 1930년대 일본에서 제기된 검사국 분리·독립, 사법경찰의 검찰직속 기구화, 예심존폐에 관한 논의들이 조선에 어떻게 받아들여지고 있었는지, 그것과 다른 독자적인 논의가 있었는지는 앞으로 확인해야 할 부분이다. 다만 일본에서의 움직임에 호응하여 재야법조계에서 몇 가지 문제가 제기되고 있었음을 알 수 있다. 가령 행정경찰과 사법경찰을 분리하여 사법경찰을 검사의 감독 아래 두는 문제, 행정집행령에 근거한 경찰 검속제도의 폐지문제가 그것이다.[522] 이런 문제들과 함께, 조선의 경우 식민지 조선의 왜곡된 사법제도와 법실무를 일본의 그것에 가깝게 만드는 것 역시 중요한 주제였다. 이 문제는 7장에서 본 인권유린 규탄과 사법제도 통일운동으로

---

[522] 「司法警察獨立論」, 『法政新聞』 1939. 5. 20; 「檢束制度撤廃に」, 『法政新聞』 1939. 7. 20.

표출되었다.

식민지 사법의 경험은 해방 이후 한국 사법의 진로에 커다란 영향을 주었다. 식민지 사법의 법제·이론·실무는 법조실무 경력자를 통해 이전되었다. 식민지 사법제도 혹은 일본의 사법제도에 대한 비판과 옹호의 논리, 개혁의 아이디어는 해방 이후의 논의에도 연속되었다.

법원과 검찰의 탄생

| 제3부 |

헌정과 사법, 1945~

도론

'헌법투쟁'으로서의 사법제도 개편과정

해방은 반세기 가까이 존재해온 식민지적 사법제도를 해체하고 새로운 사법제도를 재구축하는 과제를 제기했다. 이를 향한 도정에서, 몽테스키외의 말처럼 "정체政體의 모든 태엽이 긴장하고 온 시민이 포부를 가지고 서로 다투거나 또는 위무"하며, "망해가는 국가구조를 지키는 사람과 그것보다 좋은 제도를 제안하는 사람 사이에" 고귀한 싸움(noble emulation)이 벌어졌다.¹ 그것은 단순한 사법제도 개정을 넘어 새로운 헌정체제를 창출하고 국가와 시민의 관계를 재구축하기 위한 헌법투쟁이었다. 그 과정에서 점령당국, 법률가집단, 정치가, 행정관료 등 이해집단들은 서로 대립하고 제휴하며 논쟁하고 타협했다. 제3부에서는 이 투쟁이 얼마나 넓고 깊게 진행되었는지, 과정과 결과, 실패와 승리, 새것과 낡은 것, 혹은 그 사이에 있던 것들을 살펴본다.

미군정기를 거치며 한국의 사법제도는—사회주의적 노선 또는 제3의 길이 없지는 않았지만—반세기 동안 유예되었던 자유주의적 법치주의의 요소들을 갖추게 되었다. 그 규범적 목표는 사법권 독립, 법치주의, 인권보장

---

001 몽테스키외 지음, 하재홍 옮김, 『법의 정신』, 11편 13장, 194쪽.

을 실질화할 수 있는 사법제도를 구축하는 것이었다. 개혁의 방향은 '사법의 민주적 개혁'이라는 슬로건으로 집약되었고, 미국의 사법제도 또는 전후 일본의 개혁된 사법제도에서 구체적인 대안을 찾으려 했다. 미군정기에 활발하게 제기된 과제들은 각 시기의 정치적 조건 속에서 일정한 제도의 성립으로 귀결되거나 혹은 좌절되고, 혹은 미완인 채 다음 시기로 넘어갔다.

제3부에서는 법원과 검찰, 형사소송제도에 초점을 맞추어 시기별 쟁점과 제도적 변화를 추적할 것이다. 법원조직법제의 경우, 미국의 제도에서 가장 현저하게 구현된 '사법권 독립'과 '사법권 우위'의 원칙을 어떻게 제도화시킬 것인가가 문제였다. 구체적으로는 법원행정사무를 행정부로부터 완전히 독립시키고, 법원이 위헌법률심판권과 행정재판권을 보유하는 방안이 상정되었다. 사법부의 독립, 헌법·행정재판제도의 구현방법이 늘 문제되었던 배경에는 두 가지 정서가 있었다. 하나는 법원 수뇌부에 대한, 또는 보수적인 사법부 전체에 대한 불신이었다. 다른 하나는 정치권력에 의한 사법부 통제욕구였다. 이 문제는 사법권을 어떻게 민주적으로 구성할 것인가와 어떻게 정권으로부터 사법권 독립을 수호할 것인가 하는 두 극단 사이에서 여러 가지 색깔을 띠며 전개되었다. 우리는 이와 같은 문제들을 미군정기 법원조직법 제정(1948. 5. 4, 법령 제192호), 헌법 제정(1948. 7. 17), 정부수립 이후 법원조직법 제정(1949. 9. 26, 법률 제21호), 1950년 후반의 대법원장 임명, 법관연임법 제정, 법원조직법 개정(1957~1958), 그리고 4·19 이후 개정된 헌법과 '대법원장 및 대법관선거법'(1961. 4. 26, 법률 제604호) 제정 등을 통해 확인할 것이다.

검찰제도와 관련해서는 검찰기관의 조직방법과 형사절차상 검사의 지위 및 권한이 초점이 되었다. 법원과 검찰을 분리하는 문제, 정치권력 또는 정부와 검찰의 관계설정문제가 주로 논의되었는데, 8장에서 보았던 일본의 논의가 참고되었다. 미군정기의 검찰청법(1948. 8. 2, 군정법령 제213호), 정부 수립 이후 제정된 검찰청법(1949. 12. 20, 법률 제81호)은 일견 일본의 새로운 검찰청법(1947. 4. 16, 일본법률 제61호)과 매우 비슷하다. 그러나 한국 검찰청법의 속을 들여다보면 1945년 이전 일본의 검찰관료가 희구하던 것이 상당부분 실현되었음을 알 수 있다. 사실 전후 일본 검찰이나 해방 후 남한 검찰이나 지향하는 바는 같았다. 그러나 한국의 검찰은 자신의 꿈을 실현하기에 훨씬 유리한 조건에 있었다.

경찰과 검찰의 관계와 달리, 법원과 검찰의 관계는 늘 격전 속에 있었다. 왜냐하면 영미식 제도를 모델로 삼은 형사사법개혁론은 직접적으로 식민지 시기 검찰이 누리던 지위와 권력의 박탈 내지 경감을 목표로 삼고 있었기 때문이다. 형사절차개혁론은 곧 검찰개혁론이었고, 한 논자의 표현을 빌리면 검찰이 누려온 재판관적 권한을 본래의 자리로 되돌려놓는 것, 검찰을 법원 아래에 있는 당사자의 지위로 강등시키는 것을 의미했다. 형사사법개혁의 과제로서 수사법제의 개혁, 검사의 소추재량 통제, 공판중심주의 강화, 당사자주의적 요소의 도입 등이 제기되었다. 이 모두는 조선형사령체제의 해체를 의미했다. 그렇다면 조선형사령체제는 얼마나 성공적으로 철거되었는가? 대답은, 그다지 성공적이지 않았다는 것이다. 시민적 자유와 권리의 보호보다는 사회통제와 국가안보에 무게가 쏠렸기 때문이다. 그럼에도 해방 이후 한국인이 자기 이름으로 가지게 된 최초의 형사소송법(1954. 9. 23, 법률 제341호)에는 해방 이후 형사사법개혁론의 중요한 성과들이 담겨 있다. 하지만 그것들은 제2대 국회가 구원투수로 나서지 않았다면 아마 역사에 등장하지 못했을 것이다. 왜 이런 결과가 나타났는지는 해방 이후 형사사법실무와 법제의 변화를 전반적으로 검토하는 과정에서 설명하게 될 것이다.

제3부는 해방 이후의 탈식민적 사법제도개혁의 역사를 다루지만, 그것은 실은 좌절된 개혁의 역사라고 부를 수도 있다. 아마도 분단과 냉전반공체제, 권위주의적 정권의 성립이 식민지 사법의 구조와 행동양식을 지속시키는 데 결정적인 역할을 했을 것이다. 그러나 법률가집단 내부의 분위기와 개혁역량에도 눈을 돌리지 않을 수 없다.

새롭게 사법부를 떠맡게 된 법률가들은 한 세대 이상 식민지 사법체제 아래서 성장한 자들이었다. 사법기구 서열의 사다리 하부에 있었던 한국인 법률가들에게 해방은 사다리를 타고 올라갈 기회가 되었지만, 그들이 가진 지식과 관념과 역할모델은 거의 일본의 것에 한정되었다. 식민지 시기 사법제도 개선논의가 있었다고 하지만, 모두 본국 따라하기식 논의였다. 재조법조이든 재야법조이든, 또는 조선인 법률가이든, 그들이 상정했던 개혁의 최대강령은 식민지적 특례를 제거하고 본국의 제도에 가깝게 만드는 것이었다고 할 수 있다. 심하게 말하면 '내선일체內鮮一體'적 동조현상이 사법제도 개선론에도 나타났다고 할까. 새로운 사법조직의 수뇌가 된 법률가들은 이른바 민주적 개혁에 관한 한 매우 한정된 지식과 상상력에 갇혀 있었다. 이런 상황은 해방 이후 사법체제 전반의 탈식민화 전망을 어둡게 만들었다.

그럼에도 몇몇 걸출한 인물들에 의해, 또는 공통의 인식에 의해 개혁의 지점과 목표가 선명하게 제시되었다. 비록 당시의 논의는 농밀하지 못했고 과거의 문법과 관점에 기원한 것도 있었지만, 당시의 선택은 오늘까지 영향을 미치고 있다. 설혹 현실화되지 않았더라도 오늘날까지 반복되는 사고방식을 발견할 수 있고, 어떤 것은 동의하기 힘들지만 어떤 것은 경청할 가치가 있다. 따라서 이 시기는 결과 면에서뿐만 아니라 한국적 사법개혁 논의의 원형이 형성되었다는 면에서도 정초적인 성격을 가지고 있다. 우리는 그 의미와 가능성과 한계를 면밀히 검토해봐야 할 것이다.

이제 그 모든 것의 출발이었던 미군정기로 들어가보자. 누가 어떻게 최초의 한국인 사법부를 구성했고, 그것은 어떻게 미래를 향해 방아쇠를 당겼는가?

10장 미군정기 남한 사법기구의 재건

미군정기 사법제도의 재편과정은 편의상 1947년 6월 남조선 과도정부(이하 과도정부) 수립을 기점으로 전기와 후기로 나눌 수 있다. 전기에는 '한국인화(Koreanization)'정책 아래 사법조직을 재건하는 것이 초점이었다. 후기에는 남한 단독정부수립을 전제한 사법제도 전체에 걸친 개혁구상이 등장했고, 그것을 부분적으로 실현한 입법이 이루어졌다. 10장에서는 먼저 전기의 사법기구 한국인화와 조직재건과정을 살펴본다.

점령 초기 사법재건과정은 미국의 대한정책을 비롯한 국내외 정세의 영향을 받으며 진행되었다. 전후 일본에서는 점령 당국이 군국주의를 떠받치고 있던 물적·인적 기구들을 수술대상으로 삼았기 때문에, 그것이 포괄적인 자유주의적·민주주의적 개혁의 대상이 되었다.[2] 그러나 주한미군정이 처했던, 혹은 '인식했던' 현실은 법질서의 공백, 무질서와 혼란이었다.[3] '개혁'보다는 '재건과 대체'가 기본적 빛깔이었으며, 그 대체물 역시 과거 모습과 미국식 제도 사이에 놓인 그 무엇이었다. 법질서의 복구와 치안확보

---

002 전후 일본의 법제개혁은 連合國最高司令官總司令部 編, 納谷廣美 解說·譯, 『GHQ日本占領史 14 法制·司法制度の改革』, 東京: 日本圖書センター, 1996 참조.

003 United States Armed Forces in Korea(USAFIK), 『주한미군사 3』, 돌베개, 1988, 494쪽.

를 위해 가장 시급한 것은 사법과 경찰을 담당할 기구의 재건이었다. 제일의 과제는 인적 충원이었고, 그 다음은 재건된 기구를 효과적으로 작동시키는 것이었다.

미리 지적해두고 싶은 점은, 이 시기 사법기구 재건의 의미는 단순히 인적·조직적 재건에 그치지 않는다는 것이다. 12장부터 우리는 법원, 검찰, 형사사법제도와 관련된 다양한 구상들을 볼 텐데, 중요한 것은 그런 구상들이 단지 식민지적 사법에 대한 반성에 그치지 않고 미군정기 초기의 인적·제도적 설정에서 기원하거나 그것을 통해 증폭되었다는 점이다.

새롭게 충원된 한국인 법률가들의 절대다수가 식민지 시기 법조경력자였다는 것은 분명하다. 하지만 그것을 지적하는 데 그치지 않고 새로운 사법기구 내부의 인적 구성에 주목할 필요가 있다. 그 이유는, 출발기의 인적·조직적 설정이 이후의 사법운영과 조직재편에 대해 가지는 의미를 가늠해보기 위해서이다.

이와 함께 점령통치하에서 한국인 사법기구가 차지했던 위치도 주목해야한다. 체제의 속성상 한국인 사법기구는 점령권력에 종속적일 수밖에 없었고, 법원의 독립성, 사무처리의 자율성, 관할권 범위 등의 측면에서 식민지 시기보다 더 많은 제약이 가해질 수밖에 없었다. 따라서 그 반작용으로서 사법권 독립이 강하게 추구될 수 있는 현실적 기반이 존재했다고 할 수 있는 것이다.

또한 미군정 당국과 한국인 사법기구는 새로 조직된 사법기구의 운영을 위해 몇 가지 중요한 조치를 취했다. 어떤 것들은 사라지고 어떤 것들은 새로 생겼다. 이들 조치 역시 이후의 조직재편론과 형사사법개혁론을 예고하고 논의를 촉발시키는 의미를 가지고 있었다.

1. 사법기구의 한인화

점령통치와 사법재건의 첫걸음

남한에 진주한 미군은 사법제도에 대해 어떤 계획을 가지고 있었을까? 연합국총사령부가 1947년 8월 28일 남한진주를 준비하던 미육군 제24군단에 시달한 야전명령 제55호 및 8월 29일 동 명령의 부속문서 제7호 (Annex 7 to Field Order 55)가 사법에 관한 최초의 점령방침이었다.[4]

부속문서 제7호는 점령의 즉각적 목적을 "군국주의의 철폐, 전범의 즉각적 체포, 일본군의 무장해제와 탈군사화, 인종·국적·신조·정치적 견해에 근거한 차별의 철폐, 민주주의적 경향과 과정의 강화, 자유로운 정치·경제·사회제도의 장려, 그리고 내정을 수행하고 타국과 평화적 관계를 유지할 수 있으며 국제연합과 관계하는 책임 있는 한국 정부의 창출을 촉진"하는 것이라고 정의했다.[5]

부속문서 제7호는 점령지 사법운영방침에 대해 다음과 같이 지시했다. 첫째, 군정의 법령과 감독하에서 통상의 민형사법원이 직무를 수행하지만, 연합국의 이익을 해치는 사건에 관한 기소와 재판은 지시가 있을 때까지 정지되고, 기타 사건들도 군정의 명령으로 정지될 수 있으며, 군정은 법원의 판결을 재심사하고 거부할 수 있다. 둘째, 일본의 국가주의에 협력한 현저한 소행이 있거나 점령목적에 반하는 행동을 지속적으로 행한 판사와 직원을 가능한 한 신속하게 즉시 파면하고 후임자를 임명한다. 셋째, 점령목

---

004 미 국립문서기록청(U.S. NARA), RG 165, Civil Affairs Division General Records, Security Classified General Correspondence, 1943~1949. 7, Entry # 463, Box No. 6, 180(1), Annex 7 to FO 55, 1948. 8. 28, 국사편찬위원회 전자도서관 해외수집자료(http://htmc.history.go.kr)

005 『주한미군사 3』, 돌베개, 1988, 469쪽.

적에 적극적으로 반대하거나 법조자격이 없는 변호사의 자격을 박탈하고 군정청의 요건과 목표에 부합하지 않는 변호사단체를 해산한다. 넷째, 연합국 최고사령관의 지시에 따라 남한에 점령재판소를 설치한다.

이상의 내용에서 알 수 있듯이 부속문서 제7호는 남한의 특수상황을 고려해 마련된 것이 아니라, 일본의 항복조건 및 점령통치의 일반적 규범에 입각해서 점령 초기단계의 방침을 시달한 것이었다.

미군정은 두 단계 입법조치를 통해 점령통치의 기본제도를 마련했다. 첫째 단계에는 국제법의 수권범위 내에서 점령군의 지위를 정하고 군정을 실시하기 위한 초기 조치들이 취해졌다. 둘째 단계에는 미군정이 점령권력이자 남한의 정부로서 가지는 통치권이 본격적·전면적으로 행사되었다.[6]

첫째 단계의 주요 조치는 다음과 같았다. 1945년 9월 7일 태평양미육군 총사령부는 포고(declaration) 제1호를 통해 "오랫동안 조선인의 노예화된 사실과 적당한 시기에 조선을 해방 독립시킬 결정을 고려한 결과 조선점령의 목적이 항복문서조항 이행과 조선인의 인권 및 종교상의 권리를 보호함에 있음"을 확인하고 군정의 실시와 점령의 조건을 공포했다.[7] 같은 날 포고 제2호는 점령지역의 치안과 질서유지를 위해 항복문서의 조항 및 포고·명령·지시를 범한 자, 미국인과 기타 연합국인의 인명 또는 소유물 또는 보안을 해한 자, 공중치안과 질서를 요란한 자, 정당한 행정을 방해한 자, 또는

---

006 Ernst Fraenkel, "Structure of United States Army Military Government in Korea", U.S. NARA, RG 332, Box No. 23, USAMGIK: History of the Bureau of Domestic Commerce thru USAMGIK: Press Releases July–Sep, 1946(2 of 7), 국사편찬위원회 전자도서관 해외수집자료(http://htmc.history.go.kr). 번역문은 어니스트 프랑켈, 「주한미군정의 구조」, 김동춘 엮음, 『한국근현대사연구 I』, 이성과 현실사, 1988, 101~102쪽.
007 이하 미군정기 법령은 주로 한국법제연구회 엮음, 『미군정법령총람』 국문판 및 영문판을 참조했음을 밝혀둔다.

연합군에 대하여 고의로 적대행위를 한 자는 '점령군 군율회의(military oc-cupation court)', 즉 육군점령재판소에서 재판·처벌할 것임을 밝혔다. 남한에 진주한 미군은 총독부를 접수하고 일본인 관리들을 해임한 뒤 총독부의 명칭을 군정청으로 바꾸었다.

1945년 9월 18일 억압적·차별적 법령을 폐지하는 최초의 조치로서 일반명령(general order) 제5호가 공포되었다. 이에 의해 '정치에 관한 범죄 처벌에 관한 건'(1919. 4, 제령7호), '조선사상범예방구금령'(1941. 2, 제령8호), '치안유지법'(1925. 5, 법률46호, 1941. 3. 최종개정), '출판법'(1910. 2, 법률6호), '조선사상범보호관찰령'(1936. 12, 제령16호) 및 신사神社에 관계된 법령들, '기타 종족·국적·신조·정치사상에 근거한 차별을 야기하는 제법령'들이 폐지되었다. 10월 9일 공포된 법령(ordinance) 제11호 '정치범처벌법 등 폐지 및 형벌제한'은 일반명령 제5호의 취지를 재확인하고, 덧붙여 식민지 경찰국가 체제의 근거가 되었던 경찰의 사법권, 즉 범죄즉결제도를 폐지했다. 이들 조치는 10월 4일 주일미군정의 소위 '인권지령'과 유사했지만, 폐지되는 법령의 범위가 모호하고 후속 조치가 미흡하다는 한계가 있었다.[8]

제2단계 조치는 1945년 11월 2일 법령 제21호 '이전 법령 등의 효력에

---

008 주일 총사령부는 일본 내에서 정치적·공민적·종교적 자유에 대한 제한, 그리고 종족, 국적 신교 내지 정견을 이유로 한 차별을 제거하기 위해 인권지령(Scapin-93, 「정치적 공민적 종교적 자유의 제한의 철폐」)을 통해 일본 정부에 다음 법령들의 폐지를 요구했다. ① 치안유지법, ② 사상범보호관찰법, ③ 사상범보호관찰법시행령, ④ 보호관찰소관제, ⑤ 예방구금수속령, ⑥ 예방구금처우령, ⑦ 국방보안법, ⑧ 국방보안법시행령, ⑨ 치안유지법의 변호사지정규정, ⑩ 군용자원비밀보호법, ⑪ 군용자원비밀보호법시행령, ⑫ 군용자원비밀 보호법시행규칙, ⑬ 군기보호법, ⑭ 군기보호법시행규칙, ⑮ 종교단체법, ⑯ 전기 법률을 개정·보족· 집행하기 위한 법률·칙령·성령 ·명령 및 규칙 등. 또한 정치범의 즉각 석방과 보호관찰 해제, 위에서 열거한 법령을 실시하기 위해 설치되었던 일체의 기구 폐지와 특고 경찰을 중심으로 한 담당관료 파면 등을 지령했다. 連合國最高司令官總司令部 編, 앞의 책, 133~136쪽.

관한 건'이었다. 법령 제21호는 미군정청이 한국 내 유일한 합법적 자치정부로서 가지는 통치권을 입법·사법·행정의 측면에서 규정했다. 법령 제21호의 초점은 세 가지였다. 첫째, 그동안 폐지된 것을 제외하고 식민지 법령이 그대로 존속한다는 것, 둘째, 종래 조선총독이 행사한 모든 직권은 군정장관(Military Governor)이 행사한다는 것, 셋째, 남한 내 모든 재판소는 점령재판소(Military Occupation Court)를 구성한다는 것이다. 이 조치를 통해 식민지 법령은 주한미군정하의 남한 현행법령으로, 조선총독부재판소는 점령재판소로 전환되었고, 군정장관은 입법·사법·행정에 관한 조선총독의 직권을 승계했다.

군정장관의 입법권은 조선총독이 가진 입법권에 점령자의 입법권(최고사령관으로부터 위임을 받은 것)이 추가된 것이었다. 당시 법령에는 태평양미육군총사령관 포고(Proclamation), 재조선미육군사령부 군정청법령(Ordinance), 남조선과도정부 법률(Public Act), 행정명령(Executive Order), 부령(Order of Depart-ment), 훈령(Instruction), 관리령 등 다양한 명칭과 형식의 법규가 존재했다. 하지만 이것들이 무질서하게 존재했던 것은 아니다. 포고는 군사점령에 관한 국제법에 근거하며 한국 내에서 기본법의 효력을 가지고 있었다. 군정청법령(이하 군정법령 또는 법령)은 포고를 구체화시키거나 군정하 남한 최고의 입법으로서 통상적인 법률의 지위를 가졌다.[9]

---

009 Opinions #902(1947. 2. 17), "Definition of Ordinance, Regulations, Orders, Rules and Instructions", Selected Legal Opinions of the Department of Justice, United States Army Military Government in Korea(1946. 3~1948. 8), The Department of Justice, Headquarters, USAMGIK; 『미군정기정보자료집 법무국·사법부의 법해석보고서, 1946. 3~1948. 8』, 한림대학교 아시아문화연구소, 1997, 257~258쪽.

'한인화'의 난관과 미국인 관리의 시각

미군정의 사법기구 재건작업은 기존 법무국과 법원·검찰조직을 그대로 둔 채 한국인 직원을 충원하는 방식으로 진행되었다. 1945년 9월 29일 군정청 관방총무과장 에머리 우돌Emery J. Woodall 소령이 법무국장을 겸임한 데 이어, 11월 20일 전임 법무국장으로서 매트 테일러Matt Taylor 소령이 부임했다. 우돌과 테일러의 법무국이 당면한 시급한 문제는, 일본인 직원을 대체할 한국인 직원을 충원하고 훈련시키는 것이었다. 군정 당국이 파악한 바에 따르면, 법무국 접수 시점에 남한에 있는 자격있는 법률가는 150명 정도에 불과했고, 다수의 판검사 경력자는 친일파라는 지탄을 받고 있었다. 법무국은 여러 경로를 통해 추천을 받았지만, 비법조인에 대한 법조집단의 배격, 법조인 사이의 정파다툼과 시기심, 동양적 체면과 서열 관념 때문에 상당한 어려움을 겪었다.[10]

미군정문서철에는 사법재건과정을 증언하는 여러 인터뷰 기록들이 남아 있다. 그중에서 1945년 11월부터 법무국 행정관으로 근무한 앤더슨George A. Anderson의 인터뷰 기록은 초기의 상황을 생생하게 전달하고 있다.

앤더슨이 한국에 도착한 (1945년―인용자) 10월경 군정청 전체가 "혼란과 혼돈상태에 있었다." 직원에게 배당된 직무는 "모호"했다. 그럴 수밖에 없었다. 조직 자체가 모호했기 때문이다. 모든 사람들이 조직도를 그리고 있었으나 아무도 무엇 하나 제대로 알지 못했다. 법무국에 "자원하여 배속된" 한국인들은 아무 도움이 되지 않았다. 그들은 아무것도 몰랐으며 단지 명령만 따랐다. 미국인 관리들은 한국인들이 전체적으로 무능하고 어린애 같은 마음과 생각을 가지고 있다는 통념을 가지고 있었다. 결과적으로 한국인들은 그렇게 취급을 받았다. 사무기구의

---

010 『주한미군사 3』, 495~496쪽.

보급도 없었다. 타자기도, 사무용품도, 등사용지도 없었다. 통신수단은 없는 것이나 마찬가지였다. 하지만 "셀 수 없이 많은" 책상이 있었다. 그것은 또 다른 문제를 낳았을 뿐이다. 책상을 배치하는 일은 미국인들로 하여금 동양적인 카스트제도(oriental casts system)를 똑똑히 느끼게 해주었다. 특정 지위의 사람은 특정 종류의 책상을 가져야 하고, 또 그 책상은 특정 위치에 놓여야 한다는 식의 골치 아픈 문제였다. 실제로 법원이 일주일 이상 사무를 중지하고 완전히 손을 놓은 적도 있었다. 검사와 판사들이 위신, 책상의 크기, 사무실 면적, 그리고 "누가 누구에게 먼저 인사할 것인가" 하는 문제들에 대해 의견이 일치하지 않았기 때문이다.

미국인들은 곧 이런 일에 피곤해졌고 "자연스럽게" 법을 만들었다. 즉 그들은 무엇을 어떻게 할 것인지 독단적으로 지시했다. 당연하게도 실수가 생기기 마련이다. 그들은 계급제도에 아랑곳하지 않고 임용하고 책상을 배정했다. 그 결말 또한 자연스러웠다. 즉 한국인들은 그들이 하는 일과 직무를 미국인 관리들이 이해하지 못하고 있다고 믿게 되었으며, 나아가서는 뚜렷하게 미국인들에 대한 존경심도 사라지게 되었다.

(…) "최초의 일자리 잡기가 끝나고 나서" 법무국은 다음 단계로 접어들었다. 다양한 정치집단들에 의한 자리 차지하기 공작이었다. 모든 이가 정치인이었고, 정당, 정치단체, 위원회 등 어떤 종류의 정치조직과도 연관되어 있었다. 임명과정에서 법무국은 다양한 분파 사이에 일종의 비례적 대표관계를 유지하고자 시도했다. 알 만한 모든 경로에서 압력이 행사되었으며, 집단들 사이에 거래와 협상이 이루어졌다. 마치 국가적 차원의 정치와도 같았다, 오로지 나쁜 측면에서. 누구나 자신과 친구들을 밀어넣으려 시도하고 적에게는 슬며시 비수를 꽂았다. 그로 인한 당연한 귀결이지만, 미국인들은 모든 분파로부터 아첨과 향응을 받았다.

(…) 법무국은 최초로 모든 사무를 한국인에게 넘겨주고 그들 자신의 쇼를 하도록 내버려둔 부서이다. 법무국은 조금은 공개적인 방식으로 일을 추진했다. 1945년 12월 17일의 법무국령 제7호 "명령계통"이 그것이다. 꽤 근사해보이지만, 여기에는 비하인드 스토리가 있다. 앤더슨은 "한국인은 천성적으로 모든 일이 자신을 위해 이루어지기를 원한다. 만일 당신이 어떤 기회에 한국인 직원의 일을 하게 되었다면, 한국인 직원은 입 다물고 가만히 앉아서 당신이 하는 대로 내버려둔다"고 말한다. 마침내 상황은 군정청의 미국인 직원들이 모든 일을 하는 반면, 한국인 직원들은 그들 자신만의 일, 즉 대개는 정치활동으로서 그들 자신의 사적 이익을 위해 일을 꾸미는 데만 매달리는 지경에 이르게 되었다. 하지만 미군이 무턱대고 모든 직무를 수행하기에 충분한 수의 장교들을 제공할 수는 없었다. 그래서 법무국령 제7호라는 단호한 조치를 내렸다. 즉 모든 장교들을 직무에서 끄집어내서 단지 "감시자(observer)"로 만든 것이다. 모든 체계가 지금은 법원연락장교제(the Court Liaison system)와 같이 움직이고 있다. 법원연락장교제는 지방법원을 감시하기 위해 창설되었다. 그것은 한국인들이 무대 위에서 부지런히 움직이도록 만들기 위한 수단이다. 앤더슨은 그것이 작동되는 방식을 보여주는 하나의 일화를 소개했다. 한 군정청 장교가 갑작스럽게 어떤 법원을 방문했더니, 판사와 검사들이 모두 "난롯가에 앉아 누가 어떤 의자에 앉아야 할 것인지 논쟁하고 있었다." 장교는 즉시 명령을 내리는 대신에 법무국장에게 전화를 했다. 그 후 국장이 해당 재판소에 연락하고는, "나는 내일 이 시간까지 10건의 사건이 재판되기를 바란다. 그렇지 않으면 내가 직접 그곳으로 가서 그 사유를 조사할 것이다. 그리고 만약 직원 몇 명을 교체해야 한다면 나는 그렇게 할 것이다"라고 말한다. 이렇게 하면 대개 법원 직원들은 상황을 이해하고, 서열논쟁을 멈추고 일을 하게 된다. 지금 법무국 내의 미국인 관리들이 하는 일은 주로 그와 같은 감찰과 현장점검을 하는 것이다. 한국인들은 그들이 언제 또는

어디로 찾아올지 전혀 모른다. 그 결과 한국인들은 그들의 직무를 매우 잘 해오고 있다.[11]

이와 같이 앤더슨은 한국인 사법기구를 조직하고 가동시키는 과정을 마치 철부지 길들이기처럼 묘사하고 있다. 다른 인터뷰 기록들에도 미국인들이 보기에 개탄스러운 상황이 묘사되어 있다. 한국인 법률가를 바라보는 앤더슨의 시선은 과거 일본인들의 그것과 크게 다르지 않았다. 다만 이번에는 정책의 목표가 실제적으로 한국의 자치와 독립이었다는 데 중요한 차이가 있었다. 앤더슨이 보기에, "한국인들은 미군을 증오하며 일본에 비해 덜 심한 악으로 여기고 감내하고 있을 뿐"이었다. 그는 한국인을 효과적으로 통제하기 위한 방안을 고안했다. 위 인용문에 나온 법원연락장교의 사례와 마찬가지로, 앤더슨 역시 보이지 않는 가운데 "한국인들이 늘 그의 숨결을 느끼게 만들기 위해" 비밀정보채널을 가동했다. 그는 한국인들로부터 '미스터리 맨mistery man'이라 불리는 것을 마다하지 않았다. 체면의 심리와 동양적 정치의 틈바구니에서 앤더슨과 미국인 관리들은 "아무도 믿지 않고 한 집단을 다른 집단에 맞세우는 것"을 정책으로 삼았다.[12] 그것은 사법부 내에 세력균형을 도모하고 한국인들이 늘 감시받고 있다고 느끼게 만드는 정치술이었다.

---

011 앤더슨은 미국 인디애나에서 검사와 판사로 활동하다가 1942년에 공군에 입대해 법무관으로 근무했고, 버지니아의 군정학교에서 교육을 받은 뒤 1945년 10월 27일 한국에 부임했다. 그는 군정청 기획과에 배속되었다가 1945년 11월 법무국 행정관으로 임명되었다. NARA, RG 554, Box 21. Folder: Notes, Documents, Early Draft on Justice w/t some interviews, "Interview with Major George A. Anderson, AC, Exex. Off. Bureau of Justice, 25 March 46."

012 위 문서.

어쨌든 시간이 지남에 따라 상황은 호전되었고, 일부 책임감 있는 한국인 직원들에 대한 신뢰감도 커졌다. 이런 분위기 속에서 법무국의 미국인 관리들은 사법조직을 재건하고 궤도 위에 올려놓기 위해 직무를 할당하고 권한을 조정하고 새로운 제도를 도입했다. 때로는 그것이 과거의 의식이나 관행과 충돌했고, 오해와 갈등을 낳기도 했다. 그 결과를 바라보며 앤더슨은 체념조로 이렇게 말했다.

> 동양적 모델에 서구 법학의 관념을 심는 것은 불가피하게 잡종적 결과를 낳았다. 기껏해야 사려있는 판단으로 그것을 적용하면 나중에 완성되었을 때 얻을 전체적 편익이 그 과정에서 겪는 개별적인 부정의들보다는 클 것이라고 희망하는 수밖에 없었다.

재건된 사법조직의 인적 구성

식민지 시기 변두리에만 머물던 한국 법률가들에게 미군정기 남한은 그야말로 기회의 땅이었다. 과거 그들에게 재판소와 검사국의 감독관직은 언감생신이었고, 부장 자리도 전시동원체제에 협력하는 대가로 겨우 몇 자리 수혜처럼 던져졌을 뿐이었다. 이제 대법원장을 포함한 고위직의 문이 활짝 열렸다. 서기 경력자들에게도 임용기회가 주어졌다. 새로운 자리는 블랙홀처럼 그나마 소수였던 법률가들을 빨아들였다.

초미의 관심사는 공석이 된 사법요직에 누구를 앉힐 것이냐였다. 1945년 10월 9일 서울변호사회는 민중의 사법신뢰와 사법권의 독립과 위신을 지키기 위해 정당관계자의 사법관 임용을 배격한다는 성명을 발표했다.[13] 같

---

013 『자유신문』 1945. 10. 12. 이하에서 인용하는 1945~1949년 사이의 신문기사는 국편 한국사DB 「자료대한민국사」를 검색·활용했음을 밝혀둔다.

은 날 법무국의 중요 직위에 6명의 한국인이 임명되었다. 미국 예일대 정치학박사로서 이화여전에서 교편을 잡았던 김영희金永羲가 한국인 직원 중 최고의 자리인 법무국장 보좌역으로 임명되었다. 같은 예일대 동문인 우돌이 법률 지식과 능력을 높이 사서 김영희를 발탁했다고 한다. 김영희의 주된 임무 중 하나는 한국인 직원으로 채용할 법률가를 추천하는 것이었다.[14] 하지만 한국인 법률가들은 비법조인 김영희가 중용되는 것에 대해 불만을 가지고 있었다. 1945년 12월 사법사무의 한인이양이 결정된 뒤, 미군정에서 김영희를 법무국장대리로 승진시키려 한다는 소식이 전해졌다. 그러자 서울지역 법원·검사국·법무국·특별검찰부·특별재산심판소·경성소년심판소·경성변호사회 등의 사법관계자 70명이 회동하여 김영희의 임명취소를 요구하고 심상직沈相直을 천거하는 건의서를 미군정 당국에 제출했다.[15] 심상직은 당초 군정의 의뢰를 받아 서울변호사회가 대법원장으로 추천하여 대법원장으로 임명되었지만, 본인이 취임을 거절한 적이 있었다.

군정청은 1945년 10월 11일 김용무金用茂와 이인李仁을 각각 대법원장과 대법관으로 임명했다. 당시 김용무는 한국민주당(이하 한민당) 문교부장, 이인은 당무부장이었다. 이들 외에도 한민당원인 양원용梁源容·윤원상尹元上·강병순姜柄順·윤명룡尹明龍 등이 지방법원장으로 임명되었다.[16] 1946년 5월 24일 이인은 대법원 검사총장으로 자리를 옮기고, 6월 27일 김병로金炳魯가 법무국의 후신인 사법부司法部의 한국인 부장에 임명되었다.[17] 이후 정부수립기

---

014 앞의 "Interview with Major George A. Anderson, AC, Exex. Off. Bureau of Justice, 25 March 46."

015 『중앙신문』 1945. 12. 23; 『주한미군정사 3』, 507~508쪽.

016 이인, 『반세기의 증언』, 명지대출판부, 1974, 155쪽.

017 『미군정관보』, 사법부임명사령 제2호(수정판), 1946. 5. 22; 임명사령 제101호, 1946. 7. 11(국가기록원 나라기록포털 관보컬렉션 검색, http://theme.archives.go.kr/next/gazette/).

까지 남한의 사법진영은 김병로 사법부장, 김용무 대법원장, 이인 검찰총장의 세 사람, 이른바 '빅 쓰리Big Three'가 이끌었다. 이들은 일제시대 항일변론 및 우파민족주의활동을 통해 법률가 및 정치가로서 명망을 쌓은 재야법조의 지도자들로서, 해방 직후 한민당 조직에 관여했다. 브루스 커밍스Bruce Cumings의 말을 빌리면, 그들 또한 미군정이 "천만다행으로 발견한 협력자층인 보수주의적 한인들이었다."[18]

이들은 사법요직에 임명된 뒤 한민당을 탈당했지만, 이들의 중용으로 인해 법조계 내에서 정당인이 사법부의 헤게모니를 잡는 것이 타당한가, "사법부 직원은 좌라야 하느냐 우라야 하느냐 중립이라야 하느냐"라는 문제가 논란이 되었다.[19] 이들의 정치적 성향은 접어두더라도, 빅 쓰리는 정통성과 연륜 면에서 일제시대 판검사직에 몸을 담았던 자들을 능가했다. 미군정기 대법원에는 김용무 외에 이상기李相基·김찬영金瓚永·양대경梁大卿·노진설盧鎭卨 등 4명의 대법관이 있었다. 이상기를 제외하고는 모두 재야법조계의 거물급 인사들이었다.[20] 이들은 이인·김병로 등과 함께 서울과 지방의 변호사회 간부로 활약했고, 각종 독립운동사건의 변호인명부에 자주 그 이름을 올렸

---

018 브루스 커밍스 지음, 김동노 외 옮김, 『브루스 커밍스의 한국현대사』, 창작과비평사, 2001, 272쪽.
019 장후영, 「변동기의 사법제도」, 『법정』 1권 2호, 1946, 21쪽.
020 이상기는 고등문관 시험사법과 출신으로 1932년 경성지방법원 판사, 1938년 경성지방법원 합의부장을 거쳐 1945년 11월에 대법관이 되었으며, 미군정기 각종 법률 기초작업에 관여했다. 김찬영은 한말의 법관양성소 출신으로 잠시 판사로 있다가 1912년에 변호사 개업을 했으며, 1945년 10월 대법원 검사총장에 임명되었다가 1946년 2월 대법관이 되었다. 양대경은 일본 메이지대학 법학과를 졸업하고 법관양성소 강사, 경성전수학교·보성전문학교 교원, 대구복심법원 판사 등을 역임하고 1919년부터 대구에서 변호사로 활동하다가 1946년 5월 대법관에 임명되었다. 노진설은 일본 메이지대 법학과 출신으로 조선변호사시험에 합격한 뒤 평양에서 변호사로 활동했으며, 해방 후 월남하여 1946년 5월 대법관이 되었다. 이상은 국편 한국사DB 직원록 및 한국근대인물 참조.

다. 주된 활동지역을 보면 서울 2명(김용무, 김찬영), 대구 1명(양대경), 평양 1명 (노진설)으로서, 3개 복심법원 소재지를 중심으로 지역안배가 이루어졌음을 알 수 있다.[21] 빅 쓰리를 비롯한 대법관의 면면에서 드러나듯이, 이 시기 남한 법조의 정통성은 우파 민족주의진영에 속했던 거물급 재야법조인사들에게 있었다.

1945년 10월 이후 법무국·법원·검찰의 주요 포스트에 이어 서울지역부터 지방까지 각급법원의 판검사들이 임용되었다. 군정 당국은 시급한 인력 충원을 위해 임용자격을 완화하는 한편, 재판소·검사국의 서기 경력자들도 판검사로 특별임용하는 제도를 시행했다. 이후 변호사회의 추천을 통한 특별임용(1946. 4), 사법요원양성시험(1946. 3)과 판검사특별임용고시(1946. 9) 등을 통해 판검사가 충원되었고, 미군정 말기에는 간이법원 판사시험·검사보시험(1948. 8)이 시행되었다.

충원은 빠른 속도로 진행되었다. 1945년 말까지 판사는 대법관 5명을 포함해 120명이 임명되었고, 검사는 102명이 임명되었다. 대법관을 제외하고, 판사의 수는 1947년 말 현재 156명, 1948년 8월 15일 현재 156명이었다. 검사는 1946년 말 135명, 1947년 말 136명, 1948년 8월 15일 145명이었다. 일제시대와 비교할 때 판사수는 대체로 비슷했지만, 검사의 수는 1940년 말 90명에서 1948년 8월 145명까지 대폭 증가했다.

변호사의 경우는 특수했다. 변호사의 수는 해방 시점에 195명이었다가 1945년 말 233명, 1948년 8월 15일 총 344명으로 늘어났다. 하지만 명부상 확인되는 변호사 324명 가운데 미국인이 258명(79.6%)이고, 한국인은 66명(20.4%)에 불과했다.[22] 그나마 수가 적었던 자격자의 대다수가 재조법

021 『서울지방변호사회 100년사』, 서울지방변호사회, 2008, 119쪽 이하.
022 안진, 『미군정기 억압기구 연구』, 새길, 1996, 195쪽.

<表 16> 미군정기 판사임용자의 법조자격과 경력

기간 : 1945. 10~1948. 8. 15.

취득시기	자격취득유형	인원	비율
해방 전 자격취득	구한국판사	3명	1.3%
	고시 사법과	63명	27.5%
	변호사시험	54명	23.6%
	총독부특임	18명	7.9%
	소계	138명	60.3%
해방 후 자격취득	특별임용	79명	34.5%
	사법요원시험	12명	5.2%
	소계	91명	39.7%
총계		229명	100%

출처: 『한국법관사』 수록 명부 및 『조선총독부직원록』에 의거함.

조로 흡수되었기 때문에 나타난 현상이었다.

임명된 판검사의 대다수가 식민지 시기의 실무경력자였다는 것은 잘 알려진 사실이다.[23] 〈표 16〉은 1945년 10월부터 1948년 8월 15일까지 임명된 판사 250명 중 자격 또는 경력이 확인되는 229명의 자격 또는 경력을 정리한 것이다.[24]

해방 전에 판사·검사·변호사 자격과 경력을 가진 자는 138명으로 60.3%였다. 해방 이전 재판소 서기 또는 통역생이었다가 해방 이후 판사로 특별

---

023 미군정기에 임용된 249명의 판사 중 경력과 충원경로를 확인할 수 있는 자는 154명이다. 그중 127명(82.5%)이 일제시대 사법시험 및 서기, 통역생 출신이었다. 나머지 특별임용자와 사법요원양성소 출신 중에도 일제시대 경력자가 많았으므로, 사실상 압도적 다수가 일제하 경력자였다. 미군정하에서 임명된 165명의 검사 중 123명의 경력이 확인되는데, 그중 53명(43%)이 조선변호사시험과 일본고등고시 사법과 출신이었다. 나머지 검사로 특별임용된 63명(51%)도 재판소 서기와 통역생 출신이었다. 안진, 앞의 책, 192~194쪽.

024 법원행정처 엮음, 『한국법관사』, 법원행정처, 1981, 227~238쪽에 수록된 미군정시대 법관명부를 참고했다. 명부에 자격·경력이 기재되지 않은 자는 국편 한국사DB의 직원록자료 및 신문기사를 검색하여 자격·경력을 확인했다.

〈표 17〉 미군정기 판사임용자의 일제하 실무종사 시점

	고시 사법과	총독부특임	변호사시험	서기·통역	계
1910~20년	-	12[*]	-	2	14
1921~25년	1	6	3	5	15
1926~30년	4	2	2	11	19
1931~35년	1	1	5	22	29
1936~40년	15	-	11	27	53
1941~45년	5	-	1	0	6
계	26	21	22	67	136

· 고문사법과: 사법관시보 임용년 기준(시보임용이 확인되지 않는 3명은 합격연도 이듬해로 계산했음).
· 총독부특임: 재판소 서기·통역 임용년 기준(*에는 구한국 판사에서 총독부 판사로 임용된 자 3명 포함).
· 변호사시험: 변호사시험 합격년 기준.
· 서기·통역: 서기·통역 임용년 기준(3명은 판임견습생 임용년).

임용된 자는 79명으로 전체의 34.5%를 차지한다. 1948년 8월까지 임용된 229명 중 94.5%가 일제시대 경력자이다. 그러나 경력자 분포를 보면 고시 사법과 출신과 변호사시험 출신이 거의 대등한 비율로 임용되었다. 구한국 시기 판사자격자와 총독부특임은 수는 적지만 노장층에 속하기 때문에 무시할 수 없는 존재였다. 고시 사법과 출신이 대개 해방 시전에서 현직 판검사였던 데 반해, 나머지는 변호사였다. 해방 전 경력자의 절반 이상이 변호사였던 것이다.

〈표 17〉은 자료상 확인가능한 해방 이전 자격취득자 136명이 언제부터 실무에 종사했는지 정리한 것이다. 이 표는 사실상 일제시대 한국인 법조인의 배출경로를 반영하고 있다. 1910~1920년대에 경력을 시작한 자들은 경성전수학교 등을 졸업하고 재판소 서기로 근무하다가 특별임용시험을 거쳐 판사로 임용된 이들이다. 이들은 대개 5~6년 정도 판사로 근무한 뒤 퇴직하여 변호사개업을 했다. 1930년대 후반에는 분위기가 달라져, 고등고시 사법과 출신들 가운데서 판검사가 임용되었다. 따라서 법조경력으로 보면

<表 18> 미군정기 상하급법원별 경력자의 분포

경력	자격·경력	대법·고법 (원장)	지법 (원장·부장)	지원	계
해방 전 자격취득	구한국판사	2	1 (1)	0	3
	총독부특임	7 (2)	9 (7)	2	18
	변호사시험	8 (1)	21 (6)	8	37
	고시 사법과	9	39 (6)	1	49
해방 후 자격취득	서기·통역	0	37 (0)	33	70
계		26	107 (19)	44	177

출처:『한국법관사』 미군정기 법관명부를 기초로 작성했음. 두 종 이상의 법원 판사에 임명된 경우
　　상급법원을 기준으로 했음.
· 대법·고법: 대법원, 공소원, 고등심리원 소속판사
· 지법: 지방재판소, 지방심리원, 소년심리원 소속판사
· 괄호 안은 관련항목 인원 중 법원장(대법원, 공소원, 지방심리원, 수석판사), 부수석판사, 부장판사로
　임용된 인원

　총독부특임과 변호사시험 출신자가 고시 출신자보다 경력이 더 길다.

　1945년 10월부터 1946년 12월까지 임명된 199명의 판사 중에서 과거
의 자격·경력이 확인되는 자는 모두 177명이다. 〈표 18〉은 그들이 각급
법원 중 어디에, 그리고 어느 직위에 임용되었는지 정리한 것으로, 과거의
자격·경력이 미군정기의 사법요직 임명과 어떤 상관관계에 있었는지 보여
준다. 당연한 결과겠지만, 서기·통역 경력자 중 해방 이후 판사로 특별임용
된 자들은 대개 지방법원과 지방법원지원의 판사로 임용되었다. 반면 법원
장, 부장판사 등 요직은 판·검사 경력자, 총독부특임 및 조선 변호사시험
출신 변호사로 충원되었다. 대법원과 고등법원에는 총독부특임, 변호사시
험, 고등고시 사법과 출신자가 거의 비슷한 비율로 임용되었다. 지방법원의
원장급·부장급을 봐도 비슷한 비율이다. 특히 대법원·고등법원의 판사 26
명 가운데 재야법조로 활동했던 구한국 판사, 총독부특임, 변시 출신들은
18명이나 된다. 이들 대다수가 식민지 시기에 민족주의적 재야법조로 활동

〈표 19〉 미군정기 검사임용자의 해방 전 경력과 자격취득 시점

기간 : 1945. 10~1948. 8. 15.

최초 경력	고시 사법과	변호사시험	총독부특임	1945·46년 특임	계(a)	비율(a/c)
1920년 이전	0	0	10	2	12	8.5%
1921~25년	1	0	6	8	15	10.6%
1926~30년	0	2	8	18	28	19.7%
1931~35년	3	4	–	13	20	14.1%
1936~40년	13	2	–	27	42	29.6%
1941~45년	17	8	–	–	25	17.6%
계(b)	34	16	24	68	142(c)	100.0%
비율(b/c)	23.9%	11.3%	16.9%	47.9%	100%	

· 고시 사법과: 일본고등문관시험 사법과 합격년도 기준. 고시 행정과 출신 1명 포함.
· 변호사시험: 조선변호사시험 합격년 기준(일본 변호사시험 1명 포함)
· 총독부특임: 재판소 서기·통역 임용년 기준.
· 1945·1946년 특임: 해방 이후 특별임용된 자의 일제시대 재판소 서기과 직원 임용년 기준.

한 경험이 있었다. 특히 대법원장과 고등법원장은 전원이 총독부특임 및 변호사시험 출신자로 임명되었다.

검사는 어떤가? 『한국검찰사』 부록 퇴직검사명단에 따르면, 미군정기에 임용된 이들 중 일제하 실무경력이 확인되는 것은 142명이다. 〈표 19〉는 142명이 어느 정도의 경력을 가지고 있었는지 정리한 것이다.

〈표 19〉를 보면 142명 중 74명(52.1%)이 고시 사법과, 총독부특임, 변호사시험 출신이다. 나머지 68명(47.9%)은 서기 경력자로서 특별임용된 자들이다. 법원과 마찬가지로 고시 사법과·총독부특임·변호사시험 출신이 검찰고위직으로 임용되었다. 총독부특임은 모두 판사 재직 이후 변호사로 활동했기 때문에, 해방 전 경력자의 경우 변호사시험·총독부특임 출신의 변호사가 고시 사법과 출신보다 더 많았다. 또한 일제시대 조선인 검사의 수가 극히 적었던 것(1940년 11명)을 감안하면, 해방 이후 임용된 검사들은 대부분 비검사 법조경력자였다고 할 것이다.

이처럼, 신생 사법기구의 인적 구성에서 정통 엘리트코스인 고시 사법과 출신이 차지하는 비율은 법원 28%, 검찰 24% 정도였다. 반면 총독부특임과 변호사시험 출신 재야법조인사가 법원 33%, 검찰 28%를 차지했다. 말단의 서기 경력자는 법원 35%, 검찰 48%였다. 전체적으로 보면, 최고위직은 명망 있는 재야법조 출신이, 중견 간부직은 고시 사법과와 재야법조 출신이, 그 밑에 서기 경력자가 자리잡고 있었다고 할 수 있다.

초기 인력 충원이 남긴 것

앞에서 본 사법기구의 인적 구성은 일제시대 한국 법조인의 존재방식과 해방 이후의 급속한 인력 충원이 합작하여 만들어낸 것이었다. 그로 인해 법원과 검찰은 과거 같으면 하나로 묶이기 힘든 이질적 요소들로 구성되었다. 말하자면 과거 일본적 사법조직에서 볼 수 있었던 법원과 검찰 내부의 일체성, 재조와 재야 사이의 장벽이 무너지고, 법원과 검찰조직이 일거에 혼성적으로 구성된 것이다.

판사와 검사들이 책상배치와 석차문제를 놓고 논쟁하는 바람에 일주일씩이나 법원의 문을 닫는 일이 생긴 것도, 유례없이 다양한 배경을 가진 자들이 법원·검찰로 밀려들었기 때문에 비롯된 일이었을 것이다. 서열 관념은 변함없이 존속했으나 구체적인 서열을 확정하기 위한 사실적 기초가 확립되지 않았던 것이다. 사실 이 시기에는 어떤 의미로는 모든 이가 새출발을 하고 있었고, 누구도 기득권과 우월적 지위를 주장하기 힘들었다. 어쩌면 그 배경에는 앤더슨이 말한 바와 같이 개인적 혹은 정파적 시기심, 자리차지를 위한 치열한 경쟁, 그리고 그 가운데 미국인 관리들이 만들어낸 세력 균형이 있었을 것이다.

때문에 초기의 사법진영에는 혼란스럽기는 해도 일종의 평등의식이 자리

잡고 있었던 것처럼 보이기도 한다. 사실 미군정기에는 사법조직과는 어울리지 않을 것 같은 집단적 의사표시와 개성의 발휘가 유달리 많았다. 판검사들이 수차례 공개적으로 대법원장을 비난하고 군정청의 처사에 항의하여 집단행동을 하는 일이 심심치 않게 벌어졌다. 개성과 강단이 있는 판검사들은 신문과 잡지를 통해 개인적 소신을 밝히곤 했다. 물론 이런 모습을 가지고 사법기구 내부에 자율적이고 민주적인 분위기가 있었다고 이해하는 것은 곤란하지만, 어쨌든 다양한 출신배경과 경력의 차이, 재야법조 출신자의 대거등용 등을 통해 사법조직 내부에 어느 정도는 수평적이고 분파적인 요소가 존재하게 되었던 것이다.

그러나 이런 분위기는 오래 지속될 수 없었다. 법원과 검찰의 수뇌부는 법원과 검찰을 늘 통제범위 안에 두고자 했고, 그 내부 역시 관료주의적 획일성에 점차 길들여졌기 때문이다. 하지만 그 과정은 결코 순탄하지 않았다. 특히 최고권위라 할 수 있는 대법관들에 대한 법원 내부와 재야법조의 불신은 심각한 수준이었다. 우리는 12장에서 법원조직법의 제정과정을 살피면서 어떻게 그런 불신이 반영되고 있었는지 확인하게 될 것이다.

한편 초기설정이 남긴 결코 간과해선 안 될 또 하나의 결과가 있다. 법조의 인구구성과 직업의식 측면에서 결코 바람직하지 않은 재조중심의 법조일원화구조가 탄생했다는 것이다.

이미 일제시대의 법조인구 구성에서도 변호사의 비율이 매우 낮은 기형적인 모습이 나타났는데, 그 모습은 해방 이후 급속한 판검사 충원과정을 거치며 더욱 악화되었다. 1948년 8월 현재 판사는 156명, 검사는 145명인데 반해 변호사는 겨우 60~70명에 불과했다. 변호사 수로만 보면 과거보다 훨씬 악화되었다. 이 정도의 변호사 수로는 일부 대도시의 법률수요에 대처하는 것조차 어려웠다. 이런 상황이 변호사들에게 엄청난 이익을 가져다준 것은 말할 나위 없다. 과소한 법조인구, 특히 터무니없을 정도로 적은 변호사 수로 말미암아 사법제도의 운영이 왜곡된 것은 말할 것도 없고, 국민과 가까이 있는 시간과 비용이 덜 드는 사법서비스를 위한 이상적인 방안들을 도입하는 것도 현실을 이유로 유예되었다.

어쨌든 해방 이후의 급속한 법조인력 충원은 결과적으로 '모든 법조인의 재조법조화在朝法曹化'를 낳았다. 그것은 판검사가 법조사회 내부에서 양적·질적으로 중추적 존재가 되고, 재조법조의 의식을 법조 전체가 공유하게 되는 현상의 기원이 되었다. 이 지점에서 정부수립 이후 법조인 충원방식이 180도 변화했다는 데 주목해야 한다. 식민지 시기에는 극히 소수에게만 개방되었지만, 이제 고시 사법과, 변호사시험, 총독부특별임용 등 여러 경로로 법조인이 될 수 있었다. 미군정기에는 임시적인 특별임용제도와 함께 사법요원소 입소시험, 간이법원 판사임용시험, 변호사시험 등이 실시되었다. 그러나 1949년 11월 변호사법 제정 이후 시험에 의한 변호사자격 취득의 길은 고시 사법과 합격으로 한정되었다.[25] 이후 기껏해야 1년에 20여 명을 선발하는 고시 사법과의 좁은 문을 통과한 자들은 대부분 판검사로 임용되었고, 판검사 출신의 이른바 '전관前官' 변호사들이 변호사의 주된 공급원이 되었다.

일본의 경우 일찍부터 변호사의 수가 판검사의 수를 압도해 1940~50년대에는 변호사 수가 5,000~6,000명에 이르렀다. 한국에서는 정부수립 이후 변호사의 수가 꾸준히 증가했으나 1980년대에 들어서야 변호사 1,000

---

025 변호사법은 변호사 자격요건을 ① 고등고시 사법과 합격자를 수습변호사로 임명하고 수습변호사로서 1년 이상 수습을 마치고 고시(실무고시)에 합격하거나, ② 국회사무처·법원·법무부·법제처·국방부 등 특정한 공무소에서 2년 이상 법률사무에 종사하거나 공인된 법과대학에서 2년 이상 조교수 이상의 직에 근무한 자, 또는 ③ 판사나 검사의 자격이 있는 자라고 했다(변호사법 제3조, 제4조).

명 시대에 들어섰고, 1990년대에 비로소 변호사의 수가 판검사의 수를 앞서기 시작했다. 그만큼 법률서비스시장이 왜곡되고 소수의 개인적 활동을 제외하면 변호사단체가 재조법조와 긴장관계에 서서 재야성을 발휘하는 것을 기대하기 힘들었다.

2. 사법기구의 조직과 운영방식

점령재판소로서의 한국재판소

한국인화정책과 함께 1945년 11월부터 서울과 주요 지역부터 단계적으로 법원·검찰청이 개설되었다. 법원의 명칭은 일제시대의 '고등법원, 복심법원, 지방법원'에서 '대법원, 공소원, 지방법원'으로 변경되었다. 미국식 대법원장(Chief Justice)과 대법관(Justice)이라는 직명이 탄생했다.[26] 검사국의 명칭도 대법원 검사국, 공소원 검사국, 지방법원 검사국으로 바뀌고, 대법원 검사국의 장의 직명은 종전의 검사장에서 검사총장으로 변경되었다.

하지만 2심제도를 취한 식민지의 전시특례가 폐지되기까지는, 지방법원이 제1심을, 공소원·대심원은 상고심을 담당하는 2심제도가 유지되었다.[27] 다만 사건의 분배에 관해 약간의 변경이 있었다. 지방법원과 지원의 단독 사건 소송가액을 2,000원 이하에서 25,000원 이하로 인상하고, 지방법원 사건 중 중대한 형사사건이나 난해한 민사사건의 경우 공소원판사에게 사

---

026 참고로 법무국장의 판사에 대한 훈령 제1호(1945. 11. 29)의 국문본에서는 Chief Justice를 '대법원 재판관장', Justice를 '대법원 재판관'으로 번역했다.

027 '조선전시민사특별령'과 '조선전시형사특별령'은 1948년 4월 1일 법령 제181호에 의해 폐지될 때까지, '조선총독부재판소령전시특별례'는 1948년 5월 '법원조직법'이 공포될 때까지 효력을 유지했다.

건을 배당할 수 있도록 했다.[28]

이듬해 1946년 8월 사법부장 김병로가 "3심제를 부활시키고 검찰진을 강화하여 건국도상에 있는 조선 사법권의 확립을 도모하기 위하여" 공소원 대신 고등법원을 신설하고 각급 검사국을 대검찰청·고등검찰청·지방검찰청 으로 재편하는 내용의 사법기구 개편안을 제출했다. 군정청은 인원과 예산 의 부족으로 당분간 전시법령하의 2심제도를 유지하기로 하되, 나머지 기 구개혁안을 승낙했다.[29] 그에 따라 1946년 12월 16일 사법부령司法部令을 통해 법원·검찰의 명칭이 각각 '대법원, 고등심리원高等審理院, 지방심리원地 方審理院', '대검찰청, 고등검찰청, 지방검찰청'으로 바뀌었고, 기존의 '판사' 와 '검사'라는 직명 대신 '심판관', '검찰관'이라는 새 직명이 사용되었다.[30] 새로운 명칭은 1947년 1월 1일부터 시행되어 미군정 말기인 1948년 5월 1일 법령 제192호 법원조직법이 제정될 때까지 유지되었다.

명칭변경의 목적은 독립국의 위신에 부합하도록 '왜색倭色'을 지우려 한 것이었지만, 그렇다고 이 명칭들이 전적으로 새로운 것은 아니었다. 이미 일제시대에도 '대법원', '대법관', '심리원' 등이 별칭 혹은 번역어로 사용 되고 있었고,[31] '검찰청', '심판관', '검찰관'은 정확히 만주국 법원조직법상

---

028 1945. 11. 19. 군정장관. 임명사령 제36호, 1945. 11. 29 판사에 대한 훈령 제1호.

029 『동아일보』 1946. 8. 10; 『서울신문』 1946. 9. 5.

030 대검찰청, 『한국검찰사』, 대검찰청, 1976, 231쪽.

031 경성의 고등법원·복심법원·지방법원 통합청사를 '대법원'이라고 하거나(『중외일보』 1926. 12. 25) 독일의 최고법원을 '대법원'이라고 했다(『조선중앙일보』 1935. 5. 19). '대법관'은 일본 대심원(大審院) 판사의 별칭이었고(예를 들어 『동아일보』 1921. 9. 29), 오늘날에도 대법관으로 번역되는 영국의 'Lord Chancellor'를 가리키는 용어로 사용되었다. 예를 들어 長島毅, 『裁判所構成法』, 일본평론사, 1928, 313쪽; 『동아일보』 1923. 9. 2. 영국의 법원 을 심리원으로 번역한 예로는 『삼천리』 9권 4호, 1937. 5에 실린 인정식(印貞植)의 글이 있다.

의 명칭에서 유래했기 때문이다. '대법원'은 군이 말하면 일본의 '대심원大審院'을 의식한 명칭이었고, '심리원'은 기존의 '재판소'(일본 내지) 또는 '법원'(식민지, 만주국)과 같은 일본식 명칭에서 벗어나 법원의 '심리'기능에 초점을 맞춘 용어였다. 한편 검찰의 입장에서 보면 'ㅇㅇ법원 검사국'에서 'ㅇㅇ검찰청'으로의 명칭변화는 숙원의 실현이었다. 기존 명칭은 검사국이 법원에 '부치' 내지 '병치'된 기관임을 나타내지만, 새로운 명칭은 검찰청이 법원과 별개의 대등한 기관임을 훨씬 분명히 표현해주기 때문이었다.

한국인으로 조직된 재판소는 군정 사법체계에서 어떤 위치에 있었는가? 1945년 11월 법령 제21호가 규정하듯이, 한국인으로 조직된 재판소는 군정청에 예속된 점령재판소(military occupation court)의 한 부분이었다. 한국재판소(the courts of Korea)—당시 명칭은 '조선재판소'—의 조직과 권한은 어디까지나 점령 당국에 의존하여 점령통치를 위해 사법권을 행사하는 점령재판소의 일종이었기 때문이다. 1946년 1월 22일 헬믹Charles G. Helmick 군정장관대리가 발한 '체포와 기소절차에 관한 지령'은 한국재판소는 군정의 통제 아래 있고 군정은 군정목적에 부합하지 않는 판결을 재심사하고 부인할 수 있는 권한을 갖는다고 했다.[32] 한편 군정청 예하의 점령재판소에는 한국재판소 외에 주둔군에 속한 군사위원회(military commission)와 군정재판소(provost court)가 있었다. 둘 중에서는 군정재판소가 일종의 하급심이라고 할 수 있으며, 당시 가장 대표적인 미군의 재판기구였다.[33]

---

032 『주한미군사 3』, 546쪽.

033 군정재판소는 연합국의 육해군 군법에 복종하는 자(군인·군속 등), 외교적 면책권자, 전범을 제외한 남한의 모든 사람들에 대한 관할권을 가지고 있었다. 주로 포고 제2호 위반사건, 그리고 법령 제72호(1946. 5. 4)에 규정한 군정위반범죄와 같은 범죄에 관하여 1명의 판사가 변호인이나 검사도 없이 약식 군법회의(Army summary courts martial)의 절차에 따라 재판했다. 일반적으로 미국에 적대적인 범죄들, 치안방해, 절도, 횡령, 뇌물 같은 범죄사건

혼란을 피하기 위해 당시 점령재판소의 의미와 용어를 정리해둘 필요가 있다. 넓은 의미의 점령재판소는 남한 전역에 대해 관할권을 가진다. 한국재판소의 관할권은 주로 한국인사건에 미쳤는데, 여러 조치에 의해 조금씩 확대되었다. 한국재판소의 관할범위를 벗어나는 사건들에 대해서는 군사위원회와 군정재판소가 관할권을 행사했다. 이를 좁은 의미의 점령재판소라 부르기도 한다.[34] 당시에도 용어가 통일되지 않았는데, 미군의 점령재판기구의 재판을 관용적으로 '군정재판'이라고 부르고 있었다.[35]

〈그림 9〉는 미군의 점령재판소 중 한국재판소와 미군의 군정재판기구의 편성을 그림으로 나타낸 것이다. 특별범죄조사위원회와 특별재산심판소는 1945년 11월 전범 및 총독부관리의 범죄, 적산처리를 위한 설치된 임시기구로서 그다지 활용되지 않고 곧 폐지되었다. 재산소청위원회財産訴請委員會는 특별재산심판소를 계승하여 적산문제의 처리를 위해 1946년 8월 31일 법령 제103호로 설치된 특별재판기구이다.

편의상 한국재판소가 관할하는 사건을 '한국재판사건'으로, 미군 군정재

을 취급하고, 미화 5천불이나 그에 상응하는 원화의 벌금 또는 5년 이하의 징역·금고를 선고할 수 있었다. 『주한미군사 3』, 581쪽.

034 점령재판소의 개념·조직·기능에 관해서는 송기춘, 「미군정하 한국인에 대한 군정재판—미군 점령통치기 주한미군사령부문서를 중심으로」, 『법학논총』(단국대) 30권 1호, 2006, 56~82쪽 참조.

035 점령재판소를 뜻하는 military occupation court와 마찬가지로 이들 재판기구의 한국어 명칭은 통일되지 않았다. military occupation court는 법령에서 '점령군 군율회의', '육군점령재판소', '군정재판소', '군사재판소' 등 다양한 명칭으로 번역되었다. 1946년 5월 3일 법령 제72호의 경우 같은 법령 안에서도 군사재판소, 군정재판소로 혼용했을 정도이다. 법령 제21호에서 military commission은 군사위원회로, provost court는 헌병재판소로 번역되었지만, 1946년 3월 법무국의 검사에 대한 지령 제4호에서는 후자에 대응하여 군사재판소라는 용어가 쓰이기도 했다. provost court의 경우 다른 문헌에서 헌병재판소로 번역되기도 하지만, 반드시 군경찰을 의미하는 헌병과 관련이 없고, 오히려 당시 가장 널리 쓰이던 '군정재판'의 대표적 기구라는 점을 감안하여 '군정재판소'라는 용어를 쓰기로 한다.

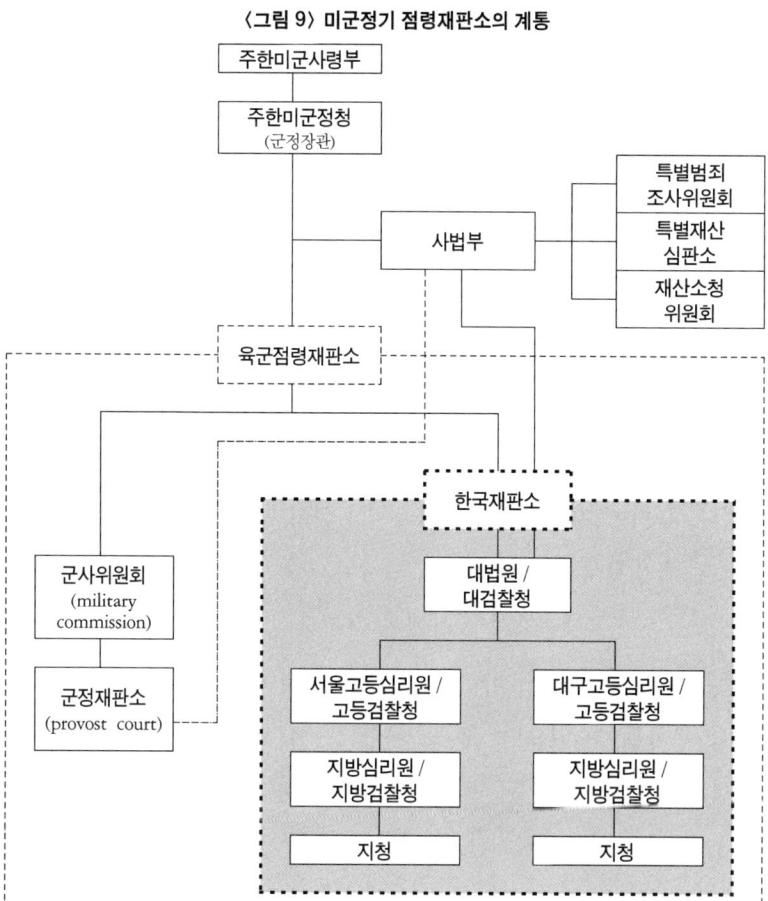

〈그림 9〉 미군정기 점령재판소의 계통

판소 관할권에 속하는 사건을 '군정재판사건'으로 부르기로 하자. 한국재판
사건과 군정재판사건의 경계는 다소 유동적이었다. 1946년 3월 13일 '법
무국 검사에 대한 훈령 제4호'에 의거하여 설명하면 다음과 같다. 먼저 군
정재판소는 통상 미군이 증인이거나 미국 재판에 관련된 사건을 관할하고,
경우에 따라─특히 미군의 위엄이나 안전에 관한 사건─ 그 밖의 사건을

관할한다. 포고·법령·명령·고시 등 제반 법령의 위반사건은 한국재판소 검사가 한국재판소에 기소한다. 하지만 미군, 미군속, 연합국민(미국인 포함)이나 연합국의 보호를 받는 자, 주축국(일본, 독일, 이탈리아) 국민의 형사사건이 발생할 경우, 검사는 법무국장 또는 군정법원에 이를 보고해야 하며, 관할이 불분명할 때는 군정재판소와 상의해야 한다.

군정청 법무국(사법부)의 격상된 지위와 권한

군정청 법무국(Bureau of Justice)은 식민지 시기와 마찬가지로 사법행정상의 감독기능을 행사했다. 총독부 법무국의 기능에 관한 기존법령은 그대로 유지되었다. 특히 초기단계에는 직원을 임용하고 사무를 효율적으로 지휘·감독하기 위해 법무국장의 권한이 더욱 강화되었다. 예를 들어, 1945년 11월 19일 최초로 한국재판소의 판사에게 내려진 법무국장의 훈령 제1호는, 법무국장은 대법원장을 경유하여 통상의 직무 외에 점령재판에 관한 특별한 직무를 부과할 수 있으며, 모든 판사를 지휘·감독하는 대법원장으로부터 필요한 경우 보고를 받을 수 있다고 했다. 1946년 3월 검사에 대한 법무국장 훈령 제4호는 "한국재판소는 법무국장이 감독·지시하는 국가기관"임을 분명히 했다. 또한 검찰사무에 관해 법무국장은 최고감독자의 위상을 가지고 있었다. 1945년 12월 19일 법무국 형사과장의 통첩은, 검찰사무보고는 총독부 법무국장 통첩(1938. 1)에 준하여 작성해야 한다고 주지시켰다. 새롭게 정립된 보고사항에 관해서는 지방법원 검사장과 지청 검사가 각 감독관을 경유하지 않고 직접 법무국 형사과장에게 보고하도록 했다.[36]

---

036 「검사사무보고에 관한 건」(1945. 12. 19, 대법원 검사장, 각 공소원 검사장, 각 지방법원 검사장, 각 지청 상석검사에게 법무국장통첩), 대검찰청, 『自紀元四二七八年八月 至起源 四二八一年三月 檢察提要』(이하 『검찰제요』), 92~93쪽. 법무국장에게 직보해야 할 보고 사항은 ① 범죄보고사항으로, 사법부(법무국·재판소·검사국·형무소 등 사법기관 포함) 직

이와 같이 법원과 검찰사무에 관하여 미군정기 법무국장의 지위는 총독부 법무국장보다 격상되었고, 이를 뒷받침하는 지휘감독권도 부여되었다.

1946년 3월 법무국이 사법부司法部(Department of Justice)로 명칭을 바꾸었고, 군정청 내 다른 부서가 담당하던 법제사무가 사법부로 통합되었다. 1946년 4월 2일 법령 제67호는 군정장관에 대한 법률자문을 담당했던 총무처 법제서法制署의 조직과 기능을 사법부로 이관하는 한편, 사법부장의 직능을 구체적으로 규정했다. 사법부장은 군정장관의 법률고문이자 사법행정 및 사법기관의 감독권자로서 ① 법제정에 관한 정책, 대법관 및 고등심리원 판사의 임명, 정부정책의 적법성 및 법률안·법령·법규에 관하여 의견을 구신하며, ② 공문서 발행과 법률 시행에 관하여 용어·체제 및 효력을 심사·승인하고, ③ 정부에 관한 재판사무에서 정부를 대표하며, ④ (1947년 9월 30일 군정장관에게 완전히 넘어갈 때까지) 군정장관의 동의를 얻어 지방심리원 이하의 판검사를 임명하고, ⑤ 군정장관의 동의를 얻어 형무소장, 형정관, 가출옥 위원회 위원, 사법관시보위원회, 법제도서관 직원을 임명하며, ⑥ 변호사를 인허하고, ⑦ 법률조사·심의·기초를 담당하는 법무관을 임명하며, ⑧ 법무관 및 서기의 훈련·감독을 관장한다. 이와 같이 사법부장은 군정청의 법률사무를 총괄하는 권한을 가지게 되었다. 미국인 관리들은 사법부장의 직위를 미국의 연방·주정부의 법무부장관이 겸하는 Attorney General(법무총재)

원 및 변호사의 범죄, 공무원의 벌금 이상의 형에 해당되는 범죄(경미한 사건 제외), 외국인의 범죄 또는 외국인에 대한 범죄(경미한 사건 제외), 조선 건국에 영향을 파급하는 범죄, 정부시책에 중대한 영향을 파급하는 범죄, 사회의 이목을 끄는 범죄, 사안의 내용이 중대 또는 악질인 범죄, ② 자료보고사항으로, 검찰운영상 유의를 요하는 민심의 동향, 기타 치안상 유의를 요하는 각종 사상(事象)의 발생추이 및 이에 대한 검찰대책 또는 검찰운영상 밀접한 관계가 있는 각종시책 혹은 검찰의 입장에서 관찰한 제제도시책의 불만·결함 등으로 속히 개폐시정을 요한다고 인정되는 사항이다.

에 준하여 이해하고 있었다.[37]

1946년 상반기에 사법부의 행정사무가 한국인 간부와 직원에게 이양되고, 미국인 관리들은 고문의 역할을 담당하도록 부내업무 조정이 이루어졌다. 1946년 5월 테일러의 후임으로 코넬리John W. Connelley가 사법부장으로 부임했다. 코넬리 사법부장과 함께 김병로가 한국인 사법부장으로 임명되어 1947년 3월까지 이른바 양兩부장제가 시행되었다. 한국인으로 임명되는 차장직이 신설되고 부내의 부서도 확대·재편되었다.[38] 코넬리는 이 조치의 의미를 "최종적으로 과도정부의 수립"을 향한 단계적 조치라고 설명했다.[39] 〈그림 10〉은 1946년 6월 현재 양부장제 아래 사법부의 조직도이다.[40]

1946년 9월 이후부터는 미국인 사법부장은 공식적으로 '최고고문(Chief Advisor)'으로 표시되고, '부장'이라는 직함은 한국인 부장에게만 붙이도록 했다. 1947년 상반기 남조선 과도정부의 출범을 앞두고, 1947년 2월 하지 사령관의 구두명령으로 코넬리 부장은 사법부장의 직책에서 물러나 사법부 고문(Advisor of the Department of Justice)이 되었다. 군정청 내 미국인 책임자들을 공식 해임하는 조치와 더불어, 1947년 3월 29일 한국인들이 사법부 간부로 공식 임명되었고, 김병로는 한국인으로서 완전한 직권과 책임을 갖는 사법부장이 되었다.[41]

---

037 군정청 사법부는 'office of Attorney General'로 표기되기도 했다. 『주한미군사 3』, 617쪽. 우리나라에서 'attorney general'을 검찰총장으로 번역하는 예도 있지만, 영미국가의 attorney general과 대륙국가의 검찰총장(chief prosecutor, procureur general)을 같다고 보기는 힘들다. 'attorney general'의 지위와 기능은 검찰총장보다 높고 넓으며, 정부의 법률사무를 총괄한다는 본래의 의미를 나타내기 위해 여기에서는 '법무총재'라고 했다.

038 그러나 이 시기 한국인 간부 임명을 군정장관이 공식적으로 승인하지 않았기 때문에, 한국인 간부들에게는 정규봉급이 아닌 일급이 지불되었다. 『주한미군사 3』, 511쪽.

039 위의 책, 511쪽.

040 위의 책, 634쪽.

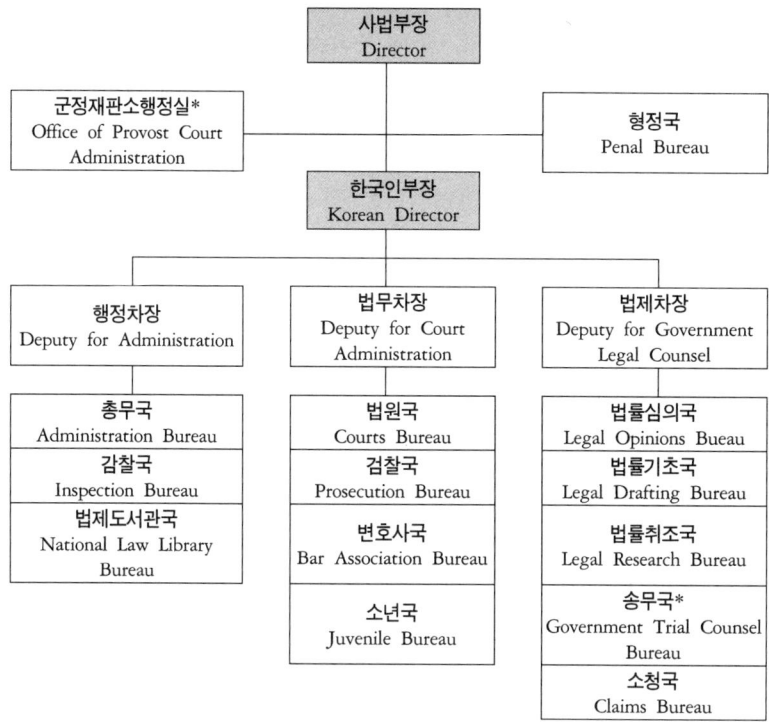

〈그림 10〉 미군정청 사법부 조직도(1946. 6~1947. 3)

* 한국어 공식명칭이 확인되지 않음.

법원·검찰 내부의 명령계통 확보

사법조직 재건과 함께 지휘명령계통을 확립하기 위한 조치가 취해졌다. 1945년 11월의 판사에 대한 법무국장 훈령 제1호는 한국인 재판소에 대한 법무국장의 권한을 언급하면서, 대법원장이 "모든 판사를 지휘감독"하며 "대법원장을 경유하여" 법무국장의 명령과 법무국장에 대한 보고가 이루어진다고 했다. 따라서 대법원장은 법무국장 밑에서 법원사무를 감독하는 최

---

041 위의 책, 517쪽.

고감독관자였다고 할 수 있다. 그 자체는 전혀 새로운 일이 아니었다. 1922
년 개정된 총독부재판소령에 의거하여 조선총독부 고등법원장이 하급재판
소의 사법행정사무에 관한 지휘감독권을 가지고 있었기 때문이다. 어쩌면
그런 선례가 존재했기 때문에 군정기에도 거부감 없이 대법원장으로의 권
한과 정보집중이 이루어지고, 훗날 대법원장의 막강한 권한으로 이어지게
되었을지도 모른다.

　1945년 12월 김용무 대법원장은 새로 출범한 한국재판소의 각급법원장
에게 최초의 훈령을 시달했다. 그는 일제하의 압박에서 벗어나 한국인이
사법권을 행사하게 된 데 대해 감개무량함을 표하고, 사법부가 조금이라도
과오를 범하여 사법의 신망을 오독하면 조선의 완전독립은 그만큼 지연될
것이기 때문에 건국도상의 죄가 될뿐더러 이후 역사에도 죄명을 전하게 될
것이라고 강조했다. 아울러 김용무는 사법에 봉직하는 자가 엄수해야 할
사항을 다음과 같이 훈시했다.

1. 미국 주둔군의 군정시행에 절대 협력할 것.
2. 상명하종의 계통을 확립하여 각기 직무에 충실 근면할 것.
3. 직분의 기밀을 엄수하야 외부에 누설되지 않게 할 것.
4. 직무에 관하여 위로·사례 기타 여하한 명칭에 불구하고 타인으로부터 금품의
   증여 또는 향연을 받지 말 것.
5. 상관은 소속관리를 감독하여 품위 유지에 유의할 것.
6. 직원의 추천(사법관 또는 서기 등 포함), 임면, 표창, 징계, 예산편성 기타 각반의 사
   법행정에 대하여 모두 대법원장을 경유하여 이를 법무국에 진달하게 할 것.
7. 사건심리에 관한 상황보고와 기타 요청에 관한 상신은 모두 대법원장을 경유
   하여 이를 법무국에 진달하게 할 것.

8. 군정재판과 사법재판의 한계를 구별하여 사건을 처리할 것.[42]

판사들에 대한 대법원장의 제일성은, 군정에 대한 절대협력과 상명하종을 강조하고 사법행정사항은 물론 사건심리에 관한 상황보고까지 대법원장을 경유하도록 명령하는 것이었다. 당시 사정을 고려하면 불가피한 점이 없지 않았다 해도, 대법원장의 훈시가 마치 검찰총장의 것처럼 들리기까지 한다. 이 훈시에서도 한국재판소가 점령권력에 예속된 법집행기관이라는 현실이 뚜렷이 드러나고 있다.

김용무는 때때로 대법원장에 어울리지 않는 정치적 발언으로 논란을 일으켰다. 1946년 2월에는 서울지방재판소 판검사 40여 명이 김용무 대법원장의 정치적 편향과 자질을 문제 삼아 불신임안을 제출했다. 1946년 6월에는 지방시찰 중 광주지방법원에서 적절하지 않은 내용을 훈시해 물의를 빚었다. 김용무는 예의 군정시책에 적극 협조할 것을 주문하면서, "사법권에 있어서 엄정중립이니 불편부당이니 하는 자는 사법관의 자격이 없다. 경찰 증거서류가 불비하다 해도 건국을 방해하는 자에게는 철퇴를 내려야 한다"고 했다. 건국방해자란 신탁통치 지지자, 좌익사상 소유자를 가리키는 말로 이해되었다.[43] 초대 대법원 검사장 김찬영(한말 법관양성소 출신)도 휘하 검사국에 대한 첫 훈령에서 검찰이 치안질서를 유지하는 원동력이라 강조하고, 검사가 염두에 두어야 할 사항을 다음과 같이 훈시했다.

1. 직무상 명령과 복종의 관계를 엄절 명백히 하는 동시에 종과 횡으로 상호간

042 「사법운영 등에 관한 훈령」(1945. 12), 『검찰예규에 관한 기록(1945·1946)』, 전주지방검찰청, 국가기록원 소장, 문서번호 77-5022.
043 『서울신문』 1946. 3. 22; 6. 17; 7. 11.

에 긴밀한 연락과 융화협조를 힘써 꾀할 것.

1. 부하에 대해서는 독려와 근면을 함께 시행해 직무의 완수를 지도할 것.

1. 사법경찰관의 교양에 부단히 유의하여 직접간접으로 지도를 행하여 검사의 지휘명령에 철저 복종함을 기도할 것.

1. 범죄수사를 민속敏速히 하고 규문糾問을 엄정히 하며 단안斷案을 명쾌히 할 것.

1. "검사는 국가를 대표하여 공소를 제기한다"는 관념을 견지하여 모든 범죄사건을 빠짐없이 기소하되 엄벌주의로서 처할 것.

1. 살상인, 강도, 강간, 폭행, 협박, 공갈, 소요 등에 대해서는 특별한 이유가 있다고 확인된 자 이외에는 반드시 가장 중한 형으로 임할 것.

1. 물자의 은닉, 비밀매매, 기타 폭리행위를 특히 엄밀히 수사·검거할 것.

1. 도향 각지의 사회운동 및 정치운동 방면에서 빈발하는 악질 비행을 주시하여 만약 범죄로 인정될 시에는 특히 엄정히 소추할 것.[44]

1946년 8월 이인 검사총장은 특히 검사동일체원칙을 거론하며 명령계통의 확보를 강조했다.

검사동일체의 원칙에 의하여 동일 상관하에 있는 검사 또는 검사국은 일체一體의 행동을 취할 것이므로 하위에 있는 각 검사는 상위에 있는 검사에 포섭되며 각각 그 장관에 통솔되어 그 지휘명령에 복종함은 부언을 불요하는 바이오, 해방 후 미군정하에 우리 한인으로 조직한 검찰진영의 기구도 역시 이 검사동일체의 원칙에 하등 변동됨이 없음은 극히 명백한 바, 왜곡된 민주주의 사조에 감염된 자 있어 이 검사동일체의 원칙을 무시하는 혐의가 없지 않음은 심히 유감인 바이니, 형사사건의 수사방침, 기소 여부, 양형, 상고 여부, 공소취소 등 검사소속

---

044 「관하 각 검사에 대한 김찬영 대법원 검사장 훈시」(1945. 1), 『검찰제요』, 1~2쪽.

의 사무전반에 관해 각기 상관의 지휘명령에 복종하여 검사일체화의 완벽을 기할지며 (…).[45]

이인이 말하는 검사동일체원칙이란 과거 일본 검찰에서 폐쇄적 조직이데올로기로까지 변질되었던 검사동일체원칙이다. 이인은 이 검사동일체원칙이 해방 이후 검찰조직에서도 변함없는 원칙이라고 강조하며, 철저한 상명하복을 요구했다. "왜곡된 민주주의 사조에 감염"되어 검사동일체원칙을 무시하는 경우가 없지 않다고 말하는 대목은, 이인이 새삼 상명하복을 강조한 이유가 무엇인지 짐작케 한다.

이상과 같이, 새로 출범한 법원과 검찰의 수뇌부는 하나 같이 상명하복과 명령계통의 확립을 부르짖고 있었다. 식민지 시기와 비교하자면, 1920년대 직무의 독립이 강조되던 때보다는 1940년대 전시체제하의 분위기와 비슷하다. 당면한 상황에 충실한 대응이기도 했지만, 또한 이를 통해 사법 진영 내부의 분파적 요소들을 평정하고 중앙집중적 감독체계를 확립해나갔던 것도 사실이다. 이처럼 남한의 사법재건과정은 처음부터 중앙집중적 명령계통 확보에서 출발하고 있었다.

해방 이후 김병로, 이인, 김용무가 사법을 재건하고 미래를 위한 초석을 놓은 공로를 부정할 자는 아무도 없을 것이다. 그들의 정치적 성향을 접어둔다면, 분명 그들은 일제통치에서 이제 막 벗어난 남한의 사법조직을 이끌기에 충분한 경력과 명성과 정통성을 갖고 있었다. 하지만 그들은 사법기구의 수장이 되자 마치 예전에 총독부재판소의 감독관들이 그랬던 것처럼 지휘하고 명령했다. 그들만 그랬던 것도 아니고, 당시의 국가적 상황에

---

045 「검찰사무명령계통에 관한 건」(1946. 8. 9, 대검 제122호, 공소원검장·지방검사장에 대한 검사총장 통첩), 『검찰제요』, 108쪽.

서 불가피한 점도 있었다. 그들이 맡은 법원과 검찰은 인적·물적으로 빈약했고, 통합성에 저해되는 요소들을 품고 있었다. 그들이 보기에 국가적 과제와 내외의 악조건을 헤쳐나가기 위해서는 사법조직이 일사불란한 대오를 유지해야 했고, 그것이 당시로서는 현실적인 선택이었을 것이다. 그런 점에서 사법조직 내부의 민주화가 진척되지 못한 것이 전적으로 그들의 책임이라고는 할 수 없다. 그러나 이후 사법제도 개정작업이 진행될 때 그들이 보여준 태도는, 관료적 사법체계의 혁신과 사법민주화에 긍정적으로 기여하지 못한 것이 사실이다. 특히 이 시기에 대두한 '민주적 사법개혁'논의에 관한 한, 그들은 확실히 보수파에 속했다.

한국재판소와 군정 당국의 마찰과 사법권 수호운동

앞에서 설명했듯이 미군정기 한국재판소는 점령군사령관의 권한에 의거해 설치된 점령재판기관이었다. 군정장관의 심사권과 비토권한이 그 분명한 상징이었다. 미군정 당국은 점차 한국재판소의 관할을 넓혀갔지만, 한국재판소의 관할권은 상황에 따라 유동적이었다. 한국재판소가 군정 당국이 의도한 대로 움직이지 않을 때는 군정 당국이 개입했기 때문이다.

1947년 4월 미군 수사기관이 체포·적발한 형사사건도 한국재판소에 이첩하도록 했다. 그러나 군정 당국은 한국재판소의 사건처리에 관심의 끈을 놓지 않았고, 필요하면 직접 개입했다. 중앙과 지방의 미군정은 그들이 이첩한 사건을 한국인 판사와 검사가 가볍게 처단하거나 석방하는 것에 우려를 표했다. 그에 따라 군정 사법부와 검찰 당국도 미군이 이첩한 사건을 특별 취급하는 훈령을 내려 보냈다. 즉 미군이 이첩한 사건에 관해서는 고발한 미군과 사전사후를 막론하고 긴밀한 연락과 협조를 취하고, 사법부 형사과장에 보고하며, 피의자를 석방하려면 반드시 송치한 미군과 협의해 양해를 구하고, 특히 미국인의 권리를 침해한 형사사건은 검찰수사 중이라도 도 민정장관이 사건을 군정재판에 회부하라는 지시를 내리면 반드시 지시에 따르게 한 것이었다.[46]

이와 같이 사건이 한국재판소로 이관된 뒤에도 미국인 관리와 장교들이 수사와 재판에 간섭할 수 있는 통로가 존재했기 때문에 마찰이 불거지기도 했다. 예를 들어 1946년 4월 광주지검이 군정법령 위반자를 군정의 사전승인 없이 석방시키자, 전남지사인 미군대령이 명령불복종을 이유로 광주지검장을 군정재판에 회부하는 사건이 발생했다. 이에 전남지방법원과 지방검찰청의 판검사가 사직서를 제출하고 군정장관에 진정서를 제출해 항의했다.[47] 1947년 2월에는 대구지검에서 경상북도 광공국장擴工局長의 독직혐의를 수사하던 중 미국인 관리들의 압력으로 피의자를 석방하게 되자, 대구지검과 대구고등심리원 판검사 전원이 사직서를 내고 사법권 독립을 위해 미국인의 간섭을 절대 반대한다는 요지의 진정서를 이인 검찰총장에게 전달했다.[48]

---

046 「미군정재판으로부터 이첩되는 형사사건에 관한 건」(1947. 4. 23, 대법비 제54호·대검비 제59호), 「검찰사무보고에 관한 건」(1947. 8. 14, 대검 제1635호), 「미군인 고발(송치)사건처리에 관한 건」(1947. 8. 21, 대검서 제208호), 「검찰총장에 대한 사법부장 통첩」(1947. 8. 21), 「사건처리에 관한 건」(1947. 9. 25, 대검 제2082호), 『검찰예규에 관한 기록(1947)』, 전주지검, 국가기록원 소장, 문서번호 77-5025.

047 사건의 경위는 다음과 같다. 경찰이 전남 건국준비위원회 위원장과 부위원장을 군정법령위반(폭리행위) 혐의로 검거·송치했는데, 경찰은 죄질이 가볍다는 점과 민족운동경력을 고려하여 불구속기소하기로 방침을 정하고 피의자를 석방했다. 그러자 군정법령위반 범죄자를 석방하기 전 도군정장관의 승인을 얻지 않았다는 이유로 광주지검장이 구속되었고, 다음 날 미군정재판소에서 징역 2년, 벌금 25,000원이 선고되었다. 광주지법과 지검 판검사의 항의로 2주 뒤에 재심이 열려 무죄판결이 내려졌다. 임갑인, 「미군정하의 사법파동(좌익음모사건)」, 『검찰동우』 창간호, 1995, 24~27쪽.

048 『서울신문』 1947. 2. 12.

군정 당국과의 마찰, 한국인 판검사들의 집단행동은 대한민청단大韓民靑團 사건에서 절정에 달했다.[49] 1947년 7월 서울지방심리원은 백색테러를 일삼다가 상해치사죄로 기소된 대한민청단 단원들 중 3명에게는 각각 징역 5년, 5년, 2년을, 김두한을 비롯한 6명에게는 벌금 2만 원을, 나머지 1명에게는 무죄를 선고했다. 이에 미소공동위원회 소련 측 대표가 항의하고 나섰다. 러치Archer L. Lerch 군정장관 역시 형선고가 부당할 정도로 경미하다고 판단해, 이 사건을 서울고등심리원에 즉각 항소하고 피고인 전원을 석방하지 말 것을 서울지검에 지시하고, 증거가 확보될 때까지 서울고등심리원은 심리에 착수하지 말 것을 김용무 대법원장을 통해 고등심리원 심판관들에게 요구했다. 그런데 증거제출이 미루어지자 대법원장은 고등심리원을 신뢰하여 심리를 맡기든지, 아니면 차라리 사건을 군정재판에 회부해달라고 요청했다. 결국 러치는 11월 22일 피고사건을 미군의 군사재판소에서 심리하도록 명령했다. 12월 1일 딘은 군정장관으로서의 감독권을 상기시키고, 한국재판소와 견해를 달리해 유감이지만 한국재판소의 태도가 정치적 테러를 조장할 수 있다는 우려를 표했다.[50] 그런데 11월 25일 정윤환鄭潤煥 등 3명의 고등심리원 심판관은 군정장관의 조치에 반발하여 "사건처리상 간접 혹은 직접적인 외래세력의 견제로 인해 사실상 도저히 직장을 수호치 못하게 됨을 자각"한다면서 사표를 제출했다. 심판관들의 집단행동에는 대법원장 김용무의 처신에 대한 불만도 담겨 있었다. 서울지역 검찰관들도

---

049 군정 당국과 한국인재판소 간의 사법권 독립을 둘러싼 갈등에 대해서는 법원행정처 엮음, 『법원사』, 법원행정처, 1995, 184~188쪽.
050 1948년 1월 미군 군사재판소는 김두한 등 14명에게 사형을, 나머지 2명에게 무기징역을 선고했다. 이후 김두한은 맥아더 장관의 판결승인을 얻는 과정에서 무기징역으로 감형되고, 정부수립 이후 특사로 석방된다. 『주한미군사 3』, 589~591쪽; 『법원사』, 186~187쪽 참조.

사법사무에 대한 외부세력의 간섭배제를 상부에 건의했고, 판사들 역시 재판간섭을 규탄하는 결의문을 채택했다. 12월 26일에는 검찰관 일동이 사법수호 등의 건의안을 하지에게 제출했다. 이에 가세하여 청년단체와 재야법조인들은 사법권옹호대책협의회를 결성했다.[51]

사건의 실체와 정치적 의미에 대한 평가는 논외로 하더라도, 한국인 판검사들은 이렇게 사법권 독립을 명분으로 군정 당국과 충돌하고 집단행동도 불사했다. 이런 행동방식은 정부수립기에도 반복되었다. 또한 향후의 입법에도 (검찰의 독립을 포함한) 사법권 독립에 대한 강렬한 의식이 표출되었다.

건국을 위한 피의 제전

1948년 3월 개최된 경무총감·경찰청장 회의석상에서 이인 검찰총장은 "치안을 확보하기 위한 피의 제전"에서의 경찰의 노고를 치하한 바 있었는데,[52] 이인의 말대로 남한의 사법은 건국을 방해하는 자를 척결하는 피의 제전 속에서 태어났다. 좌익의 공세, 잇단 소요·파업·테러, 극심한 인플레에 편승한 경제·부패사범에 대처하면서, 사법기구는 강경하면서도 동시에 정치적인 태도를 취했다.

1945년 12월 김찬영 검사총장은 취임 일성으로 "건국에 매진하는 이때에 모든 범죄를 철저박멸하며 미연에 방지하여 국민안녕상태를 급속히 회복하는 것이 목하 최대의 급무"라고 하며, 모든 사건에 대해 엄벌주의로 대처할 것을 요구한 바 있었다.[53] 그는 1946년 2월 통첩을 내려 사상·경제·잡

051 『조선일보』 1947. 11. 25 및 11. 30;『동아일보』 1947. 11. 29 및 12. 27;『경향신문』 1947. 11. 29.

052 「경무총감·경찰청장회의석상 이인 검찰총장 훈시요지」(1948. 3. 12),『검찰예규에 관한 기록(1948)』, 전주지검, 국가기록원 소장, 문서번호 77-5024.

053 「검찰사무에 관한 훈령」(1945. 11),『검찰예규에 관한 기록(1945·1946)』.

범을 분류해 전문적으로 담당하는 방안을 지시하기도 했다. 지역사정에 따라 참작 실행하라는 조건이 붙어 있었지만 사실상 사상검찰, 경제검찰기구를 부활시키는 조치였다.[54]

이인 역시 검사총장 취임 시에 사상·언론·출판·집회의 자유를 존중하지만 그 한계를 벗어나 건국을 방해하거나 안녕질서를 교란하는 행위는 단호배제할 것이라고 천명했다. 1946년 5월 조선정판사朝鮮精版社 위조지폐사건에서는 좌익세력으로부터 신변의 위협을 받으면서도 기소와 재판을 성공적으로 마무리했다.[55] 1947년 7월에는 군정 당국의 승인을 얻어 검찰이 독자적인 좌익계열 대검거에 나섰다. 당시에는 좌익의 합법적 활동이 보장되고 있었고, 미군정 당국은 단속의 필요성은 절감했지만 적절한 방안을 찾지 못하던 때였다. 이인은 검찰이 나서야 한다고 판단하고 좌익의 일제 내사를 지시해 증거를 수집한 뒤, 주한미군과 군정 당국자의 승인을 얻어 대검거에 나섰다. 이를 계기로 군정 당국은 검찰을 치안유지의 중추이자 직접적 수사기관으로 인정하게 되었다.[56]

1946년 9월 검사국 실무가회동 석상에서 이인 검찰총장은 기소유예범위의 확대를 지시했다. 개전改悛의 정이 현저하고 재범 우려가 없으며 "건국정신에 비추어 불온사상을 가진 자가 아니"라면 기소유예처분하는 것이 인재활동의 방면에서 적절한 조치라는 것이었다.[57] 이인 자신도 1947년 봄 좌익세력의 회합장소인 건물을 폭파한 죄로 검거된 자가 전기기술자로 밝

054 「검찰사무에 관한 건」(1946. 2. 25, 대검비 제7호), 『서무(인사)예규(1946~1950)』, 전주
    지검, 국가기록원 소장문서, 문서번호 77-5023.
055 『법조50년야사』 상권, 법률신문사, 2002, 31~46쪽.
056 이인, 『반세기의 증언』, 159~164쪽; 신동운, 「수사지휘권의 귀속에 관한 연혁적 고찰 (I)
    초기 법규정의 정비를 중심으로」, 『서울대 법학』 42권 1호, 2001, 217쪽.
057 「재판소검사국실무관회동석상 이인 검사총장 훈시」(1946. 9. 19), 『검찰제요』, 14쪽.

혀지자, 애국자이자 고도기술자인 자를 살리기 위해 정신감정을 의뢰하는 묘책을 짜내기도 했다.[58] 정부수립 이후 초대 법무부장관에 오른 이인은 대한민청단 관련자의 특사를 건의하여 18명 전원이 극비리에 석방되었다.[59]

정부수립 이후 검찰은 더욱 강경해졌다. 1948년 12월 검찰총장 권승렬權承烈은 사상·경제범에 대한 온정적이고 관대한 처분이 도리어 건국 치형에 역효과를 초래할 우려가 있다면서, 사상범과 테러범을 정치범이라 하거나 모리간상배를 경제범이라 하여 온정적인 조치를 취하는 것을 일소하고 "건국을 방해하는 일종의 반역도배"로 취급하여 철저준열하게 처단하고 사찰과 범죄예방에 전력을 다하라고 지시했다.[60] 국가보안법(1948. 12. 1, 법률 제10호)이 제정되고 보도연맹保導聯盟이 조직되는 등 악명 높았던 치안유지법 체제가 부활하여 체제수호의 전선에 배치되었다.

반대로 폭리사건, 증수뢰, 독직사건에 대한 엄벌주의방침은 자주 흔들렸다. '인재확보론' 같은 이유로 기소유예의 범위를 확대하는 것은, 경제사범이나 일반사범, 심지어 경찰관의 범죄를 처리할 때 '애국자'라는 논리로 비호하는 길을 열어놓았다. 1946년 4월 조준호趙俊鎬 폭리사건, 1947년 5월 군정청 요인의 대규모 수뢰사건, 1948년 2월의 공창제폐지 연기운동 비리사건, 1948년 7월 수도경찰청 간부독직사건, 1948년 8월 서울중부경찰서 좌익 살해용의자 은닉 및 독직사건 등의 관련자들이 대부분, 때로는 담당검사도 모른 채 검찰총장과 지검장의 지시로 불기소처분되었다. 그때마다 여론은 비등했다.[61] 검사의 불기소처분 비율이 절반을 넘자, 식민지 시기와

058 이인, 앞의 책, 176쪽.
059 이인, 앞의 책, 196쪽.
060 「건국에 방해되는 범죄처단에 관한 건」(1948. 12. 16, 대검비 제66호), 『검찰예규에 관한 기록(1948)』.
061 『서울신문』 1946. 4. 14, 1948. 3. 6, 7. 4; 『동아일보』 1947. 5. 31, 1948. 2. 27, 3.

마찬가지로 수사기관의 인권유린이라는 비판이 제기되었다. 혐의도 없이 일단 검거·수사하고 본다고 "덮어놓고 경찰"이라는 신조어가 탄생했다.[62]

재건된 검찰은 식민지 시기 폭악무도한 검찰제도의 구태를 반복해선 안 되며, 친절과 엄정, 불편부당함으로 민중이 신뢰하는 검찰로 태어나자고 다짐했다.[63] 그러나 아무리 상황논리에 의해 정당화된다 해도, 당시의 검찰은 새로운 검찰상을 모색하기보다 과거의 모습으로 회귀하고 있었다. 따라서 다음 장에서 보게 될 형사사법개혁 논의는 단지 식민지 사법의 제도와 관행을 극복하자는 것이 아니라, 남한에서 실제 벌어지고 있는 상황을 타개하자는 현실적인 문제의식에 입각해 진행될 수밖에 없었던 것이다.

10;『경향신문』 1947. 6. 29;『조선일보』 1948. 8. 11 등.

062 『자유신문』 1948. 9. 2;『연합신문』 1949. 6. 22.

063 「검찰사무에 관한 건」(1946. 2. 25, 대검비 제7호),『서무(인사)예규(1946~1950)』.

11장 형사사법제도의 개혁을 향하여

    해방은 형사사법개혁을 위한 역동적인 공간을 창출했다. 식민지 사법체제 극복은 단순한 인적 교체로는 달성되지 않는다. 총체적 개혁을 요구하는 목소리가 터져 나왔다. 개혁의 슬로건은 '민주주의'와 '인권'이었다. 재건된 한국 사법현실은 반대로 흘러가고 있었지만, 인권, 법치주의, 사법권 독립, 사법민주화 같은 말들은 또 다른 움직임들을 추동해낸 표어들이었다. 사법민주화는 식민지 시기 사법을 해체하고 새로운 사법을 건설하려면 곧바로 마주하게 되는 과제였다. 그 내용이 무엇이며 그것을 형사사법 속에 실현하기 위해서는 무엇이 필요한가에 대해서는 각자 관점이 달랐다 해도, 이 슬로건들은 당대인들을 각성시키고 그들의 행동을 이끌어냈다.

    개혁적 법률가들은 영미법 속에서 민주주의적 사법의 모델을 찾았다. 일본 법현상이 곧 대륙법의 실질로 이해되었고, 대륙법은 민주주의와 인권의 가치와는 상반되는 것으로 단정되었다. 기성 제도를 극복하고 영미식 모델에 따라 새로운 사법을 세우는 것이 사법민주화 또는 민주적 사법개혁으로 인식되었다. 사법개혁의 과제는 사법권력의 구성과 운영, 사법권 독립, 사법절차 개혁, 검찰제도와 변호사제도 개혁을 포괄하고 있었다. 11장에서는 미군정기부터 정부수립 직후까지 형사사법 개혁논의가 어떤 관점과 논리

아래 진행되었는지, 그것이 어떻게 입법에 반영되고 있었는지 살펴본다.

그에 앞서 군정 초기 형사절차 및 검찰제도와 관련된 중요한 조치들을 확인하고 넘어갈 필요가 있다. 대표적으로 범죄즉결제도와 예심제도가 폐지된 것, 검찰과 사법경찰의 상명하복관계에 변화를 가한 것을 들 수 있다. 이 조치들은 식민지 시기 맹위를 떨치던 경찰의 사법권을 회수하여 법원에 돌려주고, 검사의 수사와 예심절차로 구성되는 종전의 대륙법계적 형사절차에 중대한 변경을 가했다. 그 의미는 단지 악명 높은 제도를 없앤 것에 그치지 않았고, 형사사법 전체를 어떻게 재구성할 것인가 하는 문제와 연결되어 있었다.

1947년부터 1948년 사이에 벌어진 형사사법 개혁논의도 그 여파 위에서 진행되었다. 미군정기의 논쟁 끝에 도달한 대표적 입법성과는, 1948년 3월 20일 공포되어 4월 1일 시행된 법령 제176호 '형사소송법의 개정'이다. 강제수사절차에 한정되기는 했지만, 법령 제176호는 이후 한국 형사소송법이 달성해야 할 규범적 지표가 되었다. 그렇다면 과연 그것은 현실개선에 얼마나 효과를 발휘했을까? 법령 제176호가 다루지 않은 부분, 특히 기소단계 및 공판단계의 개혁에 관한 입법은 1948년 8월 설치된 법전편찬위원회法典編纂委員會 형사소송법분과위원회에 맡겨져 있었다. 전면적 개혁과 현실과의 타협 사이에서 엎치락뒤치락하며 형소법 초안이 작성되었고, 그 속에서 장래를 향한 중요한 입법적 대안들이 마련되었다. 당시 논쟁의 배경, 논쟁주도자 및 쟁점들을 확인하는 것은, 미군정기 및 정부수립 직후 제정된 법원조직법, 검찰청법뿐만 아니라 1954년 제정된 형사소송법의 의의를 파악하는 데도 중요한 의미를 가진다.

1. 미군정 초기 형사사법제도의 부분적 개정

범죄즉결제도의 폐지와 치안관제도

1945년 10월 9일 군정법령 제11호에 의해 경찰서장의 범죄즉결권이 폐지되었다. 범죄즉결제도를 통해 식민지경찰은 사법과 행정기구의 최전방에서 일상적 범죄를 처벌하고 행정규제를 강제했다. 범죄즉결제도는 억압적 경찰국가의 상징이었다. 그런 점에서 범죄즉결제도의 즉각적 폐지는 탈식민지적 사법개혁의 출발을 선언하는 것이었다.[64] 그렇다면 범죄즉결제도의 폐지 이후 상황은 어떻게 전개되었는가?

먼저 경찰수사를 살펴보자. 범죄수사에 활용되었던 범죄즉결권은 폐지되었지만, 경찰은 법률상 여전히 조선형사령 제13조에 의거한 강제처분권한과 행정집행령상 행정검속권을 가지고 있었다. 미군정 당국은 범죄즉결제 폐지 직후 1945년 10월 18일 '검사에 대한 법무국 훈령 제1호'를 통해, 경찰이 범인을 체포했을 때는 조속히 피체포자를 검사에게 인도하고 보고하도록 했다. 과거처럼 경찰이 피의자를 장기간 유치하는 것을 허용하지 않겠다는 취지였다. 검찰 당국은 통일적 입장을 마련한 건 아니었지만 나름대로 경찰의 강제수사를 제한하는 조치를 취하고 있었다. 예를 들어 서울지방재판소 검사국은 군정법령 제11호의 취지에 따르면 경찰의 수사권한이 억제되어야 하므로 관내에서 조선형사령 제13조의 사법경찰관의 요급처분권의 행사를 중지시키고 경찰에게는 행정검속권만 인정한다는 훈령을 발했다.[65]

---

064 범죄즉결제 폐지와 관련하여 앤더슨은 한 일화를 소개했다. 1945년 9월 어느 일요일, 법무국장 우돌과 김영희가 서울 지역 경찰서를 시찰하던 중 우돌이 직접 즉결재판을 해보고 나서, 경찰서장에게 "이따위 일이 더 일어나면 총살해버리겠다"고 했다는 것이다. 앞의 "Interview with Major George A. Anderson."

그러나 1946년 6월에 이르면 대법원 검사총장과 경무국장 통첩을 통해, 사법경찰관은 조선형사령상 강제수사권을 활용하라는 방침이 각 경찰청장에게 시달되었다.[66] 경찰의 강제수사권 행사를 극력 제한하는 게 오히려 범죄수사에 지장을 주고 사건처리를 지연시키는 부작용이 있다는 이유에서였다. 이렇게 경찰은 예전의 권한을 회복했다. 신체구속에 신중을 기할 것을 강조하는 지침들이 내려졌지만, 경찰의 강제수사권과 행정검속권 남용은 전혀 개선되지 않았다. 친일경력자들이 경찰 요직을 차지하여 경찰에 대한 불신과 비판이 높았다. "금일의 경찰이 오히려 일제시대보다 심하다는 세평"까지 나오고 있었다.[67]

한편 경찰서장의 즉결심판권을 폐지한 결과 경미사건을 어떻게 처리할 것인가가 문제되었다. 일단 지방법원에서 취급하게 했지만, 폭주하는 사건에 대응할 만한 조건이 갖추어지지 않았다. 중앙과 지방의 군정청에서 종전과 같이 경찰서장에게 제한된 범위의 심판권을 인정하거나 시장 등에게 심판권을 인정하는 방안 등이 검토되었다. 여러 가지 대안을 검토한 끝에 미군정은 1946년 1월 군정법령 제41호로 特別審判員(special judicial officer)제도를 제정하고 특별심판원이 종래의 즉결심판권을 행사하도록 했다.[68] 특별심판원은 나중에 '治安官'이라는 이름을 갖게 된다. 이것은 미국 치안판사의 역할을 본받아 고안된 것이기 때문이었다.

치안관제도에 대한 한국인 법률가의 반응은 양분되었다. 한쪽은 경미범죄를 신속하게 처리하고 미결구금문제를 해소할 수 있는 방법이라고 보았다. 그러나 다른 한쪽은 치안관 자체를 "불필요한 군더더기"로 인식했다.

---

065 이만종, 「민주경찰의 장래—특히 수사경찰에 대하여」, 『법정』 2권 12호, 1947, 7쪽.
066 「사법경찰관리직무처리에 관한 건」(1946. 6. 24), 『검찰예규에 관한 기록(1945·1946)』.
067 이만종, 앞의 글, 7쪽.
068 『주한미군사 3』, 578쪽.

법률 지식이 일천한 치안관이 재판권을 행사하는 데 대해 거부감을 가졌던 것이다. 그래서 판사들 가운데는 치안관제도를 불필요하게 만들기 위해서라도 열성적으로 사건을 처리하는 모습도 나타났다.[69]

검사들도 치안관제도를 부정적으로 바라보았다. '치안관관제시행규칙' 제10조에 따르면 경찰서장뿐만 아니라 검사도 치안관에게 즉결심판을 청구할 수 있었다. 그러나 검사들은 새로운 제도를 활용하는 데 소극적이었다. 1946년 7월 한 지방검사국의 질의에 대해 사법부차관은 "검사는 재판소에 대하여 소추함이 원칙이며 종전에도 검사가 직접 즉결관서에 즉결청구를 한 예가 없"다고 하고, 사건이 경미한 경우 법원에 약식명령을 청구하는 절차를 밟으라고 했다.[70] 1946년 11월 법령 제120호에 의해 치안관의 관할사건이 대폭 확대되었다. 그러나 검사가 치안관의 즉결심판을 활용하는 예는 거의 전무했다.[71]

이처럼 정규 법률가인 판사와 검사가 치안관제도에 부정적이거나 적대적인 자세를 가지고 있었기 때문에, 결국 치안관제도는 정착하지 못하고 군더더기로 남게 되었다. 미국인 관리와 극소수 한국인 법률가만이 치안관제도의 잠재성을 이해하고 있었을 뿐이었다. 치안관제도는 마침내 경찰을 위한 제도로 전락했다. 나중에 경찰서장이 즉결심판 청구권자로 확립되는 데 검찰 스스로 일조했다고 할 것이다.

예심의 실무상 폐지와 인신보호제도의 도입

해방 직후 한국재판소의 출범과 더불어 예심제도가 실무상 폐지되었다.[72]

---

069 『주한미군사 3』, 579~580쪽.
070 『검찰예규(1945·1946)』, 「사법부 법무차장 회답 특별심판원(치안관) 사무취급에 관한 건」 (1946. 7. 10, 사법 제65호).
071 서상열, 「치안관제도와 간이법원제도에 대하여」 『법정』 2권 12호(1947), 16쪽.

이때 실무상 폐지된 예심제도는 1954년 제정된 형사소송법에 의해 비로소 법률적으로 폐지되었다.

예심의 폐지는 공판 전 절차에 심대한 영향을 미치기 때문에, 본래는 법원과 수사기관의 권한조정, 강제수사절차의 개정과 함께 이루어져야 한다. 그러나 이때는 그저 더 이상 예심을 실시하지 않기로 합의하는 데 그쳤다.

예심이 사라져버리면 어떻게 되는가. 대표적으로 예심 중의 피고인구류 기타 강제처분이 더 이상 허용되지 않는다. 조선형사령은 긴급처분 시 경찰에게 10일간의 피의자유치권, 검사에게 10일의 피의자구류권을 허용했다. 그러나 검사가 예심을 청구해 피고인을 구류할 수 있는 기회가 없어졌기 때문에, 피의자를 구류한 경우 10일 내에 수사를 종료하고 기소 여부를 결정해야 한다. 당연히 일선 검사국에서는 검사의 구류기간을 연장해달라는 요구가 나왔다.[73] 그리고 그 연장선에서 검찰이 구류권을 포함한 독자적 강제수사권을 가져야 한다는 입법론이 대두하게 되었다.

한편, 피고인의 입장에서 보면 예심의 폐지로 인해 설사 명목에 불과했더라도 예심판사에게 신체구속의 적부를 심사받을 수 있는 기회가 사라진다. 이 공백을 미국인 관리들은 미국적 방식을 참고해 해결했다. 1945년 11월 19일 법무국장 임명사령 제36호 제8조는 법무국장에게 특별한 권한을 부여했다. 즉 형사책임 없이 수사를 받거나 공소가 제기되어 30일 이상 경찰서 또는 감옥에 유치 중인 자는 법무국장에게 석방청원서를 제출할 수 있고, 법무국장은 청원서 수령 후 10일 이내에 공소제기의 유효한 근거가 없을 때는 석방을 명할 수 있게 했다.

---

072 「예심청구사건처리의 건」(控檢 제20호), 『검찰예규에 관한 기록(1945·1946)』.
073 「재판소검사국 실무관 회동시 대구지검의 희망사항」(1946. 9), 『검찰예규에 관한 기록(1945·1946)』.

법무국장의 이 권한은 1946년 3월 7일 경무국 조회에 대한 법무국의 회답으로 재확인되었고 '인신보호제도(Habeas Corpus)'로 명명되었다.[74] 법무국 회답의 취지는 ① 수사기관이 법정요건을 위반하여 피의자를 구속하거나, ② 피의자 체포 이후 유치장 또는 구류장을 발부하지 않고 30일이 경과하거나, ③ 법정 유치·구류기간이 경과한 뒤에도 계속 구금한 채 사법경찰관이 검사에게 사건을 송치하지 않거나 검사가 공소를 제기하지 않고 30일 경과한 경우, 구속된 피의자는 법무국장에게 석방청원을 할 수 있다는 것이었다. 법원이 관여하는 사법적 구제는 아니더라도 법무국장에게 진정하는 행정적 구제장치가 마련된 것이다. 그러나 이 제도는 미국인 법무국장 시절에 잠깐 인정된 것에 불과했고, 활발하게 활용된 것 같지도 않다. 당시의 검찰예규나 법률문헌에 이 제도는 전혀 언급되지 않았다.

검사에 관한 훈령 제3호과 검·경관계의 재조정

미군정 초기의 조치 중 1945년 12월 29일자로 하달된 '법무국장의 검사에 대한 훈령 제3호(Instructions to prosecutors No. 3)'(이하 훈령 제3호)만큼 한국인 검사의 뇌리에 깊은 인상을 남긴 것은 없었다. 훈령 제3호는 "검사의 선결직무는 관할재판소에 사건을 공소함에 있고 세밀한 조사는 검사의 책무가 아니"며, "검사는 경무국이 행할 조사사항을 경무국에 의뢰依賴"하되 "실제로 법적 검토를 요하는 조사에 관하여 필요하다면 관여한다"고 규정했다. 검사들은 훈령 제3호야말로 검찰과 경찰 사이에 불필요한 혼란과 갈등을 일으키는 주범이라고 지목했다. 1948년 8월 제정된 법령 제213호 검

---

074 1946. 3. 7, Opinion No. 19, "Detention and Arrest, Maximum Periods, 'Habeas Corpus', Korean Courts and Military Provost Courts", 한림대학교 아시아문화연구소 엮음, 『법무국·사법부의 법해석보고서』, 1997, 24~25쪽.

찰청법 제32조에 훈령 제3호를 폐지한다는 내용을 담겨 있을 정도였다.

이 훈령의 취지는 미국식 관점에서 "경찰에게 수사권을, 검사에게 공소제기·유지권을 각각 분배"하여 검사의 경찰에 대한 수사지휘권을 배제하려고 한 것으로 이해되고 있다.[75] 다시 말해 미국식 관념에 입각하여 경찰에게 1차적 수사권을 주고 검찰과 경찰의 관계도 상명하복적 관계에서 상호협력적 관계로 바꾸려 했다는 것이다. 이제부터 과연 그랬는지, 그리고 이훈령의 배경과 목적, 수사실무에 미친 영향은 무엇이었는지 살펴보자.

『주한미군정사』는 훈령 제3호의 취지를 극히 짤막하게 언급하고 있다. 즉 한국인 검사들이 세세한 경찰직무를 행하여 절차가 지연되고 있었기 때문에 "사건의 신속한 소추를 위하여 검사의 1차적인 직무를 강조할 필요"가 있었다는 것이다.[76] 요컨대 『주한미군사』의 서술에 입각하는 한, "사건의 신속한 소추"가 훈령의 목적이었다. 그러나 훈령의 문언을 보면, 예컨대 "세밀한 조사는 검사의 책무가 아니"고 "검사는 경무국이 행할 조사사항을 경무국에 의뢰"해야 한다는 문언은 마치 검사의 수사주재자적 지위와 사법경찰에 대한 명령권을 부인하는 것처럼 읽힌다. 그리고 그것은 현상적으로는 일본의 점령 당국이 취한 태도와 유사했다. 남한의 점령 당국은 어떤 의도로 훈령 제3호를 입안했을까?

먼저 주의할 것은, 훈령 제3호가 종전의 수사법제에 대해 분명한 태도를 취하고 있다는 점이다. 즉 훈령 제3호는 다른 곳에서 이 훈령은 "검사의 법정의 권한, 특권, 위신 혹은 지위를 개정·변경 혹은 축소하지 못"하며, "검사와 경찰관이 각자 책무를 명확히" 하기 위한 것이라고 밝히고 있다. 다시 말해 훈령 제3호는 검사의 법적 권한과 지위를 개정하기 위한 것이 아니라,

---

075 『한국검찰사』, 221쪽; 신동운, 「수사지휘권의 귀속에 관한 연혁적 고찰 (I)」, 210쪽.
076 『주한미군사 3』, 546쪽.

신속·효율적인 형사소추를 위해 검사와 경찰이 가지는 책무를 명확히 하기 위한 것이었다. 또한 훈령 제3호는 검·경의 책무와 상호관계에 대해 발해진 유일한 훈령도 아니었다. 비슷한 시기에 잇달아 발해진 훈령들을 종합적으로 파악할 때 훈령 제3호의 취지도 정확히 이해될 것이다.

당시 법무국과 경무국은 검찰과 경찰의 관계에 대해 세 개의 훈령을 하달했다. 하달된 순서로 보면 ① 1945년 12월 18일 경무국장 챔퍼니Arthur S. Champeny 명의로 경부보警部補 이상의 경찰관 및 공안담당 미국인 군정 관리에게 발한 지령통첩 제1호 '검사와의 관계(Instruction Memorandum No. 1 Subject: Relations with Prosecutor)', ② 앞에서 본 12월 29일 법무국장 테일러 명의의 '법무국 검사에 대한 훈령 제3호', ③ 1946년 4월 8일 군정청 경찰부장 김태일金泰一 명의로 공안담당 미군장교, 각 관구 경찰부장·수사과장에게 발한 지령 '검사에 대한 형사의 할당(Assignment of Detectives to Prosecutors)'이다.[77]

이들 훈령·지령의 영문본과 국문본을 대조하면 상당한 어감차이가 있다. 때로는 국문본이 영문본의 취지를 제대로 전달하지 못하기도 한다. 훈령 제3호를 예로 들면 다음과 같다.

1. 檢事의 先決職務는 管轄裁判所에 事件을 公訴함에 있음. 細密한 調査는 檢事의 責務가 아님.

1. The primary function of all prosecutor is the successful prosecution of cases before a Court of competent jurisdiction. The details of investigations are

---

077 1945. 12. 18일자 경무국장 지령통첩 제1호 및 1946. 4. 8일자 경찰부장 지령은 『검찰예규(1945·1946)』, 1945. 12. 29. 법무국장 훈령 제3호는, 『미군정법령총람』(국문판), 756쪽 및 『미군정법령총람』(영문판), 836쪽.

a burden, which Prosecutors should not be required to assume(검사의 기본적 직

무는 관할재판소에 사건을 성공적으로 기소하는 것이다. 수사의 세세한 부분은 검사가 담당하도록 요구되어서

는 안 되는 부담이다).

2. (나) 檢事는 警務局이 行할 調査事項을 警務局에 依賴할 사. 此는 警察官의
   職務요 檢事의 職務가 안임.

2. b. Request routine investigations be conducted by the Police Bureau. This
   is a function of the Police, not the Prosecutor's(통상적 수사사항들을 경무국이 행하도록

   요구할 것. 이는 경찰의 직무이지 검사의 직무가 아님).

　　국문 훈령을 읽으면, 마치 수사는 경찰이 하고 검사는 공소만 담당하라
는 식으로 오해될 여지가 있다. 하지만 영문 훈령의 취지는 검사는 수사를
하지 말라는 것이 아니라, 일상적이며 세세한 조사는 검사가 떠맡아서는
안 되는 부담이기 때문에 경찰에게 맡기라는 것이었다. 특히 'request'를
'의뢰'라 한 것은, 마치 검사가 경찰에게 수사사항을 부탁한다는 것, 따라
서 경찰은 검사의 부탁을 적절히 처리하면 된다는 것처럼 들린다. 하지만
경무국장의 경찰에 대한 지령들을 보면, 하나 같이 검사가 'request'한 것
에 대해 경찰관은 무엇을 '해야 한다(should)'고 하고 있다.
　　챔퍼니 경무국장의 지령통첩 제1호의 국문본에는 오역이라 할 만한 대목
도 있다. 예를 들어, 지령이 열거하는 경무보 이상 경찰관의 의무 중에는
다음과 같은 것이 있었다.

　2. (마) 특별한 법적분석 탐구를 요하는 사건에 있어서 검사의 요구로 선발되어
　　　경찰취조인의 자격으로 검사의 일시적 직무를 대행함으로써 검사를 보좌할

것.

2. (e) Assist the prosecutor in those cases which required special legal analysis, by detailing on temporary duty with prosecutor, at his request, qualified police investigators(특별한 법적 분석이 필요한 사건에서는, 검사의 요구가 있으면, 일시적 의무를 수행할 유능한 경찰수사관을 검사에게 파견하여 검사를 보좌할 것).

2. (ㅂ) 검사가 경찰에게 의뢰하는 조사는 상규관례에 의하야 취급할 것.

2. (f) Conduct routine investigation referred to the police by the prosecutor(검사가 경찰에 맡긴 통상적인 수사활동을 행할 것).

가급적 영문본의 취지를 살리면서 경무국과 법무국 훈령들의 내용을 소개하면 다음과 같다.

챔퍼니 경무국장의 지령통첩 제1호는, 경찰관의 중요한 의무(duty)는 체포된 사람의 형사기소를 돕기 위해 검사에게 제출할 필요한 증거를 수집하는 것이라 규정했다. 이 의무를 완수하기 위해 경부보 이상 경찰관은 다음과 같은 지령을 준수해야 한다. 즉 ① 관할지역의 검사와 밀접한 연락을 유지하고, ② 기소를 돕는 데 필요한 증거를 확정하기 위해 수시로 검사에게 자문(consult)하며, ③ 검사가 증거의 불비를 지적하면 신속히 정정하고, ④ 사건을 검사에게 송치한 뒤에도 검사가 요구하는 추가증거를 수집하고, ⑤ 특별한 법적 분석이 필요한 사건의 경우 검사가 요구하면 유능한 수사관을 파견하여 검사의 수사를 보좌하게 하며, ⑥ 검사가 요청한 통상적인 수사사항을 수행해야 한다.

법무국장의 검사에 대한 훈령 제3호는 위 지령과 짝을 이루고 있다. 훈령 제3호는 검사의 일차적 책무는 기소의 성공에 있고, 검사의 전문적 소양은 그 직무의 법적 측면에서 중요한 의미를 가진다고 강조한다. 훈령에 따르면, 검사는 시간을 절약하고 효율성을 높이기 위해 ① 법정 개정일에 맞추어 사건이 신속하게 처리될 수 있도록 작성된 계획에 집중하여, ② 일상적인 조사활동은 경무국에 의뢰하여 행하도록 하며, ③ 법적 조건이 충족되었는지 경찰보고서를 분석하고, ④ 증거의 불비를 경찰관에게 지적하고, 가능하면 그 정정을 요구하며, ⑤ 필요한 경우, 수사 중 실제로 법적 분석이 필요한 부분에 한하여 관여하고, ⑥ 수사와 관련된 모든 사항에 관해, 특히 성공적 기소에 필요한 증거에 관한 사항에 관해, 경찰서장과 연락을 유지해야 하며, 검사와 경찰은 해방된 한국에서의 법집행수준을 향상시키기 위해 협력해야 한다.

1946년 4월 김태일 경찰부장의 지령은 경무국장 지령통첩 제1호를 보완하기 위한 것이었다. 김태일 부장의 지령은 챔퍼니 지령의 취지를 환기시키고, 각 경찰서 내에 검사의 지휘를 받아 범죄수사에 종사할 형사들을 배정할 것을 지시했다. 경찰부장, 수사과장은 군정 사법부의 대표자 및 검사들과 즉시 협의해 범죄사건의 수사상 필요한 사항을 결정하며, 그 후 이 일에 적합한 형사들을 검사에게 할당한다. 할당된 형사는 ① 통상적인 경찰행정사무을 제외하고는 그가 배속된 검사의 지휘(order)하에 있고 검사에 대해 책임을 지며, ② 자기 임무의 비밀, 특히 재판 전 수사에 관한 비밀을 유지해야 한다. 검사에게 할당된 형사들은 경찰부에서 분리되지 않고 경찰부의 규칙에 복종해야 하지만, 범죄기소를 위해 검사가 요구한 책무를 이행해야 하며, 형사과장은 교대로 이 의무를 이행할 형사들을 지정한다.

1945년 12월의 훈령들은 다음과 같은 세 가지 상황을 상정하고 있다. 첫째, 경찰이 사건을 수리하여 수사하는 경우, 경찰관은 검사와 긴밀한 연락을 유지하면서 수시로 검사의 자문을 구하고, 검사의 요구에 따라 미비한 점을 보충해야 하며, 검사 송치 후라도 검사의 추가요구가 있으면 이에 응해야 한다. 둘째, 검사가 사건을 직접 수리한 경우 검사가 직접 수사하지 않고 사건을 경찰에 이첩하거나 검사가 수사를 주재하더라도 통상적인 조사활동을 경찰에게 '의뢰'한다. 셋째, 사건이 특별한 법적 분석을 요하는 경우에는 검사가 직접 수사할 수 있으며, 검사의 요구가 있으면 경찰책임자는 검사의 수사를 보조할 사법경찰관리를 파견하여 수사에 협조해야 한다. 여기에 1946년 4월의 경찰부장 지령은, 1945년 12월의 지령의 취지를 재확인하면서 경찰서 내에 검사의 지휘를 받아 범죄를 수사할 형사들을 배정하라는 것이었다. 사실 이 방법은 일본의 재판소구성법 제84조 2항이 이미 예정하고 있었고, 또한 식민지 시기에도 시행되었던 것이었다.

세 가지 훈령·통첩에 일관된 관점은, 검사의 기본임무는 성공적인 형사소추이기 때문에 검사는 그의 특별한 법적 소양을 활용할 필요가 없는 통상적 수사활동의 부담에서 벗어나야 하며, 경찰은 검사가 요구하는 통상적인 수사활동을 수행하되, 검사의 직무를 보조할 수 있는 인적 태세를 갖추어야 한다는 것이었다. 물론 그 표현에서는 종전과 같이 검사가 수사의 주재자이고 경찰은 검사의 명령에 복종하는 보조자라는 식의 인식이 드러나지 않는다. 적어도 이 점에서는 검찰과 경찰의 관계를 상명하복이 아닌 협력관계로 인식하는 미국적 시각이 반영되어 있다고 할 것이다. 그러나 훈령들의 내용 자체는 종전의 수사실무와도, 오늘날과도 크게 다르지 않다. 과연 이 훈령들은 당시 어떤 의미를 가졌을까?

검경관계 재조정의 의도와 현실적 의미

법무국 훈령 제3호는 검찰과 경찰의 관계에 대한 일본 점령 당국의 정책과 비교되기도 한다. 즉 훈령 제3호는 일본 점령 당국이 취한 바와 같이,

검찰과 경찰이 상명하복관계로 결합하여 거대한 권력기구를 구성했던 종래의 대륙식 수사기구를 해체하기 위한 "일관된 정책의 표현"으로서 검찰과 경찰을 미국식 모델에 따라 분리하여 검찰권의 견제를 달성한다는 구상을 담고 있었다는 것이다.[78]

그러나 현존하는 자료에 입각하는 한, 남한 군정 당국이 그런 '일관된 정책'을 가지고 있었는지는 확인되지 않는다. 앞서 보았듯이『주한미군정사』및 훈령들의 내용에 입각할 때, 그 목적은 검사의 권한과 지위를 변경하는 것이 아니라 신속하고 효율적인 범죄수사와 기소를 위한 체제를 만드는 것이었다. '일관된 정책'이 있었다면 꾸준히 이 정책을 밀고 나갔어야 했지만, 그런 흔적은 보이지 않는다. 이 점은 일본 점령 당국이 군국주의체제 일소를 위해 검찰개혁뿐만 아니라 자치경찰제를 도입하여 경찰을 개혁하려 했고, 일본 측의 끈질긴 반발을 무릅쓰고 이를 관철시켰다는 점과 큰 대조를 이룬다.[79]

일본에서는 패전 직후 사법성司法省이 중심이 되어 사법경찰을 사법성이 소관하고 검찰에 사법경찰기구를 직속시킨다는 계획이 추진되었다. 1946년 7월 주일총사령부(GHQ)는 그런 구상이 담긴 검찰청법안에 대해 반대하고 도리어 검사의 수사지휘권을 폐지할 것을 요구하여 사법성과 검찰 당국을 충격에 빠뜨렸다. 경찰의 인권유린을 방지한다는 차원에서 사법성의 구상을 지지하고 있었던 재야법조계도 총사령부 측에 세 차례에 걸쳐 방침철

---

078 신동운,「수사지휘권의 귀속에 관한 연혁적 고찰 (I)」, 211쪽.
079 일본 군정 당국의 점령의 주요 목적 중 하나는, "일본 정부를 국민의 의사에 한층 민감하게 만들기 위해 유효한 지방자치정부를 확립하는 것"이었으며, 그 일환으로 점령 초기부터 경찰행정의 분권화에 맞추어 경찰개혁이 추진되었다. 상세한 것은 連合國最高司令官總司令部 編, 荒敬 解說·譯,『GHQ日本占領史 15 警察改革と治安政策』, 東京: 日本圖書センター, 2000, 19쪽 이하.

회를 건의하기까지 했다. 그러나 총사령부는 검찰로 권한이 집중되는 것은 곧 국가권력의 중앙집권화로 연결될 위험이 있다고 보았기 때문에, 일본 측의 건의를 받아들이지 않았다. 총사령부와 사법성이 협의한 끝에, 경찰이 범죄수사에 일차적 책임을 지고, 검찰은 수사에 대한 일반적 지휘권 및 구체적 사건의 수사에 관한 지시권을 가지며, 검사가 사법경찰관에게 수사의 보조를 명할 수 있다는 식으로 형사소송법을 개정하는 것으로 타결되었다. 협의과정에서 총사령부는 일관되게 검사의 수사지휘권 폐지입장을 견지했다.[80]

이렇게 일본 점령 당국은 일본이 다시 군국주의로 회귀할 수 없도록 국가구조를 개조한다는 차원에서 이 문제에 접근하고 있었다. 반면 남한에서는 통치기구의 재건과 법과 질서의 회복이 급선무였다. 점령 초기 남한미군정이 스스로 중앙집권적 국가경찰체제를 구축했던 데서도 알 수 있듯이, 남한미군정은 주일미군정과 정반대의 기반에 서 있었다.

요컨대 주일총사령부와 주한미군정은 미국식 관점에서 검찰과 경찰의 관계를 인식했다는 점에서 비슷했지만, 주일총사령부가 국가개조와 연관된 검찰개혁의 관점에서 검찰과 경찰의 상하관계를 해체하려고 했다면, 주한미군정은 효율적인 형사소추기능의 회복이라는 관점에서 검찰과 경찰의 책무를 재분배하는 것이 목표였다. 때문에 『주한미군정사』에서 법무국 훈령 제3호는 슬쩍 스치고 지나가는 정도의 위치밖에 갖지 못했다.

그렇다면 이런 조치는 당시 수사현실에서 어떤 의미를 가지고 있었고, 어떤 문제를 야기했는지 살펴보자.

1945년 12월 훈령들이 발해진 시점에 범죄수사체계는 혼란 그 자체였

---

080 最高檢察廳中央廣報部,「新檢察制度十年の回顧 (二)」,『法曹時報』10卷 2號, 1958, 52 ~64쪽.

다. 미군, 경찰, 검찰, 형무소, 군정청의 각 부서가 제각각 인신구속을 남발했다. 1945년 11월 말에는 경기도 경찰부 형사과장이 검사의 지휘를 받아 피의자를 검거·구속했는데, 경기도 경찰부장이 구속을 취소하고 형사과장을 군정재판에 회부 처벌하는 사건이 발생했다.[81] 도 경찰부장이 검사의 구속지휘를 임의로 취소하고 형사과장을 문책한 것이다. 12월 13일 서울변호사회는 이 사건을 "프랑스혁명 이후 처음 일어난 인권유린"이라고 비난하면서, 군정청에 검찰기관과 그 명령계통을 통일할 것을 건의했다.[82] 12월의 통첩과 훈령에는 우선 이런 혼란을 정리한다는 현실적 의미가 있었다.[83]

나아가 남한의 점령통치체제를 감안하면 또 다른 의미가 드러난다. 한국인으로 조직된 법원, 검찰, 경찰은 어디까지나 전체 점령통치체제에서 한국인으로 구성된 일부에 불과했다. 점령목적 달성을 위한 치안유지활동에는 한국의 경찰과 검찰뿐만 아니라 미국인 군정관리와 미군 헌병도 관여하고 있었다. 더구나 훈령들이 발해진 시기는 미국인 관리들이 각 부서의 책임자로서 이제 막 한국인들로 충원된 기구들을 가동시키기 시작한 때였다. 이런 상황에서 검경관계의 전면적 재조정 같은 것은 고려대상이 될 수 없었다. 오히려 한국인뿐만 아니라 미국인 군정관리와 장교까지 일선 치안유지에 관여하는 상황을 전제하고, 군정 아래의 전체 법집행기관의 상호관계 속에서 한국 검찰과 경찰이 맡아야 할 역할을 명확히 할 필요가 있었다. 챔퍼니 경무국장의 지령통첩 제1호와 김태일 경찰부장 지령의 수신자에 한국 경찰뿐만 아니라 공안담당 미국인 관리와 장교가 포함된 것도 그런 맥락에서 이해될 수 있다.

---

081 『자유신문』 1945. 12. 1.
082 『자유신문』 1945. 12. 16; 『중앙신문』 1945. 12. 15.
083 신동운, 「수사지휘권의 귀속에 관한 연혁적 고찰 (I)」, 208쪽.

다시 검찰과 경찰의 관계로 돌아와서, 훈령들이 상정한 체계를 1945년 이전의 그것과 비교해보자. 확실히 종래의 수사법제는 검사가 수사주재자라는 관념에 입각해 있었다. 그러나 후기에는 조금 달라지기는 해도 법령과 실무 사이에 괴리가 있었다. 통상적인 사건에서 경찰은 일일이 검사의 지휘를 받는 것이 아니라, 일반적 지침에 따라 수사를 한 뒤 의견서를 붙여 검사에게 송치하면 끝이었다. 검사가 직접 수리한 사건이라도 직접 수사할 필요가 없는 한 경찰에 수사를 맡겼다. 검사의 직접 수사를 강조했지만 현실적으로 어려움이 있었다. 검사가 직접 수사를 한다 해도 사법경찰관을 지휘하여 수사를 하는 것이 아니라, 검사가 직접 수리한 사건에 한정하여 검사국 서기를 수사보조자로 활용하는 정도였다. 식민지 검찰 당국은 상황을 개선하기 위해 부단히 노력했고, 1941년 국방보안법 제정과 치안유지법 개정을 계기로 검찰중심의 일원적 수사체제를 확립하고자 했다.

이와 같이 과거에도 존재했던 법령과 실무의 괴리, 해방 직후의 상황을 감안한다면, 미군정의 훈령들은 초동수사단계부터 기소단계까지 검사와 경찰의 의사연락과 협력관계를 보다 명확하고 합리적으로 설정한 것이라고 할 수 있다. 검찰 입장에서 보면 훈령으로 경찰을 충분히 제어할 수 있는 데다 검사의 수사에 조력할 형사를 배정받는다는 소득도 얻을 수 있었다.

경찰의 비협조와 갈등의 심화

그럼에도 훈령 제3호는 미국식 관점에 입각하여 검찰권을 제약하는 조치로 기억되었다. 주된 이유는 훈령 자체보다 경찰이 비협조적 태도에서 찾아야 할 것이다.

경찰은 훈령 제3호의 검사가 경무국에 수사를 '의뢰'한다는 표현에 근거하여, 의뢰는 요청에 불과하기 때문에 "의뢰를 받고 안 받는 것도 자유요,

의뢰를 받고도 그 취지대로 하지 않는 것도 임의"라고 했다.[84] 이것은 본래의 취지에 완전히 어긋나는 아전인수격 해석이었다.

당시 경찰은 훈령 제3호의 주관적 해석과 미군정의 비호를 방패삼아 검찰에 대해 극히 비협조적인 모습을 보이고 있었다. 한 증언에 따르면, 경찰은 군정포고 위반범죄를 한국 검찰에 송치하지 않고 미군정 재판소에 회부해버리고, 검찰의 수사지원요청을 외면하기 일쑤였으며, 미군정 또한 경찰을 두둔했다. 그래서 검찰은 이에 맞서 갖은 트집을 잡아 경찰보고서를 반려하거나 경찰독직사건의 경우 가차 없이 구속기소한다는 내부방침을 세우기도 했다.[85]

경찰은 범죄즉결권을 상실하기는 했지만 악명 높았던 조선형사령상 강제수사권과 행정검속권은 계속 보유하고 있었다. 여기에 식민지 경찰의 관행과 체질, 혼란스러운 법체계, 미군의 군정재판과 한국재판소 사이의 모호한 경계, 검찰과의 경쟁의식 등이 더해져 상황이 악화되었다.

한 사건을 예로 들자. 1946년 4월 전남 지역 경찰이 전남미군정청의 지시를 받아 전남지검장을 구속한 일이 있었다. 미국인 관리가 한국인 군정위반 범죄자를 전남지검에 송치했는데, 전남지검에서 가볍게 처분한 것이 발단이 되어 경찰이 지검장을 좌익혐의 등으로 수사하고 나선 것이었다. 그러자 전남지검은 지검장을 수사한 경찰관 2명을 고문·독직혐의로 구속기소하려 했다. 이에 미국인 관리들이 검찰에 압력을 가해 경찰관들을 불구속기소하게 했고, 석방된 경찰관들은 자신들을 기소한 검사를 적산 불법소지혐의로 연행했다. 나중에 재판에서 경찰관들은 징역형을 선고받았지만 곧 도주했고, 경찰은 도주한 경관들을 비호했다. 이 문제로 조병옥 경무국

---

084 신동운, 「수사지휘권의 귀속에 관한 연혁적 고찰 (I)」, 228쪽.
085 선우종원, 『사상검사』, 계명사, 1992, 28~31쪽.

장, 김병로 사법부장, 이인 검찰총장이 회동하여 사태수습에 나섰는데, 전남지검장이 사임하고 담당검사는 면직을 당한 반면, 전남경찰청의 책임자들은 오히려 영전했다.[86] 이런 일들은 과거에는 상상도 하기 힘들었다. 훈령들의 취지와 정반대로, 검찰과 경찰은 심각하게 대립하고 있었던 것이다.

그 배경으로, 이 시기 경찰은 사실상 군대와 같았다는 것을 상기할 수 있다. 미군정은 1945년 12월 한층 중앙집권화된 국립경찰을 발족시켰다. 경찰은 '국립경찰부대'로 창설되었고 경무국장은 '사령관'으로 표현되었다.[87] 이는 비유에 그치지 않았다. 실제 국립경찰은 정규군이 편성되기 전에 군대로서 기능했고, 자주 외부의 개입을 거부하는 군조직의 습성을 보여주었다. 1948년 3월에 발생한 서대문경찰서 유치장 검증거부사건이 좋은 예가 될 것이다. 경찰서 유치장에서 한 피의자가 고문을 당해 사망했다는 의혹이 일자, 서울지검의 검사가 고문혐의가 있는 경관의 출두를 요구하고 유치장을 검증하려 했다. 그러나 서대문경찰서장은 상부의 명령이 있기 전에는 해당 경관이 검찰청에 출두하여 조사받지도 않을 것이고, 검사의 유치장 검증도 허용할 수 없다고 했다.[88] 이 때문에 검·경의 대립이 심화되는 가운데 경무부장 조병옥은 다음과 같은 성명을 발표했다.

국립경찰은 남조선 특수사정에 의하여 중앙집권제의 독립적 체계를 가지고 있으나 명령계통을 확보하는 이외에는 사법경찰에 복무하는 경찰관은 자기의 직속상

---

086 임갑인, 앞의 글, 28쪽.
087 안진, 『미군정기 억압기구 연구』, 1996, 130쪽; 박찬표, 『한국의 국가형성과 민주주의—냉전 자유주의와 보수적 민주주의의 기원』, 후마니타스, 1997, 187~192쪽. 12월 27일 군정장관 아놀드는 '국립경찰의 조직에 관한 건'을 발표하여, 남한 경찰조직을 국립경찰부대로 조직할 것이라고 했다. 군정청 경무국장은 '조선 내 전경찰의 최고사령관'으로서 국립경찰의 조직·관리·훈련·수속·활동·인사 및 예산 전체에 대해 중앙통제권을 가진다.
088 『한국검찰사』, 249쪽.

관이 아닐지라도 (검사를—인용자) 도의상 실질적 상관으로 인정하고 그 지시에 응하여서 전적으로 협력을 하여야 할 것이다. 그리고 검찰 당국에서는 국립경찰의 특수성격을 인식하여 그 명령계통의 유지에 필요한 모든 절차를 답습하기를 요청하는 바이다. 소위 서대문경찰서 유치피의자 고문 검증거부문제에 대하여 검찰과 경찰 간의 대외적 발표가 왕래함으로써 검찰 경찰 간의 마찰에 대한 우려가 정도 이상으로 세간에 유포됨에 대하여 유감으로 생각한다. 검증문제에 대하여 기실 경찰로서는 거부한 사실이 없다. 다만 국립경찰과 외부기관 간에 수립한 교섭절차의 준수 및 시행이 도를 넘고 묘를 얻지 못한 까닭에 이 차질이 생긴 것이다. 경찰이 교섭절차에 있어 타 외부기관과 동일하게 검찰을 율(律)한 처치와 그 반면에 검찰이 국립경찰의 특수성을 망각하고 형사소송법의 규정한 검찰과 사법경찰의 관계를 문자 그대로 적용하려는 사실에서 무용의 오해충정이 생겼다고 나는 본다(밑줄—인용자).[89]

조병옥은, 국립경찰은 검사를 "도의상 실질적 상관"으로 인정하고 그 지시에 따라야 하지만 검찰 당국도 "남조선 특수사정에 의하여 중앙집권제의 독립적 체계"를 가진 국립경찰의 특수성을 망각해서는 안 된다고 했다. 이 특수성 때문에 형사소송법상의 검사와 경찰의 관계는 문자 그대로 적용될 수 없다는 것이었다.

이런 관점에서 경찰 당국이 훈령들을 편의적으로 해석·운영함으로써 훈령의 본래 취지가 몰각되자, 1948년 2월 이인 검찰총장이 나섰다. 그는 군정장관에게 법무국 훈령 제3호와 경무국장의 지령통첩 제1호를 폐지하고, 경찰관은 검사를 보좌하여 검사의 지휘명령을 받아 사법경찰로서 범죄를 수사한다는 점을 명확히 할 것을 건의했다.[90] 변호사회 역시 경찰의 고문을

---

089 『동아일보』 1948. 3. 25.

670 제3부 헌정과 사법, 1945~

규탄하고 형소법을 준수할 것을 촉구했다.[91]

1945년 12월 군정 당국이 경찰과 검사의 관계에 관한 훈령들을 하달했을 때는 중앙집권적 국립경찰제도가 창설된 때였다. 경찰조직은 강화되었으나 경찰이 누리고 있던 수사권한에 어떤 제약도 가해지지 않았다. 훈령들의 입안자가 의식했든 그렇지 않았든, 경찰은 훈령을 빌미로 검찰의 통제에서 벗어나려 했다. 하지만 그 결과는 경찰의 비협조와 독단, 인권유린, 법원·검찰의 권위의 부정으로 나타났다.

이 결과는 이후의 형사사법개혁 논의에 중요한 영향을 미쳤다. 경찰이 검찰로부터 독립하는 것이 경찰의 인권유린을 조장한다고 인식되었기 때문에, 검사의 통제력을 회복시키는 것, 사법경찰기구를 검찰에 직속시키는 것이 인권유린을 방지하기 위한 방법으로 부각된 것이다. 검찰은 경찰의 행태에 대한 비난여론을 방패삼아 수사지휘권 확보를 위해 집요하게 노력했다. 경찰은 저항했으나 종국에는 미국인 관리들마저 검찰의 주장에 손을 들어주었다.

2. 배심제 도입논의

제2차 미소공위의 사법민주화방안에 관한 자문

해방 이후 배심제 도입논의에 대해 당시를 회고하는 이들은 거의 언급하지 않는다. 비록 하나의 에피소드처럼 끝나버린 느낌이 없지 않지만, 그래

---

090 「범죄수사에 관한 지령명령의 건」(1948. 2. 20), 『검찰제요』 부록 99쪽.
091 조선변호사회 서울지회 및 서울법조회, 「서울지방검찰청 검찰관의 서대문경찰서에 유치된 피의자검증에 대한 사건석명서」(1948. 3. 22), 『법정』 3권 5호, 1948, 43쪽.

도 이 문제는 당시 명백히 현실적인 쟁점으로 존재하고 있었다.

어떤 환경에서 이 문제가 대두했는가? 8장에서 논의했듯이 일본에서 불완전하지만 배심재판제도가 시행된 적이 있었고, 식민지 시기에도 배심법 시행론이 거론되고 있었다. 따라서 배심제 자체는 결코 낯선 것이 아니었다. 해방 후에는 결코 주류는 아니었지만 사법민주화를 향한 관심과 열의가 존재했다. 그들이 추구한 모델은 다국적이었다. 과거 일본의 배심제, 영미의 배심제, 각국의 사인소추제도 등이 모델이 되었다. 게다가 사회주의적인 '인민사법'이 삼팔선 이북에 현존하고 있었다. 소비에트형 인민참심원人民參審員제도를 보면서 남한의 좌파는 "법률기술적 소질로는 일제시대의 사법관보다 질이 저하하다고 볼 수 있으나 애국혁명적 사상이나 반일본적 정신이나 인민적 민주주의적 실천 정열 등에 있어서는 도저히 비교할 수 없는 불타는 열의"를 발견했다.[92] 한편 미소공동위원회가 장래의 민주적 사법제도의 형식에 대한 남한 정치단체 및 법조계의 입장을 밝힐 것을 요구한 것도 외부적 요인으로 작용하고 있었다.

국민의 사법참여에 대한 논의가 본격화된 것은 대체로 헌법 초안 및 사법제도에 관한 기본법들이 기초되고 있었던 1947년 이후이다. 이 시기는 제2차 미소공위가 활동했던 기간이었다. 1947년 5월 재개된 미소공동위원회는 공위참가를 청원하는 남북한 정당 및 사회단체에게 임시정부 구성방안과 정강에 대한 서면답신을 요구했다. 마감일인 7월 5일까지 399개 남한의 정당과 사회단체가 답신을 제출했다.[93] 그중 한민당을 중심으로 한 우익계열의 임정수립대책협의회(이하 임협), 좌익계열의 민주주의민족전선(이하 민

092 민전사무국 엮음, 『조선해방연보』(1946년판), 김남식·이정식·한홍구 엮음, 『한국현대사자료총서 12』, 돌베개, 1994, 71쪽 이하 참조.
093 『서울신문』 1947. 7. 9.

전), 중도파인 시국대책협의회(이하 시협), 남조선과도정부입법의원(이하 입의)의 답신을 살펴보기로 하자.

미소공위의 제5호 자문사항은 ① 사법기관 설치방법, ② 재판소 및 기타 사법기관의 권한과 책무, ③ 사법관 선출 경질방안을 묻는 것이었다. 또 제6호 자문사항은 ① 여하한 정책에 기초하여 조선의 법전을 제정할 것인가, ② 법정사법사무처리 및 소송수속진행에 관한 조선어 용어를 여하히 제정할 것인가, ③ 사법민주화를 여하히 실시할 것인가를 묻고 있다. 법원 및 검찰조직과 사법민주화방안을 중심으로 각 단체들의 답신을 정리하면 〈표 20〉과 같다.[94]

최고법원의 장과 법관의 임명에 관하여 임협은 국회인준제를, 시협과 입의는 국민심사제를 주장했다. 국민심사제는 1946년 11월 공포된 일본국헌법 제79조와 제80조 규정을 차용한 것이었다.[95] 임협안이 1948년 헌법의 구상에 가깝다면, 시협·입의안은 일본국헌법과 거의 일치한다.

다음으로 국민의 재판참가에 관한 내용을 보자. 인민재판과 배심제 이외에는 언급하지 않는 것으로 보아, 소비에트형 인민참심제 외에 독일·프랑스식 참심제에 대한 지식이 없었음을 알 수 있다.

민전의 경우 1946년 초 고문·암흑재판의 철폐, 인민재판 실시를 강령으로 제시했던 바 있다.[96] 인민재판이란 선거로 선출된 법관과 참심원이 재판

---

094 임협·민전·시협·입의의 답신안은 『임시정부수립대강—미소공위자문안 답신집』, 새한민보사, 1947. 7, 김남식·이정식·한홍구 엮음, 『한국현대사자료총서 13』, 돌베개, 1994, 145~205쪽 참조.

095 일본국헌법 제79조는 최고재판소 재판관은 임명 후 최초로 시행되는 중의원의원 총선거 시 국민의 심사에 부치며 그 후 매 10년마다 다시 심사에 부친다고 했다. 재판관 신임투표에서 다수가 재판관의 파면이 가하다고 하면 재판관은 파면된다.

096 송남헌, 『해방3년사 I』, 까치, 1985, 292쪽.

〈표 20〉 제2차 미소공위 자문안에 대한 답신내용

	사법권	법원	검찰	사법관 선출	인민의 소송참가
임협	법관으로 조직된 법원에서 행사.	· 3심제. · 법률에 의한 법관자격 및 신분 보장.	· 검찰청 법원 부치. · 법관과 동일자격.	· 최고법원의 장·법관: 국회인준을 얻어 대통령이 임명. · 일반법관: 최고법원장과 사법총장 의견에 비추어 대통령이 임명. · 법관의 정년: 최고법원장 65세, 일반법관 60세.	· 인민재판 불채용. · 배심재판은 이해득실을 충분히 연구한 뒤 실시.
민전	사법기관의 인민적 구성과 운영	· 판사와 참심원으로 재판소 구성. · 3급 2심제: 시·군·島-道 - 최고재판소).	· 시·군·島·道, 최고검찰소.	· 최고재판소 판사와 참심원: 임시정부에서 선거. · 일반판사와 참심원: 해당 지역 인민위원회에서 선거. · 최고검찰소장: 임시정부에서 선거. · 일반검사: 최고검찰소장이 임명. · 판사·참심원·검사에 대한 선출기관·임명기관의 소환권.	· 참심제(인민참심원) 채택.
시협	임협안과 같음.	임협안과 같음.	임협안과 같음.	· 최고법원의 장과 법관: 대통령의 임명과 국민심사제 · 일반법관: 최고법원의 지명에 의하여 대통령이 임명. 임기10년. · 법관의 정년: 최고법원장 70세, 일반법관 65세.	· 배심제도의 시행(?)*
입의	위와 같음.	위와 같음.	위와 같음.	위와 같음.	· 인민재판 불채용. · 배심제도는 이해충돌 충분히 연구한 뒤 시행.

* 원문에는 "인민재판도 배심제를 취하여야 한다"고 되어 있는데, 시협안의 전체적 맥락으로 볼 때 인민재판은 채용하지 않고 배심재판을 취한다는 내용으로 추정된다.

소를 구성하는 제도를 말한다. 저명한 변호사로서 민전 의장이었던 허헌許憲은 1946년 8월 정판사 위폐사건 공판의 특별변론을 신청하면서 "북조선에는 인민재판이라 하여 공정한 재판을 하기 위해 특히 형사사건에는 참심원에 투표를 시켜서 결정한다는데 이야말로 민의를 반영하는 재판이며 참다운 민주주의적 재판"이라면서 법정구성을 비판하기도 했다.[97]

---

097 『조선인민보』, 『현대일보』, 1946. 8. 21(심지연, 『허헌 연구』, 역사비평사, 1994, 359~360쪽에서 재인용). 당시 조선공산당은 제1회 공판에 앞선 7월 22일 "재판은 공개적으로

반면 우파와 중도파에 속하는 시협·임협·입의 등은 모두 배심제를 사법 민주화 실현방안으로 인식하고는 있었다. 다만 임협과 입의는 그 이해득실을 따져 도입해야 한다는 신중한 태도를 취했다. 그러나 이들의 배심제 도입론은 문항을 채우기 위한 형식적 답변이었을 가능성이 있고, 좌파의 인민참심제에 대한 정치적 응수였을 수도 있다.

검찰과 법원 내부의 찬반론

미소공위가 각 정치·사회단체에 자문사항을 제시한 시점에 법원과 검찰 내부에서도 배심제를 도입하자는 논의가 이루어지고 있었다. 이 시기 법원과 검찰청은 각각 법원조직법·검찰청법을 기초하고 있었다. 놀랍게도 1947년 6월 23일 대검찰청, 서울고등검찰청, 서울지방검찰청이 3검찰청 연명으로 군정장관에게 제출한 제안서에도 "재판상 배심제도를 채용하여 민간 측의 의사를 사법운영에 반영시킬 것"이라는 내용이 담겨 있었다.[98]

같은 해 9월 대검찰청에서 성안한 사법·검찰 등 기구개혁안에서도 배심제 채용이 재확인되었다. 그즈음 서울고등심리원 심판관 정윤환은 법원조직법 초안을 소개하면서 "심판과 기소에 있어서 배심원의 참가, 수사관의

하고 적당한 인원수의 좌우익 정당대표의 배심하에 심리를 진행할 것" 등을 요구하는 청원서를 하지에게 제출했고(송남헌, 『해방3년사 II』, 418쪽), 7월 29일 제1회 공판개정일에는 경성지방법원 청사에 군중이 몰려들어 피고의 즉시 석방, 인민재판회부 등을 요구하며 폭력사태가 벌어지기도 했다. 『동아일보』 1946. 7. 30.

098 전체 제안내용을 간추려보면, ① 사법 또는 검찰조직의 민주주의적 기본정신과 이념에의 부합·실천, ② 인민의 권리와 자유의 적극적 옹호·신장, ③ 무제한인 판사의 구류갱신 제한, ④ 판검사 및 부속기관 직원에 대한 엄정한 징계처분제도 설치, ⑤ 배심제도 채용, ⑥ 각 경찰서 단위의 간이재판소 또는 간이재판제도 실시, ⑦ 검찰기구의 독립, ⑧ 사법경찰관의 검사직속, ⑨ 검찰관의 자질향상을 위해 사법시험 합격자·검찰시보 수련소 설치 등이다. 『동아일보』 1947. 6. 27.

인신구속 폐지, 소송구조訴訟救助의 강화, 사인소추제도의 확립 등 사법민주화에 관한 진지한 논의가 금후 소송법 기초와 동시에 치열하게 전개될 것이다"라고 했다.[99]

정윤환은 이 시기 영미제도를 받아들일 것을 가장 열렬하게 주장하고 있었다.[100] 그는 영국 형사재판제도만이 인권보장의 기준 아래 배심제도를 중심으로 공개주의, 구두변론주의, 탄핵주의에 의한 수사, 공개적이며 신속한 재판운영 등을 통해 대륙 각국의 법조로 하여금 찬사를 금하지 못하게 했다고 하고, 자신이 제시한 형사입법원칙에 배심재판 채용을 포함시켰다.[101]

1947년 2월부터 대법원 산하에 대법관 및 서울 지역 법관 16명으로 구성된 '사법제도에 관한 법률제도위원회'가 설치되어 사법제도 개정에 관한 연구가 진행되었다. 같은 해 4월 12일 사법부 고문 코넬리는 김병로 사법부장에게 통지하여, 한국인 위원들이 인신보호제도, 체포영장과 피체포자의 권리보호, 법정모독죄 및 대배심제도 도입 등 영미식 제도를 도입하자고 하고 있다면서, 시급히 주제별로 법조 삼자가 참여하는 위원회를 구성할 것을 제안했다.[102] 이것을 보더라도 당시 배심제 도입론이 결코 소수의 개인적 견해는 아니었음을 알 수 있다.

---

099 정윤환, 「법원조직법초안 (1) 소개의 말」, 『법정』 2권 8호, 1947, 43쪽.

100 정윤환은 일본 고등문관시험 사법과 출신으로 1941년 경성지방법원 판사를 시작으로 1948년 11월 서울고등법원 부장판사까지 이르렀고, 한국전쟁 당시 행방불명되었다. 『한국법관사』, 252쪽. 정윤환은 헌법, 법원조직법, 형사소송법을 기초할 때 가장 활발하게 발언하고 직접 법안작성에 관여했다. 그는 민복기와 함께 1948년 법령 제176호에 대한 가장 중요한 해설서인 『형사소송개정법개설』(조선출판문화사, 1948)을 저술했다.

101 정윤환, 「영국형사소송제도 (1)」, 『법정』 2권 8호, 1947, 8쪽 이하; 「형사입법시론」, 『법정』 2권 9호, 1947, 34쪽.

102 RG 554, Box no. 208, Folder 1, Advisor to Director, 1947. 4.1 2, Inter-Office Memorandum: "Revision of Law."

이와 같이 영미제도가 사법개혁의 모델로 제시되는 가운데, 1947년 5월부터 9월까지 대법관 이상기李相基, 과도입법원 사무총장 김규홍金奎弘, 서울지방심리원장 장경근張暻根, 사법부 변호사국장겸 법무국장 강병순, 서울고등검찰청검찰관 이호李澔 등 각 기관 대표자들이 직접 미국 사법제도를 시찰했다. 이들은 미국체류 중인 1947년 7월 7일 사법부장, 대법원장, 검찰총장에게 시찰보고서를 제출했다.[103] 이 보고서는 배심제도에 대해서 이렇게 말하고 있다.

공판배심제도는 유럽에서도 프랑스 등에서 실패하고 미국에서도 ⑺ 배심원의 일시적 우연적 직무이기 때문에 무책임하기 쉬운 것, ⑷ 냉정 신중한 판단을 내리기 어려운 것, ⑷ 평의 전에 재판관으로부터 배심원에 대하여 사실인정과 법률적용 및 재판과의 관계를 설명하지만 법률적 기초 지식과 형사재판에 관한 경험이 적은 배심원은 건전한 판단에 도달하기 어려운 것 등의 결점이 있어 그 장점 및 단점이 논의 중에 있을뿐더러, 민도가 낮고 재판에 관한 상식이 충분치 못한 한국에서 공판배심제도를 채용함은 시기상조라 하겠다.[104]

보고서는 배심제가 가진 결점과 낮은 민도를 들어 시기상조론을 펼쳤다. 시찰단원의 면면을 보면 알 수 있듯이 시찰단원들은 각 기관에서 상당한 지위에 있었고, 각종 잡지와 매체를 통해 활발한 의견개진을 하고 있던 자들이었다. 그만큼 이들의 보고서는 상당한 권위를 가지고 있었다. 특히 이상기와 장경근은 행정연구회 멤버로서, 강병순과 이호는 이인·김병로·권승렬 등이 주도한 법전편찬위원회 위원으로서 헌법안 작성에 관여하게 된

---

103 미국사법제도시찰단, 「미국사법제도시찰보고서」, 『법정』 2권 9호, 1947, 50쪽 이하.
104 위 보고서, 52쪽.

다.[105]

배심제에 대한 노골적인 공격도 있었다. 예를 들어 엄상섭嚴詳燮(당시 서울 지검차장)은 대배심이 '쓸데없는 방해물'이라는 미국 학자의 부정적인 평가를 예로 들어 "우리 형사소송제도에 있어서도 배심제도를 채용하여야 된다고 떠들어대는 모방주의자들에게 대한 일대 반성자료가 될 것"이라고 했다.[106] 황성희黃聖熙(당시 서울심리원 심판관)는 배심제도가 "법관의 고유의 임무를 박탈하는 반동사상의 사조"에서 나왔다고 비난했다.[107] '모방주의,' '반동사상' 같은 격한 표현들은 배심제에 대한 이들의 강한 거부감을 드러낸다. 동시에 그렇게 격하게 표현해야 했을 정도로 배심제 도입문제는 결코 일각에서 제시된 하나의 아이디어에 불과한 문제가 아니었음을 미루어 알 수 있다.

헌법의 침묵과 배심제 채용의 공식적 부인

결국 배심제도는 채용되지 않았다. 최종 헌법안에 이르기까지 여러 헌법안들이 등장했지만, 배심제 기타 국민의 사법참가방법을 진지하게 고려한 흔적은 없다. 헌법안 작성자들은 배심제 채용에 소극적이었고, 설사 필요하더라도 헌법에 명문화시킬 필요는 없다고 판단했던 것 같다.

그렇다고 쟁점이 소멸된 것은 아니었다. 딱 한 번에 불과했지만 1948년 6월 28일 제헌국회가 헌법안을 심의할 때 김병회金秉會(무소속) 의원이 배심제 채용 여부를 서면으로 질의한 적이 있다. 그에 대해 전문위원 권승렬(당시 법무차관)은 헌법안에서 배심제 채용 여부에 대해 가타부타 말하지는 않았지만, 필요하다면 법률로 규정할 수 있을 것이라고 답변했다. 헌법에 넣을

---

105 유진오, 『헌법기초회고록』, 일조각, 1980, 14, 19쪽; 이인, 앞의 책, 274쪽.
106 엄상섭, 「미국에 있어서의 소송수속 개혁문제」, 『법정』 3권 4호, 1948, 신동운 편저, 『효당 엄상섭 형사소송법논집』, 서울대출판부, 2005, 49쪽.
107 황성희, 「형사재판의 사활점」, 『법정』 3권 4호, 1948, 27쪽.

수도 있지만 배심은 사법구성에 관한 것이기 때문에 사법제도에 관한 법에 넣는 것이 의례이고, 나중에 법원조직법이나 형사소송법을 제정할 때 넣을 수도 있기 때문에 헌법에서는 뺐다는 것이었다.[108]

이후 사법관계 법률의 입법과정에서 배심제는 공식적으로 부정되었다. 1949년 1월 22일 개최된 제6회 법전편찬위원회 총회에서 형사소송법요강을 심의하면서, 배심제도를 채택하지 않는다는 원안이 만장일치로 가결되었다.[109] 법원조직법안도 배심제에 대해 침묵했다. 1949년 7월 3일 제4회 임시국회 법원조직법안 제1독회에서 이재학李在鶴(무소속) 의원은 법원조직법의 통과에 앞서 다음과 같이 지적했다.

> 법원조직에 대한 조항에 있어서 배심제도를 그때에 헌법에서 부인했습니다마는 이 배심제도를 그때에 전문위원으로 있는 현재 법무부장관(권승렬—인용자)이 어떠한 답변을 했느냐고 할 것 같으면 배심제도는 법원조직법을 만들 때 자문 정도로 해서 낼 수 있다고 하는 그런 정도의 말을 했습니다. 그런데 오늘 이 법원조직법을 통과하고 볼 때에 이런 정신이 하나도 없습니다. 그리고 오늘 우리의 실정을 볼 때에 이 법원이 우리 민중을 위해서 참되게 어느 정도 반영되어야 할 이런 처지임에도 불구하고 왕왕 좋지 못한 경향을 보이고 있습니다.[110]

이재학 의원의 발언을 통해 헌법심의 당시 권승렬의 답변취지를 정확히 이해할 수 있다. '자문 정도'의 배심이란 과거 일본의 배심제와 같은 것이다. 헌법 제22조는 법관에 의한 재판을 받을 권리를 규정하고 있는데, 이는

---

108 대한민국국회, 『제헌국회속기록 1』, 선인문화사, 1999, 262쪽.

109 「법전편찬위원총회의사록 (초)」, 『법률평론』 1권 1호, 대한법리연구회, 1949, 34쪽.

110 『제헌국회속기록 6』, 423쪽.

일본의 구 제국헌법 제24조를 그대로 옮긴 것이었다. 이 규정 때문에 배심원의 평결이 재판관을 구속하는 것은 위헌이라는 논리를 한국의 법률가들도 잘 알고 있었다.

김병회·이재학 의원의 지적이 있었지만, 국회는 물론 사법부 내에서도 배심제는 더 이상 논의되지 않았다. 배심제가 가지는 사법제도적·정치제도적 의미는 충분히 인식되지 못했다. 물론 이 시기에는 국민의 재판참가를 도입할 만한 여유도 조건도 없었다고 해야 할 것이다. 관료사법적 의식이 강고했고, 민도가 낮은 국민의 사법참가보다는 법원을 어떻게 조직하고 사법권의 독립을 보장할 것인가가 시급한 현안이었다. 정치세력 역시 재판에 민의를 반영한다는 측면에서 배심제도를 고려해본다는 정도로 인식하고 있었고, 실천적인 정치의제로 추진하지는 않았다.[111] 어쩌면 여순사건에서 인민재판을 목도함으로써 일반국민의 재판참여에 대해 두려움과 혐오감을 가지게 되었을 지도 모른다. 이후 1947년과 같은 분위기는 더 이상 연출되지 않았다.

3. 형사소송제도 개혁구상들

형사소송개혁 논의의 구도

식민지 형사소송제도의 특징은, 수사기관에 거의 무제한적 편의와 재량을 부여하여 공판절차는 공판 전 절차(수사, 기소, 예심)에 부속된 절차로서의

---

111 한민당이 이승만과 결별한 뒤 대한국민회, 대동청년당 등을 규합하여 1949년 2월 10일 민주국민당을 결성했는데, 그 정강정책에는 배심제도 실시가 포함되어 있었다. 『동아일보』 1949. 2. 10. 이재학 의원도 민주국민당에 가입했다.

위상밖에 없었다는 것이다. 따라서 해방 이후 사법제도개혁의 방향이 조선 형사령체제의 총체적 극복이었던 것은 필연적이었다.

개혁의 초점은 무엇이었는가? 장승두張承斗(당시 법제처 법제관)는 "민주주의적 형사소송법의 기본원칙인 당사자대등주의·변론주의적 기구와 공판중심주의·재판관중심주의의 확립을 도모함에 있어 제일 문제되는 것은 현재 검찰제도의 개혁"이라고 한 바 있다. 그는 검찰이 "피고인에 비하여 일층 우월한 지위"를 가지는, "규문주의의 연혁에서 기원하며 단체주의적·전제주의적 이데올로기의 잔재에 불과"하고 "실질상 재판관적 임무의 일부를 수행"하는 대륙식 검찰제도를 "형사사법 민주화의 견지에서 개혁해야 한다"고 했다.[112] 조금 거칠게 느껴지지만, 이 발언에서 당시의 개혁 마인드를 이해할 수 있다. 당대인들은 제도개혁의 대안을 해방 이전부터 존재했던 방안들, 민주주의적 형사사법의 모델로 떠오른 영미 형사소송제도에서 찾고자 했다.

새로운 인신구속제도의 도입, 변론권의 강화, 기소편의주의의 통제, 공판절차와 증거법의 개혁이 모색되었다. 이것들은 모두 검사권한의 축소를 의미했다. 이런 논의는 주로 개혁적 판사그룹에 의해 주도되었다. 공판중심주의라는 표현에 전거가 불분명한 '재판관중심주의'라는 표현이 결합되어 있던 것도 그 점을 간접적으로 보여준다. 말할 나위 없이 검찰 쪽에서는 강력하게 반발했다.

물론 당시의 논의구도를 단순히 영미법적 시각 대 대륙법적 시각의 충돌, 법원과 검찰의 대립구도로 재단할 수는 없다. 식민지 사법제도의 극복과 민주적 개혁에 대해서는 공감대가 형성되어 있었고, 영미 사법제도의 특징을 표현했던 '당사자대등주의', '변론주의', '공판중심주의' 따위의 말

---

112 장승두, 「영미형사재판제도론 (3)」, 『법정』 3권 12호, 1948, 16~17쪽.

은 그 이론적 정확성을 떠나 이 시기 개혁의 슬로건이었으며, 어떤 점에서는 완전히 새로운 것이 아니라 예전부터 존재했던 것이었다. 다만 대륙식 제도—전체주의 일본과 식민지 조선의 사법제도—에 비해 미국식 제도는 민주적 사법제도 이념에 훨씬 철저한 것으로 이해되었기 때문에, 미국식 제도의 채용이라는 현상이 나타났던 것이다. 또한 당시 영미제도 수용론은 곧 영미제도의 전면적·체계적 채용을 의미하지도 않았고, 영미제도에 대한 이해수준도 조금은 미흡했다. 특히 미군정기 한국에는 같은 시기 일본 점령 당국처럼 대대적인 제도개편작업을 지도·주도할 만한 세력이 없었다. 따라서 당시의 영미제도 수용논의는 당면한 개혁의 이념과 방향을 제시하기 위한 이념적 수용의 성격이 강했다고 할 것이다.

어쨌든 미군정기에는 상대적으로 개혁의 열기가 뜨거웠다. 그러나 현실적으로 작동할 법제도를 구체적으로 만드는 과정에서, 개혁의 대상과 범위를 놓고 치열한 논쟁이 벌어졌다. 논쟁을 주도하거나 입법에 관여한 사람들을 중심으로 본다면 중견판사그룹과 변호사들을 중심으로 한 개혁파는 영미식 제도도입에 적극적이었고, 사법수뇌부나 검찰실무가들은 현행제도의 부분적 개정을 선호했다고 할 수 있다. 결과만 말하면 후자가 승리했다고 할 수 있다. 아마도 승리의 요인은 이론 자체보다는 현실에서 찾아야 할 것이다.

한편 미국식 제도와 전혀 닮지 않았지만 경찰을 제외한 법조계의 인식이 일치하는 부분이 있었다. 바로 검사의 사법경찰에 대한 수사지휘가 실효적으로 이루어질 수 있도록 제도개선이 이루어져야 한다는 것이었다. 그 제도적 실현형태는 검찰직속의 사법경찰기구를 창설하는 것, 궁극적으로 사법경찰을 행정경찰에서 분리해 완전히 검찰에 직속시키는 것이었다. 그 자체만 놓고 보면 얼핏 검찰의 이해관계만 반영된 것 같지만, 당시에는 검사의 수사지휘권 강화, 검찰중심의 일원적 수사체계가 수사민주화를 위한 개혁과제로 인식되고 있었다. 해방 이후 한국 경찰은 예전보다도 훨씬 중앙집권적인 조직으로 재편되었고, 고문 등 심각한 인권유린을 자행했으며, 정치권력(미군정, 이승만李承晩 정권)에 기대어 법원과 검찰의 통제로부터 벗어나려 하고 있었다. 때문에 사법경찰을 확고하게 검찰의 통제 아래 두어야 한다는 인식이 힘을 얻었다. 검찰청법과 형사소송법에 담긴 경찰통제장치들은 단순히 대륙형 형사사법제도가 연속된 것으로서가 아니라, 이 시기 강렬한 경찰불신의 산물로서도 이해할 수 있다.

위와 같은 구도를 염두에 두고, 이제 형사소송제도 개정문제를 중심으로 당시의 제도개정 논의를 살펴보자.

1947년 미국 사법제도 시찰보고서

1947년 7월 미국사법제도시찰단이 제출한 보고서는 이 시기 대표적 법률가들이 미국식 제도를 어떻게 이해하고 그것을 어떻게 한국의 현실에 접목시키려 했는지 잘 보여준다. 보고서는 배심제도를 제외하고 공판중심주의, 당사자주의, 변론주의, 직접주의, 구두주의에 철저한 미국 소송절차를 한국 제도의 결점을 제거하기 위해 채택해야 한다고 했다. 물론 기존의 대륙법체계와 조화시키고 한국의 문화·민도에 적합하도록 수정·적응시켜야 한다는 전제를 달았다. 보고서가 제안한 내용을 요약하면 다음과 같다.

○ 권력분립과 사법권 독립

· 사법기관(재판소)을 행정기관(사법성)의 예속으로부터 벗어나게 하여 사법권 독립을 철저히 하고, 사법기관과 사법관리의 지위를 다른 입법·행정과 균등하게 할 것.

· 대법원이 각급·각종 재판소에 대한 최종상고심으로서 관할권을 가질 것.

· 대법원이 각급·각종 재판소에 대해 최고사법행정기관을 보유할 것.

○ 공판제도와 공판중심주의의 실질적 실시

· 소송기록을 기소장으로부터 시작할 것.

· 검찰관을 순수한 소송당사자(원고)로 하여 피고인 또는 변호인과 동등한 소송 법상의 지위와 권한을 주고 그 좌석도 변호인과 대등하게 할 것.

· 원고(검찰관)와 피고인(또는 변호인)이 증인 기타 관계인을 신문하며, 기타 증거를 제출하며 재판관은 보충적으로만 조사하도록 하여 재판의 기초가 되는 모든 소송행위는 일체 재판관의 면전에서 양당사자의 변론주의원칙하에 직접 행하 도록 할 것.

○ 검찰제도와 경찰제도의 민주화와 인권보호

· 사법경찰관은 48시간, 검찰관은 10일간 이상 피의자를 구속하지 못하게 할 것.

· 검찰관이 10일을 초과하여 피의자를 구속할 필요가 있는 경우 재판관에게 구 류장 발부를 요청하게 할 것.

· 경찰관·검찰관의 피의자구속이 기간을 초과하거나 이유가 없거나, 또는 치안 관의 구류장에 의한 구류라도 과도한 장기간에 걸치거나 이유 없는 경우, 피 의자·피고인 또는 변호인은 직접 지방심리원에 인신보호영장(신체제출명령, writ of habeas corpus)의 발행을 요구할 수 있게 할 것.

· 기소유예제도를 폐지하고 대신 재판소의 선고유예를 허용할 것.

· 피의자는 경찰관, 검찰관의 취조를 받고 있는 때라도 변호인에게 사건을 위임 할 수 있고, 경찰과 검찰의 구속 중에 있는 피의자가 그 가족, 변호사와 전화

기타 방법으로 연락하며 면회할 수 있도록 보장하며, 무자력자에게는 무료로 변호를 위임할 수 있는 변호원조협회와 사회자애단체를 조성하고, 피의자 또는 그 변호인은 경찰관 검찰관에 대하여 구속이유를 물을 수 있는 권리를 인정할 것.

○ 치안판사제도의 확충
· 1~2군에 1곳의 치안관심판소 설치하고, 경미한 민형사사건의 신속처리와 지방검찰관의 청구가 있는 경우의 구류장을 발행하는 직무를 담당시킬 것.
· 자격제도를 현재보다 엄중히 하여 특별시험제도를 창설하고 상당한 기간 재직하면 심판관시험자격을 인정할 것.
· 치안관은 각 지방심리원장의 추천에 의해 임면하며 그 감독을 받도록 할 것.

○ 검찰관 직속의 사법경찰관제도
· 검찰관의 검찰권행사에는 보조기관인 경찰이 필요하지만, 현재 같은 제도 아래에서는 인사권 등이 없논 관계로 명령계통이 확립되지 않아 검찰권운영에 지장이 다대하므로 일반경찰 외의 검찰관 직속의 사법경찰제도를 신설할 것.
· 직속 사법경찰관리는 인사권과 신분감독권을 가진 검찰관의 명령에 절대 복종하며 수사에 활약하게 하고, 직속 사법경찰관리를 훈련하여 일반경찰의 모범이 되도록 할 것.

사법권 독립 항목의 핵심은, 대법원을 미국 연방대법원처럼 모든 종류의 재판기관의 정점에 있는 최고의 사법기관으로 설정하고, 사법행정도 행정부로부터 완전히 독립시켜 독자적 법원행정감독기관을 설치한다는 것이었다. 대법원의 권한에는 위헌법률 심판권까지 포함되었다.

공판제도에서 소송기록을 공소장으로부터 시작한다는 것은 이른바 '공소장일본주의公訴狀─本主義'를 말한다. 즉 검사가 공소를 제기할 때 공소장만 제출하고 다른 기록을 일체 첨부하지 않게 하여, 판사가 심리 전에 기록을 보고 사건에 대한 예단을 갖지 않도록 한다는 취지이다. 공판도 직권주의적 방식에서 벗어나 검사와 피고인이 대등한 당사자의 지위에서 증거를 제출하고 변론하는 당사자주의적 요소를 채용하자고 했다. 기타 인신보호영장, 치안판사제도의 실시 같은 것도 미국 제도에서 따온 것이었다.

검찰관 직속의 사법경찰제도를 창설하자는 것은 1945년 이전에도 논의되어왔던 것이다. 얼핏 미국 제도와 관계없는 것 같지만, 해방 이후에는 미연방 법무국에 직속하는 연방수사국(FBI)이 유력한 모델이 되었다. 장승두 같은 이는 "수사의 민주화"를 위한 한 방안으로서 검사의 지휘명령이 완전히 수행될 수 있도록 사법경찰 전부를 검찰청에 예속시킬 것을 주장했다.[113]

미국 제도와 가장 닮지 않은 것은, 검사에게 독자적 구류권을 허용한 것, 그리고 무엇보다 기소유예제도를 폐지하자는 것이었다. 10일 이내의 피의자 구류를 허용한다는 것은 조선형사령 제12조와 제13조가 허용한 권한을 그대로 유지한다는 뜻이다. 그나마 조선형사령에서는 10일 이내에 기소하지 않으면 석방하게 했는데, 보고서는 심판관이 구류장을 발부하면 검사가 피의자를 계속 구류할 수 있게 했다. 그럼으로써 검사는 마치 구류권이 없는 예심판사와 같은 수사의 주재자가 되고, 직속 사법경찰관리가 검사 수사를 보조하게 된다. 검찰이 희망하는 바가 완전히 수용된 것이다. 그런 의미에서 보고서가 내세우는 공판중심주의나 당사자주의는 철저하지 못했고, 오히려 검찰권 강화의 계기를 내포하고 있었다.

---

113 장승두, 『형사소송법요강』, 청구문화사, 1949, 124쪽; 장경근·장승두, 『법제대의』, 일한도 서출판사, 1952, 142~143쪽.

앞서 배심제 도입논의에서 거론되었던 정윤환은 영미제도를 모델로 가장 적극적인 개혁론을 펼친 자였다. 그는 "데모크라시의 지도원리하에서 정립되는 형사법의 기본원칙은 철두철미 인권의 옹호"로 시종해야 한다고 하고, 형사소송법의 개혁요점을 다음과 같이 제시했다. 즉 수사기관에게 강제수사를 허용하지 않고 반드시 판사의 영장을 얻어 강제처분을 하게 할 것, 기소권을 검찰관에게 독점시킬 것이 아니라 일반피해자로 하여금 기소에 관한 권한을 행사케 할 것, 검사의 불기소처분권 및 상소권을 제한할 것, 공판중심주의를 실질적으로 강화하고 선고유예제도를 채용할 것, 배심제를 채용할 것, 사건의 경중을 불문하고 필요변호제를 채용할 것, 빈곤한 당사자에 대하여 소송구조제도를 확립할 것, 형의 집행과 가출옥을 판사의 감독하에서 행하게 할 것 등이다.[114] 서울지방법원 판사를 거쳐 법제처 법제관을 역임한 장승두도 대표적인 영미법 수용론자 중 한 명이었다.[115]

형사사법개혁과 검찰제도개혁

수사검찰기관의 녹재와 독신을 뒷받침히고 있던 식민지 형사사법제도를 개혁한다는 것은, 곧 형사절차를 총체적으로 개혁한다는 것을 의미했다. 당대인들은 '형사사법의 민주화'를 개혁방향으로 설정하고, 종래의 개혁방안들과 영미 사법제도에서 대안을 발견하고자 했다.

잡지 『법정法政』에서는 영미식이냐 대륙식이냐를 놓고 열띤 논쟁이 벌어졌다. 정윤환의 「영국형사소송제도」(『법정』 2권 8호, 11호, 1947), 「형사입법시론」(『법정』 2권 9호, 1947), 장승두의 「영미치안판사제도론 (2)」(『법정』 3권 5

---

114 정윤환, 「형사입법시론」, 31~34쪽.
115 장승두, 「영미형사사법제도론—우리의 형사사법민주화와 관련하야 (3)」, 『법정』 3권 12호, 1948, 16~17쪽; 장승두, 「기소편의주의와 자소제도」, 『법정』 4권 8호, 1949, 4~7쪽.

호, 1948), 「영미형사사법제도론 (3)」(『법정』 3권 12호, 1948) 등은 영미제도를 적극적으로 평가했다. 이에 대해 엄상섭은 「검찰제도의 신구상」(『법정』 2권 8호, 11호, 1947), 「미국에 있어서의 형사수속 개혁문제」(『법정』 3권 4호, 1948) 등의 글을 통해 영미법 수용론의 관념성을 비판했다.

수사, 기소와 공판 전 형사절차에 걸쳐 개혁안이 제시되었다. 핵심적인 표어는 '공판중심주의'와 '당사자주의'였다. 공판중심주의는 검사가 주재하는 수사가 아닌 판사가 주재하는 공판이 형사절차의 중심국면이 되어야 한다는 의미였다. 당사자주의는 재판관 옆에 있던 검사를 피고인과 변호인의 높이로 끌어내린다는 것을 뜻했다. 여기에는 이론적 의미 외에, 이제 판사가 검사로부터 독립하고 또 검사보다 우위에 서야 한다는 선언이 포함되어 있었다. 말할 나위 없이 영미제도가 유력한 모델일 수밖에 없었다. 뒤에서 서술할 새로운 인신구속제도, 기소편의주의 억제책, 공판중심주의 구현방안은 모두 검사의 지위와 권한을 타격지점으로 삼고 있었다.

그중에서 한 가지 문제를 먼저 보고 지나가자. 공판정에서 검사의 좌석 배치는 검사의 소송절차상 지위를 상징한다. 미국사법제도시찰보고서는 검사를 순수한 당사자로 만든다는 취지에서 검사의 좌석을 변호인과 대등하게 하자고 했다. 이 문제는 1954년 형사소송법 제275조 제3항에서 "검사의 좌석은 변호인의 좌석과 대등하며 피고인은 재판장의 정면에 좌석한다"고 규정함으로써 일단락되었다. 이 규정은 정부원안에는 없다가 국회 법사위 수정안으로 발의되어 비로소 삽입된 것이었다.[116] 이는 외형상 당사자의 대등과 법원의 우위를 가시화하는 효과를 지녔지만, 여전히 한계를 가지고 있었다. 검사와 변호사가 같은 높이에 있을 뿐, 피고인이 동떨어져서 재판

---

116 『형사소송법제정자료집』(이하 『형소법제정자료집』), 한국형사정책연구원, 1990, 96쪽, 134
~135쪽.

관을 향해 앉아 있는 것은 예전과 같았기 때문이다.[117]

검찰은 이를 검사의 지위격하로 받아들이고 반발했다.[118] 제2대 국회의원으로 당선되기 전에는 독창적인 견해를 펼치며 검찰의 이해를 대변했던 엄상섭의 발언을 예로 들어보자. 그는 "검찰관 좌석만 미국식으로 흉내 내자고 주장한다면 그것은 이론을 떠난 얼치기 민주주의의 소화불량병에서 나온 소견"이거나 "재판관 우월감에서 빚어진 불순한 동기에 기인하는 것"이라고 했다.[119] 하지만 그의 다음과 같은 말은 경청할 가치가 있다.

> 일제 히로히토(가) 현신現神으로부터 인간에 하강할 때 민주주의의 싹이 텄다. 우
> 리 재판관들이 검찰관과 함께 피고인과 동고同苦의 좌석에 하강할 때 우리사회의
> 민주주의사상은 다시 일보 전진할 것이다.[120]

예심제 폐지 이후의 수사권 배분문제

앞에서 보았듯이 해방 이후 예심제도는 더 이상 실무에 존재하지 않게 되있다. 뿐만 아니라 예심제도 자체에 대해서도, 일본 형사소송법의 "결정적인 악제도惡制度"이자 대륙법에서 유래한 규문소송적 잔재로서 형사사법의 민주화라는 견지에서 도저히 용납할 수 없다는 인식이 강했다.[121]

문제는 예심폐지 이후 수사절차를 어떻게 재구성할 것인가 하는 점이었

---

117 한인섭, 『한국 형사법과 법의 지배』, 한울, 1998, 85쪽.
118 1954년 형소법 시행 후에도 검사의 좌석위치에 불만을 갖고 한때 검사들이 공판입회를 기피하는 일도 있었다. 『한국검찰사』, 275쪽.
119 엄상섭, 「검찰제도에 대한 신구상 (2)」(『법정』 2권 11호, 1947), 신동운 편저, 앞의 책, 30쪽.
120 위의 책, 31쪽.
121 엄상섭, 「검찰제도에 대한 신구상 (1)」(『법정』 2권 8호, 1947), 신동운 편저, 앞의 책, 9쪽; 장승두, 「영미치안판사제도론 (2)」, 『법정』 3권 6호, 1948, 23쪽.

다. 미국사법시찰보고서는 검사에게 일정한 범위에서 독자적인 강제수사권을 부여하여 이 문제를 해결하고자 했다. 그러나 이는 수사기관의 권력을 강화하여 피의자에게 불리하게 작용할 수 있었다. 또한 예심절차만 없었지, 조선형사령과 다를 바가 없었다.

예심제도에서 기대된 본래의 순기능을 대신할 수 있는 것이 미국의 예비심문제도(preliminary hearing)였다. 실제로 일본 점령 당국은 일본의 형사소송법 기초과정에서 몇 번이고 미국식 예비심문제도의 도입을 권고했다.[122] 예심심문절차는 정식재판에 앞서 판사(주로 치안판사)가 당해사건을 기소하기에 충분한 증거가 있는지 판단하는 절차이다. 예심판사가 수사관적 기능과 법관적 기능을 동시에 수행하는 것에 비해, 예비심문절차에서 판사는 순수하게 법관의 입장에서 공개법정에 제시된 증거 및 당사자의 변론에 근거해 기소의 당부를 심사하며, 공소제기 이전단계부터 당사자주의적, 변론주의적 구도가 구현된다. 따라서 예비심문제도는 예심의 규문적 성격을 탈각시키고 수사단계에서 인권보장을 강화할 수 있는 합리적 대안이었다. 하지만 당시 한국과 일본에서는 이 점이 충분히 인식되지 못했다. 결국 인권옹호와 규문주의청산을 명분으로 삼은 예심제의 폐지가 목욕물을 버리다가 아기까지 같이 버리는 결과를 낳고 말았다.

한국에서는 치안관제도가 실시되고 있었기 때문에 그 모델인 영미의 치

---

122 총사령부 민간정보부 보안과 법률반(Legal Unit, Public Safety Section, CIS, G–2)은 1946년 3월 「형사소송법에 대한 수정의견」을 통해 예심제도는 현상을 유지하되 중죄의 경우 대배심에 이첩하는 방안을 권고했다. 1946년 10월 총사령부 측이 수사절차의 개혁요점을 제시한 시안(이른바 블랙모어私案)에도 예비심문제도가 포함되어 있었다. 1947년 10월 이후 형사소송법 초안을 놓고 협의하는 과정에서 총사령부 측이 다시 예비심문제도의 설치를 권고했으나 일본이 계속 반대하는 바람에 결국 총사령부 측이 요구를 철회했다. 小田中聰樹, 「刑事裁判制度の改革」, 東京大學社會科學硏究所 編, 앞의 책, 267~268쪽.

안판사제도가 관심을 받았다. 미국사법제도시찰보고서도 치안관의 영장발부권을 인정하고 있었다. 정윤환은 치안판사가 주재하는 영미의 예비심문절차에 주목했다.[123] 특히 장승두의 경우, 아예 미국의 치안판사제도 자체를 전면도입할 것을 주장했다. 즉 치안관에게 영장발부권과 강제처분권을 부여할 뿐만 아니라, 중죄사건의 경우 치안관이 공개된 법정에서 당사자대등주의에 입각한 변론주의적 소송원칙에 의거하여 예비심문을 하게 하자는 것이었다.[124]

이에 대해 엄상섭은, 치안판사의 예비심문은 "재판기관으로 하여금 기소전 범죄수사를 담당케 하는 것으로서 규문주의가 청산되지 못한 것일 뿐 아니라 범죄수사의 통일을 저해하는 제도"이기 때문에 채택할 수 없다고 하고, 대신 검사에게 어느 정도의 강제수사권을 부여해야 한다고 주장했다.[125] 그는 검사보다 질이 저열한 간이법원의 판사보에게 영장발부권을 부여하면서 "범죄수사의 책임적 중핵체인 검찰관의 범죄수사권을 극도로 제한할 것을 주장하는 논자도 있으니 이것이 과연 국가를 위하는 일인가"라고 되물었다.[126] 엄상섭의 주장은 과거 일본 검찰의 주장과 다를 바가 없었다. 엄상섭 역시 예심제의 폐지를 검사를 공판 전 절차의 유일한 주재자로 만들고 독자적 강제처분권을 보유하게 하는 계기로 인식했던 것이다.

하지만 장승두의 주장은 극히 예외적이었다. 논란의 분위기는, 수사는 당연히 검사가 주재한다는 것을 전제로 검사에게 독자적 강제수사권을 인정

---

123 정윤환, 「영국형사소송제도 (2)」, 『법정』 2권 11호, 1947, 18쪽.

124 장승두, 「영미치안판사제도론 (2)」, 23쪽.

125 엄상섭, 「검찰제도에 대한 신구상 (1)」, 앞의 책, 10~11쪽. 그는 예심심문제도를 과거의 예심제도와 흡사한 절차로 파악했다. 엄상섭, 「미국에 있어서의 형사소송 개혁문제」, 앞의 책, 47쪽.

126 엄상섭, 「검찰제도의 신구상」, 앞의 책, 13쪽.

할 것인가, 아니면 판사에게 사전 혹은 사후에 영장을 청구하게 할 것인가 하는 문제로 좁혀졌다. 결국 논란을 거쳐 판사가 영장발부권을 가지고 검사는 영장청구권만 가지는 방식이 도입되었다. 그것이 1948년 3월 20일 공포된 법령 제176호 '형사소송법의 개정'이었다.

기소유예제도 폐지론과 피해자소추주의론

미국사법시찰보고서, 정윤환·장승두의 주장에서 볼 수 있듯이 기소편의주의 통제는 형사사법개혁의 핵심의제였다. 미국사법제도시찰보고서는 아예 기소유예제도를 폐지하자는 과감한 주장을 펴고 있다. 전후 일본에서도 수사기관의 직권남용·인권유린사건에 대한 자의적 불기소처분을 억제하는 문제(이후의 준기소절차)가 주로 논의되었지만, 기소편의주의 자체를 부정하는 논의는 찾기 힘들다. 대신 검찰권 행사에 민의를 반영시켜 그 적정을 꾀한다는 취지에서 '검찰심사회제도'(1948. 7. 12, 법률 제147호 검찰심사회법檢察審査會法)를 도입했다.[127]

왜 한국에서는 기소유예제도의 폐지까지 제안할 정도로 심각하게 논의되었을까? 당시의 기소유예제도 폐지론을 보면, 검사가 행사하는 '재판관적 권한'을 회수한다는 논리가 발견된다. 즉 행정권에 종속되고 피고인과 대립하는 입장에 있는 검사가 재판관적 임무를 수행하는 것은, 정당政黨의 불의를 엄폐해주는 폐해를 유발하고, "민주주의적 형사소송의 한 이상인 공판

---

127 검찰심사회제도는 총사령부 측이 검찰민주화를 위한 제도로 검찰관공선제(檢察官公選制)와 함께 기소배심제도 채용을 권고한 것이 계기가 되었다. 1947년 11일 일본국헌법 공포 이후 일본 법무청(法務廳)은 검찰관공선제와 기소배심제도는 일본의 현상황에서 채용하기 어렵다고 하여 총사령부와 절충한 끝에 검찰관공선제 대신 검찰관적격심사제도를, 기소배심제도 대신 검찰심사회제도를 도입하는 방식으로 해결했다. 最高裁判所事務總局刑事局, 『檢察審査會五〇年史』, 東京: 法曹會, 1998, 13~14쪽.

중심주의, 재판관중심주의원칙에 배치된다"는 것이다.[128] '재판관중심주의' 라는 말은 전거가 분명치 않다. 기소편의주의 견제론을 펼쳤던 자들이 대부분 판사였음을 감안할 때, 판사들의 인식을 표현된 용어라고 하겠다. 공판중심주의가 형사절차의 주요 국면을 수사에서 공판으로 옮기는 것을 표현하는 용어라면, 재판관중심주의는 절차의 주도권이 검사로부터 판사에게 넘어가야 한다는 것을 표현하는 용어였다.

당시 서울고검에 재직 중이던 엄상섭은 반발했다. 그는 기소유예폐지론은 "시대착오적인 잘못된 견해이며 검찰관을 극도로 불신임하는 신경과민증의 발작에서 나온 어리석은 견해"이고, "재판관이라는 소아적 입장에 구애되어서 재판관의 직권확장과 그 편의와 그 우월감 만족에 유리한 검찰제도 수립을 의식적 또는 무의식적으로 고집"하는 것이라고 비판했다.[129]

당시의 논쟁에서 우리는 1954년 형사소송법의 재정신청제도로 이어지는 중요한 발상을 발견할 수 있다. 바로 사인소추주의적 요소를 도입하여 기소독점주의·기소편의주의를 견제해야 한다는 주장이다. 정윤환은 민주적 사법의 모범인 영국의 사인소추주의를 참고하여, 일반피해자도 직접 기소에 관한 권한을 행사하게 해야 한다고 주장했다.[130] 장승두의 경우 기소편의주의의 관료적 단점에 대한 민중적 견제수단으로 보충적 자소自訴제도를 주장했다. 검찰권의 정략적 행사를 견제하려면, 검사의 불기소처분이 있으면 보충적으로 피해자가 자소를 제기할 수 있어야 한다는 것이었다.[131]

---

128 장승두, 「영미형사사법제도론 (3)」, 16쪽. 미국사법제도시찰보고서에도 "검찰관이 보유하는 사법권을 회수한다"는 표현이 나온다. 「미국사법제도시찰보고서」, 51~52쪽.

129 엄상섭, 「검찰제도의 신구상」, 앞의 책, 16~17쪽.

130 정윤환, 「영미형사소송제도 (1)」, 9쪽; 「형사입법시론」, 34쪽.

131 장승두는, 순수한 기소편의주의는 이미 황혼을 맞고 있지만 대륙에서도 아직 이를 폐지하지 못했고, 더구나 "호헌호법기관으로서의 법원의 독립이 인정되어 있지 않고 행정권이 사

4. 형사절차개혁을 위한 첫 단추

1948년 법령 제176호의 의의와 한계

1948년 3월 20일 법령 제176호는 조선형사령의 독소조항과 행정집행령을 폐지하고 영장주의, 구속된 피의자의 변호인 선임·접견교통권, 구속적부심사제도 등을 도입하고 보석제도를 보완하여 인신구속제도를 전면적으로 개편했다.[132] 주의할 것은 법령 제176호에 저촉되지 않는 조선형사령, 다이쇼형소법의 규정들은 그대로 효력을 가지고 있었다는 점이다. 어쨌든 법령 제176호의 의미는 컸다. 장승두는 "당사자대등주의 재판관중심주의적 형사소송제도로의 거보를 딛게 되었으니 이는 실로 획기적인 입법으로, 조선사법사상 대서특필할 만한 것이다"라고 했다.[133] 법령 제176호는 미군정 기간 단행된 남한의 사법제도개혁사업 중 가장 주목할 만한 조치 중의 하나로 인정되고 있다.[134]

신체구속과 기소 전 검찰과 경찰의 조치를 중심으로 법령 제176호의 내용을 살펴보자. 먼저 법령은 "누구든지 구속당할 자의 성명 및 피의사건을 기재한 재판소가 발한 구속영장 없이는 신체의 구속을 받지 아니한다"(제3

법권보다 우월한 지위에 있는 현하 한국의 현상에 비추어 기소편의주의의 전면적인 폐기란 아직 실현될 가능성이 희박한 것이라고 볼 수밖에 없다"고 했다. 기소편의주의에 대한 민중적 통제수단으로서 불기소처분에 대한 항고(抗告)를 법원에 하는 제도, 일본의 검찰심사위원회제도, 영국의 사인소추제도, 중국과 같은 보충적 자소제도 등이 있는데, 이중 보충적 자소제도를 가장 좋은 방법으로 주장했다. 장승두, 「기소편의주의와 자소제도」, 16쪽.
132 법령 제176호의 입법과정은 문성도, 『영장주의의 도입과 형성에 관한 연구』, 서울대 박사학위논문, 2001, 106~129쪽.
133 장승두, 「영미형사사법제도론 (3)」, 15쪽.
134 신동운, 「영장실질심사제도의 실시와 영장주의의 새로운 전개—영장제도에 대한 연혁적 고찰을 중심으로」, 법원행정처 엮음, 『새로운 인신구속제도 연구』, 법원행정처, 1996, 31쪽 이하; 심희기, 『한국법제사강의』, 338쪽 이하; 한인섭, 앞의 책, 1998, 65쪽.

조 ①)고 영장주의를 선언했다. 하지만 예외가 있었다. 검찰관과 경찰관은 다음과 같은 경우 긴급을 요하면 사전구속영장을 받지 않고 피의자를 구속할 수 있었다. 즉 피의자의 주거가 일정하지 않은 경우, 현행범 및 현행범 수사에 의해 공범을 발견한 경우(범행 후 48시간 이내), 기결수 및 법령에 의해 구속된 자가 도주한 경우, 사체검증에 의해 범인을 발견한 경우, 피의자가 죄증을 인멸하거나 도주할 상당한 우려가 있는 경우, 피의자가 사형·무기 또는 장기 1년 이상의 유기징역· 금고에 처할 수 있는 죄를 범했다고 믿을 만한 상당한 이유가 있는 경우이다(제3조 ②). 이 경우 검찰관과 경찰관은 구속할 수 있는 자의 소유·소지 또는 보관한 물건에 대해서는 사후영장청구 기간 중에 압수·수색할 수 있다(제5조). 아울러 검찰관과 경찰관은 사형·무기 또는 장기 1년 이상의 유기징역·금고에 처할 수 있는 범죄가 현행 중 또는 착수되려는 상태에 있다고 믿을 만한 상당한 이유가 있는 경우에 한하여 그 범죄의 방지 또는 수사에 필요한 조치를 취하기 위해 영장 없이 타인의 주거 또는 건조물에 들어가 피의자를 즉시 구속하고 장품 또는 범죄에 제공되었다고 믿을 만한 물건을 압수할 수 있다(제4조). 이렇게 영장 없이 신체를 구속한 경우 서울 및 재판소가 있는 지방에는 구속한 때로부터 48시간 이내에, 재판소가 없는 지방에서는 5일 이내에 재판소로부터 구속영장을 발부받아야 한다(제6조). 피의자를 구속한 경우 사법경찰관은 구속한 날로부터 10일 이내에 수사를 완료하여 피의자를 검찰관에게 송치해야 하며, 만일 수사완료에 10일을 초과하는 일수가 필요할 때는 검찰관을 경유하여 관할재판소에 구속기간연장을 신청할 수 있고, 관할재판소는 1회에 한하여 10일을 초과하지 않는 한도로 구속기간연장을 허가할 수 있다(제8조). 검찰관은 피의자를 실제로 구속 또는 사법경찰관으로부터 송치받은 날로부터 10일 이내에 기소해야 하며, 검찰관이 이유를 갖추어 구속기간연장신청을 하면 재판소는 1회에 한하여 10일을 초과하지 않는 기간 동안 구속 기간연장을 허가할 수 있다(제9조).

이제 이것을 조선형사령하의 인신구속절차와 비교해보자. 영장 없이 피의자 등을 구속하고 압수·수색할 수 있는 경우는 조선형사령상과 의용형사소송법상의 긴급처분과 크게 다르지 않다. 조선형사령에서는 사법경찰관이 피의자를 구속한 경우 검찰의 기소까지 최장 20일간(경찰 10일, 검찰 10일) 피의자를 구금할 수 있었다. 법령 제176호에서는 법원의 허가를 받아 최장 40일(경찰 20일, 검찰 20일)까지 피의자를 구금할 수 있다. 여기까지는 조선형사령과 큰 차이가 없다. 가장 큰 변화는, 조선형사령 아래서는 수사기관이 피의자를 긴급구속한 경우 그것으로 끝이었지만, 법령 제176호 아래서는 구속한 때로부터 48시간 또는 5일 이내에 구속영장을 발부받지 못하면 피의자를 석방해야 한다는 것이다. 또한 영미의 인신보호절차를 받아들여 구속된 피의자는 설사 영장에 의해 구속된 경우라도 구속적부심을 신청할 수 있게 한 것도 획기적이었다.[135]

법령 제176호는 예심제도의 폐지 이후 공판 전 조사절차를 어떻게 재구성할 것인가 하는 논의에 일정한 결말을 지은 것이었다. 즉 종래 의용형소법체제에서는 수사기능이 예심판사와 검·경에게 병렬적으로 존재했으며, 강제처분권은 원칙적으로 예심판사에게 집중되고 검·경은 예외적 상황에서 —그러나 식민지 조선에서는 매우 광범위한 범위에서—강제수사권을 행사

---

135 관헌 기타 타인에게 신체 구속을 당한 자, 그 변호인 또는 피구속자의 가족 등은 관할재판소에 대해 신체구속의 적법 여부 심사를 신청할 수 있으며, 재판소는 신청서에 의해 일응 구속이 불법하다고 인정되는 경우 신청서 수리일로부터 7일 이내의 심문기일을 지정하여 구속자에게 피구속자와 재판소에 동행 출두하여 그 구속을 계속할 이유를 설명할 것을 명하고, 심문기일에 재판소는 구속이유, 피구속자의 주장 및 구속의 적법 여부에 관해 필요한 증거를 조사한 뒤 구속이 불법하다고 인정될 때는 피구속자의 석방을 명한다(제17조).

할 수 있었다. 해방 직후 예심제도는 실무상 폐지되었고, 따라서 검찰과 경찰이 일체의 수사를 담당하게 되었다. 예심제도 폐지의 대안으로 검·경에게 일정 범위의 독자적 강제처분권을 부여하거나 미국식 예비심문제도를 도입하자는 등의 논의가 있었지만, 법령 제176호에 의해 단순명쾌한 해결책이 도입되었다. 즉 수사는 검·경에 일임하고, 법원은 영장주의에 입각하여 검경의 수사를 사법적으로 통제하는 체제로 전환된 것이다.

그러나 법령 제176호는 목전의 5·10총선거를 앞두고 부랴부랴 입법된 응급적 조치였고, 영장주의와 인신보호제도의 취지도 철저하게 관철하지 못해 많은 한계를 지니고 있었다. 앞서 보았듯이 영장 없이 피의자를 구속하고 압수·수색할 수 있는 예외사유가 널리 인정되었다.

결국 법령 제176호의 성패는 법원이 얼마나 사전·사후 영장발부에 신중을 기하느냐에 달려 있었다. 이 부분에서 영장발부신청을 받은 판사는 과연 검사가 제출한 신청서에만 의존해 판단할지, 아니면 피의자를 출두시켜 질문을 하고 기타 증거를 조사해 판단할 수 있는지가 문제된다. 즉 법령 제176호는 영장실질심사제도의 도입을 의도했는가 하는 점이다.

법령 제176호는 법관의 영장심사방법에 관해 명시적으로 언급하지 않았다. 하지만 간접적 근거가 될 만한 규정이 있었다. 제2조의 ㈓는, "본령 중 '상당한 우려', '상당한 이유'의 유무 또는 '필요한 조치'의 적부가 법률상 문제가 되는 경우에는 재판소가 제반 증거에 의하여 결정한다"고 했다. 예를 들어 죄증인멸의 '상당한 우려', 죄를 범했다고 믿을 만한 '상당한 이유', 범죄방지 및 수사에 '필요한 조치'의 적부는 재판소가 '제반 증거'로 판단한다는 것이다. 이는 단지 구속적부심사단계에만 한정되지 않고, 긴급구속 후 사후영장을 발부하는 단계에도 적용되었다고 볼 수 있다.

하지만 입법에 관여한 민복기閔復基·정윤환이 저술한『형사소송개정법개설』(1948. 7)에도 명백한 언급은 없었다. 어쨌든 이 부분은 법원과 검찰 사이에 논란이 되었던 것 같다. 검찰 측은, 법률가인 검사가 영장청구 시 실질적으로 심사를 했기 때문에 판사는 검사의 구속영장신청서면에만 의거해 영장발부 여부를 결정하면 되고, 영장신청이 적법한 이상 영장발부를 거부할 수 없다고 했다.[136] 서면심사에 의해 영장신청의 적법성만 따지면 된다는 것이다. 실제 실무도 그렇게 이루어진 것 같다. 법 시행 이후 9월 25일까지 구속영장이 발부된 건수는 6,472건이었고 영장청구가 각하된 건수는 불과 30건이었다.[137] 이와 같이 법원의 영장심사가 형식에 그침으로써, 수사기관의 긴급구속을 법원이 사후에 추인해주는 것이 통례가 되었다. 나중에 김병로 대법원장도 그런 관행을 정착시키는 데 기여했다. 김병로는 1952년 12월 사법감독관회의석상에서, 영장청구서에 기재된 사실을 전혀 범죄로 인정할 수 없거나 경미한 범죄로서 도주우려가 없음을 명확히 인정할 수 있는 것을 제외하고는 "형식심사에 그치고 영장을 교부하는 것이 당연하다"고 훈시했다.[138]

이렇게 되면 법령 제176호의 시행에도 불구하고, 실무상으로는 기존 조선형사령의 강제수사절차에 법관의 영장발부를 형식적으로 삽입한 것에 불과하게 된다. 전주지방법원 부장판사 나항윤羅恒潤은 법 시행 이후 실무를 다음과 같이 기술했다.

동 법령이 실시된 당초에는 검사 또는 사법경찰관은 피의자 또는 증인에 대해서는 임의 진술하는 것을 녹취하는 형식을 취하는 청취서를 작성했고 검증조서檢證

---

136 주운화, 「판사의 영장거부의 한계」, 『법정』 4권 3호, 1949, 14~15쪽.
137 『서울신문』 1948. 9. 26.
138 김진배, 『가인 김병로』, 가인기념회, 1983, 389쪽.

調書 대신에 실황견분서實況見分書를 작성했고 형사소송법 제255조의 강제처분청구가 많았다. 그러나 어느덧 청취서는 피의자 또는 증인에 대한 신문조서로 변하고 실황견분서는 검증조서로 변했다.[139]

이 말을 정확하게 이해하기 위해서는, 의용형소법 아래서의 강제수사와 수사서류의 증거능력에 관한 상호관계를 규율하는 법적 틀을 상기해야 한다. 의용형소법은 당연히 증거능력을 가지는 '조서'는 법정의 작성권자가 법정의 요건을 구비해 작성할 것을 요구했다. 예심판사의 경우 예심이 개시되면 피고인·증인을 신문해 '신문조서'를 작성한다. 하지만 수사기관은 현행범사건, 긴급처분사건과 같이 법령상 피의자 '신문', 압수수색, 검증 등이 허용된 경우에 한하여 신문조서, 검증조서 등을 작성할 수 있었다. 그렇지 않은 경우, 즉 이른바 임의수사를 하는 경우에는 청취서, 실황견분서 따위의 서류를 작성하며, 이들 서류는 피고인이 공판정에서 증거사용에 동의하지 않는 한 증거능력이 없다.

나항윤은 법령 제176호 시행 초기에는 수사기관이 피의자를 구속한 경우에도 청취서, 실황견분서 등을 작성했으나, 이윽고 신문조서와 검증조서를 작성하는 것이 일반화되었다고 말한다. 법령 제176호가 폐지한 조선형사령 제12조는 급속처분 시 피의자·증인의 '신문', '검증', '감정'에 관해서 명시하고 있었다. 그런데 법령 제176호는 피의자를 구속했을 때 영장 없이 압수·수색할 수 있는 대상과 범위를 규정하고 있을 뿐이고, 압수·수색 외의 처분은 언급하지 않았다. 따라서 초기에는 기존 관념에 따라 피의자를 구속하여 피의자·증인의 진술을 청취하거나 검증을 한 경우에도, 그것은 조서작성을 수반하는 엄밀한 의미에서의 신문, 검증이 아니라고 보고, 마치

---

139 나항윤, 「법창수상(法窓隨想)」, 『법정』 5권 2호, 1950, 19쪽.

임의수사를 하는 것처럼 신문조서가 아닌 청취서, 검증조서가 아닌 실황건 분서를 작성했던 것이다. 또 만일 그것으로 부족하고 신문, 검증 등의 강제 처분을 하고 증거능력이 있는 조서를 확보할 필요가 있을 경우에는 의용형 소법 제255조의 재판상 수사처분에 의거하여 판사에게 해당 처분을 청구했다. 하지만 이런 불편은 곧 해소되었다. 강제처분 중 가장 강력한 구속이 허용된다면 그보다 약한 신문, 검증 등의 처분은 당연히 허용된다는 논리에 의해서였다. 따라서 이제 법령에 명시되지는 않았지만 신문, 검증을 하고 그 과정과 결과를 담은 조서를 작성하게 된 것이다.

이것이 공판에 어떤 결과를 초래하는지는 금방 알 수 있다. 임의수사의 산물인 청취서는 피고인이 동의하지 않으면 증거능력이 없다. 하지만 신문 조서는 절대적 증거능력을 지닌다. 결국 강제수사와 수사서류의 증거능력의 관계에 관한 한, 조선형사령과 달라진 것이 없었다. 법령 제176호는 영장주의를 도입하여 판사에게 수사에 대한 사법적 통제권을 주었지만, 현실에서는 수사기관이 과거와 다름없이 강제수사를 하고, 원래는 판사의 권한에 속하는 '조서'를 자유롭게 작성하여 증거로 제출했다. 이에 대해 나항윤 같은 판사들이 시정을 요구했지만 법조회와 대법원은 침묵했다. 그 이유중 하나는 다음과 같은 말에서 알 수 있을 것이다.

> 준전시체제에 돌입한 현단계에 있어 물적 증거의 수집이 극도로 곤란한 국가보 안법 위반사건에 관하여 법정에서 물적 증거가 없는 사실에 대해서는 전혀 부인 하는 것으로써 표어로 삼고 있는 그 자들을 유죄의 심증이 드는데도 불구하고 단순히 형식적인 증거가 없다는 이유로써 무죄판결을 선고함으로써 그 자들로 하여금 법망을 뚫고 나가게 할 수는 절대로 없는 일이다.[140]

---

140 위의 글, 같은 곳.

법정에서 진술을 번복하고 혐의를 부인하는 좌익사범을 처단하기 위해서는, 수사기관이 작성한 '신문조서'가 그 무엇보다 필요했던 것이다.

법령 제180호의 영장신청 검사경유원칙의 미스테리

법령 제176호는 3월 31일 공포된 법령 제180호 '형사소송법의 보충규정'과 함께 4월 1일부터 시행되었다. 보충규정의 제1조부터 제4조는 법령 제176호 시행 전에 발부된 영장, 소송기록에 관한 경과조치를 담고 있다. 법령 제180호에서 가장 중요한 것은, 법령 제176호가 명시적으로 언급하지 않은 영장신청절차를 정한 것이다.

제5조 구속영장 또는 수색영장의 신청수속은 다음과 같다.

가. 검찰관은 그 소속재판소에 신청한다.

나. 사법경찰관 및 기타 관헌은 소관 검찰관에게 청구하며 그 검찰관은 이를 재판소에 신청한다.

제6조 지방심리원장은 재판소가 없는 부, 군, 또는 도의 재직 특별심판원에게 심판관의 대리로서 법령 제176호에 의한 구속영장 또는 수색영장을 발부할 권한을 부여할 수 있다. 그 경우에는 당해관서에 대하여 그 특별심판원의 임지와 성명을 통지해야 하며 사법경찰관 및 기타 관헌은 검찰관에게 청구할 필요 없이 특별심판원에게 직접 각 영장의 발부를 신청할 수 있다.

이에 따르면 재판소가 있는 곳에서 경찰의 영장청구는 반드시 검사를 경유해야 하며, 재판소 없는 곳에서 예외적으로 경찰이 직접 특별심판원(치안관)에게 영장발부를 신청할 수 있다. 재판소가 설치된 지역에서는 검사가 유일한 영장신청권자이다. 제6조의 예외가 있기는 하지만, 법령 제180호 제5조는 영장발부절차에 관한 한국 법의 독특한 태도를 최초로 표명한 것이었다. 즉 영장신청에 대한 검사의 독점적 지위와 경찰의 영장청구는 검사를 경유해야 한다는 원칙이다. 그 취지는 한편으로 경찰의 영장청구가 법률전문가인 검사의 심사를 거치게 함으로써 인권침해를 방지한다는 것, 다른 한편 경찰에 대한 수사지휘권을 확보한다는 것으로 이해된다.[141] 후자와 관련해 부연한다면, 법령 제180호 제5조는 수사의 요체인 강제수사영역에서 경찰의 수사활동이 검사의 통제 아래 들어가게 되어 "검찰의 경찰에 대한 우위가 실질적으로 확립되는 계기"를 내포하고 있다.[142]

경찰의 영장청구는 검사를 경유해야 한다는 원칙(이하 검사경유원칙)의 아이디어 자체는 법령 제176호를 기초하는 과정에서 등장한 적이 있었다. 즉 사법부司法部가 제출한 초안인 '형사소송에 관한 임시조치령안' 제12조 ③은 "사법경찰관이 체포영장 또는 수색영장의 발부를 청구할 때는 검찰관을 경유해야 한다"고 하고 있었다. 그러나 대법원과 미국인 고문이 기초한 법령안에는 명시적인 규정이 없다.[143] 법령 제176호는 이에 대해 침묵하고, 단지 제8조 ③에서 피의자의 구속기간을 연장하려 할 때 사법경찰관은 검찰관을 경유하여 관할재판소에 구속기간 연장을 신청할 수 있다고 했다.

과연 법령 제180호 제5조는 어떤 경위로 입법된 것일까? 미군정문서철에는 법령 제180호의 입법에 관한 자료가 남아 있다.[144] 문서들에 의하면,

---

141 문성도, 앞의 글, 247~248쪽.

142 신동운, 「수사지휘권 귀속에 관한 연혁적 고찰 (II)」, 『서울대법학』 42권 2호, 2001, 240쪽.

143 대법원·검찰·사법부·길리암 등이 제시한 안의 내용은 문성도, 앞의 글, 109~129쪽 참조.

144 NARA, RG 554, Entry no. 1403(A1), UNITED STATES ARMY FORCES IN KOREA(USAFIK), US Army Office of Military Government(Korean Political and Legal

제1조부터 제5조까지의 내용을 담은 법령안(형사소송법의 보충규정)이 3월 31일 군정장관의 승인을 받아 관보인쇄까지 마친 상태에서 나중에 제6조가 추가된 법령 제180호가 4월 말에 정식으로 관보에 게재되어 4월 1일부터 소급 시행되었음을 알 수 있다. 특기할 점은, 최초의 안에는 '검사경유원칙'이 담겨 있지 않았다는 것이다.

제6조는 경무청의 요청 때문에 나중에 추가된 것이었다. 법령 제176호가 치안관의 자질이 낮다는 이유로 치안관에게 영장발부를 허용하지 않은 데다, 3월 31일 군정장관의 승인을 받은 사법부의 법령안에 검사경유원칙이 담기게 되자, 경무청은 군정 사법부에 재판소가 없는 지역에서만큼은 예외를 인정해달라고 요청했다. 이에 김용무 대법원장, 이인 검찰총장, 김병로 사법부장 등이 모여 협의했고, 미국인 고문들은 경무청의 요청을 받아들일 것을 권고했다. 이후 김병로가 만든 초안을 바탕으로 치안관의 영장발부를 허용하는 별도의 법령이 준비되었는데, 최종단계에서 법령 제180호에 조문을 하나 더 추가하는 방식이 채택되어 4월 말에 제6조를 추가한 법령 제180호가 관보에 정식 게재되었다.[145]

제5조의 검사경유원칙은 어떻게 만들어진 것일까? 미군정문서에 따르면, 법령 제176호가 공포된 뒤 사법부의 한국인 직원들이 몇 가지 기술적 부분을 명확히 하기 위해 보충규정안을 만들었다고 했다.[146]

Matters), Box no. 309, Korean Interim Government(Changes in Criminal Procedures), 1948.

145 위 문서철, "Issuance of Warrants by Special Judicial Officials", Apr 48; (제목없음), John W. Connelly Jr., Advisor, the Dept. of Justice→Mr. Gilliam, Mr. Magee, Mr. Rubin, 9 Apr 48; "Ordinance no. 176 supplemented", Connelly, Advisor, Dept. of Justice→ OCA, CA, DMG, MG, 17 Apr 48.

146 위 문서철, "Supplement to Ordinance no. 176", Connelly→OCA, DMG, MG, 26 Mar 48.

문서철의 3월 25일자 영문초안(Draft no. 1, 25 Mar 48) 제5조 a는 "검사는 재판소에 영장을 신청한다(public prosecutor shall apply to the court)"라고 하여 법령의 제5조 (가)와 같다. 그런데 이 초안 제5조 b에는 "사법경찰관은 관할재판소에 영장을 신청하고 동시에 관할 지방심리원 검사에게 영장청구 및 관련된 사실을 통지한다(A judicial police shall apply to the court which has jurisdiction over him and shall at the time of application notify the competent district public prosecutor's office of such application and the pertinent facts)"라고 되어 있다.[147] 즉 검사경유제와 달리 사법경찰관에게 독자적 영장신청권을 주고 검사에게 통지할 의무만 부과한 것이다. 하지만 이 문서에는 제5조 b에 삭제표시를 하고 "사법경찰관은 검사에게 영장을 '신청'하고 검사는 이를 재판소에 '제출'한다(A judicial policeman shall apply the public prosecutor, who shall submit the application to the court)"라고 펜으로 쓴 메모가 붙어 있다. 현존 문서들에 의하면, 이 수정메모가 정확히 언제 붙여졌는지 알 수 없다.

3월 26일 사법부 고문 코넬리는 군정장관실에 보충규정안을 송부하여 승인을 요청했다. 코넬리는 법령안이 "법령 제176호에 어떤 변경도 가하지 않고 한국인들을 위해 몇 가지 기술적 규정을 명확히 한 것에 불과"하다고 했다.[148] 사흘 뒤인 3월 29일, 군정장관 고문실의 수석고문 서리 켄트너W.

---

147 위 문서철, "Draft 1, 25 Mar 48, Supplement to Ordinance no. 176". 같은 문서철에 이 초안의 초안으로 보이는 문서가 있는데, 표현은 약간 다르지만 취지는 같다. "사법경찰관은 소관재판소에 신청하며 동시에 그 사실을 소관검찰관에게 통지한다(Judicial police shall apply to the court which has jurisdiction over such a judicial police and shall inform of the fact to the competent district public prosecutor's office at the same time)."

148 위 문서철, "Supplement to Ordinance no. 176", John W. Connelly Jr.→OCA, DMG, MG, 26 Mar 48. 이 문서에는 법령안이 첨부되지 있지 않기 때문에 본문에서 언급한 3월 25일자 초안 제5조 b에 대한 수정메모가 반영된 법령안인지 분명하지 않다. 3월 25일자 초안의 태도는 확실히 코넬리가 말한 대로 법령 제176호에 변경을 가하지 않고 단지 기술

F. Centner는 군정장관에게 보내는 문서에서, 김병로 사법부장과 안재홍安在鴻 민정장관이 사법부의 보충규정안을 '수정(revise)'하고 안 장관이 서명했으며 법령 제176호의 시행일이 임박했으니 이를 승인해달라고 요청했다.[149] 문서철에는 군정장관의 직인과 안 민정장관의 서명이 있으며, 공포일인 3월 31일로 일자가 표기된 법령 제180호의 영문본이 있다. 이 영문본에는 앞서 본 수정메모의 내용이 반영되어 있다. 그런데 국문본의 경우 "사법경찰관 및 기타 관헌은 소관 검찰관에게 신청하며 그 검찰관은 이를 재판소에 제출한다"는 원문에서 '신청'과 '제출'이 각각 '청구'와 '신청'으로 수정되었다. 여기에 4월 말 제6조가 추가되면서 '기타 관헌'이 삽입되어, 최종적으로 제5조 (나) "사법경찰관 및 기타 관헌은 소관 검찰관에게 청구하며 그 검찰관은 이를 재판소에 신청한다"는 법문이 되었다.

현존하는 문서들과 정황으로 볼 때, 본래 사법부 내에서 '경찰은 재판소에 영장발부를 신청(apply)하고 이를 검사에게 통지(notify)한다'는 내용의 3월 25일자 초안이 마련되었지만, 그 직후 검찰 측의 강한 의향과 법령 제176호 입안 당시 사법부의 생각을 반영해 '경찰은 검사에게 신청(apply)하고 검사는 재판소에 제출(submit)한다'는 취지의 영문과 국문 법문으로 수정되었고, 3월 29일을 전후해 다시 김병로가 국문본의 자구를 수정해서 '경찰은 검사에게 영장을 청구하고 검사는 재판소에 신청한다'가 된 것으

적 규정을 명확히 한 것으로 볼 수 있다. 그러나 수정메모 역시 그렇게 볼 수 있는 것은 아니다. 법령 제176호도 경찰이 구속영장의 연장을 신청하는 때에는 검사를 경유한다고 했는데, 수정메모는 그 취지를 최초의 영장신청단계까지 적용한 것으로 볼 수 있기 때문이다. 또한 수정메모의 취지 역시 미국인 고문들에게는 "영장청구권은 여전히 사법경찰관에게 있으나 단지 사건처리의 계통을 정리하기 위해 검사를 경유하는 것 정도로 이해"되었을 수도 있다. 신동운, 앞의 글, 240쪽.

149 위 문서철, "Supplement to Ordinance no. 176", W. F. Centner, Acting Chief Advisor, OCA→DMG, MG, 29 Mar 48.

로 보인다.[150] '신청'과 '제출'을 '청구'와 '신청'으로 바꾼 것이 실무상 얼마나 중요한 차이를 낳는지는 따져볼 여지가 있지만, 뉘앙스에는 분명 차이가 있다. 더욱이 이 수정으로 인해 법원에 영장발부를 '신청'하는 기관은 유일하게 검사뿐이라는 점에 대해 논란의 여지가 없어졌다.

검찰의 희망이 반영되었다고 보는 근거는 다음과 같다. 1948년 3월 26일 개최된 각 고등검찰청장, 지방검찰청장, 지청부장(상석)검찰관 회의석상에서, 대검찰청 김영렬金永烈 부장검사가 시달한 '형사소송법 개정에 의한 수사방침' 중 다음 항목을 보자.

> 14. 사법경찰관이 재판소의 구속영장 또는 수색영장을 받고자 할 때에는 소관검찰관에게 청구하여야 하고 직접 재판소에 신청할 수 없으므로, 재판소에 대한 구속영장 또는 수색영장의 신청은 항상 검찰관이 그 주체가 되고 사법경찰관은 검찰관에게 재판소에 대한 검찰관의 영장신청행위의 발동을 청구함에 불과한 것이다.[151]

놀랍게도 대검찰청은 법령 제180호가 공포되기도 전에, 그것도 위 지시와 상반되는 내용을 담은 초안(3월 25일자 초안)이 만들어진 바로 다음 날, 법령 제176호에 명시되지 않은 사항을 지시하고 있다. 게다가 사법경찰관은

---

150 3월 29일자로 켄트너가 군정장관에게 보낸 문서에 김병로와 안재홍이 '수정'을 했다는 대목이 있지만, 이때 김병로·안재홍이 검사경유원칙에 관한 규정를 첨가했다고 보기는 힘들다. 검사경유원칙의 명시는 법령의 중요 부분을 변경하는 것이기 때문에, 김병로와 안재홍이 고문들과 협의도 없이 독단적으로 수정을 가했을 리는 없다는 생각이다. 만약 두 사람이 독단적으로 수정했다면 문서철의 문서들 사이에 그 흔적이 남아 있을 것이다. 다만, 미국인 고문들과 사전협의를 마친 상태에서 김병로·안재홍이 수정했을 가능성은 있다.

151 「지시사항송부의 건」(대검 제85호, 1948. 3. 31), 대검찰청, 『검찰제요』, 78쪽.

검찰관에게 '청구'하고 검찰관은 재판소에 '신청'한다는 표현을 사용하여 법령 제180호의 문언과 정확히 일치했다. 또한 전주지검의 1948년도 검찰예규철에는 김병로 사법부장이 보낸 "형사소송법 개정 경과규정, 전번 회동 시에 제시한 원안대로 통과함"이라는 3월 31일자 전보문이 있다.[152] 이 경과규정은 바로 법령 제180호를 가리킨다. 언제 누가 원안을 제시했다는 것인지는 알 수 없지만, 사법부와 검찰청 사이에 긴밀한 의사소통이 있었던 것은 분명하다.

법령 제180호 제5조는 결국 대검찰청과 김병로 사법부장의 합작품이라고 할 것이다. 3월 25일자 초안을 기초한 이는 아마도 미국의 영장신청실무를 염두에 두면서 초안을 만들었을 것이다. 이후 초안에 관한 기관 간 협의에서 검찰 측이 반대의사를 표명했고, 이후 검찰의 의견을 반영한 수정안이 채택되었을 것이다. 법령 제176호를 준비할 때 사법부 입장도 검찰과 같았기 때문에, 김병로 부장을 비롯한 한국인 직원들에게는 반대할 이유가 없었다. 미국인 고문들도 한국인 법률가들의 의견을 배척할 이유가 없었다. 법령 제176호의 입법목적이 검찰과 경찰의 관계를 전면개편하려는 것도 아니었고, 경찰의 영장청구가 검사를 경유하는 것 정도는 크게 문제 삼을 일이 아니었기 때문이다. 여기에 김병로는 최종적으로 경찰의 '신청'을 '청구'로, 검사의 '제출'을 '신청'으로 수정함으로써 위 대검찰청 지시사항의 취지와 완전히 부합하는 법문을 만들어냈을 것이다.[153]

---

152 전주지방검찰청, 「검찰예규에 관한 기록」(1948년도).
153 다음 달인 4월 김병로는 경무청의 요청을 받아들여 치안관의 영장발부에 관한 규정의 초안을 기초했는데, 거기에는 치안관이 경찰의 신청을 받아 영장을 발부했을 때는 지체 없이 그 사유를 소관지방심리원장 또는 심판관에게 직보하는 동시에 소관검찰청장 또는 지청 검찰관에게 통지해야 한다는 규정이 있었다. 김병로는 경찰과 치안관 사이의 영장발부도 철저하게 법원과 검찰의 통제 아래 두고자 했던 것이다.

3월 25일자 초안이 그대로 법령으로 공포되었더라면, 자구수정 전의 법령이 시행되었다면 어떻게 되었을까? 아마도 훗날의 입법의 의해 제180호와 같은 결과가 되었겠지만, 결과에 이르는 과정은 좀 더 복잡했을 것이다. 그러나 이 문제를 검찰=강자, 경찰=약자의 프레임으로 바라봐서는 안 된다. 사실 법령 제180호가 언명한 검사경유원칙을 검찰의 희망이 일방적으로 관철된 것으로만 볼 수는 없다. 사법경찰은 검사의 통제 아래 있어야 한다는 것은 대륙법적 관점에서 보면 자연스러운 발상이었다. 무엇보다 당시의 '수사민주화론' 역시 그것을 강하게 요청하고 있었기 때문이다.

법전편찬위원회의 형사소송법 초안에 관한 논의

법령 제176호는 어디까지나 응급적 조치에 불과했다. 나머지 과제들은 형사소송법이 해결해야 할 것이었다. 형사소송법의 기초는 법전편찬위원회 형사소송법분과위원회(이하 형소법분과)가 담당했다. 1948년 4월 법전편찬위 형소법분과는 대륙법에 의한 심판양식을 변경해 영미법에 의한 미국식 공판중심주의의 심판양식으로 시정할 것을 4대 3으로 가결했다.[154] 그리하여 법령 제176호 공포 직후 형사소송법 전면개정이 시작되었다. 표결 수는 형소법분과 내부의 팽팽한 대립을 말해준다.

미군정 일일활동보고서에는 분과의 협의사항에 관한 단편적인 기록들이 남아 있다.[155] 1948년 7월 9일 형소법분과는, 모든 증인은 공개법정에서 심문하는 것으로 공판절차를 개정하기로 했고, 7월 15일에는 피고인의 진술거부권을 인정하고 배심제는 취하지 않기로 결정했으며, 7월 16일에는 검

---

154 『조선일보』 1948. 4. 26.

155 NARA, RG 554, Entry no. 1256(A1), Box no. 31, Daily Activity Report of Departments and Offices, 1948. 7. 9, 7. 15, 7. 16.

사가 불기소처분을 하면 피해자가 법원에 불복을 제기하여 법원이 공소제기 여부를 판단한다는 방안이 채택되었다. 법전편찬위의 논의경과를 보면, 이 시기에는 팽팽한 대립이 존재하는 가운데 과거부터 있어왔던 대안들과 미국·일본의 입법례를 참조하면서 신체구속, 기소, 공판, 상소제도를 전면 개정하려는 경향이 비교적 강했다는 것을 알 수 있다.

7월 9일의 회의결과는 미국 또는 일본의 입법례를 참고하여 공판절차와 증거법을 개정하려는 시도로서 눈길을 끈다. 이날의 회의는 "공개법정에서 모든 증인의 심문을 요하는 것으로 공판절차를 개정하기로 결정했다. 현행 절차 아래서는 경찰과 검사 면전에서 비공개로 획득된 증언이 사안을 판단하는 기록의 일부가 되고, 피고인은 증인을 교차신문할 권한도 없고 또 증인 대부분을 볼 수도 없"기 때문이었다. 주목할 것은 공판정에서 '모든' 증인을 심문해야 할 이유로 피고인에게 반대심문이 보장되어야 한다는 점을 든 대목이다. 피의자·증인 등의 진술을 녹취한 서면의 증거능력에 관해서는, 종전에는 대륙법에서 나온 '직접심리주의'(공판정에서 직접 조사한 증거만 재판의 기초로 삼는 것)가 규율원리로 존재했다. 7월 9일의 회의는 일본의 입법동향을 참고하여 영미의 전문법칙傳聞法則(hearsay rule)을 도입하려고 했다.[156] 전문법칙이란, 자기가 직접 체험하지 않고 타인에게서 전해들은 '전문증거는 증거로 되지 않는다(hearsay is no evidence)'는 일반원칙으로, 그 이론적 근거

---

156 일본국헌법 제37조 2항은 피고인에게 모든 증인을 반대심문할 기회를 제공해야 한다고 규정했다. 1947년 4월 공포된 '일본국헌법의 시행에 따른 형사소송법의 응급적 조치에 관한 법률' 제12조는 증인 기타의 자(피고인을 제외함)의 진술을 녹취한 서면 또는 이를 대신할 서류는, 공판기일에 그 진술자 또는 작성자를 당해사건의 판결을 하는 재판관의 면전에서 심문할 기회를 피고인에게 부여하지 않으면 증거로 할 수 없으며, 다만 그 기회를 부여할 수 없거나 현저히 곤란한 경우에는 이들 서류에 관한 제한 및 피고인의 헌법상 권리를 적당하게 고려하여 이를 증거로 할 수 있다고 했다.

는 선서의 결여, 원진술자의 공판정 불출석, 반대신문의 결여 등이 있다.[157] 7월 9일의 회의는, 종래와 같이 판사가 직접 공판정에서 증인의 진술을 청취하지도 않고 수사기관이 작성한 증인신문조서에 의존하여 판단하는 방식을 폐기하고, 공판중심주의, 당사자주의, 구두변론주의에 더하여 철저하게 공판절차 및 증거법을 혁신하겠다는 의지를 담고 있었다.

이상과 같은 토론을 거쳐 1949년 1월 형소법분과는 형소법 요강안을 작성하여 법전편찬위원회 제5회(1949. 1. 8) 및 제6회(1949. 1. 22) 총회에 회부했다.[158] 요강안에는 1947년 7월의 미국사법제도시찰보고서와 유사한 항목들이 포함되어 있었다. 예를 들어 검찰관 직속의 사법경찰을 창설하고 검찰관의 일반경찰에 대한 수사지휘권을 명백히 규정할 것, 공판중심주의·당사자주의를 채택하여 공판절차는 공판청구서에서 시작하고 검찰관·변호인(또는 변호인이 없는 피고인)에게 직접신문 및 반대신문권을 인정할 것 등이다. 공판절차에 관해서는, 피고인은 신문을 거부할 수 없으나 자기에게 불리한 진술을 거절할 수 있도록 할 것, 재판소는 필요할 때 증거조사를 할 수 있

---

157 전문법칙의 근거를 간략하게 설명하면 다음과 같다. 공판정에서 체험사실을 진술하는 자는 선서의식의 엄숙함과 위증죄의 경고를 통해 진실만을 말하려는 내적 동기를 가지게 되고, 또 공판정에 출석해 진술하는 경우 엄숙한 분위기 아래 자신의 증언으로 불이익을 당할 수 있는 당사자 앞에서 방청객의 비판적 시선을 의식하면서 진실을 보고하게 된다. 하지만 남에게 들은 말을 전달하는 경우, 그 진술은 원래의 진술자가 공판정에 출석하여 선서한 뒤 진술한 것이 아니기 때문에 진실성을 담보하기 어렵다(선서결여, 원진술자의 공판정 불출석). 그리고 진술증거에는 오류가 개입할 가능성이 있으나 검사와 피고인 측이 교호신문(cross-examination)의 방식을 통해 진술자의 진술내용을 비판적으로 배심원에게 전달하게 된다. 만일 전문증거를 증거로 사용하게 되면, 문제가 된 사실의 증명으로 인해 불이익을 받게 될 당사자가 원진술자에 대해 반대심문을 하여 진술의 오류를 지적하고 이를 통해 자신을 방어할 기회가 박탈된다(반대신문의 결여). 신동운, 『신형사소송법』, 법문사, 2008, 893~895쪽.

158 「법전편찬위원총회의사록 (초)」, 『법률평론』 1권 1호, 1949, 33~34쪽. 회의에는 당시 사법부 고문 스코트(Scott)와 고문보 길리암(Gilliam)이 참석했다.

도록 할 것, 피고인이 법정에서 공소사실을 시인할 경우 증거조사를 생략할 수 있도록 할 것 등의 항목도 포함되어 있었다. 총회는 논란 끝에 공판절차에 관한 항목 전체를 조문 성안 후 다시 검토하기로 했다. 요강안이 지나치게 간략한 점도 있었지만, 공판중심주의·당사자주의적 요소의 채용에 대한 이견이 만만치 않았기 때문이었다.

이후 법전편찬위에서 몇 차례 안건을 가결하고 형소법분과위가 조문을 성안하는 작업을 개시했다. 흥미롭게도 1949년 3월 법전편찬위가 가결한 형소법 기초안에는 "피고인의 인권옹호를 위하여 검사의 상소권을 폐지한다"는 내용이 추가되었다.[159] 미국식 제도를 본받아 검사의 상소권을 제한하자는 주장이 한때 형소법 초안에 반영된 적도 있었던 것이다. 한편 일본의 입법례도 참고했음을 알 수 있는 예로서, 1949년 12월 법전편찬위를 통과한 인신구속제도를 개선하는 초안은 법령 제176호와 다른 체포·구속절차를 예정하고 있었다.[160]

1950년 1월 법전편찬위는 형소법 기초를 끝내고 제1차 심의에 들어갔다.[161] 이 시점에 논의된 것으로는 공판의 지연과 수사서류의 증거능력에 관한 규정도 있었다. 검사가 소송전술의 일환으로 공판에 입회하지 않는 경향이 있었는데, 이를 막고자 법전편찬위는 공판절차에 검사가 입회하지 않아도 공판을 개정할 수 있게 하려고 했다. 과도법원조직법 제75조의 검사가 2회 이상 공판에 출석하지 않으면 재판장이 특별검사를 지정한다는 조항과 같은 발상이다. 또한 "검사가 작성한 신문조서 이외의 서류 및 사법경찰관리가 작성한 서류는 다른 증거와 종합되는 경우에 한하여 증거가 될

---

159 『동아일보』 1949. 3. 22.
160 『국도신문』 1949. 12. 18.
161 『경향신문』 1950. 1. 23.

수 있다"는 규정도 있었다고 한다.[162] 정확한 내용은 알기 힘들지만, 검사의 신문조서는 증거능력을 인정하되, 검사가 작성한 기타 서류, 법경찰관이 작성한 서류에는 별도의 제약을 가하겠다는 취지로 해석된다. 1948년 7월 9일의 회의결과와 비교하면 상당히 후퇴한 것이었다. 하지만 1954년 형사소송법이 검사 작성 피의자신문조서와 사법경찰관 작성 피의자신문조서의 증거능력에 차등을 두었다는 점을 상기하면, 비슷한 발상이 법전편찬위 초안에 이미 들어 있었음이 확인된다.

이상과 같은 내용들은 1952년 정부가 국회에 제출한 형사소송법안에 전혀 반영되지 않았다. 그러나 1948~1949년 사이에는 선진적이라 여겨지는 미국과 일본의 입법례를 본받으려는 분위기가 아직 강했고, 엎치락뒤치락하는 가운데 일부가 초안에 편입되기도 했다. 다음에서 살펴볼 재정신청제도가 대표적 사례이다.

사인소추 이념과 재정신청제도의 기원

재정신청제도는 1953년 제2대 국회에서 형소법을 심의하는 과정에 법사위 수정안에 의해 편입된 것으로 알려져 있다. 하지만 1948년 7월 16일 형소법분과에서 채택한 안건을 보면 알 수 있듯이, 일찍부터 재정신청제도와 유사한 방법이 법전편찬위에서 논의되고 있었다.

1949년 1월 법전편찬위 총회에서 형소법요강안을 심의할 당시, 형소법분과위원인 양원일梁元—(서울고등법원 부장판사)은 다음과 같이 발언했다.

사인소추문제는 민주주의 법치국가에서 인권옹호에 관한 중대한 입법사항이고

본 문제는 종전 심의 시 일대 논전 끝에 다수결로서 ① 검찰관의 불기소처분에

---

162 「인권옹호와 공판」, 『법정』 5권 2호, 1950, 30쪽.

대하여 사인은 재판소에 항고抗告할 수 있다, ② 재판소는 항고가 이유있다고 인정될 때에는 기소함이 상당하다는 결정을 할 수 있다, ③ 검찰관은 재판소가 전항의 결정을 할 때에는 기소치 않을 수 없다고 가결 통과되었음에도 불구하고 금회의 형사소송법요강 심의완료에 앞서 총회에 상정치 않았음은 심히 유감이며 본 문제에 대해서도 종전과 같은 결정을 내림을 요망하는 바이다. 만일 우리 총회에서 본 문제를 취급하지 않더라도 우리 입법부는 간과하지 않을 것이다.[163]

양원일에 따르면, 검사의 불기소처분에 대해 피해자가 법원에 항고하는 제도가 '사인소추제도'라는 명칭으로 형소법분과의 요강안에 들어 있었다. 뿐만 아니라 원래 요강안에는 기소유예의 범위를 제한한다는 항목도 들어 있었다.[164] 양원일은 형소법분과위원장 김병로(당시 대법원장)가 이 두 항목을 임의로 제외하고 총회에 회부한 것을 강력히 비판하고 있는 것이다.

양원일이 말하는 항고제도(이하 편의상 '불기소항고제도'라고 한다)는, 그 연원을 따지면 독일의 기소강제절차를 본받아 고소인이 재판소에 항고할 수 있게 하자는 과거 일본의 논의로 거슬러 올라갈 수 있다. 전후 일본에서는 일찍부터 범죄수사의 직권남용을 고소·고발한 자가 검사의 불기소처분에 불복할 경우 지방재판소에 '항고'하게 하는 방안이 유력하게 거론되었다. 일본의 신형소법 입법과정에서 종전의 "법원에 항고한다"는 표현 대신 "사건을 공판에 부치는 재판을 청구한다"는 표현이 등장했고, 1946년 8월 사법법제심의회 총회에서 부심판결정 시 공소유지변호사를 지정하는 제도를 채용하는 방침이 결정되었다.[165]

---

163 「법전편찬위원총회의사록 (초)」, 34쪽.
164 장승두, 「기소편의주의와 자소제도」, 40쪽.
165 일본의 준기소절차의 입법과정에 대해서는 小田中聰樹, 「準起訴手續とドイツ起訴强制手

1949년 1월 시점에 양원일을 비롯한 형소법분과 위원들은 일본의 신형소법(1948. 7. 10) 제262조 이하의 '재판상 준기소절차'에 대해 분명히 알고 있었을 것이다. 일본의 준기소절차도 검사의 불기소처분에 대해 고소·고발자가 그 당부의 심사를 지방재판소에 신청하는 제도였지만, 대상이 수사기관의 직권남용 범죄에 한정되었다. 반면 양원일이 말하는 불기소항고제도는 대상에 제한이 없는 대신 신청권자가 피해자, 즉 고소인에 한정된다. 또한 준기소절차에서는 법원이 공판회부결정을 내리면 변호사가 공소유지를 담당하지만, 불기소항고제도에서는 검사가 공소유지를 담당한다.

법전편찬위에서 거론된 불기소항고제도는, 멀게는 독일의 기소강제절차, 가깝게는 일본의 준기소절차와 유사하다. 그런데 주목할 것은, 양원일의 발언에서 드러나듯이 당시 법률가들이 이 제도를 '사인소추제도'로 이해하고 있었다는 점이다. 영국 제도가 민주적인 이유는 사인소추제도에 있다고 이해되던 분위기였기 때문에, 이 제도는 독일식 제도가 아니라 영미 제도를 본받는다는 맥락에서 제안되었다. 제도의 형식은 독일식 기소강제절차와 가까웠지만, 그 배경에는 검사가 재판관적 기능을 행하며 전단하는 대륙법 체제에서 사인소추주의, 당사자주의, 공판중심주의가 구현되고 있는 영미의 제도로 가야 한다는 인식이 있었던 것이다.

1949년 1월에 채택되지 못했던 불기소항고제도는 1950년 1월 9일에 열린 법전편찬위 심사위원회의 결정을 통해 다시 형소법 초안에 포함되었다. 두 개의 조항이 신설되었다.

제290조 고소 또는 고발한 자는 검사의 불기소처분에 불복이 있을 때에는 고등
법원에 그 처분의 당부에 대한 판단을 청구할 수 있다. 전항의 청구는

續の立法過程について」, 41쪽 이하 참조.

불기소처분의 통지를 받은 날부터 7일 이내에 제출하여야 한다.

제293조 고등법원은 좌의 구별에 따라 결정하여야 한다.

    1. 청구가 이유 없는 때에는 청구를 기각한다.

    2. 청구가 이유 있는 때에는 사건을 공판에 부(付)할 것을 결정한다.

전조(前條) 제2항의 결정이 있을 때에는 검사는 공소를 제기하여야 한다.

이 조항의 신설을 주도한 이는 다름 아닌 정윤환이었다. 그도 일찍이 사인소추제도 도입을 주장한 적이 있었다. 청구권자에 '고발인'이 추가되었고, '항고'라는 용어가 사라지고 '사건을 공판에 부하는 결정'이라는 표현이 들어온 것으로 보아, 일본의 준기소절차를 참고했음을 알 수 있다. 정윤환은 이 제도를 "민주주의 형사소송법에서는 피해자의 권리 역시 보호해야 하며 검사의 불기소처분에 대해 판사가 공정한 입장에서 또한 제3자적 입장에서 사건을 재검토할 수 있다는 것"이라고 설명했다.[166]

법원 측은 새로운 규정을 환영했고 검찰은 격렬히 반대했다. 1950년 1월 14일 법전편찬위원회 총회는 이 조항을 부결시키고 새로운 규정을 집어넣었다. 고소인이 불기소 또는 기소유예처분의 통지를 받으면 14일 이내에 처분검사의 소속검찰청 직근 상급검찰청에 '항소'하며, 항소를 받은 검찰청은 항소이유가 있으면 원 검찰청에 수사의 속행 또는 공소제기를 명한다는 규정이었다.[167] 이 제도의 연원은 금방 찾을 수 있다. 1937년 만주국 형사소송법 제256조와 제257조가 그것이다.[168] 이때 채택된 방안이 1952년 정

---

166 『국도신문』 1950. 1. 11.

167 『국도신문』 1950. 1. 19.

168 고소인은 불기소처분의 통지를 받은 뒤 10일 이내에 처분을 한 검찰청의 직근 상급검찰청에 항소(抗訴)할 수 있으며, 항소를 수리한 검찰청은 항소취지를 심사한 뒤 이유가 없으면 기각하거나 이유가 있으면 원검찰청에 수사의 속행 또는 기소처분을 명령할 수 있다.

부가 제출한 형소법초안 제249조~제252조로 이어지게 된다. 정부안을 국회 법사위원회가 다시 뒤집어 재정신청제도가 탄생했던 것이다.

정윤환은 총회의 결정을 비판하며 국회의 법안심의 시 의견을 제출할 것이라고 했지만 그럴 기회가 없었다. 1949년 4월 어처구니없는 사고로 절명한 양원일 판사에 이어, 정윤환도 한국전쟁 와중에 행방불명이 되었다.[169] 법전편찬위에서 영미 모델에 입각한 개혁론을 주창했던 두 명의 인물이 사라진 것이다. 전쟁발발 후 김병로 대법원장이 홀로 형사소송법 초안을 마무리했다. 김병로의 형소법안은 그때까지 형소법 기초과정에 등장했던 이른바 민주주의적 사법제도의 요소들이 깎여나간 법전편찬위의 초안을 물려받은 것이었다. 국회에서 정부가 제출한 초안을 심의할 때 양원일과 정윤환의 역할을 대신한 인물 중 단연 발군이었던 것은, 역설적이게도 엄상섭이었다. 그는 1947~49년의 논쟁에서는 검찰을 대변하며 정윤환과 대척점에 섰지만, 야당 국회의원으로서 누구보다 강력하게 검찰을 비판하고 형사소송의 민주화를 주장하는 인물이 되어 있었다.

---

169 양원일 판사는 1949년 3월 3일 밤 중구 회현동의 군부대 앞에서 초병의 총격을 받아 다음 날 새벽 사망했다(향년 38세). 『법률평론』 1권 1호, 1949, 58쪽. 정윤환은 『한국법관사』 퇴직법관명단에 납치(행방불명)로 기재되어 있다.

12장 사법권 독립, 독점, 민주화

─ 법원조직법의 제정과정

1948년 5월 4일에 법령 제192호 '법원조직법'(이하 과도법원법)이 공포되었다. 과도법원법에 담겨 있는 청사진은 당시 미 점령 당국이 의도했던 자유주의적 민주주의국가의 창설이라는 목표에 비추어볼 때 긍정적인 요소를 많이 가지고 있었다.[170] 형사소송법에서 법령 제176호가 훗날의 법제가 도달해야 할 규범적인 기준으로 존재했다면, 법원조직법에서 과도법원법은 법령 제176호와 비슷한 위상을 가지고 있었다. 하지만 과도법원법의 수명은 그리 길지 못했다. 1949년 9월 26일 법률 제21호 '법원조직법'이 공포·시행되었다.

12장에서는 과도법원법과 법원조직법 제정과정을 살펴볼 것이다.[171] 자유주의적 법치주의 헌정체제의 핵심 도그마를 '사법권 독립'과 '사법권의 우위'라고 한다면, 두 법에 그것이 어떻게 반영되었는지, 그 과정에서 어떤

---

170 심희기, 「미군정기 남한의 사법제도 개편」, 『법제연구』 8호, 한국법제연구원, 1995, 100쪽.
171 과도법원조직법 제정과정에 대해 더 상세한 것은 문준영, 「미군정기 법원조직법의 입법과정─미국립문서관 법원조직법관계문서철의 소개와 분석」, 『법사학연구』 32호, 2005를 참고하기 바란다.

논쟁이 있었는지, 그 헌정사적 함의는 무엇인지 밝히는 것이 과제이다. 본론에 앞서 두 법원조직법 제정의 의미를 정리하고 넘어가자.

과도법원법은 총선과 정부수립을 앞둔 시점에 "법원행정을 사법부司法部에서 대법원으로 이관하며 법원제도를 재조직함을 목적"(제1조)으로 만들어진 법이다. 그런데 자세히 들여다보면 헌법에 규정되어야 할, 혹은 헌법에 근거해야 할 많은 내용들을 포함하고 있다. 말하자면 과도법원법은 헌법이 제정되기 전에 사법권력의 구성과 내용에 관해 '실질적 헌법규범'을 형성하는 법이었다. 이국운이 정확하게 지적했듯이, 과도법원법은 '새로운 국가의 사법권력을 어떻게 조직할 것인가?'라는 물음을 놓고 미군정 당국과 법률가집단 사이에 벌어진 협상의 결과였다. 여기에는 미군정이 내세운 미국식 헌정체제의 규범적 원리를 주도적으로 수용하고 이를 통해 '사법권의 우위와 법률가집단의 사법권력 독점'을 실현하려 했던 법률가집단의 이해관계가 반영되어 있다.[172] 과도법원법은 해방 이후 전개된 법원개혁 논의가 응결되어 있는, 당시 법률가집단이 품었던 헌정구상과 새로운 법원의 상을 확인할 수 있는 장소이다.

그러나 과도법원법의 입법과정은 순조롭지 않았다. 법안이 유실될 위기에 처한 순간 미국인 고문들이 개입해 반강제적으로 갈등을 봉합하지 않았다면 과도법원법은 결코 빛을 보지 못했을 것이다. 이렇게 성립한 과도법원법은 향후 정부수립을 대비한 법이면서도, 아직 종료되지 않은 점령체제를 전제하고 만든 법이라는 이중적 성격을 가지고 있었다. 동시에 이 법은 밀실에서 미군정 관리와 일부 법률가집단만이 입법에 관여해 협상한 결과라는 한계를 가지고 있었다. 과도법원법은 현실 헌정의 시험을 통과해야

---

172 이국운, 「해방공간에서 사법기구의 재편에 관한 연구」, 135~173쪽. 이 장은 이 글에서 많은 시사를 얻었다.

했다. 새로 선출된 정치적 대표들은 과도법원법에 내포된 헌정구조, 사법권의 지위와 그 조직방법에 동의하지 않았다. 과도법원법에 자신의 뜻을 관철시킬 수 없었던 집권적 법률가들은 과도법원법의 계획을 무시하고 거부했다. 거의 원점에서 제2라운드가 시작되었다. 민주적 정당성을 가진 대통령이 법원구성에 이니셔티브를 가져야 하느냐, 아니면 사법권 독립을 위해 법원이 이니셔티브를 가져야 하느냐가 쟁점이 되었다. 논란 끝에 정부수립 후 1년이 지나고서야 비로소 법원조직법이 제정되었다.

과도법원법과 법원조직법의 주요 내용은 〈표 21〉로 정리해두었다. 그 내용을 비교하면 알 수 있듯이, 과도법원법은 법원조직법보다 법원조직과 인원의 규모가 크며, 법관의 신분보장 정도가 두텁고, 각급법원의 심급관할 관계는 복잡했다. 부칙을 제외한 조문 수만 봐도 과도법원법은 102개조, 법원조직법은 69개조이다. 상식적으로 생각하면 나중에 제정된 법원조직법이 훨씬 많은 조문과 내용을 담았을 것 같지만, 실은 그렇지 않았다. 법원조직법에서는 과도법원법 제정 당시 법원 일각 혹은 검찰과 사법부에서 반대했던 것들, 가난한 신생국이 감당할 수 없는 것들(대표적으로 간이법원 설치), 후속 입법을 기다려야 하는 부분(대표적으로 행정소송, 소년사건 등) 등이 상당수 제거되었다. 심하게 말하면, 법원조직법은 겉으로 보기에는 일제시대의 법원조직과 심급제도의 틀 위에 해방 이후 강화된 '사법권 독립' 및 신설된 헌법소송과 행정소송에 관한 소수의 규정을 얹어놓은 모양이었다. 왜 이런 결과가 나타났으며, 그것은 어떤 문제를 잉태했는가?

과도법원법의 성취수준은 후대의 법원조직법들보다 결코 뒤지지 않는다. 최근의 사법개혁 논의에서 대법원의 기능조정, 하급심의 기능강화, 간이사건의 신속한 처리, 법관의 신분보장, 대법관 임명절차 및 법원의 인사·행정 개선, 대법원장으로의 지나친 권력집중 해소 등이 거론되었는데, 과도법원

〈표 21〉 법원조직법의 주요 내용

	과도법원조직법	법원조직법
법원의 관장	민사소송, 형사소송, 행정소송, 선거소송, 기타 법률적 쟁의를 심판하고 비송사건 기타 법률의 정한 사건을 관장함.	좌와 같음.
법원의 종류	대법원, 고등법원, 지방법원, 간이법원.	대법원, 고등법원, 지방법원.
대법원규칙	법원 직원의 채용·훈련·양성에 관한 규칙, 법원사무규정.	내부규율과 사무처리에 관한 규칙(헌법 82조).
법관 임명·보직	1. 대법원장·대법관 임명: 위원회(대법원장, 대법관, 고등법원장, 지방법원장, 사법부장 및 차장, 검찰총장, 고등검찰청장, 지방검찰청장, 인정받은 변호사회회장)의 3배수 추천→군정장관(또는 행정수반). 2. 고등·지방법원장, 판사 임명: 대법관회의 추천→군정장관(행정수반).	1. 대법원장 임명: 대통령 임명+국회 승인(헌법 78조). 2. 대법관 임명, 대법원장 보직: 법관회의(대법원장, 대법관, 고등법원장)의 제청→대통령. 3. 판사 임명: 대법관회의 결의, 대법원장의 제청→대통령. 4. 판사의 보직: 대법원장.
법관자격	1. 대법원장·대법관·고등법원장: ① 10년 이상 대법관·판사·검찰관 재직, ② 15년 이상 변호사·법학교수·조교수 재직. 2. 고등법원 판사, 지방법원장, 지방법원 부장판사, 소년부장: ① 5년 이상 대법관·판사·검찰 재직, ② 8년 이상 변호사, 법학교수·조교수 재직. 3. 기타 판사: ① 2년 이상 수습법관 후 고시합격자, ② 2년 이상 검찰관, 변호사, 법률학교수·조교수 재직. 4. 수습법관: 대법원 시행 시험 합격자.	1. 대법관, 고등법원장: 10년 이상 ① 판사·검사·변호사에 있거나, ② 판사·검사·변호사 자격자로서 국회사무처, 법무부, 국방부, 법원행정처, 법제처에서 법률사무를 전담한 자, 판사·검사·변호사 자격자로서 법학교수·조교수 재직 자 2. 지방법원장, 고등법원부장판사: 5년 이상 위의 직에 재직 3. 고등법원 판사, 지방법원 부장판사: 3년 이상 위의 직에 재직 4. 지방법원 판사: ① 1년 이상 사법관시보 후 고시합격자, ② 검사·변호사 자격자, ③ 사법관시보 또는 동등 이상 자격자로서 2년 이상 국회사무처 등에서 법률사무 전담하거나 법학교수·조교수 재직자. 5. 사법관시보: 고등고시 사법과 합격자.
법관 신분보장	1. 정년: 대법원장·대법관 70세. 기타 법관 65세. 2. 금고 이상의 형, 또는 법관징계위원회의 징계처분에 의하지 아니하면 면관, 면직, 전관, 정직, 감봉을 받지 않음.	1. 정년: 대법원장·대법관 70세. 기타 법관 65세. 2. 탄핵 또는 금고 이상의 형을 받거나 법관징계위원회의 징계처분에 의하지 아니하면 파면, 정직, 감봉을 받지 않음. 3. 법관임기 10년, 연임가능(헌법 79조).
대법관의 수	11명 이내.	9명 이내.

대법관회의 (사법행정 최고의결기관)	1. 판사 임명 추천, 판사 임지 이전. 2. 대법관·판사의 정년 전 퇴직. 3. 판사 직무대리. 4. 소송규칙 및 기타 규칙의 제정. 5. 사법행정처장·차장·과장, 법관훈련소장 임면 및 승급. 6. 판례 조사·수집·간행. 7. 예산편성, 결산 인준. 8. 법원지원·소년부의 설치·변경·승격 및 직원 배치. 9. 법원직원의 자격시험 및 대법원 서기관·통역관·기술관의 임면. 10. 사법행정에 관한 중요사항 및 기타 법령에 의해 대법관회의의 권한에 속한 사항.	1. 법관의 임면, 전임 및 보직. 2. 법관의 직무대리. 3. 법원의 내부규율 및 사무처리규칙. 4. 법원행정처장·차장, 대법원서기국장의 임면. 5. 판례의 조사, 수집, 간행. 6. 예산 및 결산. 7. 법령에 의해 대법관회의의 권한에 속하는 사항. 8. 법원행정에 관한 기타 중요사항.
판사회의 (고법·지법 단위의 사법행정 의결기관)	1. 인사. 2. 관내 판사의 직무 대리. 3. 특정사건의 합의부심판 회부 여부. 4. 사법 행정에 관한 중요사항 및 기타 법령에 의해 판사 회의의 권한에 속한 사항.	없음.
대법원규칙	법원직원의 채용·훈련·양성에 관한 규칙, 법원사무규정	내부규율과 사무처리에 관한 규칙(헌법 82조)
대법원 관할사건	1. 지방법원 합의부 제1심 판결에 대한 비약상고사건. 2. 고등법원 제1심·제2심 판결에 대한 상고사건. 3. 법률에 의해 대법원 권한에 속한 사건 및 항고사건.	1. 고등법원의 판결에 대한 상고사건. 2. 지방법원의 판결에 대한 비약상고사건. 3. 고등법원의 결정명령에 대한 항고사건. 4. 법률에 의한 사건.
고등법원 관할사건	1. 지방법원·동지원·간이법원의 단독판사 제1심판결에 대한 비약상고사건. 2. 지방법원 합의부 제2심판결에 대한 상고사건. 3. 지방법원·동지원 합의부 판결에 대한 항소사건. 4. 법률에 의해 고등법원 권한에 속한 사건 및 항고사건. (서울고법 특별관할: 중앙행정청의 명령·처분에 관한 제1심 행정소송)	1. 항소사건. 2. 지방법원의 결정명령에 대한 항고사건 3. 법률에 의하여 고등법원의 권한에 속하는 사건.
지방법원 합의부 관할사건	1. 지방법원·동지원 단독판사의 판결에 대한 항소사건. 2. 간이법원 판결에 대한 항소사건. 3. 소송물가액 50만 원 초과 민사사건. 4. 인사에 관한 소송사건.	1. 인사에 관한 소송사건. 2. 소송물의 가격 금 20만 원을 초과하는 민사사건. 3. 사형, 무기 또는 단기 1년 이상의 징역 또는 금고에 해당하는 사건.

	5. 사형·무기 또는 단기 1년 이상 징역·금고에 해당하는 사건. 6. 위 사건과 동시 심판하는 공범사건. 7. 다른 법원의 전속관할에 속하지 않는 행정소송. 8. 법률에 의해 지방법원 관할에 속하는 선거소송. 9. 판사회의의 의결로 합의부에서 심판하기로 결정한 사건. (소년사건은 지방법원 소년부 관할)	4. 위 사건과 동시에 심판할 공범사건. 5. 지방법원 판사에 대한 제척, 기피사건. 6. 법률에 의하여 지방법원 합의부의 권한에 속하는 사건. (행정·선거소송 및 소년사건에 관한 규정 없음)
간이법원 관할사건	1. 화해·조정·독촉·소작·차지·차가 사항. 2. 소송물가액 10만 원 이하의 민사소송 3. 과료·벌금·구류 또는 3개월 미만의 금고에 처할 즉결사건. 4. 장기 1년 이하의 징역·금고에 해당하는 범죄사건. 5. 주거침입, 상습도박, 절도, 물가 및 양곡 통제법규 위반, 기타 행정법규위반으로서 1년 이하의 징역·금고에 처할 즉결사건. 6. 법률에 의해 간이법원에 속한 사건. 7. 법 시행 시 치안관 관할사건.	아래의 사건 심판을 위해 필요한 지역에 주재판사를 둘 수 있음: ① 화해독촉 및 조정에 관한 사건, ② 5만 원 이하에 처할 벌금, 구류 및 과료에 해당하는 범죄사건, ③ 위 범죄사건의 즉결심판.
부속기관	사법행정처, 법관훈련소.	법원행정처.

법은 이 문제들에 대한 나름의 해결책을 제시하고 있다. 오늘날의 관점에서 보면 한계가 있지만, 과도법원법은 당시 이 법을 지지했던 한국인·미국인 법률가들이 합작하여 주어진 조건 속에서 최선을 다해 만든 작품이었다. 과도법원법에서 법원조직법으로의 변화는 문제를 해소한 것이 아니라 문제를 임시봉합한 것이었다. 이제 이 버려진 청사진이 어떻게 탄생했는지부터 살펴보자.

1. 독립된 법원을 향하여

과도법원조직법 제정과정

미 국립문서기록청의 미군정 관련 문서군에는 과도법원법의 제정과정을 소상히 알려주는 상당량의 문서가 남아 있다. 이 문서철을 활용하여 당시 입법과정을 재구성해볼 것이다.[173]

과도법원법의 입법과정에는 여러 초안이 등장했다. 그중 중요한 네 가지 를 들면, '사법제도에 관한 법률제정위원회'(후에 법원조직법기초위원회)가 1947 년 9월경 성안한 초안(이하 위원회안),[174] 그것을 토대로 1947년 10월 개최된 법관회동을 통과하여 성립한 것으로 미국인 고문들이 법원안(Court's Draft) 으로 부른 초안(이하 법원안),[175] 이에 대해 김병로 사법부장이 제출했던 별도 의 초안(Director's Draft, 이하 사법부장안),[176] 1948년 2월~4월 사이 미국인 고 문, 특히 사법부 고문보(Assistant Advisor) 길리암Richard D. Gilliam Jr.[177]이

---

173 NARA, RG 554, Entry no. 1403(A1), Box no. 307, Box no. 308에는 "남한 법원조직 (South Korean Court Organization)"이라는 주제로 다음과 같은 총 11개 문서철이 있다. [Box no. 307] Drafts of Ordinances, Bylaws, 1948[Folder 1-1, 1-2]; Proposed Restoration of "Third Instance Court System", 1947[Folder 2]; Legal Apprenticeship Requirements, 1947~1948[Folder 3]; Juvenile Courts, Inferior Courts, Compensation of Judges, 1947[Folder 4]. [Box No. 308] Suggestions, Recommendations, Draft Proposals, 1947~ 1948[Folder 1, 2, 3, 4, 5, 6]. 이하에서 문서를 인용할 때는 문서폴더의 위치를 "NARA, RG 554, B 307, F1"과 같이 밝히고, 문서작성자 및 작성일, 문서명을 표기한다.

174 NARA, RG 554, B 308, F1. "法院組織法."

175 NARA, RG 554, B 308, F1, "Court Organization Law", "Regulation for election in accordance with article 5 of Supplementary Rules of Court Organization Law"; B 308, F3, "司法府顧問 貴下 法院組織法, 同選擧法, 同定員及俸給에 關한 法律案."

176 NARA, RG 554, B 308, F6, 司法部長 金炳魯, "法院組織法."

177 길리암은 군입대 전에 미국 버지니아 및 앨라배마변호사회 회원이었고, 미군정 종료 이후 1948년 8월부터 10월까지 주한미군 민사과(Civil Affairs Section) 법률고문보로 복무했다.

관여해 여러 초안과 의견서를 종합하여 만든 거의 최종적인 초안(이하 조정안)[178] 등이 그것이다. 과도법원법의 기초경위와 각 법안의 성립 시기를 기준 삼을 때, 입법과정을 다음과 같이 네 시기로 나눌 수 있다.

① 제1기: 1947년 1월~4월(삼심제 부활, 법원독립을 위한 법령기초 착수)

1947년 1월부터 대법원을 비롯한 각급법원이 삼심제 부활, 사법부로부터 법원의 분리, 판사의 지위향상 등을 요구하는 건의서를 군정 당국에 제출하고, 2월 11일 러치 군정장관의 지시에 따라 법안기초가 개시되었다. 4월에 사법행정 일부를 사법부에서 분리하는 내용의 '잠정안'이 마련된다.[179]

② 제2기: 1947년 5월~9월(위원회안의 성립)

1947년 4월, 개혁의 강조점이 법원조직의 전면재편으로 변화하고, 대법원에 조직된 법원조직법기초위원회에서 법안이 준비된다. 대략 6~7월경 초안이 거의 완성되고, 같은 해 9월 미국사법제도시찰단이 귀국한 뒤 마무리작업을 거쳐 9월 말경 '위원회안'이 완성되었다.

③ 제3기: 1947년 10월~1948년 1월(법원안의 성립과 교착국면)

10월 10일 법관회동을 전후해 중요내용과 세부사항이 확정되고 '법원안'이 성립했다. 이 안을 두고 대법원장, 사법부장, 검찰총장이 각각 의견과 독자안을 제출하고 이견을 좁히지 못하면서, 법안기초는 교착상태에 빠졌다.

④ 제4기: 1948년 2월~5월(미국인 고문에 의한 '조정안' 성립과 법령공포)

김수용, 「체포·구속적부심사제도에 관한 헌법사적 연구」, 서울대 석사학위논문, 2004, 68쪽. 길리암은 법원조직법뿐만 아니라 법령 제176호의 입법에도 관여했다. 문성도, 『영장주의의 도입과 형성에 관한 연구』, 121쪽 이하 참조.

178 NARA, RG 554, B 307, F1-2 & B 308, F1, "Draft #1 Court Organization Law."

179 NARA, RG 554, B 308, F1, "Tentative draft of statute to remove the administration of court from the Department of Justice."

법안 기초작업이 사실상 중지된 가운데 UN 감시하의 총선 실시를 위한 제도개
선이 시급한 과제로 제기되자, 길리암이 개입하여 1948년 2월 법안작성이 재개
되었다. 1948년 4월 초 길리암은 법원안을 기초로 다른 대안과 의견을 참조하
여 조정안을 완성했다. 조정안은 일부 수정을 거쳐 1948년 5월 4일 군정장관의
법령으로 공포되었다.

삼심제 부활과 법원 독립에 관한 법원의 건의

1947년에 들어서자 미군정의 남한통치는 중대한 전환을 맞이했다. 그동
안 진행된 한인화작업이 마무리되고 사무책임이 한국인에게 이양된 뒤, 미
군정의 통치방식은 직접통치에서 간접통치로 전환되었다. 1946년 12월 12
일 남조선과도입법의원이 출범하고, 1947년 2월 5일엔 남조선과도정부의
한국인 민정장관으로 안재홍이 임명되었다. 과도정부 출범과 함께 군정청
각부의 양兩부장제도 해소되었다. 1947년 2월 15일 코넬리는 김병로에게
사법부장의 직권을 완전히 넘겨주고 사법부 고문이 되었다.

1947년 1월과 2월 각급법원은 "3심제도의 즉시부활, 재판관의 대우향
상, 재판기관의 완전독립"이라는 명칭의 건의서를 하지 사령관과 러치 군
정장관에게 잇달아 제출했다.[180] 일제시대 말기부터 지속된 전시사법체제의
2심제에서 3심제로 다시 복귀할 것, 재판관의 대우를 향상시킬 것, 법원의
사법행정을 군정청 사법부로부터 독립시킬 것 등이 건의서의 내용이었다.
군정 당국은 건의서 내용에 원칙적으로 반대할 이유가 없었다. 2월 10일

---

180 1947년 1월의 부산지방심리원진주지원 심판관 일동의 건의서, 광주지방심리원·동장흥지
원·동목포지원 심판관일동의 건의서, 일자미상의 청주지방심리원·동충주지원 심판관 일동
의 건의서, 같은 해 2월 부산지방심리원 밀양지원장의 건의서, 대법원·서울고등심리원·서
울지방심리원 심판관 일동의 건의서 등. 이상 NARA, RG 554, B 307, F3, F4, B 308,
F6 등.

사법부 고문 코넬리는 삼심제를 부활시키고 법원행정의 분리와 판사의 지위향상은 원칙적으로 승인할 것과 함께 법원행정의 분리문제를 과도정부의 정부조직재편위원회 등에 회부할 것을 군정장관에게 요청했다. 2월 11일 러치 군정장관은 김용무 대법원장에게 동감을 표하며 관련부서에 지시했다고 알렸다.[181]

같은 해 3월 코넬리는 정부조직개편안 중 사법부에 관한 사항을 검토하고 의견을 냈다. 그는 과도정부 사법부司法部는 계속 유지하되 군정장관이 모든 판사를 임명하고, "법원이 행정부와 입법부와 동등한 수준의 존엄성과 독립성을 가지게 하기 위하여 법원을 사법부로부터 분리하는 것을 승인할 것"을 군정장관에게 건의했다.[182] 법원 분리방침에 대해서는 김병로 사법부장도 우호적이었다. 하지만 이 시기에는 법원을 완전히 새롭게 재편하는 것은 생각하지 않고 있었다. 어디까지나 부분적 조치를 통해 3심제를 부활시키고, 법원에 관련된 사법행정기능을 과도정부 사법부에서 분리해 대법원 내에 별도의 사법행정기구를 설치하는 것이 목표였다.

삼심제 부활을 위해서는 일제 말기의 전시특별법을 폐지하고 부수적인 입법을 할 필요가 있었다. 1947년 3월경 사법부의 한국인 직원들이 3심제 부활을 위한 입법조치를 준비했다.[183] 하지만 실제 삼심제 부활은 1948년

---

181 NARA, RG 554, B 308, F6, Connelly→OGA, DMG, MG, 1947. 2. 10, Inter-Office Memorandum; Lerch→Justice, 1947. 2. 11, Inter-Office Memorandum; Lerch→Kim, Young Moo.

182 코넬리는 이밖에 검찰국(Prosecution Bureau)을 법무국(Administration of Justice Bureau)으로 변경하며, 법무국에 법원과(Courts Section)와 변호사과(Bar Association Section)를 추가하고, 형정국(Penal Bureau)에 소년과(Juvenile Section)를 포함시키며, 검찰총장은 직급과 보수 면에서 사법부장 바로 밑에 있으면서 사법부 내의 일국(局)의 장이 아닌 지위로 창설 또는 확립할 것을 건의했다. 『주한미군사 3』, 520쪽.

183 NARA, RG 554, B 307, F4에는 군정장관 부관 스코트(Denny F. Scott)와 법률기초국

4월 1일 법령 제181호로 전시특별례를 폐지할 때까지 기다려야 했다.

법원의 독립과 관련하여 1월과 2월 법원이 제출한 건의서들은 모든 재판소의 직원인사·예산 등 일체의 사법행정을 대법원장이 관장하는 대법관회의의 결의에 의해 "대법원 사무국"이 실시한다는 내용을 담고 있었다. 대법원 사무국 설치구상은 당시 한국에도 소개되었던 일본의 새로운 '재판소법요강'을 참고한 듯하다.[184] 일본의 새로운 법원행정제도는 미국의 '법원행정 등에 관한 법률'을 모델로 삼은 것이었는데, 남한의 미국인 고문도 같은 법률을 참고하고 있었다.[185] 길리암은 4월 1일 미국 법에서 발췌한 규정을 김병로 사법부장을 경유하여 김용무 대법원장에게 송부했고, 4월 11일 법원행정사무의 독립 및 그 조직에 관해 규정한 법령안을 만들었다. 이는 미국인 고문의 입장에서 한국인들과 협의를 준비하기 위해 만든 잠정적인 초안(Tentative Draft)이었다.[186] 길리암의 초안에 따르면, 대법원에 법원사무총국(the General Affairs Bureau of the Courts)을 설치하여 대법원의 감독 아래 제반 행정사무를 담당하게 하고, 고등법원 단위로 개최되는 법관회의와 연 1회 개최되는 전국법관회의(National Judicial Conference)에서 법원사무에 관한 사항을 심의한다. 하지만 같은 시기 제도개정의 범위는 법원행정의 독립에서 법원조직의 전면적 재편으로 확대되고 있었다.

(Legal Drafting Bureau) 사이에 진척상황을 문의하고 회답하는 메모들이 있다.

184 「日本改正法案 (二) 裁判所法要綱」, 『법정』 2권 2호, 1947, 52~53쪽.

185 NARA, RG 554, B 308, F1, "An Act to provide for the administration of the United States courts, and for other purpose," Public Law No. 299, 75th Congress and Title 26, section 218.

186 NARA, RG 554, B 308, F2, Gilliam→Kim, Young Moo, 1947. 4. 1; B 308, F1, Gilliam→Connelly, 1947. 4. 11, Inter-Office Memorandum, "Tentative draft of statute to remove the administration of court from the Department of Justice."

'분리'에서 '재조직'으로

과도정부 사법부에서 삼심제 부활과 법원행정 분리에 관한 입안이 진행
되고 있을 때, 법원 내부에서는 법원조직과 사법절차에 관한 전반적 개혁
논의가 시작되고 있었다. 1947년 2월 상순 대법관과 서울 지역 법관 16명
으로 구성된 '사법제도에 관한 법률제도위원회'(후에 법원조직법기초위원회)가 설
치되어 연구에 착수했다. 4월 12일 코넬리는 김병로 사법부장에게, 한국인
들이 삼심제 부활과 법원행정의 독립 외에 사법경찰제도 확립, 인신보호영
장·체포영장 등을 통한 피체포자 권리보호, 법정모독죄 및 대배심제도 도
입 등을 제안하고 있으며, 이 제안들을 구체적으로 연구할 단계에 왔으니
법조 삼자가 참여하는 위원회를 구성할 것을 권고했다.[187] 이와 함께 논의
의 초점이 '분리(separation)'에서 '재조직(reorganization)'으로 옮겨갔다. 때마
침 일본의 '재판소법'(1947. 4. 16, 법률 제56호)이 공포되었고, 대법원의 위원
회는 일본의 신법을 참고해 새로운 법원조직법을 연구하기 시작했다.[188]

더불어 사법부와 대법원 사이에서 법원 독립을 위한 선결문제 논의가 진
척되었다. 5월 21일 사법부와 법원의 대표자들이 만나 몇 가지 사항에 합
의했다. 첫째, 사법행정사무의 분배와 관련하여 등기·호적사무, 법원예산안
작성, 보석금 공탁은 법원이 관장하고, 사법부는 소년심판소·소년원·변호사
회·보호사·공증인에 관한 감독권을 유지하기로 했다. 둘째, 인사와 관련해
법관은 행정부가 입법부의 인준을 얻어 임명하는 것으로 하고, 서기, 정리
기타 직원은 사법행정처장(Court administrator)이 임명하며, 사법행정처장 및
차장, 특별심판원(치안판)은 대법원장이 임명하기로 했다.[189] 이견이 완전히

---

187 NARA, RG 554, B 308, F1, Advisor→Director, 1947. 4. 12, Inter-Office
Memorandum: "Revision of Law."
188 NARA, RG 554, B 308, F4, Gilliam→Connelly, 1948. 4. 3, Inter-Office
Memorandum, "Court Reorganization."

해소된 것은 아니었지만—김병로 부장은 등기·호적사무의 법원이관에 부정적이었다—법안작성의 전제가 되는 법관 및 법원 직원의 임명절차, 법원 행정사무의 범위가 정해진 것이다. 그 내용을 보면 알 수 있듯이, 장래의 정부수립을 시야에 넣고 법원조직과 행정에 관한 논의가 진행되고 있었다.

법원조직법기초위원회의 법안기초

법원조직법의 기초는, 1947년 2월 대법원 산하의 위원회가 담당했다. 위원회는 법원, 검찰, 변호사를 대표하는 법률가 16명으로 구성되었다. 위원회는 1947년 상반기 동안 25회에 걸쳐 개최되었고, 중국·미국·영국·독일·일본·만주·프랑스·이탈리아 등의 입법례를 참고해 7월경에 하나의 안을 완성했다.[190] 위원회 멤버 중 5명이 미국 사법제도 시찰(1947. 5. 8.~9. 3)을 떠난 사이 법안완성이 미루어지다가 시찰단이 귀국한 뒤 미국인 고문들이 재촉하여 초안, 즉 '위원회안'이 완성되었다.[191]

위원회의 핵심인물로 서울고등심리원 심판관 정윤환을 꼽을 수 있다. 일본 중앙대학 법과를 졸업히고 같은 대하 연구실에서 국법학을 전공한 정윤환은, 30대 초반의 나이에도 불구하고 많은 논설을 발표하면서 최고의 두뇌로 활약했다. 유진오愈鎭午가 헌법을 기초할 때 정윤환은 법원 측 인사 중 가장 헌법에 정통한 사람으로서 사법제도에 관해 무게 있는 의견을 들려주었으며, 정부수립 이후 법원조직법 제정뿐만 아니라 법전편찬위 위원으로

---

189 NARA, RG 554, B 308, F1, 1947. 5. 21, "Meeting about separation of the Courts from the Dept. of Justice."

190 「법원조직법초안 (1)」, 『법정』 2권 8호, 1947. 8. 및 「법원조직법초안 (2)」, 『법정』 2권 10호, 1947. 10.

191 NARA, RG 554, B 308, F1, Connelly→OGA, MG, 1948. 2. 5, Inter-Office Memorandum: "Court Reorganization and Third Instance System".

서 헌법, 행정법, 형법, 형소법의 기초에도 관여했다.[192]

대법원의 위원회가 활동하고 있을 때 검찰도 법원·검찰조직을 위한 검찰 측 안을 준비했다. 대검찰청·서울고등검찰청·서울지방검찰청은 1947년 6월 20일 「수립될 신정부의 사법, 검찰 등 기구에 관한 건」이라는 검찰 측의 건의서를 러치 군정장관과 코넬리 사법부 고문에게 제출했다.[193] 이는 10장에서 언급했듯이 당시 미소공동위원회의 임시정부 수립에 관한 자문사항을 의식하고 만들어진 것이었다. '사법민주화 항목'을 의식한 듯, 배심제 채용에 관한 내용과 함께 대법원장과 검찰총장은 20년 이상 경력을 가진 현직 판검사와 변호사회원으로부터 선거된 자를 임명한다는 내용이 담겨 있었다. 이 건의서에 담긴 요강을 토대로, 대검찰청은 1947년 8월 '검찰청조직법안'을 만들었다. 그 내용을 보면 검찰이 법원 측의 '위원회안'에 대응하는 방식으로 검찰의 조직과 직무를 규정했음을 알 수 있다.[194]

'위원회안'의 내용과 미국인의 평가

'위원회안'은 본칙 111개조, 부칙 8개조로 이루어져 있었다. 대체적인 내용은 다음과 같았다.

법원은 대법원·고등법원·지방법원·간이법원의 4종을 둔다. 필요에 따라

---

192 유진오, 『헌법기초회고록』, 1980, 24쪽; 「법정 1년 회고 및 전망 좌담회」(1948. 12. 24), 『법정』 5권 1호, 62쪽.

193 「수립될 신정부의 사법, 검찰 등 기구에 관한 건」, 『검찰제요』 부록, 2~14쪽. NARA, RG 554, B 308, F3에도 같은 자료 및 영어번역문이 있다. "New Korean Government's judicial court and prosecution system which will be established."

194 「檢察廳組織法案(紀元四二八〇年八月)」, 『검찰제요』 부록, 14~27쪽. 개중에는 재미있는 규정도 있다. 위원회안은 대법원의 심판사항에 헌법위반사건을 포함시켰다. 그에 대응하여 검찰청조직법안도 검찰총장의 권한에 "헌법위반 소송사건의 소추"를 포함시켰다. 헌법소송을 형사소송과 마찬가지로 검찰이 소추하여 법원이 심판하는 것으로 이해한 것이다.

고등법원지원과 지방법원지원을 설치한다. 대법원에는 대법관 및 판사를, 기타 법원에는 판사를 둔다. 대법원 합의부는 5인 이상의 대법관으로, 고등법원과 지방법원 합의부는 3인으로 구성한다.

대법원은 통상의 상고·항고사건과 함께 "법률·명령·규칙·행정처분의 헌법 위반 여부"를 심판하고, "대통령·부대통령·국회의원의 선거에 관한 소송 기타 법률이 정한 사건"에서 제1심이자 종심으로서 심판한다. 대법원장은 전국 사법행정사무를 지휘·감독하며, 대법관회의 의결을 거쳐 대법원규칙을 제정할 수 있다. 고등법원은 항소·항고사건과 함께 "제1심으로서 법률에 의한 행정소송·선거소송을 관할한다." 특히 중앙행정관청의 명령·처분에 대한 제1심 행정소송은 서울고등법원의 특별관할에 속한다. 지방법원은 고등법원 및 간이법원의 관할에 속하지 않은 사건의 제1심을 담당한다. 간이법원은 제1심 하급법원으로서 화해·독촉·비송·등기·호적사무, 소송가액 5만 원 이하의 민사소송, 벌금·구류·과료에 처할 즉결사건, 기타 법률이 정한 사건을 관할한다.

대법관과 판사는 대법관회의의 지명에 의혜 군정장관(또는 대통령)이 임명한다. 대법원장·고등법원장·대법원판사의 보직은 대법관회의의 지명에 의하여 군정장관(또는 대통령)이, 기타 판사의 보직은 대법관회의의 의결에 의하여 대법관장이 한다. 정년은 대법원장은 75세, 대법관·고등법원장은 70세, 기타의 법관은 65세이다.

사법행정의 최고의결기관으로 대법관회의(대법관 전원으로 구성)를 둔다. 고등법원 및 그 지원, 지방법원 및 그 지원의 사법행정 의결기관으로서 판사회의를 둔다. 대법원에 사법행정처(전국 사법행정사무의 처리), 법제조사처(법제조사·판례편찬), 법관훈련소(법관 및 법원 직원의 양성·훈련)를 설치한다. 판사 외의 직원으로 서기관·사무관·통역관·기술관, 집달리·정리를 두고, 각급법원에 사무국을 설치한다. 법원의 예산은 법원이 국고로부터 독립하여 편성한다.

'위원회안'에 담겨 있는 헌법재판·선거소송·행정소송, 간이법원, 사법행정처·법제조사처·법관훈련소 등에 관한 이상의 내용은 이제까지 없던 새로운 것들이었다. 조문의 순서나 내용을 볼 때 '위원회안'은 일본의 재판소법을 참고한 듯하다. 간이법원은 일본의 간이재판소를, 사법행정처는 일본의 최고재판소 사무총국事務總局을, 법관훈련소는 일본의 사법연수소·재판소 서기관연수소를 참고한 것이었다.

하지만 '위원회안'에는 과거의 총독부재판소령과 일본의 재판소구성법(1890), 만주국 법원조직법(1936)의 흔적이 많이 남아 있었다. 법원조직법이라는 명칭 자체가 만주국에서 왔다. 대법원의 각 부 인원(5인), 각 법원에 두는 부의 종류와 명칭을 특정한 것(민사부·형사부·특별부 등)도 만주국과 같았다. 그 밖에 사법행정상 직무감독권의 행사방법 등에 관한 규정도 만주국과 일본의 구법을 참고했다. 미국적인 요소를 꼽자면, 이미 존재했던 대법관(Justice)이라는 명칭과 지위, 그리고 일본 법에도 있는 헌법재판권 등에 관한 내용이 있었다. 또한 '위원회안'은 법정의 존엄·질서를 해한 자를 1년 이하의 자유형 또는 5만 원 이하의 벌금형에 처할 수 있다고 했는데, 이는 종전 법정경찰권의 범위를 넘는다. 이는 영미의 법정모독죄(contempt of court)를 도입하자는 논의의 결과였다.

요컨대 '위원회안'은 익숙한 구법의 틀을 유지하면서 미국과 일본의 제도에서 법원 권한을 강화하는 요소들을 취사선택했던 것이다. 더구나 '위원회안'에 따르면 대법원장과 대법관회의가 대법관과 판사의 임명·보직을 좌우할 수 있었다.

'위원회안'에 대해 미국인들은 어떻게 생각했을까? 위원회가 만든 어느 시점의 초안을 보고 한 미국인 고문이 남긴 메모를 보자.[195] 그는 대법원장이 전국 법원을 감독하는 데 반대했고, 사법행정처와 법관훈련소를 두는 것은 "지나치게 관료적(too bureaucratic)"이라고 평했다. 대법원에 민사부·형사부·특별부를 둘 필요가 없다고 했고, 대법관이 11명인 것에 대해서는 미국의 연방대법관도 9명인데 미네소타 주 정도의 면적을 지닌 한국이 그만한 인원에게 충분한 보수를 주기에는 가난하다고 했다. 또한 미국에서는 대법관에게 엄격한 자격요건을 요하지 않고 뉴저지 주에서는 일반인도 최고법원의 판사가 된다고 했다. 대법관과 판사의 임명절차에 관해서는, 대법관회의의 추천에 군정장관이 구속되기 때문에 군정장관이 받아들일 수 없다고 했다. 그러면서 대법관은 군정장관이 임명하되, 고등법원 판사를 제외한 판사들은 임명 1년 이후부터 선거제를 실시하는 것을 고려하자고 했다. 그는 뉴욕 주를 예로 들면서, 민주국가에서 하급법원의 판사는 선거로 뽑아야 한다고 덧붙였다.

논평자는 미국적 관점에 기울어 있기는 하지만, 그의 눈에는 '위원회안'이 지나치게 복잡하고 관료적이며 군정 하의 남한현실을 감안하지 않은 것으로 비춰졌다. 그렇다고 미국인 고문들이 빕인 지체를 부정하거나 폄하한 것은 아니었다. 그들은 독립된 사법부 건설이라는 정책목표와 한국의 실정을 고려하면서, 시급하고 또 필요한 몇 가지 사항에 한해 개입했다.

2. 1947년 10월 법원조직법안의 탄생

격론 속에 탄생한 '법원안'

1947년 10월 10일 대법원 회의실에서 초안을 심의하는 회의가 개최되

---

195 NARA, RG 554, B 308, F3, "Court Organization Law." 백지에 연필로 작성한 메모.

었다. 대법원장, 대법관, 각 고등심리원장, 고등심리원 심판관, 각 지방심리원장, 서울지방심리원 부장심판관, 조선변호사회 대표자, 그리고 사법부 미국인 고문들인 카이, 길리암 등 35명이 참석했다. 회의에는 위원회안을 일부 수정한 새로운 법안이 상정되었다. 참석자들은 초안의 상소제도, 간이법원제도, 소년법원, 변호사·공증인·사법서사 관리 등의 사항을 토의하고 통과시켰다. 그리고 이날의 가장 중요한 안건이 상정되었다. 즉 법원조직법의 시행과 동시에 현재의 대법원장, 대법관, 고등·지방심리원장은 전원사퇴하고 법조인이 참여하는 선거로 선출하는 방안이었다.[196]

원래 '위원회안' 부칙 5조는 본법 시행 시 대법관과 심판관의 직에 있는 자는 본법에 의해 임명된 것으로 간주한다고 규정하고 있었다. 김용무 대법원장의 말에 따르면, 9월 하순경 위원회에서 부칙 제5조에 대해 논의할 때 미국인 고문이 말하길, 당초 군정 당국이 한국의 사정을 이해하지 못해서 통역인의 진언에 따라 현재 각 법원 수뇌부를 조직했으므로 "전부가 적임자라고 인정하기 어려운 즉, 금후 선거에 의하여 각 법원 수뇌부를 재조직하자는 것이 군정 당국의 의견"이라 했다고 한다. 법관회의는 바로 이 문제를 토의하기 위해 소집된 것이었다.[197]

이날의 회의에서는 다양한 선거방법에 관한 토론이 이루어졌다. 예를 들어 김용무 대법원장은 대법원장은 국민선거로, 대법관은 전국 판사들의 선거로, 고등법원장·지방법원장은 관할구역 내 판사들의 선거로 뽑자고 했지만, 전후사정으로 보아 김용무의 발언에는 진정성이 없었다. 참석자들의 토론에서는 주로 선거권자를 법조인으로 한정하되 어느 범위까지 포함시키느

---

196 NARA, RG 554, B 308, F2, 대법원장→군정장관대리, 대법비(大法秘) 제14호, 1947. 11. 13, "法官選擧에 關한 件."
197 위 문서.

냐가 문제되었다. 표결결과는 '법관만이 선거한다'가 7명, '법관과 변호사만이 선거한다'는 0명, '법관, 변호사, 검사, 소년심리원 판사, 사법부장·차장·국장이 선거한다'가 21명이었다.'[198] 이날 한국인 참석자 33명 중 선거제 자체에 28명이 찬성했고 5명만 반대했다. 참고로 당시 대법관은 대법원장을 포함하여 5명이었다.

표결을 거쳐 완성된 '법원안'은 대법원장, 대법관 및 하급법원장의 임명에 관하여 다음과 같이 규정했다.

> 제56조 대법원장 및 기타 대법관은 대법관, 각 고등법원장, 각 지방법원장, 각
> 　　　소년법원장, 사법부장, 그리고 각 지방법원 관내 변호사회장으로 구성된
> 　　　대법관선거위원회의 선거에 의하여 군정장관(대통령)이 이를 임명함.
> 부칙 제5조 ① 본법 시행 후 최초의 대법원장, 대법관, 각 고등법원장 및 각 지
> 　　　방법원장은 선거에 의하여 당선된 자 중에서 군정장관(대통령)이 이를
> 　　　임명함. ② 전항 선거에 관한 규칙은 대법관회의에서 이를 결정함.

제56조는 대법원장 및 대법관에 대한 통상의 임명절차를 규정한 것으로서, 각급법원 및 법조직역을 대표하는 자로 조직되는 후보자선거위원회를 구성하여 대법원장 및 대법관을 선거한다는 것이었다. 임명권은 군정장관(또는 정부수립 이후 대통령)이 가지고 있지만, 실제로는 선거위원회의 선거결과에 구속되었다.

부칙 제5조는 법 시행 이후 초대 법원장 등을 선출하기 위해 단 한 번 실시되는 선거에 관한 규정이었다. 논란의 핵심은 부칙 제5조였다. 부칙 5조에 의거해 마련된 '법관선거규칙'에 따르면, 선거권자는 현직 대법관, 심

---

198 NARA, RG 554, B 308, F5의 제목 없는 메모.

판관, 소년심판관, 검찰관, 변호사, 그리고 사법부 직원 중 대법관·심판관·소년심판관·검찰관·변호사 경력자였다. 선거는 입후보절차 없이 대법원장·대법관은 전국단일선거구로, 고등법원장·지방법원장은 관할구역을 선거구로 하여, 선거권자들이 후보자를 기재해 무기명투표를 하는 방식으로 이루어지도록 했다. 즉 각 선거권자들이 개별적으로 적임자라 생각하는 이를 투표용지에 적어내는 것이었다. 투표용지에는 대법관 후보로서 10명을, 고등법원장·지방법원장은 각 1명을 기재한다. 득표수에 따라 당선자를 결정하되, 대법원장은 총 유효투표의 1/5 이상, 대법관은 1/6 이상을 득표해야 당선될 수 있고 미달한 경우 재투표를 실시한다고 했다.

요컨대 초대 대법원과 법원장은 모든 법조자격자가 참여하는 선거를 통해 선출한다는 것이었다. '법원안'에 따르면, 대법원장과 대법관은 사법행정의 최고의결기구이자 판사의 임명·보직을 사실상 결정하는 대법관회의를 구성한다. 대법관, 고등법원장, 지방법원장은 장래의 대법원장·대법관 후보자를 추천하는 대법관선거위원회에서 다수가 된다. 부칙 5조의 선거제는 이와 같이 최초의 판사 임명·보직 및 향후 대법원 구성에 결정적 영향력을 행사하는 초대 대법원장, 대법관, 고등법원장, 지방법원장을 전체 법조자격자가 참여하는 선거로 뽑자는 것이었다. 말하자면 법조인의 총의에 기반하여 초기설정을 새로 한다는 의미였다.

고위법관선거제의 목적

고위법관선거제는 형식적으로 선거제라는 민주주의적 방식을 택했지만, 오로지 법조만 참여한다는 특징을 갖고 있었다. 이 방법이 행정부와 입법부로부터 사법부의 독립을 강화하는 것임은 분명했다. 그러나 국민주권과 민주주의를 표방하는 한 통치기구의 구성에도 민주적 정당성이 직간접적으로 구현되어야 한다는 관점에서 보면 문제가 없지 않다. 법원안은 사법권력의 구성을 통상의 민주적 정치과정(국민으로부터 위임받는 정치과정)과 분리시켜 법률가들의 자치에 맡겨두고 있었기 때문이다.

법원안의 태도는, 법관 임명 시 의회의 동의절차를 밟도록 하거나, 입법·행정·사법의 대표자들로 법관인사를 담당하는 기구를 조직하거나, 법관공선제·국민심사제처럼 국민이 법관인사에 참여하는 방식으로 법원구성에 민주적 정당성을 구현하려는 방법들과는 차이가 있었다. 다만 이런 방법들은 프랑스와 독일에서도 2차대전 이후에나 도입된 것이었다.[199] 또한 그 시점에는 현실적으로 의회의 동의나 국민참여방법을 취하기 어려웠던 것도 사실이다. 어쨌든 법원안은 '누가 어떻게 사법권력을 구성할 것인가'라는 물음에 '법조인만 참여하는 선거제'라는 해답을 내놓았다.

고위법관을 법조인의 선거로 뽑는다는 발상 자체는 당시 법률가들에게

---

199 2차대전 이전의 일본·독일·프랑스에는 법관 임명에 의회의 동의를 요하는 방식이 없었다. 통상 법무부 또는 사법성이 법관인사를 관장했으며, 최고법원 판사도 마찬가지였다. 따라서 법관인사에 정부의 입김이 미치고, 이로 인해 사법권 독립이 훼손될 가능성이 존재했다. 프랑스에서는 이 문제를 해결하기 위해 제3공화국기에 최고법원인 파기원(Court de cassation)의 법관과 법무부운영평의회의 평의원으로 구성되는 위원회를 설치하고, 각급법원장이 추천에 기한 승진명단을 작성하고, 법무부장관이 확정하도록 했다. 그리고 2차대전 종전 이후 법무부장관으로부터 법관인사를 독립시키기 위한 획기적 조치가 취해졌다. 즉 법관의 승진명단 확정권한을 법무부장관으로부터 종래 법관에 대한 징계재판를 담당했던 사법관직고등평의회(Le Conseil Supérieur de la Magistrature)로 이전한 것이다. 또한 법관은 이 평의회의 추천에 따라 대통령이 임명하도록 했으며, 대통령은 다만 거부권만 행사할 수 있도록 했다. 江藤价泰,「フランスの司法制度改革」, 東京大学社会科学研究所 엮음, 앞의 책, 448~68쪽. 1946년 프랑스헌법 제83조에 따르면, 사법관직고등평의회는 대통령, 법무부장관, 국회가 국회의원 중에서 선출한 6명, 사법관직을 대표해 사법관들이 선출한 4명의 사법관, 국회의원이나 사법관이 아닌 법조인 중에서 대통령이 지명한 2명으로 구성된다. 독일의 경우 연방법원 법관의 임명은 해당 분야를 관할하는 연방정부장관이, 해당 분야를 관할하는 주정부장관들 및 연방의회가 선출한 국회의원들로 구성되는 법관선출위원회와 공동으로 결정하도록 했다(독일연방공화국기본법 제95조).

느닷없는 제도가 아니었다. 1945년 12월 군정 당국이 비법조인인 김영희를 법무국장대리로 임명하려 하자, 서울 지역 법조 대표자들 70명이 모여 변호사 심상직을 천거한 일도 있었다. 1947년 6월 군정 당국에 제출한 검찰의 건의서에도 대법원장·검찰총장을 판검사 및 변호사회가 선거하자는 내용이 담겨 있었다.

그렇다면 법원안의 선거제는 이런 인식에서 비롯된 것인가? 제56조의 대법관선거위원회 같은 후보자추천제도는 그러할 것이다. 그러나 부칙 제5조의 선거제는 그것만으로는 설명되지 않는다. 1948년 2월 5일 코넬리 사법부 고문이 군정장관에게 보낸 문서를 보면, 선거제에 현실적인 목적이 담겨 있었다는 것을 알 수 있다.

> 이 제안은 현 대법원장을 퇴출시키는 품위 있는 방도(dignified way)를 제공해준다고 생각하는 자들의 의해 지지를 받았습니다. 같은 이유에서 대법원장과 그 동료들은 이 제안에 반대했습니다. 그날 이후, 위원회의 다수 위원들이 우리에게 대법원장을 압박해달라고 거듭 재촉해왔음에도, 우리는 대법원장의 통제 아래 있는 이 위원회를 조금도 움직일 수 없었습니다.[200]

즉 이 제도는 단순히 '법조인의 총의'로 법원 수뇌부를 선출한다는 의미 이전에 현 대법원장 김용무를 퇴진시키는 방법으로 이해되었고, 또 그렇기 때문에 지지를 받았다. 선거제까지 도입해서 김용무를 퇴출해야 할 이유가 무엇이었을까? 대법원장으로서 김용무의 자질은 늘 의심받아왔다. 길리암은 선거제 도입배경에 대해 이렇게 설명했다.

---

[200] 앞의 Connelly→OGA, MG, 1948. 2. 5. "Court Reorganization and Third Instance System".

3. 1947년 초, 우리는 사법부의 빅 쓰리(김병로 사법부장, 김용무 대법원장, 이인 검찰총장을 말함─인용자)가 사법행정에 유해한 어떤 행위에 책임이 있음을 알게 되었습니다. 코넬리 소령의 지시에 따라, 킴 대위(Capt. Kim)와 본인은 이들을 장기간 비밀 조사했습니다. 1947년 10월, 우리는 내사결과를 군정장관대리 헬믹 장군에게 보고했습니다. 그 당시 우리는 빅 쓰리를 퇴진하게 만들 수도 있는 스캔들이 터질까 노심초사했습니다. 판사들 사이에 특히 당시 대법원장의 행태에 대한 불만이 비등해서, 우리는 판사들의 총사퇴사태를 막느라 애를 먹었습니다.

4. 그때 법원조직법이 기초되고 있었습니다. 본인은 법안에 관해 협의하는 판사들의 위원회(각 지방의 각급법원장을 포함)에서 하나의 제안이 통과되도록 했습니다. 즉 새로운 법이 시행되면 모든 판사들이 사직하고, 미국인들에 의해 모든 판사·검사·변호사가 참여하는 비밀·기명투표를 실시하여 지명한 자를 군정장관이 임명함으로써 새로운 대법원을 구성하고, 그 후 새 법원이 다른 판사들의 임명을 추천한다는 것이었습니다. 선거실시로 바뀌는 것은 사실 거의 없습니다. 하지만 대법원장이 사퇴하고, 모든 판사들은 자신의 임명에 대해 정당 또는 빅 쓰리, 다시 말해 한국민주당이 아니라 전체 판사와 변호사에게 빚을 지게 될 것이라고 기대했습니다.

5. 위원회가 이 제안을 채택했고 곧 조문이 완성될 것이라고 예상되자 법원 내부의 갈등이 누그러지는 즉각적 효과가 있었습니다. 선거제안은 남한 전체의 판사·검사·변호사들의 절대다수의 지지를 얻은 것처럼 보였습니다. 그러나 한국민주당을 흡족하게 만들지는 않았습니다. 한국민주당의 리더들은 많은 이들을 통해 이 제안이 공산주의에 뿌리를 두고 있다고 본인을 깨우치려 했습니다. 모든 이가 한 가지에 대해서는 의견이 일치했습니다. 즉 이 방안은 대법원장을 몰아낼 것이며 또 어떤 스캔들도 없을 것이라는 점입니다.[201]

길리암은 빅 쓰리가 사법의 건전한 운영을 해하고 공개되면 사퇴해야 할지 모를 스캔들을 저질렀다고 하고 있다. 스캔들이 무엇인지는 알 수 없지만, 한민당을 언급한 것으로 보아 법원·검찰의 인사와 운영에 빅 쓰리가 정파적 이익을 관철시키지 않았을까 추측된다. 어쨌든 이 일로 인해 미국인 고문들은 빅 쓰리에 대한 신뢰를 거둬들인 것 같다. 길리암이 위원회를 움직여 채택된 선거제안은 결국 김용무와 그의 측근들을 퇴출시켜 법원 내부의 갈등이 폭발하는 것을 방지하려는 것이었다. 미군정이 내세우는 사법권 독립의 명분을 훼손하지 않으면서 대법원장을 퇴출시키는 품위 있는 수단이었던 것이다. 아마도 길리암에게는 법조 전체의 참여를 통해 사법 수뇌부를 재구성한다는 이상적 동기도 있었겠지만, 김용무의 퇴출, 사법진영 내 한민당세력의 견제라는 현실적 목표를 배제하고 '법원안' 부칙 선거제의 목적을 설명하기는 힘들다.

김용무에 대한 불신임 분위기는 선거제에 대한 압도적 다수의 표결로 표출되었다. 물론 거기에 순수한 동기만 작용하고 있지는 않았을 것이다. 이 방법은 다른 이들에게 고위법관이 될 수 있는 더할 나위 없는 기회이기도 했기 때문이다. 그들에게는 어느 순간 빅 쓰리가 모든 것을 독점해버린 뒤 그것이 계속 이어질 수 있었던 상황 자체가 가장 불만족스러웠을 것이다. 부칙 제5조의 선거제는 다시 법원을 재부팅해 기회균등을 제공해주는 장치였다.

---

201 NARA, RG 554, Entry no. 1376(A1), B 16, Gilliam→Scott, Denny F., Advisor of Dept. of Justice, 1948. 5. 29, Inter-Office Memorandum: "Appointment of Additional Justices".

법원안의 혁신적 요소

'법원안'에는 선거제 외에도 새롭고 중요한 규정들이 추가되었다. 먼저 소년법원의 설치이다. 1947년 5월 사법부와 법원 대표자회의에서 소년심판소는 사법부가 관장한다고 합의했고, 위원회안도 소년사건을 전혀 언급하지 않았다. 이에 반해 '법원안'은 소년법원을 별도로 설치하고 소년보호처분과 소년보호관찰도 관장하게 했다. 이것들이 법원안에 갑자기 삽입된 배경에는, 미국인 고문들의 소년사법(juvenile justice) 개선의지가 있었다.

한국인들은 거의 무관심했지만, 당시 미국인 고문들은 한국의 소년범 처우상황을 매우 심각하게 바라보았다.[202] 검사와 법무행정기관이 아닌 법원이 소년처우를 관장하는 미국의 소년사법제도에 익숙했던 미국인 관리와 고문들은, 한국인들이 소년사건의 성격을 전혀 이해하지 못하여 대다수가 성인 형사범과 동일하게 처리되고 소년보호시설 또한 극히 열악한 현실을 개탄했다. 1947년 초 사법부 고문들이 김병로 사법부장에게 소년사법의 개선을 촉구했지만 사법부장은 질질 끌기만 했다. 5월 29일부터 6월 4일까지 미국 '보이즈 타운Boy's Town' 설립자인 플래내건Edward Joseph Flanagan은 남한 소년처우시설을 시찰했다. 그는 노예와 같은 비참한 처우조건과 "불운한 희생자"인 소년범들을 "인간으로 처우하려는 의욕이 하나도 없는 관리들"을 통렬히 비판했다. 미국인 고문들은 플래내건이 남한의 현실과 그

---

202 당시 소년사법제도는 일제시대의 제도를 그대로 따르고 있었다. 조선소년령이 소년보호처분(보호관찰, 감화원·교정원 수용 등)과 소년사건심판절차를 규정했다. 총독부 법무국이 감독하는 소년심판소가 소년보호처분에 해당하는 사건을 심판하지만, 소년사건이라 해도 중범죄 또는 16세 이상 소년범죄자는 재판소와 검사가 송치하기 전에는 심판할 수 없었다. 범죄소년의 경우 기소단계에서 검사가 판단하여 소년심판소로 송치하는 이른바 '검사선의주의(檢事先議主義)'를 택하고 있었고, 일단 형사소송이 개시되면 사건을 소년심판소로 회부할 수 없었다. 소년심판소는 서울에 단 한 곳, 심판관도 단 한 명이었다.

동안의 노력을 잘 모른다고 반박하면서도, 소년사법개혁을 위해 법령을 준비했다. 1947년과 이듬해 고문들은 김병로 부장에게 법령안을 제안했다. 하지만 김병로는 "너무 진보적"이라면서 과도입법의원에 제출하지 않았다.[203] 1947년 4월 길리암이 작성한 법원행정 독립에 관한 임시법령안도 소년법원의 설치를 예정하고 있었다. 1947년 10월 1일에 사법부 소년과 고문 라이먼Albert Lyman[204]이 소년사건 심판절차를 개정하는 법령안을 기초했다. 이 안은, 20세 이하의 소년사건은 1차적으로 소년법원이 청취·조사한 뒤(이른바 '법원선의주의法院先議主義') 17세 이하는 오직 소년법원이, 18세 이상자는 재량으로 소년법원이 처리하도록 했다.[205] '법원안'은 당시 현안이던 소년사법제도의 개혁문제에 대한 처방을 담고 있었다. 이것은 미국인 고문과 소년법원제도에 동의하는 한국 법률가들의 합작품이었다.

'법원안'에는 법원의 권한과 독립성을 강화하기 위한 새로운 내용도 포함되었다. 때로는 외부견제를 완전히 배제하려는 것도 있었다. 예를 들어 대법원에 법관감찰위원회(judicial inspection committee)를 둔다고 하고, 다른 기관은 대법관과 판사를 감찰할 수 없다고 못 박았다. 나중에 길리암은 이 규정에 대해, 법집행임무를 가진 자는 어떤 법위반자에게든 직권을 행사할 수 있어야 하고 국회의 탄핵으로 법관징계문제를 해결해야 한다면서 이 규정을 삭제하고 징계절차에 관한 규정을 두었다.[206]

---

203 『주한미군사 3』, 555~560쪽.
204 라이먼은, 워싱턴 D.C. 변호사회소속 변호사 출신으로, 법률기초국(Legal Draft Bureau)과 법률심의국(Legal Opinion Bureau)에서 활동했고, 『사법부유권해석선집(Selected Legal Opinions of the Department of Justice)』을 편찬했다. 법률심의국에 관해서는 조소영, 「미군정청 사법부(Department of Justice)의 기능과 역할에 관한 실증적 연구」, 『법사학연구』 30호, 2004, 참조.
205 NARA, RG 554, B 307, F4, Lyman Albert→Mr. Folk, Executive Officer, Dept. of Justice, 1947. 10. 1, "Trial System of Juvenile Court Cases Revised."

공판정에서 법원의 권위를 높이기 위한 규정도 신설되었다. 검찰관과 변호인이 법정에서 부당한 언어를 사용하면 계속변론을 금지하고 재판장의 직권 또는 소송관계인에 의해 다른 변호사를 선임하거나 다른 검찰관이 입회하도록 했다.[207] 계속변론 금지는 일본의 구재판소구성법에도 있었는데, '법원안'에는 당해검찰관과 변호사를 교체할 수 있게까지 했다. 나중에 이 규정에 대해 길리암은 이렇게 논평했다.

> 이것은 결정하기 힘든 문제를 제기한다. 대륙법체제에서 검사는 판사와 동등하다. 하지만 그 동등성은 행정권으로부터 사법권을 분리하는 것과 부합하지 않는다. 사법권의 분리가 완전히 성공하기 위해서는, 적어도 공판이 개시된 한, 검사는 당분간 변호사의 지위로 내려올 필요가 있다고 생각한다. 수사에서는 검사는 계속 준사법적 기능(semi judicial functions)을 가지고 공판을 준비할 수 있을 것이다. 검찰총장과 거의 모든 검사들이 이 규정에 격렬히 반대하고 있다. 사법부장 역시 반대한다. 법원의 분리를 개시한다는 목적상, 나는 이 규정에 검사를 포함시키는 것이 절대적으로 필수적이지는 않지만 그것이 적절하다고 생각한다.[208]

성공적인 사법권 독립을 위해서는 검사를 사건 변호사 같은 당사자 지위

---

206 NARA, RG 554, B 307, F1, "Draft #1 Court Organization Law", Art. 55 note.
207 참고로 과도법원법의 규정은 아래와 같았다.

제74조 ① 재판장 또는 단독판사는 공판정에서 부당한 언어를 사용하는 검찰관 또는 변호인에 대하여 계속 진술을 금지할 수 있음. ② 전항에 규정한 금지처분은 징계의 장애가 되지 않음. ③ 변호인의 진술을 금지한 경우 재판장 또는 단독판사는 소송관계인이 희망하면 다른 변호인을 선임할 기회를 부여해야 하고 사건심리상 필요가 있을 때는 직권으로 변호인을 선정할 수 있음. ④ 검찰관의 진술을 금지한 경우 재판장 또는 단독판사는 관계 검찰청장에게 다른 검찰관의 입회를 청구해야 함.

208 NARA, RG 554, B 307, F1, "Draft #1 Court Organization Law", Art. 81. note.

로 끌어내려야 하는데, 이 규정은 그 취지에 비추어 적절하다는 것이었다.

또 하나 검찰이 격렬하게 반대한 것이, 검찰관의 공판에 불출석하면 특별검사를 지정한다는 규정이다.[209] '법원안'은 재판장이 24시간 전에 검찰관에게 공판기일을 통지했는데도 해당 검찰관이 2회 이상 출석하지 않거나 다른 검찰관도 입회하지 않을 경우, 재판장이 법관·법원 서기국장·서기과장·경찰서장 중에서 특별검찰관을 지정하여 공판입회 및 검찰관의 직권을 행사하도록 했다. 검찰관의 출석은 공판개정의 요건이었는데, 검찰관이 소송전략의 일환으로 일부러 공판기일에 출석하지 않는 일이 적지 않았다. 때문에 검찰관이 2회 이상 불출석하면 특별검찰관을 지정해 공판을 진행한다는 강경한 조치를 담았던 것이다.

법원안을 둘러싼 대립과 교착

'위원회안'과 '법원안'은 모두 1947년 안에 시행하는 것이 목표였다. 짐작했겠지만 법원안은 대법원, 사법부, 검찰의 격렬한 반대를 몰고 왔다.

김용무 대법원장이 가장 민감하게 대응했다. 김용무는 압력을 가해 위원회를 사실상 정지시켜버렸다. 11월 13일 김용무는 헬믹 군정장관대리에게

---

209 참고로 과도법원법의 규정은 다음과 같다.
제75조 ① 공판에 검찰관의 입회가 필요할 경우 재판관은 제1회 공판개정 1주일 이전에 검찰관에게 개정통지를 발해야 함. ② 공판이 속행될 경우 재판관은 다음 공판기일과 장소를 검찰관에게 고해야 함. ③ 통지를 받은 검찰관이 출두하지 않을 경우 재판소는 개정을 연기하고 검찰관에게 재차 통지를 발해야 함. ④ 개정통지를 받은 검찰관이 2회에 걸쳐 개정시간에 입회하지 않거나 전조 제4항의 청구(부당언사 검찰관의 변론금지 이후 다른 검찰관 입회요청—인용자)를 받았음에도 다른 검찰관의 입회가 없을 때는 재판장 또는 단독판사가 수습법관, 서기과장, 또는 경찰서장 중에서 특별검찰관을 지정하여 공판에 입회케 할 수 있음. ⑤ 특별검찰관은 당해 심급에 한해 검찰관이 행사할 수 있는 일체의 권한을 가짐. ⑥ 특별검찰관을 지정한 경우 재판장 또는 단독판사는 그 사유를 즉시 소속 장관에게 보고해야 함.

의견서를 전달했다. 사법부 수뇌만 재조직하는 건 형평에 어긋나고 법관의 신분보장에 반하는 일이다, 좌익계열이 선거문제를 제기해왔고 변호사회는 대부분 군정에 비협력적인 중간파와 좌익파인데 선거를 실시하면 좌익이 동지를 규합하고 변호사회를 매수하여 법원이 적화된다, 법관의 정치활동을 부추기고 법원 내에 파벌다툼을 만들어낸다, 현수뇌부가 불신임을 받아 퇴진하면 수뇌부를 따르는 판사들도 동반퇴진하여 법원이 붕괴된다, 신정부 수립 이후 사법부를 재조직해도 늦지 않은데 군정 최종단계에서 사법부 혼란의 오점을 남길 우려가 있다는 등의 이유를 내걸었다.[210]

11월 28일 대검찰청은 코넬리에게 법원조직법안에 대한 검찰 측 요강안을 제출했다. 대검찰청은 헌법이 없는 상황이므로 사법부 독립이나 법원의 권한범위에 대한 입법은 잠정적 조치에 그쳐야 한다고 하면서 19개 항에 걸쳐 반대의견을 제시했다. 소년법원, 변호사·공증인·사법서사에 관한 사항, 호적·공탁에 관한 사무, 법제조사처의 기능 같은 것은 사법부 등 행정부가 관장할 사항이라고 했다. 검찰관·변호사에 대한 계속변론 금지, 특별검찰관 지정제도도 반대했다. 소송규칙은 입법사항이므로 대법원규칙으로 정할 수 없다고 했다. 대법관이라는 명칭을 폐지하고, 판사임명자격에서 검찰관과 변호사 재직연한을 차별해도 안 된다고 했다. 또한 부하가 상관을 선거하는 것은 '이도吏道'에 위배되고 파당적 심리를 부추기므로 선거제도에 반대한다고 했다.[211]

김병로 사법부장도 별도의 법원조직법안('사법부장안')을 제출했다. '사법부장안'은 법원안을 토대로 하여 규정을 가감하는 방식으로 작성되었다. 기본적으로 현재의 법제와 관행을 무너뜨리지 않고자 했다. 소년법원에 관한

210 앞의 대법원장, 1947. 11. 13, 「법관 선거에 관한 건」.
211 앞의 검찰총장, 1947. 11. 28, 「법원조직법안에 대한 의견서」.

사항은 언급하지 않았다. 법관의 명칭도 대법관과 심판관이라는 기존의 명칭을 답습했다. 대법원의 헌법재판권은 물론, 행정소송·선거소송에 관한 규정도 넣지 않았다. 대법원규칙에서도 법원 직원의 채용·훈련·양성 및 법원 사무에 관한 사항만 규정하도록 했다. 대법원장·대법관의 임명에 관하여, '사법부장안'은 추천위원회의 추천을 거치도록 했다. 우연의 일치인지 의사소통이 있었는지는 모르겠지만, 김용무 대법원장·이인 검찰총장·김병로 사법부장은 참가 폭에는 차이가 있을지언정 모두 추천위원회를 통한 임명을 건의했다. '사법부장안'은 "대법원장, 대법관, 각 고등법원장, 각 지방법원장, 사법부장, 사법차장 및 각 변호사회장"으로 구성하는 위원회가 '2배수'를 추천하고 군정장관(대통령)이 임명하도록 했다. 하지만 법원안 부칙 제5호의 선거제규정은 그대로 남겨놓았다. '사법부장안'은 '위원회안'과 '법원안'에 있던 법정모독죄에 대해서 재판장이 직권으로 판결한다는 규정을 삭제하여, 법정모독죄도 검사가 기소해야 재판할 수 있도록 했다. 또한 특별검찰관 지정에 관한 규정도 삭제했다.

변호사계는 '법원안'에 호의적이었다. 10월 29일 전국변호사회가 참가한 연석회의는 토론 끝에 법원조직법안을 통과시키고, 군정장관이 과도입법의원을 통하지 않고 군정법령으로 발포하여 즉시 시행할 것을 건의하기로 결의했다.[212] 11월 30일 서울법조회 총회에서는, 사법부문의 민주화를 기하기 위해서는 사법진영도 응당 법조인의 총의로 선출된 책임자가 운영해야 하므로, 법원장급에 대한 선거를 조기실시할 것을 만장일치로 결의하고 이를 하지 사령관과 군정장관, 코넬리 사법부 고문에게 제출하기로 했다.[213] 법원조직법의 연내시행이 불확실해지자 선거제만이라도 조기실시할 것을 주장

---

212 『경향신문』 1947. 11. 1.
213 『동아일보』 1947. 11. 30.

한 것이었다. 11월은 대한민청단사건의 군정재판 회부조치로 사법권 수호
운동이 벌어지고 있던 때였다.

3. 미국인 고문의 개입과 과도법원조직법의 공포

미국인 고문의 개입과 길리암의 '조정안'

1948년에 접어들자 더 이상 법안완성을 늦출 수 없었다. 2월 5일 코넬리
가 군정장관에게 보낸 문서를 보자. 코넬리는 대법원장을 압박하지 않으면
법안작성이 결코 끝나지 않을 것이기 때문에 법안채택에 대한 군정장관의
분명한 의사결정이 필요하다고 말하면서, 과도입법의원을 거치지 않고 군
정법령으로 법원조직법을 채택할 것을 건의했다.[214] 총선 준비상황을 조사
하러 온 유엔한국임시위원단 제2위원회가 대법원장에게 삼권분립 및 법원
의 독립에 관해 질의하고, 과연 현재의 상황에서 '자유로운 총선'이 가능할
지 우려를 표하고 있던 무렵이었다. 군정장관의 지령을 받아 미국인 고문
들이 직접 개입하게 되었다. 이 움직임은 한국인 법조계에도 전해졌다.

2월 16일 서울지방심리원장 장경근이 "용감하게 동양적 관습을 깨고"
법원안에 대한 이견서를 제출했다. 주로 법원의 관할사건을 조정하는 내용
이었다.[215] 2월 25일에는 이인 검찰총장이 '사법부장안'에 대한 검찰 측 의
견을 제출했다.[216] 미국인 고문들은 법원안을 기초로 사법부장안, 검찰 측

---

214 앞의 Connelly→OGA, MG, 1948. 2. 5, "Court Reorganization and Third Instance
System."

215 앞의 장경근, 1948. 2. 16, 「법원조직법안(법원측제출안)에 대한 이견」.

216 앞의 검찰총장(수신: 사법부 미국인 고문관), 1948. 2. 25, 「법원조직법안요강 정정에 관한
요망의 건」.

의견서, 장경근 이견서를 참고하면서 최종안 작성에 들어갔다. 4월 3일 길리암은 법원조직법안(이하 '조정안')을 코넬리에게 제출했다. 길리암은 한국인 법률가들과 협의하여 몇 가지 수정을 거친 최종적인 안이라고 했다.[217]

길리암의 '조정안'을 보면, 최소한 군정장관에게 유보되어야 할 것(특히 법관 및 법원직원에 대한 인사권)과 재정여건상 인원감축 필요성을 고려하는 한편, 지금까지 나온 법안과 의견들을 참고하여 가급적 모두 합의할 수 있는 선에서 법령안을 작성했음을 알 수 있다.

'조정안'은 법원의 심판사항을 민사소송, 형사소송, 행정소송, 선거소송으로 하여 '법원안'을 유지하고 관할사건을 일부 조정했다. 그러나 '법원안'의 헌법재판권은 삭제되었다. 헌법이 결정할 사항이기 때문이었다. 법원은 대법원, 고등법원, 지방법원, 간이법원의 4종으로 하여 '법원안'에 있던 소년법원을 없앴지만, 대신 지방법원에 소년부少年部를 두도록 했다.

대법원규칙이 정할 사항 중에서 소송규칙에 관한 사항은 삭제했다. 길리암은 원칙적으로 대법원이 소송규칙 제정권을 가지는 데 찬성하지만, 아직 미국에서도 효과를 판단하기 이르며, 초안작성 시 충분한 연구가 없었으므로 일단 검찰총장과 사법부장의 의견을 따른다고 했다. 또한 현재의 인원감축 압박을 고려할 때, 변호사·공증인·사법서사에 관한 것은 사법부 관장사항으로 남겨두는 것이 최선이라고 했다.

대법원과 고등법원의 심급관할의 경우, 장경근 이견서와 길리암 본인의 의견대로 변경했다. 즉 간이법원 및 지방법원 단독사건의 판결은 지방법원 합의부의 2심을 거쳐 고등법원에 상고하고, 지방법원 합의부의 판결은 고등법원의 2심을 거쳐 대법원에 상고하도록 했다. 상고심으로 고등법원과

---

217 앞의 Gilliam→Connelly, 1948. 4. 3, "Court Reorganization", "Draft #1 Court Organization Law."

대법원 2개를 두는 방식이었다. 대법원만이 상고를 관할하는 '법원안' 규정은, 위원회의 합의 없이 누군가에 의해 임의로 추가된 것이었다. 많은 판사들이 상급자의 눈치를 보며 입을 다물고 있는 가운데, 장경근은 단독판사 사건까지 대법원이 관할하는 것은 정력낭비이고 사무부담이 과중하다는 이유로 미국 제도를 예로 들며 수정안을 제안했다. 길리암도 수정안을 강력히 추천했다.

길리암은 행정소송·선거소송에 관해서도 장경근의 의견에 찬성하며 지방법원에 제1심재판권을 부여했다. 다만 중앙행정청의 명령·처분에 관한 행정소송의 제1심은 서울고등법원이 관할하도록 했다.

지방법원 단독사건과 간이법원의 관할사건도 장경근의 의견과 같이 확대했다. 거의 모든 한국인들이 간이법원의 관할권을 넓히는 데 반대하지만, 합당한 관할권을 주지 않으면 간이법원 설치는 무용하다고 했다.[218] 요컨대 대법원은 최고법원답게 중요한 사안을 중심으로 상고사건을 심리하게 하고, 제1심법원인 지방법원 및 간이법원의 재판을 충실하게 만들고자 한 것이다. 길리암은 간이법원 설치를 주된 개혁의 하나로 꼽았다. 간이법원을 통해 "사법과 인민이 가까워지고 경찰의 직무가 용이해지기" 때문이었다.[219]

한편 법관의 임명자격과 정년을 사법부장안을 참고하여 수정하고, 대법원장·대법관의 임명절차도 '사법부장안'과 같이 추천위원회에서 구성하여 2배수를 추천하도록 했다. 다만 검찰 측 의견을 받아들여 검찰총장을 추가했다. 법원이 법원 직원을 임명·보직하도록 한 것도 군정에 인사권이 유보되어야 한다는 취지에서 삭제했고, 법원의 예산편성·제출권도 국고의 통일

---

218 이상은 위 문서.

219 NARA, RG 554, B 307, F1, Connelly→OGA, MG, "Court Reorganization".

을 기하기 위해 받아들이지 않았다.

법정모독죄과 부당언사를 한 변호사·검찰관의 계속변론 금지에 관해서는 '법원안'의 규정을 유지했다. 검사의 공판불출석 시 특별검찰관을 지정하는 제도의 경우, 검사에 대한 통지기한을 24시간 전에서 '적어도 1주일 전'으로 연장했다. 공판준비에 시간이 필요하기 때문이었다.

이와 같이 '조정안'은 '법원안'의 틀을 유지하면서 비현실적인 부분, 보수적 관점이 관철되었거나 충분한 연구가 없었던 부분, 사법부와 검찰을 배려하여 양보가 필요한 부분을 중심으로 수정했다. 길리암은 가급적 이해관계자들이 합의할 수 있는 수준으로 법안을 조정함으로써 극심한 의견대립을 피할 수 있을 것으로 예상했다.

타협을 위해 길리암은 법원안 부칙 5조의 선거제를 포기했다. 수뇌부를 전원사퇴하게 하고 선거를 실시할 경우 총선을 앞둔 시점에서 혼란을 야기할 우려가 있고, 또 앞으로 새로운 정부가 수립될 것이기 때문이라고 했다. 그렇다고 선거에 의한 법원 수뇌부 교체라는 생각을 완전히 포기하지는 않았다. 길리암은 '법원안' 부칙 제5조 선거제의 대안으로 전국 법조인이 참여하는 비밀투표에 의한 후보자 추천방식을 구상했다. 그에 따르면, 전국 판검사, 변호사, 사법부장 및 차장이 봉함된 서한에 후보자를 적어 송부하고, 군정장관은 상위득표자 3명 중에서 적임자를 임명한다. 비밀추천절차는 모든 직위에 대해 일시에 시행하지 않고, 대법원장 직부터 차례차례 대법관, 고등법원장, 지방법원장 순으로 시행해나간다.[220] 법조인 전원이 추천에 참여함으로써 '법원안' 부칙 5조 선거제의 정신을 유지하면서도, 3배수 추천으로 군정장관의 임명권을 침해하지 않고 차근차근 수뇌부를 교체해나가서 동시선거로 인한 혼란을 방지하는 방안을 고안한 것이었다.

---

220 이상은 앞의 Gilliam→Connelly, 1948. 4. 3, "Draft #1 Court Organization Law."

마지막 심의와 과도법원조직법의 공포

'조정안'이 성립하자 미국인 고문들은 한국인과 미국인들의 의견을 청취하며 법령공포를 위한 막바지 작업에 들어갔다. 여러 논의가 오갔겠지만, 4월 10일 법률기초국 고문 라이먼이 길리암의 조정안에 대해 논평한 내용은 특기할 만하다.

라이먼은 총선과 국회구성을 기다리다가는 경과를 예측할 수 없기 때문에, 미군정이 주도권을 발휘하면 "훌륭하고 오래 남을 기념물을 한국에 유산으로 남길 수 있을 것"이라면서, 조정안을 수정 없이 신속하게 공포해야 한다고 주장했다. 그러면서 어디까지나 개인적 의견이라는 단서를 달고 9개 조의 의견을 밝혔다.

① 지방법원지원의 총수를 40개 이하로 정할 필요가 없고, 각 도마다 고등법원을 설치해야 한다. 그래야 정부를 보다 탈중앙집중화시키고 민주주의와 지방자치에 요구되는 지방분권이 가능하다. ② 헌법제정 전이라도 법원의 헌법재판이 활용될 수 있고, 헌법이 반드시 성문헌법으로만 존재하는 것도 아니므로, 대법원의 헌법재판권은 유지되어야 한다. ③ 남북전쟁으로 이어진 미국 대통령 선거사의 교훈에 비추어, 정부의 안정성을 확보하기 위해 대법원이 대통령선거소송을 관할해야 한다. ④ 법관훈련소와 같은 판사훈련기구가 필요한지 의문이다. 일본에 사법연수소가 있지만 연수과정만 이수한 젊은 자들이 판사로 선발된다고 비판받고 있으며, 판사를 일반인의 상식(the common touch)과 동떨어지게 만들 우려가 있다. ⑤ 형사사건에 관해서는 미국에서와 같이 법률문제를 제외하고 검사의 상소가 허용되지 않아야 한다. ⑥ 법정모독죄의 형벌이 너무 무거우므로 낮추되, 죄질이 무거운 것은 형법으로 대처하는 게 타당하다. ⑦ 미국의 경험에 비추어볼 때 대법관회의에서 소송규칙을 제정할 수 있어야 한다. ⑧ 집달리가 이욕에 빠지

지 않게 하기 위해 봉급제를 도입해야 한다. ⑨ 법원 수뇌부를 교체하기 위한 선거식 추천제는 채택되지 말아야 한다. 인원과 실무의 연속성이 보장될 때 정의가 증진되고 법원의 일관성이 유지되며, 법원이 정치투쟁에서 초연할 때 법원에 대한 공중의 신뢰도 확보되기 때문이다.[221]

이와 같이 라이먼의 논평은 미국의 정치와 법실무 경험에서 우러나온 법률가적 감각이 돋보인다. 라이먼의 의견 가운데 지방법원 지원수를 40개 이하로 한정해서는 안 된다는 것, 수뇌부 교체를 위한 선거식 추천제를 없애자는 것은 최종안에 반영되었다.

한편 4월 24일에는 서울고등심리원 심판관들이 지방법원 단독판사의 사무관할을 인상하고, 단독판사의 판결에 대한 항소심을 지방법원 합의부로 한 것에 반대한다는 의견서를 제출했다.[222] '조정안'의 상고제도는 대륙법계에는 예가 없으며, 법률해석의 통일을 위해 상고심과 항소심은 각각 대법원과 고등법원으로 통일하는 것이 타당하다는 것이었다.[223] 고등심리원 판사들의 입장을 표명한 것이었지만, 이원적 상고제도가 대륙법계의 입법례에 유례가 없다는 주장은 사실무근이다. 막바지 단계에서 심급제도를 '법원안'단계로 되돌리려는 건의는 받아들여지지 않았다.

'법원안' 부칙 제5조의 선거제에 대해 길리암이 내놓은 선거제식 추천제는 최종적으로 채택되지 않았다. 과도법원법은 부칙에서 '위원회안'과 같이

---

221 NARA, RG 554, B 307, F1-1, Lyman→Gilliam, 1948. 4. 10, Memorandum: "Comments on Draft of Court Reorganization Ordinance".

222 길리암의 경과설명에 따르면, 이 건의서는 장경근의 이견서와 비슷한 시기에 제출되었을 것으로 보이기도 한다. 여기에서는 자료에 표기된 날짜에 따르기로 한다.

223 NARA, RG 554, B 308, F6, Lee Mung Sup, Chief judge of Seoul Appellate Court, et al.→Advisor, 1948. 4. 24, Statement: Statement concerning to the Draft of court constitution Law.

법 시행 당시 대법원장 이하 법관들은 현직을 유지하는 것으로 규정했다. 대신 본칙의 대법관·대법원장 임명방법이 약간 수정되었다. 그 결과 과도 법원법 제47조는 다음과 같이 완성되었다.

> 제47조 대법원장 및 대법관은 대법원장, 대법관, 각 고등법원장, 각 지방법원장,
> 사법부장 및 차장, 검찰총장, 각 고등검찰청장, 각 지방검찰청장 및 인정
> 받은 변호사회회장으로써 구성된 위원회의 추천한 자 중에서 군정장관
> 또는 그 권한을 승계한 행정수반이 이를 임명함.
> 전항에 규정한 위원회의 정족원수는 위원의 과반수이고, 추천된 자는 무
> 기명투표로써 이를 선정함. 위원회는 임명될 대법원장 또는 대법관의 수
> 에 3배의 원수를 추천함. 추천을 받은 자는 각각 출석위원 과반수의 투
> 표 있음을 요함. 위원회는 스스로 투표에 관한 규정을 제정해 추천될 자
> 가 마침내 출석위원회의 과반수 투표를 얻을 수 있도록 규정함을 요함.

'위원회'안과 달리 추천위원에 새로 고등검찰청장과 지방검찰청장을 포함시키고, 추천위원회는 3배수로 후보자를 추천하는 것으로 하되, 피추천인은 반드시 출석위원 과반수의 득표를 얻도록 했다. 일견 빅 쓰리가 제안한 추천위원제가 관철된 것 같지만, 위원의 수를 늘리고 과반수 이상 득표를 요구함으로써 기존 수뇌부가 추천위원회를 지배하지 못하게 하고, 군정장관은 3배수로 넓혀진 후보자 중에서 적임자를 지명할 수 있다. 그런 점에서 이 규정 또한 기존의 선거제정신을 지지하는 한국인 및 미국인 고문들의 생각을 반영한 것이었다.

1948년 5월 4일 드디어 법령 제192호 법원조직법이 공포되었다. 이어서 7월엔 변호사법(군정법령 제207호)이, 8월엔 검찰청법(군정법령 제213호)이 공포

되었다. 이 세 법령은 1948년 3월 공포된 법령 제176호 '형사소송법의 개정'과 더불어 남한 사법제도의 새로운 출발을 알리는 입법이었다.

4. 버려진 청사진

길리암의 마지막 시도

과도법원법 시행일인 1948년 6월 1일을 불과 이틀 앞둔 5월 29일, 길리암은 신임 사법부 고문 스코트Denny F. Scott[224]에게 대법관을 추가임명하는 조치를 취할 것을 건의했다. 길리암은 1948년 2월부터 현재까지의 상황을 설명하고 전임 사법부 고문 코넬리와 자신의 생각을 전달했다.

> 6. 당시 법원조직법(선거제안을 담은 법원안—인용자)을 공포단계까지 이르게 할 수 없었습니다. 총선을 앞둔 상황을 고려하면, 법원에서 또 다른 특별한 선거를 실시한다는 것이 상책이 아니라고 여겨졌습니다. 하지만 코넬리 소령은 6명의 새로운 대법관이 임명되어야 한다는 입장이었습니다. 법원조직법상 대법원은 광범위한 권한을 갖고 있습니다. 현재 두 명의 대법관이 대법원장을 정치적으로 지지하고 있으며, 다른 두 명은 반대쪽에 기울어 있습니다. 법원조직법은, 새로운 대법관은 대법관, 각 법원장, 각 검찰청장, 사법부의 간부, 그리고 공인받은 변호사회장 등 모두 42명으로 구성되는 추천위원회가 3배수로 추천한 자 중에서 임명한다고 규정하고 있습니다. 추천위원회가 추천할 인물들

---

224 웨스트버지니아변호사회 회원으로, 법률심의국장(Legal Opinion Bureau)을 거쳐 코넬리의 뒤를 이어 사법부 고문을 역임했다. 사법부에서 오랜 기간 복무했는데, '걸어 다니는 백과사전'으로 불리기도 했다. 조소영, 앞의 글, 81쪽.

은 훨씬 비정치적일 것이며, 법원운영과 인사에 관해 정치적으로 정책을 결정하고 있는 현대법원장의 행태에 반대할 것은 분명합니다.

7. 6월 1일이 다가오기 때문에, 우리는 군정장관에게 6명의 대법관을 임명하기 위한 조치를 개시할 것을 건의하지 않을 수 없습니다. 사법부장과 대법원장은 반대하고 있습니다. 이 두 거물들은 항상 법원이 너무 소규모 인원이라서 인원보충이 없으면 제대로 기능할 수 없다고 주장해왔습니다. 대법원장은 15명의 대법관이 필요하다고 주장한 적도 있습니다. 그는 또한 미국인들에 의해 법원개혁이 이루어져야 하고 그렇지 않으면 결코 개혁이 수행될 수 없다고 주장한 적도 있습니다. 하지만 지금 그는 5명의 대법관으로 충분하며, 미국인들은 더 이상 추가임명을 하려 하지 말고 모든 것을 신정부에 맡겨놓아야 한다고 말하고 있습니다.

8. 본인이 생각하기로는, 대법원장과 그의 정치적 동료들은 판사와 변호사의 지지를 얻어 임명될 6명의 신임 대법관들이 비록 현재 대법원장의 지위에 영향을 주지는 못하더라도 그들이 가진 법원에 대한 통제력을 없애버릴 우려가 있다고 판단하고 있습니다. 대법원장이 개인적으로 지위를 유지할 것이며, 더욱 규모가 커진 법원은 대법원장의 존엄성을 더 높일 것입니다. 그럼에도 불구하고 대법원장이 대법관 추가임명에 반대하는 것은 오로지 정치적인 동기에서 비롯되었다고 결론을 내릴 수밖에 없습니다.

9. 본인이 보기로는 현재 한국민주당이 총선에서 패배했음이 명백합니다. 그들은 84석을 확보했고 아마도 무소속의원 중 몇 명이 포함되어 있을 것입니다. 이 숫자로는 의회를 통제하기에 충분하지 않습니다. 그러나 만약 그들이 대법관의 증원을 막을 수 있다면, 앞으로 몇 년 동안은 그들이 법원을 통제할 수 있음으로써 균등한 기회를 누리게 될 것입니다.

10. 저는 비난으로부터 자유로운 사법체제를 한국민에게 남기고 떠나기 위해서

우리가 할 수 있는 모든 것을 해야 한다고 생각하며, 이런 생각에 코넬리 소령도 동의했습니다. 우리는 저들의 통제를 깨뜨리는 것이 핵심적이며, 그런 조치에 대해 법원과 변호사회가 동의한다면 국회나 신정부가 새로운 변화를 막지는 않을 것이라고 생각합니다.

11. 이 조치에 따르는 주된 위험은, 이승만이 어쩌면 사실 변화를 원하고 있을지라도, 한국문제에 손을 떼라는 식으로 말하며 우리 측의 그런 행동을 미군정을 공격하는 구실로 활용할 수 있다는 것입니다. 다른 위험은 유엔위원단이 현시점에서 우리의 그런 행동에 반대할 수 있다는 것입니다.

12. 저는 이 문제가 일단락되어야 한다고 믿습니다. 만약 우리가 이 문제를 공중에 뜬 상태로 놔둔다면, 판사들 가운데 이 문제가 논란이 되어 결국 심각한 불화를 낳을 것입니다. 본인이 느끼는 바로는, 판사들 다수는 군정청에서 내리는 어떤 결정이라도 수용하게 될 것입니다. 비록 그들이 진심으로 바라는 것은 대법원의 증원이라 할지라도 말입니다.

13. 신속한 결정을 위해 본건을 군정장관에게 상신할 것을 건의합니다. 본인은 새로운 대법관 임명이 이루어져야 한다고 건의합니다.[225]

무엇이 코넬리와 길리암을 마지막까지 포기하지 않게 만들었을까? 길리암은 정치적 위험을 무릅쓰고라도 김용무와 그의 추종자들, 한민당세력이 더 이상 법원을 통제할 수 없도록 특단의 조치를 취해야 한다고 말하고 있다. 그래야 "비난으로부터 자유로운 사법체제"를 만들 수 있다는 것이다.

스코트도 길리암의 생각에 동의했다. 그는 군정장관 승인이 있기까지는 대법관 추천절차를 밟지 말라고 대법원장에게 지시하고, 6월 2일 길리암의 건의서를 첨부해 군정장관에게 대법관 추가임명 승인을 요청했다. 이 안건

---

225 앞의 Gilliam→Scott, 1948. 5. 29, "Appointment of Additional Justices".

은 6월 3~9일까지 총무처, 중앙경제위원회 등을 경유하여 군정장관에게 전달되었다. 내용은 확인되지 않지만, 6월 12일에는 퍼글러Dean Charles Pergler도 군정장관에게 의견을 제시했다. 그러나 6월 16일, 군정장관 딘 William F. Dean은 대법관 증원은 하지 않는다는 결정을 사법부 고문에게 회신했다.[226] 이로써 대법관 인사는 곧 수립될 한국 정부의 손에 넘어갔다.

초대 대법관의 이상한 임명방식

미국인 고문들은 과도법원법이 이해관계자들의 타협을 거쳐 만들어졌기 때문에 무난히 시행되리라고 생각했을 것이다. 하지만 그렇지 않았다. 이미 김용무 대법원장은 과도법원법이 총선일정에 맞추어 미국인 고문실에서 편 찬되었기 때문에 법원 측의 안대로 되지 못해 불편한 점이 적지 않으므로 정부가 수립되면 개선이 될 점이 많다면서 법개정 의사를 밝혔다.[227]

1948년 6월 1일부터 과도법원법이 시행되었다. 대법관의 신규임명은 없 었고, 과도법원법 부칙 제115조에 의해 현직 법관들은 모두 본법령에 의해 임명된 것으로 간주되었다. 법조대표자의 추천에 의한 대법관 임명을 비롯 해 과도법원법에 의욕적으로 도입되었던 여러 제도들은 법문法文 바깥으로 나오지 못했다. 미국인 고문들은 과도법원법이 어느 정도 지속성을 가질 것으로 기대했겠지만, 한국 정부가 수립되면서 과도법원법의 충실한 집행 이 아니라 새로운 법원조직법의 입법으로 관심이 쏠렸다. 그 과정과 결과 에 대해서는 잠시 뒤에 다루기로 하고, 여기에서는 정부수립 이후 최초의 대법원이 어떻게 구성되었는지만 언급하겠다.

---

226 NARA, RG 554, Entry no. 1376(A1), B 16, Advisor→the Dept. of Justice,→OGA, DMG, MG, 1948. 6. 2, Inter-Office Memorandum: "Appointment of Additional Justice".

227 「김대법원장 대담기」, 『법정』 3권 6호, 1948, 81쪽.

1948년 헌법 제78조는 "대법원장인 법관은 대통령이 임명하고 국회의 승인을 얻어야 한다"고 규정했다. 하지만 대법원장 외의 법관 임명에 관한 규정은 두지 않았다.

1948년 8월 5일 이승만 정부는 신임 대법원장으로 김병로를, 법무부장관으로 이인을 임명했다. 빅 쓰리 중 한 명인 김용무는 현직에서 물러났고, 나머지 두 명이 법원과 법무부·검찰을 이끄는 수장이 되었다. 김병로의 대법원장 임명은 이인 법무부장관이 적극적으로 천거한 결과였다. 국회는 압도적 다수로 신임 대법원장의 임명동의안을 통과시켰다.[228] 김병로의 임명은 과도법원법 제48조(추천위원회)가 아니라 헌법 제78조에 의한 것이었다.

나머지 대법관들은 어떻게 되었을까? 김용무 시절 대법원에 있었던 이상기·김찬영·양대경·노진설 4명 중에서 이상기는 친일경력자의 공직취임을 금지한 반민법이 공포되자 10월 13일에 사퇴했다. 11월 8일 유임된 김찬영·양대경·노진설과 함께 새로 임명된 김익진金翼鎭·최병주崔丙柱가 참석하여 대법관취임식이 열렸다.[229] 김익진과 최병주의 대법관 임명은 과도법원법의 절차를 밟은 것이 아니었다. 즉 현행법에 따르지도 않았고, 그렇다고 다른 법적 근거에 의하지도 않은 임명이었다. 어쨌든 이로써 김병로 대법원장을 포함해 대법관은 총 6명이 되었다.

최병주를 제외한 대법관들은 일제시대 장기간 재야에서 활동한 법률가들이다. 새로 임명된 김익진은 노진설과 함께 평양을 대표하는 재야법조인이었고, 김병로·이인 등과도 친분이 있었다. 최병주는 판사재직 기간은 짧았지만 학구적인 판사로 이름이 나 있었다. 그런 점에서 최병주는 사직한 이상기의 역할을 기대하고 대법관으로 발탁된 것 같다.[230] 기본적으로 미군정

---

228 김학준, 『가인 김병로 평전』(개정판), 민음사, 2001, 342~346쪽.
229 『동아일보』 1948. 11. 10.

기 대법원의 인적 구성이 유지되었다. 그러나 이런 인적 구성은 오래가지 못했다. 1949년 6월 김익진은 검찰총장으로 자리를 옮겼고, 같은 해 7월 노진설은 감찰위원장으로 임명되었으며, 양대경은 1950년 4월 사직했고, 최병주는 5·30총선에서 국회의원으로 당선되었다.

다르지만 닮은 꼴, 전후 일본 재판소개혁의 귀결

일본의 전후 사법개혁은 한국에도 하나의 자극제이자 참고대상이 되었다. 일본과 한국의 사법개혁이 지향한 바는 비슷했다. 한국과의 비교를 위해 전후 일본의 재판소개혁 경과를 살펴보자.

미국은 일본점령 전부터 재판개혁을 중요 과제로 인식하고 있었다. 1944년 5월 미 국무성 극동반은, 일본의 재판소가 "일본 국민을 국가주의운동에 통합시켜온 주요 기관 중 하나"라고 하면서, 다른 재판개혁조치들과 더불어 재판관 선거 또는 적절한 장치를 도입해 "사법부를 사법대신과 경찰의 통제로부터 자유롭게 하는 것이 일본 국민의 민주화를 위한 프로그램에서 핵심적 요체"라고 지적했다.[231]

---

230 김익진은 경성전수학교 졸업 이후 재판소 서기로 있다가 총독부특임으로 1921년부터 판사로 재직했으며 1927년에 평양에서 변호사 개업을 했다. 1948년 월남하여 이때 대법관이 되었다. 최병주는 경성제대 출신으로 고문 사법과에 합격한 뒤 1935년 평양지방법원 판사로 임명되었고, 1939년에 변호사 개업을 했다. 이상은 국편 한국사DB, 직원록자료 및 한국근현대인물자료 참조. 한편 김익진은 평양에서 노진설·한근조(韓根祖) 등과 활발한 재야 법조활동을 펼쳤으며, 해방 이후에는 조만식이 창건한 조선민주당 간부, 평양인민위원회 치안부장으로 있다가 소련군정하에서 7개월간 옥고를 치르고 월남했다. 문준영, 「헌정 초기의 정치와 사법—제2대 검찰총장 김익진의 삶과 '검찰 독립'문제」, 『법사학연구』 34호, 2006, 184~189쪽. 최병주는 판사로 재직할 당시 조선의 친족상속 관습을 연구하여 『사법협회잡지』에 한국인으로서 논문다운 논문을 실은 유일한 판사였고, 일본인 판사도 그의 실력을 인정했다고 한다. 김갑수, 『법창30년』, 51쪽.

231 H. Borton, "Japan: Abolition of Militarism and Strengthening Democratic Process",

전후 일본 내에서 벌어진 헌법 개정논의에서도 재판소독립은 중요한 문제로 취급되었다. 대체로 법원행정사무의 독립과 대심원장·검사총장의 임명방법이 논의되었는데, 주일총사령부(GHQ)가 관심을 가졌던 민간 헌법안 중에는 대심원장·행정재판소장·검사총장을 모두 '공선公選'하는 안을 제시한 것도 있었다.[232]

1946년 2월 총사령부가 일본 정부에 전달한 헌법초안, 이른바 'GHQ초안'은 "강력하고 독립된 사법부는 국민의 권리의 보루이고 모든 사법권은 최고재판소 및 국회가 수시로 설치하는 하급재판소에 귀속한다"고 선언했다. 헌법·행정재판권을 포함한 일체의 사법권이 최고재판소(이하 최고재)에 귀속되었고, 특별법원의 설치는 금지되었다. 최고재 재판관은 임명 후 최초로 실시되는 총선에서 국민의 심사를 받도록 했다. GHQ초안의 사법관련규정들은 거의 손상되지 않고 일본국헌법(공포 1946. 11. 3, 시행 1947. 5. 3)에 실렸다.

1947년 4월 16일 새로운 '재판소법'이 공포되었다. 최고재는 예전 대심원과 조직·권한 면에서 완전히 달라졌다. 그러나 사법권 독립이 한층 강화되었다 해도, 과거의 체질이 지속된다면 "국민의 권리의 보루" 역할을 기대할 수 없다. 총사령부 민정국은 최고재의 인적 쇄신을 꾀하는 한편 정부와 사법관료의 영향력을 차단할 방법을 강구했다.

CAC-185b, PWC-152b(May 9, 1944); 原秀成, 『日本國憲法制定の系譜 I』, 東京: 日本評論社, 2004, 467쪽.

232 1945년 12월 발표된 헌법연구회 '헌법초안요강'을 말한다. 대심원장·검사총장 공선제에 관해 총사령부 민정국의 라웰(Milo E. Rowell)은 이 요강이 민주적이며 수용할 만하다고 논평했다. M. Rowell, "Comments on Constitutional Revision Proposed by Private Group"(Jan 11, 1946), 原秀成, 『日本國憲法制定の系譜 III』, 東京: 日本評論社, 2006, 869~870, 881쪽.

전후 공직추방과 인적 쇄신을 통해 소수의 개혁적 인물들이 대심원과 사법성에 들어가 있었다. 미국인 관리들은 1946년 2월에 대심원장으로 임명된 호소노 쵸로細野長良가 재판소개혁을 이끌 것으로 기대했다. 하지만 호소노와 사법성은 자주 갈등했다. 소수의 호소노파와 다수의 반反호소노파가 대립하는 형국이었다. 사법성의 행정직에 몸담고 관료주의적 분위기에서 성장한 법률가들은, 호소노의 경력과 성향, 행태에 불만을 가졌다.[233]

헌법시행을 두 달 앞두고 요시다 시게루吉田茂 내각이 최고재재판관임명자문위원회(이하 자문위)를 구성하여 최고재 재판관을 임명하려고 했다. 총사령부 민정국의 독일 출신 법률가 오플러Alfred C. Oppler는, 현 내각에 인선을 맡기면 새로운 제도가 오히려 "진보적이며 독립적인 생각을 가진 판사를 최고재에서 몰아내고 관료적인 법무성과 눈을 맞추는 사람을 뽑는 데 구실"이 될 수 있다고 우려했다.[234] 최고재 재판관 임명에서 내각이 자문위의 추천을 받도록 한 제도 역시, 실은 오플러의 요구로 재판소법에 삽입된 것이었다. 이는 내각과 사법성 관료가 인선을 좌우할 수 없도록 하기 위한 장치였다. 오플러는 사법성이 자문위에 수상과 사법대신 등을 포함시키려 하는 것에 반대했다. 1947년 4월 14일 총사령부와 사법성 관계자의 회의에서 다시 자문위 구성방법이 마련되었다.[235] 이어서 대심원장, 행정재판소장관, 사법차관, 귀족원장, 학계와 변호사회 대표 등 총 11명으로 자문위가

---

233 야마모토 유지 지음, 김용찬 옮김, 『최고재판소이야기』, 법률문화원, 2005, 88쪽. 호소노는 유럽과 미국에서 수학한 경험이 있고 자유주의적 성향이 강한 인물로, 일찍이 재판소독립을 위해 사법성을 폐지하자는 주장을 펴기도 했다. 히로시마공소원장에 있던 1944년 봄 전국재판관회동에서 도죠 히데키(東條英樹) 수상이 훈시한 것에 대해 사법권 독립 침해라고 내각에 항의한 일로 유명하다.

234 「(資料) 91. 最高裁判官の選定にあたって(民政局長宛て)」(1947. 4. 30), 古関彰一 編, 『GHQ民政局資料「占領改革」1 憲法·司法制度』, 東京: 丸善, 2001, 284쪽.

235 「89. 最高裁判官任命諮問委員會規程について」(1947. 4. 17), 위의 책, 272쪽.

구성되어 후보추천절차에 착수했다. 하지만 반호소노파의 철저한 사전준비로 호소노는 후보자조차 되지 못했다. 오플러는 즉각 상부에 거부권 행사를 건의했고, 4월 23일 총사령부는 신내각이 최고재 재판관을 임명한다고 지령했다.[236]

4월 25일 총선결과 새로운 내각이 들어섰다. 6월에 다시 자문위 구성방법이 논의되었다. 중의원의장, 참의원의장, 전국 판사 중 선출된 4명, 전국 변호사 중 선출된 변호사 4명, 수상이 지명한 법학교수 2명, 수상이 지명한 학식경험자 2명, 검사 1명 등 총 15명이 자문위를 구성하게 되었다. 오플러는 무난하게 일이 진행될 것으로 예상했다. 그러나 7월 10일 재판소에서 판사 대표를 선출하는 과정에서 반호소노파의 모략으로 판사 대표 4명이 모두 반호소노파로 당선되었다.[237] 호소노파 판사 2명은 오플러를 찾아가 공정한 선거감시를 부탁했다. 오플러는 선거결과에 실망했지만 직접적인 개입은 꺼렸다. 그는 판사들이 상급자의 영향을 받는 데 유감을 표명하고, 판사들은 아직 민주적 선거를 할 능력이 없으며 이번 선거가 불공정하다고 생각한다면 직접 내각에 항의하라고 했다.[238]

7월 21일 자문위는 139명의 후보자 명부를 작성했다. 후보자 중 48명이 정부의 일방적인 처사에 불만을 표시하며 사퇴했다.[239] 7월 28일 자문위는 최종적으로 후보자 30명을 추천했고, 8월 4일 내각이 최고재 재판관 15명

---

236 야마모토 유지, 앞의 책, 69~77쪽.

237 호소노에 대한 근거 없는 소문을 퍼뜨리고, 7월 10일 투표 직전에 호소노파에서 입후보한 인물이 자문위원이 될 의사가 없다는 내용의 허위전보를 타전하게 하여 낙선시킨 것이다. 위의 책, 82~83쪽.

238 「93. 最高裁裁判官任命諮問委員會委員の異常な選出について」(1947. 7. 19), 古関彰一 編, 앞의 책. 296쪽.

239 A. C. Oppler, Memorandum of the Chief, Government Section, "List of Candidate ofr Membership in the Supreme Court"(1957. 7. 23), 위의 책, 94~95쪽.

을 임명했다. 그중 8명이 전현직 자문위원이자 반호소노파 인물들이었다. 그와 함께 호소노 및 호소노파 인물들이 최고재에서 물러났다.[240]

이상과 같이 일본에서는 전후 사법개혁을 통해 '행정부로부터의 재판소 독립'이 실현되었지만, 관료사법체제의 혁신과 인적 쇄신은 실패했다. 재판관들은 전쟁책임을 전혀 문책 받지 않고 구舊헌법의 의식을 간직한 채 전후 재판소의 담당자가 되었다. 그리고 그 중심세력이었던 구사법관료 일부는 전후에도 최고재판소 사무총국(한국의 법원행정처에 해당)을 구성하고 관료기구의 재편과 세력확대를 도모했다.[241] 그럼으로써 "사법부 내에서 개개 재판관 내지 재판소의 독립"이라는 점에서는 오히려 "전쟁 전보다도 후퇴하는 결과를 면할 수 없게 되었다."[242]

5. 정부수립 이후 법원조직법의 제정

헌법의 태도 : 사법불신 속의 사법민주화와 사법권 독립논의

미군정기의 사법제도 재편과 과도법원법 제정은, 헌법도 없고 의회도 없고 행정부도 없는 상태에서 미국인 고문과 엘리트 법률가들만의 참여로 추진되었다. 그런 의미에서 일종의 정치적 진공상태 속에서 논쟁과 타협이 이루어진 셈이다. 과도법원법의 '법원안'에 담긴 혁신적 요소에 대항하는 이들은, 그 문제는 새로운 정부에 맡기라고 요구했다. 제헌의회가 구성되고 정부가 수립되자, 지금까지의 경과는 일종의 예행연습에 불과하게 되었다.

---

240 야마모토 유지, 앞의 책, 85~87쪽.

241 潮見俊隆, 「日本の司法制度改革」, 東京大學社會科學硏究所 編, 앞의 책, 43쪽.

242 家永三郎, 『司法權獨立の歷史的考察』, 101쪽.

거의 모든 것이 다시 원점에서 시작되었다.

무엇보다, 관념적으로만 이야기되던 것들이 뚜렷한 현실의 형체를 가지게 되었다. 헌정수립과 함께 등장한 국회와 행정부는 사법제도 정립과 운영에 어떤 영향을 주었을까?

먼저 헌법 기초자들, 제헌의회가 사법권력 구성과 권한에 대해 내린 결단을 보아야 할 것이다. 헌법재판과 행정재판제도에 관한 헌법규정, 그리고 헌법 중 법원에 관한 규정들이 그 예가 될 것이다. 민주헌정의 틀 안에서 사법권력이 가지는 일종의 정치적 기능을 어떻게 구성할 것인가, 사법권의 독립은 어떻게 구현할 것인가 등의 문제에 대한 헌법적 결단을 요구하는 사안들이었다.

제헌국회의 헌법기초작업과 밀접한 관계가 있는 헌법안들에서 법원에 관한 주요 규정을 정리하면 〈표 22〉와 같다.[243]

법원이 사법권을 행사한다는 데는 각 헌법안의 태도가 일치한다. 그러나 법관의 임기는 종신제인지 임기제인지, 위헌법률심판권을 어디에서 행사하는지, 행정소송사건의 심리를 위해 일반법원과 계통이 다른 행정재판소를 설치할 수 있는지, 위법한 행정처분에 대해 법원에 출소하기에 앞서 행정청에 행정소원訴願을 제기하는 절차를 거쳐야 하는지(소원전치주의), 법률로써 법원이 심사하는 위법한 행정처분의 범위를 한정할 수 있는지 등의 문제에 대해 차이가 있었다. 유진오 초안(이하 유진오안)과 헌법은 법관임기제, 헌법위원회의 위헌법률심판권을 규정했고, '법률이 정하는 바에 의하여' 특별한

---

243 각 헌법안의 명칭 및 규정은 정종섭 교감·편, 『한국헌법사문류』, 박영사, 2002를 참고했다. '제2단계 헌법초안'은 1948년 5월 말 유진오 등 9명이 유진오의 개인 초안 및 행정연구회의 헌법안을 기준안 삼아 재기초한 것으로, 국회 헌법기초위원회의 기준안이 되었다. '법전편찬위원회 헌법초안'은 법전편찬위원회가 국회 헌법기초위원회에 참고안으로 제출한 것이다. '대한민국헌법초안'은 국회 헌법기초위원회가 마련한 초안이다.

유진오 헌법초안	제84조 ① 사법권은 법관으로써 조직된 법원에서 행한다. ② 법원의 조직과 법관의 자격은 법률로써 정한다. 군의 규율 및 나포에 관한 사항을 제외하고는 다른 재판기관을 설할 수 없다. 제86조 최고법원장인 법관은 참의원의 동의로써 대통령이 임명한다. 제87조 법관의 임기는 10년으로 하되 법률이 정하는 바에 의하여 연임할 수 있다. 제89조 ① 법원은 법률이 정하는 바에 의하여 모든 종류의 명령과 처분이 헌법과 법률에 위배되는 여부를 심사할 권한이 있다. 법률이 헌법에 위배되는 여부가 판결의 전제가 되는 때에는 법원은 헌법위원회에 제청하여 결정에 의하여 판결한다. (이하 생략)
제2단계 헌법초안	제81조 ① 사법권은 법관으로써 조직된 법원에서 행한다. ② 최고법원인 대법원과 하급법원의 조직은 법률로써 정한다. ③ 재판관의 자격은 법률로써 정한다. 제83조 대법원장인 재판관은 참의원의 승인으로서 대통령이 임명한다. 국회폐회 중에 전항의 승인을 행할 사유가 발생한 때에 참의원은 지체 없이 당연히 집회한다. 제95조 ① 법원은 모든 종류의 명령, 규칙과 처분이 헌법과 법률에 위반되는 여부를 심사할 권한이 있다. ② 법률이 위반되는 여부가 재판의 전제가 되는 때에는 법원은 대법원에 제청하여 그 결정에 의하여 재판한다.
법전편찬위 헌법초안	제92조 ① 사법권은 오로지 법관으로써 조직된 법원에서 행사한다. ② 법원의 조직 및 법관의 자격은 법률로써 정한다. ③ 군의 규율 및 나포에 관한 사항을 제하고는 다른 재판기관을 창설할 수 없다. 제94조 최고법원의 법관은 참의원의 승인을 얻어 대통령이 임명한다. 제96조 ① 법원은 재판에 있어 사실에 준거되는 명령 규칙 및 처분이 법률에 위반되는 여부를 판단할 수 있다. ② 최고법원은 재판에 있어 사실에 준거되는 법률이 헌법에 위반되는 여부를 심판할 수 있다.
1948년 헌법 및 대한민국 헌법안 (조문은 헌법에 의함)	제76조 ① 사법권은 법관으로써 조직된 법원이 행한다. ② 최고법원인 대법관과 하급법원의 조직은 법률로써 정한다. ③ 법관의 자격은 법률로써 정한다. 제78조 대법원장은 법관은 대통령이 임명하고 국회의 승인을 얻어야 한다. 제79조 법관의 임기는 10년으로 하되 법률이 정하는 바에 의하여 연임할 수 있다. 제81조 ① 대법원은 법률의 정하는 바에 의하여 명령, 규칙과 처분이 헌법과 법률에 위반되는 여부를 최종적으로 심사할 권한이 있다. ② 법률이 헌법에 위반되는 여부가 재판의 전제가 되는 때에는 법원은 헌법위원회에 제청하여 그 결정에 의하여 재판한다. (이하생략)

행정재판소를 설치하거나 소원전치주의를 도입하거나 심판대상이 되는 행
정처분의 범위를 제한할 수 있는 가능성을 열어두었다. 이에 비해 주로 사
법부 관계자들로 구성된 법전편찬위원회 헌법초안(이하 법전편찬위안)의 입장
은 법관종신제, 대법원의 위헌법률심판권, 군사법원 외의 특별법원 설치금
지, 소원전치주의 배제, 모든 행정처분에 대한 심판이었다.[244]

---

244 행정소송에 대한 각 헌법안들의 태도 및 당시 논쟁에 관해서는 이영록, 『행정소송제도의

사법관들이 주축이 되어 만들어낸 법전편찬위안은 미국식 사법우월주의 (supremacy of judicial power)를 표상하고 있었다. 반면 공법학자와 행정관료의 배경을 가진 헌법 기초자들은 그다지 실력도 없어 보이는 사법관들이 적지 않은 우월감을 가지고 있는 데 대해 반감이 있었다.[245] 행정소송을 둘러싼 갈등도 한 예지만, 헌법상 대법관 임명절차, 법관임기제, 헌법위원회 제도에도 사법부司法府에 대한 불신이 담겨 있었다.

유진오는 다음과 같은 이유로 법률위헌심사권을 법원에 줄 수 없다고 했다. 법원관계자들은 민형사소송에 관한 유일한 권위자이지만 공법학 지식이 너무나 결여되어 권한을 맡기기 불안하며, 근본적으로 법관들이 법사상의 변천에 대해 인식이 부족하다는 것이었다. 유진오는 "아담 스미스적 자유방임주의는 20세기 중엽에 처한 한국의 현실에 적합하지 않은 것으로 확신했고", 때문에 미국식 "민주주의 개념에 대해 불만과 불안을 느끼고 있었으므로 그 불만과 불안이 그대로 우리나라의 법률가들에게 행해졌"다고 했다. "더 근본적인 이유는 국가권력기구 조직의 기본원리에 관한" 유진오의 지론이었다. 미국식 사법심사제도는 몽테스키외적 권력분립사상의 산물로서 18세기적 개인주의사상의 표현이며, 그것이 통했던 시대와 달리 "국제관계가 복잡, 긴박하고 국내적으로 사상적·정치적·경제적·사회적 제난제가 산적하여 국가권력의 개입에 의한 그 시급한 해결이 지상명령적으로 요청되는 오늘날에 있어서는 도저히 그대로 유지될 수 없는 것"이라는 신념이었다.[246] 요컨대 민형사소송밖에 다루어보지 않은 자들에게 20세기 후반의 국제적·국가적 문제들과 복잡하게 얽혀 있는 공법적 소송을 일임하기

도입과 형성」, 『법학연구』 48권 1호, 부산대 법과대학·법학연구소, 2007, 11!13쪽 참조.
245 위의 글, 602쪽.
246 유진오, 『헌법기초회고록』, 41~42쪽.

어렵다는 것이었다. 유진오는 법전편찬위의 헌법안은 낡은 개인주의·자유주의를 추수하여 "외국에서는 기꺼이 모방하는 나라가 없는 제도", 즉 미국식 사법심사제도를 추수하고, 재산권 보호 및 경제에 관해서도 지나치게 자유주의적=보수주의적이었다.

보수적 사법부에 대한 유진오의 불신은 헌법 초안의 사법권조항에 반영되었다. 유진오는 법관임기에서 종신제가 아닌 10년임기제를 택했고, 위헌법률심판권은 대법원에 맡기지 않고 별도로 구성되는 헌법위원회에 부여했다. 법관종신제를 채용하면 날로 변천하는 현시대에 법관이 시대의 진운에 낙후되거나 민주적 의욕으로부터 유리될 염려가 있기 때문이었다. 미국식 사법심사제는 "헌법을 엄격히 지켜나가는 점에서는 가장 장점이 있지만 지나치게 보수적으로 흘러서 시대의 진전에 맞는 헌법의 탄력적 해석이 저해될 우려가 있을 뿐 아니라, 직접 인민으로부터 선거된 다수의 국회의원이 제정한 법률을 소수의 법관의 판단으로 (…) 위헌 여부를 결정하는 데 대하여 그 타당성이 의심되는 바가 적지 않"다고 보았다.[247]

유진오는 6월 23일 국회에서 헌법 제안이유를 설명하면서 헌법 제5장(법원)에 담긴 정신을 "사법의 민주화"라고 설명했다.[248] 사법권 독립을 배려하면서도 다수의 민의와 어긋나지 않게 사법권을 구성해야 한다는 것이었다. 대법원장의 임명은 국회의 동의를 요한다고 한 데서도 같은 생각이 나타난다. 유진오는 "대법원장은 사법권의 최고지위에 있어서 다만 법관의 직능을 행할 뿐 아니라 국민의 법적 생활의 최고상징으로서 국민적 지지를 받아야 할 정치적 지위를 병유하는 자"이며, 국회의 임명동의권은 "사법권은 다만 독립할 뿐만 아니라 적극적으로 민의에 합치하는 최고수뇌자에 의하

---

247 유진오, 「헌법제정의 정신 (2)」, 『법정』 4권 2호, 1949, 26~27쪽.
248 『제헌국회속기록 1』, 212~213쪽.

여 운영되어야 한다는 사법의 민주화의 일 표현"이라고 했다.[249]

국회의 동의를 통해 대법원장 임명에 민주적 정당성을 구현하려고 한 것은 전혀 그르지 않다. 하지만 왜 하필 대법원장에 한해서만 그랬는지 의문이 들지 않을 수 없다. 사실 유진오가 그린 법원조직은 대법원장이라는 일극을 중심으로 운영되는 조직처럼 보인다. 유진오를 비롯해 많은 이들이 그런 이미지를 갖고 있었다. 예를 들어 남조선과도정부약헌안(1947. 2), 조선임시약헌안(1947. 8)에서도, 최고법원장은 정부주석이 임명하되 입법의원의 인준을 요한다고 했고, 나머지 법관은 최고법원의 추천에 의해 정부주석이 임명한다고 했다. 헌법뿐만 아니라 그 전에 성립한 '유진오안'과 '제2단계 헌법초안' 역시 대법원장의 임명방법만 규정했다. 이들 초안과 차이가 있다면, 헌법의 경우 순서상 대통령의 대법원장 임명행위가 국회의 동의보다 앞서게 된다는 것이었다.

반면 과도법원법의 경우, 의회의 존재를 예정하지 않았지만 대법원장 및 대법관에 대해 특별한 추천절차를 두고 있었다. 대법원은 대법원장 혼자가 아니라 대법관이 함께 구성하기 때문이었다. 같은 맥락에서 법전편찬위안도 "대법관은 최고재판소의 법관"이고 "사법행정을 의결하는 합의체의 대법관을 구성하며 사법부에 있어서 행정부의 국무위원에 해당하는 극히 중요한 관직이므로" 대법관도 참의원의 승인을 요하도록 했다.[250]

국회 헌법기초위원회는 대법원장은 대통령이 임명하고 국회에서 승인한다는 규정만 두기로 했다. 7월 6일 제헌국회의 헌법안 제2독회에서 논란이 있었다. 사법권에 관한 헌법규정 중 유일하게 찬반토론이 있었던 규정이다.

---

249 유진오, 『헌법해의』, 169쪽.
250 법전편찬위의 「국회헌법기초위원회에서 결정한 헌법 초안에 대한 이견」도 마찬가지였다. 정종섭 교감·엮음, 앞의 책, 210쪽.

강욱중姜旭中 외 11명의 의원은 전체주의와 전제주의 독재를 배척하기 위해 행정부로부터 사법권을 완전히 독립시켜야 한다고 주장하면서, "대법원장 및 대법관은 법률에 의하여 선정된 자를 대통령이 임명하고 국회의 승인을 얻어야 된다"는 수정안을 제출했다. 강욱중은 루즈벨트 미 대통령이 뉴딜정책 추진과정에서 연방대법관을 경질한 사례를 예로 들었다.[251] 수정안에 대해서는, 민중의 지지를 얻은 대통령의 정책에 사법부가 위헌을 선언하여 대중의 의사를 무시하는 폐단이 없애기 위해서 사법부의 구성을 사법부 관계자에게 맡겨서는 안 된다, 대법원이 위헌심사를 하지 않으므로 미국의 상황을 행정부에 의한 사법권 침해의 예로 드는 것은 타당하지 않다는 등의 반대의견이 나왔다. 김동준金東準 의원은, 삼권분립을 한다면 대법원장도 공선해야 하지만 국회에서 대통령이 선출하기 때문에 대법원장을 공선하기는 어렵다고 전제한 뒤, 대통령이 자의로 대법관을 임명해서는 안 된다는 취지에서 수정안에 찬성했다. 결국 표결에 의해 102표 대 23표로 원안이 통과되었다.[252]

수정안에서 대통령 임명에 앞서 대법원장과 대법관을 "법률에 의하여 선정"한다고 했던 취지가 무엇인지는 불분명하다. 토론내용을 볼 때 과도법원법의 추천제나 선거제, 또는 일본 신헌법의 국민심사제 같은 방안이 고려되었던 것으로 보인다. 당시 조선변호사회 서울지부는 헌법 초안을 비판하면서 "사법권의 완전독립을 명실상부케 하기 위하여 재야변호사와 현판검사의 선거에 의하여 선출된 인물을 대통령이 임명하는 제도, 즉 대통령 임명은 형식에 불과하고 거부권 없는 제도를 확립해야" 한다는 입장을 발표했다.[253] 또한 국회에 정식제출된 헌법안은 아니지만, 원외에서 한때 국회

---

251 『제헌국회속기록 1』, 473쪽.
252 『제헌국회속기록 1』, 476~477쪽.

의원 다수가 채택했다고 알려진 대동청년단大同靑年團의 헌법안이 있었다. 이 안은 사법민주화를 도모하기 위해 배심제도와 함께 "법관은 법정法定자 격자 중에서 선거하거나 또는 국가에서 임명하되 국민의 승인을 얻기"로 한다는 내용을 포함했다.[254] 이런 것들이 밑바탕이 되어 일부 무소속 의원 들이 헌법안에 대해 문제를 제기하고 있었다.

그러나 강욱중이 뉴딜의 사례를 든 것은 실수였다고 할 수 있다. 평등의 열정에 넘쳤던 제헌국회 의원들에게는, 뉴딜기의 보수적 사법부의 행태야 말로 가장 경계해야 할 것으로 여겨졌을 것이기 때문이다.

법원조직법 제정의 최대쟁점

헌법이 공백으로 남겨둔 대법관과 일반법관의 임명방법은 새로운 법원조 직법에서 정해야 했다. 김병로가 이끄는 대법원이 법원조직법의 입안을 담 당했다. 1948년 11월 참고안으로 성안된 법원조직법안이 국무위원과 국회 에 제공되었고, 이후 대법원은 국회에 3차례 법안을 제출했다. 하지만 다른 급한 법안들 때문에 심의가 미루어졌다. 1949년 7월 제4회 임시국회에 법 원조직법이 상정되었다. 전국의 법관들은 이번에도 법안이 통과되지 않으

---

253 『조선일보』 1948. 7. 2.

254 이 헌법안을 기초한 한웅길(韓雄吉)에 따르면, 대동청년단은 5·10총선에서 40여 명의 당 선자를 배출한 뒤 헌법제정에 대비해 국회대책위원회를 만들었다. 이들은 미국헌법, 일본 신헌법, 독일 바이마르헌법 등을 참고하여 대통령직선제, 양원제(제1원은 지역대표, 제2원 은 직능대표 및 사회각계대표), 내각책임제, 기회균등경제체제 등을 채택한 헌법안을 만들 었다. 국회 헌법기초위원회가 조직되었을 때 대동청년단은 이 헌법안을 기초로 한민당, 무 소속 등에서 지지자를 규합했다. 한때 이 헌법안은 국회의원 178명 중 103명이 집합한 회 의에서 채택·가결되어 국회통과추진위원까지 선정되었지만, 한민당·지청천 등의 이탈로 헌 법안 제출계획이 철회되었다고 한다. 한웅길, 「헌법비화」, 『한국 헌법의 제문제』, 서울고 시학회, 1961, 19~28쪽.

면 총사퇴를 단행한다는 결의를 표명했다.[255]

법원조직법안은 대법관의 임명 및 대법원장의 보직은 대법원장, 대법관, 각 고등법원장으로 구성된 법관회의의 제청으로 대통령이 행하고, 판사의 임명은 대법관회의의 의결에 의해 대법원장의 제청으로 대통령이 행하되 그 보직은 대법원장이 행한다고 규정했다. 또한 대법원장은 대법관으로써 보한다고 규정하여, 반드시 현임 대법관 중에서 법관회의가 제청한 자만이 대법원장이 될 수 있게 했다. 법관회의와 대법관회의가 법관의 임명·보직에 제청권을 행사하고 대통령이 거기에 구속되는 방식이었다. 따라서 대통령의 임명권은 제청된 자를 거부할 수 있는 권한에 불과해졌다. 법원조직법안은 7월 31일 제1독회에서 별다른 논란 없이 통과되었다.[256]

8월 12일 정부는 법률안에 대해 거부권을 행사했다. 정부는 세 가지 이유를 들었다. 첫째, 대법원장은 대법관으로써 보하게 하고, 법관회의의 제청으로 대법원장과 대법관을 임명하게 하는 것은, 대통령의 임명권한을 침해한다. 둘째, 법원행정처장이 국무회의에 출석하여 법원행정에 관해 발언할 수 있다고 한 조항은, 삼권분립의 정신상 국가기밀 유지상 불가하다. 셋째, 등기·호적·집달리·사법서사는 사법행정사무이므로 재판기관인 법원이 아닌 법무부에서 관장해야 한다.[257]

제5회 임시국회 회기 중인 9월 19일 법원조직법은 국회본회의 재의결에 부쳐졌다. 권승렬 법무부장관과 김병로 대법원장이 참석해 의견을 진술했다. 권승렬은 후보자의 추천을 받을 수는 있지만 헌법상 부여된 대통령의 임명권을 법원조직법으로 제약할 수 없다고 했다. 김병로는 헌법과 법률해

---

255 『조선일보』 1949. 7. 29.
256 『제헌국회속기록 6』, 411쪽 이하.
257 『제헌국회속기록 7』, 27~29쪽.

석의 오해라고 하며 법원조직법이 합헌이라고 했다.[258]

조헌영趙憲泳 의원은 정부를 거들었다. 대통령은 자기 국정을 운영하는 데 적당한 사람을 임명할 수 있어야 하기 때문에, 헌법규정 외에 다른 조건을 붙이면 위험하다고 했다. 특히 "국민의 의사를 사법행정에, 사법정치에 반영하는 데 지장이 나타나지 않게 하기 위해서" 법관회의가 대법원장의 임명을 제청하는 데 반대한다고 했다. 예의 민주주의론적 주장이다. 이인(전 법무부장관, 현 국회의원)은 위헌문제는 접어놓더라도 법관회의가 후보자를 단 한 명만 제청하는 것은 곤란하며, 게다가 전국적으로 하는 것도 아니고 "일부 사법부문에 국한된 범위에서 그 사람들을 선출한다 할 것 같으면 너무나 범위를 제약한다"고 비판했다.[259] 이인은 대법관 선발이 소수의 법원 수뇌부에 의해 좌우되는 것을 따지고 있었다. 조헌영과 이인의 주장은 분명히 일리가 있었다. 하지만 조국현曺國鉉 의원의 다음과 같은 발언은 KO펀치나 마찬가지였다.

> 대통령이 자기 마음대로 낼 것 같으면 무슨 대법관이 밉다든지 하면 내일이라도 해임시킬 것입니다. 신분보장은 소용없어요. 요새 검찰관이 권고해직을 당했다고 하는데 이것을 볼 때 우리 한국으로서는 삼권분립이 못될 뿐만 아니라 신분보장도 못되어가지고 있다는 현상입니다. 이대로 간다면 신성한 대법원은 법무부장관이나 차관의 쓰레기통이 됨과 같은 대법관이 나오고 말 것입니다. 여러분 대법관은 대법원장이 돼야 할 것입니다. 그럼에도 불구하고 대통령이 이쁜 사람, 친근한 사람을 갖다가 법률이 무엇인지 모르고 법원조직법에 의해서 오늘 대법관 만들어놓고 내일 대법원장 못 만든다는 것이 어디에 있습니까? 삼권분립은

---

258 위의 책, 10~18쪽.
259 위의 책, 19~23쪽.

엄연한 한계가 있지 않으면 안 될 것입니다.[260]

조국현 의원은 시각을 추상적 이론이 아닌 현실로 돌릴 것을 요구했던 것이다. 조 의원이 언급한 검찰관 권고사직이란, 같은 해 6월 발생한 임영신任永信 상공부장관 독직사건을 수사한 서울지검 검사들의 권고해직 사태를 가리킨다. 조 의원은 반민특위 조사위원을 역임했고, 1949년 2월 외국군 철수를 건의한 의원 72명 중 한 명이었다.[261] 1949년 9월은 임영신 장관 독직사건, 반민특위 강제해산, 국회프락치사건의 기억이 생생한 때였다.

정부 측 논리도 일리가 있고, 이인 의원의 발언도 경청할 가치가 있었다. 확실히 법원조직법은 법원 수뇌부가 법관인사를 독점하는 장치를 만들었다. 그러나 이 시기 대립구도는 이승만 대 반-이승만으로 바뀌어 있었다. 독재 대 민주주의로 전선이 그어지면서, 1년 전 민주주의 대 보수적 법원의 구도는 맥을 추지 못했다. 조국현 의원의 발언을 끝으로 재의결의 찬반을 묻는 표결에 들어갔다. 찬성 74 대 반대 20. 9월 26일 법률 제51호 법원조직법이 공포되었다.

법원조직법의 나머지 결과들

법원은 국회 내 정치구도에 힘입어 법관인사제도에서 손쉽게 승리를 거두었다. 대통령과 대법원 중 누가 주도권을 갖느냐로 단순화된 싸움에서 국회는 법원의 손을 들어주었다. 법관 임명권에 관한 법원조직법의 태도는 애초 대법원이 원했던 것, 즉 1947년 7~8월의 법원조직법기초위원회안과

---

260 위의 책, 25쪽.

261 국회프락치사건이 터지자 조국현은 국회의원의 입장이 아니라 국민의 입장에서 건의서에 서명했다고 했다. 『동아일보』 1949. 6. 20.

같았다.

하지만 과도법원법에 담겼던 개혁적 요소들도 함께 사라졌다. 미국인 고문들이 한국인 판검사 다수의 반대를 꺾고 도입했던 간이법원제도는 삭제되었다. 간이법원은 경미한 민형사사건 외에 영장발부업무를 담당하는 법원으로 예정되었다. 국회에서 일부 의원들이 반대했지만 예산부족을 이유로 주재판사駐在判事제도가 도입되었다. 국민과 가까운 사법, 영장제도의 효과적 운영을 담보하기 위한 장치가 소멸된 것이다. 대신 식민지시대 이래 소수의 엘리트사법관으로 조직되어온 법원조직의 틀이 그대로 유지되었다.

법원조직법은 작아진 법원조직을 감안하여 대법관의 정원을 '11명 이내'에서 '9명 이내'로 줄이고, 고등법원의 상고심관할을 폐지했다. 따라서 일제시대와 마찬가지로 심급구조가 간명해졌다. '제1심은 지방법원, 제2심은 고등법원, 상고심은 대법원이 각각 관할하게 되었다. 당장은 불가피한 방안이었지만, 1950년대 후반 소송사건이 급증하게 되자 적은 인원의 대법관으로 충분히 대처할 수 없었기 때문에 심각한 사건적체를 낳았다. 길리암은 이 점을 우려해 상고허가제 또는 고등법원의 상고심관할을 권고했었다.

과도법원법에 있는 행정소송, 선거소송, 소년사건에 관한 규정은 사라졌다. 이 부분은 별도의 입법으로 미루어졌다. 이 시기에는 원점에서 논의가 재출발했다.

고등법원과 지방법원 단위에서 사법행정사항을 의결하는 기관인 판사회의도 없애버렸다. 사법행정에서 하급법원의 자치적 요소가 사라진 것이다. 과도법원법에 비해 판사의 신분보장 정도도 낮아졌다. 법원조직법은 법관은 탄핵 또는 금고 이상의 형을 받거나 법관징계위원회의 징계처분에 의하지 않으면 파면·정직·감봉을 받지 않는다고 했다. 과도법원법은 면관·면직·정직·감봉 외에 전관도 받지 않는다고 규정했었다.

검찰을 불쾌하게 만들었던 규정도 사라졌다. 과도법원법에서는 법정질서 유지를 문란한 자에 대해 재판장이 검사의 기소 없이 직권으로 판결할 수 있었고, 부당언사를 한 검사와 변호사의 계속변론을 금지할 수 있었다. 하지만 법원조직법에는 법정질서 문란행위의 처벌규정만 남았고 재판장이 직권으로 처벌한다는 부분은 삭제되었다. 과도법원법의 이 규정은 이미 지켜지지 않고 있었다. 1949년 3월 16일 권승렬 검찰총장은 과도법원법의 법정모독죄 관련규정은 "불고불리의 원칙에 위배되는 것"이니 법원에 맡기지 말고 검사가 현행범으로 취급해 구속·기소하라는 통첩을 하달했다.[262] 검사의 공판불출석을 제재하기 위해 특별검사를 지정하는 제도도 사라졌다. 이 규정과 관련하여, 과도법원법이 시행도 되기 전인 1948년 5월 4일 김용무 대법원장과 이인 검찰총장은, 법원은 3일 전에 검사에게 공판개정을 통지할 것과 검사의 출석에 정확을 기하기 위한 몇 가지 세부사항에 관해 합의했다.[263] 이것은 김병로 '사법부장안'에 담겨 있던 것들이었고, 실질적으로 특별검사 지정 같은 방법은 취하지 않기로 한 것이었다.

이와 같이 정부수립 이후 제정된 법원조직법은 과도법원법 제정 시의 논쟁들을 재연한 끝에 김용무 대법원장이 선호했던 '위원회안', 김병로의 '사법부장안', 이인의 '검찰총장요강안'의 요소들을 부활시켰다.

그동안 법원조직법의 입법에 깊숙이 관여해왔던 정윤환은 새로운 법원조직법에 상당한 아쉬움을 표했다. 그는 법관 신분보장 정도가 후퇴한 것, 대법원규칙에서 소송규칙이 제외된 것, 판사회의·행정소송·법정모욕죄 등에

---

262 「法廷에 있어서의 不當行狀者에 對한 處斷에 關한 件」(大檢 제460호, 1949. 3. 16), 대구지검 안동지청, 『검찰예규철(1948~1949)』.

263 大法院長·檢察總長, 大法庶 제515호/大檢庶 제174호, 1948. 4. 5, 전주지방검찰청, 『檢察例規에 關한 記錄』, 1948, 국가기록원, 문서번호 77-5024.

관한 규정이 삭제된 것을 비판하면서, 새로운 보완입법이 법조에 부하된 중대한 임무라고 했다.[264]

법원조직법 제정사의 교훈

정윤환 같은 이가 꿈꾸었던 법원조직은 당시 한국 상황에서는 조금 과욕이었을지도 모른다. 가난한 신생국가는 정치적으로도 경제적으로도 사법을 사법답게 만들 만한 여유를 갖지 못했다. 1950년 당시 전국의 판사는 207명이었다. 서울지법의 판사는 날마다 2~3건의 새 사건을 수리하고, 고법의 판사는 하루 평균 6~7건, 많으면 15~20건을 붙들고 있었다. 겨우 4명의 대법관이 있는 대법원에는 한 달 평균 30~40건의 상고사건이 새로 접수되었다. 판사들은 대학출강 등으로 얻는 부수입으로 근근이 생활을 유지했고, 어떤 대법관은 양곡을 살 돈이 없어 풀을 쒀 먹기도 한 시절이었다. 정원증가, 대우개선, 법복제공, 훌륭한 법원시설을 가져보는 것 등, 당시 판사들의 공통된 희망사항은 소박하다 못해 안쓰럽기까지 하다.[265]

가난한 신생국가의 어쩔 수 없는 한계가 반영되어 있기는 하지만, 법원조직법은 해방 이후 사법권력의 재건과 개혁과정을 마무리하고 독립된 국가의 새로운 법원조직을 정립시켰다는 커다란 의미를 지닌다. 그럼에도 법원조직법 제정을 둘러싼 정치과정이 던지는 문제들을 짚고 넘어가지 않을 수 없다.

미군정기에 사법제도에 관한 기본적 법제를 만드는 과정에서 현상유지파와 개혁파, 대륙법계의 논리와 영미법계의 논리가 서로 갈등했다. 그 모습도 흥미롭지만, 보다 주목할 것은 그 이론적 대립 밑에 숨어 있었던 사법진

---

264 정윤환, 「법원조직법의 성격」, 『법정』 5권 1호, 1950, 4~8쪽.
265 『국도신문』 1950. 3. 8.

영 내부의 균열과 통합의 동학이다. 사법의 탈식민화, 사법개혁은 법원과 검찰 사이의 권력재조정을 의미했고, 쟁점을 둘러싼 날카로운 대립이 형성되었다. 한 꺼풀 벗기면 법원과 검찰 내부의 균열, 특히 법원 내부의 균열이 드러난다. 검찰 내부의 '왜곡된 민주주의사조에 감염된' 분자들은 검사 동일체원칙을 통해 쉽사리 평정될 수 있었다. 하지만 법원 내부에는 전례 없이 이질적인 요소들이 공존하고 있었고, 아직 누구나 발언권을 가지고 있었다. 이런 균열 위에서 현재의 대법원에 불만을 가진 판사와 재야법조인들은 '사법권 독립'을 지상과제로 내세우며 그들이 바라는 법원조직과 헌정체제를 법원조직법안에 담고자 했다.

'위원회안'에 나타나는 대법원장과 대법관의 막강한 권력은 미국식 요소와 관료적 사법체제의 혼성적 결과였다. 하지만 다수가 지지하지 않는 수뇌부에게 모든 권력을 맡길 수는 없었다. 정치색, 경력, 능력이 복합적으로 문제가 되었을 것이다. 수뇌부를 지지하지 않는 판사들과 재야법조는 '법조의 총의에 의한 사법권력 구성'이라는 슬로건으로 결집했다. 그것은 '민주'주의 없는 '민주적' 방식, 법조인에게만 참여가 허용되는 과두제적 민주주의였다. 미국인 고문들이 선도하고 법률가집단이 동조하면서 사법 수뇌부의 전면적 교체가 추진되었지만, 결국 실패했다.

빅 쓰리 같은 법률가들은 예외로 치더라도, 당시 법률가집단은 다른 정치집단에 비해 국가권력 재편논의를 주도할 만한 자격 내지 정통성이 상대적으로 부족했다. 그들은 미군정이라는 호의적인 파트너가 열어준 공간에서—다른 말로 하면 미군정의 후견 아래서—그들의 이해관계를 반영시킬 수 있었다. 그러나 미군정이 종식되고 정치적 대표들이 주도하는 권력게임장이 현실화되자, 더 이상 그런 기회는 주어지지 않았다.

새로운 헌법 아래서 고위법관선거제 같은 법조인 내부에 한정된 민주화론은 설자리를 잃었다. 유진오 같은 헌법 기초자는 '진보적 정부 대 보수적 사법부', '20세기 후반의 사회국가 대 19세기의 고전적 자유주의국가'라는 프레임을 제시했다. 유진오는 사법부가 새로운 시대적 과제들에 부응할 만한 자질과 사상이 부족하다고 인식했다. 유진오는 가까이 뉴딜시대의 경험을 원용했지만, 이미 19세기 대륙법적 사법제도의 밑바탕에도 비슷한 사법 불신의 감각이 깔려 있었다. 유진오의 사법민주화론은 새로 선출된 정치적 대표들에게 상당한 설득력을 가졌다. 그의 사법민주화론은, 사법부의 수장 선출에는 대통령과 국회의 의사가 반영되어야 한다, 종신제는 안 된다, 헌법재판을 보수적 사법부에만 맡길 수 없다는 주장으로 표현되었다. 유진오가 고전적 권력분립론의 한계를 극복하고 사법국가적 요소들을 긍정했다고 해도, 사법부를 바라보는 그의 기본적 시각과 불신은 19세기의 원형적 모습을 간직하고 있었다. 물론 이는 유진오만의 것이 아니었고, 바야흐로 국민'주권'과 민주정치의 열정에 차 있던 이들 모두가 공유하고 있었다.

정부수립 이후 이승만 대 국회의 대결이 현실화되면서 '강력한 행정부, 독재권력 대 사법부'라는 프레임이 유진오의 구도를 압도하기 시작했다. 다시 제기된 '사법권력을 누가 어떻게 구성할 것인가'라는 질문에 대해, 대법원은 '위원회안'과 같이 법원 상층부에 권력을 집중시키고 외부간섭을 차단하는 대안을 내놓았다. 말하자면 사법부 내부의 귀족제적 호선제互選制가 채용된 것이다. 사법부 내 민주화는 상실되었고, 권력분립과 사법권 독립의 원칙은 마치 권력할거와 사법권 독점을 보호해주는 장치가 되었다.

과연 길리암의 예측대로 한민당세력이 사법권력을 장악해 공평한 정치적 게임의 기회를 잡았다고 말할 수 있을지 모르겠지만, 이후의 역사가 말해주듯이 새로운 싸움이 시작되었다. 법원은 법원조직법의 방어막 때문에 상대적으로 방어하기 쉬웠다. '검찰 독립'을 희망하던 검찰은 시련을 견디지 못했다. 고위법관선거제는 일부 재야의 목소리로만 남았다. 1950년대 후반, 잠복된 위기가 현실화되었다. 특히 후일로 미뤄둔 법관연임법 제정이 현안으로 떠오르자 이승만은 압도적인 힘으로 법원조직법의 틀을 깨버렸다. 법원과 검찰의 권력예속성은 정점에 달했다. 마침내 4·19혁명으로 절대권력이 무너지자, 필연적으로 대법원의 새로운 구성이 문제되지 않을 수 없었다. 법원조직법의 틀이 독재권력 앞에 무용하다는 것을 깨닫자 과도법원법의 프로그램이 신속하게 되살아난 것은 결코 우연이 아니었다.

한편 한국과 일본의 법률가들이 사법권 독립이나 사법민주화를 강조했다고는 해도, 그들이 상상한 법원의 모습은 길리암과 오플러가 보기에는 관료사법의 피라미드 틀이 유지되는 가운데 그 정점이 행정부에서 대법원과 최고재판소로 이동한 것에 불과했다. 길리암과 오플러는 관료주의의 타파와 함께 최고법원의 인적 구성을 중요한 문제로 제기했다. 반면 관료적 사법에 길들여진 법률가들은 미군정이 가져다준 정치적 기회를 활용하여 사법권 독립이라는 도그마를 무기로 사법권력을 독점하려 했다. 하지만 진정한 의미의 사법권 독립은, 법원에 권력을 주는 것이 아니라 책무를 부여한다. 그것은 다른 누구도 맡을 수 없는 책무, 즉 제3자가 되어야 하는 무겁고 어려운 책무이다. 판사의 권위는 그가 중립적이며 공평한 제3자라는 것, 가장 수동적인 권력이지만 법의 정신을 일깨우고 당사자를 납득시키는 설득력에서 나온다. 바로 이 점 때문에 다른 능동적 권력(입법부, 행정부)과 다르게 법원조직을 구성하는 것이다.

이 지점에서 라이먼 같은 미국인 고문들이 사법의 탈중앙집중화, 민주주의와 지방분권, 법관의 시민적 감각을 거론한 것을 되새기지 않을 수 없다. 그들은 미국인 법률가답게, 판사는 시민적 감각과 격리된 특수한 세계에 있는 것이 아니라 시민사회 속에서 주어진 직무를 수행함으로써 일상적인

민주정치에 참여하고 법의 지배를 정치·사회생활에 확산시키는 역할을 한다는 것을 체험적으로 알고 있었다. 한국과 일본의 법관 및 법률가들에게는 그런 체험이 없었다. 그들이 갖고 있는 법관상(像)은 미국인 법률가들과 현격한 차이가 있었다.

한 가지 예를 들자. 판사의 시민적 자유(civil liberty)문제이다. 법관은 재직 중에 국회의원이나 지방의원, 행정부서의 공무원이 되거나 "정치운동에 관여하는 일"이 금지된다.[266] 과도법원법 이래 변함이 없는 이 규정은 일본의 재판소법 규정을 참고한 것이다. 본래 일본의 재판소법 초안은 재판소구성법(1890)의 태도를 답습하여, 판사가 재직 중에 "공연히 정치에 관여하는 것" 및 "정당 기타 정치상의 단체의 단체원이 되는 것"을 포괄적으로 금지하고 있었다. 이에 대해 오플러는 일본의 신헌법이 언론·출판·표현의 자유를 보장하고 재판관 탄핵제도를 마련하고 있음을 지적하면서, "판사가 정당원이 되는 것은 시민적 자유"라고 했다. 그는 판사가 신문에 정견을 발표하거나 대학강사가 되어 강의 중 특정 정당을 비판하는 것도 무방하며, 적어도 정당원이 되는 것을 금지한 규정은 삭제해야 한다고 요구했다. 이런 문제제기가 반영되어, 일본의 재판소법 제52조는 금지사항을 구체화시켜 "국회 또는 지방공공단체 의회의 의원이 되거나 또는 적극적으로 정치운동을 하는 일"이라는 표현을 채용했다.[267] 주의할 것은 "적극적으로"라는 한정이 붙었다는 점이다. 따라서 적극적이지 않은 형태의 정치운동은 판사에게도 허용된다. 이후 일본 최고재판소 사무총국(한국의 법원행정처에 해당)의 공식 견해에 의하면, 판사가 단순히 정당원이 되는 것은 금지되지 않는다. 다만 현실에서는 과거의 "사법성 재판관상(像)", 즉 법복을 입은 행정관료로

---

266 과도법원법 제53조 나, 제정 법원조직법 제43조 3호, 현행 법원조직법 제48조 3호.
267 潮見俊隆, 앞의 글, 29~32쪽.

서의 재판관상이 여전히 지배적이었다. 이렇게 해서 법제정 당시에 상정되었던 "'시민사회 속의 재판관상傷'은 현실의 사법행정의 진행에 의해 부정"되고, 과거와 실질적으로 변화된 것이 없었다.[268]

한국의 법원조직법은 일본의 입법례를 참고하면서도 "적극적으로"라는 문구를 없애버렸다. 따라서 적극적인 형태든 소극적인 형태든 정치운동에 관여하는 것 자체가 금지된다고 해석되기 쉽다. 현재의 법관윤리강령(1998년 전문개정, 대법원규칙 제1544호)도 법관이 "정치활동을 목적으로 하는 단체의 임원이나 구성원"이 되는 것 자체를 금지한다. 물론 '공무원의 정치적 중립성'이라는 미명하에 정치활동은 물론 헌법이 보장한 시민적 자유까지 제한받고 있는 것이 판사만은 아니다. 또한, 현직 법관의 정치운동 관여에 대해서는 분명히 이의가 있을 것이고, 대다수 국민도 심정적 거부감을 갖고 있을 것이다. 하지만 구법상의 정치활동에 대한 포괄적 금지가 삭제된 배경에는 법관의 '시민적 자유'에 대한 문제제기가 있었음을 상기해야 한다. 한국의 정치상황과 정서에 비추어 시기상조일지 모르지만, 언젠가 법관의 시민적 자유가 유예되지 않는 때를 맞게 될 것이다. 그것을 두려워하지 않을 때, 비로소 한국에 '시민사회 속의 법관상'이 실현될 것이다.

남한의 미국인 고문들은 군정하의 정치체제와 사법현실을 도외시하지는 않았지만, 그들 역시 사법행정권이 지나치게 대법원으로 집중되는 것, 법관이 관료화되어 시민적 감각과 유리되는 것을 경계했다. 그런 관점에서 도입된 요소들이 성공적으로 안착될 수 있었더라면, 이후 법원의 모습은 상

---

268 대표적인 사례가 1970년에 일어난 청년법률가협회(청법협)에 대한 공격과 재판소 내에서의 마녀사냥이다. 당시 최고재판소 당국은 재판관의 정치적 중립성을 구실로 삼아 청법협 가입 사법연수생의 판사임용을 거부하고 현직 판사에게는 회원탈퇴를 종용했다(위의 글, 32쪽). 최근 우리법연구회를 둘러싼 논란이 연상된다.

당히 달라질 수 있었을 것이다. 하지만 그런 관점은 법원과 법률가집단 내부에서 충분히 공유되지 못했다. 어쩌면 그것이야말로 이 시기 법률가집단의 근본적 한계였을 것이다. 결국 그들이 택한 길은 폐쇄적이고 권위적인 엘리트사법, 관료사법의 틀에 스스로를 가둠으로써 지위와 특권을 유지하는 것이었다.

13장 검찰권 강화의 욕망과 현실

— 검찰청법 제정과정

　법원조직법의 제정과정과 비교하면 검찰청법은 그다지 떠들썩한 논쟁 없이 제정된 것처럼 보인다. 1948년 8월 2일 법령 제213호로 공포된 검찰청법(이하 과도검찰청법)에 대해, 『주한미군정사』는 그저 법원조직법 공포 이후 검찰청법 제정에 주의를 돌렸다는 정도로만 언급했다. 정부수립 이후 검찰청법(1949. 12. 20, 법률 제81호)의 국회심의과정에도 야간의 논란이 있었지만, 법원조직법을 둘러싼 설전, 정부의 거부권행사와 국회의 재의결로 이어진 상황에 비할 바가 아니었다. 하지만 검찰청법이 유일한 싸움터가 아니었다는 데 주의해야 한다. 11장과 12장에서 보았듯이, 검찰제도개혁은 필연적으로 법원제도 및 형사절차개혁과 맞물려 있었다. 행정부와 검찰로부터 법원을 독립시키고 검찰에 대한 법원의 우위성을 확보한다는 목표로 진행된 제도개정작업은, 검사의 지위와 권한변경을 수반할 수밖에 없었다. 과도법원조직법의 입법과정에서 확인했듯이, 검찰은 법원과 검찰, 판사와 검사의 대등성을 깨뜨리는 요소들에 대해 강하게 반발했다. 이는 형사소송법 입법과정에서도 마찬가지였다. 검찰청법에는 사법 전체의 구조적 변화와 맞물리는 쟁점이 없었기 때문에 상대적으로 조용한 가운데 일이 진행되었을 뿐이었다.

검찰은 해방 이후 사법제도 개정논의에서 검찰이 가진 기존의 지위와 권한을 수호하고 검찰조직을 강화하고자 온힘을 기울였다. 그런 의미에서 검찰청법 제정은 해방 이후 검찰'개혁'론이 낳은 성과물이라고는 할 수 없다. 형사사법개혁 논의에서 검사의 지위·권한과 관련된 많은 쟁점이 제기되었다. 하지만 검찰'조직'의 개혁, 혹은 검찰 내부의 민주화에 대한 논의는 거의 없었다. 말하자면 검찰조직 개혁문제는 개혁파 법률가들의 관심 바깥에 있었고, 검찰청법 제정은 검찰 내부의 관심사로 국한되었다.

과거 재판소구성법에서 검찰조직에 관한 사항을 함께 규정했던 것과 비교할 때, 검찰청법을 별도로 제정하는 것은 검찰에게 새로운 가능성을 열어주었다. 검찰관료들은 검찰청법에서 검찰청 조직, 검찰사무의 지휘감독 계통, 검찰과 정부관계, 검사자격과 신분보장에 관한 기본적인 사항뿐만 아니라, 그들이 현실적으로 바라는 것들(검사의 직급과 보직, 검찰청 사무조직, 수사보조 기구, 직원의 교육훈련, 사법경찰에 대한 통제장치 등)을 더 구체적이고 자세하게 규정하려 했다.

13장에서는 검찰청법의 입법과정, 정부수립 직후 검찰과 정치권이 충돌한 사건을 통해 이 시기 검찰의 사고방식, 검찰이 욕망했던 것, 그 욕망이 실현되거나 좌절되게 만들었던 조건들을 살펴볼 것이다.

이 시기 검찰의 사고방식과 논리를 이해하기 위해서는, 과거 일본 검찰이 펼친 '광의의 사법관론'을 기억에서 끄집어내야 한다. '광의의 사법관론'이란, 검사는 형식적으로 헌법상 사법권을 담당하는 사법관, 즉 법관은 아니지만 실질적으로 법관과 동일한 사법관이라는 주장이다. 검사와 법관은 서로 '쌍둥이'같은 존재이다, 검찰청과 법원은 대등한 기관이다, 사법권 독립은 널리 검찰권 독립을 포함한다, 검찰작용은 재판작용과 유사한 광의의 사법작용이다라는 등의 인식 및 주장과 자연스럽게 연결되어, 순환논법의 구조 속에서 각각이 서로를 정당화시키고 있었다. 하지만 '광의의 사법관론'은 엄밀한 법적 근거가 아니라 어디까지나 유비類比(analogy)에 근거한 것이었다. 물론 법과 정의를 수호하는 검사의 사명과 엄정하고 객관적인 검찰권 행사를 강조하는 합리적 기능을 '광의의 사법관론'에 기대할 수도 있다. 그러나 현실에서 '광의의 사법관론'은 엄밀한 의미의 사법관 개념과 모순되는 것들, 대표적으로 정부에 대한 검찰의 예속성과 검사동일체원칙에 대해서 확실한 대답을 내놓지 못했다. 그런 가운데 '검벌檢閥'이라 불리는 특정 검찰관료인맥은 검찰 외부(행정부·국회·법원·경찰)를 향해서는 '광의의 사법관론'을, 검찰조직 내부를 향해서는 '검사동일체원칙'을 전가의 보도처럼 휘두르며 검찰조직과 사법성을 배타적으로 지배했고, 종국에는 '검찰파쇼'라는 비판까지 등장했다.

과연 '광의의 사법관론' 관념은 전후 일본과 한국에서 새로운 관념으로 대체되었을까? 일본의 경우, 법과 제도의 변화폭이 상대적으로 컸기 때문에 과거와 같은 식의 '광의의 사법관론'은 사라졌다. 반면 한국의 검찰은 검찰청 조직과 검사신분에 관한 논의, 법원·정치권·경찰이 갈등을 빚은 사례들에서 자주 '광의의 사법관론'에 의존해 주장을 펼쳤다. 하지만 적어도 정치권력과의 관계에서 '광의의 사법관론', 혹은 그것에 기대고 있는 검찰독립론은 무력했다. 이승만 정권 아래서 검찰의 정치적 예속성이 강해질수록 역설적으로 '광의의 사법관론'적 논리가 검찰개혁론에 근거와 방향을 제시해주는 모습이 나타났다. 이 점을 염두에 두면서, 해방 이후 검찰권 강화론과 검찰권 견제론 양방향에서 과거의 검찰이론이 이 시기에 어떻게 영향을 미쳤는지, 정치적 현실 앞에서 '광의의 사법관론' 관념에 입각한 주장과 검찰상像은 어떤 의미를 가지고 있었는지 검토할 필요가 있다.

1. 검찰 내부의 검찰청법 제정구상

1947년 6월 검찰청의 건의

1947년 법원 내부에서 새로운 법원조직법이 연구되고 있을 무렵, 검찰도 조직의 미래를 설계하고 있었다. 그 방향은 이미 예고되어 있었다. 1946년 5월, 이인은 대법원 검사총장에 취임하면서 검찰의 분리화를 강조할 것이라고 소신을 밝힌 바 있었다. 같은 해 8월 사법부장 김병로가 군정청에 제출한 사법기구개편 허가신청에는 검찰진을 강화하기 위해 대검찰청과 고등검찰청, 지방검찰청을 신설한다는 내용이 담겨 있었다.[269]

법원조직법기초위원회에서 새로운 법원조직의 얼개를 세웠을 즈음, 검찰도 검찰기구에 관한 요강을 제출했다. 1947년 6월 20일 서울 지역 검찰청이 연명으로 군정 당국에 제출한 「수립될 신정부의 사법·검찰 등 기구에 관한 건」이 그것이었다. 건의서는 "사법과 검찰조직 모든 것을 민주주의적 기본정신과 이념에 부합시켜 실천케 하고, 인민의 권리와 자유를 적극적으로 옹호·신장하여야 한다"고 선언했다. 그리고 판사·검사 및 부속기관 직원에 대한 엄정한 징계처분제도 설치, 판사의 무제한적 구류갱신 제한, 배심제 채용, 각 경찰서 단위로 간이재판소·간이검찰청 및 순회재판소 설치 등을 실천방안으로 내걸었다. 아울러 검찰기구의 조직에 관해 "범죄수사와 치안확보의 기의민속機宜敏速과 불고불리不告不理원칙 아래 검찰기구는 완전한 독립기관으로 하여 수사 및 기소권의 행사와 재판운영의 공정성에 조응

---

269 『조선일보』 1946. 5. 19; 『동아일보』 1946. 8. 10.

하게 할 묘미를 발휘하게 할 것, 사법경찰관을 검사에 직속케 하여 범죄수사를 통일하여 사법경찰관으로 인한 인권유린의 폐를 방지할 것, 검찰관의 학문연찬과 인격수양을 위하여 사법시험 합격자 검사연수소를 설치할 것"이라고 했다.

검찰청의 분리, 사법경찰기구의 검찰직속화는 당시 검찰이 생각한 기구개혁의 최대목표였다. 같은 시기 대검찰청은 사법경찰의 검찰전속기관화를 위한 구체적 방안을 군정장관에게 제출했다. 경무부 수사국을 사법부 또는 검찰청으로 이관할 것, 각 경찰관구 내 수사과와 정보과를 분리해 각 도별로 사법경찰청을 설치할 것, 각 경찰서 수사계와 사찰계를 분리해 사법경찰서를 설치할 것, 모든 사법경찰관의 임명은 사법부장 또는 검찰총장이 보유할 것 등이 그 내용이었다.[270]

검찰의 꿈, '검찰청조직법안'

1947년 8월 대검찰청이 마련한 검찰청조직법안(이하 조직법안)은, 공식적으로 사법부에 제출되지는 않았지만 검찰이 꿈꾸는 모든 것을 담은 법이었다. 조직법안은 각급법원에 대응해 대검찰청·고등검찰청·지방검찰청·간이검찰청 4종의 검찰청을 설치하도록 했다. 아울러 검찰관에는 검사총장, 검사부총장(대검차장검사에 해당), 검사장(고검장·지검장에 해당), 부검사장(고검·지검의 차장검사에 해당), 부장검사, 상석검사(지청장에 해당), 검사 및 검사보가 있다고 했다. 사실 이것은 법령상 검찰관의 종류와 검찰 내부의 직급·보직을 개념구분 없이 열거한 것이었다.

조직법안은 검찰관의 직무권한을 다음과 같이 규정했다. ① 형사사건에 관하여 어떤 범죄라도 직접 또는 사법경찰관리를 지휘하여 수사하고, 그

---

270 『한국검찰사』, 241쪽.

결과에 의해 공소제기 또는 불기소처분의 결정을 하며, 공판진행에 필요한 사무를 수행한다. ② 민사사건 및 기타 재판소권한에 속한 사항에 대하여 필요하다고 인정할 때는 재판소에게 통지를 구하거나 의견을 진술한다. ③ 행정소송사건에 관하여 정부를 대표한다. ④ 공익대표자로서 다른 법령에 의해 검찰관의 권한에 귀속된 사무를 행한다. ⑤ 재판소에 대하여 모든 법률의 정당한 적용을 청구하며 부당한 재판에 대한 상소를 제기하고 모든 법률적용의 정부正否를 감시한다. ⑥ 모든 재판의 집행을 지휘·감독한다.

이는 일본 재판소구성법이 규정한 검사의 직무에, 행정소송에 관한 정부 대표 직무를 새로 추가한 것이었다. 그중 가장 눈에 띄는 것은 ①의 형사에 관한 직권이다. 수사·공소제기뿐 아니라 사법경찰관의 수사지휘, 불기소처분 관련내용까지 포함시켰다. 형사소송법에 맡겨도 될 내용까지 집어넣은 의도가 무엇인지는 쉽게 알 수 있다. 검찰관의 수사권, 수사지휘권, 기소편의주의에 대한 논란을 검찰청법에서 확실히 마무리하고자 했던 것이다.

검사총장과 검사장의 경우, 통상의 감독권한 외에 고유한 권한을 구체적으로 규정하고 있는 것도 특징이다.[271] 그중에는 특이한 것도 있다. 예를 들

---

271 제8조 검사총장의 특별한 권한
① 대검찰청의 청무장리 ② 검찰권행사의 최고책임자로서 검찰청 소속직원의 직무집행과 일반재판집행의 총지휘감독 ③ 헌법위반소송사건의 소추 ④ 위법인 형사사건의 확정판결에 대한 비상상고 ⑤ 변호사에 대한 징계재판의 청구 ⑥ 각 검찰청서기장 이하 직원 급 경감(警監) 이하를 제외한 사법경찰관의 임면에 대한 간여 ⑦ 정부주석의 법률상 자문에 대한 응답, 국회 및 국무회의에 대한 의견진술.
제9조 고등검찰청 검사장의 특별한 직무권한
① 소속 고등검찰청의 청무장리 ② 관내 행정소송사건의 관여 ③ 선거소송사건의 관여 ④ 관내 각 검찰청직원의 직무집행 재판집행 급 가출옥사무에 대한 지휘감독.
제10조 지방검찰청 검사장의 특별한 직무권한
① 소속 지방검찰청의 청무장리 ② 관내에서 발생한 모든 범죄수사에 관한 지휘감독 ③ 관내 모든 형사사건의 공소제기 불기소결정 급 형의 집행 급 그 정지에 관한 지휘감독 ④

어 검사총장의 경우 정부주석에 대한 법률자문, 국무회의·국회에서의 의견 진술, 행정소송에서 정부대표 등의 권한을 행사할 수 있게 했다(제8조). 검사총장에게 검찰기관의 장이 아니라 법무부장관과 같은 지위를 가지게 했던 것이다. 당시 법률가들은 미국의 법무부장관이 겸하는 'attorney general'이라는 지위를 검사총장의 지위로 이해했다. 그리하여 자연스럽게 미국 법무부장관이 'attorney general'로서 행하는 직무를 검사총장이 행하는 직무에 포함시킨 것이다. 하지만 이는 대륙법계 관념에서는 검사총장에게 주어질 수 없는 직무들이었다.

조직법안은 한껏 격상된 검사총장의 위상을 반영하여 "검사총장은 검찰권행사의 최고책임자"라고 했다(제8조 2호). 검사총장이 단지 전국 검사의 총수라는 의미가 아니다. 왜냐하면 "사법부장은 검사총장에게만 검찰관의 직무집행에 관한 일반적 방침을 지시할 수 있을 뿐이고 개개의 사건처리에 관하여는 지시할 수 없"기 때문이다(제7조). 검찰사무에 관한 사법부장의 권한은 검찰총장에게 일반적 방침을 지시하는 것으로 그쳤다. 이는 일본 검찰청법의 규정, 즉 법무대신은 검사를 일반적으로 지휘하되 구체적 사건에 관해서는 검사총장을 경유하여 지휘한다는 규정을 가져오면서 구체적 사건을 지휘할 수 없다고 바꾼 것이었다. 조직법안에서 검사총장은 명실상부한 최고책임자였다. 이는 검찰관 임명절차에도 반영되었다. 즉 검사부총장과 검사장은 검사총장의 추천에 의해 정부주석이 임명하고, 나머지 검찰관은 검사총장의 추천에 의해 국무회의에서 임명한다. 사법부장은 검찰관 임명에서도 배제되었다. 조직법안의 구상에 의하면, 사법부장은 단순히 사법행정사무를 주관하는 부서의 장에 불과하다.

관내 검찰청 직원의 직무집행에 대한 지휘감독 ⑤ 관내 감옥감화원에 대한 감독 ⑥ 관내 사법서사에 대한 감독 ⑦ 형여자의 원호사업에 대한 사무장리.

조직법안은 검사의 직접수사 및 수사지휘를 확실히 뒷받침하는 장치를 두었다. 첫째, 검찰청의 서기관장·상석서기관·서기관·서기관보·서기는 모두 검찰관을 보좌하여 그 지휘를 받아 범죄수사를 행한다(제24조). 둘째, 사법경찰기관은 행정경찰기관과 분리하여 검찰기관직속으로 한다(제32조).

이와 같이 조직법안은 관료제적인 관계를 유지하면서 종래의 검찰권한에 새로운 권한을 합치고, 사법부장을 배제하고 검사총장을 검찰사무의 최고 책임자로 설정하고, 독자적 사법경찰기구와 함께 일반사법경찰기관을 직속시키는 등, 검찰관료가 갖고 싶은 것은 다 담았다. 조직법안은 과도법원법안을 의식하면서 검찰조직과 권한을 규정했다. 일본 신검찰청법을 일부 참고한 규정도 보이지만, 남한 검찰관료들의 독창적인 작품이라고 부를 만한 체제와 내용을 가지고 있다. 엄밀히 말하면 독창적이지는 않다. 왜냐하면 조직법안의 내용은 과거부터 일본 검사들이 주장했던 것이기 때문이다.

검사 엄상섭의 검찰 강화론과 검찰 견제론

2대 국회위원이 되어 형사사법 민주화를 외치게 되는 엄상섭은, 미군정기에는 검사로서의 자의식과 자부심이 투철했다. 그는 형사사법개혁과 관련해 거의 모든 쟁점에서 영미법용론자와 대척점에 서 있었다. 그는 영미법도 일본 법도 추수하지 않는 "자주적인 개혁"을 추구해야 한다면서 자신의 주장을 전개했다. 자주적 개혁이란 "대륙식 검찰제도에다 영미식 검찰제도의 장점을 보완하여 우리에게 알맞은 검찰제도"를 고안하는 것을 말했다.[272]

그는 재판기관과 소추기관의 분리를 논거로 검찰청과 법원의 분리를 주장한 다음, 검찰권은 일반행정권보다 재판권과 유사하기 때문에 일반행정

---

272 엄상섭, 「검찰제도에 대한 신구상」, 신동운 편저, 앞의 책, 5쪽.

권과도 분리되어야 한다면서, 이러한 검찰권의 특수성이 검찰조직에 반영되어야 한다고 했다. 그것은 검사의 신분보장과 정부와의 관계에서 나타난다. 즉 검사의 정당가입·정치활동을 금지하고 재판관과 동등한 신분보장을 해줘야 하며, 사법부장관에게 개개 범죄사건 처리에 관한 지휘권을 부여하지 말고, 미국처럼 사법부장관이 검찰총장을 겸임하는 것을 엄금해야 한다고 했다.[273]

흥미로운 부분은 고등검찰청 폐지론이다. 즉 범죄수사에서 기민성을 발휘하고 수사 및 형사정책의 통일성을 견지하기 위해서, 그리고 사법경찰기구가 검찰청에 전속하게 될 것을 전제할 때 명령계통의 간명화가 필수적이기 때문에, 고등검찰청 같은 중간단계는 필요 없다는 것이었다. 또한 지방분권화가 진행되어 지방검찰청이 더 많이 생기면, 수개의 지방검찰청을 관할하는 고등검찰청은 '계골적 존재'가 될 것인데, 차제에 고등검찰청을 폐지하는 것이 타당하다고 했다.[274] 주장의 당부를 떠나, 법원에 대응하는 검찰조직이 반드시 필요하지 않다고 말하는 대목은 독창적이다. 미국과 닮은 부분이기도 하다.

엄상섭은 사법경찰의 검찰전속화를 주장했다. 그는 이를 종래 선각자들이 주장해온 "가장 진보적인 견해"라고 했다. 정권이 경찰을 정치적으로 이용하는 일(특히 선거간섭)이 없어지고, 법률가·수사전문가인 검사가 수사를 지휘하면, 법률에 무지한 행정관의 수사지휘와 달리 효과적·능률적으로 수사가 수행되며, 검사는 준법정신이 강하여 인권우려가 없고, 행정경찰의 직무수행을 위한 수사권 남용이 방지된다고 했다.[275] 이 주장에 대해서만큼은

---

273 위의 글, 22쪽.
274 위의 글, 23~24쪽.
275 위의 글, 28쪽.

엄상섭과 반대쪽에 섰던 개혁론자들도 의견이 일치했다. 그들은 이것을 경찰의 정치적 이용과 인권유린을 막을 수 있는 최선의 방안이라고 생각했다.

지금까지 본 바와 같이, 엄상섭의 논의는 고등검찰청 폐지론을 제외하고는 당시 검사들이 희망하던 것을 이론적으로 뒷받침하고 있었다. 그 밑바탕에는 검사는 광의의 사법관이라는 관점이 깔려 있다. 검사의 신분보장도, 정부로부터의 검찰 독립도, 판사와 검사의 철저한 대등성도, 기소유예제도의 옹호도, 검사의 독자적 강제수사권도 '검사=광의의 사법관'론을 통해 이론적으로 뒷받침되었다. "미국식에 현혹되어 환장한 사람들"이 판사를 검사보다 우위에 두거나 검사는 판사보다 소질이 낮아도 좋다고 주장하는 것에 대해, 엄상섭은 격렬하게 반발했다.

하지만 여기에 그쳤다면 엄상섭은 그저 검사의 관점과 이익을 대변한 사람에 불과했을 것이다. 그가 평가받아야 할 부분은 검찰에 대한 외부적 견제장치를 제안한 것이었다.

> 민주주의정치의 요체란 인민과 같이 반성하고 인민과 같이 검토하여 독선과 독
> 단을 배제하고 권력의 편재를 방지하여 독재화의 위험을 제거하는 데 있다는 것
> 은 췌언할 필요가 없을 것인 바, 사법경찰기관을 검찰기관에 직속하면 검찰
> 기관의 권력은 강대화할 것이고, 검찰관을 정당과 무관계하게 하고 그 지위의
> 보장을 강화한다면 검찰관이 독선에 빠지기 쉬울 것은 명료한 일이다. 그러므로
> 이 2종의 폐단을 예방하기 위하여는 검찰위원회 같은 것을 설치하여 그 위원회
> 에서 결의·진언하는 바를 검찰권 운용상에 반영시키도록 하여야 할 것이다.[276]

검찰위원회는 국회의장, 국회의원 2명, 사법부장관, 검찰총장, 민간 법학

---

276 위의 글, 31쪽.

자 2~3명, 검찰관대표(검찰관 호선으로 선출) 3명으로 구성되는 기구로서, 검찰권 운용에서 노정되는 폐단을 교정하고 검찰진영에 청신한 기운을 주입하기 위한 장치였다. 엄상섭은 검사의 불기소처분에 대한 불복을 검찰위원회에서 취급할 수도 있다고 했다. 또한 검사를 종신관으로 할 경우 검찰진의 노쇠 무력화와 독선화가 나타날 수 있기 때문에, 검사의 정년을 55세로 하고 10년임기제(재임가능)를 도입하며, 검찰위원회의 결의로 65세까지 연장하는 방안도 제안했다.[277]

엄상섭의 검찰위원회는 일본 검찰청법의 '검찰관적격심사회'를 참고한 것처럼 보이기도 한다. 검찰관적격심사회는 검사가 심신고장 등의 사유로 직무를 수행할 수 없게 되었을 때 면관을 의결하는 기구로서, 검찰관·재판관·변호사로 구성된다.[278] 하지만 이 기구에서 아이디어를 얻을 수는 있었을지 몰라도, 검찰관적격심사회와 엄상섭의 검찰위원회는 그 구성과 기능 면에서 큰 차이가 있다. 조금 설익은 느낌은 있지만, 외부적 통제를 과감히 도입해 검찰의 강대화와 독선을 견제한다는 생각은 과거 일본은 물론 당시 한국에서도 검사들이 내놓은 검찰제도론에서 등장한 적이 없다. 엄상섭은 민주주의정치를 강조하며 검찰독재의 위험을 제거해야 한다고 말했다. 그는 '검사=광의의 사법관'론에 내포된 위험성을 균형 있게 인식하고 새로운 대안들을 모색했다. 바로 이 지점에서 구시대 검찰을 답습하고 있던 검찰의 논리와 엄상섭이 구별된다. 10년임기제, 외부인사 참여를 통한 검찰 견제라는 발상은 오늘날까지도 생명력을 유지하고 있다. 엄상섭에게서 후

---

277 위의 글, 27쪽.
278 일본은 1948년 5월 1일 검찰청법을 개정하여 검찰관적격심사회에 국회의원, 법무성관리, 일본학사원(日本學士院) 회원을 위원으로 포함시키고, 매3년마다 또는 수시로 검사의 직무수행 적격 여부를 심사하는 기구로 확정했다.

대의 검사＝준사법관론에 근거한 검찰 중립화론, 검찰 민주화론의 출발점을 찾을 수 있는 것이다.

이 시기 엄상섭은 검사로서의 자부심과 책임감에 충만해 있었고, 과감하고 명쾌한 논리로 명성을 떨치고 있었다. 하지만 검찰에 대한 애정은 검찰이 권력이 시녀가 되는 정치적 현실을 목도하면서 근거를 잃게 된다. 이후 국회의원 엄상섭은 '권력과 자유'의 날카로운 대립을 인식하고 자유를 위한 개혁에 나섰다.[279] 하지만 그 계기는 1947년의 신구상에 내포되어 있었다고 할 것이다.

법원과 검찰청의 분리맥락과 의미

과도검찰청법으로 이어지는 과정을 설명하기 전에, 법원과 검찰청 분리의 의미를 논의하고 넘어가자. 5장에서 언급했듯이, 전후 일본의 재판소와 검사국 분리는 거의 이견 없이 신속하게 결정되었다. 검찰관료는 물론 재판소와 재야법조도 원하는 바였다. 1945년 12월 사법제도개정심의회에서 재판소와 검사국 분리가 채택되었고, 1946년 8월 사법법제심의회 제1소위원회에서 확정된 요령에 근거하여 사법성 형사국이 검찰청법 입안을 개시했다. 총사령부 측에서 마니스칼코 대령이 1946년 3월 미국식 검사공선제와 지방분권적 조직화를 권고한 바 있었지만, 이 권고는 사법성 형사국의 반대로 곧 철회되었다. 재판소 독립을 강조한 신헌법 아래서 재판소와 검찰청의 독립은 필연적이었다. 1947년 4월 16일 재판소법과 검찰청법이 공포됨으로써 재판소와 검찰청의 완전한 분리가 이루어졌다. 그 의미를 정당하게 평가한다면, "일견 검찰관이 재판소로부터 독립한 것처럼 생각되지만,

---

279 '권력과 자유'는 엄상섭의 정치평론집의 제목이기도 하다. 엄상섭 저, 허일태·신동운 편저, 『권력과 자유』(개정증보판), 동아대출판부, 2007.

헌법의 지향은 구헌법시대의 재판관에게 부착되어 있던 행정종속성을 불식하고 최고재판소를 정점으로 하는 진실로 독립적인 사법부를 만들어냈다는 것"이 핵심이었다. 검찰청 분리는 재판소 독립의 반영물에 불과했던 것이다.[280]

한국에서도 전후 일본과 같은 맥락으로 법원과 검찰청의 분리가 이루어졌다. 하지만 이것은 어디까지나 객관적 상황에 대한 해석이다. 검찰 내부에서는 이 문제를 법원과 검찰청의 대등성 확보, 검찰조직의 강화라는 관점에서 바라보고 있었다. 건의서는 그 근거로 '불고불리의 원칙'을 들었다. 비슷한 시기 엄상섭 검사는, 종래 검찰기관은 마치 재판소의 부속기관처럼 일반인민에게 인식되어왔고, 또 형사재판기관의 조직에도 그렇게 처치되어 온 것이 사실이지만, 이제 "재판기관과 소추기관을 분리하는 인류 역사의 진화에 발맞추어 일대 영단이 필요하다"고 했다.[281] 거창하기는 하지만 불고불리의 원칙, 재판기관과 소추기관의 분리는 소송법상의 원칙일 뿐 법원과 검찰청 분리문제와 논리적 관계가 없다. 오히려 검찰이 재판소의 부속기관처럼 인식되어왔다는 말처럼, 이 문제는 제도적 문제라기보다 심리적인 문제였다. 어쨌든 1948년 법원조직법과 검찰청법에 의해 법원과 검찰청은 완전히 분리되었다. 그렇다면 이것은 과거와 비교할 때 어떤 의미를 갖는다고 할 수 있을까?

우선 법원과 검찰이 조직적으로 분리되고 법원행정이 법무부에서 법원으로 완전히 이관됨으로써 사법행정체계에 큰 변화가 생겼다. 반세기 가까이 존재했던 대륙법적 사법행정체계로부터 이탈한 것이다. 법원과 검찰은 사

---

280 松尾浩也, 「司法と檢察」, 『兼子博士還曆記念 裁判法の諸問題 (中)』, 東京: 有斐閣, 1969, 143쪽.
281 엄상섭, 「검찰제도의 신구상」, 앞의 책, 21쪽.

법(Justice, 독일어 Justiz)영역에 속하는 기관이라는 관념 아래 단일한 사법기관조직법제(재판소구성법, 조선총독부재판소령)로 법원·검찰조직을 규정하고 사법행정기관이 법원·검찰행정을 통합적으로 관리했던 방식이 소멸했다.[282] 그러나 이는 어디까지나 사법조직법제와 사법행정체계상 변화에 그쳤고, 실제 법원·검찰의 조직·운영에서 대륙법계 방식은 변함없이 유지되었다.

하지만 이런 변화가 대륙법적 사법행정체계의 본질적 결함 때문이라고 진단해서는 안 될 것이다. 물론 대륙법적 체계에서는 행정권의 사법권에 대한 우위, 사법관료의 권력강화, 관료주의 등 관료적 사법체제의 폐단이 나타날 가능성이 높았다. 그래서 2차대전 이후 프랑스와 독일은 법관과 법원의 독립성을 강화하는 방향으로 제도를 개선했다. 하지만 나름의 이유에 의해 기존 사법행정체계의 틀이 유지되고 있다.[283]

---

282 신동운, 「수사지휘권의 귀속에 관한 연혁적 고찰 (II)」, 253쪽; 신동운, 「한국 검찰의 연혁에 관한 소고」, 『검찰』 100호, 대검찰청, 1990, 68~69쪽. 엄밀히 말하면, 과거의 방식이 대륙법계에 유일한 것이라고 할 수 없다. 식민지 시기부터 검사제도를 채용한 미국의 예를 보자. 미국에서는 19세기 초까지 검사는 사법관(judicial officer), 법원 관리(officer of the court)로 간주되었다. 검사의 직무는 기본적으로 사법적이고 판사에 비해 준(準)행정적이라고 인식되는 정도였다. 따라서 다수의 주 헌법은 지방검사와 법무총재(attorney general)에 관한 규정을 사법부(judiciary) 편에서 규정했다. 연방정부의 법무총재직(U.S. Attorney General)과 연방검사직도 1789년 「사법조직법(judiciary act)」에 의해 창설되었다. 그러나 남북전쟁을 전후해 점차 각주가 헌법 행정부편에 검사에 관한 규정을 두기 시작했고, 연방 법무총재도 행정부에 속한 관리로서의 성격이 강해졌다. Jacoby, Joan E., *The American Prosecutor: A Search for Identity*, Lexington, Massachusetts: LexingtonBooks, 1980, p. 23; Clayton, Cornell W., *The Politics of Justice: The Attorney General and the Making of Legal Policy*, London; New York: M.E. Sharpe Inc., 1992, p. 48 등.

283 프랑스와 독일은 법관인사와 신분보장에 초점을 맞춰 제도를 개선했다. 프랑스는 제4공화국 헌법(1946)에 의해 사법관고등평의회(le Conseil supérieur de la magistrature)―대통령, 법무부장관, 국회의원 6명, 사법관 4명, 대통령이 지명한 국회의원이 아닌 법조인 2명―를 설치했다. 평의회는 법관의 임명·승진에 관한 제청권을 가지며, 법관의 징계 및 신분보장에 관한 사항, 법원행정에 관한 사항을 주관한다. 이 제도는 이후 몇 차례 제도개선을

전후 일본의 제도는 대륙법적 사법행정체계의 실패 때문이라기보다는 일본의 특수한 경험과 미국의 점령개혁이 결합된 산물이라고 보아야 할 것이다. 한국의 제도개편 역시 그 계기는 일본식 사법운영의 경험 속에서 이미 형성되고 있었고, 미군정의 정책, 미국 사법제도에 관한 정보, 일본의 입법례가 제도전환을 용이하게 했다. 그리고 법원과 검찰의 조직적·행정적 분리라는 결과를 검찰의 관점에서 본다면, 이는 영미법적 관념이 아니라 대륙법적, 정확하게는 과거 일본 검찰의 관념이 구현된 것이라고 할 것이다. 왜냐하면 그것은 검찰이 광의의 사법기관임을 전제하고 법원과 검찰의 대등성을 분명히 한다는 관점에서 추구된 것이기 때문이다.

하지만 그 결과는 종전의 검사=사법관, 검찰작용=광의의 사법작용이라는 관점에 보면 예기치 않은 문제도 야기했다. 즉 제도개편의 결과, 실체는 여전히 대륙법적 사법구조이면서도 재판권을 제외한 나머지 사법부분, 특히 검찰권이 마치 사법에 속하지 않은 것처럼 오해될 수 있다는 것이다.[284] 가령 독일에서 검사는 법원과 마찬가지로 사법기관(Organ der Rechtspflege) 내지 사법관청(Justizbehörde)이라 불린다. 이때 사법기관은 재판기관보다 넓은 의미를 갖지만, 검사의 직무영역과 그 성질은 사법에 속한다는 것을 표현한다.[285] 그런데 한국과 일본의 경우, 검찰청이 법원으로부터 분리되어 법

거쳐 오늘날에 이르고 있다. 독일에서는 '법관법'(1961)을 통해 법관협의회와 법관인사위원회를 조직해 법관대표들이 법관인사 등에 관여할 수 있게 했다. 그러나 법관인사에 관해 주 법무부와 의회가 가진 권한이 폐기되지는 않았다. 1954년 개최된 전국법률가대회에서 법관인사를 법원의 자치에 맡기자는 주제가 논의된 적이 있다. 그러나 이는 국민주권주의와 의회주의원칙에 부합하지 않고, 오히려 법관을 정치적으로 만들며, 법관 사이에 종속관계를 만들 우려가 있다고 지적되어, 완전한 법원의 인사자치는 허용되지 않았다. 木佐茂男, 『人間の尊厳と司法権——西ドイツ司法改革に学ぶ』, 東京: 日本評論社, 1890, 70~71쪽 참조.

284 이완규, 「검사의 지위와 객관의무」, 『저스티스』 73호, 2003, 241쪽.

무부 휘하의 법무행정기관이 됨으로써, 정부조직 체계상 검찰청은 완전히 행정부의 일부가 되었다. 반면 법원은 검찰이 떨어져나감으로써 순수한 재판기관이 되었다. 그리고 헌법이 '사법권은 법원에 속한다'고 선언함으로써, 검사를 종전대로 '사법관', '사법기관'이라 칭하기 힘들어졌다. 한국과 일본에서 '사법'은 권력분립원칙상 행정 및 입법과 준별되어야 할 국가작용으로서 좁은 의미를 갖게 되었기 때문이다.

그렇게 해서 나온 것이 검사는 법관에 준한다, 검사는 행정기관이지만 사법기관에 준하는 성격을 가진다는 취지의 '준사법관(quasi-judicial officer)'이라는 용어이다. 일본에서 이 용어는 불가피한 선택이기도 했다. 일본국헌법 제33조는 '사법관헌(judicial officer)'이 영장을 발부한다고 규정했는데, 과연 '사법관헌'에 판사 외에 검사도 포함되는지가 문제되었다. 이에 총사령부가 검사는 사법관헌이 아니라고 못을 박았다. 그렇게 되자 더 이상 과거와 같이 검사를 사법관, '광의의 사법기관'이라 할 수 없게 되었고, 대신 '준사법관'이라는 용어가 일반적으로 쓰이게 되었다.[286]

---

285 참고로, 우리말로 번역할 때 흔히 '사법'으로 번역되는 독일어 Rechtspflege는 재판=법선언(Rechtsprechung)보다 상위의 개념이다. Rechtspflege는 구체적 사안에서 법실현을 목적으로 삼는 국가작용을 의미하며, 법원은 물론 검찰, 변호사, 공증인 등의 직무영역도 포함한다. 그런 의미에서 이들은 모두 사법기관(Organ der Rechtspflege)이다. 이에 관한 논의는 Koller, Christoph, *Die Staatsanwaltschaft-Organ der Judikative oder Exekutivbehörde?*, Frankfurt am Main: Peter Lang, 1997, pp. 60~61. 이런 의미로 검사를 사법기관이라 규정한다 해도, 검찰청을 법무부에 소속시키고 검사동일체원칙을 인정하는 현행법제와 충돌하지 않는다. 다만 순수 행정작용과 다른 검찰작용의 특수한 성격, 법관에 준하는 검사의 자격요건과 신분보장, 검사가 견지할 객관의무 등을 잘 설명해주는 장점이 있다.

286 예를 들어 安平正吉, 『檢察廳法槪論』, 44~45쪽. 한편 검사의 직무에 관한 미국법조협회(American Bar Association)의 기준은, 검사의 의무는 유죄의 입증뿐만 아니라 무고한 자를 보호하고 공공의 권리를 행사하는 것과 아울러 피고인의 권리도 보호하는 것이라 하고, 그런 의미에서 검사는 '정의의 보좌인(minister of justice)' 또는 '준사법관적 지위(quasi-judicial position)'를 가지고 있다고 한다. (ABA Standard 3-1.2 (c) The Function of the

그런데 한국과 일본의 제도개편 결과에서 진정 강조해야 할 것은, 검사의 심리적 스트레스가 해소되었다는 점이 아니다. 제도개편에도 불구하고 여전히 존재하고 있는 검사와 판사의 '대등성' 내지 '상동성相同性'이 아니다. 새로운 체계에는 검사와 판사는 서로 다르고 또한 달라야 하는 존재라는 메시지가 담겨 있다. 과거 검사와 판사가 사법관으로서 동료의식을 가지고 서로 대체가능한 존재였을 때 나타난 현상들을 반성할 필요가 있다. '검존판비', 검찰관료의 사법성 장악, 검벌의 형성은 오히려 외면적이다. 법원과 검찰의 동지적 융화가 형사재판에 초래한 것, 즉 절차적 정의와 정당성의 위기에 주목해야 한다. 과거 예심판사는 재판관과 수사관의 이중적 역할 사이에서 제자리를 찾지 못하고 검사의 수족이 되어버렸다. 그 때문에 예심판사는 존재의미를 상실하고 마침내 소멸되었다. 법원과 검찰의 분리, 공판중심주의·당사자주의적 요소의 채용, 공판정의 공간적 재배치 같은 조치들은, 과거의 형사사법절차에 내재된 모호한 경계들, 양립 불가능한 이중성들을 더 이상 존속시키지 않겠다는 의미를 지닌다. 혼동을 유발하지 않도록 경계를 세우고 지위와 기능을 재분배하겠다는 것이다. 엄상섭이 말한 "재판기관과 소추기관을 분리하는 인류 역사의 진화에 발맞춘 일대 영단"의 의미도 여기에서 찾아야 한다. 대등하기 때문에 분리해야 하는 것이 아니라, 다르기 때문에 분리하는 편이 적절하다는 것이다. 따라서 그 결과는 심리적 차원을 넘는 제도적·규범적 차원에서 중요한 의미를 가진다.

Prosecutor), *ABA Standards for Criminal Justice Prosecution Function and Defence Function*, 3rd edition, Washington, D.C.: American Bar Association, 1993, pp. 4~5.

2. 미군정기 검찰청법의 입법경위

소리 없이 제정된 과도검찰청법

과도법원조직법과 비교하면 1948년 8월 2일 법령 제213호로 공포된 검찰청법(이하 과도검찰청법)은 거의 소리 소문 없이 입안되었다. 격렬한 논쟁은 없었고, 법원조직법처럼 미국인 고문이 관심을 기울인 흔적도 없다. 하지만 정상적이라면 법원조직법과 함께 공포되어야 했을 검찰청법은 법원조직법보다 3개월 뒤에, 그것도 정부수립일 2주일 전에야 발포되었고, 게다가 관보에 정식으로 게재되지도 않았다.[287]

물론 UN 감시하의 총선 준비가 시급했기 때문에 검찰청법은 일정상 법원조직법보다 뒤로 밀릴 수밖에 없는 사정이 있었다. 그렇다고 해도 8월까지 미뤄진 이유는 무엇일까? 한 가지 단서가 『주한미군사』에 있다. 1947년 12월 미국인 고문과 한국인 사법부·검찰청 관계자가 체포·구속에 관한 지령 개정에 관해 협의했다고 기술한 대목이다.[288] 아마도 그날의 회의에서는 법령 제176호의 입안에 관한 사항과 함께, 1945년 12월 법무국 훈령 제3호를 비롯한 일련의 훈령·통첩의 개정문제가 다루어졌을 것이다. 특히

---

287 미국 일리노이대학 도서관에 소장된 『미군정청관보 I~IV』에는 누락된 군정법령이 4개 있다. 법령 제91호 특허법(1946. 10. 5), 법령 제212호 추곡수집령(1948. 7. 29), 법령 제213호 검찰청법(1948. 8. 2), 법령 제215호 법령 제173호(중앙토지행정처의 설치) 제11조의 개정(1948. 8. 10)이다. 법령 제212호~제215호 전후에 공포된 법령은 모두 관보에 게재되었다. 미군정문서철에도 검찰청법을 수록한 관보문은 없다. 다만 검찰청법을 기재한 공문서형태의 자료가 남아 있다. RG 554, Entry no 1256(A1), Box No. 21, Ordinance Number 213, 2 August 1948, Public Prosecution System Reorganized. 미군정활동보고서에는 사법부 법률기초국이 검찰청법 등을 기초했다고 기록되어 있다. USAFIK, South Korean Interim Government Activities, No 34, July-August 1948, p. 204, 『미군정활동보고서 6』, 1990, 826쪽.
288 『주한미군사 3』, 623~624쪽.

후자는 검찰과 경찰의 관계를 설정하는 데 핵심적인 문제였다. 미군정청의 일일활동보고서에는 1948년 7월 말까지도 이 문제가 해결되지 않았음을 보여주는 기록이 있다. 이는 과도검찰청법에 관한 유일한 기록이다.

> 사법부의 3명과 고문보㈜, 경무국 관계자들이 검찰청법안의 조항에 관하여 협의
> 했다. 법령 제192호 법원조직법이 검사와 판사 사이의 관계를 변경했다는 견지
> 에서 이 법령은 필요하다고 생각되었다. 그 점에 관해 법령안은 이미 실제로 시
> 행된 것을 규정할 예정이다. 협의의 요점은 검사에 대한 훈령 제3호의 발포 이
> 전에 존재했던 검사와 사법경찰 사이의 관계로 명령권을 복귀시켜야 하는가 하
> 는 것이었다. 훈령은 검사의 수사지휘권을 단지 사법경찰에게 범죄수사를 의뢰
> (request)하는 권한으로 변경했다. 사법부는 지휘권을 복구시켜 한국을 대륙법계
> 형사절차를 사용하는 다른 모든 나라들과 계열을 같이 하게 만들 것을 제안했
> 다.[289]

훈령 제3호 같은 것은 본래 형소법에서 취급할 사항이다. 하지만 검찰은 이 문제를 검찰청법에서 해결하려 했다.[290] 사흘 뒤 발포된 과도검찰청법 제32조는 명시적으로 훈령 제3호를 폐지했다. 이외에도 과도검찰청법에는 검찰청의 수사기능을 강화시키는 장치가 담겨 있다. 이는 검찰의 일관된 노력의 결과였고, 1949년 제정된 검찰청법에는 더욱 강력한 장치가 추가되었다. 검찰의 수사주재자적 지위를 확인하고 인적·물적 조직을 강화하는

---

289 RG 554, Entry no. 1256(A1), Box no. 31, Daily Activity Report of Departments and Offices(이하 「군정청일일활동보고서」), 1948. 7. 29.

290 신동운, 「수사지휘권의 귀속에 관한 연혁적 고찰 (II)」, 244쪽에서 사법경찰의 조직상 편제가 검찰청법 제정의 주된 난관이었을 것이라고 지적한 것은 타당하다.

것, 바로 이것이 검찰이 수미일관하게 추구했던 것이었다.

경무청과의 갈등과 수사지휘권 확보문제

검찰청의 분리, 검찰청법의 입법은 검찰에게 새로운 가능성을 열어주었다. 검사의 지위와 권한에 큰 변동이 없다 하더라도, 검찰기구의 정비·강화에 필요한 장치들을 손쉽게 담을 수 있는 틀이 마련된 것이다. 검찰청조직법안에 있는 그 많은 검찰관의 직급과 직권들, 검찰의 수사력을 강화하는 장치들이 그것을 말해준다. 과연 그것들은 어떻게 형성된 것일까?

검찰청조직법안에는 사법경찰조직에 관한 두 개의 장치가 포함되어 있었다. 하나는 검찰청 서기를 사법경찰관리로서 검사가 지휘하여 수사한다는 것, 다른 하나는 사법경찰을 행정경찰과 분리시켜 검찰에 전속시킨다는 것이었다. 이 문제에 관한 한, 법률가들 사이에 넓은 지지기반이 있었다. 검찰중심의 일원적 수사체제를 확립한다는 검찰의 관심과, 사법경찰을 확실히 검찰의 통제하에 둠으로써 경찰의 인권유린을 억제한다는 관심이 서로 일치하고 있었던 것이다. 하지만 이것은 앞으로 확보해야 할 것이었고, 당면한 문제는 1945년 12월 훈령 제3호 이래의 상황을 타개하는 것이었다.

11장에서 보았듯이, 1946년 4월 경찰부장 지령 '검사에 대한 형사의 할당'은 경무국 내에 검사의 지휘를 받아 수사를 담당할 형사의 인원을 할당하는 것을 예정했다. 그 의미는 경무국 내에 별도의 사법경찰부서를 조직하여 검사의 수사를 조력하도록 하라는 것이었다. 하지만 지령내용은 제대로 이행되지 않은 듯하다. 그 가운데 경찰들의 비협조가 문제가 되었고, 검찰은 검찰대로 좌익소탕 등에서 독자적인 수사력을 발휘했다. 검경 간의 원활한 협조관계를 마련하기 위해 1947년 1월 사법부장 김병로와 경무국장 조병옥 사이에 각서가 교환되었다. 경무국은 "경찰관은 검찰관의 범죄수사에 관한 직무수행상 필요한 요청과 위촉과 지휘를 존중하며, 경찰관과 범죄수사사무에 대한 검찰관의 지도와 주의와 지휘를 준수할 것"을 약속했다.[291]

1947년 10월, 드디어 1946년 4월의 경찰부장 지령을 실행할 조칙에 관한 협정이 이루어졌다. 경무국·사법부·검찰청의 수뇌부가 협의하여 1947년 10월 22일 각 경찰청과 경찰서에 검찰관의 지휘사건을 담당할 사법경찰관 상당수를 지명배치하기로 경무국장과 사법부장이 협정한 것이다. 당초 이인 검찰총장은 일정 수의 사법경찰관을 지방검찰청에도 배치하고, 배치된 경찰관의 인사와 상벌에 관해서는 지방검찰청장의 승인을 얻어야 한다는 안을 제출했다. 하지만 경무국에서 사법경찰관리를 검찰청에 배치하는 것은, 남한의 실정상 경찰의 통합력을 분해할 수 없으므로 불가하다고 하여 보류되었다.[292] 그런데 무슨 이유인지 12월 5일 김병로 사법부장이 이인 검찰총장의 건의를 채택하겠다는 방침을 밝혔다. 즉 지방검찰청에도 사법경찰관리를 배치하겠다는 것이었다. 사법부장의 입장선회에 경무국이 반발했는지, 협정은 곧바로 실행에 옮겨지지는 않았던 것 같다.

1948년 2월 9일 미군정일일활동보고서는 다음과 같이 기록했다.

한국재판소의 검사들은 오랫동안 범죄수사권한을 가지고 있었으나, 미국점령 이래 검찰청에서 실제 수사를 할 수 있도록 권한이 부여된 직원을 갖지 못했다. 거의 2년 동안 검사의 수사를 조력하는 형사들이 경무국에 할당되도록 경무국과 사법부의 고문들이 노력해왔다. 하지만 제한된 수의 형사가 검사를 돕고 있

---

291 「사법기관과 경찰기관의 협조에 관한 건」(1947. 1. 14, 사법부장 통첩 사법 제17호), 『검찰제요』, 226쪽.

292 「수사사무담당 경찰관에 관한 건」(1947. 11. 10, 司檢 제82호, 사법부장 통첩), 『검찰제요』, 238쪽.

는 경상북도를 제외하면 현시점까지 그 노력이 크게 성공적이지 않았다. 실행가
능한 체계를 만들기 위한 적절한 조치를 결정하기 위하여 이 문제를 수석고문에
게 회부했다.[293]

내용을 볼 때, 전년도 10월의 협정에도 미국인 고문들이 관여했을 것으
로 추측된다. 경무국과 사법부의 고문이 나서도 문제가 해결되지 않아서
사법부 수석고문 코넬리에게 회부되었던 것이다. 그 직후인 2월 11일 조병
옥 경무국장은 검찰총장의 안이 본래의 협정 범위를 넘어서기 때문에 결코
응낙할 수가 없다고 하고, 경무국은 본래 협정과 같이 각 관구경찰청과 경
찰서 단위로 검사의 수사지휘를 받는 사법경찰관을 지명하는 방침을 시행
할 것이라고 사법부에 통보했다.[294] 그런데 미국인 고문들이 나서자 원래의
협정을 실행할 것이라고 한 것이다. 1946년 4월의 경찰부장 지령 이후 2년
만이다. 그러나 경무국이 실제로 협정을 이행했는지는 알 수 없다. 어쨌든
이 문제와 별도로 2월 20일 이인 검찰총장은 법무국 훈령 제3호와 경무국
장의 지령통첩 제1호를 폐지하여 사법경찰이 검사의 지휘에 복종해야 함을
명확히 해줄 것을 직접 군정장관에게 건의했다.[295] 비협조와 불복종의 원인
을 제거하고자 한 것이었다.

법령 제176호가 부여한 경찰통제장치

1948년 3월 법령 제176호 '형사소송법의 개정' 제20조는 경찰의 불법구
금을 통제하기 위한 독특한 장치를 담았다. 즉 검사가 정기적으로 구속장

293 「군정청일일활동보고서」, 1948. 2. 9.
294 「사법경찰관 배치에 관한 건」(1948. 2. 11, 警首總 제92호, 사법부장에 대한 경무부장 답
신), 『검찰예규에 관한 기록(1948)』.
295 「범죄수사에 관한 지령명령의 건」(1948. 2. 20), 『검찰제요』, 부록 99쪽.

소를 감찰하고, 피구속자가 불법구금되었다고 인정될 경우 사건을 즉각 검찰청에 송치하게 한다. 구속 또는 피의자처우에 불법이 있는 경우 검사는 이를 조사해 소추할 의무가 있으며, 이를 위한 검사의 직무수행을 방해한 자는 형사처벌을 받는다. 유치장감찰권과 함께, 불법구금문제가 발생했을 때 검사가 경찰의 수사에 직접 개입하고 해당 경찰관을 수사·기소할 수 있는 강력한 권한을 부여했다. 특기할 것은, 기소편의주의체제 아래서 예외적으로 불법·부당구금사건에 관해 검사에게 기소의무를 부과한 점이다.[296]

이는 3월 초에 발생한 서대문경찰서장의 유치장검증 거부사건의 여파라고 할 것이다. 법령 제176호 초안들에는 경찰관의 처벌·손해배상, 경찰서장의 문책 정도만 담겨 있었다. 1946년 9월 개최된 차석·상석검사회동에서 경찰의 불법구금을 감시하기 위해 검사가 수시로 유치장을 감찰하는 것을 장려하는 방침을 결정한 바 있었다.[297] 그러나 인권유린과 고문의혹이 있을 때마다 경찰이 보여준 행태는 특단의 조치를 강구하게 만들었던 것이다.

미군정은 미국식 관념에 입각해 경찰에게 1차적 수사책임자가 될 수 있는 기회를 주었다. 하지만 경찰은 맡겨진 권한과 책무를 수행할 만한 자질도 능력도 갖추지 못했음을 스스로 증명했다. 그런 상황이 검찰의 수사지휘권 확보를 민주적 개혁의 과제로 만들었다. 검찰 역시 그 기회를 활용하여 검찰수사기구를 확보하고자 했다.

과도검찰청법의 검찰조직 구성

1948년 들어 검찰은 기존의 검찰청조직법안을 폐기하고 일본의 신검찰

---

296 일본에서도 1946년 8월 준기소절차와 유사한 제도를 도입하자는 주장이 나오자, 검찰서 기소독점을 유지하기 위해 경찰의 인권유린 범죄에 관해서는 기소법정주의를 도입하는 방안을 거론했다. 小田中聰樹, 「刑事裁判制度の改革」, 219쪽.
297 『검찰예규에 관한 기록(1945·1946)』, 288쪽.

청법을 참고해 새로운 검찰청법안을 작성했다. 자료상으로는 1948년 7월 경 전국 검찰청에 검찰청법안이 배포되었음을 확인할 수 있다.[298] 7월 말에 사법부, 경무국, 검찰 관계자들이 검토한 법안이 아마도 그것일 것이다. 8월 2일 공포된 과도검찰청법의 내용을 간략히 살펴보자.

검찰청을 각급법원에 대응하여 대검찰청·고등검찰청·지방검찰청을 설치하고, 지방법원지청과 간이법원에 대응하여 지방검찰청지청과 간이검찰청을 둘 수 있게 했다. 검찰관의 종류는 검사와 검사보 두 가지로 했다. 검사총장·검사장·차장검사·부장검사·지청장은 검사로 임용하고, 간이검찰청장은 검사 또는 검사보로 임용한다. 검사장은 고등검찰청장, 지방검찰청장을 말한다. 원래 검사장(procureur général)은 항소법원 이상의 검찰청의 장에게만 붙이는 명칭이었다. 일본 법에서도 지방검찰청에는 과거와 같이 검사정 正을 둔다고 했다. 이것이 한국에서는 고검장·지검장의 명칭이 되었고, 나중에는 직급처럼 되어버렸다. 또한 대검·고검·지검에 각각 차장검사를 배치하는데, 일본에서는 최고검찰청에만 차장검사를 둔다. 각 청에 청장을 보좌하는 차장검사를 둔다는 것은 만주국 법원조직법에서 온 것이다.

검찰청조직법안보다는 완화되기는 했지만, 검찰 내의 직급과 보직을 검찰청법에 담으려는 태도는 바뀌지 않았다. 또한 부장검사에 관한 규정, 각 검찰청에 설치하는 국과 과에 관한 규정과 같이, 검찰청의 사무분담이나 사무조직에 관한 세세한 규정까지 담으려고 했다. 이런 경향은 이후 검찰청법에서도 유지된다. 사실 이후의 검찰청법 개정사는 검찰청 사무기구 개편을 위한 개정사라고 불러도 될 정도이다.[299]

---

298 「검찰청법안」, 『검찰예규철(1948)』(대구고검, 국가기록원 소장).
299 이외에 과도검찰청법 제21조에서는 사법부 직원으로서 검찰관이 될 자격이 있는 자는 검찰관을 겸임할 수 있으며, 그 경우 그중 고율한 봉급을 받고, 그 겸직은 검찰관의 정원에

7월경에 완성된 법안과 비교하면 검찰관 직권의 내용에 약간 차이가 있다. 과도검찰청법 제6조는 "검찰관은 공익의 대표자로서" ① 형사에 관해 범죄수사, 공소제기 및 유지에 필요한 행위, 범죄수사에 관한 사법경찰관 지휘감독, 법원에 대한 법령의 적당한 적용의 청구, 재판집행의 지휘·감독을 하며, ② 다른 법령에 의하여 검찰관의 권한에 속하는 사무를 행한다고 규정했다. 그런데 직전의 법안에서는 ①과 ② 외에 "법원의 권한에 속하는 사항에 대하여 직무상 필요한 때는 법원에 대하여 의견을 진술하여 통지를 요구할 수 있다"는 규정이 있었다. 이는 일본 검찰청법에 포함된 검사의 직권이었다.[300] 프랑스식 검찰에서 법률옹호자로서의 검사의 지위를 단적으로 표현해주는 규정인데, 과도검찰청법단계에 삭제되었다. 한편 일본 법과 달리 "공익의 대표자"가 첫머리에 들어간 것은 총독부재판소령이나 일본의 식민지 검찰법제의 규정방식을 취한 것이다.

'검찰사무의 최고감독자'라는 표현에 담긴 검찰의 희망

과도검찰청법 제14조는 일본의 검찰청법을 참고하여 사법"부장은 검찰사무의 최고감녹기관으로서 일반적으로 검찰관을 지휘감독한다. 개별적 사건에 대하여는 검찰총장에게 그 조사와 처분을 지휘한다"고 했다. 제정검찰청법 제14조는 표현을 약간 바꾸어 "법무부장관은 검찰사무의 최고감독

산입하지 않는다고 했다. 제정검찰청법 제26조 역시 같은 규정을 두었다. 검사의 직무를 수행하지 않음에도 검사의 자격을 가졌다는 이유로 검사 겸임을 인정하고 고율의 봉급을 지급하는 제도가 이 시점에서 도입되었다.

300 일본 검찰청법 제4조 검찰관은 형사에 관하여 공소를 행하고 재판소에 법의 정당한 적용을 청구하며 재판의 집행을 감독한다. 또한 재판소의 권한에 속하는 기타 사항에 관해서도 직무상 필요하다고 인정할 경우 재판소에 통지를 구하거나 의견을 진술한다. 또한 공익의 대표자로서 다른 법령이 그 권한에 속하게 한 사무를 행한다.

자로서 일반적으로 검사를 지휘감독한다. 구체적 사건에 대하여는 검찰총장만을 지휘감독한다"고 규정했다. 검찰 독립의 관점에서 보면, 두 법은 검찰청조직법안보다 후퇴한 것처럼 보인다. 사법부장(법무부장관)이 검찰사무의 최고감독자로 명시되었고, 검찰총장을 경유하기는 하지만 사법부장이 구체적 사건에 관한 지휘감독권을 행사할 수 있기 때문이다. 일본의 검찰청법은 법무대신의 지휘감독권을 규정했으나 법무대신을 검찰사무의 '최고감독자'라고 하지는 않았다. 왜 한국의 검찰청법에 이런 문구가 붙었을까?

1949년 12월에 개최된 한 좌담회에서 대검찰청 검사 정창운鄭暢雲은 이렇게 말했다.

> 검찰청법에 있어서 중요한 것은 제14조 (…) 에 있어서인 문제인데 이것은 정치적 문제와 관련되어 논란이 많았습니다. 검찰사무가 국가에 중대한 영향을 미치므로 최고감독기관은 법무부장관으로 한 것입니다. 그렇지 않으면 정당정치로 나갈 적엔 항상 정당의 당략으로 이용되지 않을까 함에 있습니다.[301]

눈여겨볼 것은 둘째, 셋째 문장이다. 정창운의 말은, 검찰이 당략에 이용되지 않기 위해 법무부장관을 최고감독기관으로 했다는 뜻이다. 따라서 검찰사무의 최고감독자라는 문구의 취지는 다른 누구도 아닌 '오로지' 법무부장관이 검찰을 지휘감독함을 강조하기 위한 표현이라 할 수 있다. 다시 말해 다른 내각원(대통령까지 포함)이나 정당세력의 간섭을 배제하겠다는 취지에서 법무부장관을 최고감독자로 표현한 것이다. 보통은 구체적 사건에 관하여 법무부장관이 검찰총장만을 지휘하게 한 것을 두고 정치적 간섭을 배제하기 위한 장치라고 말한다. 그런데 정창운은 법무부장관이 최고감독자

---

301 「법정 1년 회고 및 전망 좌담회」(1949. 12. 24), 『법정』 5권 1호, 1950, 61쪽.

라는 문구에도 같은 취지가 담겨 있다고 말하는 것이다.

아마 한국의 검사들은 일본의 신검찰청법 규정을 보고 불안감을 느꼈던 것 같다. 법무대신이 수상의 명에 따라 검찰을 지휘할 수도 있기 때문이다. 그래서 거기에 덧붙여 내각이 검찰사무에 간섭하는 것을 배제한다는 취지에서 법무부장관을 최고감독자로 표현하는 방책을 고안했던 것 같다. 다시 말해, 법무부장관은 대내적으로 검찰사무의 최고감독기관임과 동시에 대외적으로 '유일한' 최고감독기관임을 명시하려고 한 것이다.

오늘날 본래의 의도는 잊었다. 하지만 본래의 의도가 어떻든, 법문이 그 의도를 전달해주지 못하고 오해를 불러일으킨다. 또 실제로도 법무부장관은 대내적으로 검찰의 최고감독자라는 의미만 가지게 되었다. 때문에 오늘날에는 오히려 비판의 대상이 되고 있다.

아무튼 이 규정은 정치적 간섭을 배제하기 위한 궁구에서 등장한 독특한 규정이었다. 그러나 또 다른 문제가 제기된다. 법무부장관이 검찰을 보호해줄 것을 기대했지만, 과연 법무부장관을 어떻게 신뢰할 것인가? 검찰청법 입안 시 검사들의 관점으로 돌아가면 답은 간단하다. 검찰 내부에서 신망이 있는 검찰간부가 법무부장관이 되면 된다. 말하자면, 같은 검찰인인 법무부장관과 검찰총장이 검찰의 투톱이 되어 외압을 헤치고 검찰을 지휘하는 모습이다. 이 대목에서 과거 일본 검찰관료들이 주장했던 검찰 독립론이 떠오를 수도 있다. 정당내각이 사법운영에 간섭하는 것을 배제하기 위해 검찰관료들이 주장했던 검찰 독립론 말이다. 그것은 마치 일본 군부가 군대에 대한 문민통제를 거부하는 논리로 '통수권統帥權의 독립'을 주장했던 것과 같이, 의회정치·책임정치로부터 검찰을 단절시키는 것, 검찰을 누구도 건드릴 수 없는 섬으로 만드는 것을 의미했다. 물론 한국 검찰청법의 이 독특한 규정에서 과거의 공격적인 검찰 독립론이나 검벌, 검찰파쇼를 떠올리는 것은 조금 과하고, 정치적 외압을 배제하는 취지 정도로 이해하는 것이 타당할지도 모른다. 하지만 나중에 보게 되듯이 헌정이 개시되자 의회와 검찰의 충돌이 발생했고, 바로 그때 검찰은 검찰 독립을 내포하는 사법권 독립을 주장했다.

검사의 수사지휘권 강화와 검찰직속 수사기구의 실현

과도검찰청법은 검사직권에서 수사지휘권을 명문으로 규정했고, 1945년의 법무국 훈령 및 저촉되는 일체의 법령·명령·훈령을 폐지한다고 했다. 아울러 제36조에서 사법경찰관리는 소속검찰관 및 그 검찰관의 상사가 발한 직무상 명령에 복종해야 한다고 명시했다. 이견의 여지를 완전히 없앤 것이다.

그런데 직전의 검찰청법안에는 또 한 가지 규정이 있었다. 법안 제37조에서 지방검찰청 검사장은 사법경찰관리의 직무집행이 적당치 않다고 인정될 때 직무집행의 정지를 명하거나 그 소속장관에게 체임遞任, 쉽게 말해서 갈아치울 것을 요구할 수 있다고 한 것이다. 이는 검찰청조직법안과 미국 사법제도시찰보고서에 이미 등장했던 것이다. 검찰이 사법경찰관의 인사에 관여할 수 있을 때 수사지휘권의 실효적으로 행사된다는 것이었다. 이 규정이 과도검찰청에서 삭제된 것을 볼 때, 경찰 측의 상당한 반대가 있었을 것이라고 추측된다. 하지만 삭제된 두 규정은 제정검찰청법에서 다시 부활했다.

과도검찰청법에서 가장 큰 소득은 검찰직속의 수사기구를 확립했다는 것이다. 대검의 정보과와 지검의 수사과가 그것이다. 정보과와 수사과의 서기관은 범죄수사에 관하여 사법경찰관의 직무를 행한다. 1948년 8월 검찰청 감독관회동석상에서 이인 검찰총장은 대검 정보과와 지검 수사과의 운영방침에 관해 다음과 같이 밝히고 있다.

각위는 현하 부하직원 중에 적당한 자를 선택하야 이에 충당하고 사회의 이목을 끄는 사건, 기타 중요사건 및 일반사법경찰관이 취급함에 불편부적당한 사안의 수사에 직접 이를 구사驅使하야 범죄수사의 완벽을 기하는 동시에 이로 하여금 사회 각부문의 동향과 인심의 추세 등을 사찰 보고하게 하여 사회의 실정파악에 노력할 뿐만 아니라 수사기술·사건취급태도 등 제반 점에 있어 모범을 일반사법 경찰에 보여 그 지도교양에 일조가 되도록 힘써주시기 바랍니다.[302]

과거부터 논의되어왔던 검찰직속 사법경찰기구의 목표를 정보과와 수사 과를 통해 실현하고자 하는 의지를 확인할 수 있다. 일본의 신검찰청도 검 찰사무관(종래의 서기)은 검찰관의 명령과 지휘를 받아 수사를 행한다고 했다. 하지만 과거 검사국 서기가 검사의 수사를 보조하는 것과 차이가 없고, 더 구나 일본에서는 경찰이 제1차적 수사기관으로 정립되었기 때문에 검사의 직접 수사범위는 예전보다 더욱 한정되었다.[303] 과도검찰청법 시행 전 한국 의 상황도 비슷했다. 즉 검찰청 서기의 보조를 받을 수는 있었지만 어디까 지나 검사가 직접 수리한 사건에 한정되었다.[304] 반면 이제는 검사의 수사

---

302 「어(於) 검찰청감독관회동석상 이인 검찰총장 훈시요지」(1948. 8. 14), 『검찰예규에 관한 기록(1948)』, 208쪽.

303 1946년 12월 일본 정부는 검찰보좌관 신설에 관한 칙령을 공포하여 전국 검사국에 직속된 사법경찰관리들로써 검찰보좌관을 배치하도록 했다. 검찰청법을 제정할 당시 검찰청 직원 을 수사의 보조기관과 수사 외의 검찰사무에 종사하는 직원으로 구분할 것인지 문제시되 었으나 양자를 구분하지 않는 방향으로 결론이 났다. 最高檢察廳中央廣報部, 「新檢察制度 十年の回顧 (一)」, 『法曹時報』 10卷 2號, 1958, 64쪽.

304 1948년 2월 제주지방검찰청 서기가 검사국이 수리하지 않은 사건을 수사하자, 경찰 측은 곧 월권이라고 항의했다. 사법부는 1924년 조선총독부령 제23호에 의거해 검찰청 서기는

주재자적 지위를 재확인하고, 일반직원과 분리된 수사기구로서 정보과와 수사과를 설치하여 "사회의 이목을 끄는 사건, 기타 중요사건, 일반경찰관이 취급하기에 불편·부적당한 사건"을 수사하고 "사회 각부문의 동향과 인심의 추세를 사찰"하기까지 한다. 과도검찰청법의 정보과와 수사과는 검찰의 자체 사찰·정보·수사기능을 강화하겠다는 의지의 표현이었다. 그 모델은 바로 미연방수사국(FBI)이었고, 제정검찰청법에서 좀 더 확실한 모습을 갖게 된다.

3. 정부수립 이후 검찰청법의 제정

1949년 검찰청법과 한국적 검사동일체원칙

1949년 12월 20일 법률 제81호 검찰청법(제정검찰청법)은 해방 이후 진행된 검찰기구 개편과 검찰진 강화작업의 귀결점이었다. 제정검찰청법은 과도검찰청법을 계승하면서도 몇 가지 중대한 변화를 가했다. 거기에 한국적인 검찰조직법제의 특징이 고스란히 담겨 있다. 제정검찰청법은 한국 검찰청법의 진정한 출발점이다. 먼저 과도검찰청법과 비교하면서 제정검찰청법이 검찰편제와 지휘감독체계에 어떤 변화를 가했는지 살펴보자.

첫째, 직위 위주의 명칭을 확립시켰다. 과도검찰청법은 검찰관의 종류를 검사와 검사보로 나누고, 검사와 검사보로 임용할 직위를 열거했다. 반면 제정검찰청법은 '검찰관' 대신 '검사'라는 통칭을 사용하고, 검사의 종류에

검찰청에 수리되지 않은 일반범죄사건 수사에 그 직무를 행하지 않도록 하여 경찰과 알력을 피했다. 「검찰청 직원의 사법경찰관리 직무취급에 관한 건」(1948. 2. 20, 司檢 제11호), 『서무(인사)예규(1946~1950)』.

대한 규정을 없앴다. 그리고 대검찰청에 검찰총장을, 고등검찰청과 지방검찰청에 검사장을, 대검찰청·고등검찰청·지방검찰청에 차장검사를, 지방검찰청의 부에 부장검사를, 지방검찰청지청에 지청장을 둔다고 했다. 종류·직위·직급 사이의 혼란을 없애고, 검찰총장, 검사장 등을 '관명'이 아니라 검사로써 보하는 '직위'의 명칭으로 확립했다.

둘째, 과도검찰청법의 간이검찰청제도와 검사보제도가 폐지되었다. 검찰청법에 앞서 제정된 법원조직법에서 간이법원제도를 채택하지 않았기 때문이다.

셋째, 고등검찰청 검사장의 위상격하이다. 이것은 검사장의 지휘감독권이 미치는 범위를 통해 확인된다. 과도검찰청법은 검찰총장은 '국내 검찰사무를 통할하며 이를 지휘·감독'하며, 고등검찰청 검사장(이하 고검장)과 지방검찰청 검사장(이하 지검장)은 '소관所管검찰청'의 사무를 지휘·감독한다고 했다. 검찰총장, 고검장, 지검장의 지휘감독권이 각각 관할구역 내 하급검찰청 전체에 미치는 것이다. 그런데 제정검찰청법은 검찰총장은 '소관검찰청의 공무원'을 지휘감독한다고 하고, 고검장과 지검장은 '소속공무원'을 지휘감독한다고 했다. 검사장은 해당 검찰청의 공무원에 대해서만 지휘감독권을 행사하는 것이다. 하지만 지청장의 경우 지검장의 명을 받는다고 했기 때문에, 결국 고검장의 지휘감독권은 자신이 속한 고검에 한정되었다. 제정검찰청법에서 고검장의 위상은 과거 일본의 공소원 검사장, 총독부의 복심법원 검사장, 과도검찰청법의 고등검찰청 검사장보다 훨씬 축소되었다.

넷째, 직무승계·이전권이 미치는 범위가 소속검찰청 내로 한정되었다. 과도검찰청법은 검찰총장 및 검사장은 '소관검찰관'의 사무를 자신이 처리하거나 또는 다른 검찰관으로 하여금 처리하게 할 수 있다고 했다. 즉 직무승계권과 직무이전권의 행사범위가 관할구역 내 하급검찰청 전부에 미쳤다.

따라서 검찰총장은 어떤 지검 검찰관의 사무를 자신이 승계하여 처리하거나 다른 고검 또는 지검의 검찰관에게 이전시킬 수 있었다. 직무이전·승계권은 검사동일체원칙을 표현하는 가장 중요한 규정이라고 볼 때, 검찰총장이 진정한 검찰관이 되고 그 아래 전국 검찰관이 일체가 된다고 할 수 있다. 구한말 법제나 조선총독부재판소령에는 상관의 직무승계·이전권에 관한 명문의 규정이 없었다. 따라서 과도검찰청법은 검사동일체원칙에 관련된 핵심적 규정을 최초로 명시한 입법이었다. 그 내용은 일본에서 재판소구성법(1890) 이래 신검찰청법까지 일관되게 유지되어온 것이었고, 1947년 검찰청조직법안에도 들어 있었다. 반면 제정검찰청법은 검찰총장과 검사장은 '소속 검찰청' 검사의 직무를 자신이 처리하거나 다른 검사로 하여금 처리하도록 할 수 있다고 했다. 즉 직무승계·이전권을 오직 소속된 검찰청 내부에서만 행사할 수 있게 되었다.

고검장의 위상격하는 예전에 엄상섭이 고검폐지론을 주장하면서 했던 말을 떠올리게 만든다. 고검장과 고검은 대검과 지검 사이 중간단계에 불과해졌다. 검찰총장은 지검이 행하는 수사를 직접 지휘할 수 있었지만, 고검장은 고검의 사무(주로 항소심에서의 송무)를 지휘하는 데 만족해야 했다. 이는 검찰총장의 위상강화의 반사적 표현이라 할 것이다. 즉 전국 검찰의 '컨트롤 타워'는 하나면 되기 때문에 명령계선을 검찰총장으로 집중시킨 것이다. 이는 제정검찰청법에서 대검과 지검의 수사기능을 대폭 강화한 것과 정확히 조응한다. 미군정기에 검찰이 외쳤던 슬로건, 즉 수사의 기의민속, 수사와 형사정책의 통일성이라는 슬로건이, 결국 고검이라는 중간단계를 없애고 대검에서 지검으로 단번에 명령이 전달되는 체계를 만들어냈다. 이는 검찰은 곧 수사기관이라는 관념이 절정에 달하면 어떤 형태의 조직이 나오는지를 보여주는 사례이다.

한편 검찰총장과 검사장의 직무승계·이전권을 소속 검찰청에 한정시킨 이유는 불확실하다. 혹시 과도검찰청법과 같은 직무승계·이전권은 개개 검사의 자율성을 지나치게 침해할 우려가 있다고 생각한 것일까? 그것보다는 제정검찰청이 취하고 있는 기능분배와 명령체계의 변화와 연관시켜 이해하는 것이 타당할 듯싶다. 제정검찰청법은 대검을 전국 검찰수사의 컨트롤 타워로, 고검을 주로 제2심의 송무업무를 담당하는 기관으로, 지검은 일선의 수사·소추 기타 검찰사무를 담당하는 기관으로 설정했다. 검찰총장과 달리 검사장의 지휘감독권은 '해당' 검찰청에만 미친다고 하고, 지청장은 지검장의 명에 따른다는 규정을 별도로 두었다. 고검장의 하급검찰청에 대한 지휘감독권이 부정됨에 따라 고검장과 고검의 위상은 유례없이 추락했다. 이렇게 설정된 기능분배와 명령전달의 체계에서 검찰총장·검사장의 직무승계·이전권을 관할 내 모든 검사에게 미치게 한다면 오히려 혼란을 야기할 수 있다. 어차피 실무상 직무승계·이전권을 행사할 일은 드물기 때문에, 소속검찰청 내부로 한정시키는 것이 기능적이다. 핵심은 대검을 정점으로 한 지휘감독과 상명하복의 체계이기 때문이다.

각 청장의 직무이전·승계권에 대한 제정검찰청법의 태도는 검사동일체원칙의 해석과 관련해 중요한 의미를 가진다. 검사동일체원칙의 의미를 법의 눈으로 보았을 때 개개의 검사가 일체를 이루어 서로 대체가능하다는 의미로 파악한다면, 그 단일불가분성, 대체가능성을 징표하는 것은 직무이전·승계권이다. 1장에서 보았듯이 프랑스의 경우 각 검사국의 장과 소속검사의 법적 관계상, 검사의 일체성은 전국 검찰이 아닌 개별 검사국에 관해서만 인정되었다. 반면 일본의 재판소구성법은 검사총장이 전국 검사의 직무를 다른 검사에게 이전하고 자신이 직접 처리할 수 있도록 함으로써, 검사의 일체성이 전국 검사로 확장되었다. 제정검찰청법은 직무이전과 승계의 범위를 각 검찰청 내부로 한정했다. 따라서 전국 검사가 동일체가 아니라 각 검찰청별로 동일체가 된다고 해석할 수 있을 것이다. 물론 이는 통설과 다른 해석이다. 통설은 전국 검사가 동일체라는 근거를 검찰총장의 전체 검찰에 대한 지휘감독권, 검찰 내부의 상명하복의무에서 찾는다. 하지만 이것은 행정부에 종속되어 위계적으로 조직되는 검찰조직의 특징을 나타내는 것이지, 어떤 범위의 검사들을 일체불가분한 것으로 인식하게 만드는 법적 근거라고는 할 수 없다. 하지만 검사동일체원칙을 이론적으로 어떻게 이해하는가 하는 것은 현실에서는 그다지 큰 의미가 없다. 현실에서 기능하는 검사동일체원칙은 여전히 검찰총장을 정점으로 전국 검사가 동일체라는 관념과 그에 근거한 실천이기 때문이다.

지금까지 본 변화 외에 제정검찰청법에 새롭게 추가된 중요한 것을 들면 네 가지이다. 검찰항고제도를 검찰청법에 규정한 것, 검사는 별정직 공무원이라고 명시한 것, 대검찰청에 중앙수사국을 두고 각급검찰청에 수사관을 두게 한 것, 지검장의 사법경찰관에 대한 직무중지명령권 및 체임요구권을 명시한 것이다. 국회 본회의 속기록에 근거하면, 검찰항고를 제외한 나머지는 국회 법제사법위원회(이하 법사위), 법제처, 대검찰청, 법무부 및 유관부서가 연석회의를 한 결과 법제사법위원회에서 대안으로 마련한 검찰청법안에 편입되었다.[305]

검찰항고제도의 명문화에 담긴 의도

제정검찰청법은 제12조에서 검사의 불기소처분에 불복이 있는 고소인은 그 검사가 속한 검찰청을 경유해 서면으로 직근 상급검찰청의 장에게 항고

---

305 대검찰청, 『검찰청법연혁』, 1996, 203~204쪽. 법제사법위원회 대안이 확정되어 국회 본회의에 제출된 일자는 1949년 10월 11일이다. 『서울신문』 1949. 10. 13.

할 수 있고, 항고를 기각하는 처분에 대해서는 다시 직근 상급경찰청의 장에게 재항고할 수 있다고 했다. 이른바 검찰항고제도이다. 이 제도는 일찍이 일본에서 시작되어 식민지 시기는 물론 해방 이후에도 시행되었다.[306] 따라서 제정검찰청법은 검찰항고의 법적 근거를 명확히 하고 제도를 보완했다는 점에서 의미가 있었다.

그러나 한 가지 의문이 든다. 검찰항고가 실무상 인정되고 있었음에도, 왜 이 시점에 검찰청법에 명문으로 규정했는가 하는 점이다. 10장에서 보았듯이 형소법 제정과정의 최대쟁점 중 하나가 검사의 소추재량을 어떻게 통제할 것인가였다. 이 문제가 법전편찬위에서 논의되고 있는 이상, 이 문제는 원래 형소법에서 결정될 일이었다. 검찰항고제도의 직접적 모델인 만주국의 제도도 형소법에 담겨 있었다. 게다가 법전편찬위원회는 1950년 상반기 내에 형소법을 제정한다는 계획을 세우고 있었기 때문에, 형소법의 제정을 기다려도 크게 문제될 게 없었다. 그렇다면 검찰항고제도를 검찰청법에 규정한 것은, 이른바 사인소추제도 도입 등 법전편찬위의 논의를 의식했기 때문은 아니었을까? 즉 기소편의주의에 대한 비난을 불식시키고, 혹시라도 기소독점주의를 위협할 요소가 등장하지 않도록 검찰 내부적 통제로 이 문제를 해결할 수 있음을 보여줄 필요가 있지 않았을까 한다.

검사의 별정직화에 반영된 검찰의 의식

제정검찰청법 제27조는 검사는 별정직別定職으로 하고 그 정원, 보수와 징계에 관한 사항은 따로 법률로써 정한다고 규정하고 있다. 이 역시 다소

---

[306] 국가기록원에는 1946년부터 1948년까지 서울고검의 검찰항고사건 결정문이 보관되어 있다. 또 1948년 11월 29일 권승렬 검찰총장이 검찰항고 운영에 관한 주의사항을 훈령한 문서도 있다. 「피의자 등에 대한 용어통일, 접견금지, 불기소처분에 대한 항고처리에 관한 건」(1948. 11. 29, 대검비 제50호), 대구고검, 『검찰예규철(1948)』.

뜬금없는 규정이다. 하지만 이 규정은 1949년 8월 12일 제정된 국가공무원법이 검사를 별정직에서 제외시킨 것을 보정한다는 의미에서 검찰청법에 삽입된 것이다. 그 경과는 당시 국회의원과 법률가들이 검사의 성격을 어떻게 인식하고 있었는지 잘 보여준다.

본래 정부는 1949년 1월 검찰청법안을 국회에 제출했지만 회기종료로 처리되지 못했다. 1949년 7월 8일 다시 검찰청법안을 제출했는데, 때마침 7월 20일 국가공무원법안이 국회 본회의를 통과했다. 국가공무원법안은 공무원을 별정직과 일반직으로 나누었다.[307] 별정직에 법관은 있었지만 검사는 없었다. 전문위원 윤길중尹吉重과 법제사법위원장 백관수白寬洙는 검찰관은 행정관이므로 별정직에서 제외된다고 했다.[308] 이에 대해 일부 의원들이 검사는 사법권을 가지고 있는 행정관이다, 준법관이다, 법관에 준하여 신분보장을 받고 임명조건도 동일하므로 법관과 동등하게 별정직에 포함시켜야 한다는 등의 반론을 제기하고, 검사를 별정직에 포함시키는 수정안을 제출했다.[309] 윤길중은 별정직화해야만 대우나 지위가 향상되는 것도 아니고, 검사에 관한 별도의 법률이 없는 상황에서 검사를 별정직에 포함시키면 공무원법상의 일반직에 대한 규제조차 받지 않는 문제가 생긴다며, 수정안에 반대했다. 7월 20일 표결 끝에 정부원안대로 통과했다.[310]

---

307 별정직은 선출직 또는 국회가 임명을 승인하는 공무원, 국무위원·처장·차관, 대사·공사, 법관·비서·군인·군속 기타 법률로 별정직으로 지정된 공무원, 단순노무에 종사하는 공무원 등이다. 일반직과 별정직의 구별은 1948년 12월 법제처에서 기초한 법안에 대해 법사위원회가 제출한 수정안에서 비롯되었다. 법제처의 법안은 공무원을 일반직과 특별직(선거 또는 국회의 승인을 요하는 공무원)으로 나누었는데, 흥미롭게도 '검찰총장'도 특별직에 포함되어 있었다. 『제헌국회속기록 2』, 1208~1212쪽.
308 『제헌국회속기록 6』, 192쪽, 204쪽. 192면의 속기록 원문에는 '監察官'이라고 되어 있으나 '檢察官'의 오기이다.
309 위의 책, 188쪽, 202쪽, 237~239쪽.

그러자 검사들이 전국검사일동이라는 명의로 「검찰관 직위에 관한 건의서」를 제출하고 국회에 상정된 검찰청법안에 검찰관별정직에 관한 조항을 삽입해줄 것을 요구했다. 건의서는 공소권행사는 "법률의 적용을 생명으로 하는 사법작용에 속"하므로 "검사는 사법기관"이고, 공소권행사에 관한 검찰사무는 "사법사무의 성격을 대유(帶有)하고 있"는 "준사법사무"라고 하면서, 검사를 법관과 같이 별정직으로 하는 것은 "당연 이상의 당연사"라고 했다. 또 검사를 별정직에서 제외해 법관과 처우를 차별할 경우 전국 검사의 사기에 지대한 영향을 주어서 "예상 이외의 사태"가 벌어질 것이며, 검찰관 지망자가 없어지고 모두 법관을 지망해 사법인사에 중대한 영향을 초래할 것이라고 했다.[311]

한 가지 지적할 것은, 윤길중 위원이 말한 대로 검사를 별정직에 넣고 안 넣고 하는 것은 검사의 신분보장과는 아무런 관계가 없다는 사실이다. 별정직에는 "기타 법률로 별정직으로 규정된 공무원"도 포함되기 때문에 나중에 별정직으로 규정하면 되었다. 법관은 헌법상 신분에 관한 특별한 규정이 있기 때문에, 아직 법원조직법이 제정되기 전이었지만 별정직에 넣은 것이었다. 당시 국가공무원법상, 별정직 개념도 특별한 신분보장을 부여하기 위해서가 아니라 일반직을 위한 인사·복무 등에 관한 규정을 일률적으로 적용할 수 없는 공무원이라는 의미였다. 단순노무에 종사하는 공무원도 별정직이었다. 따라서 검사를 별정직으로 하자는 것은 검사와 판사의 대등성을 표현하려고 하는 것 외에는 의미가 없었다. 어쨌든 이와 같은 검사들의 항의 등을 고려해 법제사법위원회는 나중에 검찰청법에 검사를 별정직으로 명시하는 규정을 포함시켰다.

---

310 위의 책, 240~245쪽.
311 「검찰관직위에 관한 건의서」, 『법정』 4권 10호, 1949, 35쪽.

검찰중심의 수사일원화 의지와 한국적 FBI

제정검찰청법 제36조는, 경찰서장이 아닌 경감 이하 사법경찰관리가 직무집행에 관해 부당한 행위를 했을 때 지방검찰청 검사장은 당해사건의 수사중지를 명하거나 임면권자에게 그 책임을 요구할 수 있고, 임면권자는 정당한 이유를 제시하지 않는 한 책임요구에 응해야 한다고 규정했다. 1948년 7월 과도검찰청법안에 있다가 삭제된 것을 다시 부활시킨 것이다. 1949년 12월 3일 국회 본회의에서는 책임요구가 가능한 경찰관의 범위에 관해 약간 논란이 있었지만 무난히 통과되었다.[312]

같은 날 회의에서 대검 중앙수사국과 검찰수사관제도도 특별한 논란 없이 통과되었다. 중앙수사국은 범죄수사의 지도 연구와 검찰총장이 중요하다고 인정하는 범죄의 수사를 장리하는 기구이며, 산하에 수사과·사찰과·특무과를 둔다. 각 검찰청에는 서기 외에 수사관(3급)을 두고, 수사관이 검사를 보좌하며 그 지휘를 받아 범죄수사를 행한다. 과도검찰청법의 대검 정보과와 지청 수사과보다 한층 발전된 조직이다.

중앙수사국은 앞서 말한 대로 미국 FBI를 참고한 것이었다. 1947년 7월 미국사법제도시찰보고서에 거론된 바 있었다. 전후 일본에서도 FBI를 모델로 검찰직속 사법경찰기구를 설치하고자 했으나, 총사령부가 추진한 수사법제 대개혁 앞에서 포기할 수밖에 없었다. 이를 한국에서 실현한 것이다.

법무부와 검찰은 1948년 9월 FBI를 모방하여 검찰국에 수사과를 창설하는 문제를 놓고 미국인들에게 정보를 요청한 적이 있었다. 이에 미 24군단 방첩대에서 이인 장관과 법무부간부, 기타 관심 있는 검사·판사들에게 FBI의 역사와 기능에 대해 교육을 실시하기도 했다.[313] 또한 같은 해 11월 제

---

312 상세한 것은 「수사지휘권의 귀속에 관한 연혁적 고찰 (II)」, 255~265쪽.
313 「군정청일일활동보고서」 1948. 9. 20; 9. 23; 9. 25.

정된 법무부직제에는 법무부 검찰국에 정보과·검식과·법의학 실험과를 설치하여 검찰수사를 지원하는 조직을 갖추게 했다.[314]

1948년 10월 5일 이인 장관은 국회 시정연설에서, 신정부는 검찰진용을 강화하고 수사의 일원화를 일층 도모하여 '검찰관중심주의'를 확립할 것이라고 했다. 그리고 다음과 같은 계획을 갖고 있음을 밝혔다.

> 대검찰청에 중앙수사국을 두어서 우방 미국의 연방수사국과 같은 그 기능을 발휘하게 해서 종래의 제도를 일체 쇄신을 단행하려고 생각하고 있습니다. (…) 지방검찰이라든지 경찰에서 어떤 알력이라든지 외부의 강제를 받아서 혹은 자기자신의 심리적 이지理智라든지 여러 가지 조건으로 말미암아 항상 배를 불리는 고기는 가끔 이탈시키는 그런 경향이 많이 있습니다. 송사리만 붙잡도록 하는 까닭에 만일 정치적이라든지 사회적이라든지 큰 압력이라든지 전제專制를 받아서 중대한 범죄가 있음에도 불구하고 이것을 그대로 놓친다고 할 것 같으면 일반치안을 유지하기가 곤란합니다. 그런고로 이번에 대검찰청에서 특별히 중앙수사국이라는 것을 만들어서 전국적으로 범죄수사를 지도감독하고 동시에 그와 같은 중대한 사건을 골라서 적발·조사하는 것입니다. 이것은 종래의 실적에 비추어 아니하면 안 될 여러 가지 관계는 여러분에게 누누이 말씀 안 드려도 잘 아실 줄 알고 이상만으로 설명을 생략합니다.[315]

---

314 법무부직제(1948. 11. 4, 대통령령 제21호) 제7조 ③ 검찰과는 검찰행정의 종합기획, 범죄의 수사지휘, 형의 집행지휘, 사면, 감형, 복권 및 범죄인 인도에 관한 사항을 분장한다. ④ 정보과는 범죄정보, 소관 정보기관에 대한 지도연락 및 특수단체와 개인의 사찰에 관한 사항을 분장한다. ⑤ 감식과는 지문의 감식, 보존과 정리에 관한 사항을 분장한다. ⑥ 법의실험과는 법의학적 감식, 물리화학적 감정, 필적감정 및 범죄수사에 관한 화학적 실험에 관한 사항을 분장한다.

315 『제헌국회속기록 2』, 486쪽.

중앙수사국은 전국적 범죄수사를 지휘감독하고 중대사건을 직접 적발·수사하는 기구이다. 이는 검찰수사에 한정되지 않는다. 1949년 12월 국회법사위에서 검찰청법안을 심의할 때, 권승렬 법무부장관은 검찰중심의 수사일원화가 필요하다면서, 내무부 수사지도과장에게 경찰수사지휘를 맡길 수 없다고 했다. 178명인 검사가 5만여 명의 전국 경찰관을 일일이 지도할 수 없기 때문에, 경찰관보다 수준이 높고 수양이 있는 사람을 중앙수사국 수사관으로 임명하여 하급경찰관을 지도하게 할 것이라고 했다.[316] 중앙수사국의 수사과·사찰과·특무과는 중요한 공안사건, 특수사건을 담당하는 수사기구이자 수사지도·연구기관으로 설정되었다. 사법경찰기구를 검사에 전속시키지는 않았지만 실질적으로 검찰중심의 일원적 수사체제를 확립해나가겠다는 구상을 담고 있는 것이다. 한 대검찰청 검사는 "중앙수사국은 사법경찰관을 검사에 직속시키는 일단계"라고 했다.[317] 왜 이런 기구를 대검에 설치하는가? 권승렬 장관은, 미 FBI는 법무부 산하에 있는데 그것은 미 법무부장관이 검찰총장을 겸임하고 있기 때문이며, 중앙수사국도 "수사의 최고장관"인 검찰총장에 직속시켰다고 했다.[318] 검찰총장 아래 전국 수사를 지휘하는 관제탑을 만들겠다는 것이다. 그런 의미에서 미군정기 사법부 또는 검찰청에 사법경찰총감부를 설치한다는 구상을 중앙수사국이 이어받은 것이라고 하겠다.

검찰중심으로 수사지휘와 수사기관을 일원화하는 것은, 검찰에게 이전과 비교할 수 없는 강력한 권력을 부여하는 것이었다. 내무부의 반발은 불을 보듯 뻔한 일이었다. 국회의 지지를 얻을 수 있었던 것은, 이 시기 군과 경

---

316 『검찰청법연혁』, 211~212쪽.
317 「법정 1년 회고 및 전망 좌담회」, 『법정』 5권 1호, 1950, 62쪽.
318 『검찰청법연혁』, 211~213쪽.

찰 수사기관이 자행하던 월권적 수사관행과 인권유린문제를 수사지휘계통 확립을 통해 다소 해결할 수 있다는 인식이 널리 퍼져 있었기 때문이었다.

1949년 10월 대학교수 장형두의 고문치사사건[319]을 비롯한 경찰의 불법 체포·고문사례가 신문지상에 연일 보도되었다. 군방첩대나 헌병대가 우익 정부협력자마저 체포·고문하여 사망에 이르게 하고(동대문민보단장 고문치사사건, 1949. 10), 여순사건 진압과정에서 군과 경찰이 체포된 자들을 재판 없이 즉결처형했다는 것, 처형된 자 중에 현직검사도 포함되었다는 것(박찬길 검사 즉결처형사건, 1949. 10)은 충격적이었다.[320]

1948년 10월 국회의원들은 정부에 수사권 발동과 수사의 지휘명령을 일 원화시켜야 한다고 촉구했다. 권승렬 장관은 검찰이 노력하고 있지만 문제 를 근본적으로 해결하기 위해 국회에서 수사기관 일원화에 대한 입법조치 를 취해줄 것을 희망했다.[321] 김익진 검찰총장도 수사기관이 많아서 인권옹 호에 적신호를 내고 있다면서, 수사일원화를 기하기 위해 최선의 노력을 다하고 있고 곧 실현될 것이라고 했다.[322]

먼저 군수사기관의 수사한계를 설정하기 위해 군·법무부·검찰이 협의했 다. 그 결과 1949년 12월 21일 '헌병 및 국군정보기관의 수사한계에 관한 건'(법률 제80호)이 제정되었다. 헌병은 군사·군인·군속의 범죄에 관련 있는 일반인의 범죄를 형소법의 규정에 의해 수사할 수 있지만 긴급구속을 할 수 없고 수사상 검사가 발한 지휘명령에 복종해야 한다는 것, 군정보기관 과 방첩대는 군인·군속의 범죄만 수사할 수 있다는 것, 헌병이 직권을 남용 하여 일반인의 범죄를 수사했을 때는 1년 이상 10년 이하의 징역에 처한다

---

319 『서울신문』 1949. 10. 28.

320 『서울신문』 1949. 10. 2; 『동아일보』 1949. 10. 6.

321 「제5회국회임시회속기록 제14호」(1948. 10. 4); 『제헌국회속기록 7』, 285쪽.

322 『서울신문』 1949. 10. 8.

는 것 등이 정해졌다. 일반인에 대한 군수사기관의 수사한계 및 검찰의 수사지휘권을 규정한 것이다. 이와 같이 검찰중심으로 수사를 일원화해야 인권유린을 억제할 수 있다는 인식이 퍼져 있었기 때문에, 제정검찰청법에 검사의 수사지휘권을 실효적으로 담보하는 장치들, 중앙수사국과 검찰수사관에 관한 규정이 담길 수 있었던 것이다.

검찰청법 제정사의 교훈

지금까지 살펴본 바와 같이 해방 이후 검찰의 관심은 처음부터 검찰기구의 강화, 특히 검찰 수사력을 강화하고 검찰중심의 일원적 수사체제를 확립하는 것이었다. 그 의도가 강하게 반영되면서, 검찰청조직법안·과도검찰청법·제정검찰청법은 검찰에 관한 기본적 조직법에 머물지 않고 수사를 위주로 한 지휘체제와 검찰직속 수사기구를 확립하기 위한 여러 규정들을 포함하게 되었다. 그 정점이 대검 중앙수사국제도이다. 아마 일본에서도 총사령부의 개입이 없었다면 한국과 비슷한 일이 벌어졌을 것이다.

'검찰총장은 수사의 최고장관'이라는 권승렬 장관의 발언은, 검찰권운용에서 수사가 중심이며 검찰총장이 수사의 지휘탑이 되어야 한다는 관념을 극명하게 표출한 것이었다. 그 관념은 오늘날 대검 중수부 같은 검찰총장 직속 수사기구로 이어지고 있다. 그러나 이른바 준사법관이라고 불리는 검사를 이끄는 검찰총장을 수사의 사령관으로 만들어버린 것이 과연 올바른 선택이었을까? 검찰이 수사의 중심이 되어야 한다는 관념은 그것을 뒷받침하기 위해 검찰조직을 설계하게 만들었고, 이후로도 검찰이 수사기관화되는 경향을 부추겼다. 그럴수록 검찰이 내세웠던 '검사는 준사법기관'이라는 말의 실질과는 점점 더 거리가 멀어졌다. 검사는 사법관이라 하면서도 전혀 사법관답지 않게 만들어버리는 이 선택들을 어떻게 평가할 것인가? 식민지 사법의 경험과 해방 이후의 위기국가체제가 영향을 주었던 것은 확실하다. 그러나 그 속에서 사법이란 말의 참된 의미는 사라지고, 권력의지를 표현하는 말만 남은 것은 아닌가? 검찰의 강대화·독선화를 견제해야 한다고 말한 엄상섭 검사마저 없었더라면, 황량하기 그지없었을 것이다.

한편 1950년 1월 김익진 총장은 신년기자회견에서 "공산당 타도와 탐관오리 숙청은 나의 의무"라며 대검 경제부와 감찰부, 중앙수사국을 통해 대대적인 숙정에 나설 것이라고 천명했다.[323] 검찰관계자는 4월쯤 중앙수사국을 발족시킬 예정이었다.[324] 그러나 전쟁발발로 시행의 기회를 놓쳤다. 이후에도 중앙수사국 발족이 시도되었지만 1950년대 말에야 예산을 확보하고 4·19 이후에 발족했다. 그때까지 중앙수사국은 종이 위의 제도에 불과했다. 하지만 중앙수사국도 5·16 이후 폐지되었다. 검찰 외에도 더 고분고분하며 충성스럽고 더러운 일도 마다하지 않는 기구가 있었기 때문이다.

4. 헌정 초기의 정치와 검찰

국회와 검찰의 충돌 : 검찰의 국정감사 거부

1949년 국회는 우호적인 분위기 속에서 법원조직법과 검찰청법을 통과시켰다. 두 법은 행정부 대 법원·검찰, 검찰 대 경찰에 관한 것이었고, 국회는 법원과 검찰을 지지해주었다. 그런데 1950년 1월 헌정사상 최초로 국정감사에서 국회 대 검찰의 대립이 불거졌다. 국회는 헌법의 명령을 내세워, 검찰은 사법권 독립을 내세워 대립했다. 헌법 제43조는 "국회는 국정을 감

---

323 『경향신문』 1950. 1. 6; 『연합신문』 1950. 1. 11.
324 「민주경찰을 말하는 좌담회」, 『법정』 5권 2호, 1950, 28쪽.

사하기 위하여 필요한 서류를 제출케 하며 증인의 출석과 증언 또는 의견의 진술을 요구할 수 있다"고 규정하고 있었다. 아직 국정감사에 관한 법률이 제정되지 않았기 때문에, 최초의 국정감사는 오로지 헌법 제43조에 근거하여 이루어졌다.

1월 19일 법사위 국정검사단은 서울지검을 방문하여 국정감사를 이유로 수사 중 사건의 기록과 일부사건의 기소·불기소에 관한 기록을 제출할 것을 요구했다. 그중에는 반민특위 습격사건, 모 국회의원이 연루된 사기피고사건(해당 의원은 불기소처분 되었음), 상고심에 계속 중인 임영신사건 등 정치적으로 민감한 사건기록들이 포함되어 있었다.[325] 대검에서 긴급간부회의가 열렸다. 김익진 총장은 수사기밀사항이므로 기록제시를 보류하라고 지시했다. 감사단이 직접 총장을 만나 따져 물었다. 김 총장은 입법부가 마치 상급관청이 하급관청을 감사하듯이 사무적 감사를 해서는 안 된다고 하고, 불기소기록은 법원에 증거로 제출되는 것이며 법무부장관이나 대통령이 요구해도 경우에 따라 거절할 수 있다고 답했다. 의원들은 일개 내부적 방침으로 헌법을 구속할 수 없다고 반박했다. 이어지는 대화이다.

> 의원 : (…) 우리는 헌법이 명하는 바에 의하여 국정감사를 하게 되는 것입니다.
>   대한민국은 헌법에 절대 복종하여야 할 것이며 행정, 사법 기타 어떠한
>   기관을 막론하고 대한민국 헌법하의 기관인 이상 검찰청은 또한 대한민국
>   의 기관이에요, 대한민국을 떠난 어떠한 지상천국이 아닐 것입니다.
> 총장 : 여러분의 말씀에 의하면 검찰청이 지상천국이 아니라 국회가 지상천국 같
>   습니다. 입법부로서 어찌 검찰청을 국정감사를 한다는 말입니까.
> 의원 : 우리는 입법부의 사명으로 온 것이 아니요, 국민의 대표자로서 헌법이 명

---

325 『조선일보』 1950. 2. 9.

한 바에 의하여 온 것입니다. 국회는 입법기관인 동시에 국민을 대표하여 국민의 모든 기관이 입법에 의하여 정당한 처지를 하고 있는가 없는가 이 것을 시정할 수 있는 것입니다. 단순히 입법 하나가 국회의 사명이 아닙니다. 권력분립을 기반으로 하는 민주주의국가에 있어서는 국회는 입법기능을 가진 동시에 국민의 최고결정기관으로서 주권을 가진 국민을 대표하여 국가의 모든 기관을 감사하는 기능이 더욱 중요한 것입니다.

총장 : 우리는 그렇게 해석하지 않습니다.[326]

1월 21일 국회 본회의에서 의원단의 일원인 박준朴峻 의원은 검찰총장실 앞에서 당한 모욕적 처사를 소개하고, 이 문제는 헌법해석에 관련된 중요한 문제이며 국정감사의 법적 한계에 대한 토의가 있어야 한다고 했다.[327] 의원들은 만장일치로 권승렬 법무부장관과 김 총장의 국회출석을 요구하는 긴급동의안을 가결했다. 같은 날 국회에 출석한 권 장관은 검사의 공소제기권한은 사법권이며 사법은 국정감사의 범위에 들어가지 않는다고 했다.

---

326 「제6회국회정기회의속기록 제11호」(1950. 1. 21); 『제헌의회속기록 8』, 200~201쪽.
327 박준 의원은 의원단이 대검찰청을 찾아갔을 때 총장이 부재 중이라 대신 차장과 면담을 요구하고 있었는데, 마침 총장실에서 나온 비서에게 재촉했더니 "건방지게 굴지 말고 좀 기다려" 하고 불손한 언사로 응했다고 했다. 자신이 그에 대해 큰 소리로 책망하자 한 평복 순경이 젊은 놈이 노인에게 호령을 한다며 웃옷을 벗어던지고 달려들어 기자들이 뜯어 말렸고, 앞방에서는 영장을 내어 잡아 가두라는 말도 들리는 등 국회의원을 형사피의자 취급했다고 주장했다. 『연합신문』 1950. 1. 23. 이에 대해 검찰 측은 검찰총장과의 면담을 재촉하는 의원들에게 비서관이 공손하게 대했음에도 오히려 박준 의원이 구타할 듯한 태도로 욕설을 했으며 이를 말리는 경찰관에게도 폭언을 했다고 주장했다. 다음 날에는 박준 의원이 그 일에 대해 직접 사과했으며 국정감사도 원만히 진행되었다고 했다. 『동아일보』 1950. 1. 24 및 대검비(大檢秘) 제15호, 단기4283(1950). 1. 23. 「國政監査에 關한 眞相報告」, 국무총리 비서실, 『국무회의부의안건(참고서류)』, 국가기록원 소장문서철, 관리번호 BA0013547.

그리고 형소법상 기소편의주의에 관한 규정이 폐지되지 않는 이상 국회는 검사의 기소권행사를 감사할 수 없다고 했다. 여러 의원이 검사의 기소권 행사는 행정처분이라며 반박했지만, 권 장관은 소신을 굽히지 않았다. 참다 못한 의원들은 권 장관과 김 총장의 파면건의안을 만장일치로(115 대 0) 가 결하고 대통령에게 통고했다.[328]

1월 23일 김 총장은 국무회의에 제출한 보고서에서 국정감사 거부의 정 당성을 설명했다.[329] 즉 형사사법과 표리일체가 되어 있는 검찰권의 발동, 특히 기소·불기소는 사법권 독립의 취지와 마찬가지로 타로부터 간섭을 받 아서는 안 될 성질의 것이다, 헌법위원회의 구성(의원 5, 대법관 5)에서 볼 수 있듯이 헌법은 입법부와 사법부를 평등하게 취급하고 있으며 국회가 국민 의 대표로 구성되었다고 해서 국민주권의 전권능을 행사함을 용인한 것으 로 해석할 수 없다, 정부의 비밀에 속하는 것(군사·외교기밀, 사법 내지 검찰기밀 등)은 국정감사의 범위에 속하지 않는다, 정당색채가 농후한 국회가 법률을 수호하는 수직인守直人인 법원을 수직守直하는 기관이 될 수 없듯이, 검찰기 관을 수직하는 기관도 될 수 없다. 국회가 검찰을 검사할 수 없다고 했던 김총장의 발언은, 입법부가 검찰을 포함한 사법부를 감사할 수 없다는 말 에 다름 아니었다.

1월 24일 국무회의는—검찰의 법적 지위는 건드리지 않고—국정감사에 대한 법령이 없는 한 검찰청의 기록제출거부는 과오로 인정할 수 없다고 결정하고, 2월 6일 장관과 총장 파면문제는 헌법해석에 관계되므로 헌법위 원회에서 이 안건을 해결하는 것이 공정할 것이라는 회신을 국회에 송부했 다.[330] 국회는 국회대로 정부결정에 맞섰다. 검찰이 국정감사를 거부해 법무

---

328 「제6회국회정기회의속기록 제11호」(1950. 1. 21), 『제헌의회속기록 8』, 209쪽 이하.
329 앞의 「국정감사에 관한 진상보고」.

부소관 예산을 심의하는 데 필요한 기초 지식과 자료가 없기 때문에 법사위는 법무부예산심의를 거부할 수밖에 없다면서, 국회가 이미 파면을 건의한 권 장관에 대해서는 앞으로 정부위원으로서 국회출석을 정지한다는 결의안을 가결했다. 때문에 김갑수金甲洙 법무차관이 대신 국회에 출석하는 이례적인 일이 벌어졌다.[331] 정부나 국회 모두 이 문제를 헌법위원회에 회부하기로 함으로써 사태는 일단 진정되었다. 1950년 2월 21일 헌법위원회법이 제정·시행되었다. 3월 7일 국회는 국회 몫의 위원과 예비위원을 선출했다.[332] 그러나 대통령은 어떤 조치도 취하지 않았다.

이 사건은 국정감사에 관한 규칙이 미비했던 시절에 벌어진 에피소드로, 또는 헌정사 최초의 국회와 행정부 간 권한쟁의사건으로 기록될 수도 있을 것이다. 사태가 국회의 파면건의와 현직 장관의 국회출석정지결의까지 이르게 된 것은 단순히 법적 견해가 충돌했기 때문만은 아니다. 그 배경에는 정부·여당 사이의 팽팽한 정치적 긴장과 힘겨루기가 있었다. 당시 야당은 국정감사를 계기로 국정전반에 대한 공세를 강화하면서 내각제 개헌을 추진하고자 했다. 또한 감정싸움의 성격도 가지고 있었다. 서울지검 국정감사일 검찰총장실 앞에서 벌어진 옥신각신의 진상을 둘러싸고 의원들과 검찰은 평행선을 달리고 있었다. 더구나 '입법부가 어찌 검찰청을 국정감사한다는 말인가'라는 김익진의 발언은 국회의원들을 자극할 만했다.[333]

---

330 『조선일보』 1950. 1. 27; 『평화일보』 1950. 2. 8.
331 『국도신문』 1950. 2. 2; 김갑수, 『법창30년』, 113쪽.
332 『한성일보』 1950. 3. 8.
333 이승만의 비서 출신으로 초대 내무부장관을 역임하고 여당인 대한국민당 최고위원이었던 윤치영도, 이 사안과 관련하여 "사법부에는 국정감사를 못한다는 것은 법무부장관이나 검찰총장의 궤변이라고 본다. 민주주의국가에서는 입법부가 주동이 되어야 하는데도 불구하고 사법부의 이와 같은 행동은 민주주의국가의 헌법, 국회의원의 권리를 모른다는 표시라고 본다"고 하면서 불만을 표했다. 『서울신문』 1950. 1. 25.

흥미로운 것은, 검찰의 법적 성격에 대한 해석이다. 검찰 측은 이 사건을 입법부 대 사법부의 대립으로 설정하고자 했다. 물론 그 이면에는 사법권에는 검찰권도 포함된다는 예의 논리가 있었다. 검사는 공소제기 여부의 판단은 사법권 발동과 밀접한 관계가 있다는 것, 재판에 앞선 사법적 판단이라는 것 등이 논거였다. 기소편의주의에 관한 형소법 규정은 검찰의 사법기관적 성격을 증명하는 규정으로까지 되었다. 검찰의 입장이 너무 선명해서인지, 신문기사에서는 1월 19일 김 총장이 "삼권분립이 엄연히 있는 이상 입법부가 사법부의 사무를 어찌 간섭할 수 있는가?"라고 말한 것으로 되어 있다.[334] 반면 파면건의에 대한 정부의 입장표명에 대해서는 불기소기록이 기밀에 속한다는 것과 국정감사에 관한 법령이 미비하다는 것에 대해서만 언급하고 있다. 정부로서도 검찰권도 사법권이라는 논리는 받아들이기 힘들었을 것이다.

사실 검찰의 논리는 투박했다. 그 투박한 논리를 거침없이 펼친 권승렬과 김익진이라는 두 인물에 주목해보자. 권승렬은 정부수립 이후 초대 검찰총장이자 제2대 법무부장관, 김익진은 초대 대법관이자 제2대 검찰총장이다. 두 사람의 검찰경력은 검찰총장직이 유일하다. 하지만 그들은 짧은 재임기간 동안 '검찰도 사법부'라는 의식을 가지고 검찰 독립을 위해 국회는 물론 때로 정권과도 마찰을 빚었다. 그들이 활동하던 시기에는 신생국

---

334 『연합신문』(1950. 1. 23)은 1월 19일의 대화를 이렇게 적고 있다.

문: 국정감사는 국회결의로써 하게 된 것이며, 헌법의 규정에 의해 실시하게 된 것이다. 우리 국민은 헌법이 규정한 것은 절대 복종해야 되는 것이 아닌가?

답: 삼권분립이 엄연히 있는 이상 입법부로 사법부의 사무를 어찌 간섭할 수 있는가?

문: 우리는 입법부로 온 것이 아니고 국민을 대표해 헌법이 규정하는 바에 의해 온 것이며, 국정감사를 한 결과 잘못된 점이 있으면 이를 시정할 수도 있는 것이다. 그러므로 입법부는 입법을 할 기능을 가진 동시에 모든 국정을 감사할 수 있는 것이 아닌가?

답: 사법부로서는 그렇게 해석하지 않는다(밑줄—인용자).

가의 정권, 의회, 검찰, 법원을 시험대에 올리는 사건이 연속해서 등장하고 있었다. 헌법, 법원조직법, 검찰청법의 규정과 정신들이 현실 속에서 어떻게 실현될 것인가가 물어지고 있었다. 과연 그것이 실제 사건에서 어떻게 드러났는지 다음 절에서 살펴보기로 하자.[335]

정권과 검찰의 최초 충돌, 상공부장관 독직사건

1949년 5월 27일과 28일은 헌정 초기 검찰사에서 가장 인상 깊게 기억되는 날이다. 법무부장관의 불기소지시에도 불구하고 현직 장관에 대한 기소가 단행되었기 때문이다. 임영신 상공부장관 독직사건은 한국 법조사에서 늘 빠지지 않는 사건이다. 사건 당시 법무부장관은 이인, 검찰총장은 권승렬이었다. 사건수사는 서울지검이 맡았고 서울지검장은 최대교崔大敎였다. 최대교는 일제시대부터 계속 검찰에 몸담고 있던 인물이었다.[336]

이 사건은 처음부터 검찰이 독자적으로 인지한 것은 아니었다. 3월 31일 감찰위원회(위원장 정인보)가 임 장관의 비위사건을 조사하여 파면결정을 내린 뒤 이를 국회의장에게 보고하고 검찰에 고발함으로써 서울지검에서 수사가 개시되었다. 서울지검은 2개월여의 수사 끝에 구속기소 10명, 불구속기소 8명 등 총 18명을 기소했다. 임영신은 배임 및 배임교사, 뇌물수수, 사기, 업무상 횡령, 법령 제33호(1945. 11. 8. '조선 내 소재 일본인 재산권 취득에 관한 건') 위반혐의로 불구속기소되었다. 혐의내용은 보궐선거(1949. 1. 경북 안동을구)의 선거비용 충당을 위해 공금을 유용하거나 뇌물을 받거나 기업체로부터 금품을 모금하고, 선거운동에 도움을 준 자 또는 청탁을 하는 이들에게 통제

---

335 김익진과 권승렬에 관해서는 문준영, 「헌정 초기의 정치와 사법—제2대 검찰총장 김익진의 삶과 '검찰 독립'문제」, 『법사학연구』 34호, 2006 참조.

336 상세한 것은 정긍식, 「검사의 한 표상으로서 최대교」, 『법사학연구』 34호, 2005; 문준영, 「검찰중립과 화강 최대교」, 『법학연구』 25집, 전북대학교 법학연구소, 2007 참조.

물자를 특혜로 부정배정하고, 대통령 탄신예물 명목으로 산하기관과 기업체로부터 거액의 돈을 모금하고, 귀속사업체 임원인사에 개입해 정실인사를 했다는 것 등이었다.[337]

이 사건을 법무부장관의 지시에 굴하지 않고 현직 장관을 기소했다는 한 장면만으로 기억하기에는 전후사정이 조금 복잡하다. 먼저 재판결과를 보자. 서울지법의 제1심판결(1949. 9. 17), 서울고법의 제2심판결(1950. 1. 6), 대법원의 최종판결(1951. 9. 18)에서 임영신을 포함한 10명에게 무죄가 선고되었다. 상공부와 경상북도 직원들의 배임·수뢰, 인사청탁과정의 금품수수·사기, 귀속사업체 관리인들의 횡령·배임 등 사안의 본체와 관계없는 변두리 인물들만 유죄가 되었고 대부분 벌금형 또는 집행유예를 받았다. 법원판결에 따르면 임영신의 독직사실은 입증되지 않았다. 임영신 쪽 사람들은 이 사건을 임영신을 배제하기 위한 한민당 측의 모략이었다고 말한다. 임영신 개인은 여성인물사에서 빼놓을 수 없는 인물이고, 최초의 여성장관이었다.[338] 사건 당시 제3인자인 국방부장관 신성모가 제2인자 임영신의 힘을 억제하기 위해 술책을 부렸다는 이야기도 설왕설래했다.[339] 이인은 사태의 정치적 해결이 가능해진 시점에 권 총장과 최 지검장이 강경하게 밀어붙여 기소한 데 어떤 배경이 있지 않을까 의심했다.[340] 이렇게 사건의 실체

---

337 『동아일보』 1949. 5. 29.

338 손충무, 『한강은 흐른다──승당 임영신의 생애』, 동아출판사, 1972, 567~568쪽. 임영신은 일제시대에는 YMCA활동과 교육활동에 종사했고, 해방 이후 조선여자국민당 창당(1945. 8), 재단법인 중앙문화학원 설립(1946. 11) 및 중앙대학 창립(1948. 5), UN 외교활동 등 정치·교육·외교분야에서 활동했다. 미국유학 시절 이승만의 활동을 도왔고, 한때 청혼을 받는 등 이승만과 각별한 사이였다. 여러 전기가 있다. 같은 책; 임영신 박사 회갑기념사업 추진위원회, 『임영신 박사, 빛나는 생애』, 1959; 이현희, 『승당 임영신의 애국운동 연구』, 동방도서, 1994 등.

339 최대교, 앞의 글, 75쪽.

에 관한 입장차가 워낙 커서 합의점을 찾기가 힘들다.

임영신사건과 꼭 닮은 사건으로 조봉암曺奉岩 농림부장관 독직사건이 있다. 초대 내각은 이승만과 직·간접적으로 친분이 있는 인사들이 주축을 이루면서도, 권력을 위협할 수 있는 조직적 세력(대표적으로 한민당)을 배제하고 각 정파 인물들을 고루 등용하여 일종의 연립내각을 구성했다는 평가를 받는다. 신생정부가 범정파의 제휴에 의해 성립했음을 대내외적으로 보여주기 위함이었다고 한다.[341] 첫 내각에서 임영신과 조봉암은 각각 여성과 진보적 인사의 입각을 상징하고 있었다. 조봉암사건도 임영신사건과 비슷하게 흘러갔다. 1월 31일 감찰위원회는 장관과 농림부직원의 공금유용 사실을 지적하고 직원의 면직처분을 결정하고 2월 12일에 조봉암 장관의 파면을 결의했다. 당시 조봉암은 토지개혁법안을 둘러싸고 한민당과 갈등하고 있었는데, 이 사건을 계기로 2월 22일 장관직을 사임했다.[342] 임영신을 기소한 날인 5월 28일 서울지검은 조봉암과 농림부 직원 등을 배임·업무상 횡령·수뢰 등의 혐의로 기소했다. 서울지법(1949. 11. 11)과 서울고법(1950. 2. 20)은 피고인 전원에게 무죄를 선고했다.[343]

농림부와 상공부는 원조물자, 귀속재산관리, 식량정책, 농지개혁과 같이 당시 한국 경제의 생명줄이자 가장 민감한 정책을 책임지는 부서였다. 건국헌법의 경제조항들은 이 두 부서의 책무 때문에 나왔다고 해도 과언이 아니다. 정파들의 이해관계가 첨예하게 대립하고 있었고, 부정비리가 발생할 여지가 컸다. 두 사건 모두 감찰위원회가 먼저 비위를 적발하고 파면결의를 했으며, 국회 진상조사위는 가벼운 비위사실은 있을지언정 감찰위원

340 이인, 앞의 책, 210쪽.
341 위의 책, 197쪽.
342 박태균, 『조봉암 연구』, 창작과비평사, 1995 158~172쪽.
343 『자유신문』 1949. 5. 31; 『동아일보』 1949. 10. 29, 11. 12; 『서울신문』 1950. 2. 21.

회의 조사결과는 잘못이라고 했다. 두 사람이 물러난 자리에는 한민당 인사가 입각했다. 두 사건의 본체에 대해 법원은 무죄를 선고했다.

임영신사건의 기소경위와 그 파장

임영신사건의 실체에 관한 논의는 일단 접어두자. 어쨌든 검찰은 유죄를 확신하고 있었다. 검찰은 어떤 경위로 장관의 지시를 어기고 임영신을 기소하게 되었을까. 최대교 서울지검장, 이인 장관의 회고, 기타 자료를 종합하면 대체로 당시의 경위를 이렇게 정리할 수 있다. 1949년 5월 28일은 사안의 정치적 해결을 기다려 그때까지 기소를 미루기로 한 날이었다. 서울지검은 4월 말 임영신을 기소하려 했지만 이인은 증거보완을 지시했고, 증거보완이 되자 미국과의 신용관계를 고려해 신중히 처리할 것을 당부했다고 한다.[344] 검찰 내부에서도 권 총장과 최 지검장은 기소를 주장했지만, 서상환徐相懽 서울고검장은 미온적이었다. 일단 검찰은 장관이 사임하면 기소유예하는 것을 고려하기로 하고, 임영신의 사임을 기다렸다. 5월 27일까지도 임영신은 사임을 거부했다. 이인에 따르면, 이날 대통령이 직접 나서서 2~3일의 말미를 달라고 해서, 대통령의 지시를 권 총장에 전달했다고 한다.[345]

같은 날 정치적 해결을 기다리던 최대교에게 이인 장관의 통첩이 시달되었다. '현직 공무원의 범죄기소에 관한 건 지시'라는 제목이 붙은 통첩으로, "국무위원, 국회의원, 각 처장급, 차관, 차장급, 기타 지방장관급 이상의 공무원, 판사, 검사를 기소하는 데 있어서는 사전에 검찰총장을 경유하여

---

344 이인, 앞의 책, 209~212쪽.

345 최대교, 「초대 상공장관 독직사건」, 『사법행정』 1984년 1월호, 71~75쪽; 김진배 외, 『한국 법조의 세 어른』, 한국법조삼성기념사업회, 1999, 165~171쪽.

법무부장관의 지시를 받도록 할 것"이라는 내용이 포함되어 있었다.[346] 최대교의 회고에 따르면, 통첩과 함께 이 사건을 기소유예하라는 지시도 내려왔다고 한다.[347] 5월 28일 권 총장은 최대교의 요청을 받아 법부부에 이의를 제기했다. "본건은 검사의 직능에 일대개혁을 초래"하므로 "법률에 의하지 않으면 이와 같은 제약을 할 수 없고 검찰관의 신분을 보장한 입법정신에도 배치"된다며 통첩을 취소해달라는 것이었다.[348] 요컨대 구체적 사건의 기소 여부 결정은 검사의 전권에 속하기 때문에 장관은 관여할 수 없다는 취지였다. 같은 날 오전 서울지검은 마침내 임영신을 전격 기소했다.

서울지검이 기소를 단행하자 5월 31일 이인과 임영신이 장관직에서 물러났다. 이인은 대통령과 법무부장관의 의사대로 검찰이 당국을 절제節制하게 하지 못한 책임을 진다고 했다.[349] 6월 6일 신임 법무부장관으로 권승렬이 발탁되었고, 대법관이었던 김익진이 검찰총장으로 임명되었다. 9월 17일 제1심에서 임영신 등에게 무죄가 선고되자, 최대교와 사건 주임검사 강석복은 사직했다.[350]

이 사건은 검찰이 서슬푸른 독재시절에 정치적 외압에 굴하지 않고 대통령의 최측근 장관을 용기 있게 기소한 사례라고 생각되곤 한다. 물론 그런 점이 없지 않지만, 아직은 정권이 검찰을 좌지우지하는 시기는 아니었다는

---

346 1949. 5. 27. 법검(法檢) 제1437호, 『검찰예규철(1948~1949)』, 대구지검 안동지청, 국가기록원 소장.
347 이인은 2, 3일 말미를 더 달라는 대통령의 지시를 전달했다고만 하고 있다. 따라서 실제로는 기소유예처분을 하라는 취지가 아니라 기소를 미루라는 취지였을 가능성도 있다.
348 1949. 5. 30, 대검비(人檢秘) 제240호, 안동지청, 『검찰예규철(1948~1949)』.
349 제54회 국무회의록(1949. 5. 31), 『국무회의록』(1949년 5월분).
350 최대교와 강석복은 사직을 종용당했다고 한다. 강석복은 임영선(임영신의 동생) 등의 회유도 있었고, 경무대는 불온사상을 가진 적색분자라고 하여 사표를 강요했다고 한다. 김이조, 『법조비화 100선』, 고시연구사, 1997, 135~136쪽.

점도 감안해야 한다. 최대교 말대로, 이때는 아무리 총장이라 해도 사건에 관한 한 이래라 저래라 함부로 지시를 못했던 때였다.[351] 유사한 사건에서 고위공직자가 사임하면 기소유예처분을 내리는 것도 일종의 관행이었다. 또한 수사단계에서 법무부장관과 검찰총장이 대법원장을 방문하여 경위를 설명하고 사후대책을 논의한다든가, 사건처리에 관해 장관과 지검장이 직접 교섭한다든가, 오늘날에는 상상하기 힘든 일들도 일어나던 때였다.[352]

어쨌든 이 사건에서 최대교는 정치적 거래를 거부하고 소신에 따라 기소함으로써 정부수립 이후 검찰사의 초입에 중요한 일화를 하나 남겼다. 이인 장관은 검찰청법 14조의 구체적 사건에 관한 지휘권을 행사했다고 했지만, 최대교는 장관이 기소 여부에 관여하는 것은 법위반이라고 맞섰다. 권승렬과 김익진도 최대교와 같은 생각을 가지고 있었고, 국정감사 거부사건에서 그 생각을 가감 없이 표출했던 것이다.

한편 이 사건의 재판에는 무엇인가 석연치 않은 점이 있다. 이 사건의 제1심은 원래 사건을 배당받은 재판부가 아니라 대법원장의 특명에 의해 구성된 특별재판부가 담당했다. 서울지법원장 한격만韓格晩이 재판장, 사광욱史光郁·민동식閔瞳植 부장판사가 좌우배석을 맡았다. 민동식의 훗날 증언에 따르면, 대통령이 이인 장관을 통해 대법원장에게 유능하고 실력 있는 사람들이 재판을 맡도록 해달라고 부탁했고, 김병로가 한격만을 불러 대통령의 뜻을 전달하여 특별재판부가 구성되었다고 한다. 1심판결 직후 한격만이 최대교를 찾아가, 자신은 임영신이 유죄라고 인정했으나 배석판사가 무

---

351 최대교, 앞의 글, 71~72쪽. 최대교는 일제시대에는 검찰청 내에서만큼은 상부에서 검사에게 이래라 저래라 지시를 거의하지 않아 소신껏 일을 처리할 수 있었다고 하며, 검사 시절은 오히려 일제시대가 일하기 쉬웠다고 말한 바 있다. 김이조,『한국 법조인 비전(秘傳)』, 법률출판사, 1999, 228~233쪽.
352 최대교, 앞의 글, 72쪽.

죄라고 우겨서 그렇게 되었다고 말한 바 있다.[353] 2심재판부는 1심에서 무죄를 선고받은 피고인 중 일부에게 유죄를 선고했지만, 대법원에서는 다시 무죄를 선고했다. 판결문을 보면 임영신을 포함한 피고인들이 검사신문에서는 혐의를 인정하다가 공판정에서 진술을 180도 뒤집었음을 알 수 있다. 법원은 피고인들의 공판정진술을 채용하여 무죄를 선고했다.

정권안보와 반공사법의 회오리

권승렬·김익진·최대교가 검사로 재직하던 시기에는 정국의 파란을 몰고 온 사건들이 연속해서 일어나고 있었다. 1949년 1월 반민특위 간부 및 정부요인 암살음모사건, 5월의 국회프락치사건, 6월의 반민특위 습격사건과 김구 암살사건, 8월의 법조프락치사건 등이다. 서울지검과 서울지법은 이들 사건의 수사와 재판을 담당한 기관이었다.

반민특위 간부 및 정부요인 암살음모사건은 수도경찰청장 노덕술盧德述이 관여된 사건이다. 반민특위에 회부되기도 했던 노덕술은 대표적인 악질부패 친일경찰로 지목되던 인물이었다. 그는 1948년 8월 고문치사 및 독직혐의로 기소된 적이 있었는데, 이듬해 4월 말 서울지법에서 무죄를 선고받았다. 재판장은 임영신사건의 우배석 민동식 판사였다.[354] 서울지검은 1949년 1월 노덕술 등의 반민특위 및 정부요인 암살음모사건을 적발하여 발표했다. 검찰발표에 따르면, 노덕술과 전현직 경찰간부 3명이 노일환 등 반민법 제정을 주도하던 의원 3명을 납치 감금한 뒤 강제로 "나는 이남에서 생활할 생각이 없어 이북으로 간다"는 요지의 성명서를 자필로 작성·발표하게

---

353 법률신문사 엮음, 『법조50년 야사』, 법률신문사, 2002, 154쪽. 한격만은 조봉암 농림부장관 독직사건의 주심이기도 했다. 한편 주임검사 강석복도 이 사건이 대법원의 특명으로 구성된 특별재판부에서 심리되었다고 했다. 김이조, 『법조비화 100선』, 136쪽.
354 『동광신문』 1949. 5. 1.

하고, 이들 의원들을 38선 부근에서 살해하고는 우익청년들이 저지른 것처럼 가장하기로 합의했으며, 또 평소 눈에 거슬리는 정관계 요인들을 살해할 것을 공모하고 우익테러분자 백민태를 매수하여 권총과 자금을 교부했다는 것이었다. 자금지원자 중에는 대표적 친일파 박흥식도 있었다. 암살대상 정부요인에는 김병로 대법원장과 권승렬 검찰총장도 포함되어 있었다.

서울지검은 1949년 2월 노덕술 외 3명을 살인예비 및 폭발물취체법위반으로 기소했다. 같은 해 6월 제1심은 노덕술 등 2명에게 무죄를, 다른 2명에게 유죄를 선고했다. 12월 서울고법의 항소심판결도 똑같았다. 노덕술 등이 백민태에게 요인암살을 교사하고 자금과 권총을 지급했다는 것은 사실로 드러났다. 그러나 백민태가 암살을 실행하지 않고 자수했기 때문에 노덕술을 처벌할 수 없다는 문제가 있었다. 의용형법의 교사범처벌규정에 대한 판례의 입장은, 피교사자가 실행에 착수하지 않으면 교사자를 처벌할 수 없다는 것이었다. 1950년 5월 대법원은 피교사자가 실행에 착수하지 않았더라도 교사자를 처벌할 수 있다는 취지로 파기환송했다.[355] 그러나 최종적 판결은 내려지지 않았다. 전쟁으로 702건의 소송기록이 유실되었는데, 특별법에 의해 공소기각결정을 내려졌다. 노덕술의 요인암살 음모사건, 고문치사·독직사건도 포함되었다.[356] 국회프락치사건도 같은 경우였다.

---

355 『연합신문』 1950. 5. 7. 이 사건을 둘러싼 검찰과 법원의 법리논쟁은 형법학에서 공범의 종속성이론과 관련된다. 그때까지 판례는 공범의 종속성설에 따라 정범(피교사자)이 실행에 착수하지 않았으면 공범을 독립적으로 처벌할 수 없다는 입장이었다. 따라서 노덕술 등을 살인교사로 처벌할 수 없다는 것이다. 이 경우 노덕술 등을 살인의 예비죄로 처벌할 수 있느냐가 문제되는데, 항소심은 그 부분에 대해 판단하지 않았다. 1953년 제정된 형법 제31조 제2항은 피교사자가 범죄실행을 승낙하고 실행의 착수에 이르지 않았다 해도 교사자와 피교사자를 예비·음모에 준하여 처벌할 수 있게 했다. 만일 사건 당시 이 규정이 있었다면 노덕술의 처벌에는 아무런 법적 장애도 없었을 것이다. 대법원의 입장이 1953년 형법 규정의 입장과 유사하다는 점에서, 이 사건은 형법제정사상 상당히 의미 있는 사건이다.

국회프락치사건이란 국회 부의장 김약수金若水를 비롯한 소장파 국회의원들이 남로당 지령을 받아 국회 내에서 국가보안법 제정반대(1948. 12), 남북한 외국군철수 건의안(1949. 2~3) 등과 같은 반국가행위를 했다는 사건을 말한다.[357] 1949년 5월 18일 서울시경이 의원 3명을 체포한 것을 시작으로 8월 6일까지 총 15명의 국회의원이 체포되었다. 체포된 의원 중 김병회·강욱중은 헌법심의 중 배심제 또는 대법관 임명절차에 관해 이의를 제기한 의원들이었다. 체포된 의원들은 이승만과 한민당세력에 반대하는 진보적 소장집단으로서 국회 밖의 한독당 및 사회당과 연결되어 있었다. 헌병과 경찰이 내사를 진행하던 4월 이승만은 반민특위 해산을 지시하는 담화를 발표했고, 6월에는 반민특위에 반대하는 관제데모와 중부경찰서의 반민특위 습격사건이 발생했다. 그 가운데 국회는 이승만의 요구에 따라 반민법의 공소시효를 8월 31일로 단축하는 법개정을 했다. 이에 반발하여 반민특위 간부들이 사퇴하자, 반민법을 못마땅하게 여기고 있던 이인 장관이 특별조사위원회 위원장이 되었다. 6월 26일 김구가 경교장에서 암살당했다. 서울지검은 6월 25일과 7월 30일 의원들을 국가보안법위반 등의 혐의로 서울지법에 기소했다. 1950년 3월 14일 사광욱(임영신사건의 좌배석)이 주심이었던 제1심재판부는 피고인 전원에게 유죄를 선고했다. 피고인들이 항소했고 서울고법은 1951년 12월 31일 공소기각결정을 내렸다. 이 역시 전쟁 중 기록유실로 인해 특별법에 따라 처리한 것이었다.[358]

---

356 1950년 3월 법률 제113호 '법원 재난에 기인한 민형사사건 임시조치법'에 의하면, 법원의 기록분실공고 이후 검찰이 6개월 이내에 공소유지를 위한 자료를 제출하지 않으면 검찰이 공소를 취소한 것으로 간주했다. 1950년 12월 5일부로 702건 관계 피고인 1,815명에 대해 공소기각결정이 내려졌다. 『자유신문』 1951. 12. 7.

357 국회프락치사건이 조작인지 사실이었는지에 대해서는 아직도 논란이 있다. 도진순, 『한국 민족주의와 남북관계—이승만·김구 시대의 정치사』, 서울대출판부, 1997, 340쪽.

국회프락치사건의 여파는 경찰 및 법조계에도 미쳤다. 현직 판검사 중에 남로당 프락치가 있다는 것이었다. 1949년 7월 서울지검 차장검사 김영재 金寧在와 좌익사건 변호로 유명했던 조평재趙平載 등 10명의 변호사가 검거되었다(제1차 법조프락치사건). 12월 말에는 서울지법과 부산지법의 판사 4명, 서울지검 검사 2명, 기타 1명이 검거되었다(제2차 법조프락치사건). 서울지검은 제1차 검거자들을 1949년 8월 31일에, 제2차 검거자들을 1950년 1월 16일에 기소했다. 피고인들은 남로당이나 법학자동맹 등에 가입한 사실을 인정했지만, 그것은 국가보안법 시행 전의 일이고 국가보안법 시행 이후에는 탈퇴했다고 변론했다. 서울지법은 1950년 3월 25일 제1차 법조프락치사건 피고인 11명 중 7명에게 무죄 또는 집행유예를 선고했다. 1950년 3월 21일에는 제2차 법조프락치사건 피고인 7명 중 5명에게 무죄를 선고했다. 사건을 담당한 두 재판부는 피고인들이 정부수립 이전에 남로당에 가입한 사실은 인정했지만 현재는 '실질적으로' 탈당한 상태이고 남로당원으로서 활동하고 있지 않다는 점을 들어 무죄를 선고했다. 물론 사건을 기소한 검사들은 반발했다. 국회프락치사건을 담당한 사광욱 판사는 1948년 12월 남로당이 불법화된 뒤 탈당하지 않은 자는 계속 가입한 자로 보아야 한다는 의견을 발표했다.[359]

국회프락치사건, 법조프락치사건, 경찰프락치사건 등은 현직 국회의원, 법조인, 경찰간부가 연루되어 사회적 주목을 받았지만, 당시 국보법사건 중 극히 일부에 불과했다. 1949년 6월 말까지 처리된 범죄사건 중 국보법위반

---

358 서울고등법원 1951. 12. 31 결정, 단기4283년형공제576호, 『관결원본』(1950), 국가기록원 소장.

359 정희택, 「세칭 제2차 법조푸락치사건 관결에 대한 검찰관의 견해」, 『법정』 5권 5호, 1950, 10~14쪽.

840   제3부 헌정과 사법, 1945~

사건은 무려 10,401건으로 전체 형사사건의 약 10%를 차지했다.[360] 이 시기 검찰에게 국보법사건은 가장 일상적으로 접하는 사건이었다. 전사회적인 '레드 헌트'는 경찰과 군의 수사·정보기관이 주도하고 있었다. 국보법 위에서 군형법인 국방경비법(1948. 7. 5 제정)상의 이적죄·간첩죄가 반공치안 법령으로 활용되었다. 군은 국방경비법 규정을 근거로 민간인에게까지 수사권과 재판권을 행사했다.[361] 1949년 12월 군수사기관의 한계를 정한 법률은, 헌병대의 무차별한 민간인 검거와 군법회의 회부를 제어해보기 위한 것이었다. 검찰에 전문적 사상검사가 다시 등장했다. 12월 19일 국보법이 개정되어 국보법 사범을 단심제로 재판하고 보도구금처분하는 방침이 도입되었다.

검찰총장 김익진의 수난 : 한 검찰인상의 좌절

임영신사건 이후 권승렬 장관과 김익진 총검이 검찰을 이끌었다. 김익진은 권 장관의 추천으로 검찰총장이 되었다. 이승만은 공산치하에서 고생해본 김익진이 검찰을 이끌 최적임자라고 생각했다고 한다.[362] 김익진 총장도 누차 좌익사범의 엄단을 성명하고 정권의 반공드라이브를 검찰력으로 뒷받침하고 있었다. 물론 이 시기 반공사법은 체제존립의 위기라는 극단적 상황에 근거하고 있었다. 그러나 반공사법에 내재된 정권안보사법적 성격이 노골화되면서, 때로는 검찰총장이 대통령의 의중을 거스르는 일이 생겼다. 그중 하나가 1950년 4월 발생한 대한정치공작대大韓政治工作隊사건이다. 경

360 『동아일보』 1949. 11. 13.
361 국방경비법 제정과 시행과정의 문제점은 문준영, 「미군정 법령체계와 국방경비법」, 『민주법학』 34호, 2007 참조.
362 김갑수, 앞의 책, 113쪽; 이영근 외, 앞의 책, 157~162쪽, 선우종원, 앞의 책, 178~207쪽.

무대에 줄을 댄 정치브로커 김태수金泰守 등이 공산게릴라가 봉기하여 경무대를 습격하고 정부요인을 암살하려 한다는 날조된 정보를 보고한 뒤, 대통령의 허락을 받아 사설수사기관을 만들고 무고한 사람들을 붙잡아 고문하고 공산당으로 몰다가 적발된 사건이었다. 검찰이 수사에 나서려 하자 대통령은 검찰은 이 사건에 일체 관여하지 말라는 특명을 내렸다. 그러나 권 장관과 김 총장은 서울지검의 검사를 투입해 정치공작대원들을 검거하고, 5월 19일 11명을 기소했다. 이승만은 이 일로 검찰이 국가치안을 책임지는 경찰을 파괴하고 있다며 격노했다고 한다.[363] 경찰이 송치한 좌익혐의자를 검찰이 증거불충분으로 풀어주거나, 노덕술을 비호하는 경찰간부를 범인은닉혐의로 체포하도록 지시하거나 해서 경찰과 대통령의 불만을 샀다.[364] 5·30총선을 전후하여 법무부장관과 검찰총장이 교체되었다. 5월 22일 대구고검장 이우익李愚益이 법무부장관, 6월 22일 서울고검장 서상환이 검찰총장이 되었다. 모두 당시 야인이었던 이인이 천거한 사람들이었으며, 서상환은 임영신의 기소를 반대했던 적이 있었다. 김익진은 정권이 물러나라고 해서 물러나면 나쁜 선례가 되고 검사의 신분보장규정이 유명무실해진다면서 사직을 거부하다가 서울고검장 발령을 받았다. 권승렬은 사임의 변에서 본래 성격이 착종한 정치적 파란을 신축자재로 헤엄칠 수 없기 때문에 일찍부터 사임을 결심하고 있었다고 했다.[365] 권승렬과 김익진 두 사람은 정치적이라기보다는 원칙주의적 법률가였고, 검찰청법에 본래 담겨

---

363 수사를 담당한 선우종원 검사는 이 대통령의 관여 여부에 대해서는 수사하지 않았고, 기소단계에서 경무대가 관련되었다는 피의자의 진술을 모두 허위진술로 돌려버렸다고 했다. 선우종원, 앞의 책, 178~207쪽.

364 김진배 외, 앞의 책, 179~180쪽; 이재성, 앞의 글, 39~41쪽; 김이조,『한국법조인 비전』, 33쪽.

365『동아일보』1950. 5. 24.

있던 그림—검찰인 장관과 총장이 투톱을 이뤄 정치적 간섭을 배제한다는 그림—에 잘 들어맞는 사람들이었다. 두 사람의 퇴장은 정권에 의한 검찰 장악이 본격화되었음을 알리는 신호탄이었다.

전쟁의 와중에도 노회한 정치가 이승만의 야망은 사그라들지 않았다. 그는 위기를 기회로 만드는 수완을 발휘하며, 발췌개헌이라는 장기집권의 틀을 만들어냈다. 그것은 대화와 타협에 의해서가 아니라 폭력과 억지와 추잡한 거래에 의한 것이었다.[366]

김익진의 수난을 통해 이 시기 사법의 단면을 살펴보자. 1952년 부산정치파동이 휘몰아치던 와중에 6·25사변 2주년기념식이 개최되었다. 한 60대 노인이 기념식사를 하는 대통령 1미터 뒤에서 두 번이나 방아쇠를 당겼지만 모두 불발이었다. 노인은 그 즉시 주변에 있던 성명불상의 미국인과 윤우경尹宇景 치안국장, 그리고 헌병에 의해 제압당했다. 사람들은 하나의 해프닝으로 생각했다.[367] 그러나 다음 날 공보처는 이 사건이 대통령 암살 흉모사건이라는 놀라운 사실을 공표했다. 범인은 의결단원을 자처하는 유시태柳時泰, 배후인물은 민국당을 탈낭한 원로징객 김시현金時顯이라고 했다. 이후 민국당원을 포함한 12명이 전격 체포되었다. 내각제 개헌안을 제안한 서상일徐相日, 현 국회의원 노기용盧企容 등이 포함되었고, 김시현과 친하게 지내던 사람들 가운데 서울고검장 김익진도 있었다. 7월 4일 국회에서 발췌개헌안이 통과되었다. 7월 25일 김익진은 사건에 연루되어 직무상 의무에 위배되고 전국 검찰진의 위신을 실추케 했다는 이유로 면직되었다.

---

366 부산정치파동에서 발췌개헌에 이르는 과정에 관해서는 조용중, 『대통령의 무혈혁명—1952년 여름 부산』, 나남, 2004.

367 위의 책, 306~307쪽. 미국 측도 이 사건을 대수롭지 않은 에피소드로 여겼다. 같은 책, 286쪽.

검찰은 연루자들을 각각 살인미수·예비·교사, 계엄법위반, 살인미수방조 및 안녕질서에 대한 죄 등으로 부산지법에 기소했다. 공작의 냄새가 짙었다. 재판과정에서 경찰이 김시현의 모의사실을 이미 알고 있었고, 6월 22일 김시현을 체포하고도 치안국장과 김시현의 밀담 후에 김시현을 풀어주었으며, 사건 당일 수상한 차림을 한 김시현과 유시태가 검문도 받지 않고 식단에 올라 앉아 있었고, 치안국장이 가까이 앉아 있다가 유시태를 제압했다는 사실이 알려졌다. 김익진은 친분이 있는 나이 많은 야당 당원들과 몇 차례 만나 술자리에서 대통령을 비난하는 이야기를 묵묵히 듣거나 한마디 거든 것이 문제되었다.[368] 검찰은 담소를 나눈 이들이 살인의 방조, 안녕질서에 대한 죄, 즉 인심교란 목적의 허위사실 유포(형법 105조의 2)에 해당한다고 했다.

김시현 등의 살인미수·교사, 서상일 등의 계엄법 위반은 부산지법의 제1심(1952. 9. 15), 대구고법의 제2심(1953. 4. 6), 대법원의 상고심(1954. 1. 20)에서 줄곧 유죄로 인정되었다. 김익진 등 나머지 피고인의 안녕질서에 대한 죄에 관해서는 1·2심은 무죄를, 대법원은 면소판결을 내렸다. 세 재판부는 모두 담소내용의 진위 여부를 적극적으로 밝히지 않았다. 일단 허위사실이라 전제한 뒤 1·2심은 친구 사이에 나눈 담화에 불과하며 인심교란 목

---

368 이를테면, 일동이 모인 자리에서 김시현의 부탁을 받고 최태현이 '어째서 안두희와 같은 불량배를 사주하여 김구 선생을 살해했느냐, 어째서 국민방위군사건과 거창사건의 총책임자인 신성모를 처단하지 않고 주일대사로 파견하여 정실인사를 하느냐, 어째서 임영신 같은 요물로 말미암아 청렴한 관직을 파면시키느냐, 어째서 호주댁(濠洲宅)으로 하여금 우리나라 내정에 간섭하게 하느냐' 등의 문구를 나열한 건의문을 낭독하거나, 김시현이 이 대통령은 고집이 세고 노망하여 독재정치를 단행한다고 말하는 것을 듣고 그에 공명했다는 것이다. 김익진의 발언 중에는 "임영신 같은 요물이 출입하는 관계로 큰일 났다"고 한 것, "최근 무초 대사가 이 대통령과 회견하고 일선의 유엔군이 후방으로 이동하는 일이 없기를 희망한다는 진언을 했다는데 그 의미가 심중하다"고 말한 것이 문제가 되었다.

적의 유포에 해당하지 않는다고 했다. 반면 대법원은 피고인들의 행위가 안녕질서에 대한 죄에 해당하지만 새로 제정된 형법(1953. 9. 18. 제정)에서 처벌규정이 삭제되었기 때문에 면소판결을 내린다고 했다. 대법원이 정권의 의중과 법리 사이에서 줄타기를 했다고 하면 지나친 말일까?

전쟁을 거치면서 냉전반공체제가 공고화되고 이승만의 유사類似전제적 독재체제가 수립되면서, 국가권력의 자의적 권력행사를 억제하고 인권과 자유를 보장한다는 사법 이념은 설 자리를 잃었다. 가히 체제생존과 반공이야말로 법원과 검찰의 신성한 신조였다 해도 과언이 아니었다.

그 안에서 불거진 정치적 사건들에 대한 김병로가 이끌었던 사법부의 태도를 어떻게 평가해야 할까. 사법권 독립의 신화는 김병로라는 카리스마적 인물과 국회가 만들어준 틀이 없었더라면 불가능했을 것이다. 그러나 그 의미는 정권의 직접적 간섭을 배제했다는 소극적 의미에 한정되어야 할지도 모르겠다. 검찰의 경우 그나마 방어벽도 없었다. 초기에는 일부 사건에서 정권의 의향과 대립하기도 했지만, 오래 버티지는 못했다. 김익진의 수난은, 검사는 판사와 같은 사법관이라는 신념에 입각해 만들어내려 했던 검찰상이 권력 앞에 좌절되었음을 상징한다고 할 수 있다. 1947년 검찰청 조직법안, 1948년 과도검찰청법, 1949년 제정검찰청법에서 면면히 이어지던 검찰 독립의 사고방식은 이 시기에 결정적으로 패퇴했다. 정부의 입맛에 맞는 인사로 검찰 수뇌부가 구성되면서 검찰은 정권의 시녀로 변질되었다. 다음 시기의 논의는, 바로 정치도구화된 검찰을 견제해야 한다는 문제의식으로부터 출발했다.

14장 권위주의 정권하의 법원과 검찰

10장부터 13장까지, 우리는 미군정기와 정부수립기 법원·검찰제도의 재편과정을 살펴보았다. 그 결과를 놓고 보면 자유민주주의적 사법제도의 기본골격을 갖추게 되었지만, 탈식민화와 사법민주화라는 요청은 제대로 실현하지 못했다고 할 것이다. 그것은 냉전반공체제와 강력한 국가권력의 수립이라는 정치적 조건, 법원과 검찰의 보수성, 개혁추진세력의 한계가 종합적으로 작용한 결과였다. 그렇다고 모든 게 결정된 것은 아니었다. 법원조직법·검찰청법은 시급한 현안을 해결한 것에 불과했고, 법전편찬을 비롯한 여러 중요한 문제들이 다음 시기의 과제로 넘겨졌다.

제1공화국, 제2공화국, 제3공화국을 거치며 기본법전이 편찬되고 구법령이 정리됨으로써, 한국의 법제도는 적어도 형식적으로는 일본 법을 의용하던 단계를 벗어나게 되었다. 그 과정과 결과를 제대로 이해하기 위해서는 별도의 광범위한 연구가 필요하다. 여기서는 우리가 지금까지 보아왔던 주제인 법원과 검찰, 형사절차에 한정하여, 앞 시기에 미해결된 과제들 또는 새롭게 제기된 과제들이 어떻게 해소되었는지를 중심으로 살펴보려고 한다. 그럴 때 우리는 세 가지 사건에 주목하지 않을 수 없다. 1954년 형사소송법의 제정, 1958년 법관연임법의 제정과 법원조직법의 개정문제, 그리고

4·19 이후 법원·검찰개혁을 위한 입법이다.

형소법의 제정은 1950년 초에 중단된 법전편찬위의 작업에 이어 해방 이후 진행된 형사절차 개정작업을 총정리하는 입법이라는 의미를 가진다. 13장에서 보았듯이 수사·기소·공판 전단계에 걸쳐 개혁과제가 제기되었지만, 보수파와 개혁파가 팽팽하게 대립하면서 어떤 것도 확실하게 결정되지 못하고 있었다. 그중 기소단계와 공판단계의 개혁을 의미하는 기소편의주의 견제론과 공판중심주의론이 실제로 어떻게 구현되었는지 살펴보겠다.

법관연임법과 법원조직법 개정을 둘러싼 논의는 1948년 헌법과 1949년 법원조직법이 만들어놓은 틀이 정권에게도, 의회 내 야당에게도 불만이었음을 말해준다. 이승만은 판사들에 대한 고용주의 권리를 현실적으로 확보하려 했다. 반면 야당과 재야법조는 대법관들에게 권력을 집중시켜버린 체제가 낳은 문제점을 현실적으로 느끼게 되었다. 야당과 재야법조의 문제의식은 고스란히 4·19 이후의 사법민주화론, 검찰 중립화론으로 이어졌다. 그리고 그 제도적 표현물은 놀랍게도 1947년에 이미 거론되었던 것과 너무나 닮아 있었다. 하지만 곧 그 열정을 진압하고 등장한 군사정부 아래서 법원과 검찰은 또 다른 시기로 이행했다.

1. 형사소송법 속의 '형사소송 민주화론'

제2대 국회의 형사소송법 재의결

재석 149인, 가 120표, 부 27표, 기권 1표, 무효 1표. 국회를 통과한 형사소송법에 대해 정부가 거부권을 행사하자, 1954년 3월 19일 제2대 국회 제18차 국회 정기회 제37차 본회의에서 원안대로 가결한 표결결과이다. 형사소송법(1954. 9. 23, 법률 제341호)은 정부의 비토와 국회의 재의결을 거쳐 탄생했다.

형소법은 1952년 4월 정부가 제출한 형사소송법안(이하 정부안)에 국회 법제사법위원회가 제출한 수정안(이하 법사위안)을 대폭 반영해 제정되었다.

법사위안은 1950년 5·30총선에서 무소속으로 당선된 엄상섭·윤길중·김종순·김의준 네 명으로 구성된 소위원회가 입안했다.[369] 엄상섭은 "형사소송법 민주화와 광휘 있는 공적"을 만들어낸 법사위안의 두 가지 원칙을 "형사재판의 민주화"와 "형사소송법의 정치도구화 방지"라고 천명하고, 법사위안을 비난하는 자들은 대부분 관료이거나 관료주의, 마키아벨리즘에 빠져 있는 인사들이라고 말했다.[370] 이렇게까지 원색적으로 비난한 것은 국회 재의결 이후 정부가 보여준 행태 때문이기도 했다. 국회 재의결에도 불구하고, 또 형소법 부칙에서 시행일을 5월 30일로 명시했음에도 불구하고, 정부는 형소법을 공포하지 않았다. 정부는 9월 23일에야 형소법을 공포했다. 국회 재의결이 있은 뒤 6개월, 자유당이 압승을 거둔 5·20총선으로부터 4개월만의 일이었고, 선거사범에 대한 공소시효(3개월)가 막 지난 때였다. 이승만 정부는 법사위안에 의해 편입된 새로운 제도들이 목전의 총선

---

[369] 윤길중(선거구: 강원도 원주)은 일본 고등문관시험 합격자로서 법제처 법제조사국장을 역임했고 1949년 국가공무원법의 기초에 관여했다. 김종순(전남 나주갑)은 조선변호사시험 출신으로 광주지방법원 판사(1948년 4월 특임)를 역임했다. 김의준(경기도 여주)은 총독부 재판소 서기 겸 통역생 출신으로 1945년 11월 서울특별재산심판소 심판관에 취임했고 서울고등법원 판사로 재직했다. 중앙선거관리위원회 편, 『대한민국선거사 제1집』(1978)의 당선자명부 및 『한국법관사』 부록 퇴직법관명단 참조. 『형소법제정자료집』 108쪽에는 엄상섭·윤길중·김종순·김종태 의원 네 명을 소위원회 위원이라고 하고, 김의준 의원이 빠지고 김준태 의원이 들어 있는데, 김준태라는 이름은 제2대 국회의원명단(1950. 5. 30총선 당선자, 1952. 2. 5일 보궐선거 당선자)에 들어 있지 않다. 김의준과 김준태는 동일인물로 보인다.

[370] 엄상섭, 「형사재판의 민주화」(1956), 『권력과 자유』, 378쪽.

에서 작동하는 것을 원치 않았던 것이다. 반대로 제2대 국회는 형소법 통과를 그 운명이 다하기 전에 반드시 해결해야 할 과제로 인식하고 있었다.

도대체 정부안이 어땠기에 국회가 개입하지 않을 수 없었을까? 정부안은 김병로 대법원장이 전쟁 중에 마무리한 것이었다. 김병로는 국회에서 과거에 현행해오는 조례에 미군정기에 시행하던 개정법률을 흡수하고 일본의 신형사소송법을 참작해 작성했다고 말했다.[371] 정부안의 내용을 보면 1948년 이래 열띤 논쟁 속에서 만들어지고 있던 초안에 비해 훨씬 '과거부터 현행해오던 조례'에 기울어져 있다. 상당수 조문이 의용형소법, 즉 일본 다이쇼형소법의 그늘 아래 있었다. 공판중심주의와 당사자주의적 요소를 채용하고 기소편의주의를 견제하기 위해 법전편찬위가 입안한 규정들은 거의 하나도 채용되지 않았다. 김병로는 법전편찬위 형소법분과장이었기 때문에 당시의 논의를 누구보다도 잘 알고 있었다. 그는 자신이 반대하거나 확신이 서지 않거나 잘 모르는 부분은 가급적 현행법을 유지하려 했다. 이 정부안에 대해 법사위는 89개 항목에 걸쳐 수정·삭제·신설하는 수정안을 제출했다.

아래에서는 법사위안을 통해 추가된 많은 것들 가운데 두 가지를 살펴보겠다. 검사와 사법경찰관이 작성한 조서의 증거능력에 관한 규정, 그리고 검사의 불기소처분에 대한 재정신청제도이다.

먼저 조서의 증거능력에 관한 규정을 보자. 정부안 제299조는 검사·수사관·사법경찰관의 피의자 또는 피의자 아닌 자의 진술을 기재한 조서, 검증·감정의 결과를 기재한 조서 및 압수한 서류나 물품은 공판준비 또는 공판기일에 피고인이나 피고인 아닌 자의 진술에 의해 그 성립의 진정함이 인정될 때는 증거로 할 수 있다고 했다. 즉 수사기관이 작성한 신문조서, 검

---

371 국회본회의 형사소송법안 제1독회에서 김병로의 발언, 『형소법제정자료집』, 265~266쪽.

증조서, 감정조서, 압수물은 공판준비절차 또는 공판절차에서 원래의 진술자, 검증·감정을 하고 조서를 작성한 자가 법관 면전에서 조서 등이 진정하게 성립한 것이라고 인정하는 진술을 하면 조서 등의 증거능력을 인정받는다는 것이다. 그런데 법사위안은 여기에 단서를 추가했다. 즉 "다만 검사 이외의 수사기관에서 작성한 피의자의 진술조서는 그 피고인 또는 변호인이 공판정에서 그 내용을 인정할 때에 한해 증거로 할 수 있다." 이 단서로 말미암아 다른 것들은 변함이 없으나 검사 이외의 수사기관(검찰청수사관, 사법경찰관 등)이 작성한 피의자신문조서는 공판정에서 피고인이 조서에 기재된 내용을 부인해버리면 한낱 휴지조각이 되어버린다. 같은 피의자신문조서라도 검사가 작성한 것이냐 사법경찰관 등이 작성한 것이냐에 따라 증거능력에 현격한 차이가 생기는 것이다. 법사위안은 형소법 제312조에 반영되었고, 오늘날까지 그 틀이 유지되고 있다.

한편 정부안은 제249조부터 제252조에 걸쳐 불기소처분에 대해 고소인이 상급검찰청에 '항소'하는 제도(이하 검찰항소제도)를 규정하고 있었다. 이는 1950년 1월 법전편찬위 총회에서 고등법원에 불복을 제기하는 제도(이하 법원항고제도)가 채택되었다가 그 직후 편입된 제도였으며, 만주국 형소법규정을 모방한 것이었다. 이에 대해 법사위 수정안은 불기소처분의 당부에 대하여 고소인 및 고발인이 지방검찰청 검사장을 경유해 고등법원에 재정을 신청하는 제도를 도입했다. 법사위안은 형소법 제260조부터 제265조까지에 반영되었다. 재정신청제도는 유신시절 거의 무력화되었다가 2007년 형소법개정에 의해 형법제정 시의 모습을 회복했다.

조서의 증거능력문제, 기소편의주의 통제문제는 해방 이후 형사사법개혁 논의의 핵심적 주제와 관련된다. 전자는 당대인들이 생각하기에 공판중심주의의 실질적 구현과 직결되었다. 후자는 검찰의 독선을 억제하고 재판관

중심주의 또는 민주적 사인소추 이념을 공소제도에 구현하는 문제로 인식되었다. 형소법 심의 당시 전자에는 경찰의 고문방지, 후자에는 공무원의 인권유린 및 기소권의 정치적 이용방지라는 실천적 고민이 투영되었다. 식민지 형사사법의 악폐가 인권유린, 검사의 독선과 지배, 조서재판이었다면, 법사위안은 식민지적 유산을 어떻게 봉인할 것인가 하는 문제와 관련하여 중요한 의미를 가진다. 과연 제대로 봉인했을까? 그 논리는 무엇이었고 어떤 과제를 남겼을까?

'공판유일중심주의'의 이해방식

앞에서 피의자신문조서(이하 피신조서)의 증거능력에 관한 규율이 해방 이후 공판중심주의 도입논의와 밀접한 관계가 있다고 했다. 당시 공판중심주의의 이상적 모습은, 수사기관이 작성한 공소장을 제외한 서면은 공판정에 제출하지 못하게 하고, 법관이 일체의 증인과 증거를 공판정에서 직접 조사하여 유무죄를 판단하는 것으로 이해되었다. 공판중심주의 도입문제는 강제수사 및 조서 증거능력의 상호관계를 어떻게 규율할 것인가 하는 문제와 연결되어 있었다. 법사위 수정안의 의미를 파악하기 위해서는 이 점을 먼저 이해해야 한다. 1954년 1월 9일 개최된 형소법 초안 공청회에서 김병로는 다음과 같은 말을 했다.

당초에 이 법을 구상할 때에 전반적으로 공판유일중심주의로서 수사기관과 공판하고는 관련을 시키지 않고 재판은 공판에서만 전행하겠다고 하는 주의를 갖겠는가, 그렇지 않으면 우리네가 해내려오던 사정을 참작하고서 조화적 조절을 해볼 것인가 이런 것을 생각했습니다. 강제처분권을 전적으로 없애버리고 공판유일주의로만 나가는 것도 이론으로는 좋은데 사실상 지금 우리 현실에 있어서 수

사기관을 전연 무시하고 기소장 하나만 보아서 공판에 나가서 공판에서 비로소
개시를 해가지고 한다면 사실상 우리가 오늘날 가지고 있는 우리 법관의 기능능
률문제나 인원과 예산문제, 이것 가지고는 도저히 이 사건은 완전히 처리할 수
없다고 생각합니다(밑줄—인용자).[372]

지금까지 이 발언은 왜 형소법 입법자가 이른바 '공소장일본주의'를 택
하지 않았는지 설명해주는 발언으로 취급되어왔다.[373] 공소장일본주의란,
검사가 공소를 제기할 때 공소장 하나만 제출하고, 공소장에 수사기록을
첨부하지 못하게 하는 것을 말한다. 공소장일본주의는 영미법에서 발전한
원칙으로, 당사자주의구조 아래서 판사가 당사자 중 하나인 수사기관이 작
성한 수사서류를 보고 사안을 예단하는 것을 방지하기 위한 것이었다.

김병로가 기소장 하나만 보아서 공판에 나간다고 한 것은, 분명히 공소
장일본주의를 염두에 둔 발언이라고 할 수 있다. 그런데 김병로 발언의 전
체를 음미하면 또 다른 논점이 포함되어 있음을 알 수 있다. 바로 "강제처
분권을 전적으로 없애버리고 공판유일주의로 나가는 것"이라고 한 대목이
다. 강제처분권을 없애는 것과 '기소장 하나만 보고 공판에 나가는 것'은
무슨 관계가 있을까? 김병로의 발언은 그 직전에 이수욱李水郁 서울고법 부
장판사가 정부안을 비판한 것에 대한 답변이었다. 이수욱은 이렇게 말했다.

초안에 의할 것 같으면 법관에 신청해서 수사기관은 10일 동안은 피의자를 조
사할 수 있는데 거기다가 피의자신문에 있어서 강제처분을 하도록 되어 있는데

---

372 『형소법제정자료집』, 114~115쪽.
373 신동운, 「공소장일본주의에 관한 일고찰」, 『두남 임원택 교수 정년기념논문집—사회과학
의 제문제』, 법문사, 1988, 678쪽.

현행법(다이쇼형사소송법—인용자) 255조에는 여하한 경우라도 수사기관은 강제처분권이 없습니다. 그러므로 현하 민주주의를 지향하고 있는 오늘날 수사기관에다가 강제처분권을 주는 시대에 역행하는 비민주적인 법규를 만들 수는 없을 줄 압니다. 만약 이 초안대로 할 것 같으면 자백강요나 긴급구속의 남용이 생길 줄 압니다. 그렇기 때문에 원칙에 돌아가서 현행법과 같이 수사기관에 강제처분권을 안 주는 것이 좋다(밑줄—인용자).[374]

이 말의 요지는, 현행법(다이쇼형소법)의 태도와 마찬가지로 원칙적으로 수사기관에 강제처분권을 주지 말고, 강제처분이 필요하다면 제255조의 '재판상 수사처분제도'를 유지하자는 것이다. 다이쇼형소법은 검사와 사법경찰에게 현행범처분 및 제한된 급속처분만 허용했다. 그 경우 수사기관은 법문에 명시된 '신문' 등의 강제처분을 하게 된다. 나머지 사안에서는 판사에게 필요한 수사처분을 청구한 뒤(재판상 수사처분), 판사가 신문 등의 처분을 하고 작성한 조서를 받아서 증거서류로 공판정에 제출하게 된다. 조서는 관공리가 법령에 의해 작성된 서류로서 당연히 증거능력이 인정된다.

11장에서 보았듯이, 1948년 법령 제176호에 의해 새로운 신체구속절차가 도입되고, 법령 제176호 시행 이후에는 수사기관이 피의자를 구속한 뒤에 과연 피의자·증인의 진술을 녹취하여 신문조서를 작성할 수 있는가에 관해 논란이 있었다. 정부안은 수사기관의 신체구속기간을 사법경찰단계에서 10일, 검찰단계에서는 10일(1회 연장가능)로 했다. 수사기관이 사전영장을 발부받아, 또는 영장 없이 피의자를 긴급구속한 경우 일정한 범위에서 압수·수색·검증을 할 수 있다. 그리고 검사 또는 사법경찰관이 피의자의 진술을 듣는 경우, "피의자의 진술은 조서에 기재해야 한다"(제234조). 이수욱은

---

374 『형소법제정자료집』, 114쪽.

정부안에 영장주의의 제한이 있지만, 수사기관에게 강제처분을 허용한 것은 오히려 다이쇼형소법보다 후퇴한 것이라고 비판했다. 이에 대해 김병로는 "강제처분권을 전적으로 없애버리고 공판유일주의로만 나가는 것"은 이론상으로는 좋지만 현실적으로 어렵다고 답한 셈이다.

이제 왜 김병로가 수사기관의 강제처분권 폐지와 '공판유일중심주의'를 한 세트로 말했는지 알 수 있을 것이다. 다이쇼형소법의 체계에 의하면, 수사기관의 강제처분을 없애버리면 수사기관은 법령에 의한 조서를 생산할 수 없다. 조서들이 공판정에 등장할 수 없기 때문에, 판사는 오직 공판정에서의 진술과 변론을 듣고 사안을 판단할 수 있을 뿐이다. 이 모습이 바로 '공판유일중심주의'이다.

하지만 김병로는 현실을 고려할 때 공판유일중심주의는 도저히 실행할 수 없다고 했다. 국회 본회의에서 엄상섭도 비슷한 취지의 발언을 했다. 그는 검사와 경찰이 기록을 만들고 법관이 기록을 읽어본 뒤에 재판을 여는 대륙법계의 형사소송과, 기소장만 보고 공판에 임하는 영미법계의 형사소송을 구분한 후, 증인이 피고인 앞인가 아닌가에 따라 증언을 달리하는 경향이 있는 "우리나라의 국민성"에 비추어 증인을 신뢰할 수 없기 때문에 영미법식을 취하면 대단히 곤란하다고 했다.[375] 결국 판사는 증인의 공판정 진술보다는 조서에 기재된 진술내용을 보지 않을 수 없다는 것이다.

김병로나 엄상섭은 단지 공소장일본주의뿐만 아니라 공판에서 검경이 작성한 조서의 증거능력을 인정할 것인가, 그 전제가 되는 조서작성권을 인정할 것인가 하는 문제를 의식하면서 발언하고 있었다.

---

375 『형소법제정자료집』, 284~285쪽.

구법에 갇힌 정부안 : 신문과 신문조서의 규율방식

그렇다면 정부안은 무슨 문제가 있었기에 법사위가 개입해야만 했을까? '신문'과 '신문조서'에 관한 정부안의 규율방식을 이해하려면 구법의 논리를 확인해둘 필요가 있다. 구법의 논리는, 법령이 허가할 때 신문을 할 수 있고, 법령이 정한 격식에 따라 신문해야 하며, 그렇게 작성된 신문조서는 관공리가 법령에 의해 작성한 문서로서 형식적 하자가 없는 한 증거로 사용할 수 있다는 것이었다. 수사기관에게 '신문'이 명시적으로 허용되지 않는 경우에는 신문이 아닌 임의의 진술을 청취했다고 하여 실무상 '청취서'를 작성했다. 청취서는 지방재판소공판에서는 이해관계인이 동의하지 않으면 증거능력이 없었다.

그런데 신문조서와 청취서의 이원적 구별은 정부안이 그대로 남은 형소법에서는 사라졌다. 형소법에 따르면 먼저 "검사 또는 사법경찰관은 수사에 필요한 때에는" 피의자 또는 피의자 아닌 자를 "소환하여 진술을 들을 수 있다"고 규정된다(제200조, 제221조). 이것은 임의수사의 한 방법으로 출두를 요구하고 진술을 듣는 것을 말한다.

흥미로운 점은 '소환'이라는 용어를 쓰고 있는 것이다. 다이쇼형소법에서 '소환'장을 발부하여 출두를 요구하는 것은, 소환된 자에게 출두의무를 부과하고 출두하지 않을 경우 과료처분 등 제재를 가하는 강제처분이었고, 원칙적으로 판사에게만 허용되었다. 따라서 수사기관은 임의수사의 형식을 빌려 '호출장'을 발하여 '임의출두'하게 한 뒤 진술을 듣고 '청취서'를 작성했다. 그런데 조선형사령의 급속처분은 피의자 구인·구류·유치권, 피의자·증인의 신문을 허용했기 때문에, 구인보다 약한 처분인 '소환'은 당연히 허용된다고 보고 실무상 피의자·증인을 '소환'하고 '신문'하는 것이 일반적이었다. 그 흔적이 형소법에 그대로 남아 있었던 것이다.[376]

이와 같이 제200조와 제221조는 임의출두상황에서 과거의 흔적이 있는 '소환'이라는 말과 함께, 임의의 진술을 청취한다는 의미의 '진술을 들을 수 있다'는 표현을 쓰고 있다. 과거 같았으면 청취서가 작성될 것이다. 그런데 형소법은 제241조부터 제243조까지 피의자 '신문' 및 신문조서 작성에 관해 규정하고 있다. 그리고 제244조 1항은 '피의자의 진술은 조서에 기재해야 한다'고 하여 신문조서 작성을 필수적으로 요구한 반면, 구법과 같이 이러저러한 상황에서 피의자를 '신문'한다고 명시하는 규정은 없다. 긴급구속 및 구속영장에 의한 피의자 구속절차만 규정했다. 앞에서 언급했듯이 군정법령 제176조도 마찬가지였다. 피의자를 구속한 경우 '신문'할 수 있는가 하는 문제가 제기되었지만, 구속이 허용된다면 신문은 당연히 허용된다는 논리로 '신문'하고 '신문조서'를 작성했다는 것도 앞에서 확인했다. 형소법 제241조 이하의 규정은 바로 그것을 염두에 두고 규정된 것이다. 그리고 이 규정에 의거해 임의출두상황에서의 피의자 진술청취도 '조서'로 작성된다. 결국 임의출두상황이든 구속상황이든, 신문조서가 작성되는 것이다. 즉 구법 아래의 청취서와 신문조서의 이원적 구별이 사라지고 신문조서로 일원화되었다. 피의자 아닌 자(증인·참고인)의 진술은 어떻게 하는가? 그것은 형소법 제48조에서 정한 '피고인·피의자·증인·감정인·통역인 또는 번역인을 신문하는 때'의 조서작성에 관한 규정을 따르게 된다. 이 규정은 형소법 제241조 수사기관의 피의자신문 외에 법원 또는 수사기관이 피고인 등을 신문하는 경우를 상정한 규정이다.[377]

---

376 '소환'이란 용어는 1961년 형소법 개정을 통해 '출석요구'로 바뀌어 오늘날에 이른다.

377 형소법 제48조를 읽으면, 이 규정이 오직 법원·판사가 피고인 등을 신문·심문하는 상황을 상정한 것처럼 해석된다. 원래 정부안은 명백히 수사기관의 증인·감정인 신문까지 예정하고 있었다. 그런데 법사위안의 일부 규정이 추가되면서 전체적으로 법원·판사의 신문상황만 상정한 것처럼 읽히게 되었다. 하지만 국회에서 법사위원장 김정실은 수정안의 취지가

결국 형소법에 따르면 모든 진술은 신문조서의 형식으로 기재된다. 실제로 형소법 시행과 함께 대검찰청 지시에 따라 종래 피의자·증인·감정인(감정증인)·번역인·통역인의 진술을 청취서와 조서로 구별해 기재해오던 것을 폐지하고, 모두 조서로 통일하도록 했다.[378]

형소법의 혼란과 조선형사령의 그늘

신문 및 신문조서에 관한 형소법의 태도는 조금 복잡해서 이해하기 힘들다. 이렇게 복잡해진 것은, 형소법이 다이쇼형소법과 일본 신형소법 사이에서 혼란을 겪고 있었기 때문이었다. 다이쇼형소법 제56조는 모든 유형의 신문 및 조서작성에 관한 일반적 규정이다. 법원이든 수사기관이든 피고인·증인 등을 신문할 때는 제56조에 따라 조서를 작성했다. 형소법 제48조는 그것을 본받은 것이었다. 그러면서도 제243조 이하에서 수사기관의 피의자 신문조서 작성에 관한 규정을 별도로 두었다.

반면 일본 신형소법에서는 다이쇼형소법 제56조 같은 규정은 사라졌다. 대신 제198조 피의자의 임의출두 및 체포·구류하의 출두에 관한 규정을 두고, 출두한 피의자를 '취조取調'하고 "피의자의 진술은 이를 조서에 녹취할 수 있다"고 했다. '신문' 대신 '취조'라는 용어를 쓰고 진술을 녹취한 서면 작성도 임의에 맡겼다. 그리고 이 서면의 명칭은 과거의 '신문조서'나 '청취서'가 아니라 '진술녹취서錄取書'라고 했다. 또한 제223조에서 참고인의 임의출두에 관해 규정하고 조서 작성은 피의자에 관한 규정을 준용하게 했다.

"법원 또는 수사기관에서 작성한 조서의 정확성을 기하기 위한 수정"이라고 밝힌 바 있다. 『형소법제정자료집』, 261쪽.

378 「제7회 전국검사장회의(1954. 9. 25) 대검찰청 차장검사 지시사항」, 대검찰청 엮음, 『훈시집』, 대검찰청, 1977, 70쪽.

이렇게 변화된 까닭은, 수사법제는 물론 서면에 관한 증거법제도가 전면적으로 개편되었기 때문이었다. 과거의 수사법제에서는 신문을 비롯한 수사처분은 원칙적으로 예심판사의 것이었다. 공판 전단계는 비공개적이고 규문적이었다. 대신 예심판사 같은 중립적 사법관에게 수사권한(소환·구인·구류, 신문, 압수·수색, 검증, 감정 등)을 부여하여 수사의 객관성과 공정성을 확보하고자 했다. 따라서 수사법제는 법원·판사가 행사하는 강제처분권을 중심으로 구성하고, 그것을 검경에게 일부 확대하는 방식을 취했다. 이 체계에 들어오지 못하는 것은 일본에서 '임의수사'라 불렀다.

그러나 전후 새로운 수사법제는 과거와 완전히 달랐다. 예심판사는 사라졌고, 대신 검경이 수사를 책임지게 되었다. 인권보호를 위해 수사법제 역시 피의자의 자유와 권리를 보장할 수 있도록 재편되어야 했다. 따라서 수사의 모습도 임의수사가 원칙이 되고 강제수사가 예외가 되었다. 체포·구류된 피의자를 '취조'하는 경우에도 피의자 진술의 임의성이 더욱 보장되어야 했다. 때문에 과거와 같은 '신문'인가 '임의청취'인가 하는 구분도 필요 없어졌다.

또한 서면의 증거능력도 과거와 같이 법령에 의해 적성된 조서인가 아닌가에 따라 180도 달라지지 않게 되었다. 서면의 증거능력은 미국의 전문(傳聞(hearsay)증거의 규칙에 따라 완전히 새롭게 구성되었다. 그러므로 다이쇼형소법 제56조와 같이 신문조서―절대적으로 증거능력이 인정되는 서면―에 관한 통일적 규정을 둘 필요도 없었다. 대신 제198조와 같이 피의자가 수사기관에 임의출두 또는 강제출두한 상황에서의 취조와 진술녹취서에 대해 법적 규제장치를 두었던 것이다. 이때 피의자 진술녹취서는 피의자의 진술이 자신에게 불이익한 사실의 승인 즉 자백을 내용으로 하거나, 특히 신빙할 만한 상황 아래서 진술이 이루어진 경우에 한해 증거능력이 인정된다. 또한 그 기재방식도 과거의 문답식(신문조서 모델)이 아니라 서술식(청취서 모델)을 취하게 된다. 요컨대 일본의 경우 임의수사가 원칙이 된 상황을 상정하고 청취서모델을 취하고, 증거능력은 전문법칙으로 규율하게 되는 것이다. 말하자면, 일본 신형소법의 진술녹취서는 전문법칙의 규율을 받게 된 청취서라고 할 수 있다.

반면 우리 형소법의 경우 '소환'하여 임의출두한 피의자의 "진술을 들을 수 있다"고 했다. 이것은 일본 신형소법에서 임의출두를 상정한 제198조와 제223조를 참고한 것이다. 그런데 그 진술의 녹취는 일본 신형소법이 아니라 과거의 신문조서모델을 유지하고 있다. 제241조 이하에서 피의자 '신문'이라는 구법의 말을 쓰면서도, 구법과 같이 언제 수사기관이 피의자를 '신문'하는지 명시하지도 않았다. 형소법 제241조 이하의 피의자신문에 관한 규정은 원래 다이쇼형소법이 예심판사의 '구류 중인 피고인'에 대한 신문에 관해 규정한 것을 그대로 옮긴 것이었다.[379] 다이쇼형소법상 신문에는 서기가 입회해야 하는데, 그런 관념에 입각해 형소법도 신문자인 검사, 사법경찰관 외에 검찰 서기, 사법경찰리가 입회하도록 했다. 이처럼 우리 형소법은 구법과 신법을 혼란스럽게 뒤섞고 그 위에서 신문조서 모델을 일반

---

[379] 다이쇼형소법 제133조 피고인에 대해서는 먼저 사람의 틀림없음을 확인하기에 족한 사항을 신문해야 한다.
제134조 피고인에 대해서는 피고사건을 고지하고 그 사건에 관하여 진술할 것인지 아닌지를 질문해야 한다.
제135조 피고인에 대해서는 정중 친절하게 대하고 그 이익이 될 사실을 진술할 기회를 주어야 한다.
제137조 사실 발견을 위해 필요할 때는 피고인과 다른 피고인 또는 증인을 대질시킬 수 있다.
제139조 본장의 규정은 피의자를 신문할 경우에 이를 준용한다. 다만 사법경찰관이 신문하는 경우에는 사법경찰로 하여금 입회하게 해야 한다.

화시켰다.

물론 신문조서를 일반화시켰다 해도, 형소법에는 자백에 관한 새로운 제한들이 도입되었다는 점을 고려해야 할 것이다. 대표적인 것이 형소법 제310조 자백의 보강법칙이다. 즉 피고인의 자백이 피고인에게 불이익한 유일한 증거일 때 유죄의 증거로 삼지 못하게 한 것이다. 또 과거에 비슷한 규율이 있었더라도 제309조에서 자백배제법칙을 명시적으로 규정한 것도 중요한 의미를 가졌다. 그럼에도 조선형사령체제의 긴 꼬리를 볼 수 있다. 조선형사령체제는 수사실무 자체를 강제수사 일색으로 만들었다. 1948년 법령 제176호 역시 영장주의를 도입했지만, 영장발부가 요식적 절차가 되어 강제수사가 원칙인 상황을 바꾸지 못했다. 임의수사상황에서도 '소환'과 '신문'이라는 용어가 쓰이고, 신문조서 모델이 일반화되고, 강제처분의 폐지와 공판유일중심주의가 한 세트로 인식되는 것, 이 모두가 조선형사령 이래 본말이 전도된 수사·재판실무와 맞물려 돌아가고 있었던 것이다.

이상의 논의를 전제하고 신문조서에 대한 정부안의 규제를 살펴보자. 정부안 제299조에 따르면, 검사·수사관·사법경찰관의 피의자 또는 피의자 아닌 자의 진술을 기재한 조서, 검증·감정의 결과를 기재한 조서 등은 공판준비 또는 공판기일에 피고인이나 피고인 아닌 자의 진술에 의해 그 성립의 진정함이 인정될 때는 증거로 할 수 있다. 과거와 달리 공판기일 등에 원原 진술자가 출석하여 성립의 진정을 인정해야 한다는 새로운 요건이 추가되었다. 하지만 그것은 너무 낮은 문턱이다. 피고인이 경찰 앞에서 허위자백을 했더라도, '신문조서'가 존재하는 이상 조서의 진정 성립을 부인하기는 극히 곤란하다. 이 문턱만 넘으면 조서는 그대로 증거능력이 인정된다. 구법에서는 청취서와 신문조서 사이에 증거능력의 차등이라도 있었는데, 이제는 그마저 사라졌다. 결국 정부안에 따르면, 임의수사인가 강제수사인가를 가리지 않고 모든 상황에서 신문조서가 작성될 수 있고 '성립의 진정'이 인정되면 증거능력이 인정되어버린 것이다. 그것은 다이쇼형소법보다도 못한 결과였다. 때문에 이수욱 판사가 "만약 이 초안대로 할 것 같으면 자백 강요나 긴급구속의 남용이 생길 것"이라면서 차라리 다이쇼 형소법으로 되돌아가자고 했던 것이다.

형소법 제312조 단서의 논리와 해방 이후 수사민주화론

정부안의 기초자인 김병로든, 수정안에 관여한 엄상섭이든, 한국 현실에서 공판유일중심주의는 실시할 수 없다는 데 의견이 일치했다. 따라서 수사기관이 신문조서를 만들고, 검사는 그것을 첨부해 공소장을 보내고, 법관은 조서를 미리 읽고 공판에 들어가는 방식을—김병로의 말로는 향후 10년간은—유지할 수밖에 없다는 것이었다.

물론 김병로는 불안했던지 진정 성립이라는 요건을 하나 덧붙였다. 구법 아래서 조서는 법이 정한 형식적 요건을 충족하면 되었다. 진정 성립요건을 덧붙인 것은 조서의 진정성과 정확성을 확보하기 위한 고민의 결과였다고 할 수 있다. 진정 성립요건은, 일본 신형소법의 수사기관이 작성한 검증조서에 관한 규정(제321조 ③)을 참고한 것으로 보인다. 그에 따르면, 수사기관이 작성한 검증조서는 그 작성자가 공판기일에 증인으로서 심문을 받고 검증조서가 진정하게 작성되었다고 진술하면 증거능력이 인정된다. 형소법 정부안은 이 방식을 수사기관이 작성하는 모든 조서로 확대한 것이었다. 문제는 진정 성립요건은 수사기관에게 특별히 위협적인 장치가 아니라는 점이었다. 여기에서 법사위안이 개입하는 것이다.

법사위안은 최소한 사법경찰관의 피의자신문조서에 관해서는 특단의 조치가 필요하다고 보고, "증거 면에 제약"을 가하여 폐단을 억제하려 했다.[380] 그 방법은 피고인이 내용을 부인하면 증거능력을 상실하게 하는 것이다. 고문을 가해 자백을 받았어도 공판정에서 피고인이 내용을 부인해버리면 조서 자체가 휴지조각이 되기 때문에, 경찰이 고문유혹에 빠지지 않게 될 것이라는 판단이었다. 고문의 억제는 절박한 실천적 목표였다.

법사위안이 개입한 결과, 사법경찰 피신조서는 '신문조서'이긴 했지만 그 위상이 과거의 '청취서'로 격하되었다. 명칭은 같은 '조서'이지만 피고인이 내용을 부인하면 끝이기 때문이다. 반면 검사 피신조서는 진정 성립 외에 제한이 붙지 않는다. 여기에는 검사를 상대적으로 더 신뢰했던 입법자들의 태도가 반영되어 있었다. 형소법에 담긴 검사의 수사지휘권, 영장청구 시 반드시 검사를 경유하게 한 것도 검사와 사법경찰 사이의 차등을 인식한 것이다. 검사를 통해 경찰수사가 통제되기를 희망했던 것이다.

하지만 이런 제약은 검사가 재차 피의자를 신문하여 신문조서를 작성하는 방법으로 우회할 수 있다. 정부는 이 규정이 결국 피의자신문의 무용한 반복과 검사의 과중한 업무부담을 야기할 것이라며 반대했다. 실제로 실무도 그렇게 되었다. 과거에는 검사가 사법경찰관이 송부한 신문조서와 의견서를 검토하여 재조사할 필요가 없으면 곧바로 공소장을 작성했는데, 이제는 공판정에서의 증거사용을 위해 검사가 피의자를 재신문해야 하는 상황이 된 것이다. 제정형소법 제312조 단서는 의도했든 의도하지 않았든 검사에게 진술증거를 직접 채집해야 하는 업무부담을 지웠다. 하지만 법사위안의 제안자들은 그런 부담은 인권유린 방지를 위해 검사가 마땅히 감수해야 한다고 생각했을 것이다.

검사의 피의자 재신문 같은 우회로가 있었다고는 해도, 법사위안, 즉 형소법 제312조 단서의 사고방식 자체는 매우 과감한 것이었다. 경찰이 적법

---

380 『형소법제정자료집』, 115쪽.

하게 수사를 하고 신문조서를 작성해도 공판단계에서 내용이 부인되면 끝이다. 이런 사고방식은 어디에서 유래했을까?

일본 신형소법의 새로운 규율방법

먼저 지적하고 싶은 것은, 제정형소법 제312조의 사고방식은 일본 신형소법이 채용한 전문증거에 관한 법리와는 상관이 없다는 점이다. 일본 신형소법의 경위를 잠깐 살펴보자.

전후 일본의 검찰 당국은 이전부터 추구해오던 목표인 청취서의 증거능력 제한을 아예 없애려 했다. 사법성 형사국 별실에서 작성한 「형소법개정요강시안」(1946. 8)은 직접심리주의원칙을 명시한 뒤에 "공판기일에 증거를 직접 취조할 수 없는 경우 또는 현저히 곤란한 경우에는 이를 대신할 검증조서, 신문조서, 감정조서 또는 임의의 청취서 기타 증거서류"를 증거로 할 수 있다고 규정했다.[381]

그런데 GHQ헌법 초안에서 비롯된 일본국헌법 제37조 2항이 피고인에게 모든 증인을 반대심문할 기회를 제공해야 한다고 함으로써, 서면의 증거능력을 규율하는 방법이 직접주의에서 미국식 전문법칙으로 전환되었다. 전문법칙은 진술에 포함된 사실의 증명을 위해 전문증거—예를 들어, 타인에게 들은 내용을 진술하는 것, 서면에 기록된 진술—를 증거로 사용하는 것을 금지하는 법리를 뜻한다. 그에 따라 1947년 4월 공포된 '일본국헌법의 시행에 따른 형사소송법의 응급적 조치에 관한 법률' 제12조, 같은 해 10월 완성된 형소법 제2차 초안은 "증인 기타의 자(피고인을 제외함)의 진술을 녹취한 서면 또는 이를 대신할 서류는 그 진술자 또는 작성자가 공판기일

---

381 刑事訴訟法制定過程研究会, 「刑事訴訟法の制定過程 (8)」, 『法學協會雜誌』 92卷 7號, 1975, 118쪽.

에 당해사건에 관하여 판결하는 재판관의 면전에서 심문하는 기회를 피고인에게 부여하지 않으면, 이를 증거로 할 수 없다. 다만 그 기회를 부여할 수 없거나 또는 현저히 곤란한 경우에는 이들 서류에 관한 제한 및 피고인의 헌법상 권리를 적당하게 고려하여 이를 증거로 할 수 있다"고 규정했다.

1948년 4월 제9회 형소법개정협의회에서 총사령부 관계자는 재판관 면전, 검사 및 경찰관 면전에서 이루어진 피의자·참고인 등의 공판 전 진술 및 그 진술을 녹취한 서면의 증거능력에 관해 구체적인 내용을 권고했다.[382] 그중 가장 논란이 된 것은 피고인의 자백이 기재된 서면이었다. 총사령부 관계자는, 피고인의 자기에게 불이익한 진술을 기재한 기록 또는 그런 내용의 구두설명은 언제 또는 누구에게 진술했는지 상관없이 증거로 사용할 수 있다는 안을 제시했다. 그에 따르면, 진술의 임의성만 인정된다면 피의자단계에서 한 자백, 그것을 기재한 신문조서는 모두 증거능력이 인정된다. 일본의 재야법조계가 그동안 추구했던 것과 비교하면, 총사령부 측의 권고는 수사기관에게 지나치게 유리했다. 협의회에 참석한 변호사위원들은 이 규정 때문에 지금까지 총사령부가 고심한 것이 허사가 된다고 비판하고, 경찰관이 고문을 가해 조서를 만드는 실정을 지적하면서 경찰이 작성한 자백조서의 증거능력을 배제하자고 제안했다. 이에 총사령부 관계자는 증거채택 이전에 먼저 자백의 임의성을 심사한다는 점을 지적하고, 이 규정이 검사의 편의를 도모하기 위한 것이라고 설득했다.[383] 변호사위원의 발언을 보면 우리 법사위안의 발상과 비슷한 점이 발견된다. 이후 자백의 임의성을 좀 더 엄격히 규율하는 방향으로 보완이 되었고, 협의를 거쳐 일본 신형소법 제321조 이하의 전문법칙에 관한 예외규정들이 만들어졌다.[384]

---

382 小田中聰樹, 「刑事裁判制度の改革」, 259쪽.
383 위의 글, 260쪽.

구법의 사고방식에 입각한 제정형소법의 결단

제정형소법의 규율체계는 일본 신형소법과 전혀 달랐다. 판사가 작성한 조서는 절대적으로 증거능력이 인정된다. 피고인이 아닌 자의 진술을 기재한 서면, 수사기관의 검증·감정조서 등은 성립의 진정이 인정되는 증거능력이 있다. 그리고 피의자신문조서에 관하여 검사 면전의 조서인가 사법경찰 면전의 조서인가를 구분하고, 후자는 내용의 인정이라는 요건을 붙이고 있다. 사법경찰의 피신조서를 제외하면 나머지 것은 구법과 크게 달라지지 않았다. 당대인의 말을 빌리면 공판유일중심주의, 영미식 제도의 도입을 포기한 결과이다. 그와 함께 다이쇼형소법과 조선형사령의 신문 기타 강제처분, 신문조서의 규율체계가 모습을 약간 바꾼 채 남게 되었다.

사법경찰의 피신조서에 대해 피고인이 '내용을 인정할 때'라고 한 것은, 구법체제에서 '청취서'가 받던 취급과 유사하다. 말하자면 법사위안은 사법경찰 작성 피신조서 전체를 청취서화시킨 것이었다. 1950년 법전편찬위 초안의 "검사가 작성한 신문조서 외의 서류 및 사법경찰관리가 작성한 서류는 다른 증거와 종합되는 경우에 한하여 증거가 될 수 있다"는 내용도, 사법경찰 작성 피신조서를 차별취급하고 있었다. 경찰 면전의 자백조서의 증거능력을 부정하자는 일본의 논의에서도 비슷한 발상을 찾을 수 있다. 이런 발상은 구법의 논리와 매우 친숙하다. 구법은 절차의 진행과 사안의 판단을 위해 서면의 생산을 중시했고, 또 그렇기 때문에 서면의 생산을 엄격히 규제하려 했다. 때문에 구법에서는 수사기관이 '조서'를 작성하는 것 자체가 비정상적, 예외적이라고 인식되었다. 그 아래서 수사기관은 법적 장벽을 여러 가지 방식을 통해 돌파하거나 우회하려 했다. 반대 측은 법적 장벽을 유지하거나 높이려 했다. 한쪽은 수사와 소추의 편의를 위해, 다른 쪽은

---

384 위의 글, 261쪽.

불법·편법수사와 공판절차의 형해화를 방지하기 위해 싸웠다. 서면의 증거능력에 관한 이론적 다툼의 이면에는, 수사와 소추의 편의냐 인권보호냐 하는 실천적 문제가 있었다. 그 대립축은 정부안과 법사위안에서도 그대로 유지되었다. 일본의 신형소법체계는 구법의 자연스러운 진화의 결과가 아니라 외부적 충격에 의해 미국식 증거법제가 도입된 결과였다. 반면 한국의 법사위안은 구법의 틀에서 나올 수 있는 하나의 결과였다.

이와 같이 형소법 제312조 단서에는 제2대 국회의 실천적 고민과 결단이 고스란히 담겨 있다. 법사위안의 결단은 좁게 보면 경찰의 고문을 방지하기 위한 것이었다. 하지만 넓게 보면, 조선형사령체제와 법령 제176호가 결합된 수사법제의 결함을 정부원안이 해결하지 못했다는 것과 조서를 중심으로 수사와 재판이 이루어지게 된다는 것을 인식하고, 수사의 대부분을 담당하는 경찰이 인권유린의 유혹에 빠지지 못하게 하는 장치를 부과한 것이라고 할 수 있다. 그리고 그 결과는 부수적으로 경찰이 만든 자백조서가 쉽게 공판정에 들어오는 것을 차단하고, 검사가 경찰의 수사를 감시하고 심사하는 틀을 만들어냈다. 그런 의미에서 형소법 제312조의 단서는 해방 이래의 수사민주화론이 남긴 커다란 족적이라 할 수 있을 것이다.

형소법의 제312조 단서가 탄생하는 과정은, 조선형사령체제 아래 왜곡된 수사·재판실무를 극복하는 과정에서, 수사기관의 신문과 조서의 개념에 관한 다이쇼형소법의 문법과 강압수사의 억제와 인권보장이라는 과제가 어떻게 서로 얽히고 있는지 보여주는 예이다. 서면심리 위주의 과거 재판관행을 타파하고자 해방 이후 공판절차의 개혁과제로서 영미식 공판(유일)중심주의가 논의되었다. 형소법 입법자들은 공판중심주의의 전면채용을 포기하고 수사기관이 작성한 서류에 일정한 제한을 붙이는 방법을 택했다. 일본 신형소법상 진술조서의 증거능력에 관한 규율은 당사자주의구조로 재편된 공판결차에 결합되어 있는 반면, 제정형소법은 기본적으로 직권주의적 구조를 유지하면서 일본의 새로운 규율체제를 변형하여 받아들였다. 그러나 여전히 과거의 조서심리 위주 재판실무를 개선하지 못하고 공판중심주의의 실현이 지체되었으며, 나아가 수사로부터 공판의 독립성을 확보할 개혁과제에서 한계를 노정했다.

재정신청제도의 이념적 연속성

법사위안은 재정신청제도라는 "기소권행사에 있어 불공평성을 제거"하기 위해 "획기적인 규정"을 추가시켰다.[385] 법사위안에 의하면, 고소인·고발인이 검사의 불기소처분에 대해 재정신청을 하면, 해당 지검장과 고검장을 경유해 검찰 내부에서 시정의 기회를 주고, 고검장이 이유가 없다고 하여 고등법원으로 넘기면 고등법원이 재정신청을 심사한다. 만일 신청이 이유가 있으면 지방법원의 공판에 회부하는 결정을 하고, 공소유지는 법원이 지정한 변호사가 담당하게 된다.

재정신청제도는 법전편찬위에서 공소권의 공정한 행사, 피해자 보호 등을 이유로 민주주의 사법의 요소인 사인소추제도를 도입한다는 관점에서 채택되었다가 사라진 제도를 부활시킨 것이었다. 국회 심의 당시 1949~50년 법전편찬위에서의 논의는 직접 거론되지 않았다. 하지만 그 찬반논란을 보면 법전편찬위 시절의 사고방식이 강하게 남아 있음을 알 수 있다. 예를 들어 대한변협은 "민주주의적으로 발달된 영미법에 있어서는 검사의 소추권을 인정하는 동시에 사인에 대하여도 소추권을 인정하여 국민은 공정한 재판관의 판정을 구할 수 있는 방도를 열어주고 있다"고 하면서, 재정신청제도를 "불충분하나마 민주주의적 입법으로 지향하는 것으로 절대 지지"한

---

385 국회본회의에서 엄상섭의 발언, 『형소법제정자료집』, 283·337쪽.

다고 했다.[386] 법사위안에 반대하는 정부의 의견서는 "외국 법제에서의 공소제기의 의제擬制"는 "거개가 민사적인 청구에 속한 소위 사소私訴의 성질"을 띠거나 "영미법 계통의 사인소추주의원칙하에서 인정"되는 것이라면서, 재정신청제도가 국가소추주의원칙에 위배된다고 했다.[387] 변협과 법무부 모두 재정신청제도의 성질을 영미식 사인소추제도와 관련시켜 이해하고 있었다.

엄상섭의 경우, 검사 시절에는 영미제도의 수용은 물론 기소유예폐지론이나 사인소추주의도 적극 비판했다. 당시 엄상섭이 제시한 것은 검찰위원회에서 검찰항고를 취급할 수도 있다는 것이었다. 그러나 엄상섭은 국회의원이 되어 "민중의 지지를 받고 국민의 대변자로서" 나서 보니 "인권옹호 면에 지장이 없는 방향으로 나가야 되겠다는 신념을 가지게" 되었다.[388] 형사소송법이 정치도구로 이용되는 현실, 검찰기관의 정치세력의 번견화蕃犬化[389]가 우려되는 현실을 목도하고, 자의적 불기소처분을 외부에서 통제할 수 있는 체제가 필요하다는 인식을 더욱 강하게 갖게 되었을 것이다.

1950년 1월 9일에 열린 법전편찬위에서 채택한 안과 형소법의 재정신청제도를 비교하면, 둘 다 고소인과 고발인이 고등법원에 신청하는 점은 같다. 차이점은, 형소법은 재정신청이 지검과 고검을 경유해 고등법원에 이르게 하여 검찰에게 두 차례 시정의 기회를 준다는 것, 고등법원의 공판회부

---

386 대한변호사협회, 「건의서」, 『형소법제정자료집』, 251쪽. 이에 덧붙여 대한변협은, 신형법에서 선고유예제도를 채택했으므로 기소편의주의를 채택할 실익은 없지만, 형사소송법안에서 기소편의주의를 존치한 이상 재판관의 직권과 유사한 권위를 부여받은 검사의 처분에 대해 독일·일본·프랑스·중국의 제도와 유사한 재정신청제도를 둘 것이 절대로 요청된다고 강조했다. 같은 자료, 252쪽.
387 「형사소송법안 이의에 관한 건」, 『형소법제정자료집』, 244쪽.
388 위의 책, 109쪽.
389 엄상섭, 「형사재판의 민주화」, 앞의 책, 380쪽.

결정이 있으면 법전편찬위안에서는 검사가, 형소법에서는 지정변호사가 공소유지를 담당한다는 것이다. 검찰을 경유하게 한 것은, 법사위안 제안자의 말에 따르면 검사의 기소독점주의를 가급적 유지하기 위해서였다. 공소유지변호사제도는 일본의 준기소절차를 참고한 것인데, 재정신청제도는 일본의 준기소절차와 달리 대상범죄에 제한이 없었다. 일본의 준기소절차는 수사기관의 직권남용범죄에 한정되며, 제도의 목표도 기소편의주의 자체를 견제하는 것보다 주로 인권유린을 방지하는 데 있었다. 일본에서는 기소편의주의의 견제는 일반시민이 참가하는 검찰심사회를 통해 이루어졌다.

법사위안의 재정신청제도의 특징은 어떤 배경에서 갖추어진 것일까? 이에 관한 구체적인 자료는 없지만, 재정신청제도를 제안한 의원들의 발언을 통해 접근해보기로 하자. 제2대 국회에서의 재정신청제도 지지발언은 법전편찬위에서의 양원일이나 정윤환의 발언과 미묘한 차이가 있었다. 법전편찬위원들이 법원항고제도의 정당성을 민주주의 사법, 사인소추, 피해자 권리보호 이념에서 직접 도출했다면, 제2대 국회에서의 논의는 검찰권의 정치적 이용을 보다 중요한 문제로 거론했다.

형소법의 정치도구화 방지장치, 재정신청제도

엄상섭의 발언은 기소독점주의·기소편의주의에 내재된 일반적 위험을 지적하는 것과는 온도차가 있다. 엄상섭은 정치적 문제, 특히 형사소송법이 정치적으로 이용되거나 기타 세력관계로 인해 불공평하게 적용되는 폐단을 막아야 한다고 지적하면서, 그 대표적인 예로 인권유린사건, 선거사범 적발과 기소의 편파성, 불공정성을 들었다.[390] 법사위원장 김정실金正實도, 인권

---

390 제19차 본회의속기록, 『형소법제정자료집』, 281~282쪽; 엄상섭, 위의 책, 320~321쪽. 엄상섭은 이외에도 다수의 정치평론에서 정부 선거간섭의 심각성을 지적하고 경찰과 검찰

유린사건은 대개 공무원이 관권을 남용한 사건인데, 피의자가 공무원인 탓에 왕왕 검사 처분의 엄정함이 의심받았다면서, 덧붙여 "종래 솔직히 말해서 피해자를 충분히 보호하지 않았던 것을 부정할 수 없다"고 설명했다.[391] 이런 발언들은 공무원 직권남용범죄의 억제에 초점을 맞추었던 일본 준기소절차의 사고방식과 유사하며, 피해자의 보호는 조금은 부차적인 문제로 취급되고 있는 듯한 인상을 준다. 그런데 일본과 달리 대상범죄를 제한하지 않은 이유는 무엇일까? 엄상섭의 공청회 발언이 실마리가 된다.

> 종래의 예를 보면 증거가 역력함에도 불구하고 기소 안 하는 수가 있는데 이것이 정치적으로 이용될 때에는 중대한 문제입니다. (…) 그런데 여기에서 전혀 검찰기관에 대해서 그 항소권을 없애버리고 나가는 이런 방향도 하나 생각할 수 있고, 또 검찰기관에 대해서 길도 열어놓으면서 고발된 고소인이 기소되기를 지극히 원하는 사건도 기소 안 하고 암암리에 매장이 되어버리는 것은 될 수 있는 대로 재판기관을 관여하게 하여서 그 공정을 기해보자고 하는 것입니다. 여기에는 피고소인 또는 피고발인에만, 이런 방법이 공무원인 경우가 많아요, 그래서 공무원인 경우로 하는 것이 좋지 않을까 하는 것까지 생각했는데, 이 점을 또다시 생각해보면, 그 검사가 소속되어 있는 지방검찰청에서 한번 고려할 수 있는 기회를 줬고 그 다음에 그 검사가 소속되어 있는 고등검찰청 책임자로 하여금 고려할 기회를 줬고 그렇게 했으나, 만일 이런 사건에 있어서 피고인이나 고소인(피고발인, 피고소인의 오기로 보임─인용자)이 기소되기를 지극히 원하는 사건은 억울한 점이 있을 것이나 대개 고등법원까지 나가지 않게 하고 검찰청 내부에서 이것을

의 태도를 비판하고 있다. 엄상섭의 『권력과 자유』에 실린 「이 대통령 팔 년 치적의 개관」(1956. 4), 「인권옹호의 의의와 실상」(1956. 7), 「정국은 왜 이렇게 되었는가?」(1956. 12) 등의 글.
391 제18차 본회의에서의 법사위원장 김정실의 발언, 『형소법제정자료집』, 262쪽.

처리할 수 있어야만 될 것이다, 라고 해서 (…)[392]

엄상섭의 논리는 이렇게 전개되는 것 같다. '기소편의주의가 정치적으로 이용되는 것은 중대한 문제이다. 그 경우 일본처럼 대상범죄를 공무원범죄로 한정하고 법원으로 직접 가는 제도도 가능할 것이다. 그러나 법원으로 직접 가지 않고 검찰을 거쳐 간다면, 굳이 대상범죄를 한정하지 않아도 일반사건 고소인·고발인의 억울함은 대개 검찰 내부에서 처리될 수 있을 것이고, 기소편의주의의 정치적 이용이 문제되는 사안에서 검찰이 시정하지 않은 것은 법원이 개입해 해결할 수 있을 것이다.' 엄상섭의 말을 들어보면, 일반범죄의 경우 검찰 내부적 시정제도로도 충분하다고 인식하는 듯하다. 일반사건에 관해서는 이미 검찰항고제도가 운영되고 있다. 그러나 일반사건에 관해서도 검찰항고제도는 한계가 있고, 특히 문제되는 정치적 사안들은 효과적으로 시정되지 않기 때문에 법원이 개입할 필요가 있다고 판단한 것이다.

공청회나 국회 본회의에서의 의원들의 발언을 보면, 기소편의주의의 대표적 악용사례로 선거간섭·선거사범의 정치적 처리 같은 사안이 거론되고 있다. 이런 사안들은 일본의 준기소절차 대상범죄에서 벗어난다. 그동안 이승만 정부는 경찰을 이용한 선거간섭을 자행한 바 있었고, 형소법을 심의할 무렵에는 자유당이 창당되고 제3대 국회의원총선이 다가오고 있었다. 제2대 국회는 관권선거를 막기 위해 1953년 형법안을 심의할 때 법사위수정안을 통해 선거방해죄(형법 제128조)를 신설하기도 했다. 당시 법사위원들은 관건선거문제를 포함해 공소권의 정치적 행사를 방지할 수 있는 장치가 필요하다고 절박하게 느꼈을 것이다.

---

392 공청회에서의 엄상섭 의원의 발언, 『형소법제정자료집』, 128~129쪽.

물론 재정신청제도의 배경에 선거를 앞둔 국회의원들의 현실적인 정치적 고려만 있었다고 말하는 것은 아니다. 그러나 매우 밀접한 관계가 있었다는 것을 다른 자료를 통해 확인할 수 있다. 엄상섭은 법사위안의 원칙을 '형사재판의 민주화'와 '형사소송법의 정치도구화 방지'라 하고, 재정신청 제도를 두 번째 원칙과 관련지어 설명했다.[393] 예전에 양원일과 정윤환은 이 문제를 '형사재판의 민주화'라는 차원에서 말했다. 반면 엄상섭은 형소법의 정치도구화 방지에 별도의 중요성을 부여하고, 그 사례로 선거사범의 편파적 처리를 들었다. 그렇기 때문에 1950년 법전편찬위에서 잠시 채택되었던 안들이 법원이 검사에게 공소제기명령을 내리는 방식을 취한 것과 달리, 법사위 수정안에 공소유지 변호사제도를 도입하게 되었던 것인지도 모른다. 정치적 사건에서 이미 정치적 도구가 된 검사에게 기소명령을 내리는 것은 의미가 없기 때문이다.

훗날 엄상섭은 5·20총선의 관권개입을 체험한 뒤 「형사재판의 민주화」 (1957)라는 글 서두에서 검찰의 선거개입을 적나라하게 비판했다.

> 말썽 많던 형사소송법의 공포를 보고야 말게 되었다. 이 형사소송법 때문에 제2대 국회 말기의 법제사법위원은 여야를 막론하고 모조리 낙선(김의준 씨만 제외)이 되었다는 풍문이 있다. 필자도 그중 한 사람이거니와 만일 이 풍문이 사실이라면 필자는 자신의 그 '영예의 낙선'에 참여하게 되었음을 한없이 기뻐하고 싶은 것이다. 그와 동시에 '검찰이 선거에 간섭했다'는 오점을 (…) 단불용어斷不容許의 민주주의에 대한 반역적인 이 더러운 족적을 조국 대한민국의 정치사상政治史上에 남기게 된 책임은 후세의 사가史家가 밝혀줄 것이라고 믿는다.[394]

---

393 엄상섭, 「형사재판의 민주화」, 『권력과 자유』, 376쪽.
394 『형소법제정자료집』, 353쪽.

제2대 국회의 활약을 통해 해방 이후 전개된 기소편의주의 통제론은 재정신청제도라는 모습으로 우리 형소법에 안착하게 되었다. 그 배경에 있는 현실적 관심이야 어떻든, 그 결과는 해방 이후 형사사법 민주화론, 검찰개혁론을 계승한 것이라고 할 것이다.

덧붙여 검찰제도와 관련해서 국회에서 오간 발언을 보면, 검사의 신분보장, 검찰인사제도 개선이 필요하다고 느끼고 있었던 것 같다.[395] 이 문제를 해결하기 위해서는 형소법이 아닌 검찰청법 개정이 필요했기 때문에 당시에는 중요한 안건으로 논의되지 않았다. 어쩌면 제3대 국회가 이를 다룰 것으로 생각했을 수도 있다. 하지만 총선결과는 그럴 기회를 허용하지 않았다. 어쩌면 총선결과는 또 하나의 문제를 남겨두었다고도 생각된다. 재정신청제도와 검찰청법상의 검찰항고제도의 관계이다.

재정신청제도에 의하면, 범죄종류의 제한 없이 고소·고발인이 불기소처분에 불복할 경우 지검과 고검을 경유해 고등법원에 도달한다. 따라서 논리적으로 볼 때 따로 검찰항고제도를 둘 필요가 없다. 게다가 재정신청제도는 형소법 정부안에 있던 검찰'항소'제도를 대체하기 위한 것이었다. 만일 정부안 그대로 통과되었다면 검찰청법의 검찰항고제도는 존재의미를 상실한다. 공청회에서도 서일교 전문위원은 재정신청제도의 취지를 "검사의 불기소처분에 대한 항소권을 법원에 넘긴다"는 것이라고 한 바 있다.[396] 이런 전후사정을 고려할 때, 형소법 입법자가 재정신청제도와 검찰항고제도가 병존하는 체제를 그대로 용인했다고 보기는 힘들다. 검찰항고제도의 독자적 의미가 없는 것은 아니지만, 재정신청제도가 존재하는 이상 그 존재가치는 크게 낮아진다. 검찰항고제도의 존폐문제를 확실히 하기 위해서도

---

395 『형소법제정자료집』, 127쪽.
396 공청회속기록, 『형소법제정자료집』, 131쪽.

검찰청법 개정이 필요했다. 제2대 국회는 그것을 할 여력이 없었다. 검찰청법상의 검찰항고에 관한 규정은 여전히 효력을 유지했고, 재정신청제도와 검찰항고의 동거체제가 시작되었다.

2. 유예된 문제의 현실화 : 법관인사를 둘러싼 충돌

1958년 대법원장 임명파동

전쟁 이후 정치·사회·경제적 변화와 더불어 1949년에 설정된 사법체제가 안고 있는 문제들이 노정되기 시작했다. 두 가지 문제가 핵심이었다. 하나는 전후 사회·경제발전과 더불어 민형사사건이 급증했지만 기성 사법의 용량으로는 그에 효과적으로 대처할 수 없었다는 것이다. 법관의 결원보충, 법원조직법 개정(1959)을 통한 대법원판사제 실시 같은 양적인 대처와 함께, 즉결심판에 관한 절차법(1957)과 순회판사제, 민사소송법 제정(1959)과 같은 재판법규의 정비를 통해 해소하려고 했다.

그리고 1950년대 가장 첨예하게 대두된 것은 바로 사법권 독립문제였다. 1955년 대구지방법원의 대구매일신문 주필 최석채崔錫采(국가보안법위반)에 대한 무죄판결, 1958년 서울지방법원의 진보당사건(간첩, 국가보안법 위반)에 대한 일부 무죄판결 등에 대해 대통령은 노골적으로 불만을 표시했고, 어용단체들이 법원에 난입하는 불상사가 벌어졌다.[397] 이승만 정부는 1957년 12월 김병로 대법원장의 정년퇴임(12. 14 예정)과 1958년 법관들의 10년 임기종료가 다가오자, 이 기회에 법원에 대한 장악력을 강화하려 했다.

1957년 말 김병로 대법원장의 퇴임을 앞두고 신임 대법원장 임명에 대

---

[397] 법원행정처, 『법원사』, 1995, 262~271쪽 참조.

한 조야의 관심이 높아졌다. 김병로의 뒤를 물려받을 사람으로서 법원 안팎에서는 전직 대법관 김동현金東鉉이 적임자로 거론되었다. 11월 23일 법관회의는 압도적 다수로 김동현을 제청하기로 의결했다. 즉각 정부에서 난색을 표했다. 법원조직법의 "대법원장은 대법관으로써 보한다"는 규정의 해석상 '현직' 대법관만이 대법원장이 될 수 있다는 것이다. 1949년 법원조직법 제정 당시 김병로 대법원장도 그렇게 해석했다.[398] 그런데 법관회의는 법원조직법상 대법원장(70세)과 대법관(65세)의 정년을 달리 하는 등 양자를 별개로 취급하고 있기 때문에, 반드시 현직 대법관만 대법원장이 되어야 한다는 취지는 아니라고 했다. 변호사회도 법관회의 견해를 지지했다. 하지만 법무부장관은 정부의 해석은 그와 반대이며, 설사 법관회의의 제청이 있어도 대통령이 비토할 수 있다고 공식 표명했다.[399] 행정부와 법원의 견해차가 좁혀지지 않자 국회가 나섰다. 김준연金俊淵(무소속) 의원 외 10명은 전직 대법관 출신도 후보군에 포함시키자는 취지에서 법원조직법 개정안을 제출했다. 개정안은 해석이 갈리는 규정을 삭제하고 "대법원장은 대법관이 된다"고 명시하고 법관회의의 의결절차를 보완했다. 법안은 논란 없이 국회를 통과하여 1957년 12월 23일 개정 법원조직법(법률 제461호)이 제정되었다. 법개정으로 김동현의 대법원장 임명은 확실시되고 있었다.[400]

하지만 경무대는 김동현의 제청에 대해 아무 조치도 취하지 않았다. 오히려 국회를 움직여 법원조직법을 다시 개정하려 했다. 1958년 2월 조경규趙瓊奎(자유당) 국회부의장 외 10명의 의원이 개정안을 제출했다. 개정안은 법

---

398 1949년 9월 19일 국회본회의에서 김병로는 대법원장에 임명되면 대법관이 된다고 보는 것은 오해라고 하면서, "대법원장의 보직은 대법관 가운데서 보직하는 것은 어떠한 상식으로 보더라도 누구든지 오해할 수 없"다고 단언했다. 『제헌국회속기록 7』, 16쪽.

399 『동아일보』 1957. 11. 26.

400 『동아일보』 1957. 11. 30, 12. 22.

관회의의 대법원장 제청권을 아예 삭제했다. 1949년 법원조직법 제정 당시에도 등장했던, 헌법상 규정된 대통령의 대법원장 임명권에 법률로 제약을 가하는 것은 위헌이라는 논리를 다시 꺼내들었다.

법관회의는 즉각 반대의 의사표시를 했다. 3월 14일 대한변협은 개정안 자진철회를 요구하고 사법권을 옹호하는 전국변호사대회를 개최했다. 대회에 참가한 김병로는 "입법부의 방자"함을 규탄했다. 법조계의 거센 반발이 있자 조경규 의원은 법안을 철회했다.[401] 법개정에 실패하자 경무대는 다른 방안으로 직접적인 임명권행사를 시도했다. 경무대는 법관회의에 김동현의 제청을 받아들일 수 없다고 하고, 대신 이우익을 제청해줄 것을 요구했다. 이우익은 1950년 6월 법무부장관에 올랐던 인물로, 당시 자유당 경북도당 위원장이었다. 이번에도 경무대가 움직이지 않자, 법관회의는 조용순趙容淳을 추천했다. 조용순은 대법관을 지내고 내무부장관을 거쳐 사정위원장査定委員長으로 재직하고 있었다. 법관회의는 조용순을 경무대가 무난히 낙점할 것으로 예상했다. 하지만 경무대는 권승렬을 추천해달라고 했다. 법관회의의 제청권을 무력화시키겠다는 의사에 다름 아니었다. 조용순은 경무대 분위기가 좋지 않다며 법관회의에 대해 추천을 취소해달라고까지 했다. 마침내 경무대는 6월 9일 조용순을 신임대법원장으로 임명했다.[402] 경무대가 조용순에 대해 당초 어떤 인상을 가지고 있었는지 모르겠지만, 결과적으로는 자기 뜻에 잘 부합하는 인물을 선택한 것이라고 할 수 있다. 대법원장이 된 조용순은 1958년 8월 사법감독관회의에서 이렇게 훈시했다.

삼권분립의 원칙에 관하여: (…) 우리가 잊어서는 아니될 점은 이 원칙은 국가 이

---

401 『동아일보』 1949. 2. 28, 3. 14, 3. 15.
402 그 경위에 대해서는 고재호, 『법조반백년』, 박영사, 1985, 26~30쪽 참조.

넘과 목적을 위하여서만이 존재가치가 있다는 사실입니다. (…) 법관이라 하여 국가목적 달성에 관한 숭고한 정신을 망각하고 편벽되고 주관적인 견해만 고집하여 국가의 이익과 국민의 복리를 도외시하는 사무를 한다면 권력분산으로써 달성을 기도한 국가 이념과 목적에 배치됨이 이보다 더 심함이 없을 것이니 단연 이를 삼제廢除하고 국가목적하에 삼권이 귀일 통합되도록 힘써야 하겠습니다. 사상·경제범을 엄중처벌하자: 우리의 국헌을 위배하고 국체를 부인하며 국기를 위태로이 하고 그 자체마저 전복해버리려는 공산도배의 범죄에 대하여는 발본색원적 응징을 가하여 일호의 가차도 있을 수 없는 것입니다. 따라서 법관은 이런 자들에게 대하여 저럼 안가한 은혜를 함부로 베풀어서 법질서의 문란을 초래시켜 국기를 그르치는 중대과오를 단호히 경계 배격하여야 할 것입니다. (…) 공산주의의 불법남침을 입은 우리의 막대한 전화에서의 복구는 대반 자유우방의 원조에 의존되어 착착 이루어지고 있는 오늘 귀중한 자재를 불법 횡류시켜서 사복을 채우려는 모리간상배의 행위는 대내로 재건을 좀먹어 국력을 질식시키고 대외로 국가의 위신을 우방에 실추시킴이 이보다 큼이 없다할 것이매 국가에 끼치는 해독은 사상범과 다름없는 것입니다.[403]

그야말로 일제시대 사법감독관회의에 임석한 고등법원 검사장의 훈시를 듣고 있는 듯하다. 조용순은 말에 그치지 않았다. 그는 전국 정보情報담당검사일동의 건의에 응하여 법원에도 정보부와 경제부도 설치해야 한다고 하고, 또 경제사범에 대해서는 중한 자유형을 부과할 것을 지시하고 만일 양형에 심급 간 차이가 거듭될 경우 해당 법관을 인사조치하겠다고 했다.[404] 그야말로 일제 말기의 전시사법체제가 부활한 듯했다.

---

403 『법률신문』 1958. 8. 4.
404 『법률신문』 1958. 3. 16.

전후의 반공사법체제는 검찰에게도 기회가 되었다. 검찰은 중앙수사국과 같이 검찰청법에 예정된 기구를 설치하기 위해 노력했지만 뜻대로 실현되지 않았다. 대신 1954년 7월 대검에 4개부를 설치해 대검의 기구를 정비하고, 곧이어 지검의 수사과제도도 실현되었다.[405] 1958년 2월 법무부장관으로 취임한 홍진기洪璡基는 검찰의 대공기능 강화와 검찰의 범죄수사 주도권 장악을 유달리 강조했다. 10월 홍진기는 전국 지검 수사과 직원은 "종전의 소극적인 일반수사사무 직무체제를 지양하고 주로 간첩의 완전색출과 침투봉쇄에 획기적인 역할을 담당하도록" 수사과의 전기능을 대공사건의 사찰과 검거에 집중하라고 했다.[406]

검찰의 대공기능 강화는 그동안 교착상태였던 대검 중앙수사국 발족을 위한 포석이라는 의미도 가지고 있었다. 홍진기는 법무부장관으로 취임한 뒤 "정보기구의 일원적인 강화와 간첩사건수사의 기동성을 확립"한다는 명분을 들어 중앙수사국 발족을 위해 노력한 끝에, 대통령 재가를 얻어 1958년 12월 국회 예산심의에서 중앙수사국 운영에 필요한 예산을 확보하는 데 성공했다. 그러나 국회 내무위원회에서 중앙수사국은 새로운 권력기관을 만드는 것밖에 안되며, 이를 계기로 대공사찰을 맡고 있는 경찰의 사기가 저하되고 있다면서 반대했다.[407] 중앙수사국 명칭을 '대공정보국對共情報局'

---

405 대검에 설치된 제1부는 인권옹호·감찰·공보에 관한 사무를, 제2부는 정보 및 외국인범죄에 관한 사무(사상·정치·외사사건)를, 제3부는 경제 및 통계에 관한 사무(경제사건)를, 제4부는 수사 및 법령정비에 관한 사무를 담당하도록 했다. 지검의 수사과는 경찰과의 경계를 명확히 하기 위해 경찰에서 취급하기 곤란한 사건에 한하여 반드시 검사장의 지시를 받아 수사하도록 했다. 「검찰사무운영에 관한 건」(1954. 7. 31, 대검서비大檢庶秘 제165호), 전주지검, 『검찰예규철(1954년)』; 「제7회 전국검사장회의(1954. 9. 25) 법무부차관 지시사항」, 대검찰청, 『훈시집』, 68쪽.

406 「검찰청수사과운영에 관한 건」(1958. 10. 1, 대검비 제969호), 『1958년도 예규에 관한 기록(검찰)』, 전주지청, 국가기록원 소장, 문서번호 77-5044.

으로 바꾸고, 간첩사건과 국가보안법위반사건 등에 관한 정보를 수집하고 수사지도를 하되, 기소권한을 갖지 않는다는 내용의 검찰청법 개정안이 타협책으로 국회에 제출되었다.[408] 지금까지 취해오던 'FBI 모델'에서 'CIA 모델'로 전향한 것이었다. 그러나 이 법안은 국회 회기종료로 무산되었다. 같은 국회에서 1958년 12월 24일 신국가보안법이 날치기 통과되어 이듬해 1월부터 시행되었다.

이승만 정권 말기가 되면서 반공사법, 정치사법도 정점에 이르렀다. 법원과 검찰 수뇌부는 정권의 의도에 부응하면서 기관의 이익을 추구하고 관료적 지배를 고수하려 했다. 정권의 노골적인 대법원 장악과 그에 순응하는 수뇌부의 행태가 표출되었지만, 해방공간에서처럼 법원 내부에서 수뇌부에 대한 이견이 표출되거나 집단적 행동이 나타나는 일은 없었다. 대신 1958년 5월 2일 총선으로 성립한 제4대 국회가 나섰다.

법관연임법 제정 및 법원조직법 개정문제

대법원장 임명에 뒤이어 법관연임문제가 관심사로 떠올랐다. 1958년은 10년 전 임명되었던 판사들이 임기만료가 되는 해였다. 하지만 헌법의 연임규정을 제외하고는 법관연임에 관한 법률이 아직 제정되지 않은 상태였다. 약 50여 명의 판사가 연임대상이었고 대부분 부장판사급이었기 때문에 법조계와 정치권의 관심이 높았다.

법관연임절차를 어떻게 할 것인가를 두고 1년 전부터 논의가 있었다. 대법원의 입장은 정부로부터 해임통고를 받지 않은 법관은 연임된 것으로 간

---

407 『법률신문』 1958. 10. 13; 『조선일보』 1958. 11. 14.
408 『법률신문』 1958. 10. 20; 제30회 국회정기회의 속기록 제30호(1958. 12. 24), 『검찰청법 연혁』, 216~219쪽.

주한다는 하나의 규정을 법원조직법에 추가하자는 것이었다. 대법원안은 행정부가 법관인사에 간섭하는 것을 배제하긴 하지만, 헌법에 명기된 법관 임기제의 취지를 무시하고 임기를 연장하는 것이나 마찬가지라는 비판을 받았다. 1957년 8월 대한변협은 독자적인 법관연임법안을 기초해 국회에 건의했다. 연임을 원하는 자는 임기만료 3개월 전에 소속법원장을 경유하여 대법원장에게 연임신청서를 제출한다. 그러면 임기만료 2개월 전에 대법원장이 대통령에게 연임을 제청하며, 법관은 연임신청 이후 2개월 이내에 연임신청이 각하되지 않으면 연임된 것으로 간주한다는 것이었다. 그러면서 재직 중 직무상 범죄혐의가 있는 자, 법관의 품위를 실추한 자, 현저히 직무태만한 자는 연임될 수 없다는 규정을 두었다. 변협안은 법관연임에 행정부의 간섭여지를 없애는 한편, 연임불가사유를 명시하여 부적격자를 퇴진시킨다는 목적을 가지고 있었다. 사법권 독립과 사법민주화 양방향의 요청을 동시에 고려한 것이었다.[409]

법관연임법 제정문제는 1958년 신임 대법원장이 임명될 즈음 국회의 현안으로 대두했다. 1958년 6월 민주당에서 엄상섭 의원 외 12명이 법관연임법안을 성안하고 국회에 제출하기로 결정했다. 대법원의 입장을 존중하여 연임적부에 관한 제청권을 대법원에 주되, 특히 퇴임해야 할 사람에 한하여 법관회의 제청으로 대통령이 해임통지를 한다는 안이었다.[410] 반면 9월 18일 정부가 제출한 법안은, 연임을 희망하는 법관은 임기만료 2개월 전에 대법원장을 경유해 대통령에게 연임을 신청하여 대통령의 연임의 명을 받아야 하며, 대통령으로부터 연임을 통지받지 못하면 퇴직한다는 내용이었다.[411] 정부안은 사실상 대통령이 연임시키고 싶은 법관에게만 연임을

---

409 『동아일보』 1957. 8. 26.
410 『동아일보』 1958. 6. 15;『법률신문』 1958. 7. 21.

명한다는 내용이었다. 민주당안과 정부안은 완전히 정반대였기 때문에 이견이 좁혀지지 않았다. 국회 법사위는 양자를 절충한다는 데 합의했으나, 정부안에 치우친 수정법안을 작성하여 국회 본회의에 제출했다. 국정감사를 하루 앞둔 5월 13일, 국회 본회의는 신속하게 법안을 통과시켰다. 민주당은 크게 반발하면서, 국정감사가 끝나는 대로 법관연임법을 폐기시키고 법원조직법을 개정할 것이라고 천명했다.[412]

이렇게 해서 1958년 10월 16일 제정된 법관연임법은, 임기가 만료된 법관은 법관회의가 제청하고 대통령이 연임 발령해 연임한다고 규정했다. 법관회의에 제청권이 있지만, 대통령이 연임 여부를 판단하여 연임 발령을 낼 수 있게 만든 것이었다. 그 효과는 20여 명 판사들에 대한 연임거부로 나타났다. 연임거부된 판사들에는 서민호徐珉濠 의원 총격사건 등에서 행정부의 기대에 어긋한 판결을 내렸던 안윤출安潤出, 진보당사건 제1심재판장을 맡았던 류병진柳炳震 등이 포함되어 있었다.[413]

당시 국회에서는 법원연임법 문제와 법원조직법 개정문제가 함께 맞물려 있었다. 1958년 7월 국회법사위는 대한변협이 제출한 안을 토대로 사법민주화에 중점을 두고 법원기구를 개혁하기 위한 법원조직법개정 시안을 작성, 추후 본회의에 제출하기로 합의했다. 그 골자는 ① 대법원에 대법관 외 대법원판사 11명을 두고 대법원판사도 법원행정회의에 참가·의결할 수 있게 한 것, ② 대법원장 및 대법관의 임명은 대법원장, 대법관, 대법원판사, 각 고등법원장, 각 지방법원장, 각 변호사회장으로 구성된 회의의 제청에 의해 대통령이 행한다는 것, ③ 법원행정처장과 차장은 대법원판사를 겸직

411 『동아일보』 1958. 9. 20.
412 『동아일보』 1958. 10. 15; 『법률신문』 1958. 10. 20.
413 위의 책, 265~276쪽.

할 수 있고 법원행정회의에 참가해 의결할 권한을 갖는다는 것이었다. 대법원판사직의 신설은 상고심 적체를 해소할 방안으로 거론되던 것이었다. 법사위안은 거기에 그치지 않고, 대법원장·대법관 임명제청을 하는 법관회의 구성원으로 대법원판사, 지방법원장, 변호사회장을 추가시키는 한편, 법원행정회의에 대법원판사, 법원행정처장·차장이 참여하도록 했다.

법사위안에 대해 조용순 대법원장은 국회의장에게 공한公翰을 보내 대법원판사직 신설을 제외한 나머지를 절대 반대한다는 의견을 표명했다. 국무회의와 유사한 법관회의에는 원칙적으로 대법원장·대법관만 참여해야 마땅하지만 현행법상 고등법원장의 참여까지 인정한 것에 불과하다고 전제한 뒤, 행정관인 법원행정처장이 법관회의에 참가할 수는 없고, 피감독자인 지방법원장과 대법원판사가 감독자인 대법원장·대법관 선출에 관여하면 질서유지에 혼란을 초래하며, 소송을 대리하는 변호사가 법원인사에 관여하는 것은 재판의 공정을 해칠 우려가 있다고 했다. 변협은 대법원 측이 상하질서유지 운운하며 대법원판사, 지방법원장의 참여에 반대하는 것은 민주주의원칙에 맞지 않고, 변호사회장은 사건대리인으로서가 아니라 변호사의 총의를 대표하여 회의에 참가하는 것이라고 반박했다.[414]

1958년 11월 국회에서 법원조직법안이 다시 논의되었다. 법사위가 최종 합의한 법안에는 대법원판사직을 신설하지 않고 대신 대법관을 6명에서 15명으로 증원한다는 내용이 포함되었다. 대법관을 증원하는 편이 법원조직상 간단하다고 판단한 것이다. 정부와 대법원은 대법원판사제 도입을 위해 예산확보에 나서고 있던 때였다. 대법원은 대법관 증원은 필요 없고 대법원판사만 신설하면 충분하다면서 법사위안에 반대했다. 대법관들은 자신들의 기득권을 위협하는 그 무엇도 용납하지 않으려 한 것이었다. 법사위와

---

414 『법률신문』 1958. 7. 21.

대법원의 대립을 관망하던 자유당은 대법원을 지지했다. 결국 대법원판사 11명을 신설하는 내용으로 법사위안이 재수정되었다.[415] 법원조직법 개정안은 12월 24일 날치기 통과된 국보법과 함께 통과되어, 1959년 1월 13일 법률 제516호로 개정 법원조직법이 공포되었다.

3. 4·19혁명 이후 법원·검찰개혁 논의

대법원장·대법관선거법의 제정

이승만 정권 말기 정권의 시녀로 전락한 법원에 대한 불신은 4·19 이후 직접적으로 표출되었다. 『경향신문』 정간처분에 대한 행정소송에서 보여준 대법원의 행태가 사람들을 더욱 화나게 만들었을 것이다. 1959년 8월 29일 서울고법이 정간처분 효력정지신청을 각하하자, 경향신문은 즉각 대법원에 항고했다. 하지만 1960년 4월 26일에야 정간처분의 효력을 정지하는 결정이 내려졌다. 법조 안팎에서 대법원이 정권의 눈치를 보다가 이승만이 하야하니까 비로소 정간을 풀어주었다는 비난이 나오지 않을 수 없었다.[416] 급기야 한 시민이 재판에 관여한 대법관 전원을 직무유기로 서울지검에 고발하기까지 했다.[417] 6월 초 대한변협은 현직 대법관 전원사퇴를 요구하는

---

415 『법률신문』 1958. 11. 24, 12. 1.
416 당시 대법관 고재욱은 오해라고 말하고 있다. 대법원은 정간처분의 법적 근거인 군정법령 제88호가 헌법에 위반된다고 판단하고 1960년 2월 6일 헌법위원회에 위헌심사를 제청했으나 3월에야 열린 헌법위원회에서 심리를 미루고 있었다는 것이다. 또한 4월 20일 대법관들이 모여 정간처분 효력을 정지하는 결정문을 만들어 즉시 고지하기로 했는데, 조용순 대법원장이 결정문 고지를 일주일 미루자고 하는 바람에 별생각 없이 그에 따랐다가 결국 오해를 사게 되었다는 것이다. 고재욱, 앞의 책, 46~50쪽.
417 나중에 서울지검이 불기소처분을 내리자 고발인이 재정신청을 했다. 그런데 서울고법 제1

성명을 발표했다.[418]

1960년 6월 15일 공포된 새로운 헌법은 사법권에 관한 두 가지 획기적인 내용을 담고 있었다. 첫째, 헌법위원회를 폐지하고 헌법재판소를 설치한 것이다. 헌법재판소는 법률의 위헌 여부 심사, 헌법에 관한 최종적 해석, 국가기관 간의 권한쟁의, 정당해산, 탄핵재판, 대통령, 대법원장과 대법관의 선거에 관한 소송을 관장하며, 대통령·대법원·참의원이 각 3인씩 선임하는 9인의 심판관으로 구성되었다(헌법 제83조의 3, 4). 둘째, 대법원장과 대법관은 법관자격이 있는 자로 조직되는 선거인단이 선거하고 대통령이 확인하며, 나머지 법관은 대법관회의의 결의에 따라 대법원장이 임명하도록 했다(헌법 제78조). 대법원장·대법관의 선거방법은 1961년 4월 26일에 공포된 법률 제604호 '대법원장 및 대법관선거법'에 의해 정해졌다. 아래에서 선거법 입법과정을 살펴보기로 하자.

모든 법조인의 총의에 의해 대법관을 선출하는 제도는 일찍이 1948년 과도법원조직법 입법과정에서 등장한 적이 있었다. 이후 선거제는 수면 아래로 잠복했지만, 사법권 독립과 사법민주화 실현방안의 하나로 제기되고 있었다. 1958년 7월 국회 법사위의 법원조직법안에 등장한 '확대된 법관회의'도 비슷한 생각에 입각한 것이었다. 특히 1년 전 이항녕李恒寧(고려대 법철학교수)은 1960년 헌법과 동일한 방법을 주장했다. 그는 이상적으로는 대법원장도 국민이 선거할 수 있지만, 그것이 복잡하면 대법원장은 법관자격을 가진 법조인들이 선거하든지, 그것도 복잡하다면 법관 가운데 법조인들이

형사부에서 재정신청을 인용하려 하자, 대법원은 서울고법 담당판사들을 전근시키는 등 인사이동조치를 단행했다. 이후 사건은 서울고등법원 형사2부로 재배당되었고 재정신청은 기각되었다. 『법률신문』 1960. 11. 14; 고재욱, 앞의 책, 51~53쪽.
418 『법률신문』 1961. 6. 5.

선거하도록 해야 하며, 나머지 법관도 대법관회의 의결에 의해 대법원장이 임명하도록 해야 한다고 했다.[419]

신헌법에서 선거제를 규정하게 된 데는 대한변협의 제안이 직접적인 계기가 되었다. 1960년 5월 초 변협은 개헌을 준비하고 있는 국회에 다음의 방안을 제안했다. 대법관은 법관, 변호사, 검사 기타 법관이 될 수 있는 자격을 가진 자가 그중에서 선출하고, 대법원장은 대법관 중에서 호선한다는 방안이었다. 변협의 제안에 대해 대법원 측은 종래의 임명절차를 유지해야 하며 대신 법관임기제를 폐지하자고 했다. 5월 11일 국회 헌법개정기초위원회가 작성한 개헌안에는 헌법 제78조가 될 규정이 포함되었다.[420]

개헌안이 발표되자 법조계에서는 선거법 시안작성작업이 시작되었다. 의견이 상충된 지점은 선거인단 구성방법, 대법관의 자격, 대법관의 재조·재야 구성비였다. 6월 초 '재조일부시안在朝一部試案'(대법원 측)과 '재야일부시안在野一部試案'(변호사회 측)이 발표되었다. '재조일부시안'은 과도법원조직법과 비슷하게 대법원장, 대법관, 대법원판사, 고등법원장, 지방법원장, 검찰총장, 고등검찰청 검사장, 변호사회장(회원 백 명이상)으로 선거인단을 구성하여 과반수득표로 대법원장과 대법관을 선출한다는 내용이었다. 반면 '재야일부시안'은 법관자격이 있는 모든 법조인으로 선거인단을 구성하고 피선거인은 일정수의 법조인 추천을 받아 입후보한다는 것이었다. 당시에는 '재조일부시안'의 방식을 '자동케이스'(각 기관장들로 자동적으로 선거인단이 구성된다는 뜻)로, '재야일부시안'의 방식을 '완전선거제'로 불렀다. 한편 대법관의 재조·재야 구성비에 관해서 '재조일부시안'은 대법관 중 2/3이상을 10년 이상 법관경험을 가진 자로 한다고 규정했지만, '재야일부시안'은 재조 대 재야

---

419 이항녕, 「사법권 독립과 사법제도」, 『법정』 1959년 9월호, 7쪽.
420 『법률신문』 1960. 5. 9, 5. 16.

의 구성비 자체를 규정하지 않았다.[421]

전직 대법원장 김병로는 대법원의 입장을 거들었다. 그는 선거제에 원칙적으로 반대한다는 입장을 표한 뒤, 헌법규정상 선거제를 택하더라도 "선거권자의 범위를 확대시키면 확대시킬수록 대법원의 혼란은 더욱 가중될 것으로 최종에는 사법부의 위신과 중대한 책무수행에 사법정신의 확립이 곤란하지 아니할까 염려하지 않을 수 없다"고 했다.[422]

헌법 발효 이후 9월부터 본격적인 입법을 위한 2라운드가 시작되었다. 이때는 자동케이스나 완전선거제보다는, 일단 선거인단을 선출하고 선거인단이 대법원장 등을 선출하는 간접선거제방식이 논의되었다. 9월 10일 대법원은 법원 측 최종시안 제1안과 제2안을 민의원에 건의했다. 대법원이 선호한 것은 제2안이었는데, 먼저 현직법관 중 선출한 60명과 현직법관이 아닌 법관자격자 중 선출한 40명으로 선거인단 100명을 구성하고, 선거인단에서 대법원장과 대법관을 선출하는 방안이었다. 또 대법원장은 선거인단 정원의 2/3이상 출석 2/3이상 득표로 당선된다고 하고, 현직이 아닌 자는 대법관 정원의 1/3을 초과할 수 없게 했다. 대법원은 현직법관이 다수를 이루는 선거인단을 구성하고 대법관도 현직법관인 자가 2/3 이상이 될 수 있도록 제한했다. 이에 반해 대한변협은 재조와 재야 구별 없이 각 지방법원 구역단위로 법관자격자 10명당 1명의 비율로 선출된 자들로 선거인단을 구성하는 '간접선거제─평등구성제'안을 주장했다.[423]

1961년 1월 민의원 법사위 제1소위가 만든 법안은 대체로 대법원안보다 선거인단의 참가범위를 확대하는 선에서 고안된 것이었다. 또한 선거인자

---

421 『법률신문』 1960. 6. 6.
422 『법률신문』 1960. 6. 20.
423 『법률신문』 1960. 9. 19, 10. 21.

격도 10년 이상 경력을 가진 법관자격자로 한정하고, 특정직위에 있거나 민의원과 참의원이 지명한 자들로 추천인단을 구성하여 제1회에 한해 대법관 정원 2배수의 후보자를 추천하며, 대법관 8명 중 6명은 현직법관 중에서, 2명은 기타 법조인으로 구성하는 비례제한을 두었다. 변호사회 측은 즉각 비민주적·위헌적·반혁명적이라며 반발했다. 법사위 제1소위안은 선거를 신임투표로 만들 것이며, 그것은 사법부 어용화를 야기한 임명제의 변형에 다름 아니라고 했다. 변호사회 측은 1월 17일 전국변호사대회를 개최하는 한편 법안에 담긴 비민주적 요소를 삭제하라고 요구했다.[424]

민의원 법사위는 변호사회 측의 의견을 일부 수용하여 법안수정에 들어갔다. 그러자 대법원은 2월 8일 사법감독관임시회의를 개최하고 이전에 제출한 법원 측 제2안을 추진할 것임을 재확인했다. 2월 11일 법사위가 수정한 법안이 민의원 본회의를 통과했다. 법안에 따르면, 법관자격자 전원으로 예비선거를 거쳐 100명의 선거인단을 구성하고, 별도로 구성되는 후보선출인단이 선출·추천한 자 중에서 선거인단이 본선거로 대법원장 및 대법관을 선출하도록 했다. 대한변협은 다시 선거인단을 400명(재조·재야 각 2백 명)으로 확장할 것, 후보선출인단제도와 대법관선출비율을 삭제할 것 등의 내용을 참의원에 건의하고, 대법원 역시 법원측 제2안을 거듭 요구했다. 참의원 법사위는 공청회를 열고 법조계의 의견을 수렴했다. 법조계의 일치된 견해는 별도의 후보선출인단은 필요 없다는 것이었다.[425] 참의원은 법조계의 의견을 대폭 수용한 수정안을 내놓았고, 수정안이 1961년 4월 11일 참의원 본회의를 통과했다. 그러나 4월 15일 민의원의 재의에서 참의원의 수정안이 부결되어 민의원의 법안이 법률안으로 성립했다.[426]

---

424 『법률신문』 1961. 1. 2, 1. 16, 2. 6.
425 『법률신문』 1961. 2. 13, 2. 20, 2. 27; 『동아일보』 1961. 3. 30.

이렇게 제정된 '대법원장 및 대법관 선거법'에 따르면, 대법원장·대법관의 선거는 후보자 입후보와 후보자 추천, 예비선거에 의한 선거인단 구성, 후보자에 대한 선거인단의 본선거로 구성되었다. 즉 대법원장·대법관이 되고 싶은 자가 입후보를 하면, 대법원장·대법관후보선출인단이 입후보자 중에서 3배수로 후보자를 선출·추천한다.[427] 이와 별도로 법관자격을 가진 자 전원이 참가하는 예비선거를 거쳐 대법원장·대법관선거인단 100명(재조 50명, 재야 50명)을 구성한다. 이후 선거인단은 후보자명부에서 대법원장과 대법관을 선출하되, 대법관은 현직법관인 후보자 중 5명, 비법관인 후보자 중 3명을 선출하도록 했다.

1961년 5월 8일, 대법원장직에 재조 1명, 재야 8명이, 대법관직에 재조 16명, 재야 24명이 입후보했다. 5월 17일에는 선거인단을 뽑는 예비선거가, 19일에는 추천인단의 후보추천이, 25일에는 선거인단 본선거가 예정되었다. 예비선거에는 재조 87명, 재야 144명이 입후보했고, 유권자 총수는 1,184명(법관 299명, 비법관 885명)이었다.[428] 그러나 예비선거 전날인 5월 16일 군사쿠데타가 일어났고, 선거는 무기한 연기되었다. 대법원은 발 빠르게 군사정부에 기존 임명방식을 유지할 것을 건의했다. 6월 6일 국가재건비상조치법(최고회의령 제42호)이 공포되었다. 그에 따르면, 현직대법관은 전원퇴임하며 대법원장·대법관·대법원판사는 국가재건최고회의의 제청으로 대통령

---

426 『법률신문』 1961. 4. 17. 헌법상 양원의 의견이 일치하지 않으면 민의원이 재의에 회부하여 의결된 것을 국회의 의결로 했다(1960년 헌법 제37조).

427 선출인단은 ① 대법원장, 대법관 및 고등법원장, ② 국회 각원 의장이 각각 지명한 법관자격 있는 국회참의원 의원 2명, 민의원 의원 4명, ③ 대법원장의 직에 있던 자, ④ 검찰총장, 고등검찰청 검사장, ⑤ 대한변협 회장 및 30명 이상의 회원을 가진 변호사회 회장, ⑥ 헌법재판소장으로 구성된다.

428 『법률신문』 1961. 5. 15.

이 임명할 것이라고 했다.

검찰의 중립화를 위하여

4·19는 또한 검찰과 경찰의 정치적 편향과 종속성을 시정하기 위한 광범위한 논의의 장을 마련했다. 예전부터 거론된 방안은, 정권으로부터 검찰과 경찰을 독립시키자는 것이었다. 구체적으로는 공안위원회나 경찰위원회 같은 독립기관을 구성하여 경찰에 대한 정치세력의 압력과 간섭을 배제하자는 것, 검찰총장을 최고책임자로 하여 정치로부터 초연하게 하고, 검찰총장은 전국 각 고검장 및 각 지검장, 각 지방변호사회장 등으로 구성되는 검찰회의 같은 기관에서 임명하자는 방안이 거론된 적이 있었다.[429]

신정부는 법무부장관에 권승렬, 검찰총장에 이태희李太熙를, 서울고검장에 최대교를 임명했다. 모두 이승만 정권하에서 좌절의 경험이 있는 인물이라는 점에서 상징적인 인사였다.[430] 새로운 수뇌부는 검찰 독립성을 강조하고 검찰 내부 및 공무원 숙정에 나설 것이라고 했다. 흥미로운 일 중 하나가, 서울지검에서 3·15부정선거 지휘자(전 내무부장관·차관, 치안국장, 지방국장)를 국보법위반으로 추가기소한 것이다. 서울지검은, 국보법의 목적은 공산당뿐만 아니라 독재적·반민주적 정치집단을 배제함으로써 헌법 제1조의 민주공화국을 보호하는 데 있다고 하고, 3·15부정선거는 통치권의 변란행위이며 정부통령 당선선포는 정부를 참칭한 행위이므로 국보법위반에 해당한다고 했다.[431]

검찰 중립화 논의의 초점은 일단 법무부장관과 검찰총장의 인선문제를

---

429 『법률신문』 1958. 8. 25.
430 1950년 6월 권승렬과 김익진에 대한 인사조치가 있을 때, 서울지검장 이태희도 부산지검장으로 좌천되었다. 「이태희 전검찰총장을 찾아서」, 『검찰동우』 창간호, 1995, 13쪽.
431 『법률신문』 1960. 7. 18.

비롯해 검찰인사제도를 개혁하는 데 맞춰졌다. 서울변호사회는 '검찰중립
법제정촉진위원회'를 설치해 법률안 기초에 들어갔다.[432] 1961년 2월, 이런
논의를 거쳐 민의원 법사위에 주도윤朱燾允 의원 등이 발의해 제출한 검찰
청법 개정 법률안이 제출되었다. 개정안은 검사임기를 10년으로 하고, 검
찰인사위원회(법무부장·차관, 검찰총장, 대검차장검사, 민의원의장이 지명한 법관자격 있는
민의원 1인, 대법관 1인, 대한변협에서 선출한 변호사 1인)를 구성하여 연임 여부를 심
사하며, 검사의 정년을 하향조정하도록 했다(검찰총장 및 고검장 65세, 대검 검사
60세, 기타 검사 55세).

주도윤 의원은 법안에 두 가지 목적이 있다고 했다. 첫째, 당초 준사법관
인 검사의 신분을 보장함으로써 검찰사무가 정실에 흐르거나 정치적 영향
을 받지 않을 것을 기대했으나 건국 이래의 실적은 전혀 그렇지 못하고, 또
무위무능한 검사가 신진인력의 앞길을 가로 막고 있기 때문에 검사 역시
법관과 같이 임기를 10년으로 해서 검찰진 쇄신의 계기로 삼자는 것, 둘째
는 마치 '치외법권' 지대에 있는 듯한 현검찰제도를 민주적 방향으로 이끌
기 위해 국민의 대표자인 국회의원과 재조·재야법조인의 대표자가 검찰인
사에 참여하도록 한다는 것이었다.[433] 엄상섭의 1947년의 검찰제도 신구상
과 거의 일치했다.

이에 대해 법무부와 대검찰청은, 정년인하는 법관과의 균형상 반대하며,
검사임기제와 심사위원회제도는 받아들이되 검찰인사위원회 구성은 법무
부 및 검찰인사 9명으로 한정해줄 것을 요구했다. 대검찰청 측도 인사위원
회는 검찰의 엄정중립을 지키기 위해 법무검찰 내부인사로만 구성해줄 것
을 요구했다.[434]

---

432 『법률신문』 1960. 8. 22.
433 『검찰청법연혁』, 221·227쪽.

검찰청법 개정 법률안은 1961년 4월 국회 법사위의 심의에 회부되었다. 법사위에서는 임기의 장단, 검찰인사위원회의 구성문제가 주로 논의되었다. 검찰인사위원회 구성에 관해 주도윤 의원 등이 발의한 원안을 놓고 여러 수정안이 제출되었다. 법무부와 검찰 측 인사로 한정하자, 대법관과 민의원 의원을 빼자, 변호사와 민의원을 2명으로 하자는 등 내용은 다양했다. 법사위는 1961년 4월 27일 일단 원안을 법사위안으로 통과시킨다.[435]

한편 같은 시기 민의원 내무위원회에서 경찰중립법안에 대한 심의가 개시되었다. 법안에는 국가공안위원회와 지방공안위원회를 구성하고, 사법경찰관에 대한 검찰의 개별적 수사지휘권을 제한하고 범죄의 제1차적 수사권을 사법경찰관에게 부여한다는 내용이 담겨 있었다.[436] 일본의 자치경찰제도를 참고한 것이었다. 후자의 경우, 검찰이 경찰을 확고하게 통제하는 것이 해방 이후 줄곧 수사민주화방안으로 논의되었음을 감안하면 그야말로 획기적인 방안이었다. 경찰수사권을 독립시켜야 한다는 논거는, 경찰중립이 확보되는 방향으로 경찰제도가 개편된 상태에서 계속 검찰에 수사권을 주면, 검찰총장을 통해 법무부장관, 그리고 여당으로 연결되어 결국 범죄수사가 정치권에 종속되므로 경찰수사권의 독립이 필요하다는 것이었다.[437]

검찰청법 개정안에 대한 각계의 의견서 중 경희대학의 의견서가 눈길을 끈다.[438] 경희대 의견서는 검찰의 중립과 관련된 근본문제가 검찰에 대한 인사권이 완전히 정부에 의해 장악되어 있는 데서 비롯된다면서, 검찰총장을 선거제로 선출하고 임기를 4년으로 하며, 일반검사 보직권을 검찰총장

---

434 『법률신문』 1961. 2. 20, 3. 13.
435 『검찰청법연혁』, 269~273쪽.
436 『법률신문』 1961. 4. 17.
437 『검찰청법연혁』, 228쪽.
438 『법률신문』 1961. 5. 15.

에게 이전하여 실무를 직접 지휘하는 검찰총장이 자주적 입장에서 보직권을 행사해 검찰의 중립성을 유지하도록 할 것, 그리고 검찰중립을 지향하는 입법에서 검찰사무의 최고지휘감독권자는 마땅히 검찰총장이어야 하므로 검찰청법 제14조의 "법무부장관의 최고감독자로서"라는 문구에서 "최고감독자"라는 문구를 삭제할 것을 제안했다. 검찰총장 선거제를 언급한 것은 대법관선거제가 도입된 분위기와 관련이 있을 것이다. 변호사단체도 검찰총장 선거제 실시를 주장했다.[439] 또한 경희대 의견서는 10년 임기제 대신 일본 제도와 같이 비교적 단기(3년 정도)를 기준으로 정기 또는 수시로 적격성을 심사하는 제도가 효과적이라면서, 검사적격심사위원회제도를 도입하자고 제안했다. 또한 법무부 직원이 된 검사가 계속 검사를 겸임할 수 있게 한 것(검찰청법 제26조)을 폐지해야 한다는 제안도 주목된다. 본래 이 규정은 법무부 직원과 검사의 봉급차 때문에, 검사가 법무부 직원이 된 경우에도 둘 중 더 높은 대우를 받게 하려는 목적에서 임시방편적으로 들어온 규정이었다. 경희대 의견서는 이 제도가 오히려 검찰중립을 침해할 우려가 있고, 일반행정과 검찰사무의 직능은 구분하는 게 타당하다는 이유로 겸임제 폐지를 제안했다.

이와 같이 4·19공간은 과거 검찰청법을 제정할 때 미처 충분히 논의되지 않았거나 논의할 기회가 차단되었던 문제, 즉 검찰의 독선을 억제하고 정치적 중립을 유지하기 위한 장치에 관한 문제가 공론화되는 장을 마련했다. 그러나 검찰 중립화 논의 역시 5·16군사쿠데타와 함께 물거품이 되었다.

---

439 『법률신문』 1961. 4. 15.

4. 군사정권하의 법원과 검찰

군사정부의 사법행정 쇄신론

5·16군사쿠데타로 4·19가 낳은 사법개혁은 유산되었다. 군사정부는 대신 "구태의 일소, 혁명정신에 입각한 사법운영의 태세확립"(1961. 5. 16, 군사혁명위원회 포고 제11호)을 천명했다. 4·19의 개혁이 사법권력 구성방식을 개혁하는 데 초점을 맞추고 있었다면, 군사정부는 식민지 시기부터 해방 이후까지 그대로 유지되어온 사법의 고루한 운영방식을 타파하고 계획화·합리화·효율화에 입각한 사법행정의 '근대화'를 내걸었다.

사법행정 쇄신론이 예전에 없었던 것은 아니었다. 1950년대 후반 포화상태가 된 사법을 쇄신하기 위해 각종 행정적 처방과 기구혁신이 논의되었으나 성과를 낳지 못했다. 당시까지만 해도 사법행정 면에서 일제시대의 체계, 개념, 용어가 그대로 존속하고 있었다. 군사정부의 시책은 낙후한 제도와 행정을 쇄신하려는 법조실무가들의 문제의식과 합치하는 면도 있었다. 60년대의 사법행정 쇄신작업에 의해 과거의 것들이 사라지고, 한글화되고 현대화된 방식들이 도입된 것은 사실이다.

군정기에 현역군인, 특히 작전과 군 행정전문가들이 법무부와 법원에 배치되어 사법행정 쇄신을 추진했다. 법원행정처장 전우영全禹榮(육군중령), 법원행정처장 보좌관 신태섭申兌燮(육군중령), 법원행정처 인사기록담당관 이명배李命培(육군대위)가 대표적인 인물이다. 이들은 인원의 획득·손실·기동배치, 기획제도, 심사분석 등 생경한 개념을 구사하면서 기존 '주먹구구식' 행정이 아닌 예산·인력운영의 계획화·합리화, 사건처리의 신속화, 행정사무의 효율화·간소화를 역설했다. 1962년 1월 속간된 잡지 『사법행정』은 사법행정 쇄신의 정신과 방침을 계몽하고 전파하는 역할을 했다.

미국 유학경험을 가진 군 행정가들의 사법쇄신론 가운데는 종래의 고식적 관료사법을 타파하고자 하는 의지를 담은 것도 있었다. 예를 들어 신태섭의 경우, 사법제도의 문제점이 재판의 지연, 재판의 공정성에 대한 불신, 권리주장을 포기하게 만드는 구조에 있다고 지적하면서, 소년·가정사건 및 간이한 민형사사건을 처리할 특별법원(소년법원, 가정법원, 치안법원, 간이민사법원)을 설치할 것, 배심제를 시행할 것, 영국의 사무변호사(solicitor)와 같이 간이사건에서는 사법서사에게 소송대리권을 부여할 것, 법관특임法官特任제의 부활과 퇴직판사의 활용 등을 통해 법관 충원의 길을 다변화시킬 것 등을 제안했다.[440] 하지만 이런 논의는 아이디어 수준을 벗어나지 못했다. 신정부의 시책은 반공과 경제개발을 뒷받침할 법령과 제도를 완비하고 사법운영의 효율성을 제고하는 데 맞춰져 있었다.

군사정부는 법원의 위헌법률심판권, 법관의 대우향상과 증원, 소송제도의 개선 등을 지향했던 사법부 내의 분위기를 수용하여 사법제도를 재정비했다. 1962년 헌법, 개정 법원조직법(1961, 1963), 개정 형사소송법(1961)에 그 결과가 담겨 있다. 신헌법은 대법원에 위헌법률심사권한을 부여하고, 대법원장과 대법원판사(종래의 대법관직은 폐지되었다)는 법관 4인, 변호사 2인, 법학교수 1인, 법무부장관, 검찰총장 등 9인으로 구성되는 법관추천회의의 제청을 거쳐 대통령이 임명하도록 했다. 심급제도는 기존 3급3심제에서 고등법원 상고부 운영을 포함하는 4급3심제로 변경되었다. 또한 1962년에는 사법관시보제도를 폐지하고 사법대학원司法大學院의 소정의 교육과정을 거쳐 판검사를 임용하도록 했으며, 1963년 사법시험령에 의해 고등고시 사법과를 폐지하고 사법시험제도를 도입했다. 군정기간의 구법령 정리작업을 통해 적어도 형식상으로는 일제시대의 법제로부터 완전히 벗어나게 되었다.

---

440 신태섭, 「사법제도의 개혁의 제문제」, 『사법행정』 1962년 6월호, 56~59쪽.

사법행정을 위해 새로운 양식과 문서들이 산출되고, 각종 통계적·분석적 심사기법이 본격적으로 개발되어 인사와 행정에 활용된 것도 이때부터이다. 참고로 1965년 12월 해방 이후 최초로 『법원통계연보』가 편찬되었다.

이런 변화가 사법서비스의 전국적 균질성, 사건처리의 효율성·신속성에 기여한 것은 틀림없었다. 하지만 그 결과는 기술적 수준 혹은 행정능력의 향상에 그치지 않았다. 계획화·합리화라는 용어에서 드러나듯이, 기술관료적 운영방식의 강화, 군사행정적 요소가 사법에 적용되는 것을 의미했다.[441]

법조인이나 법조기자들의 회고담을 보면, 이전에는 판검사의 개성이 존중되고 지사志士적 자의식이 있었는데 60~70년대에 들어 몰개성화, 획일화, 익명화경향이 강화되었다는 언급이 자주 나온다. 검찰을 예로 들면 "수많은 익명, 무명의 검사들로 구성되는 조직체로서의 검찰이 강조되는 시대"로 전환된 것이다. 이 말은 80년대 검찰을 평한 말이지만, 그 이전의 시기에도 부합할 것이다.[442]

1960년대 산업화·도시화에 따라 새로운 사법수요가 발생하고 사건의 유형 역시 양적·질적으로 변화되었다. 그런 변화가 반영되어 1960년대 말에 이르면 사법·검찰통계에서 오늘날의 양상과 비슷한 추세들이 뚜렷하게 나타나기 시작했다.

군사독재하의 법원과 검찰

1962년 헌법은 대법원의 위헌법률심판권과 법관추천회의제도를 통해 사법권의 최고성과 독립 이념을 나름대로 구현하고 있었다. 그러나 그 이념

---

441 박정희식 발전모델의 중요한 특징 중 하나인 군사주의적 요소에 관해서는 최장집, 『민주화 이후의 민주주의』(개정판), 후마니타스, 2005, 98~99쪽.
442 『검찰』 100호, 대검찰청, 1990, 12쪽; 변정수, 『법조여정』, 관악사, 1997, 30쪽.

이 현실에 고스란히 관철되지는 않았다. 사법부는 군사정부에 의해 가장 낙후되고 혁명정신이 투철하지 못한 정부부문으로 규정되었다. 심지어는 통제의 편의를 이유로 서울지방법원이 민사지법과 형사지법으로 분리되기도 했다. 몇 차례 있었던 대법원장과 대법관 임명에서 법관추천회의제도는 사실상 유명무실했다. 반공과 경제개발이라는 지상명제 앞에서 사법부의 소신있는 판결은 정권과 그 지지자들의 비난의 표적이 되었다. 한일회담 반대시위, 동백림사건 등에서 법원판결에 불만을 품은 무장군인이 법원에 난입하거나, 용공판사를 처단하라는 괴벽보가 나붙는 등, 이승만 정권하에서와 비슷한 사태가 벌어졌다.[443] 인혁당사건(1964), 민비연 내란음모사건(1966), 동양통신 필화사건(1970), 『다리』지 필화사건(1971) 등에서 법원은 나름대로 균형을 유지하려 했지만, 그것이 정권의 심기를 건드렸다.

1971년은 대법원이 국가배상법 및 법원조직법에 대한 위헌판결을 내림으로써 사법사상 획기적인 시기로 기억되지만, 정권과 법원의 갈등이 급기야 '사법파동'으로 터져버린 시기이기도 하다. 정치권력과 그것을 대변하는 검찰에 대항해 사법권을 수호하려는 판사들의 집단적 저항이 벌어졌지만, 법원 상층부의 미온적 행태로 말미암아 아무 결실도 맺지 못한 채 끝나고 말았다.[444] 곧이어 유신체제가 출범하면서 반동적 개혁이 시작되었다. 유신헌법은 법관추천회의제도는 물론이고 대법원의 위헌법률심판권도 없애버렸다. 대법원장은 대통령이 국회의 동의를 얻어 임명하고, 대법관은 대법원장의 제청으로 대통령이 임명하도록 했다. 따지고 보면 제헌국회에서의 유진오식 사법민주화론이 성공을 거둔 것이다.

---

443 『법원사』, 461~486쪽.
444 1971년 사법파동에 관해서는 이헌환, 「한국 사법사에 비추어본 1971년 사법파동」, 『법과 사회』 15호, 1997, 127~140쪽.

1960년대는 검찰에게 새로운 성장의 기회가 되었다. 군사정권이 진짜 중앙정보부(KCIA)를 만드는 바람에 CIA 모델에 따라 중앙수사국을 출범시키려던 검찰의 계획이 좌절되긴 했지만,[445] 이승만 정권에서와 같은 내무부·경찰의 위세는 더 이상 유지될 수 없었다. 또 4·19 이후 대두된 경찰수사권 독립논의 역시 차단되었다는 점에서, 검찰에게 좋은 기회였다.

검찰은 군사정권의 시책에 적극 협력하면서 이승만 정권 아래서 잃어버린 땅을 회복하고자 했다. 국가보안법·반공법사건, 주요 정치적 사건, 기타 정권의 안위와 관련된 사건에서 정권의 간섭의지, 그 정권에 대한 검찰 고위간부들의 충성은 4·19 이전과 다를 바가 없었다.

1961년 12월 7일 군 검찰관, 최고회의 의장고문, 중앙정보부차장을 역임한 36세의 신직수申稙秀를 검찰총장에 임명하는 놀라운 인사가 단행되었다. 이는 정권의 검찰장악의지를 노골적으로 드러낸 사건이었다.[446] 신직수는 정부시책에 맞는 검찰권운영, 검찰행정 근대화, 새로운 검찰의 정신자세를 끊임없이 강조했다. "공익의 대표요, 파사현정破邪顯正으로 민족정기를 바로잡는 소임을 맡고 있는 우리 검찰은 제3공화국의 지상과제인 민족중흥의 기틀을 바로잡는 중추적인 역할을 담당하고 있는 기관"이며, 그 "기치

---

445 군정 기간 동안 중앙정보부장은 대공사건뿐만 아니라 중요사건의 수사에 관한 사전승인권과 조정권을 가지고 있었다. 가령 「각 수사기관의 수사한계」(1961. 6. 14 中情次企 제73호, 1961. 6. 24 일부개정, 中情次企 제213호), 『예규에 관한 기록(1961)』, 전주지검, 국가기록원 소장, 문서번호 78-33, 157~158쪽. 민정 복귀 이후에는 정보사건 등에 대한 내사·수사착수, 검거, 관할 검찰청송치, 검사의 각종 처분, 재판결과를 모두 중앙정보부장에게 통보하도록 했다. 대신 종래 정보부장이 갖고 있던 국영기업체, 은행, 언론사, 정당 간부에 대한 수사의 사전승인권을 법무부장관과 검찰총장이 갖도록 했다. 「현직 공무원 등에 대한 체포구속」(1964. 7), 『검찰예규에 관한 기록』(1964), 광주고검, 국가기록원 소장, 문서번호 84-3035.

446 『법률신문』 1963. 12. 9. 신직수는 1971년 6월까지 검찰총장에 재임하고, 이후 법무부장관(1971. 6~1973. 12)을 거쳐 중앙정보부장에 취임했다.

밑에서 이념적으로 굳게 단합해야만 검찰의 힘이 앙양된다는 원리를 뼈저리게 느끼고 우리의 정신적인 자세를 그러한 방향으로 가다듬어야" 한다고 했다.[447]

검찰간부들의 각종 훈시와 검찰예규는 늘 검찰의 적극화를 강조했다. 핵심은 범죄수사에서 검사의 주동적 역할과 수사지휘체계 확립이었다. 1962년 8월 20일 개정된 검찰청법(법률 제1130호)은 중앙수사국에 관한 규정을 삭제했다. 대신 수사지휘 및 수사지도와 범죄통계, 검찰총장이 중요하다고 인정하여 지시하는 범죄수사를 장리하는 기구로서, 대검찰청에 수사국을 두도록 했다. 1969년 3월에는 대검수사국 각과의 분장사무를 재편하여 대검수사국의 기능을 강화했다. 이것이 오늘날 대검찰청 중앙수사부의 기원이다.

경찰에 대한 수사지휘체제를 확립하기 위해 1964년부터 사법경찰관리 교양제도가 실시되었고, 주요 범죄에 대한 보고와 사전지휘체제가 강화되었다.[448] 1969년 서울지검과 부산지검에 수사지도부가 설치되었고, 검사의 주동적 역할을 확립하기 위해 검사 인지수사의 확대가 장려되었다.[449] 이런 노력이 주효했는지, 1970년 한 대검찰청 검사는 과거 "뒷치닥거리"식 운영에서 탈피하여 능동적인 인지수사가 점차 늘어나고 대검 수사국과 지검 수사과의 기능이 강화된 한편, 종래 등한시되었던 행정사범의 강력한 단속에도 검찰이 큰 성과를 거두고 있음을 높이 평가했다. 그는 이 "방향감각의

---

447 「제17회전국검사장회의 훈시」(1964. 10. 6), 대검찰청, 『훈시집』, 246쪽.
448 「대검예규 제2호 사법경찰관 교양실시」(1964. 1. 14), 대검찰청, 『대검예규 (II)』, 1994, 1109쪽.
449 검찰수사력 강화와 합리화에 대한 검찰실무가들의 논의는 박혜건, 「수사지휘체계 확립에 관한 소고」, 『검찰』 1970년 4월호, 132쪽 이하; 송병철, 「검찰제도에 대하여」, 『검찰』 1969년 5월호, 63쪽 이하; 안응호, 「수사와 소추」, 『검찰』 1969년 6월호, 96쪽 이하 등.

전환"을 기점으로 검찰이 "새로운 영역을 개척"하고 "거대한 검찰력의 시야가 50도에서 100도로, 100도에서 150도 넓어져가고 있"다고 하면서, 새로운 방향으로서 검찰력 행사를 범죄예방 방면에도 돌려보는 "검찰의 예방화豫防化"를 제안했다.[450]

이런 검찰권 행사 적극화·전방위화의 흐름은 법무부와 검찰 당국이 내건 슬로건—"믿고 살 수 있는 밝은 사회"(1969), "안심하고 살 수 있는 도의사회의 확립"(1970), "사회기강의 확립"(1973) 등—에 집약적으로 표현되었다. 쇼와昭和유신기 일본의 국가와 사법이 그랬듯이, 10월 유신을 전후하여 법무부와 검찰은 국가기강의 확립과 도의심 양양을 위한 "준법정신 계도" 캠페인에 나섰고, 1975년부터는 법무부 법무실에 전담부서를 만들어 법의 생활화운동을 중점적으로 추진했다.[451] 1930년대에 실시되었던 검찰의 관내상황보고가 부활되었다는 것도 상징적이다.[452] 뿐만 아니라, 1930년대 후반의 반동적 사법혁신 흐름과 마찬가지로, 1960년대 말부터 그동안 검찰이 불편함을 느꼈던 제도들—대표적으로 재정신청제도, 구속적부심사제도, 보석제도 등—을 검찰의 관점에서 개선 내지 폐지하자는 논의가 본격적으로 이루어졌다.[453] 그 결과가 1973년 2월 1일 형사소송법의 개악이었다(법률 제

---

450 대검찰청 검사 정익원, 「예방검찰」, 『검찰』 1970년 3월호, 36~37쪽.

451 이은평, 「법무행정 20년의 회고와 전망」, 『검찰』 1969년 11월호, 83~84쪽; 「박 대통령 각하 지시사항(법무부연두순시)」, 『검찰』 1973년 제1집, 12쪽; 「준법으로 조국에 영광과 번영의 장을」(제10회 법의 날 신직수 법무부장관 훈시), 『검찰』 1973년 제2집, 12쪽; 법무부, 『법무부사』, 1988, 502쪽.

452 『조선형사정책자료』(1937년도판)부터 수록된 지방법원 검사정의 관내상황보고에는 관내 치안상황, 민심동향, 시정대책 건의 등이 포함되어 있다. 1972년, 1973년에 개최된 전국검사장회의 자료에는 각 지검의 관내상황보고서가 담겨 있고, 거기에는 10월 유신 또는 총선과 관련된 관내 민심동향, 주요 인사동향, 관련 대책이 정리되어 있다. 「전국 각급검사장회의 자료」(1972), 「전국검사장회의 자료」(1973), 대검찰청, 국가기록원 소장, 문서번호 84-2752, 84-2753.

2458호).

4·19혁명의 정신에는 감응하지 않던 검찰이지만, 군사'혁명'과 '유신'의 이데올로기에는 적극적으로 동조하면서 권력을 확장시켜나갔다. 검사의 수사기능 강화와 수사지휘체제 확립, 검찰기능의 예방·계도·행정단속·정무사찰로의 확대, 검찰에 의한 법무부조직의 완전한 장악, 그리고 형사소송법의 개악을 통한 장애요소의 제거 등은, 1930~40년대 쇼와유신 검찰의 그것과 너무도 닮아 있었다. 유신체제 수립을 전후해 조정된 사법체제는 이후 새로운 내용들을 추가하면서 1980년대 폭압적 군사독재 내내 지속되었다.

---

453 예를 들어 허은도, 「실무에서 본 구속적부심사」, 『검찰』 1969년 8월호, 128쪽 이하; 박영한, 「운영 면에서 본 우리나라 보석제도」, 『검찰』 1969년 11월호, 133쪽 이하; 이건채, 「재정신청과 항고」, 『검찰』 1970년 1월호, 221쪽 이하 등.

결론

지금까지 우리는 법원·검찰제도를 중심으로 한국 사법의 근현대사를 살펴보았다. 이 책의 내용은 사법제도의 역사 중 극히 일부를, 그것도 형사사법제도에 관한 주요 법령의 입법사를 다룬 것에 불과하다. 이런 한계를 인정하면서 몇 가지 논점을 중심으로 지금까지의 논의를 정리하고, 한국 사법의 과제에 대한 필자 나름의 생각을 제시하는 것으로 결론에 갈음하고자한다.

한국의 사법 근대화 : 전통과 근대, 자율과 타율

이 책에서 우리는 사법 근대화의 초기단계부터 타율성의 요소가 강력하게 작용했고, 해방 이후 사법제도 재편과정에서 과거의 제도를 유지하거나 혹은 개혁하려는 관점과 논리 모두에 대해 식민지 사법의 경험이 여러모로 강한 영향력을 발휘했음을 확인했다. 여기서는 제1부에서 논의한 것을 중심으로 사법 근대화 초기단계의 상황을 총괄적으로 평가해보고자 한다.

한국사에서 19세기 말과 20세기 초는 국가·법·사회에 거대한 구조변동에 일어난 시기였다. 당시 전통과 근대가 상호작용하는 가운데 다양한 가능성이 존재할 수 있었다 해도, 주어진 상황은 선택의 폭을 극히 협소하게 만들었다. 서구의 제국주의적 세계진출이 최전성기였던 이 시기에, 사법 근대화는 좁은 의미의 정치·행정 근대화 못지않게 중요한 의미를 갖고 있었다. 국가의 통합력을 유지하면서 공공행정수준을 발전시키고 새로운 법의 정신을 확산시켜나가기 위해서, 또 서구인들이 자의적으로 찍어버린 야만과 미개의 낙인을 지우기 위해서, 재판과 형벌제도의 개정이 필수적이었다. 당대인들이 추구한 개화 혹은 '문명화(civilization)'는 궁극적으로 전통국가와는 다른 국가 만들기 프로젝트, 즉 인민이 군주와 관리의 '백성'이라는 지위에서 벗어나 '공민'이 되고, 공민화된(civilized) 인민의 동의에 근거하여 법에 의한 통치가 이루어지는 것을 근본 원리로 삼는 국가를 지향했다. 그리하여 사법 근대화는 단지 서구를 모방해 전통적 재판제도를 교정하는 차원에 그치지 않고, 어떤 국가를 만들 것인가, 어떤 국가와 정치를 표상할 것인가 하는 문제를 내포했다. 당면한 내치와 외치상의 선결과제라는 측면에서 말한다면, 재판제도개혁은 법전편찬, 헌법제정, 의회개설보다 앞에 놓여 제반 국정개혁의 출발점이 되어야 했다. 그러나 이는 쉽게 이루어질 수 있는 일이 아니었다. 주어진 시간과 내외의 조건은 결코 한국사회에 우호적이지 않았다.

이런 상황에서 사법 근대화의 초기단계에 전통과 근대가 얽히고 자율과 타율의 이중주가 벌어지는 것은 불가피한 일이었다. 필자는 제1부에서 갑오개혁기와 대한제국기 사법제도의 전개를 좀 더 입체적으로 파악하려 했다. 즉 ① 서구법 지식습득과 개화파를 중심으로 한 사법제도개혁구상, ② 갑오개혁기, 특히 1895년 사법제도개혁, ③ 대한제국기의 사법제도 재조정, ④ 통감부 시기 일제의 타율적 사법개혁으로 이어지는 과정에서 ①과 ②

사이의 격차, ①과 ③ 사이의 동질성, ②에 내재된 ④의 복선을 드러내고자 했다. ①과 ③은 전통적 사법제도의 근대적 '변주', 넓은 의미에서 '구본신 참'적 제도개정이었다. 반면 ②와 ④는 일본의 한국 내정장악과 식민지화정 책을 배경으로 한 근대화를 의미했다. ①과 ③이 주어진 조건과 익숙한 관 념에 입각해 보수적이고 점진적인 제도개선을 추구했다면, ②와 ④는 한국 의 사정을 고려했다 해도 일본의 정책을 조기에 실현하기 위해 급진적으로 추진된 개혁이었다.

그런 맥락에서 필자는 한국 사법 근대화의 기점으로 일컬어지는 1895년 재판소구성법이 일본의 관점과 이해利害가 반영되어 갑작스럽게 '출현'한 법이라고 보았다. 물론 1895년 재판소구성법체제는 이 시기 한국사회 내부 에서 형성된 '자주적' 개혁구상과 분명한 연결고리를 갖고 있었다. 그러나 1895년 법체제는 제도의 원리, 구체적 설계방식의 측면에서 '자주적' 개혁 론이 추구한 바와 분명한 차이를 갖고 있었다.

분명히 개화파 엘리트들은 법의 의미를 새롭게 만들고 법에 의한 통치를 최고의 통치원칙으로 제시했으며, 서구제도를 참조해 전통적인 사법제도를 교정하려 했다. 그들이 제시한 개혁안은 자의와 혹형과 남형으로 얼룩진 사법제도를 개선하기 위해 시급하고 또 타당한 것들이었다. 그러나 그들이 발언한 것, 그들의 '사상' 속에 있던 것을 근거로 평가한다면, 그들은 법과 재판의 서구화를 적어도 당면한 목표로서는 의식적으로 추구하지 않았다. 그들은 서구의 법과 재판을 피상적으로 관찰한 데 머물렀고, 전통적 관념, 즉 형률과 형사재판 위주의 법과 재판인식, 재판이 행정과 일체화된 '행정 형 재판'의 관념을 버리지 않았다.

1895년 재판소구성법체제는 일본의 한국 보호국화구상과 불가분한 관계 에 있었다. 그것은 일본의 '보호'와 '지도' 아래 일본의 이익을 담보하고 조선의 내정을 개혁한다는 관점에 입각해 추진된 급진적이고 타율적인 개혁의 산물이었다. 거기에는 1872년 '사법직무정제' 이후 20년 동안의 일본의 법제와 경험이 축약되어 있었고, 단기간에 성과를 거두려는 조급증이 반영되어 있었다. 때문에 일본의 사법직무정제단계의 개혁보다도 행정과 재판의 분리, 재판과 법의 서구화가 더 명료한 형태로 표현되어 있었다. 하지만 이 시기 개혁은 졸속적이었고, 채 마무리되지도 못했다. 새로운 제도의 운영을 위한 제반 여건이 갖추어지지 못했고, 거기에 담긴 프로그램을 지도·운영할 일본세력이 급작스럽게 퇴장했기 때문이다.

이 미완의 개혁이 급작스럽게 출현했다가 퇴장한 점을 염두에 두고 아관파천 이후의 상황을 이해해야 한다. 1896년 이후 사법제도 정비과정에 대해 1895년 개혁이 가지는 위치는, 외부로부터 가해진 최초의 충격, 다만 한국의 내재적 조건에서 수용가능했고 또 '자주적 개혁'노선의 지향점과 일부 합치하기도 했던 충격으로 자리매김할 수 있다. 그 최초의 충격 위에서 건양·광무 연간에 새로운 상황전개의 영향을 받으며 한국적 관념이 대폭 가미되어 제도가 보완되거나 때로는 과거로 후퇴하는 모습이 나타났던 것이다.

그럴 때 1897년 9월 '한성재판소관제규정'은 한국적 관점이 긍정적으로 반영된 개혁적 입법으로 평가할 수 있다. 한성재판소관제는 1895년 법이 만든 재판소라는 형식 안에서 당대인들에게 익숙한 '행정형 재판'의 관념에 입각해 재판사무를 개선하려 했다. 한성재판소관제가 바라보는 판사는 각자 독립하여 재판을 하는 자가 아니라, 상급기관의 행정적 감독 아래서 주어진 직무를 수행하는 법무행정관리였다. 1899년 개정된 재판소구성법에서 법부와 평리원을 조직적으로 분리했으면서도 법부가 평리원 판결을 재심하고 시정할 수 있는 권한을 가지게 한 것도 기본적으로 같은 발상에 입각하고 있었다. 한성재판소관제는 그 위에 행정적 감독과 시정방법의 체계화, 공개재판의 원칙적 채용, 인신구속절차의 획기적 개정을 통해 폐단을 교정하려 했다. 그런 의미에서 한성재판소관제는 1895년 법에 담긴 재판과 행정의 분리프로그램과 비교하면 과거지향적이었지만, 당시 여건과 한국적 관념을 감안한다면 오히려 실효를 거둘 수 있는 조치였다 할 것이다. 『독립신문』이 한성재판소관제를 환영하고 높이 평가한 이유도 여기에 있다고 생각한다. 말하자면 한성재판소관제는 당대 개명엘리트와 관리들의 사고방식과 개혁구상을 구체적으로 확인할 수 있는 소재라고 할 수 있다.

그러나 1897년 한성재판소관제가 유지했던 '재판소의 형식'조차 지켜지지 못하고 끊임없이 요동했다는 사실이야말로 고종과 대한제국 보수파 관료들의 성격과 한계를 뚜렷하게 증명해준다. 대한제국 정부가 행한 것은, 막연히 고금을 참작해 신구법의 혼란을 정돈하거나 법제도를 정비하는 것이었다. 그 과정에서 재판소는 껍데기에 불과한 것이 되고 말았다. 결국 대한제국의 사법제도는 이 시기 재판제도개혁과 연관된 내치·외치상의 과제를 어느 하나 완수하지 못했다.

하지만 당시의 지적 조건이라는 점에서 보면 모든 책임을 대한제국의 황제와 관료들에게 돌리기 힘들다. 계몽운동세력이 법제의 문명화가 독립을 보전하는 길이라고 주장하긴 했지만, 그들의 서구법에 대한 이해수준 역시 단편적이었다. 정부 내에도 서구법에 대한 전문적인 지식을 갖춘 관료층은 존재하지 않았다. 따지고 보면 초기 개화파도 마찬가지였다. 유길준은 『서유견문』에서 인민의 권리가 기지는 공권적 성격을 탈각시킴으로써 인민의 권리를 통치자가 유념할 사항과 인민이 상호존중해야 할 사권으로 축소시켜버렸다. 문제는 거기에 그치지 않는다. 분명히 인민의 권리는 전통 재판에서 세상의 이치를 통달한 판관들이 고려해야 했던 '정리情理'를 실질적으로 수정하는 내용을 담고 있었다. 하지만 유길준의 인민의 권리도 여전히 '정리', 오늘날의 용어로 표현하면 '조리'의 지위에서 벗어나지 못했다. 이 새로운 조리를 구체화시킨 인민 사이의 법, 다시 말해 '시민 사이의 법=민법(civil law)'을 어떻게 구성할 것인가 하는 문제야말로, 실은 '정리에 의한 재판', '행정형 재판', '형률적 법'에서 벗어나 법과 재판의 근대화를 추동하는 데 결정적인 의미를 가졌다. 당시 엘리트와 관리들은 서양 국가학과 공법은 흐릿하게 알았지만 근대법체제의 핵심인 민법은 미처 발견하지 못했다. '인민의 자유·통의'에 내포된 정치제도와 국법을 재구성하는 계기를 인식하지 못한 것, 이것이 당시 개명엘리트들의 국가론·법론·권리론이 가진 근본적 한계였다.

덧붙여 강조하자면, 사법 근대화는 결코 지식으로만 달성될 수 있는 것이 아니다. 정부 내에 확실한 추진세력이 존재해야 하며, 동시에 어느 정도 다원적인 정치세력이 병존해야 한다. 메이지 초기 일본의 사례가 이 점을 잘 보여준다. 사법직무정제와 에토 신페이의 개혁은 중앙권력을 장악한 번벌세력들이 경쟁세력과 지방권력을 평정하고 집권적 국가체제를 창출하기 위해 활용했던 수단이었다. 이후 벌어진 대심원 설치, 배심제 도입논의, 재판절차개혁의 배경에는, 메이지 정부 내의 권력엘리트집단 가운데 어느 한쪽도 다른 쪽을 완전히 제압하지 못한 가운데 공평한 정치적 게임규칙을 정하기 위해 벌였던 투쟁과 협상이 존재했다. 입헌정체의 수립도 정부 내외 정치세력들의 정치투쟁의 결과였다. 한국으로 눈을 돌려보자. 1896년 정성우사건에 대한 민사소송, 1897년 '한성재판소관제규정'의 제정은 아마도 정부 내에 신구 정치세력들의 일정한 세력균형이 존재했기 때문에 가능했다고 볼 수 있을 것이다. 하지만 군주친재의 정치구조는 이런 정치적 지형을 유지하기에는 근본적인 한계가 있었다.

906

지금까지 말한 것은 왜 자주적 근대화에 실패했는가 하는 질문을 놓고 당시의 주체역량과 정치적 조건을 냉정하게 진단해본 것일 뿐이다. 사실 앞에서 지적한 문제들은 전통의 기반 위에서 서구법을 수용하는 과정에 당연히 나타날 수밖에 없는 것이었다. 조선의 장구한 법·정치 전통, 지적 전통은 개항 이후 불과 20~30여 년 사이에 사라질 수 없는 것이었다.[1] 그러나 조선의 전통이 서구법을 원리적 수준에서 받아들이는 데 장벽으로 작용하기도 했지만, 동시에 서구법의 요소를 흡수하고 서구법에 적응하는 데 유리한 토양을 가지고 있었음도 잊어서는 안 된다.

샤피로Shapiro는 법원제도(Court system)의 기원이 '정복(conquest)'에 있다고 한 바 있는데,[2] 맥락은 조금 다르지만 한국의 사법 근대화도 일본의 한국 '정복'과 더불어 진행되었다. 갑오개혁기와 통감부 시기 사법제도 개편은 모두 외래권력이 한국의 내정을 장악한 상태에서 진행된 타율적 개혁의 성격을 갖고 있다. 갑오개혁기 일본의 사법제도가 한국에 '수출'되었다면, 통감부 시기 한국 사법제도는 일본의 제국적 법질서의 일부로 편입되었다. 통감부 시기 일본은 한국의 사법제도가 정당성을 상실하고 심각한 기능부

---

001 필자는 전통법문화의 일부는 여전히 현대 한국의 법문화에 연속되고 있으며, 앞으로도 서구와 다른 법문화를 구성하는 데 영향을 미칠 것이라고 생각한다. 1960년대 함병춘이 제기한 '영구적 물음(perennial question)', 즉 전통 속에서 형성된 하부구조와 서구제도를 모델 삼아 만들어진 상부구조 사이에 존재하는 불일치와 갈등의 문제는 오늘날에도 여전히 남아 있다. 또한 법사회학자인 김도현 교수가 근래의 민사소송 증가현상을 "전통적 구조와 규범도, 그렇다고 근대적 구조와 규범도 제대로 작동하지 못하는 일종의 아노미(anomy)상태"를 보여준다고 해석한 것은 극히 흥미롭고 중요한 지적이라고 생각한다. 김도현, 『한국의 소송과 법조―어떻게 변화할 것인가』, 동국대출판부, 2007, 62~64쪽.

002 이는 정치권력의 통치기구로서 법원제도 일반에 대한 것으로, 정복자는 대개 피정복지에 과거보다 더 좋은 재판제도를 제공함으로써 피정복민에게 지배의 정당성을 설득시키려 하며, 통일적 법을 집행하는 재판기관을 통해 지역을 평정하고 중앙권력의 이해를 관철시킨다는 것이 요지이다. Shapiro, Martin, *Courts: A Comparative and Political Analysis*, p. 22.

전을 보이고 있음을 빌미로 근대적 법전의 정비와 사법권의 독립을 내걸고 사법개혁에 착수했다. 그 종착지는 한국의 식민지화였고, 병합과 더불어 사법제도는 식민지의 지위에 맞게 식민지적 사법제도로 재편되었다.

통감부 시기 이후 식민지 지배권력의 일부인 일본인 사법관들이 분쟁과 범죄의 법적 내용과 의미를 재구성하고 그에 적용될 입법과 재판을 담당했다. 한국의 법과 재판은 급격히 일본화되었다. 이 과정을 통해 이른바 법의 전문화·합리화라는 의미에서 법 근대화가 진전되고, 근대법의 개념·기술·이데올로기가 전파되었다. 또한 한국에 일본 법을 이식하고 한국 법을 일본제국의 법체계에 통합시켜가면서, 일본제국의 지역법으로서 식민지 조선의 법제가 구성되었다. 하지만 그 과정을 식민지 지배권력의 힘이 일방적으로 관철된 법구조과 법생활의 재편으로 이해할 것은 아니다. 한국민들은 식민지법 아래서 고통과 혼란을 겪기도 했지만, 동시에 새로운 사법제도와 법을 활용하는 데 놀랄 만한 적응력을 보여주었다. 이런 점에서 식민지시대의 한국사회는 결코 수동적 객체로서 자리매김할 수 없다. 이 책에서는 이 문제를 다루지 않았지만, 근대 초 한국의 법과 사회변동을 거시적으로 조망하고자 한다면 그에 대한 고찰이 반드시 필요하다. 이에 대한 논의는 필자의 다음 과제로 남겨두고자 한다.

식민지 사법과의 연속과 단절

1945년 8월 이후 한국과 일본은 제2차 대개혁의 시대를 맞이했다. 과거 사법제도의 경험을 토대로 한국과 일본에서 비슷한 개혁과제가 제기되었다. 하지만 그 결과는 매우 달랐다. 구제도와의 연속성이라는 측면에서 보면, 일본보다 한국에서 더 강한 연속성이 발견된다. 그렇게 된 가장 큰 이유는 점령 당국의 개입방식과 범위에서 찾아야 할 것이다. 일본의 점령 당국은 전면적 국가개조를 목표 삼아 미국식 제도에 관한 지식을 전파하고 그 방향으로 개혁을 이끌고자 적극적인 역할을 했다. 반면 냉전체제의 최전선에 있었던 남한의 점령 당국은 사법제도에 관한 한 기본적으로 현상유지정책을 취했고, 총선을 앞두고 법령 제176호(형사소송법의 개정)와 과도법원조직법을 급히 제정하는 데 그쳤다. 정부수립 이후에는 미군정에 의존해 만들어진 사법개혁조치마저 위태로워졌다. 과도법원조직법 제정 당시 미국인 고문들의 역할이 그랬듯이, 국회—제1대 국회의 법원조직법에 대한 개입, 제2대 국회의 형사소송법에 대한 개입—가 나서지 않았다면 구제도와의 연속성이 더욱 강해졌을지도 모른다.

정부수립 이후 성립한 법원·검찰제도는 전체적으로 보면 미군정기의 논의수준보다 후퇴한 모습이었다. 다만 그것은 주로 미군정기에 미국을 모델로 한 개혁론에 비추어 그랬다고 해야 할 것이다. 사법권 독립의 강화, 형사소송의 민주화, 배심제 채용 등의 주장을 펼쳤던 개혁파 소장법률가들에게 미국 모델은 권위이자 아이디어의 제공처였다. 물론 당시의 영미법 수용론은 이념적 수용의 성격이 강했고, 반드시 영미제도에 대한 철저한 이해를 수반하고 있지는 않았다. 아무튼 미군정은 미국 모델이 채용되는 데 유리한 조건을 마련해주었다.

소장개혁그룹은 미국 모델—혹은 그것이 반영된 일본의 신사법제도들—을 참고로 '민주적 사법개혁론'을 주장하면서, 검찰중심주의가 아니라 '재판관중심주의=공판중심주의'가 지배하는 형사소송제도를 추구하고, 사법우월주의가 관철되는 사법국가司法國家를 새로운 국가상으로 제시했다. 개혁그룹과 미국인 고문들이 합세해 만든 1947년 10월의 법원조직법안은 재판관중심주의, 사법국가, 법률가집단과 법원의 자치를 최대한 구현한 것이었다. 그러나 한국인에게 주권이 이양되면서 미국 모델에 입각한 개혁론은 후원세력을 잃어버렸다.

1948년 헌법에 담긴 뉴딜적 국가 이념 내지 "민주사회공화국"[3]의 이념을 추구한 헌법기초자들은, 미국식 사법우월주의—특히 일제시대 실무경력자가 다수를 차지하는 보수적 사법부가 사법적 위헌심사권을 가지는 것—는 국회입법으로 표현된 국민다수의 의사를 실현하는 데 명백히 저해된다고 판단했다. 유진오가 '사법권 독립'의 맞은편에 '사법민주화'를 세워놓았을 때, 그는 사법권력의 조직과 운영은 결코 법원이나 소수 법률가집단에 맡겨둘 수 없다고 말한 것이었다. 그것은 한편으로 구행정국가의 이념과 행정부 법제관료의 의식을 표현한 것이었지만, 다른 한편 제헌국회에 있던 민주주의, 평등의 정념과 통하는 것이기도 했다. 도대체 사법부가 헌법해석의 특권을 독점해야 할 정당성이 어디 있다는 말인가?

한편, 탈식민지적 개혁이 철저하지 못했던 데는 인적·물적 조건과 정치적 상황도 크게 작용했다. 국가재정이 빈곤하고 법률가층은 너무 엷었다. 법실무가의 절대다수가 식민지 시기에 길러진 자들이었다. 과거의 제도는 익숙하고 편리하고 효율적이었다. 이승만 정권하의 정치적 현실은 1948년 헌법이 예정한 것과 상반되었다. 정치적 격동과 불안정한 헌정은 신중하게 체계적으로 제도를 정비할 만한 시간과 환경을 제공해주지 않았다. 이승만의 권력의지와 행정부의 독주에 맞서 국회가 개입함으로써, '사법권 독립', '형사소송법 민주화'를 위한 장치들이 부분적으로 도입되었다. 과거 제도의 의식이 유지되는 가운데 몇몇 새로운 것이 덧붙여지면서, 미국인 관리 엔

---

003 한태연, 「한국헌법사 서설」, 한태연 외 지음, 『한국헌법사 (1)』, 한국정신문화연구원, 1988, 65쪽.

더슨의 말을 빌리자면 "불가피하게 잡종적 결과를 낳았고", 그나마 제대로 효과를 발휘하지 못했다.

그 과정에서 사법 수뇌부에 있었던 지도적 법률가들의 역할에 대해 이야기하지 않을 수 없다. 법원조직법, 검찰청법, 형사소송법의 입법과정에 관한 논의에서 확인했듯이, 새롭게 사법고위직에 오른 재야 출신 법률가들—대표적으로 김병로, 이인, 김용무—은 적어도 해방 이후의 '민주주의적' 사법개혁논의에 관한 한 일관되게 보수적 입장을 견지했다. 그들은 과거 항일변론과 민족주의적 정치활동을 펼치며 식민지 사법권력과 날카롭게 대립했지만, 해방 후에는 사법조직 수장의 자리에 선 집권적 법률가로서 종래의 관료사법체제와 검찰사법체제를 옹호하는 역할을 했다. 당시 조건과 상황을 감안하면, 그들의 현실주의 내지 보수주의가 결과적으로 올바른 길이었을 수도 있다. 하지만 그들은 자신의 의지에 따라 더 많은 것을 할 수 있는 위치에 있었음에도 왜 그 정도밖에 안 되었는가 하는 느낌을 지울 수 없다. 이제는 그들을 신화의 자리에서 끌어내려 객관적으로 평가할 필요가 있다. 그들을 깎아내리기 위해서가 아니라, 그들의 기여와 한계를 직시함으로써 한국 사법의 출발지점을 더 잘 이해하기 위해서이다.

관료사법체제의 강화

한국 사법체제의 역사는 관료적 사법체제의 형성과 강화의 역사였다. 이는 전통국가, 식민지국가, 권위주의·개발독재로 이어진 국가체제를 반영하는 것이기도 하다. 그런데 일본의 관료제 사법의 영향을 받았다 해도, 해방 이후 사법재건 시점부터 관료적 내부통제가 훨씬 강화되었다는 점을 상기해야 한다. 구舊관료제조직의 계승이라는 측면에서 보면 과도법원조직법에 비해 1949년 법원조직법이 훨씬 현상유지적이었고, 검찰청법은 한국적 변형이 가해졌지만 구제도의 정수를 가장 잘 간직한 법제였다. 소수 견해를 제외하고는 관료사법의 체질개선에 대한 진지한 성찰은 없었다.

더 중요한 것은 식민지 시기의 기형적 법조인구, 해방 이후 법조인력의 급속한 충원 및 이후의 사태가 관료사법의 체질을 법조 전반으로 확산시켰다는 점이다. 재조법조에 비해 재야법조가 현저하게 과소한 식민지 법조인구의 기형적 성격은, 미군정기 사법재건과정을 거치며 더욱 악화되었다. 해방 이후 남한에는 너무 적은 수의 법률가밖에 없었고, 그 소수의 법률가마저 거의 법원과 검찰로 흡수되었다. 법원과 검찰의 빈자리가 다 채워지자 갑자기 문이 닫혔다.

과거의 법조이원주의는 법조자격 취득방식은 물론 법률직종 내 위상 면에서도 재조법조와 재야법조 사이에 차등을 만들었다. 이런 차등에 대해 재야법조의 불만이 있었지만, 어떤 점에서 이 현상은 변호사의 독자적 충원경로와 재야성을 유지하는 데 기여한 바도 있었다. 다만 식민지 조선에서는 변호사인구에 대한 당국의 통제가 극심해서 변호사의 수는 물론 재야성도 크게 제약되고 있었다. 아무튼 일본에서는 1920년대부터 법조자격의 통합이 추진되었고, 전후에는 법조일원주의의 취지를 좀 더 가미한 '사법시험제도'가 시행되었다. 한국은 1950년부터 법조자격시험을 고등고시 사법과로 단일화했는데, 이는 일본의 고시 사법과를 계승한 것이었다. 형식적으로 법조자격의 일원화가 있었다고 해도, 합격자 수는 매년 한 자리 수, 많아야 20~30명에 그쳤고 이들은 거의 전부 재조법조로 흡수되었다. 때문에 한국의 경우 새로운 자격부여제도가 오히려 전체 법조의 재조법조화(在朝化) 현상을 가속화시키는 결과를 낳았다.[4] 변호사의 주된 공급원은 이러저러한

912

이유로 옷을 벗는 판검사가 될 수밖에 없었다. '고시합격→판검사 등용→변호사개업'의 공식 아래 관료법조의 의식을 가진 이들이 변호사로 유입되었다. 왜곡된 법률시장과 법률가들의 연고 위에서 전관예우가 만들어졌다. 이 부끄러운 관행은 한국의 법조가 만들어낸 것으로서, 식민잔재로 돌릴 수 없는 것이다.

물론 관료제 사법에 단점만 있는 것은 아니다. 국가시험을 통한 선발은 어떤 면에서 개방적·민주적이다. 관료제 질서가 있다 해도 객관적 직무규칙과 신분보장장치가 마련되고 직무의 자율성이 존중되는 분위기가 정착된다면, 판사가 외부영향을 받지 않고 안정적으로 직무를 수행할 수 있는 환경이 마련될 수 있다. 그러나 한국의 현실은 그렇게 전개되지 않았다. 관료적 폐쇄성과 계급적 서열문화가 강화되고, 인사권과 행정적 감독권을 가지는 행정가적 고위법관들=사법관료의 사법부 지배와 "법관동일체의 현실"이 유지되었다.[5] 하지만 한국 관료사법은 정치를 좌지우지하거나(사법파쇼, 검찰파쇼) 정치권력으로부터 자율성도 가지지 못했다. 오히려 권위주의 정권이 주문한 것을 처리해주는 청부업자로 전락하기도 했다. 그동안 대법원장과 대법관 임명방법이 늘 중요한 정치적 쟁점이었던 이유도, 사법부를 장악하려는 정권이나 그에 대항하는 세력 모두 꼭짓점을 장악함으로써 전체를 장악한다는 식의 발상에 입각하고 있었기 때문이었다.

이 대목에서 우리 현실을 일본의 관료제 사법과 비교해볼 필요가 있다.

---

004 일본은 1946년 현재 판사 1,231명, 검사 653명, 변호사 5,737명이었다. 「日本における法曹人口及び總人口の推移(明治23年~平成10年), 『ジュリスト』 1208號 附錄 司法制度改革審議委員會全記錄(CD-ROM), 2001. 한국은 1956년 현재 판사 301명, 검사 190명, 변호사 303명이었고, 1993년부터 비로소 변호사수가 판사·검사수보다 많아지기 시작했다. 대법원 사법정책연구실, 「각국의 법조양성 통계자료」, 2003.
005 한상희, 「법원행정처의 개혁방향」, 민주주의법학연구회 편, 『민주법학』 29호, 2005, 57쪽.

일본은 메이지 유신 이후 관료주도로 국가 근대화를 추진했고, 전후에도 관료주도성은 본질적으로 변하지 않았다. 패전 이전에 검찰벌이 강력한 인맥으로 존재할 수 있었던 것, 검찰권독립이 공세적 의미를 가졌던 것은, 정당정치세력에 맞설 만큼 사법관료의 힘이 컸음을 방증한다. 일본 관료제 사법은 메이지 유신 이후 80여 년을 거치며 안정적인 인적·지적 기반과 조직문화를 갖게 되었다. 그를 바탕으로 법원과 검찰은 정치권력으로부터 일정한 자율성을 유지했고, 일본의 독특한 국민의식과 결합되어 국민적 신뢰를 얻기도 했다. 일본 동경지검 특수부의 '신화'도 거기 기초한 것이었다.

반면 해방 이후 한국에는 일본과 같은 기반이 존재하지 않았다. 법원과 검찰은 이질적 배경과 의식을 가진 이들로 구성되었고, 충분히 훈련받지 못한 이가 많았다. 갑작스럽게 감투를 쓴 이들 가운데는 자리에 걸맞는 능력과 자질을 갖추지 못한 이도 있었다. 식민지 권력이 물러나고 새로운 정치체제가 수립되기까지의 과도기에 조성된 정치환경 속에서, 법원과 검찰은 자신들의 생각대로 개혁안을 마련하고 추진하거나 때로는 '독립'을 내걸고 집단행동에 나설 수도 있었다. 초기의 대법원과 검찰에 몸을 담았던 재야법조의 지도급 인사들은 정통성과 정치적 자원을 가지고 있었고, 이승만 역시 초대 정부를 구성하면서 이들의 능력과 자원에 의존하지 않을 수 없었다. 그러나 곧 이승만 정권에 의한 사법기구 평정이 개시되면서 짧은 기간 존재했던 평온은 깨지고 말았다. 검찰이 먼저 정권에 접수되었고, 법원은 헌법과 법원조직법이 만들어준 틀과 김병로라는 카리스마적 인물에 의해 어느 정도 정권의 외압을 막아낼 수 있었을 뿐이다. 4·19 이후 다른 길이 제시되었지만 결국 군사정권이 수립되면서 물거품이 되고 말았다. 이런 과정을 거치면서 한국의 법원과 검찰은 관료적이면서도 일본의 경우처럼 관료사법의 순기능(?)적 모습은 갖지 못했고, 정치권력에 순응하면서도 국민에 대해서는 매우 권위적인 모습을 갖게 되었다. 이렇게 정권의 압박과 국민들의 불신 사이에 끼인 관료사법체제는 자기 생존을 위해 더욱 정치와 시민사회로부터 스스로를 격리시키고 법률실증주의에 집착하는 경향을 보일 수밖에 없었다.

한국의 검찰과 검찰사법

'사법의 암흑기'라 불리는 권위주의 정권하에서 한국의 검찰은 형사사법에서 다른 어떤 관여자보다 월등한 지위와 특권을 향유해왔다. 식민지적 검찰사법체제를 충분히 교정하지 못한 형사절차는 검찰의 무기였다. 폐쇄적 조직이데올로기로 변질된 검사동일체 관념의 뒷받침을 받고 있는 검찰조직은, 비교법적으로 유례를 찾기 힘들 정도로 초중앙집권적이다. 하지만 한국 검찰은 권력의 중추에 있으며, 방대한 권력을 누린다고 해도 결코 권력이 검찰을 두려워하게 만들 만큼 강력한 존재는 아니었다. 형사사법제도가 검찰에게 유리하게 편성되어 있다고는 해도, 한국에는 결코 일본과 같은 '검사의 낙원(paradise for a prosecutor)'[6]이 존재하지 않는다. 한국의 관료

---

006 미국과 일본의 검찰을 비교한 데이비스 존슨은 다음과 같은 요소들이 일본을 '검사의 낙원'으로 만든다고 했다. 즉 ① 중범죄의 발생률이 낮고(little crime), ② 검사의 사건처리 부담이 가벼우며(light caseloads), ③ 법문화와 사법관료제의 측면에서 검사가 공중의 요구나 정치적 압력(처벌 위주의 형사정책적 대응)으로부터 절연되어 있고(quiescent politics), ④ 형사절차법규가 범죄수사 및 사건처리와 관련해 검사에게 넓은 권한을 부여하고 있는 이점을 누리며(enabling law), ⑤ 배심원이 아닌 직업법관 앞에서 공판을 진행한다는 것이다(no jury). Johnson, Davis, *The Japanese Way of Justice*, New York: Oxford Univ. Press, 2002, pp. 21~49. 한국의 경우 ④와 ⑤는 같지만 일본에 비해 중범죄 발생율이 높고 검사의 사건처리 부담이 과중하며 검찰사무와 형사정책에 대한 정치적 압력이 강하다.

검찰은 형사사법 위에 군림할 뿐만 아니라 지나치게 권력에 유착되어 있다. 그것은 검찰을 권력과 특권에 안주하게 만들고, 다른 권력기관과의 경쟁에서 조직의 안위와 우위를 지키는 것을 검찰조직의 지상과제로 인식하게 했으며, 검찰만능주의와 검찰이 사회와 국민을 계도해야 한다는 의식으로 형사정책을 물들이고, 권력을 만족시키는 투기적 수사의 유혹을 부추기며, 검찰조직을 정치인을 배출하는 사관학교로 만들었다.

검찰사법체제는 과거 일본의 규문적 검찰사법체제에서 유래한다. 그것은 검찰이 형사절차를 지배할 수 있게 만드는 장치들—독자적 강제수사권의 확대강화, 통제받지 않는 소추재량, 예심의 규문적 수사절차로서의 기능, 검찰에 의한 예심장악, 수사서류와 조서에 의한 공판장악—로 구성되어 있었다. 일본의 검찰사법체제는 근대 검찰제도에 내포된 위험성이 현저하게 발현된 하나의 예라고 할 것이다. 19세기 프랑스와 독일에서는 검찰권력의 위험성을 통제하기 위해 형사절차에서 검사의 권한과 역할, 그리고 검사와 예심판사, 범죄피해자, 피의자·피고인, 일반시민, 정부와의 관계를 어떻게 설정할 것인가 하는 문제를 놓고 열띤 논쟁이 진행되었다. 일본의 경우 국가체제와 사법제도의 성격상 검찰에 대한 의회주의적 통제, 검사의 수사와 소추에 대한 법원과 일반시민의 견제가 온전히 작동할 수 없었다. 그럼으로써 검찰제도 및 예심제도에 담긴 자유주의적 의도들이 제대로 구현되지 못하고, 규문적 검찰사법체제가 성립하고, 검찰관료의 강대화가 나타났다. 그럼에도 그 과정에서 제기되었던 문제들, 가령 검찰관료로부터 법원의 독립성 확보, 소추재량에 대한 통제, 형사절차상 인권보호와 공판독립성 확보 등을 향한 모색 속에서 전후 검찰제도와 형사사법제도개혁을 위한 기본적 관점과 접근방법이 형성되었다.

식민지 검찰제도는 일본의 검찰사법체계가 식민지적 맥락에서 더욱 강화된 모습을 띠었다. 해방 전까지 한국은 19세기 유럽대륙에서 정립된 근대 검찰제도로부터 완전히 일탈한 비정상적 검찰제도만을 경험했다. 해방 이후에도 식민지 검찰제도의 요소들은 어떤 것은 제도로 연속되고 어떤 것은 관념적 유산으로 남아 지속적으로 영향을 미쳤다.

1945년 이후 한국과 일본의 검찰관료들은 구舊검찰의 의식 위에서 사법제도 개편논의에 개입했다. 그러나 마지막에 받아든 대차대조표는 한·일 간에 차이가 있었다. 일본의 경우 점령 당국에 의해 검찰개혁의 지도와 나침반이 주어졌고, 그 결과 법제도적으로 구제도와의 결별이 진척되었다. 그러나 한국의 경우 약간의 혼란과 현상유지적 흐름 속에서 검찰관료들은 그들의 자산을 상당부분 유지했고, 검찰중심의 수사체제 확립이라는 오래된 숙원을 이룰 수 있을 것 같은 단계까지 도달했다. 다만 그것은 검찰 혼자만의 힘에 의해 가능했던 것이 아니라 검찰에게 우호적인 환경에 힘입은 바가 컸다. 즉 경찰이 미군정기에 주어진 절호의 기회를 권력남용과 인권유린의 행태를 통해 걷어차버린 것이었다.

하지만 형사소송법 제정과정 중 한국적 상황과 결합된 실천적 고민이 결합되면서 과감한 해결책들이 추구되기도 했음을 잊어서는 안 될 것이다. 일본의 준기소절차와 그 파괴력이 다른 재정신청제도가 도입된 것, 사법경찰관의 피의자신문조서의 증거능력에 관한 규정이 대표적이다. 거기에 구법의 논리가 숨어 있고, 또 그 선택에 대해 현재의 관점에서 의문을 제기할 여지가 있다고 해도, 그 선택들에 의해 한국의 형사사법제도는 식민지 제도로부터 한 발짝이라도 더 멀어질 수 있었다. 때문에 이 시기에 등장했던 각종 제안들이 이후에도, 그리고 어쩌면 지금까지도 생명력을 유지하고 있을 것이다.

민주화 이후 검찰개혁과 형사사법개혁의 방향은, 형사사법의 후진성을 극복하는 것, 형사절차에 군림했던 검찰의 '군주'적인 모습을 탈각시키고 정치제도와 형사사법 속에서 검찰의 지위와 역할을 재배치하는 것이었다. 한국 검찰이 처한 현재적 과제는 권위주의체제하의 검찰의 모습을 벗고 새로운 자리를 찾아나가는 것이다. 새로운 시대에 부합하는 검찰상, 검찰 이념이 요구되고 있다. 하지만 이것은 완전히 새로운 숙제가 아니라, 근대 검찰을 탄생시킨—그러나 동시에 현실의 검찰제도에 의해 배반당한—혁명적 근대성을 오늘날의 맥락에서 재음미하는 것을 의미한다. 과연 '공익의 대표자'라는 지위의 진정한 의미는 무엇이며 그것은 검찰에게 어떤 자리에 서 있을 것을 요구하는가, 사회가 검찰에게 공소권의 행사를 위임한 이유는 무엇이고, 그것은 검찰에게 어떤 의무를 부과하는가? 그 의무에 부응하기 위해 검찰은 어떤 조직과 기능을 가져야 하는가?

우리의 민주주의를 가꾸는 사법으로

사법민주화의 과제 : 사법기능의 민주화와 사법분권

민주화 이후 사법부와 법률가집단의 정치적·사회적 역할은 점점 더 커지고 있다. 토크빌Alexis de Tocqueville의 말대로 "민주정체에서는 법률가들이 정치권력을 얻는 데 유리"한가?[7] 우리는 인권과 법의 지배를 신장시키기 위해 사법권력이 더 적극적으로 나설 것을 주문해왔다(사법적극주의). 그러나 동시에 대표제 민주주의의 기능부전으로 인해 사법과정이 정치과정을 대체해버리는 현상—이른바 '정치의 사법화(judicialization of politics)' 앞에서 당혹해하고 있다. 과연 이 현상을 어떻게 이해해야 하는가? 한국에 바야흐로

---

007 A. 토크빌 저, 임효선·박지동 역, 『미국의 민주주의 I』, 한길사, 1997, 355쪽.

입법부와 행정부의 세기를 넘어 사법부의 세기가 오고 있는가?[8]

조금 맥락은 다르지만, 사실 따지고 보면 정치의 사법화는 내내 존재해 왔다. 한국 근현대사에서 정치는 늘 권력의 관점에서 피아를 가르고 국가의 명령인 법으로 처벌·관리·순치하는 것을 의미했다. 비정치성의 탈을 쓴 법치가 동원된 통치, 정치적 문제를 사법과정 속에 가두어버리는 것이 한국 정치와 법치의 속성이었다. 민주화 이후 '통치로서의 법치'에 대항하는 '권리의 지배로서의 법치' 담론이 급속히 확산되었다. 이제 개인과 집단들은 자신이 지키거나 획득하려는 이익과 가치를 위해 적극적으로 권리담론을 동원하고 있다. 그로 인한 권리의 폭발, 권리의 정치의 보편화, 소송의 급증, 사법적 결정에 대한 의존도의 심화는 확실히 한국 정치와 법치의 변화를 보여주고 있으며, 한국에서도 본격적으로 법화法化의 문제가 논의되는 시점에 이르렀다.[9] 그 계기는 근대 자유주의 법치시스템에 이미 내재되어 있었다. 정치의 사법화현상을 민주주의와 입헌주의가 공고화되는 과정에 필연적으로 발생하는 현상의 하나로 이해한다면, 지금의 현상을 지나치게 호들갑스럽게 바라볼 필요는 없을 것이다.[10] 다만 이 일상화된 법치의 동원이 갖고 있는 역설적인 문제들—예컨대 법 물신화, 법도구주의의 심화—을 진지하게 성찰해보아야 한다. 한국사회에서 법과 법치는 어떤 방식으로 존재하고 있으며, 그것은 개인과 공동체의 삶에 무엇을 의미하고 있는가?[11]

---

008 정치학계에서 이에 관한 논의는 박찬표, 「법치 민주주의 대 정치적 민주주의」, 최장집·박찬표·박상훈 공저, 『어떤 민주주의인가』, 후마니타스, 2007, 197~229쪽 참조. 아울러 아담 쉐보르스키·호세 마리아 마라발 외 지음, 안규남·송호창 외 옮김, 『민주주의와 법의 지배』, 후마니타스, 2008.

009 법화의 문제에 대한 개괄적 검토는 서원우, 「한국 법에 있어서의 법화문제」, 『서울대학교 법학』 37권 1호, 1996.

010 김종철, 「'정치의 사법화'의 의의와 한계」, 한국공법학회, 『공법연구』 33집 3호, 1995, 47쪽.

현상적으로 관찰할 때, 과도한 정치의 사법화는 일차적으로 제도권 정치에 민주화 이후의 사회변화와 새로운 욕구들을 정치과정으로 흡수할 수 있는 정치적 기반과 능력이 부족하다는 데서 비롯된다고 할 수 있다. 그런데 여기 그치지 않고, 제도권 정치의 이념적 보수성과 정치적 대결구도하에서 체제의 핵심가치에 대한 해석과 정치엘리트집단의 지지기반에 관련된 사안들이 문제화될 경우, 정치엘리트들이 정치협상을 거부하거나 방기하고, 사법엘리트를 대리청정의 자리로 불러내는 광경이 종종 연출된다. 그 모습은 어떤 점에서는 구시대의 보수적 정치·관료·사법엘리트집단의 제휴관계가 유지되는 가운데 민주정치가 왜소해지고 사법엘리트에 의한 원로원정치가 벌어지는 것처럼 보이기도 한다. 아무튼 이런 극단적인 상황까지 가지 않더라도, 사람들이 우려하는 부정적인 증세들을 치유·예방하기 위해 정치의 민주화, 정치다움의 복원이 필요함은 두말할 나위가 없다. 그러나 법의 지배가 올바로 자리 잡고 그것이 민주주의와 선순환구조를 갖기 위해서는 사법 역시 바뀌어야 할 것이다. 사실 많은 이들이 정치의 사법화현상을 태연하게 받아들일 수 없는 까닭은, 사법부가 여전히 국민들의 친절한 벗이 아닌 것 같다는 인식이 강하게 남아 있기 때문이다.

권위주의 시기에 비해 민주화 이후 사법부 독립에 관한 한 분명한 진전이 있었다. 그러나 21세기 한국사회가 요구하는 것은 단순한 사법권 독립의 수준을 넘어선다. 1990년대 이래 사법개혁 논의를 거치면서, 사법개혁의 대상과 범위는 협소한 재판제도개혁을 넘어 검찰개혁, 법조양성제도개혁, 시민의 사법참여로까지 확대되어왔다. 그 씨앗을 잘 가꾸는 것이 앞으로 중차대한 과제이다. 그렇지 못할 때, 지난 개혁의 결과는 법조양성제도

---

011 이에 관해서는 이국운, 「법과 '이웃'—법치의 본원적 관계형식에 관한 탐색」, 법과사회이론연구회, 『법과 사회』 36호, 박영사, 2009.

를 '국가직영'에서 국가통제하의 '민간위탁'으로 바꾸고, 극히 낙후된 사법 제도를 일부 개선해 법원과 검찰의 사건처리능력을 향상시키며, 사법이 처한 정당성 위기를 사법과정에 국민을 들러리로 세움으로써 해소하는 것 정도로 전락해버릴지도 모른다. 그렇게 된다면 지난 백 년간 강고하게 유지되어온 관료적 사법구조에 부분적 수정은 가해질 수 있겠지만, 결코 기본적인 틀은 변화되지 않을 것이다. 만일 앞으로의 민주주의와 사법발전을 위해 올바른 길을 선택하고자 한다면, 관료제의 질서와 특권구조 속에 있는 법조를 시민과 진정한 대화를 나눌 수 있는 자리로 불러내야 할 것이다. '사법민주화'가 여전히 중요한 이유가 여기에 있다.

지금까지 사법민주화론은 법원·검찰'권력'의 민주화, 권력담당자의 인적 구성 및 '조직'의 민주화라는 측면에 초점을 맞춰왔고, 지난 사법개혁을 통해 일정한 성과도 거두었다. 그 정신은 여전히 유효하다. 이제 다시 '사법민주화'를 추구한다면 사법담당자 전체, 사법의 기능에 민주주의정신을 불어넣는 것이 될 것이다.

사법민주화는 일차적으로 권력구성의 민주화를 내포한다. 그러나 사법부의 경우 입법부나 행정부와 동일한 방식이 관철될 수 없다는 데 어려움이 있다. 우리 헌정사와 사법개혁 논의에서는 늘 대법원의 구성방식이 문제되어왔다. 만약 지금의 방식, 즉 대법원장과 대법관 임명에는 행정부와 국회가 관여해 간접적으로 민주적 정당성을 구현하지만, 나머지 법관은 대법원에 일임하는 방식을 버리고 뭔가 더 민주적인 방식을 채용한다면 어떤 것이 가능할까? 대법원장과 대법관을 국민이 선출하는 방법? 이것이 과하다면 1947년 10월의 과도법원조직법안과 1961년 대법관·대법원장선거법의 발상, 즉 대법원장과 대법관은 법조인의 총의에 근거해 선출하는 방식을 택하면 어떨까? 아마 그것이 실현되었다면 한국 사법부의 모습은 상당히 변화되었을 수도 있다. 그러나 오늘날의 민주주의적 관점에서도 이 방식을 채택할 수 있을지는 의문이다. 첫 번째 문제는, 1961년 헌법의 방식이 민주적이긴 하지만, 법조만 참가하는 과두제 민주주의와 법조에 대한 사법권력 독점을 의미하고, 국민의 참여를 요체로 삼는 진정한 '민주'주의가 없다는 것이다.

대법원장과 대법관을 공선하거나 법조인이 선출하는 방식은 또 다른 문제점을 내포하고 있다. 이는 사법부를 마치 대법원장과 대법관이 통솔하는 피라미드식 기구처럼 상상하기 때문이다. 법원의 진정한 모습은 '피라미드'가 아니라 독립적인 법관들이 점점이 모여 빛나는 '성단'과 같은 것이다. 대법원에 진정 요구할 것은 상급기관으로서 하급기관을 잘 통솔하는 것이 아니라, 그들의 이름이 왜 Justice(대법관)인지를 증명해주는 판결, 우리로 하여금 권위를 인정하게 만드는 지혜와 학식이다. 따라서 현재 대법원이 갖고 있는 과도한 행정적 권한을 다른 곳으로 이양하는 것, 하급법원의 법관들을 계급적 서열구조에서 해방시키는 것이 전제되지 않는 한, 대법원 구성에 한정된 '유사 민주적' 임명방식은 기존 사법관료제의 틀을 존속시키고 그 수뇌부만 바꾸는 것에 불과할 수도 있다. 오히려 하급법원에 대한 대법원의 통제력을 더 강화시킬 우려도 있다. 민주주의는 민주적 정당성이 더 큰 자에게 더 크고 강한 권력을 주며, 피선자에게 유권자의 의사를 실현할 책임을 지우기 때문이다.

근본적으로 고위법관에 한정하든 전체 법관으로 확대하든, 선거제방식은 법원이 다수파의 의사에 따르게 만들어 비非다수파기관(non-majoritarian institution)으로서 소수자 보호역할을 맡도록 하는 데 장애가 될 수 있다.[12] 법관을 법률의 문언과 정부의 의사 아래 붙잡아두려는 '강한 관료제'나 공선

---

012 임지봉, 『사법적극주의와 사법권 독립』, 238~241쪽.

제를 통해 법원을 민주적 대표기관으로 만들고자 하는 '강한 민주제'는, 법원을 다수파의 의사에 구속시키려 한다는 점에서 동질적이다. 전자보다는 후자가 훨씬 민주주의의 이상에 적합한 방식이기는 하지만, 법관인사 면에서 과도하게 민주적 정당성을 구현하는 것에 대해서는 신중을 기해야 한다. 이 말이 현재의 제도를 그대로 유지하는 게 옳다는 취지는 아니다. 필자는 지금보다는 법원구성 면에서 간접적으로 민주적 정당성을 보완하는 방향으로 제도를 개선하는 것은 충분히 가능하며 또 필요하다고 생각한다. 덧붙여 강조하고 싶은 것은, 법원 상층부의 '민주적' 구성에만 매달리는 것이 아니라 하급법원의 '민주적' 구성에도 관심을 가져야 한다는 것이다.

법원민주화의 과제를 생각할 때, 또 하나 잊지 말아야 할 것이 있다. 법관은 재판을 통해 다수의 정치적 의사가 아니라 헌법과 법률로 표현된 사회적 합의를 대표해야 한다는 것이다.[13] 법관선발에서 민주적 정당성이 강화된다 해도, 그것이 자동으로 법관의 기능적 정당성 혹은 대표성을 강화해주지는 않는다. 물론 우리 법원이 이 임무를 잘 수행해왔다고는 할 수 없지만, 종전과 같은 재판방식으로는 법원의 기능적 정당성과 그로 인해 갖게 되는 판결의 권위를 사회가 수긍할 수 있는 여지가 점점 줄어들고 있다. 현재와 미래의 법원에 제기될 법적 문제들은 협소한 법기술자적 전문성을 고수하거나 법률실증주의의 뒤에 숨는 식으로 해결할 수 있는 수준을 넘어

---

013 이 대표기능은 사법부의 '기능성 정당성'과 관련된다. 법관의 민주적 정당성은 임명절차나 법원구성상의 민주적 정당성(제도적 정당성)뿐만 아니라, 헌법과 법의 해석·적용을 통해 행하는 사법기능으로부터 주어지는 정당성(기능적 정당성)에도 근거하고 있다. 후자의 의미에서 법관은 "법 자체에서 나온 민주적 정당성을 재판을 통해 전달하는 사제(司祭)"라고 한다(위의 책, 237쪽). 아울러 이하에서 논의하는 사법의 대표성 및 시민의 사법참여의 의의에 관해서는 Garapon, Antoine, *Le Gardien des Promesses: le juge et la démocratie*, Paris: Éditions Odile Jacob, 1996, pp. 262~267.

섰다.

법원은 입법자마저 구체화를 포기해버린 추상적 개념과 언명들에 의존해 권리폭발과 소송의 홍수를 헤쳐나가야 하며, 국제화·세계화, 인권·다문화주의·환경·지속가능한 개발 등의 가치가 야기하는 현대적 문제들에 대처해야 한다. 때문에 우리는 "풍부한 교양, 인간 및 사회에 대한 깊은 이해와 자유·평등·정의를 지향하는 가치관을 바탕으로 건전한 직업윤리관과 복잡다기한 법적 분쟁을 전문적·효율적으로 해결할 수 있는 지식 및 능력을 갖춘 법조인"을 양성하기 위해(법학전문대학원 설치·운영에 관한 법률 제2조), 법학전문대학원제도를 도입했고, 법관충원방식을 바꾸려 하고 있다. 또한 법관이 그의 기능을 통해 사회적 합의를 대표한다면, 실제로 진정한 대표성이 재판에 구현될 수 있도록 국민참여 형사재판제도를 도입했다. 이 두 제도는 사법담당자와 사법의 질을 변화시키고 사법기능의 민주적 정당성을 강화하기 위한 것이었다. 그 열매를 거두기 위해 잘 살피고 북돋는 것이 사법민주화의 지속적인 과제이며, 그 누구도 아닌 국민의 책무라고 할 것이다.

검찰로 눈을 돌려보자. 검사의 완전한 사법관화 또는 선출직화 등의 방안을 검토할 여지가 없지 않지만, 여러 문제가 있기 때문에 일단 현재의 관료제 유지를 전제로 논의를 진행하자. 한국 검찰사에서 검찰의 정치적 중립성은 늘 "풀리지 않는 숙제"였다.[14] 만약 단칼에 매듭을 끊고자 한다면, 법무부장관의 지휘감독권을 전면적으로 폐지하는 것은 어떨까? 하지만 검찰은 법원과 달리 민주적 정당성을 구현하는 책임정치의 틀 내에 있어야 하는 것은 아닐까? 섣불리 정부와 검찰의 관계를 완전히 단절시킨다면, "국가 속에서 제어되지 않는 권력부문"을 인정함으로써 "사법이 국가 속에서 또 하나의 국가로 자가발전하는 위험"을 맞게 될 수 있기 때문이다.[15]

---

014 한인섭, 『권위주의 형사법을 넘어서』, 동성사, 2000, 64쪽.

민주정치를 유지하는 한 정부에 대한 검찰의 종속성은 기회비용으로 생각하는 게 옳을 수 있다. 다만 그 종속성의 정도는 다른 적절한 조치들을 통해 충분히 완화시킬 수 있다. 가령 법무부장관이나 각급검찰청장의 지휘감독권 발동요건, 내용, 행사방식을 구체화·객관화시키는 것, 검찰인사·징계절차를 개선하는 것 등이다.[16] 그러나 검찰의 정치적 중립성은 단지 정치권력과의 관계에서만 문제되는 것이 아니다. 더 중요하게는, 형사절차 속에서 검사의 준사법관적 임무가 구현될 수 있도록 해야 한다. 그것은 검사 홀로 담당해야 할 것이 아니다. 형사절차에 관여하는 판사, 검사, 피의자·피고인, 변호인, 피해자, 일반시민(배심원)에게 형사절차의 규범적 목표와 정당성을 실현하기에 적합한 지위와 역할이 분배되는 것을 전제로 한다.[17]

정부에 대한 검찰의 종속성이 불가피한 비용이라고 했지만, 검사의 이중적 지위, 넓은 활동반경과 권한들, 위계적 조직화도 나름의 정당성과 합리

---

015 Mathias, Éric, *Les Procureurs du Droit: De L'impartialité du ministère public en France et en Allemagne*, p. 220.

016 각국 검찰조직을 비교해보면, 검찰이 정부에 대해 종속적인가 독립적인가, 검찰조직이 중앙집권적인가 탈집중적인가, 검사가 엄격한 상명하복관계에 놓이는가 아니면 자율성을 갖는가 하는 문제는, 해당 국가의 정치·사법구조, 검찰조직 면에서 민주적 정당성의 반영 정도, 형사절차상 검사의 지위와 권한의 설정방식 등 여러 요인들에 의해 다양한 모습을 띠고 있다. 특히 프랑스, 독일, 벨기에, 영국, 이탈리아의 검찰제도를 비교검토한 문헌으로 Perrodet, A., "Le Status du ministère public", Delmas-Marty(dir.), *Procédures pénales d'Europe*, Paris: PUF, 1995, pp. 369~371.

017 형사절차에 직접 관여하지 않지만 사실상 엄청난 영향력을 행사하며 절차에 관여하는 존재가 있다. 바로 언론이다. 한국 언론의 사건보도행태는 형사재판을 사회적 규문절차로 만들어버리고 있다. 무죄추정이 아니라 유죄추정의 원칙이 지배하고, 검·경의 수사과정이 마치 형사절차의 전부인 것처럼 묘사되고, 일방적인 수사결과발표와 범죄보도기사가 공판정에서의 논박과 심의를 대체해버린다. 이런 보도행태와 검찰과 언론의 유착관계가 지속되는 한, 우리 형사재판에 덧씌워진 규문적 검찰사법의 이미지는 결코 해소되지 않을 것이며, 궁극적으로 사법과 민주주의를 타락시킬 것이다. 따라서 검찰을 올바로 세우기 위해서라도 이 문제에 관한 진지한 사회적 논의와 발본적 개혁이 시급하다.

성을 가지고 있다. 한국 검찰에서 그것들이 부정적 측면으로 전개되어왔다는 것이 문제였을 뿐이다. 여기에 정치적 보수주의, 권위주의, 엘리트주의, 집단적 폐쇄성 등 검찰구성원의 비민주적 의식과 조직문화가 곁들여짐으로써, 검찰은 더욱 국민과 유리된 권력집단으로 인식되었다. 따라서 검찰개혁의 기본관점으로서 '검찰민주화'는 여전히 중요하다. 다만 지금까지 검찰민주화가 검찰'권력'의 민주화를 의미했다면, 이제는 검찰의 일상적 '활동'에서의 민주화에 관심을 가져야 한다. 이를 통해 우리가 어떤 지사志士적 검사상, 혹은 홀로 권력이나 거대한 악과 맞서 싸우는 '고독한' 전사를 얻고자 하는 것이 아니다. 새로운 검찰상은 검사가 참다운 '사회의 대표자'가 되는 것, 시민과 더불어 시민의 지지를 받으며 검사에게 맡겨진 중개자적이고 복합적인 역할을 수행하는 것을 의미한다. 필자는 이것이 지난 백 년간의 한국 검찰의 역사에서 결코 만개하지 못한 근대 검찰 이념의 다른 한 측면을 회복하는 것이라고 본다.

이를 위해서는 지금보다 훨씬 과감하게 일상적 검찰사무분야에서 국민 및 지역사회와 접촉면을 넓힐 필요가 있다. 형사조정제도, 검찰항고심사위원회, 검찰옴부즈맨, 시민검찰모니터 같은 제도를 실질적인 시민참여형·지역사회 밀착형 제도로 정착·발전시키는 데 관심을 가져야 한다. 또 장기적 과제로서 검사의 소추권행사가 지역사회의 참여와 견제 속에서 이루어지게 하는 방안을 검토해야 한다.[18]

---

018 2007년 형소법 개정 결과, 피해자가 고소한 사건을 검사가 불기소처분한 경우 사건 종류에 제한 없이 고소인이 법원에 재정신청을 하는 것이 가능해졌다. 재정신청제도가 불기소처분에 대한 사법심사형 견제장치라면, 일본의 검찰심사회제도와 미국의 대배심제도는 시민참여형·배심형 견제장치이다. 재정신청제도에서는 합법성 심사에 익숙한 법원에게 심사를 맡기지만, 시민참여형 제도에서는 시민이 건전한 상식을 바탕으로 의사결정을 하게 된다. 시민참여형 제도는 공소권의 이념(사회를 대표하여 공소를 제기한다)을 더 선명히 하

그러나 이것이 가능하려면, 그리고 검찰권력 민주화의 문제를 해결하려면, 무엇보다 검찰조직과 운영방식을 탈중앙집중화, 탈군사주의화하는 데 관심을 가져야 한다. 정부와 검찰의 관계에만 시선을 빼앗기지 말고, 검찰의 초중앙집중적 조직구조에도 눈을 돌려야 한다. 우리나라의 대검찰청 같은 조직은 이웃 일본을 제외하고는 결코 국제적 보편성을 가지지 않는다. 검찰총장과 대검찰청은 '전국 검찰은 하나이며 단일하다'는 정신을 강화한다. 개념적으로 남용된 우리의 검사동일체원칙은, 마치 그 속에 검찰 고유의 신성한 조직원리와 문화와 집합적 이익이 있으며, 그것을 수호하기 위해 모든 검사가 노력해야 한다는 인식을 부추긴다. 비슷한 모습을 다른 관료제조직에서도 볼 수 있지만, 검찰은 사법운영의 중추라는 점에서 그 폐해가 심각하다. 따라서 정부와 검찰의 관계단절과 검찰권 무력화를 동반하지 않으면서 탈집중화된 구조 속에서 검찰 본연의 기능을 발휘할 수 있는 방법을 찾아야 한다.

국가검찰제도를 유지하는 것을 전제로 조금 과격해 보일 수도 있는 대안을 제시하면 다음과 같다. 첫째, 대검찰청 및 검찰총장제도를 폐지하여 전국 검찰조직을 고등검찰청 단위로 재편한다. 현재 대검찰청이 담당하고 있는 기능은 법무부와 고검 이하의 검찰청 기타 적절한 기관으로 이관한다.[19]

고, 문제되는 사안에 대해 시민의 건전한 상식에 입각해 유연하게 대응할 수 있으며, 그 의사결정의 민주적 정당성이 강하다는 장점이 있다. 다만 대배심제도는 불기소에 대한 견제장치로서는 의미와 효과가 크지 않기 때문에, 시민참여형 제도를 추구한다면 일본의 검찰심사회제도가 더 바람직하다고 본다. 다만 재정신청제도를 전면 개선한 마당에 검찰심사회를 참고한 새로운 제도를 도입하기는 쉽지 않을 것이다. 그러나 우리의 재정신청제도를 시민참여형 제도로 발전시킬 수 있는 여지는 충분하다. 예를 들어, 재정신청사건을 담당하는 재판체에 참심제적 요소를 가미하여 법관이 아닌 자 또는 일반국민의 참여를 허용하는 것이다. 당장 재정신청제도에 손대기 어렵다면, 검찰 외부인사가 참여하는 검찰항고심사회를 보강하여 검찰항고제도 내에서 참심형 제도를 채용하는 것도 가능하다.

검찰총장을 없애는 대신 고검장의 지위와 대우를 격상시키고 고검장의 임명을 위해 국회인사청문회 기타 적절한 인사제도를 마련한다. 둘째, 법무부장관→고검장→지검장으로 이어지는 지휘감독체계를 유지하되, 지휘감독권의 내용과 행사방법 등을 객관화·구체화시키고 고검·지검 단위의 분권적 운영을 도모한다. 셋째, 지역 검찰이 취급하기 곤란하거나 전국적 대응이 필요한 특별한 사건들-예를 들어, 공직비리·경제·조직폭력·환경 등과 관련된 한정된 사건들-을 관할하는 특별검찰청을 설치한다. 특별검찰청의 정치적 중립성을 담보하기 위해 청장과 소속검사의 임명절차, 임기, 신분보장, 법무부장관의 지휘감독권 등에 관해 특별한 법적 장치를 마련한다. 또한 특별검찰청의 직무에 관해 법령에 대상범죄의 종류 및 직무발동요건을 구체화하고 일반검찰청과의 관할권 다툼을 처리하는 방법을 명시하는 한편, 일정 범위에서 기소법정주의를 채용하거나 관련 사건에 대해서는 고소인뿐만 아니라 고발인 역시 재정신청을 할 수 있게 한다. 넷째, 검찰권 행사에 관해 법무부와 검찰의 의견이 충돌하거나 검찰이 담당하는 게 공정성·중립성에 관한 오해를 야기할 우려가 있는 사안에 대해서는 일정한 요

---

019 검찰총장과 대검찰청이 없다고 해서 검찰기능에 중대한 결손이 발생하는 것은 아니다. 한국의 경험이 말해주듯이 검찰총장이 반드시 정치적 외압의 방파제가 되는 것도 아니며, 법무부장관 대신 검찰총장에게 인사 및 감독권한을 준다고 해서 문제가 해결되지도 않는다. 오히려 검찰총장의 존재로 말미암아 일극을 향한 충성경쟁과 눈치보기가 양산되는 부작용도 있으며, 검찰 내부의 특수한 서열·기수문화 탓에 신임 총장이 취임하면 같은 기수 이상의 검사장들이 동반퇴진하는 기이한 풍경도 연출되고 있다. 대검을 폐지할 경우, 대검의 상고심 공판사무는 고검으로 이관하고, 각종 행정·기획·연구기능은 법무부나 그 산하의 기관 또는 신설기관, 그리고 고검으로 분산이전하면 된다. 헌법 제89조에서 검찰총장임명을 국무회의 심의사항으로 정하고 있는 것을 근거로, 검찰총장 폐지는 위헌적이라는 반론이 있을 수 있다. 하지만 이 규정의 취지는 어디까지나 국무회의 심의를 거쳐야 할 고위공직자의 하나로 검찰총장을 예시한 것이지, 우리 헌법이 검찰총장제도를 필수적으로 요청하고 있다고 해석할 근거는 없다.

건하에 법무부장관 또는 국회가 발의하여 특별검사를 임명할 수 있게 한다. 다섯째, 법무부 산하에 검찰인사 기타 검찰운영에 관한 사항을 심의하고 사안의 종류와 성격에 따라 권고적 또는 구속적 효력을 갖는 의결을 할 수 있는 심의기구를 설치하고, 평검사 대표 및 외부인사의 참여폭을 넓힌다.

요컨대 검찰사무를 행하는 국가기관을 지역단위로 활동하는 일반검찰청(고검·지검), 일부 사건에 관해 전국적 관할권을 가지는 특별검찰청, 특정 사안에 한해 임시적으로 활동하는 특별검사로 나누고 각 검찰기관이 객관적이고 합리적인 규제 아래 각자의 역할을 수행하게 하는 것이다. 그렇게 되면 검찰 내부의 최상위 포스트가 수명의 고검장과 특별검찰청장으로 다극화되어 현재와 같은 초집중적 일극체제에서 야기되는 폐해를 지금보다는 더 잘 억제할 수 있다.

검찰뿐만 아니라 법원 역시 탈집중화가 필요하다. 이를 위해서는 지금과 같이 대법원장, 대법관회의, 법원행정처로 인사권 및 행정적 기능이 집중되는 법원행정체계를 해소하고 훨씬 분권적인 체계를 마련할 필요가 있다. 첫째, 법관인사제도의 개선이 필요하다. 그 핵심은 사법관료제의 발상에 입각한 획일적 인사고과와 승진제도를 통해 법관을 옭아매고 중심부로 쏠리게 만드는 시스템을 타파하는 데 있다. 따라서 대법원장의 자문기구인 법관인사위원회에 외부인사의 참여폭을 넓히고 권한을 강화하는 데 그치지 않고, 법관의 종류와 직위에 따라 법관인사위원회가 다양하게 조직되고 또 지역사회와 연계될 수 있어야 한다. 예를 들어 대법원장·대법관을 제외한 일반법관의 선발과 인사에 대해서는 일정부분 고등법원 단위로 지역주민과 법조사회의 의사가 반영될 수 있도록 하고, 법관이 해당 지역에서 장기간 근무할 수 있는 제도와 여건을 마련해야 한다. 둘째, 법원행정에 관한 의사결정에 법원 내부의 민주적 의견수렴과 상향식 의사결정이 가능한 시스템을 도입할 필요가 있다. 예를 들어 고등법원 이하 각급법원에 설치되는 판사회의의 심의·의결기능을 강화하여 하급법원의 자치를 활성화시킨다. 또한 각 법원의 대표자들ー법원장급 판사들과 각 법원 판사들이 선출한 판사대표들ー로 회의체를 구성하고, 고등법원 단위로 지역법관회의를, 전국 단위로 전국법관회의를 정기적으로 개최하여 법원행정에 관한 주요사항을 심의·의결·권고하게 한다. 셋째, 하급법원의 수와 기능을 확충하고 지역주민이 사법서비스에 접근하는 것을 훨씬 편리하게 해야 한다. 이와 관련하여 지난 사법개혁과정에서 무산되었던 고등법원 상고부 설치방안을 전향적으로 검토할 필요가 있다. 판사회의, 법관회의, 고등법원 상고부 같은 방안은 1948년 과도법원조직법 및 그 초안들에 이미 담겨 있던 것들이다. 당시보다 비교할 수 없을 정도로 풍족한 자원과 조건을 갖추고 있는 오늘날에 이를 도입하지 못할 이유가 없다.

중앙집권화·관료화·익명화된 사법조직이 사법담당자의 정체성 및 사법운영과 정치·사법문화에 야기하는 부작용에 대한 인식은 점점 더 높아지고 있다. 사법과 민주주의의 미래를 위해 법원·검찰의 분권적 운영방식을 비롯하여 궁극적인 사법분권을 본격적으로 고민할 때가 되었다. 그것은 단지 하급기관에 대한 상급기관의 관료제적 통제를 약화시키는 차원이 아니라, "사법을 국민과 훨씬 가깝게 만들고" "정부를 더 탈집중화시켜 민주주의와 지방자치에 요구되는 지방분권이 가능"하게 하는 사법조직을 모색한다는 차원에서 접근해야 한다. 그 방향은 법원과 검찰 내부를 탈집중화·다극화·분권화시키고 판사와 검사가 관료조직의 일원으로서가 아니라 지역사회의 요구와 관심을 이해하며 자신의 직무를 수행하게 하고 사법을 지방자치의 일부가 되도록 하는 것이다.[20] 물론 사법분권이 당장 이루어지기는 힘들고,

---

020 이 문제에 관해서는, 이국운, 「분권사법과 자치사법ー실천적 모색」, 『법학연구』 49권 1

어쩌면 한국 역사상 일찍이 없었던 정치적·사회적 구조전환과 지방자치의 획기적 발전을 요구할지도 모른다. 그러나 그 전환을 수동적으로 기다리는 것이 아니라 사법에 분권과 자치의 요소를 도입하는 것으로부터 미래를 준비할 필요가 있다.

'그들'의 사법에서 '우리'의 사법으로

한국의 근대 사법과 법조에는 출발점부터 권력과 특권집단의 이미지가 너무나 강하게 부착되어 있었다. 법조는 성직자와 같은 법복을 입고, 일반인의 일상과 격리된 직업적 삶을 살고, 일반인과 소통할 수 없는 언어로 말하는 존재로 인식되었다. 한국의 법조는 그렇게 만들어진 신비감 내지 경외감, 국가권력과 법률이 부여한 권력, 법조삼륜 간의 이익동맹 등을 통해 권위와 특권을 보존해왔다. 특권계급화된 법조가 독점하는 사법 아래서 국민은 여전히 조선시대 백성과 마찬가지로 그저 처분을 기다리는 자에 불과했다. 그러나 민주화의 진전은 더 이상 국민들로 하여금 법조의 권력과 특권을 수동적으로 감내하게 하지도, 법조만의 사법을 용인하게 만들지도 않는다. 또한 민주주의사회에서 사법의 임무는, 민속호송民俗好訟의 풍조나 소송 증가를 정상적 사회상태로 인정하고 이를 국민의 권리의식 발전으로 칭찬하며 적절한 서비스를 제공하는 것으로 끝나지도 않는다.

1990년대 후반부터 등장한 '사법도 서비스'라는 슬로건은, 분명히 그동안 잊고 있었던 것을 일깨우고, 사법을 공급자중심이 아니라 소비자=국민의 관점에서 바라보게 만들었다. 하지만 사법에 대한 국민의 지위는 소비자에 머물러서는 안 되며, '주권'을 보유하고 주권행사에 참여해야 할 '시민'이라는 측면이 재인식되어야 한다.[21]

호, 부산대학교 법학연구소, 2008.

여기서 '시민'은 단순한 권익의 주체인 개인이 아니라, 시민적 덕성을 갖추고 공공사안에 책임 있는 자세로 참여하는 자를 말한다. 시민의 사법참여가 중요한 이유는 재판에 배심원으로 참여하는 시민을 통해 그런 시민상이 구현되기 때문이다. 토크빌이 말했듯이 배심제도는 "민주정치의 가장 활력 있는 방법"이자, "누구에게나 개방되어 있는 무료의 공립학교"로서 "국민에게 어떻게 훌륭한 민주정치를 실시할 것인지 가르치는 가장 유효한 방법이다."[22] 뿐만 아니라 이는 국가의 사법작용이 시민들이 보유하고 있는 주권의 일부라는 것, 법관이 기능적으로 대표하는 것에 관하여 책임 있는 시민들도 그것을 대표할 자격과 자질이 있음을 명료한 형식으로 표현한다.

사법에서 대표성을 구현하는 것은, 고질적인 사법불신을 해소하고 사법이 정당성과 권위를 회복하는 길이기도 하다. 권위는 단순한 권력이 아니라 "존중할 만한 속성"이 있기 때문에 따르지 않을 수 없는 것이다. 법과 판결의 진정한 권위는 국가가 독점한 폭력을 배경으로 실효성을 가지는 규칙에서 생기는 것이 아니다. 법과 판결은 그 "적용을 받는 사람들이 실천적 추론의 과정에서 그것을 존중"할 만한다고, 또 존중해야 한다고 납득할 때 진정한 권위를 획득한다.[23] 법관이 시민대표와 함께 숙고하는 과정은 판결의 대표성과 정당성을 강화시킨다. 아울러 법관에게 그의 권위가 법관이라는 관직이 아니라 사회의 양식과 지혜를 대표하여 법과 정의를 보살피는 활동에 의존하고 있음을 환기시킨다. 이를 통해 법관은 시민사회 속에서

---

021 같은 취지는 이국운, 「사법서비스 공급자 위원회의 한계─노무현 정부의 사법개혁에 대한 분석과 평가」, 한국비교공법학회, 『공법학연구』 8권 2호, 2007.

022 A. 토크빌, 앞의 책, 365쪽, 367쪽.

023 박준석, 「해제: 권위의 개념」, Joon-Seok Park, The Concept of Authority, 경인문화사, 2007, 204, 291쪽.

법의 정신을 일깨우고 이를 확산시키며 시민의 자치를 매개하는 존재로 거듭날 것이다.

어쩌면 이런 이야기가 너무 이상적이고 낭만적으로 들릴 수도 있다. 필자 역시 지금까지 말한 것으로 충분하다든가 사법의 변화로 모든 일이 잘 풀릴 것이라고 생각하지는 않는다. 근본적인 것은, 여전히 우리의 민주주의를 어떻게 발전시키느냐 하는 것이다. 다만 공동체와 개인의 삶에 대한 사법의 영향력과 역할이 더 커져가는 현대 민주정치의 조건을 생각한다면, '선출되지 않은 권력'에 대한 불신과 질시, 위화감에만 휩싸여 있을 것이 아니라, 사법부와 더불어 사법을 통해 민주주의를 가꾸는 방법을 모색하는 것도 나쁘지 않을 것이라고 생각한다. 이미 우리의 민주주의는 '그들'의 사법에서 '우리'의 사법을 만들어냈다. 그것은 사법이 우리 모두의 것이며 우리 모두 그것을 담당할 자격과 능력이 있음을 선언한 것이다.

이것은 근대 민주주의와 사법의 역사에서 전혀 새로운 것이 아니다. 지난 백 년간 한국 사법은 긴 우회로를 걸어왔을 뿐이다. 새로운 시대적 요청에 법조와 시민이 진지하게 응답할 수 있을 때 사법도 민주주의도 더 건강해질 것이고, 공동체와 법의 얼굴을 새롭게 가꿔나가는 긴 여정에서 의미심장한 첫발을 내딛을 것이다. 그 길에서 한국 사법도 진정하게 식민지적 근대에서 벗어나게 될 것이다.

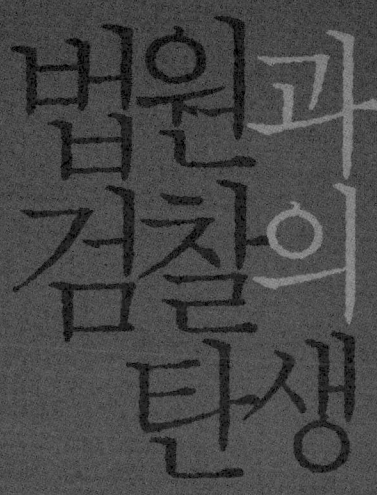

법원과 검찰의 탄생

| 부록 |

한국 근대 사법사 연표
참고문헌
찾아보기

한국 근대 사법사 연표[*]

연도	사법 관련 주요사항	기타 주요사항
1894		6.21 개화파세력, 일본군의 힘을 빌어 정권 장악. 개혁파 정부수립.
		6.25 군국기무처 설치.
	6.28 각아문관제에 의해 형조를 폐지하고 법무아문 설치. 연좌율 폐지.	
	7. 2 각 아문·군문·부(府) 등에서 함부로 체포·구금·재판·처벌 금지.	
	7. 9 모든 죄인은 사법관의 재판에 의하지 않고는 형벌을 과할 수 없게 함.	
	7.12 의금부를 의금사로 개칭하고 법무아문에 소속시킴.	
		10.23 일본공사 이노우에 가오루, 2차 내정개혁시안 제의.
		12.12 고종, 홍범14조와 독립서고문을 종묘에 고함.
1895	3.25 재판소구성법 공포(법률 제1호, 1895. 4. 1 시행). 법부관제·법관양성소규정 공포.	
	4.12 법관양성소 입학시험 실시.	
	4.15 한성재판소 설치(최초의 근대적 재판소).	
	4.29 민형소송규정·징역처단례 공포.	
	윤5.10 '개항장재판소 및 지방재판소 개설에 관한 건' 공포.	
	윤5.28 '한성·개항장·지방재판소의 민형사사건 심리 중 지령을 청하여 행하는 건' 공포.	
	6.15 법률기초위원회규정 공포.	
		8.20 명성황후, 일본 군인과 낭인들에게 시해됨(을미사변).

	11.10 법관양성소 제1회 졸업생 배출(함태영 외 47명).	
1986		1. 1 연호를 건양(建陽)으로 고치고 태양력 사용.
		2.11 고종, 경복궁에서 러시아공사관으로 피신(아관파천).
	4. 1 적도처단례 공포.	
	4. 4 형률명례 공포.	
		7. 9 정성우 상소사건 발발.
		8. 4 전국 23부를 13도로 지방제도 개편.
	8.15 '개항장재판소 및 지방재판소 개정(改正) 개설(開設)에 관한 건' 공포.	
		9.24 의정부관제(칙령 제1호) 공포. 내각 폐지, 의정부제도로 환원.
1897		2.20 고종, 경운궁으로 환궁.
		8.15 연호를 광무(光武)로 개정함.
	9.12 '한성재판소 관제규정', '경기재판소 설치에 관한 건' 공포.	
		10.11 국호를 대한제국으로 함.
		10.12 고종황제 즉위.
1898	2. 9 경기재판소 폐지, 경기관찰부에 합설하여 관찰사가 판사를 겸임하게 함. 한성재판소를 폐지하고 한성부재판소를 설치하여 한성판윤이 수반판사를 겸임하게 함.	
		9.11 김홍륙 독차사건 발발.
		10.29 독립협회, 관민공동회 개최. 헌의6조(獻議六條) 채택.
		11. 6 고종, 만민공동회 해산과 독립협회 주요 인사 체포명령.
	11.22 의뢰외국치손국체자처단례(依賴外國致損國體者處斷例) 공포.	
1899	5.30 재판소구성법 전면개정(고등재판소→평리원(平理院) 개칭. 지방재판소를 지방행정기관에 합설). 법부관제 개정.	
		8.17 대한국국제(大韓國國制) 공포.
1900	4.28 프랑스인 크레마지, 법부 고문에 임명.	
	9.18 육군법원관제 공포.	
	9.29 형률명례·의뢰외국치손국체자처단례 개정. 참형(斬刑) 부활.	
1904		2.10 일본, 러시아에 선전포고.
		2.23 한일의정서 조인.
		8.22 제1차 한일협약(한일 외국인고문 용빙에 관한 협정) 조인.
1905	4.29 형법대전 공포.	
	11. 8 변호사법 공포.	

		11.17 제2차 한일협약(을사조약) 강요.
		12.20 일본, 통감부 및 이사청관제 공포.
		12.21 일본, 초대 통감에 이토 히로부미 임명.

1906	2. 2 형법대전 개정.
	6.26 일본, '한국에서의 재판사무에 관한 법
	    률', '통감부 법무원관제' 공포.
	7.13 법령정비를 위해 우메 겐지로 초빙.
	7.24 부동산법조사회 설치.
	10.16 '토지 건물의 매매·교환·양여·전당에
	    관한 건' 공포.
	10.26 재판소구성법 개정. 법관전고규정 공
	    포. 토지가옥증명규칙 공포.	

1907	3. 5 평리원 검사 이준, 법부대신 이하영을
	    탄핵하다 면직됨.
	
	6.27 '민사형사의 소송에 관한 건'(법률 제1호)
	    공포. '신문형(訊問刑)에 관한 건'(법률
	    제2호) 공포, 민형사를 막론하고 소송관
	    계인에 대한 고신(拷訊)을 금지함.
	
	12.23 재판소구성법·재판소구성법시행법·
	    재판소설치법 공포(구재판소·지방재판소·
	    공소원·대심원의 4급3심제). 법부관제 공포.
	    법전조사국 설치.
		5.22 이완용 내각 성립(~5.25)
		6.14 내각관제 공포(황제권 축소, 의정부 폐지).
		
		7. 2 헤이그 밀사사건.
		7.21 고종, 황태자에게 양위함.
		7.24 제3차 일한협약(정미7조약) 강요.
		8. 2 개원 연호를 융희(隆熙)로 결정.
		10.29 한국과 일본의 경찰이 합병됨.

1908	3.26 대심원, 법부청사 내에서 개원.
	
	7.13 민형소송규칙 공포.
	7.16 토지가옥소유권증명규칙 공포.
	7.23 형법대전 개정.
	8. 1 새 재판소설치법에 따라 전국 16개 지
	    역에 구(區)재판소 설치.
	8.13 일본, 한국저작권령·한국특허령·한국
	    의장령·한국상표령 등 공포.
	9.19 일본인 구라토미 유자부로, 법부차관
	    에 임명됨.
		5.19 '한국에서의 발명·의장·상표 및 저작
		    권 상호보호에 관한 일미조약' 체결.

1909	7. 3 이토 히로부미, 한국의 사법·감옥사무
	    를 일본 정부에 위탁하는 건을 일본
	    내각에 건의함.
		6.14 이토 히로부미, 통감직 물러나 추밀원
		    장으로 취임.

		7. 6 일본 내각 '한국병합 실행에 관한 건' 의결.
	7.12 총리대신 이완용과 일본통감 소네 아라스케 사이에 '한국의 사법 및 감옥사무를 일본 정부에 위탁하는 건에 관한 각서' 조인. 10.18 일본, 칙령 '통감부재판소령', '한국에서의 범죄즉결령', '통감부사법청관제', '통감부재판소사법사무취급령', '한국인에 관계하는 사법에 관한 건' 등 공포. 10.28 민형소송규칙 개정(채무자유치제도 폐지). 11. 1 통감부재판소 개청, 통감부 사법업무 시작.	10.26 이토 히로부미, 하얼빈에서 사망.
1910	8.29 '조선에 시행할 법령에 관한 건'(칙령) 공포. 10. 1 '통감부재판소령 중 개정하는 건'(조선총독부재판소령)·'조선총독부 판사 및 검사의 임용에 관한 건' 공포. 12.15 범죄즉결례·민사쟁송조정에 관한 건·변호사규칙 공포.	6.24 한국경찰권위탁각서 조인. 8.29 일제, 한국병합 공표. 대한제국을 조선으로 개칭하고 조선총독부 설치.
1911	3.24 '조선에 시행할 법령에 관한 건'(법30) 공포. 5. 9 조선총독부판사징계령 공포.	
1912	3.18 조선민사령·조선형사령·조선태형령 등 공포. 조선총독부재판소령 개정, 심급구조가 4급3심제에서 3급3심제로 바뀜. 8.13 토지조사령 공포.	
1913	4. 5 '조선총독부 판사 및 검사의 임용에 관한 건' 개정, 조선총독부사법관시보제 창설.	
1917	12. 8 조선형사령 개정, 조선인의 살인·강도죄에 대한 형법대전 적용이 폐지됨.	
1918	4.17 공통법 제정(조선에도 시행).	11. 5 조선총독부 토지조사사업 완료 (1910~).
1919	4.15 '정치에 관한 범죄 처벌의 건' 공포.	3. 1 3·1독립선언.
1920	3.31 조선태형령 폐지 8.13 '조선총독부 판사 특별임용고시규칙' 공포.	
1921	11.14 조선민사령 개정, 조선의 관습에 맡겨	

	진 분야에서 '능력'에 관한 부분 제외.	
	12. 2 변호사규칙 개정. 조선인변호사시험 규칙 폐지, 조선변호사시험규칙 공포.	
1922		5. 5 일본, 메이지 형사소송법(1890 제정) 전 면개정→다이쇼 형사소송법 공포.
	12. 7 조선민사령·조선형사령 개정. 조선총 독부재판소령 개정.	
	12.18 조선호적령 공포.	
1923	4.18 일본, '배심법' 공포.	
	5. 5 감옥을 형무소로 개칭.	
1925	5. 8 '치안유지법' 공포.	
	5. 9 일본, '치안유지법을 조선·대만 및 화 태에 시행하는 건' 공포.	
1926		6.10 6·10만세운동, 학생 106명 체포됨.
	9. 6 '폭력행위 등 처벌에 관한 법률을 조선 등에 시행하는 건' 공포.	
1929	5. 7 일본 민사소송법 개정에 따라 조선민 사령·조선총독부재판소령 개정.	
		11. 3 광주학생운동 시작.
		12.23 일본 경찰, 신간회 본부 습격. 신간회· 근우회 간부 체포(민중대회사건).
1936	4.17 조선변호사령 공포.	
	5.29 일본 '사상범보호관찰법' 공포.	
	12.12 조선사상범보호관찰령 공포.	
1939	11.10 조선민사령 개정. '조선인의 씨명에 관 한 건' 공포.	
	12.26 조선호적령 개정. '조선인의 씨명 변경 에 관한 건' 공포.	
1940		2.11 창씨개명 실시.
1941	2.12 조선사상범예방구금령 공포.	
	3.10 일본 '치안유지법' 전면개정.	
	5.10 일본 국방보안법·군기보호법이 조선 에 시행됨.	
1942	3.23 조선소년령·조선사법보호사업령·조 선사법보호위원회령 공포.	
		10. 1 조선어학회 회원 검거 시작.
1943		11.20 카이로선언 발표.
1944	2.15 조선총독부재판소령전시특례·조선전 시민사특별령·조선전시형사특별령 공포. 조선인사조정령·조선소작조정 령 개정. 모두 3. 15 시행됨.	
1945		7.26 포츠담선언 발표.
		8.15 일제강점으로부터 해방.
		9. 7 미군, 남한에 군정실시 선언.

	9.21	아놀드 군정장관, 정치범처벌법 등 식민지 악법폐지(일반명령 제5호).
	10. 9	법령 제11호로 경찰의 사법권(즉결심판권)이 폐지됨.
	10.11	미군정, 김용무와 이인을 각각 대법원장과 대법관으로 임명.
	11. 2	미군정, 군정법령 제21호로 일제하의 법률 등을 존속시킴. 조선 내 한국인재판소를 군정재판소로 개편.
	11.19	대법원 재판관의 호칭이 대법관으로 바뀜. 특별재산심판소가 일반법원과 분리됨. 미군정, 기존의 모든 변호사회 폐지하고 새로 조선변호사회를 창립하도록 함.
1946	1.10	특별심판원(치안관)제도 창설.
	2.25	한국인재판소에 근무하는 판검사 40여 명, 김용무 대법원장 불신임안을 군정청 법무국에 제출.
	3.29	군정청 법무국이 사법부(司法部)로 승격됨.
	5.16	노진설·양대경, 대법관에 임명됨. 러치 군정장관이 김용무 대법원장의 사표를 반려.
	5.24	해방 이후 최초로 전국 법원장 및 검사장회의 열림(~5. 26). 이인 대법관이 대법원 검사총장에 임명됨.
	6.27	김병로, 최초로 군정청 한국인 사법부장에 임명됨.
	7.10	서울법조회, 군정청에 전시특례의 폐지 및 3심제 부활 건의.
	8.24	군정청, 조선과도입법의원 창설 공포.
	9.19	판검사특별임용고시 실시(세칭 제1차 특임시험).
	10. 5	특허법 공포.
	12.12	남조선과도입법의원 개회(~1948. 5. 29).
	12.16	재판소 명칭이 대법원·고등심리원·지방심리원(지원)으로 바뀌고 판사 호칭이 심판관으로 바뀜(1947. 1. 1 시행).
1947	1~2	대법원 및 각급 심리원, 3심제도 즉시부활·재판기관 완전독립·재판관 지위향상 건의.
	2.15	코넬리 소령, 미국인 사법부장직에서 물러나 사법부 고문이 됨.

(우측 칸)
- 5.15 군정청, 정판사 위조지폐사건 발표.
- 10. 1 대구에서 10월폭동 발발, 전국 파급.
- 2. 5 미군정, 안재홍을 민정장관에 임명.

	3.29 조선변호사시험령 공포.	4.16 일본, '재판소법', '검찰청법' 공포.
	5~9 법원·검찰·과도입법의원 대표 5명, 미국 사법제도 시찰.	
	6.20 대검·서울고검·서울지검, 신정부의 사법·검찰 등 기구에 관한 건 건의.	
	6.30 법전기초위원회 설치.	
	10.10 전국법관회의 결과, 법원조직법안 성립. 각 법원장에 대한 선거제 채택.	
		11.14 국제연합 총회 본회의, 한반도 전역 총선거 실시 의결.
	11.22 미군정, 대한민청사건을 군사재판소로 이관하도록 명령.	
	11.28 대법원·서울고등심리원·서울지방심리원 심판관들, 재판에 대한 외세간섭을 규탄하는 결의문 채택.	
1948	1.22 미육군 제24군단 군법회의, 대한민청사건 판결. 김두한 등 14명 사형선고.	
		2.27 국제연합 소총회, 한국임시위원단이 접근할 수 있는 지역에 한해 총선거 실시 의결.
	3.20 법령 제176호 형사소송법 개정. 법관영장제도 도입.	
	4. 1 각종 전시특별례 폐지·개정하고 3심제도 부활.	
	5. 4 법원조직법 공포(법령 제192호, 남조선과도정부 법원조직법, 6. 1 시행).	
		5.10 최초의 국회의원 총선거(5·10선거).
		5.31 제헌국회 개원.
	7. 1 변호사법 공포.	
	7. 5 국방경비법 공포. 군법회의 설치를 규정함.	
		7.17 헌법 공포·시행. 정부조직법 공포(법률 제1호).
		7.20 국회, 초대 대통령에 이승만, 부통령에 이시영 선출(7. 24 취임).
	8. 2 검찰청법(군정법령 제213호) 공포.	
	8. 5 김병로, 신임 대법원장으로 임명됨. 이인, 법무부장관으로 임명됨. 김용무, 현직에서 물러남.	
	8. 8 간이법원 판사 특별임용고시 시행. 합격자 전원을 지방법원 판사로 임용.	
		8.15 하지 중장, 미군정 폐지 발표. 대한민국 정부수립 선포.
		9.22 반민족행위처벌법 공포.
		10.19 여순반란사건 발생.

	11. 1	대법관 5인을 최초로 임명함.	
			12. 1 국가보안법 공포.
1949			4. 4 감찰위원회, 상공부장관 임영신 파면 결의(임영신 독직사건).
			5.20 남로당 국회프락치사건 발생.
			5.28 임영신 상공부장관 독직사건 기소됨.
	6.21	농지개혁법 공포.	
			6.26 김구, 경교장에서 암살당함.
	7.31	법원조직법 국회 통과.	
	8.12	정부, 법원조직법에 대한 거부권 행사.	
			8.31 반민특위 공식활동 종료.
	9.17	서울지방법원, 독직혐의로 기소된 임영신에게 무죄선고.	
	9.26	법원조직법(법률 제21호) 공포(3급3심제, 8.15일자 소급시행).	
	11. 7	변호사법 공포.	
	11.24	계엄법 공포.	
	12.19	국가보안법 개정. 국보법 사범을 단심제로 재판하고 보도구금처분하는 방침이 도입됨.	
	12.20	검찰청법(법률 제81호) 공포.	
	12.21	'헌병 및 국군정보기관의 수사한계에 관한 건'(법률 제80호) 공포.	
1950	2.21	헌법위원회법 제정·시행됨.	
			5.30 국회의원 총선거.
			6.25 한국전쟁 발발.
1952			7. 7 헌법개정(발췌개헌, 부산정치파동).
1953			7.27 휴전협정 조인.
			9.18 새 형법 공포(10. 3 시행).
1954	2.28	국회, 형사소송법 의결안 정부 송부.	
	3.15	정부, 형사소송법안 이의에 관한 건 제출.	
	3.19	국회, 형사소송법을 재의결하여 법률로 확정.	
			5.20 제3대 민의원선거 실시.
	9.23	형사소송법(법률 제341호) 시행일자를 넘겨 공포(5. 30 시행).	
	10.14	'검사 및 변호사의 공판정에서의 좌석에 관한 규칙' 공포.	
			11.29 국회, 개헌안 사사오입 통과 선언. 당일 공포.
1956	1.20	법관징계법 공포.	
			5.15 제3대 대통령·제4대 부통령선거, 이승만과 장면 당선.
	12.26	법원조직법 개정, 순회판사제도 신설,	

	주재판사와 치안관제도 폐지.	
1957	2.15 '즉결심판에 관한 절차법' 공포. 12.14 김병로 대법원장 정년퇴임. 12.23 개정 법원조직법(법률 제461호) 제정.	
1958	1.16 이승만 대통령, 김동현 전 대법관의 대법원장 임명을 거부함. 6. 9 조용순, 제2대 대법원장으로 임명. 7. 2 서울지방법원, 진보당사건 피고인 조봉암 징역 5년, 양이섭 징역 5년, 나머지 17명 무죄선고. 10.16 법관연임법 공포. 11. 6 최초의 법관 재임명. 12.26 국가보안법 공포. 종전 국가보안법 폐지.	2.22 민법 공포(1960. 1. 1 시행). 7. 5 반공청년을 빙자한 테러단, 법원 난입해 진보당사건 판결에 항의하며 시위 난동. 12.24 국회, 국가보안법 등 27개 의안 날치기 통과(보안법파동).
1959	1.13 개정 법원조직법(법률 제516호) 공포.	6.26 정부, 경향신문 발행허가 무기한정지 처분.
1960	 5.10 조용순 대법원장 사임, 김갑수 대법관이 대법원장 직무대행. 6.17 김갑수 대법원장 직무대행 사임. 배연현 대법관이 대법원장 직무대행(~1961. 6. 6). 11. 7 경향신문 폐간사건 담당대법관들, 서울고등법원의 재정신청사건(직무유기협의) 담당판사들에 대해 기피신청. 11. 8 서울고등법원, 경향신문 폐간사건 담당대법관들에 대한 재정신청 기각. 12.30 '특별재판소 및 특별검찰부 조직법' 공포.	1. 1 민법 시행. 4.19 4·19혁명. 6.10 국가보안법 개정. 6.15 헌법 개정.
1961	4.26 '대법원장 및 대법관선거법' 공포. 5. 1 대법원장 및 대법관선거 시행공고(예비선거일: 1961. 5. 17). 5.18 군사혁명위원회, 포고 '사법업무처리에 관한 건' 발표.	5.16 군사쿠데타 발생. 군사혁명위원회가 전국에 비상계엄 선포. 5.18 장면 내각 사퇴.

		5.19 군사혁명위원회, 국가재건최고회의로 개칭.
	5.30 국가재건최고회의, 홍필용 대령을 대법원 감독관으로 임명. 6. 6 국가재건비상조치법(최고회의령 제42호) 공포. 6.15 국가재건최고회의, '사법 및 법무정책' 발표. 6.21 '혁명재판소 및 혁명검찰부 조직법' 공포. 7. 3 반공법, '인신구속 등에 관한 임시특례법' 공포. 7.15 '구법령정비에 관한 특별조치법' 공포. 7.20 법원 직원 524명 해임(전체 법원 직원의 26.1%). 8.12 법원조직법 개정(4급3심제). 9. 1 형사소송법·민사소송법 개정. 12. 7 신직수, 검찰총장에 임명됨.	
1962		12. 6 계엄 해제. 12.26 헌법 개정.

* 이 연표는『법원사(자료집)』(법원행정처, 1995) 제2편 법원사연표를 기초로 필요한 사항을 가감하여 작성한 것임.

참고문헌

1. 자료 : 문서, 자료집, 신문, 인터넷 참고 정보원

『檢察例規에 關한 綴』, 전주지방검찰청, 대구지방검찰청 안동지청, 국가기록원 소장.

『高宗時代史 3~6』, 國史編纂委員會, 1968.

『國務會議附議案件(參考書類)』, 國務總理 秘書室, 국가기록원 소장.

『大淸光緖新法令』第19冊, 上海: 商務印書館, 1909.

『兪吉濬全書』I·II·V, 兪吉濬全書編纂委員會 編, 一朝閣, 1971.

『尹致昊日記』 3·4권, 國史編纂委員會, 1973.

『일제하 전시체제기 정책사료총서 13』, 민족문제연구소 엮음, 한국학술정보, 2000.

『制憲國會速記錄』, 大韓民國國會 編, 先人文化社, 1999.

『朝士視察團關係資料集』 3·4·12, 許東賢 編, 국학자료원, 2000.

『朝鮮民政資料叢書』, 麗江出版社, 1987.

『駐韓美軍史 3』, United States Armed Forces in Korea(USAFIK), 돌베개, 1988.

『駐韓日本公使館記錄』 5~8권, 國史編纂委員會, 1991~1992.

『中樞院來文』 第9冊, 서울대학교 규장각 소장, 규17788.

『統監府文書 1~11』, 國史編纂委員會, 1998~2000.

『統監府法令資料集 上·中·下』, 宋炳基 엮음, 大韓民國國會圖書館, 1972~1973.

『한국현대사자료총서』 12·13권, 김남식·이정식·한홍구 엮음, 돌베개, 1994.

『韓末近代法令資料集 I~IX』, 宋炳基 외 엮음, 大韓民國國會圖書館, 1970~1972.

『형사소송법제정자료집』, 한국형사정책연구원, 1990.

『刑事訴訟法制定·改正資料集』, 大檢察廳, 1990.

『訓示集』, 大檢察廳, 1977.

『美軍政法令總攬』(國文版·英文判), 韓國法制硏究會.

『檢察統計三十年』, 법무부 검찰국 엮음, 법무부, 1978.

『司法年鑑』, 법원행정처 재판자료과 엮음, 법원행정처, 1960~.

「각국의 법조양성 통계자료」, 대법원 사법정책연구실, 2003.

「刑法艸案」, 한국법사학회, 『법사학연구』 16호, 1995, 17호, 1996.

『漢城旬報』, 『獨立新聞』, 『皇城新聞』, 『萬歲報』, 『大韓每日申報』, 『京城日報』, 『朝鮮新聞』, 『法政新聞』, 『法律新聞』.

국사편찬위원회 한국사데이타베이스(http : //www.history.go.kr).

서울대학교 규장각 한국학연구원(http://e-kyujanggak.snu.ac.kr).

국가기록원 나라기록포털 관보컬렉션(http://theme.archives.go.kr/next/gazette/)

U.S. NARA, RG 554, Records of General HQ, Far East Command, Supreme Commander Allied Powers, And United Nations Command, United States Army Forces in Korea(USAFIK), XXIV Corps, G-2, Historical Section, Records Regarding the Okinawa Campaign, U.S. Military Government in Korea, U.S.-U.S.S.R. Relations in Korea, and Korean Political Affairs. 1945~48, Entry no. 1256(A1), Box no. 21, 31.

U.S. NARA, RG 554, USAFIK, Adjutant General Records(General Correspondence), Entry no. 1376(A1), Box no. 16.

U.S. NARA, RG 554, USAFIK, U.S. Army Office of Military Government(Korean Political and Legal Matters), Entry no. 1403(A1), Box no. 307, 308, 309.

『大淸光緖新法令』 商務印書館編譯所 編, 上海: 商務印書館, 1909(宣統 1)

「星亨傳記稿本」, 星亨關係文書 書類の部 76, 國立國會圖書館 憲政資料室 所藏.

倉富勇三郎關係文書, 國立國會圖書館 憲政資料室 所藏.

後藤新平關係文書, 國立國會圖書館 憲政資料室 所藏.

斎藤實關係文書, 國立國會圖書館 憲政資料室 所藏.

韓國立法事業擔任當時ニ於ケル起案書類, 梅謙次郎文書 第3部門 1, 日本 法政大學圖書館 所藏.

淸韓兩國に於ける發明意匠商標登錄及著作權相互保護に関する日米條約締結一件(全3卷), 外務省記錄 2門·6類·1項, 外務省外交史料館 所藏(アジア歷史資料センター, http://www.jacar.go.jp).

韓国ニ於ケル列国人ノ内地居住並不動産所有者ニ対スル課税及取締ニ関シ条約国ト協定ノ件, 外務省記錄 2門·6類·2項, 外務省 外交史料館 所藏(アジア歷史資料センター, http://www.jacar.

go.jp).

韓国併合ニ関スル書類 第一卷, 國立公文書館 所藏(アジア歷史資料センター, http://www.jacar.
go.jp).

公文類聚, 日本 國立公文書館 所藏.

樞密院決議, 日本 國立公文書館 所藏.

樞密院記事筆記, 日本 國立公文書館 所藏.

『高等法院檢事長訓示通牒類纂』, 齋藤榮治 編, 朝鮮高等法院檢事局, 1942(昭和17), 신주백 엮음,
『일제하지배정책자료』 8·9권, 고려서원, 1993.

『法令全書』, 内閣官報局 編, 東京: 内閣官報局, 1887~.

『秘書類纂 十八 臺灣資料』, 伊藤博文公 編, 1936, 復刻, 東京: 原書房, 1970.

『秘書類纂 二十二 朝鮮交涉資料 下』, 伊藤博文公 編, 1936, 復刻, 東京: 原書房, 1970.

『施政三十年史』, 朝鮮總督府 編, 京城: 朝鮮總督府, 1940(昭和15).

『外交史料 韓國併合』 上·下, 海野福寿 編, 東京: 不二出版, 2003.

『外地法制誌』 1~6, 外務省條約局 編, 東京: 文生書院, 1990.

『諭告·訓示·演述總攬』, 朝鮮總督府官房文書課, 1941(昭和16).

『日本近代立法資料叢書 25 』, 「法律取調委員會 帝國司法裁判所構成法草案議事筆記」(1887),
法務大臣官房司法制度調査部 監修, 東京: 商事法務硏究會, 1986.

『日本外交年表竝主要文書 上』, 外務省 編, 東京: 原書房, 1965.

『日韓外交資料集成』 4, 6上, 6下, 金正明 編, 東京: 嚴南堂書店, 1966.

『自明治四十一年至昭和十三年 裁判所及檢事局監督官會議 總督訓示及法務局長注意事項集』, 朝
鮮總督府法務局 編, 京城: 朝鮮總督府法務局.

『帝國議會貴族院委員會議錄』, 東京: 東京大學出版會.

『帝國議會貴族院議事速記錄』, 東京: 東京大學出版會.

『帝國議會衆議院委員會議錄』, 東京: 東京大學出版會.

『帝國議會衆議院議事速記錄』, 東京: 東京大學出版會.

『朝鮮高等法院判決要旨類集』, 京城: 朝鮮司法協會, 1943(昭和18).

『朝鮮の保護及併合』, 朝鮮總督府 編, 1918(大正7), 韓國史料研究會 編, 『朝鮮統治史料 3』, 1970.

『朝鮮司法例規』, 朝鮮總督府法務局 編, 京城: 1922(大正11).

『朝鮮司法提要』, 朝鮮總督府法務局 編, 京城: 1928(昭和3).

『朝鮮總督府統計年報』, 京城: 朝鮮總督府, 1911~1943(明治44~昭和18).

『朝鮮刑事政策資料』(昭和五年度版~昭和十九年度版), 高等法院檢事局 編, 1930~1944.

『朝鮮の司法制度: 昭和十年朝鮮總督府施政二十五年記念』, 朝鮮總督府法務局法務課 編, 京城:

朝鮮總督府法務局, 1936(昭和11).

『治安維持法關係資料集』一～四, 荻野富士夫 編, 東京: 新日本出版社, 1996.

『韓國統治史料 4』, 韓國史料研究所 編, 東京: 韓國史料研究所, 1970.

『現行類聚法規』(全7冊), 司法省 編, 長尾景弼 訂, 東京: 博聞社, 1882～1883.

『GHQ民政局資料「占領改革」1 憲法·司法制度』, 古関彰一 編, 東京: 丸善, 2001.

『原敬關係文書』6·7, 原敬文書研究會 編, 東京: 日本放送出版協会, 1986～1987.

『原敬日記 2』, 原奎一郎 編, 東京: 福村出版, 1981.

『ジュリスト』1208號 附錄(CD-ROM), 司法制度改革審議委員會全記錄, 2001.

日本国立公文書館, アジア歴史資料センター(http : //www.jacar.go.jp).

日本國立國會圖書館, 近代デジタルライブラリー(http : //kindai.ndl.go.jp).

2. 국내 문헌

H. B. 헐버트 지음, 신복룡 역주, 『대한제국멸망사』, 집문당, 1999.

高在鎬, 『法曹半百年—高在鎬回顧錄』, 博英社, 1985.

고쿠분 노리코(國分典子), 「한국에서의 西洋法思想 수용과 兪吉濬」, 한일관계사학회, 『한일관계
    사연구』13집, 2002.

金甲洙, 『法窓三十年』, 法政出版社, 1970.

김대홍, 「조선시대 대명률 위령조 적용사례 연구」, 『법사학연구』37호, 2008.

김도현, 『한국의 소송과 법조—어떻게 변화할 것인가』, 동국대학교출판부, 2007.

김동춘 편역, 『한국근현대사연구 I』, 이성과 현실사, 1988.

金炳華, 『韓國司法史(現世篇)』, 一潮閣, 1992(초판 1979).

김봉렬, 『兪吉濬 開化思想의 研究』, 경남대학교출판부, 1998.

김상수, 「조선고등법원과 현대 한국법—조선고등법원의 생성을 중심으로」, 법과사회이론학회,
    『법과 사회』23호, 2002.

金源模, 「徐光範 研究(1859～1897)」, 檀國大學校 東洋學研究所, 『東洋學』15집, 1985.

김이조, 『법조비화 100선』, 고시연구사, 1997.

金利祚, 『韓國法曹人 秘傳—법조를 움직인 대표적 인물 31인의 발자취』, 법률출판사, 1999.

김종철, 「'정치의 사법화'의 의의와 한계」, 한국공법학회, 『공법연구』33집 3호, 1995.

金池洙, 『傳統 中國法의 精神—情·理·法의 中庸調和』, 전남대학교출판부, 2005.

金珍培, 『佳人 金炳魯』, 佳人紀念會, 1983.

金珍培·吳蘇白·李治白 공저, 『한국 法曹의 세 어른』, 韓國法曹三聖記念事業會, 1999.

金昌錄, 『日本에서의 西洋憲法思想의 受容에 관한 研究—「大日本帝國憲法」의 制定에서 「日本國憲法」의 '出現'까지』, 서울대학교 법학박사학위논문, 1994.

김학준, 『가인 김병로 평전—민족주의적 법률가, 정치가의 생애』(개정판), 민음사, 2001.

김효전, 「이준의 학력과 재판」, 『시민과 변호사』 2000년 3월호.

김효전, 『근대한국의 국가사상—국권회복과 민권수호』, 철학과현실사, 2000.

金孝全, 「李儁과 憲政研究會」 (1)~(3), 대한변호사협회, 『인권과 정의』, 2003년 1~3월호.

金孝全, 『近代韓國의 法制와 法學』, 세종출판사, 2006.

羅恒潤, 「法窓隨想」, 『法政』 5권 2호, 1950.

南基正 譯, 『日帝의 韓國司法府 侵略實話』, 育法社, 1978.

大檢察廳 總務部 編, 『檢察機構變遷』, 大檢察廳, 1996.

大檢察廳 編, 『韓國檢察史』, 大檢察廳, 1976.

都冕會, 『1894~1905年間 刑事裁判制度 研究』, 서울대학교 국사학박사학위논문, 1998.

도진순, 『한국 민족주의와 남북관계—이승만·김구시대의 정치사』, 서울대학교출판부, 1997.

로베르토 웅거 지음, 金正梧 옮김, 『근대사회에서의 법—사회이론의 비판을 위하여』, 三榮社, 1994.

루돌프 폰 예링 지음, 윤철홍 옮김, 『권리를 위한 투쟁』, 책세상, 2007.

柳永益, 『甲午更張研究』, 一潮閣, 1994(초판 1990).

리차드 H. 미첼 지음, 김윤식 옮김, 『日帝의 思想統制—思想轉向과 그 法體系』, 一志社, 1982.

Maurice Duverger 지음, 문광삼·김수현 옮김, 『프랑스 헌법과 정치사상』, 해성, 2002.

모리야마 시게노리(森山茂德) 지음, 김세민 옮김, 『근대한일관계사연구—조선식민지화와 국제관계』, 현음사, 1994.

몽테스키외 지음, 하재홍 옮김, 『법의 정신』, 동서문화사, 2007.

문성도, 『영장주의의 도입과 형성에 관한 연구』, 서울대학교 법학박사학위논문, 2001.

문준영, 「大韓帝國期 刑法大全의 制定과 改正」, 한국법사학회, 『法史學研究』 20호, 1999.

문준영, 「제국일본의 식민지 형사사법제도의 형성—1895~1912년 대만과 조선의 법원조직과 형사법규를 중심으로」, 한국법사학회, 『法史學研究』 23호, 2001.

문준영, 「해방공간, 사법민주화 논의의 전개와 좌절—배심제와 고위법관선출제를 중심으로」, 민주주의법학연구회, 『민주법학』 21호, 2002.

문준영, 「제국일본의 식민지형 사법제도의 형성과 확산—대만의 사법제도를 둘러싼 정치·입법 과정을 중심으로」, 한국법사학회, 『法史學研究』 제30호, 2004.

문준영, 『한국 검찰제도의 역사적 형성』, 서울대학교 법학박사학위논문, 2004.

문준영, 「미군정기 법원조직법의 입법과정—미국립문서관 법원조직법관계문서철의 소개와 분석」, 한국법사학회, 『法史學研究』 32호, 2005.

문준영, 「검찰제도의 연혁과 현대적 의미—프랑스와 독일에서의 검찰제도와 검찰 개념의 형성을 중심으로」, 한국비교형사법학회, 『비교형사법연구』 8권 1호, 2006.

문준영, 「한말의 1세대 법률가 이준, 지사적 삶과 검사로서의 활동」, 『검찰』 117호, 대검찰청, 2006.

문준영, 「헌정 초기의 정치와 사법—제2대 검찰총장 김익진의 삶과 '검찰 독립'문제」, 한국법사학회, 『法史學硏究』 34호, 2006.

문준영, 「검찰중립과 화강 최대교」, 전북대학교 법학연구소, 『법학연구』 25집, 2007.

문준영, 「미군정 법령체계와 국방경비법」, 민주주의법학연구회, 『민주법학』 34호, 2007.

문준영, 「資料: 統監府裁判所 設置에 관한 資料—倉富勇三朗와 梅謙次郞의 의견서」, 한국법사학회, 『法史學硏究』 36호, 2007.

문준영, 「이토 히로부미의 한국 사법정책과 그 귀결」, 부산대학교 법학연구소, 『법학연구』 49권 1호, 2008.

문준영, 「1895년 裁判所構成法의 '出現'과 日本의 役割」, 한국법사학회, 『法史學硏究』 39호, 2009.

美國司法制度視察團, 「美國司法制度視察報告書」, 『法政』 2권 9호, 1947.

閔復基·鄭潤煥, 『刑事訴訟法改正法 槪說』, 朝鮮出版文化史, 1948.

朴秉豪, 『韓國法制史攷—近世와 法과 社會』, 法文社, 1974.

박병호, 『근세의 법과 법사상』, 진원, 1996.

박영한, 「운영 면에서 본 우리나라 보석제도」, 대검찰청, 『검찰』 1969년 11월호.

朴殷植 著, 金正起·李賢培 共譯, 『韓國獨立運動之血史 (I)』, 一又文庫, 1973.

박이택, 「조선후기의 경제체제—중국·일본과의 비교론적 접근」, 李大根 외 공저, 『새로운 한국경제발전사—조선후기에서 20세기 고도성장까지』, 나남출판, 2005.

박준석, 「해제: 권위의 개념」, Joon-Seok Park, *The Concept of Authority*, 경인문화사, 2007.

박찬표, 『한국의 국가형성과 민주주의—냉전 자유주의와 보수적 민주주의의 기원』, 후마니타스, 1997.

박찬표, 「법치 민주주의 대 정치적 민주주의」, 최장집·박찬표·박상훈 공저, 『어떤 민주주의인가』, 후마니타스, 2007.

박태균, 『조봉암 연구』, 창작과비평사, 1995.

박혜건, 「수사지휘체계 확립에 관한 소고」, 『검찰』 1970년 4월호.

법률신문사 엮음, 『법조50년 야사』, 법률신문사, 2002.

법무부 엮음, 『法務部史』, 法務部, 1988.

法院行政處 엮음, 『韓國法官史』, 法院行政處, 1981.

변정수, 『法曹旅情』, 冠岳社, 1997.

브루스 커밍스 지음, 김동노 외 옮김, 『브루스 커밍스의 한국현대사』, 창작과비평사, 2001.

徐相悅, 「治安官制度와 簡易法院制度에 對하여」, 『法政』 2권 12호, 1947.

서영희, 『대한제국정치사연구』, 서울대학교출판부, 2003.

서울지방변호사회 엮음, 『서울지방변호사회 팔십년사』, 서울지방변호사회, 1989.

서울지방변호사회 엮음, 『서울지방변호사회 100년사』, 서울지방변호사회, 2008.

서원우, 「한국 법에 있어서의 법화문제」, 『서울대학교 법학』 37권 1호, 1996.

서정범·김연태·이기춘, 『경찰학연구』, 세창출판사, 2009.

鮮于宗源, 『사상검사』, 계명사, 1992.

孫忠武, 『한강은 흐른다—承堂 任永信의 生涯』, 東亞出版社, 1972.

송기춘, 「미군정하 한국인에 대한 군정재판—미군 점령통치기 주한미군사령부문서를 중심으로」, 단국대학교 법학연구소, 『법학논총』 30권 1호, 2006.

송기춘, 「사법권의 독립과 가인 김병로」, 전북대학교 법학연구소, 『법학연구』 제25집, 2007.

宋南憲, 『解放三年史: 1945~1948 (1)』, 까치, 1985.

송병철, 「검찰제도에 대하여」, 『검찰』 1969년 5월호.

송해은, 「韓國 檢察의 沿革에 관한 연구」, 한국법학원, 『저스티스』 27권 2호, 1992.

신기욱·마이클 로빈슨 엮음, 도면회 옮김, 『한국의 식민지 근대성—내재적 발전론과 식민지 근대화론을 넘어서』, 삼인, 2006.

申東雲, 「日帝下의 豫審制度에 관하여—그 制度的 機能을 중심으로」, 서울대학교 법학연구소, 『서울대학교 법학』 27권 1호, 1986.

申東雲, 「公訴狀一本主義에 관한 一考察」, 杜南林元澤敎授停年記念論文集編纂委員會 編, 『(杜南林元澤敎授停年記念)社會科學의 諸問題』, 法文社, 1988.

신동운, 「韓國 檢察의 沿革에 관한 小考」, 대검찰청, 『검찰』 100호, 1990.

신동운, 「口帝下의 刑事節次에 관한 硏究」, 朴秉濠敎授 還甲紀念論叢 發刊委員會 編, 『韓國法史學論叢 (II)』, 博英社, 1991.

신동운, 「영장실질심사제도의 실시와 영장주의의 새로운 전개—영장제도에 대한 연혁적 고찰을 중심으로」, 법원행정처 엮음, 『새로운 인신구속제도연구』, 법원행정처, 1996.

신동운, 「수사지휘권의 귀속에 관한 연혁적 고찰—초기 법규정의 정비를 중심으로」 (I)·(II), 서울대학교 법학연구소, 『서울대학교 법학』 42권 1호, 2호, 2001.

신동운, 『신 형사소송법』, 법문사, 2008.

愼鏞廈, 『獨立協會硏究—獨立新聞·獨立協會·萬民共同會의 思想과 運動』, 一潮閣, 1994.

申宇澈, 『比較憲法史—大韓民國 立憲主義의 淵源』, 法文社, 2008.

申兌燮, 「司法制度의 改革의 諸問題」, 『사법행정』 1962년 6월호.

신현주, 『형사소송법』(신정 2판), 박영사, 2002.

沈載祐, 『『審理錄』 硏究—正祖代 死刑犯罪 처벌과 社會統制의 변화』, 서울대학교 문학박사학위논문, 2005.

沈在宇, 「檢察權의 獨立」, 『大韓婦護士協會誌』 78호, 1982.

심지연, 『허헌 연구』, 역사비평사, 1994.

심희기, 「미군정기 남한의 사법제도 개편」, 『법제연구』 8호, 한국법제연구원, 1995.

沈羲基, 『韓國法制史講義―韓國法史上의 판례와 읽을거리』, 三英社, 1997.

심희기, 「일제강점 초기 '식민지 관습법'의 형성」, 『法史學硏究』 28호, 한국법사학회, 2003.

아담 쉐보르스키·호세 마리아 마라발 외 지음, 안규남·송호창 외 옮김, 『민주주의와 법의
　　지배』, 후마니타스, 2008.

안응호, 「수사와 소추」, 대검찰청, 『검찰』 1969년 6월호.

안진, 『미군정기 억압기구 연구』, 새길, 1996.

안진, 『미군정과 한국의 민주주의』, 한울, 2005.

알렉시스 드 토크빌 지음, 임효선·박지동 옮김, 『미국의 민주주의 I』, 한길사, 1997.

야나부 아키라(柳父章) 지음, 서혜영 옮김, 『번역어성립사정』, 일빛, 2003.

야마모토 유지 지음, 김용찬 옮김, 『일본 최고재판소 이야기』, 법률문화원, 2005.

양건, 『법사회학』, 나남, 2000.

엄상섭 저, 신동운 편저, 『효당 엄상섭 형사소송법논집』, 서울대학교출판부, 2005.

엄상섭 저, 허일태·신동운 편저, 『권력과 자유』(개정증보판), 동아대학교출판부, 2007(초판
　　1956).

嚴詳燮, 「檢察制度에 대한 新構想」(1)·(2), 『法政』 2권 8·11호, 1947.

嚴詳燮, 「美國에 있어서의 訴訟手續 改革問題」, 『法政』 3권 4호, 1948.

嚴詳燮, 「刑事裁判의 民主化―新刑訴法의 立法經緯와 關聯하여」, 『法政』 10권 6호, 1955.

왕현종, 『한국 근대국가의 형성과 갑오개혁』, 역사비평사, 2003.

兪吉濬, 『西遊見聞』, 1895(開國504), 兪吉濬全書編纂委員會 編, 『兪吉濬全書 I 西遊見聞(全)』,
　　一朝閣, 1971.

兪吉濬, 『勞動夜學讀本 第一』, 1908(隆熙2), 兪吉濬全書編纂委員會 編, 『兪吉濬全書 II 文法·敎育
　　編』, 一朝閣, 1971.

兪吉濬, 『政治學』, 兪吉濬全書編纂委員會 編, 『兪吉濬全書 V 政治經濟編』, 一朝閣, 1971.

兪鎭午, 「憲法制定의 精神 (2)」, 『法政』 4권 2호, 1949.

兪鎭午, 『憲法解義』, 明世堂, 1949.

兪鎭午, 『憲法起草回顧錄』, 一潮閣, 1980.

윤소영, 「갑오개혁기 일본인 고문관의 활동―星亨을 중심으로」, 한국민족운동사학회 엮음,
　　『안중근과 한인민족운동』, 국학자료원, 2002.

이건채, 「裁定申請과 抗告」, 대검찰청, 『검찰』 1970년 1월호.

이국운, 『정치적 근대화와 법률가집단의 역할―법률가양성제도 개혁논의의 비교분석을 통한
　　접근』, 서울대 법학박사학위논문, 1998.

이국운, 「해방공간에서의 사법기구의 재편과정에 관한 연구」, 법과사회이론학회, 『법과 사회』

29호, 2005.

이국운, 「사법서비스 공급자위원회의 한계―노무현 정부의 사법개혁에 대한 분석과 평가」, 한국비교공법학회, 『공법학연구』 8권 2호, 2007.

이국운, 「분권사법과 자치사법―실천적 모색」, 『법학연구』 49권 1호, 부산대학교 법학연구소, 2008.

이국운, 「법과 '이웃'―법치의 본원적 관계형식에 관한 탐색」, 법과사회이론연구회 엮음, 『법과 사회』 36호, 박영사, 2009.

李萬鍾, 「民主警察의 將來―특히 搜查警察에 對하여」, 『法政』 2권 12호, 1947.

이상돈·홍성수, 『법사회학』, 박영사, 2000.

이승일, 『조선총독부 법제정책―일제의 식민통치와 조선민사령』, 역사비평사, 2008.

이영록, 「실천적 역사주의자의 천부인권설 수용―『서유견문』에 나타난 유길준 법사상의 종합적 이해를 위하여」, 한국법철학회, 『법철학연구』 4권 2호, 2002.

이영록, 「행정소송제도의 도입과 형성」, 부산대학교 법학연구소, 『법학연구』 48권 1호, 2007.

이완규, 「검사동일체원칙과 관련된 몇 가지 오해」, 한국형사정책연구원, 『형사정책연구소식』 제78호, 2003.

이완규, 「검사의 지위와 객관의무」, 한국법학원, 『저스티스』 73호, 2003.

이완규, 『검찰제도와 검사의 지위』, 成旼企業, 2005.

이원택, 「개화기 근대법에 대한 인식과 근대적 사법체제의 형성―『독립신문』의 논설을 중심으로」, 한국동양정치사상사학회, 『동양정치사상사』 6권 2호, 2007.

이은평, 「법무행정 20년의 회고와 전망」, 대검찰청, 『검찰』 1969년 11월호.

李仁., 『半世紀의 證言』, 明知大學出版部, 1974.

이종민, 『식민지하 근대감옥을 통한 통제메커니즘 연구―일본의 형사처벌체계와의 비교』, 연세대학교 사회학박사학위논문, 1998.

이충진, 『이성과 권리―칸트 법철학연구』, 철학과현실사, 2000.

李恒寧, 「司法權獨立과 司法制度」, 『法政』 1959년 9월호.

李憲煥, 『政治過程에 있어서의 司法權에 관한 研究―韓國憲政史를 중심으로』, 서울대학교 법학박사학위논문, 1996.

이헌환, 「한국 사법사에 비추어본 1971년 사법파동」, 『법과 사회』 15호, 법과사회이론연구회, 1997.

이헌환, 『법과 정치―존재·당위·인간의지의 파노라마』, 博英社, 2007.

李炫熙, 『承堂 任永信의 愛國運動研究』, 東方圖書, 1994.

임갑인, 「미군정하의 사법파동(좌익음모사건)」, 『검찰동우』 창간호, 1995.

任永信博士回甲記念事業推進委員會 編, 『任永信博士, 빛나는 生涯』, 任永信博士回甲記念事業推進委員會, 1959.

張璟根·張承斗, 『法制大義』, 一韓圖書出版社, 1952.

張燾, 『新舊刑事法規大全 卷下』, 1907(영인 韓國人文科學院, 1998).

張承斗, 「英美治安判事制度論」 (2)·(3), 『法政』 3권 6·12호, 1948.

張承斗, 「英美刑事裁判制度論—우리 刑事司法 民主化와 關聯하야 (3)」, 『법정』 3권 12호, 1948.

張承斗, 「起訴便宜主義와 自訴制度」, 『法政』 4권 8호, 1949.

張承斗, 『刑事訴訟法要講』(重訂四版), 青丘文化社, 1950(초판 1949).

장진번(張晋藩) 주필, 한기종 외 옮김, 『중국법제사』, 소나무, 2006.

張厚永, 「變動期의 司法制度」, 『法政』 1권 2호, 1946.

田鳳德, 「近代司法制度史」(1)~(10), 大韓辯護士協會, 『大韓辯護士協會報』 1·3·5·7·11·13·14·
    15·21·22호, 1970~1976.

田鳳德, 『韓國近代法思想史』, 博英社, 1981.

鄭求先, 「개항 후(1876~1894) 일본의 치외법권 행사와 한국의 대응」, 한국근현대사학회,
    『한국근현대사연구』 39집, 한울, 2006.

鄭肯植, 「刑法艸案 解說」, 한국법사학회, 『法史學硏究』 16호, 1995.

정긍식, 「조선시대의 권력분립과 법치주의—그 시론적 고찰」, 서울대학교 법학연구소, 『서울대
    학교 법학』 42권 4호, 2001.

정긍식, 「검사의 한 표상으로서 최대교」, 한국법사학회, 『法史學硏究』 34호, 2005.

정긍식, 「대명률의 죄형법정주의원칙」, 서울대학교 법학연구소, 『서울대 법학』 49권 1호,
    2008.

정약용 지음, 이익성 옮김, 『경세유표 I』, 한길사, 1997.

정용화, 『문명의 정치사상—유길준과 근대한국』, 문학과지성사, 2004.

鄭潤煥, 「刑事立法試論」, 『法政』 2권 9호, 1947.

鄭潤煥, 「法源組織法草案 (1) 紹介의 말」, 『法政』 2권 8호, 1947.

鄭潤煥, 「英國刑事訴訟制度 (1)」, 『法政』 2권 8호, 1947.

정익원, 「예방검찰」, 대검찰청, 『검찰』 1970년 3월호.

鄭宗燮 校勘·編, 『韓國憲法史文類』, 博英社, 2002.

鄭台燮·韓成敏, 「개항 후(1876~1894) 청국의 치외법권행사와 조선의 대응」, 한국근현대사학회,
    『한국근현대사연구』 43집, 한울, 2007.

鄭喜澤, 「世稱 第二次 法曹푸락치事件 判決에 對한 檢察官의 見害」, 『法政』 5권 5호, 1950.

趙炳玉, 『나의 回顧錄』, 民敎社, 1959.

조소영, 「미군정청 사법부(Department of Justice)의 기능과 역할에 관한 실증적 연구」, 한국법사
    학회, 『法史學硏究』 30호, 2004.

趙庸中, 『대통령의 무혈혁명—1952년 여름, 부산』, 나남, 2004.

趙允旋, 『조선후기 訴訟연구』, 국학자료원, 2002.

조지만, 『조선시대의 형사법—대명률과 국전』, 경인문화사, 2007.

조홍찬, 「유길준의 실용주의적 정치사상—『서유견문』을 중심으로」, 한국동양정치사상사학회, 『동양정치사상』 3권 2호, 2004.

朱雲化, 「判事의 令狀拒否의 限界」, 『法政』 4권 3호, 1949.

中央選擧管理委員會 編, 『大韓民國選擧史 第1輯』, 中央選擧管理委員會, 1978.

崔大敎, 「初代商工長官 瀆職事件」, 『司法行政』 1984년 1월호.

최장집, 『민주화 이후의 민주주의』(개정판), 후마니타스, 2005.

최종고, 「중세 독일에 있어서 법관념과 법발견—gutes altes Recht이론을 둘러싼 연구성과를 중심으로」, 『서울대 법학』 20권 2호, 1980.

崔鍾庫, 『韓國의 西洋法受容史』, 博英社, 1982.

崔鍾庫, 『韓國의 法學者』, 서울대학교출판부, 1989.

崔鍾庫, 『韓國法學史』, 博英社, 1990.

최종고, 『서양법제사』(전정신판), 博英社, 2003.

포르탈리스(Portalis, Jean-Etienne-Marie) 지음, 양창수 옮김, 『民法典序論』, 博英社, 2003.

韓國學文獻硏究所 編, 『金玉均全集』, 亞細亞文化史, 1979.

한림대학교 아시아문화연구소 엮음, 『美軍政期情報資料集: 법무국·사법부의 법해석보고서, 1946. 3~1948. 8』, 한림대학교출판부, 1997.

韓相權, 『朝鮮後期 社會와 訴冤制度—上言·擊錚 硏究』, 一潮閣, 1996.

한상희, 「법원행정처의 개혁방향」, 민주주의법학연구회, 『민주법학』 29호, 관악사, 2005.

韓錫泰 譯註, 『兪吉濬, 政治學』, 경남대학교출판부, 1998.

한영우 외, 『대한제국은 근대국가인가』, 푸른역사, 2006.

韓雄吉, 『韓國憲法의 諸問題』, 서울고시학회, 1961.

한인섭, 『한국형사법과 법의 지배』, 한울, 1998.

한인섭, 『권위주의 형사법을 넘어서』, 동성사, 2000.

韓泰淵 외, 『韓國憲法史 (上)』, 韓國精神文化硏究院, 1988.

허동현, 『일본이 진실로 강하더냐』, 당대, 1999.

허은도, 「實務에서 본 拘束適否審査」, 대검찰청, 『檢察』 1969년 8월호.

洪淳鎬, 「大韓帝國 法律顧問 L. Crémazy의 任命過程 分析」, 이화여자대학교 한국문화연구원, 『韓國文化硏究院 論叢』 36집, 1980.

黃聖熙, 「刑事裁判의 死活點」, 『法政』 3권 4호, 1948.

황승흠, 『분쟁과 질서의 법사회학』, 성신여자대학교출판부, 2005.

황현 지음, 임형택 외 옮김, 『역주 매천야록 상』 2권, 문학과지성사, 2005.

3. 일본어 및 중국어 문헌

家永三朗, 『司法權獨立の歷史的考察』, 東京: 日本評論社, 1962.

江木翼, 『殖民論策』, 東京: 聚精堂, 1910(明治43).

岡本吾市, 『起訴猶予處分, 留保處分, 刑の執行猶予の教育學的考察』(司法研究第一九集報告書19 輯12), 東京: 司法省調查課, 1943(昭和18).

岡本眞希子, 「總督政治と政黨政治——二大政堂期の總督人事と總督府官制·豫算」, 朝鮮史研究會 編, 『朝鮮史研究會論文集』 38號, 東京: 綠陰書房, 2000.

岡本眞希子, 『植民地官僚の政治史: 朝鮮·臺灣總督府と帝國日本』, 東京: 三元社, 2008.

皆川治光, 「司法權の獨立性確保に關する裁判所構成法上の用意(2)」, 『法曹會雜誌』 6卷 1號, 1928(昭和3).

季衛東, 『中國的裁判の構圖』, 東京: 有斐閣, 2004.

高橋一郎, 『我國に於ける司法警察機構改革に關する研究』(司法研究報告書27輯6), 東京: 司法省 調查部, 1939(昭和19).

光行次郎, 「檢察權運用の推移」, 『法曹會雜誌』 17卷 11號, 1939(昭和14).

國分三亥, 「倂合と司法制度との關係,」 『朝鮮』 明治 43年 9月號, 1910.

國史研究會 編, 『岩波講座 日本歷史 条約改正』, 東京: 岩波書店, 1934(昭和9).

菊山正明, 『明治国家の形成と司法制度』, 東京: 御茶の水書房, 1993.

宮崎翠郎, 「高等法院の解剖」, 『朝鮮公論』 大正 11年 7月號, 1922.

宮崎翠郎, 「續全鮮司法學閱觀(總論)」, 『朝鮮公論』 大正 12年 3月號, 1923.

宮崎翠郎, 「續全鮮司法學閱觀」, 『朝鮮公論』 大正 12年 4月號, 1923.

宮崎翠郎, 「朝鮮司法制度の沿革」, 『朝鮮公論』 大正 12年 1月號, 1923.

宮崎翠郎, 「司法界人事變遷概觀」, 『朝鮮公論』 大正 13年 10月號, 1924.

宮崎翠郎, 「側面から觀た司法大官禮讚(一)」, 『朝鮮公論』 大正 13年 11月號, 1924.

宮崎翠郎, 「行政整理に当り朝鮮司法権を独立せしめよ」, 『朝鮮公論』 大正 13年 10月號, 1924.

宮崎翠郎, 「司法革新の曙光」, 『朝鮮公論』 大正 14年 3月號, 1925.

宮崎翠郎, 「完全に新閣を形成した司法官大異動評」, 『朝鮮公論』 大正 14年 1月號, 1925.

宮田節子 監修, 「未公開資料 朝鮮總督府關係者 錄音記錄 (3) 朝鮮總督府·組織と人」, 『東洋文化研 究』 4號, 學習院大學 東洋文化研究所, 2002.

楠精一郎, 『明治立憲制と司法官』, 東京: 慶應通信, 1989.

團藤重光, 「刑事裁判と人権」, 日本公法學會, 『公法研究』 25號, 1973.

臺灣總督府警務局 編, 『臺灣總督府警察沿革誌 (四)』, 臺北: 臺灣總督府警務局, 1942(昭和17), 東京: 緑蔭書房 復刻, 1986.

臺灣總督府官房文書課 編, 『臺灣統治綜覽』, 臺北: 臺灣總督府, 1908(明治41).

大日方純夫, 「日本近代警察の確立過程とその思想」, 由井正臣·大日方純夫 編, 『官僚制 警察』, 東京: 岩波書店, 1990.

大日方純夫, 『近代日本の警察と地域社会』, 東京: 筑摩書房, 2000.

大河純夫, 「外国人の私権と梅謙次郎」(1)·(2), 『立命館法学』 253·255號, 1997.

島田正郎, 『清末における近代的法典の編纂』, 東京: 創文社, 1980.

東京大學社會科學研究所 編, 『戦後改革 4 司法改革』, 東京: 東京大學出版會, 1975.

藤原明久, 『日本條約改正史の研究―井上·大隈改正交渉と歐米列強』, 東京: 雄松堂出版, 2004.

藤川雅敏, 『犯罪捜査と書類作成の研究』, 京城: 日韓書房, 1934(昭和9).

留春亭主人 編, 『現今清韓人傑傳』, 東京: 杉山書店, 1894(明治27).

林賴三郎, 『刑事訴訟法論』(第九版), 東京: 巖松堂書店, 1921(大正10).

林屋礼二, 「明治初年の民事訴訟新受件数の考察」, 林屋礼二 外 編, 『明治前期の法と裁判』, 東京: 信山社, 2003.

梅謙次郎, 「伊藤公と立法事業」, 『國家協會雜誌』 24卷 7號, 1910(明治43).

梅謙次郎, 「韓國の合邦論と立法事業」, 『國際法雜誌』 8卷 9號, 1910(明治43).

梅謙次郎, 「韓国の法律制度に就て」(上)·(下), 『東京経済雜誌』 1512·1514號, 1910(明治43).

明治文化研究會 編, 『明治文化全集 補卷 (二) 國法範論』, 東京: 日本評論社, 1971.

牧山耕藏, 「殖民地統治を党争圏外に置く加し」, 『朝鮮公論』 大正 3年 2月號, 1914.

牧山耕藏, 「母国及植民地間に於ける共通法の制定と其效果」, 『朝鮮公論』 大正 7年 5月號, 1918.

木佐茂男, 『人間の尊厳と司法権―西ドイツ司法改革に学ぶ』, 東京: 日本評論社, 1980.

木下半治, 『陪審法批判』, 東京: 上野書店, 1928(昭和3).

武井秀吉, 『朝鮮警察法研究 總則編』, 京城: 大阪屋號書店, 1925(大正14).

美濃部達吉, 「帝國憲法は新領土に行はるるや否や」, 『國家學會雜誌』 25卷 7號, 1911(明治44).

美濃部達吉, 『時事憲法問題批判』, 東京: 法制時報社, 1921(大正10).

美濃部達吉, 『憲法撮要』(改訂 第5版), 東京: 有斐閣, 1932(昭和7).

法務總合研究所 編, 『昭和の刑事政策』(平成元年版犯罪白書 第4編), 東京: 法務總合研究所, 1989.

福澤諭吉, 『福澤諭吉著作集 1 西洋事情』, 東京: 慶應義塾大學出版會, 2002.

福澤諭吉, 『福澤諭吉著作集 3 学問のすすめ』, 東京: 慶應義塾大學出版會, 2002.

富山山壽, 「學徒ノ見タル司法權獨立問題」, 『京都法學會雜誌』 10卷 11號, 1915(大正4).

浮田和民, 「陰謀事件の裁判」, 『朝鮮公論』 大正 2年 7月號, 1913.

山崎丹照, 『外地統治機構の研究』, 東京: 高山書院, 1943(昭和18).

山田三朗, 「新領土に關する法律關係を論ず」, 『國家學會雜誌』 102號, 1895(明治28).

山田三朗, 「新領地臣民の地位(二)」, 『國家學會雜誌』 113號, 1896(明治29).

山中成太郎, 「臺灣ニ於テ犯罪ヲ行ヒ處刑セラレタル者内地ニ來リテ犯罪ヲ行ヒタルトキ之ヲ再犯ニ問フコトヲ得ヘキヤ」, 『法學志林』 26號, 1901(明治34).

山中永之佑 編, 『新·日本近代法論』, 京都: 法律文化社, 2002.

三谷太一郎, 『政治制度としての陪審制―近代日本の司法權と政治』, 東京: 東京大學出版會, 2001.

三輪壽壯, 「現行豫審制度と人權問題」, 『法律時報』7卷 4號, 東京: 日本評論社, 1935(昭和10).

森山茂德, 「日本の朝鮮統治政策(一九一〇～一九四五年)の政治史的研究」, 『法政理論』23卷 3·4 號, 1991.

森山茂德, 「保護政治下韓國における司法制度改革の理念と現實」, 淺野豊美·松田利彦 編, 『植民地帝國日本の法的構造』, 東京: 信山社, 2004.

三井誠, 「檢察官の起訴猶豫裁量 (1) その歷史的および實證的研究」, 『法學協會雜誌』87卷 9·10 號, 1970.

三井誠, 「大浦事件の投げかけた波紋」, 『神戶法學雜誌』 20卷 3·4號, 1971.

杉村濬, 「在韓苦心錄 後篇」(明治37), 外務省記錄·對韓政策関係雑纂, 1904(日本国立公文書館, アジア歴史資料センター, http://www.jacar.go.jp).

尙友俱樂部 山縣有朋関係文書 編纂委員會 編, 『山縣有朋関係文書 1』, 東京: 出川出版社, 2005.

石塚英蔵, 「回顧錄 (三)」, 『朝鮮公論』 大正 2年 8月號, 1913.

小林俊三, 『私の會った明治の名法曹物語』, 東京: 日本評論社, 1973.

小山博也, 「條約改正」, 鵜飼信成 外 編, 『講座 日本近代法發達史 2』, 東京: 勁草書房, 1958.

小山松吉, 「裁判所構成法施行後の事蹟を顧みて」, 『法曹會雜誌』 17卷 11號, 1939(昭和14).

小野淸一郎, 「不當拘禁の問題」, 『法律時報』 2卷 11號, 1930(昭和5).

小野淸一郎, 「予審制度の根本的改革について」, 『法學協會雜誌』 53卷 4號, 1935(昭和10).

小野淸一郎, 「滿州國の刑事訴訟法について」, 『法學協會雜誌』 56卷 3號, 1938(昭和13).

小田中聰樹, 「準起訴手續とドイツ起訴强制手續の立法過程について」, 『法律時報』 45卷 9號, 1968.

小田中聰樹, 「刑事裁判制度の改革」, 東京大学社会科学研究所 編, 『戰後改革 4 司法改革』, 東京: 東京大學出版會, 1975.

小田中聰樹, 『刑事訴訟法の歷史的分析』, 東京: 日本評論社, 1976.

小田中聰樹, 「刑事裁判制度の改革」, 東京大學社會科學研究所 編, 『戰後改革 4 司法改革』, 東京: 東京大學出版會, 1975.

小田中聰樹, 『刑事訴訟法の史的構造』, 東京: 有斐閣, 1986.

小川原宏宰, 「日本の韓國司法權侵奪過程―'韓國の司法及監獄事務を日本政府に委託の件に關する覺書'をめぐって」, 『文學研究論集』 11號, 明治大學大學院文學研究科, 1999.

小川原宏宰, 「統監伊藤博文の韓國法治國家構想の破綻―『韓國ニ於ケル發明意匠商標及著作權保護ニ間スル日米條約』施行に伴う韓國國民への日本法適用問題をめぐって」, 姜德相先生古希·退職記念論文集刊行委員會 編, 『姜德相先生古稀退職記念 日朝關係史論集』, 東京: 新幹社, 2003.

小川原宏幸,「日本の韓国司法権侵奪過程──「韓国の司法及監獄事務を日本政府に委託の件に関する覚書」をめぐって」,『文学研究論集』11號, 明治大學大學院文學研究科, 1999.

小川原宏幸,「朝鮮における各国居留地撤廃交涉と条約関係」,『文学研究論集』14號, 明治大學大學院文學研究科, 2001.

小川原宏幸,「伊藤博文の韓国併合構想と第三次日韓協約体制の形成」,『靑丘學術論集』25集, 2005.

小泉輝三郎,『明治黎明期の犯罪と刑罰』, 東京: 批評社, 2000.

小河滋次郎,「臺灣笞刑例ニ就テ」(1)·(2),『法學協會雜誌』22卷 4·5號, 1904(明治37).

松尾浩也,「司法と檢察」,『兼子博士還曆記念 裁判法の諸問題 (中)』, 東京: 有斐閣, 1969.

松寺竹雄,「年々殖える朝鮮人の犯罪」,『朝鮮及滿洲』昭和 4年 1月號, 1929.

松田惠三子,「清末禮法論爭小考」(1)·(2),『法學論集』137卷 2·5號, 京都大學法學會, 1995.

水林彪,「アジアの傳統的法文化に關する研究の現狀と問題點: 日本の場合」, 水林彪 編,『東アジア法研究の現狀と將來: 傳統的法文化と近代法の繼受』, 東京: 國際書院, 2009.

穗積八束,「臺灣總督の命令權に付きて」,『法學協會雜誌』23卷 2號, 1905(明治38).

穗積八束,『憲法提要』, 東京: 有斐閣, 1935(昭和10).

新屋達之,「現代檢察官論の課題」,『刑法雜誌』40券 1號, 2000.

我妻榮 編,『日本政治裁判史錄(大正)』, 東京: 第一法規出版, 1969.

我妻榮 編,『日本政治裁判史錄(明治·後)』, 東京: 第一法規出版, 1969.

安藤良雄 外 著, 有澤廣巳 監修,『昭和經濟史』, 東京: 日本経済新聞社, 1976.

安住時太郎,『欧米司法事務視察復命書』, 京城: 朝鮮總督府, 1913(大正2).

安平政吉,『檢察廳法概論』, 東京: 國立書院, 1948.

野村薰,『朝鮮犯罪即決の理論と実際』, 京城: 谷岡商店印刷部, 1927(昭和2).

野澤鷄一 編著, 川崎勝·廣瀨順皓 校註,『星亨とその時代』(全2卷), 東京 : 平凡社, 1984.

焉用氏 編,『今世人物評傳 第2編』, 東京: 澤口郁藏, 1898(明治31).

連合國最高司令官總司令部 編, 納谷廣美 解說·譯,『GHQ日本占領史 14 法制·司法制度の改革』, 東京: 日本圖書センター, 1996.

連合國最高司令官總司令部 編, 荒敬 解說·譯,『GHQ日本占領史 15 警察改革と治安政策』, 東京: 日本圖書センター, 2000.

鹽野季彦,「遵法精神の涵養」,『法曹會雜誌』15卷 10號, 1937(昭和12).

鈴木一朗,「後藤新平と岡松参太郎による旧慣調査 (1) 台湾の場合」,『東北學員大學法學政治學研究所紀要』8卷, 2002.

鈴木宗信,「內地及臺灣間に於ける法律律令の効力に就て(承前)」,『法學協會雜誌』23卷 4號, 1905(明治38).

鈴木宗信,「小河氏ノ答刑論ヲ讀ム」,『法學協會雜誌』 22卷 6·7號, 1904(明治37).

友邦協會 編,『韓国における司法制度近代化の足跡』(朝鮮司法界の往事を語る座談会記録), 東京: 友邦協會, 1966.

郁邦,「曾禰統監と行政改革案」,『朝鮮』 明治 43年 2月號, 1910.

原嘉道,「臨幸十周年記念日に遵法教育の普及を提議する」,『法曹會雜誌』 15卷 10號, 1937(昭和 12).

原嘉道,「現行司法制度に對する改正の希望」,『法曹界雜誌』 17卷 11號, 1939(昭和14).

原敬,『埃及混合裁判』, 東京: 金港堂, 1889(明治22).

原秀成,『日本國憲法制定の系譜 I』, 東京: 日本評論社, 2004.

原秀成,『日本國憲法制定の系譜 III』, 東京: 日本評論社, 2006.

有賀長雄,『保護國論』, 東京: 早稲田大学出版部, 1906(明治39).

鷹松龍種,「朝鮮に陪審制度を実施するの可否に就て」,『朝鮮及満州』 昭和 4年 2月號, 1929.

利谷信義,「司法に對する國民の参加――戰前の法律家と陪審法」, 潮見俊隆 編,『岩波講座 現代法 6 現代の法律家』, 東京: 岩波書店, 1966.

伊藤博文,『帝國憲法義解』, 東京: 國家學會, 1889(明治22).

伊藤仁太郎,『巨人星亨』, 東京: 平凡社, 1929(昭和4).

伊藤憲郎,「朝鮮に於ける刑事政策の輪郭」,『朝鮮司法協會雜誌』 11卷 8號, 1932(昭和7).

伊藤孝夫,『大正デモクラシー期の法と社會』, 京都: 京都大學出版部, 2000.

伊藤孝夫,『瀧川幸辰――汝の道を歩め』, 京都: ミネルヴァ書房, 2003.

李英美,『韓國司法制度と梅謙次郎』, 東京: 法政大學出版局, 2005.

伊熊氏(Andrew White Young) 著, 何礼之 訳述,『米國律例(一名 通法撮要)』, 大阪: 敦賀屋為七等, 1871(明治4).

日本法理研究會 編,『刑事法民事法の大原則』, 東京: 日本法理研究會, 1941(昭和16).

日本法理研究會 編,『日本刑事手續要綱』, 東京: 日本法理研究會, 1943(昭和18).

日本法理研究会 編,『明治初期の裁判を語る』, 東京: 日本法理研究会, 1942(昭和17).

張嘉寧,「『萬國公法』成立事情と飜譯問題――その中國語譯と和譯をめぐって」, 加藤周一·丸山眞男 編,『日本近代思想大系 15 飜譯の思想』, 東京: 岩波書店, 1991.

長島毅,「裁判所構成法」, 末弘嚴太郎 編,『現代法學全集 第24卷』, 東京: 日本評論社, 1928(昭和3).

荻野富士夫,『思想檢事』, 東京: 岩波書店, 2000.

前田茂,『満洲国司法建設回想記』, 東京: 日本教育研究センター, 1985.

田中隆一,「帝國日本の司法連鎖」,『朝鮮史研究會論文集』 38輯, 2000.

田浦雅德,「国満洲國における治外法權撤廢問題」, 浅野豊美·松田利彦 編,『植民地帝国日本の法的展開』, 東京: 信山社, 2004.

佐佐波與佐次郎,「檢察廳の獨立」,『法律時報』 10卷 8號, 1939(昭和14).

佐佐波與佐次郎,「司法權獨立論 (1)」,『法曹會雜誌』18卷 2號, 1940(昭和15).

佐佐波與佐次郎,『日本檢察法論 上卷』, 東京: 有斐閣, 1941(昭和16).

中山成太郎,『韓國ニ於ケル土地ニ關スル權利一班』, 京城: 不動産法調査會, 1907(光武11).

中原精一,『陪審制復活の條件』, 東京: 現代人文社, 2000.

中村菊男,『星亨』, 東京: 吉川弘文館, 1963.

津秋午郎,『檢事補制度論』(司法研究報告書32輯2), 東京: 司法省調査部, 1942(昭和17).

川崎英明,「檢察官の客觀義務」,『ジュリスト増刊 刑事訴訟法の爭点』(新版), 東京: 有斐閣, 1991.

川崎英明,『現代檢察官論』, 東京: 日本評論社, 1999.

淺野豊美,「近代日本植民地台湾における條約改正—居留地と法典導入」,『台湾史研究』14號, 1997.

淺野豊美,「日本帝國の統治原理「內地地延長主義」と帝國法制の構造的展開」,『中京大學社會科 學研究』21卷 1·2號, 2001.

淺野豊美,「帝國と地域主義の分水嶺—保護國韓國の治外法權廢止と在韓日本人課税問題」, 日 露戰爭研究會 編,『日露戰爭研究の新視點』, 東京: 成文社, 2005.

淺野豊美,「保護下韓國の條約改正と帝國法制」, 酒井哲哉 編,『帝國日本の學知 第一卷帝國編成 の系譜』, 東京: 岩波書店, 2006.

淺野豊美·松田利彦 編,『植民地帝國日本の法的構造』, 東京: 信山社, 2004.

泉哲,『植民地統治論』, 東京: 有斐閣, 1921(大正10).

清宮四郎,「外地の法的概念」,『法學』12卷 7號, 東北帝大法學會, 1933(昭和8).

清宮四良,『外地法序說』, 東京: 有斐閣, 1944(昭和19).

青柳綱太郎,『總督政治史論 後編』, 京城· 京城新聞社, 1928(昭和3).

清水孝藏,『刑事訴訟法論綱』, 東京: 三書褸, 1910(明治43).

内藤正中,「韓国における梅謙次郎の立法事業」,『島大法学』35卷 3號, 島根大学法学部, 1991.

村上淳一,『近代法の形成』, 東京: 岩波書店, 1979.

最高檢察廳中央廣報部,「新檢察制度十年の回顧 (一)~(三)」,『法曹時報』10卷 1~3號, 1958.

最高裁判所事務總局刑事局,『檢察審査會五〇年史』, 東京: 法曹會, 1998.

春山明哲,「近代日本の植民地統治と原敬」, 春山明哲·若林正丈 編,『日本植民地主義の政治的展 開 1895~1934』, 東京: アジア政經學會, 1980.

春山明哲,「臺灣舊慣調査と立法構想—岡木參太郎による調査と立案を中心に」, 臺灣近現代史 研究會 編,『臺灣近現代史研究』(合本), 東京: 綠蔭書房, 1983.

春山明哲,「明治憲法體制と臺灣統治」, 大江志乃夫 外 編,『近代日本と植民地 4 統合と支配の論理』, 東京: 岩波書店, 1993.

出射義夫,『檢察制度の研究』(司法研究報告書26輯4), 東京: 司法省調査部, 1939(昭和14).

駄場裕司,「帝人事件から天皇機關説事件へ—美濃部達吉と「檢察ファッショ」」,『政治經濟史學』

389號, 日本政治經濟史學硏究所, 1999.

土師盛貞,「政党政治と朝鮮問題」, 井本幾次郎 編,『朝鮮統治問題論文集 第一集』, 1929(昭和4).

国分三亥,「司法権委任に就て」,『朝鮮』 明治 42年 9月號, 1909.

板倉松太郎,『刑事訴訟法玄義』(第3版), 東京: 巖松堂書店, 1915(大正4)

平山利治,『朝鮮犯罪即決綱要』, 京城: 巖松堂書店, 1920(大正9).

平沼騏一郎,『刑事訴訟法改正案要旨』, 東京: 日英堂, 1917(大正6).

平安政吉,『団体主義の刑法理論』, 東京: 巖松堂書店, 1935(昭和10).

平野義太郎,「答刑について」,『法律時報』 12卷 11號, 1940(昭和15).

平井彦三郎,『檢察制度論 上卷』, 東京: 廣文社, 1930(昭和5).

布施辰治,『司法機關改善論』, 東京: 布施辰治法律事務所, 1917(大正6).

鶴見祐輔,『後藤新平』 1·2卷, 東京: 勁草書房, 1965.

海野福寿,『伊藤博文と韓国統治』, 東京: 青林書店, 2004.

刑事訴訟法制定過程研究會,「刑事訴訟法の制定過程 (1)」,『法學協會雜誌』 91卷 7號, 1974.

刑事訴訟法制定過程研究會,「刑事訴訟法の制定過程 (6)」,『法學協會雜誌』 92卷 5號, 1975.

刑事訴訟法制定過程研究會,「刑事訴訟法の制定過程 (8)」,『法學協會雜誌』 92卷 7號, 1975.

刑事訴訟法制定過程研究會,「刑事訴訟法の制定過程 (10)」,『法學協會雜誌』 92卷 11號, 1975.

刑事訴訟法制定過程研究會,「刑事訴訟法の制定過程 (11)」,『法學協會雜誌』 92卷 12號, 1975.

刑事訴訟法制定過程研究會,「刑事訴訟法の制定過程 (8)」,『法學協會雜誌』 92卷 7號, 1975.

檜山幸夫,「解說 臺灣總督府の刷新と統治政策の轉換―明治三一年の臺灣統治」, 中京大學社會
科學研究所 臺灣總督府文書目錄編纂委員會 編,『臺灣總督府文書目錄 第3卷』, 東京: ゆまみ書
房, 1996.

檜山幸夫,「解說 總督の律令制定權と外地統治論―「匪徒刑罰令」の制定と「臨時法院條例改正」
を例として」, 中京大學社會科學研究所 臺灣總督府文書目錄編纂委員會 編,『臺灣總督府文書
目錄 第3卷』, 東京: ゆまみ書房, 1996.

横山晃一朗,「明治初年における檢察制度の導入過程」,『刑事裁判の理論』(鴨良弼先生古稀祝賀
論集), 東京: 日本評論社, 1979.

浅野豊美,「保護下韓国の条約改正と帝国法制」, 酒井哲哉 編,『「帝国」日本の学知 1 帝国編成の
系譜』, 東京: 岩波書店, 2006.

瀬川信久,「明治前期の名誉回復訴訟―不法行為法規範の分化·形成の一過程」, 林屋礼二 外 編,
『明治前期の法と裁判』, 東京: 信山社, 2003.

和田仁孝 編,『法社會學』, 京都: 法律文化史, 2006.

ラードゲン 述, 山崎哲蔵·李家隆介 譯,『政治學』 上卷, 東京: 明法堂, 1891(明治24).

フリッツ·ケルン(Fritz Kern) 著, 世良晃志郎 譯,『中世の法と國制』, 東京: 創文社, 1968.

E·フレンケル(Ernst Fraenkel) 著, 中道寿一 譯,『二重国家』, 京都: ミネルヴァ書房, 1994.

ルイ・ロラン(Louis Rolland), ピエール・ランピュエ(Pierre Lampué) 共著, 東亞經濟調查局 譯, 『佛蘭西植民地法提要』, 東京: 東亞經濟調查局, 1937(昭和12).

オットー・ルドルフ(Otto Rudorff) 著, 篠塚春世 譯, 『ルドルフ裁判所構成法註釋』(司法資料 259號), 東京: 司法省調查課, 1939(昭和14).

王泰升, 『臺灣日治時期的法律改革』, 臺北: 聯經, 1999. [중국어]

4. 서양어 문헌

American Bar Association, *ABA Standards for Criminal Justice Prosecution Function and Defence Function*, 3rd ed. Washington, D.C.: American Bar Association, 1993.

Blackstone, William, *Commentaries on the Laws of England*, Vol. 1, 1765, Chicago: The University of Chicago Press, 1979.

Brown, Nathan J., *The Rule of Law in the Arab World: Courts in Egypt and the Gulf*, Cambridge; New York: University Press, 2006.

Carbasse, Jean-Marie, sous la direction de, *Histoires de Parquet*, Paris: PUF, 2000.

Carrese, Paul O., *The Cloaking of Power: Montesquieu, Blackstone, and the Rise of the Judicial Activism*, Chicago: The University of Chicago Press, 2003.

Carsten, Ernst, *Die Geschichte der Staatsanwaltschaft in Deutschland bis zur Gegenwart*, Bleslau: Schletter'sche Buchhandlung, 1932.

Clayton, Cornell W., *The Politics of Justice: The Attorney General and the Making of Legal Policy*, London; New York: M.E. Sharpe Inc, 1992.

Collin, Peter, *"Wächter der Gesetze" oder "Organ der Staatsregierung"?*, Frankfurt am Mein: Vittorio Klostermann, 2000.

Crépin, M.Y., "Le rôle pénal du ministère public", sous la direction de Carbasse, Jean-Marie, *Histores de Parquet*, Paris: PUF, 2000.

Dalle, Huber/Larvière, Daniel Soulez, *Notre justice: le liver vérité de la justice française*, Paris: Robert Laffont, 2002.

Damaška, Mirjan R., *The Faces of Justice and State Authority: A Comparative Approach to the Legal Process*, New Haven & London: Yale University Press, 1986.

Esmein, A., trans. by, Simpson, John, *A History of Continental Criminal Procedure*, Boston: Little, Brown, and Company, 1913.

Foyer, Jean, *Histoire de la Justice*, Paris: PUF, 1996.

Garapon, Antoine, *Le Gardien des Promesses: le juge et la démocratie*, Paris: Éditions Odile Jacob, 1996.

Goyet, Francisque/Rousselet, Marcel/Patin, Maurice, *Le Ministère Public*, 3e ed. Paris: Librairie du Recueil Sirey, 1953.

Günther, Hans, *Staatsanwaltschaft—Kinder der Revolution*, Frankfurt am Main, Berlin, Wien: Ullstein, 1973.

Jacoby, Joan E., *The American Prosecutor: A Search for Identity*, Lexington, Massachusetts: LexingtonBooks, 1980.

Johnson, Davis, *The Japanese Way of Justice*, New York: Oxford Univ. Press, 2002.

Koering—Joulin, R., "The Preparatory Phase of the Criminal Proceeding: Major Trends in European Jurisprudence", edited by Delmas—Marty, Mireille, *The Criminal Process and Human Right: Toward a European Consciousness*, Dordrecht; Boston: M. Nijhoff Publishers, 1995.

Koller, Christoph, *Die Staatsanwaltschaft-Organ der Judikative oder Exekutivbehörde?*, Frankfurt am Main: Peter Lang, 1997.

Krigel, Blandine, "Le parquet dans la construction de l'Etat", Association d'Etudes et de Recherchers de l'Ecole Natinoale de la Magistrature (edit.), *Le Parquet dans la République: Vers un nouveau Ministrère public?*, Bordeaux: Édition Bergeret, 1996.

Ladd, George Trumbull, *In Korea with Marquis ito*, New York: C. Scribner's sons, 1908.

Langbein, John H., *Torture and the Law of Proof: Europe and England in the Ancien Régime*, Chicago; London: The Univ. of Chicago Press, 2006.

Levy, Leonard W., *The Palladium of Justice: Origins of Trial by Jury*, Chicago: Ivan R. Dee, 1999.

Leyte, Guillaume, "Les origines médiévales du ministère public", sous la direction de Carbasse, J.-M., *Histoires de Parquet*, Paris: PUF, 2000.

Mari, Éric de, "Le parquet sous la Révolution, 1789~1799", sous la direction de Carbasse, J.-M., *Histoires de Parquet*, Paris: PUF, 2000.

Martin, Benjamin F., *Crime and Criminal Justice Under the Third Republic: the shame of Marianne*, Baton Rouge, Louisiana: Louisiana State University Press, 1990.

Mathias, Éric, *Les Procureurs du Droit: De l'impartialité du ministère public en France et en Allemagne*, Paris: CNRS Éditions, 1999.

Mathias, Éric, "Le ministère public en Allemagne au XIX siècle", sous la direction de Carbasse, J.M., *Histoires de Parquet*, Paris: PUF, 2000.

Milner, Alfred, *England in Egypt*, 7th ed., 1899, reprinted by Gorgias Press, 2002.

Moustafa, Tamir/Ginsburg, Tom (edit.), *Rule By Law: The Politics of Courts in Authoritarian*

Regimes, Cambridge[UK], New York etc.: Cambridge University Press, 2008.

Perrodet, Antoinette., "Le Status du ministère public", Delmas–Marty Mireille, sous la direction de, *Procédures pénales d'Europe*, Paris: PUF, 1995.

Pyong–choon Hahm, *The Korean Political Tradition and Law: essays in Korean law and legal history*, Seoul: Hollym, 1967.

Pyong–choon Hahm, *Korean Jurisprudence, Politics and Culture*, Seoul: Yonsei University Press, 1986.

Rassat, Michèle–Laure, *Le Ministère Public entre son passé et son avenir*, Paris: Librairie générale de droit et de jurisprudence, 1967.

Rassat, Michèle–Laure, *Traité de procédure pénale*, Paris: PUF, 2001.

Royet, Jean–Pierre, "Hisotoir du ministère publique, evolutions et ruptures", Association d'Etudes et de Recherchers de l'Ecole Natinoale de la Magistrature (edit.), *Le Parquet dans la République: Vers un nouveau Ministrère public?*, Bordeaux: Édition Bergeret, 1996.

Salas, Denis, *Du procès pénal*, Paris: PUF, 1992.

Schmidt, Eberhard, *Einführung in die Geschichte der deutschen Strafrechtspflege*, 3 Aufl., Götingen: Vandenhoeck & Ruprecht, 1983.

Schumacher, Ulrich, *Staatsanwaltschaft und Gericht im Dritten Reich*, Köln: Pahl–Rugenstein, 1985.

Shapiro, Martin, *Courts: A Comparative and Political Analysis*, Chicago; London: University of Chicago Press, 1981.

Stefani, Gaston/Lavasseur, Georges/Bouloc, Bernard, *Procédure Pénal*, 16ᵉ éd, Paris: Dalloz, 1996.

Tamanaha, Brian Z., *On the Rule of Law: History, Politics, Theory*, Cambridge[UK]: Cambridge University Press, 2004.

Volff, Jean, *Le ministère public*, Paris: PUF, 1998.

William Blackstone, *Commentaries on the Laws of England, Volume 1, Of the Rights of Persons*(1765), Chicago; London: The University of Chicago Press, 1979.

Wohlers, Wolfgang, *Entstehung und Funktion der Staatsanwaltschaft: Ein Beitrag zu den rechtshistorischen und strukturellen Grundlagen des reformierten Strafverfahrens*, Berlin: Duncker & Humblot, 1994.

찾아보기

카 · 타

차

파

하